자유꽃이 피리라

춘원 이광수의 민족주의 사상

김 원 모

자유꽃이 피리라

춘원 이광수의 민족주의 사상

김원모

하

철학과현실사

자유꽃이 피리라　상권

차 례

자유꽃이 피리라　**하권**

차 례

제11장 춘원 인물론

1. 노블레스 오블리주 역행가 이광수

한국 근대사에서 3천재(벽초, 육당, 춘원)라 일컫고 있는 세 사람의 인생행로는 명암이 엇갈리고 있다. 민족주의 독립운동가의 유형은 두 가지로 분류해볼 수 있다. 하나는 현실과 일체 타협을 거부하고 절개를 지킨 독선기신(獨善其身)이고, 또 하나는 작은 절개를 굽혀 현실과 타협하면서 합법적인 방법으로 독립운동을 실천궁행하는 불구소절(不拘小節)이다. 송욱은 이렇게 이야기한다. "일제시대 이 나라의 지식인은 행동을 하지 않고 침묵을 지키거나 그렇지 않으면 일제의 앞잡이가 되는 두 가지 중에서 하나를 택할 수밖에 없었다. 그들은 암흑기의 기막힌 처지에 빠져 있었다."[1] 송욱(宋稶)은, 전자는 공론가 홍명희(洪命憙), 후자는 역행가 최남선과 이광수라고 분류하면서, 거의 지옥 같은 환경에서 춘원의 '어중간한 정치활동'이 오히려 민족에 대한 정치적 배신을 합리화하는 방향으로 그를 이끌어갔다고 보고 있다. 이에 반하여 송민호(宋敏鎬)는 "춘원은 소설, 논설 등을 통하여 고취했던 민족정신을 실천에 옮긴 행동가였다"[2]라고 춘원은 역행가임을 강조하고 있다.

---

1) 『思想界』(1965. 4), pp.206~227, 韓國 知識人과 歷史的 現實: 修養이냐, 出世냐, 政治參加냐(宋稶).

춘원은 홍명희의 '관조론(觀照論) 고수(固守)'를 이렇게 평가하고 있다. "그는 인생을 관조하는 태도로 살아간다는 것인데 아마 자기는 인생갈등의 와중에 들어가지 아니하고 한층 높은 자리에 머물러서 인생을 내려다보고 살자는 뜻이 아닌가 한다. 그 후에 K(홍명희)는 안남(베트남)으로 인도로 남양으로 돌아다녔으나 여행기 하나 쓴 일 없었다. 그것은 써서 무엇해, 하는 태도였다. 두어 번 그가 감옥에도 들어가고 소설도 끝없이 긴 이야기를 하나 써보았으나 끝을 맺지 아니하고 말았다. 그는 평생에 그 '관조의 태도'라는 것을 떠나지 아니하는 모양이었다. 무엇이나 다 알아두지마는 내가 몸소 하지는 않는다. 그것은 해서 무엇해, 하는 모양이다. 아마 은사(隱士)라든가 처사(處士)의 심경일는지 모른다. 그는 좋게 말하면 인정을 다 알기만 하고 알아만 두고 행하지는 않는 깨달은 사람이요, 나쁘게 말하면 무엇에나 생각뿐이요 실행이 없는 사람이었다."[3] 춘원은 벽초(碧初)의 이 같은 행동하지 않고 침묵만 지키면서 절개를 고수하고 있는 독선기신을 이렇게 비판하고 있다. "현재는 갑(甲)의 조선인, 을(乙)의 조선인의 소리는 있으나, 조선 민족의 소리는 없다. 빼어난 조선인들은 스스로 초연(超然)히 있는 것을 자랑스럽게 여기겠지만, 물론 그것이 가장 명예를 지키는 도리임은 틀림없으나, 여러분이 그렇게 있는 동안에 조선 민족은 당신들의 지사적(志士的) 명예 때문에 희생이 되어 멸망하게 되는 것이다."[4]

일제강점기 관조론과 독선기신을 고수하면서 민족운동에 초연하게 소극적이었던 기회주의자 홍명희는 해방공간의 정치무대에 화려하게 등장했다. 홍명희는 1948년 4월 남북협상회의를 평양에서 개최할 때의 기회를 이용, 가족 동반 월북해서 북한 정권의 부수상에 올랐다. 김일성은 1950년 3월 30일 남침 준비를 위해 스탈린을 만나러 모스크바를

2) 趙容萬・宋敏鎬・朴炳采, 『日帝下의 文化運動史』(民衆書館, 1970), p.280, 日帝下의 韓國抵抗文學(宋敏鎬).

3) 李光洙, 『그의 自敍傳』(高麗出版社, 1953. 4. 20), pp.137~139.

4) 『島山安昌浩資料集』(국회도서관, 1998), II, p.32, 증거 제12호(李光洙 所持), 李光洙의 手帖寫本(1).

방문할 때 홍명희를 동반했다. 거의 한 달 동안 모스크바에 체류하면서 스탈린과 세 차례 회담하고, 남침 준비에 대한 결정적인 작전지침을 받아 귀국했다. 5월 13일에는 모택동(毛澤東)을 만나 남침 계획을 밝히고 그의 동의를 얻었다. 이렇듯 홍명희는 김일성을 수행하면서 남침의 주역이 된 것이다. 1960, 70년대 수정주의 역사학자들은 북침설 또는 남침유도설을 주장했지만, 1990년대 옛 소련 외교문서가 공개되면서 북침설과 남침유도설은 설득력을 잃었다.5)

춘원은 한평생 병고에 시달렸다. 심지어 백인제(白麟濟) 박사의 집도로 왼쪽 신장을 절개하는 수술을 받고 병마와 악전고투를 벌이면서도 민족운동을 주도했다. 늘봄(전영택)은 병마에 시달리는 춘원을 위해 기도했다. "나는 하나님께 충심으로 기도한다. ― 옳은 생각을 하는 사람, 정직한 사람, 착한 사람이 드문 이때에, 쉽지 않은 저를 돌아보소서. 그 정성과 힘을 오래 바치면 우리에게 유익과 도움이 클 저를 돌아보소서. 아직에서 세상에 두시고 건강하게 하소서. 이것은 나의 춘원 형에게 대한 진실한 기도이다." 이렇게 기도하면서 춘원은 지도자로서의 책임감 때문에 병고에 시달린다고 진단했다.

나는 춘원 형이 10년 전에 처음 알게 된 때로부터 많은 존경을 품고 큰 기대를 가졌다. 그것은 그의 명석한 두뇌와 드문 천재보다도 그의 순직(順直)하고 겸손한 마음이었다. 그는 못난쟁이(못난이)라고 할 만큼 정직하고 착하였다. 차마 거짓말을 못하고 남의 부탁을 차마 거절하지 못하였다. 맡은 것, 허락한 것을 하지 못할 때에 마음이 매우 괴로워한다. 이번의 그의 병도 이 때문에 난 것이다. 그는 다른 사람이 웃고 말 변변치 못한 일에나, 일상의 지극히 적은 일에나, 책임을 진 큰일에나, 다 이와 같은 마음과 태도를 가지고 지내왔기 때문에 마침내 워낙 체질이 약하던 그로 하여금 병나 눕게 하였다.

그의 몸은 마음 괴로우나 마음은 늘 편하게 지난다. 수척하고 빛 없는 얼굴에도 입술에 웃음을 띠우고 이야기한다. "내 병을 내가 알지요." "지금 혜분난비(蕙焚蘭悲, 벗의 불행을 슬퍼함)로 갈 준비를 하고

<hr>

5) 『東亞日報』(2010. 2. 8), 북한군 전면 남침: 사흘 만에 빼앗긴 서울.

있소. 지금껏 남의 마음을 괴롭게 하고 아프게 한 일이 어떻게 많은지요. 나이 이만하면 고쳐질 줄 알았던 버릇이(성내는 것 같은) 아직 아니 고쳐졌으니… 우리가 우리 마음을 돌아보면 추해요. 그러니 하나님께서 보시면 어떻겠어요." 고통을 잊어버리는 듯 가장 침착한 어조로 이런 말을 하는 것을 들을 때에, 나는 그의 스스로 살피고 더욱 나은 사람이 되려고 하는 노력, 친구나 누구나 와서 무엇이나 해달라고 하면 몸을 돌아보지 않고 거절하지 못하는 착한 마음, 형제를 위하여 유익한 것이면 무엇이고 해보려고 하는 그 정성을 생각하고 고맙기 그지없었다.6)

김용제(金龍濟)는 '병마와 문필'은 춘원의 공동운명체라고 정의하고 있다. "춘원 선생은 약관 때부터 50년이란 반세기 동안 붓 한 자루로 싸워왔으며 그 필화(筆禍)로 여러 번 옥살이까지 했고, 사회에서도 공과(功過)와 포폄(褒貶)의 물의가 항상 되풀이되었다. 그러나 춘원 선생은 중한 병중에서도 글쓰기를 쉬지 않았고, 옥중에서도 작품 구상을 게을리하지는 않았다. 붓 한 개 들 근력과 자유만 있으면 작품을 썼던 것이다. 그 예로서 '병상록'이 그랬고, '무명'이 그런 소산이었다. 이것은 한가롭고 즐거운 때만 글을 쓴 것이 아니고, 육신상으로나 정신상으로 괴로울 때도 글만을 썼다는 의미가 된다."7)

조용만(趙容萬)은 신시(新詩)는 육당, 단편은 춘원이 선구 역할을 했다고 정의하고 있다. "육당은 신시에 있어서, 춘원은 단편소설에 있어서 각각 선구자로서 화려하게 문단에 등장하였는데, 1908년부터 10년 동안을 흔히 '육당·춘원 2인 문단시대'라고 불려서 이 두 사람이 우리나라의 신문학을 이끌고 나갔다고 보고 있다." 육당은 1904년에 대한제국의 황실 유학생으로 선발되어 일본에 건너갔다가 3개월 만에 돌아온 후, 두 번째로 1906년 또 동경에 건너가서 와세다대학 고등사범부 지리역사과에 입학하였다. 춘원은 1905년 8월 일진회(一進會, 천도교)

---

6) 『朝鮮文壇』 제7호(1925. 4), pp.15〜16, 春園이 잃는다(늘봄).

7) 『李光洙全集(月報)』(三中堂出版局, 1962. 11. 25), '사랑의 東明王'을 쓸 무렵의 春園先生: 58세의 靑春的 情熱을 토한 최후의 全作小說(金龍濟).

유학생으로 뽑혀 동경의 명치학원 중학부에 입학하였다. 육당과 춘원은 두 살 터울로 둘이 처음 만났을 때 육당은 17세, 춘원은 15세의 소년이었다. 낯빛 검은 소년 육당과 눈동자 노란 소년 춘원이 만나, 잡지 '소년'을 발간하기로 약속했다. 육당은 춘원의 첫인상을 이렇게 말했다. "그때 이광수는 얼굴이 붉고 눈이 양인(洋人)같이 노랗고 열다섯 살로 보이지 않을 만큼 숙성했었다."

육당이, 춘향전이 너무 외설하여 읽을 수 없으니 자기는 이것을 고쳐 써서 순미한 국민문학을 만들어보겠다고 하여, 신문관 발행 '6전소설' '고본춘향전'이 나왔다.[8] 한편 동아일보사는 1925년 현상금 1천 원을 걸고 국민문학으로서의 춘향전 개작소설을 공모했으나 적당한 응모작이 없어서 춘원에게 집필을 의뢰하게 되었다. 이에 춘원은 '춘향'을 동아일보에 연재하였고(96회 연재, 1925. 9. 30~1926. 1. 3), 그 후 1929년 1월 '일설춘향전'이 발간되었다. 이광수는 국민문학 '일설춘향전'에서 남원부사 변학도를 지배자(조선총독), 춘향을 피지배자(조선인), 암행어사 이몽룡을 독립운동 지도자로 캐릭터를 설정해서 민족의식을 고취하였다.[9]

춘원은 1917년 매일신보에 '무정'(126회 연재, 1917. 1. 1~6. 14)을 연재한 직후 6월에 '오도답파기'를 연재했다. 1918년에 '무정'을 신문관에서 간행하면서 육당은 '한샘'이란 호로 서문에 이렇게 썼다. "그가 없었더면 어쩌하였을고 하는 생각을 하면 소름이 끼치며 그가 없으면 어찌 될고 하면 손에서 땀이 나나니 끔찍고 대단한 것이 그가 아니냐. 그는 참 우리의 보배로다. 나라의 꽃이로다. 무궁화동산의 아름다운 꽃이 누리의 고움을 더하는 큰 거리가 못 되겠다고 걱정하랴. 울어라 줄기차게만 울어라."[10] 이렇게 춘원이야말로 나라의 보배(국보)요 나라의

---

8) 『東亞日報』(1968. 1. 27), 側面으로 본 新文學 60年: 낯빛 검은 少年과 눈동자 노란 少年(趙容萬).

9) 『六堂崔南善全集』(고려대 육당전집편찬위원회, 1974), 권 14, 고본춘향전; 『東亞日報』(1925. 9. 24), 小說豫告 春香傳 改作.

10) 春園, 『無情』(新文館 東洋書院, 1918. 7. 20), 서문(한샘).

꽃이라고 극찬하고 있다. 그런데 춘원은 오도답파를 끝내고 동경으로 돌아간 후 과로로 그만 쓰러지고 말았다. 1918년 3월 춘원이 폐병으로 악화되었을 때 육당은 이역에서 신음하고 있는 벗을 염려하여 '병우 생각'을 '청춘' 13호(1918)에 발표했다.

병우 생각

봄비가 부슬부슬하여 사람이 그리우며 더욱 병든 벗 생각이 간절하도다. 뜻밖에 걱정되는 기별을 보낸 그가 이미 병원에 들어갔나 아니 갔나 마음이 연방 끌리는도다.

춘원이 병나도다!

어린애 병은 누에의 잠자는 것 같으니, 잠자는 족족 발육의 한 단계를 오르는도다. 젊은이 병은 청결법 시행과 같으니 북더기 담은 몸은 이 때문에 청신한 맛이 나며 건왕(健旺)한 기운이 돌아 활력이 일단 충실하며, 의사가 일층 발랄하게 되는도다. 병의 달겨(달려)드는 모양은 방상시(方相氏, 나례 때 악귀 쫓던 사람)같이 흉악하지마는, 다년간 자취는 그다지 괴악하고 버릴 것만 아니니, 병이란 말을 듣고 놀라기만 할 것도 아니요, 겁부터 생길 것 아니요, 애만 쓸 것 아니도다. 묵은 북더기를 쓸어내고 새 활기 얻으려 하는 생리상 개혁운동인 병은 무서워하는 밖에 진시 다녀갔으면 할 이유조차 없다 할 수 없도다. 춘원은 우폐(右肺)에 결핵 조짐이 보였다 하는도다!

북더기는 대문 중문에도 있으며, 앞뜰 뒤뜰에도 있으며, 청상(廳上), 당중(堂中), 실내(室內), 아무데도 생기며 있는 것이라. 방 안에 있다고 더 변(變)이 아니며, 좌석 사이에 있다고 더 걱정될 이유가 없나니, 어델는지(어디든지) 얼른 쓸어버려 더러움이 머무르지 않도록 하면 그만일지로다. 세인(世人)이 흔히 폐환(肺患)에 대하여 일종 특별한 두려움을 가지며, 이 심리가 더욱 환자 자신의 신경으로 하여금 과도히 예민하게 하거니와, 없던 것이 생겨나려 하든지 있던 것이 고쳐지려 할 때에 반드시 고생이 있으며, 창조혁신될 분수가 큰 만큼, 그 고생도 또한 작을 수 없나니, 고생에 대하여 무서움을 품기 전에 새 조직과 새 건강에 대한 기대와 위안에 염도(念到)할 필요가 있을 것이라. 일신 중 가장 중요한 부분에 혁신되려는 조짐이 보일진대 새로워짐의 기대도 더 클 것 아닌가. 새로워지리란 위안도 더 클 것 아닌가.

지난 동안 춘원의 생애는 표랑적(漂浪的)이며 감상적이며 비섭생적(非攝生的)인지라, 정신상에 다소 고뇌를 지내는 족족 그의 육체상에도 비등(比等)한 건흠(愆欠, 허물과 흠점)이 생기지 아니치 못하였도다. 뜨거운 머리와 찬 손으로 북으로 시베리아의 들에 헤매며, 남으로 양자강의 언덕에 구를 때에 부평전봉(浮萍轉蓬, 정처 없이 떠돌아다니는 신세) 같은 신세가 가는 곳마다 바(所)를 얻지 못하고 끓는 피, 더운 눈물이 잠시도 그에게 떠나지 아니하였나니, 건강의 기분을 이 중에 잃어버리지 아니하였을까. 가슴속에는 선악(仙樂) 같은 심금(心琴)이 혼자 울고, 머리속에는 일월(日月) 같은 영광(靈光)이 답답하게 갇히었는데, 스스로 집어낼 방편(方便)이 부족하고, 남이 알아줄 기회가 얼른 오지 아니하여 제석산(帝釋山, 관세음보살이 있는 산) 달에 외로운 그림자를 돌아보고 마산만(馬山灣) 물에 여읜 얼굴을 비추기 몇 해런지. 아침에 이 때문에 상기(上氣)를 하고, 저녁에 이 때문에 뇌신(惱神, 정신을 괴롭게 함)을 하였나니, 건강의 기분을 이 중에 잃어버리지 아니하였을까. 금심수두(錦心繡肚, 글을 썩 잘 짓는 재주)는 나일수록 찬란하고, 기사여필(綺辭麗筆, 아름답게 꾸민 말과 글귀)은 떨어지는 족족 기장(奇壯)하여 시(詩)로 문(文)으로 소설로 희곡으로, 고문화(古文化) 찬앙(讚仰)의 꾀꼬리로, 신서광(新曙光) 도영(道迎, 맞이함)의 꼬끼댁(꼬꼬댁)으로 동서에 치돌(馳突)하고, 종횡히 휘쇄(揮灑, 휘호)하기를 월이계년(月以屆年, 달마다 해마다)하고 일이계야(日以繼夜, 밤낮으로 계속)하였으니, 건강의 기분을 이 중에 잃어버리지 아니하였는가. 그러나 그에게 무쇠 같은 몸이 있었나니, 간관만리(間關萬里, 험한 만 리 길)쯤에 수손(受損, 손상을 입음)할 리 없으며, 그에게 한량없는 정력이 있나니 일기만언(日記萬言, 날마다 온갖 글을 씀)쯤에 피역(疲役, 피곤한 일)할 리 없으며, 그에게 탁매(卓邁)한 재분(才分)이 있나니 교학쌍려(敎學雙勵, 교육과 학문에 힘씀)와 설필양로(舌筆兩勞, 말과 글을 부지런히 함)쯤에 결화(缺和, 화합하지 못함)할 리 없도다.

춘원의 건강이 무엇에 상하였나! 나야 안다 하리라, 그는 시인이로다, 정열가로다. 남이 느끼지 못하는 바에 느끼는 것이 얼마며, 남이 깨치지 못하는 것에 깨치는 것이 얼마며, 그리하여 남이 원통해 하고 슬퍼하고 근심하고 울지 아니하는 바에 혼자 원통해하고 슬퍼하고 근심하고 우는 것이 무릇 얼마인지를 아지(알지) 못하는도다. 아침 날이 불끈 솟을 때, 저녁노을이 홀연히 덮였을 때에 무심한 여러 사람 틈에 그 혼자 깊은 생각으로 들어감을 내 보았도다. 꽃이 우거진 곳, 달이 환한 곳에 좋다고 즐겨하는 무리 가운데, 그 혼자 하염없는 눈물로 눈시울 적심을 내 보았도다. 그가 우리 모두를 대신하여 입 있는 표를 하려 하며 답답한 가슴을 훑어내려 하며, 서러운 사정을 그려내려 하며, 앓는 소리를 지르려 하며, 병 증세를 샅샅이 형용하려 하는 줄을 내 아는도다. 이를 위하여 많은 사실을 얻어두고, 이를 위하여 갖은 말을 준비하였도다. 이 재료를 아름답도록, 또 굳세도록 얽어서 하늘에 닿는 불기둥처럼 광명, 열염(熱焰), 위력의 겸전(兼全)한 무엇을 만들 양으로 그 경륜이 오래고, 그 바람이 높고, 그 기다림이 멀고 큰 줄을 내 아는도다. 그러나 못하는도다, 갑갑하도다, 기운이 답쌓일 밖에 없도다. 남모르는 근심과 남 아니 하는 걱정에 그가 이제 남이 깨닫지 못하는 병에서 붙잡혔도다. 잠시일망정 병상에 온와(穩臥)치 아니치 못할 사람이 되었도다. 빗방울이 연방 유리창에 수정 사마귀를 갖다 붙이는도다.

소병(小病)이 비록 대건강의 전제가 된다 할지라도, 이는 이치의 말이라, 정든 벗, 기다림 많은 벗이 천애이방(天涯異方, 머나먼 풍속이 다른 지방)에 조심될 병으로 눕겠다 하니, 놀랍고 근심스러움이 어찌 다함이 있을까 보냐. 강장(强壯)한 그의 체질과 신밀(愼密)한 그의 조섭(調攝)이 응당 하루바삐 물약(勿藥, 약을 쓰지 않음)할 지경으로 그를 끌어낼 줄을 믿고, 또 믿는 바이로되 그와 한가지 하던 책상을 대하여 그와 한가지 하던 벼루를 씀에 병난 그를 생각하고 걱정하는 정이 봄비 방울보다 더 많도다. 춘원의 누운 창에도 이 비가 소리를 하는지 않는지?[11]

춘원은 이 같은 병마와 악전고투하면서도, '변절자 일제의 앞잡이'라는 악랄한 인신적 비난에 조금도 개의치 않고 동우회의 지도자로서의 신분에 따르는 의무인 노블레스 오블리주를 역행하는 민족주의 운동

---

11) 『李光洙全集(月報)』(1962. 4. 25), pp.6~7, 病友생각(六堂).

실천가였다. 전영택은 춘원이야말로 한평생 민족주의 운동을 일관되게 실천한 역행가(力行家)라고 정의하고 있다.

동경여의전에 재학 중인 춘원의 애인 허영숙의 헌신적 간호로 춘원의 병세는 호전되어 건강을 되찾았다. 춘원은 당대 최고의 추앙을 받던 육당의 이 애절한 '병우 생각'에 화답이라도 하듯이 '꿈'이란 시와 고시조 한 수를 육당에게 바쳤다. 참으로 천하의 천재들의 아름다운 수작이 아닐 수 없다.

꿈
六堂께

날 낳고 가신 임을
내 어이 못 잊고서
밤이면 꿈이 되어
임의 곁을 딸(따라) 오는고
임이야 잊으라 하나
내 못 잊어 하노라

가시고 안 오심에
잊으신 줄만 여겼더니
꿈에 와 뵈오시니
임도 나를 생각는지
반생에 깊이 든 정이
가실 줄이 있으랴

고시조

菊花(국화)야 네는 어이
三月東風(삼월동풍) 다 지나고
落木寒天(낙목한천)에
네 홀로 피었는다

아마도 傲霜高節(오상고절)은
너 뿐인가

窓(창) 밖에 菊花(국화)를 심어
菊花(국화) 밑에 술 빚어두니
술 익자 菊花(국화) 피자
벗 오시자 달이 돋아
아희야 거문고 청커라
벗님 대접[12]

전영택(田榮澤)은 홍지동 산장에서 은거하고 있는 춘원을 찾아가 벗님의 은근한 정을 노래하고 있다.

북한산 밑에 진달래꽃이 만개한 홍지동 별당에 형을 찾아가서 홍진가두(紅塵街頭)에 시달린 몸, 가슴속에 서러운 이야기나 풀어놓고 실컷 하려고 하다가, 어느새 꽃은 다 떨어지고 녹음 시절이 되었으니, 이제는 창의문 턱 고개를 넘어가려면 땀을 흘리게 되었소이다 그려!

그때 잠깐 어린 것들을 데리고 갔을 때에 형이 맨발로 뜰에 나무를 심고 있는 것을 보고, 실속이야 어찌 되었든지, 나는 일변 형의 생활을 부러워하고, 일변 형의 건강을 기뻐하였다오. "팔자 좋구려! 그런데 사방에 맨 나문데, 하필 마당에다가 심어서는 무얼 하오?" 하는 내 말에, "어린 친구들이 심으라고 자꾸 갖다 주는구면. 저, 이리 와서 저기를 좀 보아요" 하면서, 안방 아랫목에서 바라보이는 꽃 많이 핀 쪽을 가리키고 자랑하던 그 어린애 같은 양이 생각납니다. 형에게는 어린애 같은 데가 분명 있지요. 어린애 같은 순진한 형을 그만큼이라도 살아가게 한 이 속세가 신통스럽도록 고맙게 생각이 됩니다.

30여 년 전에 시베리아를 방랑하면서 '문학보국(文學報國)'을 맹세한 형의 그 원(願)이 이제 와서 무던히 이루어졌다고 나는 믿소. 무릇 문화적 노력이나 정신적 봉사는 그 열매가 얼른 뚜렷하게 나타나지 아니하는 것이지마는, 그리고 잘한 편보다 잘못한 편이 더 잘 드러나는

---

12) 『東亞日報』(1925. 10. 9), 꿈, 六堂께(春園).

것이지마는, 하여튼 이 땅에 어문(語文)의 기초를 세운 것은 덮어두고라도, 젊은이들에게, 널리 글을 읽을 수 있는 이에게 "서로 사랑해라", "남을 위해서 살아라", "의롭게 살아라" 하는 도덕적 양식을 꾸준히 대어준 것은 다른 사람이 추종할 수 없는 큰일이지요.

끈 잃은 양(羊)을 이끌어 구원의 길로 인도하고자 하는 원(願)을 세운 이 몸 자신이 아직도 '성결(聖潔)'의 지경에 들지 못하고 번뇌 가운데 있으면서 공연히 세상만 원망하는 일이 가끔 있으니, 부끄럽지요. 너무 해놓은 일이 없으니, 기막히지 않소. 하기야 목표만 바로 세우고 나가다가 죽어도 좋겠지요. 형의 당하는 괴로움도 인간의 짐이요 하느님의 채찍인 줄 알고 나가고, 나의 그것도 마찬가지로 생각하고 살아갈 수밖에 없지요. 진리를 위한 일은 예나 지금이나 핍박과 장해가 많은 것이니까, 또 그렇게 쉽게 성취되는 것이 아니니까. 한 줄의 글, 한 마디의 말이라도 진리를 위한 것이라면, 그것이 씨가 되어 떨어져서 싹이 날 때가 있을 줄 압니다. 싹이 나게 하고 자라서 열매가 나게 하는 것은 우리의 일이 아니요 신(神)의 일이니까,

머리의 흰 털이 늘어가니까, 조급한 생각과 비장한 생각도 나지마는, 또 한편으로 천도인심(天道人心)이 깨달아지는 듯도 합니다. 아무튼지 건강에 주의를 잘하소.13)

기존의 틀을 깨는 사고방식과 개척정신을 실행하는 것을 최고 가치로 신봉하는 이가 진정한 영웅이라면 그가 곧 이광수이다. 춘원은 1917년 2월 '무정'을 매일신보에 연재하면서 사랑하는 누이에게 보낸 편지에서 노블레스 오블리주는 하나님이 자신에게 부여한 천명(天命)이라고 노래하고 있다.

나는 다시 살기로 결심하였다. 너를 위하여, 저 은인(恩人)들을 위하여. 그리하고 귀중한 너와 은인을 안아주는 저 땅을 위하여 나는 다시 살고 다시 힘쓰기로 작정하였다. 아아 저 땅! 너와 은인들을 안아주는

13) 春園李光洙傑作選集 第二卷, 『隨筆과 詩歌』(京城 永昌書舘, 1939. 10. 15), 사랑과 犧牲과 眞理의 記錄(田榮澤); 『三千里』(1940. 7), pp.192~193, 李光洙著, '隨筆과 詩歌'에(秋湖 田榮澤).

그 땅을 차마 어찌 버리겠느냐. 설혹 내게 아무 능력이 없다 하더라도 세상에 목숨이 있는 날까지 그 땅을 물끄러미 보고 있기만이라도 하여야 할 것이다! 일생에 힘을 쓰노라면 행(幸)이냐 내 손으로 꽃 한 포기 나무 한 그루라도 그 땅에 심어놓을는지도 모를 것이다.

누이야! 이리하여 나는 도로 살아났다. 그래서 오늘을 당하게 되었다. 그렇다! 나는 더 울지 아니하련다. 부질없이 과거를 회상하고 실망의 한숨을 쉬지 아니하련다. 옛 사람의 격언(格言)과 같이 과거는 과거로써 장사(葬死)케 하고 오직 현재와 미래를 가지련다. 있는 힘을 다하여 수양(修養)하고 있는 힘을 다하여 일하련다. 나는 26세라 하지 아니하고 거기서 10년을 감하여 단 16세라 하련다. 이제부터 10년을 각고면려(刻苦勉勵)하여 제2차 26세가 되면 그때에는 설마 이 꼴은 아닐 것 같다. 그래서 이렇게 노래한다.

하나님! 제 영(靈)에다 불을 붙여 줍시오!
활활 불길이 일게 하여 줍시오!
빨갛게, 하얗게, 작열(灼熱)하게 하여 줍시오!
내 손톱 끝까지 털끝까지 왼통 불이 되게 하여 줍시오!
저는 이렇게 울며 합장(合掌)합니다. 이렇게!

누이야! 너도 알거니와 과거의 내 생활은 참 실미지근하였다. 사람의 생활에 제일 큰 병이 이 '실미지근함'인 것 같다. 나는 불덩어리가 되련다. 빨갛게 작열한 불덩어리가 되어서 마치 벼락불 모양으로 빙글빙글 돌아가면서 닿치는 대로 뜨겁게 하고 태우고 말련다. '뜨겁게, 뜨겁게, 뜨겁게 살자' 함이 내 소원(所願)이요 내 이상(理想)일다. 나는 오늘 생일로 뜨거운 새 생활의 신기원(新紀元)을 삼으련다. 그러고 평생에 16세의 뜨겁디뜨거운 소년으로 뜨거운 노래를 부르련다. 내 노랫소리에 듣는 사람의 귀와 가슴이 뜨끔하게 델 만한 그렇게 뜨거운 노래를 부르련다. 그 노래가 무엇인지는 아직 모른다. 나는 다만 하나님께 떼를 쓸 뿐이다. "하나님! 어떤 노래를 부르랍니까" 하고.

누이야! 이제는 나도 어렴풋이 저 갈 길을 찾은 것 같다. 이제부터는 기쁘고 끊임없는 노력이 있을 뿐이다. 무론 잘되고 못 되기는 전혀 하나님의 손에 있지마는. 내 생활의 서막(序幕)은 어제까지에 끝이 난 것 같다. 오늘부터 내 생활은 연극의 중간에 들어간 것 같다. 내 주먹에 쥐었던 프로그람의 중요한 절차(節次)가 오늘부터 개전(開展)되는 것 같다. 서막은 실패였었다. 나는 여러 관객에게 실망을 주었다. 그러나 이 앞에 중막(中幕)과 대단원(大團圓)이 남았으니 아직 그네를 만족시킬 기회는 넉넉하다. 나는 지금 악옥(樂屋)에 있어서 정성으로 분장(扮裝)을 하는 중이다. 내 입설(입술)에는 희망의 미소가 있다. 나는 기쁨으로 이렇게 노래한다.

하나님이시어, 제게 대임(大任)을 주셨습니다!
죽어가는 자에게 '살라!' 하는
실망하는 자에게 '희망을 가져라!' 하는
슬퍼하는 자에게 '기뻐하여라!' 하는
무기력한 자에게 '용기를 가져라!' 하는
큰 소리를 치는 시인의 사명(使命)을 주셨습니다!
그네에게 무삼(무슨) 말씀을 전할는지
어떻게 소리를 치며 부르짖을는지
이것은 저는 모릅니다 — 저는 모릅니다!
오직 하나님께서 알으십니다!
저는 대제사장(大祭司長) 모양으로 목욕재계(沐浴齋戒)하고
밤낮에 꿇어앉아서 천명(天命)을 기다릴 뿐이외다! (1917. 2. 22)[14]

춘원은 한 애독자 김환용(金煥用)에게 세상을 밝히는 큰 빛, 나라를 구하는 큰 힘이 되라면서 지도자로서의 노블레스 오블리주를 역행할 것임을 노래하는 시조 한 수를 써 보냈다.

金煥用 學兄
때때로 물어주심 고맙습니다. 세상의 큰 빛 큰 힘 되시려고 쉼 없이 닦으심
비옵니다.

---

14) 『學之光』 제12호(1917. 4. 19), pp.49~53. 二十五年을 回顧하여 愛妹에게(孤舟).

불 하나 켜지오면, 없음보다 밝을 것이
한 불 더 켜지오면, 그만큼 더 밝을 것이
남더러 켜라만 말고, 내 한 불을 켜리라
己丑(1949) 1月 8日 李光洙 拜[15)

　김윤경(金允經)은 민족운동의 지도자 춘원은 노블레스 오블리주를 지상가치(至上價値)로 신봉하고 한평생 이를 실천해온 민족주의 운동가라고 정의했다.

　춘원 이광수는 3·1운동 직전에 상해에서 국내로 돌아와서 최린, 현상윤, 송진우 들을 만나, 해외 동포의 파리 평화회의 대표 파견에 호응하여 국내에서 독립운동을 일으킬 것을 제의하고, 곧 동경으로 건너가 백관수, 최팔용, 김도연 들과 밀의(密議)하여 동경에 있는 '청년독립단'의 2·8독립선언서를 기초하고, 그 대표 11명의 한 사람으로 서명한 뒤, 대표로 뽑히어 발표 전에 상해로 보냄을 받아, 상해에서 임시정부 조직에 관계하고, 이어 임시정부에서 독립신문을 편집하는 한편, 여러 가지 독립운동에 몰두하는 중에, 애인 허영숙이 뜻밖에 찾아왔으나(의사 개업으로 남편을 도울 목적으로 그때 돈 2천 원을 가지고 갔다 함), 왜정(倭政) 경찰의 여행허가증을 가지고 옴은 정탐(偵探)하러 옴이라고 비난과 공박의 여론에 못 견디어 곧 귀국하게 되었다.

　춘원은 일주일 뒤에 아무 말도 전함이 없이 허영숙을 뒤쫓아 오다가, 심양(瀋陽, 당시 奉天)에서 왜정 경찰에 잡히어 귀국하게 되었다. 이 때문에 국내에서도 비난과 공박을 받았으나, 도산의 정신인 흥사단의 운동을 국내에서 일으키려고 '수양동맹회'를 조직하기에 온 힘을 다 기울이었다. 합병 직전에 국내에서 비밀단체로 '신민회', 표현단체로 '청년학우회'를 조직한 도산은 미국 샌프란시스코에서 이와 같은 목적으로 '흥사단'을 조직하였거니와(1913. 5. 13), 3·1운동 때 상해로 온 도산은 상해에 그 원동위원부를 설치하여 박선제(朴璇齊)로 이

---

15) 『李光洙全集(月報)』(1962. 4. 25), p.5, 讀者의 소리, 춘원의 편지내용; 『李光洙全集(月報)』(1962. 7. 20), 讀者의 소리, 春園선생의 편지내용. 김환용(金煥用)은 김수량(金壽亮)의 구명(舊名)이다(慶北 尙州邑 伏龍洞 316). 이광수전집(삼중당)에 미수록.

일을 맡게 하였고, 동경에는 김항주를 보내어 동지를 모으게 하여 유억겸(兪億兼) 이하 동지를 얻게 되었는데, 국내에도 지부를 두어야 하겠다고 하여 상해에서 입단한 춘원, 박현환에게 이를 부탁한 것이다. 1921년 봄에 춘원과 박현환이 전후하여 귀국하여 동지를 모았다. 그리하여 1922년 2월 12일 밤에 당주동의 춘원 집(당시 신문로 1가 9번지 英惠醫院)에 모이어 '수양동맹회'를 조직하였다. 그 발기인은 해외에서 입단하고 돌아온 김항주(金恒作), 김태진(金兌鎭), 박현환(朴賢煥), 곽용주(郭龍周), 이항진(李恒鎭)과 국내에서 새로 얻은 동지 김윤경(金允經), 김기전(金起纏), 원달호(元達鎬), 홍사용(洪思容), 강창기(姜昌基)의 열 사람이었다. 춘원은 이 명단에 들지 않았다. 이는 자기 이름이 보이면 발전에 방해될까 염려한다 함이었다. 그러나 사실은 그가 중심인물이었다. 그 춘원은 이 단체가 전 국민을 상대로 하여야 할 민족성 개조운동이므로 비밀운동으로는 될 수 없다 하여 재등실(齋藤實) 총독을 찾아보고 양해를 청하였다. 총독은 "이것이야말로 진정한 독립운동이라" 하더라고 그는 말하였다.

그리고 춘원은 이 단체의 목적을 선전하기에 힘썼다. '민족개조론'을 '개벽' 잡지(1922년 5월, 편집인 金起田)에 발표하였고, 단행본으로 '조선의 현재와 장래'를 출판함 따위가 그것이다. 그러하나, 이에 대한 반응은 찬성과 공박으로 나타났다. 공박의 이유는 "상해에서 독립운동을 하다가 무사히 국내에 돌아옴은 왜정 당국자에게 매수되었다" 하는 비난과 그 "논문 내용이 우리 민족을 모욕하였다" 함이었다. 그는 말하기를 "독립을 하려면 유력한 정치가라든지 과학자, 의사, 교육가, 기타 국가를 조직하기에 필요한 인물이 많이 있어야 하겠는데, 이제 이런 인물이 얼마나 되는가" 함과, "독립은 '소포(小包, 우편물)'로 선사받아 될 일이 아니라" 함이 민족을 모욕하고 독립운동을 무시함이라 하여, 몇 청년이 춘원과 '개벽사'에 폭행까지 한 일이 생기었었다. 그러하나 춘원의 양심은 가을바람과 같이 맑았었다. '동우회'(평양의 '동우구락부'와 합친 뒤 '수양동우회'라 고치었고, '신간회' 시절과 같이 정치운동이 성행될 때에는 '수양'단체라고 가볍게 보는 무리에게 방해를 당할까 하여 '동우회'라고 고친 것) 사건이 터지게 되자(1937. 6. 7) 도산 이하 흥사단, 동우회 관계자 백 수십 명과 함께 검거되었다. 대부분은 종로경찰서에서 불기소로 되어 놓이고, 또 80여 명은 1년 동안 예심에서 기소유예로 놓이어 42명만이 기소되었다. 도산은 예심 결정 (1938. 8. 15) 전인 1938년 3월 10일에 작고하였고, 최윤호(崔允鎬) 박사는 공판이 끝나기 전에 1939년 2월 21일 경찰 고문의 빌미로 작고하였다.

이 사건이 1심 공판(1939. 12. 8)에서는 무죄로 되었고, 2심 공판 (1940. 8. 21)에서는 최고 5년 내지 최하 2년 징역의 유죄판결을 받았고, 3심 공판(1941. 11. 17)에서는 무죄가 되었다. 2심 공판에서 춘원은 징역 5년, 김종덕(金鍾悳/金恒作), 박현환, 김윤경, 주요한 들은 각각 징역 4년, 김동원(金東元), 김성업(金性業), 김병연(金炳淵), 조명식 (趙明埴) 들은 각각 징역 3년, 조병옥(趙炳玉)은 징역 2년 반, 오봉빈 (吳鳳彬), 송창근(宋昌根), 최능진(崔能鎭), 백영엽(白永燁), 조종완(趙鍾完), 김찬종(金燦鍾), 김봉성(金鳳成) 들은 각각 징역 2년, 그 밖의 24명은 다 각각 징역 2년에 3년간 집행유예의 선고를 받았었다. 이같이 춘원은 이 사건에서 최고인 5년 징역의 선고를 받음은 그가 조직의 중심인물이었기 때문이다. 이 동우회, 흥사단 관계자들이 종로경찰서에 잡히어 조사당하는 가운데, 구보다(窪田貞雄) 형사부장은, "총독부에서 너희에게 요구한 것을 들었다면, 이렇게 잡히어 와서 고생을 하지 않았을 것이 아니냐?" 하고 물은 일이 있는데, 이는 1937년 이른 봄에 총독부에서 춘원에게는 문학회를 조직하여 그 회장이 되어 달라 하였고, 필자에게는 매 주일 방송을 통하여 심전개발(心田開發) 강연을 하여 달라 하였던 것을 말함이었다. 그러하나 서로 의논함이 아니언마는, 두 사람이 다 각각 이를 거절하였던 것이다. 일본은 대륙침략을 목적으로 하는 일지(日支)사변(중일전쟁)을 일으키기 약 반년을 앞두고 민족독립주의자들의 생각을 떠보기 위한 수단이었던 것이다. 그리하여 이 정책에 협력하여주지 않을 뿐 아니라 독립운동(3·1운동 때처럼)을 일으킬 염려가 충분히 엿보이었으므로, 일지사변을 일으키기 한 달 전인 6월 7일에 동우회, 흥사단 총검거 사건을 일으키었던 것이다. 이 사건은 5년에 걸친 경찰조사와 예심, 1심, 2심, 3심 공판을 겪는 동안, 피고들에게 육체적, 정신적 고통은 물론 공직을 빼앗고 가족에까지 고통을 끼친, 왜정의 비인도적 식민지 정책의 한 표본이었던 것이다. (6월 10일 화폐개혁한 날 밤)16)

16) 『李光洙全集(月報)』(1962. 7. 20), 춘원과 수양동맹회(김윤경); 『한결 金允經

최남선은 서울 외곽 경기도 수유리 자택에서 용케 납북을 면했다. 반면 춘원은, 한평생 민족운동을 주도하고 해방 후 공산 독재정치를 반대하고 자유민주주의의 가치를 고수하다가 동족상잔에 의해 그렇게 비참한 운명을 당하고 말았다. 함석헌(咸錫憲)은 1955년 11월 23일 사상계 주최의 '육당·춘원의 밤'에 다녀와서 "육당·춘원은 금이 간 옥이었다. 그 옥을 아는 자 없었기에 마음 놓고 울지 못했다"고 한탄하였다.

육당·춘원이 무엇인가? 한퇴지(韓退之)의 말을 빌어 하면 잘 운 사람들 아닌가? 이 나라가 기울어지려 할 때, 이 민중이 고난에 빠지려 할 때 그 불평을 잘 울라고 하늘이 세웠던 이들 아닌가? 그들은 참 잘 울었다. 그 소년잡지, 그 청춘잡지, 그 역사, 그 단군론, 그 백두산근참, 그 백팔번뇌, 그 무정, 그 개척자, 그 단종애사, 이순신, 원효대사, 이차돈, 그것이 다 이 민족을 위해 울고 이 나라를 위해 슬프게 힘 있게 우렁차게 운 것 아닌가? 민중은 한때 그들 안에서 자기의 가슴에 사무친 불평을 시원히 울어낼 수 있었다. 우리가 그들의 공로를 찬양하는 것은 그들이 우리 마음을 잘 알아서 우리가 있으면서도 잘 발표하지 못하는 것을 대신 잘해주었기 때문 아닌가?

그런데 이제 민중이 그들 위해 분(憤)해하고 아껴하고 의아해하는 것은 그렇게 울던 그들이 내쳐 힘 있게 울지 않고 중도에 그 소리가 그만 막혀버렸기 때문이다.

울음이 사람을 움직이려면 그 폐부와 간장에서 나오는 것이 아니면 안 된다. 곧 깊은 데서 나와야 한단 말이다. 뼈에서 혼에서 나와야 한다. 그러기 위하여는 꼿꼿이 서지 않으면 안 된다.

"인지생야직(人之生也直)"이라 사람은 곧은 것이 그 천성(天性)이다. 그러므로 꼿꼿이 서서만 하늘 숨을 마실 수 있고 하늘 숨을 마셔서만 참 맑고 날카롭고 힘 있는 울음을 울 수 있다. 절조(節操)라니 다른 것 아니고 곧음이다. 만일 자기를 굽히면 옳은 울음이 나올 수 없다. 장자(莊子)가 "굴복자는 기익언약와(屈服者 其嗌言若哇, 사실과 벗어난 말은 음란한 소리와 같다)"라 한 것은 이것이다.

머리를 숙이고 허리를 굽히고 가슴을 오그리고 배를 눌러 남한테 꾸

全集』(연세대 출판부, 1985), 권 7, pp.423~425.

부린 자는 맑고 힘차고 우렁찬 소리를 낼 수 없다. 육당·춘원이 독립운동을 하고 민족정신을 위해 싸울 때는 정천입지(頂天立地, 홀로 서서 남을 믿지 않음, 독립기개)로 꼿꼿이 섰었다. 그러나 총독부 사료편수관(조선사편수회)으로 들어가고 가야마 미쓰로우(香山光郞)로 글을 쓰고 강연을 하는 때는 아무래도 굽혔다. 굽혔다 하지 않을 수 없다. 그러니 그 소리가 맑고 날카롭고 진동적(震動的)일 수가 없었다. 동정(同情)이람 동정할 수도 있고, 작다면 작은 일이라 할 수도 있지만, 그 전에 진두(陣頭)에 앞서서 총칼을 무릅쓰고 울던 그 사람과 후의 그 사람을 대조해볼 때, 우리는 이 사람에 어째 이 일이 있었느냐고 주먹으로 땅을 치고 싶고, 보던 역사의 페이지를 찢고 싶음을 금치 못한다.

육당·춘원의 생애는 하나님의 이 민족에 대한 심판이다. 너희 성의와 너희 지혜와 너희 용기가 요것뿐임을 알아라 하는 판결문이다. 그러므로 민중은 자기 가운데 서는 인물에서 자기상(自己像)을 읽어내어 반성해야 할 것이다. 개인적으로 칭찬만 하면 그것은 우상숭배요, 개인적으로 비평만 하면 그것은 자기를 속임이며 자기를 낮추는 일이다. 민중은 인물을 떠받들 뿐만 아니라 비판할 줄도 알아야 하는 것이요, 엄정하게 비평할 줄만 알 뿐 아니라 용서할 줄도 알아야 한다. 자기발견의 정도가 낮은 민중일수록 우상적인 숭배에 빠지거나 그렇지 않으면 가혹하고 도량 좁은 제재(制裁)를 한다. 그래가지고는 사회는 건전한 발달을 할 수 없다. 우리나라는 예로부터 인물 대접할 줄을 모른다. 그것이 우리의 국민적 성격의 큰 결함이다. 재목은 가꾸어서만 있듯이 인물도 가꿔야만 있다. 우리나라 쇠한 큰 원인의 하나는 인물 빈곤이다.17)

춘원은 모든 인습과 전통에 대해 선전포고를 했다. 이로 인해 기독교로부터 파문당했고, '유교망국론'을 펴다가 전국 유림으로부터 탄핵을 받은 것이다. '천안기(千眼記)'에서는 춘원 자신이 한 마리 파리가 되어 삼천리강산을 두루 돌아보며 온갖 인습과 전통에의 거역을 선포하고 있다.

---

17) 『現代文學』(1955. 6), pp.158~167, 六堂·春園의 밤은 가고: 六堂·春園은 금이 간 옥이었다. 그 옥을 아는 者 없었기에(咸錫憲).

내 몸이 파리 되어, 삼천리 두루 돌아

큰 사람 작은 사람, 착한 사람 악한 사람

욕심꾸럭(구러기) 심술꾸럭, 장난꾸럭 불평꾸럭

애국자 비애국자, 충직한 자 간사한 자

괴물 흉물 추물, 기가 막힌 모든 망물(妄物)

어여쁘고 얌전한 이, 못나고도 유덕(有德)한 이

잘나고도 박복한 이, 팔자 좋아 걱정인 놈

팔자 궂어 한탄인 놈, 잘난 놈 못난 놈

살겠다고 애쓰는 치, 애쓰는 것 비웃는 치

곰바리(곱상어) 악바리, 쪽진 머리 트레머리

잘 웃는 유(類, 무리) 잘 우는 유, 홈치교에 교주 방주(房主)

사회주의 또바러슈, 대소 바보 고림보

헐게 늘어 빠진 보, 주정뱅이 가난뱅이

셋방 찾아 복덕방이, 살인, 강도, 사기, 절도,

무당, 판수, 유도(儒徒), 불도(佛徒), 점잖으신 학교 선생

장난꾼이 남녀 학생, 갈보와 기생이며

영미국에 유학생, 땀 흘리는 농부 인부

무서웁다 순사 경부, 지고이고 서북간도(西北間島)

합삐(法被, はっぴ, 직공의 짧은 겉옷) 입고 대판(大阪) 광도(廣島)

가는 이들 두루 찾아, 이리 찾고 저리 찾아

한 이야기 지어볼까, 한 이야기 지어볼까

설운(서러운) 대목 있거들랑, 부디 울기 잊지 말고

우순(우스운) 대목 만나거든, 마음 놓고 웃어주고

괘씸한 것 고약한 것, 염려 말고 호령하고

기특한 것 갸륵한 것, 아낌없이 칭찬하고

얄망궂고 가증한 것, 아니꼽고 숭한 것

모두 다 보아주고, 가다가 재미없는 것

눌러보고 지나가고, 혹시 제법 잘된 것

"응 잘했군" 칭찬하게

어즈버

새해 되다 하니

새 이야기 할까나.18)

조연현(趙演鉉)은 춘원을 모든 인습과 전통에의 반역아, 철저한 반봉건적인 혁명아라고 정의하고 있다.

'정육론'('今日 我韓青年과 情育')을 발표하여 이단적인 반항아의 면모를 나타낸 춘원은 '무정'과 전후해서 '자녀중심론'을 써서 그의 혁명적인 풍모(風貌)를 완전히 드러냈다. 지금에 있어서도 아직 위험한 사상이라고 할 수 있는 이러한 발언이 봉건적인 모든 것이 아직도 지배적인 세력을 형성하고 있었던 37년 전의 그 당시에 제창되었다는 것은 놀랄 만한 일이 아닐 수 없다. 그것은 춘원의 이 발언이야말로 몇천 년을 두고 내려온 한국의 전통적인 가족제도나 사회윤리에 대한 공공연한 최초의 반역적인 선언이었기 때문이다. 만일 이 발언이 이보다 10, 20년 전에만 제창되었더라도 그는 한국 사회에서 매장되었을 것이다. 그러나 이미 시대는 전환되면서 있었다. 그러기 때문에 그의 이 중대한 전통에의 반역은 그것이 그대로 하나의 선구적인 혁명이 되어졌다. 이러한 춘원의 혁명적인 반역은 물론 봉건성(封建性)에 대한 비판과 부정으로서 행하여진 것이기도 하지만 과거의 지나가는 역사보다도 미래의 닥쳐오는 역사를 더 중시할 수밖에는 없었던 당시의 국치(國恥)와 미개한 민도(民度)에 대한 일 반발이기도 했던 것이다. 이것은 소년을 시나 소설의 주인공으로 선택함으로써 조국의 장래와 운명을 소년들에게 의탁해보려는 신문학운동의 중요한 일 경향으로서 한층 더 적극적으로 발전되어갔다. 이러한 반봉건적인 그의 사상적인 혁명성은 '무정'에 표시된 애정의 자율성(自律性)과 근대적인 자아(自我)의 각성 등으로 그 절정에 달했다. 선구자란 대체의 경우, 혁명적인 성질을 띠우는 것이지만 최남선의 경우와 대조해볼 때 그 혁명의 성질은 약간의 차이를 가지는 것이었다. 가령 최남선의 선구적인 성질의 하나를 언문일치(言文一致)에 둔다면 그러한 근대적인 문장형식인 언문일치에 적합한 근대적인 내용을 가져온 사람이 춘원이라고 볼 수 있다. 그러므로 전자를 형식상의 선구자라고 본다면, 후자는 실제상의 혁명아(革命兒)라고 보아야 한다. 춘원은 이를테면 생활과 환경 그 자체를 근본적으로 뒤바꾸어놓으려는 최초의 근대적인 혁명아로서 김동인도 그의 이

---

18) 『東亞日報』(1926. 1. 2), '千眼記' 作者의 말.

러한 혁명적인 의의를 지적하였다. 춘원의 이러한 반역성(反逆性)은 그것이 그대로 그의 근대적인 혁명성으로서 그의 선구적인 공로의 가장 기본적인 요소를 형성하는 것이다. 그것은 춘원의 이러한 반역적, 혁명적인 기치를 토대로 하고 이 땅의 온갖 근대생활은 전개되어나간 것이기 때문이다. 그러므로 그의 문화적, 문학적인 모든 선구적인 공적(功績)과 함께 그의 사상적인 의의를 또한 우리가 잊어버릴 수 없는 이유가 여기에 있다.[19]

2. 이광수 천재론

천재 중의 천재, 춘원 이광수의 천재성은 만인이 공감하고 있다. 그런데 문제는 자신의 천재성을 겸손하게 받아들이지 않고 본인 스스로 자칭 '천재(天才)'란 호를 지어 사용하면서 이를 과시했다는 것이다. 춘원은 상해 독립신문 사장 시절 '천재'라는 호를 사용, 수많은 논설문을 발표했다. 춘원은 천재란 곧 '장기(長技)'라고 정의하면서 자신의 천재에 대하여 다음과 같이 실토하고 있다. "이 말하는 나는 무론 천재라는 것을 믿는 사람이오. — 믿기에 이런 소리를 하지요. 지금 내가 말하는 천재는 과안부재독(過眼不再讀, 지나쳐 보되 다시 읽지 않아도 아는 자)하는 것을 이름이 아니요, 시성읍귀신(詩成泣鬼神, 귀신도 울리는 시를 짓는 자)하는 것만 이름도 아니오. 아무렴, 이것도 천재야 천재겠지요마는 그런 것만을 가리켜 이름은 아니라는 말이오. 이것이 다른 사설같이 들리겠소마는 그렇지 아니하오. 내가 말하려는 천재는 여러분의 통상 말에 잘 쓰시는 장기(長技)라는 것과 같으오. 아니, 같을 뿐 아니라 천재 즉 장기, 장기 즉 천재올시다."[20]

춘원은 "천재 즉 장기, 장기 즉 천재(天才卽長技, 長技卽天才)"라고 정의하고 있다. 누구나 남이 하지 못하는 장기를 가진 자가 천재란 뜻이다. "이리하여 우리 각자의 천재를 안 다음에는 어떻게 할까요? '나

---

19) 趙演鉉, 『韓國現代文學史』(現代文學社, 1956), pp.219~223.

20) 『少年』(1910. 8. 15), 天才(孤舟).

아가라, 휘살피지 말고 나아가라!'가 그 대답이겠소. 한번 각자의 천재를 알아 이로 목적을 정한 이상에는 그리로 나아가야 하오. 주저 않고 나아가야 하오. 인생의 행로는 평탄한 것이 아이(니)오. 별의별 장애가 많은 것이요마는 이를 다 쓸어 제치고 미욱스러이 나아가야 하오. 나아가란 기한은 우리 속에 심장의 운동이 쉬는 날이오. 그러나 우리들이 나아감은 성공을 바라기는 할망정 기약하지는 못하오. 아니 기약할 것이 아니오. 그저 내 천직(天職)을 다함이라고만 생각할 것이오. 과연 말이지 나도 본국사(本國史), 나아가서는 만국사(萬國史) 한 페이지에나마 내 사진과 기사로 채우고 싶소마는 기약은 아니 하오. 다만 나의 천재가 그리로 나아갈 따름이라 하지."21)

결국 이광수는 주저 없이 나아가서 천재성을 실천하는 역행지식인(力行知識人)이 되겠다는 의미이다.

와세다대학 특대생 이광수는 '무정'을 매일신보에 연재하면서 1917년 4월 '천재야! 천재야!'를 '학지광'에 발표했다. 이광수는 경제, 종교, 과학, 교육, 문학, 예술, 철학, 공업, 상업, 정치 등 10대 천재가 나와서 신 조선 문화의 꽃을 피우고 부국강병정책에 의해 그리스 헬라스 세계의 패권을 차지한 스파르타처럼 부국강병국의 탄생을 축원하고 있다.

황금을 보물이라 하고 금강석을 보물이라 하오. 근래에는 라듐을 보물이라 합데다. 무론 이런 것이 보물이 아님이 아니지요. 개인으로 이러한 것을 많이 가지면 부자라 할지오. 국가로 이런 것을 많이 가지면 부국이라 하겠지요. 그러나 이러한 보물은 땅을 파면 나오는 것이외다. 우리는 얻으려고만 하면 아무 때에나 아무 곳에서나 이것을 얻을 수가 있지요. 그러나 이보다 더 귀한 보물이 있어요. 이보다 더 효력이 많고 조화가 무궁한 보물이 있어요. 그것은 땅을 파서 나오는 보물이 아니요 오직 하늘로서만 내려오는 보물이외다. 땅에서 나오는 것이면 우리 손으로 팔 수도 있겠지마는 하늘로서 내려오는 것이야 우리 힘으로 어찌하오. 우리 팔이 하늘에 닿지 못하니 오직 우리 눈으로 하늘을 쳐다보며 빌고 바랄 뿐이외다. 이 보물이야말로 참 보물이야요.

---

21) 상게서.

이 보물은 즉 천재외다, 위인이외다. 칼라일의 이른바 영웅이외다. 공자(孔子)와 노자(老子)와 예수와 석가와 이백(李白)과 두보(杜甫)와 라파엘로와 베토벤과 비스마르크와 워싱턴과 링컨이외다. 퇴계(退溪)와 율곡(栗谷)과 매월당(梅月堂)과 난설헌(蘭雪軒)이외다. 코페르니쿠스와 뉴턴과 퀴리와 칸트외다.

한 나라와 한 사회가 이로 하여 행복을 얻고 전 세계의 인류가 이로 하여 가치와 부와 귀와 행복을 얻는 것이외다. 그러므로 우리는 쌀과 돈을 모도와(모아) 그를 봉양(奉養)하고 나무와 돌을 모도와 그가 있을 집을 지어주며 거마(車馬)로 그에게 등대(等待)하고 칭찬과 감사로 그의 몸을 꾸미다가 마침내 아름다운 꽃과 대리석으로 그의 무덤을 장식하며 사당을 짓고 위패(位牌)를 만들어 전자전손(傳子傳孫)하며 그를 봉사(奉祀)하는 것이외다.

그러나 위인은 결코 이러한 보수를 받으려고 그 위대한 사업을 하며 작품을 하는 것이 아니외다. 그는 사회를 근심하고 사랑하는 충정으로, 사회에게 가치를 주고 행복을 주량으로, 혹 심산에 고행도 하며 혹 광야에 금식도 하며 혹 학교에서 혹 서재에서 형설침고(螢雪針股, 눈과 반딧불에 비춰 글을 읽고 바늘을 찔러 공부함)의 고심하는 기도로 비로소 천명(天命)을 받아 사회에게 전하는 것이외다. 그러므로 삶이 사회를 위함이요 일하고 생각함이 사회를 위함이며 하늘에 빌고 신명(神明)에게 구함이 또한 사회를 위함이외다. 그가 웃음은 사회의 행복을 보았음이요 그가 통곡함은 사회의 불행을 보았음이외다. 그러므로 그의 몸은 그 자신의 몸이 아니라 그의 사랑하는 사회의 몸이며 그의 생명과 그의 사업과 작품은 그의 사유물이 아니라 그의 사랑하는 사회에게 그가 바친 공유재산이외다. 그러므로 그는 일생에 자기의 이익이나 자기의 안락을 생각함이 없지요. 그는 일찍 자기를 자기라고 생각해본 적이 없지요. 그러므로 그는 자기의 전지(田地)를 불리고 자기의 집을 크게 할 줄을 모르며 자기의 몸을 꾸미고 자기의 명예를 구할 줄을 모르지요. 그러니까 얼른 보기에 그는 미련한 듯하고 세상을 모르는 듯하지요. 세상이 중히 여기는 명예나 안락이나 재산을 중히 여길 줄 모르므로 그를 미련하다 하는 것이지요. 그러나 그는 세상이 자기를 위하여 하는 염려와 갈망과 노역(勞役)을 사회 전체를 위하여 하는 것이외다.

범인은 오직 자기를 위할 줄만 압니다. 그가 생각하는바 경영하는바 염려하는 바 노역하는바가 전혀 자기의 행복이나 명예를 위하는 것이외다. 그러므로 그의 성공은 위인의 성공에 비기면 빠를 것이외다. 좋은 집에 좋은 옷을 입고 잘 먹고 잘 살겠다 함이 가령 어떤 범인의 목적이라 하면 그는 10년이나 20년의 노력으로 족히 이를 얻을 것이요 운수 좋아 일확천금이나 하면 1년, 2년에 족히 이를 얻을 것이외다. 그러면 그는 즉시 석공(石工)과 목공(木工)을 불러 집을 지을지요 재봉점에 의복을 주문하며 보석점에 장식과 패물을 명할 것이외다. 그 이튿날에는 그는 벌써 일개 한서생(寒書生)이 아니요 당당한 신사가 되는 것이외다. 세상이 그를 대하여 언어와 예절을 고치고 그도 세상에 대하여 언어와 예절을 고칠 것이외다. 이리하여 그는 거세(擧世)의 앙모하고 흠선(欽羨)하는 표적이 될 것이외다.

그러나 위인은 일생에 별로 변함이 없지요. 갑자기 부자가 되는 것 같지도 아니하고 몸치레가 차차 아름다워가는 것 같지도 아니하고 언어나 행동이 나날이 거오(倨傲)하여가는 것 같지도 아니하고 표면으로 보기에 늘 서생이요 늘 가난하고 늘 천한 것 같지요. 그러므로 범인은 그를 지목하여 열패자(劣敗者)라 하고 못생긴 자라 하지요. 대개 범인은 그의 몸을 보되 그의 하늘에 통한 정신을 보지 못함이외다.

위인도 그 일상생활은 범인과 다름이 없지요. 도리어 범인보다도 더 졸할는지도 모르지요. 대웅변가라고 반드시 좌담에 능한 것이 아니언마는 범인은 좌담 시에 대웅변가를 이기면 곧 대웅변가가 자기보다도 열(劣)하다고 비웃지요. 세인은 흔히 위인을 볼 때에 그네의 평범한 일상생활을 볼 뿐이외다.

칼라일의 말에 역사는 위인의 기록이라 한 것같이 한 나라의 문명은 그 나라의 위인의 사업의 집적이외다. 정치가 발달하려면 정치적 위인이 있어야 하고 산업이 발달하려면 산업적 위인이 있어야 하고 문학이나 종교나 예술이 발달하려면 각각 그 방면에 위인이 있어야 하지요. 그런데 문명이란 이 모든 것의 총화를 이름이니까 위인이 없으면 그 나라에는 문명이 없을 것이외다.

그런데 위인은 만들어서 되느냐 하면 그런 것이 아니라, 위에도 말하였거니와 하늘에서 떨어지는 것이외다. 10년에 하나 혹은 백 년에 하나 하느님은 한 나라에 위인 될 종자를 떨우는 것인데 일단 땅 위에 떨어진 뒤에는 그것을 배양하고 아니 하기는 전혀 그 사회의 지혜에 맡기는 것이외다. 만일 그 사회가 운수(運數)가 좋고 총명하여서 이 종자를 잘 보호하고 잘 길우면(기르면) 그것이 쑥쑥 성장하여 꽃이 피고 열매가 맺히는 것이외다. 그러나 미련하고 죄 많은 사회는 이러할 줄을 모르고 도리어 그것을 누르고 밟고 비벼서 중도에 말라죽게 하는 것이외다. 이러한 사회는 진실로 저주받은 사회요 그네의 운명은 멸망일 것이외다.

우리 조선엔들 그동안 얼마나 위인의 씨가 떨어졌겠소마는 우리 조상들은 그것을 알아보지 못하고 밟고 눌러서 모두 말라 죽이고 말았소그려. 그중에는 대정치가도 있었으리다. 대교육가, 대종교가, 대실업가, 대문학가, 대예술가도 있었으리다. 대과학자, 대발명가도 있었으리다. 그러나 그네는 돌아보는 자 없으며 고만 말라버리고 말았소그려. 아아, 그 대손실을 생각하면 참 뼈가 저리외다.

천재는 대개 겸손하외다. 그는 자기를 보는 눈이 너무 밝으므로 자기를 위대하다고 생각할 줄을 모르고 평생 자기는 남만 못한 평범한 자라고 생각합니다. 천재가 자기의 천재를 자신하기는 자기가 무슨 한 사업을 일너(이루어) 세상의 공인(公認)을 받은 뒤외다. 그러하기 전에는 천재는 항상 자기는 아주 무가치한 범인으로 자신하는 것이외다. 평범한 인물이 도리어 자고자부(自高自負)하기 쉬우니 그는 자기를 밝히 보는 눈이 없음이외다. 천재는 완전을 직관하는 힘이 있지요. 자기를 그 완전에 비교하면 실로 보잘것없이 보일 것이외다. 그러므로 그는 자비(自卑)하고 자굴(自屈)합니다. 그러다가 세인(世人)은 자기보다도 더 불완전하다하는 것을 안 뒤에야 자기가 세상을 인도하여야 하겠다는 자신이 생기는 것이외다. 그러나 범인은 이 완전을 직관하는 안광(眼光)이 없고 오직 자기만 볼 뿐이므로 자기가 세상에 제일 잘난 사람인 듯이 보이는 것이외다.

천재는 이렇게 자비·자굴하는 경향이 있으므로 범인보다 심각한 고통을 맛보는 것이며 마침내 자기에게 대하여 실망낙담하게 되는 것이외다. 이러므로 어떤 형안자(炯眼者)가 그의 천재를 통관(洞觀)하여 그에게 천재라는 자신을 주고 물질과 정신으로 그를 보호하고 장려함이 필요하외다. 이것을 속(俗)에 지인지명(知人之明, 사람을 잘 알아보는 明察)이라 하지요. 그런데 천재가 아니고는 여간해 이 지인지명을 가지기가 어려운 것이외다. 그러므로 천재 하나이 나면 다수한 천재가 접종이기(接踵以起, 뒤를 이어 일어남)하지마는 오래 천재가 끊겼다가는 여간해 천재가 나기 어려움이 이 때문이외다. 영국에 존슨[22] 박사는 실로 이것의 최적(最適)한 실례외다. 그는 용하게 지인지명이 있어서 교제하는 사람들 중에서 천재가 있을 듯한 자를 뽑아내어서는 그에게 천재의 자신을 주고 분발케 하며 격려하였으므로 그의 문하에서 다수한 문학적 천재가 배출하였소. 생각건대 우리 조선에도 지나간 수백 년간에 얼마나 많은 귀중한 대천재가 알아주는 이와 보호하여주는 이가 없어서 말라 죽었으며 현금에도 날마다 시마다 말라 죽는지요!

위에도 말하였거니와 천재는 흔히 못생겨 보이지요. 명민(明敏)치 못하여 보이는 자도 있고 어른의 말에 순종치 아니하는 듯한 자도 있고 태타(怠惰)하고 방탕한 듯한 자도 있지요. 좁은 범인의 소견에는 흔히 사람구실 못할 것같이 보이지요. 범인은 범인을 좋아합니다. 자기네와 같은 범위, 같은 규구(規矩) 속에 드는 자를 좋아하므로 조금이라도 이를 벗어나면 범인은 곧 그를 '악인이라', '안 된 놈이라' 하여 타기하지요. 위인의 전반생이 혹은 전 일생이 사회의 악매(惡罵)와 조롱과 천대의 표적이 됨이 실로 이 때문이지요. 자기네 눈이 미치지 못하는 하늘 위엣 것과 자기네 생각이 미치지 못하는 미래엣 것을 예언할 때에 범인이 천재를 미친놈이라 하고 조롱함이 그럴듯한 일이지요. 자기네가 제 몸을 위하여 울 때에 그가 천하를 위하여 울고 자기네가 금일을 보고 웃을 때에 그가 명일을 생각하여 통곡함을 보고 천재를 얼빠진 놈이라고 비웃음이 또한 당연하외다.

천재는 흔히 불러야 나오지요. 사마골(死馬骨, 쓸모없는 말 뼈다귀)을 오백금(五百金)에 사는지라 천리마(千里馬)가 모여드는 것이외다. 그러므로 흥하려는 지혜 있는 백성은 목을 놓아 천재를 부르고 하늘을 우러러 천재를 비는 것이외다. 그러다가 하나를 얻어 만나면 애지중지하고 칭찬하고 감사하고 존경하는 것이외다. 실로 이러함이 마땅하외다. 그 천재는 그 백성 전체에게 또는 천만 대 후손에게까지 썩지 아니할 보물을 줄 것이니까, 크고 큰 행복을 줄 것이니까.

천재를 몰라보는 백성은 불쌍하외다. 천재를 핍박하고 천대하는 백성은 멸망하지요. 옛날에도 들에 잊어버린 선비가 없으므로 명주(明主)

---

22) 존슨(Samuel Johnson, 1709~1784). 18세기 영국의 문학비평가.

의 일덕(一德)을 삼은 것이오. 하물며 나라와 나라의 경쟁이 극도에 격렬한 금일에는 각 나라이 천재를 중히 여기기를 생명과 같이 여기는 것이오. 아무리 하여서라도 천재를 얻어내량으로, 아무리 하여서라도 천재를 배양하량으로 전심전력을 다하는 것이외다.

지금 조선은 정히 천재를 부를 때외다. 모든 종류의 천재를 부를 때외다. 제 밥을 굶어가며 천재를 먹이고 제 헐을 벗어가며 천재를 입히고 — 아니, 제 살을 깎아 천재를 먹이고 제 껍질을 벗겨 천재를 입힐 때외다. 그러다가 천재가 쑥 나서면 그의 앞에 무릎을 꿇고 '오 우리 은인이시여!' 하고 감사와 존경의 눈물을 흘릴 때외다. 만일 조선이 잘되려면 정히 이렇게 하여야 할 때외다. 하지 아니하면 안 될 때외다.

그런데 조선인은 천재를 모릅니다. 알면 누르고 밟고 시기하고 핍박하여 마침내 말라 죽는 것을 보고야 좋다고 춤을 추는 백성이외다. 그네는 그 죄의 보수를 톡톡히 받았지요. 그만하면 인제는 천재를 보물로 알 만한 때도 온 것 같습니다. 결코 예수를 십자가에 다는 유대인이 아니 되고 영웅에게 월계관을 씌워주는 그리스인이 되어도 좋을 때외다. 나는 하늘을 우러러 큰 소리로 '천재야! 천재야!' 하고 부릅니다.

지금 동경 유학생 중에도 천재가 있는지 모르지요. 있을 것이외다. 있어야 할 것이외다. 경성 각 학교 중에도 천재가 있는지 모르지요. 있을 것이외다. 있어야 할 것이외다. 없으면 어찌하게요? 그야말로 큰일납지요. 다만 누가 그네의 천재를 알아보아주며 그네의 천재를 격려해줄까요? 알아보는 이와 격려하는 이가 없으면 그네도 전에 왔던 자와 같이 말라 죽을 것이외다. 아아, 그리하면 조선인은 영원히 고만한 대로 말라붙고 말 것이외다.

우리는 천재를 칭찬해줍시다, 격려해줍시다. 그리고 존경해줍시다. 그래서 그네로 하여금 기쁘게, 마음 놓고, 힘껏 자기네의 전새를 발휘하게 합시다. 적어도 당장 천재 열 명은 나야 되겠소. 시급히 열 명은 나야 되겠소. 경제적 천재, 종교적 천재, 과학적 천재, 교육적 천재, 문학적 천재, 예술적 천재, 철학적 천재, 공업적 천재, 상업적 천재, 정치적 천재 — 이 열 명은 시급히 나야 되겠소. 묻노니 누구누구가 그 후보자인가요?

이 열 명이 나면 조선 신문명의 어리가리(어리보기)는 되겠고, 그 뒤에는 그네들이 또 새끼를 칠 터이니 아무 염려가 없을 것이요마는 10

년 안으로 이 열 명이 나오지 아니하면 우리는 아주 말이 아닐 것이외다. 다시 나는 소리를 높여 '천재야! 천재야!' 하고 부릅니다. (2월 20일 밤)23)

춘원은 11세에 호열자 유행병으로 부모를 모두 여읜 천애의 고아가 되었다. 불쌍한 소년을 위해서 동네사람들이 돈 3원을 모아주었다. 3원을 밑천으로 담배장사를 시작했다. 평양에서 궐련(卷煙) 한 봉을 사다가 한 갑씩 팔면 근 1원의 이익이 붙는다. 가까운 정주 읍내에서 사오면 이익이 박하기 때문에 3백 리 머나먼 평양까지 가서 사다가 파는 참으로 무서운 시련의 장사를 하기도 했다. 그처럼 힘든 고초를 겪으면서도 "내가 장래에 훌륭한 사람이 되기 위해 글만은 꼭 배워야 한다"는 생각에서 동냥글을 얻어 읽는 것만은 항상 게을리하지 않았다. 이처럼 남의 동냥글을 얻어 읽고도 한 번 읽으면 통달하는 천재성을 보였던 것이다.24)

춘원의 소년시대의 자서전('나', '스무살고개')에 의하면 그는 한 번 보고 잊지 않는 일람첩기(一覽輒記)의 비상한 천재성을 타고났다고 솔직담백하게 서술하고 있다.

그러는 동안에도 나는 차차 나이를 먹고 키가 자랐다. 언제부터 어떻게 공부를 시작하였는지 모르거니와 언문도 깨치고 한문도 대학, 논어, 맹자, 중용, 고문진보 전집, 사략 초권 하편 같은 것도 읽었다. 나는 맹자와 중용을 글방에서 배운 것은 기억하나 천자문과 그 밖에 것은 어디서 배웠는지 모르니 아마 아버지께 배웠을 것이다. 갑자 을축하는 육갑도 배우고 갑기지년에 병인두, 을경지년에 무인두 하는 것이며, 갑기야반에 생갑자, 을경야반에 생병자 하는 것 등도 배우고 사례도 배워서 축문도 내 손으로 썼다. 이것은 아버지가 재미와 자랑거리로 내게 씌운 것이다. 이런 것이 원인이 되어서 나는 재주 있는 아이라는 소문을 내게 되었다. 나는 순 임금 모양으로 눈동자가 둘이라는

23) 『學之光』 제12호(1917. 4. 19), pp.6~12, 天才야! 天才야!(李光洙)
24) 『中央日報』(1978. 4. 21), 남기고 싶은 이야기들(鄭飛石).

둥, 무엇이나 한 번 들으면 잊지 아니한다는 둥 무척 과장된 칭찬을
받게 되었다. 아버지 친구들이 찾아오면 내게 글자를 물어보고 내가
그것을 알면 과연 용하다고 굉장하게 칭찬을 하였다. 그럴 때면 아버
지는 만족한 듯이 웃었다.25)

이광수는 네 살 때 한글을 깨쳤고, 외조모에게 언문소설을 읽어주어
서 상급으로 밤과 배를 얻어먹었다고 한다. 여섯 살에 글방에 다니면서
사서삼경(四書三經)을 통달, 신동(神童) 소리를 듣게 된 것이다.

나는 절 아랫말(아랫마을)에서 꼭 몇 해를 살았는지 모르거니와 여
기서 글방에 댕기기를 시작했다. 천자(千字)와 반절(反切, 한자의 두
자음을 반씩만 따서 한 음을 만들어 읽는 법)은 네 살 적에 깨트렸으
니(깨쳤으니)라고 남들이 말하거니와 내가 외조모한테 이야기책을 읽
어드리고는 상급(賞給)으로 밤과 배를 받은 것을 기억하고 또 외조모
가 돌아갔을 때에 어머니가 끌러놓은 당기(댕기)를 허리에 두르고 작
난(장난)하던 것을 생각하면 여섯 살쯤인 것 같으니 언문을 깨친 것은
꽤 일렀던 듯하고, 또 아버지가 읍내에 가서 달포 병으로 누웠을 때에
아버지가 내게로 보낸 편지를 내가 보았고 또 그 편지 답장을 내 손으
로 쓰고 그 끝에 '戊戌至月念一日'(1898년 11월 21일)이라고 쓴 것이
기억되니 '무술'이면 내가 일곱 살 적이다. 그러면 그때에는 한문도 몇
자 알았던 모양이다.
   내가 절 아랫말 글방에서 처음 읽었다고 기억되는 것은 사략(史略)
하편이라는 책인데, 그러면 사략 초권은 언제 읽었는가 분명치 아니하
고 '天皇氏以木德王'(중국 태곳적 삼황(三皇)의 으뜸)으로부터 초권
한 권을 통(通) 합독(合讀)한 것은 생각이 난다. 그리고는 '무제시(無
題詩)'라는 책 — "天長九萬里 地濶三千界 白酒仁(紅)人面 黃金黑土
心 天淸一雁達(遠) 海濶孤帆遲 欲窮(究)千里目 更上一層樓" "하늘은
구만 리나 길고 길어 땅은 삼천세계같이 넓도다. 막걸리 마신 인자(仁
者)의 얼굴이여, 황금이란 그릇된 선비의 음흉한 욕심이라. 하늘은 맑
고 한 마리 기러기 날아왔으니, 넓은 바다에 외로운 돛단배 천천히 노

25) 李光洙, 『나』(文硏社, 1947. 12. 24), pp.17~18.

저어 간다. 천리 밖을 내다볼 수 있는 눈으로 이런 풍경을 모두 다 바라보고자 한층 누각 위에 다시 오르네."(저자 역) 이런 것들이 적힌 책이었다. 그 다음에는, "馬上逢寒食 途中屬(屬)暮春 可憐江浦望 不見洛橋人" "말 위에서 한식을 맞이하더니 길 가던 도중에 어느덧 늦봄이 되었네. 가련하도다 강 포구를 바라보니 낙수(洛水)의 다리 위에는 사람의 그림자라곤 보이지 않네."(저자 역) 같은 것을 쓴 '마상소시(馬上小詩)'. 그리고는 대학, 중용, 맹자, 논어, 고문진보(古文眞寶) 전집(前集)과 후집(後集) 같은 것을 읽었는데 아마 줄글(散文, 長文)은 겨울에 귀글(詩賦)은 여름에 읽었을 것이다. 그러나 여름에 맹자를 읽던 기억도 있다.26)

또 나는 어려서 재동(才童)이니 신동(神童)이니 하는 칭찬을 들었고 학교에서도 첫째는 못해도 셋째까지는 하였다. 이 학교에 와서도 나는 잘 알고 잘 가르치는 선생이다. 나는 글도 잘 짓고 말도 잘한다. 나는 톨스토이도 알고 셰익스피어, 바이런도 안다. 나는 일본말은 썩 잘하고 영어는 곧잘 한다. 그만하면 나는 잘난 사람 아닌가. 더구나 내게는 닭의 싸움을 보고 천지의 비밀을 들여다보는 큰 직각력(直覺力)이 있다. 이것이야말로 공자, 석가, 예수로 하여금 공자, 석가, 예수가 되게 한 힘이 아닌가. 나는 이미 핀 꽃이 아니라, 장차 필 꽃의 봉오리다. 내게는 아직도 피어날 큰 꽃이 있다. 이야말로 나로 하여금 세계에 가장 빛나는 큰 인물이 되게 한 장본이다.27)

운허(耘虛) 이학수(李學洙, 1892~1980)는 춘원과는 삼종형제간(8촌)이다. 운허 스님은 팔만대장경을 한글로 번역했고 불교사전을 편찬한 불교학 대가이다. 그는 어릴 때 춘원과 같은 서당에서 글을 배운 동갑내기이다. 춘원의 아버지는 학슬안경을 얻는 태몽을 꾸어서 아들의 이름을 보경(寶鏡)이라 불렀다. 동갑내기 보경과 이학수는 이학수 집 마을 서당 회보재(會輔齋)에서 김익전(金益銓) 선생에게 6개월간 한학

26)『朝鮮日報』(1937. 1. 1), 長篇小說. 그의 自敍傳(長白山人) 8회; 李光洙,『그의 自敍傳』, pp.27~28. 괄호 안 한자는 단행본의 잘못 고증한 한자임.

27) 李光洙,『스무살고개 '나' 靑春篇』(生活社, 1948. 10. 15), p.100.

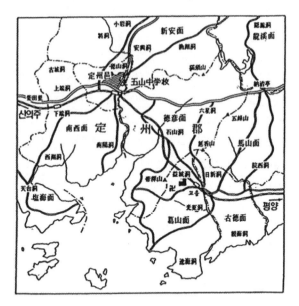

平安北道 定州郡 葛山面 益城洞 940番地,
春園의 出生地

이광수의 고향 평안북도 정주군 지도
이광수(1892~1950)는 1892년 2월 1일(음) 전주이씨 문중의 종손으로 태어났다. 운
허 이학수(1892~1980)는 이광수와 삼종제(8촌 동생) 사이로 1892년 2월 25일(음)
정주군(定州郡) 신안면(新安面) 어호동(漁湖洞)에서 태어났다. 오산학교는 정주읍에
위치하고 있다.

을 배운 일이 있다. 그때 김익전 선생이 무슨 책을 읽고 있었는데 소년
들이 어깨 너머로 들여다보았다. 김익전 선생이 소년들을 불러놓고 그
책 내용을 물었더니 보경은 처음부터 끝까지 정확하게 말할 수 있었고,
이학수는 앞부분만 조금 알 수 있어서 보경의 기억력이 뛰어난 재동(才
童)임을 처음으로 인정받게 되었다. 보경이 여덟 살 때(1899) 이학수의
외숙 정주군수가 백일장(白日場)을 개최했는데 보경이 장원으로 뽑혀
축하 음식상을 받았다. 보경은 어깨 너머로 한 번 보고 잊지 않는 일람
첩기(一覽輒記)의 신동(神童)이었다. 운허는 춘원의 천재성을 이렇게
회고하고 있다.28)

춘원 이광수는 나의 삼종형(三從兄)이다. 춘원의 어르신네가 나의 선친과는 6촌이었고 나에게는 재당숙(再堂叔)이 되니 춘원과 나는 8촌이었다. 나이는 동갑네였으나 춘원이 생일이 나보다 앞서 손위 형이었다. 우리 이씨 문중은 평북 정주군에 띄엄띄엄 흩어져 살았다. 춘원은 갈산면(葛山面)에서 살았고 나의 집은 고안면(高安面)에 있어 피차 50리가량 상거(相距)하였다.

나의 기억으로는 6, 7세 때 일들이 주로 생각날 뿐이다. 춘원은 그맘때 어르신네를 따라 우리 집에 오면 여러 날을 유숙하였다. 춘원 어르신네가 어린 아들을 우리 집에 맡겨놓고 며칠 동안 일을 보시다가 데려가곤 하던 것이 생각난다. 그럴 때면 나는 춘원과 함께 글방 출입을 하곤 하였다. 춘원의 집이 이씨(李氏) 문중의 종가(宗家)였으나 그 형세가 심히 빈한(貧寒)하여 조석(朝夕)을 못 잇는 처지였던 것으로 기억한다. 춘원의 이름은 원래 광수(光洙)가 아니다. 40이 넘어서 춘원을 낳으신 우리 재당숙은 어느 날 좋은 안경 하나를 얻는 태몽(胎夢)이 있은 후 아들을 보았다 한다. 그래서 어려서는 '보경(寶鏡)'이라 불렀다. 보배와 같은 거울이라는 뜻인가 한다.

보경이는 지금 생각해보아도 어릴 때부터 남다른 문재(文才)가 있었던 것 같다. 8세 때 우리 외숙이신 정주군수(定州郡守)가 요새말로 백일장 비슷한 한시(漢詩) 짓기 대회를 베풀어 그 고을 유동(幼童)들이 별난 글재주를 펴보이게 되었다. 나는 우리 선친 손에 이끌리어 구경을 갔었는데 보경이가 장원(壯元)을 하여 큰 음식상을 떡 받고 앉았던 것과 상품을 많이 탄 것을 보았다. 나중에 들은 얘기로 그 대회의 발제(發題)는 '국화(菊花)'라는 것이었더라고 한다. 보경이가 지은 첫 구절을 옮겨보면, "東籬(동리)에 凌霜發(능상발)하니 無數黃金錢(무수황금전)이라…"고 했던 것 같다. 즉 이를 풀이해보면 "국화란 꽃은 늦가을 피는 것이니 동쪽 울타리에 서리를 우습게 여기고 고고히 피어나 마치 무수한 황금의 돈이 열린 것 같다"는 뜻이었다. 내가 그것을 여직껏 기억함은 그때 나도 그 뜻은 새길 수 있었던 때문이었겠으나 아직 그 정도의 글을 지어낼 형편은 못 되었다. 시관(試官)은 8세의 어린 애가 대뜸 그 정도의 첫 구절을 지어낼 수 있는 기개를 보고 감탄해

---

28) 『春園硏究學報』 제2호(2009), pp.170~173, 춘원 이광수(李光洙)와 운허(耘虛) 스님(신용철).

장원을 준 모양이었다.29)

노양환은 이광수의 동경 유학 시대의 성적표를 분석·연구한 바 있는데, 이에 의하면 "춘원은 과연 얘기만의 천재는 아니었다. 그의 천재를 확증하는 학창시절의 성적표에서 이를 확증할 수 있다'고 평가하고 있다. 명치학원 중학부(1910. 3. 졸업)에서는 평균 85.4, 석차 갑(甲)3, 특히 외국어 작문은 100점 만점이다. 와세다 고등예과(1915. 9. 30. 입학, 1916. 7. 5. 졸업)에서는 평균 88.58, 석차 갑(甲)3, 특히 외국어 문법 및 작문 100점, 영문학 및 영문법 100점 만점이다. 이어 와세다대학 철학과(1918)에서는 평균 82.9, 석차 갑(甲)2등이다. 특히 영어강독과 독일어는 100점 만점으로 춘원 이래 아무도 이 성적을 깨뜨린 사람이 없다고 한다. 이와 같이 어학 성적은 특출했다.30) 이보경은 명치학원에서 우등생이었다. "관비생으로 뽑혀 유학 와서 메이지학원 5학년에 적을 두고 있다. 영어와 수학에 매우 뛰어나 일본인(邦人)과 동등한 시험을 치름에도 불구하고 항상 1, 2, 3등의 석차를 다투고 있다." 그래서 와세다 철학과에서 '특대생'을 차지한 것이다. "早稻田大學 文科 哲學科에 在學하는 李光洙君은 特待로 進級하였다"31)고 전하고 있다. 그야말로 춘원은 명실상부한 천재인 것이다. 와세다대학 특대생 이광수는 1917년 8월 최두선(崔斗善), 현상윤(玄相允)과 함께 총독부로부터 "사상이 온건하고 품행이 방정하여 본 학년 시험에 우등의 성적으로" 성적 우수자 표창을 받기도 했다. "이광수 씨는 본사 오도답파여행(五道踏破旅行) 기자로 그 명성을 정히 중외(中外)에 훤전(喧傳)하는 중이

29) 『月刊中央』 통권 50호(1972. 5), pp.214~222, 春園과 함께 亡國의 온갖 苦楚를 겪었던 筆者의 마지막 公開秘話, 나의 兄 春園의 마지막 逸話(李耘虛).

30) 『文學思想』 창간호(1972. 10), pp.365~375, 東京留學時代의 李光洙, 明治學院中學·早稻田時代의 成績을 中心으로(노양환).

31) 『學之光』 제13호(1917. 7. 19), p.84, 消息; 『근대서지』 제10호(소명출판, 2014. 12), pp.586~594, 자료를 발굴하는 즐거움, 찾는 즐거움(하타노 세츠코); 『中學世界』(1910. 2. 9), pp.68~69, 都下中學優等生訪問記, 李寶鏡君(韓國留學生).

요, 또한 금회 성적은 최우등 특대생이더라."32)

이광수는 학생운동의 제1호였다. 1915년 이후로는 재일 유학생 동향에 대해 각별한 감시와 내사를 위하여 고등경찰의 사찰을 강화하면서 조선인 유학생의 학생운동 동향을 일일이 감찰해서 그중 57명을 '요주의인물'로 일본 경시청에 등재하고 있었다. 이광수는 '요주의인물' 57명 중 한 사람이었다.33) 일반적으로 일제강점기 학생운동의 지도자는 대개는 학업성적이 부진하다. 그러나 이광수의 경우 이와 정반대로 그의 성적은 초인적인 천재성을 과시하고 있다. 특히 어학 성적은 그의 천재성을 더욱 돋보이게 하고 있다. 영어강독은 동급생 4명은 평균 62점인 데 반하여 이광수는 100점 만점을 기록하고 있다. 그뿐만 아니라 독일어 문법역해(文法譯解)도 100점 만점을 기록하고 있다.34)

앞에서 살펴본 노양환이 발굴한 이광수의 성적표를 보더라도 춘원은 특히 어학, 그중에서도 영어에 특출한 성적을 올린 것을 확인할 수 있다. 어학의 천재적 명예가 헛되이 퍼진 것이 아니라는 명불허전(名不虛傳)임을 모윤숙이 증언하고 있다.

8 · 15 해방 뒤인 미군정 시대에 UN 대표의 한 사람으로 한국에 와 있던 인도인 메논 박사는 하루는 시인 모윤숙 씨를 만나 이러한 이야기를 했다.

"정치가도 아니고 관리도 아닌 한국의 저명한 인사를 한 분 만나보고 싶습니다. 문학자거나 다른 예술가라면 더욱 좋겠습니다."

이리하여 모윤숙 씨는 생각하던 끝에 이광수 선생을 소개하기로 하고 춘원 선생을 찾아갔다.

"인도 대표 메논 박사가 한국 문인 한 분을 소개해주면 고맙겠다고 하는데 선생님께서 만나주실 의향이 계신지요? 제가 선생님을 소개해

---

32) 『每日申報』(1917. 8. 23), 留學生表彰.

33) 『독립운동사』(독립운동사편찬위원회, 1977), 권 9(학생독립운동사), pp.120~121, 要注意人物 名單.

34) 『文學思想』 창간호(1972. 10), p.374, 東京留學時代의 李光洙, 明治學院中學 · 早稻田時代의 成績을 中心으로(노양환).

드린다고 했어요. 장소는 저의 집으로 할 터이온데 스키야키(すき燒)
요리를 차려 저녁식사를 같이하기로 했습니다."

춘원 선생은 응낙하고 저녁에 모윤숙 씨 댁으로 갔다.

세 사람이 정좌하여 식사하면서 이야기가 벌어졌는데, 모윤숙 씨는
춘원 선생이 영문 서적을 보거나 쓰는 정도로 알았었는데 회화가 능숙
한 데는 깜짝 놀랐다고 한다. 대체 영어를 사용했다면 동경 유학 당시
거나 교원생활 때였을 터인데, 일제 말기에 전혀 영어를 사용하지 못
하게 했음에도 불구하고 어떻게 저렇게 잘할까 하고 입을 벌리기만 했
던 것이다.

여러 이야기 끝에 메논 박사는 영어로 시를 한 편 써서 춘원 선생에
게 드렸던바 춘원 선생은 그 시를 보고 나서 즉석에서 영어로 답시(答
詩)를 한 편 써서 주었다.

춘원의 영시를 한참 들여다보고 있던 메논 박사는, "과연 귀하는 위
대한 문학자십니다. 영국이 셰익스피어를 존중하듯이 우리 인도 나라
에서도 시성(詩聖) 타고르를 누구보다도 존중합니다마는, 나는 우리나
라 자체가 존중하는 타고르보다 귀하가 더 위대한 문학자라는 것을 지
금 깨닫게 되었습니다" 하고 감탄하여 마지않았다 한다.

나는 모윤숙 씨더러 두 분의 시를 어떻게 했느냐고 물었더니 잘 보
관해두었다가 6·25 때 잃어버렸노라 하며 무척 아쉬워했다.

(朴啓周의 春園에 關한 雜記에서)35)

모윤숙이 유엔 인도 대표 메논에게 한국의 문호 이광수를 소개했더
니 메논은 만나자고 했다. 이에 모윤숙은 이광수와 메논을 집으로 초청
하여 오찬을 나누었다. 이 자리에서 춘원은 'To India'라는 즉흥 영시
(英詩)를 읊어서 메논을 놀라게 했다. 메논은 'To Korea'라는 영시로
수창(酬唱)하는 아름다운 한국·인도 문학교류의 정경(情景)을 연출하
고 있다.

저녁에는 꼭 나일 비서관을 시켜 초콜리트이니 과자 같은 것을 보내

---

35) 郭鶴松, 『사랑은 가시밭길: 春園 李光洙의 사랑과 宗敎』(光化門出版社,
    1962), pp.367~368.

주었다. 동네에서는 이상한 눈초리로 보기도 하고 또 수군거리기도 했다. 장택상 씨 부인 김영식 여사가 옷도 갖다주고 용돈도 보내주어 급한 이박사(이승만) 심부름을 왔다 갔다 하면서도 나는 어느 정도 행동을 자제해야겠다고 마음먹고 춘원 선생에게 간단한 편지를 썼다. "선생님, 내일 점심에 전골을 해드릴게 오세요. 메논 씨가 선생님을 뵙고 싶대요. 꼭 선생님! 12시에요."

간소한 점심상을 사이에 두고 다다미방에 앉은 두 사람은 처음부터 마음이 통했다. '투 인디아'라는 춘원의 즉흥 영어시는 메논 씨를 너무나도 놀라게 했다.

아시아 깊은 골짜기
안개와 어둠의 신음이
당신의 귀에 들려
찾아오신 님, 인도의 나그네
바다를 건너 이 하늘 아래 계시니 멀고 높은 명상의 땅
인도를 보노라, 아픔을 참고 견뎌온
우리 친구 인도를 껴안노라

놀빛 같은 춘원의 눈을 쳐다보는 메논 씨의 눈에는 어느 한국인을 대할 때보다 존경의 마음이 담겨져 있었다. 메논 씨도 '투 코리아'라는 즉흥시를 써서 춘원에게 답했다. 나는 두 분의 시를 원문으로 써달라고 해서 소중하게 간직하고 있었는데 6·25 때 다른 귀중한 원고들과 함께 잃고 말았다.

혼돈된 정치상황 속에서 허위적거리고 초조하게 밀려다니는 사람들보다 생명의 신비와 또 이에 대한 겸허한 태도와 이해하려는 갈망에 가득 찬 두 분의 대화를 듣는 시간이 얼마나 신기하고 행복했는지 모른다. 메논 씨는 기회 있는 대로 인도를 방문, 각지의 대학에서 강의를 해달라고 초청했고 춘원도 감사하다고 이 제의를 수락했다. 춘원 선생이 납북되지 않았더라면 메논 씨의 진실된 인품으로 미루어 이 초청은 실현되었을 것이다. 두 분은 이날 간디와 무저항주의, 타고르의 신비로운 인생관 등에 관해 시간을 잊고 대화를 나누었다.36)

---

36) 『毛允淑文學全集』(旵浩出版社, 1982), 권 9, 流轉의 時代, pp.116~118, 春

전영택은 춘원의 천재성을 재확인하면서 그의 민족주의 정신이 한 치의 어긋남이 없이 일관되어왔다고 그의 인격적 위대성을 격찬하고 있다. 전영택은 춘원의 의도와 구상은 웅대하고, 그의 작품 속에 남이 가지지 못하는 큰 이상(理想)이 흐르고 있어서 독자를 핍절(逼切)히 붙잡는 힘이 있는 것은 작자 자신이 마음에 품고 있는 큰 뜻이 있기 때문이라고 분석하고 있다. 그러면 그의 큰 뜻과 큰 이상은 무엇인가? 여기서 '큰 뜻'이란 국권회복의 대업(大業)을, '주의(主義)'란 자신이 이끌고 있는 동우회의 정치강령인 독립주의를 의미한다. 이와 같이 춘원은 주의에 시종일관한 인생관을 확립해서 이를 실천궁행하고 있다. 그의 궁극적인 정치적 이상은 민족해방이라고 정의할 수 있다.

사람을 평가하는 데 대개 세 가지 조건이 있을 것이다. 천재, 인격, 사업, 이런 것일 것이다. 이 세 가지가 다 갖추어 있지 못하고 그중 한 가지만 세상에서 뛰어나도 큰 인물이라고 떠든다. 비록 개인적으로 가까이 사귄 일이 없더라도 춘원이 재조가 있다는 것은 아무도 반대할 수 없는 일일 것이다. 벽초, 육당, 춘원을 조선의 3천재라고 한동안 떠들었거니와 그중에도 춘원이 천재인 것은(근일에 누구누구 해뜩한 젊은이에 비하여 어떤지 모르지만) 아무래도 사실이다.

그 소설 쓰는 솜씨를 보아서 그 밖에 다방(多方)으로 능한 것을 보아서 그의 시와 시조와 논설로 그리고 글을 속히 쓰고 그 글씨를 잘 쓰고 외국 안 가고 하는 어학(語學) 재간으로 그 천재는 넉넉히 증거가 된다. 그가 글을 쓰기 시작한 지도 어언간 20년이 훨씬 넘었다. 그 동안에 조선글로 각가지로 글을 써서 조선의 민중을 깨우쳐주고 가르쳐준 공적은 이제는 어떤 문사(文士), 아니 어떤 교육가, 어떤 문화사업가가 당할 수 없다.

조선에 있어서 처음으로 일반 민중이 알아볼 만한 글을 쓴 이가 춘원이요, 조선에서 독자를 가장 많이 가진 이가 춘원이요, 가장 다량의 저작과 장편만 10종이 넘는 가장 많은 지수(紙數)의 글을 쓴 이가 춘원이다. 그것은 다 조선 민중을 위하여 쓴 것이다. 이것은 조선에 있어

園과 메논.

서 근대 문화사에 있어서 가장 광채 나는 큰 사업이라고 아니 할 수 없다.

마지막으로 그의 인격이다. 그의 인격에 대하여서는 이러고저러고 말하는 이가 있다. 적어도 근일의 그의 생활을 보아서 그리고 근일의 인격파산(人格破産) 시대에 있어서 그는 그만하면 훌륭한 인격의 소유자이다. "변하기 잘한다, 약하다" 하는 것을 흠하지만 그만하면 그리 약한 편도 아니요, 그리고 그는 정직하고 겸손한 사람이다. 그만큼 이름난 재사(才士)로 정직하고 겸손하기는 쉽지 못한 일이다. 그리고 사회를 위하여 문학을 위하여 평생을 바치겠다는 큰 뜻을 아직까지는 변치 아니하고 나아가는 것만 보아서 적은 일에 형편을 따라 일시일시 변한 것이 있다 하더라도 주의(主義)에 일관(一貫)한 사람이라고 아니 할 수 없다. 그리고 그는 늘 정의(正義)를 쫓아가노라고 노력하는 이요, 그 내면생활에 있어서 이렇듯 한 결함이나 과실을 볼 수 없으니 그 인격으로 보아서도 훌륭한 사람이다. 통틀어 말하면 그는 조선에 있어서 뚜렷이 큰 존재요, 큰 사람이다.

나는 그의 창작에 대하여 한마디를 아니 할 수 없다. 나는 그의 작품의 일반적 독자 가운데 한 사람이지만 또한 특별한 이해를 가지고 읽은 사람이다. 나는 '무정', '개척자' 등은 원고로부터 읽고 그 많은 작품을 별로 못 읽은 것이 없다. 그런데 소년 시절에는 모르나 그는 어느 누구를 모방해 쓴 것이 없고 그 사상으로 구상으로 필법(筆法)으로 모두 자기 독보(獨步)의 경지(境地)를 걷고 있는 사람이다.

그의 의도와 구상은 늘 웅대하였고 그의 작품 속에는 남이 못 가지는 큰 이상(理想)이 흐르고 독자를 핍절(逼切)히 붙잡는 힘이 있는 것은 작자인 춘원 자신의 마음에 품은 뜻과 평소에 가진바 지성(至誠)의 산물이라고 볼 수 있다.

그는 톨스토이와 위고와 같이 예레미야와 같이 눈물의 문학가이다. 나는 그의 소설을 읽다가 눈물을 여러 번 흘렸다. 특히 최근에 '흙'을 읽다가 많이 흘렸다. 민중은 작가의 값싼 기교와 옅은 위안보다 '눈물'을 요구한다. 지성을 요구한다. 더구나 조선의 독자가 그러하다. 춘원은 이 요구에 잘 응한 자이다.

그는 인생을 위하여 울고 세계를 위하여 말한 바도 있거니와 늘 조선과 조선 사람을 잊지 아니하여 그를 위하여 울고 그를 위하여 소리치고 그를 위하여 바칠 바가 적다고 할 수 없다. 그리하여야 20여 년 문필생활을 한 그에게 나는 조선 사람의 하나로 깊은 감사의 뜻을 표하고 싶다.

그리고 그의 문명(文名)은 벌써 외국에까지 알려졌지만 사실에 있어서 조선에 문단을 창건하고 리드해오고 이제 세계문학에도 기여함이 있는 그를 한 문호(文豪)로써 표창하는 것은 가장 당연한 일이다.37)

선우휘(鮮于煇)는 평북 정주(定州) 출신으로 춘원과 동향인이다. 그는 춘원을, 그 눈동자에 부처의 영상이 셋 들어 있는 삼불안(三佛眼)을 지닌 비범한 천재적 인물이라고 정의하고 있다. 춘원은 사실 여섯 살 때 이미 중용, 맹자, 논어까지 떼었다는 신동이라고 일컬어지고 있었다. 게다가 그의 위풍당당하고 패기 넘치는 풍채는 만인을 압도하였다. 선우휘는 춘원의 인간상을 피어린 역사의 증인이라고 정의하면서, 정진과 좌절, 절망 속에서도 '절대'를 찾아 몸부림치는 그의 구도자적인 인생 역정을 격찬하고 있다. 그러기에 현실을 외면하거나 도피함으로써, 무위(無爲)로써 대과(大過)가 없이 살아온 사람들은 영광과 오욕을 함께 한 춘원에게 돌을 던질 자격이 없을 것이라고 이야기한다.

1919년 그러니까 28세 때에 상해 임정 사료편찬위원들 속에 끼여 찍은 춘원의 사진을 보면, 젊은 패기(覇氣)에 오기(傲氣)조차 깃들여 그 늠름한 모습은 그가 민족의 상징으로 평생을 두고 존경한 도산을 비롯한 10여 명의 다른 위원들을 완전히 압도·무색케 하고 있는 인상을 주고 있다. 그 뒤 귀국하여 소설 창작에 한창 피치를 올린 36세 때의 사진은 얼굴에 웬만큼 살이 올라 동그스름하게 보이며 아주 정력적인 느낌을 준다.

그가 '그의 자서전'에 쓴 글 속에, "나는 길에서나 전차에서나 젊은 여자를 보면 싫건 좋건 음란한 마음을 품는 것을 당연하게 생각하였다. 내가 예수의 가르침을 배반하고 악마주의의 제자가 될 때에 18, 19의 사춘기 발동기인 나는 성욕의 노예가 되었다. 나는 오다케 '바상'의

---

37) 『三千里』(1935. 7), pp.13~15, 내가 본 春園(秋湖 田榮澤).

딸이 내 집에 와 자는 밤에 억제할 수 없는 육욕을 가지고 거의 밤을 새운 것을 기억한다. … 나는 '요시와라'(일본의 유곽)라는 창기촌에도 몇 번 갔다"라는 것을 보면 성적 행동도 남달리 강했던가 보다. 그러한 인상을 주는 춘원의 얼굴은 만년에 이르러 음영(陰影)을 가진 구도자적(求道者的)인 그것으로 변모하고 있는데 초년부터 만년에 이르기까지 변하지 않는 것은 그의 눈동자인 것 같다.

필자는 춘원과 고향이 같아 그가 문명(文名)을 떨칠 무렵 향리 노인네들로부터 그가 삼불안(三佛眼)을 갖고 있다는 이야기를 들은 일이 있다. 춘원의 눈은 범인들의 그것과 달라 그 눈동자 속에 부처의 영상이 셋 들어 있는데 노인네들은 그가 어릴 적에 그것을 보고 확인했다는 것이다. 그러면서 춘원과 소시 적에 혼담이 있었지만 춘원이 고애자(孤哀子)인 데다가 워낙 살림이 가난해서 자기네 쪽에서 거절했다고 아쉬움 반 자랑 반 이야기하는 부인네들도 있었다. 물론 춘원의 부인이 되었더라면 그의 전처와 같은 신세가 되어 허영숙 여사와의 로맨스극에서 엑스트라의 역할을 할 수밖에 없었을 것이지만…

1892년 2월 2일 춘원은 평안북도 정주군 갈산면 익성동에서 태어났다. 선비의 집안으로서 문과로 사간(司諫), 승지(承旨)도 지낸 이가 있는 집안이어서 여섯 살 때 이미 중용, 맹자, 논어까지 뗐다고 하는데 그것으로 천재랄 수는 없지만 재간이 뛰어나긴 했던 모양이다.

그는 그 당시 관서(關西)의 선각적 동년배들이 그랬듯이 유교의 환경 속에서 자라 천도교를 거쳐 기독교로 갔고, 거기서 불교로 들어가는 코스를 밟아 일제 말기에는 일본의 신도(神道)마저 받아들여 그의 정신적, 사상적 편력은 몹시도 어수선하다. 그중 어느 하나에 만족하지 못했거나 귀의(歸依)하지 못하고 그로서는 발전이었을지 모르지만 객관으로 보아 방황하였다고 할 수 있는데, 그것은 서사시적인 일종 장엄한 인간사(人間史)에서 인간연구의 좋은 대상은 되지만 어쩌면 그것은 그의 숙명적인 불행인지 모른다. 여기 하나의 인간의 '업(業)'을 발견할 수 있어서 그가 불교로 들어간 까닭을 알 수 있을 듯도 하다.

그의 일생을 훑어보면 1차 동경 유학, 오산학교 교원, 중국, 블라디보스토크, 시베리아 유랑, 2차 동경 유학, 다시 상해의 임정 참여, 귀국, 동아일보와 조선일보 재직을 거쳐, 수양동우회, 해방, 6·25 납북으로 약술할 수 있는데, 그는 그동안 많은 독립운동의 선언문 및 소설과 시와 논설을 발표했고, 병고와 수차의 옥고를 치르는 가운데 항상 절대적인 것을 바라 구도(求道)에 힘썼다.

그런데 그는 그중 어느 한 가지도 완성시키지 못했다는 객관적인 평가를 받고 있다. 그는 독립운동에 참여하여 망명까지 하였지만 해방 후 귀국한 독립투사들처럼 망명의 절개를 지키지 못했고, 귀국하여 옥고에 시달렸지만 역시 순교적인 피해자로 끝내지 못하고 일제와 타협하였으며, 기독교에 들어갔으나 불교로 전회(轉回)했으며, 그것조차 일본 신도(神道)로 흐려버렸다. 또한 수많은 문학작품을 발표하여 문명(文名)을 일세에 떨쳤으나 평론가들로부터 계몽성(啓蒙性)이 짙은 까닭에 문학사적 의의는 갖지만 그 작품의 문학성(文學性)은 그리 높이 살 수 없다는 평가를 받고 있다.

그러면 춘원의 일생을 무참한 실패의 인간사(人間史)라고 할 것이냐. 그렇게 속단할 수는 없을 것 같다. 그는 해방 후 '돌벼개'라는 자기 변명적인 작품을 발표하여 물의를 일으켰고, 반민특위에 나가서는 "나는 민족을 위해 친일했다"고 단언함으로써 세간의 빈축을 샀다. 그런 것을 한번 뒤집어 생각할 때 그의 정신적, 사상적 편력은 그 자신에 있어서는 그렇게 되지 않을 수 없는 필연성의 일관된 흐름을 갖고 있었다고 할 수 있지 않을까.

그는 언젠가 당시 신예를 자랑하던 문인 임화(林和), 김남천(金南天), 이원조(李源朝) 등을 만나고 나서 "그 사람들 문학이론을 좀 알고 있는 줄 알았더니 그렇지 못하더라"고 했다는 술회나, "나는 문장의 기교에 흐르는 것을 피한다"고 했다는 말을 아울러 생각해볼 때 그의 문학이 계몽성(啓蒙性)이 짙다는 점을 들어 한마디로 평가해버려서는 경솔의 흠이 있지 않을까. 왜냐하면 그는 그런 것을 너무도 잘 알고 있었다고 생각되기 때문이다.

그러면서 더욱 그가 그러한 문학작품을 썼고 쓰지 않을 수 없었던 것은 그가 사회참여를 강하게 의식한 까닭의 당연한 귀결로서의 소산이었는지 모른다. 그는 몸소 한국의 근대를 살고, 한국의 근대를 증명한 '역사의 증인'이 아닐까. 그렇다면 현실을 외면하거나 도피함으로써 무위(無爲)로써 대과(大過)가 없이 살아온 사람들은 그에게 돌을 던질 자격이 없을 것이다. 또한 묻노니, 뉘라서 그 일생을 감히 성공했다고 양언(揚言)할 수 있는 자신을 가질 수 있으랴. 분명히 말할 수 있는 것은 춘원은 언제나 마음속에서 피를 흘리며 절망 속에서도 절대적인 것에 대한 동경을 갖고 살아온 정신적으로 늙을 줄 모르는 인간이었다는 것이다. 비록 그의 날개는 찢겨 그 최후는 알 길이 없지만 그는 분명히 신(神)이 아닌 '인간의 영광과 오욕(汚辱)'을 함께 지니고 후세인에게 무엇인가를 엄연히 생각게 하는 개척자임이 분명하다.38)

3천재에 끼지 못한 자칭 '국보' 무애 양주동(梁柱東)은 강단에서 입버릇처럼 "한국 문학이 한 말이라면 이광수가 아홉 되"39)라고 주장했다. 이광수가 1926년 동아일보 신년호에 '중용과 철저'를 발표하자, 양주동은 문예작품의 가치에 있어서 영원성과 시대정신이 표리일체가 되어야 한다면서 "시대정신의 표현을 우리 문학의 출발점으로 하는 동시에 미래의 영원성을 그 궁극의 목적으로 하여야 할 것이다"40)라고 비판하고 있다. 무애는 이 글을 발표한 직후 춘원의 천재성을 극찬하는 정운시(停雲詩)41)를 발표했다.

擬停雲三闋(의정운삼관), 無涯(무애)

小序(소서)

몸이 遐鄕(하향)에 있어 先輩(선배)와 知己(지기)를 오래 뵈옵지 못하고 이제 또 新歲(신세)를 臨(임)함에 클클한 懷抱(회포)를 禁(금)할 길이 없는지라 몇 首(수)를 노래하여 써 '停雲(정운)'에 擬(의)하니라.

"停雲(정운)은 思親友也(사친우야)라" 하니 題目(제목)이 穩當(온당)치 못함을 그윽이 두려워하나 노래하는 者(자)의 區區(구구)한 마음은 先輩(선배)로 보담도 오히려 벗인 양 그리워짐을 어이하리오.

---

38) 『大韓日報』(1964. 11. 7), 現代韓國의 人物鑛脈: 春園 李光洙씨(鮮于煇).

39) 『月刊文學』(1983. 3), pp.105~109, 春園 李光洙(郭鶴松).

40) 『朝鮮日報』(1926. 1. 23), 徹底와 中庸: 現下朝鮮이 가지고 싶은 文學(李光洙氏의 '中庸과 徹底'란 글을 批評하여써 自家의 意見에 及함)(梁柱東).

41) 도잠(陶潛)의 '정운시서(停雲詩序)'에 '정운낙월(停雲落月)'이란 시구가 있는데, 이는 벗을 사모하는 뜻을 나타내는 말이다.

春園先生(춘원선생)께

어릴 제 높이였고 자라서 스승이라
지금에 私淑(사숙)커니 벗인 양 어인 일가
님(임)의 글 뵈올 때마다 벗님이여 합니다
文章(문장)이 적은(쓴) 일(事)가 天賦(천부) 없이 되올 것이
天賦(천부)는 있다 하자 經綸(경륜) 없이 되올 것이
獨八斗(독팔두) 뉘(누구)시라더뇨 이 님(임) 말고 어이리
알러라 님(임)의 뜻을 모르괘라 님(임)의 생각
뜻은 같사와도 생각 아니 틀리는가
다만지(다만) 뜻 같으량이면 생각 외다(벗어나다) 恨(한)하랴
　獨八斗(독팔두)　天下之才一石(천하지재일석)　糟粕獨得八斗(조박독
득팔두)
　생각은 이른바 思想(사상)이니 近者(근자) 先生(선생)의 생각에 대하
여 論難(논란)한 바 있으므로 이에 미치다[42]

1924년 10월에 방인근(方仁根)의 출자로 '조선문단'을 창간했다. 이
광수의 주재로 민족주의 문예지를 발간하게 된 것이다. 1920년대에 조
선의 문단에는 좌익계 사회주의 신경향파(新傾向派)가 득세하고 있었
다. 이에 이광수는 민족주의 경향문학(傾向文學)을 표방하면서 '조선문
단'을 창간한 것이다. 이광수는 '권두사'에서 민족문학 건설이 '민족의
이상'이라고 표명하고 있다. 여기서 '민족의 이상'이란 '신대한국 건설'
을, '썩은 물웅덩이'는 '일제 질곡에서의 노예생활의 참상'을 각각 상징
하고 있다. 원기 있는 젊은 민족일수록 항상 위로 오르기를 힘쓰고 차
라리 오르려다가 바위에 부딪쳐 죽어버리더라도 썩은 물, 고인 웅덩이
의 편안한 생활을 영위하지 아니한다. 그러면 끝없이 자꾸 올라가는 데
가 어디인가? 그것은 민족의 이상이다. 그리고 이러한 위로 올라가려는

---

42) 『朝鮮日報』(1926. 1. 29), 擬停雲三闋(無涯). 무애는 여기서 '春園先生께',
　'鷺山兄에게', '呈爲堂先生' 3편의 시를 발표했다. 천하의 천재 춘원의 재주
　는 한 섬(一石)에 비긴다면 무애 자신은 선인이 밝혀낸 학문의 찌꺼기(糟粕)
　겨우 여덟 말(八斗)을 얻었다고 평가하고 있다.

힘을 길러주는 자극제가 바로 민족문학이다. 이러한 민족의 이상을 실현하기 위하여 이광수는 스스로 주재자가 되어 '조선문단'을 창간한 것이다.

개천에서 보면 물고기들은 줄곧 위로 위로 올라간다. 가다가 폭포를 만나면 그 밑에서 며칠을 두고 힘을 길러가지고 올라간다. 그는 몇 십번 아마 몇 백 번 실패하지마는 마침내는 올라가버리거나 그렇지 아니하면 오르려 오르려 애쓰던 서슬에 바위에 부딪쳐 죽어버리고 만다. 우리는 이곳에 생명의 '끝없이 오르려는 힘'을 본다.

사람은 어린 동안에는 오르는 줄을 의식하지 못하면서 자꾸 오르고, 좀 자라 젊은 때가 되면 오르자 오르자 하는 의식을 가지고 힘써 오른다. 그러나 좀 나이 많아지고 기운이 쇠하면 사람은 더 오를 기운을 잃어버리고 썩은 물이 고여서 물결이 잔잔한 바위 밑 웅덩이 속에서 편안히 쉬일 자리를 찾는다. 그중에 어떤 이는 그것조차 못하고 그렇게 애써 올라온 머나먼 길을 물결을 따라 활활 도로 내려가버리고 만다. 개인만 그러한 것이 아니라 한 민족도 그러하다. 원기 있는 젊은 민족은 항상 오르기를 힘쓰고 차라리 오르려다가 바위에 부딪쳐 죽어버리기를 바란다. 결코 썩은 물, 고인 웅덩이의 편안한 생활을 바라지 아니한다.

그러면 우리는 어디로 오르는고? 끝없이 끝없이 자꾸 올라가는 데는 어딘고?

그것은 이상(理想)이다. ─ 인류의 이상이다. 불완전한 현실을 벗어나서 완전에, 추한 현실을 벗어나서 아름다운 데, 옳지 못한 현실을 벗어나서 옳은 데로 올라가려는 이상이다. 젊은 눈, 원기 있는 눈, 썩은 웅덩이 물과 썩은 골방의 공기에 흐려지지 아니한 눈은 반드시 저 멀리 저 높이 환한 이상의 빛을 본다. 거기서 우리의 희망이 나오고 불이 번쩍 나는 활동이 나온다.

문학은 사람들에게 이 빛을 보여주는 반사경이다. 문학은 사람들에게 이 빛을 찾기 위하여 싸우는 힘을 주는 자극이다. 이상이 없는 문학은, 이상이 없는 예술은 지옥의 불가마에 떨어지는 사람들의 목숨이 타는 소리다. ─ 그 속에는 아무 생명도 없다.43)

비록 일제의 식민지 관학(官學)의 상징이기는 하나 경성제국대학이 설립되었다. 1924년 경성제국대학 예과가 개교되었고, 1926년 경성제국대학 법문학부가 개설되었다. 그리고 이광수는 경성제국대학 법문학부에 입학했다. 이충우(李忠雨)는 이광수가 경성제국대학에 '선과생'으로 입학했다는 사실을 처음으로 소개한 바 있다.

학부에는 선과(選科)제도가 있었다. 조선인으로서는 문학과에 이광수, 철학과에 현준혁(玄俊赫), 김용하(金容河) 등 세 명이 입학했다. 현준혁은 연희전문 2년을, 김용하는 일본 법정대학 예과를 각각 마치고 입학, 둘 다 교육학을 전공했다.

춘원은 일본 와세다대학 철학과에 입학해서 다니다가 동경 유학생의 2·8독립선언서를 작성했다 해서 중퇴했었다. 춘원은 와세다대학을 중퇴하던 해인 1917년 최초의 장편 '무정'을 매일신보에 연재했고, 상해 임정에서 활약하다가 1922년 귀국해서 '개벽' 지에 '민족개조론'을 발표하고 그 이듬해부터 동아일보 편집국장으로 있던 터라 그의 입학은 비상한 관심을 끌었다.

이때 춘원의 나이가 35세였는데 교수가 강의시간에 "우리가 알기로 당신은 조선 소설계의 태두(泰斗)인데 왜 여길 들어왔소?" 하고 물으니 이광수는 "와세다에서는 철학을 했으나 영문학이 하고 싶다"고 대답했다. 그는 영문학자이며 시인이던 사토 기요시(佐藤淸) 교수의 강의에 몇 번 나오고는 얼마 안 있어 그만두고 말았다. 늘 몸이 아파 고롱고롱했기 때문이다.44)

이광수가 1926년 경성제국대학 법문학부 선과생으로 입학했다는 사실은 최근 춘원의 학적부를 86년 만에 처음으로 발견함으로써 사실로 드러났다. "선과생(選科生)이란 다른 학교에서 수학한 것을 인정받아 무시험 전형으로 입학한 학생. 1926년 당시 이광수(문학과)와 현준혁, 김용하(철학과) 세 명이 선과생으로 입학했다. 일반 학생의 경우 일본

---

43) 『朝鮮文壇』 제3호(1924. 12), 卷頭辭.
44) 李忠雨, 『京城帝國大學』(多樂園, 1980), pp.111~112.

경성제국대학 선과생으로 입학한 이광수 학적부
1926년 6월 1일 문학과(영문학)에 입학하였다. 서울대학교 소장.

어, 영어, 수학, 선택(문과는 일본 역사, 이과는 자연과학) 시험과 신체 검사를 거쳐 입학했다."[45]

동아일보 편집국장 이광수의 동기 입학생으로 유진오(兪鎭午)가 있다. 유진오는 법문학부 전체 수석으로 입학했다. 조선인 민족감정을 자극하지 않기 위해 성적순으로 좌석을 배치했다. 그래서 문과 A(法)반에는 유진오가 맨 앞좌석에 앉고, 문과 B(文)반에는 이종수(李鍾洙)가 앞좌석에 앉게 됨으로써 조선인 학생이 수석을 독차지하는 쾌거를 달성했다. 그야말로 극일(克日)의 본보기가 된 것이다. 유진오는 민족감정이 얼마나 철저했는지를 이렇게 회고하고 있다. "한일회담으로 내가 동경을 왕래할 때 가미야마(上山覺治)라는 동급생(동경에서 실업에 종사)이 학생시대를 회고하여, 언젠가 내가 '지금 조선 사람 처지가 이렇지만 조선이라고 해서 언제까지나 일본 통치하에 있으란 법은 없다'고 말

45) 『중앙일보』(2012. 2. 29), 서울대(옛 경성제대) 재학번호 1번은 '26학번' 춘원 이광수, 최종고 교수 서울대 전신 경성제대 학적부에서 확인.

해서 자기는 속으로 고노야로(야! 이놈이) 하고 생각을 했다는 말을 하였다."46) 유진오는 1929년 경성제대를 졸업하고 동아일보 사주이며 보성전문 교장인 인촌 김성수의 초빙을 받아 보성전문 교수에 부임해서 화제가 되기도 했다.

1920년대 초에 조선에도 민립대학 설립에 대한 열성이 전국에 팽배하게 일어났다. 이광수도 민립대학을 설립해서 민족의 힘을 길러야 한다고 주장하였으나,47) 결국 총독부의 불허로 성사되지 못했다. 이러한 좌절감에 빠져 있던 차에 비록 일본 식민지의 관학일망정 경성제국대학이 창립되니 이광수는 매우 감격하였다. 더군다나 유진오는 경성제국대학 예과에도 수석으로 입학했고, 법문학부에도 전체 수석으로 입학해서 조선인의 민족적 우수성을 한층 선양했던 것이다. '일본 콤플렉스'에 빠져 있었던 이광수는 '조선인 수석입학'에서 일본을 이길 수 있는 가능성을 발견한 것이다. 그러기에 이광수는 경성제대 선과생으로 입학하고 나서 교정에서 유진오를 발견하고 자진해서 인사를 청하면서 유진오의 '재주'(수석입학)를 격찬해준 것이다. 유진오는 이광수는 우리나라 삼재(三才) 중 한 사람이며, 특히 영어 실력이 탁월하다고 찬양하고 있다. 여기서 주목되는 것으로 유진오는 이광수가 '선과생'이 아니라 '청강생'으로 입학해서 몇 달 다닌 일이 있었다고 증언했다. 그도 그럴 것이 이광수는 경성제대에 입학하자마자 건강 악화로 인해 몇 달 청강하고는 4년간 계속 휴학했기 때문에 '청강생' 정도로 인식했을 수도 있을 것이다.

유진오는 이광수와의 첫 만남을 이렇게 회고하고 있다.

말하자면 이불 안에서 활개 치고 있는 격이었던 대학 1학년 때 춘원 이광수 씨를 교정에서 발견하고 상당한 쇼크를 받았다. 춘원은 무슨 생각을 하였던 것인지 그때 잠시 영문과 청강생(聽講生)으로 입학하였던 것이다. 이광수 씨는 그때 이미 문예지 '조선문단'의 주재자로, '무

---

46) 『東亞日報』(1974. 3. 20), 片片夜話 民族感情(兪鎭午).
47) 『東亞日報』(1924. 1. 29), '民族的 結社와 運動'에 對하여(李光洙).

정’ 이하 일련의 장편소설 작자로, 3·1독립운동 관여자로, 동아일보사 간부의 1인으로, 사회적 지위와 명성이 확고한 인물이었으므로, 일본인 교수들도 소리를 죽이고 주목해보는 눈치였고, 교정에서는 그를 존경하는 여러 학생들에게 둘러싸이고 하였다. 나도 물론 그에게 관심은 있었으나, 그렇다고 가까이 하려고 하지도 않고 있었는데, 어느 날 교정에서 학우들과 이야기하고 있노라니, 이광수 씨가 터벅터벅 내 앞으로 걸어와서 “유진오 씨죠? 나는 이광수입니다” 하면서 손을 내밀었다.

그렇게 하여 나는 춘원과 최초의 인사를 나누었는데, 당시 이미 다수한 애독자와 찬양자를 가지고 있었고, 우리나라 ‘삼재(三才)’의 1인으로 이름이 높던 춘원이 자기가 먼저 청해 인사를 했으니, 나는 득의(得意)가 아닐 수 없었다. 그러나 그때 춘원이 나에게 인사를 청한 것은, 그때 내가 무슨 글을 제법 쓴대서가 아니라 그저 내가 ‘재주’ 있는 학생으로 유명하였기 때문에 임이 명백하다.

사실 그 후 얼마 안 되어 나는 소위 소설이라는 것을 발표하기 시작하였고, 동아일보와는 ‘객원(客員)’이라는 특수한 관계를 맺어 편집국장인 춘원과 더러 접촉할 기회가 있었는데, 춘원은 시종일관 나를 정중하게 대해주기는 하였지만, 나의 ‘소설’에 관해서는 잘잘못간에 한마디도 언급함이 없었다. 물론 그것에는 ‘문단’에 있어서의 나의 위치가 당시의 신진작가군인 좌익계 작가들과 비교적 가까웠던 사실도 작용하였을 것이지만, 어쨌든 춘원은 작가로서의 나를 대단하게 평가해주는 눈치는 여간해 보여주지 않았다.

“유 선생같이 두 가지 길(법학과 문학)로 나가려면 시나 수필 같은 것이 좋지 않을까요” 하는 말을 한 적도 있었다. 그러나 꼭 한 번 춘원이 내가 쓴 소설을 면대(面對)해서 칭찬해준 일이 있다. 1938년 내가 ‘창랑정기(滄浪亭記)’를 신문에 발표한 지 얼마 뒤의 일이다. 우연히 종로에 있던 다방 ‘삼영(森永)’에 들렀더니 춘원이 앉아 있다가 나의 손을 붙들면서 난데없이 “참 좋더군요. 걸작입니다. 읽으면서 자꾸 무릎을 쳤습니다” 하였다. 무슨 영문인지 몰라 어리둥절하고 있으니까 “‘창랑정기’ 말입니다. 좋다 좋다 하면서 자꾸 무릎을 쳤더니, 옆에 있던 아들놈이 무에 그리 좋으냐 하기에 너는 아직 모른다, 이담에나 안다 했지요” 하고 설명을 붙였다. 그것이 나의 소설에 대해 춘원이 칭찬해준 처음이요, 마지막이었다.[48]

이광수의 학적부에 적힌 사항은 다음과 같다.

'在學番號 1   李光洙'

本籍地   平安北道 定州郡 葛山面 益城里

生年月日   1892年 2月 1日

出身學校   早稻田大學 文學部 哲學科 第3學年 修業

入學   1926年 6月 1日

入學資格   選科生

學科   文學科

專攻學科   英文學

卒業

學士號

兵役

父兄 또는 保證人의 住所氏名

其他 1. 1926. 8. 31. 休學의 件 許可(1926. 9. 1~1927. 3. 31)

    1. 1927. 3. 31. 休學의 件 許可(1927. 4. 1~1927. 9. 30)

    1. 1927. 9. 30. 休學의 件 許可(1927. 10. 1~1928. 3. 31)

    1. 1928. 3. 31. 休學의 件 許可(1928. 4. 1~1929. 3. 31)

  1930年 1月 23日附 通則 第25條에 依據 除籍[49)]

이와 같이 1925년부터 1929년까지 5년 동안 이광수는 두 차례의 대
수술을 받으면서 생사를 넘나드는 병고를 겪었기에 경성제대를 제대로
다닐 수가 없어서 네 차례 휴학 처분을 받아오다가 마침내 1930년 1월
23일 제적되고 말았다.[50)] 1925년 3월 이광수는 오산학교 제자 백인제
(白麟濟) 박사로부터 '척추(脊椎) 카리에스' 진단을 받고 한쪽 갈빗대

---

48) 유진오, 『兪鎭午 隨想錄. 구름 위의 漫想』(一潮閣, 1966), pp.270~272, 젊은
   날의 自畵像.

49) 최종고 편, 『京城帝國大學硏究資料集』(서울대학교 법대역사관, 2012), 서울
   대학교에서의 京城帝大 法學의 遺産 法文學部 法學科를 中心으로(崔鍾庫),
   pp.4~22. 學籍簿; 춘원연구학회, 『뉴스레터』 제8호(2012. 4. 26), pp.14~19,
   이광수의 경성제대 입학과 최근 단상(최종고).

50) 『경성제국대학연구자료집』, pp.21~22, 李光洙學籍簿.

를 도려내는 수술을 받았다. 수술 후유증으로 100일간 와병하였고 9월에는 신천(信川)온천에 가서 요양했다. 1926년 6월 신병의 재발로 경성의전 병원에 입원, 가료를 받았고, 8월에는 의사 유상규(劉相奎)의 간병으로 삼방(三防) 약수포(藥水浦), 석왕사(釋王寺) 등지로 전지 요양했다. 늘봄 전영택은 춘원의 병상을 찾아가 쾌유를 빌면서 민족지도자로서의 임무를 다하도록 건강을 주소서 하고 기도하고 있다.51)

이광수는 1924년 '민족적 경륜'을 연재한(1. 2~6) 후 물의를 일으켜 일시 동아일보를 퇴사하고, 4월에 북경 밀행(密行)을 단행, 북경 중앙호텔에서 8일간 동숙하면서 안창호와 향후 민족운동의 향방에 관한 담론을 가졌다. 안창호는 서울과 평양의 수양단체의 합동(合同)을 지시했다. 서울의 수양동맹회(이광수)와 평양의 동우구락부(김동원)는 다 같이 흥사단(안창호)의 국내 지부 성격의 결사인 만큼, 이광수는 귀국 즉시 이를 하나로 통합하는 작업에 착수하여 마침내 1926년 1월 8일 수양동우회로 발족한 것이다. 1926년 5월에는 수양동우회의 기관지인 '동광' 창간호를 발행했다. 또한 춘원은 병고에도 불구하고 같은 해 5월 10일부터 '마의태자'를 연재했다.52)

이와 같이 병고에 시달리면서 민족운동을 줄기차게 전개해오면서도 그의 학구열은 하늘을 찌를 듯했다. 식민지 조선에 최초의 경성제대가 창립되자 이광수는 병고를 돌보지 않고 마침내 경성제대에 입학한 것이다. 동아일보 편집국장인 35세의 이광수는 20대 초반의 젊은 학생들과 어울려 영문학을 전공하게 되었다. 그의 문명(文名)은 일세를 풍미하고 있었음에도 불구하고, 대가연(大家然)의 자존심을 내팽개치고 젊은이들과 함께 공부하겠다는 춘원의 향학 의지는 아무도 꺾을 수 없었다. 경성제대에 선과생으로 입학하고 나서 얼마 동안 수강했지만 곧바로 신병이 재발하여 휴학계를 제출하고 학교에 나가지 못했다. 학적부에서 보듯이 이광수는 네 차례나 휴학계를 제출했다. 자퇴서를 제출하지 않고 휴학계를 제출한 것은 끝까지 학업을 포기하지 않겠다는 그의

---

51) 『李光洙全集』(三中堂, 1963), 권 20, p.286(1925), 年譜(노양환).

52) 상게서, pp.285~288(1924~1926), 年譜(노양환).

학구열의 의지가 대단했음을 말해주고 있다.

1927년 5월 30일 허영숙과의 사이에 첫 아들 봉근(鳳根)이 태어났다. 이어 6월에 신병이 재발, 경성의전 병원에 입원가료를 받다가 8월에는 전지요양 길을 떠났다. 의사 유상규의 간병으로 신천온천에서 요양했고, 김선량(金善亮)의 권고로 안악(安岳) 연등사(燃燈寺) 학소암(鶴巢庵)에서 생사를 넘나드는 병고를 겪으면서 사생관에 골몰하고 있었다. 그해 11월 그믐께 눈 내리는 어느 날 허영숙은 생후 5개월 된 봉근을 업고 연등사로 찾아왔다. 이때 이광수의 첫 아들 대면은 너무나 감격적이어서 '나무리 구십리'라는 동요를 작사하기도 했다. 그리고 그해 12월에 서울로 돌아와 경성의전 병원에 입원하였다. 춘원은 이처럼 병고에 시달리면서도 1928년 11월 30일부터 '단종애사'를 연재했다. 1929년 5월 24일에는 경성의전 병원에서 백인제와 유상규의 집도로 왼쪽 신장을 절제하는 대수술을 받았고, 수술 후유증으로 폐렴으로 고생했다.[53]

춘원은 수술대 위에서 대수술을 받으면서 그야말로 저승과 이승을 넘나들면서 사생관(死生觀)을 솔직하게 토로하고 있다.

괴로움을 읊은 시, 슬픔을 노래한 노래, 다 거짓말이라고 생각하오. 몹시 괴로운 때, 정말 슬픈 때에 시는 나오고 노래는 나옵디까. 얼마 지나간 뒤에 그 괴로움 그 슬픔을 회억(回憶)할 수는 있겠지요.

뻘거벗김이 되어 수술대 위에 덩그렇게 올라 누우면 그리고 흰 헝겊으로 두 눈을 꼭 졸라매고 무슨 끄나풀로 두 다리를 꼼짝 못하게 하여 놓으면 그리고 몸에 선뜩선뜩 소독하는 물약이 발려지는 것이 감촉되면 백 명에 일곱 명은 죽는다는 대수술이 이제 시작이 된다 하면 아무리 무심하려 하여도 가슴이 먼저 두근거리는 것이 내 손목을 잡고 맥(脈)을 보는 의사의 손에 알려졌을 것이오.

오랜 병에 시달려서 그런지 죽는 것은 무섭지 아니합디다. — 아픈 것이 무섭고 오래 앓는 것이 무서웁디다.

의식이 들락날락하는 반시체(半屍體)인 나에게 두 시간 건너 주사를

---

53) 상게서, pp.286~290(1925~1929), 年譜(노양환).

주오. 하얀 옷 입은 의사와 간호부가 가장 엄숙한 표정으로 내 곁에서 어른거리는 것이 보일 때에 나는 이 속에서 살리려는 의지와 노력을 보오. — 인명(人命)을 살리려는.

아픈 것은 심히 엄숙하고 비통(悲痛)한 일이오. 사(죽음)와 생(삶)은 그보다도 더욱 엄숙하고 비통한 것인가 하오.

이번 살아나면 모든 우치(愚癡, 어리석고 미욱함)를 버리고 옳게 생각하는 일만 하리라. 재산을 아끼랴, 생명을 아끼랴. — 필경은 맥없이 사(죽음)에게 빼앗길 것을.

그러나 바라던 건강을 얻으면 또 어리석은 일에 그것을 써버리지 않는가.

사(죽음)는 경(輕, 가볍고)하고 의(義)는 중(重, 무겁다)하다. 사(죽음)는 누구에게나 있건마는 의는 있는 이가 드물구나.54)

사생 15년

건강한 몸이 된 오늘에 앉아 이 전날 병들어 누웠던 때의 일을 회고하려 함에 새삼스럽게 기쁜 마음이 먼저 앞을 서게 되며 따라서 나를 이렇게 건강한 사람으로 만들어준 은인들에게 무한히 감사하고 싶은 생각이 간절합니다. 나는 의사 백인제(白麟濟) 씨와 아내 영숙이가 내 생명을 구해준 구세주와도 같이 생각됩니다.

아내는 본래 의학을 배웠던 탓으로 나 아니라도 병인에게 대해서 책임감을 가지고 있을 것은 사실이겠지요만 어쨌든 그는 자기를 희생하다시피 하면서 지성껏 나의 병을 간호해주었습니다. 그뿐만 아니라 그는 어떠한 병 근원이든지 발아(發芽)되자마자 그 즉시로 발견하였으므로 병이 미처 발생하지를 못했습니다.

그러나 또 명의(名醫) 백인제 씨가 곁에 없었더라면 아내뿐만으로는 내 목숨을 구(救)해주기에 곤란했을 것입니다. 씨는 외과의사이면서도 모든 병을 능하게 치료하였습니다. 나는 병에 대해서 씨의 말이라면 어떠한 것이든지 받고 실행하였습니다. 내가 폐병을 앓는 중에 신장염(腎臟炎)도 앓았고 한때는 척추골에 농(膿)이 들어서 조금만 늦게 서둘렀다면 꼽새(곱사등이)가 될 뻔하였습니다마는 지금에 꼽새가 안 되

54) 『朝鮮日報』(1929. 6. 18), 手術臺에서(春園).

었음은 아내가 속히 발견해준 것과 백 씨가 치료를 잘해준 덕택이라고 할 것이외다.

그 다음에 내 자신에게 감사합니다. 내가 만일 마음을 굳세게 가지지 못했던들(감정의 지배를 받은 때도 많았거니와) 의사의 치료도 아내의 힘써준 공적도 허사가 되고 말았을 것이라고 믿습니다. 나는 순전히 병의 치료를 과학적으로 해나왔습니다. 첫째로 마음을 편하게 가지려고 애썼으며, 둘째는 일광욕을 게을리하지 않았고, 셋째는 의사의 지도대로 꼭꼭 시행하였던 것입니다.

내가 폐병에 걸리게 된 때는 지금으로부터 15년 전 일입니다. 처음에 감기 모양으로 몸이 괴로워지고 기침이 자주 나기에 의사에게 진찰을 받았더니 의외에도 내가 제일 무서워하는 폐병이라는 선고를 받게 되었습니다.

그때의 나는 무엇보다도 죽는 것이 제일 무서웠던 것입니다. 내가 죽는다고 애석하다고 생각해줄 세상이 아니었지만 나 혼자만은 세상을 버리고 죽는다는 것이 너무나 안타까웠습니다. 그래서 나는 이지(理智)보다 감정의 지배를 많이 받게 되었으니 때때로 조용한 교외나 공원을 찾게 되었습니다. 봄이나 여름철은 그래도 좀 나았습니다. 그러나 바람은 서늘하고 낙엽은 지고 달 밝은 가을 시즌이 오면 어쩐지 병든 내 마음은 끝없이 외롭고 서러운 느낌에 얽매어지더이다. 나뭇가지에서 제멋대로 지저귀는 새소리와 한때를 자랑하는 꽃송이조차 나의 멀지않은 죽음을 아까워해주는가도 싶었습니다.

그러나 인력(人力)으로 못한다고 탄식이나 하리까요. 가을이 가고 또 여름이 와서 이렇게 시절이 이동됨에 따라서 내 병세는 점점 심해갈 뿐이고 조금도 나아가는 기미가 보이지 않았습니다. 이리되자 나중에는 어제 없던 증세를 오늘 또 새로 보게 됨을 물끄러미 바라볼 때에 그제는 무서웠던 죽음이 오히려 예사로 생각되고 아까워하던 세상도 밉살스럽게 생각이 되었습니다. 이것은 아마 병든 내 신경선(神經線)의 심술궂은 장난이었던가 합니다.

그리고 또한 내 몸 아픈 것보다 아내에게 괴롬을 끼치는 것이 미안하게 생각되며 내 죽음이 아깝고 무섭다기보다 죽은 후에 가족들을 염려하게 되어졌습니다. 그리고 나중엔 이기심(利己心)은 죄다 없어지고 한갓 종교적 감정을 가지게 되었으니 누구에게나 감사하고 싶었으며 나를 위해 살기보다 남을 위해서 살아보았으면 하는 느낌을 가지게 되었습니다. 사람은 모든 물욕(物慾)을 떠나면 마음이 신성해지는 것인가 봐요.

내가 병중에 있을 때엔 병이 낫기만 하면 세상을 위해서 일하겠다는 결심이 불붙듯 하였으나 정작 나아놓고 보니 또 예전과 마찬가지로 되어버리고 말았습니다. 짧은 시간에 조리 없이 여기까지 이야기하여놓고 보니 내 자신으로서도 무엇을 기록했는가 하고 한참 생각하게 됩니다. 그러나 시간이 허락하지 않아서 이렇게라도 기록하오니 독자 여러분은 그만큼 양해하시기를 바랍니다. 인제 내가 제일 잊지 못할 기억의 한 토막을 여러분 앞에 공개하려고 합니다. 그러면 여러분은 폐병 환자의 심리가 어떻다는 것을 추측하시리다.

때는 지금으로부터 4년 전(1927), 겨울날이었습니다. 나는 병세가 더 한층 심해갔으므로 황해도 신천(信川)에 있는 연등사(燃燈寺)라는 조그마한 절간에 정양하러 갔습니다. 몸이 고달프고 신경이 몹시 날카로워진 나로서 한적한 산곡(山谷) 절간에서 홀로 지내기에는 너무도 괴롭고 쓸쓸했습니다.

간혹 일어나는 이지심(理智心)으로써 감정을 이기려고 애도 써보았습니다마는 언덕 밑으로 돌돌돌돌 흘러내리는 물소리와 우거진 숲 사이에 새소리 이외에는 아무 소리도 들을 수 없었으니 외로움을 느꼈음도 무리한 일은 아니었겠지요. 그 겨울 11월이었던가 기억합니다. 내 아내는 다섯 달 되는 갓난아기를 업고 경성에서 나 있는 곳까지 찾아왔었습니다.

쓸쓸하던 차에 찾아온 아내와 자식을 만나니 즐거운 생각이야 더 말할 것이 있겠습니까. 그러나 그쯤에 나는 전보다 병세가 몹시 심해져서 각혈을 몇 번이나 하던 때이므로 반갑다고 아내와 어린 아기를 언제까지 머무르게 할 수는 없었으므로 그 이튿날 아내와 어린 아기를 떠나게 하였습니다. 겨울날로써는 드물게 따뜻하고 맑게 개인 날이었습니다. 연등사 뜰에 서서 넓은 신천 평지를 내려다보니 봄철을 연상할 만한 햇볕은 조용하게 내려쬐고 있었습니다. 병든 나를 염려하면서 어린 아기를 업고 돌아가는 아내의 뒷모양을 어느 때까지 바라보고 있었습니다. 한갓 위안되기는 날세(날씨)가 따뜻하였던 것뿐이었습니다.

어린 아기와 아내의 자태가 보이지 않을 때 — 나는 빈 방에 들어가서 쓰러졌습니다. 맑게 개었던 하늘에 검은 구름이 떠돌고 음산한 바람이 창을 스치더니 조용하게 내려쬐던 태양 볕은 어디인지 슬그머니 자취를 감추어버렸습니다. 그러자 얼마 안 되어서 흰 눈이 푸실푸실 내리기 시작되어 산이나 들이나 하얗게 변해버렸습니다. 그리고 — 또 얼마 있더니 눈비가 섞여서 내리고 바람이 몹시 불어 천지가 진동하는 듯싶었습니다. 컴컴한 방 안에서 각혈로 몇 번이나 괴롬을 당한 내 머리엔 "인제 아내도 자식도 다시 못 보고 죽는가 부다" 하는 어지러운 생각이 떠오르게 되었습니다. 그날에 급속도 날세의 변동이 나의 최후를 알리는 것 같았습니다. 나는 마지막 용기를 다해서 종이와 펜을 갖추어서 아래와 같은 시를 쓰게 되었습니다.

우리 아기 날

어제 날 좋은 날 우리 아기 날
나무리 구십리 일점풍 없네
오늘밤 수리재 눈바람 치나
우리 아기 한양에 평안히 쉬네

우리 아기 가는데 봄바람 불고
우리 아기 잠잘 때 물결도 자네
복 많은 우리 아기 가는 곳마다
세상에 화평과 기쁨을 주네

나는 다시 못 만날 어린 아기를 생각하고 이 시를 썼습니다. 음산하게 내리던 눈비도 거두고 새파랗게 하늘이 맑아졌습니다. 그리고 내 병도 이렇게 완쾌해졌습니다. '우리 아기 날', 이 시는 안기영(安基永) 씨의 작곡으로 노래가 되어 레코드에도 취입(吹入)하였습니다. 나는 레코드를 사 가지고 와서 아내와 어린 아기를 데리고 이 노래를 걸어놓았습니다.

지나간 날의 가지가지가 머리에 떠오르게 되었으므로 우리는 자신도 모르게 눈물이 흘러내림을 깨달았습니다. 레코드는 자꾸 돌아서 노래는 계속되고 우리의 눈물도 끊길 줄 모르고 흘렀습니다.[55]

3. 춘원 인물론

'별건곤' 1927년 신년호에는 이광수의 모습을 중절모 쓰고 두루마기 입고 두 다리를 안짱다리로 벌린 캐리커처로 그린 그림에다 인물평을 쓰고 있다.

새로 지은 동아일보 앞 넓은 마당 광화문 정거장에 사람이 오락가락 오르고 내리고 바꾸어 타고 대혼잡 대소란 중에 안짱다리 걸음으로 빨리 오는 신사 한 분! 중절모자에 회색 두루마기, 외투도 안 입은 채로 광화문행 전차가 지나가도 아니 타는 것을 보면 동대문행 전차를 기다리는 것이 분명하다. 얼굴은 널브러져, 광대뼈를 솟은 듯, 그 광(光)이 영롱한 안채(眼彩), 그러나 노르스름한 눈! 코만 조금 높았으면 서양 사람이라고 하여도 누구나 속을 만큼, 아닌 게 아니라 명해 섰는 촌사람 같은 양반 한 분의 하는 말, "저 사람 서양 사람 같은데 조선 두루마기 입었네." 그의 친구인 듯한 서울 양반의 하는 대답, "아니야, 저 이가 조선서도 유명한 문사(文士) 이광수라네." 모르는 사람은 서양 사람이 조선 옷을 입고 지나가는 줄로 헛보지만 실인즉 조선 문학계에 이름이 높고 지금은 동아일보 편집국장으로 계신 춘원 이광수 씨가 사무를 마치고 늦은 저녁 때 동소문 밖 숭삼동 자택을 향하여 돌아가시는 판.56)

이광수 작품에 삽화를 그린 안석주(安碩柱)는 화가답게 춘원의 진면목을 정확히 파악하여 그의 인물 모습이 서양인 같다고 그림 그리듯 사실적으로 묘사하고 있다.

---

55) 『新太陽』(1957. 1), pp.42~49, [未發表原稿] 死生十五年(春園 李光洙). "이 원고는 춘원 이광수 선생이 6·25사변 직전에 집필하여 발표하지 않았던 수필체 작품으로서 본사의 간곡한 청에 의하여 부인 허영숙(허영숙 산부인과원장) 여사가 본사에 기고하여 주신 것임을 밝혀둔다." 이광수전집(삼중당)에 미수록.

56) 『別乾坤』 제3호(1927. 1), p.39, 路上의 人, 李光洙 氏.

씨는 전행에서도 말했지만 어디로 보나 양인(洋人) 같다. 눈이 노랗고 머리털이 노르스름하고 말하는 입까지도 양인이며 혈색도 동양인은 아닌 것 같은 소시(少時) 때 천재라고 칭찬이 놀라울 만하게 범인과 다른 점이 있다. 이 특징이 씨로 하여금 평탄한 길을 걷지 못하게 한 것이 아닐는지. 걸음은 어찌 보면 까치걸음이며 또 어찌 보면 소고(小鼓) 춤추는 시악시의 걸음도 같지만 성큼성큼 걷는 걸음은 씨가 소원 성취하는 날(독립 달성) 고깔 쓰고 꽹과리 뚜드리고 춤추기에 턱 어울릴 걸음걸이니 걸음걸이도 평범치가 않다고 할까.

구사일생 구사일생 해도 씨와 같이 육체적으로 고통을 받은 이가 없을 것 같다. 와신상담이라 하면 그렇게 고초와 인내를 맛본 이도 드물 것이다. 만화자(漫畵子)가 일찍이 씨의 '재생'에 삽화를 그린 관계로 씨의 원고지를 보았던 만큼 궁체(宮體)의 조선문 글씨는 내가 여자라면 그 글씨만 보아도 흠모하고 싶을 만치 아름다웠다. 그러나 영부인의 글씨가 어쩌면 그렇게 똑같은지 "어, 두 분은 천정배필이로군" 하고 나 스스로 감탄해 마지않은 때가 있었다. 언젠가 씨의 사저를 방문하였을 때 양인화(兩人化)하신 양위분이 마작(麻雀)을 하시는 것을 보고 영원한 평화를 가진 가정임을 알고 길이길이 축복한 바가 있었다. 그렇게 메마른 춘원의 배가 지금에는 앞 남산만 하니 이제야 씨의 포부가 더 큼을 알 수가 있다. 후배로써 선생을 만화화(漫畵化)한 데 대하여 버릇없는 짓이라 꾸지람은 마시라.[57]

확실히 춘원의 얼굴 모습의 특징은, 두 눈은 노랗고 별같이 영롱하여 그의 천재성이 그 눈에 모두 모여 있다고 평가하면서, 러시아 슬라브족 계통의 핏줄을 타고났을지도 모른다는 비약적인 억설이 나돌기도 했다. 춘원은 1934년 2월 애아 봉근을 패혈증(敗血症)으로 잃고 인생무상을 느낀 나머지, 게다가 도산 안창호의 장기 입옥으로 흥사단과 동우회의 민족운동이 침체하자 이로 인한 좌절감을 이기지 못해 조선일보 부사장직을 사직하고 금강산으로 들어가 중이 되려고 했다. 이때 문학소녀 모윤숙(毛允淑)이 춘원을 찾아가 머리를 깎기 전에 춘원과 함께 기념 사진을 찍고 석왕사(釋王寺) 사찰 경내를 산책했다. 정말 춘원의 모습

---

57) 『朝鮮日報』(1933. 2. 1), 明眸의 洋人 같은 春園 李光洙氏(安碩柱).

은 서양 사람 같았다. 오죽하면 러시아 사람이 조선 여학생과 길거리에서 산보한다는 풍문이 나돌게 했겠는가.

춘원의 눈동자(瞳孔)가 노란빛을 띠게 된 것은 그의 DNA와 연관되어 혈통적 유전일 가능성이 있다. 이광수는 일제 말기에 자서전적인 회고록 '사십년'58)을 일본어로 국민문학에 3회 연재한 일이 있다. 그 글에서 그는 조부의 눈동자가 노란빛이라고 묘사하고 있다.

내가 태어난 것은 청일전쟁 전전해(1892)인데 조부 60세여서 나는 노인으로서의 조부라는 인상밖에 없다. 그런데 조부는 우리 부모와 같은 집에서 살지 않고 명옥(明玉)이라는 그 옛날 명기(名妓)였던 첩과 별거하고 있었기에 자연 나는 조부의 얼굴을 볼 기회가 적었다. 내 기억을 되살려보면 나는 조부에 대하여 무엇보다 최초의 인상은 내 일곱 살 이전으로 거슬러 올라간다. "그의 인상을 말하면 둥근 얼굴에 윗수염은 새하얗고 눈동자는 노랑 빛을 띠고 눈부시게 광채를 발하고 있어서 화를 낼 때에는 목소리가 우렁찼다. 조부는 풍채가 좋고 풍류남아였다(その印象といふのは、丸顔で、髭が眞白で、眼が黃味を帶びて、光輝があつて、そして、怒つた時にはとても聲が大きかつたことだ. 祖父は、風采よく、氣前よく、風流で)."59)

망운루인(望雲樓人)은 춘원의 인물론을 이렇게 펴고 있다.

이광수 씨란 어떠한 사람인가? 아마 조선 사람치고는 그의 이름을 모를 사람이 없을 것이다. 그의 별같이 아름다운 소설과, 유수(流水)같이 서늘한 문장은 1천만, 조선 청춘 사녀(士女)에게 우레 같은 감격과 거화(炬火) 같은 열정을 넣어주기 때문에 '우리들의 춘원'이라고 씌는 절찬과 환호 중에 싸여 있다. 그러나 그의 인물을 아는 사람은 그리 많지 못할 것이다. 이제 취미적으로 그의 인물평을 몇 마디 써보자.

우리의 춘원은 키가 '륙샤꾸(6척)'는 못 되나 5척 8촌쯤은 되며, 몸은 뚱뚱한 편이다. 전에는 몸이 파리하여 매우 날카롭게 보이었으나

---

58) 『國民文學』 3회 연재(1944. 1~3), 四十年(香山光郞).

59) 『國民文學』(1944. 1), 四十年(1)(香山光郞).

지금은 살이 찔 대로 쪄서 양복을 입으면 바지와 저고리가 팽팽히 켕긴다. 얼굴은 희고 둥근 편이나 코는 매우 날카로워 씨의 민활성(敏活性)을 말하기에 족하다. 그리고 두 눈은 노랗고 별같이 영롱(玲瓏)하여 씨의 천재는 모두 그 눈에 모여 있는 듯하다. 어떤 문학청년이 석왕사(釋王寺)에서 그를 잠깐 보고 "러시아(露國) 사람이 조선 여학생과 노상 산보를 하데" 하고 오해한 것으로 보아 그의 눈이 서양식임에는 틀림이 없다. 씨는 미남자라고는 할 수 없으나 80점은 넉넉하다.

씨는 가정에서는 조선복을 많이 입고 외출 시도 조선복을 간간이 입으나, 양복에 노란 구두를 신고 안경(요새는 검은빛 나는 안경을 가끔 쓰신다)을 쓰고 스틱을 두르며 걸어가시는 스타일은 당당한 '모던 보이'로도 그리 부끄럽지 않거니와 일견 어떤 대회사의 지배인이나 취체역같이 보이는 것이다. 누구나 그를 조선 제일의 '춘원 선생'이라고는 생각지 않을 것이다. 더욱이 그를 문인으로 생각할 이는 없을 것이다. 전에 몸이 약하고 병으로 계실 때에는 추레한 두루마기를 입고 고물상에서 뒤져 온 듯한 구두를 신고 기운 없이 다니시는 것을 보면 분명히 피곤한 길손같이 보였으나 지금은 투지만만한 정객(政客)같이 보인다.

씨는 일견 날카롭고 근접하기 어려운 듯하나 한번 말을 붙여보면 씨는 퍽이나 순하고 상냥하여 곧 친절함을 느끼게 된다. 씨는 결코 과장이나 허식(虛飾)이 없고 또는 점잖음을 빼지 않는다. 극히 솔직하시다. 어떤 잡지기자가 씨를 찾아가서 "선생님은 점잖으신 분이라 부인과 결코 가정에서 싸움은 안 하시겠지요?" 하니까, "천만에, 싸움 아니 하는 부부가 사랑하는 부부입니까? 나도 며칠에 한 번씩은 싸움을 곧잘 합니다" 하고 대답하시더라고 한다. 씨는 결코 거짓말을 아니 하고 조그마한 가리움(가림)도 없다. 청공(靑空)에 빛나는 태양과 같이 씨의 심경(心境)은 매우 담담하시다. 그리고 어떤 사람이 씨의 댁을 찾아가도 잘 환영하고 또는 이야기도 잘 해주신다. 씨를 '군자'라고 별호까지 주게 된 것도 여기 있을 것이다. 그러나 씨는 자기의 신조가 있다. 감기 같은 것을 앓게 되어 사람과 면회하는 것이 좋지 못할 때에는 그 상대가 어떤 이를 물론하고 결코 면회치 아니한다. 어떤 서점을 하는 이가 씨를 닷새를 두고 매일 찾아갔으나 한 번도 면회하는 광영을 얻지 못했다. 그이는 노발대발하여 "개새끼도 자기 집을 5, 6차 찾아갔으면 그리 푸대접은 못할 것이어늘 그래 사람을 그렇게 멸시한담" 하고 불만을 말하였지마는 춘원은 그때 감기로 고통하는 중이었다 한다. 그리고 씨는 창작 같은 때에는 절대로 면회도 아니 하고 또는 급한 일이 있어도 태연하신데, 어떤 친구가 급한 일이 있어서 그를 찾아갔더니, "지금 소설을 쓰는 중이오" 하고 그 친구를 옆에 앉히고 두 시간이나 아무 말 없이 글만 쓰더라고 한다.

그러나 씨는 이야기를 하기 시작하면 구수하게 몇 시간씩 계속하여 듣는 이의 마음을 취케 한다. 언제 한번은 씨가 석왕사에 와서 여름밤에 부채질을 해가며 시베리아 방랑하시든 이야기를 하는데, 필자 역시 그 이야기에 그만 취하고 말았다. 그러나 이러한 씨라도 다소 그에게 결점이 있다. 씨는 문인이라 역시 감정가(感情家)이어서 많은 사람을 포용하는 아량이 없다. 그리고 다소 편견도 있다. 누가 사람으로 결점이 없으랴마는 우리의 춘원도 신(神)이 아니라 역시 결점이 있을 것은 사실일 것이다.

씨는 정치가로 자처하시고 문인이 아니라고 주장하시나 씨는 역시 문인 '타이프'이시다. 어디까지든지 문인이신 것이다. 이번 조선일보 부사장으로 씨가 정치적 수완이 계셨다고 하면 결코 퇴사치 않았을 것이다. 음모, 술수, 기책(奇策), 이것은 정치가들의 뱃장이요, 포용, 아량, 태완(泰腕, 통 큰 수완), 이것은 정치가들의 심경(心境)일 것이다. 음모, 술수 등을 모르는 씨는 그네들에게 밀리어 '조선일보'를 나온 것이 아닌가? 씨는 정치가로서는 '제로'이시다. 역시 열정적이요 솔직하고 꾸밈이 없는 문인이신 것이다.

그러나 씨는 정치가에게 지지 않는 기개(氣槪)가 계시다. 그것은 자기가 옳다고 생각하시는 것은 총칼이 자기 앞에 있고 또는 추상열일(秋霜烈日)의 폭위(暴威)가 앞에 있을지라도 그 주장을 굽히지 않는 것이다. '신생활론'과 '민족개조론'을 쓰실 때에 수많은 사람들이 씨를 죽일 놈이라고 야단하고 또는 사쿠라 몽둥이를 끌고 씨를 따라다니는 사람들이 있었으나, 씨는 결코 그 주장을 굽힌 일이 없으며 또는 담판(談判) 온 사람에게도 당당히 그 주장을 내어 세우고 조금도 자기 의견을 굽히지 않았다. 그때 어떤 청년이 노기등등(怒氣騰騰)하여 주먹을 쥐고 씨를 찾아가서 "그래 그런 우리의 민족을 모욕한 글을 함부로 쓰고 사과할 마음이 없소?" 하고 여차직하면 씨를 두들기려 하였으나 그 청년은 도리어 씨의 당당하고 꿋꿋한 변해(辯解)에 그만 머리를 숙이고 돌아갔단 말이 있다. 씨는 결코 조삼모사(朝三暮四)로 이럭저럭 하는 얼치기가 아니다. 자기의 주장을 위하여서는 태산이라도 넘으려는 용사이시다. 그러나 이런 씨라도 가정에서는 부인에게 항상 꼬리를 밟히신다는 말이 있는데, 이것은 우리의 관지(關知)할 바가 아니다. 씨는 열정적인 점에 있어서 또한 남의 추종을 허락지 않는다. 씨의 '지난 시절'의 연애 이야기를 들어보면 모두 불같이 타는 열정으로 일관하였다. 현 부인 허 씨와의 사이에도 열정적 로맨스가 많거니와 씨의 작 '젊은 꿈'을 읽어보면 더욱 잘 알 것이다.

씨가 상해에서 고생하실 때에 언제 한번은 병으로 몹시 앓았는데 그 때 씨의 옛날 사랑하시던 모 여성이 씨의 병상(病床)을 알고 가만히 와서 우유죽을 쑤어주고 담요를 덮어주고 그만 돌아가버렸다. 씨는 그 여성이 다시 오지 못할 것을 잘 알기 때문에, "그의 마시던 공기라도 더 마시게 또는 그의 그림자라도 나가지 못하게 문을 닫으라, 꼭꼭 닫으라" 하고 말씀하였다 한다. 이 얼마나 열정적이냐? 그는 자기의 사랑하는 이를 위하여는 결코 일신을 아끼지 않았다. 씨의 이런 열정이 그의 한 몸을 사회와 민족에게 바치고자 하는 마음에서 정치가로 자처하게 되었고 또는 상해, 시베리아로 방랑하며 그 길에 발을 넣었던 것이다. 그러나 이제 조선일보를 그만두고 한지(閑地)에서 유유자적하는 춘원은 장차 어떤 길을 취할 것인가? 여기서 그의 인물과 전 인격을 알게 될 것이다. 만천하에 벌려 있는 춘원의 팬들은 주목하여 마지않는 바이다.[60]

이석훈(李石薰)은 춘원의 인상을 리얼하게 묘사하고 있다.

춘원 선생을 동아일보 편집국에서 만났다. 인사를 마치고 물으시는 대로 정주(定州) 아무개 손자요, 아무개 아들이다 하니까 선생은 샛노란 눈을 크게 뜨고 잘 안다고 하며 놀란다. 내 부형(父兄)네를 그렇게 잘 아는 선생을 입때(여태) 모르는 척하고 지나치던 것이 송구스러웠다. 그리고 어렸을 때 할아버님에게 동반되어 나의 맏할아버지 댁에 놀러 댕기던 인상 깊은 이야기를 하심에 이르러 나는 고향의 아저씨나

---

60) 『新人文學』(1934. 10), pp.37~39, 李光洙氏 人物論(望雲樓人).

대한 듯이 반가웠고 또 깊은 친분을 느꼈다.

그 후도 역시 그러하나 그 사람을 접하는 태도가 겸양하고 말소리는 부드러우며 그 모습이 순후(淳厚)하고 소박하여 동회인인 '매끄러움'이 없고 시골 중지주(中地主) 같은 느낌을 준다. 소작인에게 야박하게 굴지 못하는 호인적인 중지주.

선생은 철저한, 내지 완고한 유심론자(唯心論者)의 인상을 깊게 한다. 자연은 어찌도 이와 같이 아름답고 숭고할까— 에 대하여 이것은 과학의 해석을 초월한 신의 존재 운운의 예(例)의 강화(講話)를 나는 해 저물어가는 가을날 감(柿)이 익어 아름다운 창의문(彰義門) 밖 과원(果園) 사이의 좁은 촌로(村路)에 서서 한참 동안이나 들은 일이 있다. 이러한 때 평상시 그와 같이 온량하신 이가 어디서 그런 대해의 파랑 같은 열정이 용솟음쳐 넘칠까 탄복케 하나, 보다 유물적(唯物的)인 사고의 방법을 취하는 경향인 나에게는 실례의 말씀이나 선생의 열변도 마이동풍이었다.

이러한 유심론의 강설은 비단 나에게뿐 아니다. 선생을 찾는 청년은 누구나 흔히 경험하는 바인데 이 사상(事象)을 역시 나의 고향의 대선배이신 서춘(徐椿) 선생의 경제학적 해석에 의하면 춘원 선생이 세검정(洗劍亭) 밖에다 주택을 지으시고 부근 일대를 값싸게 매수(사실 여부는 미상)하여 땅값을 올리려는 저의에서 그같이 창의문 밖의 자연을 극히 교묘한 방법으로 선전하는 것이라 한다.— 즉 평범한 풍경도 그럴듯하게 선전하면 혹 아름답게 승경(勝景)으로 보이는 경우가 있는지라, 거기에 이끌려서 시내로부터 많이 살러 나오게 되면 자연 땅값이 오를 것이니까!— 단 이상은 언젠가 서춘 선생이 춘원 선생에게 '히니꾸(皮肉, 빈정거림)'로 한 농담이다.

여하튼 선생은 완고하리만큼 유심적(唯心的)이어서 그 논하는 바는 현대 청년에게 '어필'하지 못한다. 사상적 경향이 상이하여 문학적으로는 선생을 사숙하지 않는 나인지라 고향의 대선배를 거기 상당하리만큼 존경은 하나 선생의 작품은 중학시대 소문에 팔려 '무정'을 읽은 외에는 아무것도 읽은 것이 없으므로 작품을 통한 인상은 무엇이라 할 말이 없다. 선생은 지금 훼예포폄(毁譽褒貶) 상반(相半)한 사이에 처하고 있다. 그러나 비록 적이라도 선생을 대하면 미워할 수 없게 될 것이요 떠나면 쉬이 잊어버리게 될 것이다.61)

김소엽(金沼葉)은 춘원의 동포와 인류를 사랑하는 인도주의 사상을 기리는 글귀를 홍지동 산장 대문에 새겨놓으면 후세인에게 영원한 교훈적 기념물이 될 것이라고 강조하고 있다.

6년 전 중학시대에 사사(私事)로 상경하였을 때 나는 춘원을 방문할 것과 이태원(梨泰院) 공동묘지에 파묻힌 도향(稻香)의 묘를 참배하기로 했었다. 그때 춘원 댁은 숭삼동(명륜동 3가)이었다고 기억한다. 그러나 그때 뜻 아니 한 일로 두 가지의 플란은 완전히 실패하고 말았다. 그 후 나는 기회만 있으면 우리 신문예의 개척자이요 원로인 춘원을 방문하려고 했으나 종내 기회가 없다가 지난 3월 2일 상경 시에 창의문을 넘어 세검정 씨의 자택을 찾았다. 그러나 마침 씨는 출옥한 도산 선생을 만나려 평양 내려가시고 댁에는 계시지 않았으므로 명함만을 남겨두고 돌아왔다.

그래서 이번 제2차 상경 시(5월 29일)에 다시 찾기로 하였다. 이날 마침 종로를 지나다가 시원사(詩苑社) 오일도(吳一島) 씨를 만났는데 그는 지금 원고 청탁으로 춘원을 찾아보고 돌아오는 길이라 말하였다. 그래서 나는 이번에는 공행(空行)치 않을 것을 믿고 이학인(李學仁) 씨를 졸라서 함께 춘원 댁을 찾아갔다.

울창한 송림 길을 기어올라 창의문에 이르렀을 때에는 이마에 구슬땀이 흘렀다. 이곳에서 잠깐 땀을 식힌 후에 경사진 언덕길을 약 18정쯤 내려가면 높은 산 중턱에 별장처럼 지어놓은 훌륭한 조선식 와가 한 채가 쳐다보인다. 그것이 한때 항간에 화제꺼리가 되었던 우리의 문호 춘원의 신축한 사택이요 서재이다. 백옥 같은 맑은 물이 암석에 부딪쳐서 흩어지는 개울의 징검다리를 지나 나직한 관목과 잡초에 파묻힌 산길을 기어 올라갔다. 등산이라면 좀 평탄한 편이요 산보하기엔 좀 험하다 할 그러한 언덕길이었다.

얼마 후 돌층계를 올라가서 씨의 댁 정문 앞에 섰을 때 나의 가슴은 공연히 설레었다. 이학인이 먼저 들어가서 우리의 심방을 고할 새 마침 서재에 계시던 씨는 손수 뜰아래까지 내려오셔서 친절히 영접하여 주셨다. 씨의 서재는 서남향인 두 칸 통방(通房)으로 퍽으나 정세(淨

61) 『中央』(조선중앙일보사, 1936. 4), pp.159~160, 作家 印象記(李石薰).

酒)하고 양명(陽明)하였다. 실내엔 책상과 테이블과 책들이 정연히 벌려 있고 열린 뒷문으로는 하늘을 찌를 듯이 솟아 있는 삼각산의 기봉(奇峰)이 바라보였다. 일찍이 씨께서 아무리 값비싼 명화라도 이를 당할 수 없다고 한 것은 퍽으나 지당한 말씀이다.

춘원은 1892년생으로 벌써 불혹의 기(期)에 드신 것을 나는 잘 알고 있었으나 씨를 대해 본즉 예상외에 아직도 퍽으나 젊어 보였다. 더구나 왕년에 폐병으로 사선(死線)을 내왕하셨다는 것은 생각도 못하리만큼 매우 건강해 보였고 그것이 무엇보다도 씨를 처음 방문한 후배의 마음을 기쁘게 하였다. 그리고 이렇게 젊고 씩씩한(실례의 말씀이나) 씨와 마주 대하여 앉았을 때 나는 먼저 "우리 문학은 아직도 젊구나!" 하는 느낌을 받지 않을 수 없었다.

이렇게 생각하면 바로 작년이 우리 신문예사에 일대획선(一大劃線)을 그은 씨의 장편 '무정'이 세상에 나온 지 20주년이었다. 20년! 그렇다. 그것은 문학사의 연기(年紀)로는 너무나 짧다 할지라도 인생의 짧은 생애에 있어선 결코 가까운 과거가 아니다. 내가 '무정'을 읽은 것만 하여도 너무나 아득한 옛일 같지 않은가! 하여튼 춘원은 우리 문단의 제일인자이요 노장이면서도 아직도 가장 왕성한 작가적 활동을 보여줄 중년기에 계시다는 것을 여기에 말하여두면 고만이다.

작가로서의 씨는 여기에 새삼스러이 운운할 필요조차 없겠으나 인간으로서의 씨의 인격도 우리가 숭앙할 바 많으리라 생각한다. 첫째 씨는 석가의 '대자대비(大慈大悲)'와 톨스토이의 '인도주의'를 신봉하시는 만큼 인격적으로 퍽으나 수양하심이 많은 것 같다. 이것은 평소에 씨의 일화(逸話)로서 우리들이 이미 알고 있는바 적지 않았으나 이제 씨를 방문한 자리에서도 그 일단을 엿볼 수 있었다. 씨는 연하의 후배에게도 깍듯이 겸손한 언사를 쓰시며 단정한 자세를 잃지 않으셨다. 이러한 것이 처음 찾아간 연소한 손(客)에겐 도리어 거북한 감을 일으켰고 한편 죄송스러울 지경이었다. 결국 주객(主客)을 전도한 셈이었다. 그만치 씨는 조선적 예의를 존중하시며 후배를 사랑하는 마음이 깊으시다.

일찍이 시베리아로 상해, 해삼위(海蔘威, 블라디보스토크) 등지로 방랑하시며 민족을 부르짖고 또는 동아·조선 양대 신문의 우이(牛耳)를 잡고 기염을 토하던 씩씩한 날의 면모는 찾을 길이 없고 이제 두 칸

서재에 앉아서 앞뒤에 외연(巍然)히 솟은 북악(北岳)의 고봉을 바라보며 독서와 창작으로 한일월(閑日月)을 보내시는 씨의 생활은 실로 탈속(脫俗)의 기분이 없지 않다. 주경야독은 자고로 문인이 즐겨하는 바이나 이 땅의 현대 문인치고 만년을 전원에서 보낼 자 몇이나 되랴!

씨가 요사이 쓰시는 것으로는 조선일보에 연재 중인 장편 '그 여자의 일생'과 역시 동 보에 실리는 '일사일언'뿐이라 하며 집필시간은 일정치 않다 한다. 씨는 문학 이외에 종교, 철학, 역사 등에 관한 서적을 많이 읽고 계신 모양이며 서재에 꽂혀 있는 장서도 이런 방면의 것이 비교적 많이 눈에 띄었다. 씨는 내 고향이 송도(松都)인 것을 알자 이 지방 특유의 문화, 풍속, 인정 같은 것에 대하여 자세한 것을 물으신다. 그리고 송도는 조선의 어느 곳보다도 조선적 정신과 문화적 전통이 풍부한 곳으로 실로 배울 것이 많다고 상찬하시며 앞으로 기회만 있으면 좀 더 송도에 두류하여 친히 배우고 연구하여 보겠노라고 심중을 피력하셨다.

끝으로 씨는 조선의 문학과 저널리즘에 대하여 말씀해주시다가 문득 화제가 모 잡지에 미침에 자기네 판매정책만 생각하고 남의 감정 내지 체면에는 둔감인 저널리즘의 몰상식적 비행에 대하여 적막한 고소를 입가에 띄우셨다. 그 내용인즉 다름 아니라 씨께서 가장 사랑하던 자식을 잃고 애통하시다가 '창천이여! 애아(愛兒)를 돌려주소서'라는 애도문을 모 잡지에 써 보냈더니 이 글이 실린 그 잡지에다 지난날 씨와 부인 사이에 내왕하던 연애서한을 (물론 당자의 승인도 없이) 또 실렸더라는 것이다.

약 두 시간 동안 유익한 말씀을 듣고 우리는 씨의 서재를 물러나왔다. 대문을 나오면서 나는 문득 프랑스 문호 알렉산더 뒤마의 주택 대문에 "나는 나를 사랑하는 사람을 사랑한다"라는 글귀가 써 붙여 있더라는 말을 생각하고 이후 백 년 또는 몇 백 년 후의 이 땅의 문학청년들을 위하여 이 춘원 댁 대문에도 무엇을 하나 써 붙여두면 어떨까 하는 생각을 해보았다.62)

이광수는 동우회 사건으로 재판을 받고 있는 피고인 신분이었다. 한

---

62) 『朝鮮文壇』(1936. 1), pp.107~110, 春園及八峯 訪問記(金沼葉).

평생 민족주의 운동을 벌이다가 동우회마저 강제 해체되어 겉으로는
친일, 마음속에서만 항일을 오가는 양다리 플레이를 해야만 했다. 춘원
은 당시의 자신의 모습을 바로 "해가 뉘엿뉘엿 넘어가는 석양에 어지
러이 우짖는 까마귀 신세(斜日亂啼烏)"[63]라고 영탄하고 있다. 이것이
춘원의 참모습이었다. 남수월(南水月)은 길가 한편에 서서 "죽장망혜
단표자로 천리강산 들어가니…"로 시작하는 '유산가' 형식을 빌려 춘
원의 참모습을 이렇게 노래하고 있다.

　　이분은 어느 분인고. 죽장망혜(竹杖芒鞋) 단표자(單瓢子)로 팔도강
산 두루두루 들러서 이 사랑서 시를 읊으고 저 사랑서 묵필(墨筆)을
희롱하는 이 아니어든 뭐하러 굽이굽이 두 굽이 높은 언덕 넘어서 자
하문(紫霞門)은 왜 오시노. 보아 하니 풍모(風貌)도 좋을시고 안색(顔
色)도 온화쿠나. 양복은 입으셨지만 짚으신 단장은 유랑민(流浪民)의
지팡이같이 크고도 무겁더라. 뒤쫓아 오는 학생 아이 그 아이가 이분
의 아드님인상 춘풍이 아까와서 하루의 소풍인 듯도 하다.
　　장안 10만 호가 한눈에 보이는 마루터기 문에 오르셔서 그 무거운
지팡이 끝으로 무엇인지 아드님에게 이르시는구나. 아마도 이 문과 이
성(城)의 갈피 많은 역사와 눈물겨운 시를 가르쳐주시는가도 싶다. 땀
이 나시는지 모자를 벗으시니 머리는 중 머리 어느 절 승님(스님) 같
기도 하다. 그렇지도 않으면 어느 학교 교장 같기도 하다. 이분은 교장
도 아니라 승님도 아니라 춘원 이광수 그분인 것이 분명쿠나.
　　뚜렷이 자세히 보니 얼굴에 비해 작은 듯한 입술! 지그시 꾹 다물린
그 입술이 백만어(百萬語) 십만구(十萬句)로 우리를 울려도 보고 웃기
기도 한 소설과 시가 나오던 입술! 크지도 않고 작지도 않은 그 체(體)
수 그 속에 그윽하게 감춰져 있는 모든 지식과 교양, 다시 한 번 볼
수밖에 없는 그의 풍모. 그러나 답답. 아무리 써낸들 누구라서 자기
의 가슴속을 알랴. 한평생 문필(文筆)에 종사함을 그다지 따뿌시아지
(따분하지) 않으신다니 뭘 하실 작정이었던고. 신문사에도 계셔 봤고
학교에도 계셔 본 이분. 지금 심정이 혹시나 심산유곡에 승(僧)이 되고
싶지나 않으신지. 아무리 봐도 안색에 우울이 5, 6월 구름 끼듯 끼어

<hr>

63) 『文章』(1940. 2), 亂啼烏(李光洙); 『李光洙全集』, 권 14, p.257.

있는 걸 같구나!

에라 대수 에라 만수 천상(天上)의 옥황상제(玉皇上帝), 지하의 지장대신(地藏大神), 동서남북 오방제신(五方諸神), 말 맡은 구설대신(口舌大神), 몸 맡은 사신대신(司身大神), 물에는 수신(水神), 산에는 산신(山神), 뵈는 귀신 안 뵈는 귀신, 조선따 아무 동리 아무 번지 아무 생건주(生乾主)에 이광수 남몰래 들은 병과 남의 구설(口舌), 남의 하리(헐뜯음) 적적(寂寂)히 풀이시고 재수(財數)와 사망(장사에서 이익을 많이 보는 운수)을 있게 해주서이다.

종이 위에 붓이 닿거들랑 금강구룡(金剛九龍) 물같이 줄줄이 씌워지며 8, 9월 하늘같이 답답한 가슴 풀어주서이다. 그러지도 못하시거든 옥차화(玉釵花) 같은 귀여운 아가씨를 도우셔서 옛 같은 젊음이 다시금 샘솟게 해주심을 훨훨이 바라오니 이 원(願)과 이 소망(所望) 푸르게 하시어 '사랑'과 '꿈'이 헛되이 하지 마르시기 천만배(千萬拜)로써 빌고 비나이다.

무당 아닌 나의 덕담(德談)이 뭐 재미있으랴? 심신(心身)이 불안이시고 세상 일 뜻에 없거든 금전 때문에 글을 쓰지 마시고 팔도강산 두루두루 유람(遊覽)이나 하시다가 물 좋고 산 좋은 절간에서 속세나 잊으시고 후세를 울릴 꼭 한 편의 소설이나 써서 주시구료![64]

정비석(鄭飛石)이 춘원과 교분을 맺게 된 것은 1936년 여름 원산 송도원(松濤園)에서였다. 정비석이 춘원에게 글씨 휘호(揮毫) 한 폭을 부탁하자 춘원은 "文章一小技(문장일소기)"(문장은 조그마한 재주에 지나지 않는다)를 써주었다. 정비석은 이 휘호를 받으면서 못내 마음에 들지 않았다. 정비석은 "文章經國之大業 不朽之盛事(문장경국지대업 불후지성사)"(문장은 나라를 경륜하는 대사업이요, 영원히 썩지 아니하는 대견스러운 일이다)라고 어릴 때부터 들어왔고, 이제 앞으로도 한평생을 문장으로 살아가기로 결심한 것인데, 문장을 '조그마한 재주(小技)'라고 하다니, 이는 문장을 얕보는 '문장 경시(輕視)'의 사상이라고 생각되어서 춘원의 참 글 뜻을 이해할 수 없었다. 이에 어느 출전(出典)

---

64) 『新世紀』(1939. 6), 路傍人物評(南水月); 『李光洙全集(月報)』(1962. 11. 15), p.7. 원문에는 '口說'로 되어 있으나 이를 '口舌'로 바로잡음.

에서 나온 말인가를 물었더니, 춘원은 두보(杜甫)의 시에 그런 구절이 있다고 하면서 짧은 시 한 수를 써 보였다. "文章一小技 於道未爲尊(문장일소기 어도미위존)"(문장은 조그마한 재주에 지나지 않아서 도(道)에 비하면 별로 존중할 것이 못 된다) 춘원은 이렇게 설명하면서도 여전히 정비석의 불만을 눈치 채고는, "허기는 '文者貫道之器(문자관도지기)'(문장은 도를 꿰뚫는 그릇)라는 말이 있기는 하지. 문장이 단순한 문장에 머무르지 아니하고 도(道)를 꿰뚫는 문장이 되면 그때에는 '소기'가 아니라 '대기(大技)'일 걸세." 이렇게 보충 설명을 했다. 그제야 정비석은 춘원이 그와 같은 글귀를 써준 깊은 뜻을 알아듣고 감사했다. 춘원의 이 같은 "문장일소기"를 써준 본심을 "단순한 매문가(賣文家)에 머무르지 말고 도에 통하는 뼈대 있는 글을 쓰도록 하라"는 일종의 채찍으로 받아들인 것이다. 그 후 매일신보에 재직하면서 춘원과 원고 청탁 관계로 자주 만날 때마다 춘원은 민족의 장래와 문학에 대해서만 말할 뿐, 시국에 대해서는 일체 언급한 적이 없었다.65) 그런데 여기서 말하는 '소기'란 '여기(餘技)'와 통하는 문자이다. 춘원은 '문장은 여기'라고 정의하고 있다. 그러면 '여기'의 대칭 개념으로 '본기(本技)'는 무엇인가? 그것이 곧 민족운동인 것이다.

정태용(鄭泰鎔)은 춘원 문학은 한마디로 '여기 문학'이라고 정의하고 있다.

춘원은 우리나라에서 가장 작품을 많이 쓴 사람이지만 "어려서부터 문장은 여기(餘技)라는 교훈 속에 자랐으므로 문사(文士)가 되리라는 생각은 조금도 없었다." 그래서 문학에 뜻을 두게 된 뒤에도 "아무쪼록 쉽게, 언문만 아는 이면 볼 수 있게, 읽는 소리만 들으면 알 수 있게, 그리고 교육을 받지 않은 사람도 이해할 수 있게, 그리고도 독자에게 도덕적으로 해를 받지 않게" 글을 써서 민족을 구(救)하자는 일념(一念)을 모든 사람의 가슴속에 뿌리박고자 했던 것이다. 이러한 춘원

---

65) 『中央日報』(1978. 4. 22), 남기고 싶은 이야기들(鄭飛石). 원문에는 '1937년 여름'이라고 했는데, 이때는 이미 동우회 사건(1937. 6. 7)으로 구속·수감되었기에 그 전해인 '1936년 여름'으로 비정(比定)했다.

의 문학운동을 김동인은 "엄정한 의미의 창작이 자기의 본질과 맞지
않음을 깨닫고 춘원은 이에 제이차의 도정(途程)을 밟았다", "그것은
우리 자손에게 끼쳐줄 유산으로서의 문학운동보다도 그 문학선(文學
線)까지 (눈 어둔) 독자를 끌어올리려는, 문학운동이라기보다 문화운동
이라는 편이 더 적절한 운동이었다"(春園研究)라고 평하였다.66)

확실히 춘원은 문학을 하나의 예술운동으로서보다도 문화운동 내지
정치적 사회운동으로서의 한 도구로 이용하고 있다고 인식된다. 그러기
에 우리나라 근대 이후의 문학을 맨 처음에 엮어낸 대표적인 평론가 백
철(白鐵)도 이 점을 간파하여, 춘원을 '민족주의적 정치인'이라고 정의
하고 있다. "그는 문학자로서 개척자이기 전에 민족주의자로서 정치인
으로서 자기 존재를 자인한 사람이었다. 그가 문학을 민족주의의 계몽
수단(啓蒙手段)으로 채택한 것이나 일생을 일개의 문학자로 만족하지
않고 그 어느 시기에나 정치적인 데 관여하는 허영을 버리지 못한"67)
것을 비판하고 있다.

이광수가 조선일보 부사장직을 사임한 것은 1934년 5월 22일이었다.
이를 기다렸다는 듯이 이무영(李無影)은 흉금을 열고 춘원에게 정치적
언론인 생활을 청산하고 순수문학으로 회귀, 작품 활동에 전념하여 세
계적인 명작품을 내기를 기대한다는 '공개서한'68)을 3회 발표했다. 원
래 신문사 부사장 자리는 정치가(政治家)의 직분(職分)이지 문인의 직
분은 아니다. 그럼에도 불구하고 춘원은 문인의 본분(本分)을 저버리고
10여 년간 신문사 편집국장과 부사장직을 역임하면서 정치적 항일투쟁
을 벌인 것이다. 이무영은 춘원이 이번 부사장직을 사직한 것을 계기로
정치적 민족운동을 그만두고 작가의 본분으로 돌아와서 문학작품 활동
에 정진할 것을 주문한 것이다.

66) 『現代文學』(1960. 6), pp.40~52, 韓國的 동키호테像: 李光洙論의 하나로서
(鄭泰鎔).

67) 白鐵, 『新文學思潮史』.

68) 『朝鮮中央日報』3회 연재(1934. 6. 20~22), 檄! 胸襟을 열어 先輩에게 一彈
을 날림. 春園 李光洙氏에게(李無影).

그렇던 선생의 얼굴이 최근에 와서는 점점 우리의 기억으로부터 사라져가는 것 같은, 어쩐지 문학이 선생을 버림인지 선생이 문학을 멀리하심인지는 모르되 선생과 문학과는 인연이 멀어지는 것 같은 느낌을 선생을 대할 때나 선생의 작품을 읽을 때나 받아지더이다. 이 얼마나 쓸쓸한 일일까요. 이러한 인상을 우리가 받게 된 것은 작가인 선생이 신문사 편집국장이니 부사장이니 하는 선생의 길이 아닌 자리에서 작가로서의 정력을 빼앗기었음에 있지 않았던가 합니다. 생(生)이 생각건대는 선생은 지적(志的)이기보다도 정적(情的)에 속하시지 않는가 싶소이다. 선생은 문(文)에 속할 어른이요 무(武)에 맞은 어른은 아닌가 하옵니다.

일찍이 선생이 상해에서 오실 때 많은 사람을 울리신 것도 정에 넘치는 선생의 글이 아니었던가 하옵니다. 죄송하오나 어떤 편이냐면 선생은 '문(文)'으로 해서 이름을 이룬 사람이요, '문' 아니면 그 찬란하신 '오늘날'을 만들지 못했으리라고 생은 생각하고 있습니다. '某某新聞編輯局長 李光洙'라든가, '某某新聞副社長 李光洙'라는 것보다는 '小說家 李光洙'라는 것이 얼마나 격(格)에 맞게 들리는지 모르겠습니다.

그렇다고 글을 쓰는 사람은 반드시 글 속에 붙어서 일생을 보내라는 것은 아닙니다. 그러나 선생은 글, 더욱이 소설에서 한 걸음 나가서는 안 되실 분입니다.69)

언론기관, 더욱이 신문사는 글의 기관이 아닙니다. 말의 기관입니다. 정치적 기관입니다. 선생은 작가의 길을 버리고 신문사에 업(業)을 가지셨습니다. 그리하여 학예부에서 편집국장, 편집국장에서 부사장, 이렇게 올라가셨습니다. 이 신문사의 일이, 직업적 의식이 선생으로 하여금 정치가연(政治家然)하시도록 영향한 것이 아닌가 하옵니다.

신문사는 그동안 선생의 생활을 보장하여왔습니다. 그러나 그 생활 보장에 대한 보수로서 신문사는 선생에게 문학을 버리시도록 하였습니다. 이 점에서 선생이 이번 조선일보 부사장의 자리를 감연히 버리시고 산수간(山水間)에 방랑하시며 머리를 가다듬으셨다는 소식을 듣고

69) 『朝鮮中央日報』(1934. 6. 20), 檄! 胸襟을 열어 先輩에게 一彈을 날림. 春園 李光洙氏에게(上)(李無影).

마음 기쁘게 생각하고 있나이다. 이러한 선생의 이중생활, 정치가(政治家) 아닌 정치가 행세를 하신 영향은 그동안 선생의 작품에도 깊이 뿌리를 박고 있었든가 하옵니다. 선생은 정치가 아니면 감당키 어려운 신문사장의 일을 하시는 때와 꼭 같은 태도가 작품에도 반드시 나타났습니다. 선생은 작품에서마다 흙으로 돌아가라 하십니다. 농촌으로 가자고 하십니까. 그러나 이것은 선생이 마치 전공이 아니신 신문사 일을 처리하시듯이 막연했습니다. 선생은 농촌으로 가라고는 하겠지마는 농촌은 어떤 것이며 오늘날의 농촌의 현실은 어떤 것이라든가 하는 것은 아르켜주심이 없었습니다. 농촌에 가서 일을 하라고 선생은 또 말씀 하십니다. 그러나 오늘날 우리 농촌에서 어떠한 사업을 하라는 시담(示膽)은 없으셨나이다.

그리고 생이 일찍이 선생을 알기는 민족주의자로 알았습니다. 그러던 것이 최근에 와서는 선생은 '민족' 소리를 입에서 떼시지 않으시기는 하나 어떤 민족의 민족주의자인지도 분간치 못하게 되고 말았습니다.[70)]

그러나 선생은 최근 10년간은 그 정열을 버리셨습니다. 10년 전의 선생은 글을 쓰시어 일하려는 사람을 울리셨지마는 최근 10년간은 일하려는 사람들을 웃게 하고 철없이 날뛰는 사랑싸움이나 하는 남녀들만을 울리셨습니다. 이것이 과거 10년간의 선생의 업적이었습니다. 작가생활이었습니다. 일꾼으로서의 10년간이었습니다. 먼저도 말씀하였사오나 생은 선생과 사상을 달리한, 그러면서도 선생의 조선 사랑하는 정열과 일을 하려는 노력을 값비싸게 사온 청년이요, 거기에 머리를 숙여온 청년입니다. 그러나 이제 와서는 생은 일꾼으로서의 선생에게 대한 존경도 잃은 지 오래옵고 선배 작가로서의 선생에게도 배운 것의 적음을 발견하고 있습니다.

선생이 비록 생과 입장을 달리하고 계신다 하더라도 품으신 첫 뜻을 저버리지만 않으셨던들 생은 선생을 존경하오려니와 사람이란 한마디 이상은 말을 못하게 만들어진 것이외다. 가(可) 아니면 부(否), 시(是) 아니면 비(非), 우(右) 아니면 좌(左), 전(前) 아니면 후(後), 그러나 경

---

70) 『朝鮮中央日報』(1934. 6. 21), 檄! 胸襟을 열어 先輩에게 一彈을 날림. 春園 李光洙氏에게(中)(李無影).

우에 의하여서는 사람은 이 두 마디를 한 입으로도 할 수 있는 위대한 특전(特典)이 있습니다. 그것은 즉 시(是)라고 했다가 비(非)라고 고치고 우리는 선생을 저버릴지도 모를 것입니다. 오늘날의 선생은 확실히 조선 사람에게 버림을 받고 계십니다. 그러나 버림은 받았더라도 선생 자신이 우리를 버려서는 안 됩니다. 우리는 일찍이 그런 무서운 때를 겪어와 있습니다. 우리가 선생을 버리는 것이 결코 선생이 미워서가 아니라 선생을 사랑하기 때문입니다.

선생이여! 다시 10년 전의 이광수로 돌아가시사 일꾼으로서나 작가로서나 10년 전의 그 옛날로 돌아가는 그날이라야만 선생은 선생 자신의 원하시는 사람이 다시 될 수 있을 것입니다. 이러한 우리의 기원(祈願)이 꿈에라도 선생의 가슴에 사무치었음인지 최근 조선일보 부사장을 내놓으시고 다시 작가생활로 돌아오신다 하오니 이다음 발표될 선생의 작품이 조바심이 날 만큼 기다려지옵나이다. 그리고 이번 발표하시는 작품이야말로 선생과 우리와의 인연을 맺고 끊는 커다란 계기가 될 것도 짐작되옵니다.[71]

피천득(皮千得)은 춘원은 한평생 병의 불연속선이라고 하면서 흥사단과 동우회의 행동강령인 거짓을 버리고 정직한 삶을 살아간 민족지도자라고 정의하고 있다.

나는 과거에 도산 선생을 위시하여 높은 스승을 모실 수 있는 행운을 가졌었다. 그러나 같이 생활한 시간으로나 정으로나 춘원과 가장 인연이 깊다. 춘원에 대하여는 정말인 것, 거짓말인 것, 충분히 많이, 너무 많이 글로 씌어지고 사람의 입에 오르내려왔다. 구태여 내 무얼 쓰랴마는 마침 기회가 주어졌었고 또 짧게나마 쓰고 싶은 생각이 난 것이다.

그는 나에게 워즈워드의 '수선화'로 시작하여 수많은 영시를 가르쳐주었고, 도연명(陶淵明)의 '귀거래사(歸去來辭)'를 읽게 하였고, 나에게 인도주의 사상과 애국심도 불어넣었다. 춘원은 마음이 착한 사람이

---

71) 『朝鮮中央日報』(1934. 6. 22), 檄! 胸襟을 열어 先輩에게 一彈을 날림. 春園 李光洙氏에게(下)(李無影).

다. 그는 남을 미워하지 못하는 사람이다. 남을 모략중상은 물론 하지 못하고 남을 나쁘게 말하는 일이 없다. 언제나 남의 좋은 점을 먼저 보며 그는 남을 칭찬하는 기쁨을 즐기었다. 그를 비난하는 사람은 많았지만 그가 비난하는 사람은 한 사람도 없었다. 그는 천성이 사람을 좋아하고 사람을 좋게 여기게 타고났었다. 그래서 그는 거절해야 할 때 거절하지 못하고 냉정해야 할 때 냉정하지 못했다. 그는 남과 불화하고는 자기가 괴로워서 못 살았다.

그는 정직하였다. 그를 가리켜 위선자라 말한 사람도 있으나 그에게는 허위가 없었다. 그는 어린아이같이 순진하였다. 누가 자기를 칭찬하면 대단히 좋아하였다. 소년시대부터 그의 명성은 누구보다도 높은 것에 있었지만 그는 교태(驕態)가 없었다. 나는 3년 이상이나 한집에 살면서도 거만하거나 텃세를 부리는 것을 본 일이 없다. 자기의 지식이나 재주를 자인하면서도 덕(德)이 부족하다고 느끼며, 높은 인격에 비하면 재주라는 것은 대수롭지 않은 것이라고 하였다.

그는 평범하고 자연스러운 것을 좋아하였다. 그가 가장 사랑하는 자기 작품은 '가실'이었다. 그리고 그가 가장 좋아하는 주인공도 '가실'이었다. 그는 글을 수월히 썼다. 구상하는 시간도 있었겠지만 신문소설 1회분 쓰는 데 한 시간 이상 걸리는 일이 드물었다. 써내려간 원고를 고치는 일은 별로 없었다. 그의 원고는 누구의 것보다도 깨끗한 것이었다. 그리고 읽기에도 그 흐름이 순탄하다.

그의 일생은 병의 불연속선이었다. 그러나 그는 낡아빠지거나 시들지 않았었다. 마음이 평화로워서 그랬을 것이다. 그는 싱싱하고 윤택하고 '오월의 잉어' 같았다. 그를 대하는 사람은 어느 나라 사람이나 어떤 계급의 사람이거나, 늙은이나 젊은이나 다들 한없는 매력을 느꼈다. 그의 화제는 무궁무진하고 신선한 흥미가 있었다. 그와 같이 종교, 철학, 문학에 걸쳐 해박한 교양을 가진 분은 매우 드물 것이다. 그는 신부나 승려가 될 사람이었다. 동경 유학 시절에 길가의 관상쟁이가 그를 보고 출가(出家)할 상(相)이나 눈썹이 탁해서 속세에 산다고 하였다 한다. 그는 욕심이 적은 사람이었다. 30 이후로는 중류 이상의 생활을 하였으나, 살림살이는 부인이 하였고, 자기는 그땟 돈으로 매일 약 2원의 용돈이 있으면 만족하였다. 한번은 내가 어떤 가을 석왕사로 갔더니 춘원이 혼자 와 계시고 있었다. 그때 그에게는 가진 돈이 10전밖에 없었다. 거리에 나왔다가 문득 오고 싶어서 왔다는 것이었다. 그는 산을 좋아하였다. 여생을 산에서 보내셨더라면 얼마나 좋았을까. 안타까운 일이다. 지금 와서 그런 말은 해서 무엇하리. 그의 인간미, 그의 문학적 업적만을 길이 찬양하기로 하자. 그가 나에게 준 많은 편지들을 나는 잊어버렸다. 죄송스러운 일이다. 지금 기억되는 대목 중에 하나는 "기쁜 일이 있으면 기뻐할 것이나, 기쁜 일이 있더라도 기뻐할 것이 없고, 슬픈 일이 있으면 슬퍼할 것이나, 슬픈 일이 있더라도 또한 슬퍼할 것이 없나니라. 항상 마음이 광풍제월(光風霽月) 같고 행운유수(行雲流水)와 같을지어다."[72]

김을한(金乙漢)은 춘원의 작품 전체가 온통 민족과 사회에만 치중하였기 때문에 그는 철저한 민족주의자로서 어느 때나 민족과 사회를 걱정하는 작품을 썼다고 하였다. 그러기에 그의 작품은 자연 개인의 이익보다도 사회에, 개인의 애정보다도 민족에 더 치중하는 작품을 쓰게 되었다고 평가하고 있다.

춘원은 육당 최남선 씨와 함께 우리나라 신문화운동의 선구자이요 또 개척자이니 종래에는 한문으로 된 중국 소설이나 한시(漢詩)밖에는 없었던 것을 오늘날 보는 바와 같은 언문일치(言文一致)의 소설을 쓰고 순전한 우리말로 시를 쓰기 시작한 것은 실로 춘원의 공로라고 할 것이니 춘원이야말로 우리나라 신문화의 개척자라고 할 것이다. 그리하여 소설가로도 크게 성공하여 우선 생각나는 것만 하여도 '무정'에서부터 시작해서 '개척자', '재생', '허생전', '단종애사', '흙', '이차돈의 사', '원효대사', '그 여자의 일생' 등의 명작이 있다. 그의 소설은 흔히 동아일보에 연재되었는데 고 안석영 화백의 삽화와 함께 신문소설의 신경지를 개척하였으며 아직까지 그만한 작가가 나지 않는 것은 섭섭한 일이다. 그는 철저한 민족주의자로 어느 때나 민족과 사회를 걱정하였으므로 그의 작품도 자연 개인의 이익보다도 사회에, 개인의 애정보다도 민족에 더 치중하였으므로 당시 유행하던 좌익 작가들은

---

72) 『新世界』(1962. 12), pp.21~22, 내가 잊을 수 없는 사람들, 나를 키운 스승 내가 키운 제자같이 자란 동료, 春園先生(皮千得).

춘원을 가리켜 그는 사회개량주의자요 타락된 인도주의자라고 공격하였으며, 좌익이 아닌 사람들도 춘원의 작품은 사회와 민족을 너무 고조(高潮)하였기 때문에 인간성(人間性)은 전혀 찾아볼 수가 없다고 비난하였다. 최근에는 평론가 최태용(崔泰鎔) 씨는 '작가 춘원'에 대해서 다음과 같이 논평하였다.

"춘원은 문학을 한 동기가 민족교화(民族敎化)에 있었기 때문에 민족을 위하는 일이 그의 생활과 사상과 감정의 '알파'(최초)요, '오메가'(최종)였다. 문학은 단지 그의 수단이었고 그의 문학을 통하여 한 사람이라도 더 많이 민족이 무엇임을 깨닫고 또 민족을 위해서 일할 수 있는 것이 무엇인가를 알면 그만이었다. 그러나 춘원의 민족교화는 민족을 위하는 어떤 방법론을 발견하는 데 있는 것이 아니라 민족을 위해서 산다는 개인의 양심의 문제, 성실성의 문제로서 제기되었다. 우리 민족이 잘못 산다는 것은 우리 민족 한 사람 한 사람이 모두 인간으로 부족하고 인격이 완전치 못해서이므로 그 한 사람 한 사람의 개과천선을 통해서 전체 민족의 향상을 꾀한다는 극히 종교적, 도덕적인 방법이었다. 이러한 방법은 그것으로 민족이 구해지느냐, 구해지지 않느냐와는 전혀 별개의 문제였다. 문제는 개인이 양심적이고 성실하면 그만이었다. 이것은 근본적으로는 '수신제가치국평천하(修身齊家治國平天下)'의 낡은 동양적 관념 방식에서 우러나온 것으로서 춘원의 인간관, 사회관의 본질적인 보수성을 말해주고 있다. 그는 20 전 청소년들의 애정이나 생활의 자율성(自律性)을 주장하면서도 한평생 자유연애를 옳게 형성한 일이 없다. 애정이란 민족을 위한다는 사상적인 공명에서 이루어질 때만 용인되었고 그렇지 않은 경우에는 신격적(神格的), 종교적 형식상의 애정만을 옳은 것으로 인정했다.

이 성실성의 문제는 서구에 있어서는 앙드레 지드에서 보는 바와 같이 근대적 자아(自我)가 사회의 구속적인 카테고리에 반항하는 것으로서 제기되었는데 춘원에게는 그것이 인간 개인의 성실성이 아니라 사회와 민족적 공동체에 대한 윤리적인 성실성이었다. 지드의 말을 빌리면 그것은 인간을 개성으로서가 아니라 구두(靴)로서 제조하는 것이었다. 따라서 춘원의 성실성은 개성을 발굴하지도 못했고 근대적 인간의 자아의 본질을 보여주지도 못했다."

그의 말에는 확실히 일리가 있다. 따라서 춘원의 작품에는 너무나 종교적이요 너무나 도덕적인 부자연한 면이 많았던 것이 사실이요, 그가 상해에서 썼다는 '민족개조론'이 일세의 비난을 받은 것도 그 때문이었다. 그것은 또 춘원은 한낱 직업적 문사가 아니라, 적어도 그의 중년까지는 조국의 광복을 염원하고 민족의 장래를 걱정하는 유수한 지도자였음을 말하는 것이니 3·1독립운동 직후에 상해로 달려가서 임시정부에 관계한 것이라든지, 흥사단에 가입한 것 등은 모두 정치가(政治家) 춘원의 일면을 여실히 보여주는 것이라고 할 수 있다. 그는 또 오랫동안 동아일보 편집국장으로 있었고, 일시 조선일보의 편집국장으로도 있었으나 그것도 역시 신문인이 되고자 해서 신문사에 들어간 것이 아니라, 민족교화의 한 가지 방법으로 편집국장이 된 것이니, 소설이나 신문은 그에게 있어서 하나의 수단이요 방법이었을 뿐 참다운 목적은 아니었던 것이다. 그렇건만 그가 쓴 작품은 오늘에도 널리 애독되고 소설작가로서의 테크닉(技巧)으로는 아직까지 그를 따를 만한 사람이 없으니, 비록 여기(餘技)로 시작한 소설이었을망정 춘원은 우리나라 작가 중에서 가장 뛰어난 사람으로 가위 문호(文豪)라고 하여도 결코 망발은 아닐 것이다. 6·25 때 납치된 것은 아까운 일이며 그의 애인이요 아내이던 허영숙 여사는 지금 서울에서 그의 건강을 염려하고 있다. 도승(道僧)과도 같은 춘원의 푸른 눈동자가 이 순간에도 눈에 선하다.[73)]

작가는 실생활에서 이루지 못한, 또는 이루고 싶었던, 때로는 이제부터 이루고자 하는 꿈을 작품으로 그리고, 독자 대중은 그곳에서 자기의 꿈의 실현을 보고 커다란 기쁨을 만끽하고 있다. 그래서 문학 예술가란 꿈을 말하는 것이요, 대개의 경우 꿈의 실천자는 되지 못하고 있다. 춘원이야말로 바로 꿈만 이야기할 뿐 실행자가 되지 못했다고 처음으로 비판한 작가는 김동인(金東仁)이다. "이 피신(상해 망명)이라는 것이 춘원의 온갖 방면을 가장 잘 설명하는 바이다. 춘원은 어디까지든지 문학의 인(人)이지 결코 전선(前線)에 나설 실행(實行)의 인물이 못 된다. 지금도 춘원은 자기 스스로를 문사(文士)라기보다 정객(政客)으로 보고

73) 『연합신문』(1959. 10. 13), 그리운 사람들: 春園 李光洙(金乙漢).

싫어 하고 남이 그렇게 보아주지 않는 데 대하여 불평까지 품고 있으나, 춘원은 어디까지든 문학의 인이지 정치의 인이 아니며, 필(筆)의 인이지 실행의 인이 아니니, 이제라도 만약 '위험성을 띤 정치운동'에 춘원더러 참가하라 하면 춘원은 피신의 여지를 본 뒤에야 승낙할 것이다."74) 여기서 '피신의 여지'란 독립운동을 위한 망명일 수도 있고, 일제탄압에 대한 친일전향의 여지를 의미한다.

안동민(安東民)도 전적으로 김동인의 '피신론'을 답습하였다.

예술가의 꿈(또는 理想이라고 해도 좋다)을 실생활에서 이루는 것은 대중이지 작가는 결코 아니다. 그러나 개중에는 단눈치오75)와 같은 실천인도 없는 것은 아니지만, 또 디즈레일리76)같이 자기가 갖고 있는 정치이념을 소설로 써보고 반영을 본 뒤에 실천에 옮겼다는 특수한 예도 있지만, 그것은 어디까지나 예외에 속하는 것이요, 역시 작가는 대개의 경우 실천의 인은 되지 못한다. 이런 의미에서 춘원은 이 분별하기 쉬운 판단을 그릇한 데서 그의 생애의 모순과 비극이 생긴 것이라고 나는 생각한다. 즉 작품에 있어서 그런 자기의 사상을 실천에 옮기려 할 때 그는 예술가로서 갖고 있는 실행인(實行人)으로서의 치명적인 결점을 드러내지 아니치 못하였고 위선자(僞善者)라는 비난을 받아 마땅한 모순된 행위를 일삼게 되었다는 것이다.

일반 대중이 춘원의 쓴 민족주의적 사상을 내포한 논문들을 읽고 열광하였던 것도 당연한 일이었고, 그 필자 자신이 그런 실행력 있는 사람인 것을 믿어 의심하지 않은 것도 어느 모로 보면 지극히 당연한 일이었다. 이런 민중의 환영이 춘원으로 하여금 정객적인 자부심을 크게 만족시키게 한 것 또한 당연한 일이었다. 이것이 과오의 시초였다. 춘원이 자기 자신을 문필의 인으로서 자족하고 그 방면의 정진에만 힘을 썼다면 그가 저질은 과오는 훨씬 적은 것이 될 수도 있었을 것이다.

---

74) 『現代文學』(1955. 5), pp.64~74, 春園李光洙論: 作品에 反映된 그의 人間性 (上)(安東民).

75) 단눈치오(Gabriele D'Annunzio, 1863~1938). 이탈리아의 시인·소설가·극작가. 탐미적이고 감각적인 작품들을 썼다.

76) 디즈레일리(Benjamin Disraeli, 1804~1881). 영국의 정치가이자 작가.

춘원이 비난받는 가장 큰 원인의 하나는 그가 소설로 정치를 하려고 한 데 있다고 나는 생각한다. 그가 얼마나 영웅주의적인 감격성을 가지고 있었던가, 자신을 민족의 지도자로 자부하고 있었던가는 그가 즐겨 쓴 소설의 주제와 그 내용을 보면 알 것이다.77)

안동민은 이와 같이 춘원의 최대 결점은 "소설로 정치를 하려고 한 데"에 있다고 정곡을 찌르고 있다. 소설에서 펼친 그의 정치적 이상을 실생활에서 실천하지 못한, 꿈만 좇는 위선자라고 지적하면서, 춘원의 최대 공적은 소설에서 청년들에게 민족의식을 자각하게 한 것이라고 지적했다. "역사에 대한 지식을 널리 보급시킨 것과 보다 더 실행력 있는 청년들로 하여금 민족적 의식을 강성하게 갖게 한 것은 확실히 춘원의 커다란 공로라 하지 않을 수 없다."78)

안동민은, 춘원은 특수한 환경, 즉 일제의 강압정치의 영향으로 비극의 주인공이 되었다고 결론을 내리고 있다. "지금까지 말한 것을 종합해볼 때 춘원은 확실히 예술가는 예술가였고 위대한 작가까지는 못 간다 하더라도 적어도 우리나라에 드물게 보는 너무나 인간적인 작가였다는 것이 내 결론이다. 그리고 그의 비극의 태반은 이 나라의 특수한 환경과 후진성에 많은 영향을 받아 생긴 것이라고 본다. 그가 다른 선진문명국에 태어나 오로지 예술의 길에만 정진할 수 있었다면 그는 보다 더 훌륭한 작품을 쓸 수 있었을지도 모르리라. 그리고 글은 그 사람이라는 참된 의미에서 춘원의 작품은 춘원 자신을 가장 잘 말해주고 있다는 점에서도 예술가로서의 그를 높이 평가하는 바이다."79)

김동인과 안동민의 춘원론을 종합해보면 작품에서의 정치적 이상을 실생활에 실천하지 못했다는 것, 소설로 정치를 하려고 했을 뿐 실천인이 되지 못했다는 것이라고 정리할 수 있다. 이는 춘원이라는 거대한

77) 『現代文學』(1955. 5), pp.64~67, 春園李光洙論: 作品에 反映된 그의 人間性(上)(安東民).

78) 상게서, p.70.

79) 『現代文學』(1955. 6), pp.44~51, 春園李光洙論: 作品에 反映된 그의 人間性(下)(安東民).

산맥 전체를 보지 않고 작은 산봉우리 하나만 보고 내린 대롱식 모략사관(謀略史觀)이 아닐 수 없다. 춘원의 전 작품의 주인공은 모두 춘원 자신의 분신(分身)이라는 것은 말할 필요조차 없다. 그가 작품에서 그의 정치적 이상을 이룩하려는 꿈을 실생활에서 실현하려는 신념을 실천하는 혁명운동 역행가(力行家)로 활약했다는 사실(史實)을 간과한 데서 이 같은 편견과 오해가 생긴 것이다. 춘원은 상해 망명 시절부터 '피신의 여지'를 찾지 않고 독립운동 제일선에 나서서 민족운동의 지도자로 활약한 혁명가이다. 상해 독립신문 사장(1919), 상해 흥사단 원동위원부(1920), 수양동맹회(1922), 수양동우회(1926), 동우회(1929), 동우회 사건(1937), 청년정신대 사건(1944)에 이르기까지 한평생 끈질기게 민족운동의 지도자로 독립운동을 실천하였다. 더욱 놀라운 사실은 1937년 동우회 사건으로 구속·수감되면서 동우회는 강제 해체되었고, 1940년 창씨개명 후 친일전향했음에도 불구하고, 겉으로는 친일행태를 벌이면서 속으로는 독립열망을 불태우며 일제 패망 때까지 줄기차게 민족운동을 주도했던 것이다. 그의 독립운동의 방식은 특이하다. 일제의 탄압과 단속을 피하기 위해 앞에서는 친일협력을 앞장서서 강행하면서도, 일단 돌아서면 친일의 가면을 쓰고 항일혁명운동을 은밀하게 역행하는, 이른바 면종복배식(面從腹背式) 운동방책을 구사하고 있다.

1931년 춘원에게는 민족운동의 최대 업적인 '이순신'을 동아일보에 연재하기 시작했다. 춘원은 연재에 앞서 이순신의 전적지를 답사하고 아산 현충사 복원 사업을 주관하고 현충사에 걸어둘 이순신의 영정 제작 사업을 벌였다. 춘원의 '이순신'은 한마디로 항일정신을 고취한 작품이다. 이순신 영정을 제작한 청전(靑田) 이상범(李象範)은 춘원의 인간상을 소상히 언급하면서 이순신 영정 제작의 목적은 독립정신을 고취하기 위한 비책(秘策)이었음을 고백하고 있다.

내가 동아일보에 입사하여 소설 삽화를 그리게 된 것도 이 무렵이었다. 맨 처음 내가 어느 분의 소설에 삽화를 그렸던지는 기억해낼 수 없다. 너무나 많이 그렸을 뿐만 아니라, 요즘 병으로 인한 기억력의 감퇴 때문에 생각하려고 하면 아리송해져버린다. 그런 가운데서도 춘원의 여러 소설과 팔봉(八峯), 빙허(憑虛) 등의 소설에 삽화를 그렸던 기억이 뚜렷하고 그 덕에 빙허의 주사(酒邪)로부터 늘 피할 수 있었던 일이 즐겁게 회상된다.

당시의 예술가, 기자들은 거의 주객(酒客)이라고 해도 과언이 아니었다. 일제의 압제 속에서 살던 당시의 예술가들로서는 술에 마음을 위로받지 않으면 안 되는 정신적인 질고(疾苦)를 겪고 있었던 것이다. 그런데도 당시의 주도적인 명사였고 소설가였던 춘원은 술로 예술가적인 기질을 폭발시키지 않고 언제나 조용하고 점잖게 처신했다. 그에게는 예술가보다도 지사(志士)나 학자다운 면모가 더욱 풍부했다. 그런데도 한 번 붓을 잡으면 문장이 술술 물 흐르듯이 흘러나왔다.

내가 처음 입사했을 때 춘원은 편집국장으로 있었고 또한 소설을 연재하고 있어서, 그 소설 삽화를 그리는 관계로 나는 춘원 가까이서 지내는 기회가 퍽 많았다. 일주일에 한두 번은 꼭꼭 신문 조판이 마감되어서 편집부와 조판부의 재촉을 받으며 그분은 편집국장석이든가 사장실(당시 사장은 송진우 씨였다)에서 만년필로 술술술 써나갔다. 나는 그 옆에서 한 장 한 장 읽으면서 삽화를 그렸다. 몹시 단정한 글씨체였다. 월탄(月灘)이나 빙허와 같은 흘림체가 아니라 근엄하고 단정한 필체였다.

하긴 그의 필체, 그의 용모, 그의 표정이 모두 단정했다. 그런 전체의 분위기가 나로 하여금 그분을 소설가라든가 신문인이라기보다는 학자나 지사(志士)다운 분이라는 인상을 갖게 했을 것이다. 이 밖에도 춘원과의 사이에는 여러 가지 잊을 수 없는 일들이 있다. 그러나 그 여러 일들 중에서도 두드러지게 기억에 남는 것은 충무공 이순신 장군의 영정(影幀)을 그릴 때의 일이다.[80]

1931년 당시 현충사는 황폐화된 폐허 상태였다. 이에 동아일보에서는 현충사 중건을 위한 모금을 대대적으로 벌여 현충사를 중건함과 동시에 이순신의 영정을 제작하여 중건한 현충사에 봉안하기로 했다. 그래서 전국 지국을 통하여 충무공의 영정이 어디에 안치되어 있는가를

---

80) 『新東亞』(1971. 7), pp.222~223, 나의 交友 半世紀(李象範).

탐문해본 결과 찾아내지 못했다. 위당(爲堂)과 춘원은 문헌을 참조하여 영정을 제작하기로 방침을 정하고 청전 이상범에게 영정을 그리도록 위임하였다. 그리고 드디어 영정 표구가 완성되어 영정 뒷면에 완성 일자와 그린 사람의 성명을 쓰게 되었는데, 춘원과 청전은 소화연호(昭和年號)를 사용하지 않고 단군연호(檀君年號)를 쓰기로 타협했다. 춘원과 청전 두 사람은 영정 표구를 들고 옆방으로 들어가서 면도날로 뒤를 째고 '檀紀四二六四年'(1931)이라고 쓰고 그 아래에 '靑田 李象範'이라 쓰고 그 위로 종이를 발라 밀봉했다. 아무도 알지 못한 춘원과 청전만이 알고 있는 비밀이었다. 단군연호 사용은 춘원의 독립정신의 구현을 상징하고 있다. 일제강점기 3대 금기사항은 애국가, 태극기, 단군연호 사용이다. 이를 어길 경우 국체변혁죄(國體變革罪)로 처벌되고 만다. 춘원의 이 같은 단군연호 기입은 그의 독립정신 발양(發揚)인 동시에 일제에 대한 정면도전이 아닐 수 없다.[81]

1929년 3월 20일 춘원의 집에서 양주동(梁柱東)과 이광수 간에 문예·사상 문답 대토론회가 개최되었다. 이러한 자리를 마련한 주인공은 문예공론 창간호를 기획한 방인근(方仁根)이었다. 그 당시 초중등학교에서는 일본어를 '국어'로 가르치고 교사들은 전 과목을 일본어로 수업을 하고 있기 때문에 조선어는 가정에서만 사용하는 안방 언어가 되고 말았다. 춘원은 조선말을 살릴 길은 조선 문학밖에 없다고 강조하면서 조선문 사용을 더욱 확대·강화할 필요성을 역설했다. 그러면서 조선 문학이 세계문학에서 인정을 받으려면 1세대, 즉 30년 후면 가능하다고 전망하고 있다.

오랫동안 병상에 누워 계시는 우리 문단의 선배요 거장(巨匠)인 춘원 이광수 씨가 특히 본지 발간에 대하여 찬의를 표하여주시고 더구나 병고 중에서 집필을 허락하여주신 것은 광영으로 생각하는 바이다. 그러나 나는 득롱망촉(得隴望蜀, 욕심은 한이 없음. 광무제(光武帝)가 농을 평정한 뒤에 또 촉을 친 데서 나온 말) 격으로 염치를 무릅쓰고 대

---

81) 상게서, pp.223~224.

담을 청하여보았더니 씨는 재삼 겸양하시다가 마침내 응낙하여주신다. 외출도 별로 못하시고 늘 병상에만 누워 계신 씨가 이처럼 장시간에 긍하여 귀찮으심을 불고하고 종횡으로 이야기하여주신 것은 전연히 본지를 애독하는 마음이시니 나로서는 무어라 감사할 말씀도 없을 마음이다. 문예운동의 발전경로와 현 문단에 대한 비판적 감상이며, 문단진로의 암시, 이 모든 것에 대하여 씨는 병상에 누운 채로 한마디 한마디 힘 있게 말씀하여주신다. (3월 24일 오전, 숭이동 씨의 댁 서재에서 속기)82)

양(梁) : 문예 일반론을 위주로 하고 기타 문단, 시사(時事)에 관하여 통괄적으로 감상을 듣잡고 싶은데요… 워낙 어떤 방면의 기자로서는 첫 경험이니까 우선 눈치 있게 잘 물을 것 같지도 않습니다.

이(李) : 글쎄요. 잘 감당하여 대답을 할는지요. 하여간 잘 물어주시구려.

양 : 조선에서 신문예운동이 춘원, 육당 제씨로부터 남상(濫觴)이 되어 우금 십수 년이란 세월이 경과되었는데 그동안에 예술적으로, 사상내용적으로, 대개 어떠한 변천과 발전이 있었다고 생각하십니까?

이 : 우선 형식과 문체(文體)는 발전 이상의 발전이라 봅니다. 없던 것이 많이 생긴 발전입니다. 지금 우리가 쓰는 조선문(朝鮮文)이야 신문예운동 이후의 조선문이지요. 이것만 해도 장래 신문예가 생길 기초라 생각합니다. 그런데 사상적 내용에 관하여는… 언제나 각 시기의 문예운동에는 그 소위 지도정신이 있지 않습니까? 그 지도정신에 많은 변천이 있었지요. 즉 당초 신문예운동이 일어날 그 당시에는 민족애가 주조(主潮)가 되었었습니다. 다른 사람은 모르지만 나는 '무정', '개척자'를 쓸 때에 그것을 위주로 하였습니다. 한데 그를 주조로 하여 글을 쓸 때에 최육당 외 여러분들 — 몇 분 되지도 않았습니다마는 — 은 인도주의의 영향을 많이 받았습니다. 지금 서양인들은 인정치 않는 모양이지마는 그 당시에는 우리가 이상하게 톨스토이의 인도주의를 가졌었지요. 그것은 당시 일본 유학할 때에 — 1908, 1909년경입니다 — 일본서 인도주의 사상, 톨스토이 열이 왕성할 때이니까 그 영향을 직접으

---

82) 『文藝公論』 창간호(1929. 5), pp.31~37, 文藝思想問答 藝術觀, 文壇時事觀, 其他, 李光洙・梁柱東.

로 받았던 것 같습니다. 그러나 어떻게 생각하면 원래 조선의 사상을 오랫동안 지배하던 중국 사상 가운데에 인도주의가 많이 포함되었다는 관계도 있겠지요. 하여간 그러한 관계로 해서 당시의 민족애를 중심으로 한 시가는 민족애 사상과 인도주의 사상이 합체되었다가 그 후 시세의 변천과 당국의 말썽으로 말미암아 전자는 그대로 표현할 수가 없고 그래서 인도주의로만 내려오다가… 기미운동(3·1독립운동)을 중심으로 하여 데카당 문학의 사상이 수입되었습니다. 무론 일본 문단의 영향인데요, 그 가장 힘 있는 것은 김억(金億) 군의 '오뇌(懊惱)의 무도(舞蹈)'였지요. 그러나 당시 '장미촌(薔薇村)' 기타에 모였던 인사도 데카당 기분을 가진 이가 다수 하였습니다. 그 다음에 신사조로 프로 문예가 들어온 것인데, 그 최초 논진이 아마 과거 조선 문학의 부르주아 데카당 기분을 배격하는 데 논거(論據)가 있었는 듯합니다.

양 : 그 후 프로문학이 진출하고 발전된 데 대하여 우선 그 프로문예 자체에 대하여 일반적으로 감상을 말씀하여주실 수 없을까요?

이 : 문학을 어떤 관념 선전의 '도구'로만 의미 있다고 하는 그런 종류의 문학론은 나는 동의할 수 없어요. 수년 전부터 프로 문사(文士)들의 주장은 마르크스주의의 선전, 관념 선전용의 문학이라 하는 그것인데 그 의미의 프로문학은 부인합니다. 문학을 관념 선전의 도구로만 의미 있다 보는 것은 나는 암만 생각하여도 동의할 수가 없습니다. 그러나 요새 뭐 일본 문단의 소위 '프로적 리얼리즘'이라는 것이 생긴 모양인데요. 그건 소위 무산노동대중의 감정과 사상, 즉 그 생활을 제재(題材)로 삼아서 그리는 것이나, 아마 마르크스주의적, 유물론적 견지로 하는 것인 듯싶습니다. 이 점에서 프로문예는 긍정합니다. 나는 또 나 개인 주장이, 원체 조선에 제일 많은 수를 포함한 무식한 농민들이 enjoy할 만한 문학을 만드는 것에 있으니까요. — 그러나 성공은 못하였습니다마는… 만일 프로문예가 그 요구를 만족한다면 내 자신부터 프로 문사가 되려 합니다. 관념 선전용이라 암만 생각하여도… 무론 있을 수는 있겠지만 그것은 문학의 정통(正統)도 아니요, 무론 전부는 아닙니다. 그런데 우리나라 무산파(無産派)들의 작품이 지식계급에게도 난해인 것은 좀 모순인 것 같아요.

양 : 프로적 리얼리즘이라 말씀하니 생각납니다마는 최근 조선 문단상에서도 특히 무산파의 김기진(金基鎭) 군이 '변증적(辨證的) 사실주

의(寫實主義)'를 제창하였고 또 대중문학의 문단적 진출도 근자에 현저한 모양입니다.

이 : 김기진 군의 양식 긍정(樣式肯定)과 및 문예의 대중적 진출은 기뻐할 일입니다.

양 : 소위 현재 대중문학에 대하여서는 어떠한 의견을 가졌습니까? 이제 말씀한 점으로 보아서는 긍정과 찬성으로 이해됩니다마는.

이 : 대중문학이 일본서는 이분(二分)되어 있다고 생각합니다. 재래의 것은 소위 '시대물(時代物)'인데 근래에 와서는 일상 현실생활을 재료로 하는 것이 일어나는 모양입니다. 그러면 대중문예와 소위 창작— 예술적 문학이라 할까요— 과 구별이 무엇이냐, 이에 대하여는 깊은 연구도 없습니다마는 내가 대중문학의 작품을 읽은 독후감으로 보면 뭐라고 할까요, 영어로 elegancy(우아, 고상)와 delicacy(섬세)의 구별뿐입니다. 소위 예술적 소설은 취급하는 재료와 그 묘사방법이 elegant 하니까 좀 고급이 된다고 할까요. 말하자면 보통이 아닌 것, 특히 연단(鍊鍛)한 감상력(鑑賞力)이 아니고는 감상할 수 없는 것이 예술소설이고, 대중문예란 것은 플롯(구상)으로 보든지, 인정(人情)으로 보든지, 선이 굵고 비교적 만인이 알아볼 만한 것인데, 그 외에는 양자 간에 별로 차이점이 없다고 생각합니다. — 내 생각이 옳은지는 모르겠소마는. 그리고 그 다음은 가치론인데 즉 가치가 없느냐, 있느냐의 문제인데, 가치는 대개 예술적, 윤리적 두 방면이 있겠지요. 그러나 가치로 말하면 작품을 따라 결정될 것입니다. 대중문예라고 결코 모두 다 저가(低價)가 아닐 것이요, 예술소설이라고 결코 모두가 고가(高價)는 아닐 것입니다. 또 한 가지 이제로부터는 무산계급들이 점점 교양을 받게 되니까, 장차는 대중문예가 문예의 본체(本體)가 되겠습지요.

양 : 염상섭(廉想涉) 군도 늘 그런 말을 한 법하고 또 나도 이런 의견을 가졌는데요. 즉 문예의 극단의 통속화(通俗化)는 예술의 타락을 상반(相伴)하지 않을까, 문예가가 일부러 민중의 저급 취미로 끝없이 내려감보다는 차라리 민중의 교양을 끌어올리는 것이 우리의 사명과 책임이라는 생각인데요. 이에 대하여 생각을 말씀하여주시면…

이 : 끌어올린단 말에 대하여 — 무론 문예도 사회적 현상이니까 의식적 노력의 여지가 있겠지만, 사회적 현상은 자연적 현상의 일부이므로 의식적 노력이 밎는 범위가 극히 적다고 생각합니다. 대중문예를

생기게 시킨다고 생기는 것이 아니요, 또 없앨래야 없앨 수도 없는 것입니다. 이 점에 있어서 자연현상의 속성이 드러나지요. 그러나 그저 품격(品格) 좋은 작가가 품격 좋은 작(作)을 내어서 그 영향으로 어떤 나라의 문단 전체가 품격을 높이는 그 점에 있어서는 의식적 노력이 미칠 수 있는 범위라 하겠지요.

양 : 물음이 혹시 탈선인지는 모르겠습니다만, 가령 톨스토이를 두고 말씀하자면 '안나 카레니나'를 쓴 태도와 '바보 이반'을 지은 태도가 다를 것인데요. 톨스토이 옹은 만년에 이르러 전자의 가치를 부인한 듯한 경향이 있지 않았습니까? 그런데 이 두 가지 태도, 즉 예술적 태도와 통속교화적(通俗敎化的), 윤리적 태도에 대하여 어떻게 생각하십니까?

이 : 양자는 병립(竝立)하여도 가할 것입니다. 그러나 '바보 이반'을 쓰려는 심적 상태를 가진 사람더러 '안나'를 쓰라고 할 수 없고, 또 '안나'를 쓰고 싶은 심적 상태를 가진 사람더러 '이반'을 쓰라는 것도 불가능이지요. 하니까 어떤 태도를 가졌으면 좋겠다는 것을 말하기가 어렵습니다. 바로 사회적 분위기나 혹은 소위 Zeitgeist(시대정신) 중에서 부지불식중에 영향을 받아서 어떤 편으로 기울어진다면 몰라도— 그런 일이야 사실 있지요— 그러나 규칙을 정하는 모양으로 이리하여 좋겠다, 저리하여 좋겠다 하는 것은 별로 이익이 아닐까 합니다. 개인의 성격과 또는 그 일생의 각 시대를 따라서 호오(好惡) 경향이 다른 것이니까요. 예술가가 고객의 비위를 맞춰서 예술품을 제작치 않는 이상 어떤 특별한 태도를 꼭 규정할 수는 없습니다. 그러나 이런 것은 딴 문제지요.— 가령 조선의 장래, 조선 사회의 장래라는 견지로 보면 조선 민족이 부강할 방면으로 끌고 가는 것이 좋고, 마르크스주의의 견지로 보면 마르크스주의, 사회주의로 끌고 가는 것이 좋고. 그러나 이러한 것은 사회적 견지, 사회학적 견지요, 문학과는 별문제입니다. 하니까 작가에게 이런 문학 저런 문학을 써달라고 주문함보다는 차라리 "네가 쓸 수 있는 가장 높은 것을 써달라"고 함이 좋겠지요. 우리 생각에는 그래요. 꾀꼬리에게는 꾀꼬리 소리를, 제비에게는 제비 소리를 하라고 할 것이지, 결코 꾀꼬리 소리가 좋다고 제비더러 꾀꼬리 소리를 하라고 못할 것입니다. 원래 자연현상과 인사현상(人事現象)의 일치란 없구요. 저마다 저 하고 싶은 소리와 행동을 하면 자연 잘 조

화가 되겠지요. 다만 지어서 거짓된 소리는 해독이 많습니다. 그런 것은 언짢지요. 그러나 참 소리는 언제나 아름답습니다.

양 : 그러면 선생 개인으로서의 태도는 어느 편입니까? 실제 창작을 하는 경우에.

이 : 둘 다 있습니다. 병립할 수 있습니다.

양 : 조선 문학의 장래, 조선 문단의 미래 진로에 대하여서는 어떤 생각을 가지셨습니까?

이 : 말씀하기 어렵습니다. 조선말 교육이 나쁘고 아해(兒孩)들이 일본말을 더 잘 배우는 고로 조선말로 된 서책의 독자가 비록 줄지 않을 망정, 교육이 보급되는 것같이 그 비례로 늘지는 않으리라 생각합니다. 우선 신문 독자로 말하더라도 조선서 발행되는 신문보다 일본 신문의 부수가 많으니까요(만은 조선 내에 사는 일본인의 읽는 부수도 가산된 것이지만). 조선 문단의 장래는… 퍽 비관이야요. 독자가 많아야 작가도 많이 나오고 작가가 많이 나와야 그중에서 대작가도 나올 모양인데요 — 반드시 그런 것도 아니지만 — 하여간 전도는 낙관할 수 없습니다. 그렇더라도 그저 조선 사람은 양식을 먹으면서도 김치를 생각하는 모양으로 일본말 서적을 보면서도 조선인이 지은 조선문 서적을 보려고는 할 터이니까. 이러한 의미로 조선 문학은 멸망치 않으리라 생각합니다. 애국자의 구문(口吻, 말투) 같기는 합니다마는 가치 있는 작품을 짓는 사람이 나오면 그 때문에 세계적 가치를 가지게 될는지도 알 수 없습니다. 조선말을 살릴 길은 조선 문학밖에는 없습니다.

그런데 이건 물으신 것과는 별문제일는지 모르겠으나 조선 문단에는 비평, 좋은 비평이 없다고 생각합니다. 근래에 꽤 평론이라는 것도 많은 모양이고 논전도 상당히 많지마는 그것이 소위 가공적 이론 투쟁뿐이지 작품과 작가에 대한 무슨 비평이라 할까, 정당한 비평이 없다고 생각합니다. 우선 나부터 나는 소설과 시에 관하여서 평가(評家)를 가지지 못하고 있습니다. 누가 날 위하여 평가해주는 이가 없습니다. (이 말씀을 할 때에 씨의 눈과 얼굴은 쓸쓸하게 빛났다. 심지어 그 눈에는 글썽글썽한 눈물을 먹음은 듯도 하였다. — 기자 부기) 문예비평에는 대개 두 가지가 있을 텐데요, 하나는 지도적 비평, 즉 어떤 형식과 주의(主義) 주장을 세우는 평론, 하나는 작품 비평인데요, 그중에도 조선과 같은 아직 독자의 감상력이 발달 못 되고 역사적으로 가치가 확정된 고전이 없는 조선과 같은 나라에서는 어떤 작품의 가치를 비평하는 그런 평이 필요하다고 생각합니다. 독자를 위하여서 필요하고 또 작자를 위하여서도 지도적 평론보다는 자기 지도를 발견키 위하여 후자와 같은 비평이 필요합니다.

양 : 참으로 조선에는 작품 평가의 좋은 비평이 없어요. 아주 무비평인 것 같습니다. 자칭 지도적 이론이라고 떠들지마는 그중에 얼마나 소위 지도이론에 참으로 있었는가는 의문이지요.

이 : 아놀드 같은 사람은 무론 작(作)도 하였지만은, 작보다는 비평에 가치가 많았는데…

양 : 요새 평단 일부에서 더구나 무산 문예진(文藝陣) 내에서는 조선의 문예가 온통 무산 문학으로 화하고 말리라는 의견이 있는데요, 과연 그러할까요?

이 : 글쎄, 그 말은 이미 대답하였다고 생각합니다. 대중문학과 프로문예가 하나가 될 것입니다. 일본서 생긴 뭐라 할까요, 신파 대중문예는, 요컨대 대중이 무산계급이니까 대중문학과 프로문예를 결합한 것 같습디다. 그리 될 필요성도 있지요.

조선은 아직 문학에서는 계몽 시기가 되어서 책 한 권 박으면 만 명 독자를 얻기가 어려운데요, 그 만 명 독자를 가지고 프로 독자, 무슨 독자로 가른다면, 그야말로 몇 백 명씩이나 될까요. 그런데 이상한 것은 조선의 농민 무산대중 — 마르크스주의를 신봉한다는 의미가 아닌가 — 이 아직도 봉건시대에 있어서 문예도 봉건적 문예를 좋아하는 것입니다. 하니까 그들은 부르주아 문예도 좋아하지 않습니다. 하물며 프로문예야 말할 것도 없지요. 조선서는 아직 무산 문예의 발달이 전도요원합니다. 20년쯤이 지나서 지금 보통학교에 다니는 아동들이 3, 40세나 되어야 사회상태가 변하면 몰라도… 아직은 독자 측으로 보면 대부분이 봉건시대에 있고, 다만 몇 천 명 지식계급 중에서 주의(主義)를 가질 뿐입니다. 만일 그 봉건적인 약점을 이용한다면 프로문예와는 거리가 멀어지게 되겠지요. 하긴 의외에 속히 X화할는지도 모르시기는 하겠습니다마는…

양 : 조선 문학이 세계적으로 진출하려면 어느 때나 되어야…

이 : 네, 아무래도 조선 문학이라고 하는 것이 한 단위로 되어가지고 세계문학 속에 인정이 되려면 한 30년이나 지나야 될 듯하외다. 나는

모든 것을, 정치나 교육이나 무엇이나, 30년 단위를 잡는데요, 문학도 과거의 일로 비추어보면 아직도 30년이나 걸려야 될 것입니다.

양 : 그러면 몸도 피곤하시고 괴로우실 터인데, 이만…

이 : 별로 괜찮습니다… 한데 한 가지 붙여 말씀할 것은 흔히 내 말이나 글에 대하여 '그러하다'는 것과 '그러하여야 하겠다' 혹은 '그러하지 아니치 못하리라' 하는 것 — 즉 독일어로 Sein(존재)과 Sollen(당위, 도덕적 의무), 이 두 가지 견지를 혼동하여 보기 때문에 오해가 있기 쉽다는 것입니다. 그 점을 끝으로 부기하여주십시오.

양 : 네, 알아듣겠습니다. 무리한 청을 물리치지 않고 병중에 이처럼 친절히 말씀하여주시니 매우 감사합니다.[83]

4. 인정론

춘원의 전 생애를 지배하고 있는 것은 그의 '인정주의 인생관'이었다. 이광수는 동경 유학 시절에 최초로 쓴 작품이 '정육론'이라고 일기에 적고 있다. "오늘은 감기로 아주 불쾌하다. 아무데도 안 가고 '정육론'을 썼다."[84] 이어 '나의 문단생활 30년'에는 "내 글이 처음 활자로 인쇄되기는 지금으로부터 28년 전 황성신문에 발표한 '정육론'이라는 논문이 있습니다. 이것은 감정교육을 말한 소론이었지요. 그리고 소설로는 지금으로부터 26년 전 대한흥학보에 '원한(怨恨)'이라는 단편을 쓴 것인데 그 내용은 지금도 잘 기억하지요. 박천(博川) 땅에 송림(松林)이라는 곳이 있어서 그곳 어떤 집 젊은 며느리가 가정불화로써 자살하는 것을 쓴 것입니다. 거기는 조선의 구도덕과 가정조직의 불비(不備)를 지적하였다고 생각합니다"[85]라고 회고하고 있다. 이와 같이 '정육론'을 황성신문에 발표했다고 춘원 본인이 밝힌 이래 '정육론' 게재지는 혼선을 빚고 있다. '이광수전집'(삼중당) 총색인에서도 "情育論

---

83) 상게서, pp.31~37.

84) 『朝鮮文壇』 제7호(1925. 4), p.4(1909. 12. 23), 十八歲少年이 東京에서 한 日記.

85) 『新人文學』(1934. 8), pp.41~43, 나의 文壇生活 30年: 感謝와 懺悔(李光洙).

(論文) 年月日未詳 皇城新聞(X)"86)로 되어 있다. 이는 '정육론'이 황성신문에 게재된 사실이 없다는 뜻이다. 사실은 이광수의 최초의 시론(時論)인 '정육론'은 황성신문이 아니라 대한흥학보에 게재되었다. '금일 아한 청년과 정육'87)이란 제목으로 동경 유학생 잡지 대한흥학보에 발표한 것이다. 한편 춘원 자신이 말한 그의 최초의 단편은 '원한'이라고 했다. 그러나 '이광수전집' 총색인에는 "원한(단편)… 연월일미상 대한흥학보"88)라고 했는데, 이는 '원한'이란 제목의 단편이 대한흥학보에 게재된 바 없다는 뜻이다. 사실상 그것은 '원한'이 아니라 '무정(無情)'이다. '무정' 첫머리에 "처소는 박천 송림"이라 명기되어 있다. 그러므로 최초의 단편소설 '무정'은 대한흥학보 제11호와 제12호에 연재되었던 것이다.89)

그러니까 명치학원 중학부 재학생 18세 이보경(李寶鏡)이 1909년 12월 23일 '금일 아한 청년과 정육'을 집필하여 1910년 2월 대한흥학보 제10호에 발표한 것이다. 이와 같이 이광수는 18세 소년 때 이미 '인정주의 인생관'을 확립하여, 일생 시종일관 이를 실천・궁행했던 것이다.

이광수는 이 시론에서 "사람은 실로 정적(情的) 동물이라 정이 발한 곳에는 권위가 없고 의리가 없고 지식이 없고 도덕, 건강, 명예, 수치, 사생(死生)이 없나니 오호라 정의 권위여, 정의 힘이여, 인류의 최상 권력을 잡았도다"라고 선언하면서 '정'은 모든 의무의 원동력이요 모든 활동의 근거지이기에 정육(情育)에 부지런히 힘쓰라고 호소하고 있다. 여기서 주목되는 점은 지육, 덕육, 체육을 기르자는 대목이다. 이광수는 한평생 민족주의 운동단체 수양동우회를 이끌고 민족운동을 줄기차게 전개해왔다. 지덕체(智德體) 양성은 바로 수양동우회의 기본강령이다. 지덕체 세 가지를 길러 실력을 양성한 후 독립혁명을 일으켜 조국광복

---

86) 『李光洙全集』, 권 20, p.24, 總索引 참조.

87) 『大韓興學報』 제10호(隆熙4年, 1910. 2. 20), pp.16~19, 今日 我韓 靑年과 情育(李寶鏡).

88) 『李光洙全集』, 권 20, p.21, 總索引, 怨恨(短篇)…年月日未詳 '大韓興學報'.

89) 『大韓興學報』 제11호(隆熙4年, 1910. 3. 20), pp.38~44, 無情(孤舟); 제12호 (隆熙4年, 1910. 4. 20), pp.47~53, 無情(孤舟).

을 이룩한다는 것이 춘원의 혁명사상이다. 이광수의 최초의 시사논문 '금일 아한 청년과 정육'은 의고체 문장으로 씌어 있기에 이를 한글로 풀어서 현대말로 옮겨보겠다.

금일 아한 청년과 정육

지육(智育), 덕육(德育), 체육(體育) 세 가지는 교육의 주안(主眼)이라. 이 세 가지를 갖추어 발달하면 교육의 이상(理想)을 달하리라 함은 오늘날 우리 한국 교육가의 공통된 사상일 뿐 아니라 세계 교육가의 공통된 사상이라. 그러나 우리 한국 교육가 여러분에게 그것이 우심함을 보겠도다.

대저 식물에 비료를 주는 것은 버드나무를 소나무, 잣나무로 변케 하며 갈대와 가래나무를 대나무로 변케 하고자 함은 아니오. 또 비록 변케 하고자 한들 어찌 그렇게 되리오. 비료를 주는 것은 버드나무로 하여금 그 질(質)을 완전히 발육케 하기 위함이며, 갈대와 가래나무로 하여금 충분히 그 질을 발육케 하기 위함이라. 그런고로 버드나무에는 버드나무의 질에 적합한 비료를 주어야 하며, 갈대에는 갈대에 적합한 비료를 주어야 비로소 그 효과를 얻을지니, 버드나무에 쌀밥을 주며 갈대에 고기즙을 따라준들 하등의 효험이 있으리오. 교육도 이와 다름이 없으니 사람으로 하여금 신(神)이 되게 함은 아니요 가급적 완전한 사람이 되게 함이며, 동물성의 사람으로 하여금 식물성의 사람이 되게 함은 아니요 그 동물성의 이성(理性)을 십분 발휘케 함이니, 그런고로 사람의 성질을 상고(詳考)하며 능력을 심사하여 그 성질과 능력에 적합한 자를 선택함으로써 교육의 표준을 세우며, 교육의 재료를 삼지 아니치 못할지라. 서양의 현철(賢哲)이 말씀하되, 사람의 이상(理想)은 그 성질에 부합하며 그 능력에 적당한 자라 하니라. 이 말이여! 개새끼를 아무리 교육한들 어찌 문자를 쓰겠으며 나무 조각을 아무리 단련한들 어찌 금석을 끊을까. 개새끼는 문자를 쓸 성질이 없으며 나무 조각은 금석을 끊을 성질이 없는지라. 이런고로 우리의 성질에 맞지 아니하고 능력에 적합하지 않는 자를 교육코자 하면 공연히 시일과 노력(勞力)만 허비할 뿐이요, 결코 효과를 거둘 수 없을 뿐 아니라 도리어 우리의 본성(本性)을 상하며 우리의 능력을 잃게 될지니라.

　사람은 지식을 좋아하며 건강을 좋아하며 도덕을 좋아하나 좋아함은 즐길 만한 것만 같지 못한지라. 지식에 그 옳음을 알 뿐이오. 능히 만족하며 열락(悅樂)치 못하고 건강에 그 필요함을 알 뿐이오. 능히 만족하며 열락치 못하고 도덕에 그 합함을 알 뿐이오. 능히 만족하고 열락치 못하므로 이제야 알고도 행하지 아니한다(知而不行)는 구어(句語)가 우리 평범한 사람들의 언행(言行)을 표시하나니 시험으로 생각해보라. 부모에 효도하며 군주국(君國)에 충성함이 가(可)한 것은 필부필부(匹夫匹婦, 보잘것없는 사내와 여자들)의 양지양능(良知良能, 신이 정한 원본적 법칙에 의하여 선악(善惡)과 정사(正邪)를 판단할 수 있는 능력)으로도 족히 판단할지로되 충효를 실현한 자— 고금에 그 사람이 희귀하며, 숙흥야매(夙興夜寐)로 체력을 부지런히 양생하고 자비(慈悲)라는 일념(一念)으로 남을 자기 몸처럼 사랑함(愛人如己)이 가한 것은 초동목수(樵童牧豎)도 그 지혜의 여유가 있으되 자비와 위생을 겸하여 갖추어 심광체반(心廣體胖, 마음이 너그러우므로 몸에 살이 찜)한 자— 동서에 몇 사람이 있을까. 또한 궁벽한 외딴 촌구석에서 생장하여 문자의 지식과 도덕의 함양이 없다고 업신여김을 받은 자라도 능히 진정한 효심으로 부모를 섬기며 열렬한 동정으로 이웃마을 사람을 대접하나니 이웃마을 사람에 동정을 표하는 심법(心法)은 확대하여 충당하면 사회를 사랑할 것이요, 국가를 사랑할 것이요, 또는 세계 인류를 다 애호하리니, 이는 나의 망언(妄言)이 아니어니와 또는 이에 반하여 성경현전(聖經賢傳)에 그 머리가 장대한 자도 불효박덕(不孝薄德)의 행동이 드물지 않게 흔히 있으니 이는 무슨 까닭인고. 즉 이는 정적(情的) 관념의 깊고 얕고 두텁고 얇음의 여하에 있음이로다. 전자는 자연히 발달하여 깊고 절실한 정이 있음이요, 후자는 교육을 받아서 지식이 있건마는 정적 발달이 비교적 미소(靡少)함이라. 오호라 열녀효부가 신산(辛酸) 참독(慘毒)한 고초를 무릅쓰고 정근(貞勤)을 변치 아니함과 충신열사가 사생을 개의치 아니하고 절개를 지키고 의를 위해 죽는 것으로 태연자약함이 다 무엇으로 말미암음인가. 지력(智力)의 소연(所然)인가, 건강의 소치(所致)인가, 도덕의 소연인가. 가로되 무론 도덕과 지혜와 건강이 있으려니와 이것이 원동력이 아니며 단지 정(情)의 힘이로다. 가히 두렵다 정이여, 정의 세력은 금석을 가히 녹이며 창칼을 가히 꺾을지니 정신적 방면에 대하여 정이 오직 그 발동기의 추요(樞要)가 되리로다.

사람은 실로 정적(情的) 동물이라. 정이 발한 곳에는 권위가 없고 의리가 없고 지식이 없고 도덕, 건강, 명예, 수치, 사생이 없나니, 오호라 정의 위력이여, 정의 힘이여, 인류의 최상 권력을 잡았도다.

현시 우리들 상태를 관찰하건대 상하 귀천을 물론하고 소위 의무라 도덕이라 하여 일시 사회의 제재(制裁)와 공중(公衆) 면목(面目)에 좌우한 바이 되어 거의 색책적(塞責的, 겉으로만 탈 없이 꾸며감) 또는 표면적으로 구차히 행동할 뿐이오. 능히 자동자진으로 자유자재하여 자기 심리를 속이지 않고 도덕 범위 내에 활동하는 자가 없고 사회 제재의 노예가 되어 신성한 독립적 도덕으로 행동을 자율치 못하나니 그 번민하고 고통함이 어떠할까. 만일 이와 같은 상태로 한결같이 계속하면 필경 심신(心神)이 피곤하고 안색이 창백하여 다시 일어날 여력(餘力)이 없으리로다. 오히려 사회와 선배는 잠시 잠깐 끊어짐이 없고 추호의 가차(假借)가 없으니 원성(怨聲)이 스스로 발생하고 노기가 저절로 치솟아 오르는 도다. 오호라 인류를 위하여 조직한 사회국가가 도리어 사람에게 고통을 주는 기계를 만들며, 사람을 위하여 성립한 법률도덕이 도리어 사람으로 하여금 잘못하여 그릇되게 하는 그물과 함정을 만들었으니 이러하고 어찌 사회국가가 안보할 수 있으며 법률도덕이 창연(彰然)함을 기하리오. 오히려 사회국가는 이를 살피지 못하고 다만 사람에게 의무의 생각만 쏟아 붓기를 힘쓰며 법률도덕에만 복종하기를 요구하니 속담에 벽을 문이라고 열려는 무리(類)이며 복창배약(腹瘡背藥, 배에 부스럼이 났는데 등에다 약을 바름)의 어리석음(愚)을 배움이로다.

정육(情育)을 힘쓰라. 정육을 부지런히 하라. 정은 모든 의무의 원동력이며 각 활동의 근거지니라. 사람으로 하여금 자동적으로 효도하며 공경하며 충성하며 믿으며 사랑하게 할지어다. 몽매한 이성(理性)의 통어(統御) 지도 없고는 군자(君子) 되지 못한다 하니 그 혹 그러할지나 진정하고 심각한 사업은 정에서 용솟음칠 자일진저.

이제 두 사람이 있으니 한 사람이 가로되 "나는 한국 땅(韓土)에서 출생하며 한국 땅에서 성장하며 한국 땅에서 죽으리니 나는 한국 땅을 사랑할 의무가 있다" 하며, 다른 한 사람은 가로되 "한국 땅 한국 땅이여, 너는 과시 그 무엇이완대 너를 기억하고 너를 생각함에 사모(思慕) 연연(戀戀)하며 너를 상하고 너를 애통하며 뜨거운 눈물을 흘리는고" 하니 이 두 사람 중에 뉘 능히 한국 산천(韓山)을 위하여 피를 뿌릴까. 정육을 부지런히 할지어다. 신한청년(新韓靑年)은 고아(高雅)하고 깊고 두터운 정을 가진 자일진저. 나의 이와 같이 논해온 것은 다만 정만 기르라 함이 아니라 다만 근본으로 돌아가서 정육을 면려(勉勵)하라 함이라. 오늘날 교육제도를 보라. 정의 발육에 도움을 주는 과목이 있는가, 없는가. 이러하고 완전한 효과를 거두려 함은 진실로 연목구어(緣木求魚)의 무리(類)라. 이에 감히 우견(愚見)을 진술하여 금일 우리 한국 교육가의 일고(一顧)를 원하노니 공연히 외국 사물에만 몹시 도취하지 말고 재삼 숙고할지어다.[90]

이광수는 "문학이란 무엇이냐?"라고 반문하고 문학이란 정(情)의 만족을 목적으로 삼는다고 전제하면서, "그런고로 문학자라 하면 사람에게 어떤 사물에 관한 지식을 가르치는 자가 아니요, 사람으로 하여금 미감과 쾌감을 발하게 할 만한 서적을 만드는 사람이니, 과학이 사람의 지식을 만족케 하는 학문이라 하면 문학은 사람의 정을 만족케 하는 서적이니라"[91]라고 정의하고 있다.

문학은 정(情)의 기초 위에 서 있나니 정과 우리의 관계를 따라 문학의 경중이 생기리로다. 옛날에는 어느 나라에서나 정을 천하게 여기고 이지(理智)만 중히 여겼나니 이는 아직 인류에게 개성의 인식이 명료치 아니하였음이다.
근세에 이르러 사람의 마음은 지정의(知情意) 3자로 작용되는 줄을 알고 이들 3자에 어느 것이 우월하고 어느 것이 열등함이 없이 평등하게 우리의 정신을 구성함을 깨달음에 '정'의 지위가 잠깐 올랐나니, 일찍 지(知)와 의(意)의 노예에 불과하던 자가 '지'와 동등한 권력을 얻어서 '지'가 제반 과학으로 만족을 구하려 함에 '정'도 문학, 음악, 미

90) 『大韓興學報』 제10호(隆熙4年, 1910. 2. 20), pp.16~19, 今日 我韓 靑年과 情育(李寶鏡).
91) 『每日申報』(1916. 11. 10), 文學이란 何오(1)(春園生).

술 등으로 자기의 만족을 구하려 하도다. 고대에도 이들 예술이 있었던 것을 보건대 아주 정을 무시함이 아니었으나 이는 순전히 정의 만족을 위함이라 하지 아니하고 이것에 지적, 도덕적, 종교적 의의를 첨가하여, 즉 이들의 보조물로 부속물로 존재를 누렸거니와 약 5백 년 전 문예부흥이라는 인류 정신계의 대변동이 있은 이래로 '정'에게 독립한 지위를 부여하여 '지'나 '의'와 평등한 대우를 하게 되었다. 실로 우리에게는 '지'와 '의'의 요구를 만족케 하려는 동시에 그보다 더욱 간절하게 '정'의 요구를 만족케 하려 하나니 우리들이 술을 사랑하고 색을 탐하며 풍경을 구함이 실로 이에서 발생하는 것이니 문학예술은 실로 이 요구를 충족하려는 사명을 가진 것이니라.92)

우리들의 정신은 지정의(知情意) 3방면으로 작용하나니 '지'의 작용이 있음에 우리는 진리를 추구하고, '의'의 방면이 있음에 우리는 선(善) 또는 의(義)를 추구하는지라. 그러므로 '정'의 방면이 있음에 우리는 무엇을 추구하리오. 즉 미(美)라. 미라 함은 즉 우리의 쾌감을 주는 것이니 진(眞)과 선이 우리의 정신적 욕망에 필요함과 같이 '미'도 우리의 정신적 욕망에 필요하니라. 어떤 사람이 완전히 발달한 정신을 가졌다 하면 그 사람의 진선미(眞善美)에 대한 욕망이 균형하게 발달되었음을 이름이니 지식을 사랑하여 이를 갈구하되 선을 무시하여 행위가 불량하면 만인이 다 그를 책망할지니 이와 같은 이치로 진과 선은 사랑하되 미를 사랑할 줄 알지 못함도 역시 기형이라 일컬을지라. 무론 사람에는 진을 편애하는 과학자도 있고, 선을 편애하는 종교가, 도덕가도 있고, 미를 편애하는 문학자, 예술가도 있거니와 이는 전문에 들어간 자라, 보통 사람에 이르러는 가급적 이들 3자를 골고루 사랑함이 필요하니 이에 품성의 완미한 발달을 보리로다.93)

이광수는 동경 명치학원 3학년 18세 소년 시절의 유학생활을 자전소설로 쓴 '혈서'94)를 발표했다. 이광수의 인정론은 이때 확립되었다. 그의 인정론은 종족과 민족의 테두리를 초월하여 인류애로 승화시키고

---

92) 『每日申報』(1916. 11. 11), 文學이란 何오(2)(東京에서 春園生).
93) 『每日申報』(1916. 11. 15), 文學이란 何오(4)(東京에서 春園生).
94) 『朝鮮文壇』 創刊號(1924. 10), pp.2~19, 血書(春園).

있다. 그는 인정이야말로 천국의 씨라고 정의하고 있다.

　하루는 다마가와(玉川) 벌판으로 종일 나가 돌아다니다가 소낙비를
만나 몸이 식었던 탓인지 그날 밤에는 신열이 났다. 오바 상(아주머니)
은 아무리 만류하여도 듣지 아니하고 밤새도록 내 머리맡에 지켜 앉아
서 나를 간호하였다. 어렴풋이 잠이 들었다가 번쩍 눈을 뜨면 오바 상
은 여전히 그 가는 눈을 깜짝깜짝하며 머리맡에 앉았다가 시계를 들어
보이며, "오메 상(도령님), 두 시간은 잣당이(잠을 자다)" 하고 기쁜 듯
이 빙그레 웃는다. 그 순박한 인정이 어떻게 고마운지 몰랐다. 자기는
돈을 받고 밥을 지어주고 나는 돈을 주고 밥을 사먹을 뿐이다. 그러하
건마는 사람과 사람이 오래 접하면 금전관계나 이해문제로 설명할 수
없는 인정이라는 것이 생기는 것이다. 이 인정이야말로 천국의 씨다.
만리타향에서 와 있는 외로운 손이 된 나는 선조 대대로 서로 알지도
못하는 사람들에게 이렇게 극진한 사랑을 받는다 할 때에 눈물이 아니
흐를 수가 없었다. 국가와 국가와의 관계, 그것은 껍데기 것이다. 사람
과 사람은 언제나 인정이라는 향기롭고도 아름다운 다홍실로 마주 맬
수가 있는 것이다. 이렇게 생각할 때에 나는 평소에 항상 좋지 못한
감정을 품고 있던 일본 사람들이 다 사랑스러워짐을 깨달았다. 비록
우리를 쳐들어오는 병정과 정치가라도 그 울긋불긋한 가면을 벗겨버리
고 벌거벗은 한낱 사람이 될 때에 우리는 서로 껴안으며, "사랑하는
형제여! 자매여!" 할 수가 있는 것이라고 생각하였다. 이때에 이렇게
얻은 생각은 오늘날까지도 내 생각의 기조(基調)가 되어 있다.[95]

　1929년 4월 춘해(春海) 방인근(方仁根)은 춘원의 집(京城 崇三洞
127)을 방문하여 병문안하고 '춘원병상방문기'를 발표했다. "왜냐하면
춘원은 조선의 '보배'인 까닭이다. 보던 별과 달을 못 보면 보고 싶던
것과 같이 그동안 춘원의 소식이 많이 들리지 않을 때에 우리는 적막과
비애를 확실히 느꼈던 것이다"라고 '춘원병상방문기'[96]를 취재하게 된
동기라고 밝히고 있다. 춘원에게 1927년은 가문의 영광과 병고를 아울

95) 상게서, p.20.
96) 『文藝公論』 창간호(1929. 5), pp.60~72, 春園病床訪問記(春海).

러 가진 한 해였다. 허영숙과의 결혼으로 5월 30일 첫 아들 봉근이 태어났고, 척추 카리에스와 신장염으로 병고에 시달렸다. 춘원은 이때 동아일보에 '마의태자'를 연재하면서, 서양인이 오면 정거장에 또 경무국까지 다니면서, 그리고 각종 연회석에 참석하는 동시에 경신학교, 불교학교, 보성전문 등 시간강사로 일주일에 30여 시간 강의를 하느라 동분서주하여 과로로 인해 이 같은 중병을 앓게 되었다. 이리하여 그해 8월에는 신천온천(信川溫泉)에서, 9월에는 안악 연등사(燃燈寺)에서 정양하고 있었다. 허영숙은 11월 29일 눈 오는 날 생후 6개월 된 봉근을 업고 연등사에 찾아갔다. 춘원은 이때를 이렇게 이야기했다. "그날 참 이상했습니다. 캄캄한 밤에 산꼭대기 외로운 절에서 누워 있노라니 이 생각 저 생각이 뒤끓어 나오며 오직 내가 살아서 이 산을 내려갈까, 암만해도 여기서 죽나 보다 하는데, '봉근'이를 데리고 쑥 들어오는데 정신이 아찔하며 옳지, 내가 죽기 전에 보려고 이 추운 데 왔구나 하는 느낌이 일어납디다. 그러고 눈물이 쏟아졌습니다. 참말 비극이었습니다." 허영숙은 그해 12월 섣달 그믐날 춘원을 총독부 병원에 입원시켰고, 춘원은 1929년 5월 백인제 박사의 집도로 왼쪽 신장을 절개하는 대수술을 받았다.[97)]

춘원과 춘해와의 대담에서 '인정론' 담화가 나온다. 춘원은 인정주의 인생관은 변함이 없다고 술회하고 있다.

방(方) : 그럼 인제 병중 감상을 몇 마디 말씀해주시지요.
춘원 : (눈을 감고 생각다가) 한마디로 말하면 하도 오래 앓아서 '죽음과 친해졌다는 것'뿐입니다. 죽음이 무섭지 않고 그리고 생의 욕망이 10분의 3밖에 없습니다. 병적인지도 모르지오마는…
방 : 인생관이 변하지는 않았습니까?
춘원 : 별로 변한 것은 없습니다. 종교적으로 생각이 키이고(켱기고) 또는 늘 죄가 많다, 죄의 값이다… 그 죄란 것은 반드시 종교적 의미뿐 아니라 육체적, 생리적 죄도 포함됩니다. 참 인생은 영(靈)과 육(肉)

---

97) 상게서, pp.63~67.

을 남용치 말고 죄를 짓지 말아야 할 것입니다.

방 : 요새는 무엇을 쓰십니까?

춘원 : '단종애사' 하고 일요일이면 혹 산보 나가서 시조를 짓는 것으로 유일의 낙을 삼습니다. 원고 쓰는 것은 밥벌이로 부득이해서 씁니다.

방 : 그럼 요새 지으신 시조를 여기 한 수만 집어넣으시면 운치가 좋겠는데요.

춘원 : (웃음) 하— 무던히 신문기자식 수완을 부리십니다 그려. 어디 좀 있다가 한 수 꺼내놉시다. 그전에 말한 것은 인생을 아름답게 하는 것은 '인정'이라고 생각합니다. 인정주의(人情主義) 인생관(人生觀)이라면 잠꼬대라고 비난할 이도 있을 터이지만 '인정'이 있기 때문에 인류가 최고 존재라고 생각합니다. 그럼 아까 말한 요새 지은 시조를 부를 테니 쓰십시오.

세상에 귀한 것이 인정밖에 또 있는가

눈물 한 방울 그 값을 치량이면

천지를 열 번 꼽아도 못 당할까 하노라

방 : 시조 모르는 저이지만 참말 좋습니다. 또 한 수 못 내놓실까요.

춘원 : 분다 분다 하니까 하루에 왕겨 석 섬 불 줄 아시오.

방 : 그럼 감상이나 또 하나.

춘원 : 지금 말한 그 인정에 관계되는 말이지만— 나는 일생을 인정으로 살아왔습니다. 11세 시에 부모를 여의고 고아로 떠돌아다닐 때, 인심(人心)이 악하였으면 살아올 수가 없었겠습니다. 재산도 없는데 공부하고 이렇게 병나서도 가족과 의사(특히 유상규 의사, 백인제 박사) 친구, 모든 사람에게 신세만 졌습니다. 약도 쓸 대로 쓰고 갈 만한 곳 다 가서 치료하고 입원도 여러 번 하고 수술도 여러 번 하였습니다. 입천장도 수술하고 가슴 뼈다귀도 수술하고 한 개 뽑아냈습니다. 나는 아무 원망이 없고 다만 이 신세를 갚지 못하는 것만 유감으로 생각합니다. 처자에게 친구에게 괴롭게만 하고, 슬프게만 하고, 죄만 짓는 것이 늘 생각되어 미안하다, 감사하다는 것이 병이 더할 때면 심해집니다. 감사— 죄— 이것들이 내 지금 심리상태의 주류입니다. 감상은 이것만으로 합시다.

방 : 아니 또 하나만 말씀해주십시오.

춘원 : 어디 그렇게 감상이 쑥쑥 나옵니까. 대개는 발표하였으니까.
참 이번에 과학의 힘, 특히 의학의 힘을 절실히 느꼈습니다. 생명을 턱
턱 어거하는 것은 참 신기합니다. 너무 오래 앓았더니 의사 시험을 치
르고 싶어요. 나 앓은 병만은 시험에 패스될 것 같습니다. 소설가는 인
생에게 해를 주는 것이 있을 터이나 의사는 참말 유익을 주는 인생을
직접 살리는 좋은 일꾼인 것과 같아서 의사가 부럽고 의사가 되고 싶
은 생각이 많았습니다.[98]

춘원은 '인정'이란 시조를 문예공론에 발표했다.

인정

　나는 '人情(인정)'의 信者(신자)다. 될 수만 있으면 인정의 使徒(사
도)가 되고 싶다. 인정을 몸으로 행하여 보이고 입으로 붓으로 인생에
게 說(설)하고 싶다. 人情(인정)은 다만 인류의 最高(최고), 最美(최미),
最善(최선)한 것일 뿐 아니라 전 우주의 최고 존재다.

　세상에 귀한 것이 인정밖에 또 있는가
　눈물 한 방울 그 값을 치량이면
　천지를 열 번 꼽아도 못 당할까 하노라

　별이 곱다기로 꽃에야 비길 건가
　꽃이 곱다 해도 사람에는 못 대려니
　사람에 으뜸 고운 것이 인정인가 하노라[99]

춘원은 조선일보 부사장에 부임한 지 한 달 만인 1933년 9월 27일부
터 '유정(有情)'을 연재하기 시작했다.[100] 이 '유정'은 인간의 가장 기

---

98) 상게서, pp.63~67.

99) 『文藝公論』(1929. 6), 時調 人情(春園); 春園李光洙傑作選集 第二卷, 『隨筆
　　과 詩歌』, p.212, 人情; 춘원·요한·파인 合作, 『詩歌集』(京城 永昌書舘,
　　1929), p.47, 인정.

본 요소인 인정론(人情論)을 작품화한 것이다.

석간 연재 신소설

젊어서 '무정'을 써서 낙양의 지가를 올리고 문명(文名)을 천하에 떨친 춘원이 이제 나이 불혹(不惑)의 지경에서 다시 젊기를 꾀한다 하면 그것은 안 될 말이다. 그러나 춘원은 늘 젊기를 원한다. 그리하여 그는 이제 제목부터 다정다한(多情多恨)히 '유정'을 써서 독자와 함께 젊어 보이려 한다. '무정'에서 '유정'에! 정말 들어도 얼마나 가슴이 뛰는가. 이 소설의 내용이 어떻다든가, 작가의 필치가 어떻다든가를 여기서 말함은 군더더기가 될 듯. 차라리 모든 것은 27일부터 본지 석간 제4면에 실릴 본문으로 미루려 한다. 그뿐 아니라 이 소설의 삽화는 신진 화가로 이름이 높은 김규택(金奎澤) 씨의 수고를 청하기로 되었으니 춘원의 소설에 김 씨의 삽화라면 그야말로 금상첨화일 것을 믿으며 독자로 더불어 27일을 고대하려 한다.

작자의 말, 이광수

나는 인생생활을 움직이는 힘 중에 가장 힘 있는 것이 인정인 것을 믿습니다. 가장 아름다운 것도 가장 악착한 것도 인정임을 믿습니다. 그리고 인생을 높게 하고 깨끗하게 하는 것도 인정인 것을 믿습니다. 돈의 힘으로도 권력의 힘으로도 군대의 힘으로도 할 수 없는 힘을 인정의 힘으로 할 수 있으리만큼 인정에 신비한 힘이 있는 것을 믿습니다. 나는 순전히 정(情)으로만 된 이야기를 써보고 싶습니다. 사랑과 미움과 질투와 원망과 절망과 회한과 흥분과 침울 등등 인정만으로 된 이야기를 쓰고 싶습니다.

최석(崔晳)이라는 지위 있고 명망 있고 양심 날카로운 중년 남자와 남정임(南貞妊)이라는 마음 깨끗하고 몸 아름다운 젊은 여자와의 사랑으로부터 생기는 인정의 슬픈 이야기를 써보자는 것이 이 '유정'이라는 소설입니다. 나는 22, 23세의 도무지 아무것에도 구속을 받지 않는

---

100) '春園 李光洙 作, 熊超 金奎澤 畵'로 76회(1933. 9. 27~12. 31) 연재했다.

열정에 타는 어리던 시절로 돌아가서 열정이 솟는 대로 이 이야기를 써보려 합니다. 이 이야기가 뜨겁고 아름답고 재미있는 이야기가 되어지이다 하고 빌 뿐입니다.[101]

춘원은 1933년 10월 '유정'을 조선일보에 연재할 때 인간 생활에 있어서 가장 힘 있는 것이 '인정'이라고 정의하고 있다.

이번에 새로 쓰는 장편 '유정'은 120회 정도로 끝을 맺아버리려 한다. 나는 과거에 청년 남녀에 대한 이야기를 너무 많이 써왔다. 이번에는 중년 남녀 즉 인생의 장년기에 속한 시대 사람들의 생활과 그 사람들을 중심으로 한 이야기를 써보겠다. 이것은 내게 있어서 첫 시험이다.

인물과 사건만 그럴뿐더러 작(作)의 태도도 일체의 이데올로기를 빼어버리고 인간의 순진한 인정만을 중심 삼아 써보려 한다.

그것은 나는 근래에 우리가 살아가는 동안에 가장 힘 있는 것이 '인정'인 것을 깨달은 까닭이다. 가장 아름다울 수 있는 것도 이 인정이요, 가장 높고 값가는 것도 인정인 줄 안다. 권력으로도 좌우하지 못하고 황금으로도 어쩌지 못하는 높고 거룩하고 큰 인정! 이 인정을 중심 삼고 유쾌하게 22, 23세 때의 청년시대로 돌아가서 마음껏 정열을 뿜으면서 써보려 한다.

22, 23세 때라 하면 내가 동경 와세다(早稻田)대학을 다니면서 처음 작품인 '무정'을 쓰던 때다. 또 계속하여 '어린 벗에게'를 쓰던 때다. 그때는 인생생활에 대한 경험은 부족하였다고 할는지 모르지만 내 가슴에는 젊은이의 방분(放奔)한 피가 용솟음치고 있었다. 지금 40의 장년이 되어 생각하니 그때가 한껏 그리웁다. 나는 그때와 같은 공상의 날개를 펴가며 이 아름다운 이야기를 써보려 한다.

모델은 없다. 주인공 최석(崔晳)이와 그의 애인 남정임(南貞姙)이라 함도 물론 가공의 인물들이다. 그야 작중에 나오는 인물의 성격의 일면이 내가 아는 누구의 비슷한 점을 따오기도 하고 그 용모도 그렇게 빌어올 수도 있겠지만 대체에 있어서 첫 회부터 120회에 이르는 그동

---

101) 『朝鮮日報』(1933. 9. 22), 作者의 말.

안에 생기는 사건 전부가 어떤 1, 2인의 실사실(實事實)이 아닐 것만
은 언명해둔다.

그리고 나의 종래의 장편은 그것이 '무정'이거나 '재생'이거나 '마의
태자'거나 '단종애사', '흙' 등이 모두 4, 5백 회에 미치는 여러 횟수를
거듭한 것뿐이었으나 이번에는 120회 정도로 아주 끊어버리려 한다.
너무 긴 것이 도리어 효과를 살멸(殺滅)하고 산만한 느낌을 주는 폐해
도 있기에 또 그보다도 나에게는 건강을 고려하여 그렇게 작정한 것이
다.

늘 그러하였거니와 이번 것도 미리 써두지 못하였다. 매일 한 회 한
회씩 써갈 작정이다. 어쨌든 변변치 못하나마 내 작품을 사랑하여주시
는 여러분께 아름답고 재미있는 이야기를 써드릴 작정으로 시작한 것
인즉, 보시고 기탄없는 비평을 내려주기를 바란다.102)

정비석은 유정이 춘원 문학의 대표작인 동시에 최고의 걸작이라고
평가하고 있다.

그러므로 춘원 선생의 그 방대한 업적 중에서 과연 어느 작품이 대
표작이겠느냐 하는 문제에 대해 나는 별로 깊이 파고 들어갈 생각이
없지만, 그러나 누가 나더러, "춘원 선생의 작품을 꼭 한 편만 읽어보
고 싶은데, 그러자면 어느 작품을 읽어야 하겠느냐"고 물어보는 사람
이 있다면, 나는 서슴지 않고 '유정'이라고 대답하겠다. 그것만은 '유
정'을 발표 당시(1933)에 읽었을 때나, 그로부터 30년이라는 장구한
세월이 경과한 오늘날 다시 읽고 나서나 조금도 변동이 없다. 왜냐하
면, '유정'은 춘원 선생의 참된 모습을 단적으로 찾아볼 수 있는 가장
압축된 걸작이기 때문이다.103)

춘원의 인정론은 인정주의에서 정신지상주의로, 그리고 자비적 애정
관으로 승화되어 '유정', '사랑'을 낳은 것이다. 그러기에 조연현은 '유

---

102) 『三千里』(1933. 12), pp.48~49, 新聞小說과 作者心境, '有情'을 새로 쓰면
　　서(李光洙). 이광수전집(삼중당)에 미수록.
103) 『李光洙全集』, 권 8, p.516, 解說 有情(鄭飛石).

정'은 춘원의 정신지상주의적 애정관이 핵심이라고 지적하면서 그것이 자비적 애정관, 즉 이성간의 초이성적 자비의 애정으로 승화했다고 평가하고 있다.

그의 애정주의는 초기의 소설부터 가장 특징적으로 나타났던 것으로서, 처음에는 주로 애정의 자각 혹은 애정의 자율성 등과 같은 애정에 대한 근대적인 이해부터 시작되었다. 그러나 '유정'으로서 표현된 그의 애정관은 육체적인 애정을 정신적인 애정으로서 극복하려는 노력을 보여주었다. 말하자면 정신지상주의적인 경향이 그의 애정관의 핵심인 듯이 보였다. '유정'은 그러한 그의 대표작이지만 이 작품이 그의 어느 소설과도 달리 비극적인 작품이라는 데 유의해둘 필요가 있다. 그것은 그의 많은 소설의 대부분이 일종의 해피엔드로 되어 있으나 이 작품은 비극적 종말에서 벗어난 것이 못 되었기 때문이다. 이것은 무엇을 의미하느냐 하며는 그의 정신지상주의적인 애정관도 그가 생각하는 애정의 이상적인 방향은 못 되었다는 증명이 되는 데 있다. 육체에 정조가 있듯이 정신의 정조를 인정한다면, 정신지상주의적인 애정관도 현실적인 윤리문제와 충돌될 수 있는 것이었다. 이러한 충돌의 비극이 '유정'이었다. 이러한 문제를 해결하기 위하여 고안된 것이 그의 자비의 애정관이다. 즉 이성간의 애정문제를 초이성적인 자비의 애정까지 승화시켜보려는 것이 그것이다. 이 자비의 개념은 물론 불교의 사상에서 차용된 것이지만 이것을 구체화시킨 것이 그의 후기의 역작인 '사랑'이었다.[104]

이광수 자신도 인정의 아름다움을 그린 '유정'이 자신의 대표작이라고 자부하면서 외국어로 번역할 작품이 있다면 그것은 '유정'이라고 자긍하고 있다.

　문 : '유정'은 처녀작 '무정'의 속편 격입니까?
　답 : 아녜요. 그런 뜻은 없어요. 나는 '유정'에서는 인정의 아름다움을 그리느라 하였어요. 그 일을 했다고 보수를 받는 것도 아닌데, 다만

---

104) 『새벽』(1957. 3), pp.65～67, 韓國現代作家論(1) 春園 李光洙(趙演鉉).

아름다운 정에 끌려 몸도 바치고 생명도 바치고 재물도 바치는… 외람한 말이지만, 만일 내 작품 중에 후세에 가히 끼쳐질 만한 것이 있다면 이 '유정'과 '가실(嘉實)'이라고, 그 역(亦) 외람한 말이나 외국어로 번역될 것이 있다면 그는 역(亦) '유정'이라고 생각해요. 더구나 '유정' 속에 '시베리아의 자연묘사를 한 것'에 이르러서는 나는 상당히 힘을 들였소이다.105)

따라서 이 '인정론'은 '사랑'(1938)으로 이어지면서 춘원 문학의 인정론의 극치를 이루고 있다.

육체의 결합을 목적으로 하는 사랑이 가장 많겠지마는 그것은 마치 생물계에 사람보다도 벌레가 많다는 것과 다름없는 것이다. 육체의 결합과 아울러 정신에 대한 사모를 짝하는 사랑이야말로 비로소 인간적이라는 이름으로 불려질 자격을 가지겠지마는 한층 더 올라가서 육체에 대한 욕망을 전연 떼어버린 사랑이 있는 것이 인류의 자랑이 아닐수가 없다. 그것은 일시적인 우리 육체 속에 있는 '영원한 존재'를 인식하는 데서만 생길 수 있기 때문이다. 바다를 못 본 하백(夏伯)은 황하의 개천 물을 세상에 가장 큰 물로 안다. 이러한 사랑을 보지 못한 사람은 육체를 안 보는 사랑을 공상으로만 생각하거니와 그에게는 어느 때에나 한번 코페르니쿠스를 만나서 새 우주를 깨달아야 할 시기가 필요할 것이다.

사랑의 극치로 말하면 물론, 무차별, 평등의 사랑일 것이다. 그것은 부처님의 사랑이다. 모든 중생을 다 애인같이, 외아들같이 사랑하는 사랑일 것이다. 그러나 거기까지 가는 노중에는 어느 한 사람만이라도 육체를 떠나서 사랑하는 대목도 있을 것이다. 육체를 떠난다는 것은 동물적 본능을 떠난다는 말이다. 그 말은 '이기욕'을 일체로 떠난다는 말과도 같다. 완전히 '나를 위하여'라는 '욕심'을 떠나고 '오직 그를 위하여' 사랑할 때에 그것이 비로소 '자비심'의 황금색을 띤 사랑이 되는 것이다.106)

---

105) 『三千里』(1937. 1), 無情 等 全作品을 語하다(李光洙); 『李光洙全集』, 권
16, pp.304~305.

춘원은 1934년 2월에 애아 봉근을 잃고 자하문 밖 홍지동에 산장을 짓고 이사하여, 법화경(法華經) 한글 번역에 착수하면서 은거생활에 들어갔다. 도산의 장기 입옥, 동우회의 부진 등으로 심각한 좌절감으로 정신적 번민과 오뇌의 생활을 영위하고 있었다. 홍성한(洪性翰)은 10년간 상해 망명생활을 끝내고 1935년 11월 귀국하자마자 11월 말경 추운 날씨에 홍지동 산장을 찾았다. 도산은 그해 정초에 보석 출옥하여 대보산 송태산장에서 은거하고 있을 때였다. 홍성한은 춘원을 만나고부터 춘원이 그동안 각종 신문, 잡지에 발표한 글을 일일이 베껴서 이를 편집하여 1936년 '인생의 향기'를 간행했다.107) 홍성한의 춘원에 대한 첫 인상은 따뜻한 인정미(人情味)를 느꼈다고 하였다. 홍성한은 1937년 6월 '이광수 선생과 인정'108)을 발표했다.

그러면 정신적 양식은 무엇인가. 종교에서 이른바 정신적 양식은 오직 종교적 수양에 있다고 한다. 과연 그러할지라도 모른다. 그러나 종교도 우리 인정(人情)의 한 표현이 아닌가! 노자(老子), 공자(孔子), 소크라테스, 플라톤, 칸트의 철학도 결국 인정의 한 표현이 아닐까. 그러므로 육체적으로 목마른 자에게도 오직 잔인성과 포악성이 있지마는 정신적으로 목마른 자에게도 오직 사랑과 자비심이 있을 뿐이다. 사람은 면포(麵麭, 빵)만으로 살지 못한다는 금언(金言)의 내용은 여기 있다. 다시 말하면 사랑을 받지 못하는 사람 또는 남을 사랑할 줄 모르는 사람은 살 수 없다. 혹은 어떤 입장에서 살지 모른다. 그러나 사랑과 자비로운 마음을 가지지 못하고 사는 것은 사는 것이 아니다.

나는 과기에 남의 사랑을 너무도 많이 빌아왔다. 나는 남의 사랑을 받기만 하고 남을 사랑치 못한 것을 퍽 슬프게 생각한다. 나는 아마 과거에 남의 사랑을 받지 못하였더라면 아직까지 살아 있었을는지가 퍽 의문이다. 나의 정신적 생활에 고민이 있을는지 모르나 그러나 주

---

106) 李光洙, 『사랑』(博文出版社, 1950), 上, 自序.

107) 春園 李光洙, 『人生의 香氣』(京城 弘智出版社, 1936. 6. 21), 自序.

108) 『白光』 제6호(1937. 6), pp.68~79, 李光洙 先生과 人情(洪性翰). 공교롭게도 이 글은 동우회 사건(1937. 6. 7)으로 도산과 춘원이 구속·수감되는 때를 맞추어 발표된 것이다.

위의 사랑을 한 몸에 받고 있으니 나는 행복한 자이다. 나는 이 이상의 행복을 구하지도 않거니와 원하지도 않는다. 나는 과연 행복자다. 나는 이따금 슬픈 마음이 나로 하여금 괴롭게 하여주는 때가 있다. 그러나 나는 나의 주위에서 사랑과 자비의 마음을 발견함으로써 위안을 얻는다. 나는 이 모든 것을 신께 감사한다. 나는 감사의 정이 나의 가슴속에 충만하여질 때에는 나는 항상 운다.

그러므로 사람은 고독할수록 인정 없이는 못 산다. 그러므로 고독한 자에게도 그를 이해하여주고 동정하여주는 사람이 필요하다. 이것은 자연한 인정이다. 역경(逆境)에서 자라난 나는 이러한 감정이 더욱 발달되었다. 이것은 나에게 있어서 결코 부자연한 것은 아니다. 나와 같은 고경(苦境)에 처하여 있는 사람으로서 그의 절실한 동정자를 구(求)하는 그 심정을 그 누구가 비난하랴. 나는 일찍이 소년 때에 어떤 젊은 부인의 따뜻한 사랑의 동정을 받았거니와 그때 그 부인의 자비로운 그 마음과 따뜻한 그 인정이 외롭고 고독하였던 나의 어린 심령(心靈)에 그 얼마나 기쁨과 위안을 주었던고, 그 부인이 얼마나 고마웠던고! 그 부인의 따뜻한 인정에 나는 뜨거운 눈물이 내 옷깃을 적셔줌을 깨달았고 자비로운 그 마음의 힘이 나의 외로운 심령을 다시금 약동시켜줌을 느꼈다. 위축되었던 나의 생명은 다시금 생장을 계속하였다. 아, 위대한 인정의 힘이여![109]

홍성한은 1935년 11월 홍지동 산장을 찾아가서 춘원을 만났을 때의 첫인상을 이렇게 술회하고 있다.

나는 어떤 바람 몹시 불고 흐린 날 오후 선생을 창의문(彰義門) 밖 홍지리(弘智里)에 찾았다. 모르는 길을 물어서 선생의 집 대문 앞까지 다다르니 내 가슴은 이상하게도 울렁울렁하였다. 나는 먼저 대문 밖에서 숨을 태우면서 눈앞에 환하게 전망이 되는 인왕산(仁王山) 뒷몸과 삼각산의 첩봉(疊峰)을 한눈에 모아 넣고 다시금 내 눈앞에 내려다보이는 굽이굽이 흘러내리는 시냇물을 바라다보았다. 이만하면 꽤 아름다운 경치라고 생각하였다. 그리고 커다란 집도 조선식 사원 같은 감

---

109) 상게서, pp.68~71.

을 내게 주었다. 기실 이 집은 선생이 불경 공부를 하실려고 이렇게 외딴 곳에 지은 것이라고 하였다. 사랑하던 아들 봉아(鳳兒)를 잃어버리시고 비로소 인생을 깊이 사색하게 되었고 더욱이 생사문제에 대해서 많은 사색이 있다고 선생이 직접으로 말씀하신 것이다.

나는 대문 안에 들어서서 사람을 불렀다. 이윽고 사랑방 문이 열리더니 노랑 저고리에 남빛 치마를 입은 12, 13세가량 되어 보이는 소녀가 마루에 나서면서 "누구 찾으세요" 한다. 나는 선생을 찾아왔노라고 하였더니 안에서 "들어오시라고 해라" 하는 소리가 나의 귀에 들린다. 나는 구두끈을 끄르고 선생의 서재로 들어섰다.

방은 큰 두 칸 방인데 윗목에는 큰 서가가 놓여 있었다. 서가에는 대영백과전서와 일문(日文)으로 된 백과전서가 끼여 있었다. 기타 대부분이 영문 서적이고 불서(佛書)도 있었다. 서가 바로 옆 북쪽을 향한 창문 앞에는 바로 선생의 책상이 놓여 있었다. 벽의 사주(四周)에는 유화(油畵)가 걸려 있었고 아랫목에서는 선생의 애자(愛子) 영근(榮根)이가 놀고 있었다. 선생은 쓰든 원고를 밀어놓고 뜻하지 아니한 손님의 인사를 반갑게 받으시었다. 그때 선생의 첫인상이 나에게 따뜻한 인정미(人情味)를 준 것만은 사실이다. 나는 먼저 선생을 찾아온 주지(主旨)를 간단히 말하였고 이에 선생은 내게 여러 가지로 친절하게 물었다. 선생은 중국 시국(時局)에 대해서도 퍽 많이 물었으나 나로 하여금 확실한 대답을 하기가 어려웠다. 시국에 대한 정확한 견해와 비평은 오히려 중국의 시평계(時評界)에 의하여 발표되는 보도보다는 이곳이 더 정확성이 있었다. 이것은 오직 중국의 복잡한 정치적 대립으로 하여금 정확한 보도를 자연히 민중층에게 보도치 못하게 되는 데 있다. 여기에 공정한 시국평은 물론 지상에 발표되지 못할뿐더러 모두가 자기의 정치적 주장만을 고집함에 있었다. 그러나 지금은 소위 명목상으로 전국이 통일이 되었으니 아마 3, 4년 전과는 다를 것이다. 그러므로 중국에 오랫동안 있었다 하더라도 시국에 대한 정확한 소식은 오히려 이곳이 확실하였다.110)

오랫동안 망명생활을 한 터라 이발은 하지 못하고 다 떨어진 여름

---

110) 상게서, pp.73～74.

양복을 입고 그 추운 날에 춘원을 찾아간 홍성한의 모습은 초라한 거지 꼴이 아닐 수 없었다. 춘원의 첫 질문은 중국의 시국(時局)의 추이동향(推移動向)에 대한 물음이었다. 이는 장개석(蔣介石) 국민군이 국공합작(國共合作)으로 과연 일본군을 물리치고 중국을 통일할 수 있겠는가에 대한 물음이었다. 그러나 홍성한은 시국에 대한 정확한 견해와 비평은 오히려 중국의 시평계(時評界)에 의하여 발표되는 보도보다는 이곳이 더 정확하다고 답했다. 춘원은 "그러면 앞으로 생활은 어떻게 하여 가나" 하면서 개인생활 문제를 걱정해주었다. 앞으로의 생계가 막연하다는 말에 춘원은 "아직 나와 같이 있으면서 봅시다" 하면서 위로했다. 시국담을 나누다가 저녁을 먹고 자리에서 일어나 작별인사를 하자 춘원은 잠깐만 앉아 있으라고 하면서 안방으로 들어가서 흑색 양복저고리 하나를 들고 나오더니 홍성한에게 손수 입혀주었다.

무엇이 진리냐? 이것은 선생께 준 숙제인 동시에 우리들의 숙제다. 무엇이 인정이냐? 사랑하는 마음이 일어나는 것도 인정이요 흉악한 마음이 일어나는 것도 우리의 인정이다. 넓은 들에 혼자 피어 있는 꽃 한 포기를 보고 애석한 마음이 일어나는 것도 인정이요, 불행한 사람의 얼굴에 침을 배앝게 되는 마음이 일어나는 것도 우리의 인정이라 한다. 인정은 무서운 명령을 내릴 수 있는 동시에 자비로운 마음을 품게도 하여준다. 아! 아름답다, 그 인정이여. 찬앙(讚仰)하라, 그 인정을! 아! 무서운 그 인정이여. 악착(齷齪)해라, 그 인정이여!
더구나 창의문 높은 고개를 찬바람을 가슴에 안고 넘어가자면 아직 여름 양복을 입고 있는 나에게는 꽤 벅찬 일이었다. 나는 선생이 내어주는 옷을 사양하였더니 선생은 "사양 말고 어서 입고 가소" 하면서 나에게 입혀주시었다. 아! 나는 그 순간에 얼마나 감격하였던고! 나의 심령(心靈)에는 그 얼마나 깊은 감사의 정이 흘렀던고! 나의 눈에서는 뜨거운 눈물이 그 얼마나 흘렀던고! 그때에 흐른 눈물이 지금도 황해의 물 한 방울로 되어 있으려니. 이렇게 생각할수록 옛정이 그리워질 뿐이다."111)

111) 상게서, pp.74～75.

1936년 늦은 봄 춘원은 홍성한과 함께 Y의사(유상규)를 찾아가기 위해 모 다방으로 가던 길에 젖먹이들을 젖가슴에 안고 길가에 앉아서 오가는 행인에게 동냥 한 푼을 구걸하는 한 부인을 보고 지갑에서 돈 1원짜리 한 장을 꺼내 주었다. "아이고 사정이 딱도 해라. 어린 것들은 왜 낳소?" 하는 춘원의 눈에는 인정의 눈물이 그렁그렁 고여 있었다. 돌아서서 눈물 고인 눈으로 홍성한을 바라보며, "인생은 고해(苦海)야. 조선만 해도 저런 불쌍한 중생이 얼마나 많은가! 아침저녁을 굶지 않고 살아가는 우리들은 그 얼마나 고맙고 감사한 일인고!"112) 하는 춘원의 얼굴은 너무나 적적해 보였다는 것이다. 그러나 춘원은 인생의 모든 고민을 잊어버리고 인생의 향기로운 꽃밭으로 마음 놓고 소요하면서 연애를 논하고 달콤한 사랑을 노래하고 있다. 춘원은 '역사가'에서 진정한 사랑은 중생을 제도하는 '목장의 사랑'이라고 노래하였다.

역사가

歷史家(역사가)여,
그대의 歷史(역사)는 쇠통 거짓말!
그와 나와 사랑을 안 적은
그 歷史(역사)는 쇠통 거짓말!
그와 나와 破綻(파탄)을 안 적은
그 歷史(역사)는 쇠통 거짓말!

歷史家(역사가)여,
그대는 무엇하러 붓대를 들고
거짓의 外交(외교) 터와 피 흐르는 戰場(전장)으로만 달리는고.
眞正(진정)한 人生(인생)은 밭둑과
저 牧場(목장)의 '사랑'에만 있는 것을.
그러매로 그대의 歷史(역사)는 쇠통 거짓말!

---

112) 상게서, pp.75~76.

歷史家(역사가)여,
우리 애기 첫말 배움을 적었는가.
걸음마 하고 짝짜꿍 하는 걸 적었는가.
소꿉장난 하다가 쓰러져 자는 걸 적었는가.
그대는 거짓된 歷史(역사)를 쉬이고
우리 애기의 뒤를 따르라.113)

　홍성한은 춘원은 문학자(文學者)가 아니고 문인(文人)이라고 정의하면서, 그는 학자가 될 만한 한 가지 조건이 부족하다고 이야기한다. 그것은 천성(天性)에 타고난 남다른 뜨거운 감정을 가지고 있기 때문이다. 춘원은 천성으로 이지적(理智的)이지 못하고 감정적이기 때문에 이지적 판단을 내릴 수 없다는 것이다. 그러므로 인정에 어그러진 소설은 결코 문학적 작품이 아니라고 주장했다. 춘원의 따뜻한 인정이야말로 중생(조선 민족)을 구제하는 '목장의 사랑'이라고 정의하면서 '인정론'을 펴고 있다.

　선생은 문학자가 아니고 문인이다. 선생은 문학자의 자격을 약속할 만한 소질도 있지마는 스스로 학자 됨을 그리 원치 않는 모양이시다. 그러나 선생은 학자가 될 만한 한 가지 조건이 부족하다. 그것은 천성(天性)에 타고난 남달리 뜨거운 감정을 가짐으로써다. 학자로 일생을 종사하려면 좀 더 이지적(理智的)이어야 되겠고 어느 정도까지의 천성이 냉정하여야만 되기 때문이다. 다시 말하면 선생은 이지적이 못 되고 감정적이다. 풍부한 감정의 소유자인 만큼 모든 사건을 감정적 기분 여하에 있어서 판단할 염려가 없지 않다. 감정적 판단이 이지적 판단에 비하여서 더 많은 오류를 야기하지 않을까 한다. 그러나 우리 생활의 대부분이 감정적 기분 속에서 삶에 있어서랴.
　산 인생을 그리는 것이 문인이 맡은 일인 동시에 그들의 의무다. 하여간 예술가는 인생을 보는 그대로 그리는데도 왕왕 부자연한 심리적 묘사가 읽는 우리로 하여금 느끼게 된다. 이것은 오직 작자의 관찰력

---

113) 春園 李光洙, 『人生의 香氣』, pp.298~299, 歷史家; 春園李光洙傑作選集 第二卷, 『隨筆과 詩歌』, pp.318~319, 歷史家.

과 상상력이 부족한 데서 그렇게 되는 것이 아니라 기실은 이와 정반대로 인생 그 물건을 너무도 추상화하고 주관화하는 데 있지 않는가 한다. 아마 이런 의미에서 예술은 자기표현에서 시종한다고 말하는가 보다. 나는 이런 의견에 그리 찬의(贊意)를 가지고 싶지 않다. 나는 작자의 공상적 취재가 작자의 추상적 내지 주관적 심리로 인생을 묘사하는 것보다도 더 의의를 가지고 있지 않는가 생각한다. 왜 그러냐 하면 내가 말한바 공상적 세계에서는 어떤 정도까지의 미래성이 있기 때문이다. 또는 이와 정반대로 추상적 세계에는 허위는 없을망정(?) 그 순간순간이 우리의 의욕계(意慾界)에 풍부한 영양을 주지 못하기 때문이다. 우리의 심령에 자양을 주지 못하게 될 때에는 생명의 정돈(停頓)이고 인류의 멸망이다.

여기에 공상이란 용어를 간단하게 설명하자면 마치 법률상으로 그 규정이 있는 모양으로 인생에 절대 진리인 인정(人情)이란 규정 밑에서 쓸 수 있지 않을까 한다. 당치도 않는 공중누각이라도 인정에 맞기만 하면 우리도 그 예술적 가치를 승인할 수 있지 않을까 한다. 과거, 현재, 미래를 통하여서 인정이란 규정에 합이위(合而爲, 합하게 됨)가 될 때에는 거기는 예술적 영원성이 있을 것이다. 토머스 모어의 '유토피아'114)라는 소설은 인류가 망하는 날까지 영원한 가치를 가지고 있을 것이다.

나는 여기에 인정이란 아름답고도 괴로운 존재를 느낄 적마다 선생을 연상하게 된다. 선생의 모든 동작은 인정이란 범주 안에서 활동하고 있다. 그러므로 선생은 어떤 독단적 비평가에 대해서 진실로 찬의를 가지고 있지 않을뿐더러 전연 불만족과 멸시를 가지고 있지 않는가 한다. 어떤 잡지에 만화도 선생을 평하여 순수한 예술도 아니고 좌도 아니고 우도 아닌 중립파라고 하였다. 어떠한 표준에서 예술가를 분류하는지는 모르나 그 잡지의 만화가 나 보기에는 퍽도 이상하였다. 인정에 어그러진 소설은 결코 문학적 작품이 아니다.

이와 마찬가지로 인정을 도외시하고 문학적 작품을 비평한 비평은 비평이 아니다. 그러므로 비평가의 직분은 작품 중에 표현되는 모든 인류적 관계가 인정이란 법칙에 어그러지지 않도록 지적하여주는 동시

---

114) 토머스 모어(Thomas More, 1478~1535)는 '유토피아'에서 가공의 이상사회를 묘사하여 당시 영국의 현실사회를 비판하였다.

에 비평하여주는 데 있고 이것이 원칙이다. 그러므로 인정으로 모든 것을 관찰할 것 같으면 정치적 내지 도덕적으로 대립되어 있는 실천행위로 하여금 지금과 같은 극단의 오해는 아니 생길 것이다.

사람은 색안경을 영원히 깨끗이 벗어 내버릴 수는 없다. 왜 그러냐 하면 우리는 사물을 선(善)히 보는 것은 결국 선이란 색안경, 다시 말하면 선이란 관념이 우리의 정신 전체를 지배하고 있기 때문에 보는 사물로 하여금 선하게 보이는 것이다. 그러므로 선도 색안경인 동시에 악(惡)도 색안경이다. 그러나 선은 진리에 있고 악은 비진리(非眞理)에 있기 때문에 선을 행하고 비선(非善)을 배격하게 된다.

그러므로 우리는 이웃사람에 최선을 다하는 데는 인정이란 색안경의 렌즈를 통하여 보는데 비로소 인정다운 진리를 볼 수 있고 행할 수 있다. 이 원리가 극히 평범하고 적어 보이나 기실은 이와 정반대일지도 모른다.

그러나 일신일이(日新日異, 날로 새롭고 날로 다르다)의 가속도로 진행하는 사회사상은 단순히 이상(以上)의 원리만을 용납지 않는 모양이다. 그러나 우주의 근본원칙이 불변할 시는 인정이란 법칙도 영원히 불변할 것이다. 그러므로 선생의 근본사상은 인정이란 높은 법칙에 있고 끝없이 갸륵한 자비심에 있다. 러스킨이 그 어떤 시제(詩題)에 암만 악한 자라도 창망한 하늘에 반짝이는 별을 바라보게 되는 자는 선자(善者)라 하였다. 이것도 인정의 한 움직임이다. 캄캄한 밤하늘에 반짝이는 별을 바라보게 될 때에는 모든 것을 잊게 되고 심지어 자기라는 존재까지도 잊게 된다.

자기를 잊는 그 순간에 그 얼마나 아름다우냐. 자기를 망각하는 그 순간인즉 오직 진리를 보게 되고 선으로 하여금 자기를 표현케 될 것이다. 그러나 이러한 순간은 일찰나(⋅刹那)다. 영원치 못하다. 우리는 다시금 인성(人性)으로 돌아온다. 인성으로 돌아오는 때에는 벌써 모든 탐욕과 죄악을 범한 자가 되고 만다. 진리와 선으로 더불어 영원히 자기를 표현치 못하는 우리 인생으로 하여금 어떻게 영원불변(그 자체)의 법칙을 가지고 복잡한 사회상(社會相)을 설명할 것인가? 인정! 인정은 과연 높은 법칙이다.115)

---

115) 『白光』(1937. 6), pp.76~79. 李光洙 先生과 人情(洪性翰). 여기서 '意志的'을 '理智的'의 오식으로 보고 '理智的'으로 바로잡았음을 밝혀둔다.

이광수는 1936년 6월에 '인생의 향기'를 출간했다. 그동안 신문, 잡지에 발표한 수필과 시가를 수합해서 출판했는데, 홍성한이 직접 춘원의 글을 필사하여 이 책을 발간한 것이다. "이 책에 수집한 글들은 대개 십수 년래로 신문과 잡지에 실렸던 것이오. 내 본래 등한하여 평소에 이것을 수집하여둘 줄을 모르기 때문에 이 책에 실린 글들은, 동아일보는 연전(延專) 도서실에서, '영대(靈臺)'는 김동인 군에서, '조선문단'은 이학인(李學仁), 김풍서(金豊瑞) 양군에게서 빌어 홍성한(洪性翰) 군이 등출(謄出)하여주신 것이다. 이 여러분의 호의에 대하여 감사함을 드리며 특히 연전 문과장 백낙준(白樂濬) 박사는 그 연구실에서 베껴내는 일을 여러 날 두고 허하여주신 후의를 깊이 감사한다."116)
춘원은 인생을 암흑이라 하면 사랑은 유일한 광명이라고 설파한다.

인생은 고해라고 한다. 쓴 바다, 고생 바다, 고통의 바다, 고민의 바다, 노고(勞苦)의 바다, 고난의 바다라는 뜻이다. 어떤 팔자 좋은 사람에게는 이 인생이 낙원일지는 모른다. 그러나 다수인에게는 인생은 고해다. 나는 인생을 고해로 보지 아니치 못하는 불행한 사람이다. 나는 낙지(落地) 이래로 일찍 행운이라는 것을 보지 못한 불행아어니와 지금도 불행한 사람이다. 빈궁, 불건강, 세상의 핍박, 사업의 실패, 민족적 고민, 나 자신의 인격과 능력에 대한 불만족, 모두 불행거리다. 이러한 것을 생각하면 앞이 캄캄해지고 죽고 싶게 괴롭다. "아아, 인생은 고해로구나!" 하고 장태식(長太息)을 아니 할 수가 없다. 만일 미래도 과거 같은 줄을 분명히 전지(前知)한다 하면 나는 죽어버릴 것이다.
그러나 신(神)은 나 같은 인생이 자살하여버릴 것이 두려워서 여러 가지 예방책을 쓴다. 첫째는 "내일은 오늘보다 나으리라" 하는 희망을 나 같은 인생의 정신 속에 심거(심어)둠이다. 이것은 진실로 생명수(生命樹)다. 이것 때문에 나 같은 사람은 "내일이나, 내일이나" 하고 상한 하트와 피곤한 다리를 끌고 허덕허덕, 수없는 생의 고개를 넘어가는 것이다.
나는 어려서 부모를 여의고 무의무가(無依無家)하게 돌아다닐 때에

---

116) 春園 李光洙, 『人生의 香氣』, 自序.

흔히 노인들에게서 "초년고생은 말년락(末年樂)의 근본이니라. 네가 자라면 오복이 구비하고 남이 우러러보는 사람이 되리라" 하는 말로 위로하여주는 말을 들었다. 그때마다 나는 어린 맘에도 "참말 그랬으면", "아마 그럴 것도 같다", "꼭 그럴 것이다" 하고 혼자 이 말을 믿고 장래만 바라보고 왔다. 그러나 살아가면 살아갈수록 이 믿음이 점점 박약하여진다. "어디 행운이 오나? 밤낮 마찬가진데" 하고 탄식을 하게 된다. 그런데도 왜 아직도 속아 사나? 응, 분명히 나는 속아 산다. 더욱이 저 공동묘지에 무수한 초초한 무덤을 볼 때에 그 무덤 속에 누운 사람들도 다 나와 같이 "초년고생은 말년락의 근본"이라는 위로를 받고 오복(五福)의 구전(俱全)하다는 축복을 받고 나 모양으로 "내일이나, 내일이나" 하고 그 원수엣 '희망'에게 속아서 허덕허덕 인생의 수없는 고개를 넘어가다가 마침내 '희망'이 약속하던 행복은 구경도 못하고 죽어버린 자들이라고 생각할 때에 나는 저들과 같이 공연히 '내일'을 믿고 속아 사는 어리석은 인생 중에 하나라고 생각하지 아니할 수가 없다. 어디를 보고 아무리 따져보아도 행운이 올 길이 없지 아니하냐.

그러면 왜 사느냐? 왜 곧 죽어서 이 고해를 벗어나지 아니하느냐? 이 인생에 무슨 잊히지 못할 속박이 있어서 상한 하트와 피곤한 다리를 끌고 허덕거리고 수없는 인생의 고개를 넘느냐?

거기는 이유가 있다. 나는 인제는 '내일의 희망'에 속아 살지를 아니하련다. 내가 죽지 않고 살아가는 것은 이 고해라는 인생에도 맛들일 데가 있는 까닭이다. 우리는 마치 여름날 시원한 산마루터기 바람을 잠깐 얻어 쐴 양으로 여러 시간 동안 땀을 흘리며 사지(四肢)를 노역(勞役)하여 산에 오르는 심으로 인생의 고해 속에 여기저기 숨어 흐르는 감천(甘泉) 한 모금을 얻어 마실 양으로 알뜰살뜰히 허덕거리고 살아가는 것이다. "이놈아, 네가 어리석다"고? 어리석어도 좋다. 인생에게 내가 구할 것이 그것밖에 없는 것을 어찌하랴. 돈을 원하는 자는 맘껏 돈을 모아 쌓으라. 사업을 원하거든 회천(回天)의 웅도라도 이루려무나. 명예가 원이냐? 천하에 이름을 빛내어라. 마는 나는 이 모든 것도 다 귀찮다. 내가 이 인생에게 구하는 것은 오직 사람과 사람과의 사이에 무심히 반짝반짝하는 사랑의 섬광(閃光)이다.

인생을 암흑이라 하면 사랑은 유일한 광명이다. 인생을 빙세계(氷世

界)라 하면 사랑은 유일한 난기(暖氣)다. 인생을 악취라 하면 사랑은
유일한 향기다. 그런데 이 정(情)떨어질 만한 인생에도 아직 사랑은 멸
하지 아니하였다. 이 험악한 이기주의의 세대에도 인형(人形)을 쓴 사
람치고는 그 영혼의 어느 구석에 애(愛)의 일편을 장(藏)하지 아니한
자는 없다. 그것이 추악한 쟁투와 시기와 살육(殺戮)의 인생에 유성(流
星) 모양으로 간간히 섬광을 발한다. 이것 때문에 나는 이 고해의 인
생을 허덕거리고 살아가는 것이다. 만일 어느 시각에나 이것까지 인생
에서 소멸되는 때가 있다 하면 나도 그 즉시에 땅바닥에 엎더져 죽어
버릴 것이다.

내가 그 불행한 지금까지의 일생에 경험한 인생의 향기 몇 가지를
적어보려는 것도 이 때문이다. 이 붓을 잡을 때에 내 흉중에 무수한
기억이 솟아오르거니와 어느 때 루소 모양으로 일생의 참회를 쓰게 되
는 날이면 될 수 있는 대로 이 모든 것을 힘 밎는 데까지는 다 써보려
니와 지금에는 그러할 수가 없다. 지금에는 다만 그중에서 가장 간단
한 것 몇 가지 예만 들어 내가 이 불행 중에서도 허덕허덕 살아가는
이유의 증명의 일단이나 삼아볼까 한다.117)

춘원은 '춘원시가집'에서 인정론을 '고우신 임'(조국)의 권현, 응신으
로 승화시키고 있다. "그러므로 나는 인정을 믿고 인정을 숭배합니다.
인정이야말로 고우신 임의 그림자요 입김인 줄 믿습니다"라고 인정론
을 정립하고 있다.

나는 이 세상에서 그렇게 팔자 좋은 사람은 아닙니다. 도리어 평생
에 빈한한 고아입니다. 그러나 나는 하루도 어떤 사람의 사랑을 아니
받는 날은 없습니다. 나는 내 곁에 있는, 내게로 오는 모든 사람에게서
사랑을 느낍니다. 노상에 언뜻 지나치는 사람도 내게 사랑의 기쁨을
줍니다. 나는 무심(無心)코 지나치고 나서는 유심(有心)하게 한 번 그
를 돌아봅니다. 그리고는 홀로 빙그레 웃으면서 내가 그의 품에 안겨
보고 그를 내 품에 안아봅니다. 나는 여기서 고우신 임의 뜻을 봅니다.

---

117) 『靈臺』(1924. 8), 사랑(李光洙); 春園 李光洙, 『人生의 香氣』, pp.183~186,
사랑.

지금까지 내가 살아오는 동안에 특별히 나를 사랑하여준 여러 중생은 말할 것도 없이 나를 고우신 임께로 인도하여주신 은인이십니다. 아니, 그가 바로 고우신 임의 권현(權現)이십니다. 응신(應身)이십니다. 이러므로 나는 인정을 믿고 인정을 숭배합니다. 인정이야말로 고우신 임의 그림자요 입김인 줄 믿습니다.[118]

좌우의 이념대립과 갈등이 극심한 해방공간에서 춘원은 참회의 심정으로 '사랑의 길'을 발표했다. 대한민국 정부 수립을 앞두고 '나 = 우리'의 공동체의식을 바탕으로 한 '우리나라' 건설을 역설하고 있다. '나'를 생각하고 '우리'를 생각하면 지극히 높고 값있는 애국심의 뿌리가 되고, '나'가 집을 이루어서 된 '우리'는 여러 집이 모인 동네가 되고, 이것이 다시 '나라의 우리' 즉 '우리나라'가 되고, 이것이 또한 진화하여서 저 인류의 '우리'로 발전한다는 것이다. 그러므로 새나라 건국의 목표는 '사랑의 나라'라고 강조하면서 '우리나라'는 신시(神市)요, 이렇게 하는 것이 홍익인간(弘益人間)이라 정의하고 있다.

사람의 갈 길이 오직 하나요 하나밖에 없으니 그것은 사랑의 길이다. 남녀 간의 사랑이나 부모자식의 사랑은 가르치지 아니하여도 아는 것이니 이것은 사람뿐 아니라 모든 생물이 다 가지고 있는 것이라 말할 것도 없고 여기 말하는 사랑은 이웃 간의 사랑, 국민의 사랑, 인류의 사랑 같은 남남 간의 사랑이다.

그러나 다른 동네와 서로 싸와 죽이고 살리는 일이 생길 때에는 동네의 이웃 간에 가족과 비슷한 사랑이 생긴다. 서로 주고받으려 아니하고 서로 용서하여 안 갚으려 아니 한다. 이러한 이웃의 사랑이 도타운 자는 일심이 되어서 이기고 그렇지 못하여서 서로 법을 내들고 다투는 자는 갈라져서 망하는 것이다. 이것이 애국심의 시초이다. 오래 태평하면 애국심이 줄고 다른 민족과 싸울 때에는 같은 민족 간의 사랑이 깊어간다. 서로 같은 운명에 매어 있음을 절실하게 느끼는 때문이니 옛글에, "형제가 담장 안에서는 서로 다투더라도 남이 쳐들어올

---

118) 李光洙, 『春園詩歌集』(博文書館 藏板, 1940. 2. 5), 내 詩歌.

때에는 함께 막는다(兄弟鬪于牆 禦于外務)" 한 것이 이것이다. 그러나 나라가 위태하여도 이러한 사랑을 발하지 못하고 서로 제 욕심을 채우려고 다투다가 망한 전례는 백제와 고구려에서도 볼 수 있으니 슬픈 일이다.

이러한 동네의 주민들은 '나'를 생각할 때에 항상 '우리'를 생각한다. 이 '우리'라는 생각이 지극히 높고 값있는 것이어서 진실로 애국심의 뿌리가 되는 것이다. 한 그루의 정자나무를 심을 때에 그것은 우리 동네 모두의 것이라고 생각한다. 백 년이나 2백 년 후에 이 그늘에 와서 쉬일 모든 사람을 위하여서 이 나무를 심는다. 이 나무 그늘에 쉬는 자는 모두 몸이 든든하고 마음이 편안하고 선량하여서 복락이 무궁할지어다 하고 빌면서, 기쁨과 정성으로 심는 것이다. 밤이나 감이나 배나 대추나 과일나무를 심을 때에는 이 나무의 생명이 계속하는 동안 거기 열리는 열매들이 사람들, 그중에도 아이들에게 맛이 있고 약이 되어지이다 하면서 북을 돋우고 거름을 주고 약을 주고 벌레를 잡는다. 그러고 정자나무 그늘에 쉬이고 과일나무의 과일을 먹는 자는 그 나무들을 심고 가꾼 이들을 사랑하고 사모하고 고마워한다. 이리하여서 몸들은 비록 따로따로 시간과 공간으로 서로 막혔더라도 마음은 하나로 서로 통하고 서로 맺혀서 큰 '우리'를 이루는 것이다.

이 모양으로 '나'가 집을 일러서(이루어서) 된 '우리'는 여러 집이 모인 동네의 우리로 커지고, 그것이 다시 '나라의 우리'로 진화하여서 저 '인류의 우리'를 향하고 진화의 걸음을 쉬지 아니한다. 동네의 우리가 법의 우리로부터 애정의 우리로 올라가듯이 나라의 우리도 법의 관계에서 애국심과 동포의 사랑의 정으로 엉키게 된다. 이리하여서 우리는 동포를 대할 때에 한 가족과 같은 정다움과 소중함을 느끼도록 연습이 되어 그것이 천성과 같이 누를 수도 없고 변할 수도 없이 되어버린다.

우리나라는 수천 년래로 덕(德)으로 인도하고 예(禮)로 다스리는 나라를 만드는 것을 건국의 목표로 삼아왔다(이 책 '내 나라' 편을 보라). 이제 우리는 새 나라를 세우는 길에 있거니와 우리 새 나라의 목표는 더구나 '사랑의 나라'에 있을 것이다. 우리 민족은 그러한 나라를 지을 가장 적임자요, 또 인류가 지구상에서 멸망하지 아니하려면 어느 구석에서나 이러한 나라가 일어나야 할 것이다.

‘사랑'이 있는 곳에 다툼이 있을 리가 없다. 경우를 따질 것이 있을 리가 없다. 여기는 서로 감사함이 있고 서로 남을 많이 주려고 다툼이 있을 뿐이다. 마치 친구끼리 술자리에 앉아서 서로 더 먹으라고 권하듯이, 서로 안 먹는다고 나무라듯이. 또 반가운 손님이 집에 왔을 때에 싫다는 것도 억지로 먹이고 억지로 좋은 것을 그의 짐에 틀어넣어 주듯이. 이러한 처지에야 사양이란 것도 벌써 소멸이 되고 만다. 왼 나라가 이렇게 살아가는 것을 ‘우리나라'라고 부르는 것이다. 똑바로만 생각하면 한 나라, 한 민족이란 그런 것이요, 더 나아가 생각하면 인류 전체가 한 배를 탄 손님이다. 우리가 할 일은 이 땅 위에, 이 반도 위에 이러한 나라를 세우는 것이다. 이것이 신시(神市)요 이렇게 하는 것이 홍익인간(弘益人間)이다.

원체 사랑에는 자유와 부자유가 없다. 왜 그런고 하면 사랑하는 사람은 항상 제가 저편의 종이 되는 것을 낙으로 알기 때문이다. 진실로 사랑하는 자는 저편의 섬김을 받기를 차마 하지 못하고 언제나 저편을 섬기려고 애쓰는 것이다. 내가 섬기기를 원하여서 섬기는 것은 자유보다도 더 기쁘고 더 귀한 것이다. 노예에서 해방되어 자유가 되거니와 자유를 버리고 일부러 섬기는 자가 되는 것이 사랑의 경계다. 그러므로 이러한 높은 경지에서 자유라면 그것은 제 욕심에서의 자유를 가리키는 것이 된다. 남에서의 자유가 아니다. 다시 말하면 제 욕심에서의 자유를 얻어서 남을 사랑하고 섬기는 자유를 삼는 것이다. 이것이 해탈(解脫)이다. 예수께서 최후의 만찬 뒤에 제자들의 발을 씻으신 것이 이것을 가리킨 것이다.

서전(書傳)을 보면 하늘의 명에 순종하는 것으로 정의를 삼았고, 불경을 보면 모든 욕심에서의 해탈을 자유자재라 하였으니, 다 동양 성인의 공통한 생각이다. 서로 경우를 따지고 자유를 부르짖는 소리가 있는 동안 나라에나 세계에나 태평이 오지 아니할 것이다. 사람들이 정의와 자유를 잊을 때에 비로소 사랑의 세계가 실현될 것이다. 태평의 세계는 결코 폭력으로 올 것도 아니요 경우로 올 것도 아니기 때문이다.[119]

---

119) 李光洙, 春園隨筆集 『돌벼개』(生活社, 1948. 6. 15), pp.177~190, 사랑의 길.

해방이 되고 나서 춘원은 '사랑'이란 제목의 시를 4편 써놓고 납북되어 미발표작으로 남아 있었다.

사랑

봄은 이 강산에 왔건마는
삼천리의 얼음은 아니 풀리네
삼천만 마음이 얼음을 뿜으니
오뉴월이 되어도 풀릴 듯 아니하이

삼천만의 마음이 훈훈하게 풀리는 날
이 강산에 다사론 바람이 불어오리
사랑, 사랑, 그러이, 오직 사랑일세
이 강산 이 겨레의 얼음을 풀기는

미움의 칼과 속임의 창과
원망의 독한 화살이 윙윙
침침한 허공으로 울며 날아가네
가로 세로 날아 눈을 가슴을 찌르네

봄이 왔으니 활짝들 펴소
그대의 찌부린 양미간을 우숭구런 몸을
그리고 초목이 꽃과 잎을 확 펴듯이
다들 너그러운 사랑의 웃음을 웃으소
未發表詩帖 '내 노래' 所載120)

이광수는 1949년 1월 12일 반민법에 의해 구속·수감되었다. 이때 서대문형무소 감방에서 인정을 노래한 '사랑'을 썼다.

---

120) 『李光洙全集』, 권 19, pp.278~279, 사랑; pp.439~440, 後記 未發表詩(노 양환). 국판 반절의 백지 제본에 실린 1948~1949년의 춘원의 친필 시가 28 편인데 사랑은 그중에 포함되어 있다.

사랑

감방에 모인 죄수들
사랑도 극진하다
적은 것도 노나(나눠) 먹고
서로 두호(斗護)하네

거 왜 그럴까?
훔치고 속이고 죽이던 자들이
거 왜 그럴까?
그 사랑이 어디서 날까?

욕심을 떠났음일세
욕심 떠난 마음에는
사랑밖에 없어라
욕심 떠난 중생은 신(神)이러라
4282(1949)년 2월 10일 서대문형무소 감방에서[121]

춘원이 체포되자 사릉(思陵) 농민 3백여 명은 석방진정서를 냈고 아들 영근(榮根)은 혈서탄원서를 제출하여, 춘원은 2월 15일 병보석으로 출감했다. 두문불출하고 시작에만 열중할 때 '사랑'이란 서사시를 썼다.

사랑

"그럼 아가씨들은 어떤 도련님을 사랑해야 되어요? 어떤 사내가 문을 두드릴 때에 열어주어야 해요?"

"아가씨는 이런 사내를 사랑하시오. '아가씨를 보니 아가씨가 내 마음에 드오. 아가씨 같으면 좋은 아들과 딸을 낳아 기르고 가르치고 또 세상 물을 흐리지는 아니할 것 같소. 만일 아가씨 보시기에 내가 좋은

---

121) 『새벽』(1954. 9), p.53, 未發表詩 春園 李光洙, 사랑; 李光洙, 春園文庫(4)
『詩集 사랑』(文宣社, 1955), pp.64~65, 사랑.

아들딸의 아비가 될 만하거든 나와 부부가 됩시다.' 이렇게 오는 사내
를 사랑하시오.”

"그럼 아들딸 낳는 것이 사랑의 목적이오?”

"그럼 무엇이 목적이오?”

"사랑 자체가 가치가 있지 않아요? 사랑의 품속에 행복의 푸른 새가
살지 않아요? 남편과 아내의 사랑 그 얼마나 행복된 것이야요?”

"도련님과 아가씨의 사랑, 남편과 아내의 사랑, 행복이지요. 인생의
꽃이지요. 그러나 꽃은 열매 맺으려고 피는 것, 열매 못 맺는 꽃은 무
엇에 씁니까? 저마다 저보다 더 좋은 아들딸을 낳아서 영원한 이상,
고작 높은 이상을 실현하는 것이 사랑의 목적이 아닙니까? 내 일생에
못 맛보는 하늘나라 역사를 아들딸에게 넘겨 맡기고 가는 것이 우리
인생이 아닙니까? 사랑의 기쁨은 이 역사를 위해서 선금을 받은 보수
가 아닙니까? 삯만 받고 일은 아니 하는 계집이나 사내는 큰 죄인이
아닙니까? 좋은 아들딸 낳을 수 있는 튼튼한 몸과 굳은 뜻과 밝은 슬
기를 가진 자만에게 사랑의 잔을 마실 권리가 있지 않습니까?”

내 비록 미거하나 님의 짝이 되리다
두 몸이 한 몸 되어 사옵시다
어미 아비 아들딸 잘 길러놓고 저 나라로 가옵시다

님은 잊으신가 생각하면 아시리라
세세생생(世世生生)에 임과 나와 짝을 지어
성현을 낳아지이다, 굳게 맺은 맹세

매양 이 마음속에 그리는 이 있더이다
뉘신고 몰랐더니 임이 바로 그이셨다
오늘에 찾아 만나니 옛 모습을 알러라

숲 위에 앉은 제비 지아비요 지어미라
집도 다 지었으니 알 낳은들 어떠하리
앞에 올 비와 바람을 두려할 줄 있으랴
4282(1949). 5. 28. 白岳山下122)

6 · 25 발발 한 달 전에 춘원은 '사랑'을 최종 발표했다. 좌우의 이념
갈등이 격심한 해방공간에서 사랑만이 민족 단합의 최고의 보편적 가
치라고 역설하면서 '사랑'을 연달아 발표한 것이다. '인정 = 사랑'을 그
토록 절규했던 춘원은 인권 유린의 동토(凍土) 북으로 인민군에게 납치
되어 끌려가고 말았다. "어화 이 한 세상 / 사랑하며 가세 / 사랑하여
가다가 / 사랑하며 떠나세"라고 노래 부르면서 인정의 불모지 북쪽으로
영영 떠나갔다.

사랑

내 너고 사랑하면
네 나고 사랑하네
날 사랑 아니 해도
난 사랑하니 좋아

사랑 사랑하며
행길 걸어보소
오고 가는 사람들
임도 내 사랑일세

어화 이 한 세상
사랑하며 가세
사랑하여 가다가
사랑하며 떠나세[123]

춘원이 납북되고 나서 자하문 밖 홍지동 산장을 찾은 김용제는 "문
안도 못할 북쪽의 이별이여"라고 영탄하고 있다.

---

122) 『새벽』(1955. 7), pp.135~137, 사랑; 『詩集 사랑』, pp.217~228, 사랑; 『李
    光洙全集』, 권 15, pp.223~231, 사랑.
123) 『文藝』 제2권 제5호(1950. 5), 사랑(李光洙); 『李光洙全集』, 권 15, pp.244
    ~245, 사랑.

춘원 선생에게

붓 한 자루 조화로
한평생 슬프게 싸운 춘원 선생이
옥에서 얻은 병 기르려고
한때 숨어살던 자문 밖 이 집이여

도연명의 서원 앞에도 섰던
버드나무는 올봄에도 또 푸르렀으나
삼각산으로 약 캐러 가셨느냐고
그런 문안도 못할 북쪽의 이별이여

사조의 시와 덕을 못 잊던 이태백은
그 살던 옛 동산의 달밤에 울며
그 신던 나막신으로 신선술 배웠건만
앵두꽃 흰 이 달밤에 나는 어이할 건고124)

곽학송은 춘원의 인정주의 인생관은 그의 민족정신, 즉 동우회의 혁
명정신과 함께 변함없이 일관해왔다고 분석하고 있다.

춘원의 일생은 얼핏 보면 변화무쌍하다. 그의 생애는 파란만장 그대
로기 때문이다. 그러나 그의 인정주의는 평생을 통하여 변함이 없었다.
춘원의 정신생활을 자세히 모르는 사람들은 퍽 의아스러운 말로 들릴
것이지만 그의 기본 사상은 흔들림이 없었다.

춘원이 맨 처음 자기 사상을 발표한 논문은 1910년 2월 대한흥학보
에 발표한 '금일 아한 청년과 정육'이며, 맨 나중에 남긴 것은 1948년
3월에 간행된 수필집 '돌벼개'에 수록된 '사랑의 길'이다. 근 40년의
거리를 두고 있는 이 두 논문의 주지는 한결같이 '사랑'이요 '인정'이
다. 그 사이에 가로놓인 형태는 이와 같은 춘원의 노정을 가로 찌른
저해물이 엉킨 '가시밭길'이었던 것이다.

---

124) 『새벽』(1955. 9), p.71, 춘원 선생에게(金龍濟).

생사도 거처도 분명치 않은 춘원 — 그는 지금 이승에 있는지, 혹은 저승으로 갔는지는 모르되 어디에서든가에 지난날의 '가시밭길'을 되살펴보며 후회함이 없을 것이다. 왜냐하면 그는 이 '가시밭길' 속에서도 인간으로써 지킬바 성스러운 임무에 게으름이 없이 정진해온 까닭이다.125)

---

125) 郭鶴松, 『사랑은 가시밭길: 春園 李光洙의 사랑과 宗敎』, pp.409～410.

제12장 산업혁명론과 '대군의 척후'

1. 이광수의 산업화 비전: '대군의 척후'

1904년 한국 황실이 양반가 자제 50명을 선발하여 내장원(內藏院)의 학자 부담으로 일본에 유학을 시킨 이래, 해마다 많은 청년들이 일본 동경 유학을 떠났다. 훗날 경성방직의 운영 주역이 된 이강현(李康賢)은 1905년 황실 특파 장학생으로 선발되어 명문 동경부립 제일중학교에 입학했다. 러일전쟁 이전의 일본 유학생 수는 2백 명 정도였지만, 1909년에는 9백 명으로 급증하기에 이르렀다. 한일합방으로 다소 감소되었으나 6백여 명에 달하는 유학생이 일본 각 대학에서 일본의 선진 문물을 습득하고 있었다. 이와 같이 일본 유학생의 급증은 일본이 러일전쟁에서 승리하여 강대국으로 부상하고, 1905년 을사늑약 체결로 사실상 한국의 운명을 좌우하게 됨에 따라, 근대화한 일본의 문명개화라는 시대사조의 영향이 컸던 것으로 분석되고 있다.1)

18세의 김성수(金性洙)는 1908년 10월 송진우(宋鎭禹)와 함께 일본 유학을 떠났는데 그 당시 일본 유학 중인 이광수, 최남선, 신익희(申翼熙), 장덕수(張德秀) 등 한국 근대사를 주름잡은 많은 인사들과 교유했

---

1) 주익종, 『대군의 척후』(푸른역사, 2008), p.102; 『역사비평』(1991. 겨울호), p.120, 구한말 일본 유학과 친일세력의 형성(최덕수).

다. 김성수는 1914년 와세다대학 정경학부를 졸업한 후 귀국하자마자 중앙학교를 인수해서 교육사업에 투신했다. 일본 유학생 대다수는 당시의 시대정신인 사회에 대한 책임의식과 실력 양성의 지향을 표방하고 있었다. 이것만이 국권회복의 큰 무기라고 인식하고 있었다. 특히 이광수와 김성수는 일본의 문명개화론과 근대화 모델을 습득하여, 조선을 부강한 나라로 만들려는 야망을 가지고 있었다. 이광수는 이렇게 말하고 있다. "동경 유학생들이 소위 위험사상을 품고 있는 듯이 의심을 받는 것은 참말이 아니다. 그네 중에 일류로 자임하는 자들은 결코 시세에 역행하는 우(愚)를 배우지 아니한다. 그네가 글과 말로 절규하며 또 필생의 정력을 다하여 노력하려 하는 바는 산업의 발달, 교육의 보급, 사회의 개량 등이다. 어떻게 하면 조선을 알게 하고 부강케 할까 하는 것이 그네의 이상이었다."[2]

김성수, 김연수(金秊洙) 형제의 일본 유학의 동기는 바로 실력 양성 지향이었다. 즉 "공부를 해야지 모두가 남에게 뒤떨어진 때문이 아닌가"라는 의식이 그들의 마음 밑바탕에 깔려 있었다. 이강현도 "신학문을 섭취하기로 결심을 굳히고 반대하는 양친도 모르게 도주하여 일본으로 건너갔다"[3]라고 실토하고 있다. 이러한 실력 양성론의 배후에는 당시 유학생들을 사로잡았던 사회진화론적 세계관이 크게 작용하였다. 인류사회에서 약육강식, 자연도태의 자연법칙이 바로 제국주의 정치이념으로 승화하여 세계 사조를 풍미했던 것이다. 김성수의 평생 동지 현상윤(玄相允)은 약육강식의 자연법칙이 인류사회를 지배하는 것이 세계의 대세라는 인식하에 힘의 필요성을 역설하고 있다. 이런 생각 속에 그는 자본주의 문명의 발전이야말로 독립할 수 있는 힘을 기르는 첩경임을 강조하고 있다.[4]

현상윤은 '학지광'에 힘을 양성하기 위해 사회진화론을 수용할 것을

2) 『每日申報』(1917. 8. 16), 五道踏破旅行: 晉州에서(春園生).

3) 유홍, 『柳鴻』(자서전출판동지회, 1976), p.102.

4) 金炅宅, 『1910・20年代 東亞日報 主導層의 政治經濟思想 研究』(연세대학교 박사학위논문, 1998), pp.96~97.

역설하고 있다. 인간이 독립된 천부의 생활을 행복하게 누릴 수 있도록 하는 것이 힘이며, 이 힘은 각 방면이 최선의 노력을 다해 서구와 같은 자본주의 문명을 이룩하면 획득할 수 있다고 강조하고 있다. "슬프다. 눈을 들어 한번 세계 대세를 살펴보라… 제군이여, 제군은 일찍이 여름날 들판에 다수한 곤충이 저보다 강한 제비나 참새에게 잡혀 죽고 또 그 제비나 참새가 저보다 강한 새매나 독수리에게 먹혀 죽는 것을 구경한 일이 있는가. 오늘날의 인류사회도 또한 이런 자연율(自然律) 아래 지배를 받고 세계의 존재도 또한 이런 법칙 위에 건설되어 있는 것이로다. 그러므로 남의 동정 없는 것을 서러워하지 아니하고 나의 힘없는 것을 서러워하는 것이 현대생활의 특징이요 남은 어찌 되었던지 내 배나 잘 채우는 것이 현대 인류의 도덕이다."5)

　강력이란 여하한 것이며 굳센 사람이 됨에는 여하한 계단과 노정(路程)이 있나뇨? 이를 간단히 말하면 강력이란 것은 인간 천부의 생활을 가장 독립적으로 가장 행복적으로 십분 완전하게 향유하는 권능의 총량이니 이를 요구하여 이를 보지함에는 정신상 혹은 물질상으로 각 방면의 시대문명에 향하여 최선의 노력과 최선의 분투를 다함에 있다 할 수 있도다. 영국 사람의 제국주의에서 강한 힘을 제하고 보면 그네들에게 과연 무슨 신통한 특장을 볼 수 있으며, 독일 사람의 세계정책에서 강한 힘을 빼고 보면 또한 그네들에게 무슨 웅대한 이상을 볼 수 있느냐. 우리가 당한 금일도 그 원인은 우리가 약한 것에 있었고 반도 문명의 이같이 침체한 것도 그 까닭은 반도가 남과 같이 굳세지 못함에 있지 않았는가. 아아, 약자여 무엇을 노노(呶呶, 구차스럽게)하게 이야기하지 말고 세상을 이러니저러니 망평(妄評)치 말아라. 네의 원망이 조금도 강자의 형세를 어찌하지 못하고 네의 저주가 조금도 힘 있는 자의 권위를 건드리지 못하나니 차라리 약자로 생겨난 너의 운명을 한탄할망정 몽매간에라도 강자의 힘이나 억세(抑勢)를 시의하고 차원(嗟怨)치 말을지로다.
　나는 힘 중에도 오직 강한 힘을 구가하고 원동력 가운데도 오직 큰

---

5) 『學之光』 제4호(1915. 2. 27), pp.16~17, 말을 半島靑年에게 부침(玄相允).

원동력을 찬미하려 하노니, 힘 그것에는 야만성이 포함되어 있다 하는
설도 있지 아님은 아니나, 그러나 나는 적어도 금일의 조선인에 있어
서는 힘만 가지고 있으면 야만이 역시 가하다 하노니(그런데 이와 같
이 설거(說去)하면 힘을 완력뿐으로만 해석하는 듯하나 그러나 나의
소위 강력이라 하는 것은 일층 광의적 해석에 응한 것이니 이에는 물
질적과 정신적 의미를 겸유한 것이라 일컬을 수 있다), 어느 것이오 하
면 강한 힘은 벌써 힘 그것이 불가범성(不可犯性)을 의미한 것이니,
남이 이미 야만으로써 나를 정복하였거든 내가 어찌 또한 야만으로써
이를 저항치 않으리오6)

김경택(金炅宅)은 일제 강점하의 조선 민족이 살아남기 위한 방법으
로 현상윤의 '힘 양성론'을 전적으로 긍정하고 있다.

제국주의 시대에 강한 힘을 가져 살아남기 위해서는 '야만'이 수반
된다 할지라도 우리도 제국주의 열강과 같은 태세를 취해야 한다는 주
장으로서, 여기서 '야만'이란 그 자신이 부연했듯이 제국주의의 물질
적, 사상적 성격에서 재래(齎來)되는 것이었다. 말하자면 우리도 제국
주의와 마찬가지의 물질적, 정신적 지향을 가져야 한다는 생각인 것으
로, 이는 그들 사고의 일각(一脚)이 이미 제국주의의 논리 위에 서 있
음을 말해주는 것이다. 현상윤이 "강한 힘이 있는 곳에라야 팽창도 있
으며 저항도 있나니 중심에 뻗치는 힘이 없고서 어찌 표면으로 확장할
수 있으며 발밑에 철옹성 같은 근거가 없고서 어찌 외부로 오는 적을
방어할 수 있으리오"라고 한 데서도 그런 사고의 편린을 볼 수 있다.
한말 문화계몽운동의 사회진화론적 자본주의 문명 추구의 지향점이 그
러했거니와, 이들이 수학했던 와세다대학의 학문이념이나 일본 학계,
사상계 전반의 사조 또한 이런 사고를 갖게 한 배경이 되었을 것이다.
요컨대 그들은 일제 지배를 자본주의 문명이 뒤떨어진 데서 결과된 피
치 못할 현실로 인정하는 한편, 문명 발전을 통해 강한 힘을 갖기 위
해서는 그 현실 안에서 자본주의, 제국주의 논리에 충실해야 한다는
생각을 하였던 것인즉, 이는 사회진화론적 현실 인식에 입각하여 자본

6) 『學之光』 제6호(1915. 7. 23), pp.44~45, 强力主義와 朝鮮靑年(玄相允).

주의 문명, 자본주의 근대화를 추구하던 그들 사고의 동전의 양면이자, 일제 지배하에서 한국의 지주(地主) 부르주아가 직면한 물적 조건의 반영이었다.[7]

김성수는 송진우와 함께 시모노세키(下關)에서 동경행 열차를 타고 차창 밖으로 전개되는 일본의 근대화 모습을 보고 감탄했다. 조국의 헐 벗은 '붉은 산'만 보다가 울창한 수목, 경지정리가 잘된 전답, 특히 연 기가 뿜어 나오는 오사카 공업도시의 경이로운 산업화 발전상을 보고 경탄을 억제할 수 없었다. 김성수가 우리나라 공업화의 효시인 경성방 직을 건설할 의지를 굳힌 것도 바로 이때였다. 그것은 물론 일본 산업 혁명을 모델로 한 것이었다.

동경을 한 바퀴 돌아본 인촌은 놀라움보다 허탈감을 느꼈다. 시모노 세키에서 동경 신바시까지 오는 하룻밤 이틀 낮 동안 차창 밖으로 내 다본 울창한 수목과 잘 정리되어 있는 전답(田畓), 규모 있는 도시와 깨끗한 촌락, 이런 풍경과 조국의 모습을 비교하고 허탈함을 금할 수 없었다. 더구나 동경에 와서 관공서나 학교 등의 시설, 고층건물과 번 화한 상가, 여기저기 벌여놓은 엄청난 공사장들을 보면서 소총 하나 제대로 갖추지 못하고 환도나 죽창을 들고 지금도 일본군과 싸우고 있 는 의병을 생각하면 암연(黯然)해지지 않을 수 없었다. … 국력의 차 는 너무나 컸다. 그들은 새로운 문물에 압도당했고, 큰소리만 치던 송 진우도 풀이 죽었다.
특히 나를 놀라게 한 것은 기차를 타게 된 일이었다. 시모노세키에 서 동경까시를 이은 동해도선은 32시간이나 걸리는 긴 여행이었다. … 가장 인상적이었던 것은 오사카 등지의 공장들이었다. 송진우의 설명 을 들으면서 공장들을 바라볼 때 나의 마음에는 만감이 오갔다. 우리 나라에서는 별로 볼 수 없는 큰 굴뚝에서 연기가 뿜어 오르는 공업도 시의 광경은 두고두고 훗날까지 잊히지 않았다.[8]

7) 金炅宅, 『1910 · 20年代 東亞日報 主導層의 政治經濟思想 硏究』, pp.98~ 99.
8) 仁村傳記刊行委員會, 『仁村金性洙傳』(인촌기념회, 1976), p.69; 김연수, 『財

동아일보의 편집국장 이광수는 공업화야말로 조선의 유일한 살길이라고 역설하는 사설 '조선의 공업과 그 장래'를 집필했다.

근년 조선의 공업은 크게 발달을 이룩하였다고 말하지 않을 수 없다. 즉 재래의 공업은 겨우 가내공업의 범위를 벗어나지 못하였던 것이 1916년 이래는 방적, 제당, 경질도기(硬質陶器), 제사(製絲) 등 상당히 대규모의 공장공업이 설립되었고, 최근에는 일본 맥주, 종연방적(鍾淵紡績), 일본 인촌(燐寸, 성냥) 등 대회사의 조선에 그 지사 공장을 설치하여 각종의 공업이 점차 발흥하는 기운에 있는 것 같았다. 이제 그 발달의 상황을 보면, 1911년 말에는 공장수 252, 생산액 약 2천만 원이던 것이 1925년 말에는 공장수 4,238, 생산액 2억 9천여만 원이라 하는 거액에 달하여 실로 공장수에 있어 약 17배, 생산액에 있어 약 10배를 증가하였다. 그러나 이것을 다른 산업 특히 농업에 비하면 아직 그 유치한 정도를 면하지 못하였나니, 조선의 농업인구가 전 인구의 75퍼센트를 점하였음에 대하여 공업인구는 겨우 2.7퍼센트를 불과하고, 조선의 총생산액 18억 2천만 원 중 농산물이 13억이란 대부분을 점하였음에 대하여 공업생산품은 겨우 2억 9천여만 원 즉 전 생산액의 16퍼센트를 점하였을 뿐이다. 또 이것을 무역액상으로 보더라도 1926년 총 수이출(輸移出, 수출과 이출)액 3억 6,295만 원에 대하여 미곡, 면화, 누에고치, 축산물 등 원료품의 2억 2천만 원을 점하고, 견사(絹紗), 면사(綿絲), 비료 등 가공품을 합하면, 2억 8천 4백만 원 즉 총 수이출무역의 약 80퍼센트를 점하였으나 순 제조공업품은 극히 소부분을 점하였다.

이와 같이 조선의 산업은 농업이 지배적 생산이요, 공업 같은 것은 아직 맹아기에 있다. 그러면 어찌하여 조선에는 공업의 발달이 이와 같이 유치할 것인가. 조선에는 공업 원료로서의 철과 석탄이 북조선 일대에 무진장하게 매장되었으며 남조선 특히 전라 지방에는 풍부한 면화가 생산되지 않는가. 또 조선에는 거의 무제한의 노동력이 존재할 뿐 아니라 임은(賃銀, 삯돈)의 저렴한 것은 세계의 제1위를 점할 것이다. 그러함에도 불구하고 조선에 공업적 발달이 미미한 것은 그 이유

界回顧』(한국일보사, 1981), p.45.

를 어디에 있는고. 이 의문에 대하여는 대략 두 가지의 대답을 보나니, 1은 조선인의 기업에 대한 몰이해, 2는 자본의 결핍이라 하는 것들이다. 그러나 이상의 두 개 조건만은 완전한 조선 공업 부진의 이유를 설명치 못하나니, 첫째 조선인의 기업에 대한 기구(冀求, 바람)는 그 절정에 달하였다 할 수 있다. 즉 그것은 지난해 물산장려운동의 영향으로써 단초(端初)되어 이래 맹렬한 운동을 지속하여왔으며 최근에 이르러는 농촌 몰락에 의한 유리민(流離民)의 수용처를 구하기 위하여 조선의 공업적 발달을 절실히 욕구하여 마지않는 까닭이다. 둘째 자본의 결핍이라 하는 것은 자본이 현대 경제조직에 있어 가장 유력한 조건이므로 자본의 빈약한 조선인이 공업적 발전을 도모치 못함이 의심치 않으나 그러나 이것만으로도 조선 공업 부진의 비밀은 적발할 수가 없나니 자본의 풍부한 일본인조차 어찌하여 조선에 공업적 투자를 경시 또는 좋아하지 않는가.

그것은 말할 것도 없이 이윤의 다소 문제이다. 일본은 조선을 병합한 후 구미 제국의 조약을 존중하기 위하여 10년간 관세의 철폐를 유예하였으나 일본 자체가 중상주의를 채용한 결과, 조선은 일본의 원료 생산지, 상품 판매지로 화하려 계획하였다. 즉 조선과 외국과의 사이에는 고율의 관세벽을 설하면서도 조선과 일본과의 사이에는 이것을 철폐하여 일본 공업제조품과 조선 농업생산품과의 자유로운 교환을 획책하였다. 그 결과 조선의 수공업은 거의 멸절(滅絶)의 상태를 드러내었고 농업에 편중하게 되었나니 농촌인구의 과잉은 도시 공업지에 전업(轉業)할 기회가 없는 조선에 있어서 부득이 궁핍과 유리화(流離化)를 재래하였을 뿐이다. 최근 철도망 계획이 착착 진행되고 함경(咸鏡) 일대에 3대 수전(水電)을 비롯하여 제비(製肥), 제지(製紙), 채광(採鑛) 등 대공업의 발흥을 보는 듯하나 그 공업은 산업 증식에 필요한 원료공업에 불과한 것이거나 일본 정제(精製)공업에 필요한 가공원료품에 지나지 않는 것이다. 그뿐 아니라 조선의 공업은 후진적이니 만큼 독점적 대규모의 트러스트(Trust, 기업합동)화한 공업일지니 자본이 빈약한 소규모의 공업은 이것에 압도되고 흡수되고 말 것이다. 따라서 자본에 빈약한 조선인 기업의 전도가 얼마나 절망적이며 유이민수에 비례한 공업인구 흡수력의 부족이 여하히 조선의 사회문제를 야기할지가 의문되는 바이다. 이곳 당국자의 고려와 반성을 촉구하는 바이다.9)

1933년 8월 대련에서 대련 산업박람회가 개최되었는데 이광수는 조선 대표로 참석했다. 관동주(關東州)에 있는 대련(大連)은 원래 제정 러시아에 의해 동방정책의 일환으로 건설된 러시아 군항이었다. 그러나 러일전쟁에서 일본이 승리함에 따라 여순(旅順), 대련을 아울러 관동청(關東廳)을 설치해서 일제가 지배하고 있었다. 바로 여기서 일본의 비약적인 공업화를 과시하기 위해 산업박람회를 개최한 것이다. 이 산업박람회에는 일본관(日本館)이 주축이 되어 있고 조선관(朝鮮館)도 설치되어 있었다. 일본관에 전시되어 있는 각종 눈부신 공업제품을 보고 경탄을 금할 수 없었는데, 조선관에는 경성방직의 광목 두어 필이 전시되어 있을 뿐이어서 춘원은 그 초라한 모습을 보고 찬 땀을 흘렸다는 것이다. 우리는 언제나 공업 후진성을 탈피하고 일본처럼 산업화하나 하고 상상하면서 언젠가는 산업혁명이 일어날 것이라고 낙관하고 있다.

벗이여! 우리는 부두를 보고, 총액 9천만 원을 들였다는 대련시의 시설을 대략 보고, 그리고 대련 부두에 노역하는 산동인(山東人) 화공(華工)들의 숙사를 보고, 그리고 시의 서교(西郊) 유명한 성포(星浦, 호시가우라) 해수욕장 좀 못 미쳐서 있는 대련 박람회 구경을 갔습니다. 대련 박람회는 이름은 대련시의 주최나 관동청(關東廳), 만철(滿鐵)의 협력으로 된 것이어서 '산업일본'의 일대 시위운동이라고 일컬을 만한 것이라고 합니다.

만철, 미쓰이(三井), 미쓰비시(三菱)의 제기관의 제품을 진열한 것은 물론이어니와 오사카(大阪), 교토(京都) 할 것 없이 일본 내 각지의 공업품이 진열되어 있습니다. 어마어마한 중공업 제품으로부터 미술공예품에 이르기까지 일본의 공업이 이만하다는 것을 보이는 동시에 이 제품이 금일 이후로 만주 민중에게 쓰일 것이라는 것을 보인 것입니다.

거기는 조선관(朝鮮館)이라는 것이 있어서 농산, 수산, 임산 같은 것을 진열하였으나 모두 원료품이요, 공업품에 이르러서는 경성방적(京城紡績)의 광목이 두어 필 있을 뿐이요, 식영(食營)에는 "朝鮮料理と はあつませぬ(조선 요리에는 모이지 말라)"라고 써 붙인 것도 간지러

9) 『東亞日報』(1928. 4. 25), 社說: 朝鮮의 工業과 그 將來.

운 일이었습니다.

오늘날 공업 없는 민족이 산업적으로 자활할 수가 있겠습니까. 없습니다. 그렇다 하면 공업이 없는 조선 민족은 딱하지 아니합니까. 왜 조선의 재산가들이 조선 내의 원료와 노동을 가지고 공업을 아니 일으킵니까. 박람회 문을 나오는 우리 몸에서는 찬 땀이 흘렀습니다.[10)

일본이 명치유신(1868)으로 서양문물을 재빨리 수용·모방해서 근대화에 성공했다면, 조선도 같은 방법으로 근대화에 성공하지 못할 이유가 없다. 이광수는 오산학교 교원 시절(1910~1913) '닭싸움의 진리'에서 그 해법을 찾고 있다. 천산(춘원)네 수탉이 교주의 수탉에게 번번이 참패하고 울타리 구멍으로 도망치고 교주의 수탉은 개선장군이 되어 천산네 노르스름한 암탉을 모두 차지하고 만다. 이에 분개한 천산은 복수전을 벌여 암탉을 도로 찾아오는 방안을 강구하게 되었다. 장터에 가서 보통 닭 값보다 몇 배의 비싼 값을 치르고 아주 건장한 수탉을 사와서 생고기 한 근에 구릿가루 두 돈쭝을 넣어서 탕을 쳐서 먹였다. 이렇게 힘을 기른 후 마침내 교주의 수탉과 결투가 벌어졌다. 교주집 닭이 두어 걸음 비틀비틀 밀려났다. 천산네 닭이 그 날카로운 톱이 있는 발로 적의 앙가슴을 힘 있게 찬 것이었다. "우리 닭은 교주집 닭을 한참이나 물어서 끌고 돌아다니더니 껑충 뛰어서 적의 어깨를 덥석 밟아 누르고 볏, 대가리, 모가지 할 것 없이 막 쪼고 물어뜯었다. 마침내 교주집 닭은 꺽꺽 하고 살려달라는 소리를 하였다. 아마 이 닭이 이 소리를 한 것은 병아리 적에 큰 닭한테 쪼인 이래로는 처음일 것이다. 그는 이 소리 한마디로 이 동네 닭나라의 왕자이던 자리에서 굴러 떨어진 것이었다. 나는 이 교주집 닭이 우리 닭에게 쪼여서 아주 죽어버릴 것을 염려하여서 싸움을 말렸다. 우리 닭이 그 놈의 몸에서 내려서니 그는 겨우 죽다 남은 목숨을 주어가지고 비틀거리며 달아났다. 우리 닭은 개선장군의 위엄을 가지고 길게 목을 늘여서 소리 높이 한 번 울었다."[11)

---

10) 『東亞日報』(1933. 8. 23), 滿洲에서(5)(春園).
11) 李光洙, 『스무살고개 '나' 靑春篇』(生活社, 1948. 10. 15), pp.12~18.

이광수는 힘을 기르는 미래의 비전을 제시하고 있다. 그렇다. 생고기 한 근은 교육이요, 구릿가루 두 돈쭝은 산업이다. 우리 민족은 이 두 가지를 먹고 힘을 길러 일제를 타도하고 자유해방을 성취하고 나아가 산업화, 근대화를 달성한다는 것이었다.

　"흥, 제국주의다."
하고 나는 유쾌하게 웃었다. 그때는 카이저의 독일이 한창 강성하여서 영국과 힐항(詰抗)하던 시절이다. 확실히 그것은 두 큰 수탉이었다. 러시아라는 엄청나게 큰 수탉이 풋병아리 일본에게 참패하자, 더 큰 수탉 루스벨트가 싸움을 말렸으나 그 통에 우리나라는 풋병아리의 것이 되고 말았다. 우리나라가 이 수치를 벗는 길은 둘이 있었다. 하나는 정당한 길이요, 하나는 요행의 길이었다. 정당한 길이란 우리나라가 고기 한 근과 구릿가루 두 돈쭝 어치를 먹고 며느리발톱을 날카롭게 갈아서 바다 건너온 수탉 일본의 대가리를 쪼고 앙가슴을 박차서 넘어뜨리는 것이요, 요행의 길이라 함은 다른 닭이 일본을 물어서 꿇리는 것이었다. 합병된 지 일 년 남짓한 당시 우리들은 비분강개의 눈물을 흘렸으나 한 근 고기와 두 돈쭝 구릿가루를 구하는 것보다도 어느 큰 닭이 나타나 미운 일본 닭을 쫓아주기를 빌고 있었다. 그러나 일본 닭을 타고 누른 닭이 우리를 그와 같이 할 것을 생각하는 사람은 적었다.
　"고기 한 근과 구릿가루 두 돈쭝!"
　나는 이것을 교육과 산업이라고 생각하였다.
　나는 이튿날 하학 후에 강당에 학생을 모아놓고 이번에 본 닭싸움 이야기를 하였다. 그 자리에는 선생들도 왔다. 한 목사는 듣다가 매우 못마땅한 듯이 중도에 나갔다. 나는 독한 눈으로 그의 나가는 뒤통수를 노려보았다. 그의 운명의 대표자인 교주집 닭이 이미 우리 닭에게 죽도록 쪼여서 노예가 되었다고 속으로 외쳤다.
　내 이야기는 상당히 청중의 흥미를 끈 모양이었다. 빈정거리는 표정을 언제나 가진 백 선생도 눈을 뚝 부릅뜨고 듣고 있었다. 오직 한 목사를 따르는 유, 김, 장 등 몇 학생이 버릇없이도 눈을 감고 무표정으로 앉아 있었다.
　"고약한 놈들, 괘씸한 놈들!"

하고 원래 흥분하였던 나는 가슴에 불이 타오르는 듯하였다. 나는 다원의 생물진화론을 들어서 우승열패(優勝劣敗)와 적자생존(適者生存)의 철칙을 말하였다.

"가증한 오줌병아리 놈들은 다 죽어라! 무엇이냐? 어깨를 축 처뜨리고 발자국 소리도 없이 어슬렁어슬렁 댕기는 그 반쯤 죽은 것은 못난 것들이. 우리는 단군의 자손이요, 고구려인의 자손이다! 우리는 저, 세계의 노예 이스라엘은 아니다! 너희들은 이스라엘을 버려라, 차라리 로마인을 배워라!"

나는 이렇게 탈선하였다. 흥분 김에 한 목사와 그 일파인 예수교인을 정면으로 공격한 것이었다. 나는 예수의 가르침을 공격할 생각은 꿈에도 없었다. 공격이 무엇이냐, 나는 예수를 배우는 진실한 제자로 자처하였다. 내가 미워하는 것은 한 목사와 같이 겉으로 얌전한 듯, 겸손한 듯하게 꾸미는 그러한 태도였다.

"찬미가를 부르는 것은 좋다. 그러나 가증한, 죽어가는 소리로 말고 우렁찬 군가조로 불러라!"

이런 소리도 하였다. 나는 중간에 나가는 한 목사와 눈을 감고 앉았는 유, 김, 장, 세 녀석에게 분격하여서 아니 할 말을 하였다고 후회하였다. 그리고 말끝을 민족문제로 돌려서,

"여러분! 우리 민족이 요구하는 것은 고기 한 근, 구릿가루 두 돈쭝이오. 우리 민족은 싸워야 하오. 우리 민족은 이겨야 하오. 다른 닭이 싸워주기를 기다리는 것은 거지 영신(佞臣, 간사하고 아첨하는 신하)이오."

하고 말을 맺았다.[12]

김성수는 교육사업에 관심을 가지고 민립대학 운동에도 적극 참여했지만, 일제 당국의 조선인을 위한 대학 설립은 절대 허용하지 않는다는 우민정책(愚民政策) 시정방침에 따라 그만 좌절되고 말았다. 그 대안으로 전문학교를 설립하겠다는 열의를 품고 2년여에 걸친 구미 각국의 고등교육기관 시찰 여행을 마치고 귀국했다. 처음에는 한양전문학교라는 교명으로 설립할 계획을 구상했다. 그러나 때마침 이용익(李容翊),

---

12) 상게서, pp.24~26.

손병희(孫秉熙)의 손을 거치며 어렵게 명맥을 이어가던 한민족의 유일의 최고학부인 보성전문(普成專門)이 재정난을 견디다 못해 폐교 위기에 처해 있었다. 1931년 3월 김성수는 마침내 보성전문(현 고려대학교)을 인수하여 경영하기로 결심했다. 인촌은 보성전문의 인수 및 경영의 포부를 밝히고 있다. "무재(無才)한 사람으로서 주임을 맡게 되니 스스로 공구함을 느끼게 합니다. 포부라고 할는지 위선 학교의 기지(基地)를 작정하여야 할 것인데, 이 사업이 우리네의 일대에만 그칠 것이 아니요, 영구한 장래에 영원히 계속될 사업으로, 학교의 기지를 훨씬 넓게 잡아두어야 장래 발전에 거리낌이 없을 것이외다. 그 다음 전문교육은 다른 교육들과 달라서 학생들을 잘 가르침은 물론이어니와, 학자들을 배출케 하는 의미에서 선생들의 연구할 만한 기관을 만들고 또는 기회를 주도록 하여야 합니다."13)

보성전문은 1905년에 창립된 이래 26년이 되었지만 교가가 없었다. 김성수가 보성전문을 인수하고 나서 제일 먼저 착수한 것이 건학이념을 담은 교가를 짓는 것이었다. 이에 동아일보 편집국장 이광수에게 교가를 위임하여 이광수 작사, 김영환(金永煥) 작곡으로 보성전문 교가가 태어난 것이다. 이광수와 김영환은 동경 유학 시 한집 한방에서 하숙한 룸메이트였다. 김영환은 동경음악학교를 졸업하고 연희전문학교에 출강하였고, 홍난파가 민족의 애수를 달래는 '봉선화'를 작곡할 때, 김영환은 홍난파와 함께 연악회(硏樂會)를 조직하여 음악회마다 홍난파와 찬조출연하기도 하였다. 특히 김영환은 1917년 7월 이광수가 '오도답파여행기'를 매일신보에 연재할 때 지은 '백마강상에서(낙화암)'를 작곡한 것으로도 유명한 음악인이었다.

보성전문 교가를 분석해보면, '쓰리로다 부리리라'는 장차 독립전쟁을 위한 힘 양성론을, '눌린 자를 쳐들기에'는 민족 자유해방을, '굽은 것 펴기에'는 정의 구현을, '최후승리'는 독립 달성을, '일은 크니 준비도 크리라'는 독립운동 준비론을, '비치는 희망의 빛'은 독립서광의 빛

---

13) 『東亞日報』(1931. 3. 29).

이 비치리라는 독립열망을 상징하고 있다. 결국 보성전문의 자유, 정의, 진리의 교시(校是)를 구현한 것이다. "이 교가는 젊은 힘과 생명의 예찬으로 일관되어 있는, 젊은 생명력의 찬가이다. 진리와 정의에 관한 노래가 넘쳐나는 생명의 바탕 위에 서 있어서 회한이나 애조의 그림자는 얼씬거리지도 않는다. 아무리 앞을 가로막는 굽은 것, 불의의 부정이 있어도 헤치고 나아갈 수 있다는, 우렁차게 울려 퍼지는 이 교가를 듣는 이는 누구나 최후승리의 확신에 젖게 된다. 그리고 '소리치고 일어나자 보전의 건아야'에 와서는 젊은 애국혼과 기상이 메아리친다. 이 자유독립의 승전고는 일제시대를 통하여 이 학교를 거쳐 간 젊은이의 가슴을 적셨다. 또한 '눌린 자를 쳐들기에 굽은 것 펴기에'라고 하여 당시 일제의 침략 하에 억눌려 있던 민족의 광복과, 불의, 부정에 대해 맞설 수 있는 정의감과 용기 있는 투쟁을 고취하는 전진의 기상이 넘쳐흐른다. 힘찬 생명의 의지가 앞서고, 진리의 탐구가 뒤따른다. 지식을 위한 지식의 추구와 같은 정관적(靜觀的) 주지주의(主知主義) 관학풍(官學風)은 없고 자유분방한 생명감이 맥박친다."[14]

동아일보 편집국장 이광수는 1931년 브나로드운동(귀농운동)을 펼치고 난 후 1932년 4월 동아일보에 '흙'을 연재하기 시작했다. 그런데 '흙'의 주인공 허숭(許崇)을 보성전문학교 법과생이라고 명문화하고 있다. 허구(虛構)를 본질로 하는 소설에는 논픽션이나 역사물 등과 같은 실제인물이 아닌 가공적인 인물이 등장한다. 그리고 이에 따라 등장인물의 단체나 학교도 실재하지 않는 가공적인 이름으로 설정하게 마련이다. 그런데 춘원의 '흙'의 경우 주인공 허숭을 특정 학교의 교명을 그대로 써서, 즉 '보성전문학교 학생'이라고 나타낸 것은 매우 이례적인 일이 아닐 수 없다.[15]

허숭이 보전생일 수밖에 없는 필연적 이유를 분석해보면 작자의 의

---

14) 『고려대학교 100년사』(고려대학교100년사 편찬위원회, 2008), 권 1, pp.315~316.
15) 『高大校友會報』(2011. 7. 10), '허숭'이 보전생일 수밖에 없는 필연적 이유(인권환).

도를 알 수 있다. 첫째, 1914년 김성수가 중앙학교를 인수·경영하면서 이광수를 중앙학교 교비생으로 동경 유학(와세다대학 철학과)을 시켰을 뿐만 아니라 매월 학비 일정액(20원)을 지급했다는 것이다. 둘째, 1921년 이광수가 상해로부터 귀국 후, '귀순변절자'의 낙인이 찍혀 오갈 데 없는 낙척 신세였을 때 김성수는 이광수를 동아일보 편집국장에 기용했다는 것이다. 셋째, 1931년 김성수가 장차 민족대학 설립을 목표로 보성전문을 인수·경영하여, 본격적인 인재양성 교육사업에 착수한 것이다. 이는 이광수가 이끌고 있는 유일한 민족운동단체 동우회의 강령인 '실력 양성 독립준비론'과 완전 일치하고 있다. 그래서 이광수는 김성수의 청탁을 받아들여 기꺼이 보성전문학교 교가를 지어준 것이다. 넷째, 동아일보 주최로 1931년 브나로드운동을 벌였을 때 전문학교로는 유일하게 보성전문 학생이 가장 많이 참여했다는 사실이다. 다섯째, 이광수는 '닭싸움'의 진리대로 김성수가 교육(중앙중학교, 보성전문학교)과 산업(경성방직)을 일으켜 실력 양성을 착실하게 수행하고 있다고 평가하는 '김성수론'을 동우회 기관지 '동광'(1931. 9)에 발표한 것이다. 이상에 열거한 이유를 감안한다면 이광수가 허숭을 보전 학생으로 나타낸 것은 너무나 당연한 일이라고 받아들여진다.

이광수가 '흙'을 집필하게 된 궁극적인 목표는 조선 청년들에게 민족의식을 고취하고 농촌 이상촌을 건설함으로써 민족의 힘을 양성하는 것이었다. 그가 꿈꾸는 이상촌 건설의 지상목표는 민주적 자치능력을 배양하여 독립을 달성한다는 것이다. "이에 모범촌이란 것은 전 조선의 농촌이 다 이만큼만 되면 문명국민으로 세계의 존경을 받을 수 있다 할 정도의 것이면 족할 것이다. 첫째로는 법치적으로 국법을 준수하고 민주적 자치의 능력이 있고 도덕적으로 허위에서 해탈하고 이기심을 절복(折伏)하여서 공공생활의 신뢰할 각원(各員)이 되고, 경제적으로 부채 없이 문화생활을 독립자영(獨立自營)할 자산을 가지고 자녀는 모두 교육을 받고 성인은 모두 독서를 하는 그러한 부락을 이름이다."16)

---

16) 島山安昌浩先生記念事業會, 『島山安昌浩』(太極書館, 1947. 5. 30), p.361, 理想村計劃.

1932년 4월 29일 일어난 윤봉길의 폭탄의거에 연루, 안창호가 체포되어 국내로 압송될 운명에 처했다. 동우회를 이끌고 민족운동을 줄기차게 전개해온 이광수로서는 최대 위기에 처하게 되었다. 이를 정면 돌파하기 위해 이광수는 젊은 청년들에게 민족의식을 뿌리 깊게 심어주기 위하여 '흙'을 집필하게 되었다고 호소하고 있다. "나는 오늘날 조선 사람— 특히 젊은 조선 사람— 그중에도 남녀 학생에게 고하고 싶은 것이 있다. 그중에는 민족의 현상과 장래에 대한 이론도 있고, 또 내가 우리의 현재와 장래에 대하여 느끼는 슬픔과 반가움과 기쁨과 희망도 있고, 또 여러분의 속속 마음과 의논해보고 싶은 사정도 있다. 나는 이 모든 것을 서투른 소설의 형식을 빌려 여러분의 앞에 내어놓은 것이다. 이 소설 '흙'이 재미가 없을는지도 모른다. 예술적으로 보아서 가치가 부족할는지도 모른다. 어떠한 분의 비위에는 거슬리는 점도 있을 것이다. 그러나 또한 여러분 중에 내 감정에 공명하시는 이도 없지는 아니할 것이다(나는 사실상 '흙'을 쓰기 시작한 이래로 20여 장의 편지를 받았다. 그것은 나에게 깊은 감격을 주는 편지들이었다. 다 모르는 분들의 편지어니와, 그러할수록 나에게는 더욱 깊은 감격을 주었고 또 힘을 주었다). 어찌하든지 '흙'은 나라는 한 조선 사람이, 그가 심히 사랑한 같은 조선 사람에게 보내는 '사정 편지'다."17)

'흙' 연재가 끝난 직후부터 부르주아 문학, 사이비 계몽소설, 센티멘털 농촌소설이라는 등 부정적인 평가와, 인도주의 소설, 민족주의 계몽소설, 농민문학의 대표작이라는 등 긍정적인 평가가 엇갈렸다. 그러나 '흙'은 1930년대 조선 농촌의 피폐한 모습과 그 속에서 어렵게 살고 있는 농민을 중심으로 일제 치하에서 소작농민들의 신음하는 생활고를 담아낸 역작임에 틀림없다. 이광수의 연재소설은 대개는 연재가 끝나자마자 단행본으로 출판되게 마련이다. 그러나 '흙'은 민족의식을 고취한 작품이기에 검열당국의 출판 불허로 간행하지 못했다.

주인공 허숭은 원래 독립지사의 후예로서 시골 빈농의 아들로 보성

---

17) 『東亞日報』(1932. 5. 26), '흙'에 對하여(李光洙).

전문을 다니면서 윤참판댁의 행랑에서 보통학교 학생을 가르친다. 그는 정신적으로 숭배하는 한민교의 감화를 받고 "나도 한 가지 조선을 위하여 무슨 큰일을 해야겠다"는 자기희생정신을 발휘하여 농촌계몽운동에 나설 결심을 하고 고향 살여울이라는 마을에 가서 야학교에서 문맹퇴치운동을 벌이게 되었다. 그는 주재소에 불려가서 경관의 심문에 "글모르는 사람은 글을 가르쳐주고, 조합을 만들어서 생산, 판매, 소비도 합리화시키고, 위생사상도 보급을 시키고, 생활개선도 하고, 그래서 조금이라도 지금보다 좀 낫게 살도록 해보자는 것이오"라고 답변했다. 이에 강렬한 민족운동의 동기에서 문맹퇴치운동을 벌인다는 것, 조선독립을 목적으로 농민을 선동하여 협동조합과 야학교를 조직했다는 것 등이유로 결국 치안유지법 위반죄로 체포되어 징역 5년형을 언도받았다. 그러나 허숭은 이에 굴하지 않고 변호사 시험에 합격하여 다시 살여울로 돌아와서 농촌계몽운동을 벌이게 된다.

주인공 허숭의 대척적인 인물이 경성제대 학생 김갑진이다. 그는 허숭의 고보 선배로서 친일파의 아들이었으나 윤참판의 학비 보조로 대학을 다니면서 부르주아 엘리트의 아성에 갇혀 허숭의 농촌운동을 비하하고 보성전문의 학생과 교수를 싸잡아 멸시하는 발언을 서슴지 않았다. "왜? 자네 따위 사립학교 부스러기나 다니는 놈들은 가장 애국자인 체하고, 흥, 그런 보성전문학교 교수 따위가 무얼 알아! 대학에 오면 일년급에도 붙지 못할 것들이. 자네도 그런 학교에나 댕기려거든 남의 집 행랑 구석에서 식은 밥이나 죽이지 말고 가서 조상 적부터 해먹던 땅이나 파. 괜시리 아니꼽게 놀고먹을 궁리 말고…"18)

허숭, 정선, 김갑진, 유정근 네 사람의 미묘한 사랑의 갈등 속에서 '흙'은 비극으로 끝나지 않고, 결국 네 사람은 용서와 화해로 상호 협조로 이상촌 건설을 실현함으로써 해피엔드로 대단원의 막을 내렸다. 허숭이 살여울로 들어가서 농촌계몽운동을 일으키며 이룩한 마을은 바로 안창호의 이상촌 건설을 구현한 마을이었다. "살여울 동네가 어떻게 홀

---

18) 이광수, 『흙』(문지사, 2005), p.25. 『高大校友會報』(2011. 7. 10), '허숭'이 보전생일 수밖에 없는 필연적 이유(인권환).

륭한 동네가 되는가를 지키고 있다가 그것을 여러분에게 보고하려 합니다. 나는 살여울이 참으로 재물과 문화를 넉넉히 가진 동네가 되기를 바랍니다. 동시에 김갑진이가 새로운 생활을 하고 있는 검불랑이 살여울과 같이 잘되고, 온 조선에 수없는 살여울과 검불랑이 일어나기를 바라고 있습니다."[19]

이광수는 조선에서 상공업이 진흥할 기미가 엿보인다고 진단하면서 이는 장차 산업혁명의 전조라고 예측하고 있다. 이광수는 '명일의 상공 조선'에서 상공업 발전의 비전을 제시하고 있다.

조선 사람이 정치적 자각을 가지게 된 것은 독립협회 시대 즉 약 40년 전에 소급할 수가 있으나, 경제적으로 자각하게 된 것은 극히 최근의 일이어서 10년 내외에 불과하다. '경제적 파멸'이란 문자를 하도 많이 써서 지리하리 만큼 되었다. 정치적 자각이나 경제적 자각이나 모두 절망적 비애 속에서 얻은 것이지마는 작금년래에 조선인의 상공업이 약간 건실한 진세(進勢)를 보이는 것은 도쿄, 오사카의 은행에서 조선 상인의 수표의 신용이 증가하였다는 것으로도 알 수 있을 것이요, 또 농지에서 토지를 사는 조선인이 증가한다는 것도 경제적 재생의 한 조짐이라고 쯤은 볼 수 있을 것이다.

공장부지가와 노임의 저렴, 석탄, 수전(水電) 등 동력의 풍부, 만주, 중국 등 시장에의 접근, 중일관계의 변화 등은 조선 공업화의 유리한 조건이 되니 비록 대자본의 압박이라는 우려가 없지 아니하다 하더라도 이때는 바야흐로 조선인이 공업적으로 대분발, 대활약을 시도할 때인가 한다. 대전 후의 쓴 경험을 잊어버릴 만한 시기도 되었으니 방직업, 인견 공업, 제지업 등 새로 시설하는 깃일수록 유리한 공업에 진출할 때가 아닐까. 이리함에는 자본과 기술이 필요하지마는 먼저 민족적으로 갱생(更生), 신흥의 정신기백을 고무하여야 할 것이다.[20]

이광수는 '닭싸움'에서 일본을 이기는(克日) 진리를 직관하고 있다.

---

19) 『三千里』(1933. 9), '흙'을 쓰고 나서(이광수).
20) 『朝鮮日報』(1935. 4. 13), 一事一言: 明日의 商工朝鮮(長白山人).

"우리나라가 고기 한 근(교육)과 구릿가루 두 돈쭝(산업) 어치를 먹고 며느리발톱을 날카롭게 갈아서 바다 건너온 수탉 일본의 대가리를 쪼고 앙가슴을 박차 넘어뜨린 것"이라고 산업혁명의 방안을 예단하고 있다. 그리고 결론적으로 실행 방책을 제시하고 있다. "우리 민족이 요구하는 것은 고기 한 근(교육), 구릿가루 두 돈쭝(산업)이오. 우리 민족은 싸워야 하오. 우리 민족은 이겨야 하오. 다른 닭이 싸워주기를 기다리는 것은 거지 영신(佞臣, 간사하고 아첨하는 신하)이오." 이렇게 산업화 운동을 일으켜 실력을 양성해서 일본을 이겨야 한다고 역설하고 있다.21)

이광수는 1936년 5월 가족을 만나기 위하여 동경 여행을 단행했다. 1905년 14세 어린 나이로 일진회 유학생에 선발되어 청운의 뜻을 품고 동경으로 건너간 이래 춘원은 시모노세키(下關)와 동경 간 기차여행을 30여 차례 했다. 이제 중년의 나이로 기차여행을 하면서 지난 30여 년간 일본의 눈부신 산업화 발전상을 보고 '일본 콤플렉스'에 부딪치고 만다. 일본의 비약적인 산업대국으로의 급성장을 보고 조선의 현재와 장래를 생각할 때 조선 민족의 무력함, 특히 산업 후진성을 너무나 뼈저리게 통감하고 오로지 실력 양성(경제력)만이 일본을 극복하는 유일한 길임을 솔직히 고백하고 있다.22)

이 연로(沿路)는 내가 14세 소년 적부터 30차 이상 다닌 곳이다. 이런 공상을 안고 통과한 일도 있고, 청춘의 오뇌(懊惱)에 울면서 다닌 일도 있는 곳이다. 그러나 지금은 공상도 오뇌도 다 스러지고, 냉혹한 현실만을 응시하는 중년의 몸으로 나 자신과 및 내 민족의 현재와 장래를 생각하면서 이 꿈의 옛 자취를 밟는 것이다. 나는 지나간 30년 다시 말하면 일로(日露)전쟁 이래의 일본 성장을 목격하였거니와, 30년 전의 일본과 금일의 일본과를 대조할 때에 실로 이 민족의 능력과 노력(勞力)이 어떻게 위대한 것을 경탄하지 아니할 수 없고, 동시에 나

21) 李光洙, 『스무살고개』, pp.24~26.
22) 『朝光』(1936. 9), 東京 求景記.

와 및 민족이 어떻게 무력한 것을 참괴(慙愧)하지 아니할 수 없다. 지구상에 어디를 가든지 조선인이라고 하기를 나도 영광으로 알고, 남도 영광으로 부러워할 날이 언제나 올까. 그것은 저절로 올 것은 아니다. 각고하고 근면하고 일심(一心)하고 지성(至誠)된 노력(勞力)에서만이 올 것이다.[23]

이광수는 1935년 4월에 한국에는 "상업에서 화신, 공업에서 경성방직의 확장·발전은 결코 한 낱의 사실만이 아니요, 뒤에 오는 대군의 척후임이 확실하다"[24]라고 미래 상공업 부흥의 비전을 예측했다. 도산 안창호가 대전형무소로부터 가석방된 직후에 이 같은 '대군(大軍)의 척후(斥候)'를 예언하는 조선 상공업 부흥 미래 비전을 발표했다는 사실에 주목해야 한다. 일본이 명치유신(1868) 이래 탈아입구(脫亞入歐, 아시아를 벗어나 서구화를 지향한다)를 표방하여 공업화로 근대화를 달성했는데 조선이라고 못할 이유가 없다는 자신감을 심어준 것이었다. 그리고 '대군(후발기업)'이 몰려올 것이라는 예언은 정확히 적중했다. 주익종(朱益鍾)은 "한국 신문학의 개척자이자 시대를 선도한 지식인 이광수는 1930년대 중엽 대표적인 한국인 기업 화신백화점과 경성방직에서 훗날 만개할 한국 자본주의를 감지했다. 그의 예측은 적중했다. 비록 그가 일제 말 대동아공영권의 성공에 한민족, 한국의 장래를 거는 치명적인 잘못을 범했지만, 그의 예언은 놀랍게도 정확히 들어맞았다. 대군이 몰려온 것이다"[25]라고 이광수의 예언자적 탁견을 높이 평가하고 있다. 주익종은 그의 저서 제목을 아예 이광수의 예언을 그대로 채택하여 '대군의 척후'라고 이름 붙였다. 이광수가 말하는 척후(斥候, Scout)는 선발기업 화신상회와 경성방직을, 대군(大軍, Large Army)은 후발기업 삼성, 현대, LG, 포항제철 등을 가리키고 있다. 이들 후발기업(大軍)이 몰려와서 한국의 산업혁명을 이룩했다는 점에서 그 역사적

---

23) 春園 李光洙 著作, 朝鮮語學會 校鑑, 『文章讀本』(弘智出版社 大成書林, 1937. 3. 15), pp.228~236, 京城서 東京까지(紀行).

24) 『朝鮮日報』(1935. 4. 14), 一事一言: 實業과 精神修養(長白山人).

25) 주익종, 『대군의 척후』, p.5.

의미는 크다고 하지 않을 수 없다.

이광수는 '실업과 정신수양'에서 예언자답게 척후(화신, 경성방직)가
나타나 대군(후발 산업체)이 몰려와 산업혁명이 일어날 것임을 정확히
예단(豫斷)하고 있다. 서양사에서 영국은 먼저 농업혁명이 일어나고 산
업혁명을 일으켜 근대화, 산업화의 선두주자가 되었다. 이광수는 이 같
은 역사의 법칙을 원용하여 '흙'에서 농업혁명을 역설했고, '대군의 척
후론'을 발표함으로써 장차 한국의 산업혁명이 일어날 것임을 전망하
고 있다.

우리는 어제 이 난(欄)에서 조선의 상공업이 새로 일어날 기미(機微)
를 보인다는 말을 하였다. '상공조선에'라는 것이 금후의 표어가 아니
면 아니 될 것이다. 농민은 농토를 꽉 붙들 것은 물론이지마는 자본
있는 이는 상공업에 진출할 것이다. 상업에서 화신(和信, 박흥식), 공
업에서 경성방직(京城紡織, 김성수, 김연수)의 확장·발전은 결코 한
낱의 사실만이 아니요, 뒤에 오는 대군(大軍)의 척후(斥候)임이 확실하
다. 그러나 상공업은 자본과 기술의 이중주(二重奏)가 아니요, 자본과
기술과 정신의 삼중주(三重奏)로만 되는 것이다.

정신이란 무엇이냐. 첫째는 단행하여 시작하고 견인(堅忍)하여 이룩
하는 용기다. 일개의 점포나 공장을 설치할 때도 고식주의(姑息主義),
속발복주의(速發福主義), 소성주의(小成主義)를 버리고 백 년의 대계
를 세우고 칠전팔기(七顚八起), 칠십전칠십기(七十顚七十起)할 기백을
가져야 할 것이다.

둘째로 요하는 정신은 진리파지(眞理把持, 진리를 파악함)다. 좀 맞
지 않는 문자인 듯하지마는 이 진리파지라는 말에는 심심(甚深)한 뜻
이 있다. 1. 오직 순리대로 과학적으로 하고 요행과 요술을 바라지 말
자. 2. 절대로 조선 상공업자의 입에서 거짓말을 제거하자. 수표보다도
담보보다도 조선인의 말 한마디를 내외가 믿도록 하자. — 이것이 상공
업자의 진리파지다.

셋째로 조선 상공업 진흥에 생명인 정신이 되는 것은, 심히 의외인
듯하지마는 '마음의 안정' 즉 부동심(不動心)이다. 이것이 종교적인 말
이지마는 이 '마음의 안정'이 없이는 용기도 진리파지도 불가능한 것

이다. 성공하려는 상공업자는 일파부동(一波不動)하는 가을 수면과 같이 맑고 고요한 마음의 소유자임을 요한다. 고락에 끌려서도 안 되고 허욕에 넘어가도 안 되고 성패에 움직여도 아니 되고 불가굴(不可屈), 불가살(不可殺), 마치 선승(禪僧)의 정신 상태와 같이 넘어지지도 않고, 움직여지지도 않고, 물러서지도 않고, 구르지도 아니하여야만 된다. 그것은 평정한 마음에서만 정당한, 명철한 판단이 오기 때문이다. 대실업가의 정신의 부동함은 대종교가, 대정치가와 다름이 없는 것이다. 모든 감정의 동요를 극복하여 '마음의 안정'을 얻음이 상공업자의 정신 중의 정신이요, 자본 중의 자본이다. 용기와 진리파지와 부동심 — 이 세 가지 정신을 조석으로 수양하면서 '상공조선'의 건설에 매진하자.26)

도산 안창호가 윤봉길 폭탄의거에 연루되어 대전형무소에서 2년 6개월간 복역하다가 보석으로 석방된 것은 1935년 2월 10일이었다. 화신상회의 박흥식(朴興植)이 보증인으로 보석금을 내어준 덕택으로 가출옥되었는데, 가회동 박흥식 집에서 출옥 환영 만찬이 있었다. 이 자리에 김병로, 김성수, 송진우 등 민족지도자들이 도산의 출옥을 축하하기 위해 참석했다. 도산은 만찬 후 응접실에서 환담을 나누다가 당시 서북파와 기호파 간의 지역감정으로 민족분열 양상을 빚고 있는 데 대해 그만 비분강개한 나머지 "우리 민족은 이렇게 불쌍한 지경에 있는데 지도자라는 사람들이 서로 당파 싸움만 하고 있으니…" 하고 말을 맺지 못하고 흐느껴 울고 말았다.27)

안창호는 유지들의 성금으로 대보산(大寶山)에 송태산장(松苔山莊, 平南 大同郡 大寶面)을 지어 은거하기 시작했다. 안창호의 생활비는 민족지도자들의 성금으로 충당했다.28) 이광수가 조선일보 방응모(方應

---

26) 『朝鮮日報』(1935. 4. 14), 一事一言: 實業과 精神修養(長白山人).

27) 주요한, 『安島山全書』, pp.462~463; 『東亞日報』(1935. 2. 11); 『日帝侵略下 韓國三十六年史』, 권 10(국사편찬위원회, 1975), (1935. 2. 10).

28) 『島山安昌浩資料集』(국회도서관, 1997), I, p.368(안창호의 생활비); 張利郁, 『島山의 人格과 生涯』(大成文化社, 1973), pp.119~120. 안창호 생활비 지급자를 보면, 金性業, 金東元, 吳敬淑, 金庸壯 등이 매월 200원 지급. 出捐者 金性業 50원, 金東元 200원, 吳敬淑 100원, 金庸壯 100원, 金基萬 100원, 尹

謨) 사장의 초빙을 받고 주요한(朱耀翰)과 함께 조선일보 부사장에 취임한 것은 1933년 8월 28일이었다. 이광수가 10년간 동아일보 편집국장으로 재직하다가 갑자기 조선일보로 자리를 옮기자, 이는 김성수에 대한 배신행위라는 사회적 비난을 받게 되었다. 그러나 이광수가 조선일보로 옮긴 것은 그 목적이 따로 있었다. 머지않아 안창호가 출옥하면 도산을 조선일보 사장에 영입하기 위한 포석이었다. 안창호가 언론계 사장에 취임하면 신분상 안전이 보장될 것이라는 전망에서 이광수는 옥중의 안창호의 승낙을 받고 안창호 사장추대운동을 벌였다. 그러나 방응모는 애초부터 사장직에서 물러날 의사가 없어서 안창호 사장추대운동은 무산되고 말았다. 이에 안창호 사장추대를 추진했던 이광수, 주요한, 김기범, 서춘 등은 1933년 11월 14일 방응모에게 사장직 인퇴를 제의했으나 방응모가 이를 완강히 거부하자 네 명은 집단 사표를 제출했다. 그러나 방응모는 사표를 수리하지 않고 백방으로 설득한 끝에 이광수와 서춘은 사직을 철회했고 주요한은 끝내 사퇴 의사를 굽히지 않았다.29) 주요한은 조선일보를 사퇴하고 1934년 1월 화신상회 지점 과장에 부임했다. 1936년 3월 화신연쇄점주식회사(和信連鎖店株式會社)가 창설되자 그 전무취체역에 취임했다.30)

안창호는 이광수의 조선 상공업 진흥책을 주장한 '명일의 상공조선'과 '대군의 척후'가 몰려올 것이라고 예측한 '실업과 정신수양'을 읽고 크게 감동했다고 실토하고 있다. 인정식(印貞植)은 안창호가 이광수의 글을 읽고 '상공조선'의 미래를 홍보하는 대연설을 하게 된 동기가 되

聖運 100원, 李繼天 100원, 金庸震 200원, 金基鴻 100원, 安炳儀 100원, 吳鳳善 200원, 韓元埈 200원, 王仁泰 200원, 金建亨 200원, 曹晚植 100원, 金志侃 100원. 별도로 和信商會 사장 朴興植은 매월 200원을 생활비로 지급했다.

29) 朝鮮總督府 警務局 保安課,『高等警察報』제4호(1935), pp.62~63;『朝鮮日報 60年史』(조선일보사, 1980), p.143.

30) 朝鮮總督府 高等法院 檢事局 思想部,『思想彙報』제24호(1940. 9), pp.196~201, 被告人 朱耀翰 犯罪事實;『독립운동사자료집』(독립운동사편찬위원회, 1977), 권 12(문화투쟁사 자료집), pp.1290~1294, 昭和15年 刑控 第17~20號(1940. 8. 21).

었다고 증언하고 있다. "그가 금과옥조로 하는 '동포'의 개념이 그 안에 내포하고 있는 양극적 모순을 아직도 뚜렷하게 전시하지 않았던 시민적 발전의 초기에 있어서는 그의 민족애라 하는 것은 확실히 근대 부르주아에 대한 '사랑'일 뿐 아니라 어느 정도까지는 민중 전체에 대한 사랑이 될 수도 있었던 것이다. 그러나 이 '동포'와 '민족'이 이미 양개의 서로 조화될 수 없는 기본적 대립에로 분열되어 있는 오늘날에 있어서도 이따위 개념을 여전히 반추한다는 것은 한 주먹도 못 되는 소수 '동포'의 이익만을 위하여는 초근목피에 겨우 연명하는 몇 만 배의 '동포'를 희생하여보자는 기만적 술수 이외에 아무것도 아니란 것은 삼척동자도 벌써 깨닫고 있는 사실이 아닌가. 그의 둘도 없는 심복(心腹)인 이광수가 조선의 상공업이 가진 가장 유리한 발전상의 조건으로 인도(印度) 이하적으로 '염가(廉價)한 노동력'의 행운을 가졌다는 것을 마치 대발견이나 한 듯이 떠들고 돌아다니는 것도 그들의 입장으로야 결코 무리가 아닐 것이다."[31]

마침내 안창호는 1936년 3월경 화신상회에서 '상공조선'의 미래 발전의 비전을 제시하는 대사자후를 외쳤다. 이 연설회를 직접 주선한 주요한 화신상회 취체역, 이광수의 대군의 척후론, 그리고 연설 장소를 제공한 박흥식 화신상회 사장 등 이른바 삼중주로 이루어진 대연설회가 열린 것이다. 이광수는 '대군의 척후론'을 외쳤고, 안창호는 '상공조선'의 미래 발전을 대사자후로 양수겸장(兩手兼將)으로 화답한 것이다.

좌파 성향의 인정식은 '안창호론'을 발표했다. 도산은 이광수의 '대군의 척후론'을 본받아 부르주아적 시각으로 장차 조선의 산업화를 일으킬 것을 역설했다고 비판하고 있다.

조선의 신흥자본의 요소의 진보적 사명은 수십 년 전에 종언을 고하고 말았다. 장개석(蔣介石)의 반동 이후 동아의 민족주의는 마치 약속이나 한 듯이 손에 손을 잡고 반(反) 역사적인 노선을 향하여 저분(猪奔)한 것이었다. 이리하여 이 땅의 조그마한 병아리들도 마치 이솝 이

---

31) 『朝鮮中央日報』(1936. 6. 7), 人物春秋: 安昌浩論(9)(印貞植).

야기에 나오는 그들의 형제와 같이 떨어지는 나무 열매에 놀래여 임의 (任意)로운 삼림지로부터 산곡의 여호(여우) 아가씨의 품 안을 향하여 하늘이 무너지고 있다고 애소한 것이었다. 이러한 시대로부터 반동의 모퉁이를 지나가는 도산 일행의 초연(悄然)한 그림자는 필연적으로 민중으로부터 거리를 더욱 멀리할 뿐이었다.

작년이라도 봄이었다. 나는 나의 고향인 평남 용강(龍岡)의 온천에서 그를 몇 차례 방문한 적이 있었다. 두어 달 전까지의 운명은 우리들을 오랫동안 서대문과 대전의 교외의 '우거(寓居)'에서 서로 방을 나란히 하여 빈한하고도 '적막'한 '살림살이'를 같이 경험하게 한 일이 있었다. 단순한 인정은 고향의 온천에 와서 요병(療病)하고 있는 이 '동향인'의 방문을 결행케 한 것이다.

"담배 피우시오."

젊은 피부를 사랑하여주는 그는 은근하게 나에게 담배서랍을 내어 미는 것이었다. "소싯적부터 담배를 피우십니까?" 나와 평범한 그러나 내 딴으로는 예의를 갖춘 반문이었다. 그에게 수많은 '크리스찬'들이 방문하여 오는데 그들에게 자기가 기독신자 아닌 것을 표시하기 위하여(그들은 아마 도산 자기를 기독신자로서 오해하고 있는 모양이란다) 일부러 손님마다 담배를 내어 권하노라고 하는 것이 그의 정중한 대답이었다.

그러나 그 후 몇 날이 못 되어서 그는 이광수 씨라든가 하는 어떤 서울 사람과 같이 온천의 예배당에 가서 설교사의 지휘에 따라 매우 경건한 태도로 기도를 올리고 오는 것을 나는 나의 불행한 '언어의 기억'에 항거하여 바라보지 않을 수 없었다. 그는 젊은 '무신론자'인 나에게 향하여 과연 거짓말을 하였을까? 그렇다면 과연 그는 무슨 이유로 그러한 거짓말을 하였을까? 생각을 동반한 생각은 훤화(喧譁)하게 지껄이면서 나의 머리 가운데로 소요하는 것이었다. 카이저는 일찍이 터키를 방문하였을 때 꼴에 안 맞는 마호메트교의 예복을 입고 그들 마호메트 교도들에게 '경의'를 표한 적이 있었다. 장개석은 일찍 도포를 입고 공자묘(孔子廟)에 가서 공순한 태도로 기도를 드린 적이 있었다. 이러한 카이저와 장개석의 '신심(信心)'은 오직 민중을 우매화(愚昧化)하기 위한 일정한 정치적 의도에서 발로된 허위임에 틀림이 없는 것이다. 그러나 우리 땅의 도산은 이와 비슷한 의도를 가진 팔자(八字)

도 형편도 못 되는 것이 사실이 아닌가. 그러면 '인격수양'을 급선무 절규하는 그가 왜 거짓말하는 고통을 인내하지 않으면 아니 되었을까?

뚱뚱하게 생긴 칼 찬 풍옥상(馮玉祥) 장군의 환영이 나의 눈앞에 나타나는 것이었다. 민중의 앞에서 "우리 무산계급은…" 운운하면서 화염과 같은 급진적 열변을 토하여 이 풍 장군은 흔히 사람을 놀래게 한다고 전하는 정치면의 기사에서 본 묵은 기억이 나의 머리에서 뛰어나오는 것이었다. 얼싸절싸해서 아첨과 위선과 허언으로서 인심을 수람(收攬)하는 것과 같은 시민적 정치가로서도 수치로 알 만한 이따위 수작은 봉건적 군벌인 풍 장군의 독점적 재간인 줄만 알고 있었다.

그러나 나는 '인격의 수양'을 고조하는 우리의 도산 안창호가 이러한 중세기적 술수에 불과하는 소책(小策)을 농(弄)하리라고는 단연 믿고 싶지 않다. 하지마는 이것을 믿지 않으면 더욱이 큰일이 아닌가? 이러한 술수를 뺀다면 정객으로서의 도산에게 그 무엇이 남을 것인가? 오늘 제 것 냥이나 두고 먹는 사람들이 피리 불고 우쭐거리는 도산의 인기를 대체 어찌하잔 말인가? 큰일이다. 큰일 날 일이었다. 나는 이런 생각을 하다가 우리 도산을 위하는 충정으로서 모름지기 전율을 느끼지 않을 수 없었다.[32]

용강의 온천에서 담배를 얻어 피운 지 수개월 이후 서울에 올라와서도 또한 몇 차례나 나는 그의 성해(聲咳)를 접할 기회를 가졌었다. 그의 이데올로기의 체계에 대한 일종의 호기심을 가지고 있는 자인 만큼 나는 이 민족주의의 원로에게 '때'의 조선에 관한 여러 가지 이야기를 기대하였던 것이다. 그러나 이에 대하여는 묵묵하게 다 듣고 있는 그의 입은 끝끝내 나에게 실망을 주고 말았다.

그는 조선을 구체적으로 알지 못한다는 이유로 그 누구에게 대해서도 그가 자기의 복심이 아닌 한 이 '때'의 조선에 대하여 이야기하기를 극히 삼간다고 한다. 오늘 조선의 여러 가지 불리한 사정을 잘 아는 우리는 그의 이러한 침묵의 태도에 대해서 일리(一理)를 승인하여 주지 않으면 안 될 것이다. 그러나 인간이라고 생긴 묘한 동물은 미지의 '물체'에 대해서는 더욱 호기심을 가지는 것이니 나도 이렇게 글을 쓰는 자인 한에서 인간으로서의 운명을 회피할 수 없는 그만큼 도산의

---

32) 『朝鮮中央日報』(1936. 5. 31), 人物春秋: 安昌浩論(4)(印貞植).

알려지지 않은 복장(腹臟, 마음씨)에 대하여 매력을 느끼지 않을 수 없는 한 사람이었던 것이다. 더구나 도산은 오늘 조선의 수많은 사람이 다 알고 있는 안창호란 이름의 소유자가 아닌가?

수개월 전이었다. 폭풍우나 지진보다도 오히려 더한층 사람에게 무한한 위력을 체감케 하는 유원(悠遠)한 대삼림의 정적 그것과 같은 이 '위대'한 안창호의 침묵은 마침내 서울의 유명한 전방 화신(和信)의 점원들 앞에서 깨뜨려지고 말았던 것이다. 그를 우상적으로 숭배하는 가련한 무리들에게 있어서는 실로 한없이 위대한 모양인 이 안도산은 그들 대백화점의 고용인들의 앞에서 무엇을 사자후(獅子吼) 하였던가? 해외풍상 30년 오래간만에 만나는 그의 '동포'에게 그는 그 무슨 교훈으로 선물하였던가? 그 연설의 벽두에서 자기가 고백한 바와 같이 이 화신에서의 대 사자후가 그가 조선에 돌아와서 처음으로 토하는 '때'의 의견인 만큼 그것은 매우 긴장된 태도로 경청된 것이다.

우리들은 조선인적인 상공업을 발전시켜야 한다. 그것이 유일한 살길이다. 조선인의 기선도 기차도 가져야 한다. 화신의 주인은 조선인으로서 조선의 상공업을 발전시킨 위대한 은인이 아니냐. — 개괄적으로 말하면 이러한 주지(主旨)의 연설 말씀이었다.

천하의 독자 제현! 이것이 '위대'한 안도산의 연설이랍니다. 유구한 대삼림의 정적은 가냘픈 한 마리 귀뚜라미의 소리로서 깨어지고 말았다. 시인이 아닌지라 이런 때의 비애를 느낄 줄을 모르는 나는 도리어 희극적인 '골계(滑稽, 익살)'를 느끼고 홍소(哄笑)하는 경의를 표하지 않을 수 없었다. 조선인이 조선인의 기차도 기선도 가지지 못한 것은 오직 조선인이 상공업을 발달시키지 않은 죄이랍니다! 또 조선인이 상공업을 발달시키지 못한 것은 아무런 사회적 원인이 있는 것도 아니고 다만 화신의 주인과 같은 위대한 은인이 없기 때문이랍니다!! 그러하니 조선이 상공업을 발전시키기만 하면 조선을 둘러싼 바다와 조선의 광야에도 조선인의 기선과 조선인의 기차가 서슴지 않고 달릴 수 있다는 말씀이다!!! 화신의 주인과 같은 이로 하여금 더욱더욱 조선의 위대한 은인이 되게 하라. 대(大) 안창호의 연설을 논리적으로 음미한다면 우리들의 이성(理性)의 배는 대체 이러한 그의 이데올로기의 항구에 무난히 도달할 수 있지 않은가.

독자 제현! 미안하지만 나는 다시 한 번 더 제현을 부르는 것을 용서하여다고. 우리들은 무슨 원인과 이유로서 조선인의 상공업을 발달시키지 안하고, 그리하여서 조선인의 소유인 기차와 기선을 가지지를 못 하였을꼬! 또 우리들은 왜 대상업가에 대한 위대한 은덕을 망각하고 있었던고! 하필 오늘의 위대한 천재적 사상가 안도산의 형민(炯敏)한 관찰에 의한 지도를 기다려서야 이 천고의 대진리를 깨닫게 되었단 말인고! 우리들은 과거에 있어서 — 라고 하여도 몇 달 전까지 왜 그렇게도 우둔하고 그렇게도 멍텅구리여서 우리에게 쏟아진 행복의 길을 발견하지 모하였던고! 실로 생각하면 생각할수록 천고의 유한(遺恨)이 아닌가? 그러나 너무 후회하지는 말자. 과거는 과거라고 하더라도 지금부터는 이 도산 선생의 대교의(大敎義)를 따르기만 하면 우리들도 모두 행복스럽게 잘 살 수 있을 것이 아닌가.

그러나 한 가지 깊이 유감인 것은 이 도산 선생의 편협한 배타적 민족애이다. 그는 상해에서 많은 세월을 보내고 있지 않았던가. 상해는 국제도시라 수많은 나라의 국민이 혼거(混居)하여 있는 곳이니, 그는 왜 상공업이 발달되지 못하고 자기의 기차나 기선을 변변하게 가지지 못한 이런 나라의 국민들 — 예하면 인도나 안남(安南)의 국민들에게 이 위대한 진리를 설교하여서 애타는 그들에게도 널리 이 생명의 물을 부어줄 만한 관대성을 가지지 못하였던고! 그리하여 자기의 동포들 중에 이 위대한 진리의 발견자인 안창호란 사람을 가지고 있는 우리 조선인의 구세적(救世的) 명예를 널리 만국인에게 알리지 않았던고! 이 점으로 본다면 도산의 민족애는 또한 우매한 민족애라고 할 것이다.[33]

그러나 위에서 말한 바는 도산의 그 대연설에 대한 일반적인 의미의 비평에 불과한 것이었다. 그의 그 연설은 이러한 대진리만을 갈파한 것임은 결코 아니었다. 그곳에는 위대하고 숭고한 도덕적(!) 의미가 또한 포함되어 있는 것을 우리는 안도산의 명예를 위해서 백망(百忙) 중에라도 잊어서는 안 될 것이다. 그가 이 진리를 설교한 대상은 그것이 한 개의 대상점의 점원들에 불과한 것이니 도산의 설교는 일면으로는 그 상점 주인을 위해서 점원에게 보내는 일장(一場)의 대변이라고 보아도 틀림없을 것이다. 조선이니 상공업이니 은덕이니 하는 이 장광설

33) 『朝鮮中央日報』(1936. 6. 3), 人物春秋: 安昌浩論(5)(印貞植).

의 주요한 의미는 결국 가서 너이들 점원은 주인의 명령에 충실하게 복종하고 분골쇄신하여서 상품 파는 데만 성실하고 근면하라는 권고가 아닌가.

그 점원들의 대부분은 20 내외의 나이 어린 여자들이다. 그들은 매일 몇 십 전의 일급(日給)을 위하여 아침 아홉 시부터 밤 열 시까지의 13시간 동안 인생으로서 다시 볼 수 없는 꽃 같은 청춘의 하루하루를 판매대 위에서 서서 지내는 것이며 또 근무시간 외에도 다시 사장이나 과장 등에게서 이러한 '안도산'적 설교를 듣는 데 몇 십 분씩을 남비(濫費)하고 있는 것이다. 그들은 그만큼 박흥식(朴興植) 씨나 주요한(朱耀翰) 씨 같은 이의 입을 통해서 이 안도산의 사상을 귀가 익도록 들어온 것이다. 종일 사무에 피로한 다음에 그러한 교훈을 거의 일과처럼 듣는 데 의해서 병적으로 된 그들의 신경상태는 우리는 아무런 곤란 없이 이해할 수 있을 것이다. 동일한 의미를 가진 동일한 말을 되풀이하더라도 그것을 설교하는 설교자의 얼굴만이라도 변경해주었으면 우리들은 조금만치의 기분전환의 유쾌라도 느낄 것이 아닌가 하는 것이 그들 점원들의 생각일 것이고 혼잣말일 것이다. 이러한 때에 화신의 사장이나 과장 아닌 유명한 안도산 선생의 낯이 연설대에 나타남을 보고 그들은 얼마나 작희(雀喜)하였을 것인가. 소수의 동포의 행복을 위한 잠깐 동안의 공헌! 누가 그것을 적은 일이라고 비웃을 것인가.

적은 선(善)이라고 그것을 회피하지 말라는 격언을 상기할 필요도 없이 이것은 인간으로서 선사(善事)이고 미사(美事)인 것이다. 더구나 선의 분량의 다과(多寡)로서 사람의 인격이 평정(評定)될 것이 아닌 한에서 우리는 여기에서도 도산의 위대한 인격과 무량한 박애와 혁혁한 공로를 인정함을 아끼어서는 안 될 것이다.

시간과 장소의 여하를 불문하고 모든 인생생활의 단면에 있어서 그곳에 이해의 대립성과 생활의 모순성을 태양에 직면한 맹취(猛鷲)와 같이 대담하게 응시하는 진리의 탐구, 언제든지 보담 행복되지 못한 사회적 존재의 편에 가담하여 그들의 이익을 위해서 자기의 희로애락의 전 감정을 최고의 한도로서 표시하는 정의에의 갈앙(渴仰) — 이것이 인류의 역사를 통하여 모든 시대의 위대한 사상가들의 특징이 아니면 아니 된다.

조선인의 상공업을 건설하기 위하여 모든 근로하는 무리들은 몸과 마음을 자진 희생하여야 한다는 것이 비록 자기의 구세적 주장이라 하더라도 그러한 주장은 백만장자인 상점주와의 개인적 담화나 혹은 그들의 회합에서나 하는 것이 그 말의 적당한 장소라는 것은 결코 현명한 우리 안도산이 모를 리가 만무할 것이다. 돈 한 푼 없어서 청춘의 노동을 팔고 있는 이 점원들의 앞에서 상공업 장려와 점주의 공덕 찬송을 하고 돌아다니기에야 비록 안도산이 아니라 할지라도 세상에 사람이 흔한 것쯤은 또한 도산이 모를 리 없을 것이다.

그러면 왜 도산은 할 말도 많을 것인데 하필 그 많은 말 가운데서 가장 아름답지 못한 말만 추리어 내어가지고 말씀하시었을까? 우리는 도산은 적어도 사물을 정치적으로 사고하는 어른인 것을 잘 안다. 한 개의 '위대'한 사상가로서의 도산이 참으로 자기가 하고 싶은 말을 한다고 하면 그 말을 듣는 점원들이 너무나 광희(狂喜)한 끝에 평소의 피로한 상태에 있던 신경이 돌변되는 데 의한 어떤 질병에나 걸리지 않을까 하는 것이 신중한 도산의 그때의 생각이 아니었을까. 우리는 도산을 위해서 이렇게 해석하는 길 이외에는 그의 연설의 참 정신을 이해할 수 없을 것이라고 믿는다.

나는 위에서 도산의 연설을 듣고 희극적인 골계를 느낀 홍소를 하였다고 말하였지만 독자는 결코 이 홍소라는 말을 조소로 오해하여서는 안 될 것이다. 그 희극적 홍소는 도산의 '위대'한 사상을 이해치 못하고 그의 연설을 듣는 점원들이 도산을 '실없는 친구'라고 노매(怒罵)하는 것을 들은 까닭이었다. — 도산을 너무 칭찬해놓고 보니 나는 나의 홍소를 이렇게 변명하지 않을 수 없구려. 독자 중에는 혹은 도산의 화신상회 연설사건 쯤을 들추어내어서 비평한다고 하여 나를 변변찮은 조그마한 일을 가지고 그를 변호하려는 도산의 과도한 숭배자라고 시비할 이가 계실는지 모르지만 도산의 위대하신 인격과 사상은 그런 '사사(些事, 사소한 일)'에도 나타나는 것이 아닌가.

한 방울의 물을 분석해보고 물의 일반성을 알아내는 것이 자연과학자의 이성인 것과 같이 조그마한 사회적 행동일지라도 그것을 엄숙하게 음미해서 그 인간의 계급성을 지적해내는 것이 모든 과학적 청년학도들의 인간에 대한 태도가 아니면 안 된다. '그까짓 것쯤' 하는 말은 모든 세상의 속물(俗物)들의 특권적 소유이니 우리들의 알 바가 아니다.[34]

2. 김성수의 근대화 이념과 경성방직

28세 청년 김성수는 1910년대 후반 일본인 기업 조선방직이 창립한데 크게 자극을 받아 1919년 경성방직을 창립할 방안을 강구하게 되었다. 이는 그의 근대화 이념이 경성방직 창립동력이 된 것임을 뜻한다. 그는 문명개화와 경제적 실력 양성을 위해서는 상공업 발전이 최우선 과제임을 절감하면서 명치유신 이래 비약적인 일본의 공업화의 위력을 체험했다. 일본 학습을 통해서 조선도 일본 공업화를 모델로 상공업 발전을 이룩함으로써 산업화를 앞당길 것이라는 비전을 제시한 것이다. 그것은 이광수의 '닭싸움의 진리'에서 그 해법을 찾아볼 수 있다. 고기한 근(교육)과 구릿가루 두 돈쭝(산업)을 수탉에게 먹여 실력을 양성한 후 승리를 쟁취한다는 것이다. 고기 한 근은 문화와 교육, 구릿가루 두 돈쭝은 산업이다. 이리하여 김성수는 문화와 교육에 동아일보, 중앙학교와 보성전문, 그리고 산업에 경성방직을 창립해서 경제적 실력을 양성한 후 국권을 회복하고 조국 근대화를 달성하겠다는 것이었다.

김성수는 근대화의 원동력은 교육에 있다고 보고 자신이 학업을 마치고 귀국하면 조선에도 와세다대학과 같은 고등교육기관을 설립하겠다고 결심했다. "일본이 발전한 원동력은 교육에 있으며, 조선 민족이 일본의 기반에서 벗어나려면, 그들이 좋아서가 아니라 무엇보다 교육에 있어서 그들을 따라가야 합니다."[35]

김연수는 기업가가 되어 산업 건설에 매진하겠다고 다짐했다. "중학교 2학년 무렵부터 나는 장차 실업인이 되어 조국의 부강을 위하여 몸바칠 것을 결심하기 시작하였다. 처음 동경으로 올 때 오사카를 비롯한 철도 연변에 즐비하게 세워진 큰 공장들을 잊을 수가 없었다. 나는 학교를 마치고 귀국하면 곧 공장을 세우고 크게 산업을 일으킬 생각이었다. … 나는 중학교 2학년에 불과하던 나이에 산업을 생각하고 있었다. 이것은 아버님에게 배운 것과 처음 일본에 와서 큰 공장의 굴뚝을 보고

---

34) 『朝鮮中央日報』(1936. 6. 4), 人物春秋: 安昌浩論(6)(印貞植).

35) 仁村傳記刊行委員會, 『仁村金性洙傳』, p.83.

결심이 선 것인지도 모르겠다. … 학교만 마치면 지체 없이 조국으로 돌아가 산업을 일으켜 실력을 길러야 한다고 몇 번이나 다짐하였다."36)

김연수는 "민족을 이끌 인재를 길러야 한다"는 목표를 세우고 1939년 한국 최초의 민간 장학재단을 창설했고, 후손은 1968년 수당재단을 창설, 유지를 계승했다.

김연수는 산업 중에도 공업을 건설해야만 근대화를 앞당길 수 있다고 확신하고 있다. 공업 발전은 곧 산업혁명의 원동력이 되기 때문이다. "근대의 문명은 과학적 문명이다. 기계의 문명이다. 기계문명의 대표적 표현은 농업에 있지 아니하고 공업에 있다. 그러므로 기계를 사용하여 공업으로 입국한 국가는 문명국이며 우등국이요, 그렇지 못한 국가는 미개에 열등이다. 농산물은 대개 원료요, 그 가격이 싸고 공업품은 정품이요, 따라서 고가가 아닌가. … 공업을 등한시하고 농업으로만 입국한다 하면 현재와 같은 저 국가적 경쟁장리에 도저히 그 존재를 인정치 못하게 된다."37)

이강현은 "우리나라는 이미 국운이 쇠퇴한 때라 수구적인 타성에서 탈피하여 과학적인 새 기술의 습득과 이를 바탕으로 한 산업근대화로써 국력을 배양하는 길만이 구국의 첩경이라고 판단하고" 고등공업학교에 진학하였다.38) 김성수, 송진우는 귀국 후 중앙학교를 인수하여 교육사업에 힘을 쏟았을 때 학생들에게 각자 맡은 일을 잘하는 것이 애국의 길이라고 강조했다. "우리 민족이 일제의 굴레에서 벗어나는 길은 각자가 자기가 맡은 일, 즉 학생들은 공부를 열심히 하는 것"39)이라고 가르쳤다. 조선인이 식민지 상태에서 벗어나기 위해서는 각자가 학업과 생업에 충실함으로써 실력 양성을 해야 한다고 강조하고 있다. 따라서 그들은 자신이 투신한 교육사업과 기업활동을 '애국'운동의 일환이라고 자부했다. 김연수는 학업을 마친 매제 김용완(金容完)에게 실업계

---

36) 김연수, 『財界回顧』(한국일보사, 1981), 권 1, pp.47, 50.

37) 『時代日報』(1924. 4. 6), 조선 산업정책을 논함(2)(金秊洙).

38) 주익종, 『대군의 척후』, p.107.

39) 김용완, 『財界回顧』(한국일보사, 1981), 권 2, p.22.

투신을 종용할 때, 농촌 젊은이들을 일깨우는 것도 좋은 일이나 기업을 운영하여 굶주리는 백성들에게 일자리를 많이 주어 잘살게 하는 것도 결국 애국하는 길이라고 말했다. 그는 훗날의 간척사업도 자신의 이익을 위한 것이 아니고 국가와 농민을 위한 일이라고 자부하고 있다.[40]

이들만이 아니라 훗날 경성방직의 사원들도 회사의 일을 '민족의 사업'이며 '독립운동의 일환'이라고 자부하면서 긍지와 보람을 느꼈다. 특히 경성고등공업학교를 졸업하고 경성방직에 입사한 유홍(柳鴻)은 판로 확장을 위해 조선 각지와 만주 일대로 출장을 다니면서, "이러한 일들이 곧 우리 민족을 위하는 길이요, 완전 독립을 위한 경제적 독립의 길이라고 생각하고 큰 긍지를 가졌다"[41]라고 실토하고 있다.

김성수는 1918년부터 전국의 지주 유력자들을 규합하여 경성방직 설립 작업에 착수했다. 당시 쌀값 하락으로 영농으로는 수익성이 약화되므로 이들 지주자본을 산업자본으로 전환해서 이를 경성방직의 설립 자본으로 이용하겠다는 것이었다. 김용섭(金容燮)은 김씨가(金氏家) 소작미의 석당 평균 가격이 1919년의 21.15원에서 1920년 11.30원으로 급락했고, 그 후에도 그다지 회복되지 않았다고 분석했다. 에커트 (Carter J. Eckert)는 "조선에서 쌀값이 제1차 세계대전 후 급격히 하락했다가 1920년대에 다소 회복되고는 1930년대에 계속 하락했다"고 지적했다.[42]

이리하여 김성수는 전국 각지를 순행하면서 민족기업으로서의 방직 공장 설립의 긴요성을 역설하면서 투자자를 모집하기 시작했다. 그는 우선 총독부로부터 경성방직 설립허가를 받아내기 위하여 교섭 책임자로 박영효(朴泳孝)를 영입했다. 김성수는 먼저 호남 최대의 지주인 그의 양부 김기중(金祺中), 친부 김경중(金璟中)의 투자허락을 받아내는

---

40) 김용완, 『財界回顧』, 권 2, p.80; 김연수, 『財界回顧』, 권 1, p.87.
41) 유홍, 『柳鴻』(자서전출판동지회, 1976), pp.111, 119.
42) 『史學硏究』 19(1977), pp.223~227, 한말·일제하 지주제 연구사례 4: 古阜 金氏家의 농업경영과 자본전환(金容燮); Carter J. Eckert, *Offspring of Empire: The Koch'ang Kims and the Colonial Origins of Korean Capitalism, 1876~1945*(The University of Washington Press, 1991), p.38.

데 성공했다. 이렇게 김씨가의 투자금이 주종을 이루었다. 그리고 이일우(李一雨), 최준(崔浚), 윤홍섭(尹弘燮), 김찬영(金璨永), 최희순(崔熙淳), 이승준(李承駿), 윤현진(尹顯振), 김영철(金永哲) 등 182명의 창립 발기인을 규합했다. 이리하여 3·1운동 발발 직전인 1919년 2월 19일부로 회사령에 따라 조선총독부에 경성방직(주)의 설립청원을 제출했다.[43]

이광수가 동아일보를 버리고 조선일보로 전직한 것은 분명 인촌에 대한 배신행위라는 비난 세평이 들끓었다. 이에 춘원은 이러한 비난 여론을 잠재우기 위하여 인촌 김성수 가문의 조선 근대화운동의 공로를 극찬하는 글을 발표하였다. 김성수의 친가와 양부 김기중의 재정지원이 있었기에 언론(동아일보), 교육(보성전문, 중앙고보), 산업(경성방직) 등 3대 사업이 성공을 거두었기 때문이다. 김기중의 민족자본(백여만 원)이야말로 한국 근대화운동의 추진동력으로 작용한 것이다.

고(故) 김기중(金祺中) 옹의 이름보다 그 아들 김성수(金性洙) 씨의 이름이 높은 것은 물론이다. 김기중 씨는 그 아들로 하여 이름을 얻었다고 하는 것도 사실이다. 그러나 어진 아들의 뜻을 알아주는 아버지는 세상에 몇이나 되는가. 중앙고보나 동아일보나 보성전문이나 또 경성방직이나 김성수 씨 계통의 모든 사업이 김 씨가 없어서도 못 될 일이지마는 그 엄부(嚴父) 김기중 옹이 없고도 못 될 일이었다. 그러므로 김성수 씨의 조선에 대하여서 한 공헌의 공(功)의 반은 확실히 그 엄부 김 옹에게 돌아가는 것이 당연한 일이다.

일찍 경방(京紡)이 파산의 경(境)에 임하였을 때에 김기중 옹은 세전(世傳)의 토지문권(土地文券)을 왼통으로 아들에게 내어주어 식은(殖銀)에 전집(典執)하여 경방을 부활시켜 경방에 출자(出資)하였던 모든 주주(株主)의 주(株)를 다시 살렸다고 한다. 이것은 김성수 씨의 사업적 생명의 일대 위기였던 것이다. 김기중 씨가 김성수 씨의 양부(養父)임을 생각할 때에 더욱 그 일이 어떻게 어려운 일인지를 알 것이다.

김기중 씨의 계씨(季氏) 되는 김경중(金璟中) 씨는 김성수 씨의 생

43) 『每日申報』(1919. 2. 20).

부(生父)다. 이 형제는 아들 김성수 씨의 뜻을 들어 전후 백여만 원의 재산을 조선 민족을 위하여 바쳤다. 고 김 옹의 13대조 하서(河西) 김 인후(金麟厚) 선생이 덕(德)과 학(學)으로 문묘배향(文廟配享)이 되었거니와 김 씨 일문의 민족에 공헌한 업적은 조선 민족이 영구히 기억하고 감사할 가치가 있다.44)

1919년 5월에 경성방직 창립총회를 열고 창립취지문을 발표했다. 경성방직 창립취지문의 내용은 소비의 절반 이상을 수입품에 의존하는 면포(綿布)의 자급(自給)을 기도하는 것이 조선 경제 독립상의 급선무이며, 경성방직은 초창기에는 면직물 생산에 주력하되 장차 방적(紡績) 공업도 겸할 것이며, 이로써 조선 상공업 발달을 도모하는 동시에 조선인에게 일자리를 제공하고 공업훈련을 하겠다는 것이었다.

조선에 있어서의 면포(綿布)의 수용은 연액 4,200만 원이며, 그중 2,700만 원은 수입품에 의존하고 있는 현상이니, 이의 자급(自給)을 기도함은 조선 경제 독립상 급선무라고 하겠습니다. 아래에 기명한 우리들은 이 기운에 즈음하여, 경성방직주식회사를 창설하여, 우선 면직물의 제조로써 제1기 기업(起業)으로 하며, 장래 적당한 시기(조선산 면(綿)의 성적이 점차 양호해짐에 따라)가 도래하면 필경에는 방적 업무도 겸영하고자 합니다. 그리하여 조선 공업의 발달을 도모하는 동시에 더욱 증산을 도모하고, 자급은 물론 여액(餘額)은 만주 지방에도 이출할 것을 기할 것이며, 더불어 다수의 조선인에 직업을 주고 공업적 훈련을 하는 동시에 주주의 이익을 희도(希圖)함을 목적하고 동지가 상모(相謀)하여 본사 창립의 허가신청서를 이에 제출하는 바입니다.45)

영국은 양털을 원료로 하는 모직물 산업을 일으키기 위해 울타리를 치는 인클로저(enclosure) 운동을 펼쳤지만, 정작 영국 산업혁명을 이끈 것은 모직물이 아니라 면직물 산업이었다. 1768년 리처드 아크라이트

---

44) 『朝鮮日報』(1933. 9. 21), 一事一言: 圓坡 金祺中翁(長白山人).
45) 주익종, 『대군의 척후』, p.135.

가 방적기를 개발하여 1771년 대규모 방적공장을 세워 대량생산한 면직물 산업은 영국 산업혁명을 이끈 주역이 되었다. 이와 같이 아크라이트의 방적공장이 영국 산업혁명을 이끈 주인공이 되었듯이 김씨 일가(김성수, 김연수)의 경성방직 창설은 훗날 한국 산업혁명의 원동력이 되었던 것이다.

이리하여 마침내 총독부의 설립허가를 받아내어 1919년 10월 19일 경성방직주식회사가 창립·발족한 것이다.46) 주익종은 경성방직의 비약적 발전상을 다음과 같이 기술하고 있다. "한국인 회사 중에서 가장 눈부시게 성장한 것이 경성방직(주)이었다. 1919년 25만 엔의 자기자본으로 출범한 경성방직은 1943년 말에는 1,150만 엔의 자기자본을 가진, 최고의 한국인 회사로 성장했다. 출범 당시 직기(織機) 100대만 갖춘 소규모 직포회사에 불과했던 이 회사는 일제 말에는 직기 1,120대와 방기(紡機) 3만 2백 추를 보유하고, 또 같은 크기의 자회사를 만주에도 두고 있던 유력 면방직 기업으로서, 일본계 대기업과 더불어 '조선 4대 방'의 당당한 일원이 되었다."47)

김성수의 3대 사업은 교육(보성전문), 언론(동아일보), 산업(경성방직)이다. 인촌은 보성전문을 인수·경영하면서 신축 본관 석조건물에 한국의 심벌인 '호랑이상'을 조각함으로써 민족교육의 최고학부임을 선양했다. 그리고 동아일보 창간 사시(社是)에는 '조선 민족의 대변지'를 표방한다고 선언하면서 동아일보 제호 배면에 독립의 심벌인 '한반도와 무궁화 도안'을 채택함으로써 국가 정체성을 명증했다. 그러나 미나미(南次郞) 총독은 조선 민족의 독립된 일 단위를 인정하지 않고 내선일체 구현을 위해 1938년 2월 10일 '東亞日報' 제호만 남기고 '제호 배면의 한반도와 무궁화 도안 삭제령'48)을 내려 모두 삭제조치를 단행

---

46) 『京城紡織日記帳』(1919. 10. 19~1925. 2. 28); 주익종, 『대군의 척후』, p.26. 특히 이 일기장에는 1924년 6월 30일까지 회계업무를 담당했던 국어학자 이희승(李熙昇)의 단정한 필체를 볼 수 있다.

47) 주익종, 『대군의 척후』, p.19.

48) 『東亞日報社史』, 권 1, p.379; 『日帝侵略下 韓國三十六年史』, 권 12(국사편찬위원회, 1978), p.16(1938. 2. 10).

민족기업 경성방직(1919. 5 창립)의 태극성 깃발
포스터에는 한 부인이 태극무늬가 선명한 태극성 깃발을 들고 있다. "값싸고 질긴 광목 태극성 광목, 조선서 일등 광목 태극성 광목"이라 씌어 있다. 민족부호 태극문양이 금기시되던 일제치하에서 '태극'을 중심으로 8개 별이 반짝 빛나고 있다는 것은 민족혼이 꺼지지 않고 영원히 빛나고 있음을 상징한다.

했다. 이는 미나미 총독의 민족문화말살정책의 첫 신호였다. 한편 더욱 놀라운 사실은 경성방직 상표에 전통적인 민족부호인 '태극' 마크를 선명하게 도안함으로써 민족기업임을 선양한 것이다.

지수길(池秀傑)은 경성방직은 '만주 붐'과 관련하여 공업화에 박차를 가하고 비약적으로 발전했다고 평가하고 있다. "경성방직은 영등포에 공장을 확장하고 만주 시장의 수요 증가에 대비하는 기민함을 보였다. 1932년 이미 경성방직의 전체 판매량은 26퍼센트가 만주로의 수출이었으며, 1931년에 불과 14만 원이었던 총 판매액이 1934년에 450만 원으로 늘었다."49) 국내 1호 상장회사인 면직물업체 경방은 '우리 옷감

---

49) 『國史館論叢』 제51집(1994), p.52, 1930年代 前半期 부르주아 民族主義者의 '民族經濟 建設戰略': 朝鮮工業化와 엔(圓)블럭 再編政策에 대한 認識을 中心으로(池秀傑); Eckert, *Offspring of Empire*, p.174.

은 우리가 만든다'는 기업정신으로 당시 조선 광목시장을 석권했다. 이러한 경영 실적을 바탕으로 하여 1941년에는 만주 지역에 남만방적(南滿紡績)을 세워 국내 기업 최초로 해외에 진출했다.

당시 동아일보와 경성방직은 사주가 김성수였으므로, 동아일보는 연속적으로 경성방직의 발전을 촉구하기 위해서 조선 공업화를 역설하고 있다. 조선 공업화에 대한 조선인 부르주아 민족주의자들의 주장을 보면, 농업사회에서 공업사회로의 전환이 필요하다는 것, 그리고 조선인 중소기업의 보호를 위한 정책적 배려가 필요하다는 것 등으로 요약해 볼 수 있다. 동아일보에 게재한 조선 공업화를 위한 각종의 건의와 요구기사를 추려보면 다음과 같다.

1. 工業朝鮮의 前途, 近代的 産業으로 進路를 開拓하라(1933. 9. 5)
2. 工業을 요구하는 朝鮮(1934. 6. 17)
3. 工業組合令의 制定說, 一步 前進하라(1934. 10. 10)
4. 工業者大會에 대하여 二部制로 하라(1934. 10. 17)
5. 工業企業과 資本難, 特殊金融機關의 要求(1934. 12. 4)
6. 大工業의 進出과 朝鮮人 工業(1935. 5. 30)
7. 財閥進出의 再吟味(1935. 6. 11)

위의 기사들을 정리해보면 첫째, 농업 조선의 공업화를 추진하는 것이 필요하다는 것, 둘째, 조선의 공업화를 위해서는 원료 확보, 자금 융통 등 조선 공업의 보호가 필요하다는 것, 셋째, 조선인 중소기업의 보호를 위해서는 일본 대자본의 횡포를 막아야 한다는 것 등으로 요약해 볼 수 있다.50)

경성방직은 1922년 6월에 총독부에 보조금 지급을 청원했다. "일본인 자본가의 손으로 부산에 설립한 조선방직회사에 대해 총독부로부터

---

50) 『國史館論叢』 제51집(1994), p.59, 1930年代 前半期 부르주아 民族主義者의 '民族經濟 建設戰略': 朝鮮工業化와 엔(圓)블럭 再編政策에 대한 認識을 中心으로(池秀傑).

는 주주 배당 연 7퍼센트에 달하기까지 보급금(補給金)을 교부하게 되었으므로 동일 성질의 사업을 경영하는 경성방직회사에서도 조선방직의 예에 의해 보급금의 교부를 희망하며, 회사 당국자는 얼마 전 총독부 당국과 누차 교섭한 결과 관계당국의 양해 하에 정식으로 청원서를 제출하였다."[51] 요청한 보조금은 납입 자본금에 대해 연 7퍼센트였다. 동아일보는 한 달 후 사설에서 일본인의 조선방직에 보조금을 지급한다면, 당연히 조선인 방직회사에도 보조금을 지급해야 할 것이라고 역설했다. "우리들의 구체적 제안이 무엇인가? … 조선인 자체의 생활을 표준하여 그 산업의 정책을 정하고 동시에 이 정책을 위해 그 예산을 편성하라 함이니, 환언하면 조선인의 농업은 물론 장려·발전하려니와 조선인의 상공업을 또한 조장하라는 것이로다. … 우리는 총독부가 조선인의 이 사업을 혹은 보조금의 형식으로, 혹은 기타 금융상의 편의로 원조·보호함이 필요할 뿐 아니라 그 임무의 마땅한 줄로 인정하노라."[52]

이 같은 보조금 지급청원서를 접수한 총독부 당국은 경성방직의 사업내용을 상세히 조사한 후 유망하다고 판정하고 1923년도 예산에 계상하였다면서 12월 말까지 대장성(大藏省)과의 교섭을 거쳐 마침내 12월 29일에 보조금 지급계획의 확정을 통보했다. 이에 김연수 상무이사는 "조선인 경영 공업회사에 보급금을 계상하는 것은 금번이 효시라. … 다음 달 중순부터 작업을 시작할 것인데, … 보급금이 확정되면 5년 계속될 터인즉, 금후 사업의 진행과 함께 확장하여 자작자급에 일조가 되기를 기하는 바더라"[53]라고 장차 사업 확장 계획까지 구상하고 있다.

경성방직에 총독부의 첫 보조금이 지급된 것은 1924년 3월이었다. 회사의 제품생산을 시작하면서 발생한 손실액에 대해 총독부가 보전해 준다는 의미이다. 조선방직은 총 168만 5,281원의 보조금을 받았고 경성방직은 25만 6,201원을 받았다. 결국 일본 기업이 조선 기업보다 6~7배 더 받은 셈이니 여기에서 내선인 간 차별대우를 느낄 수 있다. 그

---

51) 『東亞日報』(1922. 6. 11).
52) 『東亞日報』(1922. 7. 16).
53) 『東亞日報』(1922. 12. 31).

러나 만일 초기에 보조금 지원을 받지 못했다면 경방은 살아남기 어려웠을 것이다. 경방은 1930년대가 되어서야 재무상태가 안정되었다. 에커트는, 경성방직은 일제에 타협적, 협력적이었으며 회사 창립부터 성장까지 총독부와 일본인 기업에 크게 의존했다고 지적하면서, 그것은 예속자본이요 '제국의 후예(Offspring of Empire)'라고 낙인찍고 있다.[54]

에커트는 일제강점기 조선의 기업체를 민족자본과 예속자본으로 대별하면서 경성방직은 바로 예속자본이라 규정하고 있다. 총독부로부터 보조금을 받아 기업을 창업했다는 것, 일본 기업 이토츄(伊藤忠) 상사에 의존해서 기업을 확장했다는 것 등을 근거로 해서 경성방직은 '예속자본가 = 제국의 후예'라는 등식을 세웠던 것이다. 반제투쟁, 항일운동 편에 설 수 있는 자본만이 민족자본이라면, 그 밖의 자본은 예속자본, 매판자본일 수밖에 없다. 그렇다면 일제강점기 '엔 블럭권'에 편입된 조선 자본은 모두가 예속자본일 수밖에 없다는 논리이다.

에커트는 협력과 의존관계로 성장한 경성방직을 '제국의 후예'라고 낙인찍으면서 현대 한국의 정치경제의 틀이 식민지 시기에 만들어졌으며 김성수, 김연수와 같은 일제강점기 한국인 자본가층이 현대 한국 자본가 계급의 원류라고 규정하고 있다. 한국 산업화의 기동력이 외부(일본)에서 왔으며 식민지 지배는 한국 자본주의 변혁과 근대화를 촉진했다는 식민지 근대화론이 제기되었다. 식민지 근대화론에 의하면 한국의 식민지화가 비록 불행한 일이기는 하지만, 수명이 다한 폐쇄적 구체제가 일본의 근대화 문명을 접하게 되면서 경제발전의 성장동력의 획기적 계기가 되었다는 것이다. 한 국가가 경제성장을 추진할 수 있는 주체적 역량은 곧 '사회적 능력(social capability)'이라 부를 수 있다. 예컨대 오카와(大川一司)와 로소프스키(Rosovsky)에 의하면, 일본이 다른 어느 나라보다도 후발 공업화를 잘 수행한 것은 전통사회로부터 축적해온 그 사회적 능력 덕분이라고 한다.[55] '사회적 능력'이란 (1) 각종

---

54) 카터 J. 에커트, 주익종 옮김, 『제국의 후예』(푸른역사, 2008), pp.126~133; 주익종, 『대군의 척후』, pp.23, 174~175, 331.

55) Okawa and Rosovsky, *Japanese Economic Growth: Trend Acceleration in the*

의 인적 자원, 우수한 기업가와 노동자, (2) 해외에서의 정보 수집 능력, 특히 노하우와 기계설비 등, (3) 사회간접자본의 축적, (4) 능률적인 정부의 존재 등이다. 한국이 비록 경제적 후진국이지만 일본의 선진 공업 기술을 충실히 '실행학습(learning by doing)'을 통해 배우고 '사회적 능력'을 축적해왔기에 선진국을 따라잡을 수 있었다.56)

이에 반하여 예속론자들은 현대 한국의 고도 경제성장과 성공적인 자본주의가 식민지 시기에 기원을 둔 것이 아니라 식민지 시기 이전에 이미 성립했다고 보았다. 식민지 지배가 오히려 경제성장을 저해했기 때문에 일본은 경제성장과 근대화에 장애물로 작용했다는 것이다. 이는 식민지 근대화론에 대한 반대 개념인 '내재적 발전론'이다. 식민지화 이전부터 한국 사회에서 자생적으로 사회 경제 발전이 이루어지고 있었는데 일제의 식민지 지배로 말미암아 한국 경제 발전을 억압했기 때문에 경제개발이 좌절되었다고 주장하고 있다. 그래서 일제강점기 일본의 협력과 일본에 대한 의존에 의해 성장한 '예속자본가 = 제국의 후예'는 일본의 형제가 아니라 무한한 충성을 맹세한 '일본제국의 영원한 꼬봉(子分, 부하)'일 뿐이라고 신랄한 비난을 가하고 있다.57)

역사 해석에는 연속설과 단절설 두 가지 학설이 대립되고 있다. 식민지 근대화론은 연속설에, 내재적 발전론은 단절설에 해당한다. 단절설에 의하면 한국은 식민지 지배와 6·25전쟁으로 초토화한 잿더미 위에서 1960년대 어느 날 갑자기 산업화, 공업화 운동이 일어나서 근대화를 이룩한 것이다. 그러나 연속설은 '사회적 능력'을 충실히 축적해온 결과 시장경제화와 공업화, 도시화가 진행되는 과정에서 하나의 장기 지속적 경제성장을 통해 산업혁명을 성공적으로 달성했다는 시각이다.

Twentieth Century(Stanford University Press, 1973), Chap. 1 and Chap. 9.

56) 미나미 료오신(南亮進), 정영일 옮김, 『日本의 經濟發展』(經文社, 1991), pp. 148~149; 주익종, 『대군의 척후』, pp.16~18, 330~331.

57) 『國史館論叢』 제51집(1994), p.65, 1930年代 前半期 부르주아 民族主義者의 '民族經濟 建設戰略': 朝鮮工業化와 엔(圓)블럭 再編政策에 대한 認識을 中心으로(池秀傑).

3. 이광수의 만주 산업시찰여행

일본 관동군은 1931년 만주사변을 일으켜 중국 장개석의 국민군을 무찌르고 1932년 만주국을 세웠다. 이는 본격적인 대륙침략 전쟁의 단초가 되었다. 명목상으로는 만주족의 정부이지만 사실상 관동군사령관의 관할하의 군사정부인 동시에 일본의 괴뢰정부였다. 만주를 점령한 일제는 이른바 오족협화(五族協和)의 대의명분을 내걸고 일본을 종주국으로 하는 대동아공영권을 형성, 동아시의 패권을 장악하려는 정치적 야심을 불태우고 있었다. 만주국 정부 수립 1년 만인 1933년 8월에 일제는 마침내 일본이 명실상부하게 동양의 종주국(宗主國)임을 과시하기 위해 만주국 수도 신경(新京, 현 長春)에서 일본 전국의 신문협회대회를 개최하였다. 이에 조선 대표는 전 동아일보 편집국장 이광수, 조선일보 편집국 차장 김형원(金炯元), 그리고 동아일보의 송진우(宋鎭禹) 3인이었다. 조선 대표 일행은 대련 박람회, 신경에서의 신문협회대회의 두 공식행사에 참가하는 일정이었다. 공식행사 후 조선 대표는 시찰여행을 했는데, 마적(馬賊, 匪賊)과 반만군(反滿軍)의 기습공격에 대비하여 경찰의 경호를 받으며 철도여행을 단행했다. 이광수는 이때 이미 동아일보를 사퇴하고 조선일보로 자리를 옮길 준비를 하고 있었다. 그는 만주 시찰여행을 끝내고 귀국하자마자 그해 8월 28일 조선일보 부사장에 취임했다.

8월 2일 남대문역을 출발하여 8월 20일까지 약 20일간의 산업시찰 여행이었다. 김형원은 시찰여행 일정을 밝히고 있다. "서울을 떠나기는 8월 2일 춘원과 함께 남대문을 떠나 육로를 취하여 안동현(安東縣)을 거쳐 철(鐵)로 유명한 안산(鞍山)을 보고, 그리로 석탄의 무순(撫順), 봉천(奉天, 현 瀋陽), 대련(大連), 여순(旅順)을 거쳐 다시 봉천으로 신경(新京, 현 長春)으로, 하얼빈(哈爾賓), 길림(吉林)을 죄다 본 뒤에 하얼빈서 춘원, 송진우 씨 등의 일행과 갈라져서 우리 북회부의 일행은 길림서부터 위험지대라 하는 돈화(敦化)까지, 돈화에서 국자가(局子街), 용정(龍井)을 거쳐 국경의 회막동(灰幕洞), 남양평(南陽坪)을 둘러

종단항(終端港)으로 유명한 극동 제일의 군항의 칭이 있는 나진(羅津)
을 마지막으로 30여 일 만에 서울에 돌아왔지요."[58]

압록강반에서, 석송

늘 흰뫼(백두산) 나린 물이, 오리강(압록강) 되었어라
이천 리 멀고먼 길, 꾸준히 흘러나려
사천 년 이 겨레의, 새 넋을 북돋우네
내 사랑 내 사랑, 오리강 내 사랑

뗏목에 실린 노래, 무엇을 말하느냐
지금은 오리강이, 조선의 끝이라나
아득한 저 옛날엔, 여기가 복판일세
내 사랑 내 사랑, 오리강 내 사랑

개화 후 이 강 건너, 도난(道難, 국경을 넘다가 탈나고 지친 일)이
몇 만 명가
그들이 뿌린 눈물, 네 품에 고였으니
오리강 네 혼자서, 속사정 알지 않니
내 사랑 내 사랑, 오리강 내 사랑[59]

고구려 성지를 지나면서, 석송

님의 터 있다 함을, 말로만 듣고 가네
예까지 지경임은, 누구나 인정커든
어찌타 혈육 받은 이 몸이, 이제 겨우 알리오

타는 이 내리는 이, 모두 다 새 얼굴을
강낭이(옥수수) 밭은 뵈나, 주인은 어데 간고

---

58) 『三千里』(1933. 9), pp.47~51, 在滿同胞問題 座談會.
59) 상게서, p.48, 鴨綠江畔에서(石松).

창파가 철둑을 치니, 상전벽해

시악시(색시)의 한숨에는, 강낭 숲이 한들한들
나그네의 가슴에는, 大陸熱(대륙열)이 푹푹 지네(찌네)
언제나 님과 나와도, 웃어볼 날 있을까

강낭 밭에 부는 바람, 시악시의 한숨이오
이 가슴에 타는 불은, 고렷(高麗)적에 붙은 불을
바람과 불이 합한다면, 무엇인들 못 사르리
(大連 旅順間에서)60)

이광수는 김형원과 다른 코스로 여행 일정을 잡았다. 북만주 및 몽골
지역으로까지 확대하여 더욱 광범위한 시찰여행을 단행했다. 이광수는
일찍이 1914년 시베리아 치타까지 방랑여행을 한 바 있거니와 이번에
는 몽골 지역까지 여행을 강행했다. 이 두 차례의 여행 경험이 바로 조
선일보로 자리를 옮긴 직후 집필·연재한 '유정'(1933. 9. 1~12. 31)
의 소재가 된 것이다.

나는 길림, 돈화를 거쳐 간도(間島)로 하여 오지 않고, 하얼빈서 더
몽고(蒙古)와 시베리아 쪽이라 할 지지하르(齊齊哈爾)와 조남(洮南)
등지를 보고 왔습니다. 무엇보다도 조남 등지의 풍광이 참으로 아름답
고 토지는 비옥하여 가위 천리옥야(千里沃野)라 하겠더구만, 송진우
씨도 여정이 나와 꼭 같았습니다. 그래서 나는 열엿새 만에 서울에 왔
어요. 무던히 돌아다닌 셈이지요. 다만 그것이 수천 리를 돌아다녔다는
것이 모두 철도 타고 다닌 곳뿐이기에 철도 연선 이외는 우리는 가보
지 못하였고, 같은 철도 속 여행이면서도 단체원이 많고, 비적의 위험
이 있어서 좌우에 순경의 호위 밑에서 보았으니까 실로 재만(在滿) 동
포 문제를 중심 삼고 견문 이야기할 거리는 적습니다. 나는 "松花江
(송화강) 여기로다 / 그 무엇을 보았는고 / 위에는 하늘이요 / 아래에는
벌이로다 / 그 속에 흰 한 줄기는 / 내 맘인가 하노라"(松花江畔에서)

---

60) 상게서, p.50, 高句麗城址 過次(石松).

라고 읊었습니다. 나는 저 몽고의 조남 등지를 가보았는데 대체로 조선 사람은 평지에 살기를 싫어하여서 자꾸 산간으로 산간으로 기어들어 산악의 한쪽 귀퉁이에 옹기종기 10호, 20호씩 집을 짓고 모여 살더군요. 경비기관이 완비하여 있는 도회와는 이렇게 떨어져 있으니까 마적이 오면 미처 군대에 알리기 전에 피해를 보고 만다고 하더구만.61)

좌담회에서 이광수는 검열관계로 재만 동포에 대한 정치, 시사 문제는 일체 언급을 피했다. 다만 동포의 생업과 이주현상에 대해서만 국한하여 대화를 나누었다. 춘원은 재만 동포들의 생활상태 그리고 생업에 대해서 자세히 설명하고 있다.

　그야 농업이지요. 처녀지대를 개간하는 것도 조선 사람의 손, 수전(水田)을 관개(灌漑)하는 것도 조선 사람의 손, 만주의 농산물 그중에도 미작(米作)은 거의 전부가 조선 농민의 손에서 나니까, 농민이 전체의 8, 90퍼센트가 되고, 도회지에 있는 사람들의 생업은 대부분이 인육(人肉, 몸을 파는 여자)장사와 밀수입업이고, 근래에 여관업자가 많이 생겼다고 합디다. 참 나는 이번 걸음에 조선인의 인육시장에 참으로 놀랐습니다. 봉천, 길림, 하얼빈, 신경 등 곳곳에 조선인 요리업자가 없는 곳이 없어요. 요리업을 개시만 한다면 성공한다니까, 그것은 중국 여자는 더럽고 그래서 모두 조선 여자를 환영한다는데, 그런 까닭에 어떤 여자는 하루 서른다섯 명의 남자를 접하였다고 합디다. 그러니 돈을 남지 않겠습니까. 봉천서는 인육장사를 하여 20만 원 돈을 모은 부자도 있고, 다른 곳에도 수삼만 원, 십여만 원씩 모은 성공자들이 있다고 해요. 그러고는 아편 밀매업인 모양인데, 그것은 만주국 정부에서 이제는 아편 전매령이 실시되어 그 장사는 없어지는 모양입디다.
　여러 가지 정세로 보아 불가피적으로 다수한 농민이 이주할 줄 아는데, 이제는 상조권(商租權)도 해결되어, 토지 소유에 대한 조선인의 항구적 권리도 확인받게 되었으니까, 이제부터는 가서 살맛이 있을 줄 알아요. 그런데 형편이 그렇기야 하겠지만 이주 농민들이 단돈 백 원이라도 자금을 만들어 가지고 들어가서 토지를 사서 농사짓기를 하였

61) 상게서, pp.48~49, 在滿同胞問題 座談會.

으면 좋겠습디다. 나는 하얼빈서 10리 되는 곳을 가보았는데 거기 하루갈이 좋은 수전(水田)이 50원이면 살 수 있다는데 하루갈이라는 것이 2천 평이지요. 그 하루갈이에 열석 섬 내지 스물한 섬까지 난다는데 한 섬 쌀값이 최저 12원이라 하니까 벌써 첫해에 천 원 수입이 아녜요. 이렇게 자작농(自作農) 중심으로 농사지어야 하겠더구만. 소작농(小作農)을 지어서야 언제 생활에 여유가 있겠어요. 아무리 비옥한 만주땅이라 할지라도.

만주 각지를 돌아다니며 가장 크게 느낀 것은 만주에 버들이 많은 점이더이다. 버들은 조선 사람들이 즐기어오던 나무입니다. 그러던 노류(老柳)가 만주 벌판 여기저기 군데군데 선 것을 봄에 우리 조상의 족적이 여기까지 미쳤구나 하는 생각에 과연 가슴이 뻐근합디다. 버들이란 말에 생각이 남은 어떤 언어학자의 말을 들으면 '평양(平壤)'이란 이름이 버들이란 말이라고 합디다. 해석은 잊었습니다마는. 그리고 고려성지(高麗城址)가 곳곳에 있고, 선민(先民)의 유적이 눈에 밟힐 때마다 그야말로 감개무량합디다. 나는 송화강 유역에 있는 길림을 보았는데 꼭 평양 같다고 생각하였습니다. 대동강을 끼고 앉은 능수버들에 싸인 평양성(平壤城)은 송화강의 양양한 물결을 끼고 역시 버들나무를 많이 가진 길림과 어떻게나 그렇게 방불합니까. 더구나 관서(關西)의 부원(富源)이 대동강의 기름진 강안 좌우에 있듯이 북만(北滿)의 옥야(沃野)가 송화강 유역의 좌우에 모두위(모아) 있는 점, 송화강에 대이면 요하(遼河)는 아무것도 아니더이다. 그리고 조남을 가보니, 멀리 지평선 위로 참치(參差)한 밀림이 보이고 끝없이 넓어진 평야며, 양(羊)떼며, 유목민들이며 — 이런 것을 볼 때, 아무 근심도 잊고 그저 그 속으로 정처 없이 방랑하고 싶은 생각이 불길같이 일어납디다. 표박(漂泊)! 그는 땅이 좁은 반도에서 할 것이 아니라 만주 벌판 같은 데서 맛볼 말인 듯합디다.[62]

이광수는 16일간 만주와 몽골 지역 일대를 시찰여행하고 동아일보에 여행기 '만주에서'[63]를 5회 연재했다.

---

62) 상게서, pp.49~51, 在滿同胞問題 座談會.
63) 『東亞日報』 5회 연재(1933. 8. 9~23), 滿洲에서(春園).

옛날은 연경로(燕京路) 3천 리에 압록강 건너는 것이 큰 난사였습니다. 박연암(朴燕巖)의 '열하일기(熱河日記)'를 보더라도 알 것입니다. 그러나 지금은 졸면서 건너가게 됩니다. 철교의 고마움, 문명의 고마움은 다시금 느낍니다. 다만 한(恨)하는 것은 왜 우리 손으로 못하였나 하는 것입니다. 압록강 신의주역을 떠나면서 우리는 시계의 바늘을 한 시간 뒤로 물립니다.

신의주서부터 우리는 북쪽으로 황해도 장수산(長壽山)보다 좀 더 괴상하게 생긴 산 하나를 바라봅니다. 그것이 금석산(金石山)이라는 산입니다. 전혀 뼈만 남은 듯한 톱니 같은 많은 봉우리를 가진 산입니다. 우리 차가 안동역을 떠나면 내(河)를 끼고 금석산 서남우(西南隅)를 향하고 달려 고려문(高麗門)에 이르러서 이 산의 복잡 다양한 전모를 보게 됩니다. 금석산 비슷한 산인데 속에 들어가 보고 싶으리만치 좋은 산입니다.

고려문이라는 것은 옛날 사신들이 통관(通關)하는 곳입니다. 고구려 이전으로 말하면 만주 일폭이 다 우리 민족의 판도니까 말할 것도 없지마는 고려 이후로 점점 좁아들기를 1천 년을 해오는 동안은 이 땅은 마침내 한족(漢族)의 것이 되어버렸습니다.

계관산(鷄冠山)이라는 역이 있는데 이 역 전후 약 40킬로미터 정(程)은 산악지대로서 계관산이란 것은 가노라면 서쪽으로 보이는, 금석산 비슷하게 생긴 일좌 산입니다. 그 모양이 닭의 볏 같다 하여 계관산이라고 합니다. 금석산이나 계관산이나 다 옛날 우리 선인들이 사랑하던 산입니다. 아니 그리운 그 옛날이여!

계관산을 빠져가는 동안에는 굴이 7, 8개나 되는데 굴마다 철교마다 파수 보는, 총안(銃眼) 많이 내인 시멘트 파수막이 있습니다. 늘 습격 문제가 일어나는 곳입니다. 본계호(本溪湖)에 오면 밤입디다. 여기는 제철소가 있어 용광로의 불기둥을 좌편으로 바라볼 수가 있습니다. 본계호역을 지나면 차차 평지가 되어 만주 평야의 특색이 나타나기 시작합니다. 아리나례(阿利那禮)라고 우리 선민(先民)이 부르는 혼하(渾河) 철교를 지나면 봉천역입니다. 시가는 역의 우편에 있습니다. 봉천에 닿은 것이 밤 열 시 오십 분. 경성에서 약 17시간 정(程). 풍우가 대작(大作)하여 밤새 꿈을 이룰 수가 없습니다.

봉천(奉天)은 청조(淸朝) 적부터 부르는 이름이요, 옛날에는 심양(瀋

陽)이라고 하였습니다. 또 그전 우리 선인들은 무엇이라고 불렀는지 지금은 알 수 없습니다. 심양이라면 병자호란(丙子胡亂)에 삼학사(三學士)가 청태종(淸太宗)에게 갖은 권유와 악형을 받고도 끝끝내 항복하지 아니하다가 칼끝에 충의의 열혈을 뿌리고 죽은 곳입니다. 만일 우리 민족이 다시 이곳을 차지할 날이 온다고 하면 맨 처음 할 일은 삼학사의 충혼비, 충비탑(忠碑塔)을 세우는 것이겠습니다. 이제 심양성의 역려(逆旅)에서 일 서생인 나는 조충혼(弔忠魂)의 노래나 부릅시다.

千萬番(천만번) 죽사온들 變(변)할 뉘 아니여든
그 똥 富貴(부귀)야 내 안다 하오리까
찰하로(차라리) 忠魂(충혼)이 되어 울고 올까 하노라

三學士(삼학사) 피 흘린 곳이 여기리까 저기리까
瀋陽城(심양성) 풀 우거진 곳에 風雨(풍우)만 재우쳐라
忠魂(충혼)을 부르는 손이 갈 바 몰라 하노라

세 번 부르노라 三學士(삼학사)의 가신 넋을
三百年(삼백년) 지나기로 忠魂(충혼)이 스오리까(스러질까)
오늘에 치는 風雨(풍우)를 눈물 흘려 뵈노라
癸酉夏 瀋陽에서[64]

차는 만원. 비오는 평야를 55분이나 달리면서 요양에 다다릅니다. 아시는 바와 같이 만주의 평야라는 것은 북은 송화강 유역, 남은 요하(遼河) 유역으로서 이 두 강과 그 무수한 지류가 이리 흐르고 저리 흘러서 지어놓은 것이 세계에도 유명한 만주의 대평원입니다. 우리가 탄 차는 이 요하 평원의 동쪽을 달리는 것입니다. 오곡이 무성한 이 기름진 평야는 누가 보아도 욕심을 아니 낼 수 없겠지요. 그러나 이 평야는 아직 수수, 조, 피, 깨, 콩, 강냉이 같은 전곡(田穀)을 심을 뿐이요, 아직 논은 개척되지 아니하였습니다.
  요양성(遼陽城)은 이 평야의 남쪽 중심에 이 평야로 하여 생긴 도시입니다. 원래 우리 민족의 구지로서 신채호(申采浩) 같은 이는 고구려

---

64) 『東亞日報』(1933. 8. 9), 滿洲에서(1)(春園).

의 안시성(安市城)이라고도 하지마는 여행 안내에 의하면 "요양은 거금 4천여 년 전 우공(禹貢)의 청주성(靑州城)이요, 한대(漢代)의 요양현(遼陽縣)이요, 남북조(南北朝) 시대에는 조선의 영토가 되었다가, 당대(唐代)에 요주(遼州)가 되어 다시 중국 영토가 되고, 요대(遼代)에는 동경(東京)이라 하였고, 청조(淸朝)에서는 봉천 천도 전의 구도(舊都)"라고 하였습니다. 아무려나 요양은 만주 지방에서 가장 오랜 도시의 하나입니다.

원래 남만(南滿)에는 삼좌(三座) 명산이 있으니 일은 고려문(高麗門)의 금석산(일명 高麗城)이요, 일은 계관산이요, 일은 천산(千山)입니다. 다 같이 백두산의 내맥으로서 서쪽을 향하고 달려서 금석산, 계관산, 천산을 순차로 이루었습니다.65)

봉천 대련 간에서 가장 마적의 출현이 빈번한 곳은 대석교 근방이라는데 이것은 삼각지(三角地, 安奉線과 본선과로 구획된 부분) 내에 있는 마적(馬賊)이나 반만군(反滿軍)이 영구(營口) 방면으로 건너가는 노차(路次)가 되기 때문이라고 합니다. 이 마적 혹은 반만군은 보통 촌락은 습격하지 아니하고 만철역(滿鐵驛)과 일본인 촌락만을 목표로 한다고 합니다. 금주(金州)는 발해(渤海)에 면한 아름다운 도시로서 그 북방에 있는 대화상산(大和尙山)에 고구려 시대의 성지가 있다고 합니다. 산해관(山海關) 이동 어느 곳은 우리 조상의 유적이 아니겠습니까.

말이 선후도착이 됩니다마는 보란점(普蘭店)이라는 천일염으로 유명한 곳부터 일본의 99개년 조차지(租借地)인 관동주(關東州) 구역입니다. 별로 경계표도 없지마는 수목의 유무가 자연한 경계를 짓는 것 같습니다. 관동주 내에 들어가서는 산에 수목도 보이고 수수도 철도 연선에 마음대로 자랍니다. 근방의 가옥은 한대식(漢代式)이라고 칭하는 흙 지붕의 집이 많습니다. 산동과 황하 연안의 가옥식이라는데 지붕에 용마름이 없고 암키왓장을 엎어놓은 모양으로 진흙으로 바른 것인데 해마다 새 흙을 바른다고 합니다. 어떤 지붕에는 풀이 무성한 것도 있는데 그래도 좀체로 비는 아니 샌다고 하며, 또 황주(黃洲) 지방도 황하 연안과 같이 우량이 적은 까닭도 될 것입니다. 아주 척박한, 바윗등에 흙 한 켜만 입힌 듯한, 잔잔한 구릉 사이를 들어가 오후 여덟 시에

---

65) 『東亞日報』(1933. 8. 10), 滿洲에서(2)(春園).

아름다운 대련에 도착하였습니다.[66]

대련은 원래 제정 러시아가 동방정책을 추진하면서 군사적 전진기지로 육성한 항구이다. 그런데 러일전쟁에서 일본이 전승을 거두면서 여순과 대련을 차지하게 된 것이다. 따라서 청일전쟁, 러일전쟁의 격전지인 대련항이 일본의 대륙침략의 전진기지가 되고 말았다.

대련(大連)은 본래 빈한한 일 어촌으로 아라사(러시아)의 극동의 상업, 군사의 근거지가 되려던 여순항(旅順港)의 보조항이던 것이 러일전쟁이 일본의 승전으로 되어서 포츠머스 강화조약의 결과로 거금 28년 전부터 장춘 이남의 철도와 대련항이 남만주철도주식회사의 손에 경영되게 되므로 금일에는 인구 40만을 포용하는, 온갖 문명의 시설을 구비한 대도시가 되었습니다. 가로나 가옥이나 전부 서양식이어서 동양인 것을 잊을 것 같습니다.

나는 마침 입항하는 대판상선(大阪商船)의 하얼빈환(丸)이라는 배에서 남녀 무수한 선객이 신호(神戶), 문사(門司)로부터 와서 내리는 것을 보았습니다. 또 화물선이 짐을 풀고 있는 것을 보았습니다. 여기서 대련항의 의미와 일본에 대하여서의 중요성을 알고, 또 아라사가 왜 그처럼 애를 써서, 이 묘액(貓額)의 땅을 탐내었는가를 알 수 있습니다. 일본은 대련을 통하여 선만(鮮滿)에 상품과 군대를 날라 오는 것이었습니다. 대련 보고야 나진(羅津)이 무엇인지도 알았습니다. 길회선(吉會線)과 나진과 신무학(新舞鶴), 복목(伏木), 신사(新瀉)를 연합하여 줄을 그어보면 나진이 북만주(아마 시베리아까지도)와 일본 본토와의 상공업과 문화와 군사를 연결하는 큰 관절 또는 큰 흡반(吸盤)인 것을 알 것입니다.

우리는 이 대련의 기초가 무엇인지를 보아야 합니다. 대련 남산 밑에는 충령탑(忠靈塔)이 있습니다. 이 충령탑에는 러일전쟁의 전사자 4천여의 유골을 장(藏)하였다는데 탑 내에는 4실(室)인가, 5실이 있고 실에는 선반을 매고 선반 위에는 흑포로 싼 네모난 이척각(二尺角)이나 되는 백목상(白木箱)을 여러 층으로 안치하였습니다. 일본인으로

---

66) 『東亞日報』(1933. 8. 18), 滿洲에서(3)(春園).

대련에 들여놓는 사람은 단체나 개인이 반드시 대련신사(大連神社)와 충령탑에 참배하고 나서야 여관으로 간다고 합니다.

충령탑의 연기(緣起)를 설명하는 이는 말하되,

"만주에는 다섯 충령탑이 있습니다. 여순, 대련, 요양, 봉천, 안동입니다. 이 다섯 충령탑에 안치한 충령은 약 10만입니다. 청일, 러일, 만주사변을 통하여 10만의 장졸이 만주의 흙을 물들였습니다."67)

이광수의 만주 시찰여행의 하이라이트는 대련에서 개최한 일본의 산업박람회 관람이었다. 대련 박람회에 진열된 각종 상품을 보고 일본의 산업화에 감탄하였다. 일본이 이처럼 공업화, 산업화에 성공하여 세계적인 강대국이 된 그 밑바탕에는 산업혁명의 성공이 있다는 역사적 사실을 뼈저리게 통감하고 있다. 이에 비해 조선관(朝鮮館)에 진열된 상품이라곤 경성방직의 광목 두어 필밖에 없었으며, 극히 초라한 산업 후진성을 보고 찬 땀을 흘렸다는 것이다. 그래서 공업화 없이는 조선 민족의 산업적인 자활이나 독립 달성의 미래는 기대할 수 없다고 결론을 내리고 있다.

벗이여! 우리는 부두를 보고, 총액 9천만 원을 들였다는 대련시의 시설을 대략 보고, 그리고 대련 부두에 노역하는 산동인(山東人) 화공(華工)들의 숙사를 보고, 그리고 시의 서교(西郊), 유명한 성포(星浦, 호시가우라) 해수욕장 좀 못 미쳐서 있는 대련 박람회 구경을 갔습니다. 대련 박람회는 이름은 대련시의 주최나 관동청(關東廳), 만철(滿鐵)의 협력으로 된 것이어서 '산업일본'의 일대 시위운동이라고 일컬을 만한 것이라고 합니다.

만철, 미쓰이(三井), 미쓰비시(三菱)의 제기관의 제품을 진열한 것은 물론이어니와 오사카(大阪), 교토(京都) 할 것 없이 일본 내 각지의 공업품이 진열되어 있습니다. 어마어마한 중공업 제품으로부터 미술공예품에 이르기까지 일본의 공업이 이만하다는 것을 보이는 동시에 이 제품이 금일 이후로 만주 민중에게 쓰일 것이라는 것을 보인 것입니다.

---

67) 『東亞日報』(1933. 8. 20), 滿洲에서(4)(春園).

거기는 조선관(朝鮮館)이라는 것이 있어서 농산, 수산, 임산 같은 것을 진열하였으나 모두 원료품이요, 공업품에 이르러서는 경성방적(京城紡績)의 광목이 두어 필 있을 뿐이요, 식영(食營)에는 "朝鮮料理とはあつませぬ(조선 요리에는 모이지 말라)"라고 써 붙인 것도 간지러운 일이었습니다.

오늘날 공업 없는 민족이 산업적으로 자활할 수가 있겠습니까. 없습니다. 그렇다 하면 공업이 없는 조선 민족은 딱하지 아니합니까. 왜 조선의 재산가들이 조선 내의 원료와 노동을 가지고 공업을 아니 일으킵니까. 박람회 문을 나오는 우리 몸에는 찬 땀이 흘렀습니다.

밤에 대련 계신 동포 몇 분이 찾아와서 대련 재류동포(在留同胞)의 사정을 말씀하였습니다. 재류동포의 수는 확실하지 않으나 2천 명은 되리라 하고 그중에 재산가라고 할 사람은 10여 명의 요리업자라고 합니다. 요리업이라 하면 물론 창루(娼樓)를 겸한 것인데 만주사변 이래로 조선 창기가 대인기여서 이름난 창기는 하루에 30여의 손님을 접한다는 말을 들었습니다. 그 창기라는 여성들은 2백 원 내지 3백 원의 돈에, 2개년 기한으로 팔려온 이들이라 하며, 특히 미모를 가진 이는 4, 5백 원짜리도 있다고 합니다. 그들은 물품 모양으로 갑 소유주에서 을 소유주에게로 전매되는 일도 있다고 합니다.

찾아주신 양위의 호의로 대련의 절경이라는 노호탄(老虎灘)의 달밤 경치를 구경하였습니다. 이를테면 발해(渤海)의 달을 본 것입니다. 이 근방에도 우리 동포의 농장이 있다고 하는데 그는 물론 소작인이라고 합니다. 간 곳마다 힘없는 조선인이여 하고 노호탄의 밤 달에 우는 것이 합당하지 않습니까. 호텔에 돌아오니 자정이 훨씬 넘었는데 창밖으로 지나가는 한인(漢人)의 마차의 말발굽 소리가 떠벅떠벅, 그것이 말할 수 없이 슬프게 들립니다. 이 마차부(馬車夫)인 한인들은 10전, 20전의 손님을 구하여 하루 종일 대련의 시가를 떠벅거리고 돌아다닙니다. 말도 없이, 조는 듯이 손님을 태우고는 손님 가자는 곳으로 떠벅떠벅, 손님을 내리우고는 새 손님을 구하노라고 떠벅떠벅. 그들은 잠 못 이루는 고객(孤客)의 창 앞으로 밤새도록 달리고 있습니다.[68]

---

68) 『東亞日報』(1933. 8. 23), 滿洲에서(5)(春園).

제13장 '조선통치의 요의'와 '조선민족론'

1. 학병출정 권유 유세와 위장친일

1943년 신정 휴가를 이용해서 정비석(鄭飛石)은 채만식(蔡萬植), 이무영(李無影), 이석훈(李石薰), 정인택(鄭人澤) 등 문인들과 함께 북간도 시찰여행길에 올랐다. 그 무렵 우리 동포들은 가난에 쪼들리다 못해 남부여대하고 북간도(北間島)로 살길을 찾아가 그 수가 무려 1백만에 이르렀다고 한다. 정비석 일행은 이들 동포의 현상을 둘러보기 위한 기획여행을 한 것이다. 정비석은 출발 전에 원고 부탁 겸 출발 인사를 하러 효자동 춘원의 집을 방문했다. 춘원은 책상 옆에 단정히 앉아 불경을 읽고 있었다. 정비석은 춘원이 '민족반역자'라고 지탄받고 있었음에도 불구하고 이에 개의치 않고 오로지 민족의 장래를 걱정하고 있는 우국지사라고 규정하고 있다.

이광수는 사람을 만날 때면 언제든지 책상 옆에 단정히 앉는 버릇이 있었다. 더구나 그 무렵은 시국에 대한 심경이 복잡하여 주로 불경을 읽고 있던 때여서 나는 그에게서 도승(道僧)과 같은 인상을 항상 받아왔다. 불경 공부를 많이 한 데다가 '이차돈의 사'나 '원효대사' 같은 고승(高僧)들의 이야기를 많이 작품화한 영향 때문인지는 모르겠지만 이광수 자신에게서도 고승과 같은 냄새가 다분히 풍겼던 것이다. 눈동자가 서양 사람처럼 새파랗고 음성이 약간 쉰 듯하면서도 조용했기 때문에 그런 인상이 더욱 농후하였다.

내가 이광수 댁에 자주 드나들 때는 '민족반역자'라는 비난이 자자하던 때였다. 따라서 "이광수는 집에서도 우리말을 쓰지 아니하고 언제든지 일본말만 쓴다"는 둥, 또는 "옷도 '하오리(羽織, 일본 옷 위에 입는 겉옷)', '하까마(袴, 주름 잡힌 바지)' 같은 일본 옷만 입고 있다"는 둥 별의별 비난이 자자하던 때였다. 그러나 그가 나에게 일본말을 한 일은 한 번도 없었고 더구나 일본 옷을 입고 있는 것을 본 일은 한 번도 없었다.

물론 창씨개명을 한 것은 천하가 다 알고 있었고, 우리 청년들더러 지원병으로 나가기를 권장하고 다닌 것도 사실이었다. 그러면서도 조용히 만나서는 언제든지 민족의 장래를 걱정하는 것을 보면 그는 순전히 목숨을 보존하기 위해 가면을 쓰고 살아온 것이 분명하였다. 북간도 여행을 떠나기 전에 인사차 찾아갔더니 그는 나더러 "간도에 가거든 우리 동포들의 교육열이 어느 정도인지 그것을 좀 자세히 알아보고 오시오" 하고 특별부탁을 하는 것이었다. 나는 이광수에게서 그와 같은 특별부탁을 받았기 때문에 10여 일에 걸쳐 연길(延吉), 통화(通化) 등 북간도 전역으로 돌아다니며 우리 이민(移民)들의 교육열에 대해서는 특별히 관심을 가지고 알아보았다. 그리고 가는 곳마다 교육열이 놀랍도록 왕성함에 경탄을 거듭하였다. 그와 같은 감명을 받은 사람은 비단 나 한 사람만 아니라 우리 일행 다섯 사람의 공통된 감명이었다. 왜냐하면 가난에서 헤어날 수 있는 길은 오직 자식들을 교육시키는 것밖에 없다고 생각했기 때문에 밥을 굶어도 자식들 공부만은 결사적으로 시킨다는 것이었다.[1]

그런데 정비석이 북간도 여행을 끝내고 돌아오니 이광수에게서 원고를 받아오던 박봉진(朴鳳珍) 기자가 하는 말이 이광수에 대해 크게 실망했다는 것이다. 박봉진은 와세다 영문과 출신의 유망 청년으로서 어려서부터 이광수를 존경해오던 청년이었다. 그런데 정작 원고를 받으러

---

1) 『中央日報』(1978. 4. 24), 남기고 싶은 이야기들(鄭飛石).

갔더니 이광수는 소문으로 듣던 바와 같이 시종일관 일본말로만 대화
하면서 우리 청년들이 지원병으로 많이 나가는 것이 좋을 것이라고 역
설했다는 것이다. 이에 정비석은 이광수는 잘 모르는 사람한테는 친일
의 가면을 쓰고 행동한다고 진단하고 있다. "그러고 보면 이광수는 믿
을 만한 사람을 만났을 때에는 자기 진심을 그대로 털어놓지만 믿기 어
렵다고 생각되는 사람을 만났을 때에는 철두철미하게 가면을 쓰고 살
아왔음을 알 수 있다. 어떤 면에서 보면 유치할 정도로 그런 점이 철저
했던 것이다. 이것은 뜬소문으로 들은 얘기지만 이광수가 처음에는 말
을 잘 들어먹지 않아 일제는 이광수를 숫제 죽여버리려고 했기 때문에
그때부터 가면을 철저하게 쓰게 되었다는 것이었다."2)

1942년 12월 조선총독부 당국의 강권에 의해 춘원은 육당과 함께 동
경으로 건너가 조선인 학병출정 권유 강연 행각을 벌였다. 이로 인해
'민족반역자'라는 낙인이 찍힌 것이다. 춘원의 본심을 알길 없는 세상
사람들은 일제히 춘원의 반민족적 친일행태에 대해 비난과 공박, 훼예
포폄(毁譽褒貶)이 난무했다. 정비석은 이광수의 정체(正體, identity)에
대해 분석적이고 균형 잡힌 견해를 내놓고 있다.

그런가 하면 상해로 망명하여 임시정부가 경영하는 독립신문에 사장
으로 취임했을 때는 '혁명가'로 불렸으며, 상해에서 귀국하여 허영숙과
결혼하고 '민족개조론'을 부르짖었을 때에는 '민족배반자'로 불렸다.
그 후 언론계에 종사하면서 '마의태자', '단종애사', '흙', '이차돈의
사', '원효대사', '이순신'의 명작을 연달아 발표했을 때에는 다시 '문
하의 성자(聖者)'요, '민족의 지도자'로 우러러 받들게 되었고, 종전(終
戰) 말기에 일제의 탄압이 심해지자 '가야마 미쓰로우(香山光郞)'라고
창씨개명을 해가면서 조선 청년들에게 지원병으로 나가기를 권장하는
강연을 하고 다녔을 때에는 다시 '민족반역자'라는 낙인이 찍히기도
했었다. 6·25 때 납치되기까지의 이광수의 60 평생은 글자 그대로 파
란만장의 연속이었다. 그러면 이광수의 정체는 과연 그중에 어느 것에
가장 가까운 사람이었던가.

2) 『中央日報』(1978. 4. 24), 남기고 싶은 이야기들(鄭飛石).

나무가 크면 바람을 많이 받는다는 속담이 있다. 이광수는 재능이 남달리 뛰어났기 때문에 따라서 일반 대중이 그에게 기대하는 것이 너무도 크고 많았기 때문에 그의 일거수일투족은 대중들에게 그대로 훼예(毀譽)와 포폄(褒貶)으로 나타났을 것이 분명하다. 말을 바꿔 표현한다면 그는 너무도 다방면에 재능이 탁월한 거인(巨人)이었기 때문에 일반 대중들은 마치 한 장님 코끼리 평하듯(群盲象評) 그의 어느 일면만을 갖고서 전체적인 찬사와 비난을 퍼부은 느낌이 없지 않았다. 물론 나는 이광수를 비호하기 위해 이런 말을 하는 것은 아니다. 사람은 대인(大人)이거나 소인(小人)임을 막론하고 자기 행동에 대해서는 자기가 책임을 지게 된다. 소인인 경우에는 영향력이 적기 때문에 책임감도 그만큼 가볍다고 볼 수 있지만 이광수처럼 거인일 경우에는 영향력이 너무도 크기 때문에 책임감도 그만큼 막중하다고 볼 수 있다. 그런 점으로 따져본다면 이광수는 불행한 시대에 태어난 불우한 선구자였다.

무릇 선구자라는 이름에는 반드시 수난이 따르게 마련인 법이다. 순교자(殉敎者)와 같은 강인한 정신력으로 허다한 수난들을 극복해야만 비로소 선구자가 지도자로 탈바꿈을 하게 된다. 그러나 이광수에게는 선구자적 소질은 풍부하면서도 그에 따른 수난을 끝까지 극복해나갈 강인한 정신력은 너무도 부족하였다. 그것으로 보면 그는 어디까지나 문학자였지 혁명가는 아니었다.

종전 말기가 되자 일본 관헌은 이광수를 자기 편 사람으로 전환시키려고 갖은 협박공갈을 다해가며 노력하였다. 그는 워낙 영향력이 큰 인물이었기 때문에 한 사람을 굴복시켜 많은 효과를 얻기 위해서였다. 그리고 일제는 표면상으로는 이광수를 굴복시키는 데 성공한 셈이었다. 이광수는 소위 '내선일체'에 찬동하며 창씨개명까지 했으니 말이다. 그러나 일본 관헌들도 표면적으로는 성공했다고 생각하면서도 내심으로는 이광수의 친일전향의 진정성을 조금도 믿지 않았다. 그리고 이광수 자신도 생명을 보존해나가기 위해 본의 아닌 굴복은 했지만 그의 머릿속에 뿌리 깊이 박혀 있는 민족정신에는 추호도 변함이 없었다. 그러기에 그는 일본인이나 친일분자들을 만나면 스스로 친일파 행세를 하였고, 믿을 만한 동포를 만나면 애국애족 정신을 열렬히 고취하였다. 이광수의 인간적인 비극은 바로 그 점에 있었던 것이다.3)

북간도 여행을 끝내고 돌아온 정비석이 춘원을 찾아와 북간도 전역에서의 조선 이민들의 교육열이 놀랍게도 왕성하다고 보고했더니, 춘원은 앉은 자리에서 무릎을 치면서 "우리 민족은 역시 살아 있구나. 교육열이 왕성한 민족은 결코 죽지 않는 법이야!" 하고 크게 감탄하면서 "그런 의미에서 우리 청년들을 군대에 많이 내보내도록 해야 해!"[4]라고 강조하는 것이었다. 군인으로 뽑혀 나가면 일본을 위해 싸울 수밖에 없는데, 그것이 도대체 우리에게 무슨 이익이 된다는 말인가. 실로 전후가 모순되는 춘원의 말에 너무나 당황한 정비석은 춘원에게 어째서 우리 학병을 일본을 위해 군대에 보내야 하느냐고 따져 물었다. 그러자 춘원은 조선 청년의 군 입대는 일본 돈으로 조선독립군을 양성하는 역설적(逆說的) 효과가 있다고 주장하고 있다.

　그러자, 이광수는 내가 자기 말을 알아듣지 못하는 것이 안타까운지 "나라가 독립이 되려면 군대도 있어야 할 것이 아닌가. 지금 우리 청년들을 군대에 보내는 것은 일본 사람의 돈으로 우리나라 군대를 양성하는 것과 무엇이 다르겠는가. 그런 뜻에서 나는 우리 청년들을 지원병으로 많이 내보내 총술(銃術)도 배우게 하고 전술(戰術)도 배우게 하는 것을 찬성하는 사람이네."

　거기까지는 미처 생각조차 못했던 나는 이광수의 말을 듣고 크게 탄복하였다. 그 말은 물론 누구에게나 함부로 할 수 있는 말이 못 된다. 그러나 그 말은 먼 장래까지 내다보고 하는 말이었음에는 틀림이 없었다. 나는 이광수가 평소에 지원병 권장 강연을 하고 다니는 것을 무척 안타깝게 생각해오던 사람 중의 하나였다. 이광수는 그로 인해 비난도 많이 받았고 '민족반역자'라는 낙인도 찍혔다. 그러면서도 자기변명을 늘어놓은 일은 한 번도 없었다. 변명을 하고 싶어도 말을 할 수도 없었다. 그러나 그와 같은 욕을 먹어가면서도 그런 강연을 하고 다닌 데는 그 나름대로 깊은 뜻이 있었던 것이다. 물론 그 말을 "자기변명을 위한 궤변"이라고 일축해버리면 그만일지도 모른다. 그러나 "일본 돈

---

3) 『中央日報』(1978. 4. 20), 남기고 싶은 이야기들(鄭飛石).
4) 『中央日報』(1978. 4. 25), 남기고 싶은 이야기들(鄭飛石).

을 써가면서 우리 청년들에게 군대교육을 시킨다"는 말은, 간단히 일축해버리기에는 너무도 뜻이 깊은 말이었다.

아무튼 이광수는 생각이 깊고 스케일이 큰 이상주의자(理想主義者)였다. 그런데 이광수는 젊어서부터 신문학을 개척해나가면서, 때로는 독립운동에 가담하여 혁명가가 되어보려고도 하였고, 때로는 불교에 심취하여 절에 들어가 불경 탐독에 몰두해보기도 하였고, 때로는 '민족개조론'을 외치고 나오면서 민족의 지도자가 되어보려는 야심도 있었다. 그가 바라는 것은 문학자이기보다는 오히려 사상가요, 종교가요, 민족지도자였던지도 모른다. '문장'을 '일소기(一小技, 조그마한 재주)'에 지나지 않는다고 생각하고 있던 그 자체가 그것을 증명해주고 있는 것이다. 그러나 그는 사상가나 종교가로 일관하기에는 현실적인 욕망이 너무도 많았고, 한 민족의 지도자가 되기에는 백절불굴의 강인한 투쟁력이 너무도 박약하였다. 그리하여 그가 우리 민족에 남겨놓은 업적은 문학적인 업적뿐이라고 하겠는데, 그러나 그것만으로도 그의 이름은 우리 역사에 뚜렷하게 남을 것이다.5)

학병출정 권유는 육당과 춘원만 한 것이 아니다. 김팔봉도 이를 적극 지지하고 있었다. 1944년 1월 조선인 대학생들한테도 학병제도가 실시되었다. 이때 게이오(慶應)대학 재학생 이한직(李漢稷)이 서울 집에 와 있다가 학병에 나오라는 빨간 딱지를 받고 김팔봉을 찾아와 의논하자 김팔봉은 서슴없이 학병에 나가라고 권고했다. "이 기회를 우리에게 유리하게 쓰면 우리의 실력을 키우는 길이 된다는 것이 나의 견해였기 때문이다. 일제를 위해서 싸워준다는 것이 아니라 우리의 장래를 위해서 실기(實技)와 지식을 습득하고 그래서 우리의 역량(力量)을 증대시키자는 것이 그때 나의 주장이었다."6)

육당과 춘원은 조선총독부의 동원령에 의해 1942년 12월에 동경으로 파견되어 조선인 학병출정 권유 유세를 벌였다. 총독부의 각본대로 임석 경관의 엄격한 감찰 하에 조선 학생들에게 학병에 나가라고 역설

---

5) 『中央日報』(1978. 4. 25), 남기고 싶은 이야기들(鄭飛石).
6) 『大韓日報』(1970. 5. 6), 日帝 暗黑期의 文壇(2)(金八峰).

했던 것이다. 육당은 학병문제가 제기되었을 때 처음부터 이를 역이용할 호기로 간파했다. 학생들에게 되도록 많이 나가기를 기대했다. 이상(理想)과 정열과 역량 있는 한국 젊은이들이 학병에 나가 조직적인 일본 군사훈련을 받아 실력을 양성할 절호의 기회라고 강조했던 것이다. 이는 임박한 신운명(조국광복)에 대비하는 계기가 될 것이기 때문이다. 육당은 학병출정 권유 유세에 나설 수밖에 없었던 고충을 실토하고 있다.

그러지 않아도 학병에는 찬성이었고 하던 판이니까 어물어물하게 되자 기차표를 주선한다, 무엇한다 해서 가게 결정짓고 말았다. 당시 세간에서도 2, 3년이면 일본은 패망할 것이다 하는 예측들은 다들 하고 있었다. 나도 그리 생각하여 만약 그날이 오게 되면 실권(實權)을 잡을 수 있도록 준비해야 되겠으니 그것은 젊은 청년 다수를 학병으로 보내 군사훈련을 시킬 필요가 있다. 나 딴에는 적어도 사관학교를 나오고 비행기 조종할 줄도 알고 조직력과 전투력을 배우게 하여야 된다, 적어도 5천 명을 보내 약 2천 명 죽는다 치고라도 3천 명은 훈련해야 된다, 그러면 일대 세력은 형성할 수 있으니 그것을 중심으로 마치 독일 나치스를 조직하듯이 해야 된다는 생각을 전제로 학병을 찬성했다. 그래서 결국 동경으로 떠나게 되어 막상 서울역에 나가보니 동행한다는 혁명요인 모모 씨는 안 왔고 그러고 보니 차중에서 웅성웅성해 가지고 나를 단장격으로 정하여 행동하기로 정하는 모양이니 부득이 면치 못하게 된 것이다. 그래 동경 가기까지 시모노세키(下關)와 오사카(大阪)서 한 번씩 연설하고 이광수는 경도로 나는 동경으로 갔다. 동경 가서는 학생이면 누구든 찾아오너라, 와서 이야기해보자, 하면서 만났다. 그래 너희들 젊은 사람이 가서 이 시국을 담당치 않으면 누가 하겠느냐, 이 기회는 우리가 군사훈련을 받고 조직이라든가 전투법(戰鬪法)이라든가를 배우기에 가장 좋은 때다, 이 기회를 놓치면 또다시 못 얻는 기회다라고 역설하였다. 그러자 대원(隊員) 중에서 내 말에 학병 지원하는 것은 일본 제국주의의 주구(走狗) 노릇하는 것이라고 의혹을 갖게 된 사람도 있었다. 그래서 약 10일간 있는 동안에 몇 백 명을 설득했다. 그리고 돌아왔더니 간우(簡牛)의 환영은 대단하였다. 그래 간우 보고 한 가지 말하기를 학생들의 희망은 나가기는 하겠으나 나갈 때 한 번 마음껏 강연을 하겠다 하니 하도록 주선하라고 부탁했다. 결국 이것은 실현은 못 되었지만. 그러나 내가 동경서 학생들에게 화랑도(花郎道)를 역설하고 우리 민족이 일본 기반이탈(羈絆離脫)을 전제한 자위적(自衛的) 전투 제(諸) 기술을 체득(體得)하기 위하여 지원하라고 학생을 불온적(不穩的)으로 선동하였다 하여 총독(總督) 관헌(官憲)의 백안시도 상당하였으나 나는 나의 신념이 있기에 부동하였다. 그러한 경위로 내가 관계하던 건국대학(建國大學)은 한 사람 내놓고는 다 출병했다. 나의 이런 주장도 결국은 일본이 자의적(自意的) 아닌 전쟁에 돌진하게 되고 세계역사는 일본에게 세계정복을 용서치 않는 한 일본의 운명은 결정적으로 규정되리라 하는 데서 나 딴은 자신을 가지고 출발하였던 것이다. 일본은 최초에 지나사변(중일전쟁)을 불확대 방침 밑에 현지 해결하고자 하였으나 결국은 대세에 휩쓸려 큰일을 저지르고 말았으니 인제는 일본은 역사적 심판에 도달하였다. 그러니 인제는 우리도 준비가 있어야겠다. 그 준비의 현실적 기회를 학병을 통해 군능력(軍能力)을 체득케 함에 있다고 하기 때문이었다.7)

육당과 춘원은 다 같이 학병 입대를 적극적으로 권장하고 있었다. 기간 장교 양성의 기회로 역이용하겠다는 것이다. 그래서 이광수는 '학병을 보내는 세기의 감격'에서 "축 입영의 노보리(幟, のぼり) 깃발"이 입영하는 학도의 집집마다 펄럭이고 있다면서 학도병 입영을 찬양·고무하였다.8) 최남선도 "학도병 관계로는 '보람 있게 죽자'(朝光, 1943. 12)라는 글을 발표한 외에 1943년 11월 14일 명치대학 출신 출정학도 궐기대회에서 '가라! 청년학도여'라는 표제로 강연한 것(每新, 1943. 11. 20), 그리고 매일신보에 발표된 권유문 '보람 있게 죽자'(1943. 11. 4) 등을 들 수 있었다."9)

1949년 1월 8일 이광수와 최남선이 반민특위에 체포되었다. 취조관

---

7) 『平和日報』(1948. 3. 3), 三一節 記念特輯: 學兵勸誘의 目的 獨立戰取에 必要한 軍事訓練?(崔南善)

8) 『每日新報』, '入營旗' 學兵을 보내는 世紀의 感激(香山光郎).

9) 林鍾國, 『親日文學論』(平和出版社, 1966), p.407, 崔南善論.

1184

은 이광수에게 학병출정 권유를 집중 심문했다. "취조관 : 학병을 강요 코자 총독 고이소(小磯國昭)의 명을 받아 이성근(李聖根), 김연수(金秊洙), 최남선과 함께 동경에 간 게 사실인가. 이광수 : 조선을 위해 나가 달라고 말하였습니다."10) 그는 이렇게 분명히 시인하고 있다. 학병이 군사훈련을 받을 절호의 기회라고 언명하고 있다. 그것은 일본을 위한 입영이 아니라 조선을 위한 군 장교 양성의 호기라는 뜻이다. 한편 최 남선도 '자열서'에서 다음과 같이 학병출정 권유의 진의는 군 장교 양 성의 호기라고 언명하고 있다.

소위 대동아전쟁의 발발에 신경이 날카로워진 일본인은, 나를 건국 대학(만주 신경 소재)으로부터 구축(驅逐)하였다. 고토(故土)에 돌아온 뒤의 궁액(窮厄)한 정세는 나를 도회로부터 향촌으로 내어몰았다. 이제 는 정수내관(靜修內觀)의 기(機)를 얻는가 하였더니, 이사의 짐을 운반 하는 도중에서 붙들려서 소위 학병 권유의 길을 떠나게 되었다. 국내 에서도 공개강연을 나서지 않던 내가, 일반의 촉축(蹰躇, 움츠림)하는 문제로서 멀리까지 나감에는 자작지얼(自作之孽)에서 나온 일동기(一動機)가 있었다. 처음 학병문제가 일어났을 때, 나는 독자의 관점에서 조선 청년이 다수히 나가기를 기대하는 뜻(意)을 가지고 이것을 언약 한 일이 있었더니, 이것이 일본인의 가거(可居)할 기화(奇貨)가 되어서, 그럴진대 동경일행(東京一行)을 하라는 강박(强迫)을 받게 된 것이었 다. 당시 나의 권유논지(勸誘論旨)는 차차(此次)의 전쟁은 세계역사의 약속으로 일어난 것이므로, 결국에는 전 세계 전 민족이 여기 참가하 는 것이요, 다만 행복한 국민은 순연(順緣)으로 참가하되 불행한 민족 은 역연(逆緣)으로 참가함이 또한 무가내하(無可奈何)한 일임을 전제 로 하여, 우리는 이 기회를 가지고 이상과 정열과 역량을 가진 학생 청년층이 조직, 전투, 사회 중핵체(中核體) 결성에 대한 능력취위성(能力取爲性)을 양성하여 임박해오는 신운명(민족해방)에 대비하자 함에 있었다.11)

---

10) 高元燮 編, 『反民者罪狀記』(白葉文化社, 1949. 4. 15), pp.39~50, 皇道의 賣 文家 春園 李光洙(香山光郞).
11) 상게서, pp.52~61, 崔南善의 自列書(1949. 2. 12); 高大 亞細亞問題硏究所

육당·춘원의 친일행태 중 최대 공박(攻駁)을 받은 것은 학병출정 권유 강연을 벌였다는 사실이다. 이 문제는 반민특위에서도 최대 쟁점이 되었다. 조선 대학생들을 일본군의 대포 밥이 되도록 몰아갔다는 것이다. 그러나 육당·춘원의 생각은 달랐다. 징용에서 산업기술을 배우고, 징병에서 군사력을 양성할 기회라고 본 것이다. 홍일식(洪一植)은 "일제 말 최남선의 학병 권유는 우리 민족의 군사지도자 양성이 목적이다"라고 역설했다. 이는 학병 입대를 적극 권유한 목적은 근대 군사기술을 습득하여 독립군 군사지도자(기간장교) 양성의 호기로 역이용하자는 '독립전략'이라는 것이다. 이것이 이른바 '수카르노 전략'이다. 수카르노는 일본군이 인도네시아로 침공해오자 일본군에 적극 제휴·협력해 인도네시아 청년들에게 일본식 군사훈련을 시켰다. 태평양전쟁이 종식되고 옛 종주국인 네덜란드군이 들어오자, 수카르노는 일본식 군사훈련을 받은 청년 군대를 동원해 게릴라전을 벌여 네덜란드군을 몰아내고 독립을 달성했다. 이 같은 역기능 전략의 진실 여부는 아이바(相場淸)가 소상하게 밝혀주고 있다. "지원병 제도에 대한 영합 또한 이에 속한다 할 수 있지만, 개중에는 조선 민족의 타일(他日)에 대비하려는 동상이몽(同床異夢)의 도배(徒輩)가 전혀 없다는 보증도 할 수 없음. 아니 오히려 지식계급 일부에 있어서는 앞날을 꾀하려고 겉으로 충성(表面忠誠)을 가장하고 맹렬하게 지원병 권유를 책동한 도배도 있음."12) 여기서 '타일에 대비'는 독립에 대비한다는 뜻이고, '지식계급이 겉으로 충성을 가장하고 앞날을 꾀한다'는 것은 앞에서는 친일행태를 하고 돌아서면 항일을 꾀한다는 뜻이다. 결국 학병출정 권유는 독립군 군사지도자 양성의 호기라고 진단하고 있다.

윤석중(尹石重)은 1933년 동시집(童詩集) '잃어버린 댕기'를 출간했

六堂全書 編纂委員會 編, 『六堂崔南善全集』(玄岩社, 1974), 권 10, pp.530~533, 自列書.

12) 『月刊朝鮮』(2008. 9), pp.432~447, 일제말 崔南善의 學兵출정권유는 우리 민족의 '군사지도자' 양성이 목적(洪一植); pp.448~457, 극비 조선민족사상에 대한 관견(極秘 朝鮮民族思想に就て)(1942. 10)(相場淸, 洪一植 번역).

다. 특히 주목되는 점은 표지에 소화연호(昭和年號)를 사용하지 않고 서기(西紀)를 표기하고 있다. 윤석중은 '조선 나라'라는 국가 표시는 지워진 채 '대일본제국'이라고 빨갛게 색칠해놓은 세계지도를 보고 나라 없는 설움과 환멸감을 노래했던 것이다.

세계지도

학교에서 그려 오라는 세계지도
어제 밤— 새두룩 그렸는데
여태 반두 안 됐어요.
네 땅 내 땅두 없구
네 나라 내 나라두 없구
이 세계가 왼통 한 나라라면
지도 그리기가 얼마나 쉬울까요.13)

춘원은 신간평에서 나라 없는 설움을 노래한 윤석중의 동시를 소개한 일이 있었다. "아동문학가 천재아 윤석중 군의 동시집 '잃어버린 댕기'가 나왔다. 윤 군의 동심을 들여다보는 눈은 더욱 깊어지고 인생의 경험도 점점 풍부함을 보인다. 그의 재주요 동시에 결점이든 기교주의는 '잃어버린 댕기'에서 훨씬 자유롭고 둥그러진 근경(近境)을 보였다. 이 '잃어버린 댕기'는 그 시형(詩形)에 있어서 조선에서의 첫 시험인 동시에 그 가치에 있어서 단연 최고봉이다."14)

윤석중은 춘원의 학병출정 권유는 군사력 양성의 호기라는 '역설적 기회론'이라고 증언하고 있다. 이는 춘원이 준 것만큼의 대가를 받아내겠다는 '기브앤드테이크(give-and-take)' 원칙을 원용한 타협전략인 것이다. 춘원은 앞에서는 친일, 돌아서면 항일이라는 면종복배식(面從腹背式) 친일행태를 벌였음을 입증하고 있다.

---

13) 尹石重童詩集 第一輯 『잃어버린 댕기』(계수나무會, 1933. 4. 25), p.34, 세계지도.
14) 『東亞日報』(1933. 5. 11), 新刊評 尹石重 君의 '잃어버린 댕기'(李光洙).

나는 어려서 춘원 선생하고 한동네에 살았다. 선생 댁은 숭삼동(지금의 명륜동 3가)이셨고 우리 집은 숭이동(지금의 명륜동 2가)이어서 엎드러지면 코 닿을 데였다. 내 나이 열다섯 살 때 조선물산장려회라는 데에서 '조선물산장려가'라는 것을 현상 모집한 적이 있는데, 내가 지어 보낸 것이 수많은 어른들을 물리치고 1등 당선이 되어서 갑자기 유명해진 데다가 '기쁨사'라는 소년들끼리의 단체를 만들어서 등사판 잡지 '기쁨'이며, 회람잡지 '굴렁쇠'를 꾸며내던 판이어서 '소년 명사'가 된 나는 각 방면 명사들을 두루 찾아다니며 교제를 하였다. '상록수'란 소설이 동아일보에 뽑힘으로 더욱 유명해진 심훈(沈熏으로 薰은 틀림)과 내가 전라도 갑부의 숭이동 첩네 집 사랑채를 빌어 1년 남짓 자취생활을 한 것도 20 전 일로, 춘원 선생하고는 열아홉 살 터울이어서 아버지와 아들 격이었으나 언제나 선생은 나를 친구로 대해주셨다. 그 당시 동아일보 편집국장이시던 선생은 내가 동요(童謠)를 지어 바치기가 무섭게 학예면(지금의 문화면)에다 대문짝만하게 내주셨다. "김소월(金素月)의 시와 박구보(朴仇甫)의 소설('천변풍경(川邊風景)')과 윤석중의 동요는 남어." 선생은 자랑삼아 이런 말씀을 하셨다. "여난(女難)과 비범난(非凡難)과 기로난(岐路難), 이 세 가지만 멀리하면 석동(石童)은 성공할 거야." 이러한 주의도 주셨다. 여자 때문에 골탕을 먹지 말 것과, 잘났다고 뽐내지 말 것과, 이것저것 손대지 말라는 충고 말씀이었다.

기독교에서 불교로 넘어오신 선생은 항상 부처님 말씀을 끌어다가 훈계하셨다. '석동(石童)'이란 춘원 선생이 발견해내신 나의 별호다. 동아일보에 보낸 동요에 적힌 '尹石重'을 신문사 식자공(植字工)이 '重' 자를 '童' 자로 잘못 식자해서 생긴 오자(誤字)인 것을 모르시고 선생은 나를 만나시자마자, "석동(石童)이란 별호 참 잘 지었어" 하고 칭찬을 해주시는 바람에 나는, "네, 무어…" 하고 어름어름 묵인해버려서 30년이 지난 오늘날에도 일석(一石) 이희승(李熙昇) 선생 같으신 분은 '석동, 석동' 하면서 반가와 해주시어 '나만이 아는 별호'가 되어버렸다. 내 나이 스물한 살 때이니 선생께서 갓 마흔 되셨을 때다. 인천 월미도 피서촌에서 부부 싸움을 하신 적이 있다. 두 분께서는 나에게 통사정을 하셨다. "하지만 남이 알면 춘원 선생이 잘못하셨다고 안 그러고 허 선생 남편 되시는 분이 잘못했다고 할 테니, 결국 부인께서 먼저 욕을 잡숫게 되실 거예요." "석동 말이 맞았어." 춘원 선생은 애송이 말을 전적으로 지지하셨다.

1941년 겨울에(1942년 12월) 일본 동경에서 선생을 뵈온 적이 있다. 대동아전쟁으로 독이 올라 한국 청년들을 싸움터 대포 밥을 만들려고 몰아 보내던 일본 군국주의자들의 등쌀에 못 이겨 학병 권유 강연에 나타나신 것이었다. 일본 사람보다 한 술 더 뜰 필요가 없어서, "다섯 바퀴 도는 내기에 열 바퀴 돌았다고 해서 성적이 더 좋아질 턱이 있을까요?" 대운동 때의 경주에 비유해서 이런 말씀을 드렸을 때 선생께서는 침통한 표정으로 고개를 끄덕거렸다. 일본 작가 기쿠치 캉(菊池寬)이 주선해준 산노시다(山王下) 어느 조용한 여관에서의 대화였다. 거짓, 건성, 엄벙뗑, 이런 것들을 싫어하시는 춘원 선생 생각에는 '기브 앤드테이크' 전술을 써서 이런 기회에 청년들 힘을 길러 우리 속셈만 차리면 될 것이 아니겠느냐는 것이 선생의 나라 사랑 방법이었다. "춘원 선생이 이따위 기구한 나라에 태어나지를 않으시고 일본 같은 나라에만 태어나셨더라도 얼마나 좋았을까?" 춘원 댁에서 잔뼈가 굵은 피천득 교수와 이따금 주고받은 말이다. 오죽 부아통이 터져서 춘원 선생 자신이 '거지같은 조선'이라는 시까지 쓰셨겠는가…. 어려서부터 뵈온 춘원 선생을 한마디로 말한다면, '무섭게 책을 안 보시는 분, 그러면서도 무섭게 아는 것이 많으신 분'이시다. (1962년 12월 15일)[15]

2. 항일정신과 민족보존론

1932년 4월 윤봉길 의사의 상해 홍구공원에서의 폭탄의거에 연루되어 도산 안창호는 일본 경찰에 체포되어 국내로 압송, 4년 징역형을 받고 대전형무소에서 복역하고 있었다. 도산의 피체는 이광수가 이끌고 있는 국내 유일의 민족운동단체인 동우회에 크나큰 타격을 주었을 뿐만 아니라, 자칫하면 신간회 해체처럼 동우회는 강제 해산 위기에 놓이게 되었다. 동우회는 도산이 이끌고 있는 흥사단의 국내 지부격이므로 그 어느 때보다 경무국 당국은 동우회의 활동 상황에 대한 감찰을 강화

---

15) 『李光洙全集(月報)』(三中堂出版局, 1963. 1. 20), pp.5~6, 어릴 때 사귄 春園先生(尹石重).

했기 때문이었다. 이광수는 1933년 7월 10일 동아일보에 '흙' 연재를 마무리하고 그의 고향 정주 방문을 단행했다. 정주를 떠난 지 실로 20년 만의 감격적인 귀향인 것이다. 이광수는 평양에 도착하여 동아일보 평남 지분국대회를 마치고 고향인 정주에 도착, 열광적으로 모여드는 1천여 명의 청중을 향해 '새로 일어나는 세계의 사조'란 제목으로 열변을 토했다. 강연회가 대성황리에 끝나자 정주 유지 30여 명의 환영회가 열렸다.16)

1935년 2월 도산 안창호는 형기 22개월을 남기고 가석방되었다. 도산은 동지의 성금으로 지어준 대보산 송태산장에 은거하고 있었다. 그해 10월 동우회를 이끌고 있는 이광수는 도산 출옥을 계기로 향후 민족운동을 어떻게 전개할 것인가를 심각하고 진지하게 재정립하지 않을 수 없었다. '민족에 관한 몇 가지 생각'을 발표한 것이다. 거짓말과 거짓 일 안 하기, 민족개조운동, 모범부락 건설, 이 세 가지 사업은 바로 흥사단과 동우회의 3대 혁명정신인 동시에 실천덕목이다. 이광수는 "우리가 무슨 '종교'(기독교, 불교, 유교)를 믿거나 그것을 꼭 믿고 숭배하고 그 명령에 절대로 복종할 '무엇'을 가지고 싶습니다"라고 했다. '종교'와 '무엇'에 방점을 찍고 있다. 이광수의 글은 모두 검열관계로 메타포(암유)로 표현하는 경향이 있다. 그러기에 마치 암호 풀이 식으로 해석해야만 비로소 그 진의를 알아낼 수가 있다. 여기서 강조한 '종교'는 '국가'요 '무엇'은 '독립대업'을 은유하고 있다. '종교 = 국가'를 꼭 믿고 그 명령에 절대 복종하고 '무엇 = 독립대업'을 성취한다는 것이다. 그 믿는 바를 따라서 수행(修行)하는 사람은 말 한마디, 행동 하나에도 그 믿음이 드러날뿐더러 그 용모에도 드러난다는 것이다. 그러므로 '무엇 = 독립대업'은 결국 민족개조운동을 통하여서야만 얻을 수 있다는 것이다. 한편 민족개조의 실천방법으로 가장 유효한 것은 모범부락의 건설이다. 이것이 도산 안창호의 모범농촌 건설안이다. 이는 민족개조운동에 가장 실제적인 유효한 방법이 될 것이다. 신생활을 원하

16) 『東亞日報』(1933. 7. 13), 李光洙氏 講演 定州에서 盛況.

는 조선 민족이 한 지점에 모여서 조선이 높은 문화의 사회가 되고 문화적 조직과 시설과 정신을 가진 이상부락을 건설하는 것이 궁극적 목적이다. 조선 민족의 절대 다수(70퍼센트)가 농촌 인구이다. 춘원의 '흙'에서 전개한 '살여울' 같은 모범농촌을 건설하여 농촌 근대화운동을 전개함으로써 민족의 힘을 기르고 '독립대업'의 기초를 준비해서 조국광복을 이룩하는 것이 이광수의 지상목표이다. 이는 1970년대의 '새마을운동'의 원조가 되고 있다.

이광수는 의인이 많이 배출되어야 국운이 융창해진다는 취지에서 '의인'을 발표했다. 이광수는 의인이 많이 배출되어야만 국가와 민족을 보존할 수 있다고 예단(豫斷)하면서 "천하의 의로운 중생은 이 땅에 태어나옵소서"라는 대원(大願)을 송축하고 있다.

구약(舊約)에 악한 소돔 성(城)은 의인 10인이 없으므로 천화(天火)의 멸함을 받았다고 한다. 그 말을 미신(迷信)이라고? 불가(佛家)에서는 악이 사는 곳에서는 악한 귀신과 악한 축생(畜生)들이 모여들뿐더러 인가(人家)에도 악한 사람들이 태어난다고 한다. 같은 업(業)을 지은 자가 함께 모인다고. 그래서 어떤 나라에 미(迷, 미혹)를 닦는 의인이 있어야 의(義)를 사모하는 중생이 그 나라에 태어나기를 원하므로 그 나라에 의인이 많이 생겨서 국운(國運)이 융성한다고 한다. 이것도 미신이라고?

또 불가에서 말하기를 어떤 사회가 의인을 핍박하면 그 의인은 그 사회의 적(敵)의 나라에 태어나기를 원하여 적의 나라의 힘이 된다고 한다. 그것도 미신이라고? 미신이라 하자. 그래도 지당한 미신이다.

조선은 수백 년래로 의인이 핍박을 당하고 간녕한 무리가 세(勢)를 쓴 곳이다. 그래서 그 의인들은 다 다른 나라에 가서 태어나고 간녕배(奸佞輩)의 권속(眷屬)들만 꾸역꾸역 조선으로 모여드나? 그렇지마는 고래에 진정으로 조선을 사랑하던 의인들 — 단조(檀朝)의 신민(臣民)들, 을지문덕(乙支文德), 연개소문(淵蓋蘇文), 이순신(李舜臣), 이러한 충의의 사람들은 천하락(天下樂, 천하의 즐거움)도 버리고 타국의 영화(榮華)도 마다하고 반드시 조선에 태어나기를 원할 것이다. 설사 성삼문(成三問), 박팽년(朴彭年)이 되어서 포락지형(炮烙之刑, 달군 쇠로 살을 지지는 형벌)을 당하고, 김옥균(金玉均), 김홍집(金弘集)이 되어 역적 누명을 쓰고, 혹은 고산자(古山子), 주시경(周時經), 기타의 의인이 되어 생전에는 기한(飢寒)을 면치 못하고 사후에는 자녀가 구학(溝壑)에 군다 하더라도 죽고 죽어 일백 번이 아니라 백만 번 고쳐 죽더라도 번번 조선에 태어나서 조선 사람을 의롭게 부귀하게 높게 하량(할 양)으로 애를 쓸 것이다.

그러나 우리는 지나간 의인에 대하여서 좀 더 추모하는 정을 표하고 현존한 의인에게 존경과 찬탄과 감사의 뜻을 표하여서 의로운 중생이 조선에 태어나기를 원하도록 할 필요가 있지 아니한가. 의인들의 비도 세우고 동상도 세우고 전기(傳記)도 면락(緬樂, 옮겨 적는 것을 즐김)하고 그리고 밥 대접도 하고 이리하여 조선은 의를 사모하고 의인을 모경공양(慕敬供養)하는 땅이 되게 하지 아니할까. 이것이 다 미신이라고?

어디 의인이 있느냐고? 이 의인들을 존경하고 감사하는 데서 많은 의인이 배출할 것이니, 혹은 감사하는 편지를 주며 혹은 밥을 대접하여 혹은 꽃 한 송이를 보내더라도 그것이 다만 그것을 받는 일개인에게 감사히 될 뿐 아니라 모든 의인에게 대한 공양(供養)이 되고 의를 사모하는 정신의 표현이 되는 것이다.

족보(族譜)를 만드는 비용으로 조선 민족사와 의인의 전기를 편찬하라. 무명(無名)한 조선(祖先)의 분묘를 꾸미는 비용으로 반만년 우리네 의인들의 묘와 묘(廟)를 꾸미지 않는가. 의인이야말로 우리의 공동한 조상이어든. 조선과 같이 의인을 모앙(慕仰)하는 기념물이 없는 땅은 없다. 사육신(死六臣), 삼학사(三學士)의 분묘가 어찌 되었는가.

義人(의인)을 부르세
높이 祭壇(제단) 모아놓고
黃土(황토) 펴고 禁(금)줄 늘여
모든 不淨(부정) 齋戒(재계)하고
五穀百果(오곡백과) 上上(상상, 가장 좋음)으로
祭床(제상) 가득 고여(괴다)놓고
三千里(삼천리) 온갖 花草(화초)

두루두루 꽂아놓고
焚香降神(분향강신) 하온 後(후)에
二千萬(이천만) 가지런히
엎드려서 비옵나니
天下(천하)의 義(의)로운 衆生(중생)은
이 땅에 태어나옵소서17)

이광수는 상해 망명 시절 흥사단 원동위원부 제1호로 입단했다. 춘원이 도산 앞에서 손을 들어 "일신을 조국에 바치겠다"고 입단서약을 행한 이래 도산과 춘원은 평생 동지로 결속했다.

동우회를 이끌고 있는 이광수는 대전형무소에서 3년간 복역 후 출옥한 도산에게 사회적 활동무대를 제공한다면 학원 경영이 최적이라는 내용의 '도산의 인격과 무대'를 발표하였다. 도산은 그 어떠한 처지에 있건 자기의 무대를 자기 손으로 만드는 지도자이지만, 굳이 도산에게 활동할 수 있는 무대를 제공하라 한다면 교육사업을 하게 해서 독립역군을 양성할 것을 제창했다. 도산은 이미 대성학교에서 실험한 것처럼, 특색 있는 훈련을 하여 특색 있는 사람을 배출한 바 있다. 여기서 말하는 특색 있는 사람이란 곧 '혁명투사'를 말한다.

안도산(安島山)에 대하여는 여러 가지 사정으로 그의 인격이나 수완을 충분히 말하기가 어려울 것 같습니다. 내가 아는 안도산은 '참'과 '참음(忍)'의 사람이라고 봅니다. 그는 거짓말, 거짓 표정을 완전히 극복한 사람이라고 봅니다. 그에게는 발표 아니 하는 것이 있을지언정 표리(表裏)도 없고 권변(權變)도 없고 음모도 없습니다.

세상에서 혹시 그를 오해하는 이가 있지마는 좀 파라독스 같지마는 이 오해가 다 그의 참되어 꾸밈과 권변 없는 데서 온 것입니다. 그에게는 접하는 모든 사람을 다 유쾌하게 하고 다 친하게 할 만한 권변과 가식(假飾)과 첨곡(諂曲, 지조 굽혀 아첨함)을 부리라면 부릴 재주는 넉넉하다고 생각합니다마는 이 '거짓'이라는 것을 자기 개인에게서 빼

17) 『四海公論』(1935. 10), pp.43~44, 學窓獨語: 義人(李光洙).

어버리고 조선 사람에게서 빼어버리자는 것을 일생의 대원(大願)을 삼고 또 일생의 직분(職分)을 삼고 있습니다. 또 그가 참음을 힘쓴다 함은 그는 일찍 사람이나 일이나 물건에 대하여 성을 내거나 화를 내거나 싫은 생각을 내이는 것을 본 사람이 없습니다.

도산의 인격은 이상에 말씀한 두 기둥 위에 선 것이라고 믿습니다. 도산의 수완에 대하여서 말씀하면 그중에 특장(特長) 되는 것은 경륜(經綸)인가 합니다. 이 점에는 그는 어디까지나 실제적입니다. 그는 이 점에서 결코 공상가가 아닙니다. 도산에게 어떤 무대를 제공하였으면 좋겠는가에 대하여서는 말할 수 없습니다. 왜 그런고 하면 도산은 어떤 처지에 있던지 자기의 무대를 자기 손으로 만드는 사람입니다.

만일 그래도 가상으로, 만일 도산에게 무엇을 제공해보라고 하면 나는 유치원에서부터 보통학교, 남녀 고등보통학교, 남녀 전문학교와 대학과 같은 것을 포함한 학원(學園)을 맡기고 싶습니다. 이것이 도산이 가장 즐겨할 뿐 아니라 가장 능란한 무대일까 합니다. 도산의 학교에서 몇 달만 배운 사람이라도 특색 있는 훈련을 받아서 특색 있는 사람이 되는 것은 이미 대성학교에서 실험된 것이지마는 지금은 그 능력이 더욱 원숙하였을 것을 믿습니다.[18]

미나미 총독은 내선일체, 황민화, 조선문화말살정책을 강행하고 있었다. 이는 국내 유일의 민족주의단체 동우회 해체를 예고하고 있었다. 1937년 4월 학무국장 도미나가(富永)가 이광수와 최남선을 초청하여, 이광수를 중심으로 조선문예회(朝鮮文藝會)를 조직할 것을 강청하였다. "조선서 내선인(內鮮人) 문예가 중 권위자를 망라, 풍교상 악영향을 미치는바 많으므로 사회풍교(社會風敎)의 정화를 도모하려는 목적이다"[19]라고 조직 이유를 밝히면서 이광수에게 회장을 맡으라고 했다. 이에 이광수는 "나는 이미 문필사업에서 물러 나와서 불교 생활만 한다는 이유로 이를 거절하였고, 최남선도 가만히 있는 이광수를 끌어내어서 욕 먹이지 말라고 내 편을 들었다."[20] 그럼에도 불구하고 이튿날

18) 『三千里』(1935. 12), pp.54~55, 島山의 人格과 舞臺(李光洙).

19) 林鍾國, 『親日文學論』, p.78, 朝鮮文藝會.

20) 春園 李光洙, 『나의 告白』(春秋社, 1948. 12. 25), pp.150~151.

각 신문에는 이광수를 중심으로 조선문예회가 조직되었다고 대서특필 기사가 나왔다. 그러나 이광수는 창립총회에도 불참했을 뿐만 아니라 비협조적인 태도를 유지했다. 이 신문기사를 보고 도산은 부드럽게 이광수를 책망하는 편지를 보냈다.

이광수의 조선문예회 회장직 거부와 동우회의 핵심간부 김윤경의 심전개발(心田開發) 강연 거부 등 일련의 비협조적인 행태로 말미암아 총독부 경무국 당국은 드디어 동우회 해체를 단행했다. 이리하여 동우회는 조선독립을 목적으로 한 정치단체라는 치안상 이유로 1937년 6월 7일 도산과 춘원을 비롯하여 181명이 총검거되고 말았다. 도산은 화신의 박흥식의 보석금을 내어준 이유로 보석된 지 2년 만에 체포된 것이다. "하루는 끌려 나가 어떤 방으로 가니 거기는 안창호, 김항주, 주요한 등이 먼저 끌려와서 앉아 있었다. 나는 도산을 보고 놀랐다. 그가 왜 왔을까. 그는 이미 징역을 치르고 나왔으니 다시 잡혀올 리는 없으리라고 생각하였기 때문이다. 그의 낯빛은 무척 초췌하였다. 그가 발명한 깃 접힌 양복을 입고 있었다. 메라(目良)라는 부장은 차와 담배를 많이 내어놓고 말없이 어디로인지 나가버리고 방에는 우리들만 남아 있었다. 나는 옳다, 항복하는 의논을 할 기회를 주는 것이로구나 하였다. 그러나 도산도 이 사건에 대하여서는 말이 없고 우리들도 서로 바라볼 뿐이요 말이 없었다. 우리는 담배를 피우고 차를 마시고 아마 20분이나 앉아 있었다. 그러다가 도로 유치장으로 끌려 돌아왔다." 이광수는 "나는 조선의 독립을 바라는 자요. 그러나 이 단체는 독립운동을 하는 단체는 아니요. 오직 수양운동을 하는 단체요. 수양은 개인의 힘을 기르고 민족의 힘을 기르기 위함이요"라고 동우회는 독립을 위한 단체가 아니라 순수한 수양단체라고 항변했다. 그런데 동우회가 독립을 목적으로 한 정치단체라는 결정적인 문건, 즉 도산의 편지가 증거로 제시되었다. "그런데 우리 사건의 증거로 안도산이 마닐라에서 미국에 있는 동지들에게 한 편지가 상해에서 본국으로 들어오는 어떤 동지의 짐 속에서 경찰에 압수되었다. 이 편지에는 흥사단 운동이야말로 진정한 독립운동이란 구절이 있었다. 또 종로서에서 도산은, 나는 밥을 먹는 것도 민족을

위해서요, 물을 마시는 것도 민족을 위해서요라고 한 말이 있다. 와타
나베도 이 말을 꺼내어서, 이것을 보아도 흥사단은 독립운동단체요, 따
라서 흥사단과 같은 주지를 가진 동우회도 그러하지 아니한가, 그러니
그대로 쾌히 독립운동단체라고 자백하고 어서 지루한 예심을 마감하는
것이 득책이 아닌가라고 윽박질렀다."21)

　1936년 8월 미나미(南次郎) 총독이 부임하면서 내선일체, 황민화를
강행했다. 그의 궁극적 통치목표는 두 가지이다. 즉 민족운동단체를 발
본색원하여 모조리 해체해버리겠다는 것, 조선문화말살정책으로 조선
어 사용 금지를 강행함으로써 조선인을 야마토(大和) 민족으로 동화(同
化)하겠다는 것이다. 조선 문화공작상 지도정신은 내선일체의 실현 즉
황국신민화(皇國臣民化)이다. 이를 구현하기 위해 국어(일본어) 전해
(全解)운동을 장려하고 조선어 사용을 전폐한다는 것이다.

　말이란 그 민족의 혼이 담긴 것이기에 말을 빼앗는다는 것은 민족정
신을 말살할 뿐만 아니라 민족정체성을 파멸시키고 만다. 이에 근거하
여 총독부 당국은 황민화를 구현하려면 조선인의 정체성 말살이 선행
되어야만 가능하다고 판단, 조선인이라는 민족의식을 가지지 못하게 하
는 궁극적 방법으로 조선어 사용 전폐를 강행한 것이다. 독일의 언어학
자인 훔볼트(K. W. Humboldt, 1767~1835)는 "언어는 개인과 사회를
맺어주는 힘이며 국어는 국민성의 표현이라고 보고 심신(心身) 제 능력
의 미적 조화야말로 곧 인간성이다"22)라고 그 나라 언어가 곧 국민성
의 표현이라고 정의했다. 춘원은 더 나아가 "말은 역사"라고 역설하면
서 말을 빼앗기면 민족역사도 함께 망실되고 만다고 경고하고 있다.

　이민족인 칭기즈 칸(Chingiz Khan, 成吉思汗)은 원(元, 蒙古, 1206
~1367)을 건국하여 161년간 중국을 지배했다. 그러나 원이 멸망하면
서 지배민족인 몽골족 및 몽골어는 피지배민족인 한족(漢族)의 한문화
(漢文化)에 동화되어 모두 소멸되고 말았다. 또한 만주족(滿洲族, 女
眞) 누르하치(奴兒哈赤)는 청(淸, 1616~1911)을 건국하여 295년간 중

---

21) 상게서, pp.151~157.
22) 『岩波西洋人名辭典』(岩波書店, 1956), pp.1288~1289.

원대륙을 지배했다. 그러나 신해혁명(1911)으로 만주족과 만주어는 한 문화에 동화되어 소멸된 것이다. "중국은 전통적으로 순수한 민족주의 (nationalism)를 모르고 지내면서도 문화주의(culturalism)라고 일컫는 이른바 한문화(漢文化) 우위관(優位觀)을 견지하고 있다. 중국인(한족) 은 변방 오랑캐(夷狄)들보다 우월한 문화국임을 과시하고 있다. 이리하 여 오랑캐는 중국 문화와 '중국의 생활방식(Chinese way of life)'을 채 택함으로써 차차 한문화에 동화되고 마침내 그들 고유의 문화적 특성 마저 저버리고 중국화(中國化)되고 만다."23)

한편, 고려는 30년간 일곱 차례 몽골의 침입을 받으며 대몽항쟁을 벌 였고, 1270년 원과 굴욕적인 강화를 맺은 후 81년간(1270~1351) 지속 된 원의 간섭정치를 물리치고 자주권을 지켜낸 유일한 변방 국가이다. 정수일(鄭守一)은 고려의 자주권 유지를 해명하고 있다. "이러한 역사 적 맥락과 현실적 맥락을 이어준 징검다리 역할을 한 것이 바로 고려- 원 시대에 일어났던 이른바 '고려풍(高麗風)'과 '몽골풍(蒙古風)'이다. 고려는 후반 30년간(1231~1259) 몽골의 일곱 차례 내침을 막아내고 90여 년(1259~1351)의 간섭을 슬기롭게 타개함으로써 당시 몽골 중 심의 천하에서 자주권을 지켜낸 유일한 나라이다. 그리고 원종(元宗)은 태자의 신분으로 원 세조(世祖) 쿠빌라이를 찾아가 원이 고려의 풍속을 고치도록 강요하지 않겠다는 이른바 '불개토풍(不改土風)'이라는 약속 을 받아낸다. 그렇지만 막강한 원의 끈질긴 간섭과 강요, 그리고 그 과 정에서 일어나는 불가피한 문화적 접변(接變)으로 인해 이러한 '불개토 풍' 약속은 사실상 유명무실이 되고 말았다."24) 몽골은 고려를 흡수·통합할 수 있는 세계지배 국가이다. 그럼에도 불구하고 세조는 고려의 풍속을 고치지 않겠다고 하고 단일문화국가로 인정했기 때문에 고려의 자주권은 유지될 수 있었다.

---

23) Wolfgang Franke, *China and The West, the Cultural Encounter, 13th to 20th Centuries*(New York and Evanston: Harper and Row Publishers, 1967), p.23; W. 프랑케, 김원모 옮김, 『東西文化交流史』(단국대 출판부, 1996), p.52.

24) 정수일, 『초원 실크로드를 가다』(창비, 2010), pp.302~303, 고려풍, 몽골풍.

이광수는 민족은 문화적 일단위로 존립해야만 국민성과 역사가 보전된다고 진단했다. "적어도 세계적 공화국이 건설되어 인류가 평화적 생활을 향유함에는 어느 기한까지 민족적 존재를 시인하노니, 즉 민족이 문화적 일단위로 존립할 이유가 있다. 하여간 무계급한 세계평화가 완전히 실현함에는 필연적 과정으로 민족적 존립(文化單位로) 필요를 인정하는 우리는 민족적 운동이라고 그 전부가 사회주의적 운동에 배치되는 것이 아닌 줄 믿는다. 어느 의미에서는 문화적 단위로 그 존재를 주장하고 지위의 획득에 분투하는 그 자신이 곧 사회주의적 운동의 일종인 것을 믿는다. 과거에 민족적 운동이 소위 민족국가의 최고 이상(理想) 하에서 연출되든 것을 미루어 금일의 민족적 운동을 — 더욱 피지배의 형편에 있는 민족운동을 하나의 법규로 저울질(律)하는 것은 역사적 미신에 포착된 논법이다."25)

춘원은 혈통적으로 문화적으로 통일된 민족단위를 유지해야만 민족국가는 멸망하지 않는다고 역설한 것이다. "그중에 한 가지는 우리 민족이 그러한 많은 시련 속에서 용하게도 멸망하지 아니하고 살아남았다는 것이다. 다른 민족은 이러한 대시련의 한두 번에 벌써 종족적 멸망을 당하였거나 그렇지 아니하더라도 민족의 정신과 말과 모든 문화를 잃어버렸을 것이언만, 평균하여 2백 년에 한 번씩이나, 그도 계속하여서, 우리보다 몇 갑절 되는 인구와 병력을 가진 자의 대침입, 대살육을 당하면서도 혈통적으로 문화적으로 통일된 민족단위를 유지하여왔다는 것은 전 인류의 역사를 통하여서 큰 이적(異蹟)이라고 아니 볼 수가 없는 것이다. 저 몽고족을 보라, 만주족을 보라, 사라센 옛 제국의 아라비아족을 보라. 이들과 대조할 때에 우리 민족의 불가살(不可殺), 불가사적(不可死的) 끈기를 새삼스럽게 아니 느낄 수 없는 것이다."26) 결국 몽골족이나 만주족이 한문화(漢文化)로 동화되어 멸망하게 된 것도 문화적 '단일문화단위'의 존립기반이 없었기 때문이다. 그러므로 조

---

25) 『東亞日報』(1923. 8. 1), 二大解放運動의 一致點, 主義的 運動과 民族的 運動(李光洙). 이광수전집(삼중당)에 미수록.

26) 李光洙, 春園隨筆集 『돌벼개』(生活社, 1948. 6. 15), pp.214~215, 내 나라.

선어가 폐지되고 일본어만 사용하게 되면 한문화(韓文化)의 일단위의 존립기반이 소멸되므로 한민족의 역사와 문화는 영원히 말살되고 만다는 것이다.

조선어 절멸의 위기를 당하여 이광수는 총독부의 조선문화말살정책(ethnocide)을 정면으로 반대하는 항일성 발언을 내쏟았다. 그것이 조선어 보존책 성명이다. 조선어 보존과 사수(死守)는 더 이상 양보할 수 없는 최후의 마지노선이다. 이에 총독부 당국은 춘원의 '조선어 보존책'을 반박하는 대항마로 현영섭(玄永燮)을 내세워 '조선어 전폐론'을 주창했다. 드디어 양자 간 치열한 공방전이 전개되었다.

문화는 언어 위에서 건설되는 것이요 언어 위에서 성장하는 것이다. 그러므로 문화의 기초인 언어의 통일과 정리는 급선무가 아닐 수 없다. 이에 춘원은 이극로(李克魯)와 함께 1929년 10월 31일 한글 창제 483주년을 맞이하여 발기인 108인이 회합, 조선어사전편찬회를 창립했다. 춘원은 창립취지를 이렇게 말하고 있다. "일개 민족으로서 자족어(自族語)에 의한 한 개의 사전이 발간되지 못하고 그 사용어가 구구하다는 것은 그 민족의 일대 수치가 아닐 수 없다. 다방면의 인사가 한자리에 모여 난상토의 결과 민족의 표준어사전을 편찬한다는 것은 실로 민족적으로 중대한 의의가 있다." 조선어사전 편찬사업이야말로 조선어 보존책의 지상과제가 아닐 수 없다.

춘원은 이같이 주장하고 있다. 말은 그 민족의 혼이 담긴 것이기에 말을 빼앗는다는 것은 민족정신을 말살하는 것이고 결국 민족정체성은 파멸되고 만다. 조선어를 폐지한다고 일부에서 떠들어대고 있지만 이러한 정책은 조선인의 감정을 도리어 악화해서 역효과를 낳게 된다. 조선의 언어와 문화는 끝까지 보존하지 않으면 안 된다. 조선의 문화와 언어를 끝까지 보존하면서도 조선인은 진심으로 일본을 사랑하는 일본 백성이 되고 천황폐하를 진심으로 자기 임금으로 숭배하는 마음을 가질 수 있다. 그러므로 조선어 보존이야말로 일본제국 안의 조선의 특수한 지방문화는 영구히 보존될 수 있다는 것이다. 결국 춘원의 광복주의 정신 구현의 지상과제는 조선어 보존책이다. 조선어를 고수함으로써만이 일본제국으로부터 분리·독립할 수 있다는 것이 곧 그의 정치적 독립운동의 철학이다.

이에 대해 현영섭은 반박이론, 즉 조선어 전폐론을 주장하였는데, 그 내용은 이와 같다. 조선인이 완전한 일본인이 되기 위해서는, 조선어 사용 전폐에 의해 무의식적 융합인 완전한 내선일원화(內鮮一元化)를 이룩할 수 있다. 국어(일본어) 전해(全解)를 장려하고 장래 조선어가 없어져도 조선인의 개성은 조금도 멸각되지 않는다. 시조(時調)는 일본 시가(詩歌) 일파인 하이쿠(俳句, 短型詩)로 갱생시킬 수 있다. 인류사회를 파괴하려 하는 것은 아일랜드 같은 정치적 독립운동이다. 아일랜드가 분리·독립했듯이 조선도 조선어 고수로 일본제국으로부터 분리·독립을 기도하고 있다고 정치적인 해석을 덧붙였다.

'일본정신'의 대칭 개념은 '조선정신'이다. 현영섭과 이광수는 상호 모순되는 정반대의 정치 개념을 두고 치열한 공방전을 벌였다. 현영섭은 천황에 귀의(歸依)하는 것이 곧 일본정신이며 황민화의 실현이라고 정의했다. 일본정신이란 결코 민족주의가 아니라 기독교와 동일계통인 신중심의 신앙 즉 천황어모(天皇御慕)의 종교이다. 신(神)의 상징인 천황을 숭배·앙모하고 천황의 '오오미 고꼬로(大御心, 천황의 마음)'에 부봉(副奉), 천황에 귀의하여 야마토(大和) 민족으로 거듭 태어나는 것이 황민화의 구현이라고 주장했다. 이에 대하여 이광수는 정반대의 논리를 펴고 있다. '묘향산(妙香山) = 태백산(太白山) 신시(神市)'라는 사적(史的) 근거에 의하여 조선정신이란 곧 조선의 첫 임금인 단군왕검(檀君王儉)에의 귀의라고 정의했다. 그는 1938년에 단군왕검이 어즉위한 묘향산에서 '香山光郎'이란 자호(自號)를 지어 사용한 것이다. "神市 三千衆에 이 몸도 바치리라 / 그분의 옛터에서 새로운 일할 때 / 香山의 나무 한 그루 커서 / 이 몸 받아들여 주소서. 春園"[27] '국어대사전'(이희승)에도 "묘향산은 묘향산맥의 주봉으로서 단군(檀君)이 강림

---

27) 抗日獨立運動關係 朝鮮總督府 警務局 所藏 秘密文書, 『島山安昌浩資料集』(국회도서관, 1998), II, p.467, 증거 제104호(李英學 所持); 香山光郎, 現代傑作長篇小說全集 第一卷 『사랑』 前編(博文書館, 1938. 10. 25).

했다는 전설로 유명함"이라고 명기되어 있다. 이광수는 태백산은 평안도 묘향산이라고 했다. "태백(太白)은 평안도 묘향산, 경상도 태백산의 양처가 있으나 단군왕검 강지(降地)로는 고기(古記)가 다 평안의 태백을 가리키다."[28] 우주의 주재자인 환인(桓因)의 아들 환웅(桓雄), 그 환웅의 아들 단군왕검이 태백산(묘향산) 박달나무 아래로 내려와 신시를 만들고 그 신시에 360조의 율령을 제정해 단군조선을 건국했다. 춘원은 첫 임금 단군이 어즉위한 묘향산 신시의 나무 한 그루 커서 이 한 몸을 '새나라'에 바치겠다고 맹세하고 있다.

친일을 하자니 민족반역자 소리를 들어야 하고, 항일을 하자니 경무국의 가혹한 탄압을 받아야 하니, 춘원은 지옥과 극락을 오고가는 '모순의 삶'을 힘겹게 살아야만 했다. 춘원의 친일과 항일은 이율배반적인 상호 배치되는 정치적 모순 개념이다. 춘원은 친일과 항일을 병행하는 '이중 플레이'를 구사했다. 위장친일을 하되 내재적 민족운동을 벌인다는 것이다. 춘원은 동우회 사건에서 유죄와 무죄를 반복하며 재판이 계속되는 가운데 홍지동 산장에 칩거하고 있었다. '특요시찰인'이 되어 행동의 자유가 없는 완전 유폐생활을 해야만 했다. 자신의 정신생활이 시기를 따라서 모순의 연속이었기 때문에 하루에도 때를 따라서 모순되게 살고 있다는 것이다. 이는 범부의 설움이 아닐 수 없다.

도산은 1938년 3월 10일 동지 구출 유언을 남기고 운명했다. 이제 춘원에게 주어진 일은 동지 구출이라는 과제를 실천하는 것이었다. 친일행각을 벌이지 않고 항일운동을 통해 과연 동지를 구출할 수가 있겠는가. 절대로 불가능한 일이다. 친일행태를 벌이고 그만한 대가를 받아내는 '기브앤드테이크' 전략을 구사할 수밖에 없다. 동우회 사건(1937. 6. 7)으로 1939년 12월 8일 1심에서 7년이 구형되었으나 피고인 전원 무죄선고를 받았다. 그러나 검찰이 즉각 상소함으로써 춘원은 피고인 신분이 되었다. 1940년 8월 21일 2심에서 춘원은 최고형인 5년 징역형을 받았으나 피고인 전원이 이에 불복, 상고하였다. 이광수는 1938년

---

28) 李光洙 纂, 『東光叢書』, 권 2(東光社, 1933. 7. 10), p.1, 太白山(時調)(李光洙).

11월 3일 명치절(明治節)을 기하여 사상전향신술서(思想轉向申述書)를 제출함으로써 친일전향을 공식화했다. 친일전향을 공식 성명했음에도 불구하고 춘원의 독립열망과 광복주의 정신은 아무런 변화가 없었다. 1939년 12월 12일 동우회 사건 무죄선고를 축하하기 위하여 춘원의 집을 방문한 윤치호에게 춘원은 동경의 유력인사들이 연해주(沿海州)에 영친왕(李垠)을 수반으로 하는 조선공국(Korean Principality)을 세울 계획을 추진 중이라고 언명했다. 이는 춘원의 친일행태가 위장친일임을 여실히 증거하고 있다.

춘원은 1941년 10월 22일 조선임전보국단을 출범, 황민화운동에 앞장섰다. 임전보국단의 황민화운동의 특색은 임전, 보국, 단결 세 가지이다. 임전이란 조선 민중 전체가 장병으로 응소(應召)할 각오이다. 보국이란 충성으로써 나라에 보답하는 것이다. 단결이란 2천 4백만 조선 동포는 일사보국의 정신으로 단결, 큰 힘을 발휘한다는 것이다. 이제 총독부 당국은 정치공학적 타산에 의해 춘원의 친일행태에 대하여 어느 누구도 의심할 수 없는 황민화된 진짜 친일전향이라고 판정하기에 이르렀다. 이리하여 1941년 11월 17일 경성고등법원 상고심에서 동우회 피고인 전원에게 무죄판결을 내렸다. 이로써 동우회 사건 발생 4년 5개월 만에 무죄언도를 받아내어 동지 전원을 구출하는 데 성공했다. 춘원은 도산의 '동지 구출 유언'의 사명(使命)을 완수하기 위하여 역기능 전략으로 대응, 친일행태를 동지 구출 도구로 역이용한 것이다.

해방 후 어느 날 R특파원 일행이 사릉 춘원 농가를 방문하니 춘원은 대뜸 "그런데 어찌 이 친일파 괴수(魁首) 집을 찾아왔소"라고 말했다. 이에 기자들은 "그거 무슨 말씀이시오" 하니, 춘원은 "무슨 말이라니 요전에도 주요한 군이 다녀갔는데 그 후 동아일보에서는 친일파들이 모여 무슨 음모를 시작했다고 기재되었는데 이번에는 또 크게 신문에 날 것이 아닐까…" 하고 경계하는 눈치를 주었다는 것이다. 동아일보에 친일 반역자들이 대두했다는 기사가 보도된 것이다.

해방 후 전 민족의 지향과 요청은 조선의 자주정권 수립에 있다는 것은 재언을 불요하는 바로서 첫째로 국내문제에 있어서 민주혁명세력의 통합과 일정(日政)에 영합·추종하던 친일파 민족반역자 숙청의 무조건 단행이 당면의 급선무이었던 것이다. 그러나 저간의 일부 불투명한 세력 대두 강화로 인하여 민족숙청이라는 3천만의 열정을 냉각케 하는 동시에 일보 진하여는 불순분자의 옹호 방면에로 전전(前展)하여 가는 작금의 혼란정세가 아닌가 하는 인상을 주고 있다. 민주혁명세력의 분산으로 생기는 혼란 대립 상극에 편승하여 국내 일부에는 또 한 개의 잡음이 양성(釀成)되고 있다는 것이 근일 항간에 전파되고 있다.

해외풍상 수십 년간 오직 조선의 독립실현을 위하여 위대한 투쟁을 최후의 순간까지 계속한 고 도산 안창호 선생이 돌아가신 금일에 도산 선생의 이름을 빙자하고 '흥사단 국내위원회'라는 간판 아래에 시내 모처에서 3일간에 긍하여 연석회의를 개최하였다고 한다. 도산 작고 후 흥사단원의 친일행동은 과연 어떠하였던가. 혼란의 금일 정황에 있어서 친일파 민족반역자 숙청단행을 절규하는 전 민족적 요망은 1일이라도 시일의 천연을 불허하는 차제이니만치 우리는 이런 종류의 동향에 대하여 전 민족적 감시와 주목을 게을리하여서는 안 될 것이다. 당일 회합한 분자(分子)는 대략 다음과 같다고 한다. 이광수(李光洙), 주요한(朱耀翰), 주요섭(朱耀燮), 김대우(金大羽), 계광순(桂珖淳), 최린(崔麟) 등 다수.[29]

이광수는 1922년 2월 22일 흥사단 국내지부로 수양동맹회를 조직했다. 수양동우회와 동우회를 이끌고 줄기차게 민족운동을 전개해오다가 중일전쟁 발발 직전 동우회 사건으로 동우회 회원 181명 전원이 총검거됨으로써 동우회는 강제 해체된 것이다. 해방이 되자마자 미주 흥사단 본부 이사부장 송종익(宋鍾翊)이 귀국하면서 흥사단 부활운동을 벌이게 되었다. 송종익은 강제 해산된 동우회를 '흥사단 국내위원부'로 부활시킨다는 취지에서 1945년 12월 27일 동자동 조선신학교에서 흥사단 임시총회를 소집했다. 미주 흥사단 본부(金秉煥, 金聖樂), 중국 흥사단 원동위원부(金朋濬, 柳振昊), 국내 동우회(張利郁, 朱耀翰, 朴

---

29) 『東亞日報』(1946. 10. 10), 親日反逆者들이 擡頭. 崔麟, 李光洙, 金大羽 等이 謀議.

賢煥, 金允經, 許然, 鄭一亨, 金善亮, 金麗植) 등 총 13명이었다. 소집 이유는 세 가지이다. 중국과 미주 그리고 국내 각지에 흩어져 있는 흥사단 관계 인사들이 서로 반갑게 만나보자는 것, 흥사단 본부를 서울로 옮기기 위한 협의, 그리고 간부 위원을 선정한다는 것이다. 이리하여 1946년 1월 2일 사직동 주요한 집에서 제2차 모임을 가진 결과 위원의 부서를 결정했다. 위원장에 장리욱, 사무위원에 주요한, 박현환, 심사위원에 김윤경, 재무위원에 김선량이다.[30]

한평생 동우회를 이끌어왔던 이광수는 친일파 문제에 휩싸여 흥사단 재건운동 모임에 아예 참여하지 않고 사릉 농가에서 은거하고 있었다. 이리하여 1946년 9월 28일 마침내 흥사단 제1회 국내대회가 서울 종로 YMCA 회관에서 개최되었다.[31]

북미 로스앤젤레스에 본부를 둔 흥사단은 근근 본부를 경성으로 이전하고 동단의 기본강령인 국민교화운동을 국내에서 적극 전개키로 결정하였다 한다. 동 단은 거금 32년 전에 고 도산 안창호가 해외 망명 시에 창립한 바로 합병 전의 국내 민족운동 비밀결사 신민회(新民會)의 부문 단체인 청년학우회(靑年學友會)의 정신을 계승하였던 단체로 미주에 본부를 두고 상해에 원동위원부를 두었다가 후에 중경으로 옮겼고, 국내에는 동우회(同友會)라는 명칭 하에 표현운동을 시험하다가 중일전쟁 발발되던 해에 회원이 총검거되는 동시에 해산되었던 것이다.

거금 33년 전 고 도산 안창호를 중심으로 창설된 흥사단은 미국에 본부를 두고 상해에 원동위원부가 있다가 후에 중경으로 옮겼고, 국내에는 동우회(同友會)라는 명칭 하에 표현운동을 하다가 중일전쟁 중 회원의 총검거로 해산되었다. 해방 이후 미국과 중경으로부터 송종익(宋鍾翊), 김병환(金秉煥), 김붕준(金朋濬) 등이 환국함에 따라 국내 장리욱(張利郁), 김윤경(金允經), 박현환(朴賢煥), 김선량(金善亮) 제씨

30) 박현환, 『흥사단운동』(大成文化社, 1955. 9. 1), pp.127~128, 흥사단의 국내 부활.
31) 『資料 大韓民國史』(국사편찬위원회, 1970), 권 3, pp.423~424(1946. 9. 28).

와 손을 잡고 국내 위원부를 새로 조직하고 28일 시내 종로 중앙기독
교청년회관에서 제1차 국내대회를 개최하고 흥사단 본부를 경성으로
이전할 것과 선언, 행동강령, 단무(團務), 쇄신안 등을 채택하고 국민
교화운동을 국내에서 전개하리라 한다. 그 당면 행동강령은 다음과 같
다.
  1. 민족적 초위기의 현실을 통절히 인식하자.
  2. 민족갱생운동의 핵심세력을 수립하자.
  3. 민족자아의 발견과 해방을 제창하자.
  4. 민주주의적 정치훈련을 강화하자.

이에 대하여 동단 본부 이사부장 송종익은 다음과 같이 말한다.

흥사단을 흔히 잘못 이해하는 이가 있는 듯하므로 몇 가지를 명백히
하고자 한다. 첫째로 흥사단은 절대로 정치단체가 아니고 순전한 애국
적 교양훈련운동단체이므로 정당 정파와 대치·대립됨이 없다. 사업은
문화, 교육 또는 사회봉사의 범위에 국한되어 있고 단우(團友)가 개인
자격으로 어떤 정당에 가입하거나 자유다.
  둘째로 본 단은 지방적인 단체가 아니다. 창립발기인 8명에 8도인이
망라하였다. 현재 단우 반수 이상이 북방인인 것은 본단으로서도 유감
으로 생각하나 금후 광활 자유의 무대에 있어서 전국적으로 유위의 청
소년을 규합하여 질실 강건한 국민교화운동을 전개코자 한다.
  셋째로 국내에서 적인(敵人)의 폭압 하에 본단 국내 표현조직이 민
족진영의 최후 아성이었던 것은 기억에 남아 있는 바며 금일에 있어서
는 엄격한 숙청과 자기비판을 요구한 청신한 분자를 널리 규합하여 고
도산 선생의 유업을 이으려 한다.32)

이 날 제1회 흥사단 국내대회에서 흥사단이 부활했다는 선언문이 채
택되었다.

---

32) 『朝鮮日報』(1946. 10. 15, 29); 『東亞日報』(1946. 10. 29), 興士團 제1회 國
    內大會가 개최되다; 崔永禧, 『격동의 해방 3년』(한림대학교 아시아문화연구
    소, 1996), p.272(1946. 9. 28).

우리 흥사단 운동은 거금 40년 전에 위대한 선각자 도산 안창호 선생이 포말적(泡沫的) 독립의 쓰라린 경험을 토대로 하고 혁명운동의 모든 변전의 체험을 교훈으로 하여 도달한 진정한 민족해방의 근본요건은 자아(自我)의 해방이라는 심절한 결론에서 원천된 것이다. 이 운동이 발전 이래 해내 해외의 무수한 풍상을 겪으면서 이 이념의 정당성을 뒤집어 반증하여왔거니와 오늘날 한족(韓族)의 현상을 직시하고 그 전도를 예상할 때 우리는 한 번 더 구국의 활로는 이 길 즉 민족자아해방(民族自我解放)의 일선이 있을 뿐이라고 일층 심각한 재인식을 가지게 된다.

우리 민족은 허다한 우수조건을 구비한 민족임에 틀림없다. 3천만이란 적지 않은 인구를 뭉친 단일문화민족으로 같은 말, 같은 글, 같은 생각을 가졌으며 장구한 역사의 전통과 동양에 유일한 표음문자(表音文字)를 포함한 고도의 문화적 유산이 있으며, 과거 현재를 통하여 뛰어난 기능(技能)과 두뇌와 독창력을 증명하였으며, 천혜(天惠)가 풍족한 바다와 토지를 차지하였으니 세계 각 민족과 비견하여 독립주권을 향유할 충분한 조건을 갖추었다. 그러나 누년(累年)의 정치적 부패와 외적의 압제는 우리 민족성에 여러 가지 후천적인 취약성을 부여한 것도 부인할 수 없나니, 금일에 있어서 우리는 추론이나 경험이나 비교 정치학상 어느 견지에서 우리 민족의 후천적 결함을 광정(匡正)하고 민족적 소질의 재현 단련을 실행함으로서야 반드시 우리의 선천적 장처(長處)를 발휘하여 명실상부한 자유부강의 국가를 건설·유지·발전할 수 있다는 결론을 아니 내릴 수 없는 것이다. 물론 세계 어느 민족이나 그렇지 아니함이 없으리라. 중국이 그러하고 인도가 그러하다 하겠거니와 한국에 있어서 더욱 그러하다. 안가(安價)의 낙관보다도 철저한 비판에서 민족갱생의 활로를 개척하자.

도산 선생은 흥사단의 목적인 '민족전도대업(民族前途大業)의 기초준비'는 광복운동의 기본역량을 준비함과 동시에 한 걸음 더 나아가서 독립 이후의 주권의 보전과 국민과 국가의 발전향상을 목표로 하는 영구적 대업의 기본공작임을 밝히 가르쳤다. 그리하여 흥사단의 운동은 민족의 생명과 함께 유구할 것을 예시(豫示)하였거니와 오늘날을 당하여 우리는 새삼스러이 그 선견(先見)을 수긍하는 바이다.

이제 우리는 암담한 한국의 현실에서 비장한 염원을 발기하여 서로 맹세로써 약속한 민족적 대업의 길에 재출발할 것을 정중히 선언한다. 우리 민족 전도대업은 무엇인가. 민족자아의 해방, 생활의 혁명, 민족성의 환원이다. 이를 성취하는 방법은 무엇인가. 수련, 수양, 특히 동맹수련(同盟修鍊)이다. 이것이 유일무이한 구국(救國) 구족(救族)의 길이다.

이제 동지 제군께 초지의 본의를 천명하고 당면의 진로를 제시하기 위하여 행동강령을 의정(議定) 발표하며 이를 천하에 공표하여 새로운 동지를 널리 규합코자 한다. 민족 백년대계를 근심하는 무리는 이 깃발 밑에 늠름하게 모여들자.

행동강령
1. 민족적 초위기의 현실을 통절히 인식하자.
2. 민족갱생운동의 핵심세력을 수립하자.
3. 민족자아의 발전과 해방을 제창하자.
4. 민주주의적 정치훈련을 강화하자.

국가민족의 생활영위의 기본이 진정한 의미의 정치에 있음을 인정하는 동시에 정체(政體), 정권(政權)의 변전이 무상함을 또한 시인함으로서 본단 자체의 직접 정치공작 불참가의 원칙을 고수하는 반면 유능하고 양심적인 정치인의 소질배양과 대중의 정치적 책임완수의 자격연마를 위하여 모든 방법으로 민주주의에 기초한 정치훈련을 적극 실천할 것이다.[33]

한편 제1회 흥사단 국내대회를 마치고 '동포에게 격함'을 발표했다.

자유와 해방의 희망 넘치는 서광을 환희로 맞이하고 이미 1년이 넘었습니다. 그동안 우리는 조국의 신건설을 위하여 각각 자기의 맡은 자리에서 희생 분투하여 왔습니다. 그러나 오늘의 조국의 현실은 어떠합니까.

우리가 주소(晝宵)로 고대하던 완전독립은 실현되지 못하였을 뿐 아

---

33) 박현환, 『흥사단운동』, pp.167~172, 제1차 국내대회 문헌, 선언(1946. 9).

니라 정치의 불안과 민생의 파탄을 수습할 과정이 지리(支離)하여 전 국민을 초려와 우수에 가두었음을 부인치 못하겠습니다. 더구나 사대 주의의 재연과 소당분립(小黨分立)의 경향이며 국민의 기강과 책임 관념의 해이함은 전후의 과도현상이라고 간과하기에는 심한 정도로서 실로 우리 민족은 천재일우(千載一遇)의 기회를 놓치고 부지불각 중에 다시 패망의 길을 걷지 않을까 두렵기 그지없습니다.

이때를 당하여 우리는 철저히 반성하고 자각하여 우리의 흥망성쇠를 참으로 결정하는 것은 국제적 갈등도 아니요, 정당의 이합도 아니요, 오직 우리 3천만 국민 자신의 자각과 역량과 노력에 있다는 것을 절실히 인식하여야 되겠습니다.

우리 민족은 원래 우수한 민족성을 가졌고 뛰어난 재능과 독창력과 역사적 전통과 문화적 기초를 가졌으며, 세계 독립국가에 비견할 만한 토지와 인구를 가졌습니다. 그러나 다년간 정치의 부패와 사상의 정체와 외적의 압제로 인하여 후천적인 약점과 폐습이 민족의 활력을 쇠퇴케 하여 금일의 성격파산적 현상을 일으켰습니다.

이제 우리는 우리 자체 내의 모든 취약성(脆弱性)을 솔직히 자각 청제(淸除)하고 우리 민족 고유의 우수한 성격을 발견·파지(把持)·환원(還元)·계발(啓發)하여 자주독립의 자질을 완전 발휘함으로써만 우리의 완전하고 명실상부한 자유해방을 획득할 수 있습니다. 우리의 자력(自力)이 충실하다하면 외모(外侮)를 방어할 수도 있고 내쟁(內爭)을 조화할 수도 있고 민생을 재건할 수도 있을 것입니다.

흥사단은 그 창립정신에 있어서 정치적 운동에 직접으로 참가함을 자제(自制)하는 원칙을 금일까지 고수하여왔으며 금후에도 또한 그러하기를 자기(自期)하고 있습니다. 우리는 오로지 건전 우수한 민족 성격을 환원 발양(發揚)함이 민족의 영구한 해방 발전에 기초적 조건이 됨을 신봉하여 이를 부단히 제창하여온 바이어니와 해방 후 만 1년 우리는 일층 이 신념을 재인식 아니치 못하겠습니다.[34]

---

34) 상게서, pp.175~176, 흥사단 국내위원부 '동포에게 격함'(1946. 9. 29).

3. '조선통치의 요의'와 정치적 결사운동

한일합방 직후 조선총독부로부터 언론 통폐합의 임무를 부여받은 도쿠토미 소호(德富蘇峰)는 조선 민족 항일지 대한매일신보를 강제 폐간·인수하고 이를 매일신보(每日申報)란 제호로 조선총독부 기관지로 만들었다. 도쿠토미는 경성일보(京城日報) 사장 겸 주필에 고쿠민신문(國民新聞) 이사 겸 정치부장 요시노 다자에몽(吉野太左衛門)을 발탁하고, 편집장에는 통감부 신문 검열 담당자인 나카무라 겐타로(中村健太郎)를 임명하고 도쿠토미 자신은 감독을 담당했다. 이리하여 도쿠토미 감독, 요시노 사장, 나카무라 편집장 체제로 양 신문을 발행하게 되었다.35) 도쿠토미는 일제 식민통치 즉 무력통치론을 편 그의 '조선통치의 요의'를 경성일보에 1910년 10월 1일에서 15일 사이에 연재한 것으로 추정된다. 그 당시 신문이 우리나라에는 물론이고 일본에도 남아 있지 않기 때문에 정확한 사실은 알 수 없다. 다만 도쿠토미의 저서 '양경거류지(兩京去留地)'에 '조선통치의 요의' 전문을 게재했는데 그 말미에 '明治43年 10月 京城에서'라는 기록에서 추정이 가능하다. '조선통치의 요의'의 핵심은 일본이 조선을 통치할 수밖에 없다는 대세론, 조선인의 저항을 제압하기 위해서는 덕치(德治)보다는 힘에 의한 물리적 타압을 가해야 하다는 완력론, 조선인 스스로 자발적으로 제국신민이 되는 길밖에 다른 방법이 없다는 동화론, 그리고 조선인은 고등교육을 시킬 필요가 없고 어디까지나 실용교육을 위주로 생산업에만 종사하도록 한다는 실용교육론 등으로 요약해볼 수 있다. 좀 더 자세히 살펴보면, 대세론(大勢論)은 조선은 자립능력이 없고 주변이 4대 강대국에 둘러싸여 있어 동양평화를 교란하는 진원지이기에 일본은 조선을 영겁(永劫)토록 지배·통치할 수밖에 없다는 주장이다. 완력론(腕力論)은 조선인의 항일운동을 제압하는 방법은 힘뿐이기에 무단통치는 불가피하다는 것, 따라서 역대 조선총독은 단 한 사람의 문관이 없고 모두 무

---

35) 정일성, 『일본 군국주의의 괴벨스 도쿠토미 소호(德富蘇峰)』(지식산업사, 2005), pp.32~34.

관(육해군 대장)으로 임명했다는 주장이다. 동화론(同化論)은 조선인과 일본인은 같은 뿌리의 자손이므로 조선인은 자발적으로 제국신민이 되어야 한다는 주장이다. 그리고 실용교육론은 조선인은 대학교육을 시킬 필요가 없고 오로지 실용교육만을 장려해서 생산업에만 종사하게 하는 것이 최상책이라는 것이다. 이에 따라서 민립대학 설립운동이 거세게 일어났지만 이를 진압하여 일제 36년간 조선에는 단 한 개의 대학 설립을 인가하지 않은 것이다. 조선인에게 필요한 것은 자유가 아니라 질서이고 언론이 아니라 실행이라고 강조하고 있다.

도쿠토미의 '조선통치의 요의'는 역대 조선총독에게는 통치지침(統治指針) 역할을 하였다. 조선인을 다스리는 데 최선의 행정방책이 되고 있기 때문에 역대 조선총독은 이 지침대로 36년간 조선을 통치해온 것이다. 도쿠토미는 '조선통치의 요의'의 집필과 연재를 마치고 1910년 10월 16일 본국으로 귀환하여 가쓰라(桂太郎) 수상에게 경성에서의 활동 결과, 특히 '조선통치의 요의'를 보고했다. 보고를 들은 가쓰라는 크게 만족하며 "나라를 위한 일이므로 데라우치(寺內正毅)를 아낌없이 도와주기 바란다"고 격려하면서 도쿠토미가 조선을 통치하는 훌륭한 방책을 수립한 공로를 높이 치하하면서 그를 귀족원 의원에 임명했다.

이제 '조선통치의 요의'를 요약·정리해보기로 한다.

1. 한국 병합은 일본이 바라던 바든 아니든 물러날 수 없는 대세이다. 그러기에 공동보호와 고문정치 그리고 보호국으로서의 통감통치를 거쳐 한국 병합이 이루어진 것이다. 한국 병합은 일본이 한국을 보호하고 동양평화를 자위하기 위해 일본으로서는 이것 이외의 어떤 방법도 없는 유일하고도 불가피한 길이다. 그래서 한국을 영구히 지배·통치하는 데는 우선 실수가 없어야 하고 통치계획에 차질이 없어야 한다. 통치의 성공과 실패는 불가항력이 아니다. 그 성패의 책임은 일본에 귀착되기 때문이다.36)

2. 조선인과 일본인은 같은 뿌리의 자손이라는 동근족(同根族)임은

---

36) 정일성, 『일본 군국주의의 괴벨스 도쿠토미 소호(德富蘇峰)』, pp.35~36; 德富猪一郎, 『兩京去留誌』, pp.223~227, 朝鮮統治の要義.

역사가 입증해주고 있다. 다만 뿌리를 나눈 지 2천 수백 년이 지나도록 본성은 가까워도 습관이 다를 뿐이다. 만약 역사를 도저히 이길 수 없는 대상으로 깨닫는다면 처음부터 역사에 복종하는 것이 최선책이다. 정치의 요는 타협에 있다. 그러므로 조선통치의 요는 조선 역사와 타협하는 쪽이 최우선이라고 할 수밖에 없다. 흔히 유럽 여러 강대국이 아프리카의 식민정치와 일본의 조선통치를 비교하여 설명하고 있지만, 조선은 야만국이 아닐 뿐만 아니라 야민인도 아니다. 다만 현재처럼 조선이 빈곤과 누추함을 벗어나지 못한 생활은 과거 폭정(暴政)의 결과이다. 조선은 미개국이 아니라 이미 깬 나라이다. 다만 퇴화하고 타락하고 있을 뿐이다. 그것은 고려의 찬란한 인간사상과 해동문화를 전파했다는 데서 찾아볼 수 있다. 그러므로 새로운 것을 주기보다는 옛날 고유문화에로 복귀시킬 필요가 있다.37)

3. 통치 목적을 달성하기 위해서는 첫째, 조선인에게 일본의 통치가 불가피함을 마음에 새기도록 해야 한다. 둘째, 식민통치로 자기네에게 이익이 따른다고 생각하도록 해야 하고, 셋째, 통치에 만족하여 기꺼이 복종케 하고 즐겁도록 하는 데 있다. 따라서 조선인들이 일본의 조선통치를 숙명으로 받아들일 수 있게 하면 그 목적은 이미 달성되었다고 볼 수 있다. 그렇게 할 수 있는 방법은 오직 힘뿐이다. 힘은 물론 병력이 요소이지만, 병력과 함께 법을 겸해야 한다. 법 체제를 확립해서 힘에 의해 통치한다는 것이다. 옛날부터 힘과 덕을 비교하면서 덕치가 무력통치보다 우월하다고 말하는 사람이 있지만, 이것도 힘이 있어야만 덕도 빛이 난다. 조선을 미래 영겁 통치를 위해서는 힘을 동반한 무력통치밖에 없다. 조선인의 반항은 만에 하나 요행으로 성공을 이룰 수 있다는 여지로부터 생긴다. 그러므로 일본제국의 신민이 되겠다고 마음먹은 조선인이 있다면 이들에게 은혜를 베풀고 사랑으로 감싸면서 동화시켜야 한다. 조선인에게 인정을 베푸는 일을 무시할 수 없지만 힘이 없는 인정은 거짓으로 흘리는 눈물일 뿐이다. 흔히 국가의 큰일을 그르

---

37) 정일성, 상게서, pp.36~37; 德富猪一郞, 상게서, pp.228~233.

치는 것은 소인(小人)이 아니라 이른바 군자(君子)들의 인정론(人情論)이다.38)

4. 일본의 국법에는 조선인을 하급 민인으로 다루어서는 안 되고 일시동인(一視同仁)으로 동포형제 관계를 원한다. 차별대우를 함으로써 조선인은 일제로부터 분리독립의 망상을 갖게 해서는 안 된다. 자자손손 그들의 운명은 일본 국민이 되는 길밖에, 또 일본 국민으로 동화하는 수밖에 다른 도리가 없다는 생각을 갖게 해야 한다. 이제 일본의 조선통치는 돌이킬 수 없는 숙명이므로 조선인은 기꺼이 이에 복종하고 받아들이도록 해야 한다. 공정(公正) 이외에 은혜로 나라를 다스리는 것은 치국(治國)의 요는 아니다. 힘에 공정을 기하고 공정에 은혜를 쌓으면 일본의 통치에 기꺼이 복종할 것이다.39)

5. 고금을 통해 제국주의의 성공자를 든다면 우선 로마제국과 대영제국을 손꼽을 수 있다. 그들의 식민통치의 성공 비결은 새로운 영토 민족의 풍속, 습관을 중시하고 어쩔 수 없는 경우 이외에는 종래 해오던 대로 맡겨둔다는 것이다. 일본이 조선인에게 주려는 것은 평화와 질서, 양법(良法)과 선정(善政)이다. 조선인의 생활에 아주 작은 일까지 일본식으로 받아들이도록 강요한다면 실로 통치의 목적을 저해하는 어리석은 좀도둑에 불과하다. 일본은 때로 큰 철퇴를 꺼지지 않는다. 그렇다고 해서 작은 침으로도 될 일을 그렇게까지 하려는 것은 아니다.40)

6. 조선을 다스리기 위하여는 근본적 병폐가 무엇인가를 파악해야 한다. 지금 조선은 정치적 중독 상태에 빠져 있다. 조선 역사를 읽어보면 이러한 정치적 중독 현상이 실로 우연이 아님을 우리는 슬퍼하지 않을 수 없다. 멀리는 중·일·요·금 등 남북 세력의 압박을 받아왔고, 또 가까이는 러시아의 동방정책에 의한 한반도 침략 등, 조선은 어쩔 수 없이 늘 정치적 음모의 온상이 되었다고 단정하지 않을 수 없다. 음모에는 언제나 정쟁(政爭)과 당화(黨禍)가 따르기 마련이다. 붕당(朋

---

38) 정일성, 상게서, pp.37~38; 德富猪一郎, 상게서, pp.233~237.
39) 정일성, 상게서, pp.38~39; 德富猪一郎, 상게서, pp.238~242.
40) 정일성, 상게서, pp.39~40; 德富猪一郎, 상게서, pp.243~248.

黨) 싸움이 조선처럼 극심한 곳도 드물다. 이는 정권 쟁탈이 그 원인이다. 그러기에 조선 정치사를 일부의 음모사(陰謀史)라고 단언한 것은 결코 과장이 아니다. 구한말에는 친로(親露), 친미(親美), 친일(親日), 배일(排日), 친청(親淸), 사대(事大), 독립(獨立)으로 사분오열하는 난맥상을 보이고 있다. 이와 같은 조선인들의 정치 중독을 치료하기 위하여 잠시 정치 소용돌이에서 멀리해 엄격한 훈련과 확실한 교육으로 생활과 사상을 개선하도록 해야 한다.41)

7. 세계에서 악정(惡政)의 모범을 꼽으라 하면 지금의 조선밖에 없다. 조선인은 너무나 게으르다. 그들은 부조(父祖)로부터 공부하고 일을 해도 별 효과가 없다는 사실을 말없는 가운데 배워왔다. 열심히 일하여 재산을 모아놓으면 악질 관리에 의해 갈취되고 만다. 조선의 정신적, 물질적 상태는 민둥산이 말해주고 있다. 나무 한 그루 없는 벌거숭이산이 조선인의 황량한 마음씨를 대변해주고 있다. 헐벗고 굶주린 조선인의 배를 채워주는 일이 급선무이다. 오늘의 문제는 미식(美食)이 아니라 배부름에 있다. 향상과 진보는 그 다음의 문제이다. 그들에게 먹을 것을 주고 그리고 배가 부르도록 주고 교육은 실용 위주의 교육만 하면 된다.42)

8. 조선통치를 말하는 자들은 걸핏하면 대영제국의 인도와 이집트 통치 성공사례를 들고 있다. 그렇다고 이를 둘도 없는 조선통치의 모범이라고 단정하기에는 위험하기 짝이 없다. 오늘의 인도를 보라. 그러나 영국의 인도 지배는 성공했다고 인정할 수 없다. 영국은 인도의 민족적 갈망을 들어주려고 평의회에도 인도인을 수용하고 있다. 인도의 각 신문 언론은 하나같이 민심을 선동하여 본국과 분리독립을 주장하고 있다. 영국 문학이 인도에 수용되어 자유독립사상을 키우는 데 많은 영향을 주었다. 인도 지식계급은 절대적 독립론으로 기울고 있다. 심지어 인도 급진파 청년이 비수를 들고 영국으로 건너가 인도의 은인이라고 할 수 있는 영국 관리를 공회당에서 찔러 죽인 예도 있다. 영국의 이집

41) 정일성, 상계서, pp.40~41; 德富猪一郎, 상계서, pp.248~253.
42) 정일성, 상계서, pp.41~43; 德富猪一郎, 상계서, pp.253~258.

트 통치 성공은 질서를 확립하고 수천 년 이래의 선정을 베풀었기 때문에 가능했다. 그러나 크로머 경은 말년에 은혜를 베푼 데 대한 감사를 받기는커녕 이집트 국민으로부터 새 요구를 받았고 그 후임 거스트는 완화정책으로 도리어 수습하기 어려운 사태를 빚고 말았다. 그러므로 영국의 인도, 이집트 정책을 조선통치의 전형으로 삼아야 한다는 주장은 허구에 지나지 않는다.[43]

9. 조선통치를 곤란하게 한 장애물이 있다면 그것은 조선인보다 도리어 일본인의 황당무계한 언동이다. 가장 위험하게 여기는 일은 일(日人), 한인(韓人)의 역사적 성장과정을 무시하고 정치상 동등권을 주장하는 이가 있다. 조선인은 법률상 평등한 대우에 만족하지 않고 정치적 동등권을 바라고 있다. 심지어 조선인에게 참정권을 주어야 한다고 주장하는 이도 있다. 일본은 3백 년간 봉건정치로 가장 엄한 정치적 훈련을 받아왔다. 참정권은 대의정치 아래의 양민에게는 당연한 일이지만 오늘의 현실에서는 조선인을 동일시한다면 실로 역사를 무시한 공중누각에 불과하다.[44]

10. 조선에 필요한 것은 자유가 아니라 질서이고 언론이 아니라 실행이다. 자치를 주기에 앞서 적당한 평화를 줄 수밖에 없다. 가장 먼저 해야 할 임무는 조선인을 안심시키고 그들에게 먹을 음식을 주는 일이다. 이는 조선통치의 가장 중요한 부분이다. 정치가의 관심은 현재와 미래에 있다. 일본제국의 조선통치 성공 여부는 총독부를 중심으로 한 관리들에 달려 있다. 천황폐하의 덕화(德化)를 전 조선 인민에게 이르게 하는 책임도 그들의 몫이다. 영국이 종종 통치를 잘못해도 영토민의 민심을 잃지 않고 오늘에 이른 까닭은 실로 이런 관리 기질에 있다. 총독부 관리가 스스로 바람직한 태도로 조선인을 대한다면 어찌 조선인의 마음을 움직여 따라올 수 있게 할 수 없겠는가. 조선통치의 요의는 바로 여기에 있다.[45]

---

43) 정일성, 상게서, pp.43~44; 德富猪一郎, 상게서, pp.258~263.

44) 정일성, 상게서, pp.44~45; 德富猪一郎, 상게서, pp.263~268.

45) 정일성, 상게서, pp.45~46; 德富猪一郎, 상게서, pp.268~273.

'조선통치의 요의'의 핵심은 참정권(參政權)과 자치권(自治權) 문제이다. 일본은 늘 천황의 우악(優渥)한 일시동인(一視同仁)을 내세우면서 조선인을 차별대우하지 않고 일본인과 동등하게 대우한다고 주장해오고 있다. 그럼에도 불구하고 도쿠토미는 조선인에게 절대로 참정권을 주어서는 안 된다고 단언하고 있다. "우리들이 가장 위험하게 여기는 것은 일본인, 조선인의 역사적 성장과정을 무시하고 정치상에 있어서 이를 동일하게 취급하자는 논리이다. 조선인은 단지 법률상 평등한 대우를 해주는 데 만족하지 않고 정치상에서도 그렇게 해주기를 바라고 있다. 심지어 자유주의의 고취자인 몰레 경도 스스로 책임의 위치에 있게 되면 이를 부여할 것을 허용하지 않을 참정권을 조선인에게 주어야 한다고 주장하는 자가 있다는 것이다."[46]

참정권 문제가 대두하게 된 것은 3·1운동 이후이다. 조선총독부 정무총감 미즈노(水野鍊太郎)가 3·1운동 직후 조선의 민심을 무마하기 위해 참정권을 인정하는 발언을 하면서부터 급부상했다. 조선인을 열등생과 결부시키면서 이러한 상태를 극복하고 난 후인 '적당한 시기' 즉 실력이 양성된 연후라면 참정권을 허락할 수 있는 것처럼 기대감을 갖게 함으로써 조선의 격앙된 민심을 진정시키려고 했다. 참정권이란 "1. 제국의회에 식민지 의원을 참가시키는 방식으로서 프랑스가 알제리에 참정권을 부여한 것을 의미한다. 2. 식민지 총독 감독 하에 식민지 의회를 두는 것인데, 영국이 인도에 '국민회의'를 용인, '자치권'을 부여한 것을 의미한다."[47] 이리하여 친일거두 민원식(閔元植)이 '신일본주의'를 제창하면서 제42회 제국의회(1920. 1)에 '선거법의 조선 시행'을 청원한 데서 비롯되고 있다. 국민협회 민원식 회장은 제44회 제국의회 (1921. 2)에 '참정권 청원서'를 제출했다. "중의원 의원 선거법을 조선에 시행할 것을 희망합니다. 오직 신부(新附)의 인민으로서 재래의 인

---

46) 德富猪一郞, 『兩京去留誌』, p.265, 朝鮮統治の要義.

47) 朝鮮總督府 警務局 編, 『最近に於ける朝鮮治安狀況(1938)』(巖南堂書店, 1966), pp.82~83, 參政權運動; 林鍾國, 『일제하의 사상탄압』(평화출판사, 1985), pp.257~270.

민(일본인)과 동등하게 국정(國政)에 참여하고, 이로써 국민 된 권능을 행사하며, 그 본분을 다할 것을 희망할 뿐입니다."48) 당시 조선 안에서는 만세소요사건 직후 민심이 동요해서 그 귀추가 혼미했다. "민원식의 참정권 운동은 당시 민심을 합법적 온건운동으로 전환시키는 데 큰 힘이 되었다." 그러나 민족주의 계열은 민원식의 참정권 운동을 '친일적 굴욕 운동' 또는 '관헌의 기만적 회유정책'이 개재된 운동이라 규탄하면서 민원식을 가리켜 '국적(國賊)'이라고 탄핵했다. 마침내 1921년 2월 16일 민원식은 동경 제국호텔에서 동경 유학생 양근환(梁槿煥)에게 살해되고 말았다. 일본 제국의회는 암살 이튿날인 2월 17일에 민원식의 참정권 청원서를 만장일치로 채택했다. 그러나 실제 조선인에게 참정권을 주지는 않았다.49)

도쿠토미는 조선인에게 자치권을 허용할 경우 아주 위험한 정치적 혼란을 초래할 것이라고 경고하고 있다. "조선에 필요한 것은 자유가 아니라 질서이고, 언론이 아니라 실행이다. 함부로 떠들어대는 다두정치(多頭政治)가 아니라 엄정 공평한 통일정치이다. 부화허문(浮華虛文)의 학문이 아니라 견실유용(堅實有用)한 교육이다. 우리는 자치(自治)를 주기에 앞서 적당한 평화를 줄 수밖에 없다. 그리고 가장 먼저 해야 할 일은 안심과 먹을 음식을 주는 일이다. 이것은 조선통치의 가장 중요한 부분이다. 총독 무관제도나 경찰 통일제도를 도입한 연유도 바로 여기에 있다."50)

3·1독립운동이 전국적, 거족적으로 봉기하면서 배일(排日)감정은 절정에 다다랐다. 데라우치(寺內正毅), 하세가와(長谷川好道) 총독의 무단통치로는 식민지 조선인의 항일감정을 무마할 수 없다는 것을 입증해주고 있다. 1919년 8월 신임 총독 사이토(齋藤實)는 문화정치론을

48) 林鍾國 編, 『親日論說選集』(실천문학사, 1987), pp.69~70, 참정권 청원서(국민협회, 1921. 10. 1, 원문 일본어).

49) 『高等警察關係年表』(朝鮮總督府 警務局, 1930), p.16; 朝鮮總督府 警務局 編, 『最近に於ける 朝鮮治安狀況(1938)』, pp.82~83; 『日帝侵略下 韓國三十六年史』, 권 5(1920. 1. 18), 권 6(1921. 2. 16, 17).

50) 德富猪一郎, 『兩京去留誌』, pp.268~269, 朝鮮統治の要義.

선포하면서 조선총독에 부임했다. 1919년 9월 10일 조선통치유고문(朝鮮統治諭告文)에서 조선에 지방자치제도를 시행할 것임을 언명하고 있다. "조선통치의 방침은 일시동인(一視同仁)의 대의(大義)에 준(遵)하여 민중의 복리를 증진하고 동양의 평화를 확보하는 데 있다. 지방자치제도를 실시하여 써 국민의 생활을 안정하고 조선의 문화를 향상케 하여 문명적 정치의 기초를 확립한다. 만약 외람되이 불령(不逞)한 언동을 하고 인심을 혹란(惑亂)하여 공안을 저해하는 자가 있다면 마땅히 법에 비추어 촌호(寸毫)도 가차(假借)하는 바가 없을 것이다."[51]

사이토 총독은 제국의회에 출석하여 조선에서의 자치제도를 곧 시행할 것임을 암시했다. 그러나 참정권은 아직 결정된 바 없다고 언명했다.

山崎克

작년 소요 이래 조선에는 독립파의 세력이 점차 증가하였다. 그동안 정부의 방책이 그릇되므로 인하여 도리어 그 세력을 조장한 관(觀)이 있나니 조선통치의 방침이 어떠한가.

齋藤實 조선총독

독립파가 우세임은 사실이다. 이에 대하여 총독부에서는 착착 계획을 진행 중이므로 써 금후의 성적에 징(徵)함이 가하다. 자치제(自治制)에 관하여는 목하 심의 중이며, 그 실시를 기하는 바이다. 도(道)이하의 자치제도에 대하여는 본방(本邦)에서와 같이 선거법을 곧 실시하기 불가능이라 생각하나, 이 점은 충분히 조사 중이나 참정권(參政權)에 관하여는 아직 준다고도 안 준다고도 명언할 수 없다.[52]

이와 같이 사이토 총독은 조선에서의 지방자치제도를 시행하겠다고 거듭 공언했음에도 불구하고 일제가 패망하기까지 자치제도는 말로만

---

51) 『朝鮮總督府 官報』(1919. 9. 10); 『日帝侵略下 韓國三十六年史』, 권 4(국사편찬위원회, 1971), p.578(1919. 9. 10).

52) 『獨立新聞』(上海) 제46호(1920. 2. 14), 왜(倭) 상하원에 한국문제 및 여운형사건(2).

언약했을 뿐 시행하지 않았다. 이는 3·1운동 이후 격앙된 조선인의 배일감정을 무마하기 위해 거짓으로 꾸며낸 망언임을 여실히 입증해주고 있다.

1924년 1월 이광수는 '민족적 경륜'에서 정치결사를 조직해서 자치운동을 일으킬 것을 제창하였으며, 이에 자치문제가 공론화되기에 이르렀다.

정치결사(政治結社)를 조직해야 한다. 인간은 정치적 동물이다. 지금 수십 년 정치적 자유사상이 조선 사회에 강렬하게 침윤하고 있지만, 조선 민족은 지금 '정치적 생활'이 없다. 그것은 합방 후 조선인에게는 정치운동이 금지되어 있었다는 것, 병합 이래 조선인은 일본의 통치권을 승인하는 조건하에서 여러 가지 정치적 활동, 즉 참정권, 자치권 획득운동 같은 것은 물론이요 일본 정부를 대수(對手)로 한 독립운동조차도 원치 않는다는 강렬한 '절개의식(節介意識)'이 있었다는 것, 이 두 가지 원인이 있어서 지금까지 하여온 정치적 운동이란 일본을 적국시(敵國視)하는 운동뿐이었다. 그런데 이 같은 운동은 해외에서나 가능한 일이고 만약 국내에서 한다면 비밀결사적(秘密結社的)으로 할 수밖에 없다. 우리는 여하한 방법으로라도 조선 안에서 전 민족적 정치운동을 하도록 신생면(新生面)을 타개할 필요가 있다. 조선 안에서 허하는 범위 안에서 일대 정치적 결사를 조직하여 당연히 민족적 권리를 옹호하고, 민족의 정신적 중심세력을 만들어 구원한 정치적 운동의 기초를 조성한다는 것이다.53)

이광수는 1923년 10월 북경 밀행(密行)을 단행하여, 안창호와 협의 후 김성수를 중심으로 한 정치결사를 조직하기로 합의하고 귀국 후 연정회(硏政會)를 조직하기로 계획하였다. "이광수는 1923년 10월경 비밀히 북경에 가서 안창호와 회견한 사실이 있었고, 당시 신석우(申錫雨) 등이 기도하는 민족단체의 조직은 안창호 등과 연락이 있었다. 논

---

53) 『東亞日報』 5회 연재(1924. 1. 2~6), 社說: 民族的 經綸, 民族百年大計의 要(李光洙).

설(민족적 경륜)은 이광수가 미리 안창호의 양해를 얻어서 집필했다는 것은 상상키 어렵지 않다. 이광수의 북경행은 주로 민족단체(연정회) 조직에 관한 타합(打合)인 것이다."54) 이와 같이 이광수는 안창호와 충분히 의견을 교환한 후에 이 같은 '민족적 경륜'을 집필하고 발표한 것이다. 따라서 이는 사실상 앞으로 조직할 정치결사 연정회의 정치강령이나 다름없었다.

그러므로 연정회는 안창호, 이광수, 김성수 3인 합작의 정치결사임을 알 수 있다. "그리하여 안창호의 소위 자치운동이란 것은 독립에 도달하는 계제(階梯)로서의 철저한 자치권의 획득을 가리키는 것으로서 동아일보계의 이번의 계획은 1924년 초두에 있었던 운동(인촌의 연정회와 춘원의 '민족적 경륜')을 반복한 것이었으며, 조선일보계의 신간회(新幹會) 조직은 이 운동을 배신한 것이라고도 볼 수 있다."55) 결국 조선총독부 경무국 당국은 자치권을 미끼로 하여 민족·사회 계열 간의 분열책을 획책했음을 확인할 수 있다. 그러나 당시 경무국장 마루야마(丸山鶴吉)는 연정회를 파멸하기 위하여 친일 깡패 두목 박춘금(朴春琴)을 동원하였고, 이러한 방해공작으로 말미암아 연정회 조직은 무산되고 말았다.

사이토 총독은 상해 독립운동 지도자를 회유·포섭하는 정략을 수립하여 제일 먼저 이광수의 약혼녀 허영숙의 상해행을 적극 협조했다. 전 경성일보 사장 아베 요시이에(阿部充家)가 사이토 총독에게 이광수 귀순공작책을 건의한 것이다. 독립신문 사장으로 사실상 대한민국 임시정부의 대변인 역할을 수행하고 있는 이광수를 상해 임정으로부터 이탈시킨다면 임정은 와해될 것으로 낙관하면서 이광수 귀순공작을 추진했다. "이광수도 또한 혁명대열에 참가하여 조국광복을 위하여 눈부신 활약을 하였다. 그러나 그는 얼마 안 되어 혁명대열에서 이탈하게 되었다. 그것은 조선총독부 경무국 밀정(密偵)으로 상해에 탐사하러 온 허영숙

---

54) 『高等警察要史(日本警察極秘本)』(慶尙北道警察部, 1934), pp.45~46, 東亞日報論說ノ反響ト硏政會組織失敗.

55) 상게서, p.48.

이가 이광수에 요염한 추파를 보내어 유인하였기 때문이다. 결국 심지(心志) 박약한 이광수는 허영숙의 선정적인 유혹에 못 이겨 동지를 배반하고 그와 사랑을 속삭였다. 허영숙의 난숙한 육체에 도취된 이광수는 동지들을 헌신짝같이 버리고 조국을 사랑의 보금자리로 삼아 귀국하였다. 그런데 그 어찌 뜻하였으랴. 애인 허영숙이 경무국장 마루야마(丸山鶴吉)의 명령으로 이광수를 유인하러 온 독사 같은 요부일 줄이야. 그도 신인(神人)이 아닌 다음에는 꿈에도 몰랐을 것이다."56)

이리하여 1921년 4월 초에 이광수는 마침내 귀국했다. 사이토는 이광수의 상해 독립운동 활동 죄상을 불문에 부치고 그를 체포하지 않았다.57) 춘원은 1921년 12월경 경기도 경찰부장 시라카미 유키치(白上裕吉)의 안내로 남산 왜성대(倭城臺) 총독관저를 방문하여 사이토 총독과 독대담판(獨對談判)을 벌였다. 시라카미 경찰부장은 이광수를 안내만 하고 돌아갔고 이광수는 총독과 단독 면담을 했다. 이 자리에서 이광수는 총독의 문화정책을 전적으로 지지하였고, 사이토는 이광수의 민족운동단체 수양동맹회 조직을 허용한 것이다. 두 사람 간의 정치적 대타협이 이루어진 것이다.58)

이광수가 도쿠토미를 처음 만난 것은 1917년 7월이다. 춘원은 1917년 6월 매일신보에 '무정' 연재를 끝냈을 때, 매일신보 감사인 나카무라(中村健太郎)로부터 여름방학을 이용해 시정(施政) 5년의 민정시찰 조선 오도답사여행에 참여해줄 것을 요청받고 이에 매일신보 특파원 자격으로 오도답파여행기를 매일신보에 연재하게 되었다. 경성일보 편집국장 마쓰오(松尾)로부터 기행문을 써달라는 부탁을 받고 전주 부근부터는 일본어와 조선어 두 가지로 기행문을 쓰게 되었다. 이광수의

---

56) 『民族正氣의 審判 反民者 解剖版』(革新出版社, 1949), pp.173~174, 流暢한 文章으로 皇道宣揚을 鼓吹한 親日狂洙 李光洙의 罪惡史.

57) 『朝鮮日報』(1921. 4. 3), 歸順證을 携帶하고 義州에 着한 李光洙.

58) 香山光郎, 『同胞に寄す』(京城 博文書舘, 1941), pp.220~222, 眞に朝鮮同胞を愛した二人; 김원모·이경훈 편, 『동포에 告함: 春園 李光洙 親日文學』(철학과현실사, 1997), pp.248~251, 진실로 조선동포를 사랑했던 두 사람; 정진석, 『극비 조선총독부의 언론검열과 탄압』(커뮤니케이션북스, 2007), p.50.

'소로우 문체(候文體)'로 된 기행문을 경성일보에 게재했는데 도쿠토미가 이를 보고 춘원의 뛰어난 일본어 문체에 감탄했다. 이광수가 부산에 도착했을 때, 아베(阿部充家)의 소개로 도쿠토미를 부산 역전 호텔에서 처음 상면했다.[59]

내가 옹의 소개로 소호 선생과 처음 만난 것도 이 여행 중이었다. 내가 충남, 전남북을 돌고 부산에 닿자, 소호 선생께서 조선에 오셨다는 것이었다. 나는 무부츠 옹에게 이끌려 역 호텔 누상에서 소호 선생으로부터 아침 대접을 받으면서 약 한 시간 동안 이야기했는데, 옹은 소호 선생께 나를 여러 가지 추장(推奬)했고 소호 선생은, "목포에서 다도해를 지나 여수에 이르는 그 문장이 좋았어요. 목포 부윤(府尹)에게 말한 부분 등 솜씨가 좋았어. 국민신문으로 와주지 않겠는가."[60]

도쿠토미는 '조선통치의 요의'에서 결단코 조선인에게 자치권을 용인해서는 안 된다고 단언하고 있다. 그러나 3 · 1운동이 발발하여 조선 방방곡곡에서 거센 항일운동이 동시다발적으로 일어남에 따라 조선통치 방식도 궤도 수정을 하지 않을 수 없었다. 이리하여 신임 조선총독 사이토는 종래의 무단통치를 지양하고 문화정치를 표방하면서 조선인의 자유열망에 부응, 지방자치제도를 시행하겠다고 언명한 것이다. 그러니까 도쿠토미의 '자치권 불허' 방침에서 한 발 물러서서 '자치권 허용' 쪽으로 통치 방향을 전환했다. 그러나 사이토의 이 같은 지방자치제도 시행 방침은 진심에서 우러난 것이 아니라 어디까지나 일시적으로 조선인의 민심을 무마하기 위한 미봉책에 불과했다. 사이토의 언약

---

59) 『モダン日本』朝鮮版(1940. 8), pp.36~39, 私が交友錄(香山光郎); 香山光郎, 『同胞に寄す』, pp.215~231, 無佛翁の憶出; 『大東亞』(1942. 5), 德富蘇峰先生に會ふの記(香山光郎); 김원모 · 이경훈 편, 『동포에 告함』, pp.245~246, 무부츠 옹의 추억, pp.281~283, 도쿠토미 소호 선생과 만난 이야기. '도쿠토미 소호 선생과 만난 이야기'에서는 이광수가 '1916년 여름'에 도쿠토미를 처음 만난 것으로 되어 있어 혼선을 빚고 있다. '무부츠 옹의 추억'에 오도답파 열행기를 집필할 때 '1917년 여름'에 만난 것이 정확하다.

60) 김원모 · 이경훈 편, 『동포에 告함』, p.246.

처럼 실제 조선에 지방자치제도가 시행된 적이 없었기 때문이다.

이러한 때에 이광수는 사이토 총독이 언약한 지방자치제도의 시행을 촉구하기 위하여 '민족적 경륜'을 발표했는데, 이 글에서 정치결사를 조직하여 자치운동을 전개할 것을 호소하고 있다.

정치적 결사와 운동

1. "사람은 정치적 동물"이라 함은 너무 진부한 격언이라. 그러나 20세기의 오늘에도 역시 사람은 정치적 동물이다. 인사(人事)의 모든 현상 중에 지금도 가장 인생의 흥미를 끄는 것이 정치인 것은 신문을 보면 알 것이요, 또 가장 높은 명성을 가진 자가 정치가인 것을 보아도 알 것이다.

자유의 사상이 보급이 될수록 정치는 민중화하여 농민이나 노동자까지도 정치적 권리를 획득하게 된다. 이리하여 사람은 더욱더욱 정치적 동물이 되는 것이다.

2. 그런데 조선 민족은 지금 정치적 생활이 없다. 아마 2천만에 달하는 민족으로 전혀 정치적 생활을 결(缺)한 자는 현재 세계의 어느 구석을 찾아도 없을 것이요, 또 유사 이래의 모든 사기(史記)에도 없는 일이다. 실로 기괴한 일이라 할 것이다.

그런데 만근(輓近) 수십 년래로 조선 민족에게는 정치적 자유사상이 무서운 세력으로 침륜(浸淪)되어서 정치생활의 욕망이 옛날 독립한 국가생활을 하던 때보다 치열하게 되었다. 이것은 가장 당연한 일이다.

3. 그런데 왜 지금에 조선 민족에게는 정치적 생활이 없나. 그 대답은 가장 단순하다. 일본이 한국을 병합한 이래로 조선인에게는 모든 정치적 활동을 금지한 것이 제일인(第一因)이요, 병합 이래로 조선인은 일본의 통치권을 승인하는 조건 밑에서 하는 모든 정치적 활동, 즉 참정권, 자치권의 운동 같은 것은 물론이요 일본 정부를 대수(對手)로 하는 독립운동조차도 원치 아니하는 강렬한 절개의식(節介意識)이 있었던 것이 제이인(第二因)이다.

이 두 가지 원인으로 지금까지에 하여온 정치적 운동은 전혀 일본을 적국시(敵國視)하는 운동뿐이었었다. 그러므로 이런 종류의 정치운동은 해외에서나, 만일 국내에서 한다 하면 비밀결사적(秘密結社的)일 수밖에 없었다.

4. 그러나 우리는 무슨 방법으로나 조선 안에서 전 민족적인 정치운동을 하도록 신생면(新生面)을 타개할 필요가 있다.

우리는 조선 안에서 허하는 범위 안에서 일대 정치적 결사를 조직하여야 한다는 것이 우리의 주장이다. 그러면 그 이유는 어디 있는가. 우리는 두 가지를 들려고 한다.

(1) 우리 당면의 민족적 권리와 이익을 옹호하기 위하여

(2) 조선인을 정치적으로 훈련하고 단결하여 민족의 정치적 중심세력을 작(作)하여 써 장래 구원한 정치운동의 기초를 이루기 위하여

5. 그러면 그 정치적 결사의 최고 또는 최후의 목적이 무엇인가. 다만 이렇게 대답할 수도 있다. — 그 정치적 결사가 생장하기를 기다려 그 결사 자신으로 하여금 모든 문제를 스스로 결정케 할 것이라고.

6. 우리는 정치적 결사에 대하여 더 자세한 설명을 하기를 원치 아니한다. 그것은 이러한 결사를 몸소 경륜하는 실제 정치가의 두뇌와 수완에 일임할 수밖에 없으려니와 민족적 백년대계의 제1조로 정치적 대결사(大結社)를 조직하여야 한다는 것을 다시 역설하고 아울러 그것이 속히 실현되기를 축(祝)하려 한다.61)

4. 현영섭의 민족주의 비판론

현영섭(玄永燮, 1906~?)은 1906년 12월 29일 서울에서 태어났다. 조선총독부 중추원 참의를 지낸 현헌(玄櫶)의 아들이다. 본명은 현영남(玄永男)이었으나 1931년 현영섭으로 고쳤다. 1941년 창씨개명 실시 때 아마노 미치오(天野道夫)라고 창씨명을 쓰기 전부터 히라노 히데오(平野永男) 또는 쿠도 히데오(工藤永男)라는 일본식 이름을 사용했다. 1925년 3월 경성제일고등보통학교를 졸업한 후 일본 교토로 건너가 조선인 노동조합에서 활동하였고, 1926년 4월 경성제국대학 예과 문과에 입학하여 1931년 3월 경성제국대학 법문학부 문학과(영문학 전공)를

61) 『東亞日報』(1924. 1. 3), 民族的 經綸(2): 政治的 結社와 運動.

졸업했다. 현영섭은 경성제대 재학 중 사회주의에 심취하여, 1929년 11월 광주학생운동이 일어났을 때 경성제국대학에서 학생시위를 일으킬 계획을 세우기도 했다. 대학 졸업 후 1931년 7월 상해로 건너가 남화한인청년연맹(南華韓人靑年聯盟)에 투신, 아나키스트로 활약했다. 그해 11월에 일본으로 건너가 동경부(東京府) 학무부 사회과에 임시 고용직으로 근무하면서 남화한인청년연맹의 조직 연락 업무를 수행하고 선전·선동활동을 벌였다. 이와 같은 사회주의 운동을 벌인 결과 1935년 11월 치안유지법 위반 혐의로 체포되어 수감되었으나 1936년 5월 불기소 처분을 받아 석방되었다. 현영섭은 석방과 동시에 친일로 사상전향한 것이다. 이때부터 현영섭은 극단적인 내선일체운동의 선봉장으로 돌변하면서, 황도사상을 실천했다.62)

현영섭은 '총동원'(1940. 1)에 발표한 '내선일체 관견'에서 "내선일체는 1억의 동포에게 필연적일 뿐 아니라 전 인류가 긍정할 수 있는 절대적이고도 보편타당한 진리다. 또 내선일체는 1억 동포만이 아니라 전 인류에게 부과되는 하나의 당위다"라고 주장하면서, 일만지(日滿支, 일본, 만주, 중국) 일체가 되어서 신질서를 건설하고 일본제국 내에 있어서는 내선인(조선과 일본)이 완전한 하나가 되는 새로운 세계를 위한 내선일체를 실현할 것을 주장했다. 또한 '조광'(1940. 7)의 '동아연맹론의 대두와 내선일체운동의 관계'를 통해 내선인의 무차별 평등으로 천황께 충성을 바치는 것을 내선일체의 완성으로 규정하는 한편, "자기 일신의 보전만 생각하고 이윤 추구에 눈깔이 뒤집힌 일부 비국민 협애한 민족적 감정에서 내선일체의 세계적 사명을 모르는 전 세기적 존재(민족주의자)를 일소할 것"을 주장했다. 현영섭은 해방 후 일본으로 도피해 주일 미국대사관에서 근무했다. 1949년 8월 반민특위에서 도피자로 인정하여 특별검찰부에 불구속 송치되기도 했다.63)

현영섭은 '조선인의 나아갈 길(朝鮮人の進むべき道)'에서 일본제국

---

62) 친일문제연구총서 3, 『친일인명사전』, pp.922~924, 현영섭(玄永燮/天野道夫, 1906~?), 녹기연맹 이사, 황도학회 이사, 내선일체실천사 이사.
63) 상게서, p,924.

으로부터 분리독립을 꿈꾸고 있는 민족주의자는 도저히 이룰 수 없는 망상병자라고 신랄하게 비판하고 있다.

민족주의(Nationalism)는 국민주의, 국가주의라고 번역되고 있지만, 특히 애국주의, 독립주의인데 이는 소위 약소민족의 자결자치주의(自決自治主義)의 의미로 이해되고 있다. 내몽고 또는 외몽고가 중국 또는 러시아 세력권으로부터 이탈할 때 그것은 몽고 민족주의 운동이라 일컫고 있다. 민족자결주의 운동은 세계적으로 성립할 수 있을까? 세계의 각 민족은 일체 독립한 국가를 조직함으로써 인류의 통일을 이룰 수 있을까? 민족자결주의에 의해 인류평화에 기여하리라고는 믿지 않는다. 폴란드의 사례를 보라. 때로는 러시아, 때로는 프랑스, 때로는 독일에 빌붙지 않고는 국가안전을 유지할 수 없다. 어떤 한 강대국이 다른 민족을 침략하여 착취·압박할 경우, 즉 패도(覇道)에 의한 정복의 경우, 민족독립을 위해 항거하는 것은 너무나 자연스런 당연한 일이다. 내몽고 민족이 한(漢)민족의 지배를 벗어나려고 한다든가, 외몽고가 소비에트 러시아의 기반으로부터 이탈, 분리독립을 기도하는 것은 극히 자연스러운 일이다. 국민정부의 압박, 적색 러시아의 압박에 항거하는 것은 극히 당연지사가 아닐 수 없다. 중국으로부터 독립한 몽고 민족이 이기적 국가주의자가 되어 만주국이나 일본이나 중국에 협력하지 않고 적대상태가 된다고 가정할 때, 내몽고의 민족주의는 중국에 종속된 상태보다도 동양평화 및 인류평화에 방해가 되고 만다. 이러한 종류의 민족독립은 절대 배격되어야 한다. 그러므로 민족자결주의는 완전히 실패로 끝나고 만다. 물론 영국과 같은 이민족 통치도 완전히 실패했다고 본다. 영국적 세계통일주의와 민족자결주의를 지양할 새 사상이 나와야 한다. 그것이 바로 일본의 황도(皇道)이다.[64]

현영섭의 민족에 대한 주장을 요약해보면 다음과 같다.

이제 대동아공영권 안에서의 조선인과 만주인은 동양평화 및 인류평화를 무시하지 않을 정도로, 즉 일본의 이상인 황도에 배치되지 않는

---

64) 玄永燮, 『朝鮮人の進むべき道』(綠旗聯盟版, 1938. 1. 7), pp.65〜85, 民族主義への道 批判.

한도에서 자유로이 자기가 살아갈 수가 있다. 다만 이기적 국가주의에 함몰되어 민족독립운동은 절대로 용인할 수 없다. 민족자결주의라는 것은 세계사의 역사발전 방향에 역행하는 정치이념이다. 세계사의 방향은 통일에의 지향이다. 세계국가설, 공산 인터내셔널, 황도(皇道)의 세계선양, 이들 모두가 세계통일에 대한 인류의 욕구를 표현하고 있다. 우리는 웰즈[65]의 세계통일국가설의 공상(空想), 공산주의 인터내셔널의 포학을 알고 있기 때문에 황도에 의한 세계통일국가 건설에 기대하고 있다. 이것이 이른바 일본제국의 국시(國是)인 팔굉일우(八紘一宇, 온 세상은 한 집안, 즉 세계지배)의 구현이다.[66]

조선인은 일본 민족이기에 훌륭한 민족이다. 조선 민족이라는 것은 1910년 8월 29일 한일합방을 기하여 명실 공히 소멸되고 말았다. 따라서 조선인은 만주국인이 만주국이라는 독립국가를 건설한 것보다도 훨씬 행복한 운명을 가지게 되었다. 그것은 일본 민족의 일부가 되었기 때문이다. 조선에는 만주국의 독립과 같은 의미의 독립도 불가능할 뿐 아니라 그것은 무의미하다. 조선인이 일본인인 것은 물을 H_2O라 일컫는 것과 같은 동의어이다. 소위 민족주의 운동은 조선인이 일본인이 아니라는 것 같은 운동이니, 그것은 마치 고기가 바다를 떠나는 것 같은 운동이니, 과연 만주사변, 중일전쟁을 계기로 많은 민족주의자라 칭하는 사람들이 명확히 일본인적 자각을 하고 사상전향을 한 것은 조선인 즉 일본인이라는 역사적 필연성을 인식한 것에 불과하다. 그러므로 손기정(孫基禎) 선수가 올림픽 우승을 했을 때 일장기 말소사건은 일대 치욕이 아닐 수 없다.[67]

내선일체라는 것은 지나사변(중일전쟁)에 의해 일어났다고 한 것은 정말로 바보스런 식견이 아닐 수 없다. 내선일체는 한일병합부터 시작

---

65) 웰즈(Herbert G. Wells, 1866~1946). 『세계문화사대계』(1920)의 저자 웰즈는 민족주의, 국가주의를 배격하고 세계통일국가의 건설을 제창했다. 웰즈의 세계통일국가 건설론은 대영제국의 영연방(British Commonwealth of Nations) 건설의 정치이념으로 채택된 것이다.

66) 玄永燮, 『朝鮮人の進むべき道』, p.67, 民族主義への道 批判.

67) 상게서, pp.68~70.

된 것이다. 조선인적 민족독립사상은 불합리하고 불가능한 일이다. 그
것은 조선인이 일본으로부터 이탈하는 것은 죽음을 의미하기 때문에
조선인의 '獨立XX國'(독립자주국)을 꿈꾸는 것은 백일몽으로 끝나고
말 뿐이다. 끝까지 조선 민족의 존재를 믿고 일제로부터 이탈을 생각하
는 사람이 지금도 약간 존재하고 있다. 조선 안에서는 합법적으로 절대
적으로 그 존재를 허용하지 않지만, 해외에서는 약간 존재할지 모른다.
조선의 민족주의자들은 일본을 정복국가, 착취국가라고 규탄하면서 병
합은 무력에 의한 침략이라고 생각하고 현재의 조선통치를 조선 민족
을 노예화하는 통치라고 비판하고 있다. 합법적 가면을 쓰고 생활하는
약간의 민족주의자들은 강대한 무력과 정치적 권력을 가지고 감시하고
있기 때문에 어쩔 수 없이 평온하게 복종하는 척하는 식민지 근성을 가
지고 있다. 소위 민족주의로부터 전향했다는 모씨는 중일전쟁을 평가하
기를 일본이라는 배에 조선인이 동승했지만 지금 태풍을 만나 조난당
할 위기에 직면했다면서 빨리 연안으로 대피해야 한다고 주장하고 있
다. 그 일본호의 배는 'XX同舟'(吳越同舟)로 간주했기 때문이다.[68]

　한일병합은 민족주의자가 생각하는 것과 같이 일본 국민의 이기심을
충족하기 위해 일어난 사실(史實)이 아니다. 난파한 조선호의 선원(조
선인)을 구출하기 위한 불가피한 조치이며, 그것은 전적으로 이타적 구
제행위인 것이다. 조선인은 일본으로 도항할 경우 반드시 도항증명을
받아내어야 한다. 그러므로 조선인의 내지도항(內地渡航)은 자유가 아
니다. 자유도항을 허용한다면 내지의 치안유지가 위협받게 된다. 이봉
창(李奉昌), 윤봉길(尹奉吉)의 폭탄투척사건이 발생하지 않을 때까지
조선인에게는 자유도항이 허용되어서는 안 된다. 이 때문에 조선인에게
선거권도 없고, 의무교육도 없으며, 병역의무도 주지 않고 있다. 상해나
북만(北滿) 혹은 조선 안에, 혹은 미주 등지에서 민족주의자들은 대동
단결이 되지 않고, 중심인물도 없다. 언제나 파벌싸움을 벌이고 있을
뿐이다. 미주에서는 이승만(李承晩), 중국에서는 이동휘(李東輝) 계열

---

68) 상게서, pp.73~76.

의 군소 공산주의자들 사이에 이 같은 파벌싸움은 끊이지 않고 있다. 혹자는 국민당에 들어가고 장개석(蔣介石)과 함께 중국 부르주아에 충성을 바치는 충견(忠犬) 역할을 하고 있으니 바로 김구(金九), 조소앙(趙素昂) 계열의 민족운동자들이다. 러시아나 중국 국민당에의 충성을 서약할 수 없는 약간의 민족주의자들은 무정부주의자 즉 아나키스트로 전락하고 만다. 그들이 신채호(申采浩) 계열의 독립지사들이다. 이와 같이 조선 민족주의자들은 몰락, 모래알처럼 사분오열로 분열되어 있어서 더 이상 강대한 일제에 항거할 힘은 전연 없는 것이다. 그러므로 조선인의 나아갈 길은 충량(忠良)한 황국신민(皇國臣民)이 될 수밖에 다른 길은 없다고 본다.69)

현영섭은 협화적 내선일체를 거부하고 철저일체론을 제창했다. 그래야만 진정한 내선일체가 구현된다는 것이다. 만약 협화적 내선일체를 고집한다면 아일랜드와 같이 정치적 독립운동이 일어날 것이기 때문에 철저일체론을 해야만 명실 공히 내선일체는 구현된다는 논리이다. 그것은 곧 일본정신이기도 하다. 일본정신은 결코 민족주의가 아니라 기독교와 동일계통의 신중심의 신앙이다. 따라서 일본의 국시(國是)는 팔굉일우(八紘一宇), 즉 세계통일이며, 이는 오로지 황도사상인 것이다.

반도 통치의 최고 수뇌부를 비롯하여 과거에 일본의 입장을 반대해 온 반도 지식계급들도 다소의 이론(異論)은 있으나 내선일체론에 대하여 긍정하고 실천하고 있다고 나는 생각한다. 그러나 내선일체의 관념이 명확히 전 민중에 파악되어 있는 현상이냐 하면 그렇다고 단언하기는 아직 조급(早急)하다. 원칙적으로 일체론(一體論)에 찬성하면서도 현실문제로 들어가면 여러 가지 의견이 생기는 것이 현상이다. 그뿐만 아니라 일체론을 냉소하는 사람도 없다고는 할 수 없는 현상이다. 그런 까닭에 나는 내선일체 내의 조선 민중적 제 문제를 고찰하기 전에 내선일체의 근본원리를 확립하는 것이 가장 필요하다고 생각한다. 근본원리에 대한 인식의 차이로부터 구체적 현실문제에 대하여 이견이 속출한다고 나는 본다.

69) 상게서, pp.77~85.

내선일체의 근본원리에 대하여 대개 두 가지로 인식한다고 분류할 수 있다. 즉 하나는 내선(內鮮)은 양 민족인 까닭에 황도(皇道)를 생활원리로 하여, 즉 이체동심(異體同心)으로 단결·악수하면 그만이라는 논(論)이다. 반도 지식계급의 대부분, 동아협동체론자(東亞協同體論者), 동아연맹론자(東亞聯盟論者)의 대부분이 이러한 내선일체를 주장하고 있으며, 또 그들의 발표한 국가관, 세계관을 전개시키면 협화적(協和的) 내선일체가 되는 것이다. 우정적 악수형의 내선이라고 명명(命名)한다. 이와 반대로 내선일체론의 유력한 지도자인 미나미(南次郎) 총독은 내선의 궁극의 자태는 악수가 아니라 피(血), 형(形), 신혼(身魂)이 하나가 되는 것이라고 선언하였다(1939년 5월 30일, 精動役員會席上 강연). 나는 미나미 총독의 의견을 절대로 지지한다. 그 지지하는 이유는 나의 세계관, 인생관에서 출발한다. 혹자는 "너의 의견은 주관적인 원망적(願望的) 결론이지, 하등의 객관성이 없다"고 비판하지만, 이러한 생각이야말로 공식주의적이라 아니 할 수 없다. 일개인의 사상이란 결코 전체를 떠나서 생장하지 아니한다. 철저일체론(徹底一體論)을 주장하지 아니하면 아니 되는 꽤 많은 현실의 축적을 나는 충실히 표현하는 곳에 나의 주관성과 객관성이 있는 것이다.

왜 나는 철저일체론을 주장하는가. 반도 지식계급의 대부분이 협화적 내선일체론자라고 나는 생각하는 까닭에 이 기회에 내선일체에 대한 소견을 간단히 발표하려 한다. 나는 각 개인, 각정(各町, 각동), 각 촌락의 개성, 각도(各道), 각성(各省), 각현(各縣)의 개성을 존중한다. 개성을 존중하는 철학을 10년간이나 신봉하고 미력하나마 실천하여왔었다. 민족의 개성도 역시 존중하여야 한다. 그러나 무엇이 개성이냐 하는 점에 들어가면 대단히 난처하다. 가령 지하직재(志賀直哉)의 소설 한 쪽과 유도무랑(有島武郎)의 소설 한 쪽을 비교하여 양자의 문장적 개성을 분별하기는 곤란하다. 이광수의 한 쪽, 이기영(李箕永)의 한 쪽을 보고 곧 양자의 문학적 개성을 말하기 어렵다. 물론 지하(志賀), 유도(有島), 이광수, 이기영은 개성을 가진 것이다. 사상적으로나 문장적으로나 개성을 가진 것은 사실이다. 그런데 여기에 문학이 무엇인지 모르는 사람에게 소설을 읽힌다면, "그 소리가 그 소리지 무엇 별다른 것이 있나" 할 것이다. 개성이란 이와 같이 박약한 것이다. 문학을 모르고도 넉넉히 생을 도모하고 사는 실업가가 있는 것은 이 세상에 얼마나 개성이 없고 생존 즉 성욕과 식욕을 만족시키는 유형적 존재가 많다는 것을 증명하고도 남는다. 문학, 예술, 이것이야말로 진실한 개성의 세계다. 이것의 존재가 얼마나 멸시되어 있는 현 세계를 상상하여도 현대에 있어서 개성이 얼마나 박약한 존재인 것을 가히 상상할 수 있는 것이다.

나는 철저한 개성 존중론자이다. 음악의 조화란 동일한 음(소리)에서 나오지 아니한다. 모든 사람이 논어(論語)만 읽고, 무기를 잡는 사람도, 그림 그리는 사람도 없는 국가나 사회는 멸망하고야 만다. 최고로 발달된 이상의 나라는 개성의 최고의 발달이 전체를 파괴하지 아니하는 것을 말한다. 교향악단이 성립하려면 여러 가지 악기가 있다는 것을 우리들은 잘 알고 있다. 그러나 악단원이 일제히 턱시도를 입고 지휘자의 명에 복종하고 동일한 악보를 사용한다는 것을 망각하여서는 아니 된다. 개성적이면서도 통제적인 것이 교향악의 본질이다. 예술, 문학이 자유스럽게, 개성적으로 보이나 기실은 속박, 구속에 얽매여 있다. 즉 인생의 법칙, 사회, 국가의 제약 밑에 있다는 것은 명백한 사실이다. 나는 철저한 통제론자다. 자유와 통제는 차의 양 바퀴와 같다.

이상과 같이 개성을 보는 것은 상식이지만, 이것은 인류사회에도 말할 수 있다. 세계가 현대와 같이 상쟁하는 것은 밀봉(蜜蜂)이나 개미에 대하여 부끄러운 일이지만, 그것은 전 세계의 각 민족이 자기 개성만 제일이라고 주장하는 까닭이다. 그것은 마치 밴드의 악기가 제멋대로 떠들어대는 것과 같다. 교향악을 연주할 적에 일부의 악기는 휴주(休奏)하는 수도 있다. 인류사회는 제멋대로 날뛰고 있다. 지휘봉을 싫어하는 악인이며 공통한 악보가 없는 음악가다.

이러한 바라바라(バラバラ, 뿔뿔이)를 싫어하는 경향도 상당히 강렬한 것이 있다. 기독의 이상이 무엇인가? 구교의 교황이란 무엇인가? 진시황(秦始皇)은 나폴레옹은 무엇인가? 불교는 무엇이며, 사회주의는 무엇인가? 민족, 국경을 초월하여 가지고 동일한 이상을 가지고 하는 것이다. 적로(赤露)에서는 "공산주의란 전 세계, 전 우주에 미치는 것"이라고 선전하고 있다. 천박한 유물사관(唯物史觀)에는 공산주의를 가지고도 전 세계를 통일하려고 한다. 기독교가 전 세계를 통일하려고 하나, 그것을 실행할 현실적 기반이 없는 것은 사실이다. 각국 자본주의에 충성하는 구미 기독교가 세계 통일한다는 것은 공상이다. 파시즘

은 자기 나라만 위하는 국가 개인주의이니 이러한 것은 세계적으로는 발전 아니 한다. 세계통일의 이상은 공산주의와 일본 황도사상(皇道思想)뿐이다. 영국도 세계를 통일하려고 하나, 일본 때문에, 독이소(獨伊蘇) 때문에 실패하였다. 공산주의의 오류를 해설한다는 것은 나의 논제에서 너무 떨어짐으로 생략한다.

일본정신이란 결코 민족주의가 아니라, 기독교와 동일계통인 신중심(神中心)의 신앙이다. 신의 상징이옵신… 천황을 숭배·앙모(仰慕)하고 천황의 '오오미 고꼬로(大御心)'에 부봉(副奉)하도록 우리들의 생활을 건설하자는 사상이다. 그런 까닭에 내지인이라 하여도 천황어모심(天皇御慕心)이 없는 사람이면 일본인이 아니다. 희랍인(그리스인)의 '허언'이란 서양인도 천황에 귀의하였다. 그는 훌륭한 일본인으로서 생애를 마쳤다. 야마토(大和) 민족은 천황에 귀의한 민족이다. 조선인은 지금 야마토 민족과 같이 전 세계의 민중에게 천황어모의 종교(나는 일본정신은 종교라고 생각한다)를 선전하는 지위에 있다고 생각한다. 내선일체의 근본정신은 그것이다. 조선인은 민족주의를 청산하고 공산주의적 세계통일사상을 버렸다면 최후의 길은 일본정신에 의한 세계질서 창조운동에 매진할 뿐이다.[70]

5. 내선일체론과 '조선민족론'

일본 와세다대학 철학과 특대생 이광수는 1917년 6월 매일신보에 '무정' 연재를 끝내자마자 여름방학을 이용, 매일신보 특파원으로 5도(충남, 전북, 전남, 경남, 경북) 답파여행을 단행하면서 '오도답파여행기'를 연재하였다. 이어 11월에는 '개척자'를 연재하기 시작했다. 이광수의 문명(文名)은 천하를 풍미하고 있었다. 조선 민족은 세계문화에 아무런 공헌한 것이 없기에 조선 민족의 존재가치는 세계역사에서 찾아볼 수 없다. 춘원은 조선 민족의 존재가치를 얻기 위해 신문화를 창조하는 것이 곧 민족적 이상이라고 주장하는 '우리의 이상'을 '학지광'

---

70) 『三千里』(1940. 3), pp.34~37, '內鮮一體' 體內의 朝鮮民衆的 諸問題의 考察: 內鮮一體와 朝鮮人의 個性問題(玄永燮).

에 발표하였다.

그 내용은 정리해보면 이와 같다. 어떤 민족의 역사상 위치를 말할 때에는 정치사적인 것과 문화사적인 것 두 종류가 있다. 가령 칭기즈 칸의 몽골제국은 정치사적으로는 혁혁한 위치를 차지하고 있지만 문화사적으로는 아무런 위치를 차지하지 못하고 있다. 이에 반해 그리스는 정치사적인 위치는 몽골제국보다 못하지만, 문화사적인 위치는 전무후무한 혁혁한 위치를 점하고 있다. 세계역사상 로마제국만이 정치적으로 문화적으로 우월한 위치를 독차지하고 있다. 조선은 정치사적인 위치는 보잘것없지만 문화사적인 위치는 혁혁한 공적을 이루고 있다. 한족(漢族), 인도족, 그리스족, 로마족, 그리고 영국, 프랑스, 독일, 일본 민족 등은 다 세계 문화사상 영광스러운 지위를 차지하고 있는 반면, 우리 조선 민족은 세계 문화사상 거의 아무런 지위를 차지하지 못하고 있다. 이는 조선은 일본의 식민지이기에 정치적인 우월한 지위를 상실했기 때문이다.

그러면 조선은 세계역사상 존재의 가치가 없단 말인가? 조선왕조는 5백 년간 중국의 경전을 암송하여 소중화(小中華)라는 애칭(?)을 들을 만큼 주자학파의 철학을 완성했건만 그것이 조선 민족에게 존재의 가치를 주지 못하고 있다. 그것보다는 경주의 호화찬란한 신라 석불문화와 강서고분(江西古墳)의 벽화가 오히려 조선 민족의 존재의 가치를 높이고 있다. 천고불후의 예술적 걸작을 남긴 것을 보고 조선 민족은 신문화를 산출할 정신력이 있다고 확신하고 있다. 그러나 정신력이 있다 하더라도 신문화를 창조하겠다는 자각이 없으면 아무 소용이 없다. 정신력과 자각이 합치해야만 신문화를 창출할 수 있다. 아무리 정신력을 갖추었다 하더라도 역사상 자각이 없으면 신문화를 창출할 수 있는 절호의 기회를 놓치고 만다. 자각이 없으면 몰이상이 되고 만다. 개인적인 이상은 있으되 전 민족적 이상은 없다. 비록 단기간이나마 또 극히 불확실하게 추상적이나마 독립이라든지 부국강병책 같은 이상이 있었지만, 경술국치(한일합병) 이래 조선이 일본 식민지가 되면서부터 조선 민족은 몰이상(沒理想)의 상태에 빠지고 말았다. 이에 우리는 새로운 민족적 이상을 정립할 필요가 있다. 그것이 곧 신문화 창출이다. 세계 문화사상 조선 민족의 위치를 획득하는 것을 민족적 이상으로 삼아야 한다. 이를 구현하려면 민족적 노력이 절실히 요망되고 있다. 민족적 노력이라 함은 곧 천재를 가진 개인을 극력 보호하고 찬양하는 동시에 그 천재를 개인이 수양하고 천재성을 발휘할 기회를 제공하는 것이다.[71]

윤봉길의 폭탄의거에 연루되어 도산 안창호가 일본 경찰에 체포되어 대전형무소에서 복역하고 있다는 사실은 동우회를 이끌고 있는 이광수에게는 향후 민족운동에 절망적인 적신호가 아닐 수 없었다. 조선독립의 아이콘인 도산이 일제의 정치적 포로가 되었다는 사실, 만주사변(1931. 9)으로 일본의 괴뢰정부인 만주국 건국이 성립됨에 따라 한국 독립군의 활동 근거지를 상실했다는 시대상황에 직면한 조선의 민족주의 지식인은 이제 독립의 희망은 암담하다는 의기소침에 빠지고 만다. 여기서 독립은 불가능하다는 자학적인 체념에 빠지고 만 것이다. 오죽하면 춘원은 '스러진 젊은 꿈'에서 "스러진 젊은 꿈 / 그날이 덧없다 바람 같아라 / 젊은 꿈의 날이 피 끓던 날이 / 센 머리 세어보면서 / 그리운 지난 날 더듬고 우네"[72]라고 영탄했겠는가.

이광수는 동아일보에 '흙'의 연재를 끝낸 후 조선일보 부사장 취임을 앞두고 장차 도산이 출옥하면 그를 조선일보 사장으로 영입하여 총독부의 탄압으로부터 신변안전을 보장하려고 획책하고 있었다. 항상 위기를 기회로 포착하고 민족의식을 깨우치기 위하여 '조선민족론'을 집필한 것이다. 춘원이 아니고는 그 누구도 이 같은 대담한 글을 집필할 수 없었을 것이다. 동우회의 혁명정신을 살려 오로지 민족 보전을 위한 일편단심에서 '조선민족론'을 발표한 것이다.

민족이란 무엇인가 하는 문제에 대하여서는 학자의 논의가 구구하다. 여러 가지 정의(定義)가 있다. 그러나 학자의 정의가 어떻게 많고

71) 『學之光』 제14호(1917. 11. 20), pp.1~9, 우리의 理想(李光洙).
72) 『朝鮮日報』(1933. 1. 10), 朝鮮의 花形 李愛利秀의 最後絶唱.

또 일치하지 아니하다 하더라도 세계 인류는 누구나 제가 어떤 민족에 속한 것을 분명히 의식하지 못하는 이는 없다. 정의야 서든지 말든지 민족은 염연한 실재다.

민족은 운명이다. 아무도 민족의 범위에서 초탈할 능력을 가지지 못한다. 조선인으로 태어난 사람은 어디를 가든지 아무리 조선인 되기가 싫어서 이민족의 언어를 쓰고 의복을 입고 풍속습관을 따르더라도 그는 내심(內心)에 스스로 조선인인 것을 잊을 수 없고 남도 그가 조선인인 것을 잊어주지 아니한다. 그가 조선인이 아니라고 하면 할수록 남은 더욱더욱 그가 조선인임을 역설할 것이다. 하물며 그의 피에 흐르는 선천적, 도덕적인 조선 민족적인 성격은 조물주도 변역(變易)하고 좌우할 힘이 없는 것이다.

유대족(猶太族)을 보라. 그들은 국가생활을 잃은 지 이미 2천 년이 되어 이래로 이민족 간에 섞여 살아 제 말과 풍습조차 잊어버린 이가 많건마는 그들은 언제까지든지 유대인이 아니냐. 아라사(러시아)의 유대인, 독일의 유대인, 이 모양으로 야속하게도 이민족으로부터 특수한 단일체(單一體)인 대우를 받고 있지 아니한가. 이 모양으로 정치형태는 변한다 하더라도 민족의 본질은 인류의 기록에서 보는 한에서는 불변이라 할 것이다.

민족의 본질적 요소를 짓는 것은 문화다. 문화란 관념에는 정치, 종교, 철학, 문학, 예술, 과학, 습관, 취미 등을 포함한다. 그렇지마는 이 모든 것의 근본이 되는 것이 언어임은 말할 것도 없다. 언어는 그 민족의 혼이다. 왜 그런고 하면 그 민족의 사상과 감정을 담아서 서로 전하고 다음 대(代)에 전하는 것이 오직 언어인 까닭이다. 예를 들면, 엄마, 어미, 어머니, 어머님, 에미, 울어머니, 어멈 등의 말에는 특유하게 우리 심금(心琴)을 울리는 정서와 사고를 일으키는 힘을 가진 것이다. 이것은 다른 어느 말로도 번역할 수 없고 다른 어느 민족도 이해할 수 없는 우리의 비밀경(秘密境)이다.

또 일례를 들면, "가지 마오, 가지 마오" 한마디로 우리는 이별의 애끓는 정을 맛보는 것이니, 만일 이것을 "行き給ふな, 行き給ふな"라고 한다든지, "Go not, go not"이라고 한다든지, "勿去, 勿去"라고 한다든지 하면 우리는 거기서 "가지 마오, 가지 마오"라고 하는 데서 보는 맛을 볼 수가 있는가. 결코 없는 것이다. 왜 그런고 하면 우리말의 마

디마디에는 민족의 역사와 문학의 모든 연상(聯想)이 포함된 까닭이다. "달 밝은 밤에"라는 구(句)는 결코 "월명야(月明夜)"라든지 "月夜に"라든지로 번역될 수 있는 뜻만이 포함되는 것이 아니다. 우리는 "달 밝은 밤에"라는 마디에서 그 비길 수 없는 시적 운향(韻響)을 맛보는 동시에 이순신(李舜臣)의 한산도(閑山島) 노래도 연상하고, 김종서(金宗瑞)의 육진(六鎭) 노래도 연상하며, 가지가지 역사와 문학의 연상을 하는 것이다.

'효(孝)'라는 말과 '어버이 모시옵고'이라는 말에는 큰 경정(逕庭, 현격한 차이)이 있다. '효'라는 한자(漢字)는 한족(漢族)의 관념을 가지고 들어왔다. 조선 민족을 한족화(漢族化)한 것은 왕실의 조공(朝貢)도 아니요, 정몽주(鄭夢周), 송시열(宋時烈)만도 아니요, 가장 큰 것이 한문(漢文)이다. 만일 사서삼경(四書三經)을 한문대로 읽지 아니하고 조선말로 번역하여서 읽었던들 그처럼 심하게 조선인이 한족화는 되지 아니하였을 것이다. 일본 민족은 같은 한문을 읽어도 일본말로 꼭 새겨서 읽었기 때문에 조선 민족의 상류계급과 같이 한족화하지 아니하고 끝까지 일본 민족의 특징과 정신을 유지해온 것이다. 어떠한 사상이든지 그 나라 말에 옮겨 담으면 원산지의 빛을 잃고 옮겨진 땅의 빛에 물드는 것이다. 예수교 성경의 '하나님'이란 말이 조선 사람의 이데올로기와 감정에 주는 효과는 'God'란 말이 영미인에게 주는 효과와는 딴판이요, 더구나 유대인의 '여호와'라는 말이 품은 내용과는 딴판이다. 이러므로 진정한 의미의 번역은 불가능하다는 것이요, 그것이 철학, 문학, 종교 등 민족생활의 핵심에 관한 것일수록 다른 말로는 옮겨지지 아니하는 것이다. "새벽 서리 지샌 달에 울어 예는 저 기럭아"라든지, "저 건너 갈미봉에 비가 묻어 들어온다"라든지, "노자 노자 젊어 노자" 같은 것을 다른 말로 옮길 수 있는가.

이상은 한두 가지의 비근한 예를 든 것이어니와 어떤 민족의 말이란 것은 씨(사물의 근본, 피류의 씨), 씨에 풀어쓰면 한 권 책을 이룰 연상과 정서와 리듬이 있는 것이요, 또 단어를 모아 이룬 마디, 마디에 그와 같은 혼이 있고, 또 그 말을 기록하는 글자에도 그와 같은 혼이 있는 것이다. '우리 고장', '우리 말', '우리 집', '나라', '물불', '가난', '가갸거겨', '간다 한들', '못 잊을 손', 이렇게 아무러한 말이나 써서 앞에 놓고 들여다보라. 거기 신비한 무엇이 우리말과 뜻에 일어남을 깨달을 것이다.

말로 짓는 예술이 곧 시(詩)요, 노래요, 소설이요, 문(文)이다. 이런 것을 총칭하여서 문학이라고 한다. 문학은 그 민족의 말의 혼을 노을(너울, 형상)로 하여 그 민족의 혼의 움직임을 그려내인 음악이다. 그러므로 말은 그 민족의 생활의 조각조각이요, 문학은 그 조각조각을 모아서 한 옹근 것을 일러놓은 생활의 일폭(一幅)이다. 그리고 그 일을 하는 기술자가 곧 시인이요 문사(文士)라는 것이다.

그 민족의 철학과 종교도 필경은 그 민족의 말에 나타난 조각조각의 혼을 모아서 일러놓은 한 예술품이다. 말을 떠나서 철학도 없고 종교도 없다. 민족은 다른 민족의 철학과 종교를 실어 들이는 수가 있거니와 그러할 때에는 대부분은 제가 이미 가지고 있는 말을 번역하고 극소수의 새 말(곧 남의 말)을 그대로 실어 들이는 것이다. 가령 예수교의 '부활'이라는 말이라든지 플라톤의 '이데아'라는 것 같은 유(流)다. 이러므로 어떤 민족의 말은 곧 그 민족의 혼이어서 민족의 본질적 요소 중에 하나를 이루는 것이다.[73]

이광수는 이어 '조선 민족의 고유종교'를 발표했다.

조선 민족이 혈통적으로 문화적으로 대단히 단일한 민족이라는 것은 우리 조선인 된 이는 누구나 분명히 의식하여 한 점의 의심도 없는 바이다. 이것은 저 독일이나 영국이나 아라사(러시아)나의 복합적 국민과는 현수(懸殊)한 특징이다. 이민족은 혹시 정치적으로 경제적으로 또는 문화적으로 일시 결합한다 하더라도 감정적으로(이것이 민족적 결뉴(結紐) 중에는 가장 유력한 결뉴다) 비록 동북 부여(扶餘)로 갈리고 3국으로 갈리고 하여 정치적으로 분열된 일이 있었다 하더라도 항상 통일에 통일에로 진행하고 있었다. 이 민족적 통일에 방해를 놓은 이는 신라(新羅)였다. 신라는 당(唐)이라는 이족과 통하여 골육상전(骨肉相戰)의 대죄를 범한 죄인이다.

왕건(王建)이 3국을 통일하여 만민의 귀의(歸依)를 받은 것은 이 신

---

73) 李光洙 纂, 『東光叢書』, 권 1(東光社, 1933. 6. 10), pp.2~6, 朝鮮民族論(李光洙).

라의 죄를 토(討)한 까닭이었다. 왕건은 조선 민족이 신라에 대한 원한을 알기 때문에 국호를 고구려에 모방하여 고려(高麗)라고 하였다. 조선 민족의 종가(宗家)로 역사적 영예를 지니고 온 이는 고구려였다. 신라는 애국심에 있어서는 항상 반역자요 죄인이었다. 이족(異族)을 끌어들이는 것은 신라주의(新羅主義)라고 할 것이다.

고려 이래로 천여 년 간 조선인은 단일한 국민생활을 하여왔다. 오직 철천지한이 되는 것은 이조(李朝)의 숭명(崇明)사상이었다. 이 숭명사상은 단군 이래의 모든 민족문화를 이멸(夷滅)하고 말았다. 지명, 인명의 지나화(支那化), 의복, 풍속의 지나화는 말할 것도 없고 전통적인 종교(선왕(仙王)과 및 역사 민족적 위인숭배를 중심으로 한)를 법령으로 탄압하고 지나인(중국인) 숭배를 국교적(國敎的)으로 강제하였다. 선왕당(仙王堂), 부군당(府君堂)을 음사(淫祀)라 하여 철폐하고 공맹(孔孟), 주자(朱子) 또는 조선인으로 지나인 된 자들의 사당을 세웠으며 부조(父祖)의 제사도 지나화해버리고 말았다. 무악원(母岳院)은 모화관(慕華館)이 되고, 각지의 '검산'은 모두 불교식, 또는 지나식 이름으로 변명(變名)해버리고 말았다. 아버지는 춘부(春府)로 변하고 언니는 백씨(伯氏)니 중씨(仲氏)로 변하고, 어머니는 훤당(萱堂)이니 자당(慈堂)이니 모친이니 하고 지나명으로 변하고 말았다. 이 모양으로 조선인의 고유한 사상을 파괴하는 동시에 또는 그 방편으로 조선어를 탄압하고 천시하여 이것의 멸절(滅絶)을 기하였다. 이 대죄를 범한 자는 누구냐 하면 그것은 민족의식을 마멸함으로 자기네의 지위를 보전하려 하던 양반 유림(儒林)계급이었다. 이조의 양반계급은 모든 인민의 고혈을 빨아먹은 자일 뿐만 아니라 실로 민족의 정신과 말과 글까지 빨아먹은 독충이었다.

이조의 양반계급은 조선의 산을 벗기고, 강을 막히게 하고 집을 오막살이를 만들고 도로를 파괴할 뿐 아니라 실로 조선 민족의 정신을 황폐케 하였다. 도덕을 해이케 하였다. 용기를 좌절하였다. 근면의 풍(風)을 없애버렸다. 민족의식과 단결력을 소모해버렸다. 이 일은 이조 뿐 아니라 여말(麗末)에서부터 시작하였다. 김부식(金富軾)은 삼국사기(三國史記)를 쓴 것으로 민족의식 마멸의 원흉이 되었고 이 유(流)를 받아 동국통감(東國通鑑)이라는 악사(惡史)가 생겼다.

각지의 선왕당 서낭님(평안도에는 동네마다 서낭님을 모셔 춘추 혹은 사시(四時)로 동네의 대제(大祭)를 지내는데 지나숭배가 많이 발달된 경기(京畿)에서는 '서낭'이라면 천하게 여기게 되었다), 개성(開城) 덕물산(德物山)의 최영(崔瑩)을 주신(主神)으로 한 당(堂)과 전남 여수의 이순신을 주신으로 한 당을 제하고는 민족적 위인을 신으로 하는 종교적 시설은 이조 5백 년에 전부 파괴되고 말았다. 우리는 일본의 신사의 발달을 보아 조선의 옛날(昔日)의 신당(神堂) 상태를 유추할 수가 있을 뿐이다.

이 모양으로 조선인은 이른바 소중화인(小中華人)이라는 저를 잃고, 민족의식을 잃은 백성이 되어버린 것이었다. 아마 다행히 조선의 말이 남고 가명인배(假明人輩)가 왜곡해놓은 것이나마 역사적 기록이 남아서 우리 민족의 진면목의 몇 개 편린을 오늘에도 엿볼 수 있는 것만 고맙다. 선왕에 관하여 한 말 더할 필요가 있다. 선왕(서낭님)은 선인 왕검(仙人王儉)이란 말이다. 선(仙)이라 함은 최고운(崔孤雲)의 글에도 있는 바와 같이 조선 민족이 성현(聖賢)을 가리키는 말이다. 고기(古記)에도 선인왕검이라 하였고, 신라에서도 국선(國仙)이라 하였다. 선은 고대인이 그네의 숭배하는 인물을 칭하는 이름이었으니 반신반인성(半神半人性)을 가리킴인 듯하다. 다만 이것은 지나에서 온 사상이 아니요 조선 고유의 것임은 최고운이 우리의 국선도(國仙道)를 가리켜 "유(儒)도 아니요 불(佛)도 아니요 선(仙)도 아니로되 유의 충효와 불의 자비와 선(지나의 道敎)의 청허(淸虛)를 겸하였다" 하는 것을 보아서 알 것이다.

왕검(王儉)이라 함은 대신(大神)이라는 뜻인 듯하다. 왕(王)은 대(大)를, 검(儉)은 신(神)을 가리킨다. 검(儉)이 신(神)을 가리킴은 평안도로 보더라도 선천(宣川)과 정주(定州)와 영변(寧邊)의 '검산'이라는 산 이름이 하나의 방증이 된다. 이 밖에도 조선 각지에 '검산'이라는 이름으로 불리어지는 산이 많다고 하거니와 그 산은 다 그 지방에서 물빌이(祈雨), 제천당(祭天壇) 같은 것이 있는 신성한 산들이다.

백자(白字) 달린 산이 조선의 성산(聖山)임은 백두(白頭), 태백(太白), 소백(小白), 대박(大朴), 백악(白岳) 등을 보아서 알거니와 '백', '박'을 가진 산은 서울이거나 기타 전국적 의미를 가진 진산(鎭山)이요 '검'자를 가진 산은 그보다 소범위인 한 지방의 종교적 의식을 하는 산인 듯싶다. 그리고 평안도에서는 동네마다 그 진산이라고 할 만한 곳에 서낭당이 있어서 이는 왼 동네가 가장 큰 건성(虔誠)을 가지고 공동으로 제사를 드리고 또 한 가족으로도 제사를 드리는데, 이 서낭당을 '높은데'라고 부른다. 연(年) 2차, 혹은 연 4차 혹은 닭을 잡고 혹은 소를 잡고 제사를 지낼 때에는 그 음식은 구역 내 각호(各戶)에 평균하게 분배를 하며 제관(祭官)을 그 동네에서 가장 존경받는 이가 당하게 된다.

축문(祝文)에는 성황신(城隍神)이라고 쓰는 데도 있지마는 이것은 무론 서낭님에 해당할 듯한 지나식 명칭을 붙인데 지나지 아니한다. 평안도에서는 가정의 귀신(마을, 서천, 삼성, 제석)도 여러 가지 있지마는 왼 동네가 공동으로 숭배하는 최고신은 이 서낭님이다. 또 넉넉한 동네에서는 무당을 불러 몇 해에 한 번씩 굿을 한다. 무론 일동공동(一洞共同)이다. 이것을 당굿이라고 한다.

나는 이 '서낭님'이라는 신이 곧 선왕, 왕검이라고 믿는다. 지나(중국)문화가 들어오고 치자계급에 존한(尊漢)사상이 생겨서 민족 고유의 종교, 사상을 박멸하였기 때문에 이 서낭님 숭배는 일종 민족의 미신(迷信)처럼 되고 말았지마는 그러한 존한적 치자의 탄압 밑에서도 동네마다 서낭 숭배의 성소(聖所)가 있고 연 2차 혹은 4차의 제례가 전 동민의 건성으로 지금까지 행한다는 것은 이 선왕 숭배가 어떻게 조선 민족의 피와 뼈에 깊이 박혀 영원히 뽑을 수 없음을 알 것이다.

근년에 와서 각지에서 예수교회, 기타의 영향으로 서낭당을 유린하는 일이 많건마는 알고 보면 무엄도 하고 슬프기도 한 일이다. 태백산(太白山, 妙香山)이 불도의 전속물처럼 되어버리고, 강화(江華) 마리산(두산(頭山)이라는 뜻이언만 승도(僧徒)들이 마니산(摩尼山)이라고 한자를 붙였다)의 참성단(塹星壇)이 빈터가 되는 오늘이지마는 옛날에 있어서는 이러한 명산들은 다 우리 선왕을 숭배하는 제단이요, 또 국선(國仙), 향도(香徒)들이 수련하는 도장(道場)이었던 것이다. 동네 하나에 산 하나, 고을 하나에 산 하나, 나라 하나에 산 하나인 조선 민족은 산악을 제단으로 하는 선왕교도(仙王敎徒)였다.

[註] 본문 중에 '평안도에서는'이라고 특기한 것은 필자가 몸소 본 범위만을 가리킨 것이다.74)

74) 李光洙 纂,『東光叢書』, 권 2(1933. 7. 10), pp.2~5, 朝鮮民族의 固有宗敎 (朝鮮民族論의 2)(李光洙).

조선문화말살정책이 강행되고 있는 정치상황에서 이광수의 민족문화를 수호하려는 의지는 더욱 굳건해졌다. 1936년 2월 이긍종(李肯鍾) 등과 함께 대보산 송태산장으로 안창호를 방문하여, 미나미 총독의 민족문화말살정책을 보고하고 앞으로의 민족운동의 방책을 협의했다. 그 결과 민족의 뿌리이며 한민족의 조상인 단군의 능을 답사하고 보존하여 단군정신을 현창하는 계획을 갖게 된 것이었다.

이광수는 단군릉을 현지답사하고 '단군릉'을 발표하여 민족의식을 고취하고 있다. 여기서 'X上'이란 암호를 주목할 필요가 있다. 이는 검열에 걸려 'X'로 표기한 것이다. 그러므로 '단군(檀君)'을 '皇上'으로 표기한 것이다.

벌써 여러 해 전 어느 여름날이었습니다. 나는 김성업(金性業) 군과 단 둘이 강동(江東)의 단군릉을 봉심(奉審)하려고 자동차로 평양을 떠났습니다. 우리가 탄 차는 만수대와 을밀대를 거쳐서 모란봉을 돌아 흥부를 거쳐 해암산(海岩山) 서쪽을 스쳐서 대성산 동쪽으로 동북을 향하여서 강동으로 가게 노차(路次)가 되었습니다.

만수대(萬壽臺)는 고구려의 옛 대궐터로 작년에 불에 탄 문지(門趾)가 발견되었고, 을밀대는 신라의 국선(國仙)과 같이 단조(檀朝) 이래의 조선 고유의 수도(修道) 전설을 가진 을밀선인(乙密仙人)의 유지(遺址). 평양 서울 자체가 동래(東來) 선인왕검(仙人王儉)의 택(宅)이라 함은 단군조 이래로 이 선도(仙道)의 왕성하였음을 표하는 말일 것입니다. 최고운(崔孤雲)이 국선난랑(國仙鸞郎)의 비에 국선도(國仙道)를 말하여 '오동유도(吾東有道)'라 하였음은 신라만을 가리킨 것이 아니었음은 물론이외다. 고구려 남아의 심신을 단련하여 남북 만리의 대제국을 세우는 기백을 갖추게 한 것이 또한 이 국선도일 것이니 을밀선인은 그중에 아마 큰 선인(仙人)인가 합니다.

을밀대(乙密臺)에서 모란봉으로 가는 송림 중, 대동강으로 면한 쪽에 기린굴(麒麟窟)이라는 것이 있어 동명성왕에 관한 유적이라고 전하거니와 무엇인지 알 수 없고 영명사(永明寺)는 본래는 고구려의 궁궐 터라고 하거니와 을밀대와 모란봉의 사이 손바닥만 한 지면이 어떻게도 그렇게 심수(深邃)하고 양명(陽明)하게 생겼을까. 실로 자연의 경이라 할 만한 풍경이어니와, 우리네 선인(先人)들은 이 풍경미를 잘 인식하여 앞에는 궁전을 지었고 뒤에 부벽루(浮碧樓), 득월루(得月樓), 전금문(轉錦門), 현무문(玄武門) 같은 것을 지어 비록 반군용, 반완상용이라 하더라도 이 자연의 미를 십분 저작하고 또 보충한 것을 봅니다.

모란봉(牧丹峯) 앞에 영명사 같은 야비한 건물이 있는 것은 참는다 하더라도 'お牧の茶屋'라는 음식점의 건물이 이 풍경의 가슴팍이를 차지한 것과 이 천하절경에 아카시아 나무를 난식(亂植)하여놓은 꼴은 차마 볼 수가 없습니다. 모란봉과 같이 몸집이 작고도 모양이 빼난 봉우리는 비록 소나무라 하여도 키 큰 나무는 끼려야(忌) 할 것이요, 다박솔 포기나 향나무 같은 키 작은 나무와 산초(山草)만을 남겨서 그 윤곽을 어지럽게 아니 하도록 할 것인가 합니다. 더구나 꼭대기에다가 최승대(最勝臺) 같은 누각을 지은 것은 모란봉의 머리를 잘라버린 것과 같은 파경(破景)이니 만일 누각을 지으려거든 봉두(峰頭)보다 훨씬 떨어져서 누각이 봉우리의 가슴에 의지하고 안기도록 할 것이요 봉우리의 기세를 누르도록 할 것이 아닙니다.

모란봉이라는 명칭은 태백(太白)에서 온 것이 분명합니다. 고조선에서는 나라에는 나라의 태백, 소백(小白)이 있고, 고을에는 고을의 태백, 소백이 있음은 현재의 지명을 보아서 분명한 것이니 백두산은 나라의 태백으로 백산(白山)의 머리로서 박머리, 또는 박마리라고 불렀던 것이요, 지금 묘향산도 본래는 태백이어니와 평양 서울의 지형으로 보면 모란봉이 태백이요 을밀대가 소백임은 의심할 여지도 없는 것입니다. 태백이라는 한자(漢字)를 붙인 산을 지금도 우리말로는 함박(한박의 음편(音便)일 것)이라 하고, 소백을 쪽박이라고 부르는 것은 강동 사람은 다 아는 바이어니와 함박이라는 이름이 함박꽃을 연상하여 모란으로 변한 것도 당연한 일일 것입니다. 강동의 태백, 소백이나 길림(吉林)의 소백산맥이나, 또 서울의 부아악(負兒岳), 백악(白岳)이나 다 같은 계통의 생각에서 나온 산 이름일 것입니다.

모란봉을 넘어서면 흥부라는 곳인데 이 흥부라는 지명은 흥복사(興福寺)라는 절 이름에서 온 것, 흥복사는 본명 이불란사(伊佛蘭寺)로서 흥국사(興國寺)와 함께 우리나라(吾土)의 최초의 절이자 고구려시대의 평양의 서대찰(西大刹)입니다. 지금도 대동강의 물을 끌어들여 음료와 주운(舟運)을 겸하였던 운하의 자취가 남아 있습니다.

이 근방은 대동강의 절벽의 휨(휘다)한 구비로 길이 났는데 실로 독특한 풍경을 가진 구릉(丘陵)지대라 일면에 고구려시대의 적와편(赤瓦片)이 보이고, 해암(海岩) 거의 다 가서 한 조밭 속에는 고구려 궁지(宮趾)라는 목패(木牌)가 박혀 있습니다. 모란봉을 복판에 두고 두는 토성산(土城山)까지 앞으로는 외성(外城)까지 동으로는 문수산(文殊山), 반교리(盤橋里), 토성 등지까지 사방 20리 내지 30리에 긍한 대도회였던 것은 기록과 출토품으로 보아서 분명합니다. 평양 서울 호수 23만, 인구 150만, 나당(羅唐) 연합군이 함몰시킨 평양의 옛 터전이 이것입니다. 당시의 고구려인의 문화가 겨우 천유여년을 지난 오늘날에 강서(江西) 오릉(五陵)의 건축과 벽화와 득월루의 시멘트 석주(石柱)와 부벽루의 초석 2개와, 평양 박물관의 초석 2개와, 중성 외성의 대동강 호안공사인 두 텁(첩)성(城)뿐입니다.

단군(檀君)이 그저께요 동명왕(東明王)이 어저께라
기통 반만년(半萬年)이 눈 감았다 뜰 새이니
무궁(無窮)할 생명(生命) 혀오매(세다)에 꿈인 듯하여라

실로 천 년이 잠깐이요 5천 년이 한참입니다. 한 민족의 생명은 '정신 있고 정성 있는 노력만 있으면' 영원무궁한 것이 기통 5천 년 일을 부앙강개(俯仰慷慨)할 나위는 없습니다. 지나간 영광의 회고에 취할 나위도 없고, 지나간 설움에 한탄할 나위도 없습니다. 오직 현재의 힘과 정성을 다하여 장래를 쌓을 뿐이니 인(因)은 반드시 과(果)를 낳는 것이라 내 손으로 쌓는 인을 빼앗음은 하늘도 못하는 것입니다.

대동강(大同江) 몇 구비요 천(千) 구비요 만(萬) 구비라
흘러 흘러 하늘 끝에 닿았어라
끊인 듯 이어 흐름이 저 강(江)물과 같아라

대성산(大城山)은 평양 서울의 진산(鎭山)입니다. 좀 더 컸으면, 좀 더 높았으면 하는 감도 있으나 그 선(線)의 웅대함이 또한 성산(聖山)의 풍도(風度)가 없지 아니합니다. 전해 이르기를 이 산에는 못이 아흔아홉 개가 있다고 하는데 아마 군용 저수지인 모양입니다.

차가 강동(江東) 앞에 다다랐을 때에 강동 인사 수십 인이 나와 맞아주셨습니다. 그는 단군릉을 찾아온다는 나를 반갑게 여긴 것인 듯합니다. 지금 세상에 일부러 단군릉을 찾아다니는 조선인은 아마 극히 드물 것입니다. 옛날은 옛날대로 숭명(崇明, 명나라 숭배)의 악질(惡疾)이 박힌 선인들은 인민으로 하여금 단군의 이름조차 못 듣고 삼황오제(三皇五帝)를 제 조상으로 알게 한 까닭에 단군릉 변(邊)이 적적하였고 오늘은 오늘대로 그러합니다.

강동 인사들은 단군릉을 잘 수호하지 못한 책임을 누누이 변명하면서 우리를 단군릉으로 인도하였습니다. 함박, 쪽박이라는 강동 태백, 소백이 나는 우리에게 문화를 처음으로 주시고 국가생활을 처음으로 주신 조상이신 단군릉 앞에 부복하였습니다. 나를 맞아주신 이 지방 여러분도 같이 부복하였습니다. 영광스러운 X上(皇上) 앞에 엎드린 불초한 후손들! 진실로 불초한 후손들이 아닙니까. 바로 능 곁에 집을 짓고 사는 촌민까지도 이 높으신 조상의 능을 고맙게 생각할 줄을 몰라서 계견(鷄犬)으로 하여금 밟게 하는 것을 생각하면 지극히 황송한 일입니다.

단군릉이냐, 아니냐 하는 문제가 없지 아니합니다. 그러나 조선조에서도 해마다 강동 현령(縣令)으로 하여금 치제(致祭)를 하여왔고 민간에서도 입에서 입으로 이 무덤이 단군릉인 것을 전하여왔으니 단군릉이 아니십니까. 유식한 체하는 무리들로 하여금 제멋대로 단군의 존재를 의심케 하고 단군릉의 존재를 의심케 하라 하시오. 그러하더라도 우리에게 국가생활을 처음으로 주시고 삼백육십사(三百六十事)의 문화생활을 처음으로 가르치신 단군은 엄연한 실재시오. 또 단군이 실재시면 다른 데 그 어른의 능이 발견되지 아니하는 동안 강동의 단군릉밖에 우리가 단군릉으로 생각할 곳이 없지 아니합니까. 그러므로 강동의 단군릉은 우리 시조 단군의 능침(陵寢)으로 존숭하고 수호할 것이 아닙니까.

조선인은 조선(祖先)을 숭배한다고 합니다. 간 곳마다 조상의 분묘 앞에는 많은 재물을 들여서 석물을 하여놓고 제각(祭閣)을 지어놓고 산직(山直)이를 두어 수호를 하고 춘추로 성묘를 합니다. 그러하신 바는 조상의 조상이신 단군릉은 쑥밭이 되게 내버려두고 민족의 은인인 모든 위인의 분묘는 있는 곳조차 알지 못하게 되었습니다. 먹고 마시다가 죽은 무명한 조상들을 위하여 족보를 꾸미기에는 힘을 쓰면서도 족보의 족보인 조선인 전체의 역사와 위인의 전기를 발행하기 위하여 푼돈(分錢)을 내려는 사람이 없습니다. 잘못된 조선숭배는 마침내 조선을 못살게 하고 말았습니다.

지금이라도 어느 재산 있는 조선인이 돈 만 원이나 내어서 단군릉을 수축수호케 하고, 조선사를 편찬·발행케 하고, 조선어의 사전과 문전(文典)을 발행케 하고, 단군에게는 좋은 자손이요, 우리에게는 높은 형조(兄祖)인 모든 민족적 위인들의 유적을 찾아 기념하고, 전기를 편수하여 발행할 특지가는 없는가. 얼마 안 되는 돈, 10만 원이면 족한 일. 이만 일을 할 자손은 없는가. 이만한 일을 할 자손은 없는가.

강동 인사들은 단군릉의 수축존호(修築存護)를 위하여서 의연금을 모집하였으나 모 사정으로 중지가 되고 있습니다. 한 사람이 나서시오, 한 사람이! 나는 이날에 외람되게 이 지방 인사들의 정중한 대접을 받고 함박 쪽박과 아달메(뫼)의 하루를 우러러보고 한없는 감개 속에 하루를 보내고 성천(成川)의 동명관(東明館)과 삼등(三登)의 삼십이구천(三十二舊天)을 거쳐 수로로 비를 맞으면서 단군의 옛 서울 평양으로 내려왔습니다. 조선 문화의 발상지인 평양, 조선 민족의 가장 영광스러운 역사를 가진 평양 풍경만으로도 조선인에게 무한한 애착심을 주는 평양.

그러나 그 평양은 천이백여 년 전 나당 연합군의 손에 쑥밭이 되어 버렸습니다. 고구려의 정수분자 38만 인은 포로가 되어 당(唐)으로 잡혀갔습니다. 한족(漢族)은 대대로 큰 원수인 고구려로 하여금 재기의 힘이 없도록 근절을 시킬 결심이었습니다. 그런데 그 앞잡이를 신라인이 하였습니다. 신라인은 3국 중에 가장 노예적 근성을 많이 가진 무리. 옥으로 부서진 고구려의 문화와 혈통이 끊어지고 구차(苟且)한 안전을 도모하는 신라의 혈통과 정신만이 남은 것이 지나간 천년의 불행이었습니다.[75]

이광수는 도산이 출옥 후 대보산에 은거하고 있는 정치적 핍박 상황 하에서 '민족에 관한 몇 가지 생각'을 발표했다.

---

75) 『三千里』(1936. 4), pp.70~76, 檀君陵(李光洙).

1. 참으로!

참으로! 거짓말, 거짓 일을 불공대천의 원수로 알고 생전 다시는 대면 아니하리라 하고 저마다 자각하고 결심하는 것이 첫째겠지요. 개인의 신용의 원천이 참이니까요. 장난으로라도 거짓말하는 사람의 말을 어떻게 믿어요? 안 믿는 곳에 어떻게 상업은 흥왕하고 조합이나 회사는 잘되고 단결은 되겠어요. 조선이 여러 가지 철학화하고 도덕화하고 예술화하지 않았는가 합니다. 조선의 생명은 진리파지(眞理把持)에서 시작될 것입니다. 거짓 없기 동맹을 금주단연동맹 모양으로 하여보았으면 좋겠습니다. 이 풍조가 술의 보급과 같은 정도로 보급되었으면 좋겠습니다. 참을 위하여 순절(殉節)하는 사람이 생겼으면 좋겠습니다. 참으로! 진리에!는 우리에게 최대한 슬로건이겠지요.

2. 행(行)의 예찬

사실상 보통 이하가 아닌 사람은 제가 해서는 안 될 것과 해야 할 것을 지식으로는 다 가지고 있습니다. 가령 청결, 절약, 근면, 공익, 이런 것은 다 좋은 것으로 알고 있습니다. 하물며 거짓은 나쁘다, 신용이 좋다, 음주 끽연 다 해롭고, 뒷공론(空論) 좋지 못하고, 남의 흠담(欠談) 옳지 않고, 이런 것 다 알고 있습니다. '나도 알아' 하고 누구나 뽐냅니다. 만일 우리네가 옳지 아니한 줄로 아는 것을 곧 그만두고 옳다고 아는 것을 곧 행하기만 한다고 보면 조선은 하루 안에 도덕적으로나 부력(富力)으로나 딴 세상이 될 것입니다.

그런데 행(行)에는 의지력이 필요한데 병약한 사람이나 기생충이 있는 사람이나 정신적으로 퇴폐한 사람에게는 이 의지력이 부족한 것이 특징이기 때문에 행하기는 딱 싫습니다. 이에 손발은 죽고 입만 산 사람이 됩니다. 저마다 저를 행하는 사람을 만들자면 적어도 일주일의 고역적 노력이 필요합니다. 일주일만 저를 행의 궤도에 몰아넣고 족쳐 대면 정 몹쓸 위인이 아니고는 대개는 행의 습관이 형성되리라고 믿습니다. 곡마단에서 아이들 재주 가르치듯, 짐승에게 재주 가르치듯, 저마다 제 조어사(調御師)가 되어 고들개철편을 들고 제 등과 종아리를 후려갈기며 악습 떼기, 새 습관 형성하기에 백일을 노력한다면 그는 신뢰할 만한 공민이요, 신사가 될 것입니다. 행의 예찬이라기보다도 우리네는 앉아 뭉개는 사람들로서 걸음마를 배워야 하겠지요.

3. 신앙

예수를 믿거나 불교를 믿거나, 공맹(孔孟)을 믿거나, 또 노장(老莊)을 믿거나, 또 자연과학을 믿거나, 또는 하나님을 믿거나 산신(山神)님을 믿거나 또는 오직 제 양심 또는 양지양능(良知良能)이라는 것을 믿거나 무엇이나 한 가지 꼭 믿고 숭배하고 그 명령에 절대로 복종할 '무엇'을 가지고 싶습니다. 세상에는 마몬(mammon, 財神)을 믿는 이가 많거니와 재신과 연애신을 믿는 사람은 무소불위여서 도무지 신용할 수 없고 위험하기가 조급성 정신병자나 시가(市街)에 내어놓고 맹수 독충과 같습니다. 그리고 아무것도 믿는 것이 없는 사람들이 모여 사는 곳이 어떻게 보잘 것이 없음은 우리 자신이 가장 좋은 표본일 것입니다.

그런데 우리는 거짓과 무행(無行)의 사람들이기 때문에 설사 무엇을 믿는다는 사람들도 거짓으로 말만으로, 가장 호의로 해석하면 속만으로 믿는 이들이 많지 아니한가 합니다. 정말 무엇을 믿고 그 믿는 바를 따라서 수행하는 사람은 일언일동(一言一動)에도 그 믿음이 드러날 뿐더러 그 용모에도 드러나는 것입니다. 그런데 믿는 바가 없는 사람은 보기만 해도 정신기(精神氣)가 없고 언행에 상궤(常軌)기 없어서 혹선(或善), 혹악(或惡), 혹정(或正), 혹사(或邪), 혹시(或是), 혹피(或彼), 도무지 종잡을 수가 없습니다. 이러한 사람은 교우(交友)의 대상이 될 수도 없고 약속의 대수(對手), 상거래의 대수도 삼을 수가 없습니다. 이른바 귀에 걸면 귀걸이 코에 걸면 코걸이요, 하늘도 무섭지 않고 사람도 무서워하지 않나니, 개인으로는 인생의 방랑자요 단결의 일원으로는 끊임없는 모반자일 것입니다. 한 가지를 턱 믿고 그 믿는 바를 따라서 마음을 떡 정한 사람, 그래서 그의 일언일동이 다 그 자신의 제일원리에 맞는 사람이라야 비로소 인격자로서 신용의 주체가 될 수 있는 것입니다. 이런 의미에 있어서 우리네는 조선 민족의 전통적 종교, 철학의 재인식, 각종 기성종교의 재인식, 인생관을 포함한 각종 사상의 탐구와 재인식이 다만 학적 흥미뿐으로가 아니라 우리네 생활 개조상 필요한 일입니다.

4. 여자교육의 중요성

조선 민족을 개조하는 데 가장 큰 소임을 가진 이는 처(妻)와 모(母)

로서의 조선 여자들입니다. 아동이 어른의 아버지라 하거니와 아동시대의 훈련이 잘못되고는 좋은 어른을 얻기 어려울 것입니다. 인격이란 기초 되는 신앙 위에 세워진 여러 가지 정의적(情意的) 습관의 총화를 의미하거니와 세 살 적 버릇은 아흔 살 가도 못 고친다는 격언 모양으로 어려서 가정에서 일러진 정조(情操), 예의, 습관 등은 일생의 인격의 기초가 되는 것입니다. 그런데 이 가정 훈도의 책임을 맡은 성자(聖者)는 여자입니다. 예전 독일 황제 카이저가 좋은 국민을 짓기 위해서는 K자 세 개, 즉 교회와 부엌과 유치원이라 하였거니와 부엌이란 곧 가정의 여자의 영역이란 뜻입니다. 과연 지당한 말이라 할 것입니다.

그런데 현금 조선에서는 여자교육을 한 여흥(餘興)으로 아는 경향이 있고, 또 여자교육기관의 교육방침도 어떠한가입니다. 근로는 조선 농촌 여자의 미풍이어니와 헌신 봉사도 그러합니다. 이 근로와 봉사의 덕은 남녀에게 다 필요한 것이지마는 특히 자녀를 교육 훈련하는 모성으로서는 덕성의 기조가 될 것입니다. 깨끗한 세레질(청소), 깨끗한 빨래, 깨끗한 걸레질, 엄정한 질서, 모든 이기적 안한(安閑)과 향락을 제거한 자기희생적 헌신 봉사 — 자녀가 그 어머니에게서 이 정신을 배워가지고 사회에 나온다 하면 그는 반드시 개인으로는 성공하는 사람이 되고 사회로는 유용한 인재가 될 것입니다. 하물며 신앙, 도덕의 모든 중요한 정조는 어머니에게서 받음이 가장 많음에랴. 그러므로 어머니는 가정의 교주요 성자라야 할 것이니 이것이 인생에 가장 고귀한 직분이라고 아니 할 수 없습니다. 가정에 이러한 성자가 없이 좋은 민족은 양성해낼 수가 없으니 여자교육이라는 것이 어떻게 민족적 생명 유관(生命攸關)의 중대사가 아닙니까. 그러므로 민족개조는 반드시 여자교육에서 시작할 것이요, 여자교육의 기초는 모성훈련에 있다고 할 것입니다.

5. 자녀본위의 가정과 사회

자녀는 우리의 생명의 연장이어서 우리는 오직 자녀를 통하여서 우리의 육체적 생명의 영생과 아울러 정신적, 문화적 생명의 영생을 얻는 것입니다. 우리네의 일생의 노역은 자녀를 위함이라야 할 것입니다. 사람은 제 향락을 구할 때에 타락하는 것이어니와 사람은 자녀를 생각할 때에 자기희생의 열정이 솟고 용기가 솟는 것입니다. 그러므로 가

정도 자녀본위로, 직업도 자녀본위로, 사회의 모든 제도도 활동도 자녀
본위로 할 것입니다. 더욱이 우리네 조선인은 후손의 영광이라는 희망
을 뗄 때에 전혀 암흑입니다. 그런데도 우리는 자녀중심, 자녀본위에
대한 인식이 부족합니다.

6. 모범부락 창립

민족개조의 실행방법으로 가장 유효한 것은 모범부락의 창립이라는
것이 안도산(安島山)의 생각인 모양입니다. 개인의 내적 개조운동의
결과는 모범부락에서 구체적 실현을 볼 것입니다. 더욱이 사람의 생활
은 공동적이어서 일개인을 공동체에 따로 떼어서 완성할 수는 없는 것
입니다. 안도산의 의향에는 우리네 중에서 신생활을 원하는 무리가 특
정한 일 지점에 모여서 조선이 높은 문화의 사회가 되자면 각 부락이
이만은 해야겠다 하는 정도의 문화적 조직과 시설과 정신을 가진 부락
을 건설하자는 것인데, 도산의 이 안은 공상적인 초인간적인 이상향의
실현에 있는 것이 아니라, 조선의 현재 정세와 장래 전망에 적합할 실
제적인 이상부락(理想部落)을 세워서 부락 자체로는 신 실험의 경험을
얻고 밖에 대하여서는 널리 실물 모범을 주자는 것입니다.

이 모범부락은 직업학교를 포함하여 그 속에서 직업교육을 실시하여
한 사람이 한 가지 직업으로 숙련한 직업기술을 가진 사람을 양성하는
동시에 그들로 하여금 각각 자기가 정주한 부락 개조의 사도(使徒)가
될 정신과 기술을 주자는 것입니다. 도산의 이 '모범촌' 안은 민족개조
운동에 가장 실제적이요 유효한 방법이라고 믿습니다.

7. 과학적

신앙과 과학은 배치되는 것이 아닙니다. 오직 미신이 과학의 적입니
다. 진정한 신앙은 과학적일 것입니다. 다만 오늘날의 과학은 아직 발
달 도중에 있기 때문에 과학으로 설명하지 못하는 것이 있지마는 과학
적인 정신은 인류를 불합리에서 구제하는 등불입니다. 그러면 과학의
적인 미신이란 무엇이냐 하면 그것은 원인 없는 결과를 바라는 것, 즉
우연이나 요행을 바라는 마음입니다. 이 미신은 아직도 조선인의 마음
을 꼭 그러쥐어서 제 개인의 장래에 대하여서나 제 민족적 장래에 대
하여서나(장래에 대하여서 뿐이 아니라 현재를 설명하는 데도) 인과의

이치를 승인하지 아니하고 운이니 팔자니 대세니 하는 관념을 믿고 있습니다. 정도령(鄭道令)의 출현을 기다리는 생각은 이 비과학성, 비인과성을 가장 잘 실증하는 것입니다. 심지어 건강과 수명에 대하여서도 비인과적으로 생각하고 있습니다.

과학적인 제1조는 내나 우리의 금일의 처지는 내나 우리의 어제까지의 행위의 결과요, 내나 우리의 금일까지의 행위가 내나 우리의 명일의 화복(禍福)을 결정한다는, 철칙을 믿는 것입니다. 이 철칙을 승인하는 데서 우리네의 생활은 재출발을 할 것입니다. 그래서 우리가 이미 가진 모든 과학의 진리(특히 자연과학의)를 이용하여 원구(怨咎) 없이, 불평 없이, 희망과 신념을 가지고 명일의 결과의 인(因)을 만들기에 근근자자(勤勤孜孜)할 것입니다.[76]

미나미 총독은 내선일체, 황민화, 민족문화말살정책을 강행하고 있었다. 이광수는 이러한 압제통치 하에 신음하고 있는 조선 민족을 가리켜 "세계에 제일 가증한 무리"라고 자학적인 비하 넋두리를 토해내고 있다. "우리 조선 사람은 세계에 시골뜨기, 세계에 제일 못난 이, 세계에 제일 지체 낮은 이! 게다가 세계에 제일 가증한 무리!"라고 자탄하고 있다. 그러기에 일제의 식민통치를 확 뒤집어엎어야겠다고 절규하고 있다. "세상을 좀 뒤집어엎어야겠다. 인류가 서로 형제로 우애하는 세상을 만들어야겠어. 젠체하는 자의 교만을 꺾고 노예근성 가진 자의 아첨의 혀를 끊고 ― 이런 생각이다. 하하하"[77]라고 대일(對日) 적개심을 폭백(暴白)하고 있다.

자유는 강자의 전유물, 약자에겐 오로지 복종만 강요되고 있을 뿐이다. 나라 없는 약소민족, '약자-노예'의 설움을 이렇게 설파하고 있다.

인도인, 애란(아일랜드)인, 파란(폴란드)인, 나는 모든 약소민족을 비웃고 저주하였다. 그 비웃음과 저주 속에는 물론 나 자신도 들어 있었

---

76) 『三千里』(1935. 10), pp.60~63, 民族에 관한 몇 가지 생각(李光洙).
77) 『朝鮮日報』(1937. 3. 24), 그의 自敍傳(90)(長白山人).

다. 약자가 강자에게 지배를 받는 것은 코가 눈 밑에 붙는 것과 같이 당연한 일이라고 믿은 까닭이다. 인도 시인 타고르가 그때에 일본을 방문하여서 동경은 마치 타고르의 천지인 것같이 되었던 때가 있거니와 나는 한 번도 그의 강연을 들으러 가지 아니하였다. '약자-노예' 하고 나는 타고르를 멸시하였다. 나도 그의 시집 '기탄잘리'와 '초생달'과 또 그의 대논문이요 노벨상 작품인 '생의 실현'을 보았거니와 이 시절의 내 생각에는 그것은 다 침 뱉아버릴 만한 약자의 잠꼬대였다. 불경과 성경을 약한 자의 더러운 책으로 쇠사슬로 묶어다가 무저항에 집어넣을 때 톨스토이, 타고르의 것도 함께할 것이라고 생각하였다.

"자유 그것은 오직 강자만이 가지는 것이다. 자유는 강자의 특권이다. 약자에게는 오직 복종과 능욕이 있을 뿐이니 약자가 자유를 운운하는 것은 실로 건방진 소리다."78)

그러면 이 불쌍하고 못나고 천대받는 조선 민족을 누가 구제해줄 것인가? 모윤숙은 춘원이 온몸을 내던져 민족을 사랑하고 구제하면서 일생을 바쳤다고 증언했다.

> 그러나 여보,
> 이 백성을 어이한단 말요?
> 헛것만 좇는 것을
> 갈까나 갈까?
> 이 백성 안 뵈는 곳에 가서
> 울고 잊고 세상을 마칠까나

이 시는 그(춘원)가 절망의 외골짜기에서 울부짖은 신음소리다. 그는 이 나라를 부르고 만져주고 사랑하면서 그 일생을 다하였다.79)

모윤숙은 춘원이 절망의 외골짜기에서 울부짖던 당시의 시대상황을

---

78) 『朝鮮日報』(1937. 4. 19), 그의 自敍傳(116)(長白山人).
79) 『毛允淑文學全集』(昊浩出版社, 1982), 권 7, 느티의 日月, pp.111~112, 나의 師友錄 春園 李光洙선생.

이렇게 전하고 있다.

　태평양전쟁이 시작되자 이른바 '내선일체'라는 슬로건이 온 한국을 휩쓸어갔다. 한국이 가졌던 의(義)로운 정신, 고집스런 얼의 본체는 가라앉아버리고 어리벙병한 인간의 탈을 쓴 사람들이 숨도 못 쉬고 있을 뿐이었다. 붓을 가진 사람, 말을 할 줄 아는 사람은 모두가 그들의 지령대로 움직여야만 했다. 한국말로 쓴 글도 어떤 때에는 일본말로 번역이 되어 그들에게 충성이나 하듯이 발표되었다. 나는 글이 번역되어 나오는 것까지는 견딜 수 있었지만 창씨(創氏)만은 아무래도 싫었다. 하루는 조선군 보도과장이었던 구라시게 소장이 김활란(金活蘭) 선생과 나를 불러 창씨를 권한 일이 있었다. 일본의 유서 깊은 귀족 중에 '毛利'라는 가문이 있으니 '利' 자 하나를 붙여 '모리(毛利)'로 하면 어떻겠느냐고도 했다. 내가 잘나고 못나고가 아니라 "왜놈 비행기가 날아간 하늘은 보기도 싫다"고 위도 쳐다보지 않던 아버지 얼굴도 떠올라 이 핑계 저 핑계를 대고 그 자리는 어떻게 모면했다.[80]

　1937년 4월 이광수는 경무국 당국의 동우회 강제해산 조치에 대비하고 향후 민족운동의 방략을 강구하기 위하여 송태산장에 은거하고 있는 안도산을 생애 마지막으로 예방했다. 약 일주일간 체류하면서 미나미 총독의 동화정책(同化政策)을 보고하고 평양 지방 동지들과 시국담을 나누었다. 이 자리에서 도산은 자신의 운명을 예감이라도 한 듯이 아무 말 없이 시국담을 듣고만 있었다.

　어떤 날 저녁에 도산이 수삼의 내방한 동지와 함께 송태 앞고개턱 잔디판에 앉아서 야경을 보고 있었다. 이날의 하늘은 실로 장관이었다. 금성과 상현(上弦)달과 목성이 간격을 맞추어 한 줄에 빗기고 스코르피온(전갈자리)의 심성(心星)이 불덩어리와 같이 빛났다. 화성도 붉은 빛을 발하면서 뒤를 따랐다. 누가 먼저 말을 꺼내었는지 모르거니와 세상에 큰일이 생길 것 같다는 화제가 나왔다. 미나미(南次郎)의 강압

---

80) 『毛允淑文學全集』, 권 9, 流轉의 時代, pp.90~91, 시몬과 南貞姙.

정책에 조선 민심이 동요된다는 말도 났다. 밤이 이슥하도록 말들을 하였으나 도산은 침묵하고 있었다.[81]

동우회 사건(1937. 6. 7) 두 달 전에 이광수는 민족운동 최후의 보루인 동우회마저 강제해체 위기에 직면하였음을 직감했다. 이리하여 자신이 구속·수감될 것임을 예측하고 한평생 줄기차게 전개해온 민족운동도 종언을 고하게 될 것임을 예단하고 마지막으로 '젊은 동포에게의 유언'을 발표한 것이다. 그것은 논문 겸 감상문이었다. 이제 국권 회복의 꿈은 사라지고 젊은 사람이 죽음을 응시하면서 최후의 정성과 정력을 다해서 젊은 동포에게 주는 말을 쓰자는 것이었다. 그 요지를 춘원 자신이 요약하고 있다.

그리고 민족의 역사라든지 어학은 위할 줄 모르면서 이름 없는 조상의 무덤을 꾸미고 족보를 간행하는 것을 타매(唾罵)하고 마땅히 자녀를 중심으로 하여 부모는 자녀를 위한 거름이 되고 희생이 되고 발등상이 될 것이라고 통론하였다. 그리하는 동시에 혼인은 신랑과 신부의 일이요 결코 두 집의 문제나 두 부모의 문제가 아니라 하여 연애자유론을 주창하였다.

그리고 나는 조선이 비록 오늘은 성명없고 빛없는 한 존재이지마는 우리네 젊은 사람들의 총명한 노력으로 말미암아 장래에는 세계에 큰 빛이 되리라고 말하고 우리 젊은 조선인의 생명은 마땅히 그 빛을 발할 초의 원료로 바칠 것이라고 하였다.

"아들과 딸은 구습에 젖은 부모의 길에서 반역하여 새 길을 찾아 밟으라." 이러한 소리도 하고, "제 조상을 잊고 한족의 조상을 조상이라고 하던 선인들의 무덤을 가르고 해골을 파내어 가루를 만들어 바람에 날려서 조선의 땅을 깨끗이 할지어다!" 이러한 격렬한 소리도 하였다.

나는 신문으로 50여 일에 긍하여 조선의 모든 낡은 것에 대하여 선전포고를 하고 내 힘을 다하여 공격하였다. 그리고 끝에, "나는 아마 죽을 것이다. 내 병은 날로 침중해간다. 나는 이 글을 끝맺을 때까지

---

81) 島山紀念事業會 刊行, 『島山安昌浩』(太極書館, 1947. 5. 30), p.176.

목숨을 부지한 것을 큰 기쁨으로 안다. 나는 아직도 하고 싶은 말이 많다. 그러나 쇠약한 내 신경은 이 글을 쓰기에도 가끔 아뜩아뜩한다. 인제 나는 더 무엇을 생각할 힘이 없는 것과 같다. 이제 나는 이 글을 끝막을 수밖에 없다. 그러나 만일 우리네 조상이 믿던 바와 같이 사람이 죽어서 다시 어디나 태어나는 것이라 하면 나는 나는 극락도 천당도 다 버리고 영국도 미국도 다 버리고 기어코 조선에 태어나려고 한다. 만일 몇 번이고 죽어서 또 태어날 수 있는 것이라고 하면 천만 번 억조 번이라도 번번이 조선에 태어날 것을 맹세한다. 그래서 내 손으로 조선의 산과 들을 울창한 삼림과 기름진 오곡과 아름다운 꽃으로 꾸미고 조선의 사람으로 하여금 세계에 가장 힘 있고 영광 있는 백성을 만들고야 말 것을 맹세한다."82)

---

82) 『朝鮮日報』(1937. 4. 12~13), 그의 自敍傳(109, 110), 젊은 동포에게의 유언 (長白山人).

제14장   조선어 전폐론과 보존론

1. 현영섭의 조선어 전폐론

현영섭은 1935년 11월에 사회주의 운동으로 인해 치안유지법 위반 혐의로 구속·수감되었으나 1936년 5월에 불기소 처분을 받아 석방되면서 친일로 사상전향을 단행했다. 6개월간 수감생활을 하면서 친일전향을 조건으로 석방된 것으로 추정해볼 수 있다. 석방되자마자 1936년 7월 샤쿠오(釋尾春芿)가 "선만(鮮滿) 개척과 대륙 진출의 선봉"이라는 목표 아래 간행하던 '조선 급 만주'에 기자로 채용되어 입사했다. '조선 급 만주'(1936. 9)에 "조선어의 폐지, 조선인 생활의 일본화, 조선인 학교의 일본 학교화, 내선인 결혼" 등을 골자로 하는 이른바 급진적 내선일체론을 주장했다.[1]

1938년 3월 4일 조선교육령을 개정하면서 중등학교에서 조선어 과목을 폐지한다고 공포했다.[2] 이로써 조선어 말살정책이 본격화되기 시작했다. 이 같은 당국의 조선문화말살정책에 맞장구를 친 이가 현영섭이었다. 1938년 7월 8일 왜성대(倭城臺) 관저에서 미나미(南次郎) 총독은 민의를 듣는 제11회 면담을 가졌다. 방문객 7명과 면담이 있었는

---

1) 친일문제연구총서 3, 『친일인명사전』, pp.922~924, 현영섭.
2) 『朝鮮總督府官報』(1938. 3. 4), 號外.

데, 중요 논제는 비상시국하의 내선일체를 공고히 할 것과 긴축생활을 철저히 하여 근로의 정신을 생활의 근거로 하자는 것으로, 각자의 의견을 개진하게 되었다. 이 자리에서 녹기연맹(綠旗聯盟)의 현영섭은 조선어 사용 전폐론을 들고 나섰다. "세계를 통일한다고 하는 것은 역사적으로 오래인 근거를 가지고 있으나 한 번도 실현된 일은 없다. 이러한 세계적인 이상을 생각할 때 내선일체의 문제는 극히 적다. 그러나 조선인이 완전한 일본인이 되기 위하여는 무의식적 융합인 완전한 내선일원화(內鮮一元化)에서부터 되지 않으면 안 될 것인즉 종래에 체험치 않은 신도(神道)를 통하여 또는 '조선어 사용 전폐'에 의하지 않으면 안 될 줄 안다." 현영섭이 이렇게 조선어 폐지를 주장하자, 미나미 총독은 "조선어를 배척함은 불가한 일이다. 가급적으로 국어를 보급하자는 것은 가한 일이며 이 국어보급운동도 조선어 폐지운동으로 오해를 받는 일이 종종 있은즉 그것은 불가한 말이다"라고 현영섭의 주장을 전면 거부했다.3)

현영섭은 조선어 전폐론을 이론적으로 정립한 저서 '조선인의 나아갈 길(朝鮮人の進むべき道)'을 출간했다. 이제 현영섭의 조선어 전폐론의 궤변(詭辯)을 정리해보기로 한다.

조선인이 황국신민이 되는 제일 의무는 황실에 대해 힘을 쓰는 일이다. 또한 일본인이 되는 길은 조선인이 일본 문화를 완전히 흡수해서 신일본 문화의 창조자로서의 지위에까지 올라가지 않으면 안 된다. 일본인적 감정을 가져야 한다는 말이다. 그것은 일본적인 것을 사랑하는 것으로부터 나아가는 것이다. 신궁참배나 또는 황국신민서사를 제창하는 것만이 아니다. 무엇보다도 일본을 사랑해야 한다. 그러므로 먼저 국어(일본어)를 상용해야 한다고 생각한다. 그래서 가정에서 국어를 상용하게 되면 보통학교(조선인), 소학교(일본인)의 구별이 없어지게 되고 기타 내선적(內鮮的) 차별도 없어지고 만다. 조선인이 내지인(일본인)과 함께 일본인적 생활을 할 경우 제일 핸디캡이 되는 것은 언어 문

3) 『三千里』(1938. 8), p.22, 朝鮮語 排斥不可, 南總督이 迷妄者에 一針.

제이다. 장기간 조선어라는 독립된 언어를 사용해왔기 때문에 국어를 상용하기는 쉽지 않다. 이는 가정에서 국어를 상용하는 것은 극히 적다는 것을 보고도 알 수 있다. 아울러 조선어를 상용하기 때문에 조선인은 완전히 국어를 상용하는 것보다도 국어 표현에서 차등이 생기고 그 때문에 일본 문화가 멀어질 위험성이 있다. 고등보통학교에서 조선식 한문과를 폐지한 것은 당연한 조치였고, 조선인의 어학적 부담을 경감시켰다는 의미에서도 그 개정은 감사할 만한 일이다. 나는 이에 극력 찬성하는 바이다. 그러나 혹자(조선일보)는 이와 같은 행위는 조선어를 없애려는 조치라고 했지만, 도대체 조선어라는 것은 우리나라(일본제국)에서 점하는 지위는 얼마나 될까? 그것은 미미한 존재일 뿐이다.[4]

조선에 있어서 국어 없이는 하루도 존재할 수 없다는 것은 우리가 일본 없이는 하루도 생존할 수 없기 때문이다. 언젠가는 조선인은 완전히 일본 민족이 될 운명이다. 그것은 우리 조선인이 나아갈 길인 것이다. 일본을 떠나서는 사멸(死滅)이 있을 뿐이다. 이런 일을 잘 알고 있을 만한 사람들 — 우리들보다는 선대 사람들 — 에게도 조선어, 조선 풍습에 대해 애착을 버리지 못하고 있다. 이것이야말로 엄청난 큰일이 아닐 수 없다. 조선어는 우리의 장래에 우리에게는 손해일 뿐, 이익이라고는 주지 않기 때문이다. 이를테면 조선인이 경영하는 신문, 잡지만을 읽다가는 오늘날의 문화에 뒤처지고 만다. 조선의 인텔리겐차는 누구나 동도(東都)에서 발행되는 서적, 신문, 잡지류를 구독하고 있다. 혹자는 외국어의 서적도 읽는다. 일상용어를 이중으로 사용하지 않으면 안 된다. 영어를 알지 못하는 것도 국어를 알지 못하는 것도 조선인은 생활할 수 없다. 보통학교를 다니지 못한 사람들도 국어를 수득한 사람은 사회적으로 활동할 수가 있다. 아울러 외국 대학을 졸업하고도 국어를 모르는 사람은 지금까지는 사회적 활동이 허용되지만 지금에는 불가능이 될 날이 있을 것이다. 영어와 조선어 이외의 어떤 언어도 사용하지 않는다고 호언장담했던 윤치호(尹致昊) 씨도 국어를 상용하고 있

---

4) 玄永燮, 『朝鮮人の進むべき道』(綠旗聯盟版, 1938. 1. 7), pp.151~173, 日本愛を如何に促進するか 附, 朝鮮語の問題.

다. 우리는 우리의 조모나 어머니, 조부나 아버지에게도 국어를 배우도록 힘쓸 필요가 있다. 조선인의 국어는 어떻게라도 조선어 때문에 완전한 일본어가 되지 못한다. 또한 국어를 상용할 필연적 관계가 박두하기 때문에 조선어의 발달을 기하는 것도 이것 또한 아주 곤란해지고 특별히 노력하지 않으면 안 된다.5)

　스위스는 독일어와 프랑스어 양 국어를 상용하고 있지만, 양 국어 공히 완전하게 구사하는 사람은 적다. 엥겔스나 대삼영(大杉榮) 같은 어학적 천재가 아니고는 보통 사람의 능력으로는 두 개의 언어를 상용하는 것은 큰 부담이다. 조선인은 어학적 재능이 있다고 하는 것은 사실이지만, 인간의 능력에는 한계가 있다. 국어를 잘하는 사람은 조선어는 하수(下手)이고, 조선어에 통달한 사람은 국어가 하수인 것은 말할 것도 없다. 외국어에 능통한 시인은 아름다운 자국어의 시를 쓰지 못한다고 한다. 만약 지금처럼 두 언어 사용을 아동들에게 강요하는 것을 몇 대에 걸쳐 계속한다면 조선인은 국어도 할 수 없고 조선어도 못하는 불구자가 되고 말 것이다. 영국의 역사를 연구해서 영국과 아일랜드와의 관계를 내선(內鮮)관계와 결부, 민족독립을 꿈꾸는 공상가들은 그 목적 실현을 위해 조선어의 보존을 생각하고 있다. 한 민족을 형성하려면 언어가 필요하다. 아울러 민족주의는 성립하지 않는다고 전에 논증한 바 있다. 일본이 봉건시대의 일본으로 역행할 것을 바라지도 않거니와 조선도 일본으로부터 이탈할 수가 없다. 그 이상을 구한다면 지금과 같은 살아 있는 생활태도로 가능하지 않을까.6)

　대다수 조선인 민중은 독립을 몽상하지 않는다. 소수 야심가만이 민족독립을 꿈꾸고 있다. 그들은 그 목적을 달성하기 위하여 2천만의 인구를 전부 죽이지 않고는 달성할 수가 없을 것이다. 민족주의 달성의 도구로서의 조선어 애용은, 민족주의의 비성립(非成立)에 의해 그 이유가 붕괴되고 만다. 조선인은 현재 '특수 일본 민족'이었고, 결단코 조선민족은 아니다. 민족주의, 즉 민족독립주의를 주장하는 것은 우열(愚劣)

---

5) 상게서, p.154.
6) 상게서, p.155.

을 넘어서 죄악이요, 결단코 허용될 수 없다. 진정 조선인을 사랑하려면 하루빨리 이런 미망으로부터 깨어나야 한다.

옛날의 민족주의자도 중일전쟁 발발을 계기로 완전히 전향을 표명했다. 표명한 이상, 그의 전향선서에 대해서 충실하지 않으면 안 된다. 조선에는 한 사람도 민족주의자가 없다. 이것은 극히 의의 있는 일이었고, 이것이야말로 하늘의 뜻이다. 만약 민족주의가 올바른 이론인데도, 실현할 수 없는 이론이라면, 끝까지 존재할 이유가 있을까? 소멸한 것을 취하여 바로잡을 이론의 부존재(不存在)를 보인 것이다. 민족주의라 하는 것은 방자한 사상에 불과하다는 것이 증명되고 있다.7)

그러면 조선어는 조선 민족주의 때문에 존재하는 것은 아님을 알 수 있지만, 그렇다면 무엇 때문에 우리는 조선어를 보통학교나 고등보통학교에서 가르칠 필요가 있을까? 그럴 필요가 전연 없다. 조선어에의 애착은 보수주의의 센티멘털리즘이다. 나는 진보에 편들고 싶다. 끊임없이 한 걸음 전진하고 싶다. 과거의 것보다 미래의 것이 중요하다. 조선어를 폐지할 것을 나는 절규하는 바이다. 역사 연구를 위해 고전어(古典語)로서의 연구 이외에는 조선어는 필요가 없다. 조선을 표현하는 데는 꼭 조선어가 필요하다고 하는 것은 거짓말이다. 아일랜드의 문학자는 모두 영어로 아일랜드를 훌륭하게 표현하고 있다. 나는 조선어를 개인적으로는 비상히 사랑하고 있다. 그 때문에 국어를 잘하지 못하고 있다는 것을 후회하고 있다. 또한 민족주의적 기분에서 조선어의 보존을 꿈꾼 일이 있었지만, 그런고로 나는 조선어는 조선인을 위대하게 하기보다는 왜소(矮小)하게 한다고 생각하고 있다. 보통학교를 소학교라 말하는 것은 대찬성이지만 조선어를 폐지하고 국어 실력을 향상시키고 싶다. 조선어를 사용하는 한, 조선인은 내지인에 비해 모든 점에서 열등하게 된다. 일본인으로는 절대 되지 못한다. 보통학교와 소학교 6년, 그 과정은 거의 비슷하면서도 졸업 후 실력에서는 조선인 아동의 국어 능력은 내지인 아동에 뒤떨어진다는 것이다. 중학 졸업생의 작문 실력

7) 상게서, pp.156~157.

과 고등보통학교 졸업생의 작문 능력과의 사이에는 어딘가 차이가 있다. 그 생도가 특별히 국어에 흥미를 가지고 국어를 연구하였다면, 작문 정도는 너무 차이가 나지 않을지 모르지만, 그의 가정에서 국어를 상용하지 않는 한, 그의 국어는 순수 국어가 아니다. 어쨌든 국어로 내지인같이 표현하는 데는 노력이 필요하다. 그 노력을 다른 학문으로 향하게 한다면 그 지식은 아주 풍부해진다.8)

현재의 상태로는 보통학교를 소학교로 하고 '예과'라는 것을 만들어서 아동에게 국어를 가르칠 필요가 있다. 국어를 모르는 아동에게 국어를 가르칠 때에는 적잖은 곤란에 부딪칠 것이기에 그러할 때 용감히 조선어를 전폐하고 국어만을 가르칠 '예과'를 보통학교 또는 소학교에 조선인 아동을 위해 설치한다는 것이다. 유치원에는 반드시 조선어를 가르치지 말고 국어를 가르쳐야 한다. 먼저 조선인 관리, 교화단체(教化團體) 관계자, 교육기관에 종사하는 자들은 반드시 국어를 가정에서 상용하고, 그 아이들은 국어를 '예과'에서 배울 필요가 없도록 하는 것이 좋다고 생각한다. 국어를 상용하지 않는 조선인 아동은 소학교를 졸업해도 국어 능력에 있어 내지인 아동에 뒤떨어진다. 당장 소학교, 중학교에 조선인이 자유로이 입학할 수 있게 할 필요가 있다. 조선어는 대학을 졸업하고부터 고전어로서 한문이나 고대 국문을 연구하는 것처럼 공부하는 것이 좋다. 아울러 현대 조선어는 국어로 사용하고 있는 한자의 숙어를 사용하지 않으면 표현할 수 없다. 조선어는 옛날에는 한문화(漢文化)해서 여자들까지도 '조금도 움직이지 않는다'란 단어를 '요지부동(搖之不動)'이라 말하고 있지만, 최근에는 국어화되고 있어, 신문 사설이나 정치란의 기사는, 조선어를 모르는 내지인도 문의(文意)를 알 수 있다. 3면 기사나 소설은 특히 부녀자 때문에 순 언문으로 쓰고 있는 것을 상세히 해부할 때에는 한문 내지 일본 한자체 숙어가 나오고 있다.9)

한자(漢字)를 함부로 사용하는 것은 조선인의 악취미이다. 조선어를

---

8) 상게서, pp.157~158.
9) 상게서, pp.159~162.

폐지하기 전에 무엇보다도 한자를 제한해야 한다. 순 조선어는 일본어와 그 성질이 같아서 한문으로부터 독립해서 똑같이 발달하고 있다는 것을 알 수 있다. 이런 의미에서 국어와 조선어는 유사하다. 중국어나 영어에는 없는 경어(敬語)가 똑같은 정도로 존재하고 있기 때문에 조선어를 폐지해도 조선어의 본질의 대부분은 국어의 가운데서 생기게 된다. 나는 조선을 민족주의자들보다도 백 배 만 배 사랑하고 있는 고로 조선어를 일상생활, 사회생활로부터 구축해버릴 만큼 조선인의 발전에 기여하리라고 말하는 바이다. 조선어가 없어져도 조선의 의복, 가옥, 음식물, 사회적 풍습, 조선숭배(祖先崇拜) 등으로 조선적 특징은 아마 수천 년 후에까지 남을 것이다. 일본 문화와 아울러 세계 문화에 공헌하는 것이 조선 문화 중에도 있다고 하면, 파괴하려고 생각하여도 보존되고 있을 것이다. 조선어 중에 있는 표현의 아름답다고 할 만한 것은 조선어를 상용하지 아니해도 국어 중에 표현되고 있다.10)

나는 조선어를 증오할 이유도 없다. 현대 조선어는 국어의 영향을 받고 있어서 순수한 조선어로는 현대생활을 표현할 수 없기 때문에 두 개의 표현 형식으로 생활하는 것은 이중 부담이 있기에 아동의 부담을 덜어줄까 생각해서 조선어 폐지를 주장하는 것이다. 조선인은 내지인이 영어를 할 정도로 또는 그 이상으로 배운다면 좋을지는 모른다. 여하튼 국어 제일주의로 다음 세대의 사람들을 교육해주고 싶다. 학교에서 국어를 상용하고 가정에 돌아오면 조선어를 상용하는 것은 어느 것도 안 된다. 내가 조선어를 폐지할 것을 부르짖은 것은 국자(國字, 일본 한자와 가나)를 하루 빨리 개량해야 하기 때문이다. 세계에서 가장 아름다운 언어로서 일본어를 가장 사랑하는 우리는 그 일본어의 표현은 가장 합리적이었다고 생각하고 싶다.11)

현영섭은 1940년 창씨개명을 단행하고, 바야흐로 민족지 동아일보와 조선일보 양대 신문마저 폐간조치하려는 조선문화말살정책을 강행할 때, 조선어 폐지는 내선일체 구현을 위해 너무나 당연한 시대적 사명임

---

10) 상게서, pp.162~164.
11) 상게서, pp.165~173.

을 선언했다. 국어(일본어)만을 전용하고 조선어를 폐지하더라도 조선의 개성, 지방주의는 조금도 말살되지 않는다는 궤변을 늘어놓았다. 아일랜드 문학은 영어로 되어 있다. 그럼에도 불구하고 대영제국으로부터 분리독립을 기도하고 있다. 스코틀랜드도 영어를 사용하면서도 스코틀랜드의 지방주의를 굳게 지키면서 영국에 충성을 다하고 있다. 인류사회를 파괴하려 하는 것은 개성과 지방주의가 아니라 아일랜드와 같은 정치적 독립운동이다. 그러므로 조선도 민족주의를 포기하고 일제로부터의 분리독립을 방지하기 위해서는 조선어를 폐지하고 장차 세계어가 될 일본어를 상용어로 사용해야 한다고 강변하고 있다. 특히 주목되는 것은 현영섭은 '조선', '조선인'이라는 국호마저 사용하지 않고 '반도' 또는 '반도인'이라 표기하고 있다. 이는 조선이라는 정체성을 깡그리 말살하려는 음모가 아닐 수 없다.

현영섭은 '내선일체와 조선인의 개성문제'를 발표하면서 조선어를 전폐하고 일본어를 상용할 것을 강조하고 있다.

이와 같은 원대한 사상에 있어 반도인의 임무, 역할을 회상할 적에 비로소 우리들의 개성문제에 대한 태도가 결정되리라고 나는 생각한다. 신중심(神中心)의 세계일가(世界一家)의 이상향을 건설하려면 될 수 있는 대로 각국의 이상이 동일하지 아니하면 아니 된다. 남미(南美) 같이 동일 민족계통이 난립하여 다수한 국가를 건설하여서는 아니 된다. 폭력, 강제가 아니고 이상(理想), 공명에 의한 국가의 합동이 긴요한 조건이다. 그리고 될 수 있으면 그 국가가 완전히 일 국가를 형성할 수 있다면 그것이야말로 이상향 건설의 모범이라고 할 수 있다. 각 민족이 협화할 뿐 아니라 완전히 일심동체가 되어버린다면 그것이야말로 인류가 바라고 바라는 것이다.

지나(중국) 민족은 영원히 일본 민족과 동화할 수 없다고 하지만 나는 그런 민족정신을 감상적, 봉건적 잔존물이라고 단정한다. 한족(漢族)이나 반도인(半島人)의 조선(祖先)의 피가 일본 민족에 다수 혼입하여 있는 것을 무엇으로 증명하려는가. 이 근소한 선례는 모든 예가 되고 있다. 반도인은 완전한 일본 민족이 될 수 있고, 또 전 세계의 민족이 일 민족, 일 국가를 형성할 수도 있다고 믿는다. 이것은 현대의 공상이지만 인류가 신신앙(神信仰)을 철저히 할 때 반드시 실현하고야 만다. 일대 가족으로서의 인류, 'genus humanum'이 성립할 때가 있다. 팔굉일우(八紘一宇)의 신칙(神勅)이 그것이다.

이 미래세계를 실현하려는 마음이 치열하면 치열할수록 우리들은 우리들의 가지고 있는 조그마한 개성에 고집하여서는 아니 된다. 계정식(桂貞植) 씨의 바이올린에 무슨 조선어가 있으며, 김인승(金仁承) 씨의 그림에 무슨 조선어가 있느냐. 계 씨나 김 씨가 전 세계의 음악대, 미술가가 하지 못하는 기술을 발휘할 때 거기에 김 씨, 계 씨의 개성이 생기고, 계 씨, 김 씨의 계통이 있다면 반도의 개성이 발휘된다. 그리고 이것은 훌륭한 일본인으로서의 개성이다. 삼월(三越) 정자옥(丁子屋)에 수입(收入)하는 반도인의 사녀(士女)가 상품을 구입할 적에 무슨 조선말이 있는가. 조선 옷감을 끊을 때에 개성이 있을 뿐이다. 그것도 국어(일본어)를 사용하여도 가능하다. 나는 화신(和信)에 가서도 조선의 개성보담도 전 세계 공통한 무엇을 발견한다. 개성을 너무 찾으면 피로할 뿐이다. '비빔밥'을 '골동반(骨董飯)'이라 하여도 좋고 '마제고항(まぜ御飯)'이라고 하여도 좋다. '交ぜ御飯吳れ(비빔밥 주세요)'라고 말하고 먹으면 비빔밥의 맛이 없어지는가.

국어 상용을 장려해서 장래 조선어가 없어져도 반도인의 개성은 조금도 멸각(滅却)되지 아니한다. 시조(時調)의 기분은 우리들이 일본 시가의 일파로서 국어로 갱생(更生)시킬 수 있다. 애란(愛蘭, 아일랜드) 문학은 대부분이 영어가 아닌가. 동일한 언어를 가지고도 그들은 분리하려고 한다. 스코틀랜드는 영국에 충성하며 영어를 사용하면서 스코틀랜드를 자랑한다. 이 지방주의는 인류를 파괴하지 아니한다. 인류사회를 파괴하려 하는 것은 애란 같은 정치적 분리독립운동이다.

동양 전체는 일본의 지도를 받고 일본어는 동양의 공통어가 된다. 우리들은 우리들의 자손에게 유년(幼年)부터 일본어를 교수하여 본능적으로 습득시켜놓는 것이 필요하다. 반도인은 만주국인(滿洲國人)이나 지나인(支那人, 중국인)보담도 일본정신을 자각하고 실천하고 있으므로 장래 일본정신의 세계 진출의 제이진(第二陣)의 임무를 맡게 되는 까닭에 그 책임도 중대한 것이 있다. 언어가 아니라 반도인의 독특한 기술이 우리들의 개성이 된다. 풍습, 가족제도까지도 결코 중요한 개성이 아니다. 내지인, 만주인 등이 하지 못하는 기술, 사상만이 우리들의 자랑할 만할 개성이다. 석 자의 이름이나 동성불혼(同姓不婚)이 모두 한문화(漢文化)의 모방에 불과한 것은 반도 유교문화가 한문화의 모방에 불과한 것과 같다. 세계에 없는 기계, 세계에 둘도 없는 사상, 예술을 창조할 적에 비로소 개성이 발휘된다. 반도의 유교적 가족제도 보담도 신도(神道)와 서양문화의 종합에서 개혁된 내지의 가정제도를 반도의 가족제도로, 장래의 세계어가 될 일본어를 일상어로 사용하는 것은 일대 진보다. 과거만 보고 미래의 행복을 모르는 사람은 반대하라. 현대를 미래에 도래할 인류의 이상사회에 될 수 있는 대로 접근시켜가지고 해석하지 아니하면 아니 된다. 어찌하여 기독이나 불타의 생명이 현재까지 존속하고 모든 정치적 영웅의 말로가 망각의 세계에 멸망되고 마는가. 유물사관론자(唯物史觀論者)가 조소할 인류의 근본생명(사해동포사상이 그것이다)을 파악하여 그것을 중심으로 움직이는 사람이 승리하는 것이다. 반도인이 자기의 표면적인, 일시적인 개성에 집착하여 영원의 세계를 잊는다면 그것은 평범한 민족으로 종사(終事)되고 만일, 표면적 개성을 해탈 양기(揚棄)하여 영원한 개성을 위하여 싸워나간다면 반도인의 장래는 희망과 광명과 승리의 그것이다.

조선인이 내지인과 접근하며 문화를 교환하고 육체적으로 결혼함으로써 내선(內鮮, 한일)의 혈통은 점차 단일화(單一化)한다. 내지인은 동일한 혈통이 아니라 다수의 민족이 혼합 일체가 된 것이다. 조선인은 내지인과 장래 동일한 정치, 경제를 영위한다고 가정한다면 내선 구별이 없는 일대 민족이 형성된다. 세계에 가장 우수한 신일본 민족을 구성한다고 생각한다. 인류의 발전 방향을 내선일민족화(內鮮一民族化), 일지(중일)일민족화(日支一民族化), 일지인일민족화(日支印一民族化), 그 다음에 아구일민족(亞歐一民族)의 세계일가(世界一家)의 국가로 나간다고 생각하고 있다. 나는 아구(亞歐, 아시아와 유럽)의 세계가 불이(不二)의 것으로 본다. 세계는 하나다. 전 세계가 일 민족이 되어야 한다.

반도인의 문화는 대부분은 한문화요, 나머지 문화는 일본의 신도문화(神道文化)와 동일계통인 순 조선 문화(巫覡文化)다. 이 조선 문화는 도저히 세계적 문화가 되지 아니한다. 조선인이 영원한 생존을 희망한다면 동서양의 모든 문화를 흡수 통일한 일본 문화를 자기 문화로

하지 아니하면 아니 된다. 유교(儒敎)와 신도(神道)만 가지고는 일본 국민의 완전무결한 자격이 없다. 서양의 기술, 과학의 문화, 불교, 기독교의 종교, 즉 전 세계문화의 일체를 통합 섭취하여야만 진실한 의미의 일본 국민의 자격을 가지게 된다. 현대 일본은 진 세계문화를 종합하여 신문화를 창조하려고 한다. 문화창조에 반도인은 참가하지 아니하면 아니 된다. 신도는 신문화 창조의 정신적 태도인 까닭에 이해 체험이 필요하나 동시에 동서양의 문화 일체를 흡취(吸取)할 의무가 반도인에게 있다. 유교의 부흥보담도 기계문명에 정통함이 현 단계에 가장 필요하다. 신도적(神道的) 체험과 동시에 물질 제어(制御)의 방법, 기술을 연마(鍊磨)하지 아니하면 아니 된다. 내가 반도인의 표면적 개성(언어, 습관, 기타의 문화)을 포기하라 하는 것은 일본 문화에서 세계성, 우수성을 본 까닭이며, 이 문화를 우리들 자신의 것으로 만들려면 일본 문화의 표면적에 있는 존재를 우선 자기의 것으로 하지 아니하면 아니 되는 까닭이다. 서원사(西園寺) 공 이하의 명치(明治)의 선각자들은 양복을 입고 서양문화를 공부하였다. 양복은 그 간이성에 있어서 노동에 편한 까닭에 일본복(日本服)이 되리라고 나는 생각하나 서양문화의 일면은 가장 상징하고 있다. 일본 여자의 의복의 색채는 일본 문화의 종합성을 상징한다. 조선 여자 의복은 간단한 노동복이 되는 까닭에 내지인도 사용하리라고 믿지만 반도인이 세계성을 가지려면 풍부한 색채 사용이 필요하다. 화복(和服)의 여자복은 모방할 필요가 있다. 그러나 남자의 화복은 그다지 세계성을 띠지 못하였다. 욕의(浴衣)나 남자 화복을 입는 것은 우연성이다. 친애하는 내지인의 애용하는 것을 우리도 애용하자는 데 불과하다. 조선의 여자 의복과 내지의 여자 의복은 세계적 발전성이 있다. 조선 남자의 의복, 내지 남자의 의복은 몰락하고 만다. 세계가 통일하여 이상사회가 온다면 부활할는지 모른다.

반도인의 가장 미묘한 감정을 일본어로 표현 못한다면 우리들은 영원히 불행하다. 그 감정을 조선인만 아는 예술로 즉 조선어로 표현해서 무슨 소용이 있는가. 국어로 표현하여 전 세계의 심정을 흔들 필요가 있다. 일상생활에 국어를 상용하라는 것은 그것을 의미한다. 허난설헌(許蘭雪軒)의 시는 한문으로 표현한 까닭에 반도인의 개성을 명(明)과 일본에 전하였다. 동양의 공통어인 일본어를 일상어로 하여 7천만

의 내지 동포, 전 동양 민족에게 반도인의 개성을 보이며, 그 개성에
상당한 지위를 얻자. 그것은 세계성을 띤 일본인이 되는 것이며 우리
들의 재능, 성의, 진실에 상응한 지위를 획득하게 됨을 의미한다.
(1939. 11. 14)[12]

전향자 단체인 대동민우회(大東民友會) 주최 시국유지원탁회의 석
상에서 현영섭은 조선어뿐만 아니라 조선 풍속까지 일본화(日本化)함
으로써 조선과 일본이 융합일체가 되어야만 진정한 내선일체가 구현될
수 있다고 역설하였다.

내선일체의 실현 가능성에 대하여는 저는 그 가능성을 확신하는 한
사람입니다. 금년 초 내선일체에 관한 소저 '조선인의 나아갈 길(朝鮮
人の進むべき道)'로 말미암아 지식계급 제군의 불평을 샀으나 그러나
순수성을 구하는 나의 성격 내지 예전 사상의 영향인지 불순한 동기에
서 나온 것은 아닙니다. 나는 내선일체에 들어가기 전에 우선 우리들
은 일본의 이상(理想)에 대하여 공명함이 필요하지 아니한가고 생각합
니다. 자본주의의 영국도 자유라든가 개인의 존중 즉 민주주의의 이상
을 세계에 선전함으로써 세계정복을 하였다고 나는 봅니다. 정치와 경
제만으로 영국의 세계정책을 보지 말고 영국이 가진 이상을 봄과 같이
일본의 이상을 보고 그것을 지지하려고 합니다. 지금 간디나 간디의
후계자인 네루, 혹은 타고르 옹이 현재 영국 편을 들고 있는 것은 영
국의 이상이 인도인을 이긴 것입니다. 네루는 영국의 노동당 내지 사
회주의 정당의 이상에 흥미를 갖고 그이들과 협동하려는 경향이 있습
니다.
나는 명치천황의 어제(御製)를 배송(拜誦)하고 매우 거룩한 감격을
얻었습니다. 백성이 천황을 어버이같이 생각하고 천황께서 백성을 아
들같이 생각하시는 그곳에 우리들이 옛날에 꿈꾸든 자유의 이상향을
건설할 수 있다고 생각합니다. 즉 천황중심의 공존공영의 이상사회를
건설할 수 있다고 믿습니다. 즉 일본의 팔굉일우(八紘一宇)의 이상, 인

---

12) 『三千里』(1940. 3), pp.37~40, '內鮮一體' 體內의 朝鮮民衆的 諸問題의 考
   察: 內鮮一體와 朝鮮人의 個性問題(玄永燮).

류애의 이상을 확신하여 우리들의 일체(一切)를 일본 국가에 공헌함으로써 일체의 자유를 얻을 수 있지 아니한가고 나는 생각합니다. 일본 국가의 유력한 분자로서 세계의 우수한 국민이 되어 향유할 수 있는 자유와 독립을 봉상하고 그 이상의 실현을 확신합니다. 일본이 가지고 있는 이상을 실현함으로써 또 우리들은 그 이상(理想) 지지자로서 내선일체의 이상은 실현된다고 생각합니다. 그런 까닭에 우리들은 과거의 청산에 있어서 순결무오(純潔無汚)하여야만 할 것이요 타협적 태도가 아니라 일체를 바치는 종교적 태도가 필요하다고 생각합니다. 저 민족적 감정이 열렬한 유대인도 각국에서 자기 민족어를 버리고 자기의 개성을 발휘하였습니다. 사수할 개성이 우리들에게는 많지 않다고 나는 생각하므로 또 개성을 너무 견수(堅守)하는 결과 내선일체의 이상을 장해함이 있으면 아니 되므로 언어풍속에까지도 융합일체(融合一體)가 필요하다고 생각합니다. 조선에는 신도적(神道的) 경험이 없으므로 우리들은 신도적 경험을 금후 함으로써 내선일체의 정신적 심화를 기도할 필요가 있다고 생각합니다. 간단하나마 이상과 같은 견지로서 즉 이상주의적 입장으로부터 일본을 파악하고 그 이상 실현을 고조함으로써 사신적(捨身的, 한 몸을 버리는 일) 입장을 가지는 곳에 내선일체의 이상이 실현되리라고 믿습니다.13)

2. 이광수의 조선어 보존정신

이광수는 단군(檀君)에 귀의하는 것이 조선심, 조선정신이라고 확신하고 있다. 일제는 1926년 교과서 개정을 단행했다. 조선정신을 말살하기 위하여 단군전설은 후세 사가들이 날조한 것이라고 주장하면서 이를 조선 역사에서 삭제하는 동시에 일본심, 일본정신을 현양(顯揚)하는 교과서 편찬을 강행했다. 조선심, 조선어를 고수하고 있는 이광수는 "조선인 본위의, 조선어주의의, 조선심 위주의 교과서"를 편찬하라고 촉구하고 있다.

---

13) 『三千里』(1939. 1), pp.41~42, 時局有志圓卓會議(1938. 12. 14).

맨 먼저 조선인 본위의 교과서를 만들라 하겠다. 어디를 펴서 보든지 조선정신, 조선정조(朝鮮情操)랄 것이 일체로 소여(掃如, 쓸어 없어짐)하고 내지 조선 지식이랄 것까지 불상응한 경시와 학대 하에 두고 있음이야말로 아무것보담 먼저 개정하여야 할 시방 교과서의 악처 결점이다.

그 다음에는 조선어주의(朝鮮語主義)의 교과서를 만들라고 권하겠다. 무엇이 부자연이라 하여도 제 천기(天機, 선천적으로 타고난 기지)에서 나오는 제 소리와 제 말을 억지로 막고 억지로 없애라는 것처럼 부자연·불합리한 것이 다시없을 것이다.

그 역사적 배경으로나 전통적 세력으로나 사회적 기초로나 꼼짝달싹도 바랄 수 없는 2천만이라는 다수한 파지자(把持者, 3천리 강토를 움켜잡은 일제)에게 보호되어가는 조선어를 저 태평양군도나 아프리카의 환토적 토인어(丸土的土人語, 아프리카 토착 흑인어)에 임하듯 하려 함은 밤낮 해도 부자량(不自量, 스스로 헤아리지 못함)의 심한 어리석음의 표(表)나 될 것이 어찌하랴.

또 한 가지는 조선심(朝鮮心) 위주의 교과서를 만들라고 권하겠다. 조선인 교육의 목표가 일 인격적 완성에 있을 것은 다만 이론상에서만 정당할 뿐 아니라 진실로 사세상(事勢上)으로도 절대 필요사에 속하는 것이니 저네의 필요에 인하는 조선인에게 대한 모든 요구도 조선인에게의 일본심(日本心) 강요로써 만족될 것이 아니라 실상 조선인의 정당한 조선심 생장을 말미암아서만 비로소 성취할 것이다. 설사 장구한 동안의 기회를 가지게 되어 조선인의 교육을 일본인이 자유로 할 수 있을지라도 일본심적 조선인의 작성은 본래부터 생각도 먹지 못할 일이어니와 조물자(조물주) 이상의 권능으로 혹시 이것이 가능하다 할지라도 이것이 조선인의 불행이요, 전 인류의 불행일 것은 무론이요, 그대로 일본인 그네의 불행일 것은 그리 생각하기 어려운 일 아니다.

이때야말로 하늘이 자기네로 하여금 눌렸던 조선심의 진작과 어그러졌던 조선심의 교구(矯捄, 矯正)를 위하여 한팔 뽐내게 한 호기거니 하고 자주적 정신의 발월(發越, 기상이 뛰어남)에 의하는 듯한 이웃 사람을 도성(導成, 인도하여 이루기)하기에 심력소급(心力所及, 심력이 미치는바)을 다함이 도리어 만만 당연할 것이다.[14]

---

14) 『東亞日報』(1926. 2. 6), 朝鮮心 朝鮮語 敎科改正의 眼目(李光洙). 이광수전

이광수는 한평생 신문, 잡지 등 언론계에 몸담고 언론을 통하여 민족
의식과 독립정신을 고취했다. 신한자유종(동경, 1909~1910), 권업신문
(해삼위, 1914), 대한인정교보(치타, 1914), 학지광(동경, 1916), 독립신
문(상해, 1919~1921), 동아일보(1923~1933), 조선일보(1933~1937)
를 통해 4설(사설, 논설, 소설, 횡설수설)을 비롯하여 거의 전 분야를
시종일관 독점 집필함으로써 명실 공히 조선 언론계의 제왕으로 군림
했다. 한국 언론사상 이 같은 전 분야 독점 집필은 전무후무한 일이 아
닐 수 없다. 특히 이광수는 1933년 8월 28일 동아일보에 '흙'을 마지막
으로 연재를 끝낸 후 조선일보로 자리를 옮겨, 조선일보 부사장 겸 취
체역, 편집국장, 학예부장, 정리부장 등 5개 직책을 도맡았다. 1인 5역
을 한 셈이다. 오죽하면 '조선 신문계의 무솔리니 이광수'15)라는 별명
을 얻게 되었을까. 이광수는 조선일보 부사장에 취임하자마자 '일사일
언'을 집필하기 시작했고 소설로는 '유정'을 연재하여 침체했던 조선일
보 중흥의 주역이 되었다. 그러나 동우회 사건(1937. 6. 7)으로 구속 ·
수감됨으로써 조선일보에 연재 중인 '공민왕'은 6월 10일 14회로 중단
하지 않을 수 없었다. 이로써 이광수는 언론계를 떠나게 되었다.

고려의 공민왕! 총명하고 자비롭던 임금. 예술가이던 임금인 동시에
사랑의 임금인 공민왕. 아마 아내를 사랑하기로는 그는 세계에 으뜸이
었을 것이다. 죽음이 그의 사랑하는 왕후를 이별케 함에 그는 인생의
모든 빛을 잃었다. 그리고는 신돈(辛旽)이라고 일컫는 중 편조(遍照)를
믿어서 남은 일생을 부처 나라 건설에 바치려 하였다. 그가 다스리는
나라가 평등과 자비의 나라가 되도록, 고려 나라에 극락정토가 임하도
록 하라고 큰 원과 굳은 맹세를 세웠다. 그러나 운명은 항상 그의 뜻
에는 거슬리는 바람이었다. 그는 마침내 망국 군주라는 누명을 쓰고
간신의 손에 시역(弑逆)을 당하고 말았다. 왕자로 태어났건마는 나면서
부터 기구한 그의 운명은 구오(九五, 임금의 지위)의 높은 자리에 오른

집(삼중당)에 미수록.
15) 『朝鮮日報 90年史』(조선일보사, 2010), p.119, 조선 신문계의 무솔리니 이광
수.

몸으로도 인간의 모든 괴로움과 슬픔을 갖추갖추 맛보고 비극적인 생애를 마치었다. 이상과 사랑과 예술과 그리고 현실과 음모와 탐욕과의 쟁투— 이것이 불행한 공민왕의 역사다. 공민왕과 아름다운 왕후 노국공주와 요승(妖僧)이라고 일컬어지는 중 신돈과 그리고 이제현(李齊賢), 최영(崔瑩), 정몽주(鄭夢周), 이색(李穡), 이태조(李太祖) 같은 이들이 이 이야기에 등장하는 주요 인물일 것이다.

필자 춘원 이광수 씨는 너무도 이름난 조선의 대표적 소설가요, 삽화가 웅초(熊超) 김규택(金奎澤) 씨는 또한 사계(斯界)의 중진으로 금상첨화의 격을 이루었다. 오는 28일부 석간 7면부터 게재될 터이니 독자 제위는 손꼽아 기다리라.

작자의 말

나는 공민왕의 성격에 흥미를 느낍니다. 잘하려고 깨끗하려고 애를 쓰면서도 안 되는 그의 운명의 절반은 그의 국민의 업보요, 절반은 그 자신의 업보입니다. 그는 비극 주인공으로의 모든 장처와 결점을 구비하였습니다. 이 불행한 임금의 일생을 그리는 동안에 그의 인생관과 아울러 고려가 망해가는 양을 볼까 합니다.16)

이광수가 조선일보의 사설과 논설을 통해 가장 역점을 두고 집필한 것이 조선어 보존론이다. 조선문화말살정책이 날로 강화되고 언론탄압이 자행되고 있는 식민지 정치환경에서 이광수는 현영섭의 조선어 전폐론에 맞서 조선어 사수투쟁을 벌이게 되었다. 그야말로 어느 누구의 원군도 없이 고군분투의 양상을 보인 것이다.

조선인은 생활의 99퍼센트에 조선어를 쓴다. 그런데 학교의 조선어 교육이 너무 약하다. 조선인으로 하여금 바르고 풍부한 조선어를 쓰도록 하는 것이 왜 당국의 교육의 성공이라고 생각하게 못 될까. 조선어는 미개지 토인의 말과 달라 영원히 폐절(廢絶)될 말은 아니다. 그러하거든 이것을 발달시키는 것이 정당한 문화정책이 아닐까.

조선인으로서 조선에서 정상한 교육을 받았다는 사람이 조선어문에

---

16) 『朝鮮日報』(1937. 5. 25), 恭愍王(春園 李光洙 作, 熊超 金奎澤 畵).

무식하다 하면 그것이 교육의 실패라고 생각하는 것이 왜 정당하지 못할까. 초등학교의 국어과(일본어)만으로도 조선인 자녀는 넉넉히 일본의 현대어와 현대문학을 향락할 수 있을 것이다. '겐지모노가타리(源氏物語)', '만요슈(萬葉集)'를 읽기 위한 고전어 교육이 조선인에게 얼마나 실용성이 있을까. 더구나 한문 고전을 구지 일본말로 배우는 것이 얼마나 효용(效用)이 있을까. 국어과 이외의 초등학교의 과목을 조선어로 교육한다 하면 얼마나 아동의 학업의 진보에 효과적일까.

조선인을 일본인화하고 조선인의 용어를 일본어화하는 것을 목표로 하는 것은 진부한 사상이다. 조선과 같이 수천 년의 문화의 역사와 발달된 언어문자를 가진 민족은 그 자신의 역사의 전통과 언어를 기초로 하여 그 자신의 특수한 문화를 발생케 하는 것이 도리어 당국으로서의 현명한 정책이 아닐까. 이러한 점에 진실로 조선 교육혁신의 근본원리가 있을 것이 아닐까.

당국은 조선어를 위하여 사전과 교과서를 편찬하고 조선의 문화의 생장의 경로를 찾기 위하여 조선사를 편수하고 있다. 그러면 초등, 중등 교육기관에서 왜 좀 더 조선어와 조선 문학과 조선 역사에 시간을 주지 아니할까. 그것이 상급학교 입학시험 때문이라면 일전 본지 사설에 논한 바와 같이 조선인에게 대하여는 고전국어와 국어한문과 나머지 학과의 답안 용어에 대하여 특례를 설하면 고만이 아닌가.17)

조선어를 조선인 스스로가 천대하고 있는 현실에서, 어떤 외국 선교사는 조선어는 '키친 랭귀지(주방어)'화하고 있다는 비관적 견해를 내놓았다. 사실상 이 같은 비판은 정곡을 찌른 평론이 아닐 수 없다. 세종대왕이 훈민정음(한글)을 창제한 이후 엄연히 제 나라 글이 있었음에도 불구하고 못난 우리 선인(先人)들은 이를 천대시하면서 조선어를 '안방글' 또는 '언문'으로 비하하고 한자나 한문을 진서(眞書, 진짜 글)라 떠받들어 사용했을 뿐만 아니라 한문을 관용문(官用文)으로 채택·사용해왔다. 조선어가 관용어로 채택·사용된 것은 개화기 구한말 국한문 형식으로 20년 동안이다. 곧이어 한일합방이 되면서 학교에서 국어(일

---

17)『朝鮮日報』(1934. 2. 18), 一事一言: 理論(長白山人).

본어)를 위주로 교육하고 조선어는 제 나라 글임에도 불구하고 국어가 아닌 '조선어'로 되어, 제도상으로 보면 일개 비공식적 방언(方言)의 지위로 전락하기에 이르렀다. 학교교육이 국어(일본어) 위주로 교육하다 보니 일반 학생들도 일상회화나 편지글에 이르기까지 일본어만 사용하고 있다. 그러나 조선어는 비록 제도상으로는 관용어의 지위를 상실했지만 문화상으로 조선어는 세계 각 민족의 언어와 병립, 영원한 생명과 존경을 받고 있다. 이에 조선일보는 의식적으로 조선어문의 연구, 문자보급, 조선어사전 편찬, 문전(文典)의 편찬 등 조선어문운동을 벌일 것을 제창하는 '조선어의 지위와 생명'이라는 논설문을 사설로 발표했다.

　　어떤 종교적 회합에서, 어떤 외국 선교사가 조선어는 이대로 가면 얼마 아니 하여 '키친 랭그위지(kitchen language)', 주방어화(廚房語化)하고 말리라, 하는 말을 하였다는 것이 문제가 되어 회중(會衆)의 격분을 샀다고 한다. 제가 사랑하는 '어머니 말'(모국어)이 아녀자용(兒女子用)으로만 화(化)하고 만다는 말을 들을 때에 격분하는 것은 당연한 일이지마는, 냉정한 제삼자인 외국인으로서 조선어문의 장래에 대하여 이런 비관하는 비평을 하기에 자료를 제공한 것이 우리 조선인 자신인 것을 반성하는 것이 도리어 더욱 당연하지 아니할까 한다.
　　조선어문은 이미 관용(官用)의 지위를 잃었다. 옛날에는 어리석은 선인(先人)들이 제 글(文)을 두고도 한문(漢文)을 관용문(官用文)으로 채용하였기 때문에, 말에는 조선어를 썼으나 합병 이후로는 말할 것도 없이, 순수한 조선문은 일찍 관용문이 되어보지 못하고 말았다. '국한문(國漢文)'이라는 형식으로 한말(韓末)에 한 20년 동안 관용이 된 일이 있었을 뿐이다.
　　또 보통학교 이상의 각 교육기관에서도 오직 글뿐 아니라 말까지도 일개 어학과가 되어서 제도상으로 보면 조선어는 일개 비공식적 방언(方言)의 지위에 있다. 우리는 보통학교의 교수용어(敎授用語)만이라도 조선어의 사용을 인정할 것을 두고두고 힘써 주장하였으나 아직도 우리의 주장은 실현되지 아니하고 있다. 그러므로 현재의 조선어의 지위를 제도상으로 말하자면 조선인 간에 사용되는 비공식 방언이다. 조선어가 이러한 지위에 있을 때에 조선인의 조선어에 대한 태도는 어떠한

가. 한번 반성할 일이다.

글이라면 한문을 생각하는 가명인(假明人, 가짜 명나라 사람) 계급은 이미 지나가는 유물에 불과하겠지마는 아직도 순 조선문으로 쓴 글을 혹은 볼 것 없다 하고, 혹은 보기 어렵다 하여 예수교의 서적들도 차차 순 한글에서 한문 섞배기(혼용)로 역전하는 중이다. 소위 지식계급과 학생층의 일부에서는 일용회화, 서간문까지도 조선어문을 아니 쓰는 자가 없지 아니하고, 심한 자는 신문, 잡지, 도서에서도 조선문으로 된 것을 아니 보는 것을 자랑으로 아는 자가 없지 아니한 모양이다.

이러한 점에서 조선인은 장차 조선어문을 버리려 함이 아닌가 하는 관측(觀測)을 외국인에게 주는 모양이다. 그렇다 하면 이 외국인에게 이러한 인상을 준 책임은 우리 조선인 자신에게 있다고 할 수밖에 없지 아니한가. 우리는 그 외국인에게 책망을 우리 자신에게 돌리고, 그 외국인에게 얹으려던 격분의 통편(痛鞭)으로 우리 자신을 맹타(猛打) 할 것이 아닌가.

그러나 조선어가 비록 제도상으로 관용어의 지위를 잃었다 하더라도 문화상으로 조선어는 세계의 각 민족의 말과 병립(竝立)하여 영원한 생명과 존경을 누릴 수가 있는 것이다. 문화적으로 한 말의 생명과 존엄이 유지되려면 그를 위하여 가장 유력한 것은 문학과 종교요, 둘째로 가는 것은 신문, 잡지 등 대중적 간행물이요, 셋째로 유력한 것은 의식적인 조선어문운동이니 그것은 조선어문의 연구, 보급, 조선어사전, 문전(文典)의 편찬, 순 조선문 타자기와 간이한 인쇄술의 발명, 개량 등이다. 문학에 있어서는 많은 독자와 오랜 생명을 가질 만한 시문(詩文)을 지을 천재, 종교에 있어서는 그 지도자와 단체의 식견과 노력, 의식적(意識的) 조선어문운동에 있어서는 헌신적인 독학자(篤學者)와 그들의 사업을 실현시키는 재산가인 지사(志士)들이 필요하겠지마는 이 모든 방면을 통하여 조선어문의 지위를 높이고 생명을 영원케 하는 주력(主力)은 조선어문을 사랑하는 조선인 전체다. 조선인은 결코 조선어를 죽이지 아니할 것이다. 이렇게 조선어의 생명을 믿기 때문에 우리는 조선어가 '키친 랭그위지'화 하리라 한 그 외국인에게, 충고에 대하여서는 감사의 뜻을 표하고, 기우(杞憂)에 대하여서는 안심하라는 말을 전하고 싶다.18)

18) 『朝鮮日報』(1934. 3. 27), 社說: 朝鮮語의 地位와 生命.

제 나라에서 제 나라말을 천대하기는 조선만큼 심한 나라를 찾아보기 힘들다. 세종대왕이 한글을 창제한 이후부터는 못난 선인(先人)들, 특히 양반 유림(儒林)에서 한글을 천대하면서 한문만 사용하였고 한글은 안방 글로 전락해버렸다. 실제 사용하는 언어(한글)와 표현하는 문자(한문)가 일치되지 않는 언문불일치(言文不一致) 생활이 수백 년 동안 이어져왔다. 이는 한민족 스스로가 민족언어를 존중하지 않고 천대해온 결과이다. 한일합방 이후부터는 일본어가 국어로 지정됨에 따라 조선어는 방언(方言)의 지위로 전락하고 말았다. 이광수는 조선어가 조선인 자신에게서 천대받고 있는 현실에 무척 안타까워하면서 '천대받는 조선어, 민족언어를 존중하라'를 발표했다.

제 곳에서 제 말이 천대받기로 조선어처럼 심함이 적은 것 같다. 보통학교의 국어가 조선어로 되어 있지 않고 일본어로 되어 있기 때문에 교과서가 전부 일본어로 되어 있는 것은 말할 것도 없고, 교수용어(敎授用語) 기타에 조선어가 사용되지 않는다. 그것은 그렇다 하고라도 아동의 학교 내에서의 사용어까지 조선어를 금하고 심하면 교외에서라도 조선어를 쓰면 벌금을 받는 제도를 쓰게 하는 학교가 있다. 제 민족이 제 언어를 쓰는 것이 무엇이 나쁘며, 유구한 역사를 가진 조선어를 왜 사용치 못한다 하는가.

기차를 타고 다니며 보더라도 정거장마다 역명을 부르되 조선어로 부르지 않고, 정거장 전보 취급소에서 조선문(朝鮮文) 전보를 취급치 않는 것은 조선어의 무시보다도 조선인의 무시다. 문자를 알고 지리를 아는 사람에게는 일일이 역명과 환승(換乘)주의를 외치지 않더라도 족하나 문자를 모르는 무지한 인민에게는 절대의 필요사다. 내릴 곳을 몰라 헤매다가 내릴 곳을 지나는 예는 한두 번이 아니요, 승환할 곳을 모르고 딴 데서 환승하려는 무지한 사람이 많은 것은 통계를 안 보아도 일상 목도하는 바다. 일상생활에 불편과 번잡을 무릅쓰면서도 조선어를 사용치 말라는 이유가 어디 있는가.

조선의 지명(地名)을 비조선적으로 고침도 괴이하다. 지명은 그 땅에 사는 인민의 감정과 풍속에 알맞게 지은 것이요, 또 지을 것이다. 그런데 조선 도시의 동명을 조선 정조(情調)와는 전연 맞지 않는 것으로 정하니 어쩐 셈인가. 입정정(笠井町), 대화정(大和町), 앵정정(櫻井町), 사헌정(四軒町), 원정(元町) 등이다. 귀에 거슬리거니와 장차 경성부의 대확장계획과 아울러 동명(洞名), 이명(里名)을 전부 마치(町)로 통일한다는 이유는 어디 있는가. 본정(本町), 욱정(旭町), 강기정(岡崎町) 등은 일본 내지인이 많이 사는지라 어떻게 생각하면 그리 부자연할 것도 없겠지만 종래 몇 백 년을 두고 불러온 가회동(嘉會洞), 원동(苑洞), 안국동(安國洞), 낙원동(樂園洞), 인사동(仁寺洞), 정동(貞洞) 등을 가회정(嘉會町), 원서정(苑西町), 안국정(安國町), 낙원정(樂園町), 인사정(仁寺町), 정동정(貞洞町)으로 부른다 하니 대체 어디 지명이 되는고. 정, 동, 리를 한 데로 통일하기 위함이라 하니 그 뜻은 좋을지 모르나 동만 있던 곳에 마치(町)를 만들 때에는 일본 내지인이 많이 산다는 이유 밑에 부자연하지 않게 하려 함이 아니었으랴. 그렇다면 현재에 와서 이 자연스러운 정조를 깨뜨릴 필요는 무엇이뇨.

요컨대 조선에서 조선어가 천대되고 학대되는 증좌다. 조선서 조선어를 학대하고 천시할 이유가 나변에 있는가. 그 민족의 언어를 못 쓰게 한다고 그 민족이 반드시 동화(同化)되는 것이 아니요, 그 민족의 문화를 멸시한다고 반드시 그 민족이 융화(融化)되는 것이 아니다. 벨기에와 스위스는 각각 3개 국어를 쓰고 있으되 완전한 민족국가를 이루고 있으며, 아일랜드인과 필리핀인은 아일랜드어와 필리핀어를 잊었으되 영국, 미국에 완전히 동화되지 않았다. 각 민족은 각자의 언어, 풍속, 습관, 감정에 의하여 고유한 문화를 보존, 발달하면서 전 인류적 문화에 공헌하도록 노력해야 될 것이라 믿는다.[19]

조선어는 조선인과 운명을 같이 타고난 것이기에 어떤 무력적 탄압으로 폐지할 수 없다고 강력히 항변하고 있다. 이광수는 세종대왕이 한글을 창제했음에도 불구하고 한글을 무시하고 한문만 사용하기를 주장한 무리들을 정신병자라고 공박하고 있다.

조선어는 조선인과 운명을 같이할 말이다. 글(한글)도 그러하다. 조선인이 스스로 조선말과 글을 버리기 전에는 이것은 불가살(不可殺)이

---

19) 『朝鮮日報』(1936. 2. 17), 社說: 賤待받는 朝鮮語, 民族言語를 尊重하라.

다. 조선인은 독병처(獨屛處)에서 조선말로 하나님을 부르고 조선말로
잠꼬대를 하고 혼잣말을 한다. 조선인이 죽어서 혼령이 있다고 하면
그도 조선말을 할 것이다. 이러한 조선말은 누구의 힘으로도 멸절(滅
絶)할 수는 없는 것이니 만일 멸절할 힘을 가진 사람이 있다고 하면
그는 조선인 자체일 것이다. 고려조 적까지는 몰라도 조선조에 들어서
부터 조선인 중에 많은 정신병자가 발생하여서 생전에 '하늘 천(天)'
자도 모르던 어미의 혼을 부를 때에도 '유세차감소고우(維歲次敢召告
于)'를 썼다. 세종조(世宗朝)에 훌륭한 조선문이 발명되었건만도 여전
히 이 정신병자들은 서투른 한문으로 잠꼬대를 하려 들었다. 그러나
다행히 정신병자 아닌 민중이 많았기 때문에 말과 글이 이만큼이라도
생명을 부지하였다. 비록 성명(姓名), 지명(地名)은 다 한화(漢化)하여
버렸다 하더라도.

김부식(金富軾)이라는 우리네 중에서 으뜸가는 정신병자는 이사금
(尼師今), 이질금(尼叱今), 마립간(麻立干) 등의 신라의 왕호(王號)가
야비(野鄙)한 토어(土語), 방언(方言)이라고 하였다. 이 작자는 조선을
망치기 위하여 태어난 아마 어떤 원혼(怨魂)이다. 조선조에 들어서 최
만리(崔萬理)라는 정신병자는 한글 박멸을 일삼았으니 이 역(亦) 조선
에 원혐(怨嫌)을 가진 어떤 원혼의 보복인 모양이요, 조광조(趙光祖)라
는 정신병자는 민족적 전통인 제천(祭天)이 제후(諸侯)의 예에 합하지
아니한다고 간간악악(侃侃諤諤, 강직한 말을 굽히지 않음)의 충언을
아뢰었다.

이 모양으로 조선에는 조선의 원수 되는 정신병자가 가끔 탄생하거
니와 근래에도 대소 김부식, 최만리, 조광조의 유(類)의 요분(妖氛, 불
길한 기분)이 배출하는 모양이지마는 조선인 유일의 문화유산인 조선
말과 글만은 먹지 못할 석과(碩果)일 것을 믿는다. 조선인 된 자 모르
미(모름지기) 정신을 가다듬어 제 말과 글을 사랑할 것이다. 그것을 사
랑하는 법이 무엇인가. 곧 제가 반드시 쓰는 것이다.[20]

이광수는 '조선어문 예찬'을 5회 연재했다(1935. 10. 29~11. 3). 그
가 조선어 보존을 위해 얼마나 심혈을 기울였는지를 체감할 수 있다.

---

20) 『朝鮮日報』(1935. 10. 11), 一事一言: 朝鮮語(長白山人).

이 글에서 춘원은, 조선어는 반드시 한 번은 큰 사상과 큰 문학을 낳고야 말 것이며 더 나아가서 세계에 있어서 주요한 어문 중에 하나가 되고야 말 것이라고 역설하고 있다. 또한 조선인은 바른 조선어문을 사용하는 것으로 첫 의무, 첫 자랑, 존경받을 첫 자격을 삼을 것이요, 조선어문을 바로 쓰지 못하는 것으로 첫 수치, 첫 죄악을 삼을 것이라고 하였다. 학교에서 못 배웠다 하는 것은 아무런 이유가 되지 못하며, 이런 사람이야말로 조선인인 자격이 없다는 것을 영광으로 아는 사람이라고 비판하고 있다.

조선어문 예찬(1)

조선말과 글은 결코 어느 말과 글에 지지 아니하는 것이다. 비록 5, 6백 년 동안 지각(知覺) 없는 선인들의 손에 한문화(漢文化)의 악영향을 받았지마는 그러면서도 어휘가 풍부함으로 보거나 표현력이 정확(精確)하고 자유로움으로 보거나 또 운향(韻響, 신비스러운 운치)이 유려함으로 보거나 세계 어느 말보다도 지지 않는 말이다.

고급한 정신문화의 표현으로 보더라도 조선말에는 아직도 '하나님', '검', '넋', '옳음', '긇음(그름)', '사랑', '참', '어엿비(어여삐) 여김', '나라', '마음', '뉘(자손에게 받는 덕)' 같은 말이 남아 있음은 조선말의 자랑일뿐더러 또한 조선 문화의 자랑이다. 고구려의 고분이나 신라의 미술, 고려자기가 조선의 자랑이 아님이 아니지마는 조선말이야말로 이 모든 자랑의 어머니다.

조선말이 풍부하고 완비함이 어떠한 정도냐 하면 세계 어떠한 높고 어려운 사상이라도 다 표현할 만하고 더구나 우리네 조선인의 사상과 감정은 조선말이 아니고는 표현할 수 없으리 만하다. 근 5백 년 전에 벌써 지나(중국)와 인도의 경전(經典)을 조선말로 옮기었거니와 오늘날의 조선말은 비록 조선어원(朝鮮語原)의 말은 줄었다 하더라도 서양어원(語原)의 한자역(漢字譯)을 흡수·동화함으로 말미암아 고대 경전을 번역하던 때보다도 비교도 안 되게 더 풍부하게 되었다. 조선말은 앞으로도 내적 생장과 외래어의 흡수·동화로 날로 풍부하게 되려니와 금일의 현상으로 보더라도 세계의 가장 발달된 말 중에 하나다.

하물며 그 글에 이르러서는 실로 세계에 유례를 볼 수 없는 간이(簡易)하고도 풍부하여 거의 인류가 발하는 모든 소리를 기사(記寫)할 만한 완전성을 가진 것임에랴. 이 글을 가지고 이 말을 기사할 때에 우리는 가장 높고 깊은 종교, 철학, 문학의 용어가 되기에도 아무 부자유가 없을뿐더러 그 미미세세(微微細細)한 정조(情調)의 명암고저(明暗高低)를 표현하기에 이 말 아니고는 할 수 없는 것이다.21)

조선어문 예찬(2)

그러면 조선어문이 어찌하여 열세(劣勢)인 것같이 보이며 심지어는 조선인 자신 중에도 조선어문을 소중히 여기지 않는 이가 있는가.

그것은 첫째로는 관용어(官用語)가 아닌 때문이요, 둘째로는 학교에서 조선어문의 교육을 경시하는 때문이지마는 그중에 가장 중요한 이유는 조선인이 아직 제 어문(語文)에 대한 인식과 의식이 부족한 때문이다. 조선인이 만일 조선어문이 이처럼 세계적으로 보아서 우수한 가치를 가진 어문임을 인식하고 또 조선어문이 조선인과 뗄 수 없는 상관이 있음을 의식한다 하면 그는 반드시 조선어문의 소유자임을 행복으로, 자랑으로 알고 아울러 그에 대한 열렬한 애착을 느끼고야 말 것이다. 초서가 나기 전에 영국인은 영어의 가치를 몰랐고, 루터의 신약전서 독역(獨譯)이 생기기까지 독일어가 경시를 받았고, 러시아어가 사랑할 가치 있는 말인 것이 인식되기도 푸슈킨, 고고리 이후엣 일이다. 그전에는 그들은 오직 라틴어와 프랑스어만이 고급한 사상, 감정을 표현할 수 있는 말로 알았던 것이다. 조선인도 아직 이러한 생각을 가진 이가 많은 것이 조선어문의 광채(光彩)를 감쇄(減殺)하는 원인이 되는 것이다.

조선어가 이만큼 완비함은 고문화가 우수하였던 것을 증거함이 되는 동시에 또한 이 어문으로 일러진 미래문화의 위대할 것을 약속하는 것도 되는 것이다. 불행히 아직 조선어문을 담겨진 세계적인 사상이나 예술이 나지 아니하였지마는 우리가 조선어문을 아끼고 가꾸어가는 동안에는 조선에서 호메로스가 나고 플라톤이 나고 노자(老子)가 나고 셰익스피어가 나고 두보(杜甫)가 나서 세계인이 그 사상과 예술을 위

---

21) 『朝鮮日報』(1935. 10. 29), 一事一言: 朝鮮語文 禮讚(1)(長白山人).

하여 조선어문을 예찬하고 학습할 날이 올 것이 조만(早晩)은 있을지 언정 확실할 것이 아니냐.22)

조선어문 예찬(3)

그리고 현재 조선이 가지고 있는 조선어문의 재산, 즉 조선 문학도 결코 가볍게 볼 것이 아니다. 비록 아직 완전한 독법(讀法)이 없다고 하나 신라향가(新羅鄕歌)와 기타 각종 가사(歌詞)와 소설류며 또 신문 학의 여러 가지 작품, 이런 것은 우리의 영원한 문화적 재보(財寶)다. 이 모든 어문의 작품들은 결코 일조일석에 만들어 내일 수 있는 것도 아니요, 또 한두 개인이 할 수 있는 것도 아니니, 이는 진실로 조선인 이 수천 년을 두고 지어 내인 독특한 재보다. 혹은 우리 문학을 외국 문학에 비겨서 손색이 있다 하여 타기(唾棄)할 듯이 돌보지 아니하는 이도 있지마는 그는 자기 인물이 외국인보다 손색과 같은 것이다. 못 생겨도 내 자식, 숭해도 내 몸은 역시 내게는 귀한 것이요 또 그것밖 에는 내 것은 없는 것이니 조선인이 만일 정당한 자기의식을 가졌다 하면 조선어문의 재보를 존중하여 그것을 보존하고 완미(玩味)할 것이 요, 도리어 제 어문을 모른다는 것으로 자랑을 삼지 아니할 것이다. 가 장 노골적으로 말하면 오늘날 같은 처지에 있어서 조선어문으로 된 신 문, 잡지나 서적을 애독할 줄 모르는 이는 조선인이 아니다. 조선어문 을 애용하여서 그것으로 자랑을 삼고 그것의 발달 모르는 이는 어떻게 된 사람이다. 조선인의 첫 조건, 첫 의무는 조선어문을 잘 알고 잘 쓰 는 것이다. 하물며 오늘날의 조선어문과 조선 문학은 모종 조선인들이 하시(下視)하는 것과 같은 그처럼 저급한 것이 아님에랴. 그네들이 제 어문과 제 문학을 하시하고 자멸(自蔑)하는 것은 필경 그네의 사대근 성(事大根性), 배외악습(拜外惡習)에서다. 외국 문학이라고 그렇게 하 늘에서 뚝 떨어진 것이 있는 것이 아니요 조선 문학이라고 그렇게 불 성모양(不成貌樣)인 것은 아니다.23)

---

22) 『朝鮮日報』(1935. 10. 30), 一事一言: 朝鮮語文 禮讚(2)(長白山人).
23) 『朝鮮日報』(1935. 10. 31), 一事一言: 朝鮮語文 禮讚(3)(長白山人).

조선어문 예찬(4)

그러면 우리는 조선어문에 대하여, 그를 빛나게 하기 위하여 어떠한 일을 할 것인고? 그 첫째 의무는 우리 각자가 일상에 힘을 써서 조선어문을 '잘, 정성스럽게' 공부를 하는 것이다. 바르고 넉넉하고 아름다운 조선말을 하고 조선글을 쓰게 되는 것이다. 백 가지 어학을 배움도 좋은 일이지마는 비록 세계 모든 방언(方言)을 다 잘하더라도 제 말과 글을 가장 잘 알게 되지 않으면 안 되는 것이다. 담화에나 편지에나 무엇에나 조선말과 글을 애용하는 것이다.

둘째로 조선어문을 위하여 우리가 할 일은 조선 문학의 진흥과 조선문으로 된 고전역(古典譯)을 기도할 것이다. 어문에게 생명을 주는 것은 문학과 고전이다. 사서오경(四書五經)과 시문이 아니었던들 한문(漢文)은 동양에서 그처럼 세력을 펴지 못하였을 것이다. 초서와 셰익스피어는 영어에 세계적 생명을 주었다. 한글이 오늘날까지의 명맥을 보전한 것도 경전(經典)의 언해(諺解)와 이야기책의 공이었고, 근년에 조선어문이 획기적 발달을 하게 된 것도 기독교의 경전(성경)의 조선역(朝鮮譯)과 및 조선 문학이 큰 원인이 된 것이다.

문화의 다른 의미로도 그러하거니와 조선어문에 구원한 생명 내지 세계적 생명을 부여하기 위하여서도 조선 문학의 발달과 조선문으로 세계의 고전을 번역하는 것은 긴요한 일이다. 이 일을 위하여 혹은 재단을 조직하며 혹은 회사를 조직함도 필요한 일이어니와 제일단(第一段)으로 조선인이 조선어문과 저의 관계를 깊이 인식하지 아니하면 아니 될 것이다.

조선 문학의 산출로 말하면 다만 이것을 보호·장려하는 방도를 강구하여 자연 생장을 기다릴 수밖에 없는 성질의 것이지마는 고전의 번역이나 사전의 편찬 같은 것은 자본을 내는 이만 있으면 급속도적으로 할 수가 있는 것이다. 우선 사서오경, 조선사적(朝鮮史籍), 율곡(栗谷), 퇴계(退溪) 등의 저작, 불전(佛典), 인도, 그리스, 로마 등 세계문화의 원천인 고전과 및 기타 사상, 문학서 중에서 만인필독의 중요한 고전과 또 현대의 대표적 작품을 역출(譯出)하는 것이 비록 용이한 일은 아니라 하더라도 지극히 어려운 일은 아니니, 다시 말하거니와 금일의 조선어문은 결코 이 일을 하기에 부족이 없으며 또 역자의 인선(人選)

도 넉넉지는 못할망정 하 그리 없지는 아니한 것이다.24)

조선어문 예찬(5)

2천만 이상의 인중(人衆)의 용어인 조선어는 결코 미미한 존재가 아니다. 하물며 위에도 말한 바와 같이 그 어휘와 표현의 풍부하고 정확(精確)함이 있음에랴. 이 말은 반드시 한 번은 큰 사상과 큰 문학을 낳고야 말 것이다. 그리하여서 세계에 있어서 주요한 어문 중에 하나가 되고야 말 것이다.

"새벽 서리 지샌 달에 울어 예는 저 기러기" 하는 이러한 아름다운 말이 대체 세계에 몇이나 되는가.

"하늘이 높다 해도 끝닿은 곳 있으려든"

"임 그린 내 안이야 하마 어느 곳 있으리"

"끝 간 데 모를 이 안이 네오 내오 다르리"

이러한 우리 뜻은 이 말로야만 말해지는 것이다.

어머니 된 이는 어문의 교사다. 조선의 딸들은 모르미(모름지기) 조선어문을 잘하는 이가 되어야 할 것이다. 아들, 딸에게 바른 어문을 가르칠 수 없는 여성은 어머니 될 자격이 없는 것이다.

강연에 종사하는 종교가와 교사들은 그가 잘하는 영어나 독일어가 그에게 자격을 주는 것이 아니다. 모로미(모르미) 바르고 풍부하고 정확한 조선어문의 사용자라야 할 것이다. 만일 문필에 종사하는 이로서 불순한 어문밖에 쓸 줄 모르는 이가 있다 하면 그는 큰 죄를 짓는 이다. 제가 쓰는 글이 순수하고 정확한 조선어문이 되기에 지성으로 노력하지 아니하는 이는 그것만으로도 그는 비인격자다.

조선인은 바른 조선어문을 사용하는 것으로 첫 의무, 첫 자랑, 존경받을 첫 자격을 삼을 것이요, 조선어문을 바로 쓰지 못하는 것으로 첫 수치, 첫 죄악을 삼을 것이다. 학교에서 못 배웠다, 외국 유학하노라고 못 배웠다 하는 것은 아무 이유가 되지 못한다. 그는 조선인인 자격이 없다는 것을 영광으로 아는 사람이다. 모든 총망(悤忙)한 조선인은 1일 1과, 1일 1시간을 반드시 조선어문 시간으로 떼어놓으라.25)

---

24) 『朝鮮日報』(1935. 11. 1), 一事一言: 朝鮮語文 禮讚(4)(長白山人).

25) 『朝鮮日報』(1935. 11. 3), 一事一言: 朝鮮語文 禮讚(5)(長白山人).

1935년 8월 허영숙이 동경 적십자병원에 의학 실습을 하러 간 이후 이광수는 문학청년 박정호와 단 둘이서 홍지동 산장에 머물고 있었다. 그해 12월 '신인문학'의 춘성(春城) 노자영(盧子泳)이 춘원을 방문하여 조선어와 조선의 장래에 관한 대담을 행했다. 춘성과 춘원은 조선어의 가치가 얼마나 중요한가에 대해 진지하게 의견을 나누었다. 특히 이광수는 조선 사람의 장래를 낙관적으로 전망하고 있다.

　"그런데 선생은 조선 사람의 장래를 어떻게 봅니까?"
　"나는 낙관합니다. 조선 사람이 그렇게 못난 민족이라고는 생각지 않습니다. 무엇이든지 하면 남에게 질 만한 못난 민족이 아닙니다. 아마 3, 40년 가면 학술로나 예술로나 훌륭한 사람이 많이 나고 또는 세계적 인물도 많이 나리라고 생각합니다."
　"경제 방면은 어떻게 보십니까?"
　"경제로도 그리 비관하지 않습니다. 경성만 하여도 화신상회(和信商會) 같은 것이 있어서 영업을 곧잘 하여가고 평양 같은 곳에는 조선 사람의 공업 세력이 굉장합디다. 조선 민족이란 그렇게 못난 사람이 아니니까, 자기의 경제적 토대를 모두 무너치지는 않겠지요. 차차 먹고 살아갈 토대를 높이리라고 봅니다."
　"그런데 선생은 조선말을 어떻게 보십니까? 저번 조선일보에는 조선말이 외국 말보다 조금도 못한 것이 없다고 하셨더군요."
　"그렇고말고요. 무엇이 조선말이 부족합니까? 조선말을 못해서 그렇지 외국 말보다 더 풍부합니다. '가' 자 하나로도 4천 가지 발음을 만들 수가 있습니다. 어떤 이는 영어를 내세우지만 영어는 어림도 없지요. 영어에 '뿌여스름하다', '부여스름하다', '푸르시름하다' 하는 형용사가 있습니까? 돌멩이 하나가 굴어날 때에 '대굴대굴 군다', '동글동글 군다', '데굴데굴 군다' 하는 이런 묘한 말이 있습니까. 영어에는 '라운드 앤드 라운드(round and round, 빙글빙글)'라는 말밖에는 없지요. 영어나 국어(일본어)밖에 모름으로 조선어란 도무지 모르는 이들이 조선말을 나쁘다고 하거든요!"
　"그럼 조선말도 영어나 기타 말을 번역할 수 없는 것도 많지 않습니까?"

"그야 많지요. 그러나 어느 나라 말이든지 번역할 수 없는 것이 많지요. 살짝, 살며시, 살그머니 — 이런 말을 영어나 러시아어로 번역할 수 있습니까? 그리고 '저 건너 갈미봉에 비가 온다.' — 이런 말을 어느 나라말로 그 정조(情調)를 그대로 드러낼 수 있습니까?"

"나 역 동감입니다. 그러나 조선어로는 편지 한 장도 제대로 못 쓰는 얼치기들이 말을 많이 하지요."

"그럼은요. 조선말이 귀한 줄을 알아야 해요. 조선 사람은 너무 자존심이 없고 사대사상(事大思想)만 있어요. 허난설헌(許蘭雪軒), 신자하(申紫霞) 같은 이들도 한문(漢文)으로 시를 많이 썼는데 중국인이 보고 잘 지었다고 하니까 그때야 좋다고들 했지요. 요새도 그래요. 장혁주(張赫宙) 같은 이는 국어(일본어)로 소설을 쓰는데 동경서 발표만 되면 훌륭한 줄만 알거든요."

"참 그렇더군요. 장 씨의 'カルボウ(갈보)'를 요새 읽었는데 아무것도 아니드군요. 그것을 조선어로 번역해놓는다면 삼문(三文, 서푼짜리 글)의 값도 없겠든데요…"

"기가 막히지요. 조선인의 버르장이가 자기 해(것)는 모두 나쁜 줄만 알아요. 그것부터 고쳐야 해요. 옛날에는 명(明)나라를 조종(祖宗)으로 알아서 명나라 것이면 모두 좋은 것으로만 알더니 요새는 조종이 훌쩍 늘어서 하나는 모스크바, 또는 영국, 미국 이렇게 많아졌지요."

"그런 사람은 아무것도 모르는 사람이 그런 소리를 더 잘하는 모양입디다."

"무엇보다도 조선말을 잘 발달시키고 유지하고 세련(洗鍊)시켜야 합니다. 이것은 문인들의 책임이지요. 아름다운 시와 좋은 소설을 많이 써서 조선말을 아름답게 또는 풍부하게 해야 합니다. 또는 문예작품이 자꾸 많이 나야 해요. 가령 '사랑'이라는 말 한마디로 보면 서양이나 일본 내지(內地)는 '러브(love)' 혹 '고이(戀, こい)'에 대한 작품이 많아서 그 말에 대한 연상(聯想)이 많고 풍부하나 우리말 '사랑'은 아주 단조하고 그 말에 대한 연상이 적거든요. 그러니까 문인들의 책임이 크지요."

"문예가 진흥되어야 하겠는데요. 어디 그렇게 됩니까?"

"언어는 그 나라 그 국민의 재산이요 보배거든요. 이것을 좋게 아름답게 풍부하게 만드는 데는 문인이 아니고는 도저히 할 이가 없습니다.”

“그런데 선생은 요새 어떤 책을 보십니까?”

“놀라시게요. 그러나 나는 우리말 신문, 잡지는 대개 보고 그 외에는 법화경(法華經)과 노자경(老子經)을 읽습니다.”

“그럼 선생의 인생관(人生觀)을 말씀해주시오.”

“별것 있습니까? 아직 확립한 인생관이 없습니다. 내가 불경(佛經)이나 종교 고전을 많이 보는 것은 나의 인생관을 확립해보자는 노력입니다. 노자나 유교(儒敎)에는 도(道)라는 말이 많은데 ‘도’는 곧 법(法)이라는 말과 같습니다. 그 ‘법’은 같은 값이면 유쾌하게 남에게 해를 끼치지 말고 잘 살자는 것인데 이것이 ‘도’이오. 죽는 데 이르러서 값있게 죽고 또는 그 생(生)을 연장하자는 것이지요. 나는 지금 ‘도’의 재인식을 하고 있습니다.”

“그러면 선생은 문학은 인생에는 필요하다고 봅니까?”

“그럼 필요하지요. 문학이 없으면 쓸쓸하겠지요. 그러나 종교가(宗敎家)는 문학이 없어도 쓸쓸하지 않으리라고 봅니다. 신께 기도하는 숭엄(崇嚴)의 경지가 문학가의 문학창작의 최심처(最深處)와 마찬가지니까요.”

“그럼 선생은 어떻게 문학자가 되셨습니까?”

“허허, 뭐 나는 지금도 문학가로 자처치 않지만 나는 한국시대에 동경을 갈 때에 대신(大臣)이 되자는 목적을 가지고 유학을 갔지요. 그러나 시대가 변해서 대신 될 수가 없으니까 그럭저럭 소설을 쓰게 되었는데 지금도 소설쟁이란 말이 아주 듣기 싫습니다.”

“그렇습니까? 그럼 선생의 문학관(文學觀)을 말씀하여주시오.”

“나는 톨스토이의 예술론(藝術論)을 지지하는 사람입니다. 문학은 인생에게 큰 위안으로 그 존재의 가치가 있다고 생각합니다. 그러나 그 위안은 오락과 취미와는 다릅니다. 술, 담배, 장기, 바둑은 나중에 불쾌와 해가 쫓아오지만 좋은 문학은 위안이 되는 동시에 불쾌가 없고 또한 해가 없으며 따라서 인생을 보다 높은 경지(境地)로 한 걸음 끌어올립니다. 그것은 종교와 마찬가지요. 종교를 모르는 사람은 문학으로 대신할 수가 있다고 봅니다.”

“그 다음 선생의 여성관(女性觀)을 말씀하여주시오. 그럼 이 세상에 여성이 없다고 하면…”

"그야 좀 쓸쓸하겠지요. 불경(佛經)에는 좋은 세상을 그리되 거기는 여자가 없다고 했습디다. 이 세상에 여자가 없다고 하면 쓸쓸은 해도 싸움이 없고 퍽 화평하리라고 생각합니다. 그래서 나는 조선을 위한 여성관이 있습니다. 민족개조(民族改造)를 위하여는 어머니의 힘이 무엇보다 크거든요. 어머니가 사람에게 주는 영향은 지대합니다. 이 까닭에 나는 좀 더 좋은 여학교를 조선에 많이 세우고 싶습니다."26)

일제의 총독정치라는 정치공학적 체제하에서는 정치적 야심을 발산할 길이 없다. 그러면 조선인의 미래 희망은 무엇인가? 그것은 각 방면에 명인을 많이 배출함으로써 민족의 힘을 늘리는 것이 유일한 타개책이다. 이것이 이광수의 명인주의 철학이다. 학술, 예술, 종교, 사상 등 각 방면으로 국제적 명인이 많이 배출하게 되면 독립할 수 있는 민족의 역량이 그만큼 커진다는 것이다. 이리하여 이광수는 '명인주의'를 발표했다.

오늘날 조선인은 당분간 명인주의(名人主義)로 나갈 수밖에 없다. 설사 그것이 유일한 진로가 아니라 하더라도 중요한 진로는 될 것이다. 사람의 야심을 가장 격발(激發)하는 것은 정치려니와 정치적 야심은 당분간 조선인으로서는 무망(無望)이다. 그러면 그 야심을 어디서 발산할꼬? 그것은 문화의 각 방면에 명인(名人)이 되는 것으로 발산할 길밖에 없다.

계정식(桂貞植)은 바이올린으로, 배운성(裵雲成)은 그림으로, 강용흘(姜鏞屹)은 소설로 다 국제적 명인이 되었다. 또 어떤 분은 비타민 E의 화학성분의 발견으로 세계 학계에 명인이 되고, 어떤 분은 권투로 국제적 명인이 되었다고 한다. 이 밖에 혹은 학술 방면으로, 혹은 예술 방면으로, 혹은 종교, 사상 방면으로, 세계적 명인이 될 길만은 막히지 아니하였다. 최승희(崔承喜)는 춤으로, 김문보(金文輔), 김영길(金永吉)은 테너로 동경에 명인이 되었다.

이러한 명인이 많이 생기는 것은 직접으로 당자 개인의 야심을 만족

---

26) 『新人文學』(1936. 1), pp.64~67, 人氣者와의 一問一答記. 李光洙氏와의 一問一答記(春城).

시키지마는 간접으로 민족의 힘을 늘리고 성예(聲譽)를 높이는 것이다. 특히 부강한 민족들이 정복욕과 교만과 이러한 모든 이기욕에 눈이 어두운 동안에 우리네와 같이 빈약한 민족에게 냉정한 이성의 사색과 전통과 정치적 군중심리에 얽히지 아니한 자유로운 철학적, 종교적, 예술적 명상력이 있다. 그러므로 우리는 민족적 칩복(蟄伏)의 시기를 이용하여 철학으로 종교로 예술로 오는 시대, 세계 인류의 선구자가 되고 도사(導師)가 될 수도 있는 것이다. 불평, 차탄(嗟歎) 중에 세월을 보내는 것은 무익하고 어리석은 일이다. 인생은 짧고 사업은 길다. 개체적 생명은 짧으나 민족적 생명은 길다. 우리는 우리네 아침이슬과 같은 개체의 생명의 분열(分裂)을 아껴서 영원한 민족적 생명과 인류의 생명에 기여하기를 게을리 아니 할 것이다.

그러면 명인 되는 방법이 무엇일까. 명인 되는 방법은 외길이니 그것은 '한 곳으로'라는 것인가 보다. 무엇이나 한 가지를 붙들고 그 한 가지만을 붙들고 일생을 가면 그리하되 부지런히 힘쓰기만 하면 명인이 되는 모양이다. 천재라는 것은 '장구한 노력'에 비기면 문제도 안되는 모양이다.

성악가 김문보 씨 말에 목청이 좋은 사람은 도리어 성악가로 대성(大成)하기가 어렵다고 하였다. 그 이유는 제 목을 믿고 노력이 적은 때문이라고. 그리고 이름을 얻었으나, 어떤 피아니스트 하나는 한 곡을 1천 5백 회 연습하지 아니하고는 결코 출연하지 아니하였다고 하며, 공자(孔子)는 주역(周易)을 애독하여 가죽 책 끈이 세 번이나 닳아져 끊어졌다고 하고, 금년에 사후 25주년을 맞는다고 세계적으로 기념을 받는 톨스토이는 신약(新約) 원문을 읽기 위하여 53세에 희랍어 공부를 시작하였다.

명창 송만갑(宋萬甲) 씨의 말에 "소리를 20년은 해야 제 소리가 나지요" 하였고, 퉁소도 제 소리가 나자면 15년은 불어야 된다고 한다. 무엇이나 명인 소리를 들으려면 최소 10년 공부는 필요한 모양이다. 짧은 인생에서 10년 공부를 두 가지 이상을 한다는 것은 불가능한 일이다. 그러므로 일가(一家)를 이룩하여 명인이 되려면 한 가지를 붙들고 일생을 보내는 수밖에 없다. '성의 있는 외곬 10년!' 이것이 조화무궁한 것이니 여기서 입신(入神)이니 도통(道通)이니 통허(通虛)니 하는 범인 이상의 경계가 생기는 것이다.

그런데 우리네는 이 '성의 있는 외곬 10년'이라는 것이 부족하다. 그리고 두 가지 마(魔)에 걸린다. 하나는 좀 해보다가는 전업(轉業)하는 것이니 장사도 그러하고 예술가들도 그러하고 공부도 그러하다. 김영환(金永煥)의 피아노 외곬, 홍영후(洪永厚/洪蘭坡)의 바이올린 외곬 모양으로 가는 이가 드물다. 그러므로 파뜩하다가는 스러지고 마는 것이요, 경험을 쌓을 새도 없고 따라서 통리(通理)할 새도 없는 것이다.

둘째 마는 얼른 대가(大家)가 되어버리는 것이다. 돈푼이 생기면 벌써 호강하려 들고 이름이 조금 나면 벌써 대가가 되어 온유(溫柔)한 수양을 그치는 것이다. 의사는 개업면허증을 얻으면 공부가 끝나고 교사는 교원자격을 얻으면 다시는 공부가 없다. 문사(文士)도 그렇고 다 그렇다. 이 안어소성(安於小成, 작은 성취에 만족)하는 조로적(早老的) 대가는 결코 대성(大成)할 수는 없는 것이다. 죽기까지의 미성품(未成品), 죽기까지의 학도로 자처하고 성의 있는 노력을 일생을 두고 계속하는 사람만이 대가가 되는 것이다. 문단으로 보면 러시아의 고르키, 영국의 버나드 쇼 같은 이는 70이 넘었건마는 노력의 생활을 하고 있다.

고산자(古山子)라는 이가 있었다. 그는 조선지도 완성자인 대동여지도(大東輿地圖)의 작자다. 그는 20년을 비(費)하여 전국을 답사하고 10년을 비하여 각(刻, 새김)을 배워가며 제 손으로 판각(板刻)을 하였다고 한다. 30년을 비하여 대동여지도라는 역사적 대업을 이뤘다.

주시경(周時經)이라는 이가 있다. 그는 50 평생을 가갸거겨에 바쳐서 조선어 철자법의 억년의 기초를 세웠다. 최창학(崔昌學), 방응모(方應謨)도 10년 동안 금광이라는 외곬을 팠다고 한다. 성의 있게 일생을 외곬으로 나가는 사람은 반드시 명인이 되고야 말 것이다. 나는 이 비결을 우리 조선 청년들이 지켜서 무엇이나 한 가지씩, 혹은 천문학, 혹은 발명, 혹은 어학, 혹은 역사, 혹은 철학, 혹은 돈벌이, 혹은 종교의 목표를 세우고 일생을 성의 있는 외곬으로 나가서 많이 명인이 생기기를 바란다.[27]

조선 민족의 영원의 대원은 무엇인가? 조선인으로 하여금 세계에서

27) 『四海公論』(1935. 12), pp.43~45, 名人主義(李光洙); 春園 李光洙, 『人生의 香氣』(京城 弘智出版社, 1936. 6. 21), pp.132~135, 名人主義.

가장 문명한 민족이, 조선으로 하여금 세계에서 가장 복락한 고장이 되도록 만드는 것이야말로 조선의 대원인 것이다. 그리고 조선 민족 중에 대원을 품고 성의 있는 외곬으로 나아가는 명인이 나와야만 조선 민족의 명맥은 끊어지지 않고 영원히 계승될 것이다. 이광수는 민족 보존을 위해 '대원'을 발표했다.

사람에게는 1일의 원(願)도 있고 1년의 원도 있고 일생의 원도 있다. 여기까지는 누구나 생각할 수 있는 것이다. 그러나 영원의 원이라는 것이 있다. 이에 이르러서는 사람들은 벽역(辟易, 두려워 피함)한다. 그러나 인류는 영원의 대원(大願)을 품고 일생을 노력하던 여러 위인들의 원력(願力) 속에서 살고 있다. 이것은 다만 불가에서 말하는 불보살(佛菩薩)의 대원력(大願力)이라는 뜻만이 아니다. 시조(始祖)들이 신지역을 개척하고 성곽궁실을 창성(創成)하고 국기(國基)를 전(奠, 정하다)할 때에 그것은 자손의 복락을 위한 영원의 대원이 아니냐. 문자를 짓고 기구를 발명하고 종교를 짓고 학술을 짓는 것도 영원의 원이라고 할 수 있다. 만인이 다 그럴 수는 없다 하더라도 한 민족 중에 세대마다 이러한 영원의 대원을 품고 성의 있는 외곬으로 나가는 사람은 얼마는 있고야 그 민족의 명맥(命脈)이 길 것이다. 이런 사람을 의인(義人)이라고 한다.

불보살의 대원은 무량천만 아승기겁(無量千萬 阿僧祇劫, 끝이 없는 시간)에 불석신명(不惜身命, 몸이나 목숨을 아끼지 않고 불법을 닦음)하고 삼천대천세계(三千大千世界, 무한세계)에 입추지지(立錐之地, 송곳을 꽂을 만한 땅)도 중생을 위하여 보살이 신명을 버리시지 아니한 곳이 없도록 생사고락을 다 겪으면서도 이 우주 안에 나는 일체중생(一切衆生)을 다 제도(濟度)하고야 만다는 것이니, 이에 비기면 조그만 지구상의 인류만을 제도하는 것쯤은 소원(小願)이요, 하물며 이 지구 표면의 몇 백 분지일밖에도 아니 되는 조선의 전 인류의 백 분지일쯤 될락 말락 하는 조선인을 모두 제도하여 복락을 누리게 하는 것쯤은 극소한 원이라고 할 것이니, 이만한 원도 못 가진대서야 될 것인가. 조선인으로 하여금 세계에 가장 문명한 민족, 조선으로 하여금 세계에 가장 복락한 고장을 만드는 것쯤을 원의 목표로 하는 것은 그리 엄청난 것이 아니다. 도리어 당연하고 범상한 일이라야 할 것이 아닐까. 우리가 그것도 못한다면 그것은 우리네 정신이 타락된 증거일 것이다.

조선은 바야흐로 대원을 가진 명인(名人)들이 배출할 때가 아닐까. 느릿느릿하게 느긋느긋하게 그러나 성의 있는 외곬으로 꾸준히 향상하고 전진하는 조선의 아들과 딸들이 날 때가 아닐까. 백 년의 대계(大計)와 천 년의 대계를 우리네 선인(先人)들의 1년의 대계같이 범상하게 생각할 때가 이때다.28)

3. 한글문화 현창운동

세계 각 민족은 제각기 언어와 문자를 가지고 있다. 어떤 민족은 언어만 있고 문자는 없는 경우가 많다. 수많은 문자는 모두 그 문자를 누가 만들었는지, 언제 만들었는지 알 수 없다. 그런데 세계 수천 문자 중 창제자와 창제 후 반포일이 명확한 문자는 우리 한글이 유일하다. 한글은 표음문자로서 그 우수성은 자타가 공인하고 있는 바이다. 조선일보는 1935년 10월 28일자 사설에서 한글 반포 498주년을 맞이하여 한글의 우수성을 널리 밝히고 있다.

금 10월 28일은 한글(訓民正音) 반포 제489회 기념일이다. 즉 지금으로부터 489년 전 이날에 세종대왕께옵서 창제하신 훈민정음을 민간에 반포하사, 모든 사람으로 하여금 학습케 하고 널리 사용케 하시니, 이날로부터 조선 사람의 고유한 글과 글월이 있기 비롯하였다. 오늘에 입으로 조선말을 말하고, 붓으로 한글을 쓰는 우리로서, 우리 고유의 글이 탄생한 이날, 조선 문화사상 대서특필할 의의 깊은 이날을 어찌 잊을 수 있으며, 한각(閑却)할 수 있겠는가. 그래서 전 민족적으로 이날을 축하하고 뜻있게 보내기 위하여 10년 전 즉 한글 반포 후 8회갑 되던 병인년(1926)부터 이날을 '한글날'로 제정하여 특히 기념하기로 하였으니 이것이 곧 한글 기념일이다. 오늘 다시 한 돌을 맞이함에 당

---

28) 『四海公論』(1935. 12), pp.45~46, 大願(李光洙); 『人生의 香氣』, pp.136~137, 大願.

하여 우리는 새로운 감격으로써 이날을 축하하는 동시에 기념코자 하는 바이다.

인류문화와 문자가 여하히 지대한 관계를 가졌는가는 여기서 다시 노노(呶呶, 구차스럽게)할 필요가 없는 바로, 문자 없이는 문화의 한 조각도 전승(傳承)·보존하여 이것을 발달케 할 수는 없었을 것이니, 문자야말로 사회생활상 불가결의 필수요건이요, 문화발달의 기본이다. 그러므로 한 민족을 문화민족과 미개민족으로 구분하는 경계선은 문자의 유무가 그 제일의적(第一義的) 조건이 되는 것이니, 고유한 문자를 가지지 아니한 민족을 어찌 문명한 민족이라 할 수 있으랴. 이렇게 생각할 때에, 오늘날 우리가 세계에 자랑할 만한 고유한 문자를 가지게 된 것은 오로지 세종대왕의 고원하신 선견(先見)으로 말미암음이니, 민족문화의 기초를 세우신 현철하옵신 대왕의 위업을 오늘에 다시금 우러러 추모하지 않을 수 없는 바요, 다음엔 불행히 이 고귀한 문자의 가치를 깨닫지 못하고 이것을 천대한 결과 수백 년 동안 이토(泥土) 속에 묻혀서 빛을 내지 못하던 이 민족의 보배를 다시 발견하여 닦고 갈아서, 그 진가를 알게 한 주시경(周時經) 선생 이하 사계(斯界)에 진췌(盡悴)한 여러 선배의 공적을 둘째로 칭양(稱揚)치 않을 수 없다.

이리하여 오늘날에야 비로소 한글의 가치를 참으로 자각하게 되고 우리글을 글답게 쓰게 된 것은 실로 경하할 일이라고 하겠거니와, 지금에도 이것이 완전히 정리·통일되지 못하여 불편이 상존(尙存)한 것은 유감이라고 아니 할 수 없으니, 사정상 허락지 않는 여러 가지 조건이 횡재(橫在)하였다 하더라도 이 모든 것을 무릅쓰고 마땅히 우리는 한 걸음 나아가서 이 민족의 위대한 유산이요 생명인 한글의 정리와 통일을 완성하는 데 진췌하여 써 민족문화 건설의 새로운 초석을 쌓아야 할 것이다. 이렇게 함으로써 우리의 문화적 경륜을 달성할 수 있고, 이렇게 하여서만 오늘의 이 기념의 기쁨과 감격을 천추만대에 전하여 끊임이 없게 할 수 있을 것이다. 이날을 특히 기념하자는 의의도 또한 이곳에 있는 것이다.

끝으로 이날에 당하여 한 가지 크게 유감으로 여기는 바가 있으니, 이 한글 기념일도 한 날로 지키지 못하고 다른 날을 따로이 정하여 기념하는 이들도 있어서 혼란을 자아내게 하고 있는 것이다. 물론 한글 반포일은 원래 사기(史記)에 분명한 기록이 없어 정확한 날은 모르므로, 구태여 어느 것을 반드시 옳다고 할 수는 없으나, 여러 가지로 상고하고 사회 각 방면의 의견을 종합하여 이날로 정하고 이미 수년 동안 이날을 지켜온 이상, 다소의 의견의 상위가 있다 하더라도 이날을 다 같이 지킴으로써 이날은 한글 기념일로 확정되는 것이다. 학설의 논박이면 또 몰라도 이것까지 서로 옳다고 고집하여 한 사회에서 기념일을 두 번씩 지킨다는 것은 우스운 일일 뿐 아니라, 이날 하루까지도 통일하지 못한다는 것은 민족의 일대 치욕이라고 아니 할 수 없다. 기념일을 경축함에 제하여 감히 일언으로써 재삼 고려를 촉하고자 하는 바이다.29)

조선어학회의 조선어문통일운동은 1934년 10월 '한글맞춤법통일안' 발표로써 제1단의 프로그램을 마치고 즉각 표준어 사정작업에 착수하였다. 조선일보는 표준어 사정의 의의를 천명하고 있다.

사람의 발상(發想) 형식은 여러 가지나 그 가장 중요하고 가장 발달된 형식이 언어와 이 언어를 부호로 기록하는 문자임은 췌언할 필요가 없다. 우리는 이 언어문자로 인하여 우리의 사상과 감정을 발표하는 것이니 그 어문으로써 자기의 의사를 다른 이에게 전달하고 남의 의사를 내가 체득(體得)하는 것이다. 그러므로 집단적 내지 사회적 생활에 있어서 어문(語文)의 통일이 여하히 필요한 것을 가히 알 수 있으며 모든 문화발달의 기본이 여기에 있다 하여도 과언이 아닐 것이다. 민족문화 건설의 대지(大志)를 품고 그 장도(壯途)의 일보를 걷기 시작한 우리에게는 지금에 이보다 더 절실한 요구는 없을 것이다. 하물며 현금의 우리들이 어문의 불통일로 인하여 불편을 조석으로 통감하고 있으며 이것이 문화발전상 대지장이 되어 있는 것을 목전에 보고 있음에야 그 긴급을 노노(呶呶, 구차스럽게)할 필요가 있으랴. 표준어 사정은 조선 현실의 절실한 요구에 응하는 것인 동시에 시의(時宜)를 얻은 대사업이라고 할 수 있을 것이다.

---

29) 『朝鮮日報』(1935. 10. 28), 社說: 한글 頒布 記念日에 際하여; 『朝鮮日報名社說五百選』(조선일보 출판국, 1972), pp.399~400, 한글 頒布 紀念日에 際하여(1935. 10. 28).

그러나 한 말로 표준어 사정이라 하여도 이것은 용이한 일이 아니요 또는 경홀히 처리할 것도 아님은 물론이다. 위로 수천 년의 역사를 가지고 수(數)로서 2천여만을 세는 민족의 언어를 심사하여 표준어를 사정하려는 것이어든 다반사(茶飯事)같이 용이할 수도 없거니와 만약에 한 가지 실수라도 있었다 할진댄 누(累)를 백대(百代)에 미치게 하여 수천만 인에게 불편을 남기는 결과가 될 것이다. 조선어학회의 계획이 작년과 금년의 일이 아니요, 다년 이 준비에 진췌해온 것을 들은지라 그 수집과 준비에 부족이 있다고는 느껴지지 않고 또 위원 제씨는 사계의 전문가와 각계의 해박한 지식을 가진 학자 여러분이라 함에 그 예리한 비판과 공정 신중한 태도로써 사정에 임하여 만무일실(萬無一失)의 성과를 나타낼 줄 믿거니와 위원 제위는 자기의 의견이 2천만 인의 의견을 대표하는 것이라는 책임을 깊이 느끼고 그 의향(意向)을 본받아 종사망공(從私忘公)하는 일이 없도록 특히 공정과 신중을 기하여 써 전 사회적 기대에 어김이 없기를 대망(待望)하여 마지않는다.

끝으로 이와 같이 해서 표준어 사정을 마쳤다 하더라도 일반사회의 이에 대한 지지가 없이는 이 사업의 완성을 기대할 수는 없는 것이다. 사정은 위원회가 한다 하더라도 그 사정된 표준어를 표준어 되게 하는 것은 일반사회가 그 표준어를 사용함으로써 비로소 목적을 달할 수 있는 것이니 우리는 이 거족적 대사업의 완성을 위하여 소이(小異)를 버리고 대동(大同)에 따르며 적은 사적(私的) 불만을 억제하고 조선어문 통일을 위하여 오직 뜻을 같이하며 실행을 함께하지 않으면 안 될 것이다. 우리 각자가 다 함께 하지 아니치 못할 일을 전문연구가 제씨가 대신 시간과 정력을 경도하여 분투연구한 공은 많다고 아니 할 수 없는 것이니 우리는 지지와 호응으로써 이를 맞아서 민족문화운동의 획기적 대사업을 완성하여야 할 것이다. 제2독회가 큰 수확을 거두기를 비는 동시에 사회 전체의 적극적 지지가 있기를 아울러 바라는 바이다.[30]

한편 1936년 8월에 제3독회를 완료함으로써 한글운동의 획기적 대

---

30) 『朝鮮日報』(1935. 8. 6), 社說: 標準語査定의 意義, 査定委員 第二讀會에 際하여.

수확을 거두었다. 일제 당국이 조선의 역사적 전통을 무시하고 제도적으로 조선어를 왜곡·비하하는 탄압정책을 강행하자, 조선어학회는 이에 대응하여 한글표준어 사정에 착수한 것이다.

　집단적 내지 사회적 생활에 있어서 어문의 통일이 여하히 필요한 것과 현금의 우리들이 어문의 불통일로 얼마나 불편을 느끼며 문화발전상 얼마나 큰 지장이 되어 있는가는 다시 노노(呶呶, 구차스럽게)할 필요조차 없거니와, 우리의 절실한 현실적 요구에 응하는 민족문화의 대사업이 착착 진척되어 거의 완성의 역(域)에 달하여 민족문화 건설의 기초를 확립하게 된 것은 실로 조선 민족과 문화조선의 장래를 위하여 경하를 마지않는 바이다. 동시에 이 사업의 오늘이 있게 된 것은 이 거족적 대사업에 선각(先覺)하고 다년 이 사업을 위하여 노력한 조선어학회와 및 조선어 연구에 진췌한 전문연구가 제씨의 혈한(血汗)의 결정으로 이루어진 것이니 민족문화사업을 위하여 바친 존귀한 노력과 그들이 조우한 선구자적 고난에 대하여 만강의 경의를 표하지 않을 수 없을 것이다.
　이제 우리의 기대는 사정된 표준어 발표에 집주되거니와 이 표준어가 한 번 확정된다면 현대는 물론, 금후 역사를 통하여 억천만 인의 의사표시의 부림(符臨, 꼭 맞게 통합)이 될 것이니 엄숙한 의미로는 표준어의 발표는 일면으론 경하할 사실이로되 일면으로는 가장 공포를 느끼는 바이다. 만약에 조금이라도 부자연과 불편이 있다 할진대 그 누(累)를 수천 대 후에 남기는 결과가 될 것이니 원래가 용이한 사업이 아니다. 물론 사계(斯界)의 권위들이 수년을 두고 시간과 노력을 바친 것이니만큼 부족과 잘못이 있으리라고는 생각되지 않거니와 발표 전의 일점일어(一點一語)에라도 각별 유의하여 최종 수정에서는 적어도 일호(一毫)의 불비(不備)와 불편이 없도록 노력하여야 할 것이며 또 한 걸음 나아가서 이로써 표준어 사정과 조선어문운동이 끝난 것이 아닌 것만큼 어문통일 완성의 최후의 일각까지 연구와 노력에 이완이 없기를 우리는 요망하는 바이다.31)

---

31) 『朝鮮日報』(1936. 8. 4), 社說: 한글運動의 劃期的 收穫, 標準語査定 第三讀　會 完了.

조선어학회는 1934년 10월 한글맞춤법통일안을 발표한 직후 한글표준어 사정작업에 착수하여 1936년 8월에 제3독회를 완료하고, 10월 28일 한글 반포 제490회 기념일을 맞이하여 한글표준어를 발표한 것이다. 이는 조선어학회가 수년에 걸친 각고의 연구 끝에 거둔 대성과였다. 이에 따라서 조선어문통일운동이 본격적으로 전개되어 문화조선 건설의 장래가 한층 밝은 전망을 갖게 된 것이었다. 그러나 이 같은 미래전망의 낙관도 잠시, 미나미 총독의 조선문화말살정책의 강행으로 무산되고 말았다.

금 10월 28일은 한글 반포 제490회의 기념일에 당하는데 이날에 조선어학회(朝鮮語學會)에서는 '한글맞춤법통일안' 발표 이후 제2단의 프로그람으로 재작년부터 사정(査定)에 착수하여 지난해 1월의 온양온천의 제1독회, 동 8월의 우이동의 제2독회, 금년 7월의 인천의 제3독회를 거쳐 사정된 표준어를 발표하게 되었다. 통일 발표된 표준어 자체에 대한 논의는 본란에서 조급히 논급할 수 없는 것으로 금후 전문가 제위 및 사회 일반의 신중한 비판이 있을지도 모르나 여하튼 이로써 표준어 통일의 대업을 완료한 것은 한글통일운동을 위하여 실로 경하할 일이라고 않을 수 없는 동시에 표준어가 한글 반포 기념일에 발표된 것도 또한 의의 깊은 일이라 할 것이다.

문자가 사회생활의 필수요건이요, 문화생활의 기본으로써, 인류문화와 여하히 중대한 관계를 가졌는가 하는 데 대해서는 다시 노노(呶呶, 구차스럽게)할 필요조차 없거니와 지금으로부터 490년 전에 세종대왕의 고원하신 선견(先見)으로 창제하신 고유한 문자 한글도 후인(後人)의 사대주의적(事大主義的) 편견 아래 천대받을 대로 천대를 받아 수백 년 동안 이토(泥土) 속에 묻혀 그 가치와 빛을 발휘하지 못하였는데, 이를 재발견하여 이 진가를 알게 되는 동시에 이를 정리·연구하고 다시 보급에 노력하게 된 것은 조선 문화의 장래를 위하여 새로운 기초를 세운 것이라고 않을 수 없다. 그러나 너무도 장구하게 버려둔 어문(語文)이라, 그 정리와 연구에는 상당한 고심을 요하며 각인각양으로 사용하여 통일이 없는 어문의 통일 완성은 실로 지난한 사업이니만치 단시일에 용이히 성취할 수도 없는 바이므로 전문가 제위의 열성 있는 노력이 경주되었음에도 불구하고 지금까지 통일을 이루지 못하고 있었던 것인데 이제 조선어학회의 한글표준어의 발표로써 한글통일의 기본을 이루게 된 것은 어문통일운동의 장래와 문화조선의 장래를 위하여 실로 획시기적 수확을 거둔 것으로 그 노력에 만강의 경의를 표하지 않을 수 없다.

그러나 이 표준어가 발표되었다고 하나 이것이 실행되지 않는 한에 있어서는 표준어가 되지 못하는 것이니 이것을 일반이 사용함으로써 비로소 표준어가 될 것이다. 물론 반대를 위한 반대나 지방 편견적 의견을 고집하여 이 표준어를 반대하는 것은 어문통일운동 자체를 위하여 피하여야 할 일이니 우리는 현실적 요구인 어문통일을 위하여 사소한 불만쯤은 양보·인내할 정신으로써 대하여 표준어를 실행하도록 노력하여야 할 것이나 이에 대해서는 아무래도 다소의 상이(相異)되는 의견도 없지 않을 것이며 또 실행에 관해서 다소의 곤란이 상반(相伴)되는 경우도 없는바 아닐 것이니 여하히 그 실행을 촉진할 것인가 함에 대해서는 새로운 연구와 운동이 있어야 할 것인 줄 안다. 여하튼 사회 일반은 이 사업에 대하여 늘 찬동과 원조로써 임하여 이 사업을 완성시켜야 할 것이다.32)

미나미(南次郎) 총독과 시오바라(鹽原時三郎) 학무국장이 부임 이래 내건 것은 교학쇄신(敎學刷新)에 의한 조선 교육제도의 근본적인 개혁이었다. 그 첫 번째 개혁 대상이 남녀 고등보통학교의 필수과목인 '조선어급한문(朝鮮語及漢文)'을 폐지하는 것이었다. '조선어급한문' 과목은 고등보통학교에서 1, 4학년은 일주일에 3시간씩, 그리고 2, 3학년은 일주일에 2시간씩 수업하였다. 고보 졸업 후 상급학교에 진학할 때 중학생들과 입학시험 경쟁에서 불리하므로 '조선어급한문' 과목을 폐지하고 그 시간을 수학, 영어 등에 더 이용하는 것이 합리적이라는 것이었다. 또한 '국어급한문(國語及漢文)' 과정을 이수하고 또 '조선어급한문' 과정을 이수하는 것은 학생에게 이중 부담이 된다는 것이 폐지론의

---

32) 『朝鮮日報』(1936. 10. 28), 社說: 한글標準語 發表, 語文統一運動의 一步前進.

주장이었다. 그러나 한편에서는 '조선어급한문'을 폐지하고 나면 사실상 조선어 과목도 폐지하게 될 것이라는 우려가 제기되고 있었다.[33]

조선총독부는 1937년 8월 30일 총독부령 131호로 공사립 고등보통학교(중학교)의 '조선어 및 한문' 과목을 조선어만 남기고 한문을 폐지하고 9월 1일부터 시행한다고 발표했다. 폐지 이유는 학생의 이중 수업 부담을 덜어주기 위해 고등보통학교의 한문은 이것을 '국어한문'의 한문으로 통일한다는 것이었다.[34]

동우회 사건 발발 10개월 전인 1936년 8월에 이광수는 조선 문학은 조선글로 써야만 비로소 조선 문학이라고 정의하고 있다. 박지원의 '열하일기', 일연의 '삼국유사' 등은 한문으로 써놓았기 때문에 그것은 지나(중국) 문학이지 조선 문학일 수는 없다고 하였다. 또 일본의 중서이지조(中西伊之助)의 '汝等の背後より(너희들의 배후에서)'라는 책은 그 내용이 조선인의 사상과 감정을 기조로 쓴 조선관계 저술이지만 일본어로 써놓았기 때문에 조선 문학의 범주에 포함될 수 없다는 것이었다. 이광수는 이렇듯 철저하게 국문으로 써야만 조선 문학이라는 속문주의(屬文主義) 원칙을 적용해서 일본어나 한문전용으로 쓴 작품은 조선 문학의 범주에서 제외하고 있다. 춘원은 이런 의견을 담은 '조선 문학의 개념'을 발표하였다.

어느 나라의 문학이라 함에는 그 나라의 글(文)로 쓰이기를 기초조건으로 삼는 것이다. 지나(支那, 중국) 문학이 한문으로 쓰이고 영문학은 영문으로, 일본 문학은 일본문으로 쓰이는 것은 원형이정(元亨利貞, 사물의 근본도리)이다. 만일 일본 문학이 독일어로 쓰이고 희랍(그리스) 문학이 범어(梵語)로 쓰였다 하면 이러한 담대무학(膽大無學, 대담하게 배운 게 없음)에는 경황실색(驚惶失色, 놀라고 두려워 얼굴빛이 달라짐)치 아니치 못할 것이다. '조선 문학은 조선글(한글)로' 쓰이는

---

33) 『朝鮮日報』(1937. 8. 18), 男女高普必須科目 '朝鮮語及漢文' 廢止? 漢文이 重疊돼 時間虛費라고 學務局에서 具體案研究.

34) 『朝鮮日報』(1937. 8. 31), 高等普通學校 科目中 朝鮮語漢文 廢止, 朝鮮語만 은 남겨두기로 9月 1日부터 施行.

것만을 이름이다. '조선글로' 쓰이지 아니한 '조선 문학'은 마치 나지 아니한 사람, 잠들기 전 꿈이란 것과 같이 무의미한 일이다.

박연암(朴燕巖)의 '열하일기(熱河日記)', 일연선사(一然禪師)의 '삼국유사(三國遺事)' 등은 말할 것도 없이 지나 문학일 것이다. 그러므로 국민문학은 결코 그 작자의 국적을 따라 어느 국문학에 속하는 것이 아니요, 오직 그 쓰어진 국문을 따라 어느 국적에 속하는 것이다. 말하자면 문학의 국적은 속지(屬地)도 아니요 속인(屬人, 作者)도 아니요 속문(屬文, 國文)이다.

같은 타고르의 작품도 인도어로 쓰인 것은 인도 문학이요, '신월(新月), 기탄잘리' 등 영문으로 발표한 것은 말할 것도 없이 영문학이다. 또한 영국의 해양문학자라고 이름 높은 콘립 씨는 파란인이어니와, 그의 영문으로 쓴 작품을 파란(폴란드) 문학이라고 할 사람은 없을 것이다.

중서이지조(中西伊之助)의 '汝等の背後より(너희들의 배후에서)'는 '조선 문학'(조선인의 사상, 감정을 기조로 쓴 작품)이 될 아무런 이유도 없을 것이며, 또한 장혁주(張赫宙), 강용흘(姜鏞屹) 등의 저서도 조선 문학이라 할 수 없을 것이다. 그러면 '구운몽(九雲夢)', '사씨남정기(謝氏南征記)' 등은 어느 나라 문학인가? 그 취재(取材)가 지나(중국)에서라 하여 지나 문학이 아니라 그 글이 지나문(支那文, 漢文)이기 때문에 지나 문학이다. 다만 작자가 조선 사람일 따름이다. 허난설헌(許蘭雪軒)의 시(詩)도 지나 문학이요, 한문(漢文)으로 쓰인 모든 문학 ─ 최고운(崔孤雲), 정포은(鄭圃隱) 이하 신자하(申紫霞), 황매천(黃梅泉) 등에 이르기까지 모두 지나 문학 제작자였었다.

그와 반대로 조선글(한글)로 번역된 '삼국지(三國誌)', '수호지(水滸誌)'며 '해왕성(海王星)', '부활(復活)' 같은 것이 도리어 '조선 문학'이다. 조선문(한글)으로 쓰인 까닭으로. 조선 사람에게 '읽히기' 위한 문학이란, '조선글(한글)'로 쓰어진 것이어야 할 것이다. 조선 문학이란 무엇이뇨? "조선문(한글)으로 쓴 문학이라!"[35]

이리하여 '조선어 한문과 폐지' 문제가 사회적 이슈로 부각되었다.

35) 『三千里』(1936. 8), pp.82~84, 朝鮮文學의 定義: '朝鮮文學'의 槪念(李光洙). 이광수전집(삼중당)에 미수록.

이는 장차 조선어 과목 폐지와 조선어 사용 금지의 전주곡으로 받아들여졌기 때문이다. 그래서 그 시행을 강력히 반대하였다.

일시 관공리의 조선어 사용 금지설이 있어 일대 충동을 일으킨 것은 세인의 기억에 아직 새롭거니와, 학무 당국에서는 내 9월 1일부터 중등학교에서 교수하고 있는 '조선어 및 한문과'의 한문(漢文)을 폐지하라고 각 중등학교에 통첩하리라 한다. 이유는 중등학교에서 '국어 및 한문'과 '조선어 및 한문'의 2종으로 한문을 교수하는데, 이것은 이중의 교수요, 하등의 필요가 없다는 것이다. 이 글을 쓰는 찰라까지 어느 중등학교에나 이상 통첩이 가지 않았다 하니, 사실 아니기를 바라는 바이어니와 만일 이것이 사실이라면 그 현실을 무시한 정책을 단연 반대치 않을 수 없다.

첫째, 한문을 국어로 배우고 조선어로 배워 이중 교수가 된다 하나, 형식에 있어선 그렇다 할지라도 내용에 있어선 전연 다르다. 즉 국어 한문(國語漢文)은 훈독(訓讀)으로 하여 송점(送點), 반점(返點)으로 읽으며, 조선어 한문은 조선어로 훈독, 음독 양자를 겸행한다. 그러므로 같은 한문을 읽을 때에도 '십유오이지우학(十有五而志于學)'을 국어로 읽으면 훈(訓)으로 반점, 송점으로 길게 말해야 되지만 조선어론 줄글로 '십유오이지우학' 하면 그 전 의의(意義)를 곧 알 수 있다. '청명시절우분분(淸明時節雨紛紛)'이니 '추풍기혜백운비(秋風起兮白雲飛)'니도 마찬가지로 읽는 법이 다르고 한 번 읽고 감각되는 감촉이 다르다. 그러므로 한문을 이중으로 가르침이 불필요하다는 말은 성립되지 않는다.

그보다 일층 조선어 한문을 폐지함으로써 생길 중대한 영향을 살펴볼 때, 가장 클 것은 조선말의 감소될 염려다. 조선인의 항용하는 언어, 문장 가운데는 한문이 대부분이다. 조선어문에서 한문을 뽑는다면 조선어문은 성립되지 않는다. 공기, 우등생, 난로, 문화, 결백, 소조(蕭條), 교언영색(巧言令色), 춘풍추우, 알연장명(戞然長鳴) 등등은 조선어로 된 한문이다. 조선어 교과서에 한자가 전연 없는 것은 아니지만, 한자와 한문과는 다르며, 한자도 1주 1시간씩 가르치는 조선어 교과서로는 일상생활에 쓰는 조선어 한문을 교수할 하극(暇隙)이 없다. 조선어 한문과의 한문을 조선어로 배움으로써 줄어가는 조선어문의 수효를 다소 유지하고 있는데, 이것조차 폐지하면 조선어문은 점차 소영(消影)될 운명에 있지 않으랴.

그렇지 않아도 중등학교 졸업생이 조선어문으로 편지 한 장 쓸 줄 모른다는 비난이 공공연히 행하는 터이라, 이것을 완화하고, 일상용어의 부자유를 원활토록 할 것이 사회인, 교육자, 당국자의 책임으로 되어 있거늘, 조선어의 수효를 일층 감삭(減削)할 한문과 폐지는 실로 중대한 문제라 아닐 수 없다. 한문은 영어나 불어와 같은 외국어가 아니다. 구주어에 있어서 라틴어가 언문(言文)의 모계(母系)가 되어 있듯이, 한문은 동양 제족의 어문의 모체가 되어 있다. 이것을 졸지에 폐지한다는 것은, 그 언어를 일시에 반분 이상 폐지하는 것과 같은 중대한 결과를 나타낼 것이니, 당국은 모름지기 이 안을 제기치 말 것이다.36)

조선일보는 '한문과 폐지와 그 선후책'에서 그 부당성을 일일이 적시하면서 한문과 폐지를 반대하고 있다.

고등보통학교 규정이 지난 8월 30일부로 개정되어, 조선어식 한문과가 폐지되어 금 신학기부터 실시되고 있는 것은 이미 주지의 사실인데, 이 한문과 폐지가 조선인 교육의 현하 사정에 비추어 단연 불가하다 함은 그 당시에 즉시 논한 바 있었거니와, 이제 우리들이 이 문제를 재론하고자 하는 것은, 이미 법령이 개정되어 실시되고 있는 것을 번복하여 한문과를 재설하라는 사실 불가능한 주문을 하고자 함은 아니나, 이 한문과 폐지가 조선인 피교육자에게 미칠 바 영향이 결코 적지 않을 것을 생각할 때에, 비록 재설은 못한다 하더라도 그 폐지에 반(伴)하는 일종의 결함을 보강할 수 있을 만한 선후책에 대하여 특별한 고려가 있어야 할 것으로 믿기 때문이다.

전자에도 논한 바와 같이 학무 당국이 그 폐지 이유로 삼은 "국어식 한문, 조선어식 한문과의 2종 교수에 의한 학생의 이중 부담"이란 것은 표면적 이유는 될는지 모르나, 이것은 조선어, 국어, 한문 등을 분

---

36) 『朝鮮日報』(1937. 8. 31), 社說: 朝鮮語 漢文科 廢止, 事實이면 斷然不可; 『朝鮮日報名社說五百選』, pp.434~435, 朝鮮語 漢文科 廢止, 事實이면 斷然不可.

리하고자 하는 개별적 추상관념이 낳은 인식 부족에 기인한 것이다. 대체 조선어식 한문, 국어식 한문을 불문하고 한문을 교수하는 근본정신은 한문이란 것은 마치 구라파어의 라틴어(羅典語)와 같이 동양 어문의 근간이 되어 있기 때문에 그 한문을 이해하지 못하고는, 국어나 조선어를 참으로 이해할 수 없기 때문이다. 그러므로 한문은 한문이 아니요, 국어의 일부요, 조선어의 일부로서 이것을 분리할 수 없는 것이니, 한문적 요소를 전부 제외하고 국어가 성립될 수 없는 사정은 조선어의 경우에 있어서도 마찬가지다. 이러고 보면 우리가 한문을 학습하는 것은 한문을 배우고자 함이 아니요, 조선어화한, 즉 조선어의 불가결의 요소가 된 한문을 배우고자 함이니, 이는 명칭은 한문이로되 기실은 조선어의 일부인 것이다. 이렇게 생각할 때에 결코 국어식 한문, 조선어식 한문이 양립 존재한다고, 결코 무용(無用)의 양립이 아니며, 무용의 이중 부담이 아니니, 조선어과를 두고 조선어를 교수하는 한 당연히 조선어식 한문도 병존하지 않을 수 없을 것이다.

이와 동시에 조선어 한문 학습의 성적불량을 들어 한문과 폐지를 정당시하는 일부 주장에 대하여 한마디 말하면 학습 성적불량은 학습시간 부족이 제일의 원인이오, 제2는 교재의 난삽 기타로 인한 것이니 이는 시간 확장, 교수방법의 개선에 의한 능률 향상을 주장할 근거는 될지언정 한문과 폐지의 이유는 되지 않는다. 사실 교재의 난삽이 학습에 염증을 생하여 불량성적을 나타낸 것은 엄호할 수 없는 사실이니 이제 일례를 독본 중에서 들면, 범중엄(范仲淹)의 악양루기(岳陽樓記), 구양수(歐陽修)의 추성부(秋聲賦), 하륜(河崙)의 성자설(性字說), 맹자(孟子)의 호연지기(浩然之氣), 중용(中庸)의 천명지위성(天命之謂性) 등은 중학생으로서는 그 문장이나 이론의 난삽이 도를 지나친 감이 없지 않다. 이 점에 대해서도 특별한 고려를 해서 금후에 한문을 조선어 중에 편입할 기회에는 문장이나 이론이 과히 난삽한 것을 제외하고 학습에 용이하며, 일상생활에 필요 적절한 것으로서 최소의 노력으로써 최대의 효과를 거둘 수 있을 만한 교재를 선택해서 적의(適宜) 안배하도록 하여야 할 것은 재언할 필요가 없거니와, 여하튼 당국은 한문과 폐지에 반(伴)하는 영향을 고려해서 그 선후책에 특별한 용의가 있기를 촉하여 마지않는다.37)

---

37) 『朝鮮日報』(1937. 10. 6), 社說: 漢文科 廢止와 그 善後策; 『朝鮮日報名社說

이광수의 조선어 폐지불가론을 분석해보면, 말이란 그 민족의 혼이 담긴 것이기에 말을 빼앗는다는 것은 민족정신과 역사, 문화를 말살하는 것이다. 그러기에 조선어를 보존해야만 일본제국 안의 조선의 특수한 지방문화는 영구히 보존될 수 있다는 것이다.

1938년 3월 신학기를 기하여 중등학교 교과과목에서 조선어 과목이 폐지되었다. 이 같은 조선어 폐지문제를 가장 뼈저리게 느낀 조선 문단의 돈키호테 김문집(金文輯)은 미나미 총독을 만나 조선어 폐지정책의 잘못을 따지기 위해 왜성대(倭城臺) 총독관저를 방문하기로 결심하였다. 그리고 총독면회를 성공적으로 수행한 후 '남총독회견기(南總督會見記)'[38]를 발표했던 것이다. 조선어 보존운동을 전개하고 있는 이광수를 가장 존경하고 있는 터라 총독면회는 민족적 사명이라고 토로하고 있다. "막론(莫論). 이번 나의 총독회견은 다음 세대를 위한 하나의 '사석(捨石, 바둑을 둘 때 치중수 등 작전상 놓는 돌)'에 지나지 못한다. 나는 지금부터 출발해야 한다. 우리는 역시 최대 다수의 최대 행복을 기원치 않을 수 없다. 일체의 민족적 불선(不善)을 지양하고 소선(小善)을 청산하여 대국적인 역사적 동향을 재음미할 오늘날인 것을 알아야 하겠다."[39]

김문집이 총독을 개인적으로 한 번 면회해야 되겠다고 결심한 것은 1938년 3월 신학기가 시작되어 중등학교에 조선어 과목이 사실상 폐지되는 것을 알고 부터였다. 원래 공식 '총독 민간 면회일'이 있다는 사실을 모르고 김문집은 무작정 택시를 타고 왜성대 총독관저로 달려갔다. 그리고 현관 접수인은 김문집에게 용무를 물었다. "나는 내가 누구인 것을 가르치지 않고 실인즉 정치상의 일로서 긴급을 요하는 어떤 중대한 의견을 말해드릴 것이 있어서 돌연 이렇게 개인적으로 각하를 찾아왔노라고 마치 유신청년(維新靑年)의 어조로 대답을 했다. 하니까 그제야 비로소 안심을 했는지 그는 여러 가지 말로서 오늘밤 각하는 용산

五百選』, pp.437~438, 漢文科 廢止와 그 善後策.

38) 『朝光』(1938. 9), pp.28~35, 南總督會見記 朝鮮文壇擁護의 顚末(金文輯).

39) 상게서, p.35.

(龍山)으로 가셨는데 설령 지금 계실지라도 개인적으로 이렇게 만나시지는 않는다는 것과 혹 동경서 고관이 내선(內鮮)해도 어떤 길을 밟지 않고는 뵐 수 없다는 사실과 또 요즈음은 민간(民間) 면회일이 있으니 비서관을 통해서 정식으로 면회를 청해봄이 어떤가 등등을 가르쳐주기에 낙망과 희망을 교향(交響)시키면서 '응, 그렇소, 그러면…' 하고 홱 돌아서 나오려니까 '아, 모시모시' 하고 다시 나를 부르더니 누구인가를 묻는다. 명함을 한 장 꺼내주니 견서(肩書)가 없는지라 '어직업(御職業)'을 묻기에 정신노동자라 했더니 'と申しますと?'라고 되처 묻는다. 하는 수 없어서 문예평론 줄이나 써서 밥을 빌어먹노라고 답을 던지곤 두 말 없이 발을 돌렸다."40)

김문집은 그 다음 날 총독면회 신청을 하기 위해 왜성대로 달려가 총독부 백악관(白堊館) 중앙대현관에 당도하여 총독 비서관실의 벨을 누르니 품위 있는 양복 차림의 50객 곤도(近藤) 비서관이 김문집을 맞이했다. "한 평 반이나 되는 사각 테이블을 사이에 두고 푹신한 의자에 앉으니 무슨 일로 총독을 면회하려느냐고 묻는다. 나는 일종의 열 있는 웅변으로 총독의 여러 가지 그릇된 정치, 더구나 언어정책에 대해서 철저한 비판을 내리고자 해서라고 전제하니 '가령 예를 들면?' 하고 되처 묻기에 나는 터질 듯한 가슴을 풀어 이에 일장의 연설을 토했다. 하니깐 비서관은 얼핏 긴장한 표정을 하더니 보는 바와 같이 손님도 있고 (한편에 점잖은 손님이 4, 5인 다른 테이블에 돌라앉아서 자못 주의 깊게 내 변설을 듣고 있었다), 또 여기서는 자세한 이야기를 하기도 어려울 것이니 오늘밤 여섯 시에 내 집으로 와달라고 하면서 전화번호를 가르치곤 내 주소(그때 내 명함엔 주소가 없었다)를 묻는다. 쾌락하고 백악관을 나오니 세상을 훑어보는 내 눈은 자못 비장하였다. 그때 나는 청진정 어느 여관에서 지극히 비인도적인 그 집 주인(평안도인)과 날마다 싸움하고 지내는 판이라 얼른 숙사로 돌아가기가 싫어서 그길로 본정통(本町通, 현 명동)으로 갔었다."41) 돌아올 때 비서관은 총독을 면

---

40) 상게서, pp.29~30.
41) 상게서, pp.30~31.

회하는 요지를 써오라고 당부했다.

이에 김문집은 마루젠(丸善)에 들러 원고지를 사서 총독면회 대사(臺詞)를 집필했다. "나는 어느 조용한 그릴로 들어갔다. 무아무타(無我無他, '나'라는 생각이 없고 다른 까닭이 없음)의 경지에서 중등학교 조선어 과목 폐지를 한 예로 하는 언어정책을 중심 삼아 총독정치의 현재를 역사적 입장에서 비판해보았다. 준열(峻烈)을 극한 논법이었으나 자못 학적, 이론적이면서도 기미(機微), 인정(人情)을 뚫는 구상적(具象的) 표현이었음을 나 자신이 인정했다. 즉 말하자면 필자인 내가 먼저 공명(共鳴)치 않을 수 없었다는 '그런' 한 편의 글이 그릴 한 구석에서 완성된 셈이었다. 여섯 시 십 분 전 차를 부르기 전에 소위 '念のために' 전화를 걸어봤더니 부당하게도 네 시쯤 해서 돌아오셔서 그길로 곧 외출하셨다 한다. 나는 분개하는 양 맥주병 있는 저녁을 먹고 슬그머니 여관에 돌아와 보니 상 위에 이상한 속달 한 장이 놓여 있었다. 벌써 몇 시간 전에 배달된 것이라 한다. 관방비서관실(官房秘書官室)로부터의 속달을 받아본 첫 기억이다."42)

마침내 비서관이 약속한 시간에 맞추어 비서관저로 찾아가니 곤도 비서관은 '도떼리' 잠옷을 입고 김문집을 응접했다.

몇 마디 말을 교환한 다음 안 포킷에서 원고를 꺼내서 읽어보라 했으나 내가 읽는 것이 더 속할 것 같아서 그 말을 철회하곤 내 일류의 맑은 음성과 억양 있는 어조로 한꺼번에 다 읽어 내렸더니 우리의 도떼리 비서관 자못 느꼈다는 얼굴로 거듭 감탄을 뿜더니 "いや, 非常に參考に なりました(아니, 아주 참고가 되겠습니다)" 하고는 그 문제는 총독보다 학무국장이 더 효과가 빠를 것 같으니 지금 소개해줄 터이니 곧 가서 만나보라고 권하면서 자리를 일어서 전화실로 나간다. 얼마 해서 돌아오더니 국장 씨 방금 변소에 갔는데 나오면 곧 이리로 전화 걸도록 했다고 말하곤 비로소 차를 마시고 담배를 태우면서 흉금을 연다는 호흡으로 여러 가지 조선 민중의 정치적 이면(裏面) 사정과 지식 계급의 시국적(時局的) 양태(樣態) 기타 등화불명적(燈火不明的)인 몇

42) 상게서, p.31.

가지 사상(事象)에 대해서 나의 솔직한 의견을 청취하고 이에 관한 자기의 소의(所意)를 털어내고들 하고 있으려니까 전화가 왔다고 하녀가 아뢴다. 꽤 오랜 시간을 혼자 담배와 벗하고 있으니까 약간 상기된 얼굴로 다시 들어온 도떼리 씨 말이, 학무국장이 꼭 만나자고 한다면서, 오전은 공자묘제(孔子廟祭)에 참석하니까 오늘 오후 한 시에 국장실로 와주면 여러 가지 간담하겠노라는 답이라 한다.

이 양반 어제 비서관실에서 처음 만났을 적엔 고관의 상식으로 나한테 '군(君, 자네)', 'さうか(그런가)'라고 하더니 오늘 내 원고 낭독 후부터는 'あなた(그대)', 'さうですか(그렇습니까)'로 변한 것인데, 요즈음과 같이 서로 익숙해지고 보니 또 본시대로 '君さうか(자네 그런가)'로 환원되기는 했지마는 하여튼 일개 청년에게 돌연 'あなた, さうですか'로 변하게 했다는 그 좌석의 공기는 일면 골계(滑稽, 익살)임에는 틀림없으나 그것이 국어 상식(일본어)으로 봐서 특별한 경우의 용법이니만치 그때의 도떼리 씨의 심경을 추측하기에 족한 것이다. 그는 자주 와달라는 말을 두 번이나 거듭했다. 일본의 국민성과 중국의 또는 서양의 그것과의 상위를 잘 아는 그 말을 쾌히 들었으나 나 역시 일없이 분주한 몸이라. 그 후 한 번밖에는 더 가본 일이 없지마는 어떻든 그만큼 충동을 준 그 원고의 내용을 여기에 발표할 사정이 못 됨이 유감 중의 유감이다.[43)]

김문집은 총독 비서관의 소개로 이튿날 44, 45세의 비대형 체구의 시오바라 도키사부로(鹽原時三郎) 학무국장을 만나서 시국에 대한 간담을 나누었다. "어째서인지 그는 그 자리에서 나의 두뇌와 재능을 운위하고 아울러 나의 인간을 사랑한다는 것을 표시하였다. 물론 나의 이론상의 정렬은 변함이 없었다. 우리는 마주 앉아 격의 없는 의견을 교환했다. 내 인식에 약간의 오해가 있었는 것같이 학무국장 인식에도 다소 수정이 있었음을 차차 알게 되었다.

새로운 교수법(教授法)과 새로운 교과서로서 좀 더 효과적으로 다시 조선어를 가르치도록 하는 것이 당국과 나와의 공동의 결론이었다. 정

---

43) 상게서, pp.32~33.

말 재래의 그것들로서는 차라리 폐지함이 옳을 만큼 우열(愚劣)한 것이었음을 나도 차차 알게 되었다. 어느 점, 어느 사정으로 보더라도 천하 제일로 무미(無味)한 과목이 조선어일 것이 사실이었다. 나는 그 책임을 물었다. 국장은 그 자리에서 그건 당국의 태만이요 실수인 것을 표백(表白)했다. 우선 조선어과의 선생이란 것이 대개는 우물(愚物)들이었으니 무슨 재미로 그들 생도가 그 과(科)에 흥미를 느꼈을까. 물론 나는 조선 문자(한글)의 흥륭(興隆)을 위하여 여러 가지로 논위(論爲)하였다. 나는 다시 총독을 만날 필요를 느끼지 않았다. 동시에 나는 역사적인 어떤 중대한 사명을 스스로 지지 않을 수 없게 되었다. 그래서 그 후부터 나는 기회 있는 대로 사계(斯界)의 권위학자의 의견을 청취했다. 별다른 의견이 있는 것은 아니었다."44)

김문집은 1938년 7월 15일 오후 두 시에 왜성대 총독관저에서 총독 면회를 하였다. 미나미 총독을 면회해서 언어정책을 규탄할 역사적 사명을 온몸에 짊어지고 총독관저로 행했다. 그해 3월 신학기에 조선어 과목이 폐지되었을 때 총독을 만나서 그 시정책을 강구하기로 결심한 지 4개월 만에 그 꿈이 이루어진 것이다. 그동안 공정(公定) 총독면회가 중단되자 김문집은 자신의 역사적 사명을 잊고 방랑길로 떠났다. 초조에 불타는 자신의 앞길은 암담했고 청춘을 통곡했다. 그에겐 부모도 처자도 없는 그야말로 알몸 하나뿐이다. 세상에 무엇이 두려우랴. 김문집이 총독면회 자리에서 조선어 폐지를 규탄한 내용의 한 조선 청년의 총독면회 기사가 각 신문에 대서특필 보도되었다. 그런데 곤도 총독 비서관은 김문집에게 조선어 문제에 대하여 다시 더 말할 필요가 없으니 다른 말을 하라는 전제조건으로 총독면회를 허가한 것이었다.

다음 날 석양 조선 옷을 입은 나는 이름 모를 어떤 적요(寂寥)한 거리를 걷고 있었다. 웬일인지 나는 퍽이나 고독을 느끼고 있었다. 피곤도 했었다. 우연히 빙수집을 발견한 나는 하염없이 그 집으로 들어갔다. 천장(天井) 가까운 벽에서 초라한 한 대의 라디오가 그 외양보다는

---

44) 상게서, p.33.

웅장한 소리로 뉴스를 토하고 있었다. 딸기물 얼음그릇을 앞에 놓고 있으려니까 "금일의 제12회 총독면회"란 제목이 터져 나왔다. 문득 긴장이 되었으나 나는 못 듣는 척하고 아나운서의 발성에 계동(悸動, 가슴이 두근거림)을 울렸다. 옷을 봐도 내가 조선 손님인 것이 완연하니 그 국어(일본어) 뉴스가 끝나자 잠깐 제2방송으로 틀어달라고 청해도 그리 부자연은 아니었다. 나도 라디오 가입자의 한 사람이기 때문에 저녁 국어 뉴스가 끝난 다음 제2의 조선어 뉴스가 시작된다는 여례(如例)의 프로그램을 잘 알고 있었기 때문이다. 불행히도 이번에 한해서 조선말 아나 씨의 아나운스는 국어 씨에 비하여 약간 손색이 있었다. 이 뉴스는 동맹통신(同盟通信)의 것으로서 다음 날 아침 도하 각 신문에 보도된 것과 같았다. 역시 조선 문단의 옹호라는 내 화제가 뉴스의 중심을 이루었었다.

얼음집 사람들은 물론 내가 저 뉴스의 주인공인 것을 모른다. 인생이 살아간다는 것은 이런 맛으로서인 것을 느꼈다. 과연 나는 조선 문단의 국가적 재인식을 총독에게 부르짖었다. 허나, 나의 논법은 너무나 학술적이었다. 군인 출신의 정치가가 어렵다고 고개를 쩔쩔 흔들었음은 오히려 과당(過當)한 일이었다.

총독은 여러 가지로 질문이 있었다. 묻는 대로 나는 국가의 입체성(立體性)을 설명하고 조선 문화와 그의 귀요(貴要)한 표상(表象)의 하나로서의 조선 문학의 역사적 의의(意義) 및 그 사명(使命)에 관해서 새로운 이해를 요구하였다. 그리고 조선어(朝鮮語)의 민족적 보장과 한글문화의 현실적 발전을 꾀함은 위정가(爲政家)의 의무인 이상으로 그 권리임을 변론하였다. 이어서 나는 현용(現用) 각 교과서의 불선성(不善性)을 철저하게 비판해 들겼다.

총독 각하는 나의 소언(所言)의 대체(大體)가 즉 자기의 시정방침인 것을 말하고 만약 오해하는 자가 있거든 자네의 필력(筆力)으로 크게 시정해주기를 바란다고 그럴듯한 말을 해 듣기는 것이었다. 거기에는 많은 기자들과 관방(官房) 관계의 사람들이 있었다. 총독의 풍채는 이웃 면소(面所)에 볼일 보러 가는 선량한 소작인(小作人) 같았다. 아무리 봐도 총독 같지는 않았으나 역시 그의 얼굴에는 어떤 부동의 신념이 내부로부터 새겨져(彫) 있었다.

회담이 끝나고 관저를 나올 때의 내 가슴에는 후회의 정이 무르녹았다. 왜 내가 그처럼 난해한 술어의 연속으로서 우리의 소박한 총독을 곤혹(困惑)시켰다 하는 뉘우침도 컸으나 아직 대가(大家)가 못 된다는 나 자신의 인정(認定)이 내 꼴을 덧없이 고독하게 만드는 것이었다. 그래서 나는 아무에게도 만나기가 싫어서 이름 모를 적요한 거리를 찾아 홀로 외로이 돌아다니다가 우연히 발견한 그 서글픈 빙수집을 들어간 것이었다.

허나 그 불가해(不可解)의 나의 소위 변증론(辨證論)이었음에도 불구하고 신문 등을 해서 내가 일으킨 사회적 반향(反響)은 의외에도 컸다는 것을 그 후 여러 문화인들의 입으로부터 듣고 저윽이 안도한 바 없지 않았다. 이번 내 면회에 불미(不美)가 있어서인가 방금 고등계(高等係)에서는 오라는 기별이 왔다. 무시무시하지마는 안 가보는 수도 없다. (1938년 7월 21일 오후 다섯 시)[45]

1938년 12월 14일 경성 부민관 강당에서 전향자 단체인 대동민우회 주관으로 시국유지원탁회의를 개최하였다. 이 자리에서 현영섭은 "저 민족적 감정이 열렬한 유대인도 각국에서 자기 민족어를 버리고 자기의 개성을 발휘하였습니다. 사수할 개성이 우리들에게는 많지 않다고 나는 생각하므로 또 개성을 너무 견수(堅守)하는 결과 내선일체의 이상을 장해함이 있으면 아니 되므로 언어, 풍속에까지도 융합일체(融合一體)가 필요하다고 생각합니다"라고 조선어 폐지론을 주창하였다. 그러나 인정식(印貞植)은 "여기에 주의할 것은 신일본 민족에로 통일된다는 것은 결코 조선인이 그의 민족적인 고유성 전반을 상실하여야 한다는 것은 절대로 아닙니다. 조선 민족의 고유한 언어, 문화, 전통, 민족정신 등 이러한 것은 새로이 형성되는 신일본 민족의 생활의 일부면(一部面)으로서 끝까지 보존되고 또 발달되어야 할 것입니다. 내선일체라하면 곧 조선어의 폐지, 조선 의복의 금용(禁用) 등을 의미하는 것으로 생각하는 그런 무지한 도배야말로 가이없는(가엾다) 인간들입니다"라고 조선 민족의 고유한 언어, 문화, 전통, 민족정신 등을 고수할 것을 역설하고 있다. 한편 대동민우회 회장 이각종(李覺鍾)은 "요컨대 식민

45) 상게서, pp.33~35.

지 취급을 하지 않는다는 것이 내선일체의 전제와 내용이 됩니다. 소위
식민지 정치란 근래에 서양사상의 그릇된 모방이니 참된 일본정신에서
이런 것은 용허되지 않습니다. 내선일체란 것이 일부에서는 조선 문화
를 말살하는 것이 아닌가 의심하는 이가 있지만 그것은 그렇지 않습니
다. 땅 밑에 파묻힌 낙랑문화(樂浪文化)나 신라문화까지도 끄집어내서
현대 국민생활에 활용하는 이때에 조선 문화라고 해서 배척한다는 것
은 일본의 취할 길이 아니라고 믿습니다"라고 조선문화말살정책을 강
력히 반대하고 있다.46) 이 자리에서 동우회 사건의 피고인 이광수는 조
선어를 폐지한다고 일부에서 떠들고 있지만 이런 정책은 오히려 조선
인의 감정을 악화해서 반대의 효과를 낳을까 우려한다면서 조선의 언
어, 문화 등은 끝까지 보존하지 않으면 안 된다고 역설하고 있다.

이광수는 '내선일체의 구현화 문제'를 발표했다. 여기서 이광수는 조
선문화말살정책을 강력히 반대하면서 조선어 사수의지를 다짐하고 있
다.

   (1) 저는 감옥에 있으면서 이런 것을 생각했습니다. 내선일체가 된
것은 일한합병 당시부터의 일인데 지금 새삼스럽게 내선일체를 떠들게
된 데 대해선 책임이 내선 쌍방에 있다고 생각합니다. 즉 조선인 측에
서는 법률적으로는 일본 국민이지만 내심(內心)으로는 일본인이 아니
라는 고집과 민족관념이 있었으며, 내지인 측으로는 일시동인(一視同
仁)의 성지(聖旨)를 무시하고 조선과 조선인을 식민지 취급하여온 것
이 지금 와서 내선일체를 새삼스럽게 부르게 된 책임이라고 생각합니
다.
   감옥에서 사람들이 전쟁에 대해서 여러 가지 말을 묻습디다. 그때
나는 이렇게 말했습니다. 만일 내가 하느님이 되어서 동양의 각 민족
가운데 한 민족만을 두령(頭領)으로 뽑을 필요가 있다면 나는 공평한
태도에서 일본 민족을 그 위치에 선거하리라고 생각했습니다. 지나(支
那, 중국) 민족은 아무리 보아도 좀 못한 민족이외다. 이것은 패전할
인과를 가진 민족입니다. 일본 민족의 우수성을 생각할 때 조선 사람

---

46) 『三千里』(1939. 1), pp.36~46, 時局有志圓卓會議.

의 행복이란 것도 완전히 일본인화(日本人化)하는 데 그친다고 생각했습니다.

그래서 나는 내 양심으로부터 조선인이라는 고집을 버리고 일본인이 되고 일본정신을 가지기로 결심했습니다. 그러나 이러한 일본적인 국민감정을 얻는다는 것은 결코 용이한 일은 아니었습니다. 처음에 나는 감옥에서 나와서 국기(일장기)를 띄우는 데서부터 이러한 감정을 배양코자 했습니다. 처음에는 아무래도 양심과 국기를 띄운다는 행동과가 완전히 합일되지 않았습니다. 띄우라 하니까 마지못해서 띄우던 그러한 옛날의 고집이 아직도 살아 있는 것을 발견했습니다.

그러나 여러 번 띄우는 동안에 나는 점점 양심으로부터 우러나오는 국민적 감정을 느꼈습니다. 지금 와서 나는 국기만이 아니라 신사참배라든가 기타 모든 문제에 있어서 참말로 일본정신에 가까운 감정을 가지고 행동할 수가 있게 되었어요. 요컨대 내 생각으로는 내선일체의 길은 오직 이러한 국민적 감정을 철저히 배양키 위해서 일상행동을 훈련하는 데 있다고 생각합니다.

(2) 그리고 물으신 본 문제에 들어가서 내선일체가 만일 조선의 문화를 말소하고 마는 결과를 낳는다면 그것은 매우 불행한 일이라고 생각합니다.

조선어를 폐지한다고 일부에 떠드는 자가 있지만 이런 정책은 조선인의 감정을 도리어 악화해서 반대의 효과를 낳지나 않을까 우려합니다. 조선의 언어, 문화 등 이런 것은 끝까지 보존하지 않으면 안 되리라고 생각합니다. 조선의 문화, 언어 등은 끝까지 보존하면서도 조선인은 진심으로서 일본을 사랑하는 일본 백성이 되고 천황폐하를 진심으로 자기의 '임검(임금)'으로 경배하는 마음을 가질 수 있다고 생각합니다. 또 이러하는 것만이 내선일체의 진정한 길이라고 저는 믿습니다.

또 나는 인과론(因果論)을 믿기 때문에 내선일체를 믿습니다. 일한합병도 역시 인과로 설명됩니다. 병합당하는 민족에게는 병합당할 만한 인과가 있는 것이며, 병합한 민족에겐 역시 병합할 만한 인과가 있을 것입니다. 내선일체도 또한 이러한 인과를 가졌다고 저는 생각합니다.47)

---

47) 상계서, pp.42~44, 時局有志圓卓會議, 內鮮一體의 具現化 問題. 이광수전집 (삼중당)에 미수록.

위의 '내선일체의 구현화 문제'에서 '친일'(일본정신)과 '항일'(조선정신)의 상호 모순되는 정치 개념이 혼재하고 있음을 확인할 수 있다. (1)에서는 "내 양심으로부터 조선인이라는 고집을 버리고 일본인이 되고 일본정신을 가지기로 결심했습니다"라고 '친일'을 선언하였다. 그러나 춘원은 항일시 '임의 언약'과 (2)에서는 '항일'을 표명하고 있다. 미나미 총독의 내선일체론은 조선 문화를 말살하고 조선어를 폐지함으로써 동화정책이 구현될 수 있다는 것이다. 춘원은 만약 조선어를 폐지하고 조선 문화를 말살한다면 크나큰 불행을 초래할 것이라고 경고하면서 조선의 언어와 문화는 일본제국 안의 한 지방문화로 끝까지 보존해야 한다고 역설하고 있다. 조선어 폐지는 곧 한민족(韓民族) 멸망과 조선 문화 소멸을 초래할 것이므로 '조선어 사수정신'을 고수하고 있다.

황민화정책을 구현하려면 조선인의 정체성 말살이 선행되어야만 가능하다. 조선인의 정체성을 말살하는 데 필요한 것은 조선인이라는 민족의식을 가지지 못하게 하는 것이고, 그러기 위해서는 궁극적 방법으로 조선어 사용을 폐지하는 동시에 국어(일본어) 전해(全解)운동을 전개해야 한다. 미나미의 황민화정책은 민족문화말살정책(ethnocide)이므로 춘원은 이를 전면 반대하고 오히려 조선의 언어와 문화를 보존할 것을 역설하고 있다.[48] 총독부 당국은 문화공작상(文化工作上) 국어(일본어) 보급 장려와 조선어 사용 폐지의 필요성을 다음과 같이 해명하고 있다. "조선에 있어서 문화공작의 지도정신은 내선일체의 실현, 즉 반도인의 황국신민화에 있다는 것은 췌언을 요치 않는다. 반도인의 황국신민화를 실현할 구체적 방법의 하나로 국어(일본어)의 보급 장려를 여행(勵行)하는 것이 가장 유효하다고 믿는다. 학교교육에 있어서 작년 조선교육령을 개정함과 동시에 초등학교에서 교내에서 조선어 사용을 금지하고 '교수(敎授) 용어'를 국어로 한정하고 조선어 수업시간을 감소하면서 종래 필수과목에서 선택수의과목으로 하는 등 문화공작의 지도정신에 순응하여 국어 보급 장려 정책을 채택·시행했다."[49]

---

48) 民族問題硏究所 編, 『日帝下 戰時體制期 政策史料叢書』(한국학술정보주식회사, 2001), 권 39, 皇國臣民化政策 해제(윤해동).

일제의 조선어 말살 책동이 본색을 드러낸 것은 이광수를 중심으로 전국적으로 전개된 한글보급운동인 브나로드운동을 탄압하기 시작하면서부터였다. 총독부 당국은 한글 문자보급운동을 '주의적(主義的) 색채'를 띤 사회개혁운동으로 간주하여, 마침내 1935년부터 동아일보와 조선일보의 한글보급운동을 중단 조치하고 말았다. 1938년 3차 조선교육령을 통해 '조선어 및 한문' 과목을 선택과목으로 전락시키고 1년 뒤엔 각급 학교에서 조선어 수업을 사실상 폐지했다. 이어 1940년 8월에 조선일보, 동아일보를 폐간조치하면서 조선어 사용을 전면 폐지했다. 1943년 4월 공포된 4차 조선교육령에서는 조선어 과목을 아예 삭제하고 말았다.[50]

현영섭은 춘원의 '조선어 보존론'에 정면 반박하기를 조선어가 없어도 조선인의 개성은 조금도 멸각(滅却)되지 않는다는 궤변을 늘어놓고 있다. "국어(일본어)를 장려하고 장래 조선어가 없어져도 반도인의 개성은 조금도 멸각되지 아니한다. 시조(時調)의 기분은 우리들이 일본 시가의 일파로서 국어로 갱생시킬 것이다. 애란(愛蘭) 문학은 대부분이 영어가 아닌가. 동일한 언어를 가지고도 그들은 분리하려고 한다. 스코틀랜드는 영국에 충성하며 영어를 사용하면서 스코틀랜드를 자랑한다. 이 지방주의는 인류를 파괴하지 아니한다. 인류사회를 파괴하려 하는 것은 아일랜드 같은 정치적 독립운동이다."[51]

결국 이광수가 조선의 문화와 언어를 보존하자고 하는 것은 아일랜드가 영국의 지배로부터 분리·독립하듯이 장차 독립운동을 일으켜 일본제국으로부터 이탈·독립하겠다는 것으로 받아들여지고 있다.

---

49) 鄭晋錫 編, 『極秘 朝鮮總督府 言論彈壓資料叢書』, 권 4, pp.2~3, 國語ノ普及奬勵.

50) 『東亞日報』(1934. 8. 8, 8. 14, 8. 15); 정진석 편, 『문자보급운동: 조선일보·동아일보 1929~1935』(LG상남언론재단, 1999), pp.22~42; 朝鮮總督府 警務局 保安課, 『高等警察報』 제4호(1935), p.275, 諺文新聞社の啓蒙運動の狀況.

51) 『三千里』(1940. 3), pp.34~40, '內鮮一體' 體內의 朝鮮民衆的 諸問題의 考察: 內鮮一體와 朝鮮人의 個性問題(玄永燮).

1941년 12월 8일 일본 해군은 하와이 진주만을 기습공격하여 태평양전쟁이 발발했다. 전쟁 초반에는 일본군이 승승장구 절대 우세를 보였다. 영국은 2백 년 동안 한 번도 적에게 자국 영토를 점령당하지 않았는데, 이때 일본군에게 참패를 거듭하면서 일본은 홍콩과 싱가포르를 함락했다. 이러한 기세를 몰아 일본군은 필리핀까지 점령함으로써 미군의 패배로 전승을 자축했던 것이다. 이 같은 전승기류를 타고 임전보국단이 생겨 이광수, 주요한 등이 이에 관여하지 않을 수 없었다. 이광수가 전국(戰局)을 보아 하니 일본의 국가이상인 팔굉일우(八紘一宇) 정신이 구현될 것으로 전망되었다. "일본의 국가이상은 팔굉일우의 정신인데, 이 이상을 나는 절대로 믿어요. 그렇기 때문에 이번의 전쟁목적이 옳다고 믿는 것이고, 믿기 때문에 나는 말과 행동으로써 즉 내가 가진 능력을 가해서 거기에 협력, 봉사를 해요. 가장 진보되고 새롭고 완성된 것이 팔굉일우의 일본정신이지. 그렇다고 일본정신이 다른 여러 외국사상을 본뜨거나 한 것은 아니고, 3천 년 내려오든 본래의 세계이상인데 이 시대를 당해서, 그것을 실현할 힘을 갖게 된 것이지. 그리고 일본정신의 중심된 행동방향이 도의성이야. 이 도의성을 영미인은 자가류로 곡해를 하지만, 일본의 3천 년 역사로 보든지, 현재의 국민성으로 보든지 결코 허위와 선전방편이 아닌 걸 알 수가 있지 않소? 근위(近衛) 수상의 대지(對支) 근본방침을 성명한 것은 도의에 입각한 일본 국민의 소리여든. 시방 말레이(馬來)나 필리핀으로 진공하는 것은 결코 그 토지를 빼앗겠다는 게 아니요, 말레이 사람을 악의 손에서 건져내기 위함이어든."[52]

1938년 3월에 중등학교의 조선어 과목이 전면 폐지되었고, 1940년 8월에는 동아, 조선 두 민족신문이 폐간되었다. 민족문학의 유일한 발표지인 '문장'(1939. 2～1941. 4)마저 1941년 4월에 폐간되었고, 조선일보사에서 1935년 11월에 '조광' 창간호를 발행한 이래 1944년 8월에 폐간조치를 단행했다. 한국 언론사에서 치욕의 암흑기에 오직 친일잡

---

52) 『新時代』(1942. 2), pp.52～61, 春園-요한 交談錄.

지, 그것도 일본어로만 발행되고 있었다. 이제 그 친일잡지를 열거해보면 조선어 말살정책이 얼마나 철저하고 처절한 것인지 엿볼 수 있다.

東洋之光(1939. 1~1945. 5), 일본어 잡지
內鮮一體(1940. 1~1944. 10), 황도(皇道)정신 발양하는 일본어 잡지
太陽(1940. 1), 천황 찬양하는 일본어 잡지
新時代(1941. 1~1944. 2), 일본어 및 조선어 혼성 잡지
春秋(1941. 3~1944. 10), 조선어 잡지
國民文學(1941. 11~1945. 2), 일본어 잡지
大東亞(1942. 3~1943. 3), '삼천리(三千里)' 후신, 일본어 및 조선어
혼성잡지
總動員(국민정신총동원조선연맹, 1939. 6~1940. 8), 일본어 잡지
國民總力(국민총력조선연맹, 1940. 10), 일본어 잡지
綠旗(녹기연맹, 1936. 1~1944. 2), 일본어 잡지[53]

태평양전쟁 초반에 일본군의 잇따른 전승 소식을 접한 이광수는, 이와 같이 조선어로 발표되는 잡지마저 완전 폐간되고 일본어로만 그것도 친일성 글 이외에는 발표할 수 없는 조선어 말살정책이 그대로 계속되는 가운데 일본이 전승을 거둘 경우 조선어는 완전히 절멸할 것이라는 위기의식을 통감하지 않을 수 없었다. 이광수는 누가 보아도 한 점의 의혹 없이 친일 반역자라는 인식을 각인시키면서 한편으로 조선어 보존책을 강구한 것이다. 친일협력을 적극적으로 행하면서 그 대가로 조선어를 보존하겠다는 것이다. 이렇게 춘원은 일본제국의 한 지방어로서의 조선어를 유지·보존하겠다는 의도에서 친일성 글을 발표하지 않을 수 없었다.

이광수는 조선어 폐지라는 한계상황에서 자기희생정신을 발휘하여,

---

53) 최덕교 편, 『한국잡지백년』(현암사, 2004), 권 3, pp.400~429; 金根洙 편, 『韓國雜誌槪觀 및 號別目次集』(永信아카데미 韓國學硏究所, 1973), pp.755~790.

자기 한 몸을 일제 친일제단에 바치고, 세상 사람들의 골수 친일 민족 반역자라는 비난을 아랑곳하지 않고, 오로지 조선어 보존을 위해 이 같은 치욕적인 친일성 글을 쓴 것이다. 또한 이는 1944년 11월 중국 남경에서 개최된 제3회 대동아문학자대회에 김팔봉과 함께 조선 대표로 참가해서 조선 지방문화 보존을 역설한 것과 무관하지 않다.

제3회 대동아문학자대회는 1944년 11월 12일부터 3일간 남경에서 개최되었다. 여기에서 조선 대표 이광수는 대동아공영권 안에서의 조선 지방문화의 특수성 보전을 역설했던 것이다. '일본정신'의 대칭 개념은 '조선정신'이다. '조선 지방문화의 특수성 보전'이 곧 '조선정신의 보전'인 것이다. 춘원은 지방문화를 이렇게 정의하고 있다. "문화란 일국의 문화도 있고, 일지방의 문화도 있고, 일가정의 문화도 있다. 일국의 문화의 성질은 그 국민성을, 일지방의 문화는 그 지방 기풍(氣風)을, 일가정의 문화는 그 가족, 그중에도 자녀의 성격과 언행을 좌우하는 것이다."54) 이와 같이 이광수는 지방문화의 특수성에 대해, 일국의 문화는 국민성(國民性), 일지방의 문화는 기풍(氣風), 일가정의 문화는 가풍(家風)이라고 정의하면서 대동아공영권 안에서의 조선 지방문화의 특수성 보전을 강조한 것이다. 이광수는 조선 지방문화의 특수성 보전과 전통 계승의 당위성을 이렇게 역설하고 있다.

이번 모임에는 구체적 계획이 차례로 제의되었다. 그중 중요한 것으로 세 가지를 들 수 있는데, 그 1은 대동아공영권(大東亞共榮圈) 내의 고전연구로서 각 민족에 공통되는 우주관과 인생관을 파악하자는 것, 그 2는 대동아문예권(大東亞文藝圈)을 세워 본부를 동경에 두고, 각 지역마다 지부를 두어 서로 약 1년간 자기 고장 문학자 5, 6명을 파견한 후 상대 민족의 문학을 연구케 하자는 것, 그리고 그 3은 각 민족의 고전전서(古典全書)를 편찬하자는 것이었다. 우선은 의견 제출일 뿐, 어느 정도의 실현을 보게 될지 미지수이나 중에도 각 민족이 상대방의 고전을 연구하자는 것은 대회 성격상 퍽 중대한 일이라 생각는

---

54) 『每日新報』(1945. 1. 26~2. 1), 戰爭과 文化(香山光郞).

다. 즉 이 연구로써 조그만 민족이라는 둘레를 넘은 동양 공통의 인생관을 찾아내게 될 것이다. 그것은 오직 생존경쟁에 근원을 둔 미영(美英)의 인생관에 비해 동양은 인의(仁義)를 중심으로 하늘의 뜻(天意)과 하늘의 명(天命)에 맞는 것으로 인생관을 삼는 것이다. 이런 점으로 대동아 민족이 굳게 맺어질 것을 믿으며 이번 대회는 이 한 가지 제의만으로도 성과가 자못 컸다고 볼 수 있다.[55]

대회가 끝난 다음 날 소주(蘇州)에 가서 일본 야전군사령부를 방문한 후 그곳 호텔에서 춘원과 팔봉 단 둘이 투숙했을 때, 김팔봉은 춘원과 나눈 대화에서 춘원의 너무나 엄청난 독립열망을 확인할 수 있었다. 이 한 가지만으로도 이광수의 친일문학은 위장친일임을 극명하게 증거하고 있다. "얘기를 들으니까, 춘원이 경성일보에다 조선 놈의 이마빡을 찌르면 일본 피가 나올 만큼 조선인은 일본정신을 간직해야 한다고 썼기 때문에 얼마 후에 현상윤(玄相允) 씨가 춘원을 보고 '여보게, 조선 놈의 이마빡에서 어떻게 일본 놈의 피가 쏟아진단 말인가' 하니까, 그때 춘원이 아무 대꾸도 못하더라고…. 그날 그 자리에 있던 친구가 그런 얘기하는 걸 들었는데 그게 정말입니까, 그랬더니, 춘원 대답이 그런 일이 있었노라는 것이었다."[56]

이광수는 동우회 사건 2심 재판(1940. 8. 21)에서 최고 5년 징역형의 판결을 앞두고 정치 포로의 신세로 '피체(被逮) 트라우마'의 중압감에 빠져 있었다.[57] 동우회 사건 재판에서 무죄판결을 받으려면 춘원 자신부터 말과 글로서 친일성 글을 발표하는 것만이 최선책임을 절감하고 뼛속 깊이 진짜 친일임을 누가 보아도 의심할 여지없는 글을 쓰기로 결심한 것이다. "신체의 어느 부분을 바늘 끝으로 찔러도 일본의 피가 흐르는 일본인이 되지 아니하여서는 아니 된다"라는 친일성 글을 역설적

55) 林鍾國, 『親日文學論』(平和出版社, 1966), pp.147~148.

56) 『大韓日報』(1970. 5. 19), 日帝 暗黑期의 文壇(6)(金八峰).

57) 朝鮮總督府 高等法院 檢事局 思想部, 『思想彙報』 제24호(1940. 9), pp.187 ~192; 『독립운동사자료집』(독립운동사편찬위원회, 1977), 권 12(문화투쟁사 자료집), pp.1364~1365, 昭和15年 刑控 第17~20號(1940. 8. 21).

인 오기로 경성일보와 매일신보에 게재하지 않을 수 없었다. 이는 동우회 사건 무죄판결을 얻어내어 동지를 구출하기 위한 고육책이었다. 남편의 친일행태에 화답이라도 하듯이 부인 허영숙은 남편 출감을 위해 출정 장병 위문금으로 일금 '50원'을 종로경찰서에 위촉 헌금하기도 했다.58) 허영숙의 헌금은 남편 이광수를 병감생활 8개월 만인 1938년 7월 29일에 병보석으로 석방시키는 데 주효했다. 석방 후 춘원은 자하문 밖 홍지동 산장에 가택연금 상태로 은거할 수 있었다.59)

조선인은 저마다 저를 개조하여야 한다. 제 인생관, 사회관을 한 번 근저로부터서 두들겨 고쳐서 행주좌와(行住坐臥, 다니고, 머물고, 앉고, 눕고)에 몽매에라도 나는 천황의 신민이다, 일본인이다, 제국의 운명을 부담한 국민이다, 하는 생각이 떠나지 아니하는 그러한 사람이 되도록 저를 개조하지 아니하면 아니 된다. 끌려가는 일본 국민이어서는 아니 된다. 구경하는 국민이어서는 아니 된다. 자발적, 적극적으로 내지 창조적으로 저마다 신체의 어느 부분을 바늘 끝으로 찔러도 일본의 피가 흐르는 일본인이 되지 아니하여서는 아니 된다. 수줍음을 떼어라. '보아가며'를 떼어라. 이른바 수동주의, 정관주의(靜觀主義)를 단연히 버려라. 이런 것은 저 자신을 파멸시키는 것일뿐더러 조선인 전체의 향상을 저해하고 지체시키는 것이다.60)

남경에서 대회를 끝내고 소주의 어느 호텔에서 춘원과 팔봉 단 둘이 호젓하게 대면하자 그제야 춘원은 마음속 깊은 곳에서 담아두었던 진심 어린 말을 토해내었다. "지금 우리가 일본인이 꼭 믿도록 생활태도를 갖고서 속으로 실력만 준비하면, 조선 민족은 일본 민족보다 우수해서, 일대일로 겨루면 일본인을 이깁니다. 경기도(京畿道)를 경기현(京畿縣)이라 칭하게 되고 우리에게 선거권과 피선거권이 생겨가지고 우리 조선 사람의 문부대신도 육군대신도 나오게 되는 날이면 그때 가서

58) 『每日新報』(1938. 6. 19), 許英肅氏獻金.
59) 『李光洙全集』(三中堂, 1963), 권 20, p.300, 年譜(노양환).
60) 『每日新報』(1940. 7. 6), 皇民化와 朝鮮文學(春園).

야 일본인이 깨닫고서, 이러다가는 일본 나라가 조선인의 나라 되겠으니 안 되겠다 하고서, 살림을 갈라가라고 한단 말이오. 그럴 때 우리는 일본의 절반을 떼어달라고 하거든! 일본인이 그건 안 되겠으니 조선반도만 도로 갖고서 나가달라 할 겝니다. 이래서 그제서야 우리는 삼천리 강토를 찾아가지고 독립한단 말이오." 이런 내용이었다. 팔봉은 어이가 없어서 "자, 우리 얘기 그만두고 잡시다. 주무십쇼" 했다.61)

일제의 국가정책의 지상목표는 일본을 맹주로 하는 대동아공영권(大東亞共榮圈) 구현이다. 그러나 장차 영미를 상대로 한 전쟁도발을 앞두고 팔굉일우(八紘一宇, 세계지배)로 발전적 전향을 하였고, 마침내 1941년 12월 8일 하와이 진주만을 기습공격함으로써 미국을 상대로 태평양전쟁을 도발한 것이다. 즉, 전쟁도발의 궁극적 목표는 팔굉일우의 실현이다. 워싱턴 백악관까지 침공하여 '성하의 맹(城下之盟, 항복)'62)을 체결하겠다는 것이다. 개전 당일 춘원은 약속이나 한 듯이 친일시 '선전대조'를 발표했다.

宣戰大詔(선전대조)

구름 우에 소리 있어
하늘과 땅이 드르르 울리다
宣戰(선전)합시는 大詔(대조)
無道(무도)한 米國(미국)과 英國(영국)을 쳐라
東亞(동아)의 禍亂(화란)을 助長(조장)하고
東洋制覇(동양제패)의 非望(비망)을 채우랴는
無道(무도)한 米國(미국)과 英國(영국)을 쳐라 합시는
우리 임금의 크신 분부
億萬(억만) 백성이 예하고 고개를 숙이니
山(산)과 바다가 떨다.

---

61) 『大韓日報』(1970. 5. 19), 日帝 暗黑期의 文壇(6)(金八峰).
62) 『京城日報』(1943. 6. 19, 9. 22), 白堊館で城下の盟. "首府ワシントンの白堊館において彼米國大統領をして城下の盟ひをなさしむる日まで…"

이 어찌 朕(짐)의 뜻이랴

우리 임금은 이렇게 恨歎(한탄)하시다

아시아의 짓밟힌 八億(팔억) 生靈(생령)을

헤오시매(헤오심에, 헤아리다) 나리신 宣戰大詔(선전대조)샷다

二百年(이백년) ― 二百年(이백년) ― 기나긴 동안

앵굴(앵글로색슨)의 쇠사슬에 얽혀서 痛哭(통곡)하는

印度(인도)의 ― 緬甸(면전, 버마)의 ― 馬來(마래)의 ― 支那(지나, 중국)의 ― 南洋(남양군도)의

八億(팔억) 蒼生(창생)을 건지시라고

우리들 一億(일억) 臣民(신민)에게 내리신 거룩하신 吩咐(분부)샷다.

'네' 하는 한 소리뿐

眞珠灣(진주만) 해뜰력해(해 뜰 녘에) 우렁찬 프로펠러 소리

우리 日本(일본)의 아들들은 잘도, 장하게도

우리 임금의 뜻을 받자왔다.

들으라 半島(반도)의 二千四百萬(이천사백만)아

네게도 내게도 꼭 같이

宣戰(선전)의 크신 吩咐(분부)를 나리시왔다

'無道(무도)한 米國(미국)과 英國(영국)을 쳐라' 하옵신

眞珠灣(진주만) 구완탄 바다에 죽은 皇軍勇士(황군용사),

그들과 같이 너도 나도

우리 임께 이 목숨 안 바치랴느냐.63)

　　이와 같이 춘원은 군국주의적 침략전쟁을 찬양·고무하는 친일시를
전쟁도발 당일에 발표한 것이다. 여기서 '우리 임'이란 일본 천황을 의
미한다. 시의 내용은 동양의 화란(禍亂)을 조장하고 동양제패의 비망
(非望)을 채우려는 무도한 영미를 처 없애야 한다는 것이다. 2백 년 기
나긴 동안 앵글로색슨의 쇠사슬에 얽매어 통곡하는 인도, 미얀마, 말레

---

63) 『三千里』(1942. 1), pp.138~139, 宣戰大詔(香山光郎)(1941년 12월 8일). 이
　　친일시는 어디에도 소개된 바 없는 신 발굴 작품이다.

이시아, 중국, 남양군도의 8억 창생을 건지려고 우리 1억 일본 신민에게 내리신 거룩한 선전대조라고 찬양한다. 마지막 연에서는 우리 반도 2천 4백만 조선 민족은 '무도한 미국과 영국을 쳐라'라는 분부를 내리신 임금께 이 목숨을 바치리라고 다짐하고 있다.

일제는 제국주의적 침략전쟁으로 한국을 희생물로 삼아 한반도를 정복·지배했다. 그토록 일제의 한반도 침탈을 저주하고 항일민족운동을 벌였던 춘원이 이 같은 일제의 군국주의적 침략전쟁을 미화·찬송하는 친일시를 아무 거리낌 없이 의도적으로 발표했을까? 그의 친일의 진의는 무엇일까? 친일시를 발표한 후 세간에 큰 파문을 불러일으켰다. 민족주의 진영 인사들은 한결같이 "변절의 명수, 친일매족(親日賣族), 황도(皇道)의 광신자 가야마 미쓰로우(香山光郞), 민족반역자"[64]라 규탄했고, 조선총독부 경무국 당국은 춘원은 어느 누가 보아도 한 점의 의심 없는 골수 친일 황민화(皇民化)가 되었다고 확신하게 되었다. 마침내 총독부 기관지이자 유일한 조선어신문인 매일신보는 춘원에게 마지막으로 '원효대사' 집필을 허용한 것이다. 결국 친일의 대가로 집필 허가를 받아낸 셈이다. '무정'(1917. 1. 1) 이래 단 한 번도 매일신보에 소설 연재가 없었다가 비상 전시체제하에서 '원효대사' 집필을 허용한 것으로 보아 친일전향 성명이 없었다면 절대로 연재를 허락하지 않았을 것이다. 여기서 문제는 '원효대사' 연재를 허용한 매일신보의 속셈은 무엇이었을까 하는 것이다. 이병주(李丙疇)는 "승병(僧兵)을 일으켜 나라에 충성한 불요불굴의 정신을 비상체제(전시)하의 한인에게 알려, 이른바 국가총동원의 선전성을 노린 것이었으나, 선생은 이를 역이용하여 한민족의 정기(正氣)를 불러일으키는 천재일우의 기회로 삼았다"[65]라고 정곡을 찌른 진단을 하고 있다.

이광수는 1938년 11월 3일 명치절을 기하여 사상전향신술서를 재판장에게 제출하자마자 항일시 '임의 언약'을 발표했다. 한마디로 말하면 '임의 언약'은 춘원 자신이 '거짓 친일'을 탄식하는 영탄조의 시라고 정

---

64) 高元燮, 『反民者罪狀記』(백엽문화사, 1949), pp.39~50.

65) 『李光洙全集』, 권 11, pp.576~584, 解說: 元曉大師(李丙疇).

의할 수 있다. 이 시는 춘원의 변절에 대해 맹비난을 퍼부었던 민족진영 인사들에게 엄청난 당혹감을 불러일으켰다. 어떻게 친일변절한 춘원이 이 같은 항일시를 발표했단 말인가? 이로 말미암아 춘원의 친일행태는 위장친일임을 극명하게 증거하고 있는 것이다.

임의 언약

이곳이 어드메(어디)오? 내 어디서 여기 온고?
무슨 일 보리어(보려고) 드메(두메)로 가는 걸고?
앞뒤로 끝없는 길을 보고 섰는 나여라

날 떠내 보내신 이 임이신 줄 알건만은
그 임이 누구신지 심부름도 다 잊고서
어디로 두루 쏘다녀 예 왔는가 하노라

흐린 옛 기억을 더듬더듬 더듬어서
이 길 저 길 찾아 가다 오다 헤매어도
임의 길 아닌 길 있으리가고 갈까 하노라

낮에는 해 빛 되사 밤이면은 별 빛 되사
길갓 바위 되사, 물이 되사, 뭍이 되사
때로는 행인 되시와 나를 끌어 주서라

낙이 있삽기로 괴로움이 있삽기로
노상에 만났으니 있다 없을 풍경이라
다 가서 임 집에 들 때 영원 볼까 하노라

얼굴도 잊은 임을 이름조차 잊은 임을
모를 길 더듬어서 찾아 찾아 가는 뜻은
고우신 임의 언약이 안 잊혀서입니다[66)

---

66) 『三千里』(1938. 12), pp.204~205, 임의 언약(春園). 이광수전집(삼중당) 및

Promise of My Lord(My Beloved)

How did I get here and where am I?
For what am I trudging on this remote backwoods?
This endless road both in the back and front.

I know it is the Lord who has sent me away.
But forgetting who thou art and errands I've received,
I roamed around till I have ended here.

Fumbling and faltering over hazy memories,
Looking this way and over that path,
I shall go on thinking any road couldn't be but thine.

As the sun shine in daytime, and at night as star lights,
May thou be the way side rock, the water and dry land.
At times may thou be the wayfarer to lead me through.

The pleasure or the pain that appear
May be but the ephemeral scenes on the road.
I shall greet eternity as I enter thy house, My Lord.

My forgotten Lord whose name even forgotten,
Yet, I search and search for thee groping through the unknown
path,
For I cannot forget thy promise spoken to me, my beautiful
Lord(Beloved).
(Translated by Chung Wha Lee Iyengar)

우선 제목 '임의 언약'은 1920년 도산 앞에서 "내 신명을 조국에 바

춘원시가집에 미수록. 『춘원시가집』(1940)에 '임의 언약'이 수록되지 않은 이
유는 자신의 위장친일이 탄로 날까 봐 이를 뺀 것이 아닌가 추측된다.

치겠다"고 맹세한 흥사단 입단서약을 의미한다. 민족지도자 도산이 운명하고 동우회마저 강제 해산조치를 당하고, 동지와 민족을 구제하기 위하여 친일전향하지 않을 수 없는 처지, 갈 길을 찾지 못해 이리저리 방황하고 있는 자신의 처참한 몰골을 자탄하고 있다.

여기서 '고우신 임'은 조국을, '심부름'은 광복 대업의 대역사(大役事) 수행의 대사명(大使命)을, '임 집'은 광복 후 신생독립국을 은유하고 있다. 춘원은 독립의 꿈이 자꾸만 멀어져가는 두 갈래 갈림길에 서서 갈 길을 잃어 몽유병자처럼 정신이 혼미해지고 만다. 친일의 길이냐, 항일의 길이냐를 두고 망연자실하고 있다. "임의 길 아닌 길 있으리가고 갈까 하노라." 친일전향은 춘원에게는 분명히 '임의 갈 길'이 아니다. 그럼에도 불구하고 가야만 하는 자신의 포로 신세를 한탄하고 있다. 그러나 괴롭거나 즐겁거나 길 잃은 방랑객 춘원을 이끌어 '임의 집'으로 인도, 얼굴도 이름도 잊은 임을 찾아 더듬더듬 찾아가는 뜻은 '고우신 임의 언약(흥사단 입단서약)이 안 잊혀서라고 영탄(詠嘆)하고 있다.

4. 일제 암흑기 이광수 작품론: 조선정신, 민족정체성 보존

1941년 11월 이후, 즉 태평양전쟁 발발 이후부터는 조선어로 장·단편 소설을 쓰기 시작했다. 일제 암흑기(1941~1945)에 이광수는 조선어 장·단편 소설 11편, 일본어 단편소설 7편을 발표했다. 그 작품은 다음과 같다.

[조선어 작품]

▪ 장편소설
元曉大師(春園 作, 香隣 畵), 每日新報(184회 연재, 1942. 3. 1~10. 31)

봄의 노래(香山光郎 作, 洪祐伯 畵), 新時代(10회 연재, 1941. 9~1942. 6)

- 단편소설

棉花(香山光郎, 가정소설), 放送之友 창간호(1943. 1)

歸去來(香山光郎, 방송소설), 放送之友 2권 1호(1944. 1)

두 사람(香山光郎, 징병소설), 放送之友 2권8호(1944. 8)

防空壕(香山光郎, 방공소설), 放送之友 2권 9호(1944. 9)

區長님(香山光郎, 근로소설), 放送之友 3권 1호(1945. 1)

명랑한 세상(香山光郎), 放送之友 3권 1호(1945. 1)

反轉(春園, 갱생소설), 日本婦人(朝鮮版)(1944. 7)

學兵의 어머니께(春園), 日本婦人(朝鮮版)(1944. 7)

절ᄒᆞ는 ᄆᆞ음(春園, 구철자 언문), 新時代(1944. 7)

[일본어 작품(단편소설)]

四十年(香山光郎), 國民文學(1944. 1~3), 自傳的 小說(장편소설)

兵になれる(군인이 될 수 있다, 香山光郎), 新太陽(1943. 11)

加川校長(가가와 교장, 香山光郎), 國民文學(1943. 10)

大東亞(대동아, 香山光郎), 綠旗(1943. 12)

蠅(파리, 香山光郎), 半島作家短篇集(漢城圖書出版株式會社, 1944. 5)

元述の出征(원술의 출정, 香山光郎), 新時代(1944. 6).

少女の告白(소녀의 고백, 香山光郎), 新太陽(1944. 10)

조선어 상용(常用)이 완전 금지되어 있는 시대상황에서 조선어로 소설을 썼다는 그 자체가 민족독립운동인 것이다. 일본어 작품을 포함하여 모두 분석·검토해보면 친일문학이라고 규정할 만한 단편은 단 한 편도 찾아볼 수 없다. 흔히 '이광수 = 친일파'라는 피상적이고 선입관적인 '사고방식(frame of mind)'에 의해 이 시기에 발표한 이광수의 소설을 일괄적으로 친일문학이라 단죄하고 있다. 이는 맹목적 모략사관(謀略史觀)이 아닐 수 없다. 그러나 이광수는 '친일 = 천황폐하 만세'와 '항일 = 조선정신, 민족정통성 보존'을 균형감각에 맞게 시대상황을 사실적(寫實的)으로 묘사했기에, 그것은 친일문학이라기보다는 리얼리즘의 극치를 이룬 작품이라고 평가할 수 있다. 오로지 조선어를 보존하겠다는 진정성이 담긴 애국적 작품이다. 다 꺼져가는 조선어 사수정신의 희망의 등불을 밝힌 작품인 것이다. 한국 문단은 그로부터 70년이 지나도록 이 암흑기의 춘원 문학을 깡그리 도외시하고 있다. 이만큼 이광수는 한국인에게 버림받아온 기구한 운명의 인물이다.

조선총독부는 1938년 3월 4일 조선교육령 개정을 공포하면서 초중등학교 조선어 과목을 폐지하였고, 이어 4월 19일에는 조선어 시간을 국어(일본어)와 한문으로 대체한다고 발표하였다.67) 이로써 당국은 조선어 사용을 금지하는 동시에 일본어 상용을 장려하는 정책을 강화하기에 이르렀다. 조선어를 완전 폐지한다는 것은 조선문화말살정책인 것이다. 조선어 절멸위기에 직면한 이광수는 일본어 공부를 잘하는 학생에게 일본어 상용 장려책으로 선행장(善行章)을 가슴에 달아주는 기현상을 다룬 단편소설 '선행장'68)을 발표했다.

'선행장'은 이광수 일가를 다룬 1인칭 신변소설이다. 등장인물은 나 이광수, 아내 허영숙, 면(영근), 난(정란), 연(정화)이다. 여기서 "밤낮 잘못하고는 뉘우치고 이것이 내 일생이었다"라는 구절은 밤낮 민족운동을 벌였다가 감옥에 들어갔다는 은유적 표현이다. 동우회 사건의 피고인 이광수는 검열상 이 이상 달리 표현할 수 없는 상황이었다. 아내는 면과 아버지의 성질이 같다고 지적하면서 아버지는 동우회 사건에 구속·수감되었다가 뉘우치고 석방된 후 또다시 민족운동을 일으키다가 감옥에 가는 악순환을 겪고 있다고 푸념하고 있다.

"그애(면)는 마음도 그다지 좋지도 못해 동생들 못 견디게 굴고 말 안 듣고 또 남의 약점을 들추어내기 좋아하고 그래도 당신 모양으로

---

67) 『日帝侵略下 韓國三十六年史』, 권 12(국사편찬위원회, 1978), p.25(1938. 3. 4), p.47(1938. 4. 19).

68) 『家庭の友』(1939. 12), pp.40~47, 善行章(李光洙). 조선어 작품. 이광수전집 (삼중당)에 미수록.

저 잘못한 것을 반성하는 힘은 있습니다. 그거 하나만은 면이한테서 취할 점이지." 나는 아내가 어미로서 제 자식의 결점을 바로 보는 눈에 탄복하였다. 그런 동시에 면이가 내 성질을 닮은 것을 새삼스럽게 인식하였다. 밤낮 일을 저지르고는 뉘우치고 저지르고는 뉘우치고 이점이 면이와 나와 꼭 같다. 아니 저지를 힘은 없고 뉘우칠 양심만은 가진 것이다. 이만한 것도 고마운 일이라고 나는 스스로 생각하였다. 잘못하고는 뉘우치고 잘못하고는 뉘우치고 이것이 내 일생이었다. 그러나 내 자식들은 뉘우칠 필요가 없는 생활을 하게 하고 싶었다.[69]

국민학교 4학년생 면이가 학교에서 돌아와 아버지 앞에 무릎을 꿇고 앉아 울고 있었다. 아버지가 그 연유를 물은즉 면이는 일본어 '가끼도리(かさとり, 받아쓰기)' 시험에 낙제점을 받아 그만 '젠꼬오시오(善行章)'를 빼앗겼다는 것이다.

"아버지 젠꼬오시오(善行章)를 빼앗겼어. 가끼도리(받아쓰기) 잘못했다고. 스물에 여섯밖에 안 맞았다고. 선생님이 젠꼬오시오 도루(로) 내라구. 이다음에 공부 잘하면 또 주신다구" 하고는 또 고개를 숙이고 울었다. 젠꼬오시오라는 것은 동굴한(둥그런) 은 바탕에 남빛 사꾸라(일본 國花)를 놓은 것으로서 특히 국어(일본어) 공부를 잘하는 아이에게 주어 옷깃에 붙이게 하는 것이다. 이에 대한 내 첫마디 대답은 "응 울지 말어. 잘하면 선생님이 또 젠꼬오시오를 주실 것 아니야? 세상 살아가는 것이 다 그런 것이야. 잘하는 자에게는 주고 잘못하는 자에게서는 가졌던 것도 빼앗는 것이야. 알아들었니?"[70]

면이는 분명 피곤한 모양이었다. 학교에서 선생님께 옷깃에 달았던 선행장을 떼일 때에 받은 정신적 타격이 필시 컸을 것이다. 5, 60명 아이들 중에서 당한 망신의 부끄러움이 감정적인 면에게는 정녕 견디기 어려웠을 것이다. 나중(중)에 들은 말이지만 선행장을 떼일 때에 면은 어떻게나 슬피 울었는지 선생님도 고개를 돌리셨다고 한다. 그리고

---

69) 상게서, pp.43~44.
70) 상게서, p.42.

아비에게 그런 사연을 보고할 때에 심경도 어지간히 어려운 일이었을 것이다.71)

이에 면이는 자기 전에 기도를 한다. 다음에는 가끼도리를 잘해서 잃었던 젠꼬오시오를 되찾겠다는 것이다.

"어린 것이 얼마나 부끄러웠을까?" 아내는 이 말을 하면서 눈물을 참지 못하고 고개를 돌렸다. 나도 아내의 이 말에 면이가 교실에서 여러 아이들 보는 앞에서 선생님께 걱정을 듣고 저고리 깃에 달렸던 은 바탕에 남빛 사꾸라 놓은 선행장을 떼이고 울던 광경을 눈앞에 보는 듯하여서 눈이 쓰렸다. 그것을 떼이고 나서는 운동장에 나와서도 다른 아이들을 대할 때에 퍽으나 면목 없었을 것을 생각하였다. 저고리 깃에 달렸던 은 바탕에 남빛 사꾸라 놓은 선행장이 없이 면이가 터덜거리고 학교를 향하고 걸어갈 것을 생각할 때에 나는 그의 마음이 얼마나 적막할까 하고 한껏 가엾고도 한껏 빙그레 웃어짐을 금할 수가 없었다.72)

일본어 보급은 한일합병 이래 동화교육의 핵심정책이었다. 그럼에도 불구하고 1942년 말 당시 일본어를 할 줄 아는 사람은 약 5백만이어서 조선 전체 인구의 20퍼센트 미만이었다. 국어(일본어)는 단순한 일본어가 아니고 대동아공영권을 형성하여 '팍스 자포니카(Pax Japonica)'를 구가했던 일제 전성기의 아시아 공통어라는 사명을 띠고 있는 언어이다. 문제는 일본어는 '교실국어'이지 '생활국어'는 아니라는 것이다. 조선 청소년은 학교에서는 일본어를 사용하지만 일단 가정에 돌아가면 조선어 세계에서 생활하기 때문에 국어 상용이 제대로 되지 않는다는 것이다. 더군다나 징병제와 징용제를 실시함에 있어서 장병이나 근로자들이 병영에서 언문(한글) 편지를 써 보내어서는 안 된다는 것이었다.73) 이에 조선총독부 당국은 '생활국어'를 정착시키기 위하여 1942

---

71) 상게서, p.46.
72) 상게서, pp.46~47.

년 5월 2일 일본어생활보급운동을 전개하기로 결정했다. 이는 국민총력조선연맹이 중심이 되어 전시 하 황민화운동의 일환으로 강제적인 일본어생활보급운동을 전개한 것이다.[74]

이광수는 1941년 11월 17일에 동우회 사건 상고심 재판에서 피고인 전원 무죄판결을 받아내 40명 동지를 구출해내는 데 성공했다. 이로부터 이광수는 항일과 친일 병진전략을 수행했다. 따라서 친일성 글을 발표하는 동시에 조선어 사수정신을 발양하여 조선어 장·단편 소설을 쓰기 시작했다. 1940년 8월 민족지(동아일보와 조선일보)가 모두 폐간되고 조선어 사용 폐지와 생활국어운동이 거세게 전개되고 있는 정치 상황에서 이광수가 조선어 작품을 쓰는 것 자체가 일제의 국어(일본어) 상용정책에 대한 정면도전인 동시에 조선어 사수운동인 것이다.

(1) 원효대사

1940년 8월 민족지 동아일보, 조선일보가 완전 폐간되고 조선어학회 회원의 총검거 선풍이 휘몰아치는 처참한 조선어 절멸위기 상황에서, 그것도 전시(태평양전쟁) 비상체제하에서 '원효대사'를 집필하게 되었다는 것, 일제의 조선문화말살정책에 항거하여 일본제국 안에서 지방문화 유지를 위해 조선의 언어와 문화를 영구히 보존·사수하겠다는 비장한 각오로 집필했다는 것, 창씨개명 이름 '가야마 미쓰로우(香山光郞)'를 사용하지 않고 '춘원(春園)'으로 연재했다는 것, 천의무봉(天衣無縫)의 필치(筆致)로 엮은 희대(稀代)의 역작을 3월 1일부터 연재했다는 것, 즉 연재 개시 일자를 '삼일절'을 의도적으로 선택해서 연재하기 시작했다는 것 등에 주목해야 한다.[75]

1920년 3월, 조선총독부 기관지 매일신보만 있고 조선어 민족지가 전무한 상황에서 상해 독립신문사 사장 이광수는 '삼일절'이라는 역사

73) 宮田節子, 『朝鮮民衆と皇民化政策』(未來社, 1985), pp.114~118.

74) 『韓國三十六年史』, 권 12, p.134(1942. 5. 2).

75) 『每日新報』 184회 연재(1942. 3. 1~10. 31), 元曉大師(春園 作, 香隣 畵).

용어를 처음으로 제정·사용하면서 삼일절 1주년 기념식까지 거행한 바 있다. 춘원이 제정·기념한 삼일절은 광복 후 국경일로 공식 채택된 것이다.

독립신문사 사장 이광수는 '삼일절' 시를 발표함으로써 최초로 '삼일절'이란 국가경축일을 제정했다고 노래하고 있다.

三一節(삼일절)

三月(삼월) 초하룻날 우리나라 다시 산 날
漢陽城(한양성) 萬歲(만세) 소리 三千里(삼천리)에 울리던 날
江山(강산)아 입을 열어라 獨立萬歲(독립만세)

三月(삼월) 초하룻날 義人(의인)의 피 흐르던 날
이 피가 흘러들어 金(금)과 玉(옥)이 되옵거든
三千里(삼천리) 自由(자유)의 江山(강산)을 꾸미고져76)

이어 삼일절의 역사적 의의를 다음과 같이 정의하고 있다.

기미년(1919) 3월 1일. 대한의 독립을 선언한 날. 그날의 오후 두 시, 탑골공원에서 처음 대한독립 만세 소리가 일어난 때. 이날 부활의 날, 이때 부활의 때.

반만년 역사가, 대한의 국명(國名)이, 세계의 기억 중에 대한민족의 존재가, 오래 통곡의 눈물 속에 잠겼던 태극기와 함께 대한민족의 자유가, 이 모든 우리의 귀한 것이, 생명과 같이 귀한 것이 이날에 부활하였도다. 이날에 독립선언서에 서명한 민족대표 33현(賢), 이날에 팔을 벌리고 하늘을 우러러 대한독립의 첫 만세를 부른 충용한 형제와 자매. 이날에 태극기를 두르고 자유를 외치다가 피를 흘린 이에게 영원한 감사와 영광이 있을지어다! 이러한 충용한 형제와 자매를 가진 대한인과 및 그 천만대 자손에게 영원한 자유와 번영이 있을지어다!

---

76) 『獨立新聞』(上海) 제49호(1920. 3. 1), 三一節(李光洙); 金源模 編譯, 『春園의 光復論 獨立新聞』(단국대학교 출판부, 2009), p.42, 三一節(李光洙).

이날에 일월과 같이 밝게, 벽력과 같이 크게, 삼천리의 강산에 우러난 위대한 독립선언서의 이상과 의기가 속히 실현되고, 영원히 빛날지어다.

첫 돌. 금년 3월 1일에 대한의 형제와 자매로 하여금 기미년 3월 1일을 묵상케 하고, 과거 1년간에 매 맞은 자, 죽은 자, 피 흘린 자, 옥중에서 악형을 당하는 자, 국가를 위하여 지아비를 잃은 과부, 자녀를 잃은 부로(父老), 부모를 잃은 고아를 생각게 할지어다. 그리하고 작년에 아니 죽은 생명은 금년에 희생하기 위함인 줄을 자각하여 가재(家財)를 기울여 독립 군비를 장만하며, 일신을 바쳐 독립 군인이 됨으로써 명년의 오늘에는 신생한 대한강산 삼천리 방방곡곡에 개선과 독립을 축하하는 만세 소리가 천지를 진동케 할지어다!

아아, 3월 1일! 억천만세 무궁토록 자유대한의 탄생한 성스런 날로 이날을 억천만 한국 땅 자녀의 만세 소리로 채우게 할지어다!77)

이와 같이 이광수는 3월 1일을 대한독립의 첫 만세를 부른 날, 태극기와 함께 자유대한이 부활한 날이라고 역설하고 있다. 춘원에게는 '독립'은 절대가치이다. 이광수는 의도적으로 1942년 3월 1일부터 '원효대사'를 연재함으로써 '광복주의 정신'을 선양했던 것이다.

춘원은 친일의 대가로 '원효대사'를 매일신보에 연재했다(184회 연재. 1942. 3. 1~10. 31 / 6. 18~7. 6 休載). 춘원은 불교 보살행, 풍류교(風流敎), 고신도(古神道), 국선도(國仙道), 화랑도, 신라정신으로 이어지는 한국정신(광복주의 정신)을 선명(宣明)하기 위하여 '원효대사'를 집필한 것이다. 원효(617~686)는 진평왕, 선덕여왕, 진덕여왕, 태종무열왕, 문무왕, 신문왕에 걸친 신라의 호화찬란한 황금시기의 상징적인 위인이다. 원효는 민족적 특징을 구비한 인물이기에 '원효대사'78)를

---

77) 『獨立新聞』(上海) 제49호(1920. 3. 1), 三一節; 金源模 編譯, 『春園의 光復論 獨立新聞』, pp.184~186, 三一節(李光洙).

78) 春園, 『元曉大師』, 上(生活社, 1948. 6. 10), 下(1948. 7. 21). 이광수의 신문 연재 소설은 연재가 끝나자마자 단행본으로 출간되어 왔다. 그러나 '원효대사'의 경우 전시 중에 연재되었기에 용지난이 그 이유가 되겠지만, 무엇보다도 조선 민족정신을 발양하는 작품이기에 총독부 당국이 '출판법'에 의해 발간을

쓰게 되었다고 작품 동기를 밝히고 있다.

　내가 원효대사를 내 소설의 주인공으로 택한 까닭은 그가 내 마음을
끄는 사람이기 때문이다. 그의 장처 속에서도 나를 발견하고, 그의 단
처 속에서도 나를 발견한다. 이것으로 보아서 그는 가장 우리 민족적
특징을 구비한 것 같다. 나는 원효와 불가분의 것으로 당시의 신라 문
화를 그려보려 하였다. 그 고신도(古神道)와 거기서 나온 화랑과 역사
에 남아 있는 기록으로, 또는 우리말에 품겨 있는 뜻으로 당시의 사상
과 풍속을 상상하려 하였다. 특별히 나는 "말은 역사다" 하는 것을 믿
음으로 우리말에서 문헌에 부족한 것을 찾아서 보충하려 하였다. 그중
에는 나의 억측도, 견강부회(牽强附會)도 있을 것이다. 그러나 나는 그
중에 버릴 수 없는 진리가 있음을 믿어서 장담한다. 나는 독자가 이것
을 웃어버리지 말고 연구의 대상을 삼아서 우리의 역사와 성격을 천명
하기를 바란다.
　불교는 우리의 몸과 몸에 속한 모든 쾌락과 영광이 다 허깨비요 꿈
인 것을 가르치고 오직 중생을 사랑하고 어여삐 여겨 그들을 돕고 편
안하게 하고 건지는 것만이 가치 있는 생활이라고 본다. 충효를 기초
원리로 삼는 우리 민족 고유의 풍류교(風流敎)가 이 불교정신을 받아
서 내용이 충실하여지고 광활하여진 것이 화랑도의 정신이요 인생철학
이었다. 이러한 정신에서 신라 전성시대를 일으킨 인물들이 배출하였
으니 원효대사도 그러한 사람들 중에 하나였다. 내가 이 소설에서 애
써 고신도와 국선(國仙), 화랑(花郞)의 생활을 그린 것이 이 때문이다.
　나는 원효를 그리므로 불교에 있어서는 한 중생이 불도를 받아서 대
승보살행(大乘菩薩行)으로 들어가는 경로를 보이는 동시에 신라 사람
을 보이고 동시에 우리 민족의 근본정신과 그들의 생활이상과 태도를
보이려 하였다. 이러한 것은 다 내게는 감당치 못할 과중한 과제다. 그
런 줄 알면서도 한번 하여본 것은 내 눈에 어렴풋이 뜨인 우리 민족의
모습이 아니 그려보고는 못 배기도록 그리웠기 때문이었다.
　나는 우리 민족을 무척게(무척) 그립게 아름답게 본다. 그의 아무렁

용인하지 않은 것으로 분석되고 있다. 그러므로 연재 후 6년 만인 1948년에야
상하 두 권으로 발간됐다. 이병석(李炳奭)이 헌신적으로 신문연재를 필사하고
새 철자법으로 고쳐서 발간했다.

게나 차린 허술한 속에는 왕의 자리에 오를 고귀한 것이 품겨 있다고 본다. 그의 재주나 마음씨나 또 그의 말이나 다 심상치 아니한 것이어서 장차 엄청나게 큰 소리를 치고 큰 빛을 발할 약속을 가진 것으로 믿는다. 그는 과거 수천 년에 고통도 수모(受侮)도 당하였다. 그러나 그는 결코 저를 잃음이 없이 민족적 단일성(單一性)을 지켜 내려왔다. 그러할뿐더러 그는 그의 고난의 역사 중에서 지나(중국), 인도, 유럽, 아메리카 등 거의 모든 문화를 흡수하여서 제 것을 만들었다. 그는 한 수행자였다. 그는 아직 설산고행(雪山苦行) 중에 있는 석가세존이요, 광야의 금식기도 중에 있는 그리스도다. 그러므로 그의 외양은 초라하고 아무도 그를 알지 못한다. 그러나 그는 수행자이기 때문에 장차 환하게 큰 빛을 발하여 세계를 비치고 큰 소리를 울려서 중생을 가르칠 날이 올 것이다. 지금은 비록 간 데마다 수모(受侮)를 하더라도 오는 날에는 가장 높은 영광이 그를 위하여 준비되어 있는 것이다. 거랑방아 행세로 두엉박(뒤웅박)을 두들기고 돌아다니는 원효대사는 우리 민족의 한 심벌이다. 그가 일찍 "서까래 백 개를 고를 적에는 내가 빠졌으나 용마름 보(들보) 한 개를 구할 때에는 오직 내가 뽑혔노라" 한 말이 또한 우리 민족의 사명을 가리킨 것이라고 본다.[79]

춘원은 친일의 탈을 쓰고 검열당국의 허용범위 안에서 써야 했기 때문에 어디까지나 직설적 표현방식을 지양하고 은유적, 상징적, 추상적, 풍자적, 암호적 서술방식을 구사하지 않을 수 없었다. " '원효대사'는 내가 친일파 노릇을 하는 중에 매일신보에 연재하였던 것이다. 나는 검열이 허하는 한 이 소설 속에서 우리 민족의 전통적 정신과 영광과 애국심과 민족의식을 그려서, 천황 만세를 부르고 황국신민서사를 제창하지 아니하면 아니 될 운명에 있는 동포들에게 보낸 것이었다. '무정' 이하로 '마의태자'나 '단종애사'나 '이순신'이나 또 '재생', '그 여자의 일생'이나 무릇 내가 쓴 소설은 민족정신 밀수입의 포장으로 쓴 것이었다. 내 소설을 통속소설이니 케케묵었으니 순문학 가치가 부족하느니 하는 고급 평론가들의 평을 나는 무관심하게 받았다. 그러나 그것은

---

79) 상게서, 上., pp.1~6, 내가 왜 이 소설을 썼나.

장편소설 '원효대사' 1회(春園 作, 香隣 畵, 1942. 3. 1)
삼일절(3. 1)에 1회가 시작되어 매일신보에 연재되었다. 동경 학병 권유 강연 등 친일
행태의 대가로 민족주의 사상을 담은 '원효대사'를 집필할 수 있었다.

전문가인 문사들의 일이요, 일반 동포 독자들은 그 포장 속에 밀수입된
내 뜻을 잘 찾아서 알아보았다고 믿는다. 그래서 나는 독립 전야까지
내 밀수입 포장을 계속할 작정이었던 것이다."[80] '포장 속에 밀수입된
내 뜻'이란 바로 '광복주의 정신'인 것이다. 위장친일로 민족정신 밀수
입의 포장으로 '원효대사'를 집필하게 되었다는 사실은, '원효대사' 연
재를 끝내자마자 1942년 12월 총독부 강권으로 학병 권유 강연에 동원
되어 동경행을 단행했다는 데서 이를 확인할 수 있다.

　여기서 "민족정신 밀수입의 포장으로 '원효대사'를 썼다"는 말은 철
저하게도 위장친일로 포장하고 민족정신 발양작품을 썼다는 뜻이다. 이
병주(李丙疇)는 총독부 당국이 춘원에게 '원효대사' 집필을 허용하게
된 동기에 대해, 춘원을 전시 국가동원에 이용하기 위한 것이었는데 춘
원은 이를 역이용, 민족정신 발양작품을 썼다고 평가하고 있다.

---

80) 春園 李光洙, 『나의 告白』(春秋社, 1948, 12. 25), pp.192~193.

그때가 어느 때이라고 민족의 근본정신, 생활이상을 그릴 수 있었단 말인가. 본래 일제가 선생에게 '원효대사'의 집필을 허하고, 더구나 총독부의 기관지인 매일신보에 연재케 한 속심(셈)은 기실 원효가 승병(僧兵)을 일으켜 나라에 충성한 불요불굴의 정신을 비상체제하의 한인(韓人)에게 알려, 이른바 국가총동원의 선전성(宣傳性)을 노린 것이었으나 선생은 이를 역이용하여 한민족의 정기(正氣)를 불러일으키는 천재일우(千載一遇)의 기회로 삼았다 해야 마땅하다.

선생의 애족심(愛族心)은 이와 같은 것이다. 그만큼 심오하고 절대적인 것이며 범안(凡眼)으로서는 감히 상상조차 불허하는 경지에 이르고 있었다. 피상적으로 외형적으로 선생은 민족의 이름으로 어떠한 변을 당하더라도 민족에 대한 그의 마음과 또 자기에 대한 민족의 자비를 추호도 의심치 않는 사람이 춘원이었다.

그리하여 그는 민족으로부터 어떠한 보수를 바랬던가. — 그것은 마치 원효의 만년과 흡사하다. 신라의 삼국통일의 초석을 마련한 원효가 산간에 숨어서 도를 닦고 제자들을 가르친 것처럼 선생이 만약에 현존해 계시다면 원효와 같은 만년을 보냈을 것이다. 끝으로 '원효대사'를 한마디로 말한다면 어떤 의미에서 그것은 춘원의 일생 기록이요, 정신적인 춘원의 자서전이라고도 일컬을 수 있지 않을까 한다.[81]

(2) 봄의 노래

'봄의 노래'의 주인공 마끼노 요시오(牧野義雄/李敬稙)는 한산이씨 목은(牧隱) 이색(李穡)의 후예로서 명문가의 정통성을 지켜오고 있는 몰락 양반의 청년이다. 누이 시즈에(靜江)가 있다. 친일파 구장은 황주 군노(軍奴, 군아에 속한 종) 출신으로서 군노사령 또는 쇠백정이라 불리고 있는 지체 낮은 상놈이다. 구장의 딸 가네다 후미꼬(金田文子), 아들 가네다 노부오(金田信夫)가 있다. 유덕은 고려 명장 최영(崔瑩)의 후손이라 자랑하고 있지만 타관에서 흘러들어온 정체불명의 인물이라 석수 영감이라 불린다. 석수 영감 유덕은 가지기(家直, 상놈의 첩)의 딸

81) 『李光洙全集』, 권 11, pp.576~584, 解說: 元曉大師(李丙疇).

도시꼬(俊子)가 있다. '봄의 노래'의 내용은 요시오, 후미꼬, 도시꼬의 삼각관계의 구도이다. 옛날에는 상놈이었던 구장이 친일파 노릇을 하며 구장이 되고부터 치부하여 명문가 요시오의 옛집을 빚돈으로 차지하고 살게 되고, 목은의 후손인 요시오의 집은 몰락한 양반으로 전락, 일제에 의해 민족정통성이 말살된 것이다.82)

요시오의 집안은 옛 영광과 전통을 고수하고 있는 명문가이다. "경직(요시오)은 조고마한 남포등에 불을 켰다. 수백 년 묵은 장들과 함들이 괴물 모양으로 나타난다. 할머니 적 세간이다. 잘살 적 유물이라 하여서 보존하여둔 것이다. 빈대알과 파리똥이 켜켜이 끼고 사개(상자 모서리를 꼭 끼게 물리도록 한 장치)가 물러난 문갑도 있다. 가난한 살림 중에도 요시오의 아버지는 이 고물들을 바라보는 것으로 다 쓰러져가는 자존심을 돋우는 것이었다. 장 위에 얹힌 황백피(黃柏皮) 궤짝 속에는 요시오의 조상 적 홍패(紅牌, 대과 급제자에게 주던 붉은 증서)와 교지(敎旨, 임금의 사령장)와 족보가 들어 있다. 요시오는 평생에 두어 번 그 궤짝이 열리는 것을 보았다. 요시오는 그 홍패란 것을 보았으나 무슨 글자가 씌어 있는지 기억이 없고 다만 뻘건 인(어부(魚符), 물고기 모양의 신표)만이 지금도 눈에 보일 뿐이다."83)

구장은 요시오의 아버지가 빌려간 250원 빚을 탕감해줄 것이니 자기 딸 후미꼬와 요시오와 결혼하자고 청혼했다. 그러나 요시오에게는 오직 가지기의 딸 도시꼬가 있을 뿐이다. 도시꼬는 오로지 요시오 아니면 시집가지 않겠다고 결심하고 있다. 친일파 구장의 딸이 명문가 요시오와 결혼하게 되면 상놈 구장의 사회적 지위가 그만큼 높아져 주재소장, 경찰서장, 군수로부터 추존(推尊)을 받을 것이기 때문이다. 구장과 요시오의 아버지는 나이가 비슷해서 허교(許交) 사이지만 구장은 과거의 반

---

82) 『新時代』 10회 연재(1941. 9~1942. 6), 봄의 노래(香山光郎 作, 洪祐伯 畵); 이경훈 편역, 『이광수 친일소설 발굴집: 진정 마음이 만나서야말로』(평민사, 1995), pp.153~294, 봄의 노래(香山光郎). 이광수전집(삼중당)에 미수록.

83) 이경훈 편역, 『이광수 친일소설 발굴집: 진정 마음이 만나서야말로』, 봄의 노래, pp.175~176.

상(班常) 간 문벌의 차이로 '하게'를 못하고 '허우'를 한다. 구장의 위세에 몰려 빚돈으로 큰 집을 빼앗긴 요시오의 어머니는 "구장네가 지금은 돈푼이나 가지고 꺼덕대지마는 예전 같으면야, 어림이나 있나. 우리 집에 오면 하정배(下庭拜, 뜰아래에서 절함)할 상놈이지"[84]라고 푸념하고 있다.

요시오의 어머니는 구장 집과 혼사를 맺지 않을 수 없는 절박한 가정형편을 이렇게 한탄한다. "양식 그릇에는 양식이 떨어졌다. 구장 집 빚은 갚아야 하고, 금년 농량(農糧)은 또 구장 집에서 빚을 얻어야 한다. 이러한 사정을 생각하면 요시오가 후미꼬에게 장가를 들거나, 시즈에가 노부오에게 시집을 가는 길밖에 없다. 그런데 후미꼬가 요시오의 집에 시집을 오면 구장이 제 딸을 보아서라도 밥을 굶기지 않겠지마는 시즈에가 노부오에게 시집을 간댔자, 기껏 빚이나 탕감해줄까, 그 이상 더 도와줄 구장인 것 같지도 아니하였다."[85]

요시오는 4월에 지원병 입대를 앞두고 있었다. 구장은 입대 전에 양가의 합의로 3월 20일 춘계 황령제일(皇靈祭日)에 결혼식을 올리기로 날을 받았다. 구장의 집에서는 결혼잔치 준비로 떡을 치는데 구장은 "떡은 물푸레 구유에 쳐야 하는 것일세. 맛이 다르지." 떡치는 동네 젊은이들 보고 이런 말을 하였다. "두 떡메가 번갈아서 하늘로부터 떨어질 때에는 김이 무럭무럭 오르는 떡 모태(떡 덩이) 그 희고 부드러운 살을 파르르 떨었다. 떡을 맞히는 순녜 어머니의 팔구비(팔꿈치)까지 올려 걷은 흰 팔이 번개같이 물 담아놓은 이남박과 떡판 사이로 왔다 갔다 하였다. 얼른 두 손을 떡 모태 속으로 쑥 집어넣어서 모태를 뒤집어 개켜놓고 한 번 두 손으로 꾹 눌러 잠을 재운다. 그러면 밥풀 묻은 떡메는 마치 그 손을 아니 놓치려는 듯이 내리쳐오나 손은 어느 새에 벌써 이남박 물에 있다. 남성답고 여성다운 일종의 무용이다. 씩씩한 리듬이다."[86] 이와 같이 떡 치는 장면을 생동감 있게 사실적(寫實的)으

---

84) 상게서, pp.156~157.

85) 상게서, p.189.

86) 상게서, pp.202~203.

로 묘파(描破)하고 있다.

신랑 마끼노 요시오, 신부 가네다 후미꼬의 결혼식은 신식과 구식으로 대칭적 행사로 치르게 되었다. 신식 결혼식은 내선일체 구현을 위한 결혼식이라 한다면, 구식의 조선식 혼인식은 민족적 정통성 보존을 위한 혼례식인 것이다. 신식 결혼식은 학교 강당을 빌려 주재소장, 면장, 학교장, 면서기 등이 내빈으로 참석한 가운데 웨딩마치 대신 애국행진곡을 풍금으로 연주하며 거행했다. "見よ　東海の空明けて　旭日高く 輝けば /　大行進の行く彼方 /　皇國常に榮あれ(보라, 동해의 하늘이 밝아 아침 해 높이 빛나면 / 대행진을 하는 그대 / 황국 언제나 영광 있으라)."87) 애국행진곡 풍금 연주가 잦아지자 일동은 일어나 황거요배(皇居遙拜)를 하고 식은 끝났다. 일제는 공식행사가 아닌데도 이같이 내선일체 황민화를 강요하는 행사를 치르게 했다.

구식 혼례식은 구장네 집에서 거행했다. "후미꼬는 집에 돌아와서 분주히 성적(成赤, 신부의 얼굴에 분을 바르고 연지를 찍는 일)을 하였다. 성적이라야 서울서와 같이 야단스럽게 하는 것은 아니다. 분을 더 바르고 연지곤지를 찍는 것이다. 그리고 이날 하루 입으라고 만든 다홍치마, 노랑저고리를 입고 활옷을 입고 족두리를 썼다. 머리는 단발이라 가까스로 다루(다리, 딴머리)를 들여서 쪽을 쪘으나 '이거 떨어지면 어떻게 해' 하고 후미꼬의 어머니가 걱정하였다."88)

신랑이 올 때 주당살(周堂煞, 혼례 때에 꺼리는 귀신의 독하고 모진 기운)을 피하는 행사를 치르고 있다. "신랑이 온다 하는 말에 사람들은 모두 대문 밖으로 나왔다. 신랑을 환영하는 뜻도 있거니와 주당살을 피하자는 것이다. 주당살은 살(煞) 중에 가장 무서운 살이어서 당장에 사람이 죽는다는 것이다. 기름내와 비린내만 나도 잡귀가 모여든다는 것이다. 더구나 비린내 맡고 모여드는 귀신은 흉악한 귀신이 많거니와 혼인 때에는 더욱 흉악한 귀신이 많이 모여든다하는 것이다. 새색시나 새신랑은 남귀와 여귀가 탐내기 때문이다. 귀신들이 혼인에 왔다가 신랑,

---

87) 상게서, pp.208~209.
88) 상게서, p.213.

1336

신부의 장신(長身, 큰 키)이 세어서 건드리지 못할 때에는 거기 모여 있던 사람 중에서 가장 장신이 약한 사람에게 분풀이를 한다 하는 것이다. 총각 죽은 귀신, 처녀 죽은 귀신을 비롯하여서 음탕한 귀신들이 모여든다 하는 것이다.

신랑의 말 앞에는 납폐(納幣)하는 함을 진 하인과 관대판(冠帶板)을 진 사람이 섰다. 전안(奠雁)이라 하는 기러기도 나무로 깎은 기러기도 없어서 큰 수탉 한 마리를 짚 끼애리(꾸러미)에 싸서 든 사람도 섰다. 닭은 눈을 굴리고 있다. 달아날 수는 없다. 죽으러 가는 것이 아닌 줄을 모른다."[89]

"왼 천지가 신부 후미꼬 하나를 기쁘게 하량으로(爲良以, 할 양으로, 이두식 표현) 치러졌다." 동네에서 가장 유복한 복덕이 어머니가 신방을 차리는 소임을 맡았다. "혼인집에는 안팎이 모두 이런 말 천지였다. 사람들의 마음에도 모두 이런 생각이었다. 늙은 사람도 젊었을 적 일을 회상하였고, 어린 사람들은 장래 일을 상상하였다. 더구나 순박한 농촌에 태어난 남녀로는 이것이 가장 큰 기쁨이었다. 그런 생각만 해도 모두 명랑해지는 모양이었다. 봄철이기 때문에 더구나 그러한 것 같았다. 복덕이 어머니가 신방에 자리를 까는 소임을 맡았다. 가난은 하나 내외 금슬 좋고 아들 형제, 딸 형제를 낳는 대로 다 길러서 유복지인(有福之人)인 까닭이었다. 복덕이 아버지는 촛상을 들여다 놓았다. 촛상은 팔모판 둘에 백지를 깔고 얼음 같은 백미를 부은 뒤에 그 속에 놋촛대 받침을 묻은 것이다. 촛대에는 다홍물 들인 팔다시(팔따시, 팔때기, 팔의 낮은말) 같은 초가 꽂혔다. 그리고 손가락만한 두 불이 춤을 추었다. 남모본단(模本緞) 이불에는 다홍 깃을 달았다. 봉황 한 쌍, 사슴 한 쌍, 십장생 수를 놓은 베갯모의 청실홍실이 촛불에 빛이 났다. 자리끼(잠자리 머리맡에 두는 물) 그릇 — 어른어른하게 닦은 대접에 주발, 주발 뚜껑을 잦혀서 덮었다. 복덕이 어머니는 자리끼 그릇 옆에다가 삶은 달걀 한 개를 다른 주발 뚜껑에 담아놓기를 잊지 아니하였다. 밤에 신랑 신

---

89) 상게서, pp.214~215.

부가 논아(나눠) 먹으라 하는 것이다. 입에 물고 둘이 갈라 먹으라 하는 것이라 한다. 하나를 둘에 가르고 둘이 하나가 된다 하는 것이다."[90]

복덕이 어머니는 신방을 다 꾸민 다음 신부 후미꼬에게 첫날밤을 지내는 모든 비결을 가르쳐주었다. "신랑이 옷고름을 끌러주더라도 벗겨줄 때까지 가만히 있는 거야. 제가 훌떡 벗어서는 못쓰는 거야. 치마와 저고리를 다 벗기더라도 가만히 앉았는 거야. 신랑이 안아다가 자리에 넣어주는 거야. 신랑이 먼저 말을 붙이기 전에는 애어(아예) 말을 말어. 그래도 신랑이 묻거든 대답을 해야 해. 무에나 신랑이 하라는 대로 순종을 해야 팔자가 좋다는 거야. 첫날밤에 신랑의 말을 거역하면 구박맞는다는 거야. 자리끼 그릇 여기 있어. 밤에 신랑이 물을 찾거든 얼른 집어 드려요. 그러는 데서 모두 첫정이 드는 것이어든. 신랑이 물을 찾아도 모르는 체해서는 못써요. 여편네라는 건 한 번 시집가면 늘 잠을 사루(수잠, 깊은 잠을 들지 않는 것) 자야 하는 것이라네. 우(오)밤중에라도 남편이 부르는 첫마디에 대답을 해야 하거든. 닭이 두 홰를 울거든 살며시 일어나서 나오는데 수선스럽지 않게시리, 이불을, 신랑을 잘 덮어주고, 소리 안 나게 옷을 입고 나와요. 어떤 색시는 치마랑 저고리를 주섬주섬 걷어들고 나오기도 하지마는 그건 아주 천하다는 거야. 매무시를 다 하고 머리도 잘 만지고 가만히 문을 열고 나오는 거야. 시부모 모시는 며느리야 언제나 늘 그렇지. 집안 식구 다 일어나기 전에 일어나야 하거든. 그러기에 그런 말이 있지 않어. 자는 여편네 엉덩이에 아침빛이 비치면 집안 망한다고."[91]

마침내 신랑 신부의 첫날밤이 닥쳐옴에 '신방 지키기'(上直, 守新房)가 벌어졌다. 창호(지게문)와 온돌 문화가 발달해온 조선 특유의 아름다운 풍속이다. 동네 짓궂은 총각들이 신방의 문장지나 지게문 창호지를 찢거나 구멍을 내어 신방을 엿보면서 킬킬대며 온갖 상스러운 말잔치를 벌이고 있다. 신랑 요시오가 신방 문 안으로 들어가자 복덕이 어머니는 지게문 덧문을 닫으며 "새서방님 문을 걸어요. 문고리를 모두

90) 상게서, pp.219~221.
91) 상게서, pp.221~222.

거는 거야요" 하고 말했다. "요시오는 신방에 들어와서 잠깐 우두커니 서 있었다. 춤추는 쌍 촛불, 요만하고 앉았는 신부, 찬란한 금침, 모두 딴 세상 같았다. 가르마를 똑바로 타서 기름 발라 쪽진 후미꼬의 머리가 도무지 후미꼬의 것 같지 아니하였다. 요시오는 먼저 도포를 벗어서 병풍에 걸고 다음에 갓을 벗고, 그러고는 후미꼬의 앞에 섰다. 차마 후미꼬의 옷고름에 손이 대어지지 아니하는 것이다. 요시오는 용기를 내어서 후미꼬의 등 뒤로 가서 그를 안는 듯 후미꼬의 저고리 고름을 끌렀다. 그것은 보들보들한 자주 고름이었다. 이 자주 고름은, 옛날 같으면 상제될 때를 제하고는 남편 살아 있는 동안 언제까지나 쓸 빛깔이다. 요시오는 저고리를 벗겼다. 후미꼬는 요시오가 하는 대로 가만히 있었다. 다음에는, 요시오는 치마 고름을 끌렀다. 이것은 아내가 모든 것을 남편에게 바치고 순종한다 하는 심벌이다. 요시오는 얼른 후미꼬를 번쩍 들어서 자리 속으로 넣었다. '천하의 사람과 귀신들아 보아라, 이제 내가 이 여자를 내 아내로 삼았으니, 이로부터 이 여자는 내 아내다' 하고 선언한 심이다. 다음에 요시오는 촛불을 껐다. 일시에 방 안은 캄캄해졌다. 요시오 자신도 옷을 벗고 자리에 들었다. 어느 새에 벌써 심짓불과 솔강(관솔)불이 수없이 창에 비췄다. 그들은 손가락과 막대기로 창을 막 뚫고 방 안을 들여다보았다. 그 불빛에 요시오의 누워 있는 머리가 보였다. 상직(上直)이란 것이다. 사람과 귀신이 다 탐내는 첫날밤에 신랑 신부에게 무슨 일이 있을까 하는 염려에서 나온 것이라고 한다."[92]

드디어 요시오의 제1기 조선지원병 입대일이 당도했다. 면장, 주재소장, 학교장, 구장을 비롯하여 전 동민이 요시오의 무운장구를 기원하며 환송했다. 도시꼬의 아버지는 기차역까지 출영하면서 자기는 옛 병정생활을 했다면서 구한말 군대생활을 회상하는 말을 했다. 여기서 이광수는 조선지원병과 구식 군대를 대칭적으로 병렬하여 기술하고 있다. 이광수는 군대해산식(1907) 장면을 생생하게 그리고 있다. "병정들이 각

---

[92] 상게서, pp.223~224.

기 무기고를 깨뜨리고 총을 들고 나서서 병영을 인계하려고 온 일본 수비대와 대항하려는 것을 대대장이 나서서 눈물로써 말리고 영문 마당에 병정들을 모아 세우고 비창한 일장의 훈시를 한 후에 마지막으로 태극기와 군기에 대하여 '받들어 총'의 최후 경례를 행하고, 마지막으로 군가와 국가(애국가)를 부르고, 마지막으로 만세를 부르고, 그리고 장교나 병졸이나 그만 감격을 못 이겨 한참 동안이나 소리를 내어 통곡하고, 그리고는 마치 정든 가족들이 난리에 이별하는 모양으로 서로 흩어졌다."93)

도시꼬의 아버지는 군대해산식이 있고 나서 석수 영감으로 전락했다는 것이다. 이는 명문가 한산 이씨 요시오의 집안의 몰락양반과 더불어 상실된 민족정통성을 암시하고 있다. " '나도 젊어서 군인을 댕겼지마는' 하고 도시꼬 아버지는 자기가 병정 댕길 때 이야기를 재미있게 하였다. 그가 옛날 병정 댕길 때엣 이야기에는 우스운 것도 많았다. 망건 쓰고 상투를 당겨이줄 밑에 꾸겨 넣고 사뽀(사포, 즉 벙거지)를 썼다는 둥, 군복을 입고 감발을 하였다는 둥, 군인의 혁대로는 때려서 사람을 죽여도 살인이 아니 된다는 둥, 자기가 사격을 잘하였다는 둥, 아라사(러시아) 교관에게 계(조련)를 배울 때에는 '날레브니이, 날레브우(좌향좌)' 하는 구령을 '난 어머니 날 다(데)려가우'로 들었다는 둥, 영문에서 밥 가져가라는 나팔 소리가, '각대 병정 밥 받아가'로 들린다는 둥, 자기도 하사(오장)까지 올라갔다는 둥. 솜씨 좋게 이야기하는 바람에 사람들은 길 가는 것도 잊어버렸다. '어디 그때의 부르던 군가나 불러보우.' 구장이 이렇게 청을 하니, 석수 영감은 곧잘 군가를 불렀다. '태애극조오판(太極肇判) 하오은 후우에(천지창조 하온 후에), 사내대장부가 한번 해볼 만한 일일세' 하고 도시꼬 아버지는 군인 예찬을 하였다. 그의 눈앞에는 그 시절 병영생활과 아울러 젊은 기억이 솟아오르는 모양

93) 『東亞日報』 111회 연재(1923. 3. 27~7. 17), 先導者(長白山人); 春園 李光洙, 『先導者』(太極書館, 1948. 11. 15), p.195. 여기서 '받들어 총'이라는 군대 구령을 처음 사용했는데, 이는 광복 후 대한민국 국군의 정식 구령으로 채택·사용되고 있다.

이어서 잠시 잠자코 걸었다."94)

요시오는 지원병 훈련소에 입소한 후 반장을 맡았다. 당시는 대일본 제국의 국력이 전성기를 구가했다. 대동아공영권을 이룩하여 세계 최강의 일본군을 육성하고, 팔굉일우(八紘一宇, 세계통일)를 구현하기 위하여 미영을 상대로 태평양전쟁을 도발, 승승장구하고 있었다. 그러면 이러한 막강한 일본군이 된 그 힘은 어디에서 왔을까? 그것은 오직 일본군의 군인정신이다.

요시오는 교관으로부터 군인정신 네 가지를 체득(體得)했다는 것이다. 첫째, 신국론(神國論)을 신앙하고 있다. 일본은 신국이다. 일본 사람은 언제나 신을 모시고 신을 섬기는 백성이다. 그러므로 일본 사람은 언제나 몸과 마음과 거처를 정결하게 하여야 한다. 더러운 몸과 마음으로 신의 앞에 나아갈 수 있느냐. 그러므로 일본 사람은 청결을 생명으로 안다.

둘째, 청결심이다. 청결심은 일본인의 특장이다. 신사참배하기 전에 '미소기(禊, 목욕재계)'를 행하고 있다. '후로(목욕)' 문화가 가장 발달한 나라가 일본이다. 뒷간에서 나오면 손을 씻고, 방이나 복도를 깨끗이 하라는 것도 인제는 습관이 되었다. 방 한구석에 먼지가 앉는 것이나 손톱에 때가 낀 것이 몹시 마음에 걸리게 되었다. 목욕탕에 들어갈 때에도 먼저 몸을 깨끗이 씻을 마음이 힘 안 들이고도 나게 되었다. 아침에 일어나는 길로 냉수를 머리에서 내려쓰는 '미소기(禊)'에도 재미를 붙이게 되었다. 몸과 마음의 먼지를 떨고 때를 씻는 것이 기뻤다.

셋째, 교관은 내무반에 들어와서는 소지품이 조금이라도 어지러우면 '다라시가 나이(だらしがない, 깔끔하지 못하다)'라고 호통을 치고 있다. 몸을 거두는 것이나 담요를 개키고 제 물건을 두는 법이 가지런하지 못하다 하는 것이다. 담요는 귀를 꼭꼭 맞춰서 개켜야 한다. 그것을 쌓을 때에도 두부모 베인 것 모양으로 가지런하게 하여야 한다. 물건을 장과 서랍에 두는 것도 질서 있게, 책은 책끼리, 옷가지는 옷가지대로,

---

94) 이경훈 편역, 『이광수 친일소설 발굴집: 진정 마음이 만나서야말로』, p.247.

다 제자리를 정하고 그 자리를 찾아서 두어야 한다. 교관은 'こらツだらしがないぢゃないかツ(이것 깔끔하지 않다)'라고 야단치고 있다.

넷째, 규칙과 직분에 충실한다는 것이다. 일본인이 가장 싫어하는 것은 '와가마마'(わがまま, 제멋대로)이다. 단체생활의 요령은 저마다 규칙을 지키고 명령에 복종하여서 제 직분을 다함에 있다. 이럴 줄을 모르는 백성은 국민이 되지 못한다. '와가마마'는 나라를 망하게 하는 독이다. 충절을 중히 하라 하신 말씀이 무슨 뜻이냐. 그것은 복종하여서 제 직분을 다하라 하신 뜻이다. '와가마마'는 불충이다. '와가마마'의 반대어는 예의이다. 예의의 근본은 '마고도(まこと, 誠)'이다. '가미다나(神棚)' 앞에서 박수 예배하는 것이 '마고도'의 예의이다.[95]

조선지원병 제1기생 1천 명은 4개월간의 군사훈련을 끝내고 조선총독 조선군사령관 임석 하에 분열식을 행하고 일주일간의 휴가를 받았다. 일주일 휴가 후에 정식으로 황군(皇軍)에 입영한다. 요시오는 고향 집으로 휴가를 떠나면서 마음이 착잡했다. 돈을 바라고 후미꼬와 혼인하였다 하는 생각이 퍽 요시오의 양심을 괴롭게 하였다. 그렇게 선량하던 아버지와 어머니도 며느리 집에서 돈이 오려니 하고 기다리고 있는 것이 가엾기도 하고 밉기도 하였다. 더구나 바라고 바라던 재산이 얼른 오지 않는다고 며느리를 들볶는 어머니의 심리가 슬펐다. 요시오는 구장으로부터의 돈을 단념하고 후미꼬를 다만 아내로 사랑하리라고 결심하였다. 후미꼬를 사랑함으로써 부모와 요시오 자신의 더러운 마음을 속(贖)할 수 있으리라고 생각했다.[96]

집에 돌아와 보니 아버지는 요시오가 입대한 지 4일 만에 별세하였다. 아버지는 기별을 하지 말라고 유언했다는 것이다. 아내 후미꼬가 보이지 않았다. 요시오가 입대하자마자 친정으로 달아났다는 것이다. 장인 구장으로부터 어떤 재산의 도움이 있었다는 말이 없다. 석수 영감의 딸 도시꼬가 헌신적으로 농사일을 도와주었다는 것이다. 마침내 아내 후미꼬가 임신 3개월임을 알게 되었다. 후미꼬가 요시오와 결혼하기

---

95) 상게서, pp.250~252.
96) 상게서, p.266.

전에 이미 다른 청년과 난잡한 관계를 맺고 있다가 구장의 강압으로 요시오와 결혼한 사실도 알게 되었다. 보배 어머니는 요시오에게 후미꼬의 불륜 사실을 털어놓았다. "후미꼬는 요시오와의 혼인하기 전에 벌써 처녀는 아니었다. 그 외가에 가 있을 적에 동네 청년과 여러 말이 있었다. 그래서 후미꼬의 어머니는 그 사람과 혼인을 시키려고 하였으나 구장이 요시오를 택하였을뿐더러 후미꼬도 요시오를 원하여서 요시오와의 혼인이 된 것이라고 한다."[97]

이 말을 들은 순간 요시오는 배신의 감정이 격발하여 문을 박차고 밖으로 뛰쳐나왔다. 마침내 후미꼬의 부정행위에 원수를 갚을 결심을 한다. "요시오는 마치 매를 얻어맞은 듯, 술이 취한 듯 정신을 차릴 수가 없었다. 후미꼬가 다른 사내와 잠자리를 같이한 것을 상상할 때에 치가 떨렸다. 이가 갈렸다. 요시오는 정신없이 얼마를 걸었다. 어디로 갈까. '원수를 갚아.' 이러한 생각이 났다. 요시오의 손에는 칼이 들렸다. 그 칼은 후미꼬를 겨누었다. 요시오는 정말 칼을 든 모양으로 팔을 내어 밀었다. 그러고 왼편 손으로 부정(不貞)한 후미꼬를 검어(감아) 쥐었다. 그때에 요시오의 팔뚝시계가 정오를 가리킨 것을 보았다. 요시오는 기착(氣着)의 자세(차려 자세)를 지었다. 고개를 숙였다. 정오의 묵도(黙禱)다. 출정 장병의 무운장구, 전몰영령 감사의 묵도다. 요시오의 두 눈에서는 눈물이 흘러내렸다. '이 몸은 폐하께 바친 몸이다!' 요시오는 주먹으로 눈물을 씻었다. 'よし、おれは、そんなこと考へるのはよさう(오냐, 그런 생각은 다 버려라).'"[98]

요시오가 처가에 가보니 후미꼬는 임신 3개월로 해주 도립병원에 입원하여 낙태수술을 시도했지만 병원 측의 거부로 말미암아 낙태수술을 하지 못하고 있다. 후미꼬는 요시오 입대 직후 외가에 갔다가 동네 청년과 불륜관계 끝에 임신하였다. 후미꼬의 뱃속에 든 아이가 만일 요시오의 씨라고 한다면 5개월, 만 4개월 이상이 되어야 옳을 것이기 때문에 후미꼬는 다른 사내와 잠자리를 하여 임신한 것이 명백해졌다. 보배

---

97) 상게서, pp.287~288.
98) 상게서, pp.288~289.

어머니는 실상을 털어놓고 있다. "그래서 구장이 펄펄 뛰어서, 이거 큰 망신이라고 사위도 여남은 사위가 아니라, 군인 사윈데, 이거 큰일 났다고 후미꼬를 때려도 주었다네. 귀한 아이는 떨어져도 원수엣 아이는 발길로 차도 안 떨어지는 것일세. 그래서 해주로 데리고 갔지만, 의사도 안 떼준대. 법에서 알면 징역 간다던데. 구장네 집에서야 아이가 아니라고 그러지. 그러면 누가 모르나. 아무리 배를 꼭 졸라매어도 알구 눈만 보아도 아는 거야. 누구는 아이 낳지 안 해보았나, 왜 게다가 불의 엣 아일수록 입덧이 더한 법일세. 왝왝 하는 소리가 담 밖에서까지 들리는데 속이다니 어떻게 속이나. 사람은 속이더라도 천지신명이야 속이나. 큰일 났으니, 인제 구장집 큰일 났어. 돈은 돈대로 없어지고 진 개 망신하고."99)

이광수는 해방 직전까지 장편과 단편 소설을 계속 집필했다. 그리고 바로 이 '봄의 노래'에서는 민족정신 밀수입의 포장으로 작품을 구현하고 있다. 그런데 '봄의 노래'는 10회째로 총독부 검열당국으로부터 연재중단 조치를 당하여, 미완성 작품으로 남게 되었다.100) 그러면 왜 연재중단을 당했을까? 총독부 검열당국은 항일성 글은 '불온문서'로 낙인을 찍고 기사삭제, 연재중단, 발금도서 조치를 단행하고 있었다. 이광수의 소설 '선도자', 논설문 '민족적 경륜' 등을 비롯하여 수많은 작품은 기사삭제 또는 연재중단 조치를 받았고, '조선 민족의 현재와 장래', '문장독본' 등을 비롯하여 10여 종 작품은 불온도서로 낙인찍히고 발금도서로 지정되어 일반 독자들은 아예 읽지 못하게 하고 있었다. '봄의 노래'도 역시 불온작품으로 지정되어 연재중단된 것이다.

이광수는 이 소설의 제목을 '봄의 노래'라고 붙였다. 그것은 메타포(은유)의 의미가 담긴 제목이다. '아랍의 봄', '서울의 봄' 모양으로 봄은 부활과 자유해방을 암시하고 있다. 내선일체를 타파하고 조선의 민족정통성을 회생시키려는 작품인 것이다. 민족적 정통성을 지키고 있는 명문가 신랑 마끼노 요시오(牧野義雄)와 친일파 구장의 딸인 신부 가

99) 상게서, pp.287~288.
100) 『新時代』(1942. 6), pp.118~128, 봄의 노래(10)(연재중단).

네다 후미꼬(金田文子)와의 결혼은 내선인(한국인과 일본인) 간 결혼, 나아가서 내선일체와 황민화정책의 구현을 상징하고 있다. 연재중단 조치를 받은 이후의 작품 전개를 정확히 알 수 없지만 10회까지의 내용을 바탕으로 하여 이를 유추해서 재구성해본다면 다음과 같이 전개됨을 알 수 있다. 천황폐하께 일신을 바친 황군 장병 요시오는 후미꼬가 남편이 군대에 간 동안 다른 사내와 불륜관계를 맺어 임신한 것에 대해 복수심을 발동하여, 정치공학적인 내선일체의 틀을 타파하고 독립전쟁을 일으킬 것임을 암시하고 있다. 원수를 갚고 나서 요시오, 시즈에, 도시꼬 3인은 봄 언덕에 올라 민족적 정통성 부활을 찬양하는 '봄의 노래'를 합창한다.

(3) '방송지우'의 이광수 작품

조선방송협회는 태평양전쟁 하의 국민 총력동원을 위해 국책 수행을 목적으로 1943년 1월 '방송지우' 창간호를 발행했다.[101] 창간호 '독자 여러분께'라는 글에서 창간 취지를 밝히고 있다.

방송을 들으시는 분들로부터 방송을 한 번 더 듣고 싶다, 또 책으로 읽고 싶다는 이야기를 종종 듣습니다. 전시 하의 방송에서는 우리 국민이 어떻게 생활해야만 하는가, 또 어떻게 하면 훌륭한 황국신민이 될 수 있는가 등의 내용을 명사의 강연, 좌담회, 그 밖의 연예 등 다양한 형태로 들을 수 있습니다. 이것을 듣고 흘려버리는 것은 아깝다는 이야기는 지당하다고 생각합니다. 그래서 방송된 것 가운데서 특별히 선택한 흥미로운 것을 읽을 수 있도록 해드리기 위해 '방송지우'를 출판하게 되었습니다.

본지의 특색은 읽기 쉽다는 것입니다. 국어(일본어)도 언문(조선어)도 극히 쉽게 쓰여 있어서 널리 누구든 읽을 수 있다고 생각합니다.

---

101) 『근대서지』 제6호(소명출판, 2012. 12), pp.539~638, 이광수의 친일문학을 다시 생각한다. '방송지우' 및 '일본부인'(조선판) 소재 조선어 단편을 중심으로(최주한).

특히 부인네와 청소년들이 흥미를 가져줄 것이라고 믿습니다. 무슨 일이 있어도 이겨내야 할 대동아전쟁 하에서 세계에 유례가 없는 우리나라의 국체(國體)를 잘 분별하고, 또 징병제도의 준비, 그 밖에 일반 지식을 높이기 위해 본지가 여러분이 구하는 마음의 양식이 되고 좋은 벗도 된다면 다행이겠습니다.102)

가. 면화(棉花)

이광수는 1943년 1월에 '면화'103)를 발표했다. 면화라고 하지만 조선 전통적 용어는 목화(木花)이다. 목화는 1363년(고려 공민왕 12년) 사신으로 갔던 문익점(文益漸)이 원(元)나라로부터 붓두껍에 목화 씨앗을 숨겨 들여와 전국에 퍼지게 했다. 일종의 산업 스파이 역할을 수행했던 것이다. 목화는 키가 60센티미터 안팎이고 잎은 어긋맞게 나며 손바닥 모양으로 긴 잎자루가 있다. 가을에 누른빛 또는 홍백색의 다섯잎 꽃이 피고 '다래'라는 둥근 열매가 열리는데 익으면 갈라져서 하얀 솜털이 피어난다. 솜털로 무명실을 자아내어 베틀에서 실꾸리를 넣은 북이 날실 사이로 오가면서 무명베를 짜낸다. 이로부터 조선 민족은 흰 무명옷을 입었으니 백의민족이라는 대명사가 생겨났다. 이광수는 일찍이 '학지광'에 '흰옷'104)이란 한글 아호를 사용함으로써 조선 민족의 정체성을 과시했던 것이다.

'면화'는 이광수의 1인칭 가정소설이다. 나(춘원), 다께오(영근), 가즈꼬(정란), 후지꼬(정화), 춘원 일가가 면화씨를 심어 재배하는 과정을 관찰하는 소설이다. 가즈꼬와 후지꼬는 학교에서 면화씨 댓(다섯) 톨을 받아와서 싹이 잘 트도록 대야 물에 푹 담근 후 두 개의 화분에 심었다.

---

102) 『放送之友』 창간호(1943. 1), p.13; 『근대서지』 제6호, p.540.

103) 『放送之友』 창간호(1943. 1), 棉花(香山光郎): 『근대서지』 제6호, pp.568~576, 棉花(香山光郎). 이광수전집(삼중당)에 미수록.

104) 『學之光』 제8호(1916. 3. 4), 목차: 龍洞(農村問題硏究에 關한 實例), 흰옷. 본문에서는 帝釋山人(1916. 1. 24)라고 사용했다. 제석산은 춘원의 정주 고향에 있는 산 이름인데 자신의 호로 사용한 것이다.

이광수는 4월에 두 개 화분에 새꼬라기(새끼)를 태워서 재를 만들어 뿌리고 면화 씨앗을 심은 것이다. 씨앗을 심고, 노란 엄이 돋고 잎이 피고 목화 꽃이 피고 다래가 달리고 마지막으로 솜털이 피어나는 전 과정을 관찰하는 소설이다. 일종의 목화 재배 실습이다. 가즈꼬와 후지꼬는 학교의 면화 재배 숙제로 제각기 일기장에 국어(일본어)로 전 과정을 적고 있다. 마침내 목화 꽃이 피었다. 가즈꼬는 일본어 동요를 작사해서 두 자매가 합창했다. 가즈꼬의 동요는 조선 문화의 꽃이 활짝 피어나고 결실을 맺을 것임을 찬양하는 노래이다.

"ひいらいた. ひいらいた. わたのはながひいらいた. きいろとおもったら いつのまにかあかい. かあかいとおもったら いつのまにかしぼんだ. しぼんだとおもったら あおい實がなった. 피었네, 피었네, 면화 꽃이 피었네. 누런가 하였더니 자고 나니 붉었네. 붉은가 하였더니 자고 나니 이울었네. 이울었나 하였더니 푸른 열매가 열렸네."105)

전시 비상시국을 당하여 총독부 당국은 흰옷 입기를 규제하기 시작했다. 흰옷은 비위생적이고 작업에 방해가 된다는 이유로 조선인의 복장개량을 강제하기 시작했다. 심지어 흰옷을 검은색으로 염색해서 입도록 장려했다. 이리하여 남성은 내선일체의 상징물인 '국민복'을, 여성은 작업복인 왜식 바지 '몸뻬(mombbe)'를 입도록 했다. 이와 같이 조선의 전통복장 흰옷은 극심한 규제를 받고 있는 시대상황에서 이광수가 '면화'를 소재로 단편소설을 발표했다는 사실 그 자체가 항일운동인 것이다. 여기서 이광수는 '흰옷(무명베) = 백의민족 = 민족전통'이라는 상징성을 플롯(줄거리)으로 채택하고 있다. 가정에서까지 조선어 사용을 전폐하고 일본어 상용을 강제하고 있는 언어 폭압 하에서 흰옷을 보존함으로써 언젠가 조선 문화가 꽃피고 열매를 맺을 것임을 역설하고 있다. '붉은 벌레'는 일제를, '복숭아 같은 열매'는 조선 문화의 결실을, '하얀 솜'은 조선의 전통문화 '흰옷'을 상징하고 있다.

---

105) 『근대서지』 제6호, pp.575~576, 棉花(香山光郞).

"지금 두 아이는 학교에서 운동회 연습을 하고 있을 것이다. 나는 면화 잎에 붉은 벌레는 잡아주고 나서 이 글을 쓰고 있다. 오늘도 두 아이의 나무에 한 송이씩 새 꽃이 피었다. 천년만년 솜씨를 잊지 않고 피는 꽃이다. 아직 아이들은 하얀 솜이 터져 나오는 양은 못 보았다. 앞으로 보름이나 지나면 복숭아 같은 열매가 툭 터져서 하얀 솜이 삐죽이 나올 것이다. 그때에 가즈꼬는 제 노래에 어떤 구절을 채우려는가."106)

나. 귀거래(歸去來)

'귀거래'107)는 김 참사네 맏아들인 경성제국대학 법문학부 김재철이 징집되어 입영해 가고 김 참사는 고향집으로 가문의 전통을 지키기 위하여 귀거래한다는 시국소설이다.

가회정 김 참사는 늦가을 시골에서 보낸 밤 궤짝 배달을 받는다. 상노 아이 창대에게 "창대야, 저 밤 궤짝 뜯어라. 올애(올해) 가물어서 결실이 잘되었는가 모르겠다" 하고는 고향 산천을 그려본다. 고조할아버지 적부터 대대로 살아오던 집, 백 년이나 묵은 뒤울안(뒤란) 배나무, 대추나무, 밤나무판, 선산 솔밭, 어려서 물장난하던 개천, 동네에 살던 사람들, 백발이 성성하게 되어도 고향을 생각할 때에 사람은 아이 마음이 된다. 참으로 가고 싶은 고향이다. 김 참사는 타작은 종숙 되는 마름에게 맡겨버리고 추수를 판 돈만은 은행환으로 받아들이면서 가회동 고래등 같은 집에서 무위도식하고 있다.108)

김 참사는 아들 재철(경성제대 법문학부), 재석(국민학생), 딸 재원(여학생) 3남매를 두고 있다. 재철은 행정 사법 고등문관 시험에 합격하고 일본 내무성 채용시험을 치른 상태이다. 어느 날 재철이 집에 오

106) 상게서, p.576.
107) 『放送之友』 2권 1호(1944. 1), 歸去來(香山光郎); 『민족문학사연구』 제45호 (2011. 4. 20), pp.468~476, 歸去來(香山光郎 作, 鄭玄雄 畵). 이광수전집 (삼중당)에 미수록.
108) 상게서, pp.468~469.

1348

더니 아버지, 어머니에게 전보 두 장을 내어놓으면서 내무성 채용시험에 합격했다고 말했다. 전보 한 장에는 "カナムラザイテツ, ナイムシヨウニサイヨウケツテイス, 金村在鐵, 內務省に採用決定す, 가나무라 자이데츠, 내무성에 채용 결정"이라고 적혀 있다. 김 참사는 "재철아, 너 애썼다. 우리 가문에 꽃이 피었다. 증조부님이 대과(大科)에 급제를 하시고는 4대 만에도 대과 급제가 났구나. 내무성이라면 옛날 이조(吏曹)여든" 하고 가문의 영광을 자랑스러워했다. 재철은 이내 두 번째 전보를 내놓고는 한숨을 쉰다. "ケイゼウテイコクダイガクホウブンガクブ, カナムラザイテツ, センカウノケツクワ, リクグンカウクウヨビシクワンコウホセイ, シグワンノケン, キヨカニケツテイセリ, 京城帝國大學法文學部 金村在鐵, 選考の結果, 陸軍航空豫備士官候補生, 志願の件, 許可に決定せり, 경성제국대학 법문학부 가네무라 자이데츠, 선고 결과, 육군항공예비사관후보생, 지원의 건, 허가 결정함" 재석이는 "그래, 언니가 비행기 타고 '테키 베이에이(敵米英)' 무찌르러 가는 거야" 하고 으스댔다. 어머니가 "고등문관 시험에 급제하고 벼슬 붙은 사람도 나가니?" 하고 묻자, "그럼요. 관리고 대학교수고, 나갈 만한 사람은 다 나가야지요. 전쟁을 이겨놓고야 벼슬도 있지 않아요. 벼슬이나 공부는 언제든지 하지요. 전쟁은 당장 해야 하구. 그러니까 젊은 사람은 다 나가서 싸워서 이겨야지요." 김 참사는 그제야 고개를 들고 기침을 한 번 하더니, "아들이 나라를 위하여서 나간다는데 부모가 되어서 할 말이 하나밖에 또 있소. 나가서 잘 싸워라. 이기고 돌아오기 전에는 살아서 돌아오지 말아라. 이 말밖에 더 할 말이 있소. 그러니까 재철이는 나가는 것이고, 문제는 우리 집을 어떻게 할까 하는 것인데, 내 생각이란 그것이야. 그런데 그것도 작정이 되었어" 하고 재철을 향하여, "잘했다. 그런 일을 애비 모르게 한 것은 자식의 도리에 잘못이다마는 일이 막중한 나랏일이니까 그것을 교계할 바가 아니야. 암 나가야지. 내지인 동창들은 다 나가는데, 조선인은 아직 징병 의무가 없다고 해서 가만히 있을 수가 있느냐. 나라의 흥망이 달린 판에 징병 의무의 유무를 교계할 처지냐 말이다. 그러니까 너는 전장에

나가고. 나는 시골집으로 돌아갈란다. 나도 시골 가서…"109)

　김 참사는 시골집으로 귀거래할 결심을 굳힌다. 조상대대로 전해오는 전통과 풍습을 지키기 위하여 귀거래하겠다는 것이다. "재철이는 고등관이 될 자격을 얻고서도 전장에를 나가야만 하는 이때에 낸들, 아직 몸이 성한 사람이, 서울 한복판에 아무것도 아니 하고 사랑에 들어앉아서 넙죽넙죽 밥만 받아먹을 수가 있소. 원체 나 같은 사람은 50 평생에 세상에 유익한 일이라고는 암(아무)것도 한 것이 없거든. 그러니까, 가야 해, 시골로 가야 한단 말야." 아내가 시골 가서 무엇이나 할 일 없이 놀기나 하느냐고 빈정대자, 김 참사는 이렇게 말했다. "왜 놀고 앉았어. 동네 사람들, 소작인들 대서(代書)라도 해주고 면소, 주재소에 다니는 심부름도 못해줘. 그래도 내가 발 벗고 나서면야 동네 사람들, 작인(作人)들께 조금이라도 도움이 되겠지, 안 될라고. 원체 지주가 땅은 시골 다 두고 저는 서울 와서 호강하고 산다는 것이 이치에 어그러지는 일야. 나도 자식을 공부시킵네 하고 서울 와 사는 지가 벌써 십수 년 되지마는 양심에 부끄럽지 아니한 날이 하루나 있었을 리가 있나. 하물며, 먹을까 먹힐까 하는 큰 전쟁이 벌어진 오늘날, 자식이 총을 들고 전장에를 나가는 판에 사지가 멀쩡한 아비가 놀고먹다니, 안 될 말이지. 천벌이 내릴 일이야. 재철아, 나도 이제는 깨달았다. 네게 배웠다. 나도 네가 떠나는 것을 보고는 시골집으로 갈란다. 그저 어째 서울 바닥에 가만히 앉았기가 노상 마음에 걸리드라니. 아까 밤을 받고도 어째 꺼림칙하더라 말이다. 그렇지만 이제는 작정했으니까, 마음이 거뜬해. 논밭에 앉은 새를 날려주더라도, 그냥 슬슬 논밭으로 작인네 집으로 돌아보기만 하더라도, 마음이 덜 거북할 게다. 안 그렇소, 여보."110)

　그 이튿날 저녁에 김 참사는 밤밥을 짓고, 술과 안주를 장만하고 평생에 사귀어 놀던 친한 벗을 청하였다. 석초, 어옹, 동원, 국사, 성재 등을 초청했다. 그들도 다 시골에 땅을 두고 가난한 일가, 어려운 작인, 공공단체의 기부, 이 모양으로 귀찮은 것을 피하여서 서울에 집을 짓고

109) 상게서, pp.472~474.
110) 상게서, pp.474~475.

호강하기로 김 참사와 같은 사람들이다. 술이 거나하게 취하고 저녁상
을 물린 뒤에 김 참사는 아들이 내무성에 임관된 것, 그러나 지원병으
로 나가는 것, 자기는 깨달은 바 있어서 식량증산에 조금이라도 힘을
쓰기 위하여 시골로 가기로 한 것을 말하고, 오늘 저녁 이 자리가 유별
연(留別宴)이라는 것을 말하였다. 김 참사의 말을 들은 일동은 한참 동
안 돌로 깎아놓은 사람들과 같이 도무지 말이 없었다. 뜰에서 얼마 안
되는 벌레소리가 끊일락 이을락 하고 종로에 지나가는 늦은 전차 소리
가 윙윙 울려왔다.

이윽고 국사라는 사람이, "월강, 갸륵허이, 갸륵허이" 하고 비로소 입
을 열었다. 월강은 김 참사의 당호(堂號)였다. "오역종차서의(吾亦從此
逝矣, 나도 따라가겠네)야. 나도 가겠네. 나도 시골 가서 자네 말마따나,
논밭에 새라도 날리고, 작인들 대서라도 해주겠네." 국사의 이 말에 석
초, 동원, 성재, 어옹도 다 말없이 고개를 끄덕끄덕한다. 국사가 소리를
높여서, "귀거래혜여 전원이 장무허니 호불귀오(歸去來兮 田園將蕪 胡
不歸, 고향으로 돌아가세 전원이 장차 황무해지려니 어찌 돌아가지 않
을쏘냐" 하고 도연명(陶淵明)의 귀거래사를 읊조리는 소리가, 안에서
어머니, 아들, 딸 모여앉은 자리에 울려왔다. 재철은 '귀거래'에서 아버
지의 친구들이 지금 무슨 생각을 가지고 있는가를 짐작하고, 빙그레 웃
었다. 유쾌하고도 침통한 웃음이었다.111)

다. 두 사람

일제는 태평양전쟁이 막바지에 이르러 패색이 짙어가는 가운데 병력
보충을 위하여 1944년에 조선에도 징병제를 실시했다. 1924년생 즉 갑
자생은 징병 1기생이다. 이광수는 징병 1기생의 징병검사를 받는 장면
을 다룬 시국소설 '두 사람'112)을 발표했다. 용석이와 왈쇠 그리고 을

---

111) 상게서, pp.475~476.
112) 『放送之友』 2권 8호(1944. 8), 두 사람(香山光郞); 『근대서지』 제6호, pp.
    587~596, 두 사람(香山光郞). 이광수전집(삼중당)에 미수록.

순이는 한동네에서 자랐고 한 국민학교에 다닌 단짝 친구였다. 용석이와 왈쇠는 갑자생 동갑으로 징병 1기생이다. 징병검사를 앞두고 냇가에 들어가 몸을 깨끗이 닦는다. 용석이는 왈쇠에게 을순이를 아예 단념하라고 놀린다. "너, 또 을순이 생각하고 있구나. 아까 보낼 때에도 꼭 을순이 앞에만 붙어 있었겄다. 내가 모르는 줄 알구. 다 알어. 너 암만 그래두 쓸데없어. 을순이가 너헌테 올 줄 알구. 흥, 을순이를 벌써부터 노리는 자가 있다나. 그게 누군지 알기나 알어. 괜히시리 닭 쫓아가던 개 될라. 을순이 아버지가 어떤 꼼바리 생원인데 을순이를 네게 줄 줄 알구. 돌작밭 한 뙈기 없는 네게 을순이를 주어, 허, 믿지나 말어라."113)

을순이와 왈쇠는 혼인하기에는 짝이 기울었다. 을순이는 이 동네에서는 셋째나 가는 잘사는 집 딸이었다. 잘산대야 대단한 것은 아니지만 그래도 반자작농은 하고 소도 하나 먹이는 집이었다. 읍내 김 참사네 마름으로 이 동네와 너머 동네에 걸쳐서 수십 호 소작인을 관리해온 만큼 인심도 많이 잃었으나 어찌 되었든 이 동네에서는 유력자 틈에 들었다. 구장까지는 못 지냈어도 반장은 떼어두고 해왔다. 왈쇠 어머니는 을순이 집에 무슨 큰일이 있으면 마치 고용살이 모양으로 와서 일하여 도왔다. 그것은 등 건너 논 서 마지기하고 당 앞에 밭 하루갈이를 안 떼이기 위함이었다. 왈쇠 어머니는 을순이를 많이 업어 길렀다. 왈쇠 아버지가 살아 있을 적에도 나이는 자기가 위이면서도 을순이 아버지 앞에서는 고개를 들지 못하였다. 이 모양으로 왈쇠의 집과 을순이의 집은 가문이 틀리는 것이었다. 을순이는 방에서 상을 받고 밥을 먹을 때에 왈쇠는 그 집 부엌에서 바가지 밥을 얻어먹었다.114)

용석이와 왈쇠는 징병검사를 받기 위해 몸을 깨끗이 하기 위하여 서로 등을 밀어주면서 왈쇠의 홀어머니의 처지를 걱정하였다. "용석이는 왈쇠 어머니를 생각하고, 그 집을 생각한다. 벽 한 칸, 방 두 칸밖에 없는 삼간 초당, 그 방 한 칸이란 것도 왈쇠 어머니가 며느리 얻으면 준다고, 이리저리 재목을 모아들여서 작년 가을에 들인 것이다. 왈쇠가

---

113) 상게서, p.587.
114) 상게서, pp.589~590.

할 줄도 모르는 솜씨로 제 손으로 목수가 되고, 미장이가 되고 도배장이도 되어서 종이까지도 발라놓고 신문지일망정 장판을 하고 제 손으로 짠 지직(기직, 왕골껍질 부들 잎을 짚에 싸서 엮은 자리)을 깔고, 벽에다간 딱지랑 그림이랑 발라놓고, 이 모양으로 장차 어디서 올지 모를 새색시를 맞아들일 준비를 하고 있는 것이다. 이 역사에 가장 많이 도운 이가 용석이었다. 용석이는 익살을 부려서는 왈쇠 모자를 웃기면서 토역(土役)도 하고 영(이엉)도 이고, 바자(울타리)도 해 두르고 마치 제 집 일같이 하였다."115)

마침내 징병검사일이 닥쳤다. 용석이는 국민복을 입었으나 왈쇠는 '잠방이'에 '샤쓰'를 입었다. 용석이는 청년대 분대장, 왈쇠는 부분대장이 되었다. 5, 6년 전 국민학교에서 원족(소풍) 갈 때 모양으로 '벤또(도시락)'를 어깨에 엇메어서 그 견대가 허옇게 새벽빛에 빛났다. "숫돌고개 밑에서 돌모루 동네 징병검사 받으러 가는 패들과 만났다. 모두 손목을 마주잡고 자라난 패들이다. 쌈도 많이 하고 씨름도 많이 하고, 욕지거리도 많이 하고 서로 별명을 부르고 하던 패들이다. 모두 학교에서도 동창이어니와 학교 댕긴 패들도 너나 하기는 마찬가지였다. 어머니가 따라온 사람도 있고 아버지가 따라온 사람도 있었다. 모두 열여섯 명이었다. 그중에는 부족증(노점, 폐결핵)으로 찌근찌근하는 김 주사 손자도 있었다. 데부상이라는 광현이, 양금채(상냥하고 고분함)라는 막동이, 땅딸보로 씨름을 잘하는 다부지, 골 잘 내는 원숭이, 입 험한 꿀도야지, 모양내기로 유명한 기생서방, 모두들 새로 빨아 다린 옷을 입고 벤또를 싸서 메고 권련들을 피어 물었다. 주머니에는 돈 원씩 들어서 모두들 마음이 든든하였다. 가난한 왈쇠도 3원을 어머니한테서 얻어 넣었다."116)

징병관이 도미야마 낭아토시(富山永壽) 하고 부르는 소리가 들렸다. 왈쇠는 '하잇' 하고 대답하며 일어섰다. 학교 교장이 왈쇠가 가난하기에 큰 부자가 되고 아비 없이 자랐으므로 오래 살라는 덕담으로 창씨개

115) 상게서, pp.588~589.
116) 상게서, p.592.

명해준 이름이다. "너는 어머니 한 분밖에 없다지? 네가 병정을 가면 어머니는 어떡허나" 하고 징병관은 왈쇠를 뚫어지게 본다. 왈쇠는 가슴이 뭉클하였다. 부모가 구존(俱存)치 못하고 형제도 자매도 없는 것이 한이었다. "걱정 없습니다. 어머니는 아직도 기운이 있습니다. 농사도 하고 나무도 합니다." 왈쇠는 이렇게 외쳤다. 징병관은 잠시 말이 없었다. 그러나 그 눈과 낯이 변하는 것으로 보아서, 왈쇠의 대답에 깊이 감동된 것이 분명하였다. 잠시 침묵이 장내를 누르는 듯하였다. 장내의 수십 명 사람의 시선이 이상한 감동을 가지고, 왈쇠와 징병관에게로 몰렸다. "코오슈(甲種)" 징병관의 목소리는 떨리는 듯하였다. "코오슈" 하는 힘찬 '후꾸쇼오(ふくしょう, 復唱)'와 함께 왈쇠의 두 눈에서는 눈물이 주르르 흘러내렸다. 왈쇠가 경례하고 물러나는 것을 보는 징병관 눈에는 감격의 눈물이 고여 있었다.117)

라. 방공호

이광수는 1944년 9월, 김 의관이 등화관제가 엄격하게 시행되고 있는 전시상황에서도 조선의 고유한 전통인 제사를 지내면서 한민족의 정통성을 고수하고 있다는 항일성 소설 '방공호'118)를 발표했다. 한민족은 조상숭배를 극진히 하고 있으며 제사 지내기를 전통으로 고수하고 있다. 제상(祭床)에 신주를 모시고 제물을 진설하고 촛불을 켜고 제주(祭主)가 조상신을 내리게 하기 위하여 향을 피워 강신술을 따라 모사(茅沙) 위에 붓는다. 제주는 초헌, 아헌, 종헌, 술 석 잔을 올린 후 조상의 신령께 고하는 축문(祝文)을 읽고 유식(侑食)을 행한다. 유식이란 젯메에 숟가락을 꽂고(揷匙) 젓가락을 대접에 올려놓은 다음 제관은 문밖으로 나가 합문(闔門)하고 고개를 숙이고 부복하는 것이다. 이어 제

117) 상게서, pp.595~596.
118) 『放送之友』 2권 9호(1944. 9), 防空壕(香山光郎); 『민족문학사연구』 제45호 (2011. 4. 30), pp.302~311, 防空壕(香山光郎 作, 鄭玄雄 畵). 이광수전집 (삼중당)에 미수록.

관이 들어와 술잔에 다시 제주(祭酒)를 가득 채우는 첨작(添酌)을 하고 일동이 국궁한다. 그리고 일동이 절을 올린 후 철상(撤床)한다.

태평양전쟁은 일본군의 연속 패퇴로 미 공군의 B-29는 일본 전토를 폭격하고 있고 특히 동경은 불바다를 이루고 있다. 조선도 언제 경성 하늘에 출몰하여 공습을 가할지 모를 폭탄공포에 시달리고 있다. 이에 총독부는 경방단(警防團)을 조직하여, 등화관제를 실시하면서 공습에 대비하고 있다. 적기가 출몰했을 때 경계공보 사이렌이 울리면 등불을 끄고, 이어 공습경보를 발령하면 방공호로 대피한다.

6월 20일은 김 의관의 증조부의 제삿날이다. 김 의관의 증조부는 김씨 가문의 중흥시조이다. 제사 지낼 시간이 닥쳐오자 김 의관은 맏아들 창식이가 보이지 않아 정식이더러 경방단에 가서 어서 데려오라고 엄명한다. 이에 딸 창임은 "경방단 당직을 버리고 어떻게 와요, 글쎄. おほやけのことぢやありまぬか, おとうさん(공적인 일 아녜요, 아버지)" 하고 말한다. 김 의관은 "아니, 안 오다니. 애비가 오라는 데도 안 온단 말이야. 무엇이, 무엇이 어째, 이 녀석 무어라고 했어?"라고 버럭 화를 냈다. "오빠가 하는 일이 나랏일이니까 사삿일로는 몸이 빠지지 못한단 말씀요" 하고 창임은 설명한다. "김 의관은 요샛 세상 일이 모두 알 수 없고 뜻에 맞지 아니하였다. 게다가 어린 자식들까지도 도무지 아비 말을 아니 듣는 것이 비위가 뒤집혀서 견딜 수가 없었다. 창식이가 경방단원 복장을 입고 댕기는 것도 맞갖지 아니하였고, 창임이가 시집갈 나이가 다된 계집애가 몸뻬(もんぺ, 일본식 여자 작업복 바지)를 입고 단발머리를 하고 댕기는 것도 눈에 거슬렸다. 그러나 모든 일이 가장(家長) 된 김 의관의 뜻대로는 되지 아니하였다. 막중한 제사 — 그중에도 증조부 주부공 제사까지도 제 뜻대로 안 되는 것이 성화할 노릇이었다. 제주(祭酒)를 몰래 담그려던 것도 창식의 반대로 작년부터는 못하게 되었다. 제주를 사들이는 것도 창식이가 '야미(やみ, 암거래)'를 절대로 반대하기 때문에 내놓고는 못하고, 김 의관이 사랑에 댕기는 늙은이들을 동원하여서 몰래 사들였다. '나라에서 금하는 물건으로 제사를 지내면 조상님이 받으시겠어요. '야미'로 산 물건은 도적질

한 물건보다 더 더러운 물건야요.' 창식이가 이렇게 간하는 말을 듣고 김 의관은, '오, 이놈. 그래, 애비가 도적놈이란 말이냐, 어, 이놈.' "119)

김 의관은 혼자서 의관을 갖추고 도포를 입고, 안대청에서 제상을 차리고 있었다. 창식이 처와 창임이가 수없이 부엌과 대청 사이로 상을 들고 오락가락하면서 제물을 가져오면 김 의관은 받아서 손수 제상에 벌였다. 연전에 마누라가 죽은 뒤로는 도무지 뜻대로 되지 아니하였다. 여학교를 졸업한 며느리는 문제가 아니었다. 그대로 늙수그레한 차아집이 있어서 구색하게 제물을 괴이기는 하였다. 상을 차려놓고 촛불을 켰다. 창임이와 정식이는 부리나케 분합문을 닫고 검은 장막을 늘였다. "분합문은 왜 닫어. 문 닫고 제사 지내는 법이 어디 있단 말이냐. 활짝 열어놓아라." 김 의관이 명령조로 말하자 창임은 공손하게 이렇게 말하였다. "지금은 자정이 되면 불빛이 밖에 나가게 하면 안 돼요, 아버지." "글쎄, 네가 왜 건건사사에 말썽이야. 너는 벌 구석에나 들어가 있어. 계집애는 제청(祭廳)에 오르는 거 아냐. 정식아, 제사를 지낼 때에는 문을 다 열어놓는 법이야. 합문할 때에만 문을 닫는 법이야. 다 활짝 열어 놔라." 김 의관은 향상(香床) 앞에 꿇어앉아서 향로에 향을 넣었다. 푸르스름한 연기가 피어올랐다. 김 의관이 일어나서 절을 하였다. 제례가 시작된 것이다. 바로 이때 "けいかいけいほう(경계경보), くうしゅうけいほう(공습경보)" 사이렌 소리가 울렸다. 창임은 제청으로 뛰어올라 다급한 목소리로 외쳤다. "아버지, 어서 피난하셔야지, 어서 방공호로 가셔요."120)

온 식구가 피난 갈 것을 주장하면서 촛불을 끄려 하자, 김 의관은 "아서라. 너희들은 다 피난을 가거라. 나는 혼자서 여기서 제사를 지낼란다. 아무러한 일이 있더라도 신주를 여기 모셔놓고 제사를 지내다가 말고 달아날 법이 있느냐. 아가, 어서 피난을 하려무나. 내야 늙은 것이 어떠냐. 나란은, 여기서 제사를 지낼 터야" 하면서 하얀 신주를 바라본다. 창임은 "그래도 불은 꺼야지요. 적 비행기가 온다는데 촛불을 켜고

---

119) 상게서, pp.302~304.
120) 상게서, pp.304~305.

있으면 어떻게 해요?" "글쎄 나만 혼자 여기 있는다는데 웬 걱정이냐. 나 혼자 신주를 모시고 제사를 지내다가 죽어도 좋다는데, 왜들 이러느냐." 정식이가 딱한 듯이 창임의 소매를 잡아끈다. 창임이도 딱하다는 얼굴이다. 어찌하여 아버지는 조상일과 집안일을 그렇게 정성스럽게 잘 알고 잘하면서도 나랏일과 민족, 이웃일은 그처럼 캄캄하게 막혔을까 하면 답답하고 속이 상하였다. 정식도 아버지를 답답하게 생각하기는 창임과 다름없으나 그는 선머슴인데다가 무사태평한 성품이라 창임이처럼 속이 상하지는 아니하여서 그중 김 의관의 비위를 맞추었다. "누나, 그럴 것 없어. 신주와 제상을 방공호로 옮깁시다. 방공호에 들어가서 촛불 켜놓고 아버지 실컷 제사 지내시게." 정식의 말에 김 의관은 눈이 번쩍 뜨였다. "옳다. 정식이 말이 옳다. 그래도 사내가 다르다. 창임인 종알대기만 하지 무슨 계교를 못 낸단 말야. 됐다. 아냐, 이 병풍허구 제석(祭席)부터 먼저 방공호로 옮겨라. 내 신주를 모실 테니 정식이 너는 촛불을 들고 앞을 서라."[121]

김 의관이 신주를 방공호로 옮기는 축문을 생각해보았으나 그런 축문은 사례편람(四禮便覽)에도 없었다. 그래서 입속으로, '현증조고훈련주부부군 현증조비숙인신씨(顯曾祖考訓練注符府君 顯曾祖妣淑人申氏)' 하고 신명을 불러놓고는, 미처 한문으로는 글이 나오지 아니하여 조선말로, "적의 비행기가 습격을 온다 하오므로 제사 중간에 신주를 방공호로 모시오니" 하고 중얼거린 뒤에 신주독을 받들고 정식의 뒤를 따라 섰다. 비좁은 방공호라 커다란 제상은 들여올 수가 없었으나 팔모반에 제물을 그득 담아서 창식이 처와 안성 마님이 들고, 창임이는 제주병과 잔 등속을 들고 들어와서 제상을 벌여놓았다. 방공호에 와 있던 사람에겐 만고역대에 보지 못하였던 진풍경이 벌어졌다. 방공호 안에서는 불빛이 바깥에 나가지 않아 안전하게 제사를 지낼 수가 있었다.[122]

김 의관은 황망히 방공호로 신주를 모셔오느라 향상 위에 놓아둔 축문을 잊고 와서 축문 없이 제사를 지내야만 했다. "김 의관은 절을 하

---

121) 상게서, pp.306~307.
122) 상게서, pp.307~308.

려 하였으나 비좁아서 절을 할 수가 없었으므로 잠깐 무릎을 굽혀 꿇는 것으로 절을 대신하였다. 향로를 못 가져온 것과 향상에 놓았던 축문을 잊고 온 것을 깨달았으나, 김 의관은 창임이더러 가서 집어오라고는 못하였다. 축을 부를 절차에 가서 김 의관은 눈을 감고 입속으로만 축문을 외웠다. 그대로 할 절차는 이럭저럭 다하였다. 첨작도 하고 나서 합문을 생각하였으나 이것이 방공호 속인 것을 생각하고는 입맛을 쩍 다셨다. 그래도 합문을 아니 하면 모처럼 오신 증조부님이 잡수실 것을 다 못 잡수실 것만 같아서 김 의관은 신주에 등을 향하고 돌아섰다. 창임이와 창식이 처도 김 의관의 뜻을 알고 돌아섰으나 다른 동네 사람들은 합문의 뜻을 못 알아차리고 신주 있는 데와 제상과 도포를 입은 김 의관을 뚫어지게 바라보았다. '에헴' 하고 김 의관은 기침을 하고 침을 조금 퉤 뱉고 신주 쪽을 향하여 돌아섰다. 제문(합문 해제)이라는 뜻이다. 김 의관은 그 아버지가, '에헴' 하고, 담을 뱉고, 손을 내어 밀어 분합문 고리를 잡아당기던 모양을 눈앞에 그려보고, 방공호 속이라 그것을 못해보는 것이 섭섭하였다. '전쟁 중이라, 다 이렇습니다.' 김 의관은 속으로 조상을 향하여 중얼거렸다. 제사를 다 지내고 나서 김 의관은 제상에 놓았던 잔을 들어서 음복을 하였다. 김 의관은 길게 한숨을 쉬고는 방공호 속에 있는 사람들을 돌아보았다. 여자는 몸뻬를 입고, 남자들은 국민복에 마끼갸항(まきがゃはん, 각반)을 쳤다. 젊은 사람은 하나도 없다. 16세 이상의 남자는 모두 방공활동을 하고 있는 것이다. 그런데 소매 넓은 조선옷을 입은 것은 김 의관 자기 하나뿐이요, 조선 치마를 입은 것은 창식이 처와 안성 마님뿐이었다."[123]

마. 구장(區長)님

이광수는 일제 말기에 가장 모범적인 시국 협력과 민족적 정통성 보존에 힘쓴 '구장님'[124]이란 단편소설을 발표했다. 조선총독부는 태평양

123) 상게서, pp.308~311.
124) 『放送之友』 3권 1호(1945. 1), 區長님(香山光郎 作, 鄭玄雄 畵); 『근대서지』

전쟁을 도발하고부터 종래 '동장'이니 '이장'이니 불러왔던 것을 폐지하고 '구장'이란 새 명칭을 사용하기 시작했다. 구장이란 명칭은 전시 '총력동원'의 개념이 강하다. 조선은 총인구 대비 농민이 70퍼센트에 해당하는 농업사회이다. 일제는 조선을 병참기지로 육성함과 동시에 이들 농민을 총동원해서 식량증산을 독려함으로써 군량미를 확보하자는 정치적 계략을 세웠다. 이 같은 정치적 책략의 임무를 제일선에서 수행하는 이가 곧 구장인 것이다.

관음리 구장님은 나이 73세인 데다가 이는 다 빠져 '오무라미'라는 별명을 가진 노인이다. 그러나 기력은 강장하다. 원래 그의 아들이 구장 일을 보다가 죽자 아버지가 자청해서 아들의 후임자로 구장 일을 보게 되었다. 관음리 구장이 면장을 만나 구장 신고를 올린 자리에서 면장은 구장의 임무를 자세히 설명했다. 면장의 구장 임무 열거를 경청한 구장은 퇴비증산을 통하여 식량증산을 독려하는 것이 구장의 제일 임무임을 알게 되었다. 여기서 이광수는 '퇴비(堆肥)'라는 일본어식 용어를 버리고 '풀거름'이라는 순수 조선어 낱말을 만들어냈다. '풀거름'이란 낱말은 현대 국어사전에도 찾아볼 수 없는 이광수의 독창적인 낱말이다. 총독부의 검열을 통과하기 위하여 메타포(암유) 용어를 사용한 것이었다. '풀거름'은 성장동력을, 식량증산 장려는 '독립의 힘 양성'을 은유하고 있다.

"네, 잘 알았소이다. 내 한번 오여(외어) 바칠 테니 바로 알아들었나 보시오. 첫째로는 면에서 오는 공문을 백성들에게 잘 알아듣게 일러주고, 둘째로는 백성들이 일을 부지런히 하도록 재촉하고, 셋째로는 공출(供出) 잘하고 저금, 징용, 근로보국대, 다 하라는 대로 하고, 또 무엇이오?" 하고 구장님은 막힌다. "증산장려요" 하고 면장이 말하니, 구장님은 "증산장려란 무슨 말이오? 쌀이나 보리나 전보다 더 많이 내도록 하란 말이오? 네, 알았소이다. 그러니까 '풀거름' 많이 만들고 논에 가을보리 심고 그러한 말씀이죠?" 면장은 이 늙은 구장이 범상한 농부가 아

제6호, pp.607~616, 區長님(香山光郞). 이광수전집(삼중당)에 미수록.

닌 것을 깨달아 그 얼굴을 자세히 들여다본다. 눈썹이 길고 눈이 움쑥 들어가고 코가 높고 귀가 크고 과연 범골(凡骨)이 아니요, 위엄을 갖추었다. 어성이 웅장하고 발음도 분명하다. 필시 젊어서는 글공부를 한 사람이리라 하여 젊은 면장은 이 늙은 구장에게 일종의 위압을 느낀다. 그리고 담배를 권하고 규우지(きゅうじ, 급사)를 불러서 차를 내오기를 명한다.125)

구장님은 면소에서 집에 돌아오는 길로 마누라, 며느리, 손자들, 손자며느리며 아직도 국민학교에 댕기는 증손주들까지 불러놓고 일장 훈시를 하였다. "나라에서 곡식을 더 내래. 열 섬 나던 데면 열한 섬이나 열두 섬이 나게 하란 말야. 우리 집이 농사하는 것이 작년에 벼 쉰 섬, 밭곡식 서른 섬을 하였으니까 금년에는 벼를 예순 섬, 밭곡식을 서른여섯 섬을 내야 해. 동네 사람더러 다 그렇게 하라고 하려면 내가 먼저 그렇게 할 것이 아니냐. 그러니 다들 그런 줄 알란 말이다." 이리하여 구장님은 "다들 나서라, 밥순갈 드는 식구는 다들 나서!" 하고 외치면서 구장님이 앞장서면서 식량증산을 독려했다. 정자나무 밑에서 장기를 두고 있는 노인네를 보면, 사람 수대로 낫 한 자루, 새끼 한 바람을 안 기고는 장기판을 뒤집어엎었다.126)

관음리 구장님의 이 같은 풀거름 증산을 통하여 식량증산 장려운동은 큰 성과를 거두어 엄청난 공출을 거두어 들여서 마침내 모범 협력자로 인정을 받았다. "보리, 밀 공출로부터서 감자, 누에고치, 솔깡, 칡, 머루덩굴, 모든 공출을 다 잘하고 특별히 퇴비(풀거름) 성적이 좋다는 상금으로 관음리에서는 막걸리 여섯 말 특배를 받았다. 구장님의 주선으로 도야지(돼지) 한 마리 잡는 허가도 얻어서 벼를 막 다 베고 보리갈이를 시작하는 날 한바탕 추석놀이를 하기로 하였다."127)

추석놀이는 10월 8일로 정했다. 동네 공동작업장 앞 너른 마당에 차일을 치고 동네 사람들이 그득 모였다. 면장, 주재소장, 면서기, 학교장,

---

125) 상게서, pp.608~609.
126) 상게서, pp.609~612.
127) 상게서, p.613.

그리고 군수, 경찰서장까지 참석해서 구장님의 헌신적 협력과 식량증산 공로를 치하했다. '천황폐하 만세'와 '육자배기'는 이율배반적인 명제(命題)이다. 전자는 위장친일을, 후자는 정통성 부활과 자유해방을 암시하고 있다. 73세 구장님의 비범한 풍채, 위압감을 주는 위엄 있는 거동은 독립투사의 모습이다. 여기서 구장님은 위장친일 민족지도자가 되어 '천황폐하 만세'를 불렀고, 조선 민족의 대표적인 전통민요 '육자배기'를 익살맞은 춤사위로 구성지게 불러 민족적 정통성 회복과 독립전쟁 승리를 송축하고 있다. 조선 민족은 영원하다는 것, 결코 멸망하지 않는다는 것이 곧 '하늘 뜻'임을 암시하고 있다. 일제 지배체제의 시국은 영겁의 시간과 공간에서는 한순간의 일시적 시국현상일 뿐이다. 그것은 한 번 지나가는 일과성 시국이므로 언젠가는 독립국가 부활의 미래가 온다는 것이다.

국민의례가 끝난 뒤에 구장님은 다음과 같이 인사를 하였다. "여러분, 성주(군수)께서와 서장께서 이렇게 누추한 가난한 동네에 왕림하시니, 이런 황송할 데가 없소. 그나 그뿐이오. 우리에게 술과 고기를 특배를 주셔서 오늘날 잘 먹게 하시니 이런 황감할 데가 어디 있소. 이게 다 임금님 은혜니 여러분 우리 목이 터지도록 만세를 부릅시다." 그리고 "텐노오헤이까 반자이(てんのへいかばんざい, 天皇陛下 萬歲)" 하고 구장이 선창하니, 백성들이 모두 두 팔을 높이 들고 "반자이(萬歲), 반자이" 하고 불러서, 차일이 날아갈 것 같았다.

술이 서너 순배 돌아갔을 때에 늙은 구장님이 일어나더니, 광대 숭내(흉내)를 내어 팔짓 다리짓을 하면서, "저 건너 갈뫼봉에 비가 묻어 들어온다. 우장을 허리에 두르고 지심(김) 매러 갈거나" 하고 육자배기를 하나 뽑고는, "얼씨구 좋을씨구" 하고 덩실덩실 춤을 춘다. 벼를 베었으니 보리를 갈아야 한다. 농가에 한가한 때는 없다. 그러나 부지런하게 '하늘 뜻'을 순종하는 농가에 농촌에 즐거움이 끊일 날도 없다. 근로도 영원이요 즐거움도 영원이다. 관음리 앞들에는 논을 가는 이, 가래질을 하는 이, 거름을 치는 이, 뿌리는 이, 흙덩이를 깨트리는 이. 석양은 관음봉에 걸려서 차마 이 농부들을 떠나지 못하는 것 같다.128)

여기서 이광수는 구장이 육자배기 1연(聯)만 부르게 하고 2연 이하를 생략하고 있다. "저 건너 갈뫼봉에 비가 묻어 들어온다, 우장을 허리에 두르고 지심 매러 갈거나 / 진국(辰國, 한강 이남 남도) 명산 만장봉(萬丈峰)이 바람이 분다고 쓰러지며, 송죽 같은 굳은 절개 매 맞는다고 훼절할까"에서 2연을 생략한 것이다. 2연 이하는 아무리 일제의 탄압을 받더라도 결코 절개를 굽히지 않는다는 항일정신을 담고 있기 때문에 이를 부르게 하면 당장 검열에 걸려 삭제처분을 당하고 만다. 이광수가 구장으로 하여금 육자배기를 부르게 한 것은 잃어버린 조국강토를 되찾아보겠다는 그의 독립쟁취의 열망의 발로라고 볼 수밖에 없다. 대환포(大丸砲)로 무장한 광복군이 적진(敵陣)을 돌파하여 왜족(倭族)을 격멸하고, 자유해방을 쟁취하여 독립기(태극기)를 휘날리며 육자배기를 우렁차게 합창하며 고국으로 개선하는 것이었다.

'육자배기'는 1908년 아양자(莪洋子)가 을사조약(1905) 체결로 강탈당한 국권을 회복하겠다는 소망을 담아 작사한 항일가사이다. 이제 그 전문을 소개한다.

歌調(가조) 육자백이, 아양자(莪洋子)

舊調 저 건너 갈뫼봉 안개구름 속에 비 묻어 온다 우장을 허리에다 두르고 기심(김) 매러 갈거나

이 위의 1절에 대하여 그 의미가 전무(全無)하다 하기는 불능하나 웅건 활발한 정신을 표양(表揚)하기 불능한 고로 이를 개정하여 이르기를,

新調 저 건너 태백산 안개구름 속에 백만의 용병(勇兵)이 독립기를 들고 대환포(대포)를 수레에 싣고 적진(敵陣) 치러 갈거나

이는 좀 듣기에 상쾌해요.

舊調 저 건너 초당 앞에 백년언약 화초를 심었더니 백년초(百年草)는 아니 나고 금년 이별 화초가 만발이라

이 위 1절은 그 의미가 화창(和暢)한 듯하나 청년(靑年)과 아동(兒

128) 상게서, pp.614~616.

童)의 뇌리(腦裏)에 무한한 음정(淫情)을 수입하나니 이를 개정하여 이르기를,

新調　저 건너 한반도에 단군(檀君) 혈족(血族)을 심었더니 단군 혈족은 어디로 가잔 말이냐 왜(倭)놈의 종자가 들어를 온다

이것 같다면 시세(時勢)에 대하여 좀 강개(慷慨)한 의미가 있다오.

舊調　성성제혈염화지(聲聲啼血染花枝, 울면서 토한 피에 물든 꽃가지)에 애를 끊고 우는 저 두견(杜鵑)아 하구 많은 공산(空山)을 두고 내 창 밖에 와서 왜 운단 말가 임을 그려 병든 나는 네 울음소리만 들어도 나는 죽겠구나

이 위의 1절은 나의 무수한 청년의 심장을 용부(熔腐, 녹고 썩다)케 한 것이로다. 이를 듣는 자 누가 엄이실색(掩耳失色, 귀를 가리고 얼굴빛이 변함)치 아니 하리요 개정하여 이르기를,

新調　성성제혈염화지(聲聲啼血染花枝)에 애를 끊고 우는 저 두견아 하구 많은 공산(空山)을 두고 내 창 밖에 와서 왜 운단 말가 나라 잃고 병든 나는 네 울음소리만 들어도 피눈물 나는 고나

이를 들음에 그 맛이 어떠하뇨 修身歌(愁心歌의 音變)

舊調　난사(難事)로구나 난사로구나 난사 중에도 겸(兼)난사로구나 저 산 밑에 임 두고 갈 길이 난난사로구나—

이를 기음(嗜吟, 즐겨 읊음)하시는 제군— 산(山) 밑에 임 두고 가기로서 난사(難事) 될 것 무엇이오. 난사 하나 들어보소.

新調　난사로구나 난사로구나 난사 중에도 겸(兼)난사로구나 남에게로 국권(國權) 양여(讓與)키는 난난사(難難事)로구나

舊調　천창만검지중(千槍萬劍之中, 천 가지 만 가지 창검 중)에 부월(斧鉞)이 당전(當前, 마주 대함)을 할지라도 맘(마음) 정(情)만 변치 말고 정지(情地, 정다운 처지)만 잊지 말아라 일후(日後)에 연분 곧 되면은 또다시 보리라

부월(斧鉞)이 당전(當前)할지라도 하지 못하고 보지 못하면 아니 될 일 하나 있소 이르기를,

新調　천창만검지중에 부월이 당전을 할지라도 맘(마음) 정만 변치 말고 이상(理想)만 변치 말아라 우리가 힘쓰고 보면은 내 자유 찾으리라.[129]

129)『太極學報』24호(1908. 9), pp.54∼56, 歌調 육자백이(裁洋子); 김수현·이

바. 명랑한 세상

이광수는 1945년 1월 원효의 법어 '마음 내는 법(心生法)'을 체득하여 시국을 극복하자는 콩트 '명랑한 세상'[130]을 발표했다. 이광수는 민족정신의 상징인물인 원효를 주제로 한 '원효대사'(1942)를 발표한 일이 있거니와 원효의 "모든 것은 마음에 달려 있다"는 대진리를 깨닫고 이 어지러운 전시 난국을 극복하기 위하여 원효의 심생법을 내면 명랑한 세상이 돌아올 것이라고 설파하고 있다. 원효(元曉)는 의상(義湘)과 함께 당나라 유학을 두 번 기도했다. 첫 번째는 650년 고구려 순찰대에 의해 붙잡혀 좌절됐고, 두 번째는 661년 당항성(唐項城, 南陽) 옛무덤에서 잠을 자다가 목이 말라 잠결에 바가지에 담긴 물을 마셨는데 이튿날 깨어보니 해골 바가지물인 것을 발견하여, 이에 "모든 것은 마음에 달려 있다"고 크게 깨닫고 당나라 유학의 꿈을 깨고 계림(桂林)으로 돌아오고 말았다. 원효의 대오법어(大悟法語)는 "심생종종법생 심멸종종법멸(心生種種法生 心滅種種法滅, 마음을 내면 가지가지의 방법이 생기고, 마음을 내지 않으면 가지가지의 방법이 스러지리라)"이다.

요새 전차나 기차나 모두 비좁다. 이것은 저 혼자 편안하겠다는 마음으로 볼 때에는 다른 사람들은 다 없고 저만 탔으면 좋겠고, 좁은 틈에 끼어서 땀내를 맡고 서서 가는 것이 큰 고통이겠지마는 사랑하는 동포들이 각각 바쁘게 볼일을 보러 다니거니, 이것이 다 전쟁을 돕고 나라를 빛나게 하는 것이라고 보고 전차나 기차를 타면 좁을수록 명랑한 일이다.

"세상이란 검은 안경을 쓰고 보면 검게 보이고 푸른 안경을 쓰고 보면 푸르게 보인다. 여름 하늘의 서늘한 달도 슬픈 사람이 보면 슬픈 달이요, 기쁜 사람이 보면 기쁜 달이다. 그러므로 명랑하고 우울한 것이 다 보는 사람의 마음에 달린 것이니 천당도 극락도 다 제 마음에 나타

수정, 『한국근대음악가사자료집』(민속원, 2008), 권 1, 잡지편(1906~1925), pp.51~53, 歌調 육자백이(裵洋子).

130) 『放送之友』 3권 1호(1945. 1), pp.43~45, 明朗한 世上(香山光郎).

나는 것이다.

국민학교 5, 6년생 계집애들이 골무와 바늘을 가지고 더운 여름방학 날에 교실에 모여서 하루 종일 군복의 호크와 단추를 달고 있다. 할 줄 모르는 바느질에 감이 단단하여서 조그마한 손가락들이 바늘 구멍투성이가 되지마는 이 딸들이 싫다는 생각을 한 일이 있는가. 어떻게나 귀엽고 명랑한 이야기 거린가. 관청 식당에서 이타바(いたば, 조리사)를 하는 청년이 찾아왔다. '선생님 저를 남방 격전지로 징용이 되어 가게 해주셔요. 처자의 생활은 물으시지 말아주셔요. 저를 남방 격전지로 가게 해주셔요.' 나는 일어나서 내 아들보다도 나이가 어린 이 청년에게 절을 하였다. 모두가 명랑한 풍경이다. 이루 다 말할 수가 없다."131)

(4) '일본부인'(조선판)의 이광수 단편

가. 반전(反轉)

이광수는 1944년 7월, 고향 친구 사이인 다다시(忠)와 마사에(昌枝)의 애정소설 '반전'132)을 발표했다. '방송지우'에는 창씨개명한 '가야마 미쓰로우(香山光郞)'를 사용했지만 '일본부인(日本婦人)'에서는 '춘원(春園)'을 사용하고 있다.

문학청년 다다시는 와세다대학 문학부에 다니면서 고향의 여자 친구 마사에를 어릴 때부터 열렬히 사랑했다. 다다시는 마사에를 '거룩한 여신'으로 생각하고 육체적 결합의 대상으로 여기지 아니했다. 그러나 마사에의 집안이 가난해서 전문학교 진학이 어렵게 되었다. 이에 다다시는 와세다를 중도 퇴학하고 고향의 세전 재산 논밭을 모두 팔아 그 돈으로 경성 성북동에 집을 한 채 사서 모친을 모시고 살면서, 마사에를 경성여의전에 입학시켜 5년 동안 학비 전액을 대어주고 마사에가 장차

---

131) 상게서, pp.43～45.
132) 『日本婦人(朝鮮版)』(1944. 7), 反轉(春園); 『근대서지』 제6호, pp.617～630, 反轉(春園). 이광수전집(삼중당)에 미수록.

전문학교를 졸업하면 아내로 맞이할 부푼 꿈을 안고 있었다. 다다시 자신은 어린이 장난감 제조회사에서 월 80원 봉급을 타서 모친과 근근이 생활하고 있었다. 어느 날 마사에로부터 점심이나 같이하자는 전화를 받는다. 다다시는 마사에가 이번 봄에 졸업하면 혼례를 치르자는 말이 나올 것이라는 기대감을 가지고 마사에 하숙집을 찾아간다.133)

마사에의 하숙집에 찾아가니 그의 방문 앞에는 마사에의 신발과 아미아게(編上靴, あみあげ) 남자 구두가 나란히 놓여 있는 게 아닌가. 다다시가 온 줄 알고 학생복을 입은 퉁퉁한 남자 하나가 한 손에 모자와 가방을 몰아들고 쑥 튀어나오더니, "마사 짱, 사요나라(안녕)" 하고 부랴부랴 달아나고 말았다. 다다시는 저런 사내라면 손닿는 계집은 그냥 안 두리라고 생각하고 불길한 여러 가지 생각이 번뜻 보이는 것을 어찌할 수 없었다. 일순간 사랑의 배신감에 분노가 치밀어 올라 몸을 가눌 수가 없을 지경이었다. "마사에 상은 언제부터 이 방에 외간 남자를 끌어들여서 남자 교제를 하시오. 그렇게 해도 좋다고 생각하시오." 마사에는 눈이 여물(야물)어지면서 "마쯔바라 상이 누구시길래, 내게 그런 간섭까지 하셔요. 나도 전문학교 학생야요. 내 나이 벌써 스물 셋이야요. 내가 어떤 남자하고 교제를 하든지 약혼을 하든지 무슨 상관야요" 하고 톡 쏘았다. 다다시는 어안이 벙벙하였다. 제 귀를 의심하였다. 숨이 막힐 지경이었다. "내가 무슨 상관이냐. 마사에와 나와 아무 상관이 없다?" 다다시는 이성의 절제력을 잃고 언성을 높였다. "마쯔바라 상이 5년간 내 학비를 도와주신 은인이시지요. 왜 상관이 없으셔요. 그렇지만 마사에가 어떤 남자와 교제를 하건, 사랑을 하건, 혼인을 하건, 그것까지 참견하실 건 없단 말씀야요. 안 그래요." "5년간 지켜오던 사랑의 맹세는 어떡허고. 말로 한 것은 스러졌다 하더라도 몇 백 장 편지는 그저 남아 있어요." 다다시는 제 이 말에, 마사에가 울고 뉘우치고 제 가슴에 달려 들어와 안길 것을 예기하였다. "아아니, 편지가 무슨 편지요. 아참, 그 편지 다 돌려 보내주셔요, 네. 오늘 오십시사고 한 것은

133) 상게서, pp.617~621.

그 때문야요. 마쯔바라 상 편지 뭉텅이, 자 이거야요. 이거 드릴게, 내 편지 돌려 보내주셔요, 네."134)

　마사에는 아무 일도 없었던 듯이 상글상글 웃기까지 하면서, 방구석에 구르던, 신문지로 싼 뭉텅이를 끌어당기어서 다다시 앞에 밀어놓았다. 지금까지 마사에는 가네야마(외간 남자)와 둘이서 다다시의 편지를 뒤져서 재미있게 읽고는 웃기도 하고, 가네야마가 불쾌한 빛도 보였다. 마사에가 가네야마에게 다다시 편지를 보인 것은 제 처녀성을 증명하려는 것이었다. 다다시는 두 남녀가 제 편지를 보고 있었을 광경을 생각하고 전신에 모닥불을 퍼붓는 듯함을 느꼈다. 다다시는 신문지 뭉텅이를 앞에 놓고 웃어야 할지, 울어야 할지를 몰랐다. 다다시는 이 편지를 쓰던 때를 생각하였다. 어떠한 큰 정성으로 쓴 편지들인고, 그것을 생각하고 이것을 생각하면 태연히 앉아서 제 편지를 돌려보내기만 조르고 있는 마사에를 탕을 치고 가루를 만들고도 싶고 물어뜯고 덤벼들어 할퀴고도 싶고, 어찌해야 좋을지 몰랐다. 마사에의 낯빛이 살짝 흐린다. 마사에는 다다시가 불쌍하다는 생각이 난다. 마사에는 다다시가 자기를 사랑하는 줄을 안다. 그 구차한 생활에 5년간 제 학비를 대어준 것이 저를 사랑한다는 데 외에 아무 의리도 이유도 없는 것을 마사에는 잘 안다. 마사에는 다다시를 처음에는 사랑하기도 하였다. 2년생 때까지도 마사에는 제가 필경은 다다시의 아내거니 하였다. 그러나 최근 2년 동안에, 다다시는 마사에에게는 마음에 차지 않는 사람으로 변하였다. 뚫어진 곤사지 정복에 때 묻은 사각모를 썼던 다다시에게는 젊은 남성으로서의 매력도 있었고 인생의 희망도 있었고, 또 아직 다른 남자를 알지 못하던 시골 처녀 마사에의 눈에는 다다시는 세상에 뛰어난 인물이기도 하여서 순정으로 사랑과 공경도 쏠렸다. 그러나 요때(이때) 돈 80원에 턱을 걸고 때 묻은 국민복에, 후줄근하게 풀이 다 죽어 댕기는 다다시를 대하면 꾀죄한 궁상밖에 아무 매력도 없었다. 이때에 마사에의 앞에 나타난 것이 가네야마였다. 그의 풍부한 몸, 구김살 없이 쭉

---

134) 상게서, pp.622~625.

펴인 성격, 추근추근하지 아니하고도 열정적인 사랑은 순식간 마사에를 포로로 삼고 말았다. 게다가 그는 부잣집 아들이었다.135)

마사에는 지난 5년간 다다시로부터 받은 학비 보조금은 배로 쳐서 보상하겠다고 선언했다. "노여시지 마셔요. 저도 당신을 사랑하려고 무척 애를 썼어요. 그러나 사랑이 안 가는군요. 그래서 사랑은 못하더라도 혼인만이라도 하여서 아내가 돼 드리려고도 애를 썼어요. 무척 괴로워했습니다. 그러나 지금 와서는 혼인할 사정도 못 되지 않아요. 제가 의사가 되니 당신께서 저 같은 의사 아내하고 안 맞지 않아요. 그래서 마음을 단단히 하고 가네야마 상하고 약혼을 했습니다. 가네야마 상도 명년이면 의사가 되구요. 또 연구비라든지 나중 개업할 자본도 넉넉히 있구요. 가네야마 상 집은 수천 석하고 재산가요. 그러니까 선생님께 받은 학비도 곧 갚아드릴 수도 있고요. 제가 한 5, 6천 원 선생님께 학비를 받았었는데 적어도 그 갑절 이상은 드릴게요. 그거면 저렇게 구차하신 것은 면하시지 않겠어요."136)

다다시는 이런 모욕적인 최후 진술을 듣고 마사에 하숙집을 탈출하여 종로거리 쪽으로 천방지축 갈지자걸음으로 지향 없이 걸어간다. 문득 평소 존경하는 선배 월강 선생의 연애관이 머리에 떠올랐다. "연애는 이기주의다. 보살은 대중을 사랑한다"는 것이었다. 다다시는 월강 선생의 연애관에 반박하였다. "자기가 마사에에게 대한 사랑은 이기주의가 아니라고 속으로 외쳤다. 그러나 자기가 어머니의 재산까지 팔아서 5년간 마사에의 학비를 당해준 목적이 무엇인가? '필경 마사에의 몸을 내 것을 만들자는 것이 아니었더냐. 마사에를 위한 것이라면 마사에가 저 좋아하는 남자헌테 시집을 가기로서니 내가 분개할 까닭이 있나. 필경 나는 5천 원 화대(花代)를 선금을 주었다가 돈만 주고 퇴(退)를 맞은 사내다.' "137)

다다시는 황토마루 쪽으로 허둥지둥 방황하다가 비각 앞에 세워놓은

---

135) 상게서, pp.625~626.

136) 상게서, p.627.

137) 상게서, pp.628~629.

포스터 글귀가 시야에 들어왔다. '해군특별지원병 모집'이란 입간판이었다. "지나간 5년간에 나는 한 여자의 궁둥이를 따라 댕겼다. 그러다가 오늘 그 여자의 발길에 챘다. 애욕에, 애욕에, 그것조차 닭 쫓아가던 개가 되고, 그리고 죽어가는 상으로 전기선대에 기대어 서 있는 저!" 이렇게 한탄하고 있었을 때, "여보세요" 하고 다급하게 부르는 소리가 들렸다. 돌아보니 마사에였다. 마사에는 가네야마와의 약혼을 파기하고 다다시를 영원한 인생 반려자로 뒤바꾸겠다고 선언한 것이다. 그것은 다다시에게 '남아다운 일'을 하기를 촉구하는 하소연이었다. 이는 넌지시 독립운동의 역군이 되어달라는 암시이다. 마사에는 비장한 표정으로 말한다. "저는 넌지시 마쯔바라 상 뒤를 따라왔어요. 어디로 가시는가 하고 걱정이 되어서. 여보서요, 내 시집 안 가고 있을게. 마쯔바라 상이 무슨 사내다운 일을 하셔요. 기운을 내셔요. 난 계집애 궁둥이만 줄줄 따라 댕기는 사내는 싫어요. 사랑만은 싫어요. 남아다운 일을 하는 남자가 좋아요. 내가 없어지면 마쯔바라 상이 사내다운 사람이 된다면 내가 죽어버려도 좋아요. 왜 사내답게 못 되셔요. 글쎄" 하는 마사에의 눈에서는 눈물이 흘렀다. 다다시는 비각 모퉁이 해군특별지원병 모집 입간판을 뚫어지게 들여다보았다.[138]

나. 학병(學兵)의 어머니께

이광수 자신은 총독부의 강권으로 1942년 12월 동경으로 건너가서 학병 권유 유세강연을 행한 바 있다. 총독부 당국이 이광수로 하여금 학병 권유를 하게끔 정치적 이용을 했다면, 이광수는 이를 조선의 엘리트 학병이 일본의 군사훈련을 받아 장차 독립군의 기간장교(基幹將校)로 육성되는 호기(好機)로 역이용한 것이다. "징용이나 징병은 불행한 일이어니와 이왕 면할 수 없는 처지일진댄 이 불행을 우리 편이 이익이 되도록 이용하는 것이 상책이다. 징용에서는 생산기술을 배우고, 징병

---

138) 상게서, pp.629~630.

에서는 군사훈련을 배울 것이다. 우리 민족의 현재의 처지로서는 이런 기회를 제하고는 군사훈련을 받을 길이 없다. 산업훈련과 군사훈련을 받은 동포가 많으면 많을수록 우리 민족의 실력은 커질 것이다."139)

이광수는, 학병 권유 강연의 당초의 목적은 민족보존을 위한 고육책이라는 것, 일본의 군사훈련으로 독립군 장교를 육성하겠다는 것 등의 취지를 담은 '학병의 어머니께'140)라는 순한글 편지 형식의 공개서한을 발표하였다. 학병 권유 강연과 독립군 양성론이야말로 이광수의 정치공학적인 시대적 패러독스가 아닐 수 없다.

이광수가 동경에서 학병 권유 강연을 벌이고 있던 당시 김을한(金乙漢)은 일본어로 '조선화보(朝鮮畵報)'를 내고 있었다. 김을한은 그 당시의 정황을 증언하고 있다.

춘원이 묵고 있던 여관의 광경을 보았는데 날마다 2, 3백 명의 우리 대학생이 춘원을 만나려고 운집했더래요. 학생은 당시 입장에서 춘원에게 어떤 의미로는 신상 상담하려고 어떤 의미로는 항의하려고 갔을 겁니다. 그래서 춘원도 학생과 만나는 것이 큰 부담이었으나 몇 번 제한된 학생 수를 만나서 얘기했다는 거야. 김붕구(金鵬九)도 아마 춘원의 말에서 민족주의로서 수긍했던 모양이죠. 다른 학생과의 경우에 "자네도 지성청년임에 내가 가라고 권해서 가겠나, 가지 말래서 안 가겠나. 내가 동경까지 강연 온 것도 내 뜻으로 그런 강연하려 온 게 아닐세. 자네들이 학병으로 끌려가는 것과 같은 사정으로 끌려온 거야. 내가 단상에서 공개 연설한 것은 자네 부친도 그 단상에 세워지면 나와 똑같은 말을 했을 거야. 아니 자네 집 안방에서 자네 부모가 뭐라고 하던가. 가라고 하던가, 도망쳐라, 잡혀서 투옥되더라도 도망치라고 하던가. 거의 모든 부모가 보내고 싶지 않으면서 속으로 울면서도 보내는 것이 아닌가. 가서 그야말로 무운장구해서 잘 살아 돌아오라는 것이 기도하는 자애로운 마음일 거야. 나도 그 심정이다. 그러나 나로서는 다들 기대가 하나 있다. 끌려 나가는 희생자로서가 아닌 민족군

139) 春園 李光洙, 『나의 告白』, p.174.
140) 『放送之友』(1944. 2), pp.26~29, 學兵의 어머니께(香山光郎).

(民族軍)의 장교훈련을 받는다면 득이 아닌가. 그런 생각을 한다면 약간의 위안도 되고 민족적 자존심도 생길 것이 아닌가. 비록 심리적일지라도, 아니 그 심리적인 꿈이 소중한 거다. 다른 의미에서 혹은 자네가 자네 의사에 따라서 도망치게나. 강연에서 말 못하는 나의 절실한 권유일세." 그런 대화 끝에 학생과 춘원은 서로 껴안고 울었다고 나한테 얘기해주었어요. 거짓말 절대 하지 않는 그가 더구나 나한테 거짓말 했겠어요.141)

조선어 절멸위기에 처한 이광수는 오로지 조선어 보존정신을 살리기 위하여 한글전용 문체로 '학병의 어머니께'를 발표한 것이다. 따라서 이 글은 직설적 표현방식을 지양하고 은유법에 의해 그의 자유독립사상을 표현하고 있다. 여기서 '일본'이란 말은 단 한마디도 찾아볼 수 없고, '신라, 조선, 조선 동포'는 5회, '우리나라'는 6회 나온다. '오는 세상'은 두 번, '좋은 세상'은 한 번 나온다. '오는 세상'이란 조국광복을, '좋은 세상'이란 해방된 자유독립을 암유하고 있다. "여러분 어머님들은 귀여운 아드님으로 사랑하시지마는 나는 오는 세상의 주인이 되어서 오는 세상을 기막히게 좋은 세상을 만들 큰 일꾼으로, 영웅호걸로 그들을 사랑합니다." 무엇보다도 이광수가 학병의 어머니에게 호소한 혁명정신은 무엇인가를 살펴볼 필요가 있다. 이 싸움의 결전(決戰)이 바야흐로 닥쳐와서 '마루판 씨름'이 벌어질 것이므로 이에 대응전략으로 출정 학병들에게 해방자(解放者)로서의 역할동기를 부여했다는 것을 주목해야 한다. "여러분의 아드님네는 이 크고 거룩한 싸움의 판을 막으러 나서는 용사이기 때문에, 여러분의 아드님네는 이 싸움이 끝난 뒤에 대동아공영권을 건설하는 가장 영광스러운 일꾼이기 때문에, 여러분은 우리나라의 운명을 담당할 책임 무겁고 영광 찬란한 인물이 되었습니다. 그리고 전쟁을 이기고 개선하는 날에는 당신의 아드님은 우리나라의 기둥과 같은 힘 있는 지도자가 되는 것입니다." 이렇게 학병은

---

141) 『기러기』 제167호(1979. 5, 春園米壽紀念特集), pp.36~37, 春園 李光洙의 文學과 思想의 功過, 春園米壽座談會.

광복한 새나라 건설의 주인이요 민족지도자가 될 것이라고 선지자적 예언을 하고 있다.

학병(學兵)의 어머니께

학도지원병의 어머니 여러분! 안녕하십니까. 이번에 지원병으로 나가신 아드님들은 영문에 들어간 지 벌써 엿새가 되었습니다. 참으로 세월의 흐르는 것이 살같이 빠릅니다. 잠깐 1년이 되고 이태가 됩니다. 아드님들은 벌써 군대생활에 익숙하여서 날마다 힘차게 유쾌하게 훈련을 받고 있을 것입니다. 그리고 하루 일을 끝내고 자리에 누울 때에 맨 먼저 그가 생각하는 것이 어머님일 것입니다. 여러분 어머니들도 밤낮으로 생각하는 것이 군인이 된 아드님일 것입니다. 아들의 어머니 생각, 어머니의 아들 생각, 세상에 이보다 더 간절하고도 아름다운 일이 어디 있습니까.

어머니 여러분, 나는 여러분의 아드님 중에 천여 명 사람을 만나보았습니다. 그중에는 무척 친한 사람도 있습니다. 지금 이 말씀을 하고 있을 때에도 내가 잘 아는 그 얼굴들이 눈에 얼른얼른합니다. 모두 씩씩한 청년들입니다. 얼굴도 잘나고 체격 좋고, 속 크고 다들 장래에 우리나라를 두 어깨에 둘러메이고 나갈 만한 인물들이었습니다. 여러분 어머님들은 귀여운 아드님으로 사랑하시지마는 나는 오는 세상의 주인이 되어서 오는 세상을 기막히게 좋은 세상을 만들 큰 일꾼으로, 영웅 호걸로 그들을 사랑합니다. 그러나 어머님네나 이 사람이나 저 학도지원병을 믿고 사랑하기는 마찬가지입니다. 당신의 아드님은 이제는 당신께만 소중한 사람이 아니요 조선 동포 전부가, 아니 1억 국민 전부가 소중히 여기는 사람입니다. 당신의 아드님은 당신 집 운명만을 담당한 사람이더니, 지원병이 된 오늘날에는 우리나라의 운명을 담당한 책임 무겁고 영광 찬란한 인물이 되었습니다. 그리고 전쟁을 이기고 개선하는 날에는 당신의 아드님은 우리나라의 기둥과 같은 힘 있는 지도자가 되는 것입니다. 당신 아드님이 대학에서 배우던 것보다 더 좋고 더 높은 것을 군대에서 배우고 전장에서 배우기 때문입니다. 사내가 세상에 나서 사람 구실을 하자면 두 군데를 댕겨(다녀) 와야 하는

데 두 군데란 무엇인고 하니 하나는 학교요, 하나는 군대입니다. 이 두 군데를 댕겨 와야 완전한 사람이 되거니와, 또 하나 저마다 기회를 얻기 어려운 것이 있으니, 이 기회는 일생에 한 번 만나기 어려운 기회입니다. 그것은 무엇인고 하니 전장에 댕겨 오는 것입니다. 한 번 전장에 나아가 포연탄우 속으로 달린 사람은 보통 사람으로는 경험하지 못할 깊고 높은 인생을 경험하는 것입니다. 그는 마치 큰 도를 닦는 것과 같습니다. 예로부터도 전장에 댕겨 온 사람들 중에서 위인이 많이 났습니다. 이번 전쟁이 끝나고 여러분의 아드님들이 개선하면은 필시 그중에서 각 방면의 위인이 많이 나오리라고 믿습니다. 오랫동안 잠잠하고 생기가 없던 조선에도 이번 학도지원병들이 문을 열어서 앞으로는 크고 많은 사람들이 쏟아져 나올 것입니다.

어머니 여러분, 여러분은 과연 잘난 아드님을, 참으로 좋은 때에 낳아서 기르셨습니다. 나라의 큰일을 할 수 있는 아드님을 나라의 큰일을 할 수 있을 때에 낳아주셨습니다. 이 아드님을 낳으심으로 하여 금세와 후손의 감사를 받으시고 댁 가문의 중흥시조의 큰 할머니 되실 것을 나는 단언합니다. 댁 조상님네 중에는 크신 할머니도 계시겠지마는 그 어느 크신 할머니보다도 당신은 가장 크신 할머니가 되실 것을 나는 단언합니다. 왜 그런고 하면 이 싸움 즉 대동아전쟁은 우리나라의 운명이 달린 큰 싸움이기 때문에. 당신 아드님은 우리나라의 운명을 지키러 나선 것이기 때문에. 이 싸움은 예로부터 처음인 거룩한 싸움이어서 아세아 10억 창생을 영미인의 노예의 멍에에서 해방하자는 싸움이기 때문에. 여러분의 아드님들은 아세아 10억 창생을 위하여서 싸우러 나가는 것이기 때문에. 이 싸움의 결전이 바야흐로 닥쳐와서 이로부터가 마루판 씨름이기 때문에. 여러분의 아드님네는 이 크고 거룩한 싸움의 판을 막으러 나서는 용사이기 때문에. 여러분의 아드님네는 이 싸움이 끝난 뒤에 대동아공영권을 건설하는 가장 영광스러운 일꾼이기 때문에.

그러면 어머니 여러분, 이 잘나고 소중한 아드님을 위하여 여러분은 어찌하셔야 하겠습니까. 아드님들이 영문에 들어가 있고 전장에 나가 있는 동안 어머님들은 무엇을 하셔야 하겠습니까. 어머니 여러분, 여러분은 소중한 아드님을 위하여서 신명(神明)님께 정성을 드리실 것입니다. 몸이 늘 건강하고 마음이 늘 편안하고 백전백승하게 해줍시사 하고 축원하실 것입니다. 그것이 대단히 좋은 일입니다. 가미다나(神棚)와 조상님 앞에도 더욱 정성을 드리시고 부처님께도 정성을 드리실 것입니다. 여러분의 몸을 깨끗이 하시고 마음을 깨끗이 하셔서 정성으로 올리는 기도는 반드시 응할 것입니다. 여러분이 하시는 모든 선행공덕은 반드시 여러분의 소중한 아드님께로 돌아갈 것입니다. 나는 이것을 확실히 믿습니다.

내지의 어머니들도 이렇게 합니다. 전장에 나간 아들을 위하여 신사에 빌고 불전에 빌고 어려운 사람을 도와주고 부정한 마음을 먹지 아니하고, 이 모양으로 여러 가지 공덕을 쌓아서 그 사랑하는 아들에게로 돌립니다. 이것은 심히 아름다운 일입니다. 옛날 신라(新羅)의 어머니들도 그러하였습니다. 김유신(金庾信) 부인은 그 남편과 아들네의 복을 빌기 위하여서 몸소 여승이 되어서 공덕을 쌓았습니다. 정성이란 신명(神明)을 감동하는 것입니다. 더구나 어머니의 정성이란 그러한 것입니다. "眼に見えぬ神の心に通ふこそ 人の心の誠なりけれ(눈에 보이지 않는 신의 마음에 통하는 것이야말로 사람의 마음을 정성스럽게 한다)."

그러나 어머니 여러분, 다만 신명께 비는 것만으로 여러분이 용사의 어머니로서 하실 일을 다 하였다고 할 수 있겠습니까. 더 할 일이 있지 아니하겠습니까. 그것은 무엇이겠습니까. 어머니 여러분, 여러분은 여러분의 아드님들과 함께 힘을 합하여서 적과 싸우셔야 하지 아니하겠습니까. 하루라도 바삐 적을 항복시키도록 해야 하지 아니하겠습니까. 그 길은 무엇입니까. 첫째로는 전심으로 나라를 사랑하고 나라를 위하여서 정성을 드리는 것이겠습니다. 여러분이 신사나 불전에서 비실 때에는 먼저 성수만세를 빌고 문무백관이 멸사봉공하기를 빌고 출정 장병이 무운장구를 하기를 빌고 전몰 영령이 좋은 데 가기를 빌고 1억 국민이 모두 몸과 마음이 튼튼하여서 제 맡은 직분을 다하기를 빌고, 그런 뒤에 당신 아드님을 위하여서 빌 것입니다. 이것이 옳게 비는 법이요, 이것이 국민으로서 나라를 사랑하는 첫 과목입니다.

둘째로는 나쁜 데마(데마고기(demagogy), 유언비어나 악선전을 뜻하는 말)를 믿지 않고 전하지 않고, 불평을 말하지 않고, 남이 불평을 말하거든 그러지 말라고 간하고, 아무쪼록 국민이 즐거워하도록, 한 덩어리가 되도록 얼굴을 가지고 말을 하고 마음을 쓰는 것입니다.

셋째로는 제 직분을 지켜서 물건을 많이 만들고 절약해 쓰는 것입니다. 이것은 증산이라고도 하고 물자증산이라고도 하는데, 병정이 많아야 싸움에 이기는 모양으로 물건이 많아야 싸움에 이깁니다. 어머니 여러분은 농사나 질삼(길쌈)이나, 무엇이나 물건을 만드는 일을 하시고, 무슨 물건이나 애껴(아끼어) 쓰시고 아니 쓰시는 것이, 나라의 싸우는 힘을 돕는 일, 즉 전력증강이 되어서, 이것이 곧 여러분의 소중한 아드님을 돕는 일이 됩니다. 만일 여러분이 물건을 잘 아니 만드시고 쓰시기만 하신다면 우리는 싸움에 질 것이니, 싸움에 진다면 여러분의 아들은 어떻게 됩니까. 우리나라는 어떻게 됩니까. 그러므로 어머니 여러분! 나라를 위하여, 아드님을 위하여 물자증산, 전력증강에 힘을 다하셔서 전장에 나선 아드님의 뒤를 거들어주셔야 합니다.

어머니 여러분, 이 모양으로 여러분이 신명께 정성을 드리는 것으로나, 평소에 얼굴로나 말로나 행실로나 애국의 정성을 나타내는 것으로나, 몸소 물자증산, 전력증강을 힘쓰는 것으로나, 장차 징병 갈 아들을 가진 어머니들의 모범을 보임으로 여러분의 아드님네의 명예가 높아지고 여러분의 가문이 빛날 것입니다. 여러분은 더욱더욱 동포의 사랑과 공경을 받고 감사함을 받을 것입니다.

여러분의 아드님네는 전문, 대학의 학도들이시니 여러분의 가문은 모두 상류십니다. 그러므로 세상의 우러러봄이 높습니다. 게다가 여러분의 아드님이 영광스러운 학도지원병이기 때문에 여러분의 가문은 더욱 두드러지게 표가 납니다. 그래서 여러분 댁에서 하는 일은 만인의 눈에 뜨입니다. 잘하시는 것도 눈에 띄고 못하시는 것은 더욱 눈에 거슬리게 됩니다. "학도지원병 집이 저 따윈가" 하는 치소(嗤笑)를 듣지 마시고 "과연 학도지원병 집이다" 하는 칭송을 받으시기를 바랍니다. 예로부터 어떤 가문이 크게 일어날 때에는 특별한 공덕이 필요합니다. 그중에도 큰 부인네의 공이 있습니다. 집안의 규모를 새로 세우고, 남들이 하기 어려운 일을 하였습니다. 여러분이야말로 바야흐로 이러한 기회를 당한 어머니라고 믿습니다. 나는 새로 일어난 충효의 많은 가문이 조선에 빛날 것을 믿습니다.142)

---

142) 『放送之友』(1944. 2), pp.26~29, 學兵의 어머니께(香山光郎). 이광수전집 (삼중당)에 미수록.

(5) 절흐는 무음

조선 문화와 조선어 절멸위기에 직면한 이광수는 조선어를 일본제국의 한 지방어로서 보존할 가치가 있다는 의미에서 언문철자법을 사용한 '절흐는 무음'143)을 발표했다. 1933년 '한글맞춤법통일안'이 공포되면서 구 철자법은 자동적으로 폐기되었다. 그럼에도 불구하고 이광수는 시대역행으로 굳이 '절흐는 무음' 전문을 구 철자법(언문소설체)으로 쓰고 있다. 이는 고대 조선 문화로의 회귀, 나아가서는 조선 문화와 조선어의 뿌리를 지키겠다는 조선어 보존정신의 발로인 것이다.

표면적으로 보면 이광수는 광적으로 친일협력의 글을 발표했다고 볼 수 있다. 그러나 '절흐는 무음'은 중층적, 중의적(重義的), 분석적 역사해석이 요구되는 작품이다. 이 작품의 특징을 요약해보면, 첫째, 현대 철자법을 쓰지 않고 '아래으 언문체'로 썼다는 것, 더군다나 '마음'을 언문소설체 방언 '무음'으로 표기했다는 것, 둘째, 이 암흑기에 이광수는 모든 작품에 창씨명 '가야마 미쓰로우(香山光郞)'를 사용했는데 유독 이 작품에만 '춘원(春園)'이라는 자호(自號)를 고집했다는 것, 셋째, 한글전용으로 집필했다는 것, 넷째, 작품 첫머리에 치마저고리를 입고 고무신을 신고 오른손으로 치맛자락을 다소곳이 여미고 서 있는 조선여인의 전통미를 컷으로 그려놓았다는 것 등을 들 수 있다. 필자의 호 '春園'만 한자로 표기하고 철저한 한글전용으로 구 철자 언문체로 작성되었으며, 종결사로 '~할 것이니라', '가르치나니라'로 성경 말씀이나 설교식으로 표현하고 있다.

이렇게 분석적 검토를 하면 이 작품은 메타포(암유) 작품임을 알 수 있다. 친일을 가장하고 조선정신을 은유하는 작품임을 행간에서 읽을 수 있는 것이다.

이광수는 한평생 시, 소설, 논설 등을 써왔지만 단 한 편도 '아래으 언문체'로 글을 쓴 적이 없다. 그런데 왜 하필이면 '절흐는 무음'만은

---

143) 『新時代』(1944. 7), pp.24~28, 절흐는 무음(春園); 이경훈, 『춘원 이광수 친일문학전집』(평민사, 1995), II, pp.421~426, 절흐는 무음.

구 철자법으로 썼을까? 더군다나 조선어학회에서 1933년 '한글맞춤법통일안'이 제정된 이래 이광수는 모든 글을 현대 철자법에 맞게 써왔는데 난데없이 '아래ㅇ 언문체'로 글을 썼다는 그 자체만 해도 이는 한글맞춤법통일안에 역행하는 구시대적 발상이 아닐 수 없다. 이를 역설적인 시각으로 본다면 일제의 조선어 폐지 즉 조선문화말살정책에 대한 항일적 글임을 알 수 있다. 일제의 한 지방어로 전락한 조선어를 보존하겠다는 의도임을 간취할 수 있다.

이광수는 조선적인 특수문화는 영구히 보존해야 할 가치가 있다고 역설하고 있다.

문학은 어찌할까. 지금 조선에 가장 조선적 특색을 가진 문화 부문은 문학이다. 미술이나 음악에도 조선적인 향토적인 색채, 향기 등 특색을 가질 수 있지마는 그래도 그것은 언어적이 아니요, 색채, 음향, 형상을 주로 한 것임에 조선적이라는 경계선이 명확하지는 아니하다. 그러나 문학은 조선 특유의 언문(諺文)으로 조선인의 생활, 사상, 감정을 표현한 것이기 때문에 이것은 오직 조선어문을 아는 사람만이 감상할 것이다. 그러므로 모든 문화 부문 중에서 가장 조선적인 것은 조선문학이다. 조선인의 생활이 당분간은 조선어로라야 완전히 표현될 것은 말할 것도 없다.

'밥을 먹는다'와 '御飯を頂く'와는 문학적으로 보아서 결코 동가(同價)가 아니다. '御飯を頂く'라는 표현에는 일본적인 경신존황(敬神尊皇)의 사상이 함축되어 있어서 종교적, 애국적 정서를 수반하지마는 '밥을 먹는다' 하는 것은 진실로 유물적인 외에 아무것도 없다. 불교에서 '공양(供養)을 잡숫는다' 하는 말에는 종교적 함축이 있는 것이다. '여보 마누라'와 'おい君子(어이 기미꼬)', '山本が(야마모토가)'와 '사랑양반이'와 이 모양으로 내외간의 2인칭, 3인칭에도 번역할 수 없는 뉘앙스가 있는 것이니 이것은 생활 자체의 차이다.[144]

---

144) 『每日新報』(1940. 9. 10), 心的 新體制와 朝鮮文化의 進路(6)(香山光郎); 이경훈, 『춘원 이광수 친일문학전집』, II, p.105.

내선일체라 하면 언어도 조선어를 폐지하고 일본어로 통일하여야만 비로소 진정한 내선일체가 구현된다고 인식되고 있었다. 그러나 이광수는 조선인과 일본인이 같은 색깔로 일색이 되는 게 아니라, 한일 양 민족이 상호 고유문화를 이해하는 것이야말로 참된 내선일체라고 정의하고 있다.

그러니까 군, 조선의 옛 문화를 전부 새로 고칠 필요는 없는 것이네. 내선일체는 국민적 감정의 문제이지 모든 것을 일색(一色)으로 칠하는 것을 의미하지 않네. 하물며 앞서도 말했듯이 조선 문화는 일본 문화와 동원(同源)이며 동질(同質)임에 있어서랴. 그렇다면 군과 나는 어떤 선을 따라 노력하지 않으면 안 되는가. 그것은 서로서로 사랑하고 이해하고 존경하는 일이라고 생각하네. 나는 군을 형뻘로서 존경하겠네. 하지만 군은 나를 무턱대고 동생 취급하는 일은 삼가게. 군, 오해하지 말게. 내 제의를 잘 음미해주게.
이렇게 우리들은 서로를 연구하고 친애하는 형제의 애정을 가지고 서로 알려고 하세. 그렇게 하는 데는 우선 접촉이 제일이네. 개인과 개인, 가정과 가정의, 이해관계를 떠난 순수한 우정의 접촉이야말로 상호이해와 맺어짐의 불이법문(不二法門)이라네. 약 만 명만 양쪽이 접촉할 수 있다면 내선일체 촉진의 효과는 그야말로 산수(算數) 비유로는 잘 모를 정도로 클 것이네. 그 공덕은 무량무한일 것이네. 군, 군이 만일 동경에 산다면 동경에 있는 조선 학생들을 군의 가정에 불러주지 않겠나. 따뜻하고 깨끗한 군의 가정에서의 하루는 능히 그들 마음의 결빙을 녹일 것이네.[145]

---

145) 香山光郎, 『同胞に寄す』(博文書舘, 1941. 1. 20), p.18; 김원모·이경훈 편, 『동포에 告함: 春園 李光洙 親日文學』(철학과현실사, 1997), pp.26~27, 동포에 告함. 이광수는 경성일보에 일본어로 발표한 논설문을 한 권의 단행본으로 묶어 1941년 1월에 박문서관에서 간행했다. 일본어로 썼다 해서 이를 무조건 친일문학이라 매도한다는 것은 모략사관이 아닐 수 없다. 친일성 논조가 있지만 제재와 소재는 민족보존론이다. 조선 민족정신을 함양하고 고취한 논설문이다. 당국의 검열을 의식하여 내선일체론을 구현하는 차원에서 집필했지만 그 밑바탕에는 민족정신, 민족보존론의 기개가 살아 있는 논설문이다. 이와 같이 이광수는 경성일보를 통하여 일본 국민에게 조선 문화의 정통성을 널리 선전한 것이다.

1940년 8월 21일 동우회 사건 2심 공판에서는 이광수의 최고형 5년 징역형을 비롯하여 피고인 전원이 유죄판결을 받았다. 그리고 피고인 전원은 이에 불복하여 상고하였다. 무죄판결을 받아내어 동지를 구출해내는 것이야말로 민족지도자 이광수에게 주어진 시대적 사명이었다. 전향자 이광수는 경성대화숙(京城大和塾)에 입소하여 행자가 되어 일본정신 강의를 들어야 하는 참담한 심경(心境)을 그대로 기술한 '행자(行者)'를 일본어로 발표했다. 행자란 원래 불교 용어로 '수행하는 사람'인데 여기서는 '일본정신을 수행하는 사람'이란 뜻이다. 이광수는 경성대화숙에 특별 초청되었다. 대화숙(大和塾)이란 조선인, 특히 사상전향자들에게 일본정신을 훈련하기 위해 생긴 법무국 관계기관으로서 사상보국연맹(思想報國聯盟)을 개칭한 것이다. 사상보국연맹은 민족주의자나 공산주의자들로 전과자나 기소유예가 된 사람 모두에게 일본정신을 주입하는 기관이다. 당시 사상전향자의 수는 3, 4천 명에 이르고 있다. 이광수는 행자가 되어 경성제대 M, 즉 마츠모토(松本重彦) 교수의 일본정신 강의를 들어야만 했다.

어제는 M교수로부터 국체신론(國體新論)이라는 강의를 배청(拜聽)했습니다. M교수는 아주 열성적이고 솔직한 분으로 "모든 곤란과 불편을 참고 진짜 일본인이 되는 것이 진정한 봉공이다"라고 질타하셨습니다. "일본어가 아닌 말을 쓰고, 일본의 풍속, 습관이 아닌 풍속, 습관으로 사는 것은 비국민(非國民)이다. 그런데도 조선인은 태연하게 비국민으로서 살고 있다. 만일 이렇게 알면서도 비일본적인 생활을 계속한다면, 아마 반드시 경멸될 것이다. 일본 국민 전체에게서 경멸될 날이 올 것이다"라고 엄히 경고하셨습니다. 일본정신을 나의 정신으로 삼아 일본어로써 생활하고 일본의 풍속, 습관, 예의, 의식(儀式)에 근거해서 살아서야말로 비로소 진짜 일본인이라고 가르치셨습니다.

그리고 일본정신의 특색으로서, (1) 일본은 군본국(君本國)이다. 우선 아마테라스오오미가미(天照大神)가 나신 후에 백성이 났다. 일본의 군(君)은 정복에 의한 것이 아니며, 추대된 것이 아니다. (2) 일본은 나라가 곧 집(國卽家)이다. (3) 군민(君民)은 부자관계이지 주종관계가

아니라는 것도 가르치셨습니다.146)

1941년 3월 당시 국어(일본어) 해득자는 15퍼센트였다. 나머지 조선인 절대다수인 85퍼센트는 조선어로만 생활하고 있었다. 조선어만을 알고 일본어를 모르는 동포를 위하여 언문문학(諺文文學)의 필요성은 당연하다. 그러므로 일본어를 모르는 동포를 위하여 조선어문 문학을 만들어야 한다. 이는 앞서 대화숙에서 M교수가 이야기한 "조선어를 쓰고 조선 풍속, 습관으로 사는 것은 비국민이다. 그러므로 일본어로써 생활하고 일본의 풍속, 습관, 예의, 의식에 근거해서 살아서야말로 비로소 진짜 일본인이다"라는 일본정신 강의에 대한 반박문 성격의 논설문이다.

금후로 조선인 문사가 국어(일본어)를 용어로 하는 문학을 제작하게 될 것도 필연한 일이어니와 당분간 조선어만을 알고 국어를 모르는 동포를 위하여서 조선어문의 문학도 필요한 것이다. 그러므로 여기 대하여서 잘못 인식하여서는 아니 된다. 즉 조선 문인이니까 조선어문으로 문학을 제작한다는 생각을 가져서는 아니 된다. 국어를 모르는 동포를 위하여서 조선어문으로 문학을 제작한다는 것이 정당한 생각이다. 그러므로 언문문학(諺文文學)의 주요한 목적은 국어를 모르는 동포에게 국민정신을 주는 데 있어야 할 것이다. 왜 그러냐 하면 국어를 모르는 동포들은 국민정신에 접촉할 기연(機緣)이 조선어 문학밖에는 없기 때문이다. 조선에서 현재 국어를 모르는 동포가 2천만 있다. 국어를 아는 이가 1할 5푼(15퍼센트)쯤 된다고 하나 그 1할 5푼이 다 국문을 읽어서 정신을 해독할 정도가 족하다고 생각할 수는 없을 것이다.147)

이광수는 일국의 문화는 그 국민성을, 일 지방의 문화는 그 지방의 기풍(氣風)을, 일 가정의 문화는 그 가족의 성격과 언행을 좌우하는 것

146) 『文學界』(1941. 3), pp.80~87, 行者(香山光郎); 이경훈, 『춘원 이광수 친일문학전집』, II, p.197, 行者.
147) 『每日新報』(1941. 3. 10~14), 文人의 應召: 陸軍記念日에 際하여; 이경훈, 『춘원 이광수 친일문학전집』, II, pp.210~211.

이라고 하면서, 조선의 특수한 지방문화를 보전할 가치가 있다고 역설하고 있다. "문화란 일국의 문화도 있고 일 지방의 문화도 있고 일 가정의 문화도 있다. 일국의 문화의 성질은 그 국민성(國民性)을, 일 지방의 문화는 그 지방기풍(地方氣風)을, 일 가정의 문화는 그 가족, 그중에도 자녀의 성격과 언행을 좌우하는 것이다. 가령 어떤 가정이 청결을 좋아하여 항상 내외를 깨끗이 하고 신불(神佛)과 조선(祖先)을 숭경하고 성인의 가르침을 숭상하고 건전한 문학예술을 사랑하고 항상 미술과 화초를 사랑한다면 그 집 가족의 사상과 감정은 매양 고상하고 단아하고 화평할 것이로되, 그 반대로 만일 어떤 가정에서 주식(酒食)의 향락을 숭상하고 물욕을 좋아하고 음란한 글이나 노래나 그림을 즐겨하고 신불과 조상을 능멸한다 하면 그 가풍(家風)은 말이 아니어서 그 집 자녀는 야비한 인물이 되어버릴 것이다. 이것이 어떤 문화가 어떤 가풍을 짓는다는 것이다."[148]

춘원은 이제 조선 문화도 빛을 발해 일본 문화에 광채를 비추어줄 뿐만 아니라 세계 문화에 공헌할 문화를 창출할 것이라고 하였다. 국선도의 진수에서 흘러나온 문화야말로 세계 문화에 공헌할 만한 조선 문화라는 것이다. "신라사에는 국선(國仙)의 전기(傳記)가 열전(列傳)으로서 남아 있는데, 이를 읽어보아도 국선도(國仙道)의 내용이 충분히 귀납될 수 있다고 생각한다. 즉 신을 믿고 공경하며, 충효를 본(本)으로 신의를 위해 생명도 바칠 뿐 아니라(사다함(斯多含)은 친구와의 약속을 지키기 위해 음식을 끊고 죽었던 것이었다), 전장에서는 죽음을 두려워하지 않았다(관창랑(官昌郎)의 예). 또 자비와 예술적 여유를 가져, 세간에서는 '풍류(風流)', '풍월도(風月徒)', '백운향도(白雲香徒)'라고 불릴 정도로 기품과 풍류와 유양(悠揚)함을 갖춘 풍모를 엿볼 수 있다. 만일 독자가 이왕가(李王家)의 아악(雅樂)을 들은 적이 있다면, 그때의 심경이야말로 국선도인의 심경일 것이라고 생각한다. 그리고 고조선의 이 기분은 오늘날의 조선인 속에서도 왕왕 발견된다."[149]

148) 『每日新報』(1945. 1. 26~2. 1), 戰爭과 文化(香山光郎); 이경훈, 『춘원 이광수 친일문학전집』, II, pp.458~459, 戰爭과 文化

금일의 조선 문화는 자연 소멸의 과정도 밟았을 것이다. 혹은 강제적으로 소멸되지 않으면 안 되는 것도 있을 것이다. 그것은 지나화(支那化)된 부분이나 내선일체에 지장이 되는 부분이나 오늘날의 시세(時勢)에 맞지 않는 부분 등도 있을 터이다. 그러나 또 한 면에는 새로운 국민문화에 흡수될 요소도 있을 것이다. 혹은 조선만의 지방문화로서 생명력을 가진 부분도 있을 것이다. 지금 조선이 가진 언어나 문학이나 풍습은 이 부류에 속해야 한다. 마지막으로 조선 문화 중에는 이제부터 점점 더 빛을 발해, 단지 전체 일본 문화에 광채를 줄 뿐만 아니라, 세계 문화에 공헌할 만한 것도 있을 터이다. 이는 국선도(國仙道)의 진수(眞髓)에서 흘러나오게 될 것이라고 생각한다.150)

앞서 이야기한 바와 같이 춘원은 민족문화, 조선 언문문학의 보존을 위하여 의도적으로 구 철자법을 살린 '절ㅎ는 ㅁ음'을 썼다. '절ㅎ는 ㅁ음'은 조선시대의 언문소설식 종결사 '이러라, 하더라, 하나니라, 것이라' 등을 그대로 본받아 표기했다. 가령 "인생에 가장 귀하고 ㅇ름ㄷ은(아름다운) 것이 절임일세라"로 표기하고 있다. '그라뫼로(그러므로)', '아희(아이)', '안해(아내)', '됴션 사름(조선 사람)' 등의 표기도 구식 그대로 살렸다.

이제 '절ㅎ는 ㅁ음' 전문을 현대 철자법으로 옮겨 싣는다. 단 이해를 돕기 위하여 필요시 괄호 안에 한자를 병기한다.

절ㅎ는 ㅁ음(절하는 마음)

어린애가 걸음발을 타면 절을 가르치나니, 나부시 절하는 모양은 지극히 아름다운 것이라. 그 아이가 평생을 절하는 생각으로 살면 그는 오복(五福)이 가자(가지)리라. 인생에 가장 귀하고 아름다운 것이 절임일세라. 그러므로 뻗대는 자는 망하고 절하는 자는 흥하나니라. 교만하

---

149) 香山光郎, 『同胞に寄す』, p.37, 朝鮮文化の將來; 김원모·이경훈 편, 『동포에 告함』, pp.47~48, 조선문화의 장래.

150) 香山光郎, 『同胞に寄す』, p.39, 朝鮮文化の將來; 김원모·이경훈 편, 『동포에 告함』, pp.49~50, 조선문화의 장래.

고 패하지 아니하는 자 있으며 공손하고 잘되지 아니하는 자 있더뇨.

어린아이가 먼저 절하는 곳은 집안에 가장 높은 어른이라. 할아버지, 할머니 앞에 어린 손자가 나부시 절하는 모양은 참으로 아름다운 것이니 할아버지와 할머니 크게 기뻐하시고 옆에서 보는 이 모두 기뻐하고 칭찬하나니라. 만일 집안 어른께 절하지 아니하는 자손이 있다 하면 어떠할꼬. 반드시 어른이 슬퍼하시고 남들이 섭섭히 알 것이니.

절할 줄 모르는 아이 그 마음을 가지고 세상에 나가면 반드시 남에게 미움 받고 만사여의(萬事如意)치 아니하여 불행한 사람이 되고 말리라. 그러므로 아들딸이 자람에 반드시 먼저 절하는 마음과 절하는 모양을 가르치나니라.

아이 저으기(적이) 낫살을 먹으면 조상께와 신령께 절하기를 가르치나니 눈에 보이지는 아니하나 높이 겨(계)오시와 우리를 내려다보시는 신명(神明)이 겨오심을 가르침이니라. 신명이 몸이 우리 눈에 아니 보이고 그 소리 우리 귀에 들리지 아니하나 해와 달이 제 길을 어김이 없이 뜨고 지고 만물이 다 각각 제 목숨과 제 성질을 찾아 나고 살고 죽고 하는 양을 볼 때에 어찌 신명의 자최(취)를 깨닫지 아니하리오. 이를 달리 하늘이라 하고 신명이라 하나니 공자 가라사대, 하늘이 돕는 자는 순종하는 자라 하였나니라. 신명이 겨(계)오심을 믿는 자는 어진 자요 신명이 겨오심을 모르는 자는 어리석은 자니, 그는 반드시 패하나니라. 아침에 눈을 뜸에 먼저 신명의 고마우심을 생각하여 정성으로 신명께 절할 마음을 두는 사람은 근본을 잊지 아니하는 사람이니 그는 반드시 어버이께 효자요 임금께 충신이리라. 그는 반드시 신명의 눈과 귀과(가) 늘 내 위에 있음을 믿어 생각과 말과 행실에 악이 없으리니 그러므로 그는 반드시 얼굴과 눈찌(눈을 뜬 모습) 화평하고 사람들의 미뻐(믿어)함과 공경함을 받아 만사형통(萬事亨通)하려니와, 신명이 곁에 겨오심을 모르는 사람은 마음에 거짓이 있고 그윽이 악을 행하여 얼굴과 마음과 행동이 모두 향기롭지 못하여 건건사사(件件事事)에 세상의 의심을 받으리니 어찌 충신과 효자 되기를 기대하리오. 진실로 변변치 못한 사람이 되어 천한 중생으로 평생을 마치리라.

그러므로 아들딸을 가르치거든 먼저 절하기를 가르칠지니라.

우리가 마땅히 절할 곳이 어데(어디)뇨.

맨 먼저는 우리 임금님이시니라. 임금님은 부모보다도 높으시고 조상보다도 높으시니 우리에게 가장 높으신 어른이시니라. 그러므로 아침에 일어남에 만민이 모두 임금님 겨오신 궁성(宮城)을 향하여 정성으로 절하나니, 궁성에서 북편에 사는 백성은 남쪽을 향하여 절하고, 남쪽에 사는 백성은 북쪽에 향하여 절하고, 궁성에서 동편에 사는 백성은 서쪽을 향하여 절하고, 우리와 같이 궁성에서 서쪽에 사는 백성은 동쪽을 향하여서 절하나니라. 억조창생(億兆蒼生)이 공손히 허리를 굽히고 고개를 수그려 거룩하오신 임금님의 성수무강(聖壽無疆)하오시고 황운무궁(皇運無窮)하오시기를 빌고, 망극하오신 황은(皇恩)을 봉납(捧納)하올 것을 맹세(盟誓) 올리는 것이니라. 이것이 우리 백성들의 가장 큰 절이니 우리의 인생생활의 기초요 중심이요 고동(鼓動, 심박동)이니라.

다음에 우리는 어디 절할꼬.

우리 임금님이 절하시는 신명께 절할 것이니 조금도 의심이 없나니라. 임금님께오서 아침마다 절하시는 신명이 겨오시니 그는 다름이 아니라 나라의 크신 조상이신 아마테라스오오미가미(天照大神)시니라. 이 신명은 우리나라 군민이 함께 다 절하는 신명이시니라. 궁성 안에는 가시꼬도고로(賢所, 신덴(神殿), 코우레이덴(皇靈殿)과 함께 일본 궁중 삼전(三殿)의 하나임. 야타노가가미(八咫鏡)를 모신 곳에 이 신명님의 위패라 할 거울(八咫鏡)을 모셨고, 이세고오다이징구우(伊勢神宮)가 이 신명님의 본전이시니, 야오요로즈(八百万, 아주 많다는 의미. 야오요로즈의 신(八百万の神))의 아마쯔가미(天津神, 天神), 구니쯔가미(國津神, 地神), 모든 신명님의 위에 겨오시니라. 우리 임금님은 이 신명님의 자손으로서, 이 신명님의 덕을 덕으로 하시와, 야다노가가미(八咫鏡)라는 거울의 맑고 밝으신 마음으로 천하를 다스리시고 백성을 가르치시니, 우리 백성들은 이 마음을 본을 받아 제 마음을 삼나니라. 이러하므로 임금과 백성이 한마음 한뜻이 되는 것이니 이것이 우리나라의 특색이요 만방에 비길 데 없이 아름다운 국체(國體)인 까닭이니라. 우리는 무엇으로 이 거룩한 덕을 배우는고. 곧 절함으로써 배우나니라. 궁성에 절하고 신사와 대마(大麻, たいま, 신궁의 부적)에 절함으로써 배우나니라.

어리석은 사람들은 신명께 복을 빌고 화를 면하기를 빌거니와 이것은 몰라서 하는 일이니라. 우리나라에서는 만백성의 복을 비는 이 ―

오직 한 분이 겨오시니 그는 우리 임금님이시라. 임금님은 아침부터 저녁까지 당신 한 몸을 생각하심이 없으니 그 어른의 평생의 일은 우리 무리를 위하시와 복을 빌으시고 복을 주심이니라. 황송하옵게도 우리 임금님은 한 해에 두 번 유월 그믐과 섣달 한그믐에 오오하라(많은 사람의 죄를 씻기 위하여 행하는 액막이 의식)를 받으시니, 이는 우리 무리의 죄를 대신하시와 하심이니라. 임금님은 우리 큰 집의 가장이시니, 우리 무리는 그 어른의 땅에 살고, 그 어른의 곡식을 먹고, 그 어른의 높으신 복에 싸이어 살아가는 아들이(며) 딸들이니라. 그러므로 우리나라의 임금과 신민의 관계를 일컬어, 의(誼)로 보면 군신(君臣)이요, 정(情)으로 보면 부자(父子)라 하였나니, 진실로 그러하고 사실이 그러하니라.

그러므로 우리가 신명께 절하고 비올 것은 우리의 복이 아니요, 우리의 화를 면함이 아니니라. 우리는 오직 임금님의 성수무강하심과 문무백관이 멸사봉공하고 출정장병이 무운장구(武運長久)하여 황군(皇軍)이 승리하고 일억 국민이 모두 마음이 맑고 밝아 잘 임금님의 뜻을 몸 받기를 빌고 내가 임금님의 크신 마음에 벗어나지 아니할 것을 맹세할 것이니라.

이렇게 절하고 비는 것을 끊임없이 하노라면 우리 마음이 갈수록 맑고 밝아지고 우리 얼굴과 눈찌가 점점 화평하게 되어 집안이 다 화락하고 만사 — 형통하리라.

위에 말한 것은 '닛본(日本) 국민'으로 누구나 다 가져야 할 절하는 마음이어니와, 국민 중에는 불교나 예수교나, 신도적(神道的) 종교나를 믿는 이도 있어 혹은 부처님 보살님께 절하고 혹은 하나님 예수님께 절하고 기타 여러 신명님께 절하는 일이 있거니와, 나라에서 허락한 신명이면 절하여도 좋으니라. 그러나 무슨 종교를 믿든지 황민(皇民)으로서의 태도가 있으니 이것을 분명히 하지 아니하면 대의(大義)에 어그러지리라.

가령 황민으로 불교를 믿는다면 그는 마땅히 이렇게 생각하고 이렇게 절하고 이렇게 빌 것이니라.

"부처님이시어, 나는 큰 인연으로 이 임금의 신민으로 태어났사오니, 이 제자의 마음을 맑히시고 밝히시와 임금님을 도울 힘을 얻어지이다."

이것이니라. 세존(世尊)을 스승으로 뫼셔 그의 가르치심으로 성인의 힘을 얻어 우리 임금을 섬기자 하는 것이 황민불교(皇民佛敎)니라. 임금도 모르고 나라도 모르고 동포도 모르고 나 한 몸이 왕생극락을 한다거나 수부귀다남(壽富貴多男)하기를 비는 것은 사도(邪道)니 그 소원이 성취할 리가 없나니라. 마치 부모, 형제, 처자는 어찌 가든지 나한 몸만 잘 먹고 잘 살자 함과 같으니 이러한 마음은 천지신명이 다 미워하시거든 어찌 성취하리오.

다른 종교도 이와 같으니 임금께 충성하기를 돕는 종교면 나라에서 허하는 종교니라.

'조선 사람'은 오래 동안 절하는 마음을 잃었나니, 절하는 마음이 없는 사람은 미덥지 못한 사람이요, 절하는 마음이 없는 집은 복이 없는 집이리라. 조상의 제사를 할 줄 알되 나라의 제사를 모르는 것은 가장 크고 높은 이를 잊음이요, 부모께 절할 줄을 알되 임금께 절할 줄을 모름도 그러하니라. 조상제사보다 먼저 나라의 신명께 제사할 것이요, 부모께보다 먼저 임금께 절할 것이니라. 아들딸이 나거나, 입학을 하거나, 졸업을 하거나, 무릇 기쁜 일이 있거든 먼저 신사(神祠, 신령을 모신 사당)에 아뢰이고 감사 봉고(感謝奉告)하는 절을 할 것이요, 다음에 조상께 아뢰이고 절할 것이니라. 길을 떠날 때에나 다녀왔을 때에는 신사나, 대마나, 사당에 절하고 부모께 절할 것이요, 조석 밥상을 대할 때에, 임금께와 신명께 감사의 절을 할 것이니라.

손님이 오면 절하고, 갈 때에도 절하지 아니하나뇨. 길을 물을 때에도 절하고 가르침 받은 뒤에도 절하지 아니하나뇨. 조용한 길에서 단둘이 만나는 경우에 모르는 사람끼리라도 절하면 좋으니라. 우연히 한자리에 있게 될 때에 웃고 절하고 그 자리를 떠날 때에 절하라.

남의 집에 가실 때에 그 집에서 절하는 곳이 눈에 띄거든 절하라.

부모나 스승이 아니 계오시거든 그 자리를 향하여 절하나니라.

해 뜨는 것을 볼 때 해 지는 것을 볼 때 절하는 마음이 나나니라. 산길에 샘을 보거나 꽃을 보거나 좋은 경치를 볼 때에 절하나니, 신명(神明)의 뜻을 감사하고 찬탄함이니라.

이 몸이 세상에 와서 사는 것을 생각할 때에 발가벗은 핏덩어리로 왔으니 지금까지 자라온 것이 무비(無比) 은혜라. 임금, 부모, 스승, 여러 사람의 은혜 속에 살아왔도다. 가만히 이 은혜를 생각할 때에 이

몸을 천만으로 갈라서 몸마다 천만번 절하여도 그 은혜를 감사할 길
없도다. 그러므로 눈만 뜨면 나나니 절할 마음이로다.

임금님 아니시면 그 어드메 몸 붙이리
은혜로 살리시고 법을 펴사 지키시니
이 몸이 임의 것임을 생각사록 알아라.

어버이 아니시면 내 어이 태어나리
서시와 낳으시와 기르시온 그 은혜를
백발이 성성하여도 못 갚음이 설어(서러워)라.

배움이 없을진댄 내 어이 알았으리
옳고 그른 것과 바르고 틀린 것을
스승 곧 아니셨던들 무엇 된지 몰라라.

사는 집 다니는 길, 먹는 밥 입는 옷이
조상네 동포네 수고 아님 어데 있나
이 중에 살아온 은혜를 이제 안 듯 하여라.

으아 한 소리로 발가벗고 나온 몸이
먹고 쓰고 산 것 내 것이 웨 있으리
한 술(한 숟가락)에 만 번 절하여도 갚을 줄이 없어라.

한 절 하옵네다 허리 굽혀 고개 숙여
아침 해 뜨는 곳이 우리 임금 겨오신 데
성수무강하셔 지이다 비는 절이옵네다.151)

이광수는 해방 일주일을 앞두고 매일신보에 '아세아의 운명'이란 시
국논설문을 발표했다.

---

151) 『新時代』(1944. 7), pp.24~28, 절흐는 ㅁ음(春園); 이경훈, 『춘원 이광수 친
    일문학전집』, II, pp.421~426, 절흐는 ㅁ음. 이광수전집(삼중당)에 미수록.

적(敵)은 이 전쟁을 다만 일미(日美)전쟁이라고 인상시키려고 할 것이다. 적은 그들의 적은 일본뿐이요, 한(漢)민족 기타 아세아 민족은 그네의 적이 아닐뿐더러, 도리어 그들 약소민족을 강린(强隣) 일본의 압박에서 해방할 의도를 두었노라고 자칭하고 또 선전할 것이다. 그러할뿐더러, 아세아의 약소민족 중에도 불행히 적의 희망에 부합하는 유상(謬想, 틀린 생각)을 가진 자도 없지 않다. 과연 그러할까, 그렇지 아니할까. 우리는 냉정하게 반성하고 검토할 필요를 느낀다.

아세아 민족 중에 만일 일본의 승리를 원치 아니하고 일본의 적인 미영의 승리를 원하는 자가 있다고 하면 그것은 일본에 대한 압제지원(壓制之怨)이나 오해에서 나온 것일 것이다. 한 방(一室)에 동거하는 가족 간에는 은(恩)을 느끼는 동시에 원(怨)도 느낄 기회가 있다. 내외 싸움, 형제 싸움의 쓴 기억이 없는 내외나 형제가 어디 있는가. 그러나 아주 미지의 노방인(路傍人)이면 은혜도 없는 동시에 원망도 없어서 반가워할 이유도 없으나 미워할 기억도 없는 것이다. 내외나 형제가 서로 증오할 순간에 외인(外人)이 잠깐 친절을 보이면 그것이 지극히 고마워서 내외나 형제의 험담(險談)을 하고 그의 동정을 구하는 것은 흔히 경험하는 그릇된 열등감정이다. 아세아 제 민족의 대(對)일본관계와 대(對)미영관계가 정히 이것이다.

아세아 제 민족 중에서 먼저 막강하게 된 일본이 이웃에 대하여 일종의 압박감을 준 것도 사실이요, 또 혹은 외교정책이 혹은 국민 중에 어떤 개인이 이웃 민족에 대하여 원망을 일으킬 행동을 한 것도 없을 수 없는 일이다. 가령 의화단비사건(義和團匪事件)[152]에 일본이 청국 편이 아니 되고 구미(歐美) 편이 된 것이라든지, 일본이 구미 열강의 호민(護民)정책을 모방하여 조차지(租借地)와 치외법권을 획득한 것이라든지, 이러한 과거의 정책은 일본으로서는 그러할 필요가 있어서 한 것이라 하더라도, 그러한 압박을 당한 약소민족 편에서 보면 형제로 믿던 일본이기 때문에 아주 남인 미영보다도 더 야속할 법도 한 일이다. 이러한 점이 형제인 아세아 제 민족의 심두(心頭)에 반(反)일본적 감정을 초래(?)한 원인이다. 이에 대하여서는 우리 국민은 형제 제 민

---

152) 의화단 사건(북청사변(北淸事變), 1900). 청나라 말기 산동(山東)지방에서 의화단(義和團)을 중심으로 북경의 외국 공사관을 습격한 사건. 영국, 미국, 러시아, 독일, 프랑스, 일본 등의 연합군이 진압하였다.

족에 대하여 심심한 유감의 말을 솔직히 표하는 것이 마땅함은 물론이다.

그러나 요컨대 이것은 한 방 안(一室之內)의 압제지원(壓制之怨)이다. 외인의 일시적 덕(德)에 취하여서 공동 조선(祖先), 공동 문화, 공동 운명인 아세아 제 민족이 상호 질시하고 상호 분열한다 하면 이것은 자멸의 우(愚) 이외에 아무것도 아니다. 가도멸적(假途滅賊)은 춘추(春秋)의 비극이어니와 금일에 아세아 민족으로서 일본을 미워하여 미영의 편이 되는 자는 이 춘추의 비극을 반복하는 것이다. 시관(試觀)하라. 앵글로색슨의 2백 년간 대이민족(對異民族) 정책은 약육강식이라는 것들(?)의 유일한 신조로 일관하지 아니하였는가. 그들의 정의라 함은 앵글로색슨의 이익을 지칭함이요, 그들이 자유라 함은 자가(自家)의 자유를 지칭함이다. 결코 우리 아세아인이 믿는 바와 같이 천명(天命)에 합하는 것이 정의, 사욕(私慾)에서 해탈하는 것이 자유라는 그러한 관념과는 판이하다. 다시 말하면 아세아인의 정의와 자유는 유경(儒經)이나 불경(佛經)의 정의와 자유요, 적의 정의와 자유는 마르크스와 다윈의 정의와 자유다. 'Justice'를 정의, 'Liberty'를 자유라고 인식한다고 하여서 그 내용이 같다고 생각하는 것은 크고도 무서운 인식착오다. 이 인식착오로 말미암아서 얼마나 많은 아세아의 지식인들이 미영의 성격을 상당(?) 오해할뿐더러 돌이켜서는 자가의 신성한 전통을 오해하는지 모른다. 미영의 정의와 자유는 보편타당성을 가진 정의와 자유가 아니라 미영 자신의 '이해'를 표준으로 한 것임을 잊어서는 아니 된다. 이러한 2백 년의 대이민족(對異民族) 정책의 역사와 골수에 박힌 상업주의적 정의·자유관 즉 인생관을 가진 앵글로색슨 민족의 조아(爪牙)가 장차 아세아 전역(全域)에 박힐 위기인 금일이다. 이날에 미영의 적은 오직 일본과 일본 민족뿐이라고 생각하고 안연(晏然)하고 있는 자가 누군가.

만일 이번 전쟁에 미영이 최후의 승리를 얻는다 하면 아세아는 어떻게 될까.

서세동점(西勢東漸)에 대한 유일한 저항력이던 일본의 힘을 잃은 아세아는 영미인의 '정의'와 '자유'의 독천장(獨擅場)으로 화할 것이니 아세아 전역이 인도와 마래(馬來)로 화할 것은 의심할 바 없는 일이다. 일본이 강적인지라 강적을 우대하거니와 일본 없는 제 민족은 정히 팽

(烹)함이 될 주구(走狗)가 될 것이다. 그리하여서 경제적으로는 인도, 마래와 같이 런던과 뉴욕의 상품시장이 되어서 고혈(膏血)이 발(潑)할 것이요, 정치적으로는 그네의 식민지적 부용(附庸)에 떨어질 것이요, 인종적 차별로는 그들의 이른바 'The waiters' 즉 토인(土人)의 지위에 전락하여 내 조국의 국토에 처하면서 기류(寄留)하는 용인(傭人)의 비애를 느끼지 아니치 못할 것이다.

그보다도 더 심각하고 처참한 것은 우리 아세아 선인(先人)들이 무시(無始) 이래의 혼과 피로써 창조하고 축적하고 수호하여온 우리 정신, 우리 문화의 파괴다. 천명사상(天命思想)을 근저로 한 우리 아세아 문화는 생명을 잃고 고고학적 존재가 되고 말 것이다.[153]

아세아 문화란 무엇인가. 아세아의 성인(聖人)들이 천계(天啓)를 받아서 이룬 문화로서 우리가 성경열전(聖經列傳)이라는 모든 경전(經典)에 기록되어 있고 우리의 생활과 예술문학과 사회전통에 침윤되어 있는 사상과 정조(情調)와 예의다. 이 문화야말로 우리를 수적(獸的)인 데서 인성(人性)에, 인성에서 다시 신성(神性)에, 불성(佛性)에 끌어올리는 문화다. 이 문화를 근대 물질주의, 금수주의(禽獸主義)의 구미 문명에 일시 압두(壓頭)되었으나 이번 대전으로 하여서 이 금수주의(生存競爭 弱肉强食)의 문명이 어떻게 인류를 상잔(相殘)하게 하는 것인가를 명증하였다. 우리네 천명(天命)의 정의·자유관이야말로 인류에게 진정한 화평과 복락을 줄 수 있는 유일한 정도(正道)임이 판명되었다. '도지이덕 제지이례(道之以德 齊之以禮, 덕으로 말하고 예로써 가지런히 함)'하는 국가와 사회, 상경상례(相敬相禮)하고 상자상비(相慈相悲)하는 인의(仁義)와 자비(慈悲)의 원리야말로 우리의 문화일뿐더러 널리 중생을 제도할 교리요 생활원리다.

이러한 문화를 파괴하는 것은 인류를 파괴하는 것이다. 이러한 문화를 지키는 것은 곧 인류를 지키는 것이다. 그러므로 미영을 격파하는 것이 곧 미영까지도 구제(救濟)하는 인성(人性)의 승리요 천리(天理)의 승리다.

일본의 이번의 전쟁의 동기와 목적이 이에 있는 것이니 설사 일본의 전쟁의 동기가 미영의 그것과 다름없는 이기적, 물질적인 데 있다고

153) 『每日新報』(1945. 8. 7), 亞細亞의 運命(上)(香山光郎).

가정하더라도 결과에 있어서 일본의 승리가 아세아의 승리요, 일본의 패배(敗北)가 아세아의 패배임에는 다름이 없다. 일본에 모든 잘못이 있고 미움 받을 모든 요건이 있다 하더라도 일본이 패배하여서는 아니 된다. 왜 그러냐 하면 현재 아세아의 적, 인류의 적과 싸우는 주력(主力)이 일본이기 때문이다. 만일 일본의 힘이 부쳐서 이번에 미영을 아세아에서 축출하기에 실패한다고 가정하면 장래에 아세아의 어떠한 민족 또한 제 민족이 이번에 일본이 한 것보다 더 큰 각오를 하여서 숙명의 대동아전쟁을 하여야 할 것이다. 전 민족이 다시 수십만의 생명을 미영인의 총포와 폭탄의 밥이 되어야 할 것이다.

이것에 우리 국민과 및 아세아 제 민족이 크게 반성할 요체가 아닌가. 우리 국민으로 말하면 일억일심(一億一心)으로 결사 전투하여야 할 것은 물론이어니와 아무리 전국(戰局)이 위기에 박도(迫到)하더라도 결코 아세아 구제의 대이상을 잊고 자가구제(自家救濟)의 국량(局量)에 퇴영(退嬰)하여서는 아니 되고, 아세아 제 민족으로 말하면 이번에 일본과 협력하여서 미영을 격퇴하는 것이 결코 일본 일개국을 위한 것이 아니라 진실로 자가(自家)를 패망에서 구하고 자가의 자손을 장차 대동아전쟁의 희생에서 구(救)하는 소이(所以)임을 분명히 각오하고 확고히 파지(把持)하여야 할 것이다.

아세아 제 민족의 운명은 일언이폐지(一言以蔽之)하면 합존분망(合存分亡)이다. 합하면 생존하고 분열하면 망한다. 일본이 망하고 중화(中華)가 온전할 리 없다. 다른 민족들도 마찬가지다. 만일 종래에 우리 국민 중에 자존자대(自尊自大)하여서 이웃 민족에게 오만(?)하다는 인상을 준 일이 있다 하면 그것은 마땅히 반성하여 아세아 한 방(一室)의 정당한 감정에 복귀할 것이요, 다른 한편으로 아세아 제 민족은 일본과 동생공사(同生共死)의 대의(大義)를 자각하여야 할 것이다. 이곳에 오직 아세아 필승의 비결이 있는 것이다.

최후에 대동아공영권(大東亞共榮圈)이라는 이상(理想)은 이번 전쟁을 계기로 일본이 제창한 것이어니와 이야말로 아세아 제 민족의 공통한 이상이 아닐 수 없다. 아세아의 왕(王)에 아세아의 민(民)이 아세아의 도(道)와 물(物)을 가지고 안락·화평한 세계를 건설한다는 것을 적(敵) 이외에야 뉘라서 반대하랴. 아세아인은 혈액, 골해(骨骸), 용모가 같고 근본문화가 하나다. 곧 이욕(利慾)을 멸하는 천명사상(天命思

想)이다. 게다가 아세아는 한(寒), 온(溫), 열(熱), 세 기후대를 포함하고 있어서 인생생활의 모든 물자와 천연미(天然美)를 가졌다. 저 외적(外敵)의 기반과 착취만 면할진대 한 가지도 부족한 것이 없는 풍부한 생활을 할 수가 있는 것이다.

이러한 조건을 구비하였으니 황도(皇道) 세계나 요순(堯舜) 세계나 극락불토(極樂佛土)나 우리의 노력 여하로 건설할 수가 있으니 이것이 곧 대동아공영권의 내용인 것이다. 이 이상이야말로 아세아 10억 동포가 "형제여, 동지여" 하고 일심일체가 되어서 외적을 물리치고 실현을 기하여 할 생명의 목표가 아닌가.

혹은 말하리라. 적은 강하다고, 물량이 승(勝)하다고. 그렇다, 그것은 진실이다. 그러나 아세아가 한 몸(一體)이 되는 날에는 적의 막강은 새발의 피다(鳥足之血). 2억 대 10억의 전쟁이다. 일본이 혼자서 전쟁할 때에는 2억 대 1억이었으나 아세아가 하나가 되는 날은 우리는 5요 적은 1이다. 나는 진심으로 아세아의 제 민족이 진리에 각성하여서 선조의 전통을 지키기 위하여 자손의 제2차 대동아전의 유혈(流血)을 예방하기 위하여 결연히 일실압제지원(一室壓制之怨)을 버리고 대의(大義)의 기치 아래에 일심일체가 되어서 아세아 중흥(中興)의 대업을 이루기를 바란다.154)

'아세아의 운명'이 게재된 동일자 매일신보에는 "8월 6일 적 B29기가 히로시마(廣島)에 신형폭탄(新型爆彈)을 사용, 상당한 피해가 발생하였다"155)고 짤막한 대본영(大本營) 발표문을 보도하고 있다. 여기서 '신형폭탄'이란 곧 원자탄을 의미한다. 곧 이어 나가사키(長崎)에도 원자탄이 투하되어 일본의 패망이 불 보듯 뻔한 긴박한 시국전환기에, 게다가 소련이 대일선전포고를 발하여 북한으로 침공하는 이러한 세계질서 대전환기를 맞이하여 이광수는 왜 이 같은 시국 협력성 친일 논설문을 굳이 발표했을까. 표면적인 시각으로 보면 너무나 어처구니없는 친일 논설문이 아닐 수 없다. 일제는 조선 반전 지식인 3만 8천 명의

---

154) 『每日新報』(1945. 8. 8), 亞細亞의 運命(下)(香山光郞). 이광수전집(삼중당)에 미수록.

155) 『每日新報』(1945. 8. 8), 敵, 新型爆彈使用, 廣島市에 相當한 被害.

살생부 명단을 작성해놓고 총살 계획을 세워놓고 그 총살 집행일은 8월 17일로 정했다는 것이다. 이광수는 조선 민족의 크림(精髓)이라 할 이들 지식인을 구제하기 위하여, 총독부와 조선군사령부의 비위를 맞추기 위하여 이 같은 친일논설문 '아세아의 운명'을 집필한 것이다. 조선 민족의 정신적 지도자 이광수마저 일제에 협력을 거부한다면 그 앙화는 바로 3만 8천 명의 조선 반전 지식인의 생사에 파멸적 영향을 주기 때문이다.

1950년 6·25 직전 신낙현(申洛鉉)은 일제 말기 혁명단체 청년정신대(靑年挺身隊) 사건의 지도자인 이광수를 세 번째 방문하여 일제 말기의 정황(情況)을 말해달라고 간청하였다. 그러자 이광수는 이렇게 솔직히 털어놓고 있다.

참으로 험악하였소. 일제가 점점 패퇴(敗退)하게 되니까 벌써부터 작성하기 시작한 우리의 애국자 3만여 명의 생살부(生殺簿)를 가지고 이 사람들을 군부측에서는 총살을 주장하고, 검사국에서는 구금(拘禁)을 주장하고, 경무국에서는 부일협력(附日協力)으로 이용하기를 주장하였는데, 이 사람(이광수)은 당시의 경무국장에게 그 사람들을 부일협력으로 이용하기를 종용하였소. 왜 그랬느냐 하면 더욱더 전시인지라 그중에서도 군부측의 세력이 제일 강하기 때문에 차마 이 3만여 명의 애국자들을 살해하는 것을 속수방관(束手傍觀)할 수 없었으니까요. 뿐더러 우리 민족이 독립을 획득하기 위해서나 또는 획득한 후에라도 이 사람들이 절대 긴요하니까. 그런데 결국 이 사람들을 8월달에 들어서서 우선 체포하기로 되었는데 평안도 지방 같은 데는 벌써 7일경에 시작하였고, 경기도 이남은 17일경부터 착수하기로 되었던 것이오. 여운형, 송진우, 김성수 이런 분들이 모두 그 대상이었지요.[156]

신낙현은 이광수를 지도자로 한 혁명 지하단체 청년정신대 사건

156) 『新太陽』(1954. 7), pp.144~155, (未公開 春園逸事) 春園 李光洙는 果然 親日派였던가?: 殘酷한 日帝의 末葉 春園을 中心으로 抗爭할 때 그는 어떤 思想과 態度를 堅持했던가?(下)(申洛鉉).

(1944. 8. 23)으로 체포되어 "징역 1년 6개월, 단 2년간 집행유예" 판결을 받아 석방되어 고향 경기도 광주에서 은거하고 있었다.157) 출옥한 피고인 신낙현은 '요시찰인' 신분이 되고 말았다. 조선사상범보호관찰소에서 엄격하게 그를 감시하고 있었다. 신낙현은 시골로 내려가 있었는데 서울에 있는 그의 가형을 통하여 관찰소로 출두하라는 명령을 받았다. 출두일은 1945년 8월 17일이었다. 신낙현은 이 소환장을 받은 그날 8 · 15 해방을 맞이했다.158) 앞서 말한 애국자들의 총살 집행일이 '8월 17일'이라는 춘원의 말을 듣고 신낙현은 이렇게 이야기했다. "아, 그랬던가요. 그 당시 저에게 조선사상범보호관찰소로부터 8월 17일 날 출두하라는 소환장이 8월 12일부로 보내왔는데 그것을 저의 가형이 시골로 저에게 가지고 오던 바로 그날 해방이 되었습니다. 참 아슬아슬했군요."159) 결국 원자탄이 3만여 명의 목숨을 살렸다는 것이다.

---

157) 『독립운동사자료집』, 권 12, pp.1118~1122, 昭和19年 刑控 第3698號 (1944).

158) 『新太陽』(1954. 6), pp.94~99, 春園 李光洙는 果然 親日派였던가?(上)(申洛鉉).

159) 『新太陽』(1954. 7), p.147, 春園 李光洙는 果然 親日派였던가?(下)(申洛鉉).

제15장 학생운동의 정신적 지도자 이광수와 혁명비밀결사 청년정신대

1. 춘천고보 상록회 사건(1938)

1937년 6월 동우회 사건 발생 전후기에 이에 정신적 영향을 받은 청소년들의 학생운동이 거세게 일어났다. 학생들은 주로 이광수의 저작을 읽고 그의 혁명사상에 강력한 영향을 받아서 민족의식을 각성하게 되어 학생운동을 일으킨 것이다. 이광수가 동우회 사건으로 구속·수감되어 재판을 받을 때 검사는 학생운동의 발생 원인이 주로 이광수의 저작에 기인하고 있다면서, 이광수는 죽어도 아깝지 않다고 통박했다. 검사는 요즈음 이광수가 내선일체를 떠들고 다니는데 이는 모두 거짓 친일행태로 민족운동의 한 방편에 불과하며, 그는 죽어도 민족주의를 버릴 자가 아니니 재판관은 이광수의 말에 속지 말라고 경고하고 있다.

이 마지막 재판에 검사는 그 논고의 대부분은 내 죄를 증명하기에 바쳤다. 그는 민족주의의 계통의 범죄로 취급된 조선 청년의 7 내지 8할이 피고의 저서에서 감염되었다는 것을 자백하였으니 그렇게 많은 청년을 그르친 것만 하여도 이광수는 죽어도 아깝지 않다 하였고, 또 피고가 근래에 천황중심(天皇中心)을 말하고 내선일체(內鮮一體)를 말하는 것은 그가 진심으로 하는 것이 아니라 그의 민족운동의 한 방편에 불과하다, 이 시국에서는 그러한 형식이 아니고는 민족운동을 할수가 없는 까닭이라 하고, "피고는 죽어도 민족주의를 버릴 자는 아니니 재판소는 그에게 속아서는 아니 된다" 하였다. 그리고 내게 5년, 다른 이에게 4년 이하 2심에서와 비젓(비슷)한 구형을 하였다. 재판장이나더러 검사의 말에 대하여 할 말이 없느냐 하기로, 나는, "검사의 말은 옳다. 내가 천황을 말하고 내선일체를 말하는 것은 오직 조선 민족을 위한 것이다. 만일 그리하는 것이 조선 민족에게 이익이 아니 된다면 나는 곧 독립운동을 시작할 것이다" 하였다. 그날 변호사는 왜 그런 위태한 말을 하느냐, 아슬아슬했다고 나를 책망하였다.[1]

이와 같이 학생운동을 일으키는 청소년들의 70~80퍼센트가 이광수의 저서에서 강력한 정신적 영향과 감응을 받아 민족운동을 일으킨 것이다. 특히 이광수의 '조선의 현재와 장래'[2]의 '민족개조론'은 청소년층에게 충격적인 민족의식 각성제가 되었다. 이광수는 상해로부터 귀국하여 태평양회의 개최일(1921. 11. 11)에 맞추어 '민족개조론'을 탈고하였다. '완전한 독립민국'을 달성하기 위해 흥사단 혁명사상을 고취한 대논문 '민족개조론'을 발표한 것이다. 그리고 '민족개조론'은 감수성이 예민한 청소년들에게 학생독립운동의 기폭제 역할을 해준 것이다.

마침내 1938년 12월 춘천고보(春川高普) 상록회(常綠會) 사건이 발생했다. 주동자 남궁태(南宮珆)에 대한 재판 기록에서 청소년층의 민족의식 각성은 이광수의 작품에서 영향을 받은 것이며, 이에 따라 학생운동을 일으켰음을 확인할 수 있다.

피고인 남궁태(南宮珆)는 춘천공립보통학교를 거쳐 1933년 4월 공립춘천고등보통학교(1938년 4월 1일 춘천중학교, 현 춘천고교)에 입학,

1) 春園 李光洙, 『나의 告白』(春秋社, 1948. 12. 25), pp.169~170.
2) 李光洙, 『朝鮮의 現在와 將來』(京城 興文堂, 1923. 10. 17). 民族改造論(『開闢』 23호, 1922. 5), 少年에게(『開闢』 17~21호(5회 연재), 1921. 11~1922. 3), 相爭의 世界에서 相愛의 世界에(『開闢』, 17호에 게재했으나 검열에 걸려 전문 삭제됨), 이상 3편의 논문을 묶어 1923년 단행본으로 출간했다. 이 책은 흥사단과 수양동우회의 혁명사상을 천명한 조선독립 이념서적이다.

1938년 3월 동교를 졸업, 동년 4월 경성부 냉천정(冷泉町) 그리스도교 감리교 신학교에 입학, 동년 10월 동교를 퇴학한 자이다. 피고는 춘천 고보 입학 후부터 민족주의자 고 남궁억(南宮檍)의 감화를 받아 점차 민족주의 사상을 품게(抱懷) 되어 동교 4학년 때부터 '조선의 현재와 장래'(이광수) 기타 다수의 민족주의적 문헌을 탐독하기에 이르렀고, 조선의 현상(現狀)에 대해 심히 불만을 느껴 '조선의 현재와 장래'의 '민족개조론'을 지도정신으로 삼아 조선의 독립을 실현할 것을 희망해 온 자이다.[3]

남궁태는 원래 고구려 왕조의 말손을 자처하면서, 그의 9촌 백부 남 궁억은 홍천군(洪川郡) 십자가 사건에 관계하는 등 매우 치열한 항일 정신이 강한 가정환경에서 양육되어, 이들의 지도감화로 어릴 때부터 민족주의를 신봉하고 시기를 보아 동지를 규합하여 조선의 독립을 기 도하기에 이르렀다. 이찬우(李燦雨)는 경주 이씨로서 시조부터 신라, 고려, 조선을 통하여 십수 명의 대신을 배출하였다고 자랑하면서, 현재 한민족은 일본의 강압을 받고 있어 영예의 자리에 나아가지 못함을 비 탄하여 극단의 민족의식을 품고 민족운동에 공명하고 있다. 문세현(文 世鉉)은 자라면서 그의 조상이 고려시대에 대신의 자리에 오른 것을 알 고 오늘날 한민족은 이민족 압제하에 있음을 개탄하고, 격렬한 반항심 을 품고서 기회가 오면 평소 품은 조선독립의 큰 뜻을 달성하려고 기도 하고 있었다. 백흥기(白興基), 용환각(龍煥珏), 조규석(曺圭奭) 등도 다 같이 현재의 정치가 이민족의 손에 좌우되고 있는 것을 보고 이광수를 비롯한 민족주의자가 저작한 책을 탐독하고 마침내 치열한 민족 반항 심을 품게 된 것이다.[4]

이들 6명은 1933년 4월에 춘천고보에 입학하고 1938년 3월에 동교 를 졸업한 동기생이다. 이들은 춘천고보 재학 중 주로 이광수가 쓴

---

3) 朝鮮總督府 高等法院 檢事局 思想部, 『思想彙報』 제22호(1940. 3). p.216; 『독립운동사자료집』(독립운동사편찬위원회, 1977), 권 12(문화투쟁사 자료집), pp.1435~1436, 昭和14年 刑控 第79號(1939. 12. 27).
4) 『韓民族獨立運動史資料集』, 권 58(國史編纂委員會, 2004), p.12.

'흙', '조선의 현재와 장래', '마의태자', '무정', '개척자'를 비롯하여 심훈의 '상록수', 그리고 '하얼빈 역두의 총성' 등 민족적 색채가 짙은 서적을 윤독(輪讀)하면서 민족의식을 각성하게 되었다. 때마침 1937년 2월 어느 날 수학 시간에 문세현이 종이쪽지에 "학교에서는 요즈음 조선어의 사용을 금지하고, 일본어의 사용을 장려하는데, 조선인은 어디로 가는가"라고 써서 급우 이찬우에게 보내어 조선어 사용의 금지에 대한 불만을 터뜨리자, 이찬우는 "사람이 없는 광야에서 까마귀밥이 되더라도 조선 민족을 위하여 희생이 되겠다"라는 격렬한 민족의식이 담긴 쪽지를 써서 문세현에게 보냈다. 드디어 일본의 굴레로부터 벗어나는 한민족의 해방은 조선독립운동에서만 이룩될 수 있다는 강고한 신념을 품고 있던 남궁태는 흔연히 비밀결사를 조직하기로 결심하고 이상 동급생을 규합하기에 이르렀다.5)

마침내 1937년 3월 9일 남궁태, 백홍기, 이찬우, 조규석, 용환각, 문세현 등 6명이 회합하여 제1회 비밀결사 조직 준비위원회를 개최했다. 민족주의자 이광수의 저작인 '조선의 현재와 장래'의 '민족개조론'의 일절을 채용하여, 기하급수적으로 동지를 규합하고 전 민족에게 민족의식을 주입함으로써 무력항쟁 혁명을 일으켜 일거에 일본의 기반으로부터 이탈하여, 조선을 조선 민족에 의해 통치하는 독립국의 실현을 목적으로 하는 비밀결사 상록회의 조직 준비위원회를 개최한 것이다. 이 자리에서 문세현은, 우리의 주의(主義)를 실현하기 위해서는 다수의 동지를 확보하여 조선독립을 목적으로 하는 비밀결사를 조직하고, 단결력으로써 그 이상(理想)을 실현해야 한다고 공고한 결의를 표명했다. 이찬우는 이에 찬동하면서 "비밀결사 조직의 필요론으로 우리는 아무리 조선의 독립을 열망하더라도 분산된 힘으로는 도저히 일본을 물리칠 수 없다면서, 우선 단결력으로써 목적 달성을 기도해야 한다"고 역설했다.6)

1937년 3월 14일 오전 열한 시 삼십 분경 강원도 춘천군 전평리(前

---

5) 상게서, pp.12~13.
6) 상게서, p.13.

坪里) 수원지 냇가에서 백홍기, 이찬우, 조규석, 남궁태, 용환각, 문세현, 성수경(成綏慶) 등 7명이 회합하여 제2회 비밀결사 조직 준비위원회를 개최했다. 이 자리에서 비밀결사를 조직해야 하는 당위성에 대한 각자의 의견을 발표하고 토론하였다. 남궁태는 "조선은 일본의 착취 압박에 의하여 멸망의 시기가 박두하고 있다. 이대로 방임한다면 유대 민족이나 아이누 민족과 같은 운명에 빠지고 만다. 우리 조선 민족은 일치단결하여 조선의 독립을 기도해야 한다"는 취지로 매우 치열한 민족의식을 표명함과 동시에 강경한 결사 조직의 긴요성을 강조했다. 이찬우는 조선 민족과 같은 연유(緣由)를 논하여 조선의 독립이 곤란한 것이 아니라고 갈파하고, 조선의 독립을 기도하기 전에 과거 역사상 강건한 조선 민족에 관하여 연구하고 회고하면서 조선독립운동에 돌진할 것을 역설했다. 용환각은 "금후 1년간에 조선독립운동의 투사가 될 자격 완성에 극력 노력하자"고 강고한 결의를 피력했다. 백홍기는 "현재의 농촌은 비참한 상태에 있다. 우리들 청년은 모름지기 귀농(歸農)하여 농촌계몽운동을 실행하고, 경제적 궁지에 빠진 농민대중을 구제할 임무가 있다"고 강조했다. 조규석은 "장래 조선 민족을 구제할 수 있는 인격을 완성하고, 철학에 의하여 조선 민족을 구제한다"는 심정을 토로했다. 문세현은 "조선독립사상의 배양은 가정에서부터 보급하는 것이 효과적이므로 여자에게 민족의식을 주입시켜 조선독립운동을 달성할 인재 양성에 힘쓰자"라고 호소했다.[7]

그날 오후에 춘천군 춘천읍 소양통(昭陽通) 백홍기의 집으로 장소를 옮겨 비밀결사 조직에 대한 구체적인 협의를 했다. 모임의 명칭은 '상록회'라 하고 부서를 결정했다.

상록회 위원장 : 조규석
동 부위원장 :　남궁태
동 선전부장 :　문세현
동 :　　　　이찬우

---

7) 상게서, p.14.

동 서적부장 :　　백흥기
동 회계 :　　　　용환각

상록회 결사 조직 대강령(大綱領)

1. 조선독립, 조선 민족의 파벌 당쟁의 제거, 조선 민족의 단결력 양성 훈련을 목적 강령으로 하는 비밀결사를 결성하고 그 결사의 운동방침으로는,

2. 결사에 외교부 및 서적부 2부를 설치하고, 외교부는 선전부장이 중심이 되어 동지를 획득할 것. 서적부는 서적부장 중심으로 서적에 의하여 동지를 획득할 것.

3. 학교 내에서 활동은 춘천고보 제5학년 중에서 선전부장 및 각 위원이 협력하여 의식분자를 양성 획득할 것.

4. 사회에서 활동방침으로 각 위원 각자가 지도자로서 개인, 단체에 의식을 주입하고, 집단적 민족운동을 할 것. 민중은 계몽을 한 뒤에 의식을 주입할 것. 각 위원은 한 부락에 '6, 7년 뒤' 거주하여 집단적 민족운동을 할 것.

5. 매년 8월에 총회를 개최하여 사업보고를 할 것.

상록회 회칙

제1조 본회는 상록회(常綠會)라 일컫는다.

제2조 본회는 다음 사항을 목적강령(目的綱領)으로 한다.

1. 본 회원은 자기를 완성하여 조선 민족에 헌신할 것을 맹세한다.

2. 본 회원은 각자를 완성, 각자 지도자로서의 책무를 완수한다.

3. 본 회원은 단결력의 양성, 훈련, 파벌 투쟁의 악폐를 제거한다.

제3조 본회는 조선 동포에 헌신하고 또 사상이 견고하고, 유위(有爲)의 인사를 회원으로 하여 조직한다.

제4조 본회는 총회를 연 1회 개최하고, 사업보고를 한다.

제5조 본회에 임원을 다음과 같이 둔다.

위원장 1명, 부위원장 1명, 선전부장 1명, 서적계 1명, 회계 1명, 서기 1명.

제6조 본회의 위원은 어디에 가더라도 그 책무를 완수한다.

제7조 위원장은 연 1회 총회를 매년 8월에 개최한다.

제8조 총회에서는 그동안의 사업보고 및 장래의 일을 협의한다.

제9조 월례회(月例會)는 월 1회 제1 토요일에 한다.

제10조 월례회는 회원의 의견교환 및 연구발표를 한다.

이 자리에서 남궁태와 문세현의 공동 작사로 상록회 회가를 제정했다. 이와 같이 상록회 회칙을 결정한 후 이찬우는 결사 결성 후의 상록회 운동방침을 정했다. "우리는 이와 같은 결사를 조직한 이상 극력 민족을 지도하고 통일하고, 조선독립은 언제 달성될 것인지는 언명할 수 없으나, 일치단결하여 상록회를 지켜, 조선의 독립이 달성될 때까지 노력해야 한다"고 말한 뒤 해산했다.8)

1937년 3월 25일 춘천읍 화원정(花園町) 언덕 위에서 남궁태, 백홍기, 이찬우, 문세현, 용환각 등이 회합하여 상록회 제1회 월례회를 개최했다. 이 자리에서 (1) 상록회 월간 잡지 발행의 건, (2) 서적 교환의 건, (3) 동지 획득 방법의 건 등 결사의 활동방침에 대하여 협의하고 문세현은 여성 동지 획득의 책임자로 지명되었다. 문세현은 동년 4월 어느 날 춘천읍 본정(本町)에 있는 춘천도립의원에 근무하는 간호부 서병선(徐丙善)에게 민족의식 교양의 목적을 위하여 민족주의 소설 '흙'(이광수), '상록수'(심훈)를 주어 윤독(輪讀)하게 하여 민족의식을 주입하면서 동지 규합을 시도했다. 또한 춘천읍 단양정(丹陽町)에 사는 간호부 양성소 중도 탈소자 유경애(兪慶愛)에게 '흙'과 '상록수'를 주어 윤독하게 하면서 민족의식을 주입했다. 그뿐만 아니라 문세현은 감리교 춘천 주일학교 교사로 근무하면서 동료 여교사의 회원 획득에 진력했다.

---

8) 상게서, pp.14~15, 98, 常綠會 會則.

동년 4월 남궁태, 이찬우, 조규석, 용환각 등은 춘천고보 교정 일각에서 회합하여 비밀결사 상록회의 목적 달성 방법으로 서적부를 확대·강화하여 조선독립운동의 투사 양성의 지도기관으로 만들기 위하여 '독서회' 조직문제를 집중 토의했다. 그 결과 독서회라는 파생단체를 결성하고 그 결사를 춘천고보에 존치하여 민족의식 교양의 지도 중앙기관으로 하고, 그 회의 지도는 의식분자로서 본 회원인 춘천고보의 제5학년을 충당함으로써 제4학년 이하 학생을 준회원으로 양성하고 졸업한 회원 및 사회인으로서 이 결사에 가입하는 사람은 찬성위원으로 하여 학교 내외가 서로 호응하여 동지 획득에 매진함으로써 조선의 독립 달성에 활동할 투사를 양성한다는 계획을 수립했다.

이리하여 1937년 4월 15일 춘천읍 본정 최양호(崔養浩)의 집에서 남궁태, 용환각, 조규석, 이찬우, 배근석(裵根錫), 임근호(任謹鎬), 이풍섭(李豊燮), 이병주(李炳柱), 조흥환(曺興煥), 박규원(朴珪源) 등이 모여 독서회 조직 작업에 돌입했다. 남궁태는 조선독립 및 민족의 단결, 그리고 일본의 배격을 강조하는 연설을 하고, 조규석과 남궁태가 수립한 독서회 조직 계획안을 협의하여 조직하기로 하였다. 비밀결사 상록회의 파생단체로서 상록회의 목적인 조선의 독립 달성의 투사를 양성하여 궁극에는 조선을 일본제국의 굴레에서 이탈한 독립국의 실현을 목적으로 하는 독서회(讀書會)를 조직하고 그 부서 및 책임자를 결정했다.

독서회장 : 용환각
부회장 : 남궁태
서적계 : 조규석
회계 :   배근석

상록회 운동방침으로 회원 각자가 매월 회비 80원을 납입하고 민족주의 색채가 강한 서적을 선정하여 구입하기로 했다.9)

독서회의 서적계가 선정하고 구입한 민족주의 색채가 강한 서적은 주로 이광수의 저작이 주류를 이루고 있다. 독서회 서적계가 구입한 이

---

9) 상게서, pp.15～16.

광수의 저작 목록을 살펴보면 다음과 같이 이광수 전 저작을 거의 총망라하고 있다. "혁명가의 안해(1930), 흙(1933), 이차돈의 사(1937), 그의 자서전(1937), 문장독본(1937), 이순신(1932), 조선의 현재와 장래(1923), 개척자(1923), 유정(1935), 마의태자(1928), 단종애사(1930), 무정(1918), 신생활론(1926), 인생의 향기(1936)"[10]

이리하여 독서회는 회원들에게 춘원의 저작을 나누어 주면서 윤독(輪讀)하게 하고 매월 월례회에서 각자가 독후감을 발표하게 했다. 이병주(李炳柱)는 '흙' 독후감을 발표했다. "'흙'은 민족주의 색채가 농후한 책으로 그 요지는 주인공인 허숭이 피폐해가는 농촌을 구(救)하기 위하여 자기의 변호사라는 직업도 버리고, 관헌의 압박에 반항하여 문맹(文盲)인 농민에게 봉사하는 사실을 서술했다. 마치 조선의 현상(現狀)을 여실히 서술했다는 느낌이었다." '마의태자'에 대해서는 이렇게 이야기했다. "신라 말기의 왕자인 마의태자가 다른 조정의 밥을 먹지 않고, 금강산에 들어가 승려가 된 일을 서술했는데 슬픈 느낌이었다." 또한 '조선의 현재와 장래'의 '민족개조론'만 읽었는데 "조선 민족에 갱생의 길이 있다고 확신하고 감격스러운 생각이 솟아올랐다"고 평가하고 있다. 심훈의 '상록수'에 대해서는 "'상록수'도 민족주의 색채가 있는 책으로 그 요지는 주인공인 여자가 애인의 협력을 얻어서 무보수로 농촌계몽운동에 종사한 상황을 서술했다. 마치 현대 조선을 표현한 느낌이었다"라고 평가했다.[11]

배근석(裵根錫)은 민족주의에 공명하게 된 동기를 이렇게 고백하고 있다.

내가 춘천중학교 4학년에 진급한 뒤 용환각이 소유한 이광수가 쓴 '조선의 현재와 장래'를 읽고 조선 민족의 재기(再起)는 불가함을 알고, 이 책과 같이 조선 민족을 위하여 진력하고 싶다고 생각하고 있었

---

10) 상게서, pp.4~8, 55, 109. 154, 163, 168, 189, 昭和14年(1939) 압제35호, 압수금품목록 피의자 南宮珆 외 37명.
11) 상게서, pp.179~180.

는데, 이런 종류의 주의(主義), 사상을 포회하고 있는 남궁태, 조규석 등과 교유하면서 내 민족주의에 박차를 가하여 이 주의를 포회하고 사회를 보면 여러 가지로 일본인과 조선인 사이에 차별대우를 느꼈다. 그 실례는 각 관청에서 일본인과 조선인이 함께 근무하면서 일본인이기 때문에 조선인 봉급의 배액을 주어 차별하고, 각 학교에는 언어와 풍속이 다른 일본인을 교장으로 임명하여, 가령 조선인은 아무리 지식이 있어도 교장으로 임명하지 않고 압박하며, 또 학교에서는 극단적인 일본 동화정책(同化政策)을 채택하여 압박하고 일본인의 생활상태와 조선인의 그것과 비교하여 현저한 차이가 있는 등이 일본인의 착취 압박이 심한 것이라고 생각하여 나의 민족 반항심은 격렬하고 마침내 농후한 민족주의를 포회 공명하게 되었다.12)

남궁태는 이광수의 소설 '흙' 및 심훈(沈熏)의 소설 '상록수'의 독후감을 비교해서 말했다. "그 요지는 '상록수'의 주인공은 너무 공상적이며 가공적이었다. 그러나 우리는 이 '상록수'의 주인공과 같이 피폐해 가는 농촌을 위하여 헌신적으로 활약하는 것은 물론 찬성이지만, 그것보다도 '흙'에 나타난 인물과 같이 산 모범에 바탕하여 모든 고난을 돌파하여 자기의 이상(理想)을 향하여 돌진하는 인물이 되고 싶은 것이다. 동지에게 이 소설 '흙'의 일독을 권장함과 동시에 우리도 장래 피폐해가는 농촌을 위하여 '상록수' 및 '흙'의 주인공과 같이 농촌운동에 헌신하고 싶다."13)

남궁태는 '이차돈의 사'에 대해 "이것은 신라시대에 불교를 전래시켜 포교하다가 순교한 것을 쓴 것으로서 감상은 '나는 민족주의에 죽음으로써 순교함'이라고 느꼈다." '마의태자'에 대해 "이것은 궁예(弓裔)에 대하여 전편을 저술하였고, 후편에서 신라의 태자 김충(金忠)이라는 마의태자는 부왕이 고려왕의 인족(姻族)이 되면서 고려에 항복하러 갔을 때, 의(義)를 위하여 몸을 버리고 마의(麻衣)를 입고 금강산에서 은닉생활을 한 것을 기록한 것이다. 독서 후의 감상은 불운아인 마의태자

---

12) 상게서, p.126.
13) 상게서, p.128.

의 일거수일투족에 특이한 감동을 느꼈고, 의를 위하여 영화를 버린 것을 느꼈다." '단종애사'에 대해 "이것은 역사소설로 단종의 비통한 양위(讓位)와 6충신들의 활약이 씌어져 있다. 감상은 의를 위하여 죽은 6충신을 사모하여 주의(主義)에 대한 관념이 견고하여 이것에 목숨을 바칠 생각이 강하여졌다." '인생의 향기'에 대해 "이것은 저자 이광수가 체험을 쓴 것으로 그의 고뇌와 사상체험이 알려져서 조선을 사랑하는 기분을 느꼈다. 그리고 나의 민족주의 사상에 조금 박차를 가하였다." '조선의 현재와 장래'에 대해 "조선 민족을 개조할 것을 쓴 것이다. 민족주의를 암시하고 있고, 교육과 산업에서 민족을 개조하여 민족의 일부를 일정한 수준까지 도달시키고, 이들로 하여금 또 다른 수준까지 도달시켜 기하급수적으로 조선 민족을 개조할 것을 논하고 있다. 우리들의 동지 획득 방법은 이것을 모범으로 한 것으로서 크게 감동하였다." '흙'에 대해 "이것은 허숭이라는 사람이 고학하여 전문학교를 졸업하고, 변호사가 되어 처의 본가에서 받은 보조금 등을 반환하였고, 빈곤한 처지에서 관헌의 압박을 견디면서 농촌 구제·개발에 종사한 사실을 기록한 소설이다. 감상은 농촌개발을 기도한 지사가 배울 만한 것으로서 우리들 동지들이 주의(主義) 관철상 하나의 수단인 농촌개발에 있어 절호의 지침으로 생각하였다."14)

문세현은 '흙' 독후감에서 이렇게 쓰고 있다. " '흙'에서 주인공 허숭은 대학 졸업 후 법학사가 되었는데 귀농하였고, 군면(郡面)의 지도에 반항하면서 무지한 농민을 위하여 유치원과 야학회를 개설하여 한평생을 이름 없는 농민이 되어 민족주의자로서 해야 할 일을 기술하고 있다. 저자 이광수의 내면에 흡사 이와 같은 농촌이 조선에 있는 것을 제시한 것으로 생각하여 이광수를 민족주의자로서 숭배하였다. 이 책은 민족의식 교양에 지극히 적당한 것으로 느꼈다."15)

윤근모(尹瑾模)는 독후감 발표에 대하여 그 실황을 이렇게 전하고

---

14) 『韓民族獨立運動史資料集』, 권 60(常綠會事件 裁判記錄 III)(國史編纂委員會, 2004), pp.37~39.

15) 상게서, p.63.

있다. "이어서 회원이 과거 읽은 민족계통 책의 감상을 말하고, 그것에 대하여 간부가 비판을 했다. 그 상황을 종합하면 일본이 조선을 병합하기 전 독립국일 때의 애착심을 말하고, 조선 민중이 일본을 두려워하는 짓거리를 언급하여 우리 동지는 그 공일병(恐日病)에 걸린 민중을 구(救)하기 위하여는 조선이 독립해야 한다고 설유(說諭)하고, 비록 일부 민중이 지금 조선독립을 떠들어도 불가능하다고 우리들에게 말하더라도 우리들은 결단코 초지(初志)를 관철할 때까지 변하지 말고 조선 동포를 구할 사명(使命)을 가지고 나아가야 한다고 했다. 이어서 남궁태는 '압박'이란 제목으로 연설한 뒤, 잡담을 하다가 산회했다."16)

신기철(申琦澈)은 민족주의에 대해 이렇게 정의하고 있다. "민족주의라는 것은 혈통, 풍속 또는 습관, 언어를 달리하는 다른 민족의 지배를 벗어나려고 하는 주의(主義)이므로 우리들이 말할 때는 일본에서 이탈하여 조선인의 손에 의하여 조선을 통치하려고 하는, 소위 조선독립을 기도(企圖)하는 주의라고 생각한다." 신기철은 춘천고보 2학년까지는 매우 순진한 학생이었다. 1938년 봄에 병사한 형 신유철(申瑜澈)은 민족주의 계통의 책을 많이 읽고, 조선 민족에 대한 이해도 짙었다. 춘천고보 3학년 당시 취직을 위하여 잠시 만주로 갔었으나 마땅치 않아서 돌아와 하는 말이, 다음과 같이 조선 민족의 '디아스포라(이산)'를 경고하고 있다. "만주에서 조선인의 생활상태를 보니, 조선 안에서는 상상도 할 수 없는 고통스러운 생활을 하고 있었다. 그런 생활상태를 돌아보지 않고, 함부로 당국에서는 만주 이민을 장려하고 있으니, 그 이면을 생각할 때 실로 눈물겨운 것이다. 현재 유대 민족이 방랑생활을 계속하고 있는 것은 우리 조선인과 흡사하다. 조선 민족이 현재대로 나간다면 반드시 유대 민족과 같이 되는 것은 필연적이므로 조선 민족인 우리들은 시세(時勢)를 각오해야 한다."17)

신기철은 독서회의 현황을 실토하고 있다. "현재 조선에서 우리 민족은 날로 더 산속으로 이주하여 화전민(火田民) 생활로 들어가는 사람

---

16) 『韓民族獨立運動史資料集』, 권 58, p.183.
17) 상게서, pp.202, 204.

이 많고, 또 만주 이민은 다 일본제국이 조선을 식민지화하여 제국주의 침략과 대자본가의 착취 압박에 의한 것이고, 조선 민족은 날로 퇴폐해 간다. 조선 민족이 행복을 얻으려면 우선 조선 민족이 일치단결하여 일본 제국주의 통치하에서 벗어나야 한다. 이 제국주의 국가에서 벗어나려면 조선 민족의 지식을 향상시켜 민족의식을 높이는 교양기관이 이 상록회 지도하의 독서회이다. 즉 독서회는 민족주의 교양기관인 것이다." "내가 민족의식을 농후하게 가지게 된 것은 이광수 저작 중의 '조선의 현재와 장래', '단종애사', 그리고 심훈의 '상록수' 등과 같은 것은 특히 나의 민족의식에 박차를 가하여 마침내 배일적(排日的) 민족의식에 도를 더하여 일본인을 적대시(敵對視)하게 되었다. 학교 당국이 게다 신기를 장려하는 데 반대하여 게다는 일본인의 것이니 게다를 신지 말자고 하는 등의 언동을 하게 되어, 사상이 표면으로 나타나게 되었다." "'조선의 현재와 장래'에 대하여 조선의 현재는 조선인에게 너무 힘이 없어서 정복된 유대인과 같은 운명이 되리라고 생각되어 조선 청년이 분기(奮起)해야 한다고 생각했다. '상록수'를 읽고서는 농촌으로 돌아가서 귀농운동을 하지 않으면 안 된다고 생각했다. '단종애사'를 읽고서는 여섯 충신은 일신을 바친 것이 우리들 조선인은 조선을 위하여 몸을 바칠 기분이 되었다."[18]

이광수야말로 청소년층에게는 독립의 희망이요 미래의 아이콘이었다. 이광수의 작품을 읽고 민족의식을 각성하게 되었기 때문이다. 이에 총독부 당국은 이광수의 저작을 재검열해서 '조선의 현재와 장래', '문장독본'을 치안유지법 위반을 이유로 발행금지 처분을 내리고 말았다. 그뿐만 아니라 이광수의 전 저작을 재검열해서 '흙'을 비롯하여 수십 종의 저작에 대해 판매금지 조치를 단행했다. "3심에서 우리 사건(동우회 사건)의 원 판결이 파기되고 고등법원 재심에 회부되었다. 이 동안에 총독부에서는 내 저서의 재검열을 하여 십수 종을 발매금지에 부치고 책사에 있는 책까지 압수하였으니 소설 '흙'은 말할 것도 없거니와

---

18) 상게서, pp.204~205, 210.

발행한 지 20년이나 된 '무정'도 금지를 당하였다. 이것이 다 우리 사건의 반증을 얻으려는 것이었다."19)

한편 상록회 회원 획득이 가장 문제가 되었다. 그래서 우선 교내 학생들을 회원으로 영입하기 위하여 그 책임자를 결정했다.

제5학년 용환각

제4학년 배근석

제3학년 이찬우

제2학년 조규석

제1학년 남궁태

이찬우는 결사의 동지 획득의 활동방침으로, 상록회는 조선의 독립을 목표로 현행 정치에 위반되는 회이므로 상록회의 존재를 극비(極秘)로 함과 동시에 장차 동지를 획득할 경우에는 좋은 의식분자가 될 수 있는 자질을 인식하고 충분히 의식분자가 되었을 때에 상록회의 존재를 알려야 한다고 결사의 회원 획득방침을 제시하고 여러 가지로 협의했다.

1937년 5월 1일 춘천읍 봉의산(鳳儀山) 정상에서 제1회 월례회를 개최했는데, 용환각, 남궁태, 배근석, 이병주, 이풍섭, 박규원, 이찬우, 그리고 새로 가입한 전홍기(全洪基), 차주환(車柱環), 서동철(徐東轍), 윤근모(尹瑾模), 남익환(南益煥) 등 12명이 참석했다. 이 자리에서 용환각 회장은 인사말에서 천학비재인 사람이 회장으로 선임되어 매우 광영으로 생각하나 조선의 독립이라는 큰 목표를 수행하는 본회의 회장으로서 완전한 직무를 처리할 수 있을지 의문이라고 하면서, 회원들의 협력과 원조에 의하여 상록회의 활동에 노력한다는 취지를 강조하고, 이어서 회계보고, 회칙에 대한 설명이 있었다. 남궁태는 민족 반항심을 앙양하는 목적에서 '피압박자의 마음과 배금주의'란 제목으로 애국연설을 행하고 민족주의자의 저서를 윤독한 독후감을 발표했다.

1937년 6월 20일 남궁혁(南宮爀)의 집에서 제2회 월례회를 개최했

---

19) 春園 李光洙, 『나의 告白』, p.169.

다. 이 자리에서 용환각 회장을 비롯하여 배근석, 전홍기, 박규원, 서동철 등은 상록회가 불온단체이므로 신변의 위협을 우려하여 탈퇴를 표명하자 간부진은 극력 만류·설득하여 번의하였고, 이어서 임원 개선을 했다.

상록회 회장 : 남궁태

동 부회장 :   용환각

동 회계 :   전홍기

동 서적계 :   이찬우

1937년 7월 17일 남궁혁의 집에서 제3회 월례회를 개최했다. 남궁태는 '귀농운동'이란 제목으로 조선의 독립을 절규하여 민족 반항심을 치열하게 고취하고, 차주환은 '환경'이란 제목으로 민족 반항심을 앙양하는 연설을 하고, 이찬우는 농촌시찰계획을 발표했다.

1937년 9월 18일 남궁혁의 집에서 제4회 월례회를 개최했는데, 용환각은 '우리들의 철권'이란 제목으로 민족의 독립을 절규하고, 이찬우는 '농촌시찰담'을 이야기하면서 청년 학생들의 귀농 및 조선독립운동을 촉구했다.

1937년 12월 3일 춘천읍 화원정 언덕 위에 상록회 회장 남궁태를 비롯하여 회원 15명이 회합하여 '상록회가'를 합창했다. 회원들은 극도로 민족주의를 표상하기 위해 육체 스크럼으로 한반도 지도 모양을 나타내는 사진을 촬영하면서 강경한 항일감정을 고취했다. 이찬우는 12월 20일 춘천여자강습소 생도 정인숙(鄭仁淑)에게 민족의식을 주입하면서 동지로 확보하려고 획책했다. 1938년 2월 15일 졸업을 앞두고 상록회 남궁태 회장은 이영우(李靈雨)의 집에 회합하여, 회원들이 졸업하고 사회에 나가더라도 상록회의 정신만은 잊지 않고 조선독립운동에 일생을 바칠 것을 결의했다. 이 자리에서 동지들에게만은 영웅 칭호를 붙이고 조선독립운동을 위해 마치 호랑이같이 강철같이 영웅과 같이 용왕매진할 것을 다짐했다. "이찬우(李燦雨) 선웅(鮮雄), 남궁태(南宮玲) 선강(鮮剛), 용환각(龍煥珏) 선암(鮮巖), 전홍기(全洪基) 선청(鮮淸), 조규석(曺圭奭) 선호(鮮虎)."

1938년 2월 25일 박태주(朴泰株)의 하숙집에서 상록회 인계준비 책임회를 개최했다. 무기명 투표에 의하여 그 부서를 결정했다.

회장 :　이연호(李淵瑚)
부회장 : 최기수(崔基洙)
서적계 : 신기철(申琦澈)
회계 :　박일환(朴逸煥)

1938년 3월 1일 남궁혁의 집에서 상록회 총회 및 인계회(引繼會)를 개최했다. 남궁태는 상록회 발족 이후 과거 1년간의 활동보고를 했다. "우리 조선의 독립을 목적으로 동지 획득에 노력해왔지만, 중도 탈퇴자가 속출하게 된 것은 회원 여러분에게 참으로 미안하고, 이러한 사태가 나타난 것은 간부의 수완 부족도 있겠으나 회원의 상록회에 대한 열의가 결핍된 것에 있다. 그러나 상록회의 정신을 자손에게까지 전해간다면 언젠가는 조선의 독립은 달성할 수 있다." 이렇게 결론을 내리면서 독립운동을 지속할 것을 고무했다. 용환각은 상록회를 계승한 여러분의 노력을 바란다는 취지로 격려했다. 이어 남궁태, 이찬우, 용환각 등은 이연호, 신기철에게 대하여 비밀결사 상록회의 장래의 운동방침을 제시했다. "1. 회원의 연락은 세로(縱)의 방침을 취하고, 가로(橫)의 연락을 금한다. 2. 회칙 기타 기록이 되는 서류는 일체 작성하지 않는다"라는 대강을 지시하고, 상록회의 소유 서적을 인계했다.

상록회 인계 책임자인 부회장 최기수와 회계 박일환은 상록회가 조선의 독립을 목적으로 하는 비밀결사임을 알고는 내심으로 검거를 두려워하여 탈퇴를 하려고 하였으나 상급생 상록회 회원의 후환을 두려워하여 탈퇴를 표명하지 못했다. 하지만 간부진이 졸업하는 것을 보고 곧 독서회를 탈퇴하겠다고 표명했기 때문에 독서회는 통제력을 상실했을 뿐만 아니라 회원 중에는 임원이 불필요하다는 여론이 대두하는 등 수습이 곤란한 상태에 빠지고 말았다.

1938년 3월 중순경 남궁태와 용환각은 이대로 나가다가는 상록회가 해체될 위기에 빠질 것을 염려하여 상록회 존속의 방안을 강구하기에 이르렀다. 이들은 상록회 임원을 확정하여 그 업무를 정식 인계했다.

상록회 회장 : 이연호

서적계 :　　　신기철

회계 :　　　박태주

1938년 6월 상순 춘천중학 5학년 학생들이 일본 수학여행을 다녀와서 상록회 회장 이연호의 집에서 회합하여 수학여행 중의 감상담을 나누었다. 이 자리에서 신기철과 최상기(崔相基)는 다음과 같이 민족적 항일정신을 주입했다. "우리 고도 경주의 황폐를 개탄하고 또 석굴암 불상의 조각을 상찬하면서 경주 고도를 다시 구축하는 것은 우리들 조선 청년의 책무이며, 또한 수학여행자 중 경주를 떠나면서 한마디의 소감도 없었는데, 일본 동경을 떠날 때는 거의가 동경에 대한 아쉬움을 아끼지 않은 사람이 많았다는 것은 그 얼마나 조선 청년이 자각이 없다는 것을 말함인가."

6월 초순 용환각의 집에서 회합하여 논란되고 있는 조선어 사용 폐지 문제를 논의했다. 하급생 전인목(全寅穆)과 이영우는 "최근 학교 당국은 조선어 사용을 금지하고 있으니 어떻게 해야 하느냐"라고 질문을 던졌다. 이에 이연호 회장은 "일본어는 하나의 학문으로 배울 필요는 있지만 동지간의 상용어는 조선어를 사용해야 한다"고 강조했다. 7월 24일 구세군 소대장 방에서 독서회 지도교양의 목적으로 이연호 외 6명이 회합한 자리에서, 남궁태는 "최근 농촌은 극도로 피폐해 있는데 세금은 시국 때문에 고율로 부과되고, 또한 시국저금이 강요되어 일반 농민의 불평의 소리는 높다. 이들 농민을 구제하는 것은 우리들 조선인 청년의 책무이다"라고 민족의식을 고취하면서 청년들은 조선 건국을 위하여 매진할 것을 다짐하고 있다. 이연호 회장은 "우리들이 나아가야 할 길"이라고 전제하면서 "마르크스주의의 유물사의 미망, 계급투쟁론 또는 잉여가치의 미망을 구분하여 역설하고, 진정으로 인류를 구제하기 위해서는 정치 자유 평등권의 획득이 아니고, 마르크스 신봉자의 빵 해결도 아니고, 다 인류를 구제하는 것은 영(靈, 양심), 양심이라면서 영이 없이는 인류를 구제할 수 없다"고 의외로 공산주의 이론을 논박했다.[20]

상록회를 창설한 남궁태, 이찬우, 문세현 등 핵심 임원들은 제각기 '상록회의 노래', '오정 애향곡', '모곡리 소년단가', '조선 애국가' 등을 작사하여 노래를 불렀다. 특히 주목되는 것은 '상록회의 노래'에서 "단군(檀君) 이래 빛나는 반만년 역사"라고 표기했는가 하면, '조선 애국가'에서는 "무궁화를 사모하는 그 봄은 언젠가는 돌아오겠지"라고 노래하면서 독립(봄)의 그날이 언젠가 돌아올 것을 학수고대하고 있다. 또한 "불쌍하구나 이 민족은 국민(國民)이 되기 때문에"라고 했는데, 여기서 '국민'이란 조선 민족이 '일본 국민'이 되었다는 뜻이다. 심지어 '조선'이라는 국호마저 못 쓰게 하니 '강산(조선)'이라 표기했다. 모든 '보통학교'를 '국민학교'로 이름을 바꾸어 동화정책(同化政策)을 강행한 것이다.

상록회의 노래

1. 이 강산(조선)의 밤이 밝았을 때
   모여라 벗이여 노래 부르면서
   향기로운 무궁화 동산 넘어
   빛나리 상록의 종소리 퍼지는 곳으로

2. 가슴에 솟구치는 핏줄기 돌 때
   흘러라 피눈물 이 강산을 위하여
   잠든 이 백성 꿈에서 깨어날 때
   가련한 고려민족 기꺼이 뛰겠지

3. 단군(檀君) 이래 빛나는 반만년 역사
   오늘날의 치욕은 무슨 까닭인가
   친구여 나아가자 조선을 위하여

---

20) 『韓民族獨立運動史資料集』, 권 58, pp.20~24.

오정(梧井) 애향곡(愛鄕曲)

1. 붉은 아침 해 마적산(馬跡山)에 비치면
   울리는 애향곡에 발맞추어
   뒷동산 앞 들판에 일하러 갈 때
   천전(泉田) 사람의 솟구치는 피는 용솟음친다.

2. 남녀노소 부지런히 일하자.
   뜨거운 애향곡에 용기는 더하고
   합심 협력 서로 도움 부르짖을 때
   천전인(泉田人)은 기뻐서 노래하겠지.

3. 애친경로(愛親敬老) 미풍 살리면서
   팔 걷어 올리고 애향곡 부른다.
   우리 청년 앞에 봉화 타오를 때
   천전인의 행복이 넘쳐흐른다.

모곡리(牟谷里) 소년단가

1. 붉은 아침 해 동쪽 하늘에 솟을 때
   감격의 행진곡에 발맞추어
   뒷산 앞들에 일 나갈 때
   소년단원 기쁨은 넘쳐서 노래 불러

2. 나아가자 앞으로 맹진하자
   강건한 소년단원들아
   첫째 봉공, 둘째 희생, 셋째 정직
   소년단원 3강령(綱領)을 표어로 하여

조선 애국가

1. 나비를 불러들인 봄은 지나갔고

매년 돌아오기를 바랐지만
무궁화를 사모하는 그 봄은
언젠가는 돌아오겠지

아아, 불쌍하구나 이 민족은
국민(國民)이 되기 때문에

2. 이 강산, 이름은 조선이지만
세월은 삼천리
아아, 슬프다
어찌 이와 같은 상태가 되었던가[21)

1938년 10월 8일 춘천중학교 맹휴사건이 발생했다. 신영철(申瑛澈)
이 배후에서 조종하여 발생했는데, 그 이유는 1938년부터 일본 학생과
공학하면서 일본인 선생들의 조선인 학생에 대한 모욕적인 욕설발언
등 차별대우가 노골화하면서 이에 대한 불만이 폭발한 것이다. 동교 졸
업생 신영철은 조선독립과 민족의 번영을 실현하기 위해 재학생들에게
민족의식을 고취하는 등 맹휴를 지도했다. 이리하여 춘천경찰서는 10
월 18일 신영철 등 맹휴 주동자 17명을 검거한 것이다. "1938년 10월
18일 춘천공립중학교 생도가 학교 당국의 처분에 내선인(內鮮人) 생도
에 차별을 하고 있다는 이유로 맹휴할 것이라는 정보를 사전에 탐지하
고 관계자를 취조한 결과 동교 졸업생 수명은 전부터 조선독립과 민족
적 번영을 기하기 위해 조선 중견 청년에게 민족의식을 주입하고 이를
중심으로 대중을 지도하게 되며 교외에 있어서 맹휴를 지도한 사실이
판명되었고, 그 이면에는 결사(상록회)의 존재가 있었던 모양이다."[22)
춘천중학교 맹휴사건의 배후에는 비밀결사 상록회가 존재하고 있다

21) 『韓民族獨立運動史資料集』, 권 60, pp.272~274.
22) 朝鮮總督府 警務局 編, 『最近に於ける朝鮮治安狀況(1938)』(巖南堂書店,
1966), p.33, 春川中學校 盟休事件(1938. 10. 19); 『韓國獨立運動史』, 권 5
(국사편찬위원회, 1969), p.319.

는 사실을 탐지한 춘천경찰서는 마침내 상록회 사건을 일으킨 것이다. 비밀결사 상록회는 2년간 지하민족운동을 벌였는데 1938년 12월 춘천 경찰서는 관련자 137명을 총검거하고 말았다. 일제강점기 때의 학생운 동이라 하면 으레 광주학생운동(1929. 11. 3)을 들고 있다. 광주학생운 동은 일선인(日鮮人) 학생 사이에 민족적 차별대우로 반일감정이 격발 하여 우발적으로 발생한 항일운동이었다. 이에 비해 상록회 사건은 이 광수의 혁명사상과 민족주의 사상에 감화를 받은 춘천고보 학생들이 비밀결사 상록회를 결성하여 민족운동을 전개하다가 발생한 학생운동 이다. 1936년 12월 12일 조선사상범보호관찰령이 발포·시행되면서[23] 조선 지식인에 대한 가혹한 사상탄압이 자행되고, 게다가 미나미 총독 의 내선일체 동화정책이 강행되고 있는 살벌한 정치상황에서 춘천고보 학생들이 감연(敢然)히 '조선독립'을 뚜렷이 표방하고 비밀결사 상록회 를 계획적, 조직적으로 결성하여 항일독립운동을 벌였다는 점에서 상록 회 사건은 광주학생운동과 그 성격이 다르다고 하겠다.

이리하여 상록회 관련자 137명 전원을 총검거하였는데, 당국은 "상 록회의 독서회가 일본 국체(國體)를 변혁(變革)할 목적으로 조직된 결 사"라고 하면서, 이는 치안유지법 위반이라는 이유로 전원 구속·수감 한 것이다. "춘천공립고등보통학교 생도들은 조선을 일본제국의 기반 으로부터 이탈·독립할 목적으로 한 상록회 독서회 등의 결사를 조직 하고 그 목적수행을 위해 활약했음"이라 밝히고 있다.[24]

구속된 137명 중 피의자로 기소된 학생은 다음과 같이 총 38명이다.

남궁태(南宮珆, 20), 이찬우(李燦雨, 22), 문세현(文世鉉, 23),
용환각(龍煥珏, 23), 백흥기(白興基, 20), 조규석(曺圭奭, 21),
성수경(成綏慶, 22), 배근석(裵根錫, 21), 전홍기(全洪基, 23),
조흥환(曺興煥, 23), 박규원(朴珪源, 22), 차주환(車柱環, 20),
이풍섭(李豊燮, 21), 이병주(李炳柱, 19), 서동철(徐東轍, 21),

임근호(任謹鎬, 22), 윤근모(尹瑾模, 19), 남익환(南益煥, 19),
이연호(李淵瑚, 21), 신기철(申琦澈, 19), 최상기(崔相基, 23),
전인목(全寅穆, 19), 박태주(朴泰株, 23), 이영우(李靈雨, 19),
이봉채(李鳳采, 21), 신현억(申鉉億, 22), 이철균(李澈均, 20),
이한진(李漢晋, 22), 이창우(李昌雨, 19), 김정철(金鼎澈, 23),
최기수(崔基洙, 21), 박일환(朴逸煥, 23), 김연환(金鍊煥, 21),
정인옥(鄭仁鈺, 19), 남극원(南極元, 17), 이종규(李鍾奎, 22),
이광우(李光雨, 26), 이인교(李仁敎, 25)[25]

이상 피의자 38명에 대한 범죄사실 심문이 벌어졌다.

남궁태 신문조서

남궁태(南宮珆)는 민족주의자 이광수의 저작인 '마의태자', '단종애
사', '조선의 현재와 장래', '평화와 자유', '흙'을 비롯하여 '상록수',
'이순신 실기', '약소민족운동의 전망', '애란 민족운동' 등을 탐독하여
조선을 일본제국의 굴레에서 이탈시켜 조선 민족의 행복과 자유를 달
성하도록 노력해야 한다는 매우 강고한 민족주의를 신봉하게 되었다.
상록회 조직 목적에 대하여 이렇게 밝히고 있다. "조선이 일본에 동화
되어가는 것을 차마 볼 수가 없으므로 장래 조선을 짊어지고 나갈 중견
청년에게 민족 반항심을 주입하고, 때가 되면 조선의 독립을 목적으로
하는 것이다. 조선은 일본에게 나라를 빼앗기고, 또 항상 착취 압박으
로 농촌은 피폐하고, 사회 특히 관계(官界)에는 일본인이 우위를 점하
고 있기 때문에 조선인은 언제까지나 행복과 자유는 없다. 이러한 경지
에서 벗어나기 위하여 조선독립을 위해 활약할 투사를 양성 획득하고,
반항심을 치열하게 하여 언젠가 조선을 일본의 굴레에서 벗어나게 하
는 것을 전제로 결사를 조직했다."
남궁태는 민족주의에 대해서 다음과 같이 정의하였다. "민족주의란

---

25) 『韓民族獨立運動史資料集』, 권 58, pp.8~12, 28.

두 방면으로 구분할 수 있다. 순 민족주의는 언어, 혈통 계통, 풍속을 함께하는 집단이 자기 민족에 의하여 수호 및 존속을 위하여 하는 행위가 순 민족주의라 하고, 혹은 어떤 민족이 다른 민족의 압제 아래 있을 경우, 그것에 반항하는 주의를 민족주의라고 하며, 이 두 가지 주의를 세속적으로 민족주의라 한다. 조선으로서 민족주의는 현재 우리들 주위에서 보는 바와 같은 압제정치(壓制政治)에 단호하게 반항하고 전 민족이 일치 협력하여 우리의 자유 평등의 권리를 탈취하고, 멸망한 나라를 건설하여 과거 5천 년의 역사를 계승하려는 주의를 말한다."

남궁태는 민족주의에 공명하기에 이른 환경 및 동기를 이렇게 해명하고 있다.

내가 현재와 같이 민족주의를 신봉하고 민족의식이 치열하게 된 것은 환경의 탓이다. 나의 고향(洪川郡 西面 牟谷里)은 십자가 사건26) 이래 전체 부락민의 민족의식은 매우 농후하며 나의 친척인 9촌 백부 남궁억(南宮檍)은 매우 격렬한 민족주의자로서 나의 보통학교 시대부터 나에게 "삼천리강산의 주인이 되어 이민족(異民族)의 압정(壓政) 착취로 도탄에 빠진 백의(白衣) 동포를 구제하는 사람은 장래 조선을 건설할 너희들의 책무이다"라든지, 혹은 일본과 한국을 병합한 당시의 중신(重臣)은 국적(國賊)이라는 것을 가르쳐주셨으므로 민족의식이 싹텄다. 그 뒤에도 민족주의자의 저서를 탐독하여 치열한 민족 반항심을 품게 되었다. 그 뒤 내 눈에 비치는 현정(現政)은 모두 일본인의 착취이며 압박이었다. 또 본격적으로 조선 역사를 연구하여 고려, 신라 시대 때 강하고 우수한 우리 민족을 생각하며 조선조 말기의 비굴한 선배, 특히 한일병합을 한 국적에 대해서는 비분의 눈물마저 흘렸다.

여기에서 나는 옛날 조선의 복고(復古)에 머리를 썩이고 있는 중에

---

26) 『東亞日報』(1933. 12. 27); 『日帝侵略下 韓國三十六年史』, 권 10(국사편찬위원회, 1975), p.456(1933. 12. 26). 여기서 남궁태가 민족의식의 감화를 받은 민족주의 운동가 남궁억은 1918년 강원도 홍천군 서면 보리울(牟谷里)에 교회와 학교를 세우고, 무궁화 묘포(苗圃)를 만들었으며, 1933년 비밀결사 십자가당(十字架黨)을 조직했다. 무궁화와 한국 역사 사건으로 체포되어 복역하다가 1935년 병보석으로 석방되었다.

전술한 광명을 준 사람은 민족주의자 이광수(李光洙)의 '조선의 현재와 장래'라는 책의 제1절 '조선민족개조론'이다. 소위 '민족개조론'에 의하면 한 사람의 자각(自覺) 있는 동지가 확실한 동지를 획득하여 이 것을 기하급수적으로 증가시키면 30년이면 전 민족이 민족의식이 주입되어 언젠가 조선의 독립이 가능하게 된다는 것을 인식하고, 이광수가 지은 '마의태자', '단종애사'를 읽고, 당시 고려 민족의 의기와 열을 느끼고, 나는 자기의 팔을 내어 조선의 독립을 달성하는 방법과 시기를 엿보고 있었다. 내가 춘천고등보통학교 재학 때, 그 학교 강전(岡田) 교유가 우리 동급생인 황순호(黃淳昊)라는 사람과 입씨름이 있었다. 그때 강전 교유가 조선 민족을 모욕하는 언동이 있었다. 그 폭언은 "조선인은 낫이나 괭이를 가지고 일본인에 저항하더라도 일본은 대포나 기관총 등의 무기가 있으므로 조선인 전부가 반항하더라도 일본은 조선에 있는 재향군인으로 대항해도 충분하다"고 매우 부적절한 말을 했으므로 마침내 전교생이 맹휴(盟休)를 단행한 일이 있다.

이때 나는 실로 일본인에 대한 적개심(敵愾心)은 도를 더하여 비분(悲憤)의 눈물이 났다. 또 그 반면 강전 교유가 말한 바와 같이 조선인은 아무리 일본인에게 반항해도 조선인의 재기(再起)나 복구(復舊)는 불가능하다고 생각하게 되어, 어느 때 전술한 9촌 백부 남궁억에게 조선 청년에게는 활로가 없는 것이 아닌가 하는 질문을 했더니, "청년이라면 죽을 때까지 조선의 독립을 도모하라"고 격려했다. 더욱 조선을 일본의 굴레에서 벗어나게 하는 방법을 열심히 연구하고, 일본에 대한 적개심은 왕성하게 되어 악랄한 일본인이 동포에 대하여 취하고 있는 극단적인 동화정책(同化政策) 및 착취수단에 단연 반항 배격하고, 조선 동포의 행복과 자유를 얻게 해야 한다고 결심했다. 농후한 민족주의를 포회(抱懷)하기에 이르렀으므로 내가 사회를 보고, 일본인과 조선인에 현저한 차별을 느낀 것은,

1. 조선인의 일본 도항(渡航) 제한 문제. 곧 일본인은 조선에 자유롭게 도항하는 반면, 조선인의 일본 도항은 제한하고 금지한다.

2. 일본인과 조선인 관리의 차별대우 문제.

조선총독부의 정무총감 이하 각국 부장이 배열되어 있는데, 거기에도 한 사람의 조선인이 없다. 혹은 일본인 관리도 조선인 관리도 함께 근무하여 복무하고 있는데, 봉급은 일본인에게 배액을 지급하고, 또 사

택료(舍宅料)까지 지급한다. 또 대학교수에는 한 사람의 조선인 교수도 없고, 또 중등학교 이하 모든 학교에는 언어와 풍속이 다른 일본인 선생으로써 조선인 자제를 교육시킨다. 혹은 조선인 학생은 대단한 입학난에 반하여 일본인 학생은 쉽게 입학할 수 있는 등에 매우 일본인의 압박을 느끼며, 이런 일들도 나의 민족주의에 박차를 가했다. 이상이 내가 민족주의에 공명하고, 포회하게 된 개황이다.

남궁태는 비밀결사 상록회를 조직한 목적을 이렇게 밝히고 있다. "우리 조선은 이민족 압정하(壓政下)에 침륜하여 총독정치 시행 후 조선인은 정치적 자유는 박탈되고, 경제는 일본의 자본가에 의하여 착취 침략 당하고 있다. 이런 조선을 옛날의 조선으로 회복시키기 위해서는 주권을 일본으로부터 탈취하여 붕괴한 조선의 경제를 회복시켜 독립국가인 조선을 건설해야 한다. 그 과정으로서 필요한 인물에게 민족의식을 주입하여 치열한 민족 반항심을 양성하고 전 민족이 일치 협력하여 조선을 일본제국의 통치 굴레에서 이탈시킬 목적으로 상록회를 조직했다."27) 남궁태는 조선이 독립한 후 어떤 정부를 수립해야 한다는 것까지의 미래 비전을 제시하고 있다. "민족주 공화정체(共和政體)를 취하려는 생각이다. 미국, 프랑스 식의 대통령, 의회를 설정하는 정체를 희망하였다. 또 진술하고자 하는 것은 나는 남궁억(南宮檍)으로부터 인의(仁義) 도덕을 어릴 때부터 잘 가르침을 받은 관계상 조선독립에 관하여도 무력이라는 것은 생각하지 않았고, 또 독립 후에도 될 수 있으면 무장하지 않고 독립을 보전하며, 독립국으로서 조선의 체면을 보전할 생각이다."

이어 남궁태는 피고인으로서의 현재의 심경을 이렇게 실토하고 있다.

민족주의란 요컨대 민족 자신의 복리를 증진시키는 데 있으며, 이 목적을 위하여 조선독립을 기도(企圖)하였으나 조선 민족의 민족정신에 대하여 보건대, 성격 개조는 어느 정도 할 수 있지만 본능적인 의

---

27) 『韓民族獨立運動史資料集』, 권 58, pp.29, 81~82, 93~99.

지가 박약한 점은 절대 개조할 수 없다. 즉 조선 민족은 외래의 권력에 복종하며 외래의 문화에 순화(馴化)하는 경향이 현저한 성질이 있으므로, 이 정신을 개조하여 독립을 스스로가 영위한다고 하는 정신을 갖게 하는 것은 불가능하다. 그리고 내가 앞으로도 민족운동에 정진하여 조선독립을 실현시키려고 하지만 그때에 있어서는 현재의 중국과 같이 백인종의 마수에 놀아나서 일본에게 반항하는 하나의 수단일 뿐이며 결국에 가서 가령 독립했다 하여도 백인종의 마수에 걸려들어 자멸하는 외에는 없다.

조선은 지리적으로 보아도 독립국가를 조직하는 것이 불가능하다. 역사가 증명하는 것과 같이 조선은 옛날에 중국의 속국, 현재는 일본의 영토가 된 것과 같이, 국토가 좁고 인구도 적어서 아무래도 다른 나라와 같이 강대한 국가를 만들 수 없다. 꼭 타국의 치하(治下)에 영구히 있으면서 여기서 벗어날 수 없는 운명이다.

이상과 같이 나는 어떻게 하여도 실현될 수 없는 조선독립사상은 단연 버리고 금후 민족주의 행동은 전적으로 하지 않을 생각이다. 그러나 나는 아직 일본의 현재 정책인 조선에 대한 착취 압박과 차별대우에 대한 불만은 정책을 개정하지 않는 한 나의 뇌리에서 소멸시키지는 못할 것이다. 이 점은 나에게 앞으로도 울분으로서 남아 있을 것으로 생각한다. 그러나 이 일은 생각하지 않는 것으로 하고 점차 제어할 생각이며, 이 정신이 나의 뇌리에서 사라져야 비로소 정신적으로 훌륭한 황국신민(皇國臣民)이 될 수 있다고 생각한다.

현재 일본이 크게 주장하는 대아시아주의에 찬성하면서 구구한 조선 민족의 일은 뇌리에서 사라지고 있다. 그리고 아시아 민족은 단결하여 백인과 대항하여 민족 중의 대부분이 백인 치하에 있는 자들을 그 굴레에서 벗어나게 하여 아시아 민족의 아시아로 하는 것에 찬성한 것이다. 이것은 나의 시야가 이전보다는 넓어졌다고 생각하고 있다.[28]

용환각 신문조서

용환각(龍煥珏)은 춘천고보 재학 중 '하얼빈 역두의 총성'을 읽고 이

---

28) 『韓民族獨立運動史資料集』, 권 60, pp.41~42.

등박문을 총살한 안중근이야말로 진정한 조선인이라고 숭배하면서 이광수의 '조선의 현재와 장래', '마의태자', '흙', '단종애사', '인생의 향기', '무정' 등을 읽고서 민족의식을 각성하게 되었다. 특히 이광수의 '조선의 현재와 장래'에 의하면, 한 사람의 자각한 투사가 매년 한 사람씩 동지를 획득하여 기하급수적으로 증가시킨다면 전 민족의 독립의식을 포회하게 되어 목적을 달성할 수 있다고 확신하게 되었다. 비밀결사 상록회 조직에 주도적 역할을 담당했다. 비밀결사 상록회 조직 목적에 대해 이렇게 실토했다. "조선은 일본에게 나라를 빼앗기고, 또 항상 착취 압박으로 농촌은 피폐하고, 사회 특히 관계(官界)에는 일본인이 우위를 점하고 있기 때문에 조선인은 언제까지나 행복과 자유는 없다. 이러한 경지에서 벗어나기 위하여 조선독립을 위해 활약할 투사를 양성 획득하고, 반항심을 치열하게 하여 언젠가 조선을 일본의 굴레에서 벗어나게 하는 것을 전제로 결사를 조직했다." 상록회 조직 후에는 "우리 동지는 현행 정치에 위배되는 길을 걸어서 전도가 다난할 뿐만 아니라 몽매한 민족의 지도에 있어서 그 곤란은 더욱 가중된다. 우리는 이 곤란을 돌파하기 위해서는 각자의 무쇠팔뚝을 신뢰하고 일치단결하여 이 간고(艱苦)한 경지를 벗어남으로써 조선 민족을 구해야 한다"고 다짐했다. 용환각은 민족주의에 대하여 다음과 같이 정의하고 있다. "어떤 지역에 거주하는 한 계통의 한 민족이 계통을 달리하는 민족에게 지배되는 일이 없이 자기 민족의 활동을 모두 같은 민족이 지배하는 주의를 말한다. 따라서 우리가 포회하고 있는 민족주의는 조선국의 통치는 모두 조선 민족에 의하여 통치하는 주의를 말한다."

용환각은 민족주의 사상에 공명하고 그 실천을 결심하게 된 동기 및 환경에 대해서 솔직히 고백하고 있다.

나도 조선 민족이므로 민족주의는 잠재해 있었다. 그 잠재한 민족주의가 표면에 나타난 것은 1936년 말경부터였다. 그 환경은 당시 나의 동급생인 이찬우의 매우 농후한 민족주의에 공명하고 있으면서 나에 대하여 단편적으로 혹은 격렬한 어조로 말했다. 한일병합을 한 이등박문(伊藤博文)을 하얼빈 역두에서 총살한 민족주의자 안중근(安重根)은 매우 민족애(民族愛)가 열렬한 정신으로 우리들 후배는 물론 조선 민족 모두가 숭배할 위인(偉人)으로 또 배워야 할 만한 사람이다. 조선조 단종의 왕위를 찬탈한 세조를 제거하려고 하다가 사형을 받은 6충신은 실로 의기(義氣)가 있고 열성이 있는 인물이었다. 그런데 현재 우리 민족은 이민족에 통치·지배되면서 그에게 반항하여 조선독립운동에 종사할 의기와 열성이 없는 것은 분개할 일이라든가, 혹은 이대로 조선 민족을 방임하고 민족의 부흥을 기도하지 않는다면 마침내 자멸할 것이라든가, 또 일본인은 한일병합 이래 일시동인(一視同仁)이라든가 내선일체(內鮮一體)를 외치고 있지만, 그 이면은 착취 압박을 내포한 통치방침이라고 한다든가, 혹은 또 민족주의자 이광수의 책인 '조선의 현재와 장래'를 읽으라고 권고했다.

그것('조선의 현재와 장래')을 보면, 조선 민족은 이대로 방임해둔다면 마침내 자멸하여 갱생(更生)의 길이 없지만 한 사람의 훌륭한 인물이 매년 한 사람씩 동지를 획득하면 30년 뒤에는 조선 전 민족이 민족주의를 포회·공명하게 되어, 언젠가는 조선독립을 달성할 수 있다는 '민족개조론'을 읽고, 우리 조선 민족의 전도에도 또한 광명이 있다고 느꼈다. 그리하여 내 마음에 비치는 조선의 실상은 일본의 착취 압박이었다. 그 실례를 들면, 일본인은 조선에 자유롭게 올 수 있는 반면, 조선인의 일본 도항은 제한되고, 조선인이라는 이유로 병역 및 의무교육은 실시되지 않고 있다. 총독부에서 조선인은 한 명도 고관에 채용되지 않고, 일반 관리에서도 일본인에게는 봉급을 배액으로 지급한다.

농촌은 초근목피로 상식(常食)하고 있음에 반하여 일본인은 미의미식(美衣美食)을 하고 있다. 조선인은 마침내는 자멸되지 않으면 안 된다는 극론에 내 마음은 점차 짙은 민족주의자가 되었다. 이때에 비밀 결사 조직의 협의가 있었고, 곧 찬성하여 동지와 함께 회 조직에 전력을 기울여 간부로서 회원을 지도하면서 각종 민족주의 색채가 있는 책을 탐독하고, 민족 반항심은 치열하게 되었다. 일본인을 모두 적대시하고, 배일사상(排日思想)이 농후하게 되었다. 학교에서 하는 일본 국가(國歌) 합창, 일본 신사참배, 일본 국기에 대한 경례도 마음에서 하지 않게 되었다. 이상과 같이 나는 민족주의에 공명하고 포회하게 되었다.29)

상록회 용환각 회장은 이광수의 '흙'의 농촌계몽운동에 감명을 받았다면서 회원들에게 윤독할 것을 당부하고 있다. "나는 회원 전부에 대하여 과거 민족주의 서적의 독후감을 요구하고, 나는 이광수 '흙'의 독후감을 말했다. '흙'의 주인공은 사회에서는 당당한 신분과 부잣집의 좋은 아내를 가졌으면서 자기가 태어난 고향을 위하여 명성이 있는 지위와 거만(巨萬)의 부(富)를 팽개치고 고향의 농촌을 위하여 헌신했다. 우리도 사회에 나간다면 허영심에 매달려 헛된 일생을 끝내는 것보다 우리 고향으로 돌아가 가난하고 어두운 농민을 위하여 일생을 바치자. 또한 우리 농민을 구제하기 위한 지식과 의지를 연마해야 한다는 독후감을 말했다."

1937년 9월 18일 남궁태의 집에서 회합하여 회원 이탈문제를 협의했다. 이찬우는 회원 중 일부가 당국의 사상탄압정책에 의해 신변의 위협을 느껴 이탈이 속출하고 있다고 지적했다. "이와 같이 상록회에 동요가 생기면 자연 회에 있는 사람도 동요하게 되어 마침내는 약자가 되어 실패하게 될 것이다. 우리는 한층 원기를 살려 목적을 향하여 열을 내고 노력해야 한다"고 격려했다. 이에 대하여 용환각은 "우리들은 자칫 전도를 비관하기 쉽다. 그것은 우리들의 목표와 이상이 너무 크기 때문이다. 그러나 비관하면 더욱 정도가 깊어져 자포자기에 빠져서 최후에는 아무 소용없는 사람이 된다. 여기서 우리는 전도에 어떠한 난관이 오더라도 우리들의 무쇠팔을 신뢰하고 그 힘으로 돌파하여 불요불굴의 목표를 향하여 돌진해 나가자"고 역설했다. 이찬우는 방학 중 여행시찰담으로 다음과 같이 언급했다. "계절에 비유하면 겨울과 같은 조선의 농촌을 시찰했는데, 매우 가난한 양상이 눈에 맺혔다. 찢어진 흰 옷을 몸에 걸치고 땀을 흘리면서 괭이질을 하는 그 영세민은 옛날의 조선을 추억하고 경모하는 것 같았다. 그런 모습은 내 가슴을 찌르는 것 같았다. 이 비참한 동포를 구제함은 장래의 조선을 짊어지고 일어설 지식계급인 우리들 청년의 임무이다."

---

29) 『韓民族獨立運動史資料集』, 권 58, pp.40~42, 82~87, 115.

용환각은 '조선의 현재와 장래'의 독후감을 발표했다. "그 책은 이광수가 쓴 것으로 이 책 제1절의 '민족개조론'을 읽고, 현재 조선 민족은 피폐의 극에 달해 있고, 이대로 방임하면 자멸할 것이나, 만약 자각한 한 사람의 조선인이 한 사람의 동지를 얻고, 다음 두 사람이 각각 한 사람씩 동지를 얻어서 기하급수적으로 증가해가면 조선 2천만 동포는 30년이면 마침내 개조할 수 있다는 논지였다. 나는 이 논지를 보고 자각한 조선 민족이 되어 조선을 위하여 심신을 바칠 각오를 함과 동시에 이 논지를 채용해서 동지를 획득하고, 타 민족의 통치를 받지 않는 독립국을 건설해야 한다고 느꼈다." '흙'의 독후감은 이렇게 썼다. "'흙'은 이광수가 지은 소설로 그 내용은 주인공인 허숭(許崇)이 변호사라는 사회적 명성과 물질욕을 떨쳐버리고 빈곤한 농촌에 귀농하여 관헌의 압박에 저항하면서 계몽운동을 하는 상황을 서술한 소설이다. 마치 조선의 현황을 시사(示唆)한 것으로 느꼈으며, 나도 '흙'의 주인공과 같이 가난한 농민에게 몸을 바쳐야 한다고 생각했다." '마의태자'의 독후감에서는 "신라국의 왕자인 마의태자가 고려조에 반항한 상황을 기술했다. 나는 이 책을 읽고 이민족에게 통치되면서 그것에 반항하지 않는 현재의 조선인의 비굴한 마음에 비분강개했다"며 울분을 토로하고 있다.

용환각은 상록회의 독서회는 동지양성기관이라고 밝히고 있다. "최초 지도할 때는 상록회의 목적을 달성하기 위하여 장래 의식분자가 될 인물을 물색하여 독서회를 조직하여 장래 조선의 독립운동에 활약할 투사를 양성하고, 또 완전한 의식분자가 된 사람을 상록회에 가입시킬 계획이었으나, 결국 독서회의 전모를 말하면 독서회를 영구적으로 춘천중학교에 존속시켜서 장래 조선 사회에서 중견 인물이 될 중등학생에게 조선인이라는 자각을 심어주는 동시에 궁극은 조선독립운동에 매진할 수 있는 지사(志士)를 양성하고, 독서회원으로 하여금 학교를 졸업한 사람은 고문 혹은 찬성회원이 되어 사회인으로서 또 가입한 사람은 찬성회원이 되는 등 결국은 제1회 상록회 이상으로 위험한 것이다."

용환각은 '5학년 을조대가(乙組隊歌)'를 작사해서 상록회 회합 시 합창했다. 춘천중학교에는 갑조와 을조가 있다. 을조는 상급학교에 진

학하는 수험반이고, 갑조는 졸업 후 취업을 희망하는 취업반이다. 용환
각은 '을조대가'를 작사하고 동급생인 이건우에게 작곡하게 했다. 용환
각은 1937년 11월 10일 학교 점심시간에 흑판에 '을조대가'를 쓰고 을
조 학생에게 합창 연습을 시켜서 집합하면 합창했다.

5학년 을조대가
(작사 龍煥珏, 작곡 李建雨, 수정 裵根錫)

1. 붉은 햇빛 동천에 솟아오르면
   우렁찬 행진곡에 발을 맞추어
   봉의산(鳳儀山) 소양강(昭陽江)에 종이 울리면
   을조대원(乙組隊員) 끓는 피 용솟음친다.

2. 나아가라 앞으로 맹진(猛進)하여라
   굳세고 꾸준하게 을조대원들
   굳게 닫힌 관문(關門)이 열어지면은
   기꺼움에 북받쳐 노래하리라.

3. 기갈(飢渴)에 배 주리는 동포 위하여
   사막에 오아시스 우리 될 바요
   눈 뜨고 못 보는 2천만 앞에
   촛불 높이 들고서 길 가르치세.30)

용환각은 1937년 9월 18일 독서회 제4회 월례회에서 연설을 행했다.

　우리는 보통 사람들과는 다른 길이지만 조선인으로서는 당연한 길이
다. 그러나 현행 조선 정치에 위배되는 길을 밟고 있으므로 우리들 전
도(前途)에는 눈물이 있고, 많은 곤란이 닥쳐올지 모른다. 그뿐 아니라
애매한 민중을 상대로 하는 만큼 그 곤란은 더욱 증대하므로 우리들
전도는 광명이 없는 길을 벗도 없이 가는 것같이 암담할 것이다. 그래

---

30) 상게서, pp.40~42, 90~93, 107~113, 313.

서 우리들은 이 괴로운 길을 정면으로 돌파하려면 그것에 지지 않는 용기가 필요하다. 이 고난을 돌파하지 못하고 원기를 잃고 그 자리에 주저앉게 되는 일이 있다면 그것은 조선인에게 몸을 바치는 것이 아니고, 도리어 해악을 끼치는 것이 된다. 그러므로 우리들은 어떻게 하면 이 고난을 돌파할 수 있는 용기를 길러내느냐에 있다. 여기에 내가 말하고자 하는 중점이 있다. 동지들이여, 각자의 무쇠팔을 믿으라고 절규한다. 우리들 전도에 어떤 고난 장애 압박이 닥쳐오더라도 우리들 무쇠팔은 능히 그것을 돌파할 수 있다. 우리들의 무쇠팔은 만능이다. 우리들 앞에 우리들의 무쇠팔은 불가능은 없다. 확고한 신념 아래서 고난 압박에 굴하거나 자포자기하는 일이 없이 불요불굴(不撓不屈) 우리들의 목적을 향하여 돌진하자.

용환각은 1937년 10월 3일 제5회 월례회에서 '죽음'이란 제목으로 연설했다.

고래로 죽음 앞에는 누구도 따르지 않으면 안 되는 것이 철칙이다. 자비로써 만세에 이름을 남긴 세계의 4성인도 전부 이 철칙에 따랐다. 그 반면 하나의 평범한 시골 사람도 죽는다. 이 자리에서 말하고 있는 나도 죽고 그대들도 멀지 않은 장래에 죽지 않으면 안 된다. 따라서 같은 죽음에도 이름을 만세에 남기는 죽음도 있다. 그 원인은 어디에 있는가. 그 죽음이 대중에 끼치는 힘에 따라서 다른 것이다. 4성인이라고 일컫는 사람은 죽음으로써 대중을 구제하는 삶의 죽음이다. 그들의 죽음은 일정한 범위 내에 한정된 것이 아니라 세계 민중을 구제한 것이다. 또 4성인은 민중을 구제할 만한 개인을 완성하고 있었다. 여기서 우리들은 연마해가자. 그러나 우리들이 지금 말한 바는 우리가 4성인과 같이 큰 인물이 되는 것을 의미하지 않는다. 물론 우리는 한층 연마하여 죽음으로써 감히 조선 민중을 구제하지 않으면 안 된다. 또 경제상으로 보더라도 조선은 다른 나라들에 비하여 시대에 뒤떨어져 있다. 또 특히 문화적으로도 문맹(文盲)이 많은 것은 세계에서 1, 2등이다. 우리는 적어도 조선 청년 중에서 몇 퍼센트도 안 되는 문명의 혜택을 받고 있다. 조선 민족은 우리들 청년의 팔에 달려 있다. 선진 청년인 우리들은 무쇠팔로 먼저 우리를 뜯어고치고, 더 나아가서 조선 민중을 구하지 않으면 안 된다. 다만 내가 역설하려고 하는 점은, 우리는 지금 피폐한 조선의 일부분이라도 구(救)할 수 있는 것이다. 그것은 우리들은 지금부터 우리들을 더 향상시키는 것은 물론이지만 조선 민중에 대하여 지적 교양을 주는 것은 당연히 우리들이 꼭 하지 않으면 안 되는 책임인 동시에 우리의 의무이다. 여기서 결국 내가 말하고자 하는 것은 우리는 농민에게 지적 교양을 주어 최후까지 우리들을 희생으로 하여 우리들이 아는 바를 전부 농민들에게 알려주고, 그 뒤에 민족정신을 교양하는 것이 임무일 것이다. 우리의 몸은 불충분한 대로 조선 민중 속에 안겨서 그 가운데서 죽자. 그리고 우리들은 죽음으로써 조선 민중에 대답해야 하지 않겠는가.31)

용환각은 치안유지법 위반의 피의자로서의 심경을 이렇게 털어놓고 있다.

학교생활 11년간 중에서 9개년 반은 미리 선생님의 돈독한 지도를 받아 그 교훈을 체득하고, 순진하게 자라온 내가 지금 무서운 치안유지법 위반사건의 피의자로 경찰에서 조사를 받게 되었다는 것에 대하여 조용히 과거를 반성하면 하룻밤의 악몽과 같이 생각된다. 나는 춘천중학교 제4학년경부터 동지 이찬우에게서 열렬한 의식의 마수가 뻗쳐 그의 열렬한 조국애를 듣는 중에 나의 나쁜 길의 제1보를 내어딛고, 그와 행동을 함께하는 중에 제1회 상록회가 생겨서 그것에 가입했다. 그 무렵에 나의 사상은 제1회 상록회원과 같이 훌륭한 민족주의자가 되려는 욕망마저 생겨서 각종 민족주의에 관한 책을 읽는 중에 나의 주의(主義) 사상도 도를 더해갔다. 상록회 독서부의 확충 강화의 기도에 의한 제2회 상록회가 생겨서 바라지도 않은 회장으로 피선되었다. 이찬우와 남궁태와 접촉할 기회가 많아지면서 나의 사상은 가속도로 짙어졌다. 이 어두운 사회에서 생활하면서 비밀을 주야로 지켜야 하는 것을 깊이 생각하게 하는 것이다. 내가 제2회 상록회를 일시 탈퇴하려고 결의한 것은 오늘까지 배워온 나를 발각했을 때는 수포로 돌

---

31) 상게서, pp.114~115.

리는 공포심에서 옛날의 순진한 나로 돌아가려고 생각했으나 이것 역시 단호한 결단력이 없었고, 도리어 이전보다도 더한 나쁜 길에 매진해왔던 것이다. 원래 나는 제2회 상록회 회장으로서 회를 통솔해왔으나 배후에 있으면서 항상 회를 조종한 것은 이찬우와 남궁태였다. 나는 학교를 졸업한 후 동지와 분리되어 관청에 근무하게 되었으므로 5, 6개월 경과하는 중에 사상도 전향의 길을 걷기 시작했다. 물론 조선민족이라는 자각이 있었으므로 동지를 만나서 인사를 할 때에도 어울리지 않는 현재의 경우를 부끄럽게 여기고 있는 중에 이번 사건이 발각되어 경찰에 불려서 조사를 받을 때는 내가 제일 먼저 조사를 받게된 관계로 사건의 확대를 두려워하여 극력 사실을 부인하여 수고를 끼친 것은 미안하지만, 최초는 멋대로 해라, 이미 각오한 다음이고 자포자기에 빠졌던 것이다. 그러나 생각해보면 자기의 생각은 유치하다고 생각하여 전부를 자술할 것을 결심했다. 그러므로 나는 아는 대로 전부 진술하여 물 흐르는 것같이 생각하고 말한 대로 지금 기억이 있는 부분만은 전부 진술했는데 아무래도 죄를 은닉하려고 생각하여 증거물은 소각했으므로 회(會)의 전모를 나타내서 그것에 상당하는 처벌을 청하지 못하고 있다. 금후 어떠한 처벌이라도 달게 받고, 이 좋은 기회를 반성하고 자계(自戒)하고 과거의 죄과를 청산하여 옛날의 순진으로 돌아가서 황국신민(皇國臣民)으로서 부끄럽지 않은 사람이 되고 싶다고 생각한다.32)

백흥기 신문조서

백흥기(白興基)는 1936년 3학년부터 이광수의 '조선의 현재와 장래', '마의태자', '단종애사', '흙', '무정', '이차돈의 사', '그의 자서전' 등을 탐독하면서 민족의식을 각성하게 되었다. 특히 '흙'을 읽고서 "현재 조선의 농촌은 비참한 상황에 있으니 우리 조선의 청년은 귀농(歸農)하여 계몽운동의 실행 및 경제적 궁경에 있는 농민대중을 구제할 임무가 있다"고 강조했다. 상록회 조직 목적에 대하여, 다음과 같이 그 목표를 뚜렷이 밝히고 있다. "현재 조선의 실상을 보건대 일본에 병합된 이래 일

---

32) 상게서, pp.115~116.

본의 경제정책은 착취정책이기 때문에 동포는 점점 생활고가 심해지고 농촌은 날로 피폐의 도를 더해가고, 또 정치적으로는 모두가 자유를 빼앗겨 여러 가지 압박의 상태에 있는 것이 눈에 비치고 있으므로 민족주의를 교양하고 조선독립운동에 종사할 수 있는 투사를 양성하여 모든 조선 민족에게 민족독립의 관념을 주입하여 언젠가 조선을 일본의 굴레에서 이탈시켜, 조선은 조선 민족의 손에 의하여 통치하는 전제로 상록회를 조직하여 조선인의 안녕과 행복을 줄 생각이었다." 백홍기는 민족주의에 대해 이렇게 정의했다. "민족주의란 어느 한 개로 결단(結團)된 종족이 소위 한 민족이 다른 민족의 침범을 배척하고, 자기 민족의 완전한 자유와 번영을 도모하는 것이 민족주의이다. 그러므로 조선 민족이 품고 있는 민족주의는, 조선 민족은 일본 민족이 지배하는 굴레를 벗어나서 조선 민족은 조선 민족에 의하여 지배하는 경지에 있는 주의를 의미한다."

이광수의 '민족개조론'에 강렬한 감화를 받은 백홍기는 민족주의에 공명하고 있다고 당당하게 그 정론을 펴고 있다.

그렇다. 나는 민족주의에 공명하고 있다. 그렇게 된 동기는 내가 중학교 2학년 2학기까지는 양과 같이 천진난만했으나, 그 무렵부터 사물을 추구하는 버릇이 생겨서 외래의 자극에 대하여 예리하게 관찰하게 되고, 조선에서 민족주의를 선동하는 '동아일보'를 읽는 중에 부지불식간에 민족주의의 함정에 빠지고 있을 때 중학교 강전(岡田) 교유의 조선 민족을 모욕하는 언동이 있었다. 그 내용은 강전 교유와 우리들 동급생 황순호가 응답하다가 강전 교유가 "조선인은 낫이나 괭이로 저항하지만, 일본은 대포나 기관총이 있으니 도저히 대항이 불가능하다"라고 하여 매우 마땅하지 못한 말을 했었다. 여기에서 나의 민족적 반항심은 박차를 더하여 전술한 민족주의적 색채가 있는 책을 읽었다. 그 뒤 내 눈에 비치는 사회는 일본인의 착취 압박이었다. 그 현저한 압박을 느끼는 것은 일본인도 조선인도 같은 관청에서 일하고 있으면서 조선인이기 때문에 조선인에게는 가봉(加俸) 숙사료가 지급되지 않고, 일본인은 조선에 자유롭게 건너올 수 있지만 조선인의 일본 도항(渡航)

은 제한하고 압박하고 있으며, 조선의 농촌은 매우 비참한 상황인데 일본인은 미의미식(美衣美食)을 하고 있는 등 보기에도 듣기에도 너무 착취와 압박을 느껴서 점차 민족적 반항심이 격렬해졌다. 농후한 민족주의를 품고, 그 뒤 국가행사인 일본 국가(國歌) 합창이나 동방요배(東方遙拜), 신사참배 등도 실행하지 않은 일도 있었다. 춘천중학교 재학중 또 이찬우, 문세현 등과 친구이며 조선을 사랑하는 열렬한 민족주의자이어서 환경 또한 민족주의를 공명하는 상태이었다.33)

백홍기는 '조선의 현재와 장래' 독후감을 이렇게 솔직히 고백하고 있다. "그 책은 민족주의자가 쓴 책으로 조선 민족을 타 민족과 비교하여 논한 것인데, 현재 조선 민족은 타 민족보다 지적(智的), 양적으로 수준이 낮으므로 그것을 인식하고 개혁한다면 '조선 민족의 개조'는 가능하다는 요지가 적혀 있는데 나도 동감이다." '마의태자'에 대해서는 이렇게 썼다. "그 책도 이광수가 쓴 책으로 그 책의 요지는, 신라조의 마지막 왕자인 마의태자는 신라조를 빼앗은 고려에 반항이 서술되어 있는데, 만약 민족주의를 포회하고 있는 사람이 읽으면 현대와 같이 이민족에게 지배되면서 그것에 반항하지 않는다면 실로 비굴한 민족이라고 느꼈다."

마지막으로 백홍기는 조금도 위축되거나 비굴한 태도를 보이지 않고 정정당당하게 자신의 현재의 피의자 신분으로서의 심경(心境)을 토로하고 있다.

내가 민족주의 사상을 포회하게 된 것은 춘천중학교 3학년 3학기로 사물에 대한 이해, 해석이 불충분한 때였다. 아무것이나 무비판적이고 다만 단순한 머리를 가지고 있었다. 그것이 민족주의 색채가 있는 책을 읽고 민족적 반항심은 전신을 불태우고, 그 뒤는 무엇이고 직관적 비판을 하게 되었다. 그렇게 해서 민족주의를 포회했기 때문에 자기의 그런 성질까지 편협하게 되어 신중한 비판과 정중한 이해는 그 속에 매몰된 상태가 되어 나의 민족주의는 도를 더하고, 민족 반항심도 격

33) 상게서, pp.43~44, 153~155, 157.

렬하게 되었다. 그 결과 현정(現政)에 반항하는 상록회를 조직했으나, 민족 반항심에 만족하지 않고, 따라서 그것을 탈퇴하고, 학교 졸업 후 만주로 가서 자형(姊兄) 원정희(元正喜)의 집에 기식하고 있었다. 이때 원정희는 나의 사상을 알고, 만주는 오족협화(五族協和)의 신천지이므로 과거의 사상은 버리고 일본인이 되라고 충고했지만, 한 번 민족주의에 공명한 나는 한 번의 의견으로 전향되지는 않았다. 그래서 결국 자형과 의견 대립이 되어 나는 자형의 집을 떠나 만주국 길림(吉林)으로 가서 가지고 있던 돈을 전부 소비하고 결국 나는 농촌으로 들어갔다. 그런데 만주 농촌에 사는 대부분의 조선 동포가 일본 정책에는 대체로 감사하고 있었다. 그래서 나는 나의 민족사상을 재검토하고, 또 일본이 조선을 통치하는 방침을 어디에 두고 있는지 연구했더니, 그 결론으로 "일본은 극력 조선을 동화(同化)하여 진정한 내선일체(內鮮一體)에 있다"는 것을 생각했다. 그러나 전적으로 민족주의에서 이탈할 생각은 결코 없었으나, 종래의 맹목적인 조선관(朝鮮觀)을 고쳐서 진정한 일본의 모습을 알려고 연구하는 중에 돌연 경찰이 과거의 범죄를 조사하여 범죄자로서 과거를 회오할 기회가 왔다. 즉 내가 사리분별이 불충분할 때 그처럼 무서운 죄를 지은 것은 다만 운명의 장난, 아니 인생으로서 참으로 무서운 것이다. 여기에서 죄악이란 무엇인가라는 것까지 재인식하게 된 것도 또한 면할 수 없는 사실이다. 결국 나는 민족주의를 정말 이탈할 수 있을지 없을지의 문제도 진정한 일본의 모습을 이해한 오늘은 다시 형극(荊棘)의 길에 의한 삶을 생각할 때는 민족주의를 버리고 일본제국의 신민(臣民)으로서 장래 활동을 하고 싶다고 생각한다. 이상이 나의 현재의 심경이다.[34]

조규석 신문조서

조규석(曺圭奭)은 1938년 3월 춘천중학교를 졸업하고 경성 보성전문학교에 입학했으나 동년 12월에 퇴학하고 귀향했다. 춘천중학교 재학 중 이광수의 '조선의 현재와 장래', '흙', '마의태자', '신생활', '단종애사' 등을 탐독하면서 민족의식이 농후해졌다. '조선의 현재와 장래'

---

34) 상게서, pp.161~162.

에 대해 "그 책은 민족주의자가 쓴 책으로 조선 민족을 타 민족과 비교하여 논한 것인데, 현재 조선 민족은 타 민족보다 지적, 양적으로 수준이 낮으므로 그것을 인식하고 개혁한다면 '조선 민족의 개조'는 가능하다는 요지가 적혀 있는데 나도 동감이다'라고 평가했다. 이어 '마의태자'에 대해서는 "그 책도 이광수가 쓴 책으로 그 책의 요지는, 신라조의 마지막 왕자인 마의태자는 신라조를 빼앗은 고려의 반항이 서술되어 있는데, 만약 민족주의를 포회하고 있는 사람이 읽으면 현대와 같이 이민족에게 지배되면서 그것에 반항하지 않는다면 실로 비굴한 민족이라고 느꼈다"고 했다. '단종애사'는 조선 6대 임금 단종을 중심으로 왕위쟁탈을 서술한 것인데, 6명의 충신의 의기와 열의에 감탄하고 있다. '흙'도 이광수의 저작으로 그 책의 요지는, 주인공 허숭이 변호사의 직을 버리고 피폐해가는 농촌을 구하기 위해 노력하는 일을 서술하여 마치 조선의 현상과 같이 생각되었다고 했다.

이리하여 동급생인 문세현, 백홍기, 남궁태, 이찬우 등과 교유하면서 의기투합하여 비밀결사 상록회를 조직하는 데 동참했다. "조선의 모든 민중에 대하여 민족 반항심을 주입시켜서 민족의 일치단결을 하게 함과 동시에 조선을 일본의 굴레에서 이탈시켜 '독립국가'를 건설할 목적이었다"라고 상록회 조직 목적을 뚜렷이 밝히고 있다. 조규석은 1937년 4월 상록회의 목적 달성을 위해 독서회를 설치하는 데 주도적 역할을 담당했다. "상록회의 목적 달성 방법으로 서적부를 확대 강화하여 조선독립의 투사 양성의 지도기관으로 하는 독서회 조직을 기도(企圖) 협의했다. 그 뒤 남궁태와 협의하여 상록회의 독서부를 확장하여 독서회라는 파생단체를 조직하고, 그 회를 영구적으로 춘천중학교에 존치하고 의식분자로서 본 회원인 제5학년생을 충당하고, 제4학년 이하의 학생을 준회원으로 하여 양성하고, 학교 졸업 후 회원 및 사회인으로서 가입하는 사람은 찬성회원으로 하여 학교 내외와 서로 호응하여 동지 획득에 매진함으로써 조선의 독립 달성을 위하여 활약할 수 있는 투사를 양성할 계획을 수립했다."35)

조규석은 민족주의에 대해 이렇게 정의하고 있다. "민족주의란 어떤 민족이 타 민족의 통치권에 지배되는 일이 없이 자기 민족에 의하여 고래의 문화를 옹호하고 발전을 도모하는 주의를 말하고, 조선 민족이 품고 있는 민족주의는 조선 민족은 일본 민족의 굴레에서 벗어나서 통치하여 고래의 문화를 옹호 발전하는 주의를 말한다." 조규석은 "나는 조선 민족으로서 조국 조선을 사랑하기 때문에 민족주의를 포회 공명하고 있다"고 표명하면서 민족주의에 공명하게 된 경위와 환경을 솔직하게 밝히고 있다.

나는 전술한 바와 같이 조국 조선을 사랑하기 때문에 민족주의는 잠재해 있었다. 그런데 그것이 표면에 나타난 것은 춘천중학교 제3학년 무렵으로 당시 그 학교 일본인 선생이 조선인을 모욕하는 말을 했는데, 그 요지는 "조선인은 괭이나 낫으로 저항하지만 일본은 대포, 기관총으로 대항하면 조선에 살고 있는 재향군인만으로도 충분하다"고 방언했다. 그때 나의 잠재된 민족주의는 표면화했고, 그리고 민족주의 책을 읽으면서 점차 농후한 민족주의를 포회 공명하게 되었다. 그리고 그 민족주의적인 눈으로 사회를 바라보면 일본인과 조선인의 차별대우나 압박 착취를 느낄 수 있었다. 그 실례로 각 관청의 수뇌부는 모두 일본인이 임명되고, 관리는 일본인에게만 가봉(加俸)을 주고, 대학교수에는 한 사람의 조선인도 임용되지 않고, 또 도시의 주요 개소(個所)는 일본인이 점령하고 조선인은 산중으로 쫓겨서 농촌은 초근목피를 상식(常食)하고 있는 데 반하여 일본인은 미의미식을 하는 등 참으로 일본이 조선을 착취 압박하고 있다고 생각했다. 정말로 조선을 자유 행복하게 하기 위해서는 조선독립에 있다고 생각했고, 그 방법을 연구했더니, 민족주의자인 이광수가 쓴 '조선의 현재와 장래'의 책 내용에 "한 사람의 민족주의자가 1년에 한 사람씩의 동지를 얻고, 함께 다음 해에도 각각 한 사람씩의 동지를 얻어 나간다면 몇 십 년 안 가서 전 민족이 모두 민족주의자가 된다"고 한 것을 보고, 그 방법으로 자기가 품고 있는 바를 달성하려고 시기를 엿보다가 마침내 비밀결사 상록회를 조직하고 농후한 민족주의자가 되었다.36)

35) 상게서, pp.44~45, 143, 161.
36) 상게서, pp.163~164.

조규석은 상록회 조직 목적에 대해서 이렇게 언명하고 있다. "우리들이 민족주의를 포회하고 공명한 눈으로 현재 조선을 관찰하면 눈에 비치는 것은 일본이 조선통치의 방법은 일시동인(一視同仁)이 아니고, 경제정책은 착취로 하고, 그래서 조선 농촌은 피폐의 도를 더해가고, 또 정치적으로는 차별대우와 압박으로 하여 조선인의 행복과 자유를 빼앗고 있다. 이런 상태를 벗어나기 위해서는 조선 민족에게 민족독립의 관념을 주입하여 언젠가 조선을 일본의 굴레에서 이탈시켜, 조선은 조선 민족의 손으로 통치하는 것을 전제로 하여 상록회라는 결사를 조직한 것이다." 한편 상록회 독서부의 확장 계획을 밝히고 있다. "우리가 조직한 상록회는 절대 비밀로 하고, 본회에 독서부를 확대 강화한 독서회를 조직하고, 그래서 다수의 동지를 획득할 것을 협의하고, 그 조직은 나와 상록회 위원장 남궁태가 계획안을 연구하기로 하고 산회했다. 그리고 그 뒤 나와 남궁태가 조직안을 연구하여 상록회의 독서부를 독서회로 고쳐 그것을 춘천중학교에 영구적으로 존속시켜서, 곧 의식(意識) 양성의 중앙기관으로 하고, 그 독서회의 지도는 의식분자인 제5학년생이 담당하게 하여 제5학년 이하의 준회원을 양성하고, 본회원으로 졸업한 사람은 찬성회원으로서 외부에서 원조하고, 교내 교외가 서로 호응하여 동지를 획득하여 궁극적으로 조선의 독립을 달성할 수 있는 인사를 다수 양성하는 조직안을 수립했다. 그것을 상록회원에게 회람 결정했다."37)

이찬우 신문조서

이찬우(李燦雨)는 1933년 춘천고보에 입학, 1938년 졸업했다. 1937년 2월 이찬우는 비밀결사 상록회 조직을 앞두고 "사람이 없는 광야에서 새의 모이가 되더라도 조선독립운동을 해야 한다"고 맹세하기도 했다. 상록회를 조직하고 나서 즉각 회원 획득에 진력했다. 이찬우는 조

---

37) 상게서, pp.166~167.

선독립의 목적 달성을 위해서는 사회에서 다수의 의식분자를 획득할 필요가 있다고 하여 고향 오정촌(梧井村)에 있는 수양단(修養團)을 해소시키고 수양단장 이광우(李光雨) 등을 설득하여 동지로 획득하고 민족의식을 주입하기 위하여 야학 독서부, 부인회, 조기회 등을 지도했다. 1938년 1월 10일 천전공회당에서 경로회 결성식을 거행하면서 경로회장 이광우, 부회장 이인교, 관리장 이종규를 결정하고 민족의식 주입에 돌입했다.

춘천고보 3학년 때부터 '흙', '마의태자', '조선의 현재와 장래', '하얼빈 역두의 총성', '평화와 자유', '약소민족운동의 전망', '상록수' 등 민족주의 저작을 탐독하면서 점점 배일사상(排日思想)을 포회하게 되었을 때, 마침 동향의 친구 이홍채(李鴻采)라는 사람에게 우리 조선인은 사형을 받더라도 조선독립에 노력할 의무가 있다는 취지로 설득되어 그 주의에 공명하고 신봉하게 되었다. 1937년 3월 14일 상록회 조직 제2회 준비위원회에 출석하여 조선 민족이 강한 이유를 논하고 조선독립이 어렵지 않다고 갈파하며, "먼저 옛날과 같이 강한 조선 민족에 관한 연구가 필요하다"면서 "강렬한 조선 민족을 회고함과 동시에 조선독립을 향하여 돌진하라"고 선동했다. 또 상록회 조직 후에는 1년에 동지 3명 이상을 획득해야 한다는 결의를 피력했고, "우리는 상록회를 조직한 이상 극력 민족을 지도하면서 일치단결하여 상록회를 지켜 조선독립이 달성될 때까지 노력하라"고 격려했다. 상록회 회칙에 대해서 "우리가 조직한 상록회의 회칙 명시한 대로 영구히 계속하여 비로소 그 목적을 달성할 수 있는 것이다. 학생이 수험공부도 중요하지만 계속해서 조선 민족을 위하여 열성을 바치자"라고 호소했다. 1937년 9월 18일 제4회 월례회에서는 농촌시찰담을 발표했다. "각 농촌을 시찰하니 조선의 농민은 눈물겹도록 비참한 상황이 눈에 비췄는데, 떨어진 흰옷을 입고 땀을 흘리면서 괭이질을 하고는 백의동포들의 열심히 일하는 모습을 보고 마치 옛날 독립국이었던 조선을 추모하는 정이 가슴을 찔렀다. 이 가련한 민족을 구제하는 것은 우리들 청년의 열성에 있다." 이와 같이 시찰 소감을 피력하면서 조선독립을 강조하고 있다.[38]

이찬우는 상록회는 조선독립을 목적으로 결성된 비밀결사이므로 회원 중 당국의 검거단속에 위협을 느껴 탈퇴자가 속출하고 있다고 개탄하고 있다. "상록회를 탈퇴한 사람의 탈퇴 이유는 수험준비라고 했으나, 본회의 목적 달성은 영구적인 것이므로 발각될 경우에 처벌이 두려운 것이다. 우리는 큰 목적을 향하여 행동하는 이상 그와 같이 비겁한 행동을 해서는 안 된다." 이찬우는 치열한 민족의식을 품고, 이등박문을 암살한 안중근은 우리 후배가 숭배할 만한 위인이라 하였고, 이광수의 책 '조선의 현재와 장래'는 조선 민족 장래에 광명을 주는 것으로서 우리 조선인으로서 일독해야 할 책이라고 격찬했다. 이어 이찬우는 "금후 조선 역사를 연구하여 그것을 의식분자에게 알려서 3명 이상의 동지를 획득할 생각이다"라고 언명하면서 급우들에게 민족의식을 주입하는 데 헌신했다.

이들은 1937년 3월 14일 백흥기의 집에서 비밀결사 조직준비 작업에 돌입하여 조직 대강을 협의했다.

1. 조선의 독립을 달성하기 위하여 비밀결사를 조직할 것.

2. 결사에 외교부와 서적계의 양 부를 둘 것.

3. 외교부는 선전부장 중심으로 의식분자를 획득할 것.

4. 서적부는 서적부장 중심으로 도서에 의하여 동지를 획득할 것.

5. 사회에서의 결사의 활동방침으로 결사의 각 위원은 지도자로서 개인, 또는 단체의 의식을 주입하고 집단적 민족운동을 할 것.

6. 민중은 일단 계몽하여 민족의식을 주입할 것.

7. 학교 내에서의 활동방침으로 춘천고보 제5학년생 중에서 의식분자를 물색하여 획득할 것.

8. 각 위원은 6, 7년 뒤 동일한 부락에 거주하면서 민족운동을 할 것.

이상 항목에 준거해서 비밀결사를 조직하기로 하고 이어 그 명칭 문제를 협의했다. 비밀결사의 명칭으로 조양회(朝陽會), 부흥회(復興會), 상록회(常綠會) 등 3안을 두고 협의한 결과 상록회를 최종 채택·결정

---

38) 상게서, pp.35~39.

했다. 이찬우는 "조선 민족에게 민족의식을 주입하여 다수의 동지를 획득하고, 시기를 보아 조선의 독립을 목적으로 한 것이었다"라고 상록회 조직 목적을 뚜렷이 밝히고 있다. 이어 "우리는 이와 같이 회를 조직한 이상은 동지가 협력하고, 선두에 서서 민중을 유도(誘導) 통일하자. 조선독립은 언제 달성될지 모르나 일치단결하여 상록회를 지키고 조선독립이 달성될 때까지 사람들을 감화시키도록 노력하자"고 격려했다. 1938년 2월 졸업을 앞두고 이찬우는 이렇게 다짐하고 있다. "우리가 싸울 곳은 사회가 되었다. 각자가 힘껏 싸워야 한다. 그리고 우리가 만주로 가든 조선에 있든 전 생명을 던져서 분투하여 최후의 일순간까지 이민족에 지배되어 도탄의 괴로움을 겪고 있는 동포 민족을 위하여 끝까지 싸우자."39)

이찬우는 본적이 강원도 춘천(江原道 春川郡 新北面 泉田里 540)이다. 이찬우는 1938년 3월에 춘천중학교를 졸업하자마자 3월 6일 만주행을 단행했다. 경춘선 대합실에서 전송 나온 상록회 동지 남궁태, 용환각과 만나 "서로 상록회 정신에 입각하여 일생 독립운동에 헌신할 것"을 맹약한 것이다. 그 후 만주 길림성에 있는 공립우급학교에서 교편을 잡고 있었다(滿洲國 吉林省 永吉縣 第二區 大屯村). 1938년 12월 5일 춘천경찰서는 만주로 가서 이찬우의 주거지에 대한 수색 및 체포 작전에 돌입하였으며, 결국 이찬우를 체포하고 춘천경찰서로 압송하여 강원도 순사 이치억(李致億) 입회하에 신문하게 되었다. 그러나 이찬우는 동지의 신변안전을 위해 묵비권을 행사함으로써 그의 신문조서는 너무나 소략하다. 다만 상록회 조직 목적에 대해서 "조선 민족에게 민족의식을 주입하여 다수의 동지를 획득하고, 시기를 보아 조선의 독립을 목적으로 한 것이었다"고만 말했을 뿐, 동지의 활약상에 대해서 일체 묵비권을 행사했다.40)

---

39) 상게서, pp.106, 137~138, 146~148.
40) 상게서, pp.38, 136~138.

문세현

문세현(文世鉉)은 원래 경찰관 아들로 1938년 3월에 춘천중학교를 졸업했다. 그는 3학년 때 강전(岡田) 교유의 조선 민족에 대한 모욕적 인 언동으로 민족적 반항심이 생겼고, 이광수의 '조선의 현재와 장래', '마의태자', '흙'을 읽고 자신도 농촌계몽운동에 뛰어들겠다고 다짐하 면서 농후한 민족주의를 신봉하게 되었다. 문세현은 1937년 3월 9일 상록회 조직 준비위원회 석상에서 "우리의 주의(主義)를 실현하기 위 해서는 다수의 동지를 얻어서 조선의 독립을 목적으로 하는 비밀결사 를 조직하고, 그 단결력으로 이상(理想)을 실현해야 한다"고 역설하면 서 결연한 독립운동 의지를 표명했다.[41]

특히 문세현은 1937년 9월 18일 민족 반항심을 고취하고 민족의식 을 앙양하기 위하여 자기 집에서 '상록회가'를 작사했다. 1937년 11월 상록회장 남궁태는 이찬우와 협의하여 문세현이 작사한 '상록회가'를 급우인 이건우(李建雨)로 하여금 작곡하게 했다.[42]

상록회가(常綠會歌)
(문세현 작사, 이건우 작곡, 일본어로 직역한 것을 다시 조선어로 직 역한 것임)

백두산(白頭山)의 영맥(靈脈)이 사방으로 흘러
솟아오르는 성혈(聖血)에 가슴이 뛴다.
솟아오르는 끓는 피를
가슴속 높게 노래 부르자.
잠자는 이 강산의 꿈을 깨우는
상록의 종소리는 높게 울려 퍼진다.
조선의 봉헌자 봉화를 올리고
건설의 철추(鐵椎)를 들고 행진할 때

---

41) 상게서, pp.39~40.
42) 상게서, pp.17~19.

무지(無知)와 기갈(飢渴)에 우는 동포는
자유와 행복의 노래를 노래 부르네.43)

상록회가

백두산 성맥(聖脈)은 곳곳에 흘러내려
그 성맥 끓는 피 우리 가슴 뛰놀려
끓는 피 얼싸안고 힘차게 부르짖어
건설의 망치 들고 행진할 때에
자유와 평화에 주린 동포들
희망과 행복의 날개 치리라44)

1938년 2월 졸업을 앞두고 문세현은 '석별의 노래'를 작사하여 상록
회 동급생들과 합창하면서, 졸업 후에도 상록회의 정신을 잊지 말고 지
킬 것을 다짐하고 있다.

석별의 노래(문세현 작사)

봄에 만나서 알게 된 벗이여
다시 봄이 되어 왜 헤어지는가.
알게 된 것이 어제 같은데
어느 사이에 헤어져야 하는가.
재미가 많은 이 시절인데
다시는 없을 좋은 시절이여.
헤어져 떠나는 우리 친구들
잊지 말아라 우리의 정신을.45)

---

43) 상게서, p.113.
44) 『독립운동사』(독립운동사편찬위원회, 1977), 권 9(학생독립운동사), p.731, 상
   록회 회가.
45) 『韓民族獨立運動史資料集』, 권 58, p.159.

1938년 10월 중순 어느 날 이찬우와 차주환이 황급히 조규석의 하숙집(京城 敦義町 152의 1)에 찾아와서 "상록회 동지 문세현이 전라남도의 목포부로 가는 도중 열차에서 경찰관의 검색을 받아 '상록회가'가 발각되어 도중에 경성으로 도주해왔는데, 본인 문세현은 만주로 도주하고 싶으나 여비가 없으므로 우리 동지가 여비를 모아서 도주시켜주자"고 상의했다. 그러나 조규석 자신도 고학하는 처지라 여비를 보태줄 돈의 여유가 없어서 전홍기와 상의하다가 결국 이찬우가 가지고 있던 길림행 승차권을 문세현에게 주어 만주로 도피시켰고 그 후 문세현은 종적을 감추고 말았다. 춘천경찰서는 문세현의 행방을 알 수 없어서 체포하지 못했기 때문에 상록회 창립회원 6명 중 유일하게도 문세현의 신문조서는 없다.46)

春高第　號
昭和14年(1939)　3月　25日
春川警察署長
京城地方法院　春川支廳　檢事
江原道　警察部長
關係各警察署長　貴下
管下駐在所　首席

춘천공립중학교 학생의 민족혁명운동사건(民族革命運動事件) 검거에 관한 건

한일병합으로부터 1919년 독립소요사건(3·1운동) 발발까지 관내(管內)에서 민족독립운동도 무풍 상태에서 경과하였다. 소요사건(3·1운동) 후는 일반 민족의 민족 반항심이 갑자기 노골화하여 당 춘천공립고등보통학교 창립 이래 입학 학생도 이와 같은 민족 반항심을 가졌으며, 또 선배의 전통인 민족적 서적의 윤독(輪讀) 권장(勸獎)에 의하여 배일적(排日的)인 맹휴(盟休) 같은 것도 학교 설립 이후 5회에 달하고

---

46) 상게서, p.171.

축제일 참석 기피와 제반 국가행사에 대하여 지극히 근신하지 않는 태도로 관망하는 등 모든 면에서의 배일관념(排日觀念)을 취하는 등 장래 조국 회복의 민족운동은 의당(宜當) 중등교육을 받은 우리들 청년학도의 책무임을 자랑삼는다. 동교 일부 학생에서는 3학년이 되면 벌써 선배의 지도에 감화되어 민족주의적 색채가 있는 '마의태자', '흙(土)', '상록수', '조선 민족 갱생의 길', '이순신 실기', 기타 다수의 민족적 문헌을 탐독하고 민족 반항심이 치열해지면서 민족주의자 이광수(李光洙)의 저서인 '조선의 현재와 장래'를 애독하여 민족독립운동에 광명을 얻게 되면서 종래의 민족운동을 비판 검토한다. 소위 실력 없는 민족이 함부로 과격한 행동으로 나간다는 것은 무모하므로 민족독립운동 달성의 방법이 못 된다는 것을 인식하고, 전기 '개조'(조선의 현재와 장래)의 제1절(민족개조론)에 따라 의식이 견고한 동지 다수를 획득, 이들을 기하급수적으로 증가시켜 기약하지 않아도 민족독립을 달성할 수 있는 확신 하에서 신성해야 하는 학원을 주의화(主義化)하는 것을 획책하여 1937년 2월경 동교 제5학년 중에 민족의식이 왕성한 남궁태(南宮珆), 이찬우(李燦雨), 문세현(文世鉉), 백흥기(白興基), 용환각(龍煥珏), 조규석(曺圭奭) 등이 예상 없이 교우(交友)하여 마침내 계통적 동지 획득의 중앙 지도기관으로서 비밀결사를 기도(企圖)하였다. 동년 3월 14일 이 비밀결사(상록회)를 조직하고, 목적 달성을 위하여 그 결사의 파생단체인 독서회를 결성하였다. 이것을 영구적으로 춘천중학교 내에 존속시킬 계획 하에 동지 획득에 광분하여 활약을 계속하여 학교 당국 및 관헌에 대하는 저 학생들의 태도야말로 극히 불손하고 또 불온행동(不穩行動)으로 나와서 제반 국가행사에 임하여 고의로 근신하지 않을 뿐만 아니라 지나사변(중일전쟁) 발발 이래 학생 태도로서 명랑한 것도 없이 점점 반전적(反戰的)인 기풍까지 엿볼 수 있다. 때문에 예의탐정(銳意探偵) 중, 1938년 10월 동교 당국에서 학교 규율을 문란하는 조목에 따라 일본과 조선 학생에 대한 학교 당국의 처분이 차별적이라면서 전기 경위에 의하여 민족 반항심을 가진 학생은 홀연히 학생다운 본분을 망각하고, 또 신동아(新東亞) 건설 대업(大業)에 매진해야 할 때에 후방 결속을 위하여 신민(臣民)된 의무와 시국을 인식하지 않고, 1938년 10월 17일 춘천 감리교회 기숙사에 동교 생도 27명이 집합하여 학교 당국은 불량학생 처분에 임하여 조선통치 근간인 일시동인(一視同仁)의 성지(聖旨) 및 미나미(南次郞) 총독의 5대 정강(政綱)인 내선일체(內鮮一體)의 취지에 반하는 처단이 있었다고 비판하여 다음 각 항을 학교 당국에 항의하였다.

가. 일본인 학생을 조선인 학생과 같이 처분을 할 것.

나. 이 처분에 찬성한 학교장 이하 사직할 것.

기타 각종 배일적 문구를 나열하여 민족 반항심을 표현하고, 스승에 대한 예의를 무시한 진정문(陳情文)을 작성하려고 밀의(密議)한 사실을 탐지하고, 즉시 맹휴를 미연에 방지하는 대책을 강구하였지만, 다시 전교 생도의 춘천읍 밖으로 탈출을 기도하는 등 그 행위는 결국 불온(不穩)의 도가 극렬하여짐에 따라 배후에 무슨 불온단체가 있음을 인정하게 함으로써 그 주모자로 인정되는 인물을 일제히 검거하기 위하여 가택 수색한바, 다수의 민족주의적인 문헌을 발견하고 예의 수사하여 규명한 결과, 다음과 같은 비밀결사 및 파생단체를 결성하고 활약 중인 것이 판명되어 연속 관계자를 검거하여 조사하였다. 저들 피의자의 공통되는 의도는 고려민족(高麗民族)은 단군(檀君) 이래 4272년(1939)이라는 찬란한 문화를 가졌으며, 일찍이 야마토(大和) 민족에게 문화지도를 하였다는 자기 자랑과, 반면으로 과거 20여 년간 한일병합에 의하여 조국의 주권을 강탈당하여 이민족(異民族)의 통치하에서 우리 민족은 신음하여 왔고, 농촌은 피폐되었으며 사회는 착취와 압박을 당하고 있다는 민족적 편견으로 이것을 논란하고, 마침내 극도로 격렬한 민족의 반항심을 갖는 데 찬성하게 되었다. 민족주의자 이광수의 저서인 '조선의 현재와 장래' 제1절 '민족개조론'을 근간(根幹)으로 소위 유력한 의식분자 한 사람씩 매년 획득하여 이들을 기하급수적인 방법으로 30여 년에 전 민족에게 의식을 주입시켜 기대하지 않고서도 무력항쟁에 의하여 일거에 혁명을 야기하고, 조선은 일본의 굴레에서 이탈하여 조선 민족 자력(自力)으로 통치하는 소위 조선독립 실현의 목적 하에 비밀결사와 파생단체(독서회)로서 표면으로 합법화하고 이면으로는 민족 반항심 양성을 계획하고, 강원도(江原道) 춘천군(春川郡) 신북면(新北面) 천전리(泉田里)에 천전친목회, 동리(同里) 오정촌(梧井村)에 오정경로회, 오정부인회, 오정판매공동조합을 설립하고, 홍천군(洪川郡) 서면(西面) 모곡리(牟谷里)에 모곡소년회를 결성, 또 협동판매조합, 야학회, 부인회의 결성을 획책하는 등 좌기와 같이 여러 가지

활동한 것이 판명되었다. 근자에 치안유지법 위반 피의사건으로 인하여 송치 예정이므로 보고함.[47)

비밀결사 상록회는 2년 동안 지하 독립운동을 벌이다가 1938년 12월 마침내 춘천경찰서에 탐지되어 상록회 관련자 137명 전원이 총검거되어 그중 38명은 검찰에 송청되었다. 당국은 "상록회의 독서회가 일본 국체(國體)를 변혁(變革)할 목적으로 조직된 결사"이며, 이는 치안유지법 위반이라는 이유로 전원 구속한 것이다. "춘천공립고등보통학교 생도들은 조선을 일본제국의 기반(羈絆)으로부터 이탈·독립할 목적으로 한 상록회, 독서회 등의 결사를 조직하고 그 목적수행을 위해 활약했음"이라 밝히고 있다. 1939년 5월 15일 춘천경찰서는 18명을 기소 조치하고 나머지는 석방했다. 5월 18일 경성지방법원 검사국은 최종 16명을 기소하고, 1939년 12월 27일 경성지방법원 형사 제2부 제1심 재판에서 재판장(釜屋英介, 播本格一)은 총독부 검사(杉本覺一) 관여 하에 피고인 16명 전원에게 유죄판결을 선고했다.

- 징역 2년 6월
  남궁태(南宮珆, 20), 이찬우(李燦雨, 22), 문세현(文世鉉, 23),
  용환각(龍煥珏, 23), 백홍기(白興基, 20), 조규석(曺圭奭, 21),
  배근석(裵根錫, 21), 조흥환(曺興煥, 22), 이연호(李淵瑚, 21),
  신기철(申琦澈, 19)
- 징역 1년 6월
  이홍채(李鴻采), 신영철(申瑛澈)
- 징역 1년 6월, 3년 집행유예
  전홍기(全洪基, 23), 차주환(車柱環, 瓚, 20)

---

47) 『韓民族獨立運動史資料集』, 권 60, pp.248~249, 춘천공립중학교 학생의 민족혁명운동사건 검거에 관한 건. 본 문건에서 '이광수'라는 이름이 두 번 거성명(擧姓名)되고 있다. 이광수의 민족주의 사상이 청년 학생들에게 얼마나 막강한 정신적 영향력을 끼쳤는지를 확인할 수 있다. 이는 '나의 고백'에서 민족주의 계통의 범죄로 취급된 청년의 7, 80퍼센트가 이광수의 저작을 읽고 민족의식을 각성했다는 사실과 완전 일치하고 있다.

- 징역 1년 집행유예 3년
  박우홍(朴禹弘), 이종식(李鍾植)48)

이상 16명 전원이 유죄판결을 받았는데, 백홍기는 고문 후유증으로 복역 중 옥사하고 말았다. 춘천고보 상록회 사건은 여기서 중단되지 않고 이찬우에 의해 계승되었다. 이찬우의 기소이유에서 민족주의 사상의 면모를 알 수 있다.

피고인 이찬우(李燦雨)는 향리인 천전(泉田)공립보통학교를 졸업 후 1933년 4월 춘천고보에 입학했다가 1938년 3월 3일 동교를 졸업한 후 같은 달 도만(渡滿), 만주국(滿洲國) 길림현(吉林縣) 소재 공립국립 우급학교(優級學校) 교사에 취임한 후 그해 12월 말경 퇴직한 자이다. 춘천고보 4학년 때 선배 이홍채(李鴻采)로부터 민족의식을 고취받아 그 후부터 '하얼빈 역두의 총성', '조선의 현재와 장래', 그 밖의 많은 민족주의적 문헌을 탐독하게 되어 조선의 현상(現狀)에 불만을 품고 조선독립을 희망하고 있었던 것이다.49)

이찬우는 1938년 상록회 사건으로 복역 후 1941년 출옥하고 나서 그의 향리인 춘천군 신북면(新北面) 천전리(泉田里)에 천전수양단(泉田修養團)을 조직하여 민족운동을 주도했다. 이는 이광수의 동우회를 모델로 하여 조직한 비밀결사이다.

1938년 조선총독부는 제3차 조선교육령 개정에 따라 모든 고등보통학교를 중학교로 개칭하였다. 이에 따라 춘천고보도 춘천중학교로 교명을 개칭하면서 한일(韓日) 학생 공학으로 개편했다. 종래 조선 학생만을 모집했을 때는 일본인 교사의 조선인 모욕발언만이 자행되고 있었

---

48) 『思想彙報』 제22호(1940. 9), pp.214~215, 229, 法役適用; 『독립운동사자료집』, 권 12, pp.1434~1435(主文), 1443~1444, 昭和 14年 刑控 第79號 (1939. 12. 27); 『독립운동사』, 권 9, p.733; 『日帝侵略下 韓國三十六年史』, 권 12(국사편찬위원회, 1978), (1939. 12. 17); 『東亞日報』(1939. 12. 20~21).
49) 『독립운동사자료집』, 권 12, p.1436.

으나 한일 학생 공학이 되면서부터는 한일 학생에 대한 차별이 더욱 심화되어 이로 인해 한일 학생 간 물리적 충돌사태가 빈발해졌다. 마침내 1941년 3월에 춘천중학교 교정에서 대규모의 한일 학생 충돌사건이 발생했다. 당시 3학년 학생인 심재진, 고제훈, 원후정, 김영근, 박영한, 권혁민 등이 일본인 학생과 집단 패싸움을 벌인 것이다. 그런데 춘천경찰서 고등계는 일본인 학생들은 불문에 부치고 조선인 학생들만 문제 삼아 간섭하고 탄압·처벌하는 등 차별단속을 자행하였다. 이로 인해 조선인 학생들은 이 같은 차별단속에 반발하여 비밀리에 독서운동을 전개하기로 했다. 학생들은 '조선의 현재와 장래'를 비롯한 민족주의 문헌을 서로 돌려가며 독서하는 운동을 벌였다. 이에 춘천경찰서는 일제 단속에 나서 마침내 학생들의 하숙방까지 수색하고 이른바 불온문서를 압수하는 동시에 독서운동 관계 학생 총 24명을 검거했다.

구속된 학생들은 모진 고문 끝에 1941년 11월 10일 12명이 경성지방법원으로 송치되었다. 검거된 학생들은 1년 이상 미결수로 있다가 1942년 5월에 치안유지법 위반 또는 폭행죄로 6월 내지 3년의 실형을 언도받았다. 실형언도를 받은 학생은 다음과 같다. "박영한(朴泳漢), 고제훈(高濟勳), 원후정(元厚貞), 권혁민(權赫民), 김영근(金榮根), 임도식(林燾植), 심재진(沈在震), 이란(李欄), 윤익섭(尹益燮), 최규태(崔奎台), 고웅주(高雄柱), 이광훈(李光勳)."[50]

이광수의 민족주의 작품의 영향력은 이에서 그친 것은 아니다. 양정(養正)중학교 학생 서주원(徐周元, 22), 신형균(申亨均)은 이광수의 '흙'을 탐독하면서 민족의식을 깨우쳤고, 농민의 어려움을 통분한 나머지 그 원인은 일제의 압제(壓制)에 있다고 단정하고 일제를 몰아내기 위한 방법으로 동급생을 규합하였다. 이들은 농촌계몽운동에 힘쓸 것을 결의하고, 강경석(姜璟錫, 20), 이완익(李完益, 23), 최창규(崔昌圭, 21), 김학조(金學祚, 22), 김인석(金仁錫, 21), 김상정(金相廷, 23) 등을 규합하여 고성동지회(高城同志會)를 결성했다. 이광수가 전개한 브나

---

50) 『독립운동사』, 권 9, pp.733~734.

로드운동의 정신과 '흙'에서의 농촌계몽운동을 본받아 농민계몽운동을 벌이기 위하여 농촌으로 뛰어든 것이다. 고성경찰서는 이를 탐지하여 1941년 6월 30일 고성동지회 전원 8명이 구속·수감되고 말았다. 고성 동지회 사건은 일제강점기 말 한국 학생운동의 피날레를 장식한 항일 운동이다.[51)

2. 수원고농 비밀결사 언문(한글)연구회(1939)의 조선어 보존운동

1928년 9월 1일 제1차 수원고농 사건이 발생했다.

수원고등농림학교 학생을 중심으로 하여 농민에게 독립사상을 계몽 하기 위하여 비밀결사 조선개척사(朝鮮開拓社)를 조직하고 농촌에 야 학 또는 조합과 같은 세포단체를 설치하여 독립운동에 힘써오다가 지 난 1928년 9월 1일 수원서에 체포되어 오늘 다음과 같은 11명의 학생 이 경성지방법원 수원 검사국으로 송치되었다. 처음 동교 조선인 학생 들은 재작년 여름 경성 경운동에 있는 모사(某社)의 지부를 학교 안에 두고 지부장 김찬도(金燦道), 간부 권영선(權永善) 등은 동교 학생 다 수를 권유 가입케 하여 종래부터 경영해오던 농촌 야학생들에게 민족 의식을 계몽하고 왔는데 이것이 발전하여 건아단(健兒團)이라는 비밀 결사를 조직하여 농민대중 계발, 신조선 건설을 목적으로 한 강령을 만들고, 단군연호(檀君年號)를 사용하며 단원 모집에 힘써오던 중 동 경에 본부를 둔 조선농우연맹(朝鮮農友聯盟)은 그 뜻이 같다 하여 이 에 가맹한 후 그 지부를 두었는데 지부대표 임과 2년생 한전종(韓典 鍾)이 동 연맹의 순회강연회에서 연설한 것이 불온하다 하여 학교로부 터 무기정학 처분을 받고 이 사실이 발각되자 그들은 학교 기숙사 안 에서 감시를 피해가며 계림흥농사(鷄林興農社)라는 비밀결사를 조직하 고 농민 교양에 힘써오던 중 한국의 광대한 미간지(未墾地)를 개척하 여 이상촌을 만들고 이곳을 기반으로 조선독립운동을 하자는 취지하에 조직을 변경하여 조선개척사(朝鮮開拓社)라는 비밀결사를 조직하였는

---

51) 상게서, pp.729~730.

데 동교 출신이며 김해(金海)공립농업학교 교원인 김성원(金聲遠)이 5월 1일 어린이날에 학생에게 독립사상을 고취했다는 혐의로 체포된 것이 발단이 되어 탄로가 된 것으로 전문학교 학생의 비밀결사로는 이것이 조선 초유의 것이다.

육동백(陸東百, 21, 임과), 고재천(高在千, 25, 농과),
김찬도(金燦道, 22, 농과), 권영선(權永善, 26, 농과),
김익수(金益洙, 25, 농과), 우종휘(禹鍾徽, 25, 농과),
황봉선(黃鳳善, 22, 농과), 김봉일(金奉日, 25, 농과),
김민찬(金玟贊, 27, 농과), 백세기(白世基, 22, 임과),
남영희(南榮熙, 24, 농과)[52]

동아일보 편집국장 이광수는 이 같은 차별적 학생처벌을 강하게 비난하는 사설을 발표하였다.

수원고등농림학교 생도가 치안유지법 위반의 혐의로 검거당한 중에 있는 사건은 보도된 바와 같거니와 학교 당국자는 혐의자라고 지목받는 학생 중 5명을 퇴학처분에, 기타 수명은 무기정학처분에 부(付)하였다 한다.

우리는 학교 당국자의 처분이 어느 정도까지 긍정할 수 있느냐 하는 데 대하여 다대한 의심을 품는 자다. 학생에게 대하여 퇴학처분이라는 것은 실로 그의 전정(前程)에 대한 사형의 선고라고 볼 수 있는 것이요, 따라서 학교 당국자가 그 같은 엄벌을 가할 때는 그러하지 아니치 못할 충분한 이유가 있어야 할 것이다. 더구나 사제(師弟)의 분으로 볼 때에는 다년 교육하던 제자를 원외(園外)로 방축한다 하는 것은 정(情)에 있어서도 참기 어려운 것이다. 그럼에도 불구하고 근자에 교육자의 태도를 볼 때에 이러한 분(分)과 의(誼)에 어그러지는 냉연한 것을 볼 수 있는 것은 실로 유감의 극이라 할 뿐 아니라, 조선 교육계의 전도

---

52) 『東亞日報』(1928. 9. 16, 18); 『日帝侵略下 韓國三十六年史』, 권 8(국사편찬위원회, 1973), pp.906~907(1928. 9. 15); 『水原農學八十年』(水原農學八十年編纂委員會, 1986), pp.46~53; 『경기도항일독립운동사』(경기도사편찬위원회, 1995), pp.567~587, 수원고등농림학교 비밀결사 건이단(健兒團)과 조선개척사(朝鮮開拓社).

를 위하여 한심할 만한 현상인 것을 우리는 수차 언급한 바 있었다.

수원고농의 피검거 학생들이 과연 국법에 저촉되는 행동을 하였는가 아니 하였는가는 아직 결정되지 아니하였다. 사건은 겨우 경찰관서의 손을 거쳐 사법당국의 손으로 넘어가게 되었을 뿐이다. 이것이 사법 각 기관의 손을 거쳐 최후의 판결을 보기 전까지는 그들의 유죄, 무죄를 확정하지 못할 것이 아닌가. 다시 말하면 그들의 행동이 과연 국법에 저촉되는 행동인가 아닌가, 또는 저촉된다고 가정하더라도 그들의 전부가 사건에 관계가 되는가 안 되는가를 판정하기 위하여 엄연히 존재한 자가 즉 사법의 기관이 아닌가.

학교 당국자는 해당 학생 등이 국법에 저촉되는 행동을 하였다고 단정하고 그 같은 엄혹한 처분을 내렸던가. 그러면 이것은 사법기관의 존재와 권위를 무시한 행동일 것이다. 또는 해당 학생 등이 그러한 사건에 피의자가 되었다는 그 사실만이 퇴학처분을 받을 만한 충분한 이유가 될까. 만일 어떤 학생이 절도의 혐의로 경관의 취조를 당한다 하면 과연 그를 즉각 퇴학시킴이 가합(可合)하다 할까. 그런 일이 있다 하면 누구나 이를 사제의 분의(分誼)를 너무나 무시한 행동이라 아니할까.

다시 동교 내의 각종 학생회합의 해산에 대하여도 같은 의문을 아니 가질 수 없다. 조선인 학생으로 조직된 담화회(談話會), 기타의 회합이 그 자체에 있어서 법률에 저촉되는 점이 없는 이상 그것이 소위 비밀결사(秘密結社)라고 전하는 모모사와 관계가 있었다는 것은 증거할 사실이 있기 전에 이를 해산함은 너무도 주장낭패(周章狼狽, 놀라서 당황하여 일이 실패함)의 태도가 아닐까. 적어도 전문학교 정도에 있는 고등농림학교의 이러한 경솔 천만한 태도는 조선 교육계의 자주와 권위를 손상함이 얼마나 큰지 모른다. 사법 당국의 손으로 사건의 낙착됨을 따라 필요한 처분을 함도 결코 늦음이 없을 것이다. 적어도 치안유지의 직접 책임자인 행정 당국에 처분을 일임하여도 불가함이 없을 것이 아니었는가. 우리는 동교 당국자가 좀 더 냉정한 태도로 사건에 임하기를 충고하는 자다.[53]

---

53) 『東亞日報』(1928. 9. 19), 社說: 水原高農 學生의 處罰 學校當局者에 問함;
   『독립운동사자료집』, 권 12, pp.973~974, 수원고농 학생의 처벌.

수원고농의 비밀결사 사건으로 학생들이 당국에 체포되어 처벌을 받자, 학교 당국은 경찰관에게 교내 수색을 허용하는 등 관계학생 검거에 적극 협조했다. 체포된 학생들이 아직 범죄가 확정되지 않았는데도 불구하고 학교 당국이 학생을 추방 또는 정학 처분한 것은 부당한 처사가 아닐 수 없다. 이에 수원고농 조선인 학생들은 1928년 9월 21일 일제히 봉기, 동맹휴학을 결행했던 것이다.54)

1928년 전후를 기하여 조선인 학생들은 조선총독부 당국의 식민지 교육정책에 대해 강렬한 반감을 품고 있었다. 국어(일본어) 위주의 교육을 한 것, 조선어 수업을 금지하고 일본어로만 수업을 강요한 것, 조선 역사 과목이 없다는 것, 조선인 교사 채용을 억제하고 일본인 교사를 우선적으로 채용한 것, 실업교육을 장려하고 되도록 조선인은 고등교육을 받을 기회를 억제한 것, 조선인과 일본인 학생의 공학제 실시로 인한 차별대우, 전국 보통학교 교장 99퍼센트가 일본인이 독점하고 있다는 것 등으로 전국 각지에서 고등보통학교 학생들의 동맹휴학이 들불처럼 일어났다.

조선어는 조선인의 혼이요 생명이다. 그 사람의 언어는 그 사람의 생명인 것이다. 언어는 권력을 가지고 있어도 이를 빼앗을 수 없다. 동화(同化)시킬 수도 없는 절대적인 존재이므로 그 민족의 생명이 있는 한 언어도 같이 존재한다. 만약 언어가 없어질 때에는 생명도 다 같이 소멸되고 만다. 우리가 영어를 잘 감내하면서 배우고 일본어를 통하고 있지만 그것만으로 만족할 수 없다. 영국인으로서 일본인이 되는 것은 혹은 적합할지 모르지만 조선인으로서 외국어만으로는 자아생활에 완전을 기할 수는 없는 것이다. 그런고로 조선 민족이 존재하는 한 최후의 일각까지 조선어를 천시도 없어서는 안 될 것이며 잠시 동안이라도 등한시할 수도 없는 것이다. 어떤 사람은 조선어는 장래 없어지고 말 것이기 때문에 조선인은 조선어를 배울 필요가 없다는 등, 폭언을 토하면서 자기 부조(父祖)의 역사를 염두에 두지 않고 죄 없는 어린 자

54) 朝鮮總督府 警務局, 『韓國學生抗日鬪爭史(朝鮮に於ける同盟休校の考察)』 (1929. 3. 28), p.112.

제를 6, 7세 때부터 일본인의 소학교에 입학시켜 아동에게 이 이상 없는 고통을 주면서 득의만면 미치광이 노릇을 저지르고 있다. 이러한 사람들을 도외시하고 조선인 보통학교의 생명인 조선어는 과연 어떤 대우를 받고 있는가를 논하여 볼까 한다.55)

조선 민족의 사상, 감정, 관습은 수천 년간 노력의 결정체이다. 세계의 문화를 발전하려면, 각 민족은 고유의 사상과 감정을 다시금 심원(深遠)하게 발전시켜야 할 것을 전제로 하고 있다. 그러기 때문에 조선인의 문화를 저지하는 것은 세계문화를 저지하게 되는 것이다. 또한 사실상 문화를 억제할 수 없다면 무엇 때문에 동화책을 실시하겠다는 그 어떤 이유를 가지고 보통학교에 일본인 교원을 채용하고 있는가? 그 이유는 조선인의 절실히 필요로 하고 있는 교육보급 때문이라고 한다. 조선 전체에는 학교 부족 때문에 취학 불가능의 아동이 몇 십만 명인지 모를 정도이다. 그래서 전국 보통학교 1,187개교 중 조선인 교장은 겨우 37명에 불과하다. 교장 사무 취급은 20명 내외이고, 그 나머지는 모두 일본인이다. 일본인은 조선인보다 모두 높은 급여를 받고 있다. 이는 교육의 본의(本義)에 모순될 뿐만 아니라 교육의 목적에 위반되기 때문에 무엇 때문에 일본인 교원을 채용하는가. 그 같은 헛된 비용을 절감해서 그 돈으로 학급을 증설해서 미취학 아동을 수용하는 데 힘써야 한다.56)

1928년 4월에 기독교 계통의 평양 광성고보(光成高普) 학생을 상대로 일본 동경에 있는 조선청년동맹의 격문이 전해져 이것이 전국적인 학생운동의 기폭제가 되었다. 그 파장은 일파만파로 번져나갔다. 이것은 1년 후 일어난 광주학생운동(1929. 11. 3)에도 크게 영향을 끼친 것으로 분석되고 있다.

제군! 이와 같이 우후죽순과 같이 각지에서 봉기하는 맹파사건(盟罷事件, 동맹휴학)은 무엇을 말하는가? 이는 적어도 조선 청년운동의 한

---

55) 상게서, pp.84~85.
56) 상게서, pp.98~99.

부대인 학생 제군은 일본 제국주의의 노예교육정책에 대한 용감한 투쟁을 전개하지 않으면 안 된다. 우리는 그들을 어떻게 지지하고 응원하면 좋겠는가? 제국주의 등의 식민지 노예교육정책의 음험한 이면을 여실히 폭로함과 동시에 그들의 일상생활에 대한 사소한 불평불만도 남김없이 지적하고 교내 투쟁에서 일본 제국주의에 대한 투쟁으로 진전시키지 않으면 안 된다. 이와 같은 의미에서 다음 슬로건을 가지고 적극적으로 투쟁할 것을 응원을 기하는 바이다.

1. 학교 교원을 조선인 본위로 하라!
2. 조선어로 교수(敎授)하라!
3. 교내 학생자치를 확립하라!
4. 학교와 경찰과의 야합(野合)에 절대 반대하라!
5. 동창회에 대한 학교 당국의 간섭에 절대 반대하라!
6. 기숙사의 전제적 압박에 항쟁하라!
7. 조선 역사를 가르쳐라!
8. 교원의 임면(任免)을 학생의 의사에 맡겨라!
9. 중등학교에 조일공동제(朝日共同制, 공학) 실시에 절대 반대하라!
10. 학교의 모든 시설을 완전하게 하라!
11. 군사교육 실시에 절대 반대하라!
12. 일본 제국주의 노예교육정책에 철저적으로 항쟁하라!
13. 학생의 전국적 단일체(單一體)를 수립하라!

1928년 4월
조선청년총동맹(朝鮮靑年總同盟)
재(在) 일본(日本) 조선청년동맹(朝鮮靑年同盟)[57]

제1차 수원고농 사건(1928)의 항일독립정신을 계승한 김종수가 중심이 되어 1935년 비밀결사 '독서회'를 결성하여 이광수가 벌인 문맹퇴치운동을 전개했다. 야학을 확충해서 무식한 농민들에게 한글을 가르치고 민족의식을 고취했던 것이다. 한편 교내에서는 농촌지도를 위한 '여명(黎明)의 아들'이란 긍지를 품고, 동료(東寮, 조선 학생 기숙사) 취사부(炊事部)를 자치제로 운영하며, 조선인 학생만으로 축구부를 구성하

---

57) 상게서, pp.116~118.

여 항일투쟁의 모체로 삼았다. 이들은 지상목표인 조선독립을 쟁취하기로 하되, 농민들을 결집시켜 일제히 봉기하여 독립운동을 전개하기로 기도했다. 이리하여 1935년 7월에 제2차 수원고농 사건이 발생했다. 당국은 이를 탐지하고 독서회 회원 전원을 치안유지법 위반, 출판법 위반, 불경죄(不敬罪)로 체포한 것이다. 체포된 독서회 회원들은 다음과 같다.

5년 징역형 : 이용필(李容泌), 김종수(金鍾壽), 김광태(金光泰),
　　　　　　유재환(劉載煥)
2년 징역형 : 최홍기(崔弘基), 김준강(金浚綱)
옥사 :　　　김재곤(金在琨)
기소유예 :　이치락(李致樂), 최태희(崔泰熙), 손창규(孫昌奎),
　　　　　　임기즙(林基楫)
무죄석방 :　이필규(李弼圭), 신근철(申瑾澈), 류달영(柳達永)[58]

　독일 철학자 피히테(J. G. Fichte, 1762~1814)는 '독일 국민에게 고함(Reden an die deutsche Nation)'(1807)을 발표하면서 나폴레옹 군대의 점령하에서 민족의 힘을 길러 해방전쟁을 일으켜 '국가재건'을 이룰 것을 호소하고 있다. "독일 재건의 길은 무엇보다도 국민정신의 진작에 있으며 독일 민족은 여러 국민 중에서 가장 오래된 우수한 도덕적인 본원적 민족(Urvolk)이며 독일어는 본원적 언어(Ursprache)이다"라고 독일정신의 함양을 역설했다. 이를 계기로 나폴레옹 체제하의 '친 프랑스적인 사상(親佛思想)'을 극복하고 독일 민족주의적 사상으로 전환하게 된 것이다. 피히테는 독일정신을 발양하기 위하여는 민족주의적인 교육 진작이 무엇보다도 절실하다고 통감하고 베를린 대학(1810)을 창립하여 민족의 힘을 길렀다. 독일 국민의 힘을 양성하여 마침내 유럽 여러 나라와 동맹을 맺고 '해방전쟁(Befreiungskrieg)'(1813~1814)을 일으켜 나폴레옹 제패체제를 타파하고 독일국가 재건을 실현한 것이다.[59]

---

58) 『水原農學八十年』, p.50.

동아일보 편집국장이자 수양동우회의 지도자인 이광수는 1928년 9월 동아일보에 피히테의 '독일 국민에게 고함'과 똑같은 '젊은 조선인의 소원'60)을 발표했다. 이광수는 나폴레옹 군대 점령하의 독일의 정황(政況)과 같이 일본군 점령하의 압정(壓政) 상황에서 젊은 조선 청년들에게 민족의식을 고취하고 항일독립사상을 심어주고 독립열망의 소원을 호소함으로써 조선 청년에게 일대 분기(奮起)를 촉구하는 대사자후를 토해낸 것이다. 춘원이 '젊은 조선인의 소원'을 동아일보에 연재하자, 조선총독부 당국은 이는 독일 피히테의 '독일 국민에게 고함'에 비견되는 중대한 조선 민족의 항일독립사상을 고취하는 호소문임을 절감하고 이를 경계하는 취지에서 연재와 동시에 그 전문을 일본어로 번역하여 '조선사상통신'에 연재했던 것이다.61)

이광수는 1936년에 '인생의 향기'를 출간했는데, '젊은 조선인의 소원'을 책 첫머리에 게재하면서 삭제 부분을 복원해놓고 있다.62) 여기서 '제 힘을 기름'이란 민족의 힘을 양성하는 것, '반항정신'은 항일독립정신을 암유하고 있다. "제 힘을 기를 줄을 아는 것이 진정한 반항정신이다"라고 강조하고 있다.

복종이 단체생활에 필요한 것이지마는 어떤 때에는 반항을 필요로 할 때도 있는 것이다. 반항은 사회의 방부제요 변질 강장제다. 그러나 반항이란 별물(別物)이 아니다. 불의에 대한 증오와 의(義)를 현창(顯彰)하려는 동경이 행위로 발한 것에 불과하다. 그러므로 강한 정의감의 소유자일수록 강한 반항적 정신의 소유자일 것이다. 이러한 반항적 정신이 없는 자는 불의(不義)인 줄 알면서도 감히 도전할 기백이 없이

59) 朴武成, 『西洋近代史總論: 르네상스~나폴레옹 時代』(法文社, 1988), p.737; 閔錫泓, 『西洋史槪論』(三英社, 1984), p.499.
60) 『東亞日報』 15회 연재(1928. 9. 4~19), 젊은 朝鮮人의 所願(李光洙).
61) 『朝鮮思想通信』 12회 연재, 제753號(1928. 9. 8)~제764號(9. 21), 若き 朝鮮人の願ひ(李光洙).
62) 春園 李光洙, 『人生의 香氣』(京城 弘智出版社, 1936. 6. 21), pp.7~44, 젊은 朝鮮人의 所願.

끌려간다. 흔히 이를 타협이라 일컫고 현상(現狀)에 대한 존경이라고 일컫는다. 반항의 정신이 결핍한 사회는 공기와 일광이 통치 못하는 처소 모양으로 침체하고 부패한다.

그러나 반항은 최후수단이다. 비장의 보도다. 모든 다른 방책이 다 무효인 것이 판명된 뒤에 부득이하여 빼어들 보도다. 그러므로 함부로 빼어서는 못 쓰는 동시에 한 번 빼었거든 다시 꽂지는 못하는 것이다. 걸핏하면 반항의 기운을 내어두르는 이는 마침내 큰 반항은 못하는 것이다. 남이 다 참지 못하는 곳에 능히 은인(隱忍)하고 남이 다 흥분되어 들먹거릴 때에 능히 자중하여 충분한 실력을 축적하고 …(이하 3행 삭제) 제 힘을 기를 줄을 아는 것이 진정한 반항정신이다(삭제분 복원).

그런데 큰 반항의 정신을 가진 사람은 또한 큰 무저항의 정신을 가지는 것이다. 그는 동지 간에는 무저항이다. 욕하면 먹고 때리면 맞아서 오직 정당한 이해가 올 때를 기다린다. 그렇지 아니하면 그 동지는 잃어버릴 것이요, 사사건건에 내 맘에 어그러진다고 반항하면 마침내 큰 단합은 얻지 못할 것이다. 최후의 대목표만 일치할진댄 그 나머지의 소절(小節)에 대하여는 무저항이다.63)

수원고농 학생들은 '항일의 아이콘' 이광수의 '인생의 향기', 특히 '젊은 조선인의 소원'에 담긴 "제 힘을 기를 줄을 아는 것이 진정한 반항정신이다"를 읽고 항일정신을 대오각성(大悟覺醒)한 것이다. 이는 학생들로 하여금 춘원의 반항정신에 크게 감복하게 하고, 1939년 수원고농 비밀결사 '언문(한글)연구회'를 결성하는 데 기폭제 역할을 하였다. 1939년 10월 10일 정주영(鄭周泳) 주도로 비밀결사 언문(한글)연구회를 조직한 지 거의 4년 만인 1942년에 언문연구회 핵심 회원이 총검거되었다. 그동안 중등학교 학생의 학생운동은 광주학생운동(1929), 춘천고보 상록회 사건(1938) 등을 비롯하여 자주 발생했지만 고등교육기관인 전문학교급 학생운동으로는 바로 수원고농 언문연구회 사건이 처

---

63) 『東亞日報』(1928. 9. 18), 젊은 朝鮮人의 所願(14)(李光洙); 『人生의 香氣』 pp.40~41.

음이자 마지막을 장식했던 것이다. 언문연구회는 일제강점기 조선 학생 항일운동의 피날레를 장식한 역사적인 민족운동이 아닐 수 없다.

수원고농 학생들은 1938년 3월 신학기를 기하여 중등학교에서 조선어 과목을 폐지하는 등의 문화말살정책과 내선인(內鮮人) 간 차별대우가 극심해지자, 조선말과 글이 폐지되면 조선 민족은 영구히 멸망하고 말 것이라는 위기감을 느끼고 이에 대한 반사작용으로 민족의 언어를 수호해야겠다는 역사적인 사명감으로 비밀결사 언문연구회를 결성하였다. 제 나라 말과 글을 사수하는 것이야말로 조선독립 실현의 첫걸음인 것이다. 이 같은 거창한 운동의 추진동력은 어디서 나왔는가? 바로 민족주의자 이광수의 저작이 결정적인 영향력을 발휘했다. 학생들은 이광수의 저작 '조선의 현재와 장래', '인생의 향기', '흙' 등을 읽고 정신적 감화를 받았을 뿐만 아니라 민족의식을 각성했다. 학생들은 한결같이 '조선의 현재와 장래'에서는 정치적 독립의 광명을 찾았을 뿐만 아니라 조선독립운동의 방략(方略)을 터득했고, '흙'에서는 이광수가 벌였던 문맹퇴치운동과 브나로드운동 즉 농촌계몽운동의 지침을 깨달았고, '인생의 향기'에서는 이광수의 혁명정신을 체득하였다.

민병준(閔丙駿)은 이광수의 민족주의 사상이 담긴 '인생의 향기'를 읽고 "민족주의가 다분히 포함되어 있는 것을 자각하였다"고 솔직하게 토로하고 있다. 그런데 당시 이 책은 당국으로부터 치안을 방해하는 것으로 간주되어 판매금지 및 압수 처분이 내려진, 그들이 말하는 이른바 '불온서적'으로 낙인찍힌 책이다. 그러나 민병준은 이를 아랑곳하지 않고 화신백화점 서적부에서 이 책을 구입해서 동급 학생들과 윤독(輪讀)했던 것이다. 민병준은 사상서적으로 이광수가 쓴 '인생의 향기', 방응모(方應謨)가 쓴 '현대조선문학전집' 등을 읽고부터 조선의 독립을 열망하게 되었다. "내가 조선독립을 희망하기 시작한 것은 수원고농에 입학하고 나서인데, 그 학교에서 일본인 학생이 조선인 학생을 모욕하고, 또 동교 졸업 후 취직도 조선인 학생은 일본인 학생에 비하여 어려워, 내선인(內鮮人)을 차별대우하므로 나는 분개해 조선은 독립해야 한다고 생각했을 따름이다." 그런데 '인생의 향기'는 김상태(金象泰), 정주영(鄭周泳)도 애독한 서적이다. 이 책은 불온서적으로 판매금지 및 압수에 회부된 책이므로 학생들은 더욱 관심을 가지고 읽고서 이광수의 민족주의 사상을 주입받은 것이다. 김상태는 조선독립을 희망하게 된 동기를 이렇게 밝히고 있다. "내가 조선의 독립을 희망하기 시작한 것은 수원고농에 입학하고 나서이며, 그 동기는 수원고농에서는 일본인 학생과 조선인 학생이 완전히 분리되어 있고, 일본인 학생이 조선인 학생을 모욕하고 있었으므로 자연히 민족의식을 가지게 되어 조선의 독립을 희망하게 되었었다."64)

1936년 6월 이광수는 '인생의 향기'를 발간했다. 동우회 사건 발발 1년 전의 일이다. 이 당시 동우회 이사부장 이광수는 심각한 민족적 고민에 함몰되어 있었다. 미나미 총독의 내선일체 강행으로 민족운동의 마지막 보루인 동우회마저 해체위기에 직면해 있었기 때문이다. 이광수가 쓴 글이라면 모두 검열에 걸려 삭제 또는 압수되는 언론탄압의 늪에 빠지고 있는 데다가 사회주의 좌파들은 동우회를 '영겁의 은둔소'라고 맹비난하고 있어서 이광수는 그야말로 내우외환을 겪고 있었다. 사회주의자들이 민족진영의 본영인 동우회를 욕하자, 주요한은 이에 반박문을 발표했다. "사회주의 좌파들이 욕하는 요지는 동우회는 민족 극우익이요, 먹을 것 있는 소(小)부르주아층들의 관념적 도피 장소요, 그 이론은 수동적, 은둔적이라 함에 일치하였다. 흥사단 하면 안창호를 욕하였고, 동우회 하면 이광수를 욕하였다. 아니 그보다도 사회주의 평론가들이 안창호를 욕할 일이 있으면 흥사단부터 창끝에 꿰었고, 이광수를 욕할 일이 있으면 동우회부터 화살을 보내어 비난하였다. 이 막연한 이론에 대하여 오래 침묵 지켜오던 동우회에서는 그 회의 이론분자로 주요한을 내어세워 1929, 30년경부터 적극적으로 응전의 태도를 보였다."65)

주요한은 당국으로부터의 해산조치를 모면하기 위하여 동우회는 정

---

64) 『韓民族獨立運動史資料集』, 권 69(戰時期 反日言動事件 IV)(國史編纂委員會, 2007), pp.59~60, 148, 159, 246, 255~256, 268.

65) 『三千里』(1934. 9), pp.74~76, '同友會' 排擊으로: 朱耀翰 對 左翼諸論客의 論戰.

치적 결사가 아니라고 극구 변명하면서 동우회의 입단정신(立團精神)을 이렇게 밝히고 있다. "동우회라는 단체가 있다. 이 단체는 묵언실행(黙言實行)을 위주만 하기 때문에 지면상으로 그 행동을 선전하는 일은 아직까지 없었다. 그럼에도 불구하고 일거리 없는 요즈음인 까닭인지 모모 지상에 동우회라는 글자가 오르락내리락 시비꺼리가 된 일이 있다. 주장의 이동(異同)은 불가피의 일이다. 그러나 사실 인식의 부정확은 이를 석명(釋明)해둘 필요가 있다. 동우회를 정치적 결사로 인정하는 사람이 많다. 이것이 근본적 오해다. 이 착오된 인식에서 출발한 모든 비판은 필연적으로 표적을 잃은 비판이 된다. 동우회의 목적은 '신의 있는 조선 청년을 규합·훈련하여 신문화 건설의 역량을 증장(增長)함으로 목적함' 하고 그 약법(約法)에 씌어 있다."66)

1936년 9월 중순 평양 김동원(金東元)의 집에서 동우회 회합이 있었는데, 송태 산장에 은거하고 있었던 안창호가 이 회합에 참석하여 생애 최후의 연설을 행했다. "동우회 운동이 쇠퇴하고 있음은 유감이므로 이의 발전에 더한층 노력해야 할 것이다. 조선 민족은 일본과 밀접한 관계가 있다 하더라도 조선의 운명은 국제정세에 따라 변천하는 것이다. 세간에서는 동우회를 여러 가지로 비난하는 사람도 있지만, 나는 이렇게 생각한다. 일본이 오늘날 이같이 발전한 것은 첫째, 인간의 실력을 양성했기 때문이며, 먼저 개인의 실력을 기르고 나서 교육, 산업, 국방 등 순차적으로 발전했느니라. 그러므로 우리들은 개인의 실력을 기르는 운동 즉 자아혁신운동(自我革新運動)에 주력해야 할 것이다."67)

박도병(朴道秉)은 이광수가 교육구국을 위해 교원으로 첫 근무했던 오산학교 출신이다. "나는 사립 오산(五山)중학교를 졸업하고, 수원고농에 입학했다. 사립 오산중학교는 기독교계 사립학교로서 뒤에 재단법인이 되었다. 중학교 재학 중 학교 선생에게서 민족적인 교양을 받고 자연히 민족의식이 농후하게 되었다. 그것은 내 일기에 기재되어 있는 것을 보면 안다. 그 뒤 수원고농에 입학하고 조선인 상급생에게서 민족

66) 상게서, p.75.
67) 『島山安昌浩資料集』, II, pp.363~364, 安昌浩의 운동방침 발표.

의식을 주입받은 것과 학교 안의 공기가 일본인에게 대항하고 있는 것이 큰 원인이 되었다. 1939년 4월 3학년으로 진급하고 요장(寮長) 정주영에게서 1939년 4월 중순 동료회(東寮會) 석상에서 민족의식을 앙양하고 조선의 문화를 부활해 조선을 독립시켜야만 한다는 듯한 강연을 듣고, 깊이 그것에 공명하여 조선의 독립을 기도(企圖)하기에 이른 것이다." 이와 같이 조선독립을 기도하게 된 동기를 밝히고 있다. 박도병은 오산학교에서의 민족주의 교육을 받은 데다가 수원고농 입학 후에는 이광수의 '조선의 현재와 장래'를 읽고 민족의식이 농후해졌고, '민족개조론'을 '롤 모델'로 하여 비밀결사를 조직해서 조선독립운동을 일으킬 것을 기도한 것이다. '조선의 현재와 장래'는 당국이 발매금지 및 압수에 회부한 불온서적이었는데, 박도병은 '금서'이기에 더욱 관심을 가지고 읽고 발췌함으로써 어느덧 이광수의 민족주의 사상에 심취하기에 이른 것이다. 박도병은 '흙'을 읽은 독후감을 일기에 적고 있다. "저작자는 대단히 세밀하고 또 사실에 가까운 것을 썼다. 농촌의 참혹한 광경을 쓴 것이다. 소설의 주인공인 허숭이라는 자가 농촌사업을 시작하여 농촌을 위하여 진력한 것은 훌륭하므로 우리들도 허숭과 같이 농촌을 위하여 진력하지 않으면 안 된다는 감상문을 썼다." 박도병은 '흙'을 읽고부터 자신도 농촌으로 들어가 야학과 농민계몽운동, 문맹타파운동에 뛰어들겠다는 결의를 다짐한 것이다. 박도병은 오산학교는 교사도 학생도 전부 조선인이기에 부지불식간에 민족의식이 강해져 조선의 독립을 희망했는데, 수원고농에 입학한 뒤 내선인 학생이 서로 반목해 있고 항상 일본인 학생이 조선인 학생을 모욕하므로 더욱 조선독립을 열망하게 되었다. 이러한 때 박도병은 이광수의 민족주의 사상을 담은 '인생의 향기'를 읽고 그의 민족주의 정신을 본받게 된 것이다.68)

수원고농 비밀결사 '언문(한글)연구회'는 정주영 주도로 조직되었다. 정주영(鄭周泳)은 평북 영변(寧邊郡 延山面 花川洞 852)의 중농 가정에서 출생하여 1934년 기독교계 영변 숭덕(崇德)중학교를 졸업하였다.

68) 『韓民族獨立運動史資料集』, 권 69, pp.70, 84~85, 227~228, 269.

그 뒤 경성 배재중학교에 입학, 1936년 동교를 졸업, 1937년 5월 수원 고농 수의학과에 입학, 1940년 3월 동교를 졸업했다. 졸업 직후 평안북도 지방산업기수로 임명되어 평안북도 산업부 농무과에 근무하였고, 1941년 평안북도 산업기수로 승진, 강계군(江界郡)에 근무하다가 1942년 8월 25일 사직했다. 그 사직 원인은 내선인 간 차별대우로 인해 이에 불만을 품고 사직한 것으로 그 후 그의 증언에 의해 확인되었다. 산업기수의 봉급이 너무나 열악했기 때문에 최소한도의 생활비를 겨우 충당할 정도여서 그만 사직한 것이다.69)

정주영은 수원고농에 입학하고 선배로부터 일본인 학생에 대항해야 한다는 민족의식을 주입받고, 3학년에 진급해 제4요장에 피선되면서 그동안 조선인 학생이 일본인 학생으로부터 받은 경멸과 모욕적인 언동에 분개하기 시작했다. 게다가 조선인 학생은 졸업해도 취직이 어려운 현실과 설사 취직한다 해도 내선인 간 차별대우로 일본인은 조선인보다 배액의 봉급을 받고 가봉과 사택료까지 받는 등 차별대우에 불만을 품고 민족의식이 농후해지기 시작했으며, 이광수의 저작을 읽고 민족의식을 각성하고 마침내 조선독립을 열망하기에 이르렀다.

박도병은 원산(元山府 堂上里 6)의 중농 가정에서 출생하여 광성(光成)학교를 거쳐 독일인이 경영하는 원산 해성(海星)학교에서 수학하였다. 1932년 평북 정주군(定州郡) 오산(五山)고등보통학교에 입학하여 1937년 졸업, 동년 4월에 수원고농 농림학과에 입학하고 1940년 졸업했다. 졸업 후 부친의 과수원에서 과수재배를 돕고 있었다. 박도병은 오산학교에서 철저한 민족교육을 받았고, 수원고농에 입학하고서 선배로부터 민족적 교양을 받으면서 민족의식이 더욱 농후해져 조선인 학생만으로 구성된 축구부에 입단, 상급 학생의 민족의식을 주입받고 조선독립운동의 역군이 될 것을 마음먹고 있었다. 박도병은 이광수의 '조선의 현재와 장래'를 읽고 감격하였다고 실토하고 있다. "오산중학교 재학 중부터 점차 조선 민족의식이 농후해지고 수원고등농림학교에 입

---

69) 상게서, p.3.

학하여 학교 도서관에서 '조선의 현재와 장래'라는 간행물을 읽고 '민족개조론'에 감격하여 단체를 조직하거나 또는 가입할 때 참고하기 위하여 발췌한 것이므로 1937년 10월 중순 일자 불상경(不詳頃)부터이다." 박도병은 1937년 10월 '조선의 현재와 장래'를 읽고 충격적인 감격을 받고, 이로부터 조선독립을 목표로 하는 비밀결사를 조직하여 조선독립을 달성해야 한다는 결심을 하게 된 것이다. 특히 이광수의 '민족개조론'은 조선독립 달성 방략(方略)을 제시하고 있어서, 박도병은 비밀결사를 조직할 때 큰 지도이념이 될 것이라 보고 '조선의 현재와 장래'의 제1절 '민족개조론'을 발췌해서 참고했던 것이다.[70]

수원고농 기숙사에는 동료(東寮)와 서료(西寮)가 있는데, 조선인 학생은 동료, 일본인 학생은 서료에 입숙하고 있었다. 수원고농 전체 학생 중 조선인 학생의 비율은 겨우 4분의 1정도여서 1938년 당시 조선인 학생수는 60명 정도였다. 그래서 조선인 학생만으로 구성된 동료회(東寮會)가 있었고 조선인 학생의 단결력 배양을 위해 축구부를 두었는데 조선인 학생 전원이 가입하게 되어 있었다. 동료회 집회에서 뿐만 아니라 수업시간을 제외하고는 조선인 학생들은 인사말부터 철저하게 일본말을 사용하지 않고 조선말로 대화를 나누어야만 한다. 이에서 바로 '동료정신(東寮精神)'이 확립된 것이다. 그러면 '동료정신'은 무엇인가? 이에 대해 정주영 요장(寮長)은 다음과 같이 밝히고 있다. "동료정신이란 자기 자신의 건전한 정신과 사상을 가짐에 따라 먼저 80퍼센트 이상인 조선 농민을 시작으로 더 나아가 조선 민중을 위하여 살며 봉사적이고 조선적인 건전한 정신이라 생각한다. 그 의미는 개인주의를 버리고 타인을 위해 봉사하는 건전한 이타(利他)정신이라는 뜻이다. 즉 이기주의와 향락주의를 일삼는 정신의 반대라는 뜻이다. 지금 고농 기숙사에 있어서는 우리들의 일거일동이 곧 조선인을 대표하여 그들에게 비칠 수 있다. 고농 기숙사에 있어서는 우리들의 일거일동이 조선인을 대표하여 일본인 학생의 눈에 비친다는 뜻으로써 처음 일본에서 온 일

---

70) 상게서, pp.4, 84~85.

본인은 조선인은 어떠한지 관측하기 때문에 우리들의 일거일동을 보고 조선인은 저런 사람이라고 판단하게 된다는 뜻이다."[71]

정주영은 1939년 4월 신입생 환영회 겸 동료회 회원 60명이 모두 집결한 모임에서 '장래를 위하여'라는 강연을 했다.

그러면 과연 민족성을 거부할 수 있는가라고 말하면 그것은 도저히 불가능한 일이다. 우리들이 그 실례로써 또 영국과 아일랜드 관계를 비춰보면 잘 알 수 있다. 그래서 동료정신을 살리는 방법은 또 하나 우리가 조선을 살리는 것이다. 그래도 한때는 타국에 지지 않을 정도의 찬란한 문화를 가지고 있었던 것은 사실인 이상 우리들은 옛것을 살리는 한편 또 현재 유지하고 있으나 하루하루 그 자취를 찾을 수 없게 되어가는 것을 살리기 위해 동료정신을 살리는 것은 어떤가라고 연설했다. 민족성을 거부할 수 없다는 뜻은 우리들이 조선인인 이상 그 조선 민족성은 누가 뭐라 해도 거부할 수 없다는 뜻이다. 동료정신을 살리는 방법은 또 하나 우리 조선을 살리는 것이란, 기숙사 안에서의 생활은 연장되어 사회에까지 영향을 끼치게 되므로 건전한 기숙사 생활은 사회에서도 좋은 생활을 하게 된다. 그러면 조선을 살리게 된다는 뜻으로 이야기하였고 조선은 과거 훌륭한 문화가 있었다는 것은 사실인 이상 우리들은 옛 문화를 부활시키지 않으면 안 된다. 또 이하에 조선 문화를 과거와 같이 부활할 것을 반복해 말한 것인데 동료정신을 발휘하는 것은 조선의 옛 문화가 부활한다는 뜻으로 이야기한 것이다. 조선의 옛 문화를 부활시키지 않으면 안 된다든가, 동료정신을 살리는 것은 조선을 살리는 것이라는 말을 조선인 학생에게 이야기할 때 그 말을 들은 사람들의 국체관념(國體觀念)이 변한다는 인식은 있었다. 나는 이를 충분히 알고 있었다. 내가 조선인의 민족정신으로써 그 민족정신을 앙양할 경우 들은 사람의 제국(帝國)의 국체관념이 변경된다는 것을 잘 인식하고 있었다. 조선인에게 국체의식을 변경시킬 목적으로 민족정신을 앙양했다고 인정하는 바이다. 이론상으로 말하면 나도 그 점을 인정하나 사실 그때는 단지 주위 환경에 일본인 학생에게 대항하고 싶은 의사가 있었기 때문에 자연히 민족의식을 앙양한 것이다.

71) 상게서, p.45.

주위 환경을 말하면, 당시 수원고농은 종래부터 내선인(內鮮人) 학생을 구별하여 기숙사도 별도였고 이전에는 식당까지도 따로 있었다. 때문에 자연히 조선 민족의식이 농후해졌고, 또 전 학생 중 4분의 3을 점하는 일본인 학생은 항상 우리 조선인 학생을 압박하여 때로는 직접 행동으로 불거져 나와 뭇매질을 하는 경우도 있었다. 그런 점에서 자연히 일본인 학생에게 대항한다는 의식이 생겨난 것이다.

동료정신을 살리는 방법은 우리 조선을 살리는 방법이고, 또 옛 조선 문화를 부활시키는 것이다. 조선 사람인 이상 조선 민족성을 거부하는 것은 불가능하기 때문에 개인주의와 향락주의를 버리고 동료정신을 발휘하면 그 건전한 정신에 의하여 사회에 나가 80퍼센트 이상의 조선 농민을 위시하여 조선 민중을 위하여 크게 공헌할 바가 있다는 뜻으로 이야기한 것이다. 이는 일본정신에 어긋난다는 점은 충분히 알고 있다. 내가 조선혼(朝鮮魂)의 연성(練成)에 노력하는 것은 결국 조선에 천황의 통치권이 미치지 않도록 하려는 의사가 있었고 그 목적으로 60여 명에게 강연하면서 그 목적을 실행하도록 선동한 것이다. 이는 국체의 대의(大義)에 비추어 일본 신민(臣民)으로서 국체의 대의에 비추어 볼 때 내가 말한 것은 나쁜 것이고 일본 신민으로서 말한다는 것은 불가능한 일이다.[72]

나는 조선인인 이상 조선 민족의식이 있다. 게다가 나는 경성 배재중학교를 졸업하고 수원고농에 입학하였는데 당시 배재중학교는 미국인이 경영하는 사립 중학이고, 수원고농에 입학하고 나서 상급생에게 항상 동료정신 앙양 즉 조선 민족의식을 앙양받으며 2, 3학년에 진급하였기 때문에 당시 나는 요장(寮長)이 되면서 기숙사생 전부에게 동료정신에 관한 것을 강조해 민족의식을 앙양하도록 강연하기에 이른 것이다.

언문은 옛부터 전해온 조선의 문화인데, 조선어 과목 폐지와 조선어 사용 금지 등으로 점점 쇠미해지고 있다. 우리 조선인으로서는 조선의 언문을 보존해가지 않으면 안 된다. 다행히 언문 철자법이 통일되었으므로 바른 언문을 연구할 필요가 있으니 희망자는 신청하라고 말했었다.[73]

---

72) 상게서, pp.45~46, 54~55.
73) 상게서, pp.113, 211.

한편 동료회 회원인 주본한유(朱本瀚裕)는 정주영의 강연에 대해 다음과 같이 증언하고 있다.

정주영은 우리들 동료생(東寮生) 약 55, 56명에게 축구부와 동료는 별개가 아니라 이와 같이 60여 명의 단체를 모을 수 있게 된 것도 축구부가 수단이 되고 있다든가, 혹은 또 조선의 8할을 점유하고 있는 농민을 대표함은 우리들 조선인 고등농림 학생이므로 그들을 지도하여 조선을 살리는 것은 우리들의 임무라든가, 또는 옛날 조선에는 훌륭한 문화가 있었지만 점점 쇠퇴해가는데 옛날과 같이 그 문화를 살리는 것이 동료정신이라든가, 혹은 또 조선에는 옛날부터 시조(時調)라는 것이 있었는데, 그것을 남기는 것도 우리들이 해야 한다든가, 어쨌든 조선을 일본과 분리시키는 것을 이야기하고, 일시동인(一視同仁)의 성지(聖旨)에 반하는 별개의 사회를 형성하자는 불온한 강연이었다. 한일합병 이래 일시동인의 성지에 바탕하여 황국신민화(皇國臣民化)하고 있는 사실을 무시하는 근거 없는 강연이라고 생각했다. 만일 이것이 발각될 때는 큰일이라, 그저 공포심을 가지고 혼자 마음을 졸이고 있었다. 정주영은 어떤 목적으로 이 같은 강연을 했는가에 대해서, 내 생각으로는 정주영은 조선을 일본에서 분리시켜 별개의 조선을 형성하기를 희망하고 강연하는 것으로 생각되어 공포심을 품고 있었다.74)

3. 수원고농 비밀결사 언문(한글)연구회 재판(1943)

앞서 말한 바와 같이 박도병은 1937년 10월 중순에 '조선의 현재와 장래'를 읽고 충격적인 감동으로 민족의식이 농후해졌고, 이를 계기로 이광수의 '민족개조론'을 근본 모델로 하는 비밀결사를 조직하기로 결심하였다. '조선의 현재와 장래'는 의기소침해 있는 청소년들에게 미래의 독립의 희망과 용기와 광명을 갖게 했다는 점에서 대단히 의의 있는 민족주의적 저서이다.75) 박도병은 조선어 과목 폐지와 조선어 사용 금

---

74) 상게서, pp.21, 123.

75) 상게서, p.85.

지 등 조선문화말살정책에 항거, 이광수의 '조선독립정신', '문맹타파운동', '조선어 보존정신'을 계승하여 비밀결사 언문연구회를 결성하기로 했다. '흙'에서는 농촌계몽운동에 감화되어 80퍼센트에 달하는 농민대중의 문맹을 퇴치하기 위해 야학 등에 의한 농촌 근대화운동을 일으켰으며, '인생의 향기'에서는 이광수의 민족주의 사상을 체득했던 것이다. 이리하여 박도병은 동료회 정주영 요장과 본격적인 비밀결사 조직문제를 협의하기 시작했다. 그리고 정주영도 이에 적극적으로 찬동하여 언문(한글)연구회를 결성하기로 최종 합의한 것이다. 1939년 9월 30일 수원고농 제5료 6호실 정주영의 방에서 발기인 10인이 회합하여 비밀결사 언문연구회 조직을 단행했다. 발기인은 정주영(鄭周泳), 박도병(朴道秉), 민병준(閔丙駿), 임봉호(林鳳鎬), 김상태(金象泰), 김윤하(金潤夏), 송장헌(宋章憲), 정창순(鄭昌順), 김종활(金宗活), 김중면(金重冕) 등 10인이다. 이리하여 1939년 10월 10일 발기인 전원이 정주영 방에 모여 언문연구회를 정식으로 발족하였다.

정주영은 언문연구회의 목적은 조선어 보존을 표방하고 있다고 뚜렷이 밝히고 있다. "언문은 조선조 3백 년 이래 오늘까지 전해진 조선 유일의 문화인데, 최근에 이르러 조선어 과목의 폐지 등 때문에 점점 그 문화가 쇠퇴해가는 것은 우리로서는 슬퍼해야 할 일이다. 우리들은 조선 문화를 보존하고 그것을 후세에 남겨야만 한다. 언문(한글) 철자법이 통일되었으니 바른 언문을 연구하고, 그것을 후세에 전하기 위하여 언문연구회를 조직하므로 희망자는 요장에게 신청하라고 발표했다."76) 정주영은 언문(한글)의 보존이야말로 우리들의 시대적 사명이라고 강조하고 있다.

정주영은 조선어 폐지 및 조선어 사용 금지 조치로 말미암아 조선민족 멸망의 위기의식을 통감하기에 이르렀다. 조선말이 없어지면 조선민족은 멸망할 것이라는 공포감을 갖게 되어 조선어 보존을 위해 언문연구회를 조직하게 되었다고 천명하고 있다. 이는 이광수의 조선어 보

---

76) 상게서, p.171.

존정신과 완전 일치하고 있다. "언문은 조선조 이래 전해온 조선 유일의 문화인데, 최근 조선어 과목 폐지나 조선어 사용 금지 등 때문에 점점 언문이 쇠퇴하고 있다. 우리들은 언문을 언제까지나 보존해가지 않으면 안 된다. 이를 위해서 통일된 언문을 연구하려고 언문연구회를 조직하니 희망자는 신청하기 바란다."[77]

정주영은 1938년 신학기에 당국의 조선어 과목 폐지 통첩이 각 학교에 시달되고 학교에서도 조선어를 폐지하자 이 같은 조치에 대한 항거 의식에서 발단되어 조선어 보존을 위해 언문연구회를 조직하게 되었다고 주장하고 있다. "실은 조선어 폐지는 조선인으로서는 일대 타격이며 조선어는 세종(世宗)시대 조선조 5백 년 이래의 조선 문화이다. 그러므로 조선 문화를 없애는 것은 조선인으로서 참을 수 없었기 때문에 학교 당국에 비밀로 언문연구회를 조직한 것이다. 조선어를 연구하는 것은 조선 민족정신의 앙양이고 조선혼(朝鮮魂)의 연성(練成)이며 나아가 국체(國體)의식을 변경시킬 목적으로 언문연구회를 조직한 것이다. 이론상으로 말하면 지금 신문한 대로 국체의식을 변경시킬 목적으로 동료정신의 앙양에 노력해 언문연구회를 조직한 것이 된다. 실제로는 국체를 변경할 목적으로 언문연구회를 조직한 것은 아니다."

김상태는 언문연구회의 궁극적 목적은 조선의 독립이었다고 증언하고 있다. "정주영이 1939년 4월 제1회 동료회 석상에서 조선독립을 희망하는 듯한 강연을 하는 것을 듣고, 그것에 공명하여 조선을 독립시켜야만 한다고 생각하게 되었다. 마침 옆의 제5료 3호실 실장을 하고 있는 박도병과 바둑을 둔 다음 조선의 문화가 점점 쇠퇴해가고 있으니, 금후 우리 조선 민족은 명실 공히 멸망해버린다는 의미의 말을 나누었다. 그 뒤 12월 상순 언문연구회가 끝나고 나서도 조선 문화가 점점 쇠퇴해가고 있는 현상을 슬퍼하면서 서로 그 문화를 부활시켜야만 한다는 마음을 나타내어 말을 나눈 뒤 박도병은 오산중학교 재학 중부터 조선어 폐지를 극단적으로 슬퍼하고 있던 한 사람이었는데, 여러 가지로

---

77) 상게서, p.217.

조선의 현상을 비관하였다. 우리들은 어디까지나 조선의 문화를 보존하여 그것을 후세에 전해야 한다는 의미로 협의했다. 그러므로 나와 박도병의 생각은 공통하고 있었으므로 박도병이 졸업한 뒤에 그런 통신을 했던 것이다."

민병준도 언문연구회의 조직 목적은 조선독립이었다고 증언하고 있다. "언문연구회는 조선의 독립을 목적으로 하여 조직한 것이 틀림없다. 정주영이 직접 조선독립을 도모하자고 입에 담아 협의하지는 않았으나, 정주영이 동료회 석상에서 언문연구회 조직에 대하여 발표한 취지에는 나와 마찬가지 생각으로 의사(意思)는 공통되어 있었다. 언문은 예부터 조선에 전해진 고유의 문자인데, 점차 언문이 쇠퇴하여 언문이 없어지면 문화가 없어지고, 문화가 없어지는 것은 조선 민족의 멸망을 의미하므로 우리 조선인은 언제까지나 조선 문화를 보존하여 후세에 전해야 한다는 것이 그의 취지이다."[78]

수원고농 비밀결사 언문연구회는 동료회(東寮會) 회원 조선인 학생 약 60명으로 구성된 민족운동단체로서 학생들은 철저하게 수업시간 이외에는 일본어를 사용하지 않고 조선어로만 대화를 나누었고 회의에서도 조선어만 사용했다. 한국 학생운동사에서 고등교육기관인 전문학교급 학생운동단체로는 수원고농 언문연구회가 유일할 뿐만 아니라 일제강점기, 그것도 미일 간 태평양전쟁이 한창 벌어지고 있는 살벌한 탄압정치 환경에서, 게다가 학교 당국이 조선어 사용 금지 및 언문 연구를 엄금하고 있는 암담한 상황에서 결성되었다는 점에서 한국 학생독립운동의 최후를 장식한 역사적인 항일운동인 것이다. 그러기에 조선총독부 경무국 당국은 수원고농 언문연구회 사건을 '전시기(戰時期) 반일언동사건(反日言動事件)'이라 규정하고 있다.

이리하여 수원고농 학생들은 "조선 언문(한글)은 조선조 중엽부터 약 3백 년간 조선 유일의 문화로 계속되어왔으나, 근대에 이르러서는 그 문화가 쇠퇴하고 있다. 더욱이 학교 당국에서 언문 연구 및 조선어

---

78) 상게서, pp.13~14, 158~159, 223~224.

사용을 엄금하고 있는데, 우리 조선인으로서는 언문 폐지, 조선어 사용 금지는 조선의 유일한 문화의 멸망을 의미하는 것이므로 슬퍼해야 할 일이다. 따라서 우리 동료생(東寮生)은 이 문화를 부흥시키기 위하여 언문을 연구해야 한다"라고 선언하면서 1939년 9월 30일 언문연구회라는 결사를 조직하고 나서 규약을 결정했다.

1. 서로 조선인다운 의식을 잊지 말 것.
2. 서로 비밀을 지킬 것.
3. 서로 조선어를 사용할 것.
4. 서로 시간을 엄수하고, 연구는 2시간을 한도로 할 것.
5. 서로 언문(한글)철자법통일안 및 중등조선어문법을 교재로 연구할 것.79)

1942년 8월 24일 수원경찰서는 수원고농 언문연구회 활동을 탐지하여 마침내 관련자 수색 및 체포 작전에 돌입하여 모두 구속·수감하고 말았다. 1939년 9월 30일 언문연구회가 조직된 지 3년 만에 제3차 수원고농 사건이 발발한 것이다. 졸업생들은 각자 귀농하여 농촌계몽운동을 벌이다가 경찰당국에 발각됨으로써 총검거되었다.80)

치안유지법 위반 피의사건에 관한 건

정주영(鄭周泳, 松島健), 29세(平北 寧邊郡 延山面 花川洞 852)
민병준(閔丙駿, 宇川甫), 24세(慶南 晋州府 玉峰町 471의 12)
임봉호(林鳳鎬), 25세(全北 淳昌郡 仁溪面 甲洞里 484)
박도병(朴道秉), 26세(咸南 德原郡 赤田面 堂上里 6)

위 사람들은 모두 1940년 3월 수원군 수원읍 서둔정(西屯町)에 있는 수원고등농림학교를 졸업한 사람인데, 그들은 수원고농 재학 중 그 학교에서 일본인 학생을 서료(西寮), 조선인 학생을 동료(東寮)로 구분하여 기숙시켰는데, 그동안 조선인 학생들은 동료회(東寮會)라는 것을

---

79) 상게서, pp.244, 258.
80) 상게서, p.7, 昭和17(1942)年 8月 24日, 수원경찰서 사법경찰리. 도경부 渡邊 虎次.

조직하고 민족의식 앙양에 힘써 조선독립을 기도(企圖)했고, 졸업 후에도 동지 획득을 책동하고 있음을 탐지하고 내사한바 상황은 다음과 같음. 치안유지법 위반 피의사건으로 수사할 필요가 있다고 인정되므로 명령해주기 바람. 위 보고함.

제1. 피의자 정주영, 민병준, 박도병은 수원고농 재학 중 동료회 수뇌자가 되어 동료정신을 발휘 앙양하는 것은 조선 민족독립운동의 근원으로서 그 실천의 첫 번째 착수로, 조선국의 존재는 조선어의 존재에 의하여 좌우되므로 언문연구회를 조직하여 널리 회원을 획득해 민족의식 앙양을 도모할 것을 모의하고, 1939년 9월 30일 오후 일곱 시경 수원고농 제5료 6호실에서 국체(國體)를 변혁(變革)할 것을 목적으로 언문연구회라는 비밀결사를 조직한 자임.

제2. 피의자 임봉호는 수원고농 재학 중 민족의식 앙양 및 조선혼(朝鮮魂) 연성(練成)에 힘썼던바 졸업 후에도 추호도 반성하지 않고 은밀히 독립국가 조선의 건설을 요망하여 조선을 제국(帝國)의 굴레에서 이탈해 독립시킬 목적으로 1941년 3월 20일 오후 일곱 시경부터 1942년 4월 4일경까지 수회에 걸쳐 자택(全北 鎭安郡 鎭安面 郡上里 916) 및 마을에 있는 우화정(羽化亭)에서 마을에 거주하는 무직 이성배(李星培, 24), 무직 신석창(辛錫昌, 31)과 비밀리에 회합하여 앞의 목적으로 그 목적 사항의 실행에 관하여 협의한 자임.

추기. 전기 이성배, 신석창은 진안경찰서장이 전주지방법원 검사정에게 보고하고, 치안유지법 위반 피의자로 취조 중임을 첨언함.[81]

정주영 신문조서

정주영(鄭周泳)은 수원고농 졸업 직전에 조보상(趙輔相)으로부터 한 통의 편지를 받았다. 조보상은 정주영의 1년 선배로서 조선총독부 농림국 임정과에 근무하고 있었다. 그 편지 내용은 다음과 같다. "우리들은 수원고농 재학 중에는 조선 민족정신을 앙양하였으나 그 정신만 갖고 있어서는 일단 사회에 나가도 아무것도 아니다. 사회에 나가면 먼저 취직문제가 생기고, 결국은 높은 봉급을 다투어 취직하려 하므로 학교 재

81) 상게서, pp.234~235.

학 중에는 정신만 가지고 있으면 무슨 일도 할 수 있다고 하였지만 그 실현은 좀처럼 쉽지 않다. 결국 우리들은 사람답게 대우해주는 곳은 한 곳도 없다는 것이다." 이 편지를 보고 정주영은 결국 조선인은 고등전문교육을 받아도 일본인과 동등한 대우는 받지 못하고 관리라면 제일 하급관리밖에 할 수 없다고 내선인(內鮮人) 간의 차별적인 대우가 있다는 것으로 해석했다. 1939년 6월 하순에 수원고농 2년 선배로 청주산업학교 교사로 근무하는 송재형(宋在衡)의 편지를 받았는데 그 편지에는 "재학 시절 양성한 스포츠 정신은 그 용기, 그 포부를 그대로 사회생활에 응용할 수 있다는 것은 부인할 수 없는 현실이다. 그러나 사회는 자유를 허용하지 않는다. 조선인은 두뇌에서는 절대 타 민족에게 뒤지지 않는데 조선인의 결점은 의지박약이다'라고 언급했다. 이에 대해 정주영은, 학생 시대에는 책을 읽는 것도, 운동하는 것도 사회인보다 자유로우나 사회에 나가면 그런 자유는 허용되지 않는다는 뜻으로 해석했다. 조선인의 의지박약이 최대 결점이라는 지적에 대해서는 "조선인의 결점은 의지박약이므로 지식계급인 제군은 조선 민족의 행불행을 지배하기 때문에 그 책임을 자각하고 스포츠 정신을 양성하여 의지박약한 것을 보완하라는 것으로 해석하였다."[82]

정주영은 수원고농을 졸업하고 1941년 1월 24일 평북 강계군(江界郡) 산업기수(産業技手)로 근무할 때 평북 희천군(熙川郡) 농회(農會)에 근무하는 계홍순(桂泓順)에게 "혁명은 언제 일어날 것인가"라고 독립혁명을 고취하는 편지를 보냈다.

그 후 어떻게 지냈습니까. 변함없이 건강하게 분투하리라 추측합니다. 아무쪼록 분투하여주십시오. 소생도 변함없이 싫은 생활을 계속하고 있습니다. 일도 싫고, 관청도 싫고, 하숙도 싫고, 약혼도 싫고, 결혼도 싫고, 가정도 싫고, 무엇이고 싫증이 납니다. 유일하게 죽어버리고 싶은 기분이 들지 않습니다. 죽을 수 있다면 해볼까라고 생각했지만 그것도 여의치 않습니다. 지방기수(地方技手)라, 왜 어딘지 개가 먹어

---

82) 상게서, pp.48~50.

치우지 않을까나. 요새 기사(技師)는 어떻게 지내십니까. 계속 맑은 하늘입니까, 흐린 날씨입니까. 흐려도 좋으니 한번 신의주(新義州)에 가보고 싶네요. 어젯밤 한잔이 오늘은 바보같이 머리를 괴롭힙니다. 식히고 싶습니다. 눈이 감깁니다. 참새 눈물 정도의 봉급을 받았지만 이것으로 한 달을 먹고살지 못할 것 같습니다. 혁명(革命)은 언제 일어날 것인가. 빨리빨리 일어나라. 그렇지 않으면 기적(奇蹟)이라도 나타나줘라. 어느 정도 좋아지겠지. 어제 신문을 보니 "허전하고 시시합니다. 돈이 갖고 싶습니다. 운운"이라고 어느 여자가 썼는데 아무래도 나도 그와 유사한 것 같습니다.[83]

정주영은 내선인 간 차별대우를 받아 박봉 생활고에 허덕이고 있는 이런 현상을 타개할 "혁명은 언제 일어날 것인가. 빨리빨리 일어나라. 그렇지 않으면 기적이라도 나타나줘라"라고 절규하면서 조선독립을 열망하고 있다.

동료회 정주영 요장은 매년 신학기 조선인 신입생을 모아놓고 조선어로 교내 생활상 주의를 주었다. 다음과 같이 주로 조선인으로서 단결력을 강조하고 있다.

1. 아침과 저녁의 인사는 상급생에게 반드시 할 것.

2. 학교 내에서 일본인 학생은 게다를 신지만, 조선인 학생은 신지 말 것.

3. 서로 부를 때 성명을 부를 것.

4. 운동선수에게는 내선인(內鮮人)의 차별 없이 수고했다고 인사할 것.

5. 일본인은 신입생이라도 상급생에게 경례를 하지 않으므로 우리 조선인 학생은 굳이 일본인 학생에게 경례할 필요가 없다.

정주영은 이상과 같은 교내에서의 학생 생활상의 주의를 주면서 조선인 학생 전원을 축구부에 가입시키고 있다. 이렇게 조선인 학생 60명으로 구성된 축구부는 5개 전문학교 축구대회에 출전하기도 했다. 정주

---

83) 상게서, pp.62~63.

영은 축구부 구성의 의미에 대한 강연을 행했다. "동료(東寮)와 축구부는 별개의 것으로 60명의 단체를 모을 수 있는 것은 축구부를 수단으로 했기 때문에 가능한 것이다. 조선에서 8할을 점하는 조선 농민을 대표하고 있는 고농 학생은 조선 민중을 위하여 조선적인 건전한 정신으로 지도하지 않으면 안 된다. 조선 농촌과 밀접한 관계가 있는 고농은 동료정신을 발휘하여 우리 조선을 살리지 않으면 안 된다." 이렇게 농촌을 구제할 사명을 우리 모두가 인식하고 실천할 것을 강조하고 있다.84)

박도병 신문조서

박도병(朴道秉)은 민족주의 정신이 철저한 오산고등보통학교 재학 중 민족의식이 강한 역사 선생으로부터의 '조선정신' 강의를 받은 감상을 일기에 적고 있다.

최(崔)라는 오산학교 역사 선생으로부터, 와신상담(臥薪嘗膽)하여 성공하라, 또 팔방미인주의(八方美人主義)를 취하지 말라, 그런 주의를 취하면 아무 일도 성공할 수 없다라고 쓴 것은, 와신상담이란 짚 위에 누워 담력을 단련하는 것이고, 팔방미인주의란 타인에게 아부하는 주의로써 이런 주의를 갖고 있으면 성공할 수 없다는 의미를 썼다. 또 을지문덕(乙支文德)이 대승한 이야기를 듣고 안주(安州)는 국방 요충지임을 알았다란, 을지문덕이라는 조선의 옛 장군의 이름이고, 옛날 중국군이 공격했을 때 안주에서 방어에 힘쓴 이야기를 듣고서 안주는 국방의 요충지임을 알았던 것을 쓴 것이다. 학교에서 옛날 중국의 전국시대에 웅변가로 소진(蘇秦)과 장의(張儀)라는 자가 있어서 웅변은 무기보다 탁월한 성공의 열쇠이므로 우리들이 학문하는 것은 표현력을 익히는 것이라고 가르쳤고, 수신(修身) 시간에 공익(公益)에 관한 것을 배웠는데 공익에는 직접과 간접적인 것이 있으며 직접적인 공익은 학교, 도서관을 설치하는 것이고, 간접적인 공익이란 스스로 개인 업무에

---

84) 상게서, pp.139, 233~234.

진력하는 것이라는 것을 썼다. 일본령 위임통치 남양제도(南洋諸島)에
관한 것을 썼다. 지리 시간에 남양제도는 일본이 점령한 지역이지만
평화조약에 위반하므로 '점령'이라는 자구(字句)를 쓰지 않고 위임통치
(委任統治)라는 이름으로 국제연맹으로부터 받았는데 일본은 국제연맹
을 탈퇴했어도 남양제도를 반환할 필요가 없다는 것을 썼다. 그 일기
중 역사시간에 어떤 일을 하려면 일치단결하여 진행하지 않으면 안 된
다, 당을 조직하여 다투게 되는 모임이라면 그 모임은 무너지고, 국가
라면 그 국가는 멸망하므로 당을 조직하여 다투는 것은 삼가야 한다는
것을 가르쳤으므로 당시 감상을 쓴 것이다. 우리 조선 민족은 특히 많
은 나약성과 비겁성을 갖고 있는데 이것을 버리고 일정한 목표를 세워
향상하는 것이 필요하다. 특히 수양기(修養期)에 있는 우리들로서는
한층 더 노력해 갈 필요가 있다. 1935년은 위기이다. 우리들은 단결하
여 다른 친구들과 손잡고 이 국면을 타개하자는 것을 썼다.[85]

　오산고보 재학 중 박도병은 역사 선생 함석헌(咸錫憲)으로부터 깊은
민족의식 감화를 받았다. 함석헌의 '성서조선(聖書朝鮮)'은 발매금지되
어 있었음에도 불구하고 이를 읽고 민족의식이 더욱 농후해지기 시작
했다. " '성서조선'은 성서의 입장에서 본 조선 역사가 씌어 있어서 나
는 그 글에 담긴 뜻에 감동하여 학교에서 베껴 썼다." 수원고농 재학
중 이광수의 '조선의 현재와 장래', '흙', '인생의 향기' 등을 읽고 민족
의식은 더욱 심화되었다. 특히 '조선의 현재와 장래'를 읽고 이에 감격
하여 비밀결사 언문연구회를 조직하고 독립운동을 일으킬 것을 결심하
였다. '조선의 현재와 장래'는 치안유지법에 의하여 금서(禁書)로 낙인
찍힌 불온서적이었다. "이광수 저 '조선의 현재와 장래'라는 서적에서
발췌하여 기재한 것으로 단체가 위력이 있는 이유라든가 단체의 실패
원인을 쓴 것이다. '조선의 현재와 장래'라는 서적 중 '민족개조론'이라
는 논문 속에 씌어 있는 것을 발췌한 것이다. 단체조직에 필요할 때 이
용하기 위하여 발췌한 것이다. 사상운동을 하기 위하여 단체를 조직하
려 할 때 이것을 이용하려고 발췌한 것이다. 사상운동이란 민족해방을

---

85) 상게서, pp.68～69.

할 생각으로 그것을 연구하고 있었다. 민족해방운동이란 조선 민족의 해방운동이며, 즉, 조선을 독립시키려는 운동이다."[86]

일제강점기 한글날은 10월 28일이었다. 박도병은 1938년 10월 28일 일기에서 강렬한 민족주의 정신을 표출하고 있다. "오늘은 한글기념일이다. 오늘부터 492년 전 즉 단기(檀紀) 3776년(1443)에 세종대왕(世宗大王)께서 우리 국문(한글)을 만들어 그 후 단기 3779년 병인(丙寅, 1446) 9월 28일 나라에 반포하였다. 음력은 불편하므로 양력 10월 28일로 정하여 우리들은 이날을 기념일로 하였다. 세종대왕께서 고심하여 만든 글을 우리들은 후세까지 잘 전하고 보존해오지 못한 것은 매우 부끄러워해야 한다. 단군(檀君)은 조선의 시조 임금이다." 박도병은 당국의 조선어 폐지조치를 강력히 반대하면서 조선어를 보존해야 한다고 주장했다. "조선어는 옛날부터 전해오는 조선 유일의 문화인데 이것이 폐지되면 조선은 실질적으로 멸망하는 것이 되며 이는 조선 사람으로서 슬퍼해야 할 일이다. 조선어의 폐지에는 어디까지나 반대할 의사이다."[87]

수원고농 동료회는 이은상(李殷相)을 초청하여 강연회를 연 적이 있다. 이때의 강연 요지를 일기에 적고 있다. "'진정한 조선 문화'라는 제목의 강연이었는데 고구려시대에는 불교(佛敎)를 융화시켰고, 고려시대에는 불교를 맹신했기 때문에 멸망했고, 조선조시대에는 유교(儒敎)에 의하여 큰 해를 입었다. 그러나 불교도, 유교도 결코 나쁜 것은 아니지만 조선 민족의 특이성인 광명을 잃고 불교와 유교를 나쁘게 이용하였기 때문에, 즉 맹신했기 때문이다. 그 때문에 오늘과 같이 참담하게 조선 문화는 쇠퇴한 것이다. 그러나 우리들은 왕조(王朝)는 없어졌어도 우리들 조선이라는 토지와 조선 민족은 언제라도 끊어지지 않는다는 것을 강연하였으므로 이것을 일기에 기재하였다."[88]

박도병은 민족주의 정신이 강한 오산학교 출신이어서 일찍부터 조선

---

86) 상게서, pp.84~85.

87) 상게서, p.73.

88) 상게서, p.71.

독립을 희망하고 있었다. "오산고등보통학교는 교원 및 학생 전부가 조선인으로서 부지불식간에 조선 민족의식이 농후하게 되어 조선의 독립을 희망하고 있었는데, 그 뒤 수원고농 입학 후 동교 내선인(內鮮人) 학생이 서로 반목하는 상태이고 일본인 학생이 조선인 학생을 모욕하고 압박했기 때문에 더욱 조선의 독립을 희망하기에 이른 것이다."89) 이와 같이 오산학교 재학부터 민족의식이 강렬해졌고 수원고농 입학 후에 내선인 학생 간 차별대우와 일본인 학생의 조선인 학생에 대한 모욕적인 언동 등으로 더욱 민족의식이 심화되었고, 이광수의 '조선의 현재와 장래'를 읽고부터 비밀결사를 조직하여 독립운동을 일으킬 것을 결심한 것이다.

박도병은 이광수의 '흙'을 읽고 참혹한 농촌을 구제해야 한다고 결심하고 있다. "저작자는 대단히 세밀하고 또 사실에 가까운 것을 썼다. 농촌의 참혹한 광경을 쓴 것이다. 소설의 주인공인 허숭(許崇)이라는 자가 농촌사업을 시작하여 농촌을 위하여 진력한 것은 훌륭하므로 우리들도 허숭과 같이 농촌을 위하여 진력하지 않으면 안 된다는 감상문을 썼다." 박도병은 수원고농을 졸업하고 '흙'의 주인공 허숭을 '롤 모델'로 하고 귀향하여 농촌계몽운동에 몸 바칠 것을 결심했다. 수원고농 출신이라면 최소한도 지방기사로 취업할 수 있지만, 그는 아예 이를 포기하고 농촌계몽운동과 문맹타파운동에 헌신하기로 했다. 아버지 과수원의 일을 도우면서 야학을 개설하여 농민대중의 문맹퇴치운동을 전개한 것이다. 그는 '무엇을 해야 하는가'를 요약하고 있다. "나의 조선은 노예가 되고 있다. 마음까지도 노예가 되어버렸다. 이런 때에 있는 만큼 우리들은 위풍당당하게 한마음이 되어 우리들은 무엇을 해야 하는가를 생각하지 않으면 안 된다. 우리 동포에게는 기아(飢餓)와 문맹(文盲)이 자리 잡고 있으므로 우리들은 당연히 이 동포에게 식량과 서적을 주어 이들을 구제해야 한다. 현재 비참한 조선을 살리려면 자기에게 부여된 임무를 성실히 하고 그래서 문맹자(文盲者)에게는 책을 주어 이들을

---

89) 상게서, p.250.

계몽하는 것부터 옛날의 조선을 살리기 위하여 자기가 담당하고 있는 일을 충실히 해야 하며 문맹자를 계몽하지 않으면 안 된다." 이리하여 '무엇을 해야 하는가'를 작성한 것이다.

1. 계몽운동은 문맹을 없애기 위해 계몽운동을 하는 것.

2. 농촌생활은 내가 농촌에서 부여받은 임무를 성실히 하는 것이 쇠퇴한 조선을 구제하는 것이 된다.

3. 정의를 위하여 부단한 투쟁을 계속하지 않으면 안 됨.

4. 사봉화(沙蜂花) 밭을 만들기 위함이란 아름다운 사회를 건설하는 것이고.

5. 무궁한 역사를 빛내기 위해서란 조선의 역사를 빛내기 위해서이고.

6. 일정한 목표를 향하여란, 일정한 목표란 지금까지 진술한 목표로 향하여 매진한다는 것이다.

7. 언제나 누구라도 마음과 뜻을 하나로 하여 그 방면으로 향하여란, 조선 민족이 마음을 한데 모아 일치단결해 일정한 목표로 향한다는 것이다.90)

사봉화 밭을 만든다는 것은 아름다운 사회를 건설한다는 의미이다. 그런데 이 사봉화(沙蜂花)라는 꽃은 사전에는 없는 상상의 꽃 이름이다. 아름다운 사회를 건설하는 것이 박도병의 미래의 꿈이었다. '흙'의 주인공 허숭이 벌이는 농촌계몽운동의 궁극적인 목적은 모범농촌부락, 즉 이상촌의 건설이었다. 허숭은 변호사 직책을 내팽개치고 살여울 마을로 뛰어들어가 살여울을 농촌 모범부락으로 만든 것이다. 이와 마찬가지로 박도병이 꿈꾸는 것도 사봉화 밭을 만들어 살여울 같은 이상촌 건설을 이룩하는 일이었다.

1938년에 조선어 과목이 폐지되고 조선어 사용이 금지되었다. 1940년 8월에는 민족지 동아·조선이 폐간되어 이제 조선어로 된 신문조차 읽을 수 없는 절박한 상황에 처했다. 이제 학원에서는 조선어 사용은

---

90) 상게서, pp.70, 77~78.

단속의 대상이 되어 금기시(禁忌視)했고 심지어 조선어를 사용하면 벌금을 물리는 살벌한 상황이 전개되었다. 말과 글을 빼앗아버린다는 것은 곧 조선혼(朝鮮魂)을 박탈하는 것이었다. 일제는 동화정책(同化政策)을 강행, 조선혼을 박탈하고 그 대신 야마토다마시(大和魂, 일본정신)를 주입했던 것이다. 이제 조선어는 절멸의 구렁텅이에 함몰되고 말았다. 조선어 절멸은 곧 조선 민족 멸망을 의미한다. 그러기에 조선어 폐지기간(1938~1945)에 교육받은 학생들, 특히 전국 국민학교(현 초등학교) 학생들은 '낫 놓고 기역자도 모른다'는, 즉 제 나라의 한글을 알지 못한 '한글문맹인'으로 8·15 광복을 맞이했다는 역사적 사실을 상기시키지 않을 수 없다. 이러한 절망적 정치상황에서 지식계급이 해야 할 책무(責務)는 문맹퇴치가 아니라 조선어 보존책을 강구하는 것이었다.

박도병은 조선어 보존이야말로 지식인의 시대적 책무요 사명임을 통감하고 1940년 12월에 자신의 집(元山府 堂上里)에서 청소년 14명(朴麗秉, 朴士秉, 朴鴻烈, 宋寶鍊, 康鴻穆, 趙熙環, 崔碩鉉, 劉敏湜, 朴承均, 康宇鎭, 朴昌秉, 朴容萬, 朴恒秉, 朴濬秉)에게 한글을 가르치기 시작했다. 교재는 '한글맞춤법통일안'이었다. 박도병은 수원고농 언문연구회 방식을 그대로 채택하면서 그 목적을 밝히고 있다. "마을 청소년들을 모아서 언문(한글)을 연구하게 한 것은 내가 기도(企圖)한 조선을 독립시킬 목적을 위하여 민족의식을 주입하여 마을 청소년에게 조선독립의 생각을 일으키는 동시에 그들 청소년을 조선독립을 위하여 일어서게 하는 것이 목적이었다. 언문은 예부터 우리 조선에 전해온 조선의 독특한 문화인데, 최근 조선어 과목의 폐지나 일본어 상용(常用) 등 때문에 점차 쇠퇴해가는 현상이다. 지금 언문을 보존 향상시키지 않으면 우리들 조선 민족은 멸망할 수밖에 없다. 그러므로 그 의미에서 새로 통일된 한글철자법을 연구해야 한다는 의미로 말하여 민족의식을 주입했다. 조선독립을 목적으로 언문은 조선조 3백 년 이래 전해진 조선 유일의 문화인데, 근래 학교에서 조선어 과목 폐지 등 언문이 점차 쇠퇴하고 있다. 언문이 없어지는 것은 조선 민족의 멸망을 의미하는 것이므로 우리는 언제까지라도 조국의 문화인 언문을 보존하지 않으면 안 된다."91)

박도병은 마을 청소년들에게 한글 받아쓰기 연습을 실시했다. "당시 아우가 너무나 언문을 몰랐기 때문에 다른 동년배들도 아우같이 모르는지 의아하여 받아쓰기를 시켜본 것인데, 보통학교 졸업자도 너무나 언문을 모르고 있었다. 조선 문화인 조선어가 폐지되었으므로 조선 전래의 문법을 보존할 목적으로 언문 받아쓰기를 시킨 것이다." 한편 마을 청년들의 독서를 장려하기 위해 조선어에 관한 서적을 구입하고, 회람문고를 설치하기도 했다.92)

박도병은 농촌이 피폐하여 농민은 먹고살기 위하여 만주로 떠나가야만 하는 조선 동포의 디아스포라(이산)를 보고 이에 대한 참상을 읊은 시를 지어놓았다. "노래의 처음 1구는, 조선 동포는 노동을 해야 한다. 노동은 신성한 것이므로 노동하지 않으면 안 된다는 뜻으로 노래를 지었다. 다음 2에서 3까지는 하숙집 주인이 만주에서 농사를 짓다 겨울이면 돌아와 만주의 상황을 말하였다. 그 당시 만주는 마적(馬賊)들이 횡행하여 애써 지은 농작물을 약탈하는 것 같아서 나는 조선인이 어떻게 만주에서 고생하고 있는지 생각하면서 그 노래를 지은 것이다. 나는 조선 민족의식이 농후하였으므로 조선인 2천만 백의(白衣) 동포가 조선에서 추위와 기아에 고통 받고 있는 것을 노래한 것이다."93)

박도병은 당우체육회를 이용하여 민족운동을 일으킬 것을 기도하였다. "1940년 11월 16일부터 원산(元山) 당상리(堂上里), 당중리(堂中里), 당하리(堂下里) 3개 마을을 일괄하여 당우(堂隅)체육회가 조직되었는데, 나는 회계를 담당하게 되었다. 나는 평소 희망하고 있던 조선 독립을 위하여 당우체육회를 이용하여 민족운동을 하려고 생각했으나, 마침 그해 12월 상순부터 1월 하순까지 겨울에는 운동도 할 수 없어 총무인 김진칠(金鎭七)의 집에서 마을에 유행하고 있던 도박을 방지하기

91) 상게서, pp.229, 253.
92) 상게서, pp.43~44, 184.
93) 상게서, p.83.

위하여 체육회원이 야간에 회합하므로 그때 체육회원인 김경률(金庚律) 등 3인에게 수원고농 축구부의 상황 등을 이야기하여 민족의식 앙양에 힘쓴 일이 있다. 체육회원들에게 조선 민족의식, 즉 조선인다운 정신을 인식시키고 일치단결하여 조선혼을 연성(練成)하고 그들에게 조선을 독립시키고 싶은 생각을 일으킬 생각이었다. 또 야학을 개설할 수 있다면 이면에서 조선 문화인 언문을 연구시켜 그 사람들에게 민족의식을 앙양시키는 동시에 조선독립운동을 할 목적으로 그런 것을 이야기했다."94)

1941년 3월 하순 수원고농 후배인 주한유(朱瀚裕)가 원산 박도병 집을 방문하여 당우체육회에 관한 의견을 나누었다. 박도병은 당우체육회를 이렇게 설명하고 있다. "1. 마을에 체육회가 있어서 마을 청년은 대부분 거기에 가입하여 체육회에는 축구부라든가 야구부, 농구부 등 각종 부로 나뉘어 있다는 것과 자기는 그 고문을 하고 있다는 것을 말했다. 2. 기타 창씨(創氏)제도에 대하여 자기는 창씨할 필요를 인정하지 않기 때문에 지금도 창씨하지 않고 있다는 것. 3. 체육회에서 조기회(早起會)를 하고 있다는 것. 4. 체육회에서의 구령(口令)은 조선어로 하고 있다는 것. 5. 덕원(德源)공립농업학교 교사로 취직하라고 종용받았으나, 윗 선생에게 추종하기 싫어서 취직을 거절했다는 것. 6. 야학을 열어서 마을의 문맹자를 가르치고 싶은 희망이 있다는 것."95)

임봉호 신문조서

수원고농 전체 학생 중 조선인 학생은 약 4분의 1로 60명 정도이다. 동료회 축구부는 조선인만으로 구성되었고 조선인 학생은 의무적으로 이에 가입해야만 했다. 축구부 주장 임봉호(林鳳鎬)는 축구부 조직의 궁극적 목적은 조선독립이라고 언명하고 있다. "내가 수원고농 2학년 때 제8요가 신축되어 일본인 학생을 수용하였다. 제3학년이 되고 나서

94) 상게서, pp.96~97, 189, 229~230, 253~254.
95) 상게서, p.125.

도 같았다. 졸업하기 전에 학교 당국에서 내선인(內鮮人) 학생은 혼숙한다는 취지의 통지가 있어서 동료회를 열어 학교 측에 내선인 학생 혼숙반대운동을 하였는데 학교 당국의 방침대로 결정되어 우리들이 졸업하고 나서 내선인 학생은 혼숙하게 되었다. 조선인 학생은 학교 내 축구부에 전원 가입하라고 선배에게 강요당하여 모두 축구부에 가입하였다. 때문에 축구부는 수원고농 조선인 학생만으로 조직되어 있었다. 수원고농에 입학하고 나서 선배 학생 혹은 기숙사의 수뇌자 또는 축구부 수뇌자로부터 조선 민족의식을 앙양하도록 하라는 격려가 있었다. 동료정신(東寮精神)이란 조선인다운 정신을 잊지 말고 일치단결하여 일본인에게 대항하는 정신이다. 마침 그때가 내선인 학생 혼숙문제의 대책으로 동료회(東寮會)가 개최되었는데 그때 나는 축구부 주장으로서 조선인 학생 약 60명에게 조선어로, 제군은 금후 기숙사가 일본인 학생과 합병 혼숙하게 되어도 신입 조선인 학생은 전부 축구부에 가입시켜 축구부 정신을 더욱더 양양해 목적 달성에 매진하라고 강조했다. 축구부 정신과 동료정신은 별개의 것이 아니고 동료(東寮), 즉 조선인 학생 전부는 동료라 하고 그 전부가 축구부에 가입하고 있으므로 조선인다운 정신을 잊지 말고 일치단결하여 일본인 학생에게 대항하는 것이다. 수원고농 축구부는 조선인 학생만으로 조직하여 축구부 정신을 발휘하고 일치단결하여 일본인 학생에게 대항하고 있다. 우리 조선인은 항상 조선인이라는 정신을 잊어서는 안 된다. 축구부 조직의 목적은 조선 민족 독립을 목적으로 조직한 것이다. 조선 민족의식 앙양은 조선 민족의 독립에 있다. 조선이 독립하여 천황의 통치권이 미치지 않게 된다. 국체(國體)를 변혁(變革)하려는 목적으로 조선혼(朝鮮魂)을 연성(練成)하도록 60명의 동료생(東寮生)에게 선동한 것이다.'"96)

임봉호는 수원고농 졸업 후 1940년 6월 전북도 지방산업기수로 진안군(鎭安郡)에 부임했다. 이성용(李星鎔, 延安輝一)은 전주북중학교 1년 후배이다. 이성용의 부친은 도시학(道視學)으로 진안군에 주재하고

---

96) 상게서, pp.29~31.

있었다. 1941년 3월 임봉호는 이성용을 만나서 "수원고농에는 조선인 학생으로 조직한 축구부가 있는데, 민족의식 앙양에 힘쓰는 외에 일본인 학생에게 대항하기 위하여 단결해왔다. 그 외에 수원고농에는 동료(東寮)와 서료(西寮)로 나뉘어 일본인 학생의 기숙사와 조선인 학생의 기숙사가 나뉘어 일본인 학생에게 대항해왔다. 우리는 조선인이므로 조선인다운 의식을 잊어서는 안 된다는 의미의 말을 했다." 이렇게 민족의식을 주입하면서 일본인에 대항하기 위하여 현재의 사회를 싫어하고 조선만의 별개 사회를 형성할 희망이 있다고 언명했다. 이성용은 임봉호가 내선인 간 차별대우가 너무나 심화하고 있다는 데 대해 신랄한 비판을 가하고 있다고 언급했다. "임봉호는 나에게 군수(郡守)의 악담을 하면서 '관공리의 봉급에 일본인에게는 가봉(加俸)이나 숙사료(宿舍料) 지급제도가 있으나 조선인 관공리에게는 그 제도가 없다. 따라서 조선인 관공리는 생활이 곤란한 사람이 많다'고 그렇게 말했다. 그때 나는 임봉호에게 '내선일체라고 말하고 있으나 정신적, 물질적으로 동일한 대우를 받지 못한다면 진정한 내선일체는 아니다. 내선인(內鮮人)이 일체(一體)가 되기 위해서는 조선인의 대우를 잘할 필요가 있다'고 그렇게 말했다. 그러자 임봉호는 나에게 '그러므로 우리 조선인들은 조선인다운 의식을 잊어서는 안 된다'고 그렇게 말했다. 나는 임봉호에게 '일본에서는 하층계급에 있는 일본인은 조선인을 경멸하여 하숙 빈방이 있어도 조선인에게는 빌려주지 않는다. 하여튼 일본인은 조선인을 바보 취급하고 있다'고 대답했다. 그러자 임봉호는 나에게 '조선인은 어디에 가더라도 차별적 대우를 면할 수 없으니 조선인다운 민족의식은 잊어서도 안 된다'고 말했다. 내가 임봉호에게 '동경에서도 조선인은 차별적인 대우를 면할 수 없다'고 말하자 임봉호는 '조선인은 무슨 일에도 차별적 대우를 받고 있다. 예를 들면 취직에 있어서도 일본 재적자(在籍者)에 한한다는 식으로 차별이 있다'고 그렇게 말했다." 임봉호는 시기가 오면 조선은 일제의 지배를 받지 않도록 독립하지 않으면 안 된다고 강조했다는 것이다. 임봉호가 민족의식을 앙양 고무한 목적은 결국 조선 민족의 독립국가 건설을 목적으로 한 것이었다.97)

1942년 4월 신석창(辛錫昌)의 집(全北 鎭安郡 鎭安面 郡上里)에서 임봉호, 이성용, 신석창 3인이 모여 조선독립전쟁의 시기에 대해 토의했다. 신석창은 조선독립의 기회는 바로 다가오고 있다고 역설하고 있다. "1930, 31년경 대만(臺灣)에서 아리무사(阿里霧社) 사건이라는 폭동이 일어나서 일본 정부는 군대를 출동시켜 비행기로 폭격해 그 사건을 진압했기 때문에 결국 대만인은 실패로 끝났다. 조선인도 대만인이 가진 용기와 단결력으로 조선을 독립시켜야만 한다. 현재 대동아전쟁(태평양전쟁)은 인도나 호주까지도 확대되어 전과를 거두고 있는 것 같으나, 북방에는 소련이라는 나라가 있다. 언제 일소전(日蘇戰)이 발발할는지도 모른다. 그러므로 일본이 지금 하고 있는 대동아공영권(大東亞共榮圈) 확립은 도저히 그 목적을 달성하기는 불가능하다. 그 시기에 이르면 우리는 일어나서 조선을 독립시키지 않으면 안 된다."98)

민병준 신문조서

민병준(閔丙駿, 宇川甫)은 1937년 수원고농에 입학하여 조선인 학생들로만 조직된 동료회 모임에서 선배들의 동료정신을 강조하는 강연을 듣고서 민족의식이 농후해지기 시작했다. 이들은 "1. 우리들은 조선인이므로 항상 조선인이라는 것을 잊지 말고 일치단결하여 일본인 학생에게 대항할 것. 2. 조선인 학생은 기숙사생이거나 통학생이거나를 불문하고 동료(東寮)라고 부르며, 조선인 학생 전부는 축구부원이 되게 되므로 동료의 생각도 축구부의 생각도 같기 때문에 축구부에서도 일치단결하여 일본인 학생에게 대항하지 않으면 안 된다는 것. 3. 동료정신은 전통적으로 계승하는 조선인의 단결정신인 것" 등을 강조했다. "내가 수원고농에 입학한 때는 일본인과 조선인 공학이기 때문에 기숙사도 혼숙(混宿)이겠지라고 생각하고 있었는데 결국 기숙사에 들어가고 보니 일본인과 조선인 학생은 별도로 나뉘어 있었다. 또 일본인 학

97) 상게서, pp.33~34, 151~155.
98) 상게서, pp.34~35, 154.

생에게 대항하고 있었기 때문에 이상하게 생각하였다." 신입생 환영회에서 동료회 정주영 요장은 신입생에 대한 인사를 한 후 요내(寮內)의 규칙 등을 말하고, 동료정신에 대해서 '장래를 위하여'라는 제목으로 강연을 하였다. "조선인이라는 것을 우리들은 충분히 인식하고 조선 민족정신을 앙양해 조선혼을 연마하고 일치단결해 수양하며 졸업 후 사회에 나가서 조선 농민을 지도하고 조선을 위하여 크게 활약하지 않으면 안 된다는 것이다." 다음으로 축구부 주장 임봉호가 일어나서 학교 내 조선인 학생은 전부 축구부에 가입해야 하고 축구를 하는 사람도, 하지 못하는 사람도 축구부에 가입해 단체가 일치단결하여 일본인 학생에게 지지 않도록 훈련하지 않으면 안 된다고 말하였다.99)

정주영은 기숙사 요장으로서 신입생들에게 주의를 주고 있다. "정주영은 제4요장으로서 기숙사생 전체에게 기숙사 생활상 기숙사생 간의 인사는 조선어로 하며 '씨'를 넣어서 부를 것. 방에 들어갈 때는 노크를 하고, 조선어로 인사할 것. 일본인은 게다를 신는 사람이 많지만 조선인 학생은 게다를 신지 말 것. 자습시간에는 잡담을 하지 말고 정숙하라는 등에 관하여 주의를 준 것이다." 수원고농 기숙사는 동료(조선인)와 서료(일본인)로 분리되어왔으나 민병준이 졸업을 앞두고 학교 당국은 내선인 간의 융화를 목적으로 내선일체 구현을 위하여 이를 혼숙하기로 방침을 결정하였다. 이에 대해 동료회는 강력히 반대의견을 제시했다. "내선인 학생 기숙사의 합병문제로 동료회를 개최한 것은 임시 요회였고 동료회 개최 4, 5일 전에 나와 정주영 두 사람은 요장으로서 학교 학생주사 식목(植木) 교수의 호출로 학교방침으로는 2, 3년 전에 동료, 서료가 합병해야 했는데 그때는 풍속, 습관이 달랐기 때문에 지금까지 내선인 학생을 별개 기숙사에 수용하여왔지만 시국관계로 내선일체의 실현을 촉진하기 위하여 이번 내선인 학생을 혼숙시키는 데 기숙사생 의사를 듣고 그 합치된 의견을 학생주사에게 보고하라는 지시가 있었다. 이에 임시로 동료회를 개최하고 그것을 동료생 전부에게 발

---

99) 상게서, pp.19~21.

표하였지만 동료생 전부가 동료, 서료의 합병에 반대하였다. 때문에 나는 그 의견을 모아 정주영과 함께 학교 학생주사에게 보고한 것이다. 특히 1학년생이 반대하였다. 그 이유는 당시 내선인 학생 문제의 분위기가 극히 험악하여 학교 내에서 다수를 점하는 일본인 학생에게 항상 압박을 받고 있었기 때문에 동·서료가 합병하면 소수의 조선인 학생은 일본인 학생에게 학대받을 것이므로 극력 반대하고 있었다. 또 당시 2, 3학년생들도 같은 생각이어서 모두가 동·서료의 합병에는 극력 반대하였다."[100]

1939년 11월 상순 수원고농 교내에서 조선인 학생이 조선어를 사용하다가 일본인 학생과 시비 끝에 난투극이 벌어졌다. 1938년 신학기부터 조선어 과목이 폐지되고 조선어 사용을 금지했기 때문에 교내에서 조선어 사용은 당국의 단속대상이었다. "조선인 학생이 경멸당한 것을 구체적으로 말하면 내가 수원고농 농학과 1학년 때였다. 1937년 5월경 수원고농 내에 있는 회관에서 농학과 전원이 학급회를 개최한 일이 있다. 학급회란 1학년생만의 학급회라는 뜻으로써 그 석상에서 일본인 학생 본궁안(本宮安)이라는 학급위원이 조선인 학생은 조선어를 사용하고 또 휴게시간 혹은 실습시간에 조선인 학생 동지가 조선어를 사용하는데 이것은 학생의 규율상 좋지 않으므로 금후 중지하라고 말하였는데, 나는 당시 선생의 주의라면 몰라도 학급위원이 말했다는 것은 우리 조선인 학생을 모욕한 것이라고 생각하였다. 1939년 8월 농학과 3학년만 동경 수학여행을 갔는데 그때 박도병, 김송환(金松煥) 외 2명이 여관방에서 일본인 학생으로부터 구타당한 일이 있었는데, 그때 구타당한 이유를 들으니 박도병 등이 명치신궁(明治神宮)에 참배가지 않았고, 또 명치천황 성덕기념 회화관(繪畵館) 견학에도 가지 않았기 때문이었다. 1939년 11월 상순 오후 한 시경 농학과 1학년 교실에서 조선인 학생 정경섭(鄭敬燮) 외 수명이 조선어를 사용하였기 때문에 휴게시간에 학교 안에서 일본인 학생 수명과 조선인 학생 수명이 난투를 벌인 적이

---

100) 상게서, pp.58~59, 223.

있었는데 그날 오후 네 시경 일본인 학생이 조선인 학생 정경섭을 호출하여 조선어 사용 일로 복도에서 두 사람이 맞잡고 싸웠는데, 그때 일본인 학생이 졌기 때문에 일본인 학생은 다른 일본인 학생 8, 9명과 함께 정경섭이 식당에서 나오는 것을 구타한 것이다. 항상 조선인 학생은 일본인 학생에게 학대받고 있다. 나도 조선인인 이상 조선 민족의식이 있다. 또한 학교 재학 중 상급생인 조선인 학생에게 민족의식을 앙양받고 다시 동포인 조선인 학생이 일본인 학생에게 학대받는 것을 견문하면 그때는 일본인에 대한 반항적 의식이 나오는 것은 사실 틀림없다. 동료생 전부에게 동료정신(東寮精神) 즉 조선 민족정신을 앙양한 목적은 학교 내에서는 일본인 학생에게 대항하기 위해서였는데 조선에 조선만의 사회를 건설하는 데는 조선인이 조선인다운 정신을 잊지 않고 일치단결하여 나아갈 필요가 있으므로 조선독립을 목적으로 민족의식을 앙양한 것이다."101)

昭和18年 刑上 第38號(1943)
상고취의서(上告趣意書) (변호인 丸山敬次郞)

위 사람에 대한 치안유지법 위반 상고사건에 대하여 변호인은 다음과 같이 상고취의서를 제출함.

[상고취의서]
원심은 "피고인들은 모두 수원고농에 입학한 뒤 그 학교에서 일본인 학생과 조선인 학생 사이의 대립, 일본인 학생의 조선인 학생에 대한 모욕적 태도 등에 자극받아 점차 민족의식이 농후하게 되어 마침내 조선독립을 희망하기에 이르렀는데

제1. 피고인 정주영(鄭周泳, 松島健), 민병준(閔丙駿, 宇川甫), 박도병(朴道秉) 및 김상태(金象泰, 靑山秀章)는 모두 조선을 일본제국의 굴레에서 이탈 독립시키려는 목적으로

제2. 피고인 정주영, 민병준, 박도병 및 김상태는 1939년 10월 11일

---

101) 상게서, pp.64~65.

오후 일곱 시경 수원고농 제4요 6호실에서 동교생 정창순(鄭昌順), 송장헌(宋章憲), 김윤하(金潤夏) 등과 회합하여 언문(한글) 폐지, 조선어 사용 금지는 조선 문화의 멸망을 초래하는 것이므로 언문을 연구하여 조선 문화의 보존을 도모하는 동시에 민족의식 앙양에 이바지할 목적으로 언문연구회를 조직하고,

1. 회원은 서로 조선어를 사용할 것
2. 언문(한글)철자법통일안 및 중등 조선문법에 의하여 연구할 것
3. 매주 수요일에 회합하여 연구할 것

을 협의 결정함으로써 전기 목적 사항의 실행에 대하여 협의했다'고 판시하고, 더 나아가서 그 증거물에 대하여 "판시 첫머리에 피고인들의 학력, 경력의 점은 피고인들이 본 공판정에서 판시 관계 부분에 대하여 판시와 같은 취지의 진술에 의하고 피고인들이 판시와 같은 동기, 원인으로 조선의 독립을 바라게 되었다는 점은 피고인들에 대한 검사의 각 피의자 신문조서 중 동인들의 각 판시와 같은 취지의 진술이 기재되어 있으므로, 그것을 인정하고, 판시 제1의 2의 점은 판시 목적의 점을 제외하고 피고인 정주영, 민병준, 박도병 및 김상태 등이 본 공판정에서의 판시와 같은 취지의 각 진술을 종합하여 그것을 인정하고, 판시 목적의 점은 위 피고인들에 대한 검사의 각 피의자 신문조서 중 동인들의 언문연구회는 언문을 연구하여 민족의식을 앙양하고 조선 독립을 도모하기 위하여 만들었다는 취지의 진술기재가 있으므로 그것을 인정했다'고 함. 그럼에도

제1. 피고인이 수원고농에 입학한 뒤 그 학교에서 일본인 학생과 조선인 학생 사이의 대립, 일본인 학생의 조선인 학생에 대한 모욕적 태도 등에 자극을 받아서 점차 민족의식이 농후하게 되고, 마침내 조선 독립을 희망하기에 이르렀다는 점에 대해서는 피고인들이 원심 공판정에서 극력 부인한 바에 의하여 다만 그 학교 안에서 일본인 학생은 서료(西寮)에, 조선인 학생은 동료(東寮)에 기숙하면서 서로 학생 때의 기분에 지배되어 각각 단결하여 일본인 학생은 조선인 학생에게, 조선인 학생은 일본인 학생에게 서로 지지 않으려고 각종 운동경기, 특히 축구에 힘을 쏟아서 서로 대항하고 있었던 사실은 그것을 긍정하지만, 더 나아가서 그것이 동기, 원인이 되어 정치적으로 조선의 독립을 희망하게 되었다는 점은 현저하게 사실에 반한다. 이 점에 관하여 피고

인은 원심 공판정에서 경찰에서 취조할 때는 고문(拷問)으로 괴롭혀 그 고통을 견디지 못하여 허위 자백을 하였으나, 검사의 취조 때에는 그렇지 않았다는 취지를 말하고 조선의 독립을 희망하기에 이르렀다는 것은 사실에 반한다는 취지를 변호했지만, 결국 불행하게도 인정받지 못했다는 취지의 진술을 했을 뿐 아니라 그 조리(條理)로 보더라도 상당한 지식과 이성과 상식을 가진 전문학교의 내선인(內鮮人) 학생이 운동경기와 기타 각종 교섭에서 서로 단결하여 충돌하는 것은 원래 소장층(少壯層) 기예(氣銳)가 풍부한 연령의 사람으로서 그것을 인정할 만함에도, 그 정도를 일탈하여 정치적으로 조선의 독립운동에까지 나갔다는 것은 도저히 수긍할 수 없는 바이다.

제2. 피고인 정주영, 민병준, 박도병 및 김상태는 모두 조선을 일본 제국의 굴레에서 이탈 독립시킬 목적으로 피고인 김상태 등이 1939년 10월 11일 오후 일곱 시경 수원고농 제4요 6호실에서 동교생 정창순, 송장헌, 김윤하 등과 회합하여 언문 폐지, 조선어 사용 금지는 조선 문화의 멸망을 초래하는 것이므로 언문을 연구하여 조선 문화의 보존을 도모하는 동시에 민족의식 앙양에 이바지할 목적으로 언문연구회를 조직하고,

1. 회원은 서로 조선어를 사용할 것
2. 언문철자법통일안 및 중등 조선문법에 의하여 연구할 것
3. 매월 수요일에 회합하여 연구할 것

을 협의 결정함으로써 전기 목적 사항의 실행에 대하여 협의했다는 점에 대해서는 원심 공판정에서 피고인 등은 판사의 물음에 답하여 "그러한 연구회를 만들었지만 그 목적은 당시 언문철자법통일안이 발표되었으므로 그것을 연구하자는 민병준의 발의로 내가(정주영) 게시판에 언문을 익히고 싶은 사람은 신청하라고 게시하여 희망자를 모집했다. (중략) 언문을 연구하는 이외에 목적은 없었다"고 진술했고, 또 판사의 "경찰 및 검사정에서는 조선 문화의 보존과 조선의 독립을 위하여 이용하기 위해서 언문연구회를 만들었다고 진술했는데 어떤가"라는 물음에 대하여 피고인들은 "경찰에서는 고문을 받았으므로 형사에게 강요받은 대로 진술한 것이나, 검사에게는 부정하였다"고 대답했고, 또 김상태는 "박도병이 진술한 대로 언문연구회는 조선독립을 목적으로 한 것은 아니다"라고 진술했다. 또 김상태에 대한 판사의 "피고인은 어떤

동기로 언문연구회를 만들 것을 발의했는가"라는 물음에 대하여 그 피고인은 "당시 조선 문학집이나 언문사전 및 언문 '문장' 잡지가 잇따라 출판되어 자극을 받은 것 및 나는 일본어보다도 언문 쪽이 서툴렀으므로 언문을 익히고 싶다는 생각에서 언문 연구에 뜻을 둔 것이다"라고 진술하고 있는 점 등에서 보아 피고인이 언문연구회를 조직한 것은 사실로서 모임 안에서 언문 연구 방법도 또한 판시와 같음을 인정할 수 있지만, 그것은 전적으로 단순하게 언문 연구의 목적 범위 안에서 발생한 것이고, 조선을 일본제국의 굴레에서 이탈 독립시킬 목적 같은 것은 피고인이 봉상한 적도 없는 것으로, 원심은 이 점에 관한 증거를 검사의 제2회 신문조서에서 구하지만 그 조서는 경찰서에서의 신문 뒤 받았고, 또 피고인들이 그 진술을 부정하고 있는 바로서 사실의 진상은 원심 공판정에서 피고인의 진술과 같은 것이라고 긍정할 수 있을 것이며, 이미 조선독립이란 목적이 없는 이상 그 목적 사항의 실행에 대하여 협의했다는 것도 부정되는 것은 당연하다.

요컨대 원심 판결은 중대한 사실의 인정을 오판한 것으로 피고인이 치안유지법 제5조의 죄를 범하지 않았다는 것을 의심해야 할 현저한 사유가 있다고 사료됨.

1943년 5월 1일 위 상고인 변호인 丸山敬次郎

고등법원 형사부 귀중102)

수원고농 사건 즉 언문연구회 사건은 피고인 전원이 상고를 포기함으로써 1943년 3월 3일 경성지방법원은 피고인 전원에게 유죄판결을 선고했다. 조선독립을 도모하기 위하여 비밀결사 언문연구회를 조직했다는 것이다. 언문연구회 사건은 곧 국체변혁(國體變革)에 의한 조선독립을 기도(企圖)했기에 죄명을 치안유지법 위반이라고 판시한 것이다. 이는 일제강점기 "일본제국의 굴레에서 이탈, 조선독립을 기도한" 것이므로 한국 학생운동의 피날레를 장식한 조선독립운동 사건이다. 여기서 주목되는 것은 피고인 2명은 창씨개명을 했고, 임봉호의 경우 하야시(林)는 창씨개명 대상에서 제외되고 있기 때문에 임봉호라는 이름을 유

---

102) 상게서, pp.279~282.

지했으나 오로지 박도병 만은 창씨개명을 거부했다는 사실이다. 박도병은 이광수의 민족주의 사상을 신봉하고 있었기에 조선어 보존을 위해 끝까지 창씨개명을 거부했던 것이다.

공판조서(제2회)

피고인 정주영 외 4명에 대한 치안유지법 위반 피고사건에 대하여 1943년 3월 3일 오전 10시 경성지방법원 법정에서

재판장 조선총독부 판사 釜屋英介

조선총독부 판사 松田數馬

조선총독부 판사 山內敏彥

조선총독부 검사 藤木龍郞

조선총독부 재판소 서기 峰城相正

[상소권 포기 신청서]

피고인 서대문형무소 재감 당 27세 朴道秉

언도연월일 1943년 3월 3일

재판소 경성지방법원

죄명 치안유지법 위반

판명 판기 징역 1년 6월

[상소권 포기 신청서]

피고인 서대문형무소 재감 당 28세 林鳳鎬

언도연월일 1943년 3월 3일

재판소 경성지방법원

죄명 치안유지법 위반

판명 판기 징역 1년 6월

[상소권 포기 신청서]

피고인 서대문형무소 재감 당 25세 閔丙駿(宇川甫)

언도연월일 1943년 3월 3일

재판소 경성지방법원

죄명 치안유지법 위반
판명 판기 징역 1년 6월

[상소권 포기 신청서]
피고인 서대문형무소 재감 당 30세 鄭周泳(松島健)
언도연월일 1943년 3월 3일
재판소 경성지방법원
죄명 치안유지법 위반
판명 판기 징역 2년[103]

4. 일제 말 이광수의 혁명비밀결사 청년정신대 조직과 독립의거 획책

일제는 중일전쟁을 도발하면서 거국일치의 총력체제를 확립했다. 1937년 국민정신총동원중앙연맹을 결성했고, 5월에는 전시체제를 강화하기 위하여 국가총동원법을 공포하면서 황도정신, 즉 천황주의를 기간으로 하는 필승체제를 확립했다. 1938년 12월에 근위(近衛文麿) 내각은 일본의 동아제패(東亞制霸)를 천명했다. 대동아공영권 형성을 뛰어넘어 팔굉일우(八紘一宇), 즉 세계지배를 일본의 국책으로 채택했다. 1940년 7, 8월에 걸쳐 국론통일을 위해 정우회(政友會), 민정당(民正黨), 사회대중당 등 각 정당을 해산시켰다. 일본 중의원 의원(齋藤隆夫)의 일본 군국주의를 반대하는 반군(反軍) 연설로 미내(米內光政) 내각이 붕괴되었고, 황실주의를 비판한 학자(津田左右吉)가 구속·기소되면서 반군·반체제론은 완전 진압되기에 이르렀다. 이제 군벌의 독주를 반대하는 자는 없어졌다. 일본 군국주의 침략주의자들은 1941년 7월 관동군특별대연습을 실시하면서 동아제패의 주력군인 관동군(關東軍)의 병력을 75만으로 확대·강화했다. 내선일체, 황민화운동을 추진했던 미나미(南次郎) 총독이 물러가고 1942년 6월 고이소(小磯國昭)

---

103) 상게서, pp.276~278.

총독이 부임하면서 일본 신도(神道)에서 유래했다는 '미소기(禊, 목욕재계)'를 강제하면서 조선인에게 황도정신, 황국사상을 주입했다. 국민정신총동원조선연맹(精動聯盟, 1938. 7. 7), 국민총력조선연맹(總力聯盟, 1940. 10. 16)이 발족, 모든 조선인을 전시체제로 조직화하면서 사상범보호관찰령, 사상범예방구금령을 공포함으로써 조선인 반전 지식인을 질식 상태로 몰아넣고 말았다.

관동군이 지배하는 만주에서는 독립운동의 근거지를 잃은 조선독립군이 완전 궤멸되었고, 중일전쟁에서 승승장구한 일본군에 쫓겨 장개석(蔣介石) 국민당 정부는 중경으로 이동함에 따라 김구(金九)가 이끌고 있는 대한민국 임시정부도 중경으로 옮겼다. 그러나 일본군이 점령하고 있는 상해에 있는 흥사단 원동위원부의 단우들 대부분은 상해에 그대로 머물러 있다가 결국 일본군의 선무작전에 굴복, 1942년 흥사단 원동위원부는 자진 해체하였다. 국내에서도 민족운동의 마지막 보루인 동우회(이광수)는 1937년에, 흥업구락부(윤치호)는 1938년에 강제 해체되고 말았다. 1940년에 실시한 창씨개명은 조선인 절대다수인 약 80퍼센트가 창씨개명 강제 실시에 순종했다. 창씨개명 제도는 일본으로서는 황민화정책의 궁극적 실현이었고, 조선 민족으로서는 생존전략의 구현이었다. 이제 조선어 사용 폐지로 말과 글을 빼앗긴 절박한 한계상황에서, 더군다나 미영을 상대로 대동아전쟁(1941. 12. 8)을 도발한 직후 일본군의 승승장구하는 전과로 조선 지식인들도 독립의 희망을 버리지 않을 수 없었다. 날이 갈수록 친일 사상전향자가 속출하고 친일파 군상이 급격히 증가했다. 친일변절하지 않고는 생존의 위협을 받게 되었다.

조선총독부 경무국이 중일전쟁 발발(1937) 이후의 경성 시내 중등 이상 14개 학교의 조선인 학생들의 사상동향, 특히 시국관(時局觀)을 탐색(探索)한 자료에 의하면, 조선인 학생들의 항일의식은 광주학생운동 당시보다 조금도 누그러지지 않고 치열한 것으로 진단하고 있다. (1) 사변(중일전쟁)의 원인은 일본의 침략적 야심에 기초하여 도발행위로 발발한 것이다. (2) 사변 종식 후 일본은 경제적으로 피폐를 보완하기 위해 조선에 대하여 더욱 식민지적 착취를 강화할 것이다. (3) 소련은 끝까지 중국으로 하여금 장기(長期) 항일전을 계속하도록 함으로써 일본의 힘이 약화되면 소련은 최후의 일격을 가할 것이기 때문에 일본의 전승은 기대하기 어렵다. (4) 관변 및 일본인 교사의 선전강화(宣傳講話)는 대개 일본에 유리한 점만을 지적하고 있어서 믿을 수 없다. 특히 신문기사는 더욱 믿을 수 없다. (5) 좌익적 색채를 가진 학생들은 이번 사변(중일전쟁)을 일본 제국주의적 최후의 단말마적 행위라고 규정하고 있다.104)

학생들의 항일운동은 광주학생운동(1929. 10. 3)을 계기로 촉발되어 요원의 불길처럼 전국적으로 확산되었다. 이 운동은 다음 해인 1930년 3월 말까지 치열하게 분기하였는데, 이때까지 학생운동에 동원된 학생은 194개 교에 5만 4천여 명에 이르고 있다.105) 1939년 이래 1944년 상반기에 이르기까지 국내 학생운동으로 피검된 상황을 보면, 총 189건에 999명이 검거되었다.106) 1941년 대구사범의 민족결사 다혁당(茶革黨) 사건, 1944년 대구상고의 태극단(太極團) 사건, 같은 해 동래중학의 조선독립당 사건, 부산제2상고의 무궁단(無窮團) 사건 등이 대표적이다. 건당 피검 학생이 5.28명밖에 안 되는 그 통계숫자를 하루 피검자가 970명이나 되는 광주학생운동 당시와 비교해보면, 사상범보호관찰법, 사상범예방구금법이 얼마나 가혹했는지를 알 수 있다.107)

이제 조직적인 민족운동은 불가능했다. 선(線)이 아닌 점(點)에 의해서 항일운동을 전개할 수밖에 없다. 이처럼 이중 삼중의 감시사회, 더군다나 '특요시찰인'으로 헌병과 경찰의 이중 감찰을 받고 있는 이광수가 1944년 8월 혁명비밀결사 청년정신대(靑年挺身隊)와 농촌정신대(農村挺身隊)를 결성하여 독립혁명의거를 일으켰다는 것은 그의 친일 전향이 거짓(위장) 친일임을 여실히 입증해주고 있다.108) 이광수가 걸

---

104) 朝鮮總督府 警務局 編,『最近に於ける朝鮮治安狀況(1938)』, pp.117~118.
105) 李炫熙,『韓國史大系』(三珍社, 1973), 권 8(日帝强占期), p.246.
106) 近藤劍一,『太平洋戰爭下終末期朝鮮の治政』(1961), pp.67~68; 宋建鎬,『韓國現代史論』(한국신학연구소 출판부, 1979), p.366.
107) 林鍾國,『日帝侵略과 親日派』(靑史, 1982), pp.29~31.

으로는 친일행태를 하고, 속으로는 독립열망을 불태운 면종복배식(面從腹背式) 독립운동을 줄기차게 전개해왔음을 입증해주는 것이다.

일제 암흑기(1937~1945)에 이광수는 친일과 항일의 투트랙 전략으로 민족운동을 줄기차게 전개해왔다. 친일이라는 보호색 옷을 입고 속으로는 독립열망의 정열을 불태우며 민족해방운동을 은밀히 역행했다. 학생운동을 하다가 체포된 청소년들 10명 중 7, 8명은 한결같이 춘원의 저작물을 읽고 민족의식을 각성했고 항일 학생운동을 일으켰다고 실토하고 있다. 청소년들에게 춘원은 민족해방의 우상이요, 독립희망의 등불이 아닐 수 없었다.

이광수는 민족지도자답게 이 같은 극단적인 친일행태를 벌이면서도 다른 한편으로는 항일혁명운동을 줄기차게 전개했다. 즉, 1944년 8월에 청년정신대(靑年挺身隊)를 조직해서 항일혁명운동을 주도했던 것이다. 청년정신대란 '나라를 위해 몸을 바친 부대'라는 뜻으로 1944년 8월 23일 여자정신근로령(女子挺身勤勞令)에 의해 여자정신대가 발족한 데서 본뜬 명칭이다.109)

여자정신대의 대칭 개념으로 청년정신대라고 명명했는데, 이는 일본 관헌의 감시와 감찰을 피하기 위한 위장전술이었다. 청년정신대는 동우회의 청년개척군의 행동강령을 롤모델로 채택하고 이광수를 추앙하는 지식인 청년들이 결집한 혁명운동 조직체이다.

이광수의 평생 목표는 '자유독립'이다. 이를 구현하려면 '힘'을 양성해야 한다. 힘을 기르자는 것이 춘원의 확고한 독립철학이었다. 한국 유일의 민족주의 운동단체 동우회를 이끌고 있는 이광수는 1931년 2월 22일 동우회 중앙위원회 석상에서 마침내 '청년개척군' 조직을 발표했다. 전국적인 규모의 혁명세력을 조직해서 독립혁명을 일으키겠다는 것이다.110) "동우회 진흥책의 일부분으로서 장래의 혁명동원 준비를 위

---

108) 『독립운동사자료집』, 권 12, pp.1118~1122, 昭和19年 刑控 第3698號 (1944).

109) 『每日新報』(1944. 8. 26), 거룩한 皇國 女性의 손, 生産戰에 男子와 同列 女子勤勞令 朝鮮에도 實施.

하여 청년개척군(靑年開拓軍)을 조직할 것을 협의했다."111) 이광수의
궁극적 목적은 청소년들을 널리 포섭해서 청년정신대를 결성하여 혁명
과업을 완수하겠다는 것이다.

이제 일제 말기 전시체제하에서 청년개척군과 같은 전국적인 청년정
신대를 조직하려면 위장친일하지 않고는 도저히 불가능한 일이 되었다.
이광수는 청년정신대 조직안에서 친일을 가장해서 조직한다고 분명히
밝히고 있다. "정신대(挺身隊)의 총지휘는 이광수가 담당한다. 그리고
각 대(隊) 자체에서는 적당한 시기까지 가야마 미쓰로우(香山光郎)라
는 소위 창씨명을 이광수라는 성명 대신 사용한다. 이 역시 일제의 주
목을 늦추기 위함이다. 정신대의 실천행사로는 표면으로는 소위 근로봉
사 및 신사참배 등을 이행함으로써 친일을 가장하고, 이면으로는 적당
한 방법으로서 그리고 신중히 반일사상을 개인 상대 중점주의로써 고
취시킬 것이다."112)

이광수는 일제 말 1944년에 청년정신대 조직안을 작성하여 김영헌에
게는 농촌정신대, 신낙현에게는 청년정신대 조직의 임무를 부여하면서
일제 감시를 피해 겉으로는 친일을 가장하고 일본에 협력하는 척하다
가 실질적으로 반일사상을 전파, 유사시 일거에 조선독립을 도모한다는
것이었다. 신낙현의 신상 자료는 재판기록 이상의 내용을 알 수 없고,
"김영헌은 1944년 일제의 패망과 독립을 위한 궐기를 내용으로 하는
전단을 배포하고, 일본 군국주의 수괴를 비난하는 활동을 전개하다 체
포되어 옥중에서 광복을 맞이하였으며, 건국훈장 애족장을 받은 것으로
알려져 있다."113)

---

110) 『島山安昌浩資料集』, II, pp.355~360.

111) 『思想彙報』 제24호(1940. 9), pp.192~196, 被告人 李光洙 犯罪事實; 『독립
　　운동사자료집』, 권 12, pp.1286~1290, 昭和15年 刑控 第17~20號(1940. 8.
　　21).

112) 『新太陽』(1954. 6), p.95, (未公開 春園逸事) 春園 李光洙는 果然 親日派였
　　던가?: 殘酷한 日帝의 末葉 春園을 中心으로 抗爭할 때 그는 어떤 思想과
　　態度를 堅持했는가?(上)(申洛鉉).

113) 『근대서지』 제3호(소명출판, 2011. 6), pp.443~445, 신낙현의 '춘원 이광수

청년정신대 재판기록을 검토해보면, 김영헌(金永憲)은 창씨명 '金光永憲'으로, 신낙현(申洛鉉)은 창씨명 '平山洛鉉'으로 기록하고 있다. 그러나 이 사건의 주범인 이광수의 경우 이광수 자신이 친일을 가장하기 위해 창씨명 '가야마 미쓰로우(香山光郎)'를 사용해야 한다고 조직안에 명기했음에도 불구하고 재판 당국은 '가야마 미쓰로우' 대신 '이광수' 본 이름을 사용하고 있다. 왜 그랬을까? 이는 이광수가 황민화정책에 순응해서 창씨개명한 것이 아니라 위장친일을 하기 위해 창씨개명했다는 사실을 인정했다고 해석해볼 수밖에 없다.

재판기록에는 이광수 이름이 3번 등장한다.

被告人兩名ハ右培材中學校ニ在學中ヨリ, 米國人經營タリシ同學校ニ於ケル自 由主義的ニシテ朝鮮獨立ヲ謳歌スルカ如キ氣風ノ影響ヲ受ケテ, 朝鮮獨立ヲ希望スルニ至リ, 之カ實現ヲ期待シテ 昭和十七年四月下旬被告人金光ハ京城府内ノ德壽國民學校ニ於ケル國民學校教員ノ學習會ニ出席ノ爲上京シタル折, 同府鐘路區西大門町一丁目ノ興亞旅館ニ於テ, 被告人平川及前示金井ト會議ノ際, 同人等ニ對シ, "自分ハ李光洙, 李箕永, 宋影等ノ指導ヲ仰イテ文學ヲ以テ朝鮮獨立ノ爲民衆ヲ指導シテ行ク○○" "自分ハ豫テヨリ純眞ナル兒童相手ニ其ノ敎育ニ○ハルコトヲ樂ニシテ居タカラ, 國民學校ノ先生トナッテ兒童ニ對シ朝鮮人トシテノ自覺ヲ持ツ○, ソノ頭ノ切替ヲサセルノダ"ト語リ, 之ニ對シ被告人平川ハ政治ヲ勉强シテ之ヲ通シテ民衆ヲ指導シ獨立運動ヲ爲サント述ヘ[114]

피고인 양인은 배재중학교 재학 중부터, 미국인이 경영하는 동 학교는 자유주의적이어서 조선독립을 구가하고 있는 것 같은 학교의 기풍에 영향을 받아 조선독립을 희망하기에 이르렀고 이를 실현할 것을 기대해왔다. 1942년 4월 하순 피고인 김영헌은 경성부내 덕수국민하교에

는 과연 친일파였던가' 및 관련 재판기록(정선태).

114) 『근대서지』 제3호, p.461; 『독립운동사자료집』, 권 12, pp.1118~1119, 昭和 19年 刑控 第3698號(1944). 여기서 '刑公'을 '刑控'으로 바로잡았다. 또한 신낙현의 창씨명을 '平川'으로 잘못 판독하고 있다. '平山'으로 바로잡았다.

서 국민학교 교원 학습회에 출석하기 위해 상경, 종로구 서대문정 1정
목의 함평여관에서 피고인 신낙현과 김옥돈과 회의할 때, 이들에 대하
여 자기는 이광수, 이기영, 송영 등의 지도를 받아서 문학으로써 조선
독립을 위해 민중을 지도할 것임을 밝혔다. 또한 자기는 앞으로 순진
한 아동을 상대로 교육하는 것을 좋아하고 있다. 그래서 국민학교 선
생이 되어 아동들에게 대해 조선인으로서의 자각심을 가지게 하겠다고
말했다. 이에 대해 신낙현은 정치를 공부해서 이를 통해 민중을 지도
해서 독립운동을 할 것이라고 진술했다.

昭和十九年八月初旬被告人金光ハ前示結婚問題ノ結末ヲ付クルヘ
ク上京シタル際, 前示咸平旅館ニ於テ被告人平川ニ對シ, 自分ハ李光
洙ヲ訪問シタルニ同人ヨリ田舍ニ歸ヘハ農村挺身隊ヲ組織スヘキ○
勸メラシタルカ, 田舍ニ歸ヘハ農村挺身隊ヲ組織スルモ時機カ到來レ
ハ之ヲ逆用シテ朝鮮獨立運動ノ爲ニ立タセル積リナル旨ヲ語リ[115]

1944년 8월 초순 피고인 김영헌은 앞서 결혼문제의 결말을 짓기 위
해 상경할 때, 함평여관에서 피고인 신낙현에게, 자기는 이광수를 방문
하여 이광수로부터 시골로 돌아가서 농촌정신대를 조직할 것을 권고
받고, 자기는 앞으로 시골로 돌아가면 농촌정신대를 조직하고 시기가
도래하면 이를 역이용하여 조선독립운동을 일으킬 작정이라고 말했다.

被告人金光ハ, 自分ハ李光洙ヨリ半島農民ノ徹底的皇民化ノ爲ニ農
村挺身隊ヲ作レト首ハレタルカ, 自分ハ農村ニ行キテ其レヲ作ル積リ
ナルモ, 其レヲ皇民化ヨリモ獨立ノ爲ニ使フ○ナリト語リタル旨ノ供
述記載.[116]

피고인 김영헌은 자기는 이광수로부터 반도 농민의 철저적인 황민화
를 위해 농촌정신대를 만들고 자기는 농촌으로 돌아가 이를 조직할 작
정이라고 말했다. 정신대 조직 목적은 황민화보다는 독립을 위하여 이

---

115)『근대서지』제3호, p.462;『독립운동사자료집』, 권 12, p.1120. 여기서 '興亞
旅館'과 '咸平旅館'이 혼선을 빚고 있다. '함평여관'으로 통일했다.

116)『근대서지』제3호, p.464;『독립운동사자료집』, 권 12, p.1121.

용할 것이라고 공술했다.

이상 이광수 이름이 3번 나오는 재판기록을 정리해보면, 김영헌과 신낙현은 배재중학교 재학 시 자유주의적인 학풍(學風)이 강하고 그래서 조선독립을 구가하고 있는 배재중학교의 교풍의 영향을 받아 일찍부터 조선독립을 희망해왔다. 1942년 4월 하순 김영헌은 함평여관에서 신낙현을 만나, 자기는 이광수, 이기영, 송영 등의 지도를 받아서 조선독립운동을 일으킬 것임을 밝혔다. 이리하여 1944년 8월 초순 드디어 효자동 이광수를 방문하자, 이광수는 김영헌에게 농촌으로 돌아가 농촌정신대를 조직해서 시기가 도래하면 이를 역이용하여 조선독립운동을 일으키라고 권고했다는 것이다. 이에 김영헌은 이광수의 지시를 받아 농촌으로 돌아가면 농촌정신대를 조직하겠다고 결심했다고 신낙현에게 그 뜻을 밝혔다. 그러나 이광수는 당국의 주목을 받을 염려가 있으므로 겉으로는 농촌정신대가 황민화운동에 앞장서고 있다는 것을 보이면서 속으로는 조선독립운동을 일으키는 조직체를 만들어야 한다고 강조했다.

신낙현은 열렬한 춘원 숭배자이다. 일제 말기에 춘원의 혁명단체 청년정신대 조직 결성과 결부되어 구속되고 유죄판결을 받은 그는 미공개 춘원 일사(逸事, 세상에 알려지지 않은 사실)를 공개하였다.

벌써부터 쓰려던 것을 이제야 기어코 쓰고 말았다. 이미 10년 전(1944)인 일제시대 그 옛날 춘원 이광수 선생과 그 원대한 모유(謀猷, 거사 획책)의 도중에서 영어(囹圄)에 얽매인 채 나는 오랜 동안 병으로 신음하며 그 몇 번이나 생사의 기로를 방황하다가 기적의 생을 얻어 부질없이 금일까지 살아서 '민족의 비극'(6 · 25)으로 비록 수륙천리 선생과 멀리 떨어진 이곳 남한 어느 곳에 파묻혀 있을망정 아직도 애매히 친일파의 누명을 뒤집어쓰시고 계신 선생 앞에 엎드려 육단(肉袒, 사죄)케 되고 오매불망의 선생의 설원(雪冤)에 촌분(寸分)이나마 도움이 되게 되는 그날을 나는 일각이 천추와도 같이 그 얼마나 고대하여왔는지를 모른다. 그리하여 필경은 끓어오르는 의분과 용솟음치는

1496

양심의 가책을 제어할 길 없어 이제 비로소 선생의 최후까지 함구로 지키시던 선생의 그 일사(逸事)를, 아니 그 '민족적 비밀'을 감연히 3천만 동포 앞에 폭백(暴白)코자 결심하였다. 더욱이 자발적인지 혹은 피동적인지는 모르겠으나 여하간 공산 치하에서의 선생의 북경방송으로 인하여 그를 적화시(赤化視)하는 차제에 평소 그를 원망하고 저주하던, 그리고 그를 사랑하고 아끼던 동포들에게 이 일문을 보내고자 분연히 붓대를 움켜쥐고 막상 종이를 대하노라니 그저 눈물만이 쏟아질 뿐 사무치는 비분을 제대로 다 술회치 못하는 이 일필이나마 그리고 선생의 억원(抑冤)을 풀어버리는 데 일조가 될까 하여 떨리는 붓을 억지로 옮기곤 한다.117)

춘원은 혁명단체의 명칭을 청년정신대(青年挺身隊)라 명명하면서 청소년을 널리 포섭하여 청년 결사(結社) 정신대를 결성, 일제를 몰아내고 독립을 달성하겠다는 원대한 혁명계획을 수립한 것이다. 일제는 결사대라는 의미를 띤 정신대라는 이름의 각종 단체를 결성하고 있었는데, 가령 '여자정신대(군 위안부)'118)를 조직, 조선의 10대 소녀들을 징발하여 전선의 일본군 위안부로 악용하고 있었다. 춘원은 당국의 감시의 눈길을 피하기 위해 비밀결사의 단체명을 '청년정신대'라고 명명하였다. 당국의 경계와 감찰을 피하기 위하여 철저히 신사참배 등 친일 행위로 위장하고 정신대 조직활동을 수행한다는 것이다. 정신대는 이광수가 1930년 동우회를 이끌면서 민족해방운동을 벌일 때 개척군을 조직한 데서 유래한 것이다. 동우회는 개척군(開拓軍)을 조직하여 청년훈련사업을 벌였다. 이는 러시아의 '파이어니어', 영국의 '보이스카우트', 체코슬로바키아의 '소콜' 운동 등과 같은 군사훈련을 실시하여 조선독립의 대업(大業)의 기초를 준비한다는 것이다.119) 동우회 사건 재판 때 이광수는 이렇게 진술했다. "동우회의 진흥책의 일부분으로서 장래의

---

117) 『新太陽』(1954. 6), pp.94~99, 春園 李光洙는 果然 親日派였던가?(上)(申洛鉉).
118) 『京城日報』(1944. 8. 27), 女子挺身隊に淚の血書.
119) 『島山安昌浩資料集』, I, pp.241~242.

혁명동원 준비를 위하여 청년개척군(靑年開拓軍)을 조직할 것을 협의
했다."120) 춘원이 구상하고 있는 청년정신대는 바로 동우회의 청년개
척군을 모델로 한 것이며, 장래의 혁명동원을 준비하기 위하여 청년정
신대와 농촌정신대를 조직했다는 것이다.

미영을 상대로 태평양전쟁을 도발한 일본의 철혈재상(鐵血宰相) 도
조(東條英機)의 도조 내각은 일본이 날로 패퇴함에 따라 붕괴되고, 고
이소(小磯國昭)-요나이(米內光政)의 연립내각이 수립되었다. 1944년 6
월 아베(阿部信行) 총독이 부임하던 무렵, 신낙현은 수송동 함평여관에
서 배재중학 동창생 김영헌을 만났다. 이때 김영헌은 최근 이광수를 만
나 혁명단체 조직계획안을 받아가지고 왔다면서 혁명운동을 같이 해보
자고 제의했다. 그 문건은 '정신대 획책안'이었다. '특요시찰' 이광수는
삼엄한 감시와 통제하에서도 혁명단체 결성을 결심하고 김영헌을 동지
로 굳게 믿고 그에게 이러한 중대한 혁명단체 조직임무를 부여했고, 김
영헌은 신낙현을 동창으로 굳게 믿고 동지로 포섭했으며, 신낙현도 이
에 적극 동참을 결심함으로써 이광수-김영헌-신낙현의 동지 결성이 이
루어졌다. 신낙현은 함평여관에서 김영헌을 만나서 춘원 선생의 청년정
신대 조직안을 처음으로 듣게 되었고 이 두 사람은 배재중학 동기동창
으로서 혈맹의 동지가 되었다.

때는 지금으로부터 10년 전, 즉 일제의 거의 말엽인 서기 1944년으
로 돌아간다. 일본의 소위 철혈재상이라 일컫던 도조 내각(東條內閣)
이 붕괴되고 한때 조선총독으로서 우리 민족에게 폭정을 감행하였던
고이소(小磯國昭)와 일찍이 수상의 직에 있던 요나이(米內光政) 등으
로 소위 연립전시내각이 수립되던 살기등등한 바로 그 무렵이다.

어느 날 나는 당시 종로구 수송동에 있는 함평여관(咸平旅館)으로
과거 학창 시대부터 뜻을 같이하고 있던 동창생 김영헌(金永憲)이란
인물을 찾았다. 자주 서신의 내왕은 있었으나 오래간만에 사람의 출입

---

120) 『思想彙報』 제24호(1940. 9), pp.192~196, 被告人 李光洙 犯罪事實; 『독립
운동사자료집』, 권 12, pp.1286~1290, 昭和15年 刑控 第17~20號(1940. 8.
21).

이 많은 객관이라 하고 싶은 말을 제대로 다 못하고 한숨만을 내뿜을 뿐이었다. 얼마 후 이윽고 그는 열리어 있는 미닫이 밖으로 사면을 살펴본 다음 미닫이를 닫고서 자기의 입을 나의 귀에 가까이 하기에 무슨 중요한 비밀담일 것임을 짐작한 나도 역시 나의 귀를 그의 입에 가까이 대었다. 그랬더니 그는 극히 낮은 음성으로 "어제 효자정으로 춘원 선생을 방문하였소" 하며 조심스레히 말을 꺼내는 것이다.

일찍부터 그는 이광수 선생을 찾았던 것이다. 그는 더욱 자기의 입을 나의 귀에 가까이 대면서 "그런데 이번에 선생의 '안(案, 청년정신대 조직안)'을 가지고 왔소." 이것이 두 번째의 말이었다. 그와 나는 서로 얼굴과 눈치만 살피며 쳐다볼 뿐이다. 아무리 생각하여도 너무나 중대한 일이기 때문이다. 그 삼엄한 일제의 총검 하에서도 드디어 결심을 한 춘원 선생이 김영헌을 굳게 믿고 그에게 이러한 중대사를 부탁한 것이며, 또 김영헌은 나를 굳게 믿는 까닭에 나에게 또한 이 중대사를 이야기하게 된 것이다. 이로써 춘원 선생과 김영헌과 나는 굳은 동지가 된 것이다.[121]

이광수가 직접 작성한 '정신대 획책안(挺身隊劃策案)'을 보면 다음과 같다.

1. 주로 청년들로 이루어진 조직체를 구성하여 그 총칭을 '정신대(挺身隊)'라 명명(命名)하며 도시에 구성되는 것을 '청년정신대(靑年挺身隊)'라 칭하고, 농촌에 구성되는 것을 '농촌정신대(農村挺身隊)'라 칭한다. 정신대라는 명칭을 채택함은 일제가 흔히 이용하고 있으니 될 수 있는 한 일제의 주목을 끌지 않도록 함이다. 그리고 그 총지휘자는 가급적 속히 정신대의 인허(認許)를 일제에게 얻어 즉시로 그것을 곧 하부 각대에 통고한다. 이 역시 일제의 주목과 감시를 피하기 위함이며 그 행동을 용이케 하기 위함이다.

2. 정신대의 총지휘는 이광수가 담당한다. 그리고 대(隊) 자체에서는 적당한 시기까지 반드시 '가야마 미쓰로우(香山光郎)'라는 소위 창씨

---

121) 『新太陽』(1954. 6), pp.94~95, 春園 李光洙는 果然 親日派였던가?(上)(申洛鉉).

명을 '이광수(李光洙)'라는 성명 대신 사용한다. 이 역시 일제의 주목을 늦추기 위함이다.

3. 하부 조직에 있어서는 도, 부, 군, 읍, 면 등의 계통적 계단이 없어도 무방하며 수시로 그리고 임의로 반일사상이 농후한 자 및 사상적으로나 문학적으로나 이광수 씨를 추종하는 자를 중심으로 그리고 가능한 한 그 밖의 인원을 다수 규합한다.

4. 정신대의 실천행사로는 표면으로는 소위 근로봉사 및 신사참배 등을 이행함으로써 친일을 가장하고, 이면으로는 적당한 방법으로서 그리고 신중히 반일사상을 개인상대 중점주의로써 고취시킬 것이며, 전체적으로는 단체적 결단력(結團力)을 함양시킬 것이다. 단 초기에는 반일사상 고취는 행치 말 것이며 친일가장(親日假裝)만은 행할 것이다. 그 이유는 역시 일제의 의혹을 받지 않게 하기 위함이다.

5. 정신대는 그 사업을 착수한 지 가급적 1개년 이내에 거의 완성시켜서 그 기능을 십이분 발휘케 하여 일대 반일운동의 명령을 총지휘자로부터 대기하고 있을 것이며 그 거사 시일은 총지휘자가 각대의 지휘자에게 사전에 통고한다.122)

김영헌과 신낙현은 즉각 정신대 조직에 착수하였고 다음과 같은 역할 분담 협약이 성립되었다.

1. 김영헌은 주로 그의 고향인 충청도 일대를 중심으로 동지들을 규합할 것.
2. 신낙현은 서울에 있어 주로 경기도 일대를 중심으로 동지를 규합하는 동시에 춘원 선생의 보좌 및 선생과 지방과 사이의 연락을 담당할 것.
3. 여운형(呂運亨) 씨의 협조를 얻을 것. 그 이유는 씨의 계통인원도 막대할 것이니 그 인원 포섭과 그리고 도중에 불행히도 춘원 선생이 피체(被逮)되든지 혹은 피살되면 그 총지휘자를 불의에 구하기 곤란할 것이니 이러한 경우에 그 지휘자를 대서(代署)시키고자 미리 주선해놓는 것이 효과적이며 또 춘원 선생 한 사람보다도 저명한 지휘자가 많

---

122) 상게서, p.95.

이 참가하면 민중의 지지 및 협력이 매우 유리할 것.123)

　여운형 영입 교섭은 김영헌이 담당하기로 했다. 이에 김영헌이 여운형을 찾아가 춘원의 정신대 조직안을 상세히 설명하면서 지도 및 협조를 당부했더니 여운형은 쾌히 응낙했다. 그러나 여운형은 "나는 감시를 받고 있는 신분이니 동지는 이곳을 오래 있지 마시고 곧 돌아가시오. 그대의 신변에 어떠한 위험성이 부닥칠는지도 모르겠으니까. 아무쪼록 조심해 가시오"라고 하면서, 자신이 '요시찰인물'이므로 조선사상범보호관찰소로부터의 감시감찰을 경계하는 눈치를 보냈다. 여운형 영입 임무를 완료한 후 김영헌은 충청도로 떠났고, 신낙현은 동지 규합의 임무수행에 착수했다. 그 첫 번째 대상자가 자신의 동창인, 경기도 광주에 살고 있는 조선어학회 환산(桓山) 이윤재(李允宰)의 아들 이원갑(李元甲)124)이었다. 그는 혁명가의 혈통과 정신을 그대로 계승한 위인이며 또 경기도 광주군이 서울에 인접하고 있어서 모든 점에서 동지 규합에 극히 유리할 것 같기에, 그에게 상의할 일이 있으니 급히 상경하라는 편지를 발송했다.

　이리하여 신낙현은 1944년 8월 23일, 김영헌이 여운형 영입 교섭에 성공했다는 것, 김영헌이 동지 규합을 위해 충청도로 떠났다는 것, 자신이 이원갑, 김옥돈(金玉敦), 한정헌(韓楨憲) 등 동지를 규합했다는 것 등 그동안의 조직업무 진행상황을 보고하기 위하여 춘원의 집을 방문하겠다고 전화로 통고했다. 바로 이때 묵고 있던 여관방 밖에서 손님이 찾는다고 하기에 학수고대하던 이원갑이 온 줄로만 생각하고 황급히 나가보니 뜻밖에 미행 경찰이 와 있었다. 결국 신낙현은 경기도경찰부로 연행되고 말았다. 이어 충남의 김영헌, 인천의 김옥돈, 경기도 광주군의 이원갑, 서울에 있는 한정헌이 모두 체포되고 말았다. 총검거된 이들은 배재중학교 동창생들이었다. 검사는 동지간의 연락을 차단하기

---

123) 상게서, p.95.
124) 이원갑은 해방 후 미군정 시 남조선노동당(南勞黨)에 가입하여 광주경찰서 습격사건을 일으키고 12년 징역을 받았다.

위하여 각자 성명을 변경하고 제각기 독방에 감금했다. 이리하여 9월 2일 검사구류가 되었다. 그런데 이상한 것은 이 청년정신대 사건의 주동자는 어디까지나 이광수인데도 불구하고 정작 장본인은 구속되지 않았다는 사실이다.

그러면 이들은 어떻게 발각되었을까? 춘원은 '특요시찰'이라는 꼬리표가 붙어 있는 감시 대상 인물이다. 그래서 춘원의 집에는 언제나 잠복 경관이 배치되어 있었다. 김영헌이 효자동 춘원의 집을 방문하여 정신대 조직업무를 협의할 때 갑자기 강(康)모 경관이 집 안으로 들어오자 춘원은 몹시 당황해서 화제를 다른 방향으로 돌리면서 김영헌을 강 경관에게 소개했다. 강 경관은 그 후 여관으로 찾아와서, 김영헌과 춘원의 관계, 춘원이 추진하고 있는 정신대 조직계획안, 그리고 동지들에 대한 질문을 하자, 김영헌은 출옥 후 애국자의 신분이라는 강 경관의 자기소개에 그만 속아 넘어가서 정신대 조직 내막과 동지 규합 상황을 설명하고 말았다. 심지어 자기를 찾아온 김옥돈과 한정헌을 강 경관에게 소개하기도 했다. 정신대 조직계획안은 이렇게 탄로 나고 말았다. 강 경관은 이 같은 비밀결사 조직음모에 대한 밀고서를 상관에 보고함으로써 김영헌 일당을 일망타진한 것이다.

구속된 신낙현이 검사(藤木)의 명에 의해 한인 형사(居世)의 본격적인 취조를 약 20일 동안 받으면서 가장 궁금한 것은 춘원과 몽양의 구속 및 수감 여부였다. 형사는 역시 한인 형사(柴田)에게 "이광수의 아내가 허영숙이지?" 하면서 옆에 있는 전화번호부를 들고서 허영숙산원 전화번호를 찾고서 주임실로 전화를 걸려고 들어갔다. 신낙현은 춘원을 경찰부로 소환하는가 보다, 이렇게 생각했다. 10월 11일 한인 형사(金宮)와 함께 검사국으로 가서 검사(藤木)의 신문을 받고 10월 20일 정신대사건 일당 전원은 피검된 지 2개월 만에 서대문형무소에 수감되었다. 신낙현은 검사국에서 최종 신문을 받을 때, 정신대 사건의 책임자는 이광수, 김영헌, 신낙현 세 사람이므로 다른 사람은 출감시켜달라고 간청했다. 검사는 이광수에 대하여 동우회 사건 때 관대한 판결로 무죄석방하는 은혜를 베풀었는데도 배신했다고 비난했다. "일껏 놓아주면 아니 그러는 체하다가 또다시 그런 짓(독립운동)을 하기 때문에 도저히 믿을 수가 없다"는 것이다. 이는 동우회 사건 때 검사의 구형은 7년이었는데 재판을 장기간 끌다가 결국 무죄석방되었다는 것이다. 결국 검사국은 12월 8일 김영헌, 신낙현 두 사람만 기소하고 나머지는 석방했다.

1945년 3월 28일 경성지방법원 제4호 법정에서 정신대 사건의 재판이 개시되었다. 재판장(鹽田)은 방청객을 전부 밖으로 내쫓고 완전 비공개 재판을 진행했다. 이에 변호사의 요청으로 가족에게만 방청을 허용했다. 재판장은 피의자에 대한 심문에서 이광수 이름을 수없이 거론하면서도 정작 주범격인 이광수를 빼고 재판하고 있어서 사실상 결석 재판이었다. 검사(黑河)는 극히 격한 표정으로 그리고 추상같은 어조로 "양 피고는 일찍부터 반일사상을 가지고 있었으며 그의 지도자(춘원)와 더불어 그 실천적 행동을 취하였으니 의당히 엄벌에 처해야 된다"고 논고로써 끝마치고 김영헌, 신낙현 양 피고에게 2년 내지 3년의 구형을 했다. 그러나 변호사(釜屋)는 피고 두 사람을 집행유예 정도로 처리해줄 것을 변론했다. 언도일은 두 번이나 연기되면서 21일 만인 4월 18일에 언도재판이 개정되었다. 구형에 비해 형량을 대폭 감하여서 "김영헌 징역 2년, 신낙현 징역 1년 6개월(단 집행유예)"의 판결을 내렸다. 언도 직후 검사국에서 집행유예고지서를 피고에게 주면서 검사는 조용히 말했다.

언도 직후 직접 검사국에서 "치안유지법 위반죄에 의하여 운운" 이렇게 쓰여진 집행유예고지서를 나에게 준 다음 등목(藤木) 검사는 조용히 나를 불러서 "관대한 처분일 뿐 아니라 그대를 공소치 않고 출옥시키는 것이오." 이렇게 말하더니 계속하여 "그대의 그 인격과 사상을 황국(皇國)을 위하는 방향으로 경주(傾注)시켜주는 것이 어떠하오. 그리고 앞으로 나와 자주 접촉이 있기를 바라오" 하며 아무쪼록 건강을 회복시키라고 매우 친절히 말하는 것이었다. 그날 저녁에 나는 춘하추동 사시를 거의 다 철창에서 겪고 근 1년 만에 출옥했다.

출옥 후 나는 '요시찰인'의 신분인지라 경찰의 승낙을 얻어 고향으로 돌아가서 여독이 심한 몸을 요양하면서 그날그날을 보내고 있었는데 그동안 나를 시찰하기 위하여 경찰 혹은 조선사상범보호관찰소에서 서울 나의 가형 댁을 몇 번 찾아왔다는 것이다. 이러던 중 돌연 둘째 가형이 서울로부터 내려왔다. 가형은 조선사상범보호관찰소에서 나에게 출두하라는 명령 그것을 받아 가지고 온 것이다. 8월 17일 날 출두하라는 것이다. 나는 이 명령을 받은 바로 그날 오후에 8·15 해방을 맞이했다.[125)

경찰은 김영헌, 신낙현 등 관계인은 모두 체포하면서 정작 청년정신대 조직의 최고 책임자인 이광수는 왜 체포하지 않았을까? 물론 이광수는 이 사건의 주범일 뿐 아니라 동우회 사건의 반일 전과자이기 때문에 무엇보다 이광수부터 우선 체포했어야 마땅한 도리이다. 그럼에도 불구하고 이광수는 불문에 부치고 있다. 춘원은 동우회 해산 후 총독부 경무국 당국의 가혹한 탄압과 감시를 다소라도 누그러뜨리기 위하여 겉으로는 친일파로 가장하고 기어코 이 같은 비밀 혁명결사(革命結社) 정신대를 조직한 것이다. "경찰은 김영헌과 나를 위시하여 모두 검거하고서 정작 그 사건의 안출자이며 지도자인 선생을 체포하지 않았을까. 물론 선생은 그 사건의 주범이며 몇 번씩이나 거듭한 반일 전과자이기 때문에 우리들보다는 훨씬 더 중형(重刑)에 처해야 될 인물이다. 선생은 일찍이 국내 지사들로 하여금 저 3·1운동을 일으키게 한 11인 사건(동경 2·8선언)의 장본인이며 그리고서 국외로 망명하여 대한민국 임시정부에서 활약하였고 그 후 귀국하여 언어로나 행동으로나 또는 그 많은 저작으로나 모두가 항상 일제의 두통거리였으며 드디어 또다시 도산 안창호 선생들과 더불어 동우회 사건을 일으켰던 것이다. 이러하였기 때문에 선생은 걸핏하면 철창 신세를 졌던 것이며 일제의 삼엄한 감시를 받게 되었던 것이다."[126)

경무국 당국은 이광수 불구속 이유를 예리하게 분석하고 있다.

125) 『新太陽』(1954. 6), pp.96~99, 春園 李光洙는 果然 親日派였던가?(上)(申洛鉉); 『독립운동사자료집』, 권 12, pp.1118~1122, 昭和19年 刑控 第3698號(1944).

126) 『新太陽』(1954. 6), p.99.

1. 선생(이광수)은 세인이 다 주지하고 있는 민족 최대의 반일운동자이며 지도자이기 때문에 그를 체포하면 그 소문이 일시에 방방곡곡에 전파되어 3천만을 황국신민화(皇國臣民化)시키려는 이즈음 막대한 지장을 초래하게 된다.

2. 선생은 가야마 미쓰로우(香山光郞)라는 명의로 각 부일단체(附日團體)의 간부로 되어 있다. 그런데 그를 체포하면 각계각층의 지도자 명사들을 망라한 이 단체에 적지 않은 충동을 줄 것이다.

3. 선생을 체포하면 꼭 필요한 그를 영구히 매장시킬 우려가 있다. 도리어 그의 죄를 묵과하고 이용함이 더욱 효과적이다.[127]

청년정신대 사건이 발생한 것은 1944년 8월 23일이었다. 이날 김영헌(金永憲, 金光永憲), 신낙현(申洛鉉, 平山洛鉉), 한정헌(韓楨憲, 平原楨憲), 김옥돈(金玉敦, 金井玉敦) 네 청년이 경찰에 검거되었다. 이들은 모두 배재(培材)중학교 동기동창이었다.

김영헌은 1936년 3월 충청남도 서천관립보통학교를 졸업, 1937년 4월 배재중학교에 입학, 1942년 3월 동 중학교를 졸업하였다. 같은 해 5월 20일 경기도 수원군의 팔탄(八灘)국민학교 촉탁교원이 되고, 1943년 9월부터 충남 서천군의 시초(時草)국민학교 촉탁교원으로 근무하다가 1944년 8월 31일 퇴직했다. 신낙현은 경기도 광주군 곤지(昆地)보통학교를 4학년을 마치고, 광주보통학교에 편입하여 졸업 후 경성농업학교에 1년간 다니다가 배재중학교에 입학, 1942년 3월 동교를 졸업, 같은 해 4월 경성전기주식회사의 고원(雇員)으로 일했다.[128]

김영헌과 신낙현은 미국인 선교사가 경영하는 배재중학교에 재학 중, 자유주의적이고 조선독립을 구가하는 투의 학풍의 영향을 받아 조선독립을 희망하기에 이르러 이의 실현을 기대하게 되었다. 김영헌은 1942년 2월 학우 신낙현, 이원갑(李元甲/廣村元甲), 정준영(鄭俊永) 등과

---

127) 『新太陽』(1954. 7), pp.144~155, 春園 李光洙는 果然 親日派였던가?(下) (申洛鉉).

128) 『독립운동사자료집』, 권 12, pp.1118~1122, 昭和19年 刑控 第3698號 (1944).

함께 종로 화신백화점 사진부에서 졸업 기념사진을 찍을 때, 조선독립
운동을 종용하는 취지로, 배재중학교에서의 우정과 정신을 변하지 말고
영원히 지속할 것을 다짐했다. 1942년 4월 김영헌은 덕수국민학교에서
의 초등학교 교원의 강습회에 출석하기 위해 상경했을 때, 서대문 흥아
여관(興亞旅館)에서 신낙현, 김옥돈과 만나, "나는 이광수(李光洙), 이
기영(李箕永), 송영(宋影) 등의 지도를 받아 문학으로써 조선독립을 위
해 민중을 지도해갈 생각이다. 나는 평소부터 순진한 아동을 상대로 그
교육에 종사하는 것을 낙으로 하고 있었으므로 국민학교의 선생이 되
어 아동에 대하여 조선인으로서의 자각(민족의식)을 가지도록 그 머리
를 전환시킬 것이다"라고 말하자, 신낙현은 "정치를 공부하여 이를 통
하여 민중을 지도하고 독립운동을 하겠다"라고 정치혁명을 일으킬 것
을 다짐하였다. 같은 해 4월 전시 강습회에 참가하기 위하여 김영헌,
신낙현이 상경했을 때 역시 흥아여관에서 학우 계조웅(桂照雄)과 만나
조선독립을 위해 싸울 것을 다짐했다.129)

　1942년 6월 중순 김영헌은 그의 하숙집(京畿道 水原郡 八灘面 舊場
里)인 지전(池田)의 집에서 김옥돈, 한정헌에게 "퀴리 부인은 과학으로
써 폴란드의 독립을 위해 공헌하였는데, 나도 퀴리 부인과 같이 문학을
연구하여 조선독립을 위해 진력하고 싶다는 취지와 자기가 봉직하고
있는 학교에서는 일본인 교사와의 사이에 봉급에 차별대우가 있어서
불평스럽다"고 조선인 일본인 사이의 민족적 차별대우에 대한 강렬한
적개심을 표명하고 있다. 1943년 3월 김영헌은 일본 송강(松江)고등학
교와 와세다(早稻田)대학 전문부 입학시험을 치르기 위해 일본 도항(渡
航) 증명서를 교부받기 위하여 상경했을 때 역시 흥아여관에서 신낙현
을 만나, 일본에서 돌아와 조선독립을 위해 조선 민중을 지도할 것이라
는 뜻을 말하자, 신낙현은 자신은 귀가 나쁘기 때문에 상급학교에 진학
할 수 없으나 독립운동을 위해서는 힘을 다할 것이라는 뜻을 다짐했
다.130)

---

129) 상게서, pp.1118~1119.
130) 상게서, p.1119.

1943년 10월 하순, 김영헌은 결혼을 신청하기 위하여 상경했을 때 수송정 함평여관에서 신낙현, 김옥돈, 한정헌 등과 만났다. 이때 신낙현은 '네루전'을 읽었다고 하면서, 우리들도 인도의 지사 네루처럼 조선독립을 위해 진력하지 않으면 안 된다고 말하자, 김영헌은 자기도 그런 시기가 도래하면 농촌에서 호령 일하 농민, 아동 등을 일어서게 하리라고 맹세하고 있다. 1944년 6월 중순, 김영헌은 충남 서천군 문산면 문장리 28번지 자택에서 신낙현, 김옥돈, 한정헌 등에게 '독립열망'을 절대 포기하지 말라는 편지를 발송했다.

나는 주위에 합치하지 않는 생활을 하며 동요되고 있으나 수천 년의 역사를 가진 조상의 혈통을 받은 자손으로서 정신적 변동마비(變動痲痺)는 절대로 일으키고 있지 않다. 광명의 세계를 건설할 위대한 책무(責務)를 양 어깨에 짊어지고 미래의 세계에 행복을 초래할 우리들이 아니냐. 인생의 대적(大敵)은 희망(독립열망)의 상실감(喪失感)이다. 친구여, 음울한 생활을 하고나 있지 않는가. 절대로 희망을 높이 갖고, 닥아올 광명(광복)을 우러러보고, 용왕매진(勇往邁進)하기를 바란다.131)

1944년 8월 초순, 김영헌은 결혼문제의 결말을 짓기 위하여 상경하였을 때 효자동 이광수를 방문하여 비로소 비밀결사 혁명단체 청년정신대(靑年挺身隊) 결성 지령을 받게 되었다. 함평여관에서 김영헌은 신낙현에게 "나는 이광수를 방문하였는데, 동인으로부터 시골에 돌아가면 농촌정신대(農村挺身隊)를 조직하도록 권유받았는데, 시골에 돌아가면 농촌정신대를 조직하겠지만 시기가 오면 이를 역이용(逆用)하여 조선독립운동을 위해 일어서게 할 작정이다"라고 말했다. 이광수는 김영헌에게 서울에는 청년정신대를, 시골에는 농촌정신대를 결성해서 결정적 시기가 오면 일거에 일어나 왜놈을 내쫓고 독립을 이룩하겠다는 '정신대 획책안'을 건네준 것이다.132)

131) 상게서, p.1120.

1944년 8월 초순 김영헌과 신낙현이 함평여관에서 회동했다. 바로 이때 일본 도조 내각이 붕괴했다. 7월 20일 일본 내각정보국(內閣情報局)에서 도조 내각 총사직 이유를 발표했다. "현하 비상의 결전기에 즈음하여 더욱더 인심을 새롭게 하고 강력하게 전쟁 완수에 매진할 필요가 급함을 통감하고 널리 인재를 구하여 내각을 강화할 것을 기하고 백방으로 수단을 다하여 이의 실현에 노력하였으나, 끝내 그 목적을 달성함에 이르지 못하였다. 내각 총사직을 함이 적당하다고 인정한다." 이 같은 발표문을 보고 신낙현은 "도조(東條英機) 수상은 사이판도(島)에 있어서의 일본제국군 전멸의 책임을 지고 사직한 것이다"라고 논평했고, 김영헌은 "그도 그렇겠지만 도조 수상은 국민의 언론을 압박하였기 때문에 전 국민의 반감을 사서 사직하였다"라고 말했다. 재판부는 이 같은 발언은 유언부설죄(流言浮說罪)에 해당된다고 판시하고 있다.133)

1945년 4월 18일 경성지방법원 형사 제2부 법정에서 최종재판이 개정되었다. 공판정에서 피고인 각 개인의 죄목의 증거를 제시했다. 신낙현은 배재중학교의 반일(反日) 분위기에 의해 조선독립을 희망하게 되었다는 것이다. 즉 배재중학교는 미국인 경영의 기독교 계통의 학교로서 황민화 교육이 충분하지 못해서 조선독립을 구가하는 기풍이 강하다는 것이다. 그래서 조선독립을 희망하는 편견을 가지고 조선이 독립하면 평화롭고 행복하게 된다고 확신하고 독립운동을 일으켰다는 것이다. 김영헌에게는 조선독립사상을 담은 편지를 신낙현 등 학우들에게 보낸 이른바 혁명사상 전파죄를 적용하고 있다. 김옥돈은 네루와 같은 인물이 없으면 조선독립은 달성할 수 없다고 확신하고 있다. 한정헌은 김영헌이 보낸 편지에서 비로소 민족의식을 자각했고 조선독립을 희망하여 조선인이라는 자각을 확고히 가지고 조선독립은 전 조선인의 정치적 이상(理想)이라고 확신하였다는 것이다. 김옥돈은 이광수로부터 농촌정신대 운동을 벌이면서 반도 농민의 철저한 황민화를 만들라는 말을 들었으나, 자기는 농촌에 가면 황민화운동보다는 조선독립운동을

132) 상게서, p.1120.
133) 상게서, pp.1120~1121.

일으킬 것이라고 확신했다.134)

이상 피고인의 죄목을 종합해보면, 결국 조선임시보안령 제20조의
시국에 관한 조언비어죄(造言蜚語罪)에 해당된다는 것이다.

우리나라(일본)가 직면한 현재의 정치, 외교, 재정, 금융, 경제, 사회,
치안 등의 중요한 정세에 관하여 허구의 사실을 날조하는 경우는 물
론, 혹은 실재(實在)의 사실을 과장하거나 혹은 확실한 근거가 없는 풍
설(風說)을 다른 사람에게 전하는 등의 총후국민(銃後國民)의 정신적
단결에 악영향이 있는 사항, 황군(皇軍)에 대한 국민의 신념을 동요시
킬 우려가 있는 사항, 의혹 또는 공포심을 주어 인심의 안정을 해칠
우려가 있는 사항 등의 행위를 지칭하는 것으로서, 이번 성전(聖戰)의
목적 달성에 기여하기 위하여 충성한 언론의 창달을 도모할 필요가 있
는 반면, 서상(敍上)과 같이 유해한 언론을 단호히 억압하지 않으면 안
되는 것은 더 말할 나위도 없다.135)

재판장은 "조선임시보안령 제20조 위반의 정도에 달하지 않으나, 국
민의 사기를 작흥(作興)하고 일억일심(一億一心) 거국일치(擧國一致)
의 체제를 공고히 하는 것이 아님은 물론 오히려 정부의 공적 정보에
대하여 신뢰감을 손상하고 나아가서는 이에 의혹을 품게 하는 풍조를
순치(馴致)하는 종류의 언설로서 우국(憂國)의 지정(至情)에서 나온 것
은 아니다. 따라서 판시(判示)와 같이 경찰법 규칙 제1조 제21호에 저
촉하는 것을 면할 수 없는 것이다"라고 판시하면서 다음과 같이 판결
했다.

[판결]
본적 忠南 舒川郡 馬西面 於里 155번지
주거 동군 文山面 文章里 28번지
전 時草국민학교 촉탁 교원

---

134) 상게서, p.1121.
135) 상게서, p.1122.

金永憲(金光永憲) 당 25세

본적 京畿道 廣州郡 草月面 新垈里 41번지
주거 京城府 東大門區 敦岩町 27번지
경성전기주식회사 고원
申洛鉉(平山洛鉉) 당 25세

위 양자에 대한 치안유지법 위반 조선임시보안령 위반 피고사건에
대하여 조선총독부 검사(山口進太郎)의 관여로 심리(審理)를 마치고
판결함이 다음과 같다.

[주문]
피고인 金光永憲(金永憲)을 징역 2년 및 구류 29일에, 피고인 平山
洛鉉(申洛鉉)을 징역 1년 6월 및 구류 29일에 처한다. 피고인 양명에
대하여 미결 구류일수 중 50일을 위 징역형에, 29일을 위 구류형에 산
입한다. 피고인 平山洛鉉(申洛鉉)에 대하여는 2년간의 징역형의 집행
을 유예한다.
소화 20년(1945) 4월 18일
경성지방법원 형사 제2부 재판장 조선총독부 판사 鹽田宇三郎
조선총독부 판사 藤村辻夫
조선총독부 판사 鈴木盛一郎[136]

그런데 경무국 당국이 치안유지법 위반자 청년정신대의 최고 책임자
인 주범 이광수에게는 그 죄과를 일체 불문에 부치고 체포·재판하지
않은 이유는 무엇일까? 조선총독부 경무국 당국은 이광수 불구속 이유
를 '이광수 존재감'에 있다고 해명하고 있다. 이광수야말로 조선 청소
년들에겐 민족정신의 '아이콘'(우상적 존재)이기에 그를 구속·매장하
기보다는 살려두고, 일반 조선인의 황민화운동에, 조선 지식인 청년들
의 친일 사상전향에 이용할 가치가 있다고 보고 그 죄과를 불문에 부친
것이다.

136) 상게서, pp.1118~1122.

5. 제3회 대동아문학자대회(남경)와 민족기간단체 결성 기획

팔봉(八峰) 김기진(金基鎭)은 1934년 11월 체포되어 약 3개월간 옥
살이하다가 1935년 2월 석방되었고, 그해 여름 카프(KAPF, 조선프롤
레타리아예술동맹) 해산계를 김남천(金南天)으로 하여금 경기도 경찰
부에 제출하게 하고 집에서 은거하고 있었다. 사상성이 강하게 표출되
는 문학활동은 불가능한 정세이므로 방향을 바꾸어 영화제작 사업을
개시하고 조선영화제작주식회사를 발기했다. 이때 매일신보 사장 이상
협(李相協)의 권고로 매일신보에 입사했다. 김팔봉은 '구준의(具準儀)'
(꾸준히 일한다는 뜻)라는 필명으로 문예시평을 집필했다. 그런데 어느
날 길거리에서 반민족 반양심의 사연이 담긴 삐라를 보고 붓대를 꺾기
로 결정했다. "3·1 독립만세운동을 일으킨 것은 천추에 씻을 수 없는
오점"이라면서 조선 민족은 그 잘못을 인정하고 이제부터 진실로 일본
인이 되어야 한다는 친일단체 대동민우회(大東民友會, 회장 李覺鍾)의
황민화(皇民化) 선전삐라였다. 이리하여 김팔봉은 1940년 2월 1일 매
일신보 편집국장 석송(石松) 김형원(金炯元)과 함께 사표를 제출하고
집에 칩거하고 말았다.137)

1944년 7월 중순, 신도효(辛島驍), 진전강(津田剛)으로부터 조선문
인보국회(朝鮮文人報國會, 1943. 4. 17, 약칭 文報) 상무이사직을 맡아
달라는 제의를 받았다. 조선문인보국회는 국민총력조선연맹의 산하단
체로서 동 연맹의 사무총장인 이토(伊藤憲郎)가 전무이사였다. 조선인
이사로는 주요한, 박영희, 최재서, 김용제 등이 있었다.

문보(文報)는 1939년 창립되었던 조선문인협회(회장 이광수)를 중추
로 하고서 일본인의 단가인회(短歌人會), 하이쿠인회(俳句人會) 등을
통합하여, 총독정치에 대한 문화인들의 단결협력단체로 출발된 문인 조
직체이다. 이러한 문보의 총책임 역할을 수행하는 상무이사를 김팔봉에

---

137) 『大韓日報』 8회 연재(1970. 5. 5~21), 日帝 暗黑期의 文壇(金八峰); 홍정선
편, 『金八峰文學全集 V. 논설과 수상』(문학과지성사, 1987), pp.147~164,
일제 암흑기 문단.

게 위임한 것이다. 이에 김팔봉은 총독부에서 간섭하지 말 것, 문보에 연간 1만 5천 원의 보조금 지급을 중단할 것, 경상비는 스스로 조달하겠다는 것, 경상비 조달을 위해 13도 조선인 부호를 심방할 터이니 각 도 경찰부장의 소개장을 주면 김팔봉 자신이 부호를 만나 자금 조달을 하겠다는 것 등의 승낙을 받고서 1944년 7월경 문보의 상무이사직을 수락했다. 김팔봉이 상무이사직을 선뜻 받아들인 이유는 장차 자신이 구상하고 있는 민족기간단체(民族基幹團體) 결성을 위한 정치자금을 문보를 통해서 조달하겠다는 것이었다.[138]

일본군은 사이판에서 전멸했고(1944. 7), 이탈리아도 항복하여 무솔리니는 총살당하고, 나치 독일도 항복, 히틀러가 자살하면서(1944. 9), 드골 장군의 임시정부가 파리에서 성립되는 등 일본의 패망은 시간문제였다. 이제 일본이 언제 항복하고 조선으로부터 물러가느냐라는 한 가지만 남았다. 김팔봉은 일본의 패망에 대비하여 전국적인 민족기간단체를 조직할 구상을 가지고 있었다. 이 같은 민족적 조직체가 없이 해방되는 날에는 구한말의 혼란이 일어날 것이기 때문이다. 그 당시 경성일보 사회부 기자 김영돈(金永敦)은 정무총감 다나카(田中武雄)의 사설 비서로 일하고 있었는데, 김팔봉은 김영돈에게 이렇게 말했다. "네가 다나카 정무총감의 비서라면 무슨 말이든지 실정(實情)을 얘기할 수 있지 않겠니? 그렇다면 지금의 일본이 우리 조선 민족의 협력을 얻으려면 신간회(新幹會) 같은 민족단체를 결성케 하는 자유를 줘야 한다고 다나카를 설득해봐라. 너도 보다시피 조선 민중이 지금 모두 면종복배(面從腹背)하고 있지 않니? 일본이 태평양전쟁에서 패전할 날은 멀지 않다. 그래 일본이 미영에 항복하고 물러나가는 판이면, 그땐 우리 조선이 또 구한말의 재판같이 되고 말고서 무한한 혼란과 잔인한 살상이 반복될 게 뻔하잖느냐? 이렇게 불행이 올 것을 미리 알고서 가만히 있을 수가 없지 않니? 그러니까 일본이 손을 들기 전에 민족적 기간단체를 조직해가지고 13도 방방곡곡에 뿌리를 박고 있다가 일본이 물러

138) 『大韓日報』(1970. 5. 6), 日帝 暗黑期의 文壇(2)(金八峰); 『大韓日報』(1970. 5. 12), 日帝 暗黑期의 文壇(3)(金八峰).

간 다음에 질서를 유지하고 동족간의 희생을 최소한도로 막아야 한다. 합법적으로 결성된 단체가 아니고서는 대중조직이 안 된다. 그런 까닭에 총독부에서 대영단을 내리도록 네가 다나카 정무총감을 설득시켜야만 되겠는데 네가 그럴 자신이 있느냐?" 이에 김영돈은 "자신 있습니다. 나도 조선 놈의 뼈다귀 값을 하겠습니다"라고 응대했다.139)

김영돈은 다나카 정무총감에게 급변하는 시국에 대비해서 조선인의 민족적 조직체 결성을 허가해야 한다고 설득하여, 마침내 허락을 받아 내었다. "중앙정부에서 허락하였습니다. 다나카 정무총감이 나더러 취지서와 명단을 가지고 오라니 빨리 만들어주시오." 김영돈은 다나카 정무총감으로부터 민족기간단체 결성 허락을 받았다고 전하면서 창립취지서와 명단을 작성해달라고 했다. 다나카 정무총감은 본국 중앙정부의 허락을 얻기 위해 두 차례 동경으로 왕래하면서 설득 끝에 허락을 받아냈다는 것이다. 이리하여 김팔봉은 고경흠(高景欽)과 협의하여 민족기간단체 창립취지서와 구성요원의 명단을 작성했다. 일본이 현 시점에서 조선 민족 전체의 협력을 얻으려면 조선 민족만의 순수한 민족단체를 자발적으로 결성케 해주어야 비로소 가능하다는 점에 역점을 두어 민족기간단체 창립취지문을 만들고, 수뇌부와 지방 책임자 40여 명의 명단을 작성하여 김영돈에게 전했다. 민족기간단체 회장에는 여운형(呂運亨)을 추대하고 부회장에는 안재홍(安在鴻), 조만식(曺晩植), 서상일(徐相日), 사무총장에는 장덕수(張德秀), 13도 지부 책임자는 모두 독립운동 투사들로 채웠다. 합법적인 민족기간단체는 이렇게 탄생하기에 이르렀다. 민족기간단체가 민중의 신뢰를 얻을 만큼 일을 꾸미기 위하여 일본의 다소 혁신적 경향이 있는 낭인(浪人) 오가와(大川周明)를 끌어들여 그로 하여금 산파역을 맡기기로 했는데, 이 일은 고경흠이 담당하고 김팔봉은 정치자금 조달을 전담하기로 했다.140)

김팔봉은 민족기간단체 조직 작업을 완성한 후 이를 추진하는 데 드

---

139) 『大韓日報』(1970. 5. 12), 日帝 暗黑期의 文壇(3)(金八峰).

140) 『大韓日報』(1970. 5. 13), 日帝 暗黑期의 文壇(4)(金八峰); 『大韓日報』(1970. 5. 14), 日帝 暗黑期의 文壇(5)(金八峰).

는 정치자금을 어떻게 조달할 것인가를 고심한 끝에, 국내 부호로부터 구걸할 것이 아니라 해외, 특히 상해의 조선인 부호를 물색하여 자금을 얻어보겠다고 결정하고 상해행을 모색하고 있었다. 그러나 문보의 상무이사 자격으로 상해로 출장 갈 명분도 핑계도 되지 않아 고심하던 중 춘원으로부터 반가운 소식이 전해져왔다. 때마침 제3회 대동아문학자대회(1944. 11. 12)가 남경에서 개최되는데 조선 대표로 이광수가 선정되어 가게 되었다면서 김팔봉에게 같이 가자고 한 것이다. "이번 제3회 대동아문학자대회를 중국 남경에서 개최하는데, 조선 대표로 파견할 사람의 수효를 총독부에서는 처음부터 2명으로 책정해달라고 중앙에 요청했었는데, 동경서는 1명으로 제한해왔다면서 날더러 조선 대표로 남경에 출석해달라는구려. 대만(臺灣)은 한 사람도 대표를 못 보낸다는 거요. 그래 내가 혼자서만 간다는 것은 유감스럽다고 했더니, 그렇다면 김팔봉하고 둘이서 가도 좋거든 한 사람은 중앙에서 정한 대표로, 한 사람은 현지에서 정한 대표라 하고서 동행해보시지…. 이렇게 말합니다. 팔봉이 가볼 생각 있거든 나하고 동행합시다. 그리고 정말 생각 있거든 내일 아베(阿部) 정보과장을 찾아가서 나한테서 연락받았다 하고서 보내달라고 하시오."141)

　그러잖아도 김팔봉은 정치자금 조달관계로 상해를 가지 못해 고민하던 차에 춘원의 동행 요청은 불감청인정 고소원이 아닐 수 없다. 이에 김팔봉은 이튿날 총독부 아베 정보과장을 찾아가서 산해관(山海關) 국경을 넘어갈 수 있는 출장명령서를 받았다. 그 다음부터는 문학자대회 따위는 안중에도 없고 오로지 상해 부호로부터 정치자금 백만 원을 얻어오는 방도를 궁리하는 데 몰두했다. 그런데 설사 백만 원의 거액을 얻었다 해도 이를 국내로 송금해오는 것이 문제였다. 그래서 총독부 재무부 전지용(全智鎔) 참사관을 찾아가서 상해에서 백만 원을 송금할 수 있도록 허가해달라고 요청했다. 이 돈이 민족적 사업에 쓰일 자금이라고 암시하자 전지용 과장은 그 뜻을 알아차리고 힘써보겠다고 약속

---

141) 『大韓日報』(1970. 5. 14), 日帝 暗黑期의 文壇(5)(金八峰).

했다. 일본인도 한 달에 7백 원 이상 송금이 안 되는 판국임에도 불구하고 전 참사관은 재무국장(水田)을 설득하여 20만 원까지 송금이 가능하다는 허가를 얻어주었다. 나머지 80만 원은 김팔봉이 그 돈을 신경(新京, 현 長春)까지 가지고 와서 그곳에서 조선은행 본점으로 송금하면 된다고 했다.[142]

김팔봉은 빈손으로 갈 수 없어서 고려인삼을 구해보았지만 구할 수 없어 고민하던 차에 고범(孤帆) 이서구(李瑞求)가 인삼 한 근을 구해주었다. 이제 모든 준비를 끝내고 떠날 일만 남았다. 1944년 11월 중순 경성역에서 일본 학자 20여 명과 합류하여, 춘원과 팔봉은 함께 북경행 열차를 타고 떠나게 되었다. 김팔봉이 보기에 대회 참가 인사의 면면을 관찰해보니 춘원만한 사람은 없다는 사실을 알게 되었다. "그 다음 날부터 사흘 동안의 문학자대회 일정을 마치는 동안 소위 대동아공영권에서 참가했다는 문인들 가운데서 문학자다운 의젓한 사람으로는 춘원만한 사람도 드물다는 사실을 나는 발견했다. 일본서 온 사람 중에서는 장흥선랑(長興善郞), 북중국에서 온 사람으로는 전도손(錢陶孫), 그리고는 춘원밖에 눈에 들지 않았다."

김팔봉은 3일간의 대회 일정을 끝내고 즉각 왕정위(汪精衛) 정부(南京政府, 일본이 세운 괴뢰정부)에 파견되어 있는 일본대사관에 전화로 대사(谷)를 만나자고 했더니, 대사는 동경 출장 중이라면서 마쓰무라(松村) 참사관이 집에 있다는 대답이었다. 그래서 마쓰무라 참사관을 만났더니 그는 초면이지만 김팔봉과 지기(志氣)가 통하는 개방적인 성격의 외교관이었다. 그는 태평양전쟁에서 일본이 패전해서 미군의 구둣발에 일본 전토가 유린당한 뒤라야 일본 민족은 갱생할 수 있지 그렇지 않고서는 일본의 전도가 없다고 주장하였다. 그는 일본의 패망을 점치면서 일본대사관 상해 출장소장한테 김팔봉에게 조선은행으로 송금하는 것을 허락하였으니 송금 수속의 편의를 봐달라는 소개 편지를 써주었다. 김팔봉은 그 밖에 만주국 대사관 참사관으로 남경에 주재하고 있

142) 상게서.

는 전 일본국 주(駐)폴란드 총영사 박석윤(朴錫胤, 월북)을 찾아가서
고경흠과 같이 작성한 민족기간단체 창립취지서를 내보이면서 내정(內
情)을 설명했더니 그는 진심으로 공명하며 기뻐했다고 하였다.[143]

그 다음 날 상해에 도착한 후 춘원과 팔봉은 인삼을 들고 상해에서
이름난 갑부를 찾아갔더니 마침 출타 중이어서 만나지 못하고 인삼과
명함만 두고 나왔다. 그 후 춘원은 서울로 돌아가고 김팔봉 혼자서 정
치자금 조달 임무를 수행할 수밖에 없었다. 혼자서 돈 만들 궁리를 하
던 중 현정주(玄正柱)가 찾아와서 "춘원과 함께 와가지고서 혼자 떨어
져 있는 것을 보니 무슨 용무(用務)를 갖고 온 모양이다. 감추지 말고
얘기를 하면 내가 조언을 해주마"라고 털어놓고 말했다. 그래서 여운형
을 중심으로 한 민족기간단체 설립취지를 설명하면서 자금 조달 임무
를 띠고 왔노라고 해명했더니, 그는 "좋다! 상해에 벼락부자가 몇 사람
있지만 백만 원을 선뜻 낼 만한 사람은 홍석은(洪錫恩)밖에 없다. 내가
이 친구를 보내줄 테니 그 친구 보고 직접 부탁해보라. 꼭 될 것이다"
라고 행동지침까지 알려주었다. 드디어 현정주의 주선으로 홍석은을 만
나 민족적 기간단체 창립취지를 설명하면서 도움을 요청했다. 홍석은은
다른 사람한테도 돈 부탁한 일이 있었는가를 묻고, 그런 일이 없다고
하니 혼자서 백만 원을 마련하겠다고 약속했다. 이리하여 홍석은은 한
달 만에 일화(日貨) 백만 원에 해당하는 수표를 끊어주었다. 김팔봉은
마쓰무라 참사관의 소개 편지와 백만 원 수표를 들고 일본대사관 상해
출장소로 찾아가 송금 수속을 한 후, 서울 조선은행 본점으로 23만 원
을 송금하고 나머지 80만 원은 북경에 있는 조선은행 북경지점으로 송
금한 후 상해를 떠났다.[144]

김팔봉이 북경에 도착한 것은 1944년 12월 20일경이다. 김팔봉은 일
본대사관을 찾았다. 대사는 부재중이고 참사관을 만나 조선은행 북경지
점에 송금한 80만 원을 만주 신경으로 송금하는 문제에 대해 협조를
구했으나 그는 융통성이 전혀 없는 앞뒤가 꽉 막힌 인물이라 송금할 방

---

143) 『大韓日報』(1970. 5. 19), 日帝 暗黑期의 文壇(6)(金八峰).
144) 상게서.

도가 없었다. 이때 백철(白鐵)이 조선인협력회장 명종호(明宗鎬)를 소개했다. 김팔봉은 명종호에게 여운형 중심의 민족기간단체를 창립하는 준비 작업을 진행하고 있다는 실정을 설명하면서 상해로부터 북경까지 가지고 온 정치자금 80만 원을 만주 신경까지 송금할 수 있는 묘책을 강구해줄 것을 부탁했다. 그러나 1945년 1월 20일이 되도록 자금을 옮겨놓을 방도가 열리지 않아 김팔봉은 조선은행 북경지점에 예치한 80만 원 전액을 인출해서 명종호에게 몽땅 맡기고 귀환기일이 늦어지기 전에 일단 귀국했다.

그 후 김팔봉은 1945년 2월 21일 서울을 출발하여 만주 신경에서 현지 정황을 살펴본 후 3월 1일 북경에 도착했다. 일본대사관 당국은 80만 원이라는 거액을 신경으로 송금하는 데 비협조적이었다. 신경까지 가져가려면 금괴를 밀수하든지 일본 국채를 사가지고 가든지 두 길밖에 없는데 금괴는 위험하고 채권이 안전하기는 하나 이를 구할 방도가 없었다. 김팔봉은 진퇴유곡에 빠지고 말았다. 그 당시 북경에는 백철(白鐵), 박진(朴珍), 이량(李亮) 등 전 카프 동인들과 이종태(李鍾泰), 정홍교(丁洪教), 이진순(李眞淳), 안막(安漠), 최승희(崔承喜) 등이 망명 중이었다.

이때 백철은 김사량(金史良)이 지금 북경에 와서 연안(延安)으로 가는데[145] 노잣돈을 보태달라고 하니 얼마간 주라고 하기에 김팔봉은 선뜻 8천 원을 주었다. 김사량은 1945년 5월 김팔봉이 묵고 있던 북경반점 236호는 조선인 합숙소처럼 조선인 망명객이 몰려 있었다고 증언하고 있다. "숙객이 폭주하여 방 한 칸 독차지가 못 되어 굴러들게 된 것이 생면부지(生面不知)인 K씨(김팔봉)의 방이었다. 새로 인사를 하고 방 안에 석찬을 같이하며 맥주가 거나하게 취하게 되자 동 씨가 지내온 과거의 편영(片影)을 보여주는데 역시 이 반점 초야부터가 아라비안 나이트였다."[146]

---

145) 『民聲』 7회 연재(1946. 1～1947. 7), 駑馬萬里 延安亡命記, 1945年 5月 北京(金史良).

146) 『民聲』(1946. 12), pp.18～19, 駑馬萬里 延安亡命記(4)(金史良).

김사량은 동경제대 독문과 출신으로서 일본말로 작품을 써서 일본
문단에 데뷔한 문학청년이었다. 그는 '문장' 창간호(1939. 9)에 발표한
춘원의 '무명(無明)'을 일본어로 번역하여 '모던일본(モダン日本)'147)
에 게재하였고, 춘원은 이 작품으로 1940년 2월 9일 기쿠치 캉(菊池寬)
이 만든 제1회 조선예술상을 상금 5백 원과 함께 수상하기도 했다. 김
사량은 6 · 25 때 북한 인민군 종군작가로 참전하여 마산전투에서 전사
했다. 김팔봉은 김사량이 연안에 간 이유에 대해서는 한마디 언급이 없
는데, 연안(延安)은 중국 공산당(毛澤東)의 본거지였다.148)

김팔봉은 하는 수 없이 백철의 소개로 조선인협력회장 명종호에게
맡겨둔 80만 원을 찾아가지고 조선은행 북경지점에 가서 김상영(金尚
榮)에게 장차 서울에 가서 송금 요청을 받는 대로 본점으로 송금해주겠
다는 언질을 받고 그에게 50만 원을 예치하고 나머지 30만 원은 호텔
사무실에 보관시켰다. 1945년 6월 28일 새벽, 김팔봉은 이종태와 함께
북경호텔에서 잠을 자다가 평양에서 김팔봉을 잡으러 파견된 일본 헌
병 오장 3명에 의해 체포되어 평양 일본 헌병대 유치장에 수감되고 말
았다. 김팔봉의 민족기간단체 결성의 꿈은 일순간에 무산되었다. 체포
된 김팔봉은 이종태에게 호텔 사무실에 맡겨둔 30만 원을 다시 명종호
에게 맡겨두도록 했었지만, 이종태는 이 돈을 평소 자주 출입하던 다방
마담에게 맡겨놓고 김팔봉보다 먼저 귀국하고 말았다. 그런데 8 · 15가
되어 박진, 이량, 안막, 최승희, 그리고 다방 마담 내외와 종업원 등 9명
은 이 돈을 노자로 귀국했던 것이다.149)

김산(金山, 본명은 張志樂, 일본영사관 기록에는 張志鶴, 1905~
1938)은 평북 용천(龍川) 출신으로 3 · 1운동 때 시위에 참가하다가 만
주로 망명하여 삼원보(三源堡)에서 신흥무관학교를 졸업하고, 1920년
10월 상해로 가서 인성(仁成)학교에서 영어를 습득했다. 상해에서 도산

---

147) 『モダン日本 朝鮮版』(モダン日本社, 1939. 11), pp.290~337, 無明(李光
洙, 金史良 譯).

148) 『大韓日報』(1970. 5. 20), 日帝 暗黑期의 文壇(7)(金八峰).

149) 상게서.

과 춘원에게 감화를 많이 받았으나, 정치적 이념은 달랐다. "안창호가 부르주아적 원칙을 따르는 민주적 대중운동을 대변하는 반면에, 이광수는 그것과 평행한 상층 부르주아지와 부르주아 지식층의 자유주의적 문화운동을 대변하고 있다. 이광수는 프롤레타리아의 세력 증대에 반대하지만 안창호는 프롤레타리아의 혁명적 역할을 인정한다. 이광수는 가부장제 귀족주의적 경향을 가지고 있지만, 반면에 안창호는 참으로 자유주의적이고 민주적인 지도자이다. 손문과 중국 민족주의자들이 중국의 복잡다단한 문제를 해결하기 위하여 마르크스주의로 전향함과 동시에 안창호는 공산주의 이론과 전술에 관심을 가지게 되었다. 안창호는 결코 공산주의자가 되지는 않았다. 하지만 아직 미숙한 한국 공산당을 반대한 적이 한 번도 없다. 그(이광수)는 비극적 희생정신과 아버지 같은 온정주의에 충만한 톨스토이주의자이다."150) 김산은 도산과 춘원의 비폭력 준비론에 의한 독립 달성은 불가능하다고 판단하여, 오로지 폭력혁명만이 조국광복의 유일방책임을 확신하고 적극적 투쟁론자로서 공산주의 혁명가로 전향했다. 1936년 7월 조선민족해방동맹(후에 독립동맹)이 결성되자 김산은 이에 가담하고, 독립동맹 조선 대표로 선출되어 중국공산당(中共) 본거지 연안에 파견되었다. 김산은 중공과 조선 공산주의 혁명조직과 연합, 항일 공동전선을 구축하기 위한 사명을 띠고 연안에 파견된 것이다. 그러나 중공은 김산을 트로츠키 반혁명 일파로 지목하고 1938년 그를 처형하고 말았다.

김팔봉이 김사량에게 연안 갈 노잣돈 8천 원을 준 것이 화근이 되었다. 그러면 김사량은 왜 연안에 갔을까? 이때 중국은 국공합작(國共合作)으로 항일전을 치르고 있었다. 김사량은 김산이 연안에 간 것과 같은 맥락으로, 한중합작으로 항일 공동전선을 구축하기 위한 임무를 띠

---

150) Kim San and Nym Wales, *Song of Ariran, The Life Story of A Korean Rebel*(New York: The John Day Company, 1941), pp.54~56, An Chang-ho and Li Kuang-ssu, "He(Li) is a Tolstoyan, full of the tragic spirit of sacrifice and paternalism"; 님 웨일즈, 조우화 옮김, 『아리랑』(동녘, 1984), pp.88~92; 李明花, 『島山 安昌浩의 獨立運動과 統一路線』(경인문화사, 2002), pp.339~340.

고 연안으로 파견된 것으로 보인다. 이를 정탐한 헌병 오장은 연안 중 공과의 내통죄로 김팔봉을 체포한 것이다.

헌병 오장은 평양에 있는 일본 헌병대 유치장에 수감된 김팔봉을 불러내더니, "작년에 중화민국에 가서 누구누구 만나가지고 무슨 얘기했고, 금년에 또 북경 가서 어디어디 갔었고, 누구누구와 무슨 얘기했다는 사실을 하나도 빼지 말고 기록해서 제출하라"고 명령하는 것이었다. 이에 김팔봉은 원고지 70장 분량의 고백서를 써냈다. 그러자 헌병 오장은 이렇게 말했다. "네가 적어낸 고백서를 죄다 읽어봤다. 모두가 새빨간 거짓말만 늘어놓은 거란 말야. 겉으로는 조선 민족 자치(自治)를 표방하는 척하면서 속으로는 연안(延安)과 연락해가며 독립운동을 해온 사실을 우리가 죄다 알고 있단 말이다. 그렇지만 오늘 상부에서 두 번째 내려온 특명 때문에 너를 여기서 석방한다. 지금 너를 석방할 텐데 언제 서울로 갈 테냐?" 여기서 김팔봉은 김사량에게 연안 갈 노잣돈 8천 원을 준 것이 체포 원인임을 비로소 확인할 수 있었다.[151]

김팔봉은 1945년 7월 20일에 석방되었다. 헌병 오장은 김팔봉을 석방하면서 용산 헌병사령부 오야마(大山) 소좌를 찾아가 석방시켜줘서 고맙다는 인사를 하라고 당부했다. 이에 김팔봉이 오야마 소좌를 찾아가 고맙다는 인사를 했더니, 오야마는 증전(曾田)이라는 일본인이 헌병사령부로 찾아와서 김팔봉 대신 자신이 감방에 갇혀 있을 터이니 석방해달라고 호통 치기에 일본인이 감방살이하겠다고 자원하고 나선 일은 조선 땅에서 일본군의 역사가 있은 후 처음 있는 일이어서 석방했다고 그 경위를 해명했다. 그제야 김팔봉은 1944년 연말경 천진호텔에서 증전을 만나 하룻밤 통음하면서 일본의 패전망국(敗戰亡國)할 징조를 들어가며 상호 시국을 비판하던 일이 생각났다. 증전은 파리대학 사학과 출신으로서 김팔봉과 의기투합한 인텔리로서 김팔봉이 평양 헌병유치장에 수감되어 있다는 소식을 듣고 이 같은 석방운동을 벌인 것이다.[152]

---

151) 『大韓日報』(1970. 5. 20), 日帝 暗黑期의 文壇(7)(金八峰).

152) 『大韓日報』(1970. 5. 21), 日帝 暗黑期의 文壇(8)(金八峰)

김팔봉은 그로부터 며칠 후 시골로 쌀을 구하러 돌아다니다가 집에 와서 8·15 해방을 맞이했다. 결국 여운형을 중심으로 한 민족기간단체 결성은 이날이 오기 전에 이루려고 1년간 중국을 두 차례나 왕래하면서 온갖 노력을 해봤지만 김사량에게 노잣돈 8천 원 지급으로 인해 연안 중공군과의 내통의 누명을 쓰고 헌병 오장에게 체포되어 태반(胎盤)이 자리 잡기도 전에 소멸되고 말았다. 8월 16일 원서동의 여운형을 찾아가 인사하고 돌아와 박희도(朴熙道)의 동양지광사(東洋之光社) 편집실에서 현민(玄民) 유진오(兪鎭午)와 임화(林和)를 만났는데, 임화가 문보(文報) 사무실을 쓰도록 배려해달라고 요청하자 김팔봉은 8·15와 동시에 문보는 자연 소멸되었으니 통째로 사용하라고 했더니, 한청빌딩 4층은 해방 직후 좌익 문학가동맹의 본거지가 되고 말았다. 어느 날 김팔봉은 거리에서 우연히 최재서(崔載瑞)를 만났다. 최재서가 근황을 묻자, 김팔봉은 당분간 집에서 근신하고 있다고 대답했다. 그랬더니 최재서는 이렇게 말했다. "문단에서 근신해야 할 사람은 '인문평론' 대신 일문(日文)으로 '국민문학' 잡지를 내온 나 하나밖에 더 있겠어요. 그렇죠. 문단인의 죄과를 대표해서 내가 혼자서 근신하고 있을 터이니 팔봉일랑 활동하십쇼." 이 말을 들은 김팔봉은 그의 '양심의 섬광'을 발견하였다. 의지가 약한 문인들이 일제에 이끌리어 본의 아니게 친일행태를 벌인 데 대한 통한의 죄과를 온몸으로 체득했던 것이다.153)

김팔봉은 암흑기(1941~1945) 조선 문인들의 비참한 압박의 삶, 그리고 본의 아니게 친일행태를 벌이지 않을 수 없었던 민족적 통한을 이렇게 고백하고 있다.

백철은 그의 저 '신문학사조사' 말미에서 열성적 황국신민문사(皇國臣民文士)들한테 "한국 민족을 파는 대죄(大罪)를 감행한 데 대해서 그들의 죄과는 문학사상에 있어서 엄격하게 적발되어야 할 것이다"라고 규탄하고 이어서 "형식적으로 추종한 정도에 멎어진 문학자들에게 있어서도 그 형식에 대한 책임을 자기네의 양심 위에 무겁게 부담해야

---

153) 상게서.

할 것이다"라고 말했는데 이것은 정당한 말이다.

이육사(李陸史), 윤동주(尹東柱) 같은 시인은 옥사하고, 누구는 산간에 가서 농사를 짓고, 누구는 신탄(薪炭) 장수가 되고 하는 판에 몇몇 문인이 욕된 연기(演技)를 타의(他意)에 의해서 하다가 급기야 자기 대사(臺詞)에 자취(自醉)했던 기록은 엄격히 적발되는 게 가하겠지만 그런 사람들의 껍질을 벗기고서 알맹이를 들춘다면 그들도 한족혼(韓族魂)의 소유자였던 것을 나는 확언한다. JODK(경성중앙방송국)에서 '신(神)의 도(道)'를 일본말로 일본 전국에 처음으로 중계 방송한 육당(일인들의 '內鮮同根同祖說'도 그 후부터 나왔다)이나 조선 놈의 이마빡에서 일본 놈의 피 운운의 춘원도, 소위 '황은(皇恩)에 감읍(感泣)'한 사람들이 아니라는 것… 그리고 이 암흑기에 있어서 일제에 저항하던 유형도 여러 종류 있었으니 그것을 파헤쳐가지고 분명하게 적어놓는 것도 무익한 일은 아닐 것이다.154)

이로써 이광수는 청년정신대 사건(1944), 김팔봉은 민족기간단체 사건(1944)으로 일제가 패망할 때까지 앞에서는 친일행태, 돌아서면 항일 독립운동을 꾸준히 줄기차게 추진하는 면종복배식(面從腹背式) 민족운동을 전개해왔음을 확인할 수 있다.

---

154) 상게서.

제16장 친일↔항일 병행 전략과 민족주의 사상

1. 해방정국

양주 사릉(思陵)에 은거하고 있던 이광수가 해방 소식을 알게 된 것은 1945년 8월 16일 아침이었다. 그의 삼종제인 봉선사(奉先寺) 주지 운허(耘虛) 스님이 해방 소식을 전해준 것이다. "형님, 일본이 항복하였소. 어저께 오정에 일본 천황이 항복하는 방송을 했다오. 나 지금 서울로 가는 길야."[1] 사릉에는 라디오가 없었기 때문에 춘원은 8월 15일 일왕의 항복방송도 듣지 못했다. 춘원은 도산의 '일본 패망론'을 신봉하고 있었지만, 정작 해방 소식은 이렇게 하루 늦게야 듣게 된 것이다. 얼마나 기다렸던 광복인가. 춘원은 '춘원시가집'(1940) 서문에 이렇게 썼다. "나는 언제나 내 고우신 임을 현실로 뵈옵고, 그의 앞에 절하고 그의 품에 안길 날이 있을 것을 믿습니다. 나만 그러할 뿐 아니라 모든 중생이 다 이 고우신 임을 만나서 사랑의 기쁨의 크나큰 잔치가 벌어질 날이 있을 것을 믿습니다."[2] 여기서 '고우신 임을 만날 날'이란 민족해방 광복의 그날을 은유하고 있다. 영광스러운 민족해방 광복의 그날이 기필코 올 것임을 확신하고 그날을 기다려온 것이었다. 춘원은 아이들

---

1) 春園 李光洙, 『나의 告白』(春秋社, 1948. 12. 25) p.189.
2) 李光洙, 『春園詩歌集』(博文書館 藏版, 1940. 2. 5), 내 詩歌.

에게 애국가를 가르쳐주고 저녁에는 동네 사람들을 불러들여 마당에서 막걸리로 광복의 크나큰 잔치를 벌였다.

조선총독부는 태평양전쟁 도발 다음 날인 1941년 12월 9일 방송전파 관제(管制)를 실시한다고 공포했다. 해외방송을 일체 청취하지 못하게 조처한 것이다. 해외방송을 들을 수 있는 곳은 경성중앙방송국(JODK)뿐이다. 방송국에 근무하고 있는 조선인 방송인들은 일본인 몰래 미국 샌프란시스코에서 방송하는 '자유의 종은 울린다'라는 프로그램의 첫 종소리와 함께 미국 메릴랜드 주립대학 도서관에 근무하는 유경상(劉慶商) 아나운서의 '미국의 소리(VOA)' 한국어 방송을 청취하고서 은밀히 서로 해외소식을 전해주곤 했다. 그러다가 1942년 12월 24일 크리스마스이브에 'VOA 단파수신사건'이 발생했다. 경성중앙방송국 송진근(宋珍根) 아나운서가 크리스마스 축하 술자리에서 개성수신소에 근무하는 함기석(咸基錫)에게 '미국의 소리' 단파방송을 통해 청취한 이승만(李承晩) 박사의 방송 내용을 은밀히 속삭이다가 미행한 고등계 형사에게 적발되어 관련자 2백여 명이 검거되고 말았다. 이 단파수신사건은 1943년 11월 결심공판에서 방송인 10명이 실형선고를 받았다.3)

'미국의 소리' 단파수신사건 이후부터 방송전파 관제는 더욱 강화되어 3천만 식민지 조선인은 해외방송을 들을 수도 없거니와, 오로지 일본 대본영(大本營)에서 발표하는 연전연승의 전황 소식만 듣고 있어서 민족해방의 서광 소식은 전혀 들을 수 없었다. 이러한 암담한 시절에 방송인 황재경(黃材景)은 용케도 1942년 6월 '미국의 소리' 단파방송을 통해 이승만 박사의 육성 방송을 이불을 뒤집어쓰고 처음 들었다. "나는 이승만입네다. 미국 와싱톤에서 해내 해외에 산재한 우리 2천 5백만 동포에게 말합네다. 어디서든지 내 말을 듣는 이는 자세히 들으시

---

3) 韓國放送公社 編, 『韓國放送史』(한국방송공사, 1977). pp.56~57. 'VOA 단파수신사건' 實刑宣告. 咸基錫(기술) 2년, 宋珍根(방송) 1년 6월, 洪仁範(편성) 1년 6월, 宋南鉉(편성) 1년 6월, 楊濟賢(편성) 1년 6월, 李二德(기술) 1년 6월, 金東河(기술) 1년, 廉準模(기술) 1년, 朴龍信(방송) 6월, 朴道信(기술) 6월.

오. 들으면 아시려니와 내가 말하려는 것은 제일 긴요하고, 제일 기쁜 소식입니다. 자세히 들어서 다른 동포들에게 일일이 전하시오. 또 다른 동포를 시켜서 모든 동포에게 다 알게 하시오."4) 이승만의 방송은 독립을 열망하는 조선인에게 한 줄기 복음이 아닐 수 없었다. 그러나 이 같은 단파방송을 들을 수 있는 자는 극소수일 뿐, 일반 대중은 단파 수신기도 없으려니와 설사 있다 해도 전파 상태가 좋지 않아 청취하기에도 대단히 어려운 상황이었다.

그 후 황재경은 '미국의 소리' 아나운서가 되어 방송자료실에서 이승만의 방송원고를 찾아내어 읽고는 또다시 감격했던 것이다.

나 이승만이 지금 말하는 것은 우리 2천 5백만의 생명의 소식이요, 자유의 소식입니다. 저 포악무도한 왜적(倭敵)의 철망 철사 중에서 호흡을 자유로 못하는 우리 민족에게 이 자유의 소식을 일일이 전하시오. 감옥 철창에서 백방 악형과 학대를 받는 우리 충애(忠愛) 남녀에게 이 소식을 전하시오. 독립의 소식이니 곧 생명의 소식입니다. 왜적이 저희 멸망을 재촉하느라고 미국의 준비 없는 것을 이용해서 하와이와 비율빈(필리핀)을 일시에 침략하여 여러 만 명의 인명을 살해한 것을 미국 정부와 백성이 잊지 아니하고 보복할 결심입니다. 아직은 미국이 몇 가지 관계로 하여 대병(大兵)을 동(動)하지 아니하였음에 왜적이 양양대득(揚揚大得)하여 온 세상이 다 저희 것으로 알지마는 얼마 아니해서 벼락불이 쏟아질 것이니 일황(日皇) 히로히토(裕仁)의 멸망이 멀지 아니한 것을 세상이 다 아는 것입니다. …

우리 독립의 서광이 비치나니 일심합력(一心合力)으로 왜적을 파(破)하고 우리 자유를 우리 손으로 회복합시다. 사랑하는 나의 동포여! 이 말을 잊지 말고 전하여 준행(遵行)하시오. 우리가 피를 흘려야 자손 만대의 자유 기초를 말할 것입니다. 싸워라! 나의 사랑하는 2천 5백만 동포여!5)

---

4) 『中央日報』(1978. 10. 14), 남기고 싶은 이야기들: '미국의 소리'(黃才景).
5) 상게서.

이승만의 방송이 처음 나간 시점인 1942년 6월에는 일본군이 동남아 전선을 석권하고 있었다. 싱가포르, 필리핀 등지에서 연전연승을 거듭하고 있을 때였다. 단파방송 수신기는 일부 특수계층만의 전유물이기에 일반 조선인에게 이승만의 독립의 서광의 소식을 전할 수는 없었다. 따라서 이승만의 방송은 대개 해방 후에나 녹음방송을 들을 수 있었을 뿐이다. 미드웨이 해전에서 일본군이 대패하면서부터 전세는 역전하여 맥아더가 필리핀을 수복하였고, 일본군은 패퇴일로를 거듭하기에 이르렀다. 1943년 12월 1일 미국, 영국, 중국 3국은 한국의 '자유독립(free and independent)'을 보장한다는 이른바 카이로 선언을 발표하였다. "전기 3대국(미국, 영국, 중국)은 한국 국민의 노예상태에 유의하여 적당한 절차를 거쳐 한국을 자유독립국가로 할 것을 결정한다."6) 그러나 이와 같은 한국의 자유독립을 보장한다는 카이로 선언을 단파방송을 통하여 청취한 한국인은 극히 드물었을 것이다. '미국의 소리' 단파수신사건 이래 총독부 당국의 엄격한 전파통제조치로 외신을 접할 수 있는 채널이 완전 봉쇄되었기 때문이다. 그 당시 해외 소식에 정통하다는 김팔봉조차도 카이로 소식을 전혀 들은 바 없다고 증언하고 있다.7)

1945년 8월 15일 서울은 쥐죽은 듯 조용했다. 이날 정오 4분 37초 동안의 '녹음방송'은 잡음이 심해서 알아듣기 어려웠다. 난해한 한문투의 문장은 일본인도 한 번 들어서는 이해하기 어려웠다. "짐은 세계의 대세와 제국의 현 상황을 감안하여 비상조치로써 시국을 수습하고자 충량한 너희 신민에게 고한다. 짐은 제국정부로 하여금 미·영·중·소 4개국에 그 공동선언을 수락한다는 뜻을 통고토록 하였다." 일왕의 선언문 어느 곳에서도 패전, 항복, 해방, 독립 같은 단어는 찾아볼

---

6) Henry S. Commager, ed., *Documents of American History*(New York: Appleton-Century-Crofts, INC., 1958), II, p.660, 552. Cairo Conference, November, 1943(Dept. of State Bulletin, vol. IX, p.393), Released December 1, 1943. "The aforesaid three great powers, mindful of the enslavement of the people of Korea, are determined that in due course Korea shall become free and independent."

7) 『大韓日報』(1970. 5. 6), 日帝 暗黑期의 文壇(2)(金八峰).

수 없었다. 그러기에 8·15 당일은 해방을 몰랐고, 16일에야 알고 자유해방을 외치며 태극기 물결이 서울 장안을 뒤덮은 것이다. 강원룡(姜元龍, 1917~2006) 목사는 그의 회고록 '빈 들에서'에 이렇게 썼다. "어느 날 아랫동네에서 느닷없이 애국가가 들려왔다. 깜짝 놀라서 마을 쪽을 자세히 관찰했더니 마을에서 국민학생쯤 되는 아이들이 태극기를 흔들며 뛰어다니는 것이 보였다. 나는 마치 꿈을 꾸고 있는 것 같았다." 함석헌(咸錫憲, 1901~1989)은 '뜻으로 본 한국 역사'에 이렇게 쓰고 있다. "해방은 우리가 자고 있을 때 도둑같이 왔다. 미리 알았노라는 협잡꾼들을 물리쳐라. 협잡 아니라는 놈일수록 협잡꾼이니라. 이것은 하늘에서 직접 민중에게 준 해방이다."8)

육당과 춘원도 깜깜부지이기는 마찬가지였다. 육당은 이렇게 말했다. "까마아득하던 조국의 광복이 뜻밖에 얼른 실현하여, 이제 민족정기의 호령(號令)이 굉굉히 이 강산을 뒤흔드니, 누구 이 앞에 숙연히 정금(正襟)치 않을 것이냐."9) 심지어 춘원은 하루 늦게 8월 16일 운허 스님이 찾아와서 해방 소식을 전해서 알았다. 오죽하면 함석헌은 도둑처럼 해방이 찾아왔다고 했겠는가. "8·15를 '와야 할 줄 알면서도 꿈도 못 꾸던' 것이 도적같이 불의에 찾아왔다"10)고 시국의 급변화를 전연 몰랐다고 고백하고 있다.

조선총독부가 패망 소식을 처음으로 알게 된 것은 8월 10일이었다. 단파방송을 통해 "국체유지(國體維持)를 조건으로 포츠담 선언을 수락한다"는 뜻을 미국 정부에 통고했다는 것이다. 8월 14일 오전 열한 시쯤 동맹통신 경성지국으로부터 일왕의 항복문서 전문이 경무국장(西廣)과 조선군참모장(井原)에게 전달되었다. 조선군사령관(上月)은 즉각 종전 대응책을 하달했다. 관내의 전군, 특히 전투상태인 북한의 각 부대에 정전명령을 철저히 이행할 것, 한국 내 치안의 만전을 기할 것, 미

---

8) 『朝鮮日報』(2015. 1. 1), 새로 쓰는 대한민국 70년(1) 1945년 8월 15일 그날. 日王의 항복선언 안 믿어 8월 15일 당일 서울은 쥐죽은 듯 조용했다(전봉관).

9) 『自由新聞』(1949. 3. 10), 自列書(崔南善).

10) 『文學과 知性』 제8권 2호(1977년 여름), p.343, 屈服과 克服의 말(三枝壽勝).

소 양군과의 교섭을 개시할 것 등이다. 서울에는 아직 방화사건이 발생하지 않았지만 평양신사는 이미 불타 일본인의 간담을 서늘하게 했다. 총독부는 일왕의 항복방송 직전, 해방의 감격으로 흥분한 서울 시민들이 조선신궁을 방화할 우려가 있다고 보고 조선신궁에 봉안되어 있는 '3종의 신기(神器)'[11]를 일본으로 옮겨 갔다. 일제 총독부는 1919년 서울 남산에 조선신궁을 조영하고 조선인들에게 일왕 숭배를 강요하기 위하여 일왕가를 상징하는 거울, 구슬, 칼 등 3종의 신기를 조선신궁 안에 봉안하고 참배케 했다. 일제 당국은 1925년 한국의 주신(主神)으로서 팔도창생(八道蒼生)의 수호신을 모신 국사당(國師堂)을 철거하고 그 자리에 조선신궁(朝鮮神宮)을 짓고 이 3종의 신기와 함께 일본 천황(天照大神, 明治天皇)의 위패를 봉안했던 것이다.[12]

일제 당국은 1920년 9월 조선인의 조상에 대한 제사의례는 우상숭배라고 비판했다. 이에 동아일보는 즉각 제사는 조선(祖先)을 기념하는 지극한 인정이지 결코 우상숭배가 아니라고 반박했다. "제사의 대본(大本)이 인정의 지미(至美)한 점으로써 유로(流露)하여 민덕(民德)을 두텁게 하고(歸厚), 상사(喪事)의 예절을 정중히 하고 조상의 덕을 추모하며 그 공양을 게을리하지 않는다는 신종추원(愼終追遠)의 사회적 교화제도임이 분명하니, 그 어찌 음식으로 혼령을 대접함이 제사의 본의(本意)이며, 따라서 근본을 잊지 않고 갚는다는 보본(報本)의 도(道)리오. 우리는 오직 그 지극한 인정의 아름다운 점을 찬양코자 하노라." 그리고 일본의 '3종의 신기'야말로 우상숭배라고 신랄히 비판했다. "우상숭배의 제일 현저한 것은 나무를 조각하고 진흙으로 인형을 만들고(木彫泥塑), 얼굴에 분을 바르고 겉에 금빛 칠을 한 신주를 만들어(粉面金身) 신(神)이 이곳에 있다 하며 영혼이 이곳에 있다 하여 이를 숭배할

---

11) '삼종(三種)의 신기(神器)'. 일본의 황위(皇位) 계승의 표지(標識)로서 대대로 계승된 세 가지 보물, 즉 팔지경(八咫鏡), 천총운검(天叢雲劍), 팔척경구옥(八尺瓊勾玉).

12) 京畿道 編纂, 『京畿地方の名勝史蹟』(朝鮮地方行政學會, 1937), pp.33~35, 朝鮮神宮.

뿐 아니라 어떤 때는 이에 대하여 상서로운 복이 내리기를 기도함이니 이는 확실히 우상숭배라 할 것이오. 설혹 인신(人身)을 모작(模作)한 우상은 없을지라도 혹은 경(鏡)으로, 혹은 주옥(珠玉)으로, 혹은 검(劍)으로, 기타 하등 모양으로든지 물형(物形)을 작(作)하여 혹처(或處)에 봉치(奉置)하고 신(神)이 자(玆)에 재(在)하며 혹 영(靈)이 자(玆)에 재(在)하다 하여 이에 대하여 숭배하며, 혹 기도함은 일체 우상의 숭배라 할 것이다.”13)

이 사설은 그 당시 총독부 당국이 조선 민족의 조상숭배를 미신으로 규정하고 이를 단속하려는 데 대한 반론으로, 일왕가의 상징물인 3종의 신기를 숭배함은 곧 우상숭배라고 비판한 것이다. 총독부 당국은 사설이 나간 다음 날 즉각 동아일보에 무기정간 조치를 단행했다. 정간은 1921년 1월 10일까지 108일간 이어져서 신문을 발행하지 못했다.14)

총독부 당국은 일왕의 항복방송을 앞두고 조선통치 관련 기밀문서를 소각하기 시작했다. 이리하여 8월 15일 정오에 일왕의 중대방송이 있으니 꼭 들으라고 선전했다. 시내 요소에는 “오늘 정오에 중대방송이 있으니 1억 국민은 반드시 들으라(本日正午 重大放送 一億國民 必聽)”라는 커다란 게시문이 나붙었다. 그러나 경성의 일반 시민은 그 중대방송이 항복방송인 줄 전혀 몰라서 으레 “어차피 대본영(大本營) 발표로 용맹한 전과(戰果) 보고이거나 1억 총력전 결의 표명이겠지” 정도로 생각했고, 아니면 ‘대소(對蘇) 선전포고’일지 모른다는 반응이었다.15)

8월 14일 밤 엔도(遠藤柳作) 정무총감은 조선의 사상범을 관리하는 조선사상범보호관찰소장 나가사키(長崎祐三)에게 전화로 8월 15일 오전 여섯 시에 여운형과 함께 정무총감 관저(현 코리아하우스)로 오도록

13) 『東亞日報』(1920. 9. 25), 社說: 祭祀問題를 再論하노라(2) 祖先紀念과 偶像
崇拜의 別.
14) 『東亞日報』(2010. 7. 26), 日王 상징물 참배강요에 ‘우상 숭배’ 비판…108일
무기정간.
15) 『月刊朝鮮』(1995. 8), pp.364~371, 1945년 8월 15일 京城 일본인의 하루. 그
저 멍하기만 했다(미야츠카 도시오(宮塚利雄)).

지시했다. 여운형은 보호관찰 대상자이기 때문이다. 8월 15일 오전 여섯 시 삼십 분에 나가사키 소장은 여운형과 통역 백윤화(白允和, 당시 경성지방법원 판사, 창씨명 白川)와 함께 총감 관저를 방문했다. 엔도 정무총감이 "오늘 열두 시 전면 항복이 발표된다. 적어도 17일까지는 소련군이 입경할 것이다. 소련군은 반드시 조선군의 무장을 해제한다. 그리고 형무소 등에 있는 정치범을 석방할 것이다. 그때 조선 민중들이 부화뇌동하여 폭동을 일으킬 우려가 있다. 혹시 있을 수 있는 불상사를 방지하기 위해 형무소의 사상범과 정치범을 석방하고 싶다. 연합군이 들어올 때까지 치안유지는 총독부가 하겠지만 측면에서도 치안유지를 위해 협력해줬으면 한다"라고 치안유지 협력을 당부하자 여운형은 전적으로 이를 수락했다. 이어 엔도 총감은 경무국장에게 형무소로부터 석방할 때 충분히 얘기한 후 석방할 것, 민중 가운데 청년학생이 폭동의 중심이 될 우려가 있으니 이들에게 주력을 쏟을 것, 안재홍(安在鴻)에게도 여운형과 협력하고, 측면적으로 치안유지에 협력할 것 등을 지시했다.16)

그런데 여운형은 좌익의 실력자였다. 그래서 경기도 경찰부장(岡)은 우익의 실력자인 송진우(宋鎭禹)에게 측면으로 치안유지에 협력해달라고 교섭했지만 송진우는 여운형과 합작하기를 거부했다. 송진우는 "미친놈! 한국독립은 자동적으로 오고야 마는 것인데, 무엇 때문에 총독부로부터 인계받느냐" 하고 노발대발했다. 이런 점으로 보아 여운형은 영웅심이 대단한 사람이이기는 하나 정치적 두뇌는 송진우에게 훨씬 떨어지는 인물인 것이다.17)

이리하여 총독부 당국은 여운형과 안재홍에게 치안유지의 책임을 위임했던 것이다. 8월 16일 오전 아홉 시에 여운형은 이강국(李康國), 최용달(崔容達), 나가사키 보호관찰소장, 백윤화(통역) 등과 함께 서대문 형무소에 가서 사상범, 정치범을 석방했다. 열한 시에 석방된 정치범을 선두로 각 사상단체의 데모 행진이 종로 가두에서 행해졌고, 도처에는

16) 상게서, pp.366~369.
17) 『새벽』(1960. 1), p.165, 解放後의 民族的自敍(朴啓周).

1530

한국의 해방독립을 명시하는 태극기가 휘날렸다. '독립만세', '해방만세'의 외침이 거리에 넘쳐흘렀다.[18]

아베(阿部信行) 조선총독은 치안유지의 책임은 여운형과 안재홍에게 위임하면서, 금전(재정)과 무기(국방안보)는 이광수에게 맡기려 했으나 이광수가 이를 거부함으로써, 해방정국의 모든 책임을 여운형과 안재홍에게 위임하여 건국준비위원회를 발족한 것이다. 그러면 왜 조선총독은 춘원에게 정권 이양을 제안했으며, 춘원은 이를 거절했을까? 이광수는 일제가 패망할 때까지 '용도폐기 인물'이 아니고 정치적으로 이용가치가 높은 '부일협력자'라는 것이 총독부 당국자의 확신이었기 때문에 제일차적으로 춘원에게 제의한 것이다. 만약 춘원이 이를 수락했을 경우, 조선총독이 친일파 이광수에게 정권을 이양했다는 비난의 후폭풍이 일어날 것은 뻔한 사실이다. '친일 민족반역자'로 규탄되고 있는 이광수가 총독으로부터 정권인수를 응낙할 경우 '정통성', '적격성' 문제가 제기될 것은 너무나 당연한 시대적 세론이다. 이를 간파한 춘원은 총독의 정권인수 제의를 거부한 것이다.

1945년 8월 16일 오후 한 시에 휘문중학교 교정에서 여운형은 조선총독부 정무총감과의 회담 경위 보고 연설을 행했다.

조선 민족 해방의 날은 왔다. 어제 15일 아침 여덟 시 엔도(遠藤柳作) 조선총독부 정무총감의 초청을 받아 "지나간 날 조선 일본 두 민족이 합한 것이 조선 민중에 합당하였는가 아닌가는 말할 것이 없고 다만 서로 헤어질 오늘을 당하여 마음 좋게 헤어지자. 오해로 서로 피를 흘린다든지 불상사가 일어나지 않도록 민중을 잘 지도하여달라"는 요청을 받았다. 나는 이에 대하여 다섯 가지 요구를 제출하였는데 엔도는 무조건 응낙을 하였다.
  1. 전 조선 각지에 구속되어 있는 정치 경제범을 즉시 해방하라.
  2. 집단생활인 만치 식량이 제일 문제이니 8, 9, 10의 3개월간 식량을 확보 명도(明渡)하여달라.

---

18) 『月刊朝鮮』(1995. 8), pp.366~369, 1945년 8월 15일 京城 일본인의 하루. 그저 멍하기만 했다(미야츠카 도시오).

3. 치안유지와 건설 사업에 있어서 아무 구속과 간섭을 하지 말라.

4. 조선 안에 있어서 민족해방의 모든 추진력이 되는 학생훈련과 청년조직에 대하여 간섭을 말라.

5. 전 조선 각지 사업장에 있는 노동자를 우리들의 건설 사업에 협력시키며 아무 괴로움을 주지 말라.

머지않아 각국 군대가 입성하게 될 것이며 그들이 들어올 때 우리 민족의 모양을 그대로 보게 될 것이니 우리들의 태도도 조금도 부끄럽지 않게 하여야 한다. 세계 각국은 우리들을 주목할 것이다. 그리고 백기를 든 일본의 심흉(心胸)을 잘 살피자. 물론 우리들의 통쾌한 마음은 금할 수 없다. 그러나 그들에 대하여 우리들의 아량(雅量)을 보이자. 세계 신문화 건설에 백두산 아래에 자라난 우리 민족의 힘을 바치자. 이미 전문대학 중학생의 경비원은 배치되었다. 이제 곧 여러 곳으로부터 훌륭한 지도자가 오게 될 터이니 그들이 올 때까지 우리는 힘은 적으나마 서로 협력하지 않으면 안 될 것이다.19)

조선총독부 당국은 해방된 조선의 힘의 공백이 생긴 틈을 타 반일감정이 폭발하여 일본인에 대한 반란적, 보복적 폭동이 발생할 것을 제일 우려하고 경계하고 있었다. "조선 일본 양 민족의 자주호양(自主互讓)의 태도를 견지, 추호의 마찰이 없도록 엄중히 경계할 것, 즉 일본인 주민의 생명 재산의 보장을 실현할 것인 고로 경비대를 결성해서 일반 질서를 정리할 것"이라고 치안확보를 여운형에게 당부한 것이다. 총독부 당국은 여운형의 요구를 받아들여 8월 15, 16일 양일간 각지 미결수 합계 1만 6백 명의 정치 경제사범을 즉시 석방했다.20) 이에 여운형은 폭력적 충돌사건이 일어나지 않도록 질서유지를 호소하는 전단을 서울 시내에 살포했다. "조선 동포여! 중대한 현 단계에 있어 절대의 자중과 안정(安靜)을 요청한다. 우리들의 장래에 광명이 있으니 경거망동은 절대의 금물이다. 여러분(諸位)의 일어일동(一語一動)이 민족의 휴척(休

19) 『每日新報』(1945. 8. 17), 呂運亨氏 講演, 民族解放의 獅子吼 우리들 理想의 樂土 세우자.

20) 森田芳夫・長田かな子 編, 『朝鮮終戰の記錄』資料篇 第一卷(日本統治の終焉)(嚴南堂書店, 1979), p.114, 朝鮮建國準備委員會の活動.

戚)에 지대한 영향이 있는 것을 맹성(猛省)하라! 절대의 자중으로 지도층의 포고(佈告)에 따르기를 유의하라."[21] 여운형의 이 같은 적극적 치안확보의 협력 결과 해방공간에서 특별한 폭력적 충돌사건 없이 일본의 한반도 철수작전은 순조로이 진행된 것이다.

한평생 광복의 꿈을 품고 민족운동을 줄기차게 전개해온 춘원은 동우회 사건으로 피고인이 된 가장 암울한 시기에 조국해방을 애절하게 기다리는 시 '기다림'을 발표한 바 있다.

기다림

숯 같은 몸이옴에(오매) 단장하다 고우리만
씻고 바르고 빨대 빈 옷 갈아입고
설레는 마음을 안고 들락날락 하오라

불 밑에 그린 듯이 앉아 임을 기다릴 제
여름 짧은 밤이 천년만은 한지이고
세 홰를 재우쳐 우니 눈물 절로 흘러라

어지어 내일이어 그리도 어리던가
임 드실 문빗장 열을 줄을 잊었어라
오셨던 자욱(자국) 뵈옵고 몸을 부려 우노라

이 후란 다 말고서 단장도 마옵고서
문부터 여올 것이 활짝 열어놓을 것이
다시야 다 오신 님을 놓칠 줄이 있으랴

열어라 하실진덴(댄) 보선(버선)발로 여올 것을
한 말씀 없으시고 가신 님도 가신 님이
어느 제 다시 오시리 다 늙을까 하노라[22]

---

21) 『資料大韓民國史』, 권 1(국사편찬위원회, 1968), p.12.
22) 『三千里』(1939. 4), pp.208~209, 기다림(春園).

박계주는 해방공간에서의 좌우 대립과 갈등상, 그리고 상호 친일파라고 공방하는 분열상을 이렇게 고발하고 있다.

서울에 도착한 이튿날인 8월 17일에 '조선문화건설중앙총본부'가 한청빌딩 안에 조직되었다 하여 나는 그리로 갔다. 임화(林和), 이원조(李源朝), 김남천(金南天) 등이 주동이 되어 활약하고 있었으며, 시골에 가 있던 이태준(李泰俊)도 그날 올라와서 나는 모두 반갑게 맞아주는 그들과 손을 잡고 거기서 일하게 되었다. 그런데 18일부터 회원 명단을 작성하게 되었는데, 내가 문학단체의 명단을 맡아 쓸 때 임화나 이원조나 이태준은 친일한 작가를 빼라고 하였다. 그것을 나도 찬성하였으나 한계를 어디에 두느냐는 것이 문제였다. 우선 그들은 내가 적은 명단에서 유진오(兪鎭午), 이석훈(李石薰), 이무영(李無影) 등 여러 사람을 지워버렸다. 그리고 그날 문화 건설본부에 나타난 유 씨더러 나오지 말라고 그들은 직접 말하여 유 씨는 얼굴을 붉히며 퇴장했다.
그런데 내가 괴이하게 생각하는 것은, 임화는 일제 말기에 조선문인보국회 회장이자 국민총력연맹 문화부장이었던 야나베(矢鍋)와 더불어 전시에 처한 일본필승을 위한 문화정책에 관한 대담회를 가져 그것을 '조광' 지에 발표하였을뿐더러 태양극단(太陽劇團)에서 상영한 '지원병 구가(謳歌)'의 희곡을 익명으로 써서 발표한 사람이라 문인보국회의 간사였다. 좌익이었던 김남천은 전향하여 최대의 악질 사상검사였던 나가사키(長崎祐三)가 지휘하는 대화숙(大和塾)에 입소하여 '좌선(坐禪)'과 '미소기(禊ぎ, 목욕재계)'를 하던 사람이었다. 이태준도 문인보국회의 간사의 한 사람이었다. 그뿐만 아니라 '조광'사에서 출판한 단행본에 일본 육군편은 이태준이 집필했고, 일본 해군편은 이무영이 집필했다. 역시 이원조가 편집인인 '조광'사에서 출판한, 하와이 기습에서 전몰한 '구군신(九軍神)의 어머니'라는 단행본의 필자는 박태원(朴泰遠)이건만 그를 명단에서 빼지 않았다.
물론 그 당시에 자진하여 일본문으로 소설과 시를 쓰되, 그것도 친일적인 것, 전쟁구가의 것을 즐겨 씀으로써 일본 측에 붙어 상을 타고 영달을 꿈꾸던 무리와, 어쩌지 못하여 호신책으로 한두 가지만을 써야 하는 사람이 있었던 것을 나는 당시 오랫동안 잡지 편집자로 있었기

때문에 비교적 정확히 구별할 수 있다.23)

그뿐만 아니라 경성일보 기자인 한효(韓曉)는, 창씨개명을 반대한다
고 주장하는 무용평론가 문철민(文哲民)을 신랄하게 비판하고 니이지
마 교(新島曉)라고 창씨개명하고는 진해 일본군항 견학기를 써서 발표
한 친일파였다. 해방 직후 같은 카프(KAPF, 조선프롤레타리아예술동
맹) 회원인 임화가 한효를 상대하지 않자 재빨리 월북하여 한설야(韓雪
野)에 붙어 출세했다. 시인 이찬(李燦)은 일제 말기 일본군 특무대원으
로 권총을 차고 다니면서 '지원병을 보내면서'라는 시를 발표하여 지원
병 장려를 독촉하는 시를 발표했고, 아오바 가오루(靑葉薰)라고 창씨개
명했던 철저한 친일파였던 그는 애국자로 돌변, "장백산 줄기줄기 피어
린 자욱…"의 '김일성가(金日成歌)'를 작사해서 출세한 것이다.24)

좌익 측은 항용 남한에서는 친일파가 득세하고 있다고 비판하고 있
었다. 북한에서 남한보다 훨씬 더 친일파가 출세하였다는 사실을 보다
못한 백선권(白善權)은 북조선인민위원회에 공개장을 보내면서 그 실
상을 폭로했다.

언필칭 좌익은 북조선에서는 모든 행정권을 조선인에게 주어서 군정
(軍政)이라는 것이 없는데, 38 이남에는 군정이 있으니 웬일이냐 한다.
옳은 말이다. 그러나 우리는 프랑스 문호 앙드레 지드가 '소비에트 기
행'에 설파했듯이 문화의 자유가 없는 나라, 언론의 자유가 없는 나라,
관료주의가 가장 고도화한 나라, 노동자 농민 되기보다 관리가 되고자
하는 나라, 아첨할 수 있는 자만이 살 수 있는 나라, 밀고자가 돼야 하
는 나라 ─ 를 북조선에서 발견하게 될 때 북조선인민위원회라는 것은
만주국(滿洲國)과 같은 명예(?)를 가진 괴뢰정권임을 보아버릴 수가 없
다.
또 한 가지 좌익은 언필칭 우익 진영에 친일파 민족반역자가 우글하
다고 한다. 그것은 사실이다. 38 이남의 친일파와 안식처를 우익 속에

_____
23) 『새벽』(1960. 1), p.165, 解放後의 民族的 自欺(朴啓周).
24) 상게서, pp.165~166.

만들 듯이, 38 이북의 친일파와 민족반역자(38 이남으로 피란할 수 없던 사람)도 그 피란처와 안식처를 좌익의 산하에 끼어 들어가 만들고 있는 것이다. 일정시대에 교활한 판사(1940년까지)로 협잡 변호사로 정평이 있을 뿐 아니라 일본의 승리를 위해 시국강연을 해방 직전인 8월 10일 진남포에서 하던 양태원(梁台源) 씨는 지금 북조선 재판소장이라는 최고위에 앉아 있으며, 대화숙(大和塾) 문예차장 겸 일본 곡산회사 특별의용대 차장으로 있던 송창렴(宋昌濂) 씨는 평양 보안서장, 농민위원장을 거쳐 현재 공상(工商)위원장으로 있고, 정회(町會) 부총대(副總代) 겸 봉천(奉天) 센방공장, 송탄유 공장 등으로 대일협력하던 이주연(李周淵) 씨는 평남 인민위원회 상무부위원장으로 있으며, 일진회(一進會) 지부장 겸 군속(郡屬)으로 있던 권성옥(權星玉) 씨는 양덕(陽德) 인민위원장으로 있는 등, 이루 그 예를 매거할 수 없거니와 적어도 문화인이요 예술가의 양심을 가졌다고 하는 사람들이 모인 북조선예술연맹의 간부를 보라. 어제까지 아내 최승희(崔承喜)를 끌고 북지(北支), 상해 등지로 황군(皇軍) 위문의 무용행각을 다니며 갖은 아첨을 떨던 안막(安漠) 씨와 8·15 직전까지 만주국 협화회(協和會, 조선의 국민총력연맹보다 더 심한)에서 10유여 년간 활약하던 명성이 쟁쟁한 시인 박팔양(朴八陽) 씨 등이 큰 의자를 차지하고 있는 것은 어떻게 해석해야 하는가. 38 이남도 마찬가지다. 경성일보사에서 가장 악질기사를 쓰던 기자들이 인민보(人民報)를 조직했고, 매일신보사에서 필묵으로 최고도의 대일협력을 하던 기자들이 중앙신문, 자유신문, 서울신문에 흩어져서 좌익 행세를 하는 것은 어떻게 심판해야 하며, 친일파 박희도(朴熙道)와 손잡고 일본어의 악질잡지 '동양지광(東洋之光)'을 만들던 고 여사(高明子)가 부녀동맹의 높은 의자를 차지하고, 임전보국단에서 일본을 위해 시국강연을 하던 허 여사가 또한 부녀동맹의 연설 행각을 다니는 것은 어떻게 규정해야 하는가. 이러한 대일협력자를 친일파 민족반역자로 규정하지 않고, 끝까지 지조를 지켜오며 싸워온 조만식(曺晩植) 씨를 민족반역자로 규정하며 평양에서 방송을 통해 선전까지 하는 것은 어디서 온 진리인가. 정치노선이 다르면 달랐지 민족주의자가 민족반역자라는 진리는 인류의 세계에는 없을 것이다.[25]

25)『民聲』(1946. 6), pp.167~168, 北朝鮮人民委員會에(白善權).

박계주는 친일파 문제에 있어서 우익을 옹호하고 좌익만을 공격해야할 의무를 갖지 않았기에 '북조선과 남대한'이란 제목으로 그 실상을 발표했다.

남대한이 북조선보다 더 좋으냐? 북조선이 남대한보다 더 좋으냐? — 그러한 승강이를 붙여보는 것을 향락하려는 것은 아니다. 해방 직전까지 일본 헌병대의 주구로 일본인 이상이던 자가 거리를 활보하고, 혁명투사와 애국지사를 악형·치사케 하던 고등계 형사와 검사와 판사 등 총독부의 '개'들이 그냥 경찰계에서 또는 관계(官界)에서 머리를 휘두르는 곳이 남대한이요, 군수공업으로 대일협력하던 자가 이권운동의 선두에서 모리에 모리를 거듭하여 부자는 더욱 부자가 되고 그 반면에 가난한 자는 그냥 가난해야 하는 곳이 남대한이라면, 어제까지 일정하에서 갖은 학대를 받으며 민족해방에 헌신하던 지사라도 공산주의 신봉자가 못 되고 민족주의자라는 낙인 밑에서 감시를 받고 투옥 당하는 곳이 북조선이요, 언론결사의 자유가 없고, 사상이 통제를 당하고, 정신이 한 형(型)틀에 들어가 기계가 되어야 하는(그렇게 되지 못하면 가식으로 살아야 하는) 곳이 북조선임은 위정자가 무어라 변명하든 인민이 더 잘 알고 있는 현실이니…26)

왕정위(汪精衛) 일파는 과연 친일파였던가? 그렇지 않으면 장정권(蔣政權)과 내통이 있었던가? 진공박(陳公博)은 집 한 칸도 가지지 못하고 셋방에서 살았었다. 그는 전쟁 중에 말로나 글로나 일본을 우방이라 한 적이 없었고, 끝까지 만주국(滿洲國)을 해체하라고 주장한 애국자였다. 그러나 그는 사형을 당하고 말았다. 조국을 도탄 속에서 구하기 위해 부득이 대독협력(對獨協力, 친독파)했던 프랑스 수상 페탱도 종신형을 받고 말았다. 페탱만이 아니라 민족반역자로 사형당한 프랑스인은 물경 3천여 명이며 투옥당한 자는 수만 명에 달한다. 그렇거늘 자기 일신의 명예와 지위와 이권과 보신을 위해 즐겨 의식적으로 대일협력을 했던 조선의 친일파와 민족반역자는 참회와 근신은커녕 도리어 이권운동에 골몰하며, 혹은 모모 기관에 들어가 지위를 획득하기

---

26) 『새벽』(1960. 1), 解放後의 民族的 自敍(朴啓周).

에 바쁠 뿐만 아니라 일정시대 그대로의 반역행위를 하니 이 무슨 슬픈 희극이냐? 일본 헌병대와 경무국의 스파이를 위시한 악질 경관과 악질 지사(知事), 참의(參議), 기타 군수품 생산업자, 언론인, 유세자, 모리배들, 모든 친일파와 친일협력자는 여기 실리는 진공박(陳公博) 공판기를 읽고 앞날의 민중 여론에서 그대들의 최후가 어떻게 참담할 것을 각오하는가?27)

이광수는 '백악산인'이란 자호로 해방정국의 앞날에 대한 자신의 정견을 피력하면서 좌우합작(左右合作)은 허상에 불과하다고 진단하고 있다.

　미소 공동위원회의 무기휴회 직후 좌우는 각기 그 휴회에 이르게 된 이유와 및 그 책임까지를, 좌는 민주의원(民主議院)과 그 산하의 우익 정당에 내지는 은연히 미국 측에 있다고 하고, 우는 소련 측과 이를 지지하는 좌익 정당에 있다고 언명함으로써 좌우의 최후적 충돌을 보는 듯하였더니, 이 책임 전가 내지는 외국 의존만으로는 조선 민족 전체의 지상명령인 자주독립이 완수 못한다는 냉엄한 현실에 직면하여, 김규식(金奎植) 박사와 여운형(呂運亨) 씨를 중심으로 한 좌우합작의 운동은 전개된 것이었다.
　이는 8·15 이후 어언간 1년이 가까워오는 작금까지 좌우익의 부단한 배타주의적(排他主義的) 싸움에 시달린 3천만 민족, 특히 남조선 민족대중의 절대(絶大)한 기대를 받고 있음은 물론 좌우 양익에 있어서도 표면적으로는 이미 합작 자체에 대하여 지지를 표명하고 있는 것이므로 불원 그 성과가 나타날 것을 믿고 싶은 바로서, 그간 합작의 원칙론과 기술론 등의 성명과 담화가 연발되었음은 그 자체가 좌우 상호의 견제책(牽制策)인 관(觀)이 있는 채, 이때까지의 반대를 위한 반대가 아님에 일대 진전을 본 것이라 아니 할 수 없다.
　특히 김·여 양씨의 진지한 합작운동에 대하여 하지 중장이 지지성명을 한 후로는 그 활기 볼 만한 것이 있어 이미 좌우익의 대표자 5인씩 작정(作定)이라는 구체적인 진전에까지 이르렀으므로 이에 대한 민

---

27) 『民聲』(1946. 7), 陳公博 大公判記(天淵子 譯).

족대중의 관심은, 8·15 직후의 우리 정부 수립에 대한 그것에 지지 않을 뿐 아니라, 감격적 흥분을 사상(捨象)한 그것인 만큼 더욱 크다고 할 것이다. 그러나 민족대중은, 지금 이러한 진지한 관심을 가졌기 때문에, 좌우합작에 대한 좌우 양익 중 이니시어티브를 가졌다고 보이는 공산당과 이승만, 김구 주석을 중심으로 한 단체에 대하여 그 솔직한 태도 표명을 바라고 있는 것이다.

물론 이 두 세력 자체가 합작운동의 선두가 될 수 없다는 것은 명료한 사실이며 그렇기 때문에 유연성과 이해성이 많은 김·여 양씨가 나오게 된 당연한 사실을 수긍하는 바이나, 이 두 세력을 제외한 좌우익이 모두 합작정신(合作精神)에 호응한다 하더라도, 전기 두 세력이 이에 응하지 않는다면 합작공작(合作工作)은 와해되는 것이기 때문이다.

이러한 미묘한 사정을 지실하고 후에 따를 부작용을 피하기 위하여 이번에도 합작운동은 모두 개인 자격이라 한 용의주도의 태도인 것도 우리는 알고 있다. 그리고 이 운동이 이미 월여에 이르고 김 박사는 입원하게까지 될 만큼 쇄신진력(碎身盡力)하였음에 불구하고 아직 아무런 그 성과 발표가 없음에 대하여서도 우리는 초급하지 않으려고 하나, 한 가지 초조하지 않을 수 없는 사실이 있다. 그것의 하나는, 이 박사가 합작운동과 별개로 민족통일본부를 결성한 사실이다. 하기는 이 박사는 후에 김·여 양씨의 합작운동을 지지한다는 성명을 하기는 하였으나, 그럼에도 불구하고 민의(民議)와 비상국민회의 측으로서의 태도 표명이 없음을, 우리로서 석연치 못하게 하는 점이 아닐 수 없다.

또 하나는 공산당 측으로서는 이주하(李舟河) 씨의 담화로 세 가지의 원칙론을 내걸었을 뿐, 합작운동에 대하여 어떤 정략(政略)이 있는지는 알 수 없으나 다분히 모호한 태도라 아니 할 수 없기 때문이다. 물론 두 세력은 여·김 양씨의 동향을 감시하고 정당한 결론이 있은 후에 적극적으로 이에 합작할 것이라고 억측하고 싶으나, 여기 있어서는 혹은 두 세력이 성의적 포용보다도 정상적(政商的) 교리(巧利)를 보이는 듯한 우울한 느낌을 준다 아니 할 수 없다.

이러한 우울을 품는 것은, 정당 내지 정치적 단체란 자기 계급의 복리를 옹호하는 것이기는 하나, 조선 현실에 있어서는 단순한 기계주의적 해석에 의한 자기 계급의 복리뿐이 아니라 전 민족적 복리를 위한 것으로서 합류되어야 할 단계에 있다는 것을 절감한 나머지에 나온 합작운동이기 때문에 두 파가 후에 "나는 본래 관여하지 않았다"고 물러서는 소승적(小乘的) 입장에 만족하지나 않을까 저어하기 까닭이다.

또 한 가지 여기에 첨언할 것은 이 합작운동은 불행히 미소공위 휴회 후에 대두하였다는 것을 우리는 명심해야 한다는 것이다. 극언을 무릅쓰고 말한다면 미국 측의 지지를 받는다는 우익이나 소련 측의 지지를 받는다는 좌익이나가 모두 그 진심에 있어서는 결코 최종 구극(究極)에 이르기까지 양국의 정책에 맹종(盲從)하려는 심사는 없을 것이다. 왜냐하면 언제나 대전 후에 발흥하는 세계평화주의란 그 자체에 있어서 만국이 이를 반기기는 하나 국제정세는 반드시 그 좋은 주의(主義)를 위하여서만 진전하지 않는다는 것, 그러한 경우에는 약소민족이란 항시 불행한 제비를 뽑게 되는 사실을 두 파가 모두 아는 까닭이다. (이것은 결코 양국의 평화정책에 대한 회의가 아니라 역사가 가리키는 일종의 약소민족에 대한 경고다.)

그러므로 이 합작의 기회를 놓친다면, 공위(共委) 재개도 난망이요, 재개된다 하여도 기대할 것이 없을 뿐 아니라 남조선에서의 좌우합작이 없는 한, 남북 조선의 통일은 너무도 요원한 장래의 일일 것이다. 여기에 생각이 이른다면, 좌우익은 특히 공산당과 이 박사 중심의 단체는 좌우합작에 대하여 좀 더 성의 있고 격의 없는 태도를 표명함으로써 지도자의 일언일동에 그 운명이 좌우되기 쉬운 민족대중으로 하여금 안도의 가슴을 내려쓸고 건국산업(建國産業)에 매진케 함이 있어야 할 것이다.[28]

이광수는 대한민국 정부 수립을 앞두고 '옥에 계신 여러분께'라는 명문을 '새길'에 발표했다. 춘원 자신이 항일독립운동을 하다가 일제의 감옥에 갇혀 고생했던 체험담을 담은 교훈적인 격려의 글을 옥에 있는 죄수들에게 보낸 것이다.

사람의 마음이 가장 크게 변할 수 있는 것은 큰 병을 앓을 때와 감

---

28) 『民聲』(1946. 7), 先導의 兩大勢力에 要望되는 態度表明, 合作과 左右政黨 (白岳山人). 이광수전집(삼중당)에 미수록.

옥에 있을 때라고 합니다. 병이나 옥이나 인생의 가장 큰 불행이지마는 이 불행을 가장 잘 이용하는 것이 지혜로운 일입니다. 예로부터 옥에 갇힌 동안을 이용하여 큰일을 한 사람이 여럿이 있습니다. 중국에 사마천(司馬遷)은 역사가로 세계에 유명하거니와 그의 명저 '사기(史記)'는 그가 옥중에서 쓴 것이라 하며, '하늘 가는 길(天路歷程, *Pilgrim's Progress*)'이라는 책은 영국, 미국뿐 아니라 세계에 이름이 높은 책이어니와 이것도 존 번연이라는 영국 사람이 옥중에서 쓴 책이라고 합니다.

옥에 있는 동안에는 모든 세상 욕심을 버릴 수가 있으니 사람이란 세상 욕심을 버리면 정신이 맑고 깨끗하여져서 성인의 마음이 될 수 있는 것입니다. 이리하면 첫째로 마음이 편안하니 좋고 마음에 불평이나 원망이 없고 희망과 따뜻한 사랑의 빛이 발하여서 늘 즐거우니 좋고 이 즐거움 속에서 무엇이나 좋은 일을 하여볼 힘을 얻으니 좋습니다. 옥에 있는 동안을 학교에 공부하는 동안으로 알고 힘쓰면 한층 더 나아가서는 절(寺院)에서 수도(修道)하는 동안으로 알고 힘쓰면 확실히 큰 힘 있는 새사람이 되어서 세상에 돌아올 수가 있습니다.

착한 일을 하면 착한 보(報)를 받고 악한 일을 하면 악한 보를 받는다는 것을 나는 믿습니다. 내가 한 일에서 오는 보응(報應)은 꿈에도 도망할 수 없고 죽어도 도망할 수 없음을 나는 믿습니다. 하늘과 땅이 부서지고 해와 달이 길을 바꿀지언정 인과(因果)의 이치는 터럭 끝만치도 틀어짐이 없음을 나는 믿습니다. 또 내가 깨끗한 마음을 먹고 착한 일을 할 때에는 깨끗하고 착한 사람들과 신명(神明)들이 내 편을 들고, 그와 반대로 내 마음이 흐리고 악한 일을 할 때에는 악한 중생이 나를 끈다는 것을 믿습니다.

그러므로 우리의 화복(禍福)은 우리 자신이 지은 것이라는 것을 나는 믿습니다. 현재의 행복과 불행이 내가 지은 것임과 같이 미래의 것도 내가 하기 탓으로 행복도 되고 불행도 되는 것임을 나는 믿습니다. 거름을 한 짐 내고 김을 한 번 맨 밭과 거름을 두 짐 내고 김을 두 번 맨 밭과 소출(所出)이 같지 아니한 것이 고마운 일이나 이러하길래 이 세상은 살 만한 세상입니다.

사랑하는 여러분, 부디 마음을 고요히 하여 깊이 우주와 인생의 이치를 생각하시고 큰 깨달음과 큰 기쁨을 얻으시기를 바랍니다. 끝으로 옥중에서 몸과 마음이 편안하게 하는 내 비결(秘訣)을 말씀하겠습니다.

1. 물도 씹어 먹어라.

2. 언제나 빙그레 웃으라.

3. 눈에 안 보이는 신명(神明)의 눈이 언제나 내 위에 있음을 알라.

이것은 과거에 내가 옥에 있을 때에 지키던 것입니다.29)

이광수는 1947년 6월에 장편소설 '꿈'30)을 간행했다. 이것은 해방 후의 첫 작품이었다. 해방 직후 좌익 진영에서는 친일파 이광수의 '꿈' 과 박영희(朴英熙)의 '문학의 이론과 실제'란 책자가 발매되어 인민을 분개케 하고 있다고 규탄하기에 이르렀다. 좌익계 조선문학가동맹(朝鮮文學家同盟)에서는 민정장관 안재홍(安在鴻)에게 친일파 이광수와 박영희의 저서의 발매금지와 이것을 간행한 출판사에 대한 엄벌을 요구했다. 이 두 저서는 좌우간의 이념서적이 아니고 순수한 역사소설이고 문학이론 서적임에도 불구하고 단순히 친일매국노의 저서라는 이유로 규탄하면서 이 같은 발매금지를 요청한 것이다. "매국노에게 언론의 자유를 주다니 천만부당이다. 남조선에서의 친일파의 전횡(專橫)이 일제를 연상할 만치 정치, 경제, 심지어 문화 영역에까지 파렴치한 행동을 계속하고 있는 이때 이·박 두 왜구(倭狗)들이 머리를 들고 일어난다는 것은 그 좋은 일례이다. 민족문화 건설에 애국시인 임화(林和) 씨의 시('旗빨')는 삭제되고 우수한 상연극단의 각본 내용은 삭제를 당하고도 친일파의 저서가 시장에 나와야 할 이유가 어디 있는가. 전 민주주의 문화인의 이름으로 단호한 처분을 요구하는 바이다."31)

이광수는 대한민국 정부 수립의 감격을 이렇게 축복하고 있다.

---

29) 『새길』(司法部刑政局, 1948. 4. 1), pp.5~6, 옥에 계신 여러분께(長白山人). 이광수전집(삼중당)에 미수록.

30) 李光洙, 『꿈』(勉學書舖, 1947. 6).

31) 『自由新聞』(1947. 7. 8), 詩集의 '旗빨'은 削除해도 李光洙의 '꿈'은 나와야 할까?

나는 독립국 자유민이다, 이광수

내가 나기는 大淸(대청) 光緒(광서) 몇 년
남한산성의 욕을 씻으려던
孝宗大王(효종대왕)의 뜻이 못 이루어
이백년 남아 大淸年號(대청연호)를 썼다.
해마다 冬至使(동지사)가 부끄러운 國書(국서)와 貢物(공물)을 지고
燕京(연경) 길 삼천리에 찬바람을 거슬렀다.
甲午(갑오)년에 日兵(일병)과 淸兵(청병)이 제멋대로 들어와
牙山(아산)에 싸우고 平壤(평양)에서 싸웠다.
제 나라를 남의 싸움터로 내맡긴 우리 정부는
콧등에 손길을 세우고 바라보았다.
이긴 편에 붙으려는 못난 무리는
두 패로 갈려서 세력 다툼 할 때에
부모들은 어린 우리를 업고 안고
집도 세간도 다 버리고 피란을 갔다.
아라사가 용바위에 터를 닦으니
日兵(일병)이 서낭개에 기어올랐다.
仁川(인천)의 대포와 定州(정주)의 총소리에
이 나라는 다시 남의 싸움터가 되었다.
아라사는 우리 딸과 소를 빼앗아 가고
동맹국이라던 日本(일본)은 외교권을 빼앗아 갔다.
충신은 목을 찔러 죽고
의병은 총을 맞아 쓰러졌다.
지사들은 감옥으로, 타국으로 가고
뭇 백성은 의붓아비 거상을 입었다.
「문전옥토는 東拓(동척)의 이민
쓸 만한 자식은 가막소(감옥)살이」
李容九(이용구)는 合邦(합방)을 걸고
李完用(이완용)은 合倂(합병)을 걸고
싸구려, 싸구려로 다투어
나라는 팔린다―

하레(핼리혜성) 살별이 오던 경술년 팔월 이십구일
이천만 민족은 망국민이 되었다.
「한 치 벌레도 만일 밟으면
죽기 전 한 번은 움직거리고
조그마한 벌도 네가 다치면
네 몸을 반드시 쏘고야 죽는다」
기미년 삼월 일일 삼천리강산에
대한독립만세를 높이 부르고
늙은이 젊은이 어른과 아이
피를 흘리고, 옥으로 가고—
大韓民國(대한민국) 臨時政府(임시정부)는
上海(상해)에 重慶(중경)에 스물여덟 해
이리 쫓기고 저리 구르며
거룩한 國脈(국맥)을 지키어 왔다.
滿洲(만주)를 먹고 中國(중국)을 물고
日本(일본)은 세계와 싸우려 들었다.
영국은 다 무엇이냐 미국도 우습다,
무서운 교만으로 日本(일본)은 미쳤다.
싱가포르, 괌 섬 삼키는 맛에
워싱턴 런던도 제 것인가 싶었다.
카달카날에서 풍세가 변하여
마른 잎 몰리듯이 轉進(전진) 또 轉進(전진)
부겐빌 레이레에 전멸한 해군을
'대승리'라고 축하하였다.
B29가 대가리를 두들겨도, 軍閥(군벌)은
日本(일본)이 이긴다고 제 국민을 속였다.
우리 아들딸들은 징용으로 징병으로
땀을, 피를 흘렸다, 나라 없는 설움.
밥그릇, 숟가락 가마(가마솥), 솥, 요강, 대야
쇠붙이란 쇠붙이는 다 몰아갔다.
한 달에도 몇 번씩 남의 사당(신사)에
끌려가 절하였다, 손바닥을 쳤다.

이러고야 살았다— 나라 없는 백성은
이러고도 못 살았다— 나라 잃은 백성은
乙酉(을유) 八月十五日(팔월십오일) 日本(일본)은 항복했다.
원자탄 두 방에 정신이 들었다.
연합국의 발밑에 엎더진 日本(일본)은
훔쳐 먹고 뺏아 먹은 영토들을 뱉았다.
이것을 일컬어 해방이라 불렀다.
해방은 기쁘나 남의 덕이 슬프다.
곧 될 줄 안 독립은 삼년을 끌었다.
日本(일본) 쫓은 미군이 온 것은 몰라도
난데없는 개평꾼 아라사(소련)는 웬 일고?
원수의 삼팔선은 무엇 땜에 생긴 것?
태극기를 나린 것이 그 뉘 아들인고?
피도 하나 마음도 하나 삼천만 겨레를
기복이요 좌요 우요 가른 자는 그 누구?
삼상협정 절대 지지, 알다가도 모를 일.
미소공위, 남북협상, 붉은 요술이었다.
요술의 놀림감이 된 줄을 깨달아서
국제연합 위원단이 이 땅에 들어왔다.
자유로운 총선거로 국회가 조직되고
칠월에도 십칠일 헌법이 나왔다.
리(이승만) 의장의 서명이 끝나는 순간에
우리는 독립국의 국민이 되었다!
우리는 민주국가의 자유민이 되었다!
독립! 독립! 독립! 독립!
어떻게나 그립던 독립인고!
어떻게나 없어서 섧던 독립인고!
얼마나 많은 동포가, 지사가,
이 독립이, 독립이 보고 싶어 보고 싶어 못 보고 죽었던고!
칠월 십칠일, 일곱째 달 열이렛날!
한글로 쓴 대한민국헌법이 난 날!
자자손손이 어천만대에 지켜갈 헌법의 날!

이 날을 본 내 눈은 복되어라.
다시 이 독립 잃을세라!
다시 망국민 될세라!
이제야말로 삼천만 한 마음 한 뜻으로
피로써 이 독립 아니 놓치도록
죽어도 이 독립 안 뺏기도록
영원히 이 독립 지키기를
맹세할 때라, 하늘 불러 땅을 불러
피눈물 부어서 맹세할 때다.
대통령이 누가 되든지
내각에 각원이 누가 나든지
잘났어도 우리 지도자
못났어도 우리의 일꾼.
설사 남만 못한 정부일지라도
내 나라의 내 정부 아니냐.
내 투표로 뽑은 내 사람들이 아니냐.
노예로의 행복보다도
자유의 고통을 달라던 우리 아니냐.
나는 그들을 존경하고 사랑하련다―
우리 대통령을, 우리 정부를.
언론의 자유는 민주국민의 기본 권리다.
그러나 언론의 근신은 자유인의 기본윤리다.
하물며, 초창기의 자리 못 잡은 정부를
실력은 적고 사업과 곤란은 큰 새 정부를
강하게 하는 것은 국민의 지지와 협력
약하게 하는 것은 국민의 口舌(구설)임에랴.
학생들아, 인제는 학창으로 돌아가자.
독립의 벅찬 짐을 지고 갈 너희들이다.
큰 힘을 기르자, 큰 힘은 큰 공부에서.
노동자야, 일터로 돌아가자.
우리 살림은 우리 것으로 해야 한다.
생산 아니고 독립이 어디 있느냐.

농민아, 풀 더 많이 베고 김 더 잘 매자.
남의 채찍 밑에서 하던 갑절은 하자.
네 게으르면 우리 모두 굶는다.
탐관오리야, 악질 모리배야, 사기야, 절도야,
인제 그 짓 고만 두자. 독립이 아니냐.
너희도 국민. 다들 거듭 나서 새 사람 되자.
언론인아, 인제 깎는 말, 비꼬는 소리,
싸움도 다 고만 두자.
진실로 임금답게 하늘과 사람의 대인이 되자.
사람아, 시기, 질투, 훼방, 이간, 중상,
그리고 나라 망치는 무기인 거짓말, 편당심,
다 고만 버리고 서로 화합하자, 협력하자.
나는 죄인, 비록 大淸光緒(대청광서)에 나고
明治(명치) 大正(대정)의 거상 입고
天照(천조), 昭和(소화)에 절한, 더러운 몸이언마는
건국 선거에 투표하는 날
조국은 나를 용서하여 불렀다.
칠월 십칠일 헌법공포식 중계방송 듣고
흘린 감격의 눈물로 먹을 갈아
사는 날까지 조국 찬양의 노래를 쓰련다.
그리고 독립국 자유민으로 눈 감으련다.[32]

그토록 애타게 바라던 '광복', '자유해방', '대한민국 정부 수립'의 소망이 이룩되자 이광수는 이제 금방 죽어도 유한이 없다고 노래하고 있다.

누구나 한 번은 죽거니와 죽을 때에 능히 뻐젓하게 "고마워라, 동포의 은혜와 사랑 속에 일생을 편안히 살았노라. 비록 변변치 못하나마 내가 맡은 직분을 다하였노라. 무한한 희망과 축복을 동포에게 남기고 나는 이 세상을 떠나노라" 할 수 있다면 인생의 기쁨은 완성되는 것

---

32) 『三千里』(1948. 8), p.18, 나는 독립국 자유민이다(李光洙).

이다.

　　인생을 무엇에 비기리
　　산 오름에 비기리라
　　오르면 새 경개(景槪)요
　　넘으면 새 경개라
　　험한 턱 추어 오르면
　　더욱 큰 경개로다
　　마루턱 다 올라설 때
　　오른 고생 헤오랴.33)

2. 이광수 저작 '국사원본 백범일지'(1947)와 입법의원의 반민 법안

　　이광수는 일제 말기 친일행태와 혁명운동을 동시에 병행하는 '투트 랙 전략'을 구사했다. 그 대표적인 사례가 성전에 참여하라는 친일시를 매일신보에 발표하면서, 다른 한편으로는 청년정신대 조직 활동을 전개 한 것이다.

　　성전의 용사로 부름 받은 그대 조선의 학도여 지원하였는가.
　　학병을 그대 무엇으로 주저하는가. 부모 때문인가.
　　충(忠) 없는 효(孝) 어데 있으리, 나라 없이 부모 어데 있으리.
　　그래 처자 때문에 주저하는가.
　　자손의 영광과 번창이 이 싸움 안 이기고 어데서 나리.
　　그대들의 나섬은 그대 가문의 영화이며 3천만의 조선인의 살 길
　　남아 한 번 세상에 나 이런 호기(好機) 또 있던가.
　　위국충절은 그대만의 행운, 가라 조선의 6천 학도여.34)

---

33) 李光洙, 春園隨筆集 『돌벼개』(生活社, 1948. 6. 15), pp.201~202, 사랑의 길.
34) 『每日新報』(1944. 11. 4), 聖戰에 참여하라(香山光郞).

이광수의 이 같은 친일행적은 많은 독립지사들의 분노를 샀다. 특히 상해 임시정부를 이끌고 항일독립투쟁을 벌이다가 귀국한 백범 김구는 귀국 직후 이광수가 아직도 살아 있다는 소식을 듣고 "아니 뭐야? 이광수와 최남선이 아직도 살아 있다구? 괘씸한 놈들, 이놈들을 당장…"[35] 하고 분통을 터뜨렸다는 것이다. 그럼에도 불구하고 이광수는 이에 개의치 않고 그의 평생 동지 백범 김구의 전기 '백범일지'를 참회하는 심정으로 저술하고 간행했다. 이광수는 일제 말기 친일행위에 대한 반성과 참회의 심정으로 상해 임정의 동지인 안창호와 김구 두 독립투사의 전기를 연달아 일기가성(一氣呵成)으로 집필하여, '도산 안창호'는 1947년 5월에, '백범일지'는 1947년 12월에 각각 출간했다.[36]

두 저서에는 집필자의 이름이 없다. 그 당시 이광수는 '친일 반역자'라 규탄 받고 있었기에 자신의 이름을 명기하지 않은 것으로 분석되고 있다. 특히 '백범일지' 표지에는 '金九 著'로, 판권란에는 '編輯兼發行者 金信'으로 되어 있다. '도산 안창호'는 춘원이 집필했다고 일찍부터 알려지고 있어서 '이광수전집'(삼중당)에도 수록되어 있다. 그러나 '백범일지'는 저자가 '김구'라고 되어 있었고, 더구나 친일파가 '백범일지'를 저작했다는 것은 그 당시의 국민정서에 용납되지 않는 여론으로 '기피인물 이광수' 저작임을 의도적으로 숨기는 추세이기에 삼중당에서 '이광수전집' 전 20권을 발간할 때 아예 이를 제외한 것이다. 백범의 아들 김신(金信)은 '백범일지' 육필원고본을 영인본으로 출간하면서 후기에서 이렇게 썼다. "'백범일지'가 처음 활자로 간행된 것은 광복 후 서울에서 1947년 12월 15일 국사원에 의해서다. 이때는 원본을 현대 한글철자법에 준하여 윤문하였고, 부록으로 선친의 정치철학을 피력하신 '나의 소원'을 첨가하였다. 그 후 오늘날까지 여러 출판사에서 이 국

---

35) 吉眞鉉, 『역사에 다시 묻는다』(三民社, 1984), p.112, 春園 李光洙.
36) 島山安昌浩先生紀念事業會, 『島山安昌浩』(太極書館, 1947. 5. 30); 金九 著, 金九 自敍傳 『白凡逸志』(國土院, 1947. 12. 15). 이광수는 1947년 5월에 '島山安昌浩'를 간행한 데 이어 '백범일지'를 간행했는데, 어디에도 이광수 저작이란 표시가 없다. 전자는 '도산기념사업회'라고 명기되어 있고, 후자는 '金九 著'라 되어 있다. 전자는 국한문 혼용으로, 후자는 한글전용으로 썼다.

사원판의 현대 한글철자법과 문장에 준하여 윤문한 '백범일지'를 다시 약간씩 철자법을 고치고 윤문하여 간행하여 읽혀왔다."37) 여기서 '윤문'이란 단어가 세 번 나온다. 즉 현대철자법에 준하여 윤문했다는 것이다. 윤문(潤文)의 사전적 의미는 제삼자의 글을 윤색한다는 것이다. 그러면 누가 누구의 글을 윤문했다는 말인가? 윤문한 당사자의 이름은 밝히지 않고 있다. 김신은 "부록으로 선친의 정치철학을 피력하신 '나의 소원'을 첨가하였다"라고 했는데, '나의 소원'은 백범 육필원고본에도 없는 새로 창작한 작품이다.

이광수는 '도산 안창호'(1947)를 국한문 혼용체로 썼는데, 초판본을 내고 나서 절판되고 말았다. '백범일지' 원고본을 저본으로 저작한 '국사원본 백범일지'(1947)는 춘원 특유의 호소력 있는 유창한 문장으로 쉽고 간결한 한글전용 문체로 집필했기에, 해방공간 전 국민의 필독 교양서로 널리 읽혔다. 초판본(1947. 12. 15)이 출간되고 3개월 만에 재판(1948. 3. 1)이 발행되었고, 1년이 못 되어 3판(1948. 11. 11)이 출간될 만큼 선풍적인 인기를 누렸다. 문장의 유창하고 경쾌한 점에 있어서나 또 문장상의 기교로 보아 이광수는 한국 문학의 제일인자이기 때문이다. '국사원본 백범일지'는 1970년대 말까지 무려 28판이 출간되면서 한국 출판계에 전무후무한 스테디셀러 작품으로 평가되고 있다.

최일남(崔一男)이 '국사원본 백범일지'가 이광수 작품임을 알고, "춘원 이광수가 원본을 국문으로 옮기고, 철자법도 고쳤다고 들었습니다"라고 질문을 던지자, 김신은 이렇게 대답했다. "춘원은 자신이 그 일을 하겠다고 했습니다. 아버님은 그의 행실 때문에 망설였는데, 누군가가 글솜씨도 있는 사람이고 속죄하는 기분으로 맡겠다니 시켜보라고 했대요. 그가 윤문(潤文)을 한 건 사실이나, 아버님이 그걸 알고 맡기셨는지는 의문입니다."38) 이와 같이 김신은 이광수가 '행실'(친일) 때문에 속

---

37) 影印本. 親筆을 原色影印한 金九 著, 金九 自敍傳 『白凡逸志』(集文堂, 1994), 後記(金信).

38) 『新東亞』(1986. 8), p.347, 崔一男이 만난 사람, 金信씨. 白凡은 왜 單政을 반대했는가.

죄하는 마음으로 '국사원본 백범일지'를 윤문했다고 밝히고 있다.

이처럼 김신은 최일남과의 인터뷰에서는 '국사원본 백범일지'가 춘원의 윤문임을 시인했지만, 앞에서 인용한 '백범일지' 영인본 후기에서는 윤문의 주체자(이광수)를 밝히지 않았고 '윤문'이라는 말을 세 번 되풀이하면서 강조하고 있다. 그뿐만 아니라 '나의 소원'을 부록으로 첨가했다고 했지만, 작자(이광수)를 애써 은폐하고 있다.

'나의 소원'은 같은 시기에 간행한 이광수의 수필집 '돌벼개'의 '사랑의 길'과 구문, 문체, 논지가 완전 일치되고 있다.39) 그뿐만 아니라 이광수의 '나의 소원'은 이와 비슷한 제목 '젊은 조선인의 소원'(동아일보, 15회 연재, 1928. 9. 4~19)과 그 맥이 상통되는, 그의 정치철학을 담은 명논설문이다.

'나의 소원'과 '사랑의 길'은 둘 다 새 나라 대한민국의 건국이념을 천명했다는 점에서 이광수의 저작임이 확연하게 드러나고 있다. 신생 대한민국의 건국이념은 공산주의 계급독재의 정치체제를 철저히 배격하고 자유민주주의의 정치체제를 기초로 한 민주공화국 정부 수립이다.

시방 공산당이 주장하는 소련식 민주주의란 것은 이러한 독재정치 중에도 가장 철저한 것이어서 독재정치의 모든 특징을 극단으로 발휘하고 있다. 즉 헤겔에게서 받은 변증법, 포이에르바하의 유물론, 이 두 가지와 애덤 스미스의 노동가치론을 가미한 마르크스의 학설을 최후의 것으로 믿어, 공산당과 소련의 법률과 군대와 경찰의 힘을 한데 모아서 마르크스의 학설에 일점일획이라도 반대는 고사하고 비판만 하는 것도 엄금하여 이에 위반하는 자는 죽음의 숙청으로써 대하니, 이는 옛날에 조선의 사문난적(斯文亂賊)에 대한 것 이상이다. 만일 이러한 정치가 세계에 퍼진다면 전 인류의 사상은 마르크스주의 하나로 통일될 법도 하거니와 설사 그렇게 통일이 된다 하더라도 그것이 불행히 잘못된 이론일진대 그런 큰 인류의 불행은 없을 것이다. 그런데 마르크스 학설의 기초인 헤겔의 변증법의 이론이란 것이 이미 여러 학자의 비판으로 말미암아 전면적 진리가 아닌 것이 알려지지 아니하였는가.

---

39) 李光洙, 春園隨筆集 『돌벼개』, pp.177~228, 사랑의 길.

자연계의 변천이 변증법에 의하지 아니함은 뉴턴, 아인슈타인 등 모든 과학자들의 학설을 보아서 분명하다.[40]

이와 같이 와세다대학 철학과 특대생 출신 이광수는 철학자답게 그의 정치철학을 만천하에 공포하고 있다. 해박한 철학적 식견이 없이는 어느 누구도 이 같은 논설문을 쓸 수 없다. 그러므로 '국사원본 백범일지'는 윤문이 아니라 이광수 저작임이 명명백백하게 판명되고 있다.

'국사원본 백범일지'는 28판까지 나온 이후로, 저작권의 유효기간을 작자 사후 30년으로 규정하고 있어서 저작권은 '무주공산'이 되어 여러 군데에서 출판되었다. '나의 소원'을 첨부한 '백범일지'는 네 종류가 출간되어 유통되고 있다.

1. 우현민, 白凡 金九 自敍傳, '원본 백범일지'(서문당, 1989)
2. 이만열, '백범일지'(역민사, 1997)
3. 도진순 주해, 백범 김구 자서전, '백범일지'(돌베개, 1997)
4. 배경식, '올바르게 풀어 쓴 백범일지'(너머북스, 2008)[41]

도진순 주해본 '백범일지'는 1997년 초판이 간행되었고 이어 2002년 개정판이 발행된 이후 무려 46쇄(2014)나 발행해서 독서계를 휩쓸고 있다. 도진순 주해본 '백범일지'에는 '국사원본 백범일지'의 '저자의 말'과 '나의 소원' 전문을 수록하고 있다.[42] 도진순은 '나의 소원' 각주에 이렇게 썼다. "'나의 소원'은 1947년 12월 '국사원본'이 간행될 때 처음 수록된 것으로 당시 백범의 사상을 잘 보여주고 있다. 이 글은 '백범일지'와는 달리 매우 다듬어진 글이다."[43] 이와 같이 '나의 소원'이 매우 다듬어진 글이라고 시인하면서도, 정작 작자(이광수)를 밝히지 않

---

40) 國士院本. 金九 著, 金九 自敍傳『白凡逸志』(國士院, 1947. 12. 15), pp.9~10, 나의 소원; 도진순 주해, 백범 김구 자서전『백범일지』(돌베개, 1997 초판, 2014 개정판 46쇄), p.428, 나의 소원.

41) 김상구, 『김구 청문회』(매직하우스, 2014), 권 2, p.397.

42) 도진순 주해, 『백범일지』(2014), pp.13~15, 백범 출간사, pp.423~433, 나의 소원.

43) 상게서, p.423.

고 있다.

또한 도진순은 '저자의 말'을 '백범 출간사'라고 제목을 바꾸어 '나의 소원'과 함께 자신의 주해본에 철자법을 고쳐서 전문을 수록하고 있다. 수정된 부분을 살펴보면 다음과 같다.

1. 저자의 말 → 백범 출간사
비초이기를 → 비춰지기를 / 몽상 → 꿈 / 일우지 → 이루지
안해 → 아내 / 그럼으로 → 그러므로 / 헛도이 → 헛되이
걸음 → 거름 / 조곰 →조금
2. 나의 소원
하나님 → 하느님 / 찰하리 → 차라리 / 도야지 → 돼지
알늑 → 알력 / 희랍 → 그리스 / 좁으라운 → 좁다란 / 모도 → 모두
아모리 → 아무리 / 즘생 → 짐승
3. 잘못 고친 부분
오곡백과가 풍등(豊登)하며 → 오곡백과가 풍성(豊盛)하며
'몸소' 국민학교에 종사할 → '직접' 국민학교에 종사할
독립이 '없는' 나라의 백성 → 독립이 나라의 백성('없는' 생략)
소회(所懷) → 소감(所感)

여기서 살펴볼 사실은 '국사원본'에 이광수가 특징적으로 사용해온 단어가 들어 있다는 것이다. '안해'와 '하나님'은 이광수 전용어로서, '혁명가의 안해'(1930), '하나님이 보우하사'('선도자', 1923) 등이 그 예이다.

'백범일지' 육필원고본에는 '저자의 말'과 '나의 소원'은 찾아볼 수 없다. 그러기에 도진순은 '백범일지' 주해본을 간행하면서 이광수가 쓴 '저자의 말'과 '나의 소원'을 첨가한 것이다. 그러므로 이광수는 '백범일지' 육필원고본을 저본으로 저작했고, '저자의 말'과 '나의 소원'은 창작했다고 결론을 내릴 수 있다. '국사원본 백범일지' 초판이 발행된 지 70년이 넘도록 춘원의 작품은 이렇게 살아 숨 쉬고 있다. 과연 "인

생은 짧고 예술은 길다"는 만고의 진리를 실감할 수 있는 대목이다.

김구는 '백범일지'(집문당 영인본)에서 독립신문사 사장 이광수가 1921년 4월 상해 임정을 이탈하여 귀국한 것에 대해 일제에 대한 '투항 변절자'라고 규탄하고 있다.

當時 내의 要務가 무엇이엿든가를 追考할진댄 다시 其時 環境이 얻엇든 것을 말한다. 元年으로 三四年을 지내고 보니 當時에는 熱烈하든 獨立運動者들이 한 개식 두 개식 왜놈의게 投降하고 歸國하는 者 臨時政府 軍務次長 金羲善과 獨立新聞社 主筆인 李光洙 議政院 副議長 鄭仁果輩로 爲始하여 漸漸 其數가 增加되고.44)

당시 나의 중요 임무가 무엇이었는지 언급하기 위해, 그때의 환경이 어떠하였는지를 먼저 말하고자 한다. 원년(1919)에서 3~4년을 지내고 보니, 열렬하던 독립운동자 가운데 하나둘씩 왜놈에게 투항하거나 귀국하는 자들이 생겨났다. 그러한 자들은 임시정부 군무차장 김희선과 주필 이광수, 의정원 부의장 정인과 등을 위시하여 점차 그 수가 늘어났다.45)

이렇듯 "왜놈에게 투항한 이광수"에게 백범일지를 집필하게끔 김구 육필원고본(백범일지)을 제공한 이유는 무엇일까? 가장 큰 이유는 이광수가 해방공간 3년간 현실 사회정치생활을 일체 삼가고 사릉과 봉선사에서 은거하면서 근신·참회생활을 했기 때문이다. 한국 근대 3천재로 일컬어지고 있는 홍명희, 최남선, 이광수 3인의 해방공간에서의 활동은 너무나 현격한 차이를 보이고 있다. 일제강점기 독선기신(獨善其身, 타협하지 않고 절개를 지킴)으로 독립운동에 소극적인 행태를 보인 홍명희는 '절개를 지킨 애국자'라는 영예를 누리며, 해방되자마자 현실정치에 화려하게 등장하여 참여했다. 이에 반하여 육당과 춘원은 불구소절(不拘小節, 일제와 타협하면서 절개를 굽힘)로 해방공간에서 일체 현실

---

44) 影印本 『白凡逸志』, p.187.
45) 도진순 주해, 『백범일지』, p.318.

정치에 참여하지 않고 은거생활을 했다.46) 백범은 이광수가 일제와 타협하면서 협조할 것은 협조하고 거짓 친일행태를 보이면서 내재적 민족운동을 줄기차게 전개해왔기 때문에 상해 임정의 동지 이광수에게 백범일지를 집필하도록 허락한 것으로 분석된다.

이것보다 더 중요한 사실은 김구가 양산학교 교장 시절부터 상해 임정 시절까지 줄곧 이광수와 독립운동 동지로서 그 우정이 돈독했을 뿐만 아니라, 이광수는 당대 한국 문단의 최고문호였기 때문인 것으로 분석된다. 1907년 여름 안악면학회(安岳勉學會)와 김구의 양산학교(楊山學校) 공동 주최로 하기 사범강습회를 개최했을 때 이광수가 강사로 초빙되어 참여했다. 당시 이광수는 동경 명치학원 중학부 3학년 학생으로서 16세 소년이 여름방학에 귀향하여 양산학교 하기 사범강습회에 강사로 참가한 것이다. 강습회의 강사진은 최광옥(崔光玉), 김홍량(金鴻亮), 이시복(李始馥), 이상진(李相晋), 이광수(李光洙/李寶鏡), 김낙영(金洛泳), 최재원(崔在源), 한필호(韓弼浩), 그리고 여교사로는 김낙희(金樂姬), 방신영(方信榮) 등이고 강습생은 강구봉(姜九峰), 박혜명(朴慧明) 등 승도(僧徒)까지 4백여 명이 참여하는 등 성황을 이루었다. 제1회 하기 사범강습회의 주제는 '무너져가는 조국을 일으켜 세우려면 자녀를 교육시켜라'였다. 숭실학교와 일본 명치대학 졸업생 최광옥은 국어, 생리학, 물리학, 식물학, 경제학 등 가장 많은 과목을 담당했고, 이광수는 서양사를 담당하여 세계정세를 강의하면서 민족의식을 고취했던 것이다.47)

앞서 이야기한 바와 같이 이광수는 '국사원본 백범일지'의 '나의 소

---

46) 崔永禧, 『격동의 해방 3년』(한림대학교 아시아문화연구소, 1996), pp.470~476, 550(인명 색인). '인명 색인'을 보면 홍명희 항목은 21쪽이고 육당, 춘원 항목은 아예 없다. 해방공간에서 홍명희가 매우 적극적으로 정치활동을 전개했다는 증거이다. 홍명희는 1948년 4월에 평양에서 김일성이 주재하는 이른바 남북협상에 참여했는데, 김구, 김규식, 조소앙 등 대부분은 서울로 돌아왔지만 홍명희는 북한에 주저앉았고, 가족 솔권 월북을 단행했다.

47) 金九 肉筆原稿本 『白凡逸志』, p.120; 도진순 주해, 『백범일지』, p.199; 國土院本 『白凡逸志』, p.183.

원'과 '돌벼개'의 '사랑의 길'에서 똑같이 장차 대한민국 정부가 수립되는 새 나라의 정치적 이상을 천명하고 있다. 그는 '사랑의 길'에서 독재정치를 배격하고 미국식 자유민주주의를 최고의 가치로 신봉하는 정부를 수립할 것을 밝히고 있다. 그것은 언론의 자유, 투표의 자유, 다수결에의 복종, 이 세 가지를 철칙으로 지키는 정부를 수립한다는 것이다. 앞으로 세울 새 정부는 좌우합작(左右合作) 정부가 되어서는 결코 안된다고 강력히 경고하고 있다. 소련식 공산주의와 미국식 자유민주주의가 제휴·합작한 정부를 수립한다면 결국 공산화가 될 것임을 경고하고 있다. 1947년 말 당시 중국 대륙에서는 국공내전이 격화되고 있었다. 이광수는 장차 국공합작(國共合作)이 와해·분열되면서 결국 중원대륙은 공산화될 것임을 예단하면서 이같이 좌우합작 정부를 강력히 반대하고 있다.48)

해방공간 이광수의 정치적 이상은 자유민주주의를 바탕으로 한, 공산주의를 배제한 민주주의 정부 수립이다. 그러므로 상해 임시정부의 혁명동지 이승만의 자유민주주의 정치노선을 적극 지지하면서 좌우합작에 의한 통일정부 수립안을 반대하고 좌익을 배제한 단독정부 수립안을 찬동한 것이다.

이제 우리가 앵글로색슨의 민주주의와 슬라브의 공산주의를 대할 때에도 우리의 역사와 문화를 잊고 체질과 식성에 맞지 아니하는 것을 통으로 삼키는 어리석음을 하여서는 아니 될 것이니 우리는 이씨조선의 유교에 있어서 이미 실컷 쓴 경험을 한 것이다.

그런데 현실을 보건댄 앵글로색슨식 민주주의자나 슬라브식 민주주의자나 다 제 민족의 역사와 문화를 무시하고 혹은 워싱턴을, 혹은 모스크바를 고대로 서울에 떠오려 하는 것 같다. 지난 적에 우리나라를 소중화(小中華)를 만들려는 유교도들이 하던 모양으로, 이제는 이 땅을 소미국(小美國), 소소련(小蘇聯)을 만들려 하는 것 같다. 우익은 자유주의니까 그대도록 심하지 아니하거니와 좌익 사람들은 군대적이요 교파적이어서 주의(主義)에 있어서는 개인의 자유가 없는 만큼 이 색

48) 李光洙, 春園隨筆集 『돌벼개』, pp.223~225, 사랑의 길.

채가 더욱 농후하다. 그럴뿐더러 공산당의 근본정신이 유산계급과 무산계급의 대립을 인정할 뿐이요 민족을 통일체로 본 정치적, 문화적 단위성(單位性)을 거부하여, 무산자의 독재를 유일한 합리적인 정치형태로 보고, 소련을 세계 공산주의자의 조국으로 규정하여 민족국가의 존재이유를 부정(국제공산당 테제)하는 만큼 한 민족의 역사, 문화를 기초로 삼는 민족국가는 혹 과도 시기의 한 방편으로 이용은 할지언정 이것을 소멸시키는 것이야말로 공산주의자의 신조요 임무인 것임에 우리나라에 있어서도 좌익이 방편으로야 무슨 말을 하든지 간에 그 움직일 수 없는 목표가,

1. 소유권을 폐지할 것
2. 무산계급의 이름으로 공산당 독재의 국가를 세울 것
3. 소비에트 연맹, 즉 소련의 일 연방으로 가입할 것

의 세 가지에 있음은 숨길 수도 없고 변할 수도 없는 것이다. 그러므로 좌익 사람들(정말 공산주의를 알고 좌익에 참가하였다 하면)을 향하여 민족의 역사와 문화를 말하고 민족적인 자주독립국가를 말하는 것은 쓸데없는 일이니 이는 예수교도에게 불교를 선전하는 것과 같은 목적으로 하는 것밖에는 무의미한 일이다. 그러므로 민족주의자와 소련 계통의 공산주의자와 합작(合作)한다는 것은 다른 일에는 몰라도 국가를 건설하는 정치적인 일이면 되지도 아니할 요술에 불과한 것이다.49)

한편 '국사원본 백범일지'의 '나의 소원'에서도 공산주의 계급독재 정치를 배격하고 자유민주주의 정치이념을 신봉한다고 천명하고 있다. "나의 정치이념은 한마디로 표시하면 자유다. 우리가 세우는 나라는 자유의 나라라야 한다. 나는 우리나라가 독재의 나라가 되기를 원치 아니한다. 독재의 나라에서는 정권에 참여하는 계급 하나를 제하고는 다른 국민은 노예가 되고 마는 것이다. 시방 공산당이 주장하는 소련의 민주주의란 것은 이러한 독재정치 중에도 가장 철저한 것이어서 독재정치의 모든 특징을 극단으로 발휘하고 있다. 그렇다고 나는 미국의 민주주의 제도를 고대로 직역하자는 것은 아니다. 다만 소련의 독재적인 민주

---

49) 상게서, pp.223~225.

주의에 대하여 미국의 언론자유적인 민주주의를 비교하여서 그 가치를
판단하였을 뿐이다. 둘 중에서 하나를 택한다면 사상과 언론의 자유를
기초로 한 자를 취한다는 말이다."[50] 이상 '국사원본 백범일지'('나의
소원')와 '돌벼개'('사랑의 길')를 비교·분석해보면 다 같이 좌우합작
에 의한 공산독재 정부를 배격하고 자유민주주의 정부 수립을 지지했
다는 점에서 일치하고 있기 때문에 결국 '국사원본 백범일지'는 이광수
저작임이 극명하게 입증되고 있다.

'국사원본 백범일지'의 '저자의 말' 말미에는 "단군기원 4280(1947)
년 11월 15일 개천절 날"[51]이라 명기하고 있다. 상해 임시정부는 음력
10월 3일에 개천절 기념식을 거행해오고 있었다. 1947년 음력 10월 3
일은 양력 11월 15일이다. 그래서 이광수는 개천절 날에 '저자의 말'을
집필했다고 밝히고 있다. 이 또한 춘원의 창작임을 여실히 입증하고 있
다. 이광수는 상해 독립신문 사장으로 '개천경절의 감언'을 발표한 바
있다. "음력 10월 3일은 우리 대한민족의 첫 조상이신 천제단군(天帝檀
君)의 개천경절이다. 오늘에 우리 2천만 형제자매가 다 신성광명한 충
의의 피로써 부도(不道)한 악마를 배척하고, 독립만세의 기틀을 건축하
려 함은 실로 우리 첫 조상의 유전하신 영혼의 위력으로 활동함이니,
우리들이 이날을 당하여 더욱 홍은(鴻恩)을 기념하고 송축함을 말지 아
니할지로다."[52] 1919년 개천절 날은 음력 10월 3일이 양력으로는 11월
24일이다. 이날 이동녕(李東寧) 국무총리를 비롯하여 정부 각부 장관과
교포 약 4백여 명이 참석한 가운데 대한민국 임시정부 주최로 처음으
로 개천절 기념축하회가 엄수되었다. 애국가를 제창하면서 경축식을 개
회하고 나서 이광수는 한 시간 동안 기념강연을 했다. "손정도(孫貞道),
유정근(兪政根) 양 씨는 신성 단조(檀祖)의 자손 된 우리는 더욱 신손

<hr>

50) 國士院本 『白凡逸志』, pp.7~14, 나의 소원.

51) 상게서, pp.1~7, 저자의 말. 개천절 날짜 음력 10월 3일을 양력 10월 3일로
   통합한 것은 대한민국 정부 수립(1948. 8. 15) 이후부터이다.

52) 『獨立新聞』(上海) 제30호(1919. 11. 27), 開天 慶節의 感言(李光洙); 金源模
   編譯, 『春園의 光復論 獨立新聞』(단국대학교 출판부, 2009), pp.126~129,
   開天慶節의 感言.

(神孫)인 정신을 세계에 발휘하여 현금 우리 광복사업에 분투하자고 열렬히 말씀하고, 신병호(申秉浩) 씨의 간단한 축사가 있은 후 이광수 씨의 한 시간 이상에 걸쳐 국가 신건설의 이상과 계획의 원대함과 그리하기 위하여는 민족개조가 절대로 필요함을 통론하고, 최후에 이 총리의 '명년 오늘은 한성(漢城, 서울)에서 지내기를 확신하노라' 하는 간단하나 힘 있는 말씀이 있은 후 애국부인회 유지의 병창, 대한민국 및 대한인민의 만세를 삼창하고 폐식하니 정히 오후 다섯 시 반이라."53)

권위 있는 춘원 연구저서를 낸 조연현, 박계주, 곽학송을 비롯하여 김팔봉, 문덕수, 조항래, 최일남 등은 한결같이 '백범일지'는 이광수 저작이라고 명기하고 있다.54) '국사원본 백범일지'가 이광수의 저작인가에 대한 논란과 시비를 분명하게 가릴 결정적 증언이 김구의 비서 정영국(鄭永國)에 의해 밝혀졌다. 그는 '백범일지'는 춘원 이광수가 현대문체로 풀어 출판했다고 증언하고 있다. 현재 남아 있는 백범일지 원본은 이석희(李奭熙, 이동녕의 손자)의 소장본과 백범의 차남 김신(金信, 전 교통부장관)이 보관하고 있는 모필본(毛筆本) 두 점뿐이다. 이석희 소유의 '백범일지'는 상해 임정 김구 주석 시절에 사용한 '大韓民國(대한민국) 臨時政府(임시정부) 主席用箋(주석용전)'이라고 왼쪽 하단에 명기한 양면괘지(인찰지)에 빽빽이 써놓은 150쪽 분량의 원고본이다. "지금까지 읽혀온 '백범일지'는 김신 씨 소장본(백범 육필원고본)을 춘원

53) 『獨立新聞』(上海) 제30호(1919. 11. 27), 太皇祖 聖誕及建國紀元節 祝賀式.
54) 趙演鉉, 『韓國現代文學史(第一部)』(現代文學社, 1956), p.228, 李光洙의 文學, 重要著作年譜, 島山安昌浩傳記(4280, 1947), 白凡逸志(金九 自敍傳, 4280, 1947); 朴啓周·郭鶴松, 『春園 李光洙: 그의 生涯·文學·思想』(三中堂, 1962. 2. 25), p.561, 春園李光洙年譜(1947): '나', '스무살고개', '도산안창호' 및 '백범일지' 번역에 착수하다; 『金八峰文學全集』, II, p.483, 춘원 '안도산'과 '백범' 두 분의 전기가 있고; 文德守, 『世界文藝大辭典』, 下(成文閣, 1975), p.1585, 李光洙 저작: 島山安昌浩傳記(島山紀念事業會, 1947), 白凡逸志(白凡紀念事業會, 1947); 『春園研究學報』 제2호(2009), pp.449~452, 이광수의 민족보존론과 광복론: 김원모, '영마루의 구름'과 '춘원의 광복론 독립신문'을 중심으로(조항래), "백범일지는 이광수 저작"; 『新東亞』(1986. 8), p.347, 崔一男이 만난 사람, 金信씨. 白凡은 왜 單政을 반대했는가, "이광수가 원본을 국문으로 옮기고 철자법도 고쳤다."

이광수가 현대문체로 풀어 출판한 것으로 알려졌다. 이는 해방 후 경교장(京橋莊)에서 백범을 모시고 있던 독립운동가 정영국 옹의 증언인데, 그러나 백범이 친일행각을 일삼은 춘원에게 일지(逸志)의 번역과 출판을 맡겼을지는 지극히 의심스럽다."55)

백범 육필원고본을 번역한 우현민(禹玄民)은 등사본을 미국 동지들에게 전한 것을 이석희가 한 부 입수하여 '원본 백범일지'를 내게 되었다고 해명하고 있다. "이 책은 마지막까지 측근이었던 엄항섭(嚴恒燮)을 시켜 원래의 것을 등사하게 하여 미국의 동지들에게 후세에 전하도록 당부하여 보낸 것이다. '대한민국 주석용전'이라 번듯하게 찍힌 괘지에 펜으로 빽빽하게 필사한 것이다. 그냥 읽기조차 힘든 것을 가지고 번역하여 문장을 만든 것이다. 한 자, 한 구도 소홀히 하지 않고 모두 옮겼다."56)

38선으로 남북이 분단되자 좌우충돌이 해방공간을 어지럽혔다. 이제 통일을 어떤 방향으로 이끌어갈 것인가에 대한 방법론을 두고 좌우간 민족분열은 더욱 심화되었다. 좌익 진영은 좌우합작(左右合作)으로 통일공동전선을 구축하여 통일정부를 수립할 것을 적극 지지했고, 김구와 김규식도 이에 합세, 남북협상에 의해 좌우합작 연립정부를 수립할 것을 주장했다. 그러나 이승만과 이광수의 우익 진영은 좌우합작은 민족의 자살을 의미하는 것이라고 하면서 연립정부 수립을 적극 반대하고 남한 단독정부 수립으로 독립을 달성해야 한다고 주장한 것이다. 이승만은 중국이 장개석(蔣介石)의 국공합작(國共合作)으로 항일공동전선을 구축했지만 결국 모택동(毛澤東)에 의해 적화통일을 초래할 것이라는 사실을 예단하고, 이를 반면 교훈으로 삼아 마침내 좌우합작 연립정부 수립을 적극 반대하고 단독정부 수립을 추진했다. 한편 하지 미군정당국은 공산당의 본질을 파악하지 못해 좌우합작 연립정부 수립만이

---

55) 『中央日報』(1989. 4. 10), 새 '白凡逸志' 나왔다, 李東寧 후손 소장본 全文 실어 기존 출간본은 原本의 3분의 1 누락(李憲益기자).

56) 禹玄民 譯, 『白凡 金九 自敍傳 원본 백범일지』(서문당, 1989), p.379, 解説 (禹玄民).

남북통일의 유일한 길이라고 확신하고 이승만의 단정(單政) 수립안을 반대했다. 더군다나 김구와 김규식은 남북협상에 의한 통일정부 수립을 찬성하자, 이승만은 1946년 12월에 미국행을 단행하여 남한만이라도 독립해야 한다고 미국 정부에 호소하였고, 단정 수립에 대한 찬동을 얻어내어 대한민국 정부 수립 계획을 발표한 것이다.

김구는 1948년 2월 10일 '3천만 동포에게 읍고함'이란 성명서를 발표하면서 이승만의 남한 단정 수립안을 반대하고 남북협상에 의한 통일정부 수립을 주장했다. 김구와 김규식은 2월 25일자로 북한 김일성, 김두봉에게 편지를 보내 남북정치요인회담, 즉 남북협상회담 개최를 제의했다. 그 당시 북한은 모스크바 3상 협상을 반대했던 조만식(曺晚植)을 연금하고 정치활동을 금지했기 때문에 반탁운동을 주도한 김구와 김규식의 제안을 거부할 것으로 추측했다. 그러나 김일성은 김구의 남북협상 제의를 받아들인 것이다.57) 해방공간에서 최대 이슈는 이승만이 주도하는 남한 단독정부 수립안과 김구와 김규식이 주도하는 남북 좌우합작 노선의 통일정부 수립안이었다. 마침내 1948년 4월 19일 김일성 주도로 남북정치회담이 개최되었다. 김구와 김규식은 38선을 넘어 평양행을 단행했다. 이 회담에는 좌익계 인사가 대거 참여했다. 홍명희는 북행을 앞두고 "민족과 강토의 분열을 차마 앉아 보지 못하여 남북회담에 나섰다"고 성명서를 발표하고 북행길에 올랐다.58)

4월 19일 평양 모란봉 회의장에서 제1차 남북 연석회의가 개최되었고, 4월 21일에 제2차 전 조선 정당단체 대표자 연석회의가 개최되었다. 4월 22일 제3차 회의에는 근민당(근로인민당) 백남운의 사회로 회의가 진행되었는데, 한독당(한국독립당)의 김구, 조소앙, 조완구와 민독당(민주독립당)의 홍명희 등이 우레와 같은 박수 속에 입장했다. 4월 23일 제4차 회의에는 남한 총선거에 의한 단독정부 수립반대 성명이 채택되었다. 드디어 4월 30일 4김(金九, 金奎植, 金日成, 金枓奉)과 좌

---

57) 『중앙일보』(2010. 3. 6), 1948년 3월 8일 김구의 남북협상 제안이 밝혀지다(박태균).

58) 崔永禧, 『격동의 해방 3년』, pp.470~471(1948. 4. 10).

익계 인사 11인(趙素昻, 趙碗九, 洪命熹, 金朋濬, 李克魯, 嚴恒燮, 許憲, 朴憲永, 白南雲, 崔庸健, 朱寧河) 등 15인 회의가 개최되었다. 15인 회의에서는 한반도로부터 모든 외국 군(미소 양국 군)의 철퇴를 결의했다. "소련이 제의한 것처럼 외국 군대가 즉시 철퇴한 후 전 조선 정치회담 소집, 각계각층을 대표하는 민주주의 임시정부를 즉시 수립해야 한다"는 공동성명서를 발표한 것이다. 결국 남북회담은 미군 철수 후 남한의 무장해제로 남반부를 적화통일하겠다는 김일성의 정치책동, 즉 통일전략에 부화뇌동한 꼴이 되고 말았다.59)

이승만은 "김구, 김규식 등 북행 인사들이 남한의 대표가 될 수 없고, 평양에서 자유로운 의사발표가 불가능하기 때문에 남북협상은 소련에 이용되었다"60)고 비난하였다. 그러나 이승만은 이와 같은 국내 좌익계 정당 대표들의 단정 수립안을 반대하는 거센 파고를 헤치고 마침내 총선거에 의한 대한민국 정부 수립을 관철했다. 이리하여 대한민국이 탄생한 것이다. 1970, 80년대 수정주의 역사가들은 이승만의 반공(反共) 단정 수립의 고집이 곧 남북분단의 고착화를 초래했다고 맹비난하고 있다. 그러나 이는 대한민국의 정통성을 훼손하려는 모략사관이 아닐 수 없다. 김을한(金乙漢)은 이승만이야말로 대한민국을 탄생시킨 최고 공로자라고 찬양하고 있다. "이승만 박사만은 해방 전까지는 배일(排日)로 일관하였고, 해방 후에는 반공으로 일관하여 마침내는 자기 손으로 대한민국을 만들었으니, 그 정신, 그 투지는 상찬할 만한 것이라고 생각한다."61)

해방공간 이승만과 김구의 정치노선은 정반대이다. 이승만은 북한 공산주의자와의 합작을 단호히 반대하고 단정(單政) 수립을 주장했고, 이에 반하여 김구는 좌우합작에 의한 통일정부 수립을 고집하고 있었다. 그러기에 김구는 그의 정치이념을 실현하기 위하여 김일성이 주도

---

59) 상게서, pp.472~480(1948. 4. 19~30).

60) 상게서, pp.475~476(1948. 4. 21).

61) 金乙漢, 『新聞人이 본 現代史, 여기 참사람이 있다』(新太陽社 출판국, 1960), pp.75~88, 李承晩.

하는 남북협상에 참여했지만, 결국 김일성에게 이용만 당하고 허사가 되고 말았다. 이광수에게는 이승만과 김구는 상해 임정의 혁명동지이다. 그러나 이광수는 이승만의 자유민주주의에 기초한 단정 수립을 지지하고, 김구의 남북합작에 의한 통일정부를 반대했던 것이다.

그토록 애타게 기다렸던 조국광복이 찾아왔건만 상해 독립지사들 중 아무도 이광수를 찾아오는 이는 없었다. 춘원은 친일 반역자의 소리를 들어가면서 홀로 사릉에서의 은둔생활을 계속했을 뿐이다. 이때의 춘원의 사릉 생활을 직접 목격하면서 자주 만나 함께 고락을 나눈 미술평론가 이경성(李慶成)의 회상록은 우리에게 큰 감동을 주고 있다. 이경성은 이때 춘원의 감화를 입어 미술사를 공부하게 되었고 홍익대학교 박물관장이 되었다고 고백하고 있다.

벌써 22년 전의 일이다. 그러니까 해방 직후 8월 하순부터 9월 초순에 걸쳐 나는 사릉의 친구 소개처(疏開處)에 우거(寓居)한 일이 있었다. 그때 이곳에 은거하고 있었던 춘원 이광수 씨와 자주 만나 교분을 맺었다. 해방 직후의 어수선한 속에 그는 홀로 고고(孤高)하게 독서와 사색으로 그에게 내려질 운명의 날을 기다리며 살고 있었다. 나는 아침에는 춘원과 그의 아들 영(근)과 더불어 사릉 일대를 산책하고 저녁이 되면 그의 문학관이나 역사관을 들으며 지냈다. 내가 박물관에 근무하게 된 것도 그의 권고 때문이고 미술사를 공부한 것도 그의 영향 때문이다. 그는 당시 앙드레 모루아의 '영국사'를 읽고 법화경(法華經)을 외우고 있었다.

그리고 저녁이 되면 동네 아이들을 모아 영어회화를 가르치고 있었는데 그들의 회화는 매우 놀랄 정도였다. 그는 아침 산책 때 반드시 들르는 능참봉(陵參奉)의 한적한 생활도 부러워하고 어느 여인과의 관계 때문에 과거를 청산하고 농장을 경영하는 젊은 인텔리를 칭찬하기도 하였다.

인생은 공수래공수거(空手來空手去) 하는 일종의 착각(錯覺)이라고도 하고 또 커다란 허영이라고도 말하였다. 그는 마치 세속을 떠나고 체관(諦觀)할 대로 체관한 도승(道僧)의 그것이었다. 어느 날 산보 때

영(근)이 흐르는 냇가의 괸 푸른 물을 보고 "아버지 저 물은 왜 저렇게 푸른가요" 했더니 "그것은 깊이가 있으니까 푸르다'라고 하면서 "고려청자(高麗靑瓷)의 푸른색이나 한국의 푸른 하늘은 무한한 깊이의 표현이라"고 대답하였다. 하루는 콩죽을 끓여서 나의 우거(寓居)로 초대했더니 그는 검정물을 들인 수목(낡은 솜으로 실을 켜서 짠 무명) 두루마기에 긴 지팡이를 짚고 논고랑을 건너서 왔다. 마루에 올라선 그의 양말 뒤꿈치에는 커다란 구멍이 뚫어져 있었다. 그러나 그의 무구(無垢)한 심정은 그것에 아랑곳없고 물욕(物慾)의 피안(彼岸)에 사는 영원의 자연인 그대로였다. 그는 말하기를 성자(聖者)란 자연인(自然人)이기 때문에 누구보다도 희로애락의 감정에 솔직한 사람이라고.

어느 달 밝은 날 밤 나는 예고 없이 그의 집을 찾았다. 그랬더니 그의 집에서 노랫소리가 들려온다. 나는 기척도 없이 문에 들어서서 안을 들여다보았다. 그는 마루 기둥에 기대앉아 중천에 흘러가는 달을 바라다보며 하염없이 노래를 부르고 있었다. "푸른 하늘 은하수 하얀 쪽배에 계수나무 한 나무 토끼 한 마리…" 그는 달과 완전히 동화(同化)되어 영원 속에 살고 있었다.

그래서 나는 그의 집 문을 소리도 없이 나왔다. (이 이야기는 부산 시절 김소운(金素雲) 씨에게 했더니 그가 어느 잡지에 쓴 일이 있다.) 그 후 나는 서울로 돌아오고 그는 봉선사(奉先寺)로 가서 '돌벼개'라는 책을 쓰고 얼마 있다가 옥중의 몸이 되었다.62)

1945년 8월 15일 일본은 무조건 항복함으로써 조선은 일본의 식민지 지배로부터 해방되어 독립을 이룩할 전기를 맞이했다. 그러나 38선 획정으로 미소 양군의 진주로 남북이 분단되었고 미소 대립의 국제관계로 말미암아 독립 실현은 허용되지 않았다. 남북은 제각기 독자적인 정치체제를 굳혀나갔기 때문이다. 그 과정에서 과거 일제강점기 일본에 협력한 친일파 부일협력 민족반역자에 대한 처분문제가 커다란 정치문제로 제기된 것이다. 친일파 처벌을 요구하는 세력은 미군정 당국의 미온적인 반응으로 밀려났고, 그 대신 친일파 세력이 미군정의 중추부의 위치를 점유하고 실권을 장악했다. 민족반역자를 처단해야 한다는 최초

62) 『東亞日報』(1967. 3. 30), 思陵에서 만난 春園(李慶成).

의 목소리는 해방된 지 두 달 만에 터져 나왔다.

말하되 민족반역자가 아닐지라도 지난 30여 년 일본 치하에 친일적 생활을 강요당하지 아니한 자 없을 것이며 또한 생명을 유지하려던 자 누가 능히 이에 반항할 수 있었드냐는 것이다. 그러나 이 정도와 표준은 대중의 상식이 판단할 것이다. 사활선상에서 헤매는 민족으로 하여금 하등의 투쟁을 힘쓰지 아니한 소위 명철보신(明哲保身)의 지식인이 그 간혹 이행치 아니한 창씨(創氏)를 공명(功名)으로 오늘의 정치적 발언권을 가지려는 값없는 것과 마찬가지로 잠행운동(潛行運動)과 지하적 공작(工作)을 위하여 표면적으로 가장한 합법적인 생활을 과소평가할 수도 없는 것이다. 우리는 모든 공과 죄를 그 구체적 성과에서 판단할 것이요, 오직 그 막연한 심리적 신기(神機)에서만 계산할 수 없는 것이다.

민족 대다수의 불리를 초래하며 자기의 평안을 도모한 자로 하여금 어찌 그 불리를 몽(蒙)한 계급이 처단할 수 있는 단계에서 이를 묵과할 수 있으랴. 이것을 처단함은 우리의 의무요 새로운 시대의 선(善)을 이행하는 방법이 된다. 예로부터 형(刑)을 삼가는 것이 정치의 요체(要諦)요 벌(罰)이 단지 유형(有形)의 힘만이 되어서는 아니 된다. 그곳에는 윤리적 호의도 있고 정치적 현명도 있지 아니하면 아니 된다. 또한 죄와 형의 균형을 명백히 할 것은 프랑스 혁명 이후 발견한 문명인의 자랑이다. 그러나 처벌은 응보적(應報的)인 실악(實惡)만이 아니요 예방과 개선의 기능을 생각할 수 있다면 이 민족적 대죄악에 대하여 준엄한 심판이 있어야 할 것이다. 근본적 변혁기에 처한 조선으로서 백년의 거울을 삼기 위하여 대중의 급속한 처단을 기다릴 뿐이다.63)

이와 같이 친일 민족반역자를 처벌해야 한다는 데는 이견(異見)이 있을 수 없었다. 그런데 문제는 그 처벌 방법이다. 엄혹한 처단을 주장하는 반면, 온건하게 처벌해야 한다는 양파로 대립하고 있다. 그 대표적인 인물이 해방공간의 정치를 지배하고 있는 이승만의 현실주의와 김구의 이상주의의 대립이다. 친일세력이 미군정의 중요 요직을 차지하

---

63) 『自由新聞』(1945. 10. 21), 民族反逆의 處斷者.

면서 실권을 장악하고 있기 때문에, 이승만은 이들 친일세력을 모두 처벌하고 제거할 경우 독립건국의 인재난을 극복할 수 없으므로 현실주의 정책을 구현해야 한다고 주장했다.[64]

이 문제는 우리 환경이 해결할 수 없으니 미리 제출되는 것은 민심만 혼란케 하며 통일에 방해를 끼치는 것이다. 국권(國權)을 회복한 후에 조처하는 것이 순서적이다. 극렬 친일분자라도 기회를 주어 민족에게 복리(福利)될 공효(功效)를 세우게 되면 혹 일후에 장공속죄(將功贖罪, 죄 지은 사람이 공을 세워 그 값으로 죄를 면함)할 희망이 있을는지도 모를 것이니 40년을 참아온 처지에 얼마 더 참기가 그다지 어려울 것이 아니다. 우리는 국권회복을 통일적으로 진행할 따름이다.[65]

이에 반하여 김구는 이상주의적인 태도로 친일파 문제에 대해 강경했다. 김구는 귀국 직후 다음과 같이 발표했다. "1. 친일파 민족반역자의 처치를 38도 이북 지방과 같이 철저히 단행할 것. 2. 일본인 재산을 완전히 몰수할 것(일인 축출은 물론). 3. 조선 재산가의 토지와 공장을 몰수한 후 몰수한 적산(敵産)과 함께 근로대중 본위로 적정분배하고 일체의 이윤착취를 없게 할 것. 이상의 세 문제를 적극적으로 진행한다면 공산주의자가 정권파악을 목적하였던 책동이니 분규를 일으키지 아니할 것이며, 그러할 여지도 없을 것이다. 그리하여도 공산주의자의 태도가 변치 아니한다면 여하한 수단을 취하여도 무방할 것이다."[66] 이어 강도를 높여 친일파를 청산해야 한다고 강조하고 있다.

친일분자로 지목을 받는 자 중에서 일찍이 왜적(倭敵) 이상으로 왜

---

64) 『朝鮮學報』 제18집(1986. 1), pp.65~114, 八・一五以後における親日派問題: 解放後の朝鮮文學(三枝壽勝).

65) 『資料大韓民國史』, 권 3(국사편찬위원회, 1970), p.784(1946. 11. 11), 民族統一本部 總裁 李承晩이 立法議院代議員選擧와 親日問題에 관하여 담화를 발표하다; 『東亞日報』(1946. 11. 12), 親日派問題等 李博士 談話發表.

66) 金鍾範, 『解放前後의 朝鮮眞相』 제2집(조선정경연구사, 1948), p.162.

국(倭國)을 위하여 충견(忠犬) 노릇을 한 무리는 감히 대두도 하지 못하며, 혹 그 정상(情狀)이 비교적 가벼운 무리로도 자숙하는 분도 없지 아니하나 그러나 소위 황국(皇國)의 성전(聖戰)을 위하여 글장이나 쓰고 연설쯤 한 것은 문제도 되지 아니한다고 하면서 도리어 발호하는 무리를 대할 때에는 구역이 나지 아니할 수 없다. 만일 전국의 투사들이 적의 핍박으로 인하여 한 사람이라도 이것을 피한 자가 없다 하여도 그와 같이 철면피 노릇을 하지 못하려든 하물며 그런 추태를 부리지 아니하고도 지금까지 살아 있는 지도자들이 있는 데야 어찌하랴.67)

여기서 "황국의 성전을 위하여 글장이나 쓰고 연설쯤 한 것"은 바로 이광수를 지목한 것으로 보인다. 왜냐하면 이광수는 조선 청년에게 성전에 참전하라는 글을 썼을 뿐만 아니라 그 자신이 일본 동경에 건너가 학병 권유 연설을 행했기 때문이다. 김구의 이 같은 친일파의 재산몰수 같은 강경한 발언이 있자, 허영숙은 그 압박감을 견디지 못하고 마침내 1946년 5월 31일 자구책으로 협의이혼계68)를 종로구청에 제출했다.

1947년 1월 9일 입법의원(立法議院) 본회의에서 '부일협력자, 민족반역자, 전범, 간상배(奸商輩)에 대한 특별법률' 조례기초위원회가 발족하면서 친일파 문제를 본격적으로 토의하기 시작했다. 이날 본회의에서 군정장관 대리의 메시지를 둘러싸고 논란이 일어났다. 일본에서는 전쟁범죄인의 재판이 있었는데 조선에서는 어떠한가라는 질문이 있었다. "입법을 기초(起草)하는 것은 입법의원의 기능이다. 여러분은 인민을 대표하는 것이기 때문에 여러분은 친일파 민족반역자를 규정하기 바란다"라는 군정장관 대리의 답변이 있었다. 기초위원회가 3월 5일 법률초안을 제출하자 그 적법성에 대해 논란이 일어났다. 민주주의민족전선(民戰)에서는 독자적으로 친일파 민족반역자의 범위의 규정을 발표했다. 이에 조선청년동맹(朝鮮靑年同盟)에서는, '민전'은 자기 진영에 반역자를 포용하고 있어서 이들을 옹호하고 있다고 비난을 퍼부었다.69)

---

67) 『資料大韓民國史』, 권 3, pp.895~896(1946. 11. 23), 金九, 서울신문 창간 1주년 기념사에서 그의 정치적인 포부를 피력하다.

68) 『自由新聞』(1946. 6. 13), 버림받은 香山光郎 愛妻에게 離婚당해.

혁명세력이라고 자칭 자과(自誇)를 일삼던 '민전'이 특별발표라 하여 새삼스러이 관대한 친일 반역 규정을 내어걸고 마치 반역자에게 아부나 하듯이 "입법초안은 가혹 운운" 하고 추파를 던지는 교태는 가장 음험한 모략이 숨어 있는 것이요, 또 자기 진영 내에 얼마나 많은 반역자가 내포되어 있는 것을 입증하는 것이며, '민통(民統)'이 또한 공소한 감정적 응수로 시종하고 있는 것도 좋은 대조이다.[70]

1947년 4월 22일 부일자등처단법안(附日者等處斷法案)이 입법의원 본회의에 상정되었다. 입법의원 김준연(金俊淵)은 이에 강렬한 의문을 제기하기에 이르렀다. "이 법안은 전문 5장 11조로 구성되었는데, 제1장에는 민족반역자를 규정하고, 제2장에는 부일협력자를 규정하고, 제3장에는 전쟁범죄자를 규정하고, 제4장에는 간상배(奸商輩)를 규정하고, 제5장에는 가감예(加減例)를 규정하였다. 이 문제에 대하여 붓을 들기가 거북하다고 나는 말하였는데 그러면 내 자신이 이들 범죄자를 옹호한다는 오해를 받을까 무서워한다는 것이 나의 솔직한 고백이 아니 될 수 없는 것이다. 이 생각이 입법의원 제씨의 마음 가운데도 들어 있을 줄 안다. 그러므로 한 사람이 극단론을 주장하면 다른 사람들은 대의명분의 중압에 눌리어서 그저 명하고 있는 것이 실상이 아닐까 생각된다. 그래서 위원회에서든지 본회의에서든지 극단론을 주장하는 사람은 매우 기세가 펄펄하고 온화론을 주장하는 사람은 기세가 위축될 줄로 생각된다."[71]

"조선 안에서 활동한 사람은 누구나 걸리지 아니할 사람이 하나도 없을 줄로 생각된다. 관공리 전체를 포함하였으니 면장(面長)까지 들어갈 것은 물론이요, 각종 단체 관계자가 포함되고 학교까지 포함되었으니 보통학교까지 들어갈 것은 물론이다. 기초자는 '악질'이라는 제한이

---

69) 『朝鮮學報』 제18집(1986. 1), pp.74-75, 八・一五以後における親日派問題: 解放後の朝鮮文學(三枝壽勝).

70) 『東亞日報』(1947. 3. 8), 親日, 叛逆者 處斷에 民戰의 寬大는 意外.

71) 『東亞日報』(1947. 4. 27), 附日者等處斷法案에 對하여 立議諸氏의 猛省을 促함(上)(金俊淵).

붙어 있다고 변명할 줄 안다. 그러나 우선 조선 안에 있는 활동인 전부를 죄인으로 규정하여놓고 재판관의 재량에 의하여서 결정되게 되었으니 이것은 참으로 언어도단의 법안이라고 하지 아니할 수 없다. 조선 안에 있는 사람들이 전부 백옥(白玉)과 같았으면 좋겠지마는 36년간의 일본통치가 그것을 용인하지 아니하였다. 외부로부터 들어온 약간의 조선 사람만이 범죄자의 부류에 들지 않을 수 있을 것이다. 나 자신도 대화숙(大和塾)에 관계가 있는 사람이다. 조선 안의 공산운동, 민족운동을 막론하고 감옥에나 경찰에 관계되어서 혐의를 받은 사람이면 전부 보호관찰소(保護觀察所)로 넘어가서 강제적으로 일률적으로 대화숙에 관계되게 된 것이었다. 그때의 공산운동은 역시 독립운동이었다."72)

건국준비위원회 위원장 여운형은 일반적으로 완전무결한 독립투쟁가, 혁명가로 인식되고 있지만, 그도 일제의 강압정치 밑에서 어쩔 수 없이 친일행태를 벌이지 않을 수 없었다. 그는 1934년 3월 3일 결성된 조선대아세아협회(朝鮮大亞細亞協會) 상담역으로 참가했고, 1939년 4월 9일자 '국민신보'에 일본어 논설 '현대청년을 격려함'을 썼을 뿐만 아니라 친일 조선언론보국회 명예회원이기도 했다.73) 더욱 놀라운 사실은 여운형은 1942년 독립운동을 하다가 체포되어 결국 일제에 포섭되어 친일전향한 후, 결국 대지공작(對支工作)의 전쟁범이라는 역사적 사실이 드러남에 따라 반민법 제정에 의혹을 가진 반대파들은 여운형에 대한 고발을 하기에 이르렀다. 이런 점에서 볼 때 일제 치하에서 완전무결한 '항일독립지조'를 지킨 이는 도산 안창호 한 사람뿐이라고 해도 과언은 아니다. "최근 친일파 민족반역자 문제로 정계와 우리 사회에서 논하는데 적반하장 격으로 친일파들이 친일파 제거를 논하니 우리 3천만 민족에게 이들의 과거사를 소개하니 현명한 재단(裁斷)이 있을 것이다"74)라고 여운형의 친일행태를 폭로한 것이다.

---

72) 『東亞日報』(1947. 4. 28), 附日者等處斷法案에 對하여 立議諸氏의 猛省을 促함(下)(金俊淵).

73) 임종국, 『실록친일파』(도서출판 돌베개, 1991), p.261.

74) 『大東新聞』(1946. 2. 17), 反省한 呂運亨의 告白(上). 結局은 對支工作의 戰

1943년 2월 여운형은 독립운동을 하다가 체포되어 검사의 심문을 받았다.

스기모토(杉本寬一) 검사 : 현재 군의 심경(心境)은 어떠한가?
여운형 : 나는 수십 년간 온순하고 평화스러운 생활을 하려고 생각하여 근신하여왔습니다. 그러나 미나미(南次郎) 총독 시대에는 불행히도 나의 생활문제 등으로서 당국과 이해가 없었습니다. 그러나 수년 전부터 동경에 가서 군정계(軍政界)의 요인들과 만나서 여러 가지 우대(優待)를 받아서 나는 대단히 기뻤으며 나는 나라를 위하여 유익한 일을 할 용기를 얻었습니다마는, 그러나 아직 조선 민족의 관념이 머리에서 없어지지 않기 때문에 나는 금년의 사건을 일으키게 된 것입니다. 나는 금번 사건으로 나의 행동이 조선 사회와 청년에게 여하한 영향을 줄 것인가를 잘 깨달았습니다. 그래서 나는 다행히 고이소(小磯國昭) 총독의 양해 하에 면회도 하게 되었으니까 나는 조선 민족의 관념을 완전히 청산하고 적신(赤身)으로 되어서 총독의 명령에 복종하여 당국에 협력하여서 국가를 위하여 활동하려고 생각함으로써 다음과 같이 맹세합니다.
　여운형은 한 번 맹세를 하면은 반드시 실행하는 남자이오니 아무쪼록 나의 행동을 보아주시기 바라나이다. 만일 내가 금후 또 낙인(烙印)을 받는다면 나의 정치적 생명은 재생 불가능으로 생각하오니 아무쪼록 갱생(更生)할 수 있도록 관대한 처분을 바라나이다. 더욱 자세한 나의 심경은 서면(하기)으로 제출하려고 생각합니다.
　昭和18年 2月 6日(1943. 2. 6)
　供述者 呂運亨 拇印
　檢事 杉本寬一 印
　書記 李家柱臣 印

　呂運亨의 自筆 自作詩抄
　대지공작(對支工作)은 본디 뜻(素志)이며 준비도 자신도 가지고 있어 실행기회를 얻고자 소회(所懷)를 밝히오니 용서하십시오.

　爭犯?

述懷(술회) 詩 一篇
砲煙彈雨又經筆 포연탄우 속에 문필로 보답하고
爲國請纓捨一身 나라 위해 젊은 목숨 바치기를 청하네
十億結成共榮日 십억이 결성하여 공영을 이루는 날
太平洋水洗戰塵 태평양 물에 전쟁의 티끌을 씻으리[75]

여운형은 검사에게 '나의 심경'을 서면으로 다시 제출하겠다고 언약한 대로 일제에게 충성을 맹세하는 '자필 고백서'를 제출하였다.

나의 반성과 결심, 여운형

"학(學)의 목표를 성현에 두고 행(行)의 궤범(軌範)을 충효(忠孝)로 하자"는 어릴 때 한문(漢文)을 배울 때에 조부의 유훈(遺訓)은 항상 뇌리에 잠재하여 나의 생의 발전에 최고 이상은 성현이 됨에 있었다. 향리를 떠나 세파와 접촉된 후 나의 혼도 나의 고향을 떠나 동경하는 이상향을 찾아 세계를 유이(流移)하게 되었다. 영생의 낙원이라 하여 기독(基督)의 문을 두드리고 그의 도제(徒弟)가 되어도 보았고, 때로는 다윈의 진화설(進化說)에 심취도 하였고, 때로는 헤겔의 유물론(唯物論)에 공명도 하였고, 때로는 루소의 자유주의에 중독도 되어보았다.
그러나 어느 곳에서도 낙착(落着)할 만한 이상향은 발견치 못하였다. 그리하여 피곤한 나의 혼(魂)은 과거를 회고할 때 그 경과한 길에는 의문과 번민과 고로(苦勞)뿐이요, 아무 발견도 수확도 아무것도 없었다. 여기에서 나는 반성하였다. 자기의 생명의 발전의 길은 자력(自力)에 있고, 타력(他力)에 부재하며, 안을 탐(探)할 것이고 밖에 구(求)할 것이 아니며 도덕은 절대로 모방을 불허한다는 진리를 깨닫고 나의 혼은 다시 고향에 재귀하여 조선(祖先)의 유훈인 성현을 행함은 충효에 나아간다는 본 동양철학에 환원(還元)되고 종래에 심취하였던 서양사상은 일소하였다. 인간은 사회와 국가를 떠나 존재치 못한다. 개인으로 수양이 있는 사람이라도 사회인으로 불만하거나 국민으로 결함이 있으면 불가하다. 현금 우리의 생활을 반성하여보면 사회로도 국민으로도

---

75) 상게서.

시국(時局)의 중대성과 사회의 정세와 자기의 입장을 고려치 못하고 언동이 경솔하여 오류와 결점이 많음을 발견하였다. 금후에 나의 생활을 통하여 작비(昨非)를 교정(矯正)하고 후일을 경계하여 언동(言動) 공히 동양도덕이며 일본의 정신이며 나의 수양의 목표이던 충효를 행하고 완전한 황국신민(皇國臣民)이 되는 것으로 나의 생의 발전의 최고 이상을 삼기로 결심하였나이다.

조선인의 행복은 조선독립에 있다. 나는 조선인의 행복을 위하여 노력하리라 하고 정치이상을 실현하기 위하여 고국을 떠나고 외국 땅으로 가서 조선인의 행복을 멀리 타방(他方)에서 찾았다. 파리 평화회의에 조선독립 탄원도 하여보았고, 워싱턴 회의에 조선독립을 애걸도 하여보았다. 그러나 도처에서 당한 것은 냉소와 모욕뿐이요, 소득은 전무하였다. 어찌 조선인의 행복을 파리와 워싱턴에 찾을(尋得) 것이랴. 이는 연목구어(緣木求魚)함과 같아서 도로무공(徒勞無功)할 것은 필연의 일이다.

나는 궁도(窮道)에 서서 정치적 반성을 하였다. 조선의 독립은 가능한가. 조선인의 행복은 독립에 있는가. 과거 3천 년 조선 역사를 거슬러 생각(溯考)하여보면 한(漢)민족, 새외(塞外) 민족, 대화(大和, 야마토) 민족 등의 지배를 받은 것이 많았고 명실상부한 완전독립을 한 때는 적었다. 현금 동아대세(東亞大勢)로 보아 더욱 조선독립은 불가능하다. 앵글로색슨의 침략은 동서로 수륙으로 동아를 호시탐탐하는 이즈음 조선의 소국가적 존립은 불가능할 뿐 아니라 일본과 합하여 일대국가(一大國家)를 성립치 않고는 서세동점(西勢東漸)을 방지하지 못한다. 그러면 조선의 독립은 불가능하다는 것보담 불가하고 불능불가(不能不可)한 일을 생각함은 이상(理想)이 아니라 공상(空想)이다. 따라서 조선인의 행복도 조선독립에 있지 않고 황국(皇國)의 일익(一翼)으로 발전하는 데 있다고, 동아의 유일한 안정세력인 황국을 중심으로 대동아공영권(大東亞共榮圈)을 확립하여 동서의 영원한 평화와 행복을 가져오는 것이 우리의 최대 행복이요 최고 이상이다. 그리하여 조선의 독립은 단념한 지 오래였다.

그러나 나에게 민족적 관념이 아직 남아 있어서 조선 민족이 그대로 황국의 일익이 되어 민족의 특수성은 존재하기를 희구하였고, 그리하여 근래 총독정치에 대하여 여러 가지 불평과 불만을 품고 있었다. 이는 감정에서 나온 편견에 불과하고 대세에 순응하지 못함을 알았으며, 본래 동근동조(同根同祖)인 대화(大和)·조선 양 민족은 조속히 황실(皇室) 중심의 대가족 내로 혼연(渾然) 화육(化育)됨이 조선인의 행복이라 생각하였다.

정치문제에 대하여서 불평과 불만은 건설적이 아니요, 오직 협력에서 이해(理解)와 일치가 되는 것이 진리인 것을 발견하였다. 나는 이에서 또 심각한 반성을 하고 종의(從依)에 가졌던 민족적 편견을 포기하며 불평과 불만을 일소하고 성실로써 내선일체 정책에 협력하려고 결심하였나이다.

대동아전쟁이 발발한 후 1년이 지난 오늘날에 국가는 역사상 미증유의 비상시에 당면하였다. 이 전쟁의 성질은 정당방위요, 미영은 세계제패(世界制霸)를 목표로 하는 침략전이다. 충용한 황군(皇軍)의 선전으로 그 서전(緒戰)에서 경세적(驚世的) 대전과를 거두었다. 그러나 최후 결전의 승리를 얻으려면 전국 1억의 총력을 일으켜 전력(戰力)에 더하며, 전 동아 10억의 생명을 걸고 건곤일척(乾坤一擲)의 대결전을 요한다. 환언하면 황국의 흥패(興敗)와 동아의 존망(存亡)이 이 길에 당한 이때이다. 황민(皇民)된 자 누구나 물론하고 작은 털끝(小毫)만큼 유단(油斷)은 불가하며 잠시라도 주저는 불허한다. 나 비록 우매하나 이 대전을 알지 못하리오. 과거의 치망(侈望, 사치스러운 바람)과 진담(陳談, 케케묵은 이야기)을 다 버리고 안으로 총독정치에 대한 협력과 밖으로 대지공작(對支工作) 혹은 남방사업(南方事業)의 어느 것을 물론하고 당국의 명령과 지시가 있으면 조금도 주저치 않고 성의로써 국난(國難)에 나아가려 합니다. 언어가 장황하여 불손(不遜)에 가까우나 심경의 일단을 피력(披瀝)하여 정중히 자기의 반성한 바를 고백합니다.76)

이상 '나의 반성과 결심'은 한마디로 말해 여운형의 일제에 대한 항복문서이다. 일제는 여운형의 항복을 받고 학병 입대와 권유에 적극 이용했다. 또한 '반도 2천 5백만 동포에 호소함'이란 글에는 제목 아래에 여운형이 직접 썼다는 의미로 '呂運亨 手記'라고 표시하고 있다. 이 글

---

76) 『大東新聞』(1946. 2. 18), 反省한 呂運亨의 告白(下). 日帝에게 忠誠을 決心.

첫머리에는 이렇게 썼다. "조선 2천 5백만 동포여 일어서 나가자. 김성수, 송진우, 장덕수, 최남선, 유억겸, 향산광랑(이광수), 김연수 씨 등 조선의 교육계, 사상계, 재계, 문예계의 제일인자라고 말할 수 있는 사람들이 모두 일어났다. 일어서 호령하고 격려하였다."77)

　나는 대동아전쟁에 대해서부터 극히 엄숙한 생각을 해보았다. 그리하여 이 전쟁에서 조선의 가야 할 길을 내선(內鮮)관계에서 결론을 이끌어냈다. 눈물겨운 혈서, 단호한 출진 결의의 웅비, 이것에 호응하여 우리 아들을 격려하는 부형과 은사…. 온통 조선의 산하는 임시특별지원병제의 영광에 용솟음치고, 2천 5백만 동포의 가슴은 놀랄 만큼 진동하고 있다. 대동아전쟁은 소극적으로는 구미 침략에 대한 대동아의 방위이며, 적극적으로는 그들을 몰아내는 데 있다. 일본은 자국을 수호하는 것보다는 유구한 3천 년의 역사와 그 영예를 가진 아시아 전체를 해방하기 위한 것이다. 실로 이 일대 결전은 동아시아 10억의 생존권 회득전이다. 그래서 청년은 바다와 육지가 이어지는 세계를 향해 총을 들고 나가지 않으면 안 된다. 그것은 지금 조선의 전 신경과 살과 피를 찌르는 '임시특별지원병제'다. 이는 세기의 시금석(試金石)이다. 나는 이 지상국명(至上國命)의 완수 여하가 조선 2천 5백만의 운명에 달려 있다는 것을 뼛속에 사무치게 느끼고 있다.

　친애하는 조선 학도여, 조선을 응시하시오. 일본을 바로 보시오. 세계를 달관하시오. 2천 5백만의 운명은 실로 학도의 양 어깨에 달려 있는 것이다. 숭고한 의무와 신성한 동아 해방의 정의를 위해서 지금이야말로 뜨거운 피를 흘려야 한다. … 조선 동포는 야마토(大和) 민족과 혼연일체가 되어 전 동아 민족의 맹주가 되어 이것을 지도하는 높은 사명을 가지고 있다. 우리들은 이 지대한 자랑을 잘 느끼는 동시에, 병역의 의무 없이 일국의 한 사람다운 영예를 얻을 수 없다는 것을 명기(銘記)하지 않으면 안 된다. 나는 지금 결연히 일어나 2천 5백만 동포와 고난을 같이하고 조선을 위해서, 일본을 위해서, 대동아를 위해서, 미력이지만 여생을 전부 바치겠다고 맹세하는 바이다. 다시 한 번

---

77) 『半島學徒出陣譜』(京城日報社, 1944. 3. 15), pp.78~85, 半島二千五百萬同胞に愬ふ(呂運亨 手記).

말하기를 조선 동포에게 말한다. 일본 없이는 조선은 살 수 없다는 것을 명심하시오.[78]

그런데 앞의 '나의 반성과 결심'에는 '유단(油斷, ゆだん, 방심, 부주의)'이라는 순수한 일본어 단어가 나온다. 또 '반도 2천 5백만 동포에 호소함'은 일본어로 쓰였으며, 제목 아래에 '呂運亨 手記'라고 애써 여운형이 직접 집필했다고 밝히고 있다. 그러나 이는 역설적으로 총독부 당국이 이 문서를 작성해서 여운형 육필이라고 우기고 있다는 것을 알 수 있다. 여운형은 일본어를 모른다. 그런데 일본어 단어가 어떻게 등장하였는가? 1919년 12월, 3·1운동 후 조선인의 민심 수습 무마책의 일환으로 일본 척식국장 고가 렌조(古賀廉造)가 여운형을 초청했을 때, 여운형은 장덕수(張德秀)를 통역으로 동반하였다.[79] 1945년 8월 15일 해방 당일 엔도(遠藤柳作) 조선총독부 정무총감이 정권 이양을 위해 여운형을 정무총감 관저(현 코리아하우스)로 초청했을 때도 경성지방법원 판사 백윤화(白允和, 창씨명 白川)를 통역으로 동반했다.[80] 이와 같이 여운형은 일본어 대화가 불가능하다. 더군다나 일본어 논설문을 썼다는 것은 도저히 믿기지 않는다. 그렇다면 이들 양 문서는 총독부 당국이 문서를 조작해서 여운형으로 하여금 강압적으로 서명 날인하게 한 것으로 추단해볼 수 있다. '대지공작'이란 한국광복군과 중국군에 대한 첩보작전을 의미한다. 여운형을 위협하여 이 같은 항복문서를 만들어 친일전향을 강요함으로써 대지공작에 동원한 것이다.

이광수는 1937년 7월 동우회 사건으로 구속·수감되어 재판을 받았을 때 여운형의 항복문서와 같은 치욕적인 문서를 만들어 서명 날인한 일이 없다. 다만 친일전향을 공식선언했을 뿐이다. 도산 안창호도 1932년 윤봉길 폭탄의거 당시 구속되어 모진 고문과 옥고를 치르면서 끝내

---

78) 상게서; 『新東亞』(2010. 1), pp.610~621, 여운형의 '친일'과 조선중앙일보 폐간 속사정, 좌우 가리지 말고 똑같은 잣대 들이대야(정진석).

79) 李萬珪, 『呂運亨先生闘爭史』(민족문화사, 1946), pp.34~38.

80) 『月刊朝鮮』(1995. 8), pp.365~371, 1945년 8월 15일 京城 일본인의 하루. 그저 멍하기만 했다(미야츠카 도시오).

항복을 거부했고, 동우회 사건 때도 온갖 회유를 물리치고 굳건히 독립지조를 지키다가 옥고 끝에 순국한 것이다. 조선인 80퍼센트가 창씨개명한 사실을 감안해보면 친일전향하지 않은 사람은 거의 없다는 것이다. 그렇다면 국내 독립투사 중 완전무결한 독립지사는 안창호뿐이라는 결론에 도달한다. 그러므로 반민족행위처벌법은 3천만 전 민족을 그물망에 몰아넣는 법이라 해서 망민법(網民法)이란 새 용어가 등장하기도 했다. 만주에서 항일 무장세력(독립군)을 토벌한 이종형(李鍾滎)은 망민법을 철폐하라고 반민법 반대연설을 행했다. "이것이 망민법입니다. … 그냥 두다가는 백만 내지 2~3백만 명의 많은 사람들이 이 망민법에 다 걸려 … 가장 능률적, 가장 명석한 인재들을 제거하고 누가 미증유의 건국대업(建國大業)을 성취할 것입니까? … 법이 없는 그때의 행동을 지금 새로이 법을 만들어 소급하여 처단하려는 불합리한 이 법을 민주주의적 현실에서 그냥 묵과할 수는 없는 것입니다."[81]

해방정국의 실권을 장악한 친일세력들의 거센 반발로 반민법에 대한 찬반양론이 거세지자, 마침내 군정장관 딘 소장은 1947년 11월 27일 "어떤 의미에 있어서 모든 조선인은 살기 위하여 직접 일본인과 같이 일하지 않았다 하더라도 간접적으로 그들에 협력하고 그 학정(虐政)을 협조하였다"[82]라고 결론을 내리면서 부일협력자특별조례안의 인준을 거부한다고 입법의원에 통고함으로써 이제 이 법안은 수면 아래로 잠기고 말았다.

일제강점기 재일 독립운동가 박열(朴烈)도 입법의원에서 제정한 반민법안을 부정적 시각으로 보면서 폐기할 것을 주장하고 있다.

법안의 정신에 있어, 처벌함에만 전심(專心)하고 현하 우리나라가 직면하고 있는 국가 건설 목표가 경시(輕視)되어 있다. 그 때문에 처벌하기 때문에 된 법률로 화할 우려가 충분히 있는 것, 즉 대한은 대한 민

---

81) 임종국, 『실록친일파』, pp.259~262, 1947년 5월 5일 부일협력법안 검토대회 시 강연.
82) 『資料大韓民國史』, 권 5(국사편찬위원회, 1972), p.737(1947. 11. 27).

족의 자주독립을 완성할 운명을 가지고 있어, 그 건설 방도는 오로지 조선 민족의 결속과 자각에 있다.

따라서 민족반역자의 추급(追及)에 당하여는 신대한(新大韓) 건립에 장해가 될 한정된 계층에 대하여 철저적으로 추급할 것이요, 널리 일반 계층에 미치는 일은 중대한 의미를 갖지 않는다. 그뿐더러 조급한 정치안정과 경제부흥을 희구하는 현하의 대한으로서는 이러한 범죄인의 추급은 신속히 또한 특수계층에 철저히 함으로써 끊쳐버릴 일이다. 이러한 법안이 오랜 세월 그 효력을 가지고 있어 어떤 특수계층의 무기로써 난용(亂用)함과 같은 일이 있다 하면 법이 가지는바 해악은 실로 전율할 바가 있으리라.

이번 범죄자의 발생을 근본적으로 반성한다면 말하자면 국민 전체 3천만 국민 전체의 벌(罰)이 되는 것이다. 우리들은 전에 "3천만 우리들과 함께 죄가 있다"라 하여 민족적 자책(自責)의 고백을 주장한 일이 있거니와 강하게 그 죄를 추급한다면 민족 전체의 죄가 그 근본에 가로놓여 있는 것이다.

이러한 것은 명확히 법이 가지는바 그 정신의 모독이요 법률의 지나침이다. 이왕에 우리들은 강권자들이 책정한 법률에 기초하여 존귀한 선각의 피를 흘렸고 성자(聖者)를 적(敵)의 제단에 보내었다. 그리고 해방된 금일 또다시 우리들의 동포를 법률의 명하는 바에 의하여 '죄(罪)의 제단(祭壇)'에 보냄에 이른 일은 민족의 굴욕 이보다 더 큰 바 없다.[83]

3. 반민특위의 이광수 심판

미군정 장관이 1947년 11월 27일 부일협력자특별조례안의 인준을 거부함으로써 수면 아래로 잠복했다가 5 · 10 총선거에 의해 국회가 성립되고 대한민국 헌법이 공포되면서 곧바로 반민특위는 수면 위로 급부상했다. 1948년 8월 5일 국회 제40차 본회의에서 반민족행위처벌법 기초위원회 조직안이 가결된 것이다. "헌법 제101조에 의하여 1948년

---

83) 『三千里』(1949. 1, 新年特別號), 獨立完成戰線에 挺身하라: 立法議院時代의 反日法案을 보고(朴烈).

8월 15일 이전에 악질적 민족반역자를 처단하는 특별법을 제정키 위하여 특별위원회를 설치하자"는 동의가 있어 이날 통과되었다. "돌이켜 생각건대 우리는 8·15 이전 민족의 피를 팔아먹던 반역자들의 무리와 부일협력(附日協力)으로 사리사욕만을 채우던 친일파들의 군상의 광무(狂舞)로 민족이 입은 피해는 뼈에 사무친바 이루 말할 수 없었는데, 8·15 후도 그들은 추호의 반성도 없이 여전히 민족을 팔아먹는 행위를 그치지 않고 있었던 것이다. 이리하여 정계는 혼란 속에 빠졌고 민생문제는 도탄에 빠져 전 인민은 정치적, 사회적으로 사경(死境)에 빠져 있는 것이 온 겨레가 증명하고 남는 엄연한 사실이다. 이제 이들 민족의 독소가 엄연한 법에 의하여 철저히 처단됨에 즈음하여 우리는 그 법의 토대가 사사로운 것에 빠지지 않고 준엄한 법의 본연의 기초 위에서 제정되어 조금의 잔재가 없는 완전한 처단이 반드시 있기를 전 민족을 대신하여 요망하는 바이다."[84]

대한민국 정부가 수립되자마자 8월 16일, "민족정기를 바로잡아 신생국가의 기초를 튼튼히 다지기 위해서 하루라도 빨리 실천되어야 한다"는 주장에 따라 반민족행위처벌법 제정에 착수했다. 9월 7일 반민족행위처벌법이 국회를 통과하고 9월 29일 반민족행위특별조사위원회(약칭 반민특위)를 발족했다.

반민족행위특별조사위원회(1948. 9. 29)
위원장 :   김상덕(金尙德)
부위원장 : 김상돈(金相敦)
위원 :   조중현(趙重顯), 박우경(朴愚京), 김명동(金明東),
            오기열(吳基烈), 김준연(金俊淵), 김효석(金孝錫),
            이종순(李鍾淳), 김경배(金庚培)[85]

---

84) 『資料大韓民國史』, 권 7(국사편찬위원회, 1974), pp.722~724(1948. 8. 5).

85) 宋建鎬 外, 『解放前後史의 認識』(한길사, 1993), 권 1, pp.111~192, 반민특위의 활동과 와해(吳翊煥).

이승만 대통령은 9월 22일 반민족행위처벌법에 서명·발효함으로써 다음과 같은 담화문을 발표했다.

　왜적(倭敵)에 아부하여 악질적인 반민족행위를 감행한 자를 처단함은 민의(民意)가 지향하는 바이며 우리가 다 이를 각오하는 바이므로 이번에 국회에서 의결된 반민족행위처벌법에 대하여 본 대통령은 민의를 따라 서명·공포하는 것이다. 다만 본 대통령은 이 법을 공포함에 있어 몇 가지 소감을 피력하지 않을 수 없다. 첫째, 이 법에는 작(爵)을 받은 자손에게 벌이 미쳐서 그 재산을 몰수한다는 규정이 있는바, 이것은 소상(昭詳)한 해석이 없으면 중고(中古)시대의 연좌율(連坐律)과 혼돈될 염려가 있으므로 현대 민주주의 법치국가로서 이런 법을 적용한다는 오해를 피해야 될 필요가 있을 것이며, 또 고등관을 역임한 자를 관등(官等)으로 구별하여 벌칙(罰則)을 정한 것은 일정한 차별을 만들기에 필요한 것이지만 법률은 문구보다 정신을 소중히 하는 것이니, 비록 등급으로는 처벌에 해당한다 할지라도 정신적으로는 용서를 받을 만한 경우도 있을 것을 참작하여 일후 특별법원을 조직한 후 본법 해당자를 재판하는 데 있어서는 이런 점에 특별 유의하여 억울한 일이 없도록 힘쓰기를 희망하며, 일반 동포도 이런 점을 양해하여 이 방면으로 주의하기를 바라는 바이다. 제6조에서 "본 법에 규정한 죄를 범한 자가 개전(改悛)의 정상(情狀)이 현저할 때에는 그 형(刑)을 경감 또는 면죄할 수 있다"고 한 것은 관엄(寬嚴)을 구비한 규정이라 할 것이니 대개 법으로서 죄를 벌함은 범죄자에게 보복을 가하는 것보다는 범죄자를 선도(善導)하여 개과천선(改過遷善)의 기회를 주려는 데 목적이 있는 까닭이다. 법률은 공평하고 엄정하기를 주안으로 삼는 것이나 의혹이 있는 경우에는 후한 편으로 치우치는 것이 가혹한 편으로 치우치는 것보다 항상 가할 것이다. 또 한 가지 말하고자 하는 것은 내가 애초로부터 주장하던 것은 반민족행위자를 처벌함은 정부가 완전히 선 후에 하자는 것이다. 지금 대한민국 정부가 비록 성립이 되었으나 정권 이양이 아직도 진행 중에 있는 터이요. 또 유엔총회의 결과도 아직 완정되지 못한 터이므로 모든 사태가 정돈되지 못한 이때에 이 문제를 처리함에 있어서는 내외 정세를 참고하여야 할 점이 허다한 것

이니 지혜로운 모든 지도자들은 재삼 생각할 필요가 있음을 이에 천명하는 바이다.86)

반민특위 위원장 김상덕은 이광수가 기초한 2·8선언서의 조선청년독립단 대표 11인 중 한 사람으로서 이광수와는 혁명동지이다.87) 반민법을 집행할 특별재판관(재판장 金炳魯) 15인, 특별검찰관(검찰관장 權承烈) 9인, 및 중앙사무국 조사관(李元鎔) 16인 등을 선임했다. 이리하여 9월 22일에는 법률 제3호로서 전문 32조로 된 반민법이 공포된 것이다.88)

이승만 대통령은 1949년 1월 10일 반민법 발동에 즈음하여 공정하고 냉철한 처리를 요망하는 담화를 발표했다.

우리가 우리의 힘으로 주권을 회복하였다면 이완용(李完用), 송병준(宋秉畯) 등 반역 원괴(怨傀)를 다 처벌하고 공분을 씻어 민심을 안돈(安頓)케 하였을 것인데 그렇지 못한 관계로 또 국제정세로 인하여 지금까지 실시를 연기하여왔으나 국권을 찾고 건국하는 오늘에 있어서는 공분도 다소 풀리고 형편도 많이 달라졌고 또 부일협력자의 검거 심사 등 질이 심상한 법안이 아닌 만큼 그 죄를 범하게 된 근본적 배경과 역사적 사실을 냉철하게 참고하지 않고는 공정히 처리하기 어려움이 오늘 우리의 실상이다.

지금 국회에서 이를 해결하기로 진행 중이니 그 제정된 조리(調理)와 선임된 법관으로 이 중대한 문제가 영구히 그릇됨이 없이 해결되어야 할 것이다. 원래 죄범을 처벌하는 큰 뜻이 오직 그 죄를 징계함으로써 다시는 범법자가 없게 하고 순량(淳良)한 국민을 보호함에 있으니 반민법의 정신은 반드시 이를 주장으로 삼아야 할 것이고 또 이 법률을 집행하는 모든 법관들도 이를 주장삼아 일체의 편협을 초월하고 명확한 사실과 증거를 거울삼아 그 경중과 실정에 따라 오직 법에 의

---

86) 『東亞日報』(1948. 9. 24), 附日者處罰에 李大統領 聲明發表.

87) 金源模, 『영마루의 구름: 春園 李光洙의 親日과 民族保存論』(단국대학교 출판부, 2009), pp.67~70, 2·8宣言書(原本).

88) 『解放前後史의 認識』, 권 1, p.119, 반민특위의 활동과 와해(吳翊煥).

거하여서만 처단할 것이니 조금이라도 소홀히 생각하여서는 안 될 것이다. 이에 대해 한 가지 중대히 생각할 것은 우리가 건국 초창(初創)에 앉아서 앞으로 세울 사업에 더욱 노력하여야 할 것이요, 지난날에 구애되어 앞날에 장해되는 것보다 과거의 결절(缺節)을 청쇄(淸灑)함으로써 국민의 정신을 쇄신하고 국가의 기강을 밝히기에 표준을 두어야 할 것이니 입법부에서는 사법부에서 왕사(往事)에 대한 범죄자의 수량을 극히 감축하기에 힘쓸 것이요, 또 증거가 불충분할 경우에는 관대한 편이 가혹한 형벌보다 동족을 애호하는 도리가 될 것이다.[89]

이승만 대통령은 1949년 2월 2일 반민특위의 활동이 헌법 위반이라는 내용의 담화문을 발표했다. 즉 조사위원들은 조사만 하고 검속과 재판의 집행은 사법부와 행정부에서 그 책임을 맡아 처단해야 한다. 그러므로 조사위원회에서 이를 혼합하여 집행하면 삼권분립이라는 헌법정신에 위반된다고 주장했다. "지금 반란분자와 파괴분자가 각처에서 살인, 방화를 하며 인명이 위태하고 지하공작이 긴밀한 이때 경관의 기술과 성격이 아니면 사태가 어려울 것인데 기왕에 범죄가 있는 것을 들춰내서 함부로 잡아들이는 것은 치안 확보상 온당치 못한 일이다."[90]

2월 2일 이승만 대통령이 반민특위 활동의 위헌성을 지적하자 반민특위 부위원장 김상돈은 즉각 반박성명서를 발표했다. "반민족자를 처벌하는 특별법이 역력히 헌법에 규정되어 있는 이상 특별법에 의하여 처단함도 당연한 일일 것이다. 대통령은 신속과 비밀을 주장하였으나 민족정기라는 산 교훈을 가르쳐주기 위해서는 체포로부터 판결에 이르기까지 공개할 필요가 있다. 또 신속히 진행하라는 데 대해서는 오히려 책임감을 느끼고 반성하기를 요망한다." 이와 같이 이승만과 반민특위 사이에 상호 비난과 반박이 벌어지자 2월 10일 공보처는 반민법에 의한 행정부의 각 기관에 대한 조사를 일체 중단한다고 발표했다.[91]

1949년 2월 초순부터 친일파 군상 체포작전에 돌입했는데, 2월 7일

---

89) 상게서, p.123.

90) 상게서, pp.124~125.

91) 상게서, p.125.

육당과 춘원은 각기 자택에서 체포되었다. "반민특위에서는 물샐 틈 없는 특위 특경대의 활동으로 연일 계속하여 반민자를 민족의 원한도 가벼웁게 속속 체포하고 있거니와 드디어 지난 7일 오후 세 시경에는 특위의 이제까지의 검거방침을 바꾸어 친일문화인 거두 육당 최남선과 문필로 강연으로 황민화운동의 선구자로 우리나라 젊은 학도들을 갖은 찬사로써 왜적(倭敵) 일황(日皇)을 위하여 싸움터로 몰아넣던 춘원 이광수를 각각 자택에서 체포하였다."92) 이리하여 1949년 2월 7일 육당 최남선(3·1선언서), 춘원 이광수(2·8선언서)가 제일 먼저 검거되어 서대문형무소에 수감된 것이다.93) 2월 7일 체포된 이광수는 반민특위 중앙사무국에서 서정욱(徐廷煜) 조사관의 취조를 받았다. 서정욱이 "당신이 최근 '나의 고백'을 쓴 일이 있는데 좀 더 구체적으로 자백서를 써보시오"라고 하자 이광수는 대동아전쟁 발발 후의 자신의 친일행태와 친일변명을 해명한 '나의 고백서'를 써낸 것이다.

임전보국단(臨戰報國團)은 최린(崔麟)이 중심인 것으로 알았으나 내막은 자세히 모르고 다만 일본인이 조선인의 전쟁 불협력의 증오의 감정을 완화하기 위하여 조직한 것으로 해석하였기에 상무이사 전시생활부장직의 직에 앉게 되었다. 대화동맹(大和同盟)은 일인과 조선인과의 악감을 제거하기 위한 조치로 생각하고 역시 상무이사직에 있었다. 1941년 12월 8일 일어난 대동아전쟁이 일어난 당시 우리 민족의 대위기가 임박한 것으로 생각코 일부 인사라도 일본에 협력태도로 보임이 목전에 임박한 위기를 면할 수 있는 길이라고 생각하고 기왕 훼절(毁節)한 몸이니 이 경우에 희생할 생각을 가지게 되었다. 학병문제에 있어서는 이것이 표면에는 지원형식이나 내용적으로는 강제였기에 자진 지원하지 않으면 강제로 끌려 나가 본인이나 가족에게 도리어 고통이 되겠기에 이왕이면 자진해 나가라는 것을 권고하였다. 그리고 조선의

---

92) 『朝鮮日報』(1949. 2. 9), 親日文筆 巨頭 崔南善·李光洙를 逮捕. 육당·춘원의 체포일자가 2월 7일 또는 2월 8일로 엇갈리고 있으나 '2월 7일'이 맞다.

93) 金永鎭 編, 『反民者大公判記』(漢豊出版社, 1949. 4. 10), pp.22~33, 129~130. 이 책 첫머리에 반민특위 전경과 함께 이광수가 예비조사를 받고 있는 사진이 게재되어 있다.

젊은 학도를 전장에 나가게 권유하려 지방으로 순방하며 강연한 것은 그 당시 대학 재학생들이 학병을 거절하면 노동징용과 제적, 퇴학 등 혹은 그 부모형제들에게 화가 많았으므로 본인을 위하여 또는 민족을 위하여 나가라고 권유하였던 것이오. 다만 민족 앞에 재판을 받을 뿐이오.[94]

검거 선풍이 휩쓰는 가운데 치안불안을 염려한 이승만 대통령은 2월 15일 마침내 반민법 개정의 필요성을 주장하는 특별담화를 발표했다.

근자 조사위원회(반민특위)에서 진행되는 것은 조사위원 2, 3인이 경찰을 데리고 다니며 사람을 잡아다가 구금·고문한다는 보도가 들리게 되니 이는 국회에서 조사위원회를 조직한 본의도 아니요, 정부에서 이를 포용할 수도 없는 것이므로 대통령령으로 검찰청과 내무부장관에게 지시해서 특경대(特警隊)를 폐지하고 특별조사위원들이 체포·구금하는 것을 막아서 혼란 상태를 정돈케 하라 한 것이다. 이 반민법안을 국회에서 정하고 대통령이 서명한 것이니까 막지 못한다는 언론에 대해서는 가장 중요한 문제가 첫째로 치안에 대한 관련성이니 이것이 상당한 법안이라 할지라도 전국 치안에 관계될 때에는 임시로 정지하는 것이 마땅한 일이며, 또 이 법을 정할 적에 국회에서나 대통령이 조사위원들에게 권리를 맡겨서 행정부, 사법부의 일까지 맡아가지고 2, 3인이 마음대로 사람을 잡아다가 난타·고문하라는 문구나 의도는 없는 것이니 즉시 개정하는 것이 옳을 것이다.[95]

서울시경 정보과장 최운하(崔雲霞)는 반민특위의 간부들에 대한 신상조사를 은밀히 진행하여, 마침내 반민특위 부위원장 김상돈이 일제 당시 서울 마포구 서교정(西橋町) 정총대(町總代, 지금의 동장)를 하면서 황민화운동의 중심기관인 '매일신보' 보급에도 적극 협조했다는 사실을 폭로했다. 결국 친일파가 친일파를 처단하는 모순을 초래한다는

---

94) 『東亞日報』(1949. 2. 11), 새로히 쓴 '나의 告白' 始終如一하게도 自己辨明뿐; 『朝鮮日報』(1949. 2. 22), 무서워 親日했소, 李光洙 再次 나의 告白書.
95) 『解放前後史의 認識』, 권 1, p.127, 반민특위의 활동과 와해(吳翔煥).

것이다. 김상돈은 신상발언을 통해 총대직을 맡은 것은 부락민들의 투표에 의해 선출되었기 때문에 일본인과 합법적인 투쟁을 한 애국자라고 변명했다. 김상돈의 친일부역설(親日附逆說)은 반민특위를 공격하는 최대무기로 작용했다. 게다가 김상돈은 2월 27일 오전 열한 시에 지프를 손수 운전하고 가다가 정한진(丁漢鎭)이라는 9살 어린이를 치어 죽이고 암매장했다는 사실이 폭로되어 궁지에 몰리게 되었다. 이리하여 김상돈은 부위원장 직에서 자진해서 물러나야 한다는 여론이 형성되었다.96)

최운하는 국민계몽협회란 어용단체를 만들어 남대문로 2가에 있는 반민특위 본부로 몰려가서 "반민특위는 빨갱이의 앞잡이다. 공산당과 싸운 애국지사를 잡아간 조사위원들은 공산당이다"라는 구호를 외치며 데모 시위를 주동했다. 이에 특경대를 배치해서 데모 군중과 대치하는 사태가 벌어졌다. 반민특위는 최운하가 배후에서 대규모 데모를 선동했다는 사실을 포착하고 최운하와 종로서 사찰주임 조응선을 체포하기로 결정하고, 6월 4일 소환된 최운하와 조응선을 즉석에서 전격 구속하였다. 최운하와 조응선의 구속은 서울시경 산하 전 경찰의 반민특위를 해체하기 위한 반민특위 습격사건(6·6사건)의 발생 원인이 되었다. 중부서장 윤기병(尹箕炳)은 "현직 경찰간부가 뚜렷한 증거도 없이 국회의 특별활동기관인 반민특위에 구속되었다는 것은 있을 수 없는 불법"이라고 주장하면서 시경국장 김태선(金泰善)에게 석방조치를 강구할 것을 촉구하자 김태선은 우유부단한 태도를 보였다. 이에 실망한 윤기병은 내무장관 장경근(張暻根)에게 달려가서 실력으로 특경대를 해산시키겠다는 허락을 받고, 6월 6일 중부서원 40명의 경찰 병력을 이끌고 반민특위 본부를 습격, 반민특위 특경대를 비롯하여 직원을 연행했고, 심지어 대검찰총장 권승렬도 무장해제를 당했다.97)

경찰의 반민특위 습격사건은 반민특위 활동에 막대한 타격을 주었고 그 결과 반민법 추진세력의 약화를 초래했다. 이때 국회에서는 이인(李

96) 상게서, pp.133~134; 임종국, 『실록친일파』, p.270.
97) 『解放前後史의 認識』, 권 1, pp.139~142, 반민특위의 활동과 와해(吳翊煥).

仁), 곽상훈(郭尙勳) 등이 반민법 제29조의 공소시효를 1949년 8월 31일로 앞당기자는 반민법 개정안을 국회에 제출, 7월 6일 통과되었다. 개정안이 통과되던 날 반민특위 위원장 김상덕 이하 전 직원이 총사퇴함으로써 신임 위원장에 이인이 선출되었다. 새로 발족한 반민특위는 7월 14일부터 공소시효가 끝나는 8월 31일까지 한 달 반 동안 특위 업무를 관장해야만 했다. 이인은 위원장에 취임하면서 이렇게 말했다. "실지(失地) 회복이 미완된 현 단계에 있어 반민법을 남북 양지에 똑같이 적용하고 운용하지 못하는 것은 유감이나 모든 정세를 고려하여 비록 제약된 기간이나마 모든 기능을 경주하여 중점을 두고 은위병행(恩威竝行), 신속공정하게 처단할 방침이니 일반은 많은 협조를 바란다." 이리하여 8월 31일 공소시일이 완료됨에 따라 반민특위 활동은 자동 종결되고 위원장 이인은 담화문을 발표했다. "반민법 제29조에 의해서 '도피자는 본법이 사실상 시행되지 못한 지역에 거주하는 자 또는 거주하던 자'를 제외하고는 반민족행위자 조사는 이로써 일단락을 짓게 되었고, 반민법이 공포된 후 343일간 총 취급건수 682건이요, 그중에서 특검으로 송치한 것이 559건이다. 더욱 38선이 그대로 있고 시국이 혼란하고 인재가 부족한 이때에 반민족행위 처단을 지나치게 하는 것은 도저히 민족과 국가를 위해서가 되지 못한다는 것을 생각하지 않을 수 없다." 이리하여 1949년 9월 22일 반민특위 특별조사기관 조직법 및 반민족행위특별재판부 부속기관조직법 폐지안과 특위가 진행해왔던 업무는 대법원과 대검찰청에서 계속 수행할 수 있도록 하는 내용의 반민족행위처벌법 중 개정안이 국회에서 통과됨으로써 파란 많았던 반민자에 대한 숙청작업은 종언을 고했다.[98]

1949년 2월 7일 친일행태로 체포되었다가 병보석 중이던 이광수는 거의 반년 만인 8월 24일 일건서류와 함께 특검에 송치되었다. 검찰에 송치된 이광수는 반민법 공소시효 만료일(8. 31) 이틀 전인 8월 29일에 불기소 처분을 받았다.[99] 이광수는 8월 24일 특검에 송치되자, 참회록

98) 상게서, pp.147~150.
99) 『朝鮮日報』(1949. 8. 26), 李光洙 送致; (1949. 9. 4), 李光洙 不起訴.

을 남겼다. "금년 2월 7일 반민특위에 체포되었다가 3월 7일 신병이라 하여 불구속 처분으로 출감한 반민 피의자 이광수는 그간 전후 3차에 걸친 불구속 문초가 근 반년에야 겨우 일단락을 지어 24일 드디어 송 치되고 말았다. 한때 민족진영의 끈기 있는 명사로서 조국의 광복운동 에도 몸을 던진 일까지 있는 동 피의자가 마침내 일제의 팽창과 함께 민족의 절개를 헌신짝같이 버리고 누구보다 전심전력 일제에 이루 협 력하였음은 천하 주지하는 사실이다. 그는 얼마 전 민족의 죄인으로서 심판대 앞에 섰을 때 참회록을 썼다. 그러나 이번 쓴 '참회록'이 구구 한 변명과 비굴한 자기 찬양의 글인 '나의 고백'보다 얼마만한 양심의 고동을 반영시킨 것이라고 할 것인가? 다음에 그의 참회록을 소개한 다."100)

   … 본인의 대전략적(對戰略的)인 방편이 일본 관헌의 대(對)조선인 적의(敵意)에 다소 유화적 효과를, 일부 동포를 당면의 수난에서 구 (救)한 실제적 이익이었었다 치더라도 본인의 행동 자체의 비대전성 (非大戰性), 반민족성은 부정할 수 없습니다. 본인의 모든 과오는 본인 의 성격의 약점인 단려(短慮)와 열정(熱情)의 결과인 것 같습니다. 동 지의 옥고를 생각할 때에는 그들 동지의 구출에만 열중하여 원려(遠 慮)를 잊고 민족정화(民族精華)인 수만 명 소위 시국 비협력동포가 대 검거와 계엄령 하 소탕의 위기에 직면하였다고 인식할 때에는 자기 한 사람이 죄인이 되어 동포를 위난에서 구한다는 일념에 현혹하여 일본 관헌과 일본인 유화를 목표로 하는 열광적인 노선으로 돌진하였던 것 입니다.
   당시 어제보다 오늘이 더하고 한 달 전이 벌써 옛날이 되듯이 각각 으로 급박하여오는 민족주의자라고 지목되는 조선인 대탄압의 위기는 본인으로 하여금 본인의 당시의 언동(言動)이 장래에 미칠 영향을 냉 정하게 고려할 여유를 불허하였습니다. 오직 민족위기 완화에 자기를 희생한다는 환상에 도취하여서 그렇게 도(度)를 잃은 언동을 하였던 것입니다.

---

100) 『自由新聞』(1949. 8. 26), 過誤는 短慮와 熱情, 被檢後의 '나의 告白書'.

당시 본인의 요량(料量)에는 3, 4년만 고식적으로 무사히 끌어가노라면 긴박한 그 시국(時局)의 결말이 오리라고 막연한 목표를 세웠던 것입니다. 해방이 이름에 본인은 스스로 민족의 죄인으로 자처하고 둔세(遁世)할 결심을 하고 입산까지 하였습니다마는 당시에는 본인은 "내가 그렇게 두려워하던 민족수난은 아니 오고 말았다. 이 대수난(大受難)을 방지하기에 나도 응분의 미력을 바쳤다" 하는 일종의 자부심도 있고, "이제는 내가 할 일은 다하였다" 하는 노역(勞役)에서 해방되는 안식감조차 있었습니다. 더구나 국토가 전장이 아니 되고 우리 장정의 전사자가 고만하고 만 것이 불행 중 다행이라 하였습니다. 이것이 본인의 저 '나의 고백(告白)'에 나타난 심경(心境)이었습니다. …

본인은 본 진술서 초두에 이미 결론을 말씀했습니다. 그것은 본인의 행동 자체의 비정의성, 반민족성을 자인한다는 것입니다. "나는 민족을 위하여 이 일을 하였다"라는 자부심도 버렸습니다. 본인은 "잘못했습니다" 하는 단순한 마음으로 민족의 앞에 섰습니다. 본인은 광복된 조국의 법정에서 민족정기를 위하여 처단 받게 된 것을 만족하게 생각합니다. 이번의 참회와 시련으로 정화된 정신을 가지고 만일 형여(刑餘)의 생(生)이 있다면 민족과 국가를 위하여 살다 죽을 생각입니다.[101]

이광수는 동우회 사건 무죄판결(1941. 11. 17)을 받고 나서부터 위장친일과 내재적 민족운동을 병행해나갔다. 자유독립은 이광수의 민족주의 운동의 절대가치이다. 이를 실천하기 위하여 일제 말기 1944년 8월 혁명비밀결사 청년정신대를 조직, 줄기차게 민족운동을 벌인 것이다. 그러나 1942년 12월에 총독부의 강제동원에 의해 동경 학병 권유 유세를 벌인 것이 결정적 친일행태로 규탄 받게 되었다. 하지만 이광수의 정치적 이상은 학병 권유는 장차 독립군 기간장교 육성의 궁극적 목표였다. 옥에도 티가 있다는 말과 같이 이 한 가지 친일협력으로 인해 '친일파 이광수'라는 비난세례를 받았고 온 세상의 비난파들은 이광수에게 일방적으로 돌을 던졌다. 99의 공(功)이 단 하나의 과(過)로 공든 탑이 모략사관에 의해 허물어진 것이다. "서기관들과 바리새인들이 간음

---

101) 상게서.

중에 잡힌 여자를 끌고 와서 가운데 세우고 예수께 말하되, 선생이여, 이 여자가 간음하다가 현장에서 잡혔나이다. 모세는 율법에 이러한 여자를 돌로 치라 명하였거니와 선생은 어떻게 말하겠나이까. 저희가 이렇게 말함은 고소할 조건을 얻고자 하여 예수를 시험함이러라. 예수께서 몸을 굽히사 손가락으로 땅에 쓰시니 저희가 묻기를 마지아니하는지라. 이에 일어나 가라사대, 너희 중에 죄 없는 자가 먼저 돌로 치라 하시고 다시 몸을 굽히사 손가락으로 땅에 쓰시니, 저희가 이 말씀을 듣고 양심의 가책을 받아 어른으로 시작하여 젊은이까지 하나씩 하나씩 나가고 오직 예수와 그 가운데 섰는 여자만 남았더라. 예수께서 일어나사 여자 외에 아무도 없는 것을 보시고 이르시되, 여자여, 너를 고소하던 그들이 어디 있느냐. 너를 정죄(定罪)한 자가 없느냐. 대답하되, 주여 없나이다. 예수께서 가라사대, 나도 너를 정죄하지 아니하노니 가서 다시는 죄를 범치 말라 하시니라."(요한복음 8장 3∼11절)

이광수는 "나는 민족을 구출하기 위해 내 한 몸을 친일제단에 내던졌다"고 호소했다. "나는 진실로 맹수(日帝)에게 물리랴는 사람(韓族)을 구(救)하려고 내 몸을 내어 던졌다 / 내게는 아무 불평도 회한도 없습니다 / 나는 민족을 위하여 살고 민족을 위하다가 죽은 이광수가 되기에 부끄러움이 없습니다 / 천지가 이를 알고 신만이 이를 알 것입니다"라고 천지신명과 하느님께 고해성사했다.[102]

마침내 이광수는 세인의 비난세례를 받으며 1949년 2월 7일 체포되었다. 그러나 사릉 농민 3백여 명은 이광수 석방진정서를 제출하면서 무죄석방 시위를 벌였고 아들 영근은 혈서탄원서를 제출하여 반민특위는 2월 15일 병보석으로 석방하여 이광수는 불구속 재판을 받게 되었다. 3월 이상협(李相協)은 이광수에게 '사랑의 동명왕' 집필을 청탁해서 춘원은 원고를 쓰고 있었다. 이광수는 이 당시의 서글픈 곡경(曲境)을 당한 자신의 심경(心境)을 담은 장편서사시 '구데기와 개미'를 '희망'(1950. 2)에 발표했는데, 원고 작성일을 '1949년 5월 18일(小滿)'이

---

102) 『李光洙全集』(三中堂, 1963), 권 19, pp.265∼267, 因果, 未發表詩帖 '내 노래' 所載.

라 명기하고 있다. '구데기와 개미'는 이광수의 관찰력이 초인적임을
보여주는 장편서사시이다. '구데기(구더기)'는 이광수를, '개미'는 '친
일파 이광수'라 비난세례를 퍼붓고 있는 친일모략을 일삼고 있는 친일
비판자들을 비유하고 있다. 구더기(친일파 이광수)가 개미(친일 비판자)
에게 물어뜯기면서 개미구멍으로 끌려가는 처참한 처지를 하소연하고
있다.

구데기와 개미, 장백산인(長白山人)

小滿(소만) 바람은 차도
五月(오월) 볕은 따습다
내 집 좁은 뜰의
볕 잘 드는 한구석
백여 일이나 앓는 몸이
볕을 쪼일 때에 일어난 일

적은(작은) 일이라 하면 적다마는(작다마는)
크게 보면 宇宙(우주)와 같이 크다
알 수 없는 生命(생명)의 神秘(신비)
야속히도 살려는 종내 慾心(욕심)
그러면서도 안타까워라
無明(무명)에 가리워진 마음의 힘

어디로서 왔는가 구데기(구더기) 한 마리
누르스름하고 번질번질한 몸
열두 마디 꿈틀거려 움질거려
구르며 자빠지며 바쁘게 가는 길
땅바닥을 찍어 당기는 주둥이
그의 오직 하나인 무기다

그는 어디로 가나 무엇 하러

해는 벌써 낮이 기울었는데
낙수 층계 밑을 거의 다
와서는 굴고, 와서는 또 굴고
이 방향으로 저 방향으로
그는 무엇을 찾아 가는 길인가

나는 알았다 그의 목적을
열두 마디 움질움질 바쁜 까닭을
집을 찾는 것이다 따뜻하고 포곤하고
남의 눈에 안 띄우게 숨을 집
마음 놓고 한동안 수렁이 되어
날개 치고 나오기 까지 몸담을 곳

그는 구린 시궁창을 뛰어나왔다
먹고 마시기도 전폐하였다
가벼운 두 날개 활짝 펴고
무변 허공에 훨훨 날 때까지
다시는 안 돌아온다고
수채 구멍을 박차고 나온 그다

가다가는 머물러 쑤세본다(쑤셔본다)
다져진 마당 흙은 그렇게도 돌과 같다
열 번 수무 번 주둥이를 파다가는
또 땅을 찍어 당기며 기어간다
해는 자꾸만 기울어지는데
얼마 안 되는 정력은 자꾸만 닳는데

발발 기어가는 개아미(개미) 한 마리
움직여야 눈에 띄우는 잔 개아미
멈칫 서는 듯 픽 방향을 돌려
구데기에 뭉투룩한 꽁무니여
물고 매어달려 발을 버둥거린다

깜짝 놀라 굼틀거리는 구데기

아마도 평생에 처음 만나는 적
처음 당하는 물리는 아픔
뿌리쳐 다시 기어오르는 개아미
등을 물고 목덜미를 물고
가렵고 아프고 추악을 쏘고
다시 못 얻을 진액을 빨고

물고는 안 놓으려는 개아미
떨어졌다가는 또 매어달리는 개아미
열, 스물, 서른, 마흔,
백 군데는 더 물렸다
데굴데굴 굴고 꼼틀거리는
구데기 몸에 흙이 묻기 시작한다

인제 배가 불렀는가 개미 저도
물고 빨기에 진력이 났는가
배고픈 동무들헌테
먹을 것 왔다고 알리러 감인가
죽겠다고 괴로워하는 구데기를
버리고 부지런히 달려갔다

한바탕의 격전은 지나고
천지는 고요하였다
적이 물러간 줄을 알 때에
구데기는 옛 정신을 다시 차렸다
다시는 그런 일 없과저
그는 다시 목적지로 기기를 시작한다

물린 몸은 가렵고 아프고
악전고투에 기운은 빠졌어도

가던 길은 가야 하는 게다
몸 숨길 구멍을 찾아야 한다
그 걸음은 아까보다 느리다
그래도 쉬지 않고 움질거리는 그

반반한 마당이건마는 그에게는
떨어지면 나오기 어려운 우묵거리도
자칫하면 굴러나는 경사지도 많다
천신만고로 층계 밑에 다다라
大海(대해)의 靑龜(청구)가 浮木(부목)을 만난 듯이
찾아온 것이 포근포근한 앞뜰을 가진 개미구멍

그는 찾을 데를 찾았다고 기운차게
그 구멍으로 들어가구 말았다
"아 인제 되었다"고 얼마 동안이나
몸과 마음을 쉬었는가, 말았는가,
다시 기어 나올 때에는 그의 왼 몸이
까맣게 잔 개미들이 붙어 있었다

그는 수없이 몸을 꾸부렸다 폈다
몇 번이고 이리 뒤치고 저리 뒤쳤다
물고 뜯고 쏘는 적을 떨어버리려 했다
모든 분노와 고충과 원한으로 뒤집혔다
배고픈 개미들은 그 사정을 몰랐다
싫도록 먹기까지 떨어지지 않았다

한 놈 떨어지고 두 놈 떨어지고
잔치 파한 손님들 모양으로
슬몃슬몃 개미들은 갔다
구데기는 다시 자유 몸이 되었다
살아가기 어려운 세상
앞 일 못 내다보는 설움

그의 몸은 가늘어졌다
기름과 진액을 다 빨린 것이다
그의 걸음은 느렸다
그는 분명 몸 가누기가 어려워졌다
그래도 가야만 한다 몸 둘 데를 찾아야만 한다
그러기에 가야 한다 못 움직이기 전에

한 시간은 지났다
해는 더욱 기울었다
어디를 어찌 돌아왔는고
구데기는 개미집 앞에 있었다
그렇게도 죽을 曲境(곡경)을 치른
아까 그 구멍으로 그는 들어갔다

그는 한 번 다시 세상을 보았다
그러나 그가 찾던 몸 둘 곳은
그는 마침내 못 찾고 말았다
두 번째 나온 그는 기운이 없었다
그는 몇 번이나 들고나던 우묵어리(우묵거리)에
굴러 떨어져서 다시 나오지 못하였다

다 저녁때에 나는 그의 몸이
개미들에 끌려옴을 보았다
가늘어진 그의 몸은 아직도 움직였으나
덤벼드는 적을 뿌리칠 힘은 없었다
그는 아픈지 가려운지 움지럭거리면서
개미들이 끄는 대로 천천히 끌려갔다

두 번이나 제 뜻으로 들어가던 구멍에
이번에는 개미들에게 끌려서 들어갔다
처음 떠날 때에 구하던 보금자리
하늘에 날아 오르려든 그의 큰 뜻은

어느 제 어느 생에 이루어지려는고
아 개미구멍으로 끌려 들어간 그여
(1949. 5. 18)[103]

반민특위 특별검찰부 차장 곽상훈(郭尙勳)은 이광수 불기소 처분을
다음과 같이 해명하고 있다.

최근 항간에서 상당한 물의를 일으키고 있는 반민 피의자 이광수 불
기소설에 대하여 작 8일(9월 8일) 반민특위 특별검찰부 차장 곽상훈
씨는 그 경위를 다음과 같이 발표하였다.
반민 피의자 이광수는 특위에 의하여 지난 2월 7일 검거되었고, 특
검에 송치된 것은 공소(公訴) 시효기일에서 8일을 앞둔 8월 24일이다.
검거로부터 송치까지에만 6개월 17일을 요하게 된 것은 그 이유를 알
수 없으나 방대한 기록을 담당 검찰관인 이의식(李義植) 씨가 취급하
게 되어 8월 29일 하오 두 시 검찰관 전원(9명) 회의를 열고 이를 합
의에 붙인 결과 4 대 4의 투표로 기소 가부 미정의 투표를 보게 되자,
검찰관장은 부(否)의 찬의를 표하게 되어 4 대 5로 불기소(不起訴)가
가결되었으므로 본관은 그 부당성을 역설하는 한편 전례에 의하여 재
의(再議)에 붙일 것을 결의하고 검찰관 8명의 연서로 이 결의를 검찰
관장에게 전달하였던바 검찰관장은 일단 결의한 것을 그럴 필요가 있
느냐는 의견을 표시하게 되어 본관은 부득이 8월 31일 오후 네 시경
검찰관장을 출석으로 차장인 본관이 이에 대리하여 재의를 한 결과 재
석 8인 중 1인이 기권하고 7인 전원의 동의로 담당 검찰관으로 하여금
기소할 것을 결의하고 이를 즉시 검찰관장에게 보고하게 하였던 것이
다. 그럼에도 불구하고 담당검찰관은 공소시효가 지난 9월 1일부로 기
소를 하여놓았고 동시 이에 담당 검찰관인 이의식 씨는 이에 대한 책
임을 느끼고 9월 1일부로 인책사표를 제출하였던 것이다.[104]

---

103) 『희망』(美國公報院), 創刊號(1950. 2), pp.48~49, 구데기와 개미(長白山人).
    이광수전집(삼중당)에 미수록.
104) 『東亞日報』(1949. 9. 9), 李光洙 不起訴에 郭 次長 經緯釋明.

박열(朴烈, 1902~1974)은 반민특위에 의한 친일반민족자 처벌에 대해 "3천만 모두 죄 있다"[105]라고 선언하면서 진짜 친일파가 가짜 친일파를 처단함은 한마디로 난센스라고 조소하고 있다. 박열은 조선인 유학생 잡지 '조선청년'(1922. 2)에 '개새끼'를 발표했다. "나는 개새끼로소이다 / 하늘을 보고 짖는 / 달을 보고 짖는 / 보잘것없는 나는 / 개새끼로소이다 / 높은 양반의 가랑이에서 뜨거운 것이 쏟아져 내가 목욕을 할 때 / 나도 그의 다리에다 / 뜨거운 줄기를 뿜어대는 / 나는 개새끼로소이다" 일본의 압제를 받고 있는 식민지 조선 백성이 일본제국의 '충성스러운 개새끼(忠犬)'가 된 운명을 저주하고 있다. 한편, 이 시에 감동한 일본인 아가씨가 있었는데, 그녀가 바로 가네코 후미코(金子文子, 1903~1926)이다. 그녀는 "내가 찾고 있던 사람, 내가 하고 싶었던 일, 그것은 틀림없이 그 사람 안에 있다. 그 사람이야말로 내가 찾고 있던 사람이다"라고 하면서 박열과 열렬한 사랑에 빠지고 만다. 1923년 9월 관동대진재(關東大震災)가 발생하자, 친일깡패 두목 박춘금(朴春琴)은 애꿎은 조선인을 대량 살상했다. 박열과 가네코는 분격하여 일본 천황을 폭살하려는 음모를 꾸미다가 발각되었고 두 사람은 구속·수감되고 만다. 박열은 1924년 옥중에서 작성한 '나의 선언'에서 "말하라! 모든 것을 멸하리라! 독을 퍼트려라! 기요틴을 설치하라! 정부에, 의회에, 감옥에, 공장에, 인간시장에, 사원에, 학교에, 마을에, 거리에, 모든 것을 멸할 것이다. 붉은 피로써 가장 추악하고 어리석은 인류에 의해 더럽혀진 세계를 깨끗이 씻을 것이다"라고 썼다. 그는 자유를 억압하는 모든 힘, 즉 국가, 법, 감옥, 사원 등 모든 제도권의 힘이 사라진 세상을 꿈꾸는 아나키스트로 거듭 태어났다.[106]

이때부터 조선 민족의 해방이 그의 궁극적 정치이상이요, 절대가치였다. 박열은 재판정에서 조선 민족의 자유해방을 위해 일본 황실을 쓰

---

105) 『三千里』(1949. 1, 新年特別號), p.127, 反民有感 三千萬 모두 罪있다— 의 自覺에 徹하여 反民法을 살피자(在日本東京 朴烈).

106) 『중앙일보』(2010. 2. 3), 일본 여인을 사랑에 빠뜨린 박열의 무정부주의(허동현).

러뜨려야 한다고 주장하고 있다. "일본 민중에 대해서는 일본 황실이 일본 민중의 고혈을 착취하는 권력자의 간판이며, 신과 같은 자가 아니라 유령과 같은 자에 지나지 않음을, 조선 민중에 대해서는 실권자로 생각하며, 증오의 과녁으로 삼고 있는 일본 황실을 쓰러뜨려 조선 민중에게 혁명적, 독립적 열정을 자극하기 위해서다. 나는 처음에 민족적 독립사상을 가지고 있던 차에 광의의 사회주의에 빠져들었고, 그 후 무정부주의로 변한 후 다시 현재의 허무주의 사상을 갖게 되었지만, 지금도 민족독립사상을 내 마음속에서 떨쳐버릴 수 없다." 그는 이렇게 당당하게 진술하였다. 박열 부부의 재판을 담당한 재판장 마키노(牧野)는 박열의 이 같은 독립정신에 감복하여 그만 재판장직을 사퇴하고 말았다. "박열 부부의 죄로 말하면 일본인으로는 말로 할 수 없는 큰 죄이지만, 경우를 바꿔 생각하면 박열만 나쁘다 할 수 없다"라고 사퇴 이유를 밝히고 있다. 박열 부부의 변호를 담당한 인권변호사 후세 다쓰지(布施辰治)도 박열의 '해방양심'을 전폭 지지했다. 심지어 검사와 예심판사는 박열과 가네코 부부의 독립기개에 감격한 나머지 투옥 중인 두 사람을 동석시켜 다정한 포즈로 사진을 찍어 언론에 보도하자, 대역죄인을 우대했다는 빌미로 정쟁(政爭)의 불씨가 되어 내각이 붕괴되는 기현상을 빚기도 했다.107)

상해 망명 중인 김익상(金益相, 1895~1942)은 김원봉(金元鳳)이 조직한 의열단(義烈團)에 1920년 가담하여 사이토(齋藤實) 총독을 암살하기 위해 폭탄 2개와 권총을 휴대하고 귀국하였다. 1921년 9월 12일 전기수리공으로 가장하고 왜성대(倭城臺) 조선총독부 청사에 침입하여 회계과와 비서과에 폭탄을 투척했으나, 한 발은 불발되었고 한 발은 폭발했으나 기물 파괴만 있었고 인명피해는 없었다. 김익상은 일본인 목수로 변장하여 다시 상해로 도피했다. 그 후 1922년 3월 28일 일본 육군대장 다나카(田中義一)가 필리핀을 방문하고 상해 세관부두에 나타났다. 이때 김익상과 오상륜(吳相倫)은 폭탄을 투척했으나 불발이었고,

---

107) 상게서.

다나카를 따르던 영국 부인 스나이더가 총탄에 맞아 즉사했다. 김익상은 현장에서 체포되어 종신형에 처해 20년간 감옥생활을 하다가 1942년 출옥했으나, 일본 경찰관(조선인)을 폭행하다가 체포되어 호송 중 한강에 투신자살하고 말았다.[108] 인류 보편적 가치인 인권옹호를 위해 투쟁했던 후세 다쓰지는 박열 부부의 조선독립운동의 정당성을 적극 옹호하면서 일제의 인권탄압에 맞서 싸운 인권변호사였다. 그는 1923년 8월 의열단 사건의 변론을 위해 서울에 왔다. "금번에 온 포시(布施 辰治) 씨는 동경에서 유력한 변호사로 조선 사람에게 많은 동정을 가진 이로서 4년 전 동경서 독립운동사건으로 아홉 사람이 입옥되었을 때와 최근에 세상의 이목을 놀라게 했던 김익상(金益相) 사건에도 무료로 변호를 하였고, 또 오는 의열단(義烈團) 사건의 공판 때에도 변호한다 더라."[109]

일제 말기 3천만 조선인은 창씨개명을 했다. 이왕가(李王家), 하야시(林), 야나기(柳), 미나미(南) 등 성씨(姓氏)는 창씨개명 대상에서 제외된 것을 감안하면 조선인의 창씨개명률은 거의 백 퍼센트에 이른다고 한다. 완전무결한 황민화운동의 구현이 아닐 수 없다. 신사참배를 하며 일장기 앞에서 '대일본제국 만세', '천황폐하 만세'를 외치고, 가미다나(神棚, 일본 천황의 위패를 넣은 龕室)를 시렁 위에 올려놓고 손바닥을 치며 참배하고, 황국신민서사(皇國臣民誓詞)를 읊조리고, 해 뜨는 동쪽에 있는 일본 궁성(宮城)을 향해 동방요배(東方遙拜)를 여행(勵行)하는 것이 조선 민족의 영광이라고 했다. 이따위 미치광이 짓을 하지 않았다고 주장하는 조선 사람은 아무도 없었다. 해방공간 진짜 친일분자는 자칭 '애국자'라고 떠들어대고 있었다. 일제 말기 부일행태(附日行態)는 살아남기 위한 생존(survival)의 문제이지 친일의 문제는 아닌 것이다.

---

108) 『日帝侵略下 韓國三十六年史』, 권 6(국사편찬위원회, 1971), pp.318~319 (1921. 9. 12), p.744(1922. 3. 28); 李康勳 편, 『獨立運動大事典』(도서출판 東亞, 1990), 권 1, pp.280~283.

109) 『東亞日報』(1923. 8. 1), 布施氏 義烈團 辯護, 이왕부터 조선 사람에게는 동정이 많다.

반민족처벌법은 결국 진짜 친일파가 가짜 친일파를 처벌하는 모순되는 기현상이 벌어지고 있었다. 이러한 행태를 두고 보지 못해 재일 독립지사 박열은 "3천만 모두 죄 있다"라고 선언한 것이다.

생각건대 과거에 일본 제국주의의 침략이 합리화하여 대화전쟁(對華戰爭, 중일전쟁)이 순조롭게 진척하고 있던 시대에 있어서는 누구의 구별이 없이 우리 동포 대부분이 소위 황민화운동의 와중(渦中)에 투입하여 누구나의 구별이 없이 일본성(日本姓, 창씨개명)을 띠는 것을 광영이라 하였고, 나아가 일본 부인과 결혼하는 것을 행복하게 생각하여 스스로 일본화(日本化)하는 일에 아무 부자연도 느끼지 않았다는 것이 민족의 실제가 아니었더냐. 만일 그러하다 하면 민족해방의 역사적 시대를 맞이한 금일 진실로 그 반역자를 추구탐사(追究探査)하여간다면 대체 어떻게 될 것인가. 그는 예전에 순사였다, 면서기였다, 철도고급원이였다, 또 그 가족이었다. 이와 같이 정의하여나간다면 완전 독립을 염원하고 있는 나라 대한에 과연 몇 사람의 대한인(大韓人)이 흠 없이 잔존할 바일까. 대한독립은 관념뿐의 것이요 그 실태를 잃어버림에 이르리라.

우리들은 죄가 무겁다고 하는 민족반역자나 소위 반동분자들을 비호하려 함은 아니나 스스로 속으로 살피어 진실로 양심에 부끄럽지 않은 자 몇 사람 있느냐 하고 묻고 싶다. 그리고 우리들에게는 민족의 완전 독립 획득의 전야에 있는 오늘날 동일 민족 동포의 우리들이 시급히 하여야 하지 않을 일이 무엇인가를 반문하고 싶다. 즉 우리들은 "동족 3천만 모두 죄가 있다"라는 자각에 투철하여 그 자각을 기반으로 신발족(新發足)을 일으키지 않으면 안 될 바가 아니랴.

우리들 동족 과거의 책임에 대하여는 오래지 않은 시기에 적정(適正)한 방법으로 결정될 바이나 민족반역자라고 낙인 찍이는 자가 아무런 회오(悔悟)도 없이, 아무런 반성도 없이, 아무런 반증(反證)을 행하는 일도 없이 그저 용서받을 수는 없는 일이다. 그러기에 자기의 죄과는 자기의 책임에 있어서 이것을 받들고 이를 표시할 바이다. 일시의 투안(偸安)을 믿고 모모 방면에서 활동하고 있노라 하여 적악(積惡)의 죄과를 번복함과 같음은 단연 천인(天人)이 공히 용서 못할 것이리라.

이러한 동족의 생명의 낭비는 대단히 애석한 일로 그 목표 자타 공히 죄악을 가중히 한다고 말할 수 있다.

오늘날 우리들의 직면한 이 시대는 너와 나의 구별 없이 많은 시간을 낭비할 때가 아니다. 역량 있는 자는 역량을, 금전 있는 자는 재화(財貨)를, 지식 있는 자는 모든 지식을— 일체를 받들어서 민족독립 완성의 전선에 동원할 때이다. 민족반역자 반동분자라고 불리는 사람들이여, 우리들 3천만 동포의 전도(前途)는 밝으나 그러나 현재 당면하여 있는 사태는 지극히 곤란하다. 그러므로 지금이야말로 주저준순(躊躇逡巡)하는 일 없이 일체를 받들어서 그 과거의 죄악을 청산부정하고, 신생의 생활에 들어가서 우리들의 세기적 대업인 민족 완전 독립전에 내투(來投)할 바이다. 이리하여서 비로소 동족 영원의 광영은 오고 민족 유구의 대의(大義)는 큰 빛을 발하리라.[110]

그런데 이렇듯 항일운동을 벌였던 박열은, 가족은 동경에 두고 6·25를 서울에서 맞이하다가, 북한군이 서울을 점령하고 10일 만에 납북되고 말았다. "일본 천황을 폭사하려다 왜헌(倭憲)에게 붙들려 무기징역살이를 하다가 8·15 해방으로 조국의 품 안에 돌아왔던 박열 씨 — 그러나 이 파란 많은 운명의 투사는 붉은 괴뢰의 쇠사슬에 묶여 갔다. 때는 동란이 나고 꼭 열흘께 되던 7월 5일 저녁 여섯 시 서울 시내 가회동 30의 반장집에서 붉은 앞잡이들에게 붙들려 갔다. 가족은 동경에 있는 부인뿐."[111]

장리욱(張利郁)은 도미 유학 중 1916년에 도산 안창호의 흥사단에 가입했고, 1925년 6월 동포 방문을 위해 미주 일주 여행 시 도산을 수행했다. 안창호는 동포를 만나면 "실력을 갖추지 못한 채 그저 입으로만 독립운동을 외치는 것은 부질없는 노릇"이라고 경고하면서 오로지 실력 양성 후 독립을 쟁취하겠다고 역설했다. 1926년 6월 도산은 상해로 떠나면서 부인에게, "나는 평생을 통해서 당신에게 치마저고리 한

---

110) 『三千里』(1949. 1, 新年特別號), p.127, 反民有感 三千萬 모두 罪있다— 의 自覺에 徹하여 反民法을 살피자(在日本東京 朴烈).

111) 『民國日報』(1960. 6. 24), 어느덧 10년, 6·25 잊지 못할 사람들.

감을 사줘보지 못한 부족한 남편이요"라고 했고, 아들 필립을 비롯하여
자녀들에게는, "나는 너희들이 소학교, 중학교를 졸업하는 동안 공책
한 권, 연필 한 자루 사줘보지 못한 부족한 아비다'라고 했다. 장리욱은
이 말이 영이별이 되리라는 것을 육감으로 느꼈다고 회고하고 있다.112)

장리욱은 1926년 6월 컬럼비아 대학에서 교육학 MA학위를 취득하
고 1928년 평북 선천에 있는 신성학교(信聖學校)113) 교장에 초빙되어
귀국했다. 귀국 즉시 수양동우회에 가입하여 중견간부로 활약하였고,
1937년 6월 동우회 사건 때 구속·수감되어 1940년 8월 21일 징역 2
년형을 받았다. 해방 후 서울대학교 총장을 역임했다. 장리욱은 신성학
교 교장으로 있을 때 김화식(金化湜) 목사를 성경 선생 겸 교목(校牧)
으로 채용하기로 했다. 그 당시 학교 교원을 채용할 때는 도(道) 학무과
의 인가를 받아야만 했다. 교원인가 신청서를 제출했더니, "심의할 수
없음(詮議し難し)"이라는 인가불가 공문이 왔다. "김화식은 본시 배일
파(排日派) 가정에서 자라나 사상이 불온하므로 교원으로서는 절대 부
적당하다"는 용천(龍川) 양시(楊市) 경찰서장의 신원조회 회신을 받았
기 때문이었다. 이에 장리욱은 평북도 산업과장 김대우를 찾아가 도움
을 요청했다.

김대우(金大羽)는 경성고등공업학교를 졸업하였고 구주제대(九州帝
大) 광산과 출신으로 평북 박천군수, 평북도 산업과장, 중추원 서기관
(1934~1936)을 거쳐, 일제 말 조선인 사상통제를 담당하는 조선총독
부 학무국 사회교육과장(1936~1939) 재직 중 황국신민서사를 제정했
으며, 전북지사(1943~1945), 경북지사(1945)로 해방을 맞이했던 대표
적 친일인사이다. 이 같은 극렬한 친일파임에도 불구하고 그는 끝까지
창씨개명을 거부한 '조선의 마음'이 살아 있는 줏대 있는 인물이었다.
장리욱은 해방 후 반민특위에서 김대우가 체포되자 크게 안타까워했다.

---

112) 張利郁,『나의 回顧錄』(샘터, 1975), pp.94~98.
113) 미국 북장로교 선교회 본부에서 8개 중등교육기관을 경영하고 있었는데, 대
　　구의 신명(信明), 계성(啓聖), 서울의 정신(貞信), 경신(儆信), 평양의 숭의(崇
　　義), 숭실(崇實), 선천의 보성(保聖), 신성(信聖) 등이다.

그의 본심에는 조선정신이 있었기 때문이다. 그러나 반민특위는 김대우를 천하에 없는 친일파라고 규정하고 있다. "총독부 사회교육과장으로 앉아 양심적인 인사들을 소위 시국강연에 강제 등장시키는 데 애를 썼고, 금비녀회라는 것을 조직하여 날뛰었고, 한편 최린과 함께 내선일체 운동을 꿈꾸었고, 전쟁 말기에 전북도지사(全北道知事)가 되자 도지사회의 석상에서 20세 이상 조선인 남자는 모조리 전쟁에 동원시켜버리자고 강청(强請)을 하여 총독을 무색케 한 일제 충신으로 '황국신민서사'를 창작하여 동족을 울리게 한 자로서 이번 자기 집에서 체포되었다."[114]

그런데 이 같은 친일파임에도 불구하고, 김대우는 민족적 감정을 발동하여 장리욱을 돕는 데 모험적인 비상수단을 강구했다. 김대우는 평북도 경찰과장 김덕기에게 도와줄 것을 호소하여, 김덕기는 양시(楊市) 경찰서장의 신원조회문을 뽑아내고 그 대신 교원자격이 있다는 회신문을 삽입해서 김화식 교원 채용이 성사되도록 신원조회문을 조작했던 것이다. 해방 후 김대우가 친일파 거물로 알려져 반민특위 재판을 받을 때 장리욱은, 그는 진짜 친일파가 아니라 정치적 출세욕을 좇아 정치적 놀음을 하다가 도지사라는 최고지위에 올랐기 때문에 친일파라는 오해를 받았다고 진단하고 있다. "내가 가까이 아는 사람 중에 글을 잘 쓰는 사람이 있었는데 그 시절에 글을 잘 쓰고 자주 썼다는 것 때문에 친일파로 알려지고 말았다. 이처럼 본질적인 문제보다 단순한 외형(外形)에 의해서 곡해(曲解)되는 경우가 우리 사회에는 흔히 있는 것이다. 지금 내가 기억하기로는 해방 후 김덕기 씨는 민족반역자 재판심의에서 사형을 구형당했고, 김대우 씨는 재판에 올려진 일이 있을 정도로 그들은 친일파였었다. 그러나 내 입장에서 본다면 특히 김대우 씨는 두고두고 잊을 수 없는 고마운 사람이었다."[115]

김대우는 흥업구락부 사건(1938. 5. 22)이 발생하자 윤치호 구출에

114) 高元燮, 『反民者罪狀記』(白葉文化社, 1949. 4. 15), p.91, 皇國臣民誓詞를 創作한 金大羽.

115) 張利郁, 『나의 回顧錄』, pp.94~98.

적극 협조했다. 혐의 사실을 시인하면 석방될 것이고 부인하면 무작정 구금된다면서 윤치호를 설득하여 체포를 막았다. 그뿐만 아니라 김활란 (金活蘭)의 이화여전 교장 임명승인을 학무국으로부터 받아내는 데 결정적 역할을 했다. 이처럼 애국독립지사를 적극적으로 보호했던 것이다.116) 그러기에 1949년 5월 3일 반민특위에 체포되어 재판을 받을 때 김대우는 애국독립지사를 보호했다고 당당히 자기변론을 폈다. "김대우의 제1회 공판은 김병우(金秉禹) 재판장 대리 주심으로 속개하였다. 피고 김대우는 처음부터 거만한 태도로 재판장의 심문에 반박하고 있었으며 방청객으로 하여금 오히려 재판장이 피고에게 심문을 당하는 듯한 감을 주어 방청객들로 하여금 의아한 느낌을 금치 못하게 하였다. 공판정에 임석하였던 신문기자단도 분격한 끝에 전원 퇴장하고 말았다."117) 이리하여 1949년 9월 15일 반민공판에서 김대우는 독립지사 보호 공로가 인정되어 마침내 무죄석방된 것이다. "지난번 반민공판에서 공민권 정지 3년의 구형을 받은 반민 피고 김대우에 대한 결심공판이 15일 오전 열한 시부터 대법정에서 강세형 재판장 주심으로 개정, 피고 김대우에 대하여 무죄를 선언하였다."118)

김대우는 3·1운동 때 학생 계층의 중견 지도자 중 한 사람으로 독립운동을 주도했고, 일제 말기 창씨개명을 강제 실시할 때도, 그가 전남지사라는 최고위 직책을 맡고 있었음에도 불구하고 창씨개명을 거부하고, 조상이 지어준 이름을 사수했던 것이다. 아무리 친일행동을 했다 하더라도 껍데기를 벗기면 알맹이는 조선정신이 살아 있다는 것이다.119)

도산이 윤봉길 폭탄의거(1932. 4. 29)에 연루되어 구속되고, 국내로 압송되어 3년간 대전형무소에서 옥고를 치른 후 1935년 1월에 출소했

---

116) *Yun Chi-Ho's Diary*, vol. 11, August 22, 1938, February 17, 1939; 김상태, 『윤치호일기』, p.411(1938. 8. 22), p.432(1939. 2. 17).

117) 『朝鮮日報』(1949. 5. 4), 누구가 裁判長? 金大羽審問態度에 退場騷動.

118) 『東亞日報』(1949. 9. 16), 反民公判 金大羽氏 無罪.

119) 張利郁, 『나의 回顧錄』, pp.154~158.

을 때, '나의 사랑 한반도'는 거의 다 일본화가 되다시피 내선일체가 구현되는 듯한 암담한 절망상황이었다. 도산은 출소하자마자 호남, 영남, 기호, 관서의 순으로 전국 일주 시찰여행을 하면서 친일파 인사이건 독립지사이건 가릴 것 없이 조선 동포를 만나 흉금을 터놓고 대화했다. 그는 가혹한 총독 통치하에 신음하고 있는 조선인 전체에게서 '조선의 마음'이 살아 있음을 확인했다고 결론을 내리고 있다.

1. 조선의 마음은 옛날(합방을 당할 그때)이나 지금이나 변한 것이 없다. 진짜 친일파는 있지 않다.
2. 내선일체(內鮮一體) 또 일시동인(一視同仁)이란 것은 일본이 하나의 수단으로 쓰는 거짓말이다. 또 내지(內地)다, 황국신민(皇國臣民)이다, 하는 말을 쓰는 동포가 없지 않으나 이것 역시 임시수단으로 쓰는 거짓말이다. 이것은 또 양방(兩方)이 다 같이 알고 있는 사실이다. 그렇다면 오늘 일본의 조선통치란 거짓 속에서 이루어지고 있는 것이다. 거짓은 언제라도 파탄이 생기고야 마는 것이다.
3. 우리 동포들 사이에는 지금 일본 사람을 대하는 데 있어서 어떠한 태도를 가져야 옳으냐 하는 데 대해서 석연치 못한 점이 있는 듯하다. 일본 사람을 두려워하지 말 것이요 또 아첨하지 않아야 한다.

도산이 찾아본 대로라면 조선의 마음은 25년 전 그가 '거국가'를 부르며 떠나던 그때와 마찬가지로 그냥 조선적이고 또 애국적이었다. 외적(外敵)인 일본을 정말로 친하려 하는 국민은 있지 않았다. 그렇다고 하면 조선의 마음은 그대로 살아 있다는 것이다. 잠시 때를 얻었노라 몹시 까불대는 시운(時運) 아래서 일시 된서리를 맞은 편이라고 했다.[120]

1937년 6월 동우회 사건으로 도산과 춘원을 비롯하여 181명 동우회 회원 전원이 구속·수감되었고, 결국 도산은 1938년 3월 10일 옥고 끝에 운명할 때까지 한 번도 한민족의 장래에 대해 절망과 낙심을 한 일

---

120) 張利郁, 『島山의 人格과 生涯』(大成文化社, 1970), pp.57~66, 겨레에 대한 信念.

이 없다. 중일전쟁(1937. 7) 도발로 일본군이 중원대륙을 석권하면서 승승장구하는 시국임에도 불구하고 도산은 '일본 패망론'을 확신하고 있었다. 당시 일본의 대중(對中) 침략전쟁의 궁극적 목적은 대동아공영권의 구현에 있었다. 일본은 대륙정책의 수행의 거점을 한반도에 두고, 조선을 영구 지배통치하기 위하여 수도를 경성으로 옮긴다는 말이 나돌 정도였다. 그러기에 친일파 군상이 난무할 수밖에 없었다. 그 당시 현영섭은 '조선 민족이 나아가야 할 길'이라는 일본어 소책자를 내었다. "조선 민족이 살 수 있는 길은 오직 하나가 있다. 야마토(大和) 민족에 동화되어버리는 것이 그것이다. 이것은 일본의 일장기 밑에서 조선 민족의 권익을 주장해보자는 주장을 보다 더 비약시킨 민족 자멸론에 지나지 않은 것이다."121)

도산은 동우회 사건으로 구속·수감되기 몇 달 전에 서울 다동(茶洞) 중앙호텔에서 총독부 사회교육과장 김대우와 밤새 시국담을 나눈 일이 있었다. 김대우가 현실론을 내세워 실력으로 조선독립을 쟁취한다는 것은 절망적이라는 '조선독립 불가능론'이라는 비관론을 피력하자, 도산은 낙관론을 펴고 있다. "고맙소. 잘 알아들었소. 나는 일본의 국력이 강대한 것을 모르지 않소. 또 일본의 야심이 크다는 사실이나 또 이러한 야심을 이루어보겠다는 결심도 대단한 것이라고 믿소. 그러나 민족(여기서 조선 민족을 가리킨 것은 물론이다)의 운명은 그렇게 간단하게 결정되고 마는 것이라고 나는 믿지 않소. 우리 민족 전도에 대해서 나는 비관하거나 낙심하지 않소." 결국 조선 민족의 운명은 일제가 부당한 야망을 가지고 계획하는 그대로 말살되지 않는다는 것이다. 당장 겪고 있는 겨레의 시련이 아무리 가혹하다 할지라도 이것은 조선의 미래 독립 소망과 광복 결심까지 막지 못한다는 것이다. 그러므로 '일본 패망론'을 시종일관 확신하고 있다. 허위, 불성실, 거짓은 오래도록 존재할 수 없기 때문에 만일 일본이 오래 두고 진실을 무시하는 것이라면 그 강대한 국력 역시 오랫동안 유지될 수 없다. 거짓은 언제고 파탄이

---

121) 상게서, pp.61~62.

나게 마련이다. 그렇다면 속속들이 거짓으로 꾸며진 조선통치가 오래가지 못하고 파탄이 날 것이기 때문이다. "오늘 현실을 너무 비관하지 마시오. 또 앞날에 대해서는 절대로 실망하지 마시오."122) 이렇게 최후의 당부를 남기고 헤어졌다.

4. 조선혼과 민족주의 사상

이광수는 'Y생'이라는 필명으로 동아일보에 '가실(嘉實)'을 연재한 (1923. 2. 12~23) 후 1923년 5월 16일 파격적인 대우로 동아일보사에 촉탁기자로 입사했다.123) 그 후 만 10년간(1923. 5. 16~1933. 8) 근무하다가 '흙' 연재를 끝내자마자(1933. 7. 10), 1933년 8월 28일 조선일보 부사장에 취임했다.124) 이광수는 동아일보의 인촌에 대한 배신행위라는 비난 세론을 아랑곳하지 않고 방응모(方應謨)의 초빙을 받아들여 주요한과 함께 동반 입사했다. 이광수가 이 같은 배신 비난을 들어가면서까지 동아일보를 버리고 조선일보로 떠난 주목적은 바로 머지않아 도산 안창호가 출옥하면 조선일보 사장에 추대하기 위한 계략적 포석이었다. 도산을 조선일보 사장에 앉히게 되면 조선일보는 동우회 민족세력을 보호해주는 안전판 역할을 할 수 있을 것으로 전망했다. 이광수는 대전형무소에 복역 중인 도산으로부터 조선일보 사장추대 승낙을 받고 도산 사장추대운동을 벌였다. 그러나 방응모는 조선일보를 인수한 지 얼마 되지 않은 시점에서 사장직에서 물러날 의사가 없었으므로 도산 사장추대운동은 무산되고 말았다. 이에 안창호 사장추대를 추진했던

---

122) 상게서, pp.62~64; 張利郁, 『나의 回顧錄』, p.190.

123) 『東亞日報 日帝時代 退社職員錄』(동아일보사 신문박물관 소장); 정진석, 『언론조선총독부』(커뮤니케이션북스, 2005), p.147; 『東亞日報』(2012. 7. 16), 김병희의 '광고 TALK'(36) 공모전 수상자 키우기. 이광수의 월봉은 150원으로 평기자 월급이 70~100원 수준이기 때문에 이광수는 평기자의 월급 두 배 정도의 특별대우를 받았음을 알 수 있다.

124) 『李光洙全集』(三中堂, 1963), 권 20, p.284(1923), p.294(1933), 年譜(노양환).

이광수, 주요한, 김기범, 서춘 등은 1933년 11월 14일 방응모에게 사장 직 인퇴를 제의했으나 방응모가 사퇴시기가 아니라고 이를 완강히 거부하자, 안창호 사장 추진자 4명은 같은 날 사표를 제출하였다. 그러나 방응모는 사표를 수리하지 않고 백방으로 이들을 무마·설득한 결과 이광수와 서춘은 사직을 철회했고, 주요한은 끝내 사퇴의사를 굽히지 않고 화신백화점(박흥식)으로 전직하고 말았다.125)

이광수는 조선일보 부사장 겸 취체역, 편집국장, 학예부장, 정리부장 등 5개 직책을 독점했다. 입사하자마자 '일사일언'을 집필하기 시작했고, 사설, 논설, 소설 등 이른바 '4설'을 독점 집필했기 때문에 조선일보는 이광수의 독무대나 다름없었다. 오죽하면 이광수를 가리켜 '조선 신문계의 무솔리니 이광수'라는 풍자적인 별명을 붙였겠는가. 방응모가 조선일보를 인수할 때만 해도 조선일보사는 부진을 면치 못했다. 그러나 이광수, 주요한, 서춘 등 최고의 인재를 영입하여 '황금내각'이란 말이 나왔다. 가장 찬란한 인물들로만 조직한 편집진용에 대한 칭호였다. 춘원 한 사람의 고정 애독자만 해도 1만여 명이나 되었다. 특히 '유정'을 연재하면서부터 애독자로부터 열광적인 절찬을 받았고, 춘원의 '4설'이 등장하면서 조선일보는 일약 면목이 일신됐을 뿐만 아니라 발행부수도 급증하여 동아일보를 능가했다. 이제 조선일보는 동아일보와 어깨를 나란히 하는 막상막하 백중지세를 유지할 수 있었다.126)

이광수는 조선일보 부사장에 취임한 지 한 달 만에 '유정'을 연재하기 시작했다. '유정'은 '춘원 이광수 작, 웅초(熊超) 김규택(金奎澤) 화'로 조선일보에 76회(1933. 9. 27~12. 31) 연재했다. '유정'은 주인공 최석과 남정임의 사제(師弟) 간 연애를 다룬 인정소설, 연애소설로 인식되고 있다. 이광수는 자유연애론자로서 자신이 이를 실천하여, 조강지처와 이혼하고 동경유학생 신여생 허영숙과 결혼했다. 군사부일체(君

---

125) 朝鮮總督府 警務局 保安課, 『高等警察報』 제4호(1935), pp.62~63; 『朝鮮 日報 60年史』(조선일보사, 1980), p.143.

126) 『朝鮮日報 90年史』(조선일보사, 2010), p.119, 조선 신문계의 무솔리니 이광 수; 『三千里』(1933. 12), pp.30~34, 東亞日報 對 朝鮮日報.

師父一體)라는 유교적 전통사상이 뿌리 깊게 남아 있는 조선 사회에서는 이 같은 사제 간의 연애를 아버지와 딸과의 연애로 간주하고 있어 도저히 용납되지 않아서, 주인공 최석은 조선을 탈출하여 시베리아로 유랑의 길을 떠나고 만다. 스토리는 너무나 단순하다. 그러나 이를 분석·검토해보면 그것은 단순한 연애소설이 아니라 이광수의 민족주의 정신이 담긴, 민족의식을 고취한 소설임이 확인되고 있다.

'유정'에서는 이토 히로부미(伊藤博文)와 안중근을 등장시키고 있다. 적대관계의 인물을 등장시킴으로써 의기소침해 있는 조선 사람들에게 민족의식을 고조시키고 있다. 이토 히로부미는 총리대신을 두 차례 역임했고, 을사늑약이 체결되자 자신이 자원해서 조선통감에 부임, 삼천리강토를 통째로 집어삼킨 한반도 침략의 원흉이다. 안중근이 이토 히로부미를 하얼빈 역에서 총살한 것은 조선 민족이 죽지 않았다는 것을 만천하에 선양했다는 데 그 의미가 크다고 하지 않을 수 없다. 이 1인칭 소설에서 '나'는 주인공 최석인 동시에 춘원 자신으로 보아야 한다. 최석은 국내에서 비난 여론에 만신창이로 구렁텅이에 함몰되어 버림받은 인물이지만 하얼빈에 내려서 조선 사람을 먼저 찾아보았다. 그러나 식민지 백성 조선 사람은 어디를 가나 어깨가 축 처지고 힘없이 걸어다니면서 조선인임을 숨기는 못난 백성이라서 찾아볼 수 없었다. 오죽하면 "언제나 한번 가는 곳마다, 동양이든지, 서양이든지, '나는 조선 사람이오!' 하고 뽐내고 다닐 날이 있을까 하면 눈물이 나오"라고 했겠는가.

하얼빈에 내린 것은 해가 뉘엿뉘엿 넘어가는 석양이었소. 나는 안중근이 이등박문을 쏜 것(곳)이 어딘가 하고 벌판과 같이 넓은 플랫폼에 내렸소. 과연 국제도시라 서양 사람, 중국 사람, 일본 사람이 각각 제 말로 지껄이오. 아아 조선 사람도 있을 것이요마는 다들 양복을 입거나 청복을 입거나 하고 또 사람이 많은 곳에서는 말도 잘 하지 아니하여 아무쪼록 조선 사람인 것을 표시하지 아니하는 판이라 그 골격과 표정을 살피기 전에는 어느 것이 조선 사람인지 알 길이 없소. 아마

허름하게 차리고 기운 없이, 비창한 빛을 띠고 사람의 눈을 슬슬 피하는 저 순하게 생긴 사람들이 조선 사람이겠지요. 언제나 한번 가는 곳마다, 동양이든지, 서양이든지, "나는 조선 사람이오!" 하고 뽐내고 다닐 날이 있을까 하면 눈물이 나오. 더구나 하얼빈과 같은 각색 인종이 모여서 생존경쟁을 하는 마당에 서서 이런 비감이 간절하오. 아아 이 불행한 유랑의 무리 중에 나도 하나를 더 보태는가 하면 눈물을 씻지 아니할 수 없소.127)

ハルピンへ降りたのは太陽が西に傾いた時でした. 私は安重根が伊藤博文侯をたほしたところはどこだらうかなど思ひつつ原つぱのやうに廣いプラトホームへ降りました. 國際都市にふさはしく, 西洋人, 支那人, 日本人が各各自分達の國語で喋つてゐるのです. 朝鮮人もゐるだらうが皆洋服か支那服を着て, また人の多いところでは口も利かずに, なるべく朝鮮人であることを表はさないから, どれが朝鮮人であるかわかりません. 恐らく, あのみすぼらしい身裝をして氣力のない, 陰慘な色を顔に浮ばせて, 人の視線を恐る恐る避けるやうな, あのおとなしい人達が朝鮮人でせう. いつになつたら行く先先で, 東洋であらうが, 西洋であらうが, "おれは朝鮮人だ"と, 平然と歩き得る日が來るだらうかと思へば, 涙で目がくらみます. ましてハルピンのやうにあらゆる人種が集つて生存競爭をしてゐるところに立つてゐると, かういふ感傷が切切と胸に迫つて來ます. ああ, この憐れな流浪の民の中に私をもう一人加へるのかと思ふと, 胸がさけるやうに悲しくなつて來ます.128)

'유정' 원본에는 '이등박문'과 '안중근'을 동등한 적대 인물로 병렬(竝列) 설정하고 있다. 그러나 역자는 이등박문의 이름 아래 후작(侯爵) 칭호를 첨가하여 '伊藤博文侯'라고 번역함으로써 안중근을 일본의 영웅을 암살한 범죄인으로 격하시키고 있다. 번역자가 재일 조선인인 김

---

127) 『朝鮮日報』(1933. 9. 27~12. 31), 有情(39회).
128) 金逸善 譯, 朝鮮 藝術賞 第一回受賞作家 李光洙 著, 『有情』(モダン日本社, 1940. 6. 25), pp.154~155.

일선(金逸善)이기에 그가 후작 칭호를 첨가했을지는 의문이다. 아마 검열과정에서 검열관이 이를 추가했을 가능성을 배제할 수 없다. 1940년 6월이면 조선에서는 조선문화말살정책의 일환책으로 창씨개명이 강제적으로 실시되고 있는 시점이서 이같이 후작 칭호를 첨가함으로써 안중근이 일본의 한일합방 공로자를 쏘아 죽였다고 부각시키고 있다. 사실 안중근의 이등박문 사살의거로 한일합방은 앞당겨졌다는 것을 감안해보면 일종의 복수심의 발로가 아닌가 생각된다.

'유정'은 편지 형식의 1인칭 소설이다. 여기서 '나'는 춘원이다. 그러니까 주인공 최석이 '나'(춘원)에게 장문의 편지를 보낸 것으로 되어 있다. 조선 문단에서 편지 형식의 소설은 이 '유정'이 유일무이한 작품인 것으로 평가되고 있다. 주인공 최석(崔晳)과 남정임(南貞姙)의 초이성적(超異性的) 애정관계를 묘사한 내용이다. 주인공 최석은 3·1운동 시위에 연루되어 3년간 옥살이를 한 독립투사이다. 그의 친구 남백파(南白坡)는 본명이 상호(相灝)이고, 호를 백파(白坡)라고도 하고 태백광노(太白狂奴)라고 하며 독립투사이기 때문에 신분을 숨기기 위하여 남화(南火)라는 가명을 사용하고 있다. 남백파는 백암(白巖) 박은식(朴殷植)과 함께 강유위(康有爲), 장병린(章炳麟) 같은 중국 지사들과 교유하며 비분강개한 시와 글을 발표하다가 기미년 전해에 천진에서 관헌에 체포되어 옥살이를 하다가 출옥 후 별세할 때 중국 부인 장 씨와 외동딸 정임을 최석에게 위탁한 것이다. 부인 장 씨는 바로 장병린의 친척이다. 최석은 남백파의 부인 장 씨와 딸 정임을 조선으로 데리고 왔는데, 부인 장 씨는 이내 세상을 하직하고, 딸 정임은 최석의 집에 같이 살면서 교육을 시키면서 양육했다.

이리하여 최석은 친딸 같은 남정임과의 초이성적 연애가 사회문제가 되어 교육가로서의 비도덕적 행태에 대한 비난 여론에 못 이겨 그만 조선을 탈출하기로 결심한다. 그것이 영(靈)의 구원을 위한 해탈이었다. 마침내 최석은 사바세계로부터 해탈하기로, 조선을 버리고 영의 구원을 얻기 위하여 현실세계를 탈출하기로 결심했다.

딸 정임아! 나는 간다. 어딘지 모르는 곳으로 나는 간다. 나는 조선을 버리고 내가 지금까지 위해서 살고, 속에서 살고, 더불어 살던 모든 것을 떠나서 나는 지향 없이 간다. 내 딸아! 나는 네 일기를 보았다. 네가 나를 얼마나 사모해주는지를 잘 알았다. 그리고 아까 네가 울면서 내 가슴에 안기던 정을 내가 안다. 부모도 없는 너, 외로운 너, 병든 너의 그 형언할 수 없는 적막을 내가 안다. 그러나 정임아, 나는 네 사모함을 받을 수가 없는 사람이다. 네가 나를 사모하느니 만큼 나도 너를.129)

나는 조선을 원망한다든가, 내 동포를 원망한다든가, 그럴 생각은 없다. 원망을 한다면 나 자신의 부족을 원망할 뿐이다. 내가 원체 교육을 한다든지 남의 지도자가 된다든지 할 자격이 없음을 원망한다면 원망일까. 내가 어떻게 조선이나 조선 사람을 원망하느냐. 그러니까 인제 내가 남은 일은 나를 조선에서 없애버리는 것이다. 하니까 나는 이제 세상을 떠나버리자는 것이 조금도 슬프지 아니하고 도리어 몸이 가뿐하고 유쾌해지는 것 같다.130)

이광수는 일찍이 현실타파를 위해 현실세계로부터의 해방을 추구하고 영의 구원을 얻기 위해 '조선을 버리자'라는 노래를 짓기도 했다.

조선을 버리자

조선을 버리자
내 힘으론 못 구(救)할 것을
아아 차라리 버리고 갈까
못한다!
내 힘껏은 해보렴음
죽기까지는 내 의무인 것을
그러나 여보
이 백성을 어이한단 말요?

---

129) 『朝鮮日報』(1933. 9. 27~12. 31), 有情(31회).
130) 상게서, 有情(34회).

헷것(헛것)만 좇는(좇는) 것을
갈까나 갈까
조선이 안 뵈는 곳에 가서
울고 잊고 세상을 마츨까나(마칠까나)[131]

　이 절망적인 조선을 내동댕이친 채 조선을 버리다니, 이 불행한 조선 백성을 어이한단 말인가. 아니다, 죽기까지 조선을 구(救)하는 것은 나의 의무인 것을. 조선을 버리고 영의 구원을 얻기 위해 탈출하는 최석의 심저(心底)에는 민족주의 정신이 잠재해 있었다. 하얼빈에 도착한 최석은 독립투쟁의 동지 R을 만난다. R은 물린(穆陵)에 망명 중인 추정(秋汀) 이갑(李甲)을 모델로 하고 있다. R은 러시아 무관학교를 졸업하고 사관으로 구주대전에 출전했고, 러시아 혁명 후 적위군(赤衛軍)이 된 소련군 육군소장이다. 최석은 R을 시베리아 입국허가증을 받기 위하여 만난 것이다.

　나는 R의 추연한 태도를 아마 고국을 그리워하는 것으로만 여겼소. 그래서 나는 그래 침음하는 것을 보고,
　"얼마나 고국이 그립겠나? 나는 고국을 떠난 지가 일주일도 안 되건마는 못 견디게 그리운데" 하고 동정하는 말을 하였소. 했더니 이 말 보시오. 그는 침음을 깨뜨리고 고개를 번쩍 들며,
　"아니! 나는 고국이 조금도 그립지 아니하이. 내가 지금 생각한 것은 자네 말을 듣고 고국이 그리운가, 그리워할 것이 있는가를 생각해본 것일세. 그랬더니 아무리 생각하여도 나는 고국이 그립다는 생각을 가질 수가 없어. 그야 어려서 자라날 때에 보던 강산이라든지 내 기억에 남은 아는 사람들이라든지, 보고 싶다 하는 생각도 없지 아니하지마는 그것이 고국이 그리운 것이라고 할 수도 있을까. 그 밖에는 나는 아무리 생각하여도 고국이 그리울 것을 찾을 길이 없네. 나도 지금 자네를 보고 또 자네 말을 듣고 오래 잊어버렸던 고국을 좀 그립게, 그립다

131) 『朝鮮文壇』(1925. 3), 朝鮮을 버리자(春園); 춘원 · 요한 · 파인 合作, 『詩歌集』(永昌書舘, 1929. 10. 30), p.34.

하게 생각하려고 해보았지마는 도무지 나는 고국이 그립다는 생각이
나지를 않네."

나도 비록 조선을 떠난다고, 영원히 버린다고 나서기는 했지마는 나
로는 죽기 전에는, 아니 비록 죽더라도 잊어버리지 못할 고국을 잊어
버린 R의 심사가 난측하고 원망스러웠소.

"고국이 그립지가 않아?"

하고 R에게 묻는 내 어성에는 격분한 빛이 있었소.

"이상하게 생각하시겠지. 하지만 고국에 무슨 그리울 것이 있단 말
인가. 그 빈대 끓는 오막살이가 그립단 말인가. 나무 한 개 없는 산이
그립단 말인가. 물보다도 모래가 많은 다 늙어빠진 개천이 그립단 말
인가. 그 무기력하고 가난하고 시기 많고 싸우고 하는 그 백성을 그리
워한단 말인가. 그렇지 아니하면 무슨 그리워할 음악이 있단 말인가,
미술이 있단 말인가, 문학이 있단 말인가, 사상이 있단 말인가, 사모할
만한 인물이 있단 말인가. 날더러 고국의 무엇을 그리워하란 말인가.
나는 조국이 없는 사람일세. 내가 소비에트에 군인으로 있으니 소비에
트가 내 조국이겠지. 그러나 진으로 내 조국이라는 생각은 나지 아니
하네."132)

나는 R의 말이 과격함에 놀랬지마는 또 생각하면 R의 한 말 가운데
는 들을 만한 이유도 없지 아니하오. 그것을 생각할 때에 나는 R을 괘
씸하게 생각하기 전에 내가 버린다는 조선을 위하여서 가슴이 아팠소.
그렇지만 이제 나 따위가 가슴을 아파한대야 무슨 소용 있소. 조선에
남아 계신 형이나 R의 말을 참고삼아 쓰시기 바라오.

그 후에는 나는 R과 조선에 관한 토론을 한 일은 없지마는 R이 이
름 지어 말을 할 때에는 조선을 잊었노라 그리워할 것이 없노라 하지
마는 무의식적으로 말을 할 때에는 조선을 못 잊고 또 조선을 여러 점
으로 그리워하는 양을 보았소. 나는 그것으로써 만족하게 여겼소.133)

나라를 잃은, 조국이 없는 참담한 망국민인 두 지사의 대화에서, 그
들 마음의 밑바닥에는 조국에 대한 민족의식이 약여하게 꿈틀거리고

---

132) 『朝鮮日報』(1933. 9. 27~12. 31), 有情(40회).

133) 상게서, 有情(41회).

있음을 확인할 수 있다.

최석은 정임을 찾아 헤매면서 우연히 시베리아에 망명 중인 무명의 독립지사를 만나 그의 집으로 안내되어 집 안에 들어간다. 여기서 최석은 망명지사의 집 안에서 조선이라는 주체성(identity)을 상징하는 한반도 지도와 국조(國祖) 단군(檀君)의 초상화를 내걸고 국체(國體)를 명증(明證)하고 있음을 확인하고 감격하고 있다. 조선을 영원히 버리고 잊어버리겠다고 선언하고 지향 없이 유랑하고 있는 최석의 심저에는 조국애가 화산처럼 분출하고 있음을 엿볼 수 있다. 더군다나 벽에는 커다란 한반도 지도가 걸려 있는 것이다. 일제강점기 세계지도에는 한반도는 '대일본제국'이라고 빨갛게 색칠해 있는, 한국이라는 나라가 없는, 한국이라는 정통성이 말살된, 그러한 암흑기에 '한반도 지도'를 내걸고 있었다. 최석은 얼마나 감격했겠는가. 이렇게 독립지사의 거실 벽에 '단군 초상화'와 '한반도 지도'가 나란히 걸려 있는 것을 보고 최석은 너무나 감동하여 조선을 버리고 떠나온 자신의 처지를 부끄럽게 여기면서 이를 후회하고 있다. 여기서 그 독립지사는 민족갱생의 대이상을 선명(宣明)하고 있다.

우리는 방으로 들어갔소. 방은 아라사식 절반, 중국식 절반으로 세간이 놓여 있고 벽에는 조선 지도와 단군(檀君)의 초상이 걸려 있소. 그들 부처는 지도와 단군 초상 앞에 허리를 굽혀 배례하오. 나도 무의식적으로 그대로 하였소.

"우리는 자식들을 이 흥안령(興安嶺) 가까운 무변광야에서 기르는 것으로 낙을 삼고 있지요. 조선 사람들은 하도 맘이 작아서 걱정이니 이런 호호탕탕한 넓은 벌판에서 길러나면 마음이 좀 커질까 하지요. 또 흥안령 밑에서 지나(중국) 중원(中原)을 통일한 제왕이 많이 났으니 혹시나 그 정기가 남아 있을까 하지요. 우리 부처의 자손이 몇 대(代)를 두고 퍼지는 동안에는 행여나 마음 큰 인물이 하나 들날는지 알겠어요? 하하하" 하고 그는 제 말을 제가 비웃는 듯이 한바탕 웃고 나서,

"그러나 이건 내 진정이외다. 우리도 이렇게 고국을 떠나 있지마는 그래도 고국 소식이 궁금해서 신문 하나는 늘 보지요. 허지만 어디 시

원한 소식이 있어요? 그저 조리복숭이가 되어가는 것이 아니면 조그마한 생각을 가지고, 눈곱만한 야심을 가지고, 서푼어치 안 되는 이상(理想)을 가지고 찧고 까불고 하는 것밖에 안 보이니 이거 어디 살 수가 있나. 그래서 나는 마음 큰 자손이 나타나서 길러볼까 하고 ― 이를테면 새 민족을 하나 만들어볼까 하고, 둘째 단군, 둘째 아브라함(이스라엘 민족의 시조)이나 하나 낳아볼까 하고, 하하하하" 하고 유쾌하게, 그러나 비통하게 웃소.134)

　私達は室内に入りました. 部屋はロシヤ式が半分, 支那式が半分で, それに應じた道具が置かれてあり, 壁には朝鮮地圖が懸けてゐました. 彼等夫妻は地圖の前に腰を曲げてお辭儀をするのでした. 私も無意識的にさうしました. 彼はお茶を飲みながら話すのでした.
　"私達は子供達をこの興安嶺に近い, だだつ廣い曠野で育てることを樂しみとしてゐます. 朝鮮の人といふものはあまりにも氣が狹くて困るからかういふ廣い平原で育つたら氣がいくらか廣くなるのではないかと思つてですよ. また興安嶺の麓で支那中原を統一した帝王が多く現れたから, あるひはその正氣がまだ殘つてゐやしないかとも思つてですよ. 私達夫婦の子孫が何代も何代も廣まつて行く中には, 幸ひに氣の大きい人物が一人か二人出るかも知れないと思つて ははは…"と, 彼は自分の話を自分で嘲笑ふやうに氣持よく笑ふのでした.
　"それで私は氣の廣廣とした子孫でも育て上げやうと思ひましてね ― 云ひかへれば新しいアブラハムでも一人生んで見やうと思ふのですよ. はははは"と, 彼は愉快に, しかし悲痛に笑ふのでした.135)

'유정' 원본에는 '단군'이 5번, '조선 지도'가 2번 등장한다. 그러나 '일역본'에는 조선 지도만 남기고 단군을 모두 삭제하고 있다. 특히 "둘째 단군, 둘째 아브라함" 부분에서는 아브라함만 남기고 단군을 생략하고 있다. 그러니까 한민족의 조상 단군을 삭제하고, 이스라엘 민족의 조상 아브라함은 그대로 살려놓고 있다.

---

134) 상게서, 有情(45회).
135) 日譯版 『有情』, pp.189~190.

나는 내 아내가 이 관념을 행위로 표현하게 되기를 하나님께 빌고, '단군 할아버지'께 빌었소.136)

우리 삽시다. 죽지 말고 삽시다. 살아서 새 세상을 하나 만들어봅시다. 그 후 십여 년에 우리는 밭 갈고 아이 기르고 이런 생활을 하고 있는데 언제나 여기 새 민족이 생기고 내가 '새 단군'이 될는지요.137)

상해 거류민단은 1920년 3월 15일 단군이 태백산 신단수에 강림한 지 216년 만에 다시 하늘에 오른 날인 어천절(御天節) 축하식을 거행했다. 당내에는 만국기로 장식하고 정면에 화환으로 두른 어진(御眞)을 모시고 그 상면에 가로로 '한배검(檀君)', 하면에 '오르신 날(昇天日)'이라 써놓고 있다. 좌우로 '검 나리사, 누리 밝다', '가미고이(높은 은덕), 도가오소(길이 사모하다)'와 "임 사모하는 글, 거룩하시사 다 맡으신 사람 내시사 삼신 한배님 나라 세우사 배달 임검님(임금) 위에 오르사 도로 하나님 오고 가시사 늘 우리 님 오르신 날 배달씨(배달민족)들은 삼가히 올림" 등 첩(帖)을 걸었다.

독립신문사 사장 이광수는 '단군 한배검 찬송가'를 찬미하고 있다. 이광수는 단군을 신화상의 인물로 보는 것이 아니라 역사적 실재성을 인식하면서, 이처럼 기념식에서 배달민족에게 국가생활과 문화생활을 베푼 단군의 은덕을 길이 찬양한 단군 한배검 찬송가를 노래하고 있다. 특히 삼국시대 이전의 고조선어(古朝鮮語)를 복원하였으니, '가미고이(높은 은덕)', '도가오소(길이 사모하다)'를 복구했다. 고조선어로 '한 온'은 백 년, '두 온'은 2백 년으로 해서 단군이 '두 온 열일곱 해'(217년) 만에 하늘로 올라간 어천절을 고증해서 복원하고 있다. 이는 최초의 건국시조 단군 한배검 찬송가이다. 아래는 현대 철자법으로 고친 것이다.

---

136)『朝鮮日報』(1933. 9. 27~12. 31), 有情(5회).
137) 상게서, 有情(52회).

단군 한배검 찬송가

검(왕)이신 우리 한배(檀君), 배달 뫼 나리시사, 두 온 열일곱 해(217년), 가르치고 보이시니, 눈에 보임뿐일가. 마음 밭(心田, 정신) 더욱 빛나, 동녘 모든 겨레, 비로사(비로소) 환하도다. 오신 자리 돌아가심, 이치로 깨우시니, 아스(아스라히) 달 밝은 달에, 빛 구름 자욱하도다. 뜻 못 받은 저의 무리, 많은 틀림 까닭으로, 이짐(잊음)이 얼마인지, 생각할사록 두렵도다. 괴롬 끝에 지치여서, 뿌리 찾는 돌린 맘, 떠라시며(뜨다) 길이 바람, 늘 흰 뫼가 서리오니, 어찌 다만 새 기운이랴, 끼치옵심 더욱 밝다, 따듯하고 시원하며, 아름답고 기름진 땅, 세우차고(세차고) 씩씩하며, 착하고 어진 버릇, 어떤 것 아니 주심인가, 부러워할 이 그 얼만고. 한배시며 스승이며, 예나 이제 임검(임금)이시니, 공경하고 사모함이, 어느 때에 없을손가. 하물며 저 스스로 다스리게, 모든 더 나리(내리) 맡기심가. 저의 비록 미련하나, 그 고이(고움, 사랑)를 잊으리까. 얼마 못 된 정성이나, 한데 모아 기념하니, 아름다운 꽃 무들기(꽃무더기), 얻은 때 자랑하며, 즐검(즐거움)을 차지랴는(찾으려는), 우리 터 꾸미었도다. 우에(위에) 계신 우리 한검(하느님, 한울님), 기쁨으로 보옵소서.138)

'유정'의 주인공 최석은 '조선을 버리자'고 독백하면서 시베리아로 정처 없는 유랑길에 올랐는데, 정작 자신마저 조선을 버린다면 저 불쌍한 조선 백성을 누가 구제한단 말인가? 이광수가 조선일보 부사장 겸 편집국장에 부임한 직후 1933년 12월 그믐께 조선일보 사설에서는, 조선을 구제하기 위해서는 우선 무엇보다도 조선학(朝鮮學) 정립이 우선이라고 정의하고 있다.

조선에는 결핍한 것이 너무나 많아 어느 것이 더 결핍하다고 말하기 어려우나 전문적으로 조선을 공구(攻究)하는 학도에게 가장 불편을 느

---

138)『獨立新聞』(上海) 제73호(1920. 5. 6), 上海 居留民團 주최 御天節 祝賀式의 盛況; 金源模 編譯,『春園의 光復論 獨立新聞』(단국대학교 출판부, 2009), pp.655~659.

끼는 것은 문헌의 결핍이 그것이 될 것이다. 조선은 동방에 있는 민방(民邦)으로서는 문화가 오래지만 문화가 오랜 푼수로는 문헌이 결핍하다. 그 원인으로 말하면 역대 병화(兵火)에 소멸(燒滅)되었을 뿐 아니라 보존방법이 틀려서 또한 산망(散亡)한 것이 적지 아니하다. 그 원인은 어찌 되었든지 이로 해서 조선 학도에게 많은 장애를 끼치는 것은 유감 된 일이라 않을 수 없다.

조선인의 손으로 된 조선사 참고서와 조선어사전 하나 똑똑한 것이 나오지 못한 것을 우리는 매양 탄식하는 바이나 그는 조선인의 노력의 부족에만 돌릴 수 없고, 역시 참고문헌의 결핍함에도 크게 관계가 있는 줄을 알아야 하겠다. 이를테면 여기 조선학(朝鮮學)에 뜻을 두는 이가 있다고 하자. 그가 아무리 뜻이 돈독하고 간절하더라도 근본자료 하나 얻어 볼 수 없는데야 어찌하랴. 조선인이 조선학을 수립함에는 무엇보다도 먼저 조선에 관한 모든 유용(有用)의 서적을 수집하여야 할 것은 새삼스러이 설명을 기다려 알 바 아니어니와 워낙부터 결핍한 조선 문헌이 더구나 유실산망(流失散亡)이 극심한 오늘날에 와서 수집하기 매우 곤란할 것이나 그렇다고 해서 의식적으로 그의 수집과 및 그 보존에 노력하지 않을 수 없다.

개인으로도 장서가가 없는 것이 아니나 개인의 힘은 박약한즉 문헌을 수집함에는 민립의 도서관의 필요가 있지마는 기왕에 있던 것도 지지하지 못한 우리로서 이제 다시 세울 수 없는 이상에 현존한 사학(私學) 부속의 도서관을 될 수 있는 대로 일층 더 충실히 하여 조선 문헌의 수집에 일대 노력을 아끼지 말아야 하겠다. 그러나 오늘날까지 어느 사학에서든지 이러한 특수의 계획과 실행이 있음을 듣지 못하였나니 물론 그는 경비관계도 있겠으나 그보다도 그에 대한 깊은 이해가 없는 때문으로 그리되는 것 같다.

그러나 사학의 특수한 사명이 더욱이 조선 같은 데 있어서는 귀중한 문헌을 수집 및 보존해서 조선학의 일대 연수(淵藪, 여러 가지 물건이 모여드는 곳)로 자기(自期)함에 있는 것을 깊이 깨달아야 하겠다. 조선인이 아니고는 도저히 할 수 없는 조선학의 특수한 부분을 공구(攻究) 또는 천명(闡明)하는 데 사학 존재의 의의와 가치가 있는 것이 아닌가. 방등(房燈, 등잔) 뒤가 어둔 셈으로 조선 사정에 서투른 조선인 교육가들은 이것조차 잘 이해치 못하는 모양이다.

오늘날 조선학에 관한 문헌은 과학에 관한 다른 서적과는 그 성질을 달리하여 조금 지내면 다시 구득(求得)하지 못할 것이니 아주 급히 서둘지 않으면 아니 될 것이다. 사학을 경영하는 교육가는 이 점에 대하여 좀 더 주의와 및 노력을 아끼지 않음을 요망할 뿐이다.[139]

이광수는, 단군이 조선 민족의 시조(始祖)라는 사실은 바로 평남 강동에 있는 단군릉이 증거하고 있다고 주장하고 있다.

단군릉은 평안남도 강동(江東)에 있다. 뒤에는 함박(太白) 쪽박(小白)의 영봉이 솟고 능의 바로 동쪽에는 아사달뫼(阿斯達山, 아사달은 단군조선의 서울)라는 삼각산(三角山)이 있다. 단군릉에는 석물도 제각(祭閣)도 없고 단장을 둘렀으나 계견(鷄犬)의 놀이터가 되어 있다. 능의 우편에는 바로 담에 연해서 민가가 있어서 거기서 닭과 개가 이 능에 나와서 놀게 되어 있다.

강동 유지들이 단군릉을 수축하기 위하여 지금까지 모아놓은 것이 725원이다. 강동 유지들은 한 3천 원만 모으면 제각이나 짓고 장원(牆垣)이나 고치고 비(碑)나 해 세우고 할 의향이라고 하지마는 비록 굶고 헐벗더라도 조선인이 2천 3백만이나 살면서 단군릉을 그처럼 소략(疏略)하게 할 수는 없는 것이다. 적더라도 민족문화의 시조의 능이요, 기념이 되기에 합당할 만한 위신은 갖추지 아니하면 아니 될 것이니, 첫째로 능과 장원의 수축, 둘째로 능원(陵園)의 확장, 셋째로 기념시설, 넷째로 수호유지기금은 세워야 할 것이다. 힘만 있으면야 수십만, 수백만 원도 아깝지 아니하지마는 적어도 수만 원쯤은 들여야 할 것이다. 이만한 돈은 어느 부자 혼자도 내일 수 있는 것이요, 유지 성금으로도 벅찬 일은 아닐 것이다.

이에 대하여 아는 체하는 사람들이 혹은 단군의 실재성(實在性)을 의심하고 혹은 강동의 고분이 과연 단군의 능일까를 의심하는 것으로 그네의 현학(衒學)의 자(資)를 삼지마는 우리 민족에게 처음으로 국가 생활과 문화의 모든 법(法)과 교(敎)를 주신 시조가 있을 것 아니냐. 그 어른이 곧 단군이시라고 우리 민족이 무시(無始)로부터 믿어오지

---

139) 『朝鮮日報』(1933. 12. 25), 社說: 文獻이 缺乏한 朝鮮 私學圖書館에 要望.

아니하였느냐. 그 단군이라는 어른의 능으로 강동의 그 능 하나만이 믿겨오지 않느냐. 단군은 모든 학자들이 무슨 소리를 하더라도 우리 시조시요, 강동의 단군릉은 단군에 관하여서 우리가 가진 유일한 물적 기념이다.[140]

이광수는 동아일보 재직 시 1932년 7월 '흙'을 연재하면서 조선 민족의 시조인 단군 성적(聖蹟)을 답사한 바 있다. 단군릉이 너무나 방치 상태여서 초라한 모습을 보고 단군 성적을 보존하는 운동을 벌인 것이다. 이는 민족정체성을 회복하는 뿌리찾기운동인 것이다. '유정'을 연재 중이던 1933년 12월에 역사적 문화의 핵심인 단군 성적을 보존할 것을 역설하는 사설을 집필하였다.

저번 말코니 박사가 경성에 왔을 때 총독부 박물관을 보고 과학적 문화도 좋지마는 역사적 문화를 존중히 여길 필요가 있다고 말하였다. 역사적 문화를 존중함이 필요한 것은 박사의 말을 기다려 알 바 아니나 오늘날 조선에 있어서는 이 말이 이상하게 충동을 준다.

조선의 역사적 문화는 사실에 있어서 거의 골동화(骨董化)하여 고적 보존의 범위에 속할 것뿐이다. 그러나 이것이나마 우리네의 애호하는 성의가 부족하고 보존하는 방법이 실의(失宜)하여 국보적 가치를 가진 자로서 파쇄인멸(破碎湮滅)에 돌아가고 말 것도 적지 아니하거니와 여기 말하려는 것은 이런 심상한 예술적 보물 그것이 아니요, 역사적 문화의 발원(發源)인 조선 민족의 시조인 단군(檀君)의 성적(聖蹟)이다.

청구산하(靑邱山河)에 어느 것이 그의 족적이 아니며 조선 문물에 어느 것이 그의 수택(手澤)이 아니리요마는 단군의 천강(天降)하신 묘향산(妙香山)의 영장(靈場)과 단군의 신화(神化)하신 대박산(大朴山)의 능묘는 오늘날 남아 있는 유일의 성적이다.

특히 강동군(江東郡) 대박산의 단군릉으로 말하면 무심한 이들이 풍마우삭(風磨雨削)에 그대로 맡겨 붕괴가 지나치게 심하였으되 돌보아주는 이 있음을 듣지 못하였더니 근일에 와서 당지 유지들이 단군릉 수축의 기성회를 조직하고 방금 성금을 모집하여 명춘을 기다려 수축

---

140) 『朝鮮日報』(1934. 1. 11), 一事一言: 檀君陵(長白山人).

에 착수할 예정이라 하거니와 이것이 결코 한 지방과 일부인의 일이 아니다. 적어도 단군의 혈통을 계승한 조선인으로서는 누구나 다 이 성적을 길이 애호할 성의를 좀 더 가져야 하겠다. 가승(家乘)을 닦고 가묘(家墓)를 돌볼 줄 아는 조선인이 어찌하여 일보를 나아가 역사를 닦고 단군릉을 돌볼 줄을 모르는가. 조선인의 각자가 오직 이 단군의 파악(把握)에 의하여서만 조선심(朝鮮心)의 문화적 통일을 비로소 볼 수 있다.

조선은 단군의 지으신 칭호(稱號)요 조선인은 단군이 탄육(誕育)하신 자손이다. 보본추원(報本追源, 조상 음덕을 추모하고 그 근원을 따름)이 동양도덕의 진수(眞髓)임에 불계(不計)하고 조선인은 정신적으로 이 도덕의 진수를 망각하여버렸다. 수천 년의 유구한 역사를 가진 조선인이 문화적 민족의 한 존재로서의 그 외형만은 아주 훌륭하게 성립되었다 하겠으나 그 내용에 이르러는 아직도 완성되지 못한 채로 내려왔음은 숨길 수 없는 사실인바, 이것은 무엇보담도 민족 전체의 결뉴(結紐, 얽어 맺음)가 될, 또는 민족문화의 핵심이 될 조선인의 도조상(都祖上, 조선인 모두의 조상)인 단군을 각자 심두(心頭)에 두지 못한 것이 유일의 원인은 아니나 최대한 원인임을 알아야 하겠다.

오늘날 우리는 민족적 생활을 함에 있어 사회적 생활을 함에 있어 마땅히 자아(自我)를 응시하여 좀 더 정성과 경건을 이 단군에게 바침을 요하거니와 그의 표현으로서의 먼저 단군 성적에 대한 보존의 방법을 꾀하는 것이 좋을 것이다. 역사적 문화의 핵심은 실로 여기 있는 것이다.[141]

국조(國祖) 단군에 대한 한민족의 숭앙은, 고조선의 한 부족신화이던 것이 고려 때 몽골의 침략을 받아 수도를 강화도로 옮기고 40년간 대몽항쟁(對蒙抗爭)을 벌이면서 민족의 단합이 요구되는 국가존립의 위난을 당하는 시대를 맞이해서 민족시조(民族始祖)로 숭앙하게 된 것이다. 이처럼 단군신화는 우리 한민족이 위기에 처할 때마다 민족의 단합을 요구하는 구심체적 역할을 해왔기 때문에 대한제국이 바야흐로 일

---

141) 『朝鮮日報』(1933. 12. 18), 社說: 壇君聖蹟保存 歷史的文化의 核心. 여기서 '檀君'을 '壇君'이라 표기하고 있다.

제에 병탄되는 시점에서 대종교(大倧敎)가 탄생한 것이다. 조선시대에는 해마다 강동현령(江東縣令)으로 하여금 단군릉에 치제(致祭)케 하였고, 민간에서는 단군신화가 구전해왔다. 고려시대 이래 7백 년간 단절되었던 단군을 숭앙하는 단군교가 구한말에 탄생한 것도 이러한 역사적 맥락에서 찾아볼 수 있다.142)

나철(羅喆, 1863~1916)은 1909년 1월 15일 오기호(吳基鎬) 등 10명과 서울 재동에서 단군대황조(檀君大皇祖) 신위를 모시고 단군교포명서(檀君敎佈明書)를 공포함으로써 대종교를 창시했다. 그 후 단군은 대일항쟁의 구심체적 역할을 해왔다. 가령 1920년 청산리대첩(靑山里大捷)의 주역이었던 북로군정서(北路軍政署)의 장병 대부분은 대종교 교인이었다.

1936년 2월 이광수는 이긍종(李肯鍾) 등과 함께 평남 대동군(大同郡) 대보면(大寶面) 송태산장(松苔山莊)에 은거하고 있는 도산 안창호를 방문하여 향후 동우회의 민족운동의 향방을 두고 협의하였다.143) 이어 이광수는 단군 유적지를 답사한 후 단군릉 기행문을 삼천리에 게재했다. 경무국 당국의 동우회 탄압 강화에 대한 반발심의 발로였다.

檀君(단군)이 그저께요 東明王(동명왕)이 어저께라
깃똥 半萬年(반만년)이 눈감았다 뜰 사이니
無窮(무궁)한 生命(생명) 혀옴(세다)에 꿈결인 듯하여라

실로 천 년이 잠깐이요, 5천 년이 한참입니다. 일 민족의 생명은 "정신 있고 정성 있는 노력만 있으면" 영원무궁한 것이 깃똥 5천 년사를 부앙강개(俯仰慷慨)할 나위는 없습니다. 지나간 영광의 회고에 취할 나위도 없고, 지나간 설움에 한탄할 나위도 없습니다. 오직 현재의 힘과 정성을 다하여 장래를 쌓을 뿐이니, 인(因)은 반드시 과(果)를 낳는 것이라, 내 손으로 쌓는 인을 빼앗음은 하늘도 못하는 것입니다.

---

142) 呂增東, 『나라 잃은 시대 동아일보』(문음사, 2002), p.42, 단군서책을 열거함.
143) 『李光洙全集』, 권 20, p.297, 年譜(노양환).

大同江(대동강) 몇 굽이요 千(천) 굽이요 萬(만) 굽이라
흘러 흘러 흘러 하늘 끝에 닿았어라
끊인 듯 이어 흐름이 저 강물과 같아라

대성산(大城山)은 평양 서울의 진산(鎭山)입니다. 좀 더 컸으면, 좀
더 높았으면 하는 감도 있으나, 그 산의 웅대함이 또한 성산(聖山)의
풍도(風度)가 없지 아니합니다. 전해 이르기를, 이 산에는 못이 아흔아
홉 개가 있다고 하는데, 아마 군용 저수지인 모양입니다.

단군릉이냐 아니냐 하는 문제가 없지 아니합니다. 그러나 조선조에
서도 해마다 강동현령(江東縣令)으로 하여금 치제(致祭)를 하여왔고,
민간에서도 입에서 입으로 이 무덤이 단군릉인 것을 전하여왔으니, 단
군릉이 아니십니까. 유식한 체하는 무리들로 하여금 제멋대로 단군의
존재를 의심하게 하고, 단군릉의 존재를 의심하게 하라 하시오. 그러하
더라도, 우리에게 국가생활을 처음으로 주시고, 삼백육십사(三百六十
事)의 문화생활을 처음으로 가르치신 단군은 엄연한 실재(實在)시오.
또 단군이 실재시면 다른 데 그 어른의 능(陵)이 발견되지 아니하는
동안 강동의 단군릉밖에 우리가 단군릉으로 생각할 곳이 없지 아니합
니까. 그러므로 강동의 단군릉은 우리 시조 단군의 능침(陵寢)으로 존
숭(尊崇)하고 수호할 것이 아닙니까.144)

춘원은 '유정'에서 큰 인물 '새 단군'이 출현하여 '새 나라'를 건국하
기를 간절히 기원하고 있다. 그러나 일제 당국은 '단군'을 원문 그대로
살려둘 경우, 이는 곧 조선의 국체와 주체성, 정통성을 인정하는 것이
기 때문에, 민족정신말살정책을 강행하고 있는 검열당국이 '단군'을 삭
제했거나, 아니면 번역자가 의도적으로 아예 '단군'을 생략한 것으로
추단해볼 수 있다. 어느 쪽이든 민족정기 말살의 자행이 아닐 수 없다.
조선문화말살정책이야말로 일제의 황민화정책 구현의 궁극적 지상목표
이다. 그러기에 일제는 팔도창생(八道蒼生)의 수호신을 모신, 민족정신
의 상징인 국사당(國師堂)을 철거하고, 그 자리에 관폐대사(官幣大社)

---

144) 『三千里』(1936. 4), 檀君陵(紀行)(李光洙).

조선신궁(朝鮮神宮)을 건설했다. 그뿐만 아니라 민족정신의 상징인 한배님 신단 즉 '단군신단'을 깡그리 없애버리고 그 대신 부여신궁(扶餘神宮)을 비롯하여 전국적으로 총 1,141개의 신사를 건축하여 신사참배를 강요하였다.145)

　이러한 살벌한 시국을 당하여 춘원이 민족정신을 고취하기 위해 단군 경배를 강조한 것은 실로 목숨을 건 도전적 언행이 아닐 수 없다. 이 광막한 시베리아 벌판에서 위대한 지도자가 나와 중원대륙을 통일, 천하를 지배했듯이(원나라, 청나라), '유정'에 등장하는 독립지사가 이역 땅 시베리아로 나와 살게 된 것은 망명지사의 후손 중 큰 인물이 나와 한반도로부터 일제를 몰아내고 신한국을 건설하기를 간절히 기원하고 있었기 때문이다. 그 망명지사는 고국을 버리고 시베리아로 탈출해 온 것은 고국에는 인재를 길러주는 풍토가 조성되지 않았기 때문이라고 개탄하고 있다. 조금만 유명해지면 시기와 중상모략 때문에 위대한 지도자로 성장할 수 없다는 것이다. 그러면서 조선 안의 민족지도자끼리 상호 시기하고 증오하면서, 단합하고 협동하지 못하는 분열상을 개탄하고 있다. 이리하여 춘원은 그 망명지사의 입을 통하여 정감록의 숙명론의 폐단을 발설케 했다. "네, 내 선친은 혹 아실는지? 선친의 말씀이 노(노상) 그러신단 말씀요. 조선 사람은 속이 좁아서 못쓴다고. 정감록(鄭鑑錄)에도 그런 말이 있다고 — 조선은 산이 많고 들이 좁아서 사람의 마음이 작아서, 큰일 하기가 어렵고, 큰사람이 나기가 어렵다고. 언만치(어느 정도) 큰사람이 나면 서로 시기해서 큰일 할 새가 없이 한다고 — 그렇게 정감록에도 있다더군요. 그래서 선친도 자손에게나 희망을 붙이고 간도로 오신 모양이지요. 거기서 자라났다는 것이 내 꼴입니다마는, 아하하."146)

---

145) 金東煥, 『꽃피는 韓半島』(崇文社, 1952), pp.161～164, 四十年 동안 잃은 것 얻은 것; 京畿道 編纂, 『京畿地方의 名勝史蹟』(朝鮮地方行政學會, 1937), pp.25, 33～35; 『天皇制と朝鮮』(神戸學生靑年センタ-出版部, 1989), pp.71～73, 제2장 日本の朝鮮支配と天皇制(水野直樹); 『解放前後史의 認識』(한길사, 1989), 권 2, p.242; 宋建鎬, 『韓國現代史論』(한국신학연구소 출판부, 1977), p.240; 春園 李光洙, 『나의 告白』, pp.149～150.

주어진 숙명에 순응하지 않고 미래의 희망을 만들어가는 이광수는 수동적인 천운론(天運論)에서 능동적인 자력론(自力論)으로의 민족개조운동을 역설하고 있다. 남조선이란 자력분투의 '새 조선'이고, 정도령은 자력분투하는 조선 사람 저마다이므로, 이 정신을 실현함으로써만이 미래의 광명을 기약할 수 있다고 주장했다.

조선인이 남조선(南朝鮮)과 정도령(鄭道令)을 믿고 바라는 것은 유대인이 시온에의 귀환과 메시아의 출현을 믿고 바라는 것과 방사(倣似)하다. 항상 불행 중에 신음하는 민족이 자력으로 제 명일(明日)을 타개할 자신이 없을 때에 천운(天運)이 돌아오고 신인(神人)이 출현하기를 기다리는 것은 있을 듯한 일이다. 조선 민족은? 당(唐)의 입구(入寇) 이래로 이른바 남경북완(南梗北頑, 남쪽의 사나운 倭寇, 북쪽의 완악한 野人)의 침입이 빈번하여 영일(寧日)이 없을뿐더러 국내에 있어서도 특권계층의 발호와 악정이 계속하여 민중생활은 산천으로 더불어 고갈하여 복락(福樂)의 명일을 예기(豫期)하기 어려움에 신인의 출현으로 세상의 재부판(再剖判, 다시 나누어짐)을 기다린 것이 남조선과 정도령에 대한 신앙이다. 이는 정감록(鄭鑑錄)과 계룡산(鷄龍山)의 기사를 보아도 알 것이다.

민간에 불행이 있다. 그 불행을 자력으로 극복하고 신생활의 명일을 건설할 역량의 신념이 없다는 것은 실로 슬픈 일이다. 미신(迷信)은 타파해야 할 것이다. 그러나 그 미신에 대신할 만한 정신(正信)을 주지 아니하면, 민중은 보다 나은 명일에의 신념이 없이 어찌 쓰리고 아린 현실의 고통을 참아 내일 수가 있으랴.

질병에 무격(巫覡, 무당과 박수)에게 가는 미신은 의약으로 대신할 수가 있다. 주택과 분묘에 명당을 택하는 미신은 과학적 이론과 증명으로 대신할 수가 있다. 명당이란 결국 한난(寒暖)과 건습(乾濕)과 일광과 풍경의 관계가 아니냐. 그렇지마는 빈궁, 비천(卑賤), 고민, 질곡(桎梏)의 현실에서 부귀안락의 미래를 바라는 민중의 지정(至情)에 대하여 명확한 희망과 신념과 감격의 표적과 프로그람을 지시함이 아니고야 어찌 민중의 막연한 남조선, 정도령에의 미신을 버리라 할 수 있

---

146) 『朝鮮日報』(1933. 9. 27～12. 31), 有情(46회).

으랴. 못 믿을 것을 믿는 민중의 미신을 어리석다고 웃지 말라. 도리어 그것이라도 아니 믿고는 못 사는 그들의 심정을 울라.

그러나 조선의 민중은 종교적인 일대 각성을 필요로 하는 기로에 서 있다. 조선의 민중은 수동적인 천운론(天運論)에서 능동적인 자력론(自力論)에 천이(遷移)하여야 한다. 작일을 던지고 금일을 기초삼아서 명일을 건설하자는 대(大)용맹심을 발하여 불퇴전(不退轉)의 대노력을 할 대결심을 하지 아니하면 그들의 빈궁과 비천과 고민과 질곡은 갈수록 더함이 있을지언정 결코 그들이 명일의 광명을 끌어들이지 못할 것이다.

남조선이란 무엇이냐. 그것은 곧 자력분투의 '새 조선'이다. 정도령이란 누구냐. 그는 자력분투하는 조선 사람 저마다이다. 이 정신, 이 분투노력에서만 오직 명일의 부(富)와 안락이 올 수가 있는 것이다.[147]

이광수는 한민족은 백색을 좋아하는 백의민족이라면서 백색은 조선 고유의 전통적 민족색이라고 정의하고 있다. 또한 독일 나치스에게 쫓겨난, 아인슈타인을 비롯한 유대인 학자들이 할 일은 미국에서 대학을 세우기보다 고국으로 돌아가 동족을 가르치는 일이라고 주장한다.

아일랜드(愛蘭)에는 청의당(靑衣黨)이 대활약이다. 이탈리아의 흑의당(黑衣黨), 독일의 갈의당(褐衣黨), 중국의 남의당(藍衣黨), 소련의 적의당(赤衣黨)이라고나 할까. 이러다가는 통 빨리 안 덤비는 민족은 빛깔 하나 얻어 잡기 어려울 듯하다. 정히 민족단결운동 시대로 단결만능주의 시대로 사상(史上)에 공전(空前)한 이때어니와 원래 백색을 민족색으로 하던 우리는 이제 와서 적, 등(橙, 오렌지색), 황, 녹, 청, 남, 자(紫, 자줏빛)로 분광(分光)이 되는 심(셈)인가.

7색 스펙트럼을 한 개 통일 중심축을 가진 원판(圓板)에 배열하고 회전을 시키면 다시 혼연(渾然)한 백광(白光)을 발하는 것이 중등학교의 물리학 실험실에서도 보는 바어니와 어른이 되면 그것을 잊어버리는 것이 행세(行世)인가. 원반(圓盤)의 중심축(中心軸)은 무엇인고. 같은 조선인!

147) 『朝鮮日報』(1934. 1. 10), 社說: 鄭道令과 南朝鮮 天運論에서 自力論.

나치스 독일에게 쫓겨난 유대계 교수들이 미국에서 대학을 세운다고 한다. 아인슈타인 같은 이를 총장으로 하고 기타 누구누구를 교수로 하면 세계에 가장 좋은 인재를 모은 대학이 될는지 모른다. 그리하면 그 대학은 세계의 무국적 사상 룸펜이 모이는 대학이 될는지 모르지마는 그 이상이 될 수가 있을까.

명후일에는 몰라도 금일과 명일에 민족을 떠난 대학이 있을 수가 있을까. 학문이 있을 수가 있을까. 세계주의는 불타(佛陀), 예수 이래로 인류사상계의 한 양념에 불과하였다. 금일은 그 이상이 될 수가 있을까.

아인슈타인 이하 유대계 학자들이 나치스 독일에서 쫓겨나는 날에 통각(痛覺)할 일은 돈 많은 미국에 가서 대학을 세우는 것보다 팔레스티나 고국으로 가서 동족에게 가갸거겨를 가르치는 새 운동을 할 것이 아닐까. 아인슈타인 박사는 민족과 진리의 상대성원리를 아직도 발견하지 못하였는가. 에네르기 불멸의 원칙을 알면서 민족낙인(民族烙印) 불멸의 원칙을 못 배웠던가. 2천 년 동안 비민족적 생활을 해온 그들의 결함인가 보다.[148]

1934년 2월 시점에서의 이광수의 민족운동은 추진동력이 약화되어 심각한 좌절감을 겪게 된다. 도산 안창호가 아직도 대전형무소에 수감되어 있었고, 이로 인해 자신이 이끌고 있는 국내 유일의 민족운동단체인 동우회의 회세 부진 등으로 심각한 좌절감에 함몰되어 있었다. 춘원은 동우회가 이처럼 존재감이 상실된 것은 조직을 강화하는 데 중요한 역할을 하는 정의(情誼)가 부족했기 때문이라고 생각하고 있었다. 조선민족의 최대 결점은 정의가 부족한 것이라고 진단하고 있다. 이리하여 이광수는 동우회라는 공동생활체에서의 '정의'의 중요성을 강조하였고 정의돈독(情誼敦篤)을 동우회의 조직덕목으로 준수하고 있었다. 이는 민족의 생존과도 직결되는 중요 덕목인 것이다. 정의가 돈독하게 되면 공동생활체(동우회)의 주의(主義), 사업, 명예, 휘장 등에 애착심을 가지게 되고, 지도자를 존중하고 회원 간의 우의가 더욱 돈독해져 자연히

---

148) 『朝鮮日報』(1933. 9. 19), 一事一言: 民族色(長白山人).

애국심이 격발해서 조직체가 활성화한다는 것이다. 그러므로 조직체 강화를 위해 정의 훈련을 일과로 채택하여 실천할 것을 주장했다.

모 선배의 조선 민족의 결점평(缺點評) 중에 가장 중요한 것으로 신의(信義)와 정의(情誼)의 부족을 들었다. 신의라 함은 쉽게 말하면 약속을 지키는 것이요, 크게 말하면 절개(節介)를 지키는 것까지 포함되는 것이니 이 신의의 중요성을 말하는 이는 많다. 그러나 정의라는 것은 공동생활, 크게는 민족생존에 대하여 얼마나 중요성이 있는가를 생각하는 이가 적은 모양이다.

정의라 하면 개인 대 개인의 우정만을 가리키는 것이 아니다. 그보다도 여기서 중점을 두려는 것은 공동생활체에서의 정의를 가리킨 것이다. 공동생활체의 정의는 세 가지로 분석할 수 있다. 첫째는 그 공동생활체의 주의, 사업, 명예, 건물, 휘장(徽章) 등에 애착을 가지는 것이요, 둘째는 그 공동생활체의 지도자인 간부며 일꾼에게 사랑하고 아끼고 위하는 정을 가지는 것이요, 셋째로는 공동생활체의 각원(各員)에 대하여 서로 자별한 반가움을 가지는 것이다. 이러한 정의가 없이 오직 법(法)만 가지고는 공동생활체는 잘 되어가지 못하는 것이다. 애교심, 애사심, 애국심 등은 다 이 정의라는 것으로 설명되는 것이다.

우리 조선 사람에게는 이 정의가 부족하다고 하는 것은 위에 말한 모 선배뿐 아니라 누구나 느끼는 바이다. 우리는 일상교유(日常交遊)에 퍽 냉냉(冷冷)함을 느낀다. 이 냉냉은 정의라는 화독 없는 사회의 감각이다. 그렇다고 여기 정의라는 것은 이른바 네 것 내 것이 없다는 비등점(沸騰點) 이상의 의형제적(義兄弟的) 정분(情分)을 가리키는 것은 아니요, 온도로 치면 체온 조금 이상의 따뜻한 동지의 정, 동포의 정을 가리키는 것이다. 이것만 있으면 우리는 동지에 대하여 동료에 대하여 또는 일상생활에 냉냉하다는 감각을 받지 아니할 것이다. 정의라는 정조(情操)도 일종의 정의적(情意的) 습관이기 때문에 연습하면 발달되는 것이다. 정의 훈련을 우리의 수양 일과의 한 과목으로 가(加)하자.149)

---

149) 『朝鮮日報』(1934. 2. 11), 一事一言: 情誼(長白山人).

춘원은 '정의'를 발표한 직후 1934년 2월 22일 첫 아들 봉근을 잃고
만다. 인생무상을 절감한 나머지 1934년 5월 22일 조선일보사에 사직
서를 제출하고 금강산으로 종적을 감추었다. 그 후 도산의 출옥(1935.
2. 10)을 계기로 환속하여 김지간(金志侃)과 함께 안창호를 수행하면서
평양 교외로 필대은(畢大殷)의 묘소를 참배하는 등 향후 민족운동의
방향을 두고 도산과 협의하기 시작했다. 이광수는 안재홍, 이은상과 함
께 1935년 4월 13일에 조선일보의 편집고문으로 입사하면서 '일사일
언' 등 이른바 '4설' 집필을 재개하기 시작했다.[150]

조선 문화 연구야말로 민족운동의 본령(本領)이다. 조선 문화의 연원
을 연구하는 것은 곧 조선인 자체의 정체성, 민족성을 밝히는 첫걸음이
기 때문이다.

한 떨기 풀꽃(草花)이나 한 마리 곤충의 생활에 대해서도 오히려 연
구를 게으르지 않는 충실한 학도가 있거든 어찌 한 사회나 한 민족의
문화에 대해서 조금도 연구 또는 천명함이 없이 그대로 버려두는 것이
옳으랴. 좋든지 궂든지 구원한 유래가 있는 조선 문화에 대하여 조선
인으로 거기 관심을 가진 이 과연 몇이나 되는가.

만일 조선 문화의 연구를 남에게 맡기고 아불관언(我不關焉, 내 상
관할 바 아님)의 방관적 태도를 취할진대 이처럼 불충실하고 무책임한
일이 또 어디 있겠는가. 그러나 나는 조선 문화의 연구는 반드시 조선
인에게 국한함을 의미하는 것이 아니요, 조선인도 조선 문화의 연구에
좀 더 충실하여야 하겠다는 말이다.

조선인이란 관념을 뚝 떼어놓고 다만 문화애(文化愛)에 타는 일 학
도로 볼 때 황무(荒蕪)한 가시덤불에 버린 아직도 개척의 괭이를 대이
지 아니한 조선 문화에 대하여 연구하려는 욕망이 생기지 아니할 수
없으며, 더구나 언어, 풍속, 습관으로 사상, 감정에 이르기까지 이미 이
해하므로 이른바 사반공배(事半功倍, 노력에 비해 얻는 성과가 큼)의
편의를 가졌음이랴. 그러므로 우리가 연구를 하지 않는다면 그만이거
니와 연구를 할진대 조선 문화를 버리고는 그보담 좋은 대상을 발견하

150) 『李光洙全集』, 권 20, pp.295~297, 年譜(노양환).

지 못할 것이니 알기 쉽게 말하면 조선 문화의 연구는 조선인이 그 특권을 가졌다고 할 수 있다. 지금 이 특권을 버린다면 그야말로 그 우(愚)는 불가급(不可及)이다.

혹은 말하되 과학의 수입이 아직 연천(年淺)하고 또는 연구의 자료를 수집하기 곤란함과 그리고 각자의 환경이 여유를 주지 아니함과 기타 여러 가지 이유와 사정에 의하여 도저히 조선 문화의 연구에 헌신적 노력을 할 수 없다고 탄식한다. 이것이 핑계가 아니요, 확실히 일리가 있는 말이지마는 전부의 원인이라고 할 수는 없다. 아무리 역경에 처하여서도 분투노력의 여하에 의하여 자기 뜻하는 바의 학문을 반드시 개척하지 못할 것은 아니니 신과학을 배운 지도 이미 반세기에 꽤 많은 수재(秀才)가 있었음에 불구하고 오늘날까지 조선 문화의 연구에 대하여 하등의 볼 만한 업적이 없은 것은 환경관계 이외에 우리네 자각력(自覺力)의 부족에 기인한 바 또한 크다 하겠다.

오늘날 우리는 조선 그것을 한번 되뜨시(다시 데워서)해서 볼 필요에 다닥쳤다. 조선 문화란 어떤 것인가 함을 과학의 새 눈으로써 재관찰하는 것이 우리 자체를 정해(正解)함에 있어서 불가결한 일 급무임을 알아야 하겠다. 이것을 함에는 개인 개인의 독자적 연구도 좋지마는 될 수 있으면 유지가 모여 한 기관을 만들어가지고 서로 탁마(琢磨)하며 서로 면려(勉勵)하여 혹은 학보(學報)를 발행하고 또 혹은 강연을 개최하여 먼저 조선 문화의 연구에 대한 분위기부터 지어놓을 필요가 있는 줄로 믿는다. 사계유지(斯界有志) 제씨여, 자기 개인적 연구와 아울러 일반 동호자의 연구열이 생기도록 분위기를 짓는 그 점에 일층 더 유의하는 바 있기를 바란다.151)

일제 식민지 지배의 질곡이 심화될수록 조선문화말살정책은 강화되기 시작했다. 이로 인해 조선의 민족적 전통은 단절위기를 맞게 되었다. 춘원은 조선 민족의 생존을 유지하기 위해서 전통을 고수할 것을 호소하는 '전통에 대한 경의'를 발표했다. 조선 문화는 전통의 묶음이요, 문화생활이라는 것은 아름다운 전통의 궤도 위에 순편하게 운전되는 생활이라고 정의하고 있다. 그러므로 민족문화말살정책은 곧 조선의 민족

---

151) 『朝鮮日報』(1934. 4. 9), 社說: 朝鮮文化의 研究.

적 전통을 파괴하고 단절하는 행위이다. 그것을 바로 프랑스 대혁명 때 구제도(앙시앵 레짐) 즉 '구전통'을 모조리 파괴한 광태에 비유하고 있다.

　전통이란 현실생활에 질곡(桎梏)이 되지 아니하는 한에는 존경함이 옳다. 왜 그런고 하면 전통이란 역사의 시련을 겪어서 그 사회의 생활과 혈맥(血脈)이 서로 통하도록 된 까닭이니 전통을 절단할 때에는 그 사회가 출혈하지 아니할 수 없고, 그 전통의 중요성 여하로는 그 실혈(失血)의 다량 됨이 생명에 관계되는 경우도 있는 것이다. 그 사회에 필요하지 아니한 전통은 없는 것이지마는 특히 중대한 것에 이르러서는 그 사회의 생명과 일치하는 정도에까지 이르는 까닭이다.

　한 민족에는 한 민족의 전통이 있고, 한 가족에는 한 가족의 전통이 있고, 한 단체, 한 부락에는 각각 그 전통이 있어서 이 전통은 이론이나 법률 이상의 권위와 압력과 또 감화력을 가지고 대소 간에 그 사회의 정신을 지배하고 질서를 유지하는 것이니 우리가 일러서 문화라는 것은 전통의 묶음이요, 문화생활이라는 것은 아름다운 전통의 궤도 위로 순편하게 운전되는 생활이라고 할 수가 있는 것이다. 이른바 풋내기의 호사(豪奢)에 서먹서먹함이 있는 것이나 식민지적 삭막(索寞)이라는 말로 표시되는 조야성(粗野性) 같은 것은 전통의 결여에서 오는 것이다.

　어떤 때에는 전통의 불합리성이라는 것이 있다. 그러나 그 불합리라는 것도 거연(遽然, 문득)히 말하는 바는 못 되는 것이니 왜 그런고 하면 이론이란 개인에 있어서는 미숙하기 쉽고 시대에 있어서는 전변(轉變)하기 쉬운 때문이다. 이른바 라쇼날리스트(理論主義者)들이 프랑스 혁명 시대에 전통이라면 모조리 파괴하던 일을 오늘에 와서 보면 광태(狂態)라고밖에 안 보이지 아니하는가. 인생은 이론만이 아니다. 정의적(情意的) 요구는 이론적 거부를 거부하는 경우가 많은 것이 아닌가. 하물며 미숙한 지식과 이론을 가지고 중대한 전통을 건드리려고 하는 것은 무엄한 짓이요 건방진 생각이다.

　전통이란 역사가 길수록 권위가 생기는 것이어니와 또 우리는 날마다 새로운 전통을 세우기에 노력하고 있다. 유익한 행위는 전통화(傳

統化)하는 것이 유익한 까닭이다. 한 가정, 한 학교, 한 회사, 전통이 없는 자는 밤낮 일긋얄긋하여 안정이 없을 것이다.

그렇다고 우리가 심사숙려하여 그야말로 그것이 여론을 성(成)하게 될 때에 우리는 우리 생활의 진보에 방해가 되는 전통을 깨뜨릴 총명과 용기를 보류(保留)할 것이지마는 이것은 때마다 저마다 할 일은 아니다. 요새에 만만해 보이는 조선의 민족적 전통을 건드리는 용자(勇者)가 날뛰는 것은 고맙지 아니한 일이다.152)

수양동우회가 회세 부진을 거듭하자 조병옥(趙炳玉)을 비롯한 강경 파들은 '수양'이란 수식어가 붙어 있는 것은 수양동우회가 민족운동단체가 아니라 단순한 수양단체로 오인될 소지가 많다고 하면서 항일적, 정치적 단체로 개편해야 한다고 주장했다. 이리하여 1929년 11월 23일 '수양'을 삭제하고 동우회를 발족하면서 약법에도 종래의 '조선 신문화 건설'을 '신조선 건설의 역량을 증진한다'로 개정함으로써 동우회는 혁명단체임을 뚜렷이 밝히고 있다.153) 총독부 당국은 수양동우회의 약법 '신조선 건설'은 바로 국체변혁(國體變革)을 통한 독립국가 건설을 의미한다고 판단하여, 1927년 8월 수양동우회의 기관지 '동광' 16호부터 발간정지 조치를 단행했다.154)

1927년 2월 15일 좌우합작(左右合作)에 의해 일제와의 비타협적 3대 강령을 표방하고 신간회(新幹會)가 창립되었다. "1. 우리들은 정치·경제적 각성을 촉진함. 2. 우리들은 단결을 공고히 함. 3. 우리들은 기회주의를 일체 부인함"이란 3대 강령에서 강경한 항일적 정치활동을 전개할 것을 선언했다.155) 그러나 일제 당국과 일체 타협을 거부하고 강경일변도로 항일투쟁을 전개한 결과, 결국 창립 4년여 만인 1931년

152) 『朝鮮日報』(1935. 7. 18), 一事一言: 傳統에 對한 敬意(長白山人).
153) 『島山安昌浩資料集』, I, pp.240~241, 341~343; II, p.77; 『島山安昌浩全集』, 권 9, p.516; 『韓國獨立運動史』, 권 5(국사편찬위원회, 1969), p.17.
154) 『島山安昌浩資料集』, I, pp.241~242.
155) 『高等警察報』 제2호(1933), pp.5~9; 慶尙北道警察部, 『高等警察要史 暴徒史編輯資料』(1934), pp.48~51.

5월 15일 "신간회는 각 계급을 망라하고 있어서 과감한 투쟁을 할 수 없다"라고 자진해산을 선언했다.156)

동우회 약법에 "신조선 건설의 역량을 증진한다"는 것은 곧 실력을 양성한 후 독립혁명을 일으키겠다는 의지의 표명이었다. 그러므로 총독부 당국이 신간회를 해산조치 했듯이 언제 동우회를 해산할지 아무도 예단할 수 없었다. 이에 불안을 느낀 이광수는 1930년 4월 12일 자택에서 동우회 이사심사연합회를 소집하여, 약법에서 '조선'이란 국호를 삭제하고 "신문화 건설의 역량을 증진한다"로 개정함으로써 정치적 타협에 의해 동우회를 존속하려고 시도하였다.157)

'동광'이 1933년 1월 20일자 40호를 마지막으로 폐간되자마자 춘원은 그 후속사업의 일환으로 즉시 '동광총서' 발간 준비에 돌입했다. 드디어 '동광총서'는 1933년 6월 10일자 창간호가 발행되었다. 이어 제2권은 그해 7월에 발간한 후 자진해서 종간하고 말았다. 판권장에 보면 저작 겸 발행인은 김종상(金鍾象), 인쇄인은 조진주(趙鎭周), 인쇄소는 선광인쇄(鮮光印刷(株)), 발행소는 동광사(東光社, 경성 종로 2가 91), 표지 상단에 '이광수(李光洙) 찬(纂)'이라 되어 있다. 이는 곧 이광수가 '동광총서'를 주재했음을 말해주고 있다.

동광총서 권 1 '근고(謹告)'에서 "지난번 말씀드릴 때에는 '동광'을 속간하여 민족문제연구 월간으로 발행하기로 하였사오나 동인들의 의사로 '동광총서'로 제호(題號)를 삼기로 하였습니다. 그리고 '동광' 지는 시기를 보아서 추후 따로 간행하게 될까 하옵니다. 이번 호는 도봉(島峰) 고일청(高一淸)의 출자로 발행되었습니다. 1933년 6월 동광사 백"이라 한 점으로 보아 춘원은 민족문제를 다루기 위하여 출자자를 물색하여 자금지원을 받아 '동광총서'를 기획·발행한 것이다. "'동광총서'는 안으로는 내 민족의 문화, 이상, 전통 등을 연구 천명하는 데

---

156) 坪江汕二, 『朝鮮民族獨立運動秘史』(巖南堂書店, 1959), pp.55~56, 新幹會 と權友會運動の展開; 高等法院 檢事局 思想部, 『思想月報』 제1권 제3호 (1931. 6. 15), p.1, 新幹會解消.

157) 『島山安昌浩資料集』, I, pp.241~242.

항상 힘쓸 것이오며, 밖으로는 다른 민족의 운동과 사상에 관한 것을 연구·소개코자 합니다."158) 이렇게 '동광총서' 발간경위를 밝히고 있다.

'동광총서' 권 1에서 춘원은 첫머리에 시조 '조선'을 게재하고 있다. 민족의 지도자 도산 안창호가 적의 포로가 되어 대전형무소에서 복역 중이므로, 지도자를 잃은 '버림받은 조선'을 노래하고 있다.

조선

남만 못한 朝鮮(조선)이다. 남만 못한 朝鮮(조선)이길래
조선 사람에게까지, 미움 받는 조선이다.
미워도 못 떨어질 因緣(인연)을 가진 조선이로고나.

上下(상하) 五千年(오천년) 살아오기 짧다 하며
南北(남북) 萬餘里(만여리) 받은 땅인들 좁다 하리.
슬프다 우리 祖上(조상)님네 사는 法(법)을 몰랐고나.

무엇이 못 하든가. 피 좋것다 뼈 좋것다.
精神(정신)도 재주도 남만 못지 않았건만
'우리'란 말 한마디를 잊은 것이 섧고나.

누이야 오라비야! 빈 터여든 갈아보세.
벗은 山(산) 입히고, 묻힌 개천 쳐내고서
예보다 나은 朝鮮(조선)을 일워(이뤄)보세 일워보아.

박차고 나서거라 묵은 허물 훌떡 벗고

---

158) 최덕교,『한국잡지백년』(현암사, 2004), 권 2, p.470;『島山安昌浩資料集』, I, p.209; II. p.426, 뉴욕 흥사단 대회 기념사진(1926). 발행인 김종상은 동우회 회원으로서 평북 선천인이다(平北 宣川郡 邑內面 川北洞 517). 1937년 6월 19일 동우회 사건으로 구속되었다. 고일청은 뉴욕 흥사단 대회 기념사진에 나온 것으로 보아 미주 흥사단으로 활약하고 귀국하여 '동광총서' 발간에 출자한 것으로 보인다.

일터로 나아가자! '우리! 우리!' 군호(軍號) 맞춰
이보다 나은 朝鮮(조선)을 後孫(후손)에게 물려주자.
(1933년 5월 22일 夜半(야반) 단피꼴에서)159)

이광수는 '동광총서' 권 2에서는 조선 민족의 시조 단군왕검이 하강
하신 조선 민족의 성산 '태백산'이라는 시조를 게재하면서 민족정신을
현양(顯揚)하고 있다.

태백산

東窓(동창)에 잠을 깨니 大同江(대동강)에 달이로다.
王儉(단군왕검)의 달 아니냐, 高句麗(고구려)의 달 아니냐.
半萬年(반만년) 우리 서울이시라 아아 平壤(평양)이로고나.

月林江(월림강) 건너서며 檀君窟(단군굴)을 묻습니다.
山(산) 보러 왔소리까, 절 보러나 왔소리까.
우리 님 사신 곳이니 터별러(떠별러서, 벼르고 별러서) 왔습니다.

妙香山(묘향산)이라고 그 어느 분이 고치신고.
우리 님 겨옵시든(계옵시던) 太白山(태백산)을
철 없는 先人(선인)의 所爲(소위)를 못내 슳어(슬퍼)합니다.

[詩]
月林江 = 淸川江 上流, 香山入口.
우리 님 = 檀君. 神人降于 太白山 檀木下.
三千衆으로 神市를 세우시니 나라의 처음이다. 太白은 平安道 妙香
山, 慶尙道 太白山의 兩處가 있으나 檀君王儉 降地로는 古記가 다
平安의 太白을 가리키다.
"월림강은 청천강 상류, 묘향산 입구에 있다.
우리 님 단군왕검 신인이 태백산 박달나무 아래로 내려오시다.

---

159) 李光洙 纂, 『東光叢書』, 권 1(1933. 6. 10), p.1, 朝鮮(李光洙).

단군왕검이 삼천 무리를 이끌고 신시를 세우니 나라의 처음이다. 태백산은 평안도 묘향산, 경상도 태백산 두 곳이 있으나 단군왕검이 하강하신 곳은 고기에 다 평안도의 태백산(묘향산)을 가리키고 있다."(저자 역)

1933년 6월 5일[160]

1935년 6월 도산 안창호가 가출옥하여 송태산장에 은거하고 있을 때, 이광수는 독립의지의 굳은 신념을 찬미하는 시론 '의지력의 찬미'를 발표했다. 이 글에서 춘원은 밀턴의 '실낙원' 제1권에 나오는 천군(天軍)에 패하여 지옥으로 방축(放逐)된 사탄의 독백을 인용하고 있다. "… 비록 지옥에서라도 / 주권자 되는 것이 내 소원이다 / 천국에서 섬기기보다 지옥에서 다스리기가 … 일심(一心)으로 힘을 합하여 / 잃은 천국을 도로 찾거나 / 가진 지옥을 마저 잃거나 / 한테 해보련다." 이렇게 의지력의 찬미를 노래하면서 비록 이 지옥(식민지)에서라도 주권자 되는 것이 평생소원이라고 독립열망을 분출하고 있다.

의지력은 기백(氣魄)이라고도 하거니와 가장 남성미의 대표가 될 것이다. 한번 작정하면 사생고락(死生苦樂)을 돌보지 않고 관철하고야 말려는 강인하고 늠름한 의지력은 조선인이 개인으로나 민족적으로나 가지고 싶은 것이다.

밀턴의 '실낙원(失樂園)' 제1권에 천군(天軍)에 패하여 지옥으로 방축(放逐)된 사탄의 독백(獨白)에 이런 것이 있다.

"잘 있거라, 즐겁던 동산
기쁨이 늘 있는 곳
오너라, 온갖 고통아 다 와
지옥 — 오, 너, 깊고 깊은 지옥아
새 주인 된 나를 받아다고.
어디서나 어느 때에나
마음 변할 줄 모르는 내다

160) 李光洙 纂, 『東光叢書』, 권 2(1933. 7. 10), p.1, 太白山(時調)(李光洙).

마음이 제 천지여든
마음속에 천국(天國)을 지옥으로도
지옥을 천국으로도 만들 수가 있거든
아무데면 어때? 내가 나대로 있는데야
벽력(霹靂) 덕분에 내 그한테는 졌다마는
그 밖에야 나를 받아할 테냐
여기는 그래도 자유(自由)는 있다
저 전능자(全能者)가 설마 이곳까지 탐(貪)을 내어
우리를 쫓아야 내랴구
여기서 마음 놓고 주권자(主權者)가 되련다
비록 지옥에서라도
주권자 되는 것이 내 소원이다
천국에서 섬기기보다
지옥에서 다스리기가
왜들 우리 패, 나와 함께 싸워서 패한
충성된 동료와 부하들아
저 무위(無爲)의 웅덩이에
기운이 빠져서 뭉개고 있노?
저들을 이 불행한 곳에서 다시 불러보아
일심(一心)으로 힘을 합하여
잃은 천국을 도로 찾거나
가진 지옥을 마저 잃거나
한테 해보련다."
영국인의 의지력을 보인 것이겠다.161)

조선 고적보존의 법령이 공포된 이래 일제 당국이 조선의 주체성 파
괴를 목적으로, 민족문화말살정책의 일환으로 구월산의 삼성사, 대박산
의 단군릉을 고적보존에서 제외하자, 춘원은 이를 맹비난하는 사설을
발표했다. 바로 '고적보존의 요의'라는 글이다. 그뿐만 아니라 정업원과
유교적 충효정렬의 상징인 육신묘까지 고적보존의 대상에서 제외시키

---

161) 『朝鮮日報』(1935. 6. 7), 一事一言: 意志力의 讚美(長白山人).

고 있다고 비판하고 있다. 5천 년의 전통문화, 정신문화, 신화, 전설 등도 길이 보존할 것을 촉구하고 있다.

조선은 문화 구방(舊邦)이라, 따라서 고적유물도 많았건만 다만 역대의 상란(喪亂)과 또는 그 보호의 방법이 마땅치 못했으므로 파괴·인멸된 것이 많은 것도 또한 사실이다. 신라 당시의 국보로 꼽던 미술의 정화(精華)인 경주 황룡사(皇龍寺)가 몽고병화(蒙古兵火)에 분실(焚失)됨과 같은 것은 전자의 일례이어니와 평양, 개성 등지에 있는 능묘(陵墓) 부장품의 도굴됨과 같은 것은 후자의 일례이다. 조선에 있어서 수려한 자연미와 아울러 자랑할 인문(人文)의 결정(結晶)인 고적유물에 대하여 영구히 보존의 도(道)를 강구하여야 할 것은 이 땅에 사는 인간의 일종 의무이다. 이는 민족의 유산으로서 뿐이 아니라 이 땅의 미관을 증진함에 있어서 막대한 관계를 가졌으니 고적보존의 요의가 실로 이 점에 있다 하겠다.

고적보존의 법령이 발포된 이래 각 도시에 있어서는 주로 고건물을 등록에 올려 영구의 애호를 꾀하는 것은 그 의의가 어디 있는 것을 알 것이다. 그러나 미관(美觀)이란 한갓 유형의 미(美)만이 아니요 무형의 미까지도 포함되어야 하겠으니 이를테면 신화, 전설로 민족 신앙의 표적이 되어 있는 영장(靈場)과 기타 사상(史上)에 기념할 만한 충효정렬(忠孝貞烈)의 유적과 같은 것은 될 수 있는 대로 주의하여 보존함을 요한다. 그런데 오늘날까지 한각(閑却)된 것은 역시 이런 정신상 중요한 방면이어서 구월산(九月山)의 삼성사(三聖祠)와 대박산(大朴山)의 단군릉(檀君陵)이 고적보존에서 제외되고 말았다. 경성에 있어서는 5백 년 수도이니만치 그 많은 고적에 대하여 당국이 일일이 용의주도하게 보존을 꾀하면서도 정업원(淨業院)의 고비(古碑)와 노량진(鷺梁津)의 육신묘(六臣墓)를 제외하고 말았다.

유교국(儒敎國)인 한양조(漢陽朝, 조선왕조)에 있어서 삼강(三綱)을 확립한 정업원과 육신묘에 대해서는 무슨 형식으로든지 보존의 도를 강구하여야 하겠다. 특히 후자에 이르러는 한강 근방에 있는 일대 성지로서 그것을 경성 부민이 공동해서 보호함이 있어야만 될 줄로 믿는다. 들은 바에 의하면 육신묘지(六臣墓地)를 그 후손인 박 모가 모(某)

에게 매도하였다 하니 이것이 사실일진대 그 매끽(賣喫)한 박 모 1인의 수치에 돌리고 말 것인가. 결코 그런 것이 아니다. 조선인의 자랑이 될 만한 육신묘를 보존하지 못한다면 그 책임은 적어도 조선인 전체가 분담하지 않을 수 없다. 더욱이 가까이 있어 관감(觀感)하는 경성 시민의 유지들은 그 선후책에 대하여 강구하는 바 있기를 바란다.

최후로 한마디 말하려는 것은 작금 평양에서 문제되어 있는 대동문(大同門) 수리에 관한 것이다. 이 역사적, 미술적 고건물이 거의 경퇴(傾頹)에 임박한 것은 평양시로서는 그대로 방치할 수 없는 시급한 문제이다. 물론 그 수리에는 일대 경비를 요하는 바나 고적보존의 조례에 비추어 수리하지 아니할 수 없는 이상 하루라도 속히 실행하여 구면목에 손상이 없도록 하여야 하겠다. 그러나 이번에 될 수 있으면 고건물의 수리뿐이 아니라 고전설지(古傳說地) 같은 정신적으로 깊은 유서를 가진 고적에 대해서도 좀 더 유의·보호하는 바 있어야 하겠다. 자고이래로 평양은 전설의 지(地)가 부유(富有)하니만치 이 기회를 당하여 또 한 번 주의를 촉진한다.162)

역사와 전통이 깊을수록 시조설화(始祖說話), 일반 민간설화가 많은 것은 인류 보편적 추세이다. 5천 년의 역사와 전통을 자랑하는 조선의 경우는 더욱더 그러하다. 조선은 한문만을 사용하면서 신라 설총(薛聰)의 이두(吏讀)를 한문과 혼용해오다가 세종대왕이 1446년 훈민정음(한글)을 창제·반포함으로써 비로소 말과 글이 일치하는 언문일치(言文一致)의 새 시대를 맞이했다. 그러나 양반 지배계층, 특히 유림(儒林)에서는 한글을 천대시하고 언문 또는 안방글로 비하하면서 여전히 한문(漢文)을 관용문(官用文)으로 채택하여 사용했기 때문에 세종의 '한글 르네상스'는 꽃피지 못했다. 일상대화는 조선어로 기록문서에는 한글을 금기시하면서 한문으로만 기록하고 있다. 조선왕조실록, 승정원일기, 일성록, 비변사등록 등 국가기록은 한문전용으로 기록했을 뿐만 아니라 민간의 개인문서, 이를테면 다산 정약용의 '여유당전서(與猶堂全書)'를 비롯하여 모든 개인문집도 모두 한문전용으로 기록해놓고 있다. 그래서

---

162) 『朝鮮日報』(1935. 6. 4), 社說: 古蹟保存의 要義.

조선의 수많은 전설, 설화는 한글로 기록되지 못하고 입에서 입으로, 말로서 조상 대대로 구전(口傳)해오고 있다. 이와 같이 말로 전해 내려오는 이야기를 구비전설(口碑傳說)이라 한다. 이로 인해 한글문학이 침체되면서 한글로 쓰인 전설보다는 구비전설이 압도적으로 많다. 구비전설이야말로 조선의 순수한 민족문학이라고 말할 수 있다. 조선일보는 민족운동의 일환책으로 '전설의 조선' 설화의 발굴 및 보존 작업을 제창한 것이다.

과학이 보급할수록 세상(世相)이 속화(俗化)해진다. 속화가 반드시 불가한 것은 아니나 인간의 생활이 너무나 유리주의(唯理主義)에 편경(偏傾)하여지면 그 반면에는 정적(情的)의 기아(饑餓)를 느끼게 되는 법이다.

그러므로 '메스'의 만능을 자랑하는 과학시대에 와서도 전설과 시는 의연히 활개를 치게 되나니 인문(人文)의 진보는 미신(迷信)의 영역을 침식하되 전설과 시의 세계는 이로해서 축소되지 아니하는 것이다.

고려조의 최후를 현란하게 장식한 선죽교(善竹橋)의 벽혈(碧血)을 볼 때 우리는, 아아! 선생이 여기서 순절(殉節)하였다, 혈흔(血痕)이 지금도 오히려 남아 있고나 하고 시적으로 감탄할지언정 과학적으로 분석함을 허하지 아니하나니 시의 세계는 어디까지 시의 세계로서의 존재할 뿐이다. 전설의 세계는 어느 의미로 로맨틱한 일종 시적 세계이다. 아름다운 자연에 얽혀 있는 꽤 많은 전설은 전설 그대로가 바로 훌륭한 시였다.

이름 있는 도승지(都勝地)를 탐방하는 이는 언제나 역사의 고(古)보다도 전설의 미(美)를 일층 더 그리워하게 되나니 전설은 실로 사람을 그 땅에 끌어다가 결착(結着)시키는 마력(魔力)을 가진 일종 민중의 예술이다. 우리는 경주를 볼 때 신라의 정사(正史)보담도 먼저 생각하는 것은 나정(蘿井) 임간(林間)의 시조(始祖) 탄생의 괴상한 전설이며, 평양을 볼 때 고구려의 패업(霸業)을 회상하기 전에 뇌수(腦髓)에 떠오르는 것은 기린굴(麒麟窟)과 조천석(朝天石)에 관한 신기한 전설로서 이러한 전설을 추리기로 하면 탁발난수(擢髮難數, 뽑은 머리카락을 세기 어려움)이어니와 만일 전설 그것이 불합리라든지 또는 불가신(不

可信)이라든지 하여 과학의 맹장(盲杖, 함부로 휘두르는 몽둥이)을 가한다면 이는 스스로 아름다운 민중의 시를 깨뜨리는 셈이니 그 우(愚)를 어찌 가히 미칠 바이랴. 그러나 현대의 문명풍조는 바야흐로 급격하게 들이밀려 조선의 옛것을 지지하지 못하는 동시에 모든 전설 그것까지도 그대로 보전하기 어렵게 되어가니 이것이 조선 고문화(古文化)의 일 비애가 아님이 아니다.

여러 해 전부터 각 지방에서 보승회(保勝會)란 것이 있어 그곳 고적에 대하여 유의(留意)와 및 보호를 가하지 아니하는 것이 아니나 그러나 정작 모든 전설의 알맹이 되는 동명왕(東明王)의 진주릉(眞珠陵) 같은 것은 글자대로 고토(孤兎)가 그 위에 깃을 드리게쯤 붕퇴(崩頹)하였으되 누구 한 사람이나 수축하였다 함을 듣지 못하였고, 대박산(大朴山)의 단군릉(檀君陵)도 요새 와서야 겨우 그 지방 유지들이 수축한다 하거니와 전설의 승지(勝地)나 고적의 영장(靈場)은 마땅히 고적보존의 범위에 속할 것임에 불계(不計)하고 오늘날까지 거의 한각(閑却)하게 구는 관(觀)이 있었음은 조선 고문화의 보존적 견지에서 볼 때 일대 유감이 아닌 것이 아니다. 과학문명이 횡행하는 이때에도 아름다운 전설은 차디찬 이지(理智)를 초월하여 우리에게 많은 감격을 자아내는 바 있다. 우리 조선인에게서 이러한 아름다운 전설을 모조리 뽑아버릴진대 그야말로 그 순간부터 우리 생활이 완연히 사막에 여행하는 이와 같이 아주 건조무미(乾燥無味)하여지고 말 것이다. 우리는 각 지방 보승회의 주의를 촉진하여 마지않는다.163)

이광수는 와세다대학에서 철학을 전공한 철학자답게 자아발견의 진리를 현대철학의 아버지 데카르트에게서 찾고 있다. 데카르트는 "나는 생각한다. 그러므로 나는 존재한다"라는 유명한 명제를 제시하면서 합리론과 연역법을 주장했다. 조선인의 최대 결점이 '나' 또는 '저'를 가볍게 여기기 때문에 자아의식이 없는 백성이라고 지적하면서, 그러므로 아무개의 바람에 놀아나는 것은 맹종이나 외국을 숭배하는 노예주의요, 시세나 이해의 바람에 노는 것은 기회주의라고 통박하고 있다. '내'가 보고 알고 믿는 것만이 오직 진리요, 제정신에 사는 생활이야말로 오직

163) 『朝鮮日報』(1934. 1. 15), 社說: 傳說의 朝鮮.

자기와 자아발견의 진리이다. 이러한 견지에서 '자기발견'을 발표했다.

현대철학의 조(祖)를 데카르트라 하거니와 그가 현대철학— 더 널리 말하면 현대정신의 조가 된 이유는 '자기의 발견'에 있었다. 당시의 철학이(다른 학문도 모두) 고인(古人)의 학설의 전습(傳襲)과 분석과 고증만으로 일을 삼고, 따라서 그 생활도 오직 인습 중에 생사(生死)하는 것에 반항하여 그가 학교에서 배운, 사회에서 전승한 모든 전통적 원리를 일단 버리고 자기의 이성(理性)의 비판력만으로 진리를 탐구하리라는 웅대한 결심을 세워 좀먹은 묵은 책을 집어던지고 자연과 실인생의 '큰 책'을 읽기 수십 년에 터득한 첫 진리가 '생각하니 나는 있다 (Cogito ergo sum)'라는 나의 발견이었다.

이 '내'가 '분명하게' 보고 알고 믿는 것만이 진리다, 하여 그는 이 '나는 있다'라는 근본원리 위에 현대철학의 초석을 놓은 것이었다. "수야모아(誰也某也, 아무개)가 그렇다 하였으니 진리다"라든지, "세계사조가 그렇다 하니 진리다"가 아니요, '내가' 그렇게 알았으니 진리라는 말이다. 그리고 그는 당시의 전 구라파의 교권(敎權)과 정권(政權)과 학벌(學閥)을 대항하여 오직 진리를 찾고 진리만을 의하여 사는 생애를 하였다. 진리에만 의한 생활, 그것이야말로 인류생활 중에 가장 사는 보람 있는 생활이다. 브루노는 진리를 위하여는 포락(炮烙, 달군 쇠로 살을 지지는 형벌)의 형(刑)을 감수하였다. 조선의 천주교인들도 자기네가 진리라고 믿는 바를 위하여 수만 생명이 기쁘게 새남터 이슬로 화해버렸다.

그런데 우리네는 '나' 또는 '저'라는 것을 심히 가볍게 보는 경향을 가진 백성이다. 우리 근대 선인들이 송(宋)의 학(學)과 명(明)의 정(政)에 대하여서는 전혀 몰비판적 절대 맹종의 태도를 가졌던 것이 우리로 하여금 '내 것'. '제 것'을 생명같이 소중하게 여기는 진리감(眞理感)을 마비하게 함이 컸다.

오늘날 신진청년 신진학도들도 흔히 '남의 바람'에 놀지 아니하는가. 아무개의 바람, 어느 시대나 어느 지역의 바람에 놀지 아니하는가. 또 일시적인 이해의 바람, 편의의 바람에 놀지 아니하는가. 아무개의 바람에 노는 것은 맹종(盲從)이나 배외(拜外)의 노예주의요 시세나 이해의 바람에 노는 것은 기회주의다.

'나'를 찾아 '나'를 기초로 한 진리파지(眞理把持, 진리를 움키어 가짐)의 생활, 제정신에 사는 생활이야말로 우리가 우리 자신과 및 우리 후진에게 바랄 근본정신, 제일원리가 아닐까.164)

이광수의 민족운동 방식은 무저항적이고, 타협적, 합법적인 테두리 안에서의 실력 양성으로 독립준비운동을 전개하는 것이었다. 그러기에 1922년 2월 12일 사이토 총독과의 단독 담판에서 정치적인 운동이 아닌 문화운동을 하겠다고 대타협함으로써 수양동맹회를 조직한 것이다. 이는 어디까지나 합법적인 민족운동결사이다. 좌우합작에 의해 결성된 정치단체인 신간회가 너무 비타협적이고 강경한 대일 항전운동을 벌이다가 하루아침에 해산조치된 것을 이광수는 너무나 충격적으로 받아들인 것이다. 언제 동우회도 신간회처럼 해산될지 모르는 운명임을 직감한 것이다. 이광수는 동경 유학 시절 톨스토이의 작품을 통하여 그의 인도주의적인 비폭력 무저항사상에 심취했다. 춘원의 민족운동의 방침의 원리는 비폭력 무저항운동인데, 이는 바로 톨스토이의 인류상애(人類相愛)의 영향을 받은 것이다. 그러기에 1910년 11월 톨스토이가 서거하자 이광수는 오산학교 학생을 모아서 '톨스토이 추도회'165)를 열었던 것이다.

톨스토이의 이상은 인류상애(人類相愛)의 비폭력 무저항정신을 구현하는 데 있다. 사랑과 평화를 최고의 이상으로 삼고 이를 통해 인류를 구제한다는 것이다. 사랑의 원리는 "주어라, 받기를 바라지 말라" 하는 인도주의 사상이다. 이것이 톨스토이의 사회개혁사상으로서 미래세계를 개혁한다는 제3혁명 사상인 것이다. 그의 이상은 사랑과 평화의 미래세계를 구현한다는 것이다. 이에 반해 현실세계의 주요사상은 인류상증(人類相憎)의 원리, 무장, 침략의 원리가 판을 치면서 증오, 폭력, 이기주의의 길을 걷고 있다. 톨스토이주의와는 완전 배치되고 있다. 현실세계에서는 심중에만 천국을 짓고, 현실에서는 세권(世權)에 복종함으

---

164) 『朝鮮日報』(1935. 7. 27), 一事一言: 自己發見(長白山人).
165) 『李光洙全集』, 권 20, p.270, 年譜(노양환).

로써 톨스토이의 사랑과 평화의 원리를 허망으로 냉소하고 있다. 그렇지만 현실에 살면서 이상을 포기해서는 안 된다. 인류가 이상을 버릴 때는 사람이 머리를 땅에 박고 묻히고 만다. 인류의 이상은 무한한데 현실은 일시적이다. 그러기에 이상을 향해 위로 올라가려고 노력하는 것이야말로 인도주의의 생명이다. 사랑과 평화의 이상은 심장의 고동과 함께 쉼 없이 뛰고 있기 때문이다.

이에 춘원은 톨스토이의 무저항 인도주의 정신을 설파한 '두옹(톨스토이)과 현대'를 3회 연재하였다.

두옹과 현대(상)

두옹(杜翁, 톨스토이)과 현대는 반대의 양극이다. 두옹은 인류상애(人類相愛)의 원리를 주장하면 현대는 상증(相憎)의 원리 위에서 놀고, 두옹은 비폭력 저항을 주장하면 현대는 무장, 침략으로 날뛴다. 두옹은 저마다 제가 먹고 남는 것을 이웃에게 주라고 주장하면 현대는 남이 먹는 것까지도 빼앗으려 들고, 두옹은 화폐와 서약을 만악(萬惡)의 근본이라고 하면 현대는 화폐를 신(神)으로 숭배하고 국가와 폭력에 대한 절대복종의 서약을 만덕(萬德)의 근본이라고 절규한다.

두옹이 개인을 구속하는(주로 국가에 대한 서약으로) 모든 제도를 부인하는 점으로는 무정부주의와 상통함이 있고, 재산의 사점(私占)을 저주하는 점으로는 공산주의와 상통한 점이 있지마는 다만 무정부주의와 공산주의는 권력계급에 대한 증오의 감정과 이 감정을 기초로 한 개인 몰각(沒却), 당의복종(黨議服從)의 서약으로 단결을 이루어 폭력으로써 권력계급을 타도하려 함에 대하여 두옹은 오직 사랑(愛)과 무저항, 그러나 개인 이성(理性) 즉 양심의 절대권위를 굴(屈)치 아니하는 무저항으로 인류를 화(化)하여 제악(諸惡)을 소멸케 하자는, 이를테면 실현의 방식이 근본적으로 서로 다르다.

이 모양으로 현대 국가주의로 보든지, 이를 전복(顚覆)하려는 무정부(無政府), 공산(共産) 양 계통의 혁명사상으로 보든지, 그 어느 것과도 두옹의 사상은 일치하지 아니하고 그 어느 것과도 적(敵)이다. 만일 금일의 국가주의를 금일의 것이라 하고 공산주의를 명일의 것이라 하고 무정부주의를 재명일의 것이라 하면, 두옹의 사회개혁사상은 재재명일의 것, 또는 제3혁명 사상이라고 할까. 인심(人心)이 이것저것 모든 폭력적 혁명, 증오적 혁명에 진저리가 나서 사랑의 대원(大願)에 각성하는 날이 올 것이라고 할까. 그런데 어찌하여 현대는 이 도무지 자기네와 맞지 아니하는 두옹의 사상을 찬미하고 두옹의 생(生)과 사(死)를 기념하는가. 이 모순은 인성상(人性上)으로 보아 흥미 있는 일 문제가 아닐 수 없다.166)

두옹과 현대(중)

이 모양으로 현대의 주요한 사상은— 실행 중에 있는 주요한 사상은 모두 두옹주의(杜翁主義, Tolstoyism, 무정부주의 및 인도주의 사상)와는 반대다. 그러하면서도 어찌하여 거의 세계를 들어서 두옹을 기념하는 것일까. 이 모순이 어찌하여서 생겼을까.

그것은 곧 이상(理想)과 현실(現實)의 문제라고 생각한다. 비록 총을 들고 전선에 선 군인이라도 두옹의 사랑의 원리에는 공명하는 것이다. 가난한 사람의 부정(釜鼎)을 채권(債權)으로 떼어들고 오는 재산가도 두옹의 주어라, 받기를 바라지 말아라, 하는 정신에는 공명하는 것이다. 다만 현대인은 아직 그 시기가 아니라고 본다. 그 시기가 오기까지는 당분간 폭력과 이기주의로 갈 수밖에는 없다고 본다. 이것이 현실이다. 이상에 있어서 두옹을 통한 예수의 가르침, 또 부처(佛)의 자비(慈悲), 희사(喜捨)에 공명하지마는 현실은 우리에게 폭력과 이기(利己)의 길을 강제한다. — 이렇게 세인(世人)은 생각하고 있는 것이다.

그러면 이러한 현실의 모순은 어느 때까지 계속할 것인가. 두옹은 이것은 각 개인이 사랑의 이론과 감정이 깰 때까지라고 하거니와 일반 예수교에서는 예수 재림의 대심판일까지라 하고 대심판일 후에 예수는 이 지상에 천년 태평국을 건설한다고 한다. 후자는 기한을 두거니와 두옹은 기한을 두지 아니한다. 다만 한 사람씩 한 사람씩 폭력과 이기와 세권(世權)에의 복종을 버리고 예수의 가르침과 자기의 이성(理性)에만, 오직 그것에만 절대로 복종하는 사람이 생기는 대로 지상천국이라는 건물의 벽돌층은 조금씩 조금씩 높아지는 것이라고 믿고 주장하

---

166) 『朝鮮日報』(1935. 11. 26), 一事一言: 杜翁과 現代(上)(長白山人).

는 것이다.

그러나 현대에는 두옹의 사상에 공명하는 자도 오직 심중(心中)에서만 천국(天國)을 짓고 현실에서는 세권(世權)에 복종하는 것이 정경대도(政經大道)로 알고 있다. 이에 대하여 두옹은 "너희는 그 허망(虛妄)을 버려라. 너희 세상의 행복이라고 보는 것은 기실은 허망이다. 오직 진리의 길을 걷는 자에게만 진정한 행복은 가져지는 것이다" 하고 절규한다.

현대의 민중은 비록 심중만으로라도 하루 한 번 한가한 순간에만이라도, 한 개의 영원에서나 실현될 공상(空想)이라 하더라도, 두옹의 생각과 같은 생각을 하여보는 것으로 위안을 삼고 또 창해속(滄海粟)의 묘연(渺然)한 자기에 영원의 가치를 붙여보는 것이다. 이것이 현대에서 두옹이 기념되고 공명되는 소이(所以, 까닭)가 아닐까.167)

두옹과 현대(하)

그렇다 하면 이 모순된 이상과 현실에 있어서 우리는 어떠한 태도를 취할 것인가. 두옹이나 또 훨씬 올라가서 불타나 예수나의 이상에 대하여 어떠한 태도를 취할 것인가.

우리는 땅에다가 발을 붙이고 하늘로다가 머리를 두고 사는 모양으로 현실에 살면서 이상을 버려서는 아니 되는 것이다. 목전의 냉혹한 현실은 마치 이상을 한 허망으로 냉소하는 듯하지마는 인류가 이상을 버릴 때에는 마치 사람이 머리를 땅에서 떼지 못할 때와 마찬가지로 생명을 잃어버리는 것이다. 우리가 이상을 향하고 위로 위으로 허우적거리는 노력이야말로 인도(人道)의 생명이 아니냐.

우리는 현실을 무시할 때에 허공에 뜨고 말지마는 이상을 냉소하여 버릴 때에 흙 속에 묻히고 마는 것이다. 여기 인생의 도(道)가 있다. 그것은 곧 중(中)이다. 현실에 발을 꽉 붙이고 이상의 미래를 끌어 잡아당기는 성의(誠意) 있는 노력 — 이것이 인생의 정도(正道)다. 개인생활에서도 그러하고 가정생활에서도 민족생활에서도 그러하다. 전 인류의 구원한 생활도 결국은 현실에 발을 붙인 이상에의 향상이요 전진의 노력이다.

---

167) 『朝鮮日報』(1935. 11. 27), 一事一言: 杜翁과 現代(中)(長白山人).

증오, 투쟁, 이기─ 이것이 인생의 금일의 현실이 아님이 아니지마는 그러나 우리네의 속속 깊은 마음의 소원(所願)은 자비와 평화다. 천지가 찌부러지도록 검은 구름이 덮이고 비가 동이로 퍼붓는 듯한 것이 오늘의 일기라 하더라도, 마치 그것이 끝날 날이 없을 것 같다 하더라도, 그러나 필경은 빛이 나고 바람 자는 맑은 날이 오고야 마는 것이다. 인류의 생명은 무한인데 시대의 현실은 일시적이다. 사랑과 평화의 가냘픈 인정과 노력을 결코 냉소할 것이 아니라, 비록 독와사(毒瓦斯, 독가스) 마스크를 쓰고 학살의 전선에 섰더라도 사랑과 평화의 이상은 우리 체온과 함께 심장의 고동과 함께 쉬일 수도 없고 또 가장 소중한 것이다.

더욱이 오늘날 우리 조선인은 이 이상의 사도(使徒)에 가장 적임이 아닐까. 두옹과 현대의 얼른 보기에 모순된 반면에는 이러한 미묘한 일치가 있는 것이다.168)

이광수가 이끌고 있는 동우회의 민족운동의 주의(主義)와 목표는 두 가지로 요약해볼 수 있다. 하나는 민족개조운동이고 또 하나는 모범농촌부락을 건설하여 농촌 근대화를 이룩하겠다는 것이다. 조선 민족의 가장 큰 폐단은 숙명론을 믿고 있다는 것이다. 이는 모든 운명을 하늘에 맡겨버린다는 천운론으로 비과학적인 미신이다. 미신(迷信)이란 원인 없는 결과를 바라는 것, 즉 우연이나 요행을 바라는 마음, 이른바 정도령의 출현을 기다린다는 것을 의미한다. 천운론(天運論)을 자력론(自力論)으로 전환하는 것이 곧 민족개조운동의 핵심이다. 이광수는 통속교육보급회를 조직하고 직업학교로서 협성실업학교를 세워 농촌 청년에게 직업기술을 가르친다는 계획을 세웠다.169)

동우회는 "농산학교를 세울 것, 농촌 청년을 지도할 것, 모범농촌을 건설할 것"170) 등을 실천할 것임을 결의했다. 직업학교를 세워 농촌 청년들에게 직업기술을 가르쳐 일인일업(一人一業)의 숙련기술인을 양성

---

168) 『朝鮮日報』(1935. 11. 29), 一事一言: 杜翁과 現代(下)(長白山人).
169) 『島山安昌浩資料集』, I, p.359, 통속교육보급 協成實業講習所의 지도.
170) 상게서, p.217, 京高特秘 제1373의 6호(1937. 6. 29),

한다는 것이다. 이광수는 이 거창한 사업을 스스로 앞장서서 역행하는 지도자로서의 면모를 보이고 있었는데, 그것이 1931년부터 시작된 농촌계몽운동, 즉 브나로드운동이다. "농촌 속으로 가자!"라는 구호를 외치면서 브나로드운동을 벌였고, 이를 작품화하여 소설 '흙'을 동아일보에 연재했던 것이다. '흙'(1932. 4. 12~1933. 7. 10)은 도산 안창호가 체포되어 대전형무소에 수감되는 가운데 연재했다. 여기서 살여울은 모범농촌부락의 표본이며, 모범농촌부락의 건설은 안창호의 정치적 이상이다.

이광수는, 민족이란 말을 기피하는 부류는 마르크스주의자와 대명(大明)을 조국이라 부르는 명나라 숭배자(尊明者)와 같은 노예근성을 가진 무리라고 지적하면서, 민족운동만이 조선 민족이 살아남을 수 있는 유일한 방책이라고 주장하고 있다. "이 세기에 있어서 우리들의 인식에 들어오는 실재(實在)는 오직 민족이 있을 따름인 까닭이다. 민족생활은 어느 종교보다도 크고 길고, 어느 주의(主義)보다도 크고 긴 것이다. 종교는 있다가 없고, 이것이다가 저것이 되더라도 민족은 그냥 있고 주의에 관하여서도 그러한 것이다. 종교 신자의 눈에 그 신앙이 최대하고, 주의자의 눈에 그 주의가 최대하게 보임도 용허할 일이지마는, 그가 그 신앙과 주의를 포용하고 함토(含吐)하는 민족을 잊을 때에 그는 가장 중대한 인식착오에 빠지는 것이다. 민족은 영원의 실재이다. 이러한 때에 있어서 민족이란 말을 기(忌)하고 욕하는 자는 마땅히 민족의 죄인이라고 극언하여야 할 것이다."[171] 이렇게 조선 민족주의 이론을 정립해서 이를 실행할 때가 왔다고 강조하면서 조선 민족운동의 3대 기초사업을 전개할 것임을 제창하고 있다.

1931년 2월 22일 동우회 이사부장 이광수는 동우회 중앙위원회를 소집하여 향후 회무진흥 4개년 계획을 협의했다. 여기서 청년개척군을 창설하기로 결의했다. 이는 바로 혁명투사를 양성하겠다는 것이다. 매년 대분열식과 경기대회를 개최하고 문맹타파 및 생활혁신, 선전, 제복

---

171) 『東光』 제30호(1932. 2), pp.13~15, 朝鮮民族運動의 三基礎事業(李光洙).

의식 기호 등을 사용하는 등 혁명군을 조직한다는 것이다. 편대를 보면, 한국 총사령부, 참모본부, 훈련부, 고문원 등을 설치해서, 노(路)는 총지휘부, 참모부, 훈련지부이고, 대(隊)는 대장, 부대장, 지도위원회이고, 반(班)은 반장, 정대장, 훈련대원 등이다.172) 여기서 주목되는 것은 '청년개척군'을 조직할 것을 협의했다는 사실이다. 주요한은 혁명 동원의 준비로서 청년개척군을 조직할 것을 역설했다. 동우회 회원들은 대개 30세 이상의 사람들뿐이므로 청소년을 수양시켜 장차 혁명투사로 양성, 혁명에 동원하겠다는 것이다. 오늘날 보이스카우트(소년단) 또는 동자군(童子軍)을 양성한다는 것이다.173) 이리하여 이광수는 이 4개년 계획에서 장차 유사시 청년 혁명투사(청년개척군)를 양성해서 혁명과업을 실행할 것임을 천명하고 있다.

이광수는 청년개척군을 동원하여 독립전쟁을 일으킬 계획을 암시하는 '전쟁기의 작가적 태도'를 발표했다. 이는 자신의 혁명의지를 밝힌 논설문이다. 춘원은 중국 근대문학의 문호 루쉰(魯迅)의 '아Q'나 '공을사(孔乙巳)'는 소설가적 재분(才分)의 표현으로는 영광일지 모르겠지만 중국을 위해서는 수치요 모욕이라고 통박하고 있다. 오늘날 일본의 침략을 받고 있는 중국에는 그리스의 전쟁영웅 아킬레스가 없고 '아Q'만이 있고, 관우(關羽), 장비(張飛) 같은 맹장의 의용(義勇)이 '아Q'나 '공을사'로 퇴화해버렸다고 개탄하고 있다. 현재 중국에는 대일항전(對日抗戰)의 용장(勇壯)한 영웅이 없다는 것을 의미한다. 우리나라는 계백(階伯), 관창랑(官昌郎)이 있었던 삼국시대에는 전쟁소설이 빛났다. 관창랑이 전쟁에서 대승을 거두고 적의 수급(머리)을 말머리에 주렁주렁 달고 개선하자, 그의 부모는 "죽어 돌아오라 했지 살아오라 하였느냐" 하고 내다보지도 않다가, 관창랑의 전마가 그의 주인의 머리를 말머리에 달고 돌아오자, 그제야 부모는 "오 내 아들이다!" 하고 내달아 피에 젖은 아들의 머리를 받아 안았다는 것이다.

---

172) 『島山安昌浩資料集』, II, pp.355~360, 會務振興 4개년 계획에 관한 건.

173) 『독립운동사자료집』(독립운동사편찬위원회, 1977), 권 12(문화투쟁사 자료집), p.1386, 昭和16年 刑上 第102~104號(1941. 7. 21).

이광수는 식민지 지배하에 놓여 있는 정치상황에서 현상타파를 위해, 이 같은 삼국시대의 계백, 관창랑의 전쟁문학을 복원하고 싶다는 강렬한 소망을 갖고 있었다. 이리하여 '전쟁과 문학'에서 전쟁문학 작품을 많이 제작하여 의기소침해 있는 조선인의 투쟁심리를 자극, 민족운동을 일으킬 것을 호소하고 있다.

인생은 전쟁을 사랑한다. 조선에서 고래로 애독되던 이야기책들은 대부분이 전쟁 이야기다. 또 호메로스의 '일리아드'나 톨스토이의 '전쟁과 평화'나가 전쟁을 제재(題材)로 한 것임은 말할 것도 없다. 인류 중에는 제가 전장에 나가기를 싫어하는 사람도 상당히 많고 주의상(主義上)으로 전쟁을 반대하는 이도 없지 않지마는 전쟁은 연애로 더불어 인류가 가장 사랑하는 테마임은 예나 이제나 다름이 없는 모양이다. 생명을 홍모(鴻毛)와 같이 가벼이 여김 — 이 속에 우리의 흥미가 있는 모양이다. 또 호전 기분은 태양의 흑점 모양으로 주간성(週間性)을 가진 것 같아서 민족이 대전쟁을 치르고 난 뒤에는 일시 반전(反戰) 기분이 농후하지마는 또 얼마를 지나면 다시 호전(好戰) 기분이 대두하는 것이 마치 필연인 듯하다. 전쟁의 참화에 대한 전율(戰慄)이 잊어질 만하면 다시 호전 기분이 생기는 모양이다. 또는 전쟁 후에 난 청년들은 전쟁 기분의 도취를 요구하는 모양이다. 마치 연애에 데인 어른은 연애를 시들하게 알뿐더러 도리어 연애를 악으로 알지마는 새로 나는 중생은 여전히 연애를 동경하여서 중생과 함께 연애가 끝이 없거니와 전쟁도 이와 같이 한없이 새로 나는 중생이 한없이 새 전쟁을 요구하는가 보다.

전쟁이 악인 것은 말할 것도 없다. 피할 수 있는 대로 피하여야 할 것임은 말할 것도 없다. 인류에 전쟁이 절멸(絶滅)할 날이 오게 하는 것은 인류 전체의 이상이요, 노력이어야 할 것은 말할 것도 없다. 그렇지마는 전쟁도 일종의 자연현상이어서 그렇게 일조일석에 억지로 절멸해질 것은 아니다. 인류 중에는 불타나 예수를 따라서 살인의 절대부인을 주장하고 또 그 주장에서 사는 인인지사(仁人志士)가 없을 수 없지마는 그렇다고 갑자기 전쟁이 없어진 것은 아니다. 중생이 끝이 없음과 같이 현존한 인류가 일대 변혁을 당하는 날까지는 전쟁의 절멸은 기하기 어려울 것이다.

그렇다 하면 전쟁에 지는 사람보다는 이기는 사람이 좋을 것이다. 못 싸우는 사람보다는 잘 싸우는 사람이 인적 가치가 높을 것이다. 주의(主義)에 있어서 안 싸우는 것은 별문제겠지마는 용기가 없어서 못 싸운다든가, 생명을 아껴서 못 싸운다든가, 싸우는 재주가 부족한 것 같은 것은 인적 가치가 낮은 것으로 수치일 것이다. 전쟁은 악이지마는 전쟁에 용기가 있는 것은 선인(善人)이다. 전쟁을 부인하여 죽기로써 이에 충실한 것은 더 좋은 일이겠지마는 진(陣)에 임하여 용(勇)이 없음은 타기(唾棄)할 인생이다. 어느 민족이든지 도덕적으로 저하한 시대에는 전쟁에 지는 것이다. 도덕적으로 고급인 민중 아니고는 전쟁은 못 되는 것이니 이것은 소위 사기(士氣)하는 것뿐이 아니다. 민중이 의(義)를 생명 이상으로 아는 그러한 정신이 주(主)가 되는 것이다. 그러므로 어떤 국민이 건곤일척(乾坤一擲)의 전쟁을 감행할 만하다 하면 그 국민은 족히 천국을 건설할 만한 도덕적 자격을 갖추었다 할 것이다. 총검이 무서워서, 전장에 피에 젖은 시체가 되기가 무서워서 꽁무니를 빼는 그런 국민은 인류에 무슨 공헌을 할 만한 능력을 결(缺)한 쓰레기다.

"의(義)보다 생명을 가볍게"라든지 "의는 무겁고 생명은 가볍다"든지 하는 정신이 없는 사람은 남편으로도, 친구로도, 회사원으로도, 아무데도 쓸데없는 동물이다. 그러한 동물을 많이 포함한 국민은 쇠퇴와 치욕의 일로로 전락할 수밖에 없는 것이다.

관장(關張)의 의용(義勇)이 공을사(孔乙巳)로 퇴화

그러면 전쟁에 대한 문학의 관계는 어떠한가. 어떤 민족의 문학은 결국 그 민족의 생활이라는 흙에 피는 꽃이다. 그 토질만 꽃밖에 꽃이 피지 못하는 모양으로 그 민족 이상의 문학(다른 문화도)도 발생하지 못하는 것이다. 이것은 문학을 짓는 사람이 그 민족의 전통과 환경의 영향을 받는 일원인데도 원인이 있지마는 그 밖에 문사(文士)란 일종의 사진사, 또는 요리인이기 때문에 없는 물건을 사진 박을 수 없고, 없는 재료로는 음식을 만들 수가 없는 것인 데도 원인이 있다. 호메로스의 일리아드는 그리스인의 용기와 의기와 힘의 사진이요 요리다. 노신(魯迅)의 '아(阿)Q'나 '공을사(孔乙巳)'는 노신의 소설가적 재분(才

分)의 표현으로는 영광일는지 모르나 그 꽃을 피게 한 흙인 중국을 위하여서는 수치요 모욕이다. 금일의 중국에는 아킬레스가 없고 '아Q'만이 있는 것이다. 관우(關羽), 장비(張飛)는 '아Q'와 '공을사'로 퇴화해버린 것이다.

조선으로 말해도 계백(階伯)과 관창랑(官昌郎)이 있을 때에는 좋은 시와 소설을 쓸 수가 있었을 것이다. 관창랑이 승전하여 적의 수급(首級)을 주렁주렁 전마에 달고 돌아올 때에 그 부모는 "죽어오라 하였지 살아오라 하였느냐" 하고 그 아들을 내다보지도 아니하다가 관창랑의 말이 그 주인의 수급을 달고 돌아온 때에 "오 인제 내 아들이다!" 하고 내달아 피에 젖은 아들의 머리를 받아 안는, 이것이 전쟁문학의 재료다.

문학도 인생을 위하여서 있는 것이다. 인생에 진리와 의리와 용기와 자비에 대한 감동을 주는 문학은 가치 있는 문학이다. 그와 반대로 인생에게 관능(官能)의 자격(刺激)과 병적인 모든 감동 — 그중에도 동포에 대한 증오와 인생에 대한 혐오와 비관과 이기주의와 이런 것을 격발(激發)하는 문학은 해독 있는 문학이다. 신선한 공기와 일광과 물과, 생생한 자연과 같은 문학은 좋은 문학이요, 카페의 담뱃내, 술내 섞인 공기와 같은 문학은 타기할 문학이다.

전쟁은 악이나 승전(勝戰)은 선인(善人)에게

이런 의미로 보아서, 잘 보았으나 잘못 보았으냐는 별문제로 하고 애국(愛國)이라는 의(義)를 위하여 생명을 내어놓고 피를 흘리는 전장에 임한 인간의 기록은 사욕(私慾), 관능욕을 떠나서 의(義)의 한 점에 순화(醇化)된 경계로 인생이 저마다 경험하고 싶은 고귀한 심경이다. 우리가 청년 남녀의 연애에 있어서도 거기 무한한 동정을 끌리는 것은 그 자기부정적인 순정(醇情)이다. 거기 만일 소호(小毫)라도 사욕이 끼울 때에 우리가 빈축을 불금하는 것은 가장 당연한 일이다. 그러므로 다 같이 연애를 제재(題材)로 하였다 하더라도 이러한 순정을 초점으로 그릴 수도 있고 육욕적, 관능적 쾌미를 목표로 할 수도 있거니와 여기서 그 작품의 작자의 인격이 폭로되고 그 작품 자신의 가치가 판정되는 것이다. 다시 말하면 연애나 전쟁이나를 물론하고 그 속에 인생이 가지고 싶은 고귀한 정신이 드러났느냐, 저열(低劣)한 감정의 도발에 그쳤느냐가 문제가 되는 것이다.

전쟁을 제재로 하는 문학도 오직 적개심의 도발과 살벌 기분의 표현만을 목표로 한 것은 관능욕을 목표로 한 연애문학과 같이 저급한 것으로서 타기할 것이지마는 전쟁이라는 대사건을 통하여 인생의 의기(義氣), 인정, 용기, 이상(理想) 등 고귀한 정신을 독자에게 격발하는 전쟁문학이라면 고귀한 문학이 될 것이다. 호메로스의 '일리아드'와 톨스토이의 '전쟁과 평화' 같은 이러한 문학의 호개표본(好個標本)이 되는 것이다.

전쟁 기분이 농후한 오늘날 전쟁 기분을 도발하는 문학도 많이 생길 것이요, 지나간 전쟁을 찬미하는 문학도 많이 생기겠지마는 대다수는 일시적인 민중의 기분에 투(投)하는 것이니 진실로 인생의 보전(寶典)이 될 만한 전쟁문학은 오직 인생의 본성과 및 그 대이상을 파악한 대인격을 가진 예술가의 손을 통하여서만 나올 것이다.

조선의 현상으로 보면 전쟁의 엄숙하고 용장(勇壯)한 것을 재료로 하는 문학이 있고 싶다고 생각한다. 인생은 전쟁이다. 누구나 전선에 임한 것과 같은 사생관두(死生關頭)의 관념과 엄숙과 용기와 전심력(全心力)의 긴장감을 가질 필요가 있다. 전쟁은 악이지마는 승전(勝戰)은 진인(眞人)이라야 가지는 것이다.[174]

이광수는 조선 지식계급 인텔리겐치아의 결성이 곧 동우회의 주의라고 역설하면서, 이 같은 거창한 민족운동을 일으킨다면 당국의 단속과 탄압이 있을 것이므로 정치적인 것을 가미하지 않고 순수한 전쟁문학운동으로 전개해야 성공할 수 있다고 주장했다. 이렇게 결성된 인텔리겐치아는 농민, 노동자들에게 조직적 생활, 조직적 운동의 훈련을 실시함으로써 이들에게 자주력(自主力)을 배양한다는 것이다. 인텔리겐치아 결성이론으로 다음 일곱 가지를 들고 있다. 1. 단결의 신의를 지킬 것. 2. 명확한 개인생활 및 민족생활의 이론을 가질 것(우리 다수는 무이론의 생활을 하고 있다). 3. 중략(검열로 삭제). 4. 공동체에 대한 책임과 의무를 존중하여 자기를 희생할 것. 5. 한 가지 학술이나 기예를

---

174) 『朝鮮日報』(1936. 1. 6), 戰爭과 文學. 戰爭期의 作家的 態度 嚴肅, 勇壯한 題材를 取하라(李光洙).

완전히 수득(修得)하여 한 가지 건실한 직업을 가질 것. 6. 단결의 규율과 자기가 정한 지도자의 지도에 복종할 것. 7. 조선과 조선 민족을 자기 개인 이상으로 사랑할 것 등이다. 결국 이를 실천하기 위해서는 '단결적 운동'을 일으킬 것을 역설했다.[175] "문화의 향상을 기조로 하는 민족의 운동의 원동력을 작(作)하는 것은 일반 대중이 아니요, 실로 인텔리겐치아층이다. 일본의 명치유신이나 독일 민족의 진흥은 무론이어니와 노농(勞農) 대중의 운동이라는 러시아 공산주의 운동도 그것을 시작한 원동력은 실로 인텔리겐치아층이다. 그러므로 조선의 민족운동도 과거에도 그러하였지마는 현재에도 이 인텔리겐치아층이 담당하지 아니하면 아니 되는 것이다. 민족운동자 될 자격자를 두루 찾아 한 이론과 한 정신으로 결성하는 것이 알파의 알파라고 아니 할 수 없다. 이것이 수양동우회 운동이 있는 소이(所以)다."[176]

일제가 만주사변을 일으켜 만주를 군사통치하고, 중국을 침공하여 상해사변에서 대승을 거둠에 따라 상해 대한민국 임시정부의 활동근거지마저 일본군 통제하에 놓이게 되자, 조선 지식인들은 독립의 희망은 멀어져가고 있다고 심각한 의기소침의 늪에 빠지고 말았다. 게다가 고등교육을 받아도 취직을 할 수 없는 지식인 룸펜만 늘어가는 이 같은 암담한 현실세계에서 배워봐야 무슨 소용 있느냐고 자포자기하면서 각자도생(各自圖生)의 길을 택할 수밖에 없었다. 조선일보는 이 같은 지식계급의 고민상을 고발하고 있다.

우리는 우리 사회 속에서 상반되는 두 가지 절규를 동시에 듣게 된다. 그 하나는 "배우지 않으면 안 되겠다"는 절규요, 다른 하나는 "배우면 무얼 하느냐" 하는 것이 우환을 가중할 뿐이라는 부르짖음이다. 더욱이 주목할 만한 것은 후자 즉 지식이 불필요하다는 절규를 지식층에서 더 많이 듣게 되는 것이니 한편으로는 지식의 필요를 느껴 지식을 사랑하고 지식을 욕구하면서 다른 한편으로는 지식을 배척하는 이

---

175) 『東光』 제30호(1932. 2), p.14, 朝鮮民族運動의 三基礎事業(李光洙).
176) 상게서, pp.13~14.

모순된 경향은 예사로이 부르짖는 만연(漫然)한 표현이 아니요, 사회적 현실의 인식과 비판에 의한 결론을 은연중 내리고 있는 것이니, 이것은 뿌리 깊은 사회적, 시대적 불안을 여실히 표현하고 있는 것이라고 볼 수 있을 것이다.

가령 이러한 탄성이 자녀교육에 노력하고 있는 부로층(父老層)에서만 나온 절규라면 혹은 현대교육을 받은 자기네 자녀가 부로층의 이상과 배치된다고 해서 현대식 교육에 찬의를 표하지 않는다는 한 과도기적 현상이라고 추정할 수도 있겠지만 지식의 필요를 한없이 느끼는 불타는 욕구에서 지식을 구하여 얻은 지식층에서 이런 절규를 하게 된다는 것은 단순히 지나칠 수 없는 가지가지의 심각한 원인이 사회적 현실에 잠재해 있다는 것을 증명하고 있는 것이니, 현실이 그들의 이상을 용납할 수가 없고 또한 그들은 그 이상을 실현할 수가 없다는 것을 발견하고 이 너무도 과한 이상과 현실의 현격(懸隔)에 환멸을 느끼지 않을 수 없는 것이다. 이리하여 이 환멸에서 오는 불안, 초조, 절망 등의 정신적 고뇌를 "배우면 무얼 하느냐" 하는 이 한 어구로써 표현하고 있는 터이다.

이 지식계급의 문제는 하필 조선에 국한된 문제가 아니다. 교육의 보급에 의한 지식분자의 생산과잉과 다른 한편 수요의 불가피적 퇴세(退勢)는 필경 지식계급의 전락(顚落)을 유치하고 있는 것이 현대의 전 세계적 사회상(社會相)이다. 그러나 조선은 아직 선진 사회와는 달라서 사실상 과잉이 될 만한 지식층을 산출하지 아니하였을 뿐 아니라 전 민족적으로 보면 지식층은 극소수를 점하였을 뿐으로 금후 더욱 교육이 보급되지 않으면 안 될 현상에 있는데도 불구하고 극소에 불과하는 지식층의 불안이 다른 사회 이상으로 심각하다는 것은 조선 사회 속에 선진 사회와는 다른 여러 가지 불리한 사회적 조건이 잠재해 있다는 것을 여실히 보여주는 것이다. 이러한 불리한 조건을 완화하지 않고 조선의 인텔리 문제를 해결하려고 하고, 덮어놓고 교육보급에만 주력한다는 것은 피교육자의 사회에 미치는 효용(效用)에 관한 한 스스로 문제의 곤란을 가중하고 있다고도 할 수 있다.

그러나 이 불리한 조건을 완화 내지 제거하려면 결국 교육이 필요하다는 결론에 이른다. 교육의 보급 없이 사회는 개선될 바 없다. 지식의 불필요를 부르짖는 지식인으로서도 지식이나 교육 그 자체의 가치를 몰각하려는 것은 물론 아니니, 즉 이 문제는 교육의 내재적 문제가 아니요 교육과 사회의 연계(聯繫)관계에서 일어나는 문제이니만큼 역(逆)으로 교육에 소급하여 논의될 것이 아니요, 전혀 일 사회문제로써 해결을 기대하는 바이다. 조선의 지식계급은 다른 선진 사회의 지식계급이 받는 온갖 은총 대신에 희생과 봉사의 정신으로 순교자적 정신으로 분투노력하지 않으면 안 된다. 이는 그들의 자손을 위하여 그러한 동시에 그 자신을 위하여 그러함이다. 조선 지식계급의 고민은 여기에 있다.177)

한편 지식인을 기르는 것은 민족의 원동력인 '힘'을 양성한다는 것이기 때문에 "지식인을 기르자"라는 표어를 내걸고 사회적인 교육운동을 일으킬 것을 호소하고 있다.

사람은 자연적이거나 인위적이거나, 싫거나 좋거나 간에 한 덩이로 영고성쇠를 같이할 운명을 가졌다. 일부 소수인이 불의(不義)로 혹은 요행으로 부(富)와 귀(貴)를 누렸다 할지라도 그것은 사회 전체의 이해와 휴척(休戚)에는 관계가 없는 것이요, 명예도 광영도 될 수 없다. 사람 전체의 지지와 추앙을 받지 않는 부와 귀는 허위와 날조의 그것이다. 그러므로 사람 각 개인이 흥하고 성하려면 사회 전체의 흥륭(興隆)을 위하여 노력하고 분투해야 할지니 이리하려면 각 개인의 이기적 동기와 사리적(私利的) 목적으로 하는 행동을 배척해야 할 것이다. 이기적, 사리적 목적을 초월하여 행동하는 이는 학자, 평론가, 예술가 등 지식계급의 사람이다. 이 사람들은 물질적 이기심에 끌리는 것보다 진리, 진정, 미를 얻어내기 위하여 일신을 희생하는 사람이요 인류와 사회의 전체 이익을 알아내기 위하여 헌신하는 사람들이다. 이 사람들은 사회 전체의 잘살고 잘될 원리와 방도를 생각하는 사람이요, 그것을 위하여 노력하는 이다. 그러므로 사회 전체가 잘되려면 이 사회의 지도자를 잘 대우하고 길러야 할 것이다.

그런데 사회의 현실을 보면 과연 이 학자, 평론가, 예술가 등 지식계급이 우대를 받고 있는가. 학자와 평론가와 예술가가 고래(古來) 부와

177)『朝鮮日報』(1935. 10. 9), 社說: 知識階級의 苦悶.

안일을 요구하는 것은 아니로되 읽고 사색하고 쓰는 시간의 여유와 그 책 사고 생활할 최소한도의 경제는 필요하다. 그런데 현재의 학자, 평론가, 예술가는 밥에 굶고 책에 주렸다. 생활에 쫓기고 가액(家厄)에 몰리는 이가 해가(奚暇, 어느 겨를)에 독서와 사색이 되랴. 설사 10년, 20년의 정열을 가지고 이에 헌신하던 사람들도 필경 이기적 사리(私利) 생활로 돌아가고 만다. 현재의 사학(私學)은 상당히 있으며 지식계급을 수용하는 문화기관도 몇 개 있다. 그러나 그 사학에 공평히 생각하여 사회의 장래를 생각하고 사회를 위하여 헌신하겠다 하는 희생심을 가지고 있는 학자를 얼마나 수용하고 있는가. 돌아보아 지방적, 파벌적 이해를 떠나고 경영자의 친소(親疎) 여하를 생각지 않고 사람을 뽑았다 할 수 있을까. 몇몇 개의 문화기관이 과연 그들 지식계급으로 하여금 일생을 그 문화기관에 애착을 가지고 헌신케 하고 불안을 느끼지 않으리만큼 정신적, 특질적 생활안정을 시키고 있는가. 사회의 경제사정이 이것을 불허하는 것도 얼마쯤 사실이나 경영자가 사리심과 이기심에서 나온 행동이 아니요, 희생적, 봉공적 정신에서 나왔다면 그 기관의 전원 및 그 가족의 행복을 위하여 일단의 희생심을 표시할 것이다. 학자와 예술가를 마치 임은(賃銀) 노동자와 같이 대(待)하고 이것을 사용인같이 접(接)함에 있어서는 정신적 활동자는 전 정력을 다 낼 수가 없는 것이다.

혹은 말하되 지식계급은 지도계급이니 모든 것을 희생하여 사회에 봉공해야 할지며, 이해에 따라 좌우될 것이 아니라 한다. 그렇다. 지식계급은 과연 그러해야 한다. 생활난으로 자기의 생명인 학문, 예술을 버리고 사리적 영업에 달아난다 하는 것은 변절이요, 타락이다. 그러나 남아서 문화의 고성(孤城)을 사수하는 이에게도 경영자, 혹은 사회의 대우가 냉담하고 사용인적 관념으로 대(對)함에야 어찌하랴. 진정으로 사회의 전체적 행복 및 발전을 생각할 때는 부자나 학자나 모두 이기적 사심(邪心)을 버리고 사회 전체를 위하여 노력하는 공인(公人)을 대우하고 많이 양성하여야 할 것이다. 부는 개인만이 가지고 있을 것이 아니요, 국가나 사회단체가 관리할 수 있는 것이로되 학문과 예술은 국가나 단체가 소유할 수 없는 것이다. 그러면 사회적으로 가치 있는 자는 문화적 자산을 가진 사람이요, 결코 물질적 자산을 가진 것만이 아니다. 하필 조선이리오. 지식계급을 대우하는 민족, 사회는 흥하

고 이것을 학대하는 민족, 사회는 쇠퇴하고 말 것이다.178)

조선일보는 1936년 신년호에 청소년에게 호소하는 사설을 발표했다. 조선의 미래 희망은 청소년이므로 확고한 인생관, 세계관을 확립하고 민족과 인류를 위해 헌신할 것을 호소하고 있다. 30세 이상의 노쇠한 사람들은 이 글을 읽지 말라고까지 당부하면서 굳건한 현실사회에 대한 비판의식을 가지고 시대적 사명을 다할 것을 촉구하고 있다. 양(洋)의 동서를 막론하고 국가사회의 발전흥륭을 초치한 위인은 다 30 이전에 입지(立志)하여 사회개혁을 실행했다는 것이다. 석가, 예수, 공자 등이 그렇다. 20세기 현대사회는 물질문명이며 이를 수판문명(數板文明)이라 규정하면서, 청소년들에게 "민족사회를 위하며, 전 인류를 위하는데도 먼저 돈을 가져야 된다"는 착각을 불어넣고 있다고 개탄했다. 청소년들에게 이해득실을 따지는 수판문명을 배척하고 오로지 국가사회의 흥륭발전을 위해 몸을 던질 것을 호소하고 있다. 민족사회의 은인, 전 인류의 사표(師表)는 모두가 빈한하고 궁곤한 처지에서 일어났으며 이들이 이룩한 사업은 물질의 배경 없이 성취되었다는 사실을 직시하면서 2천 3백만 조선 민족과 전 인류에 대한 시대적 책무(責務)를 인식하고 이를 실행할 것을 호소하고 있다.

청소년에게 소(訴)하노라

새로 한 살을 먹어 30이 넘거드란 이 글을 보지 말라. 그것은 시간의 낭비요, 우이독경(牛耳讀經, 쇠귀에 경 읽기)이다. 보라, 새로 어떠한 결심을 가지지 못할 자에게 신년 제1일이 무슨 의미가 있으며, 설사, 순간적으로 가져본다고 할지라도 그 결심의 실행을 기(期)치 못할 자에게 신년 제1일이 무슨 의미가 있을 것이냐? 양(洋)의 동서를 통하여 고왕금래(古往今來)를 상찰세구(詳察細究)한 결과에 의하면 사회국가의 발전흥륭(發展興隆)을 초치한 위인은 다 입지(立志)도 30 전에

---

178) 『朝鮮日報』(1935. 11. 26), 社說: 知識人을 기르자. 朝鮮을 眞正으로 잘되게 하기 위하여.

시작되고, 실행(實行)도 30 전에 시작된 것이다. 석가(釋迦)와 더불어 자비의 눈물을 흘리는 자도 청년 중에 있었고, 예수와 더불어 십자가를 나누려는 자도 청년 중에 있었다. 고(故)로 진시황(秦始皇), 나폴레옹의 사적(史蹟)을 들을 때에 전신에 열혈이 끓어오를 수 없으며, 무솔리니, 히틀러의 행적(行績)을 볼 때에 흉저(胸底) 깊이 충격을 받을 수 없으리만치 노쇠한 무리들에게는 역일(曆日)에 의한 신년은 있을지언정 백년대계를 위한 신년은 결단코 없을 것이다. 이것이 우리가 신년 제1일을 맞을 때마다 2천 3백만을 향하여 소(訴)한다는 구관(舊慣, 예전 관례)으로부터 탈출하여 30세 이상의 노쇠한 무리와 10세 이하의 무분별급을 배제하고, 오직 유위취능(有爲取能, 능력 있고 쓸모 있는 자를 취함)의 청소년을 향해서만 호소함이 있으려는 소이(所以, 까닭)다.

청소년 제군아, 제군은 첫째 생의 의의(意義)에 대하여 숙고·탐구한 바 있는가? 어디로 가는지 방향도 모르고 옮겨놓는 행보는 10년을 두고 걸어도 헛걸음이 되듯이, 무슨 때문으로 사는지 알지 못하고 사는 생은 비록 백 년을 살아도 그것은 취생몽사(醉生夢死, 아무 뜻 없이 흐리멍덩 살아감)에 불과할 것이다. 고(故)로 무엇보다도 먼저 청년은 생의 의의에 대하여 철저한 고찰을 가지지 아니할 수가 없는 것이다. 그러면 생의 의의는 무엇이냐 하면, 물론 이설(異說)이 없다는 것은 아니나, 생의 중대한 의의는 사람은 다만 그 개인 자신을 위해서 사는 것이 아니요, 이에 사회 및 전 인류로 더불어 산다는 일점(一點)이다. 여기서 우리는 자기가 속해 있는 사회와 연(延)하여는 전 인류에 대한 책무를 가지는 것이다. 고로 청소년의 흉저(胸底)에 항상 잊지 못하고 둘 일사(一事)는 어떻게 하면 이 사회와 이 인류에 대하여 내가 그 구성원의 하나로 이 세상에 생겨났던 보람을 할 수가 있을까 하는 생각이다. 청소년의 심내(心內)에서 이 생각이 스러지는 날은 그는 벌써 청소년이 아니요 노년(老年)이며, 따라서 그는 신년 제1일을 의의 있게 맞이할 자격을 상실하는 것이다.

둘째로 제군은 제군이 당면한 이 20세기 문명의 본질에 대하여 비판을 가져보았는가? 여기 대하여 하등의 비판안(批判眼)이 없이 지내왔다면 이에 대하여 엄정(嚴正)한 비판을 가지는 것이 무엇보다도 급선무인 것을 알라. 20세기 문명은 물질문명이다. 물질문명은 이를 경제적으로 말하면 수판문명(數板文明)이다. 수판문명의 필연적 또는 불가피적 폐해는 홀로 조선뿐만이 아니라, 전 세계의 청소년을 들어서 수판적 행동을 하는 기계로 만든다는 데 있다. 보라, 모 학교를 졸업하면 금융조합 견습생이 된다, 모 대학을 졸업하면 모 은행에 몇 원 월급으로 채용이 된다를 목표로 하여 공부하는 것은 저 수판의 움직임과 다를 것이 무엇이냐. 수판은 10전에 한 알이 움직이고, 30전에 세 알이 움직인다. 이와 같이 구구(區區)한 소지위(小地位)와 월급만을 위하여 움직이는 것은 청소년의 청소년다운 근본 의의로부터 크게 탈선된 것이니, 이 어찌 민족사회를 위하여, 전 인류를 위하여 크게 공헌함이 있으려는 자의 취할 길일 것이냐.

셋째로 생각할 것은 물질문명의 여폐(餘弊)가 천하 유위(有爲)의 청소년으로 하여금 "민족사회를 위하며, 전 인류를 위하는 데도 먼저 돈을 가져야 된다"는 중대한 착각을 주었다는 일사(一事)다. 그러나 이것은 착각이다. 역사는 유구하고, 인류는 구원한 것이다. 최근 4, 50년만 본다는 근시안적 관찰을 버리고 구원·유구한 인류사를 본다면 적게는 민족사회의 은인, 크게는 전 인류의 사표(師表)는 그 십중팔구가 다 빈한궁곤(貧寒窮困)한 처지로부터 일어났으며, 그의 행한 사업도 다 물질의 배경을 요(要)치 않고 된 것이다. 공자(孔子)는 어떠한 사람이었으며, 소크라테스는 어떠한 사람이었더냐? 자기 심내(心內)에 용출하는 확신에 입각하여 정천입지(頂天立地, 홀로 서서 남을 믿지 않음)하여 아무것도 무서워하지 아니하는 성의와 용기를 가지고 부단한 노력과 끊임없는 전진을 계속해 가노라면, 구구(苟苟, 구차)한 물질쯤은 오지 말라고 해도 이용하고도 남음이 있으리만치 저절로 따라온다는 확호부동의 진리는 청소년 제군의 가장 명심(銘心)을 요할 바가 아니면 안 된다. 이러한 견지에서 우리는 만천하 청소년 제군에게 공중 나는 새도 먹을 것이 있고, 들에 피는 백합도 입을 것이 있다는 확신 하에 오직 사회를 위하여 무엇을 할까, 전 인류를 위하여 무엇을 할까, 하는 한 가지 일만을 흉저 깊이 간직하고, 신년 제1일에 새로운 결심과 실행을 기하기를 호소하는 바이다.[179]

---

179) 『朝鮮日報』(1936. 1. 1), 社說: 靑少年에게 訴하노라.

동우회 이사부장 이광수는 동우회 제1회 하계수양대회(1931. 8. 17)를 성공적으로 개최했다. 회관 건축기금 조성, 회우배가운동 전개, 소년운동, 협동조합운동, 문맹퇴치운동을 벌이기로 결의하는 등 큰 성과를 거두었다. 이에 용기백배한 이광수는 독립을 달성하기 위해 '민족의 힘'이 절대적으로 필요하다는 취지에서 청년개척군을 양성하겠다는 결의를 다짐하고 있다. "힘을 기르자!"는 것은 춘원에게는 확고한 독립철학이었다.

이광수는 오산학교 교원생활 중 1910년 8월 29일 '한일합방조서'를 보고 땅에 주저앉아 한없이 울면서 이렇게 울부짖었다.

"왜? 대황제가 이 나라 주인이냐? 그가 무엇이길래, 이 나라와 이 백성을 남의 나라에 줄 권리가 있느냐?" 이런 생각도 났으나 그것은 '힘'이 있고야 할 말이다. 힘! 그렇다 힘이다! 일본은 힘으로 우리나라를 빼앗았다. 빼앗긴 나라를 도로 찾는 것도 '힘'이다. 대한(大韓) 나라를 내려누르는 일본 나라의 힘은 오직 그보다 더 큰 힘을 가지고야 밀어낼 수가 있다. 그러면 그 힘은? 그 힘은 어디서 나나? 어렴풋이 2천만의 피라고 느껴졌으나 내게는 아직 분명한 계획은커녕 관념도 잡히지 아니하였다. 나는 아직 어렸던 것이다. 그러나 한 가지만은 분명하였으니 그것은 내 앞날이 이 '힘'을 찾기에 바쳐질 것이라는 것이었다. 우리는 다시는 태극기를 달 수가 없고 조회에서 애국가도 부를 수가 없었다.[180]

춘원의 준비론은 바로 이 '힘' 양성론에서 비롯되고 있다. 일본군의 상해 침공 작전이 바야흐로 본격적으로 전개되고 있는 전쟁시국을 당하여, 이광수는 이를 극복하기 위해 '힘의 재인식'을 발표하면서 청소년들에게 민족의식을 고취하고 있다.

우주는 힘이다. 삼라만상은 에네르기의 천변만화적(千變萬化的) 율동(律動)이다. 힘이 없으면 우주는 없다. 아세아 대륙에는 바야흐로 전

180) 春園 李光洙, 『나의 告白』, pp.54~55.

운(戰雲)이 꿈틀거린다. 진군 나팔이 있고, 돌격의 호령이 있고, 포연
포향(砲煙砲響)이 일어난다. 이것은 민족의 힘의 발현(發現)이다. 민족
의 힘과 힘이 마주치는 소리다.

전쟁처럼 힘의 행태를 단적으로 나타내는 것은 없을 것이다. 마치
바람과 물과 벽력이 자연계의 힘을 가장 단적으로 보이는 모양으로,
전쟁은 일 민족의 건전한 체력을 요하고, 뇌력(腦力)을 요하고, 정신력
을 요한다. 무거운 짐을 지고 장거리를 달음질하여 여러 날 여러 밤을
굶고 새우고도 젖음과 추위에 견디는 힘 — 이것이 몸의 힘이요, 작전
과 과학과 기계와 이것이 골(뼛골)의 힘이요, 애국과 단결과 복종과 용
기 — 이것이 군사의 정신의 힘이다. 두 민족의 전쟁은 결국 두 민족의
이 힘의 총합(總合)의 비교다.

그런데 우리에게 정히 없는 것이 이 힘이다. 몸의 힘, 골의 힘, 정신
의 힘. 그러기 때문에 우리는 인류가 총출동 대연출하는 금일의 무대
에 일역(一役)을 맡지 못하고 막(幕) 뒤에 쭈그리고 앉는 성명 없는 백
성이다. 우리에게 힘이 오르는 날 인류의 무대는 우리에게 정중한 출
연 청구장을 보낼 것이다. 오늘은 힘을 기르는 날.181)

마침내 춘원은 '힘의 찬미'를 노래하기에 이르렀다. 힘을 길러 일제
를 타도하겠다는 굳은 결의가 담긴 의미 깊은 노래이다.

힘의 찬미

힘!
오늘의 미(美)는 힘에 있다.
분 바른 흰 것보다
볕에 걸은(그을은) 검은 것,
비단결 같은 살결보다
쇠뭉치 같은 힘줄!
얌전을 집어 치워라,
위엄이다, 억세임이다!

---

181) 『東光』 제28호(1931. 12), 卷頭: 힘의 再認識(春園).

사람아 오늘은 힘을 찾는다.

힘!
오늘의 의(義)는 힘에 있다.
세련된 예절보다
한다면 하는 믿어움성(믿음성),
인사성 있는 겸양보다
제 것을 버티는 뱃심!
유한 손을 빨리 들어라!
두 주먹을 불끈 쥐어라!
사람아 오늘은 힘을 찾는다.

힘!
오늘의 영광은 힘에 있다.
기도(祈禱) 올리는 탑을 묾고(무너뜨리고)
대포를 거는 포대를 쌓아라!
평화의 흰옷은 다 무엇이냐,
병대의 붉은 복장을 입고
몸과 맘을 모다 무장하여라.
사람아 오늘은 힘을 찾는다.

힘!
보병 포병의 접전이 이다(일다) 할 때에
비행기가 폭탄을 던진다 할 때에
군수품 수송하는 차를 볼 때에
최후통첩이 난다난다 할 때에
우리 가슴은 말 못할 흥분으로 뛴다.
아아 총 메고 칼 찬 끝없는 병대여!
사람아 오늘은 힘을 찾는다.182)

---

182) 『東光』 제27호(1931. 11), p.1, 권두시: 힘의 찬미(春園).

이광수는 '민족의 힘'을 쌓는 것은 과학적인 인과율(因果律)에 의해서만 가능하다고 주장했다. '민족의 힘'은 결코 우연과 요행에서 얻을 수 없다는 것이다. 그는 '과학적'이라는 글에서 "어떤 민족이 흥왕(興旺)하냐, 그네는 그만한 힘을 쌓아 흥왕할 인(因)을 지은 것이니 너희도 흥왕하려거든 그만한 힘을 쌓아 흥왕의 인을 지어라"라고 호소하고 있다.

과학이란 자연현상과 인사현상(人事現象)의 법칙을 찾아내려는, 인생의 노력이다. 그러므로 과학이 성립됨에는 자연과 인사의 착연잡연(錯然雜然, 착잡)한 듯한 만반현상(萬般現象) — 이른바 삼라만상에 법칙이 엄존한다는 근본가정, 아니, 근본신념이 필요하다. 이 신념은 사실이다.

그러면 그 법칙이란 무엇인고? 1. 힘의 불멸, 2. 인과율(因果律)의 보편적 필연성이다. 모든 현상은 힘으로 피는 것이요, 힘이라는 인(因)이 있는 곳에 반드시 꼭 그만한 과(果)가 나타나는 것이다. 뒤집어 말하면 힘의 원인 없는 현상은 없는 것이다.

우주는 힘의 인과적 표현의 연쇄(連鎖)다. 인생도 우주의 일부분이니 인생의 모든 현상 — 흥망, 성쇠, 문야(文野, 문명과 야만), 빈부, 강약이 모두 힘에서 오고, 인(因)에서 오는 과(果)며, 그 과가 또 인이 되어 다음 과를 결정하는 것이다.

그런데 심히 괴이한 일이 있으니 그것은 자연계의 힘과 인과율을 믿으면서도 인사(人事) — 개인생활이나 집단생활의 흥망성쇠에 이르러서는 힘과 인과율을 부인하고 우연(요행)과 요술(신비력)을 바라는 것이다.

흥할 힘을 쌓았느냐, 그러면 흥하리라. 흥할 힘을 쌓지 못하였느냐, 그러면 망하리라. — 이것은 이 우주가 계속되는 한에서는 움직일 수 없는 철칙이다. 그런데 우리는 흥할 힘은 쌓지 안 하였지마는 흥하고 지고, 망할 인(因)은 지었지마는 망치 말고 지고, 남들은 다 인과율의 지배를 받더라도 나 혼자만은 천혜적(天惠的) 요행을 받고 지고 — 이렇게 생각하고 있다. 여기서 부질없는 불평과 절망과 초조가 나오는 것이다.

어느 개인이 성공하였느냐, 그는 그만한 힘을 쌓아 성공의 인(因)을 지은 것이니 너도 성공하려거든 그만한 힘을 쌓아 그만한 인을 지어라. 어떤 민족이 흥왕(興旺)하냐, 그네는 그만한 힘을 쌓아 흥왕할 인(因)을 지은 것이니 너희도 흥왕하려거든 그만한 힘을 쌓아 흥왕의 인을 지어라. 네가 빈약하거든 네가 그러한 과(果)를 받을 악인(惡因)을 지은 줄 알아라. 여기 참회가 있고 수양이 있고 과학적인 신출발이 있는 것이다. 과학적인 인과를 믿을 때에 우리에게는 신념이 생기고 분투노력할 용기가 솟는 것이다. 운명이란 곧 인과이다.183)

이광수가 1922년에 창립한 수양동맹회 규약에는 "조선 민족 전도(前途)의 대사업의 기초를 만든다"184)라고 되어 있다. 이는 민족운동의 궁극적인 목적은 독립대업의 성취라는 것을 의미한다. 1926년 1월 8일 동우구락부(김동원)와 수양동맹회(이광수)를 하나로 통합하여 수양동우회로 새롭게 발족하면서 1928년 10월 수양동우회 약법을 개정, "신조선 건설의 역량을 증진한다"고 개정했다. 이는 '민족의 힘'을 길러서 독립대업을 성취하겠다는 결의의 표명이다.185)

1936년 4월 신학기를 맞이하여 조선일보 사설은 청소년들에게 웅대한 뜻을 세워 용왕매진할 것을 호소하고 있다. 여기서 '사회'란 조선이라는 국가를 의미한다. 사회(국가)가 요구하는 교육은 '힘 양성 교육'이다. '대업성취의 대망'이란 독립대업 성취의 대망을 일컫고 있다. 이같이 언론검열을 받아야 하는 현실사회에서 직설적인 표현을 피하고 암

---

183) 『朝鮮日報』(1935. 4. 20), 一事一言: 科學的(長白山人).

184) 『齋藤實文書』, 書翰: 阿部充家 → 齋藤實(1921. 11. 29); 姜東鎭, 『日帝의 韓國侵略政策史』(한길사, 1980), pp.405~407, 수양동지회 규약. 아베는 사이토에게 보낸 서한에서 이광수의 육필원고 수양동지회 규약(일본어) 원안을 동봉하여 제출하였다. 강동진은 이 문서를 사이토 문서에서 발굴해서 전문을 한글로 번역하여 소개했다. 그런데 이 규약 내용은 수양동맹회 규약과는 약간 차이가 있어, 원안에는 "조선 민족 개조의 대사업의 기초를 만든다"를 수양동맹회 규약에는 "조선 민족 전도의 대사업의 기초를 만든다"로 개정했다.

185) 『島山安昌浩資料集』, I, pp.235~242; 朝鮮總督府 高等法院 檢事局 思想部, 『思想彙報』 제24호(1940. 9), pp.207~208; 『독립운동사자료집』, 권 12, pp.1298~1299.

시적 표현으로 청소년 학도들에게 문맹퇴치운동이라는 사회봉사활동을 통해 '대업성취의 대망'을 이룩하는 데 헌신할 것을 촉구하고 있다. 여기서 '대업성취'란 조선 민족 전도의 대사업, 즉 민족의 힘을 길러서 독립대업을 성취한다는 혁명사상을 의미한다.

　오늘은 4월 1일, 신학년이 시작되는 날이다. 학생 제군에게 있어서는 금일이야말로 신년이요 원단(元旦)이다. 새 정신으로 새로운 입지(立志)와 계획을 수립하는 것도 오늘이며 약진향상(躍進向上)의 1년을 약속함도 오늘이다. 사실로 제군의 천리장정(千里壯程)과 일생 웅도(雄圖)가 금일로써 최초의 일보를 시작하는 것이니, 이날이야말로 제군에게 있어서 귀하고 중한 날이며 의의 깊은 날이라 아니 할 수 없다. 우리는 제군의 축복받은 신학년을 맞으면서 제군의 장래를 위하여 만강(滿腔)의 축의를 표하는 동시에 촉망(囑望)의 일언으로써 감히 제군에게 고하고자 한다.

　제군은 물론 굳은 입지와 원대한 이상(理想)을 수립한 다음 각자의 소질, 취미, 건강, 경우 등을 고려한 다음 학교를 선택하여 이상 실현에 의한 대성공을 거두고자 매진(邁進)하고 있는 줄 안다. 그러나 다시 한 번 제군에게 묻노니 과연 제군의 입지는 여하한 난관에도 동요치 않을 견인불발(堅忍不拔)의 지기(志氣)냐? 제군의 이상은 고원장대(高遠壯大)하여 족히 부끄러울 바 없느냐? 제군이여! 다시 한 번 반성해보라! 제군의 주위에는 너무도 저열한 개인중심주의, 이기주의의 신봉자가 많지 않느냐? 너무도 타산(打算)에 밝고 적은 데 만족하며 값싸게 몸을 파는 구구규규(矩矩規規, 계교적 행위를 지키는)의 인물이 되고자 원하는 경향이 얼마나 많으냐? 침체된 사회의 퇴폐적(頹廢的) 향락주의(享樂主義)에 물들어 배금(拜金)과 향락으로써 인생의 최고 목적으로 삼으려는 경향인들 적다고 하랴? 이러한 환경과 기풍 속에서 늠름한 기상과 청신한 생각을 잃을까 봐 저어한다. 야속(野俗), 비열에 흘러 장대한 지기(志氣)를 손상할까 두려워한다. 제군이여! 다시 한 번 재고 반성해보자, 행여나 내 몸이 물들지 아니했는가.

　다음에 제군이 얼마나 배우기를 갈망하며 사회가 제군을 교육하고자 원하는가는 현실이 증명하는 바로 다시 노노(呶呶, 구차스럽게)할 필요가 없으되 제군이 무엇을 배우지 않으면 안 되겠다는 것과 사회가 무엇 때문에 우리를 교육코자 하느냐 하는 문제를 생각해본 적이 있느냐? 우리는 이 문제를 생각함이 없이 교육하고 교육받는다는 것은 교육의 근본을 망각한 일이다. 다시 말하면 제군이 아무리 견고한 입지(立志)와 웅대한 이상을 가졌다 하더라도 그것이 우리의 사회적 현실에 부합되지 않는 것이라면 그 이상은 공상(空想)으로 돌아가게 되고 그 교육은 오히려 해(害)있을지언정 이(利)는 없을 것이다. 우리는 먼저 사회가 무엇을 요구하느냐 하는 것을 중심 삼아 내가 무엇을 배우지 않으면 안 될 것을 심사숙고하여야 할 것이다. 이는 교육의 제일 목적이 자아완성(自我完成)에 있으되 사회봉사의 길을 통하여 비로소 자아를 완성할 수 있다는 것을 인식하지 않으면 안 될 것이라는 말이다.

이것을 요컨대 교육은 지덕도야(智德陶冶)에 있으므로 개인 특성의 조장(助長)에 의한 개성의 발휘로써 그 주안으로 하되, 교육자, 피교육자가 일시라도 망각치 못할 것은 사회란 것이니 사회중심주의의 교육이야말로 개개인을 위하여서나 사회를 위해서나 우리가 원하는 교육이다. 사실 사회적 현실에 입각하여 그 장래를 조망하면서 그 요구에 응하고자 하는 생각으로 입지와 이상을 세워야 비로소 대사업을 꿈꿀 수도 있으며 대성공도 가히 기약할 수 있을 것이로되, 개인만을 중심으로 입지와 이상을 수립한다면 급기야 편협, 저열, 야속 됨을 불면하는 것이니 여기서 어찌 대업성취(大業成就)의 대망(大望)을 가질 수 있으랴? 더구나 사회의 융성에는 제군에게 기대할 바 많다는 것, 즉 사회와 개인의 연계(聯繫)관계를 생각한다면 제군은 우리 사회의 현실과 제군의 의무와 책임, 또는 그것을 다하기 위하여 무엇을 배우지 않으면 안 될 것을 자각할 것이요, 그래야 비로소 교육과 사회와의 관계도 인식할 것이다. 제군이여! 장지(壯志)를 품고 대업(大業)을 이루어 사회에 봉사하여 이름을 후세에 남기고자 하느냐? 소리(小利), 소아(小我)에 얽매어 귀한 생명을 이토(泥土)에 묻고자 하느냐? 감히 제군에게 권하노니 이제 신학년을 당하여 입지와 이상을 높이 세우라. 그리고 사회의 현실을 파악하라! 이것이 제군의 학업을 바른길로 지도하고 제군의 장래의 사회적 대성공도 가능케 할 전제가 되리라고 믿는다.186)

5. 조선 문화의 본류

이광수는 동우회 사건으로 구속·수감된 이후 옥고 반년 만에 1937년 12월 18일 병보석으로 나와 경성의전에 입원했다. 1938년 6월 경성의전 병감에서 고바야시(小林) 예심판사로부터 임상심문을 받았고, 병감생활 8개월 만인 7월 29일 퇴원하여 홍지동 산장에 가택연금 상태로 은거하기 시작했다. 1938년 8월 15일 동우회 사건 예심결정으로 기소되어 동우회 사건 재판이 진행되었다. 1939년 12월 8일 1심에서 7년 구형을 받았으나 피고인 40명 전원이 무죄선고를 받았다. 그러나 검찰은 즉각 상소했다. 1940년 2월 11일 기원절(紀元節)에 피고인 이광수는 가야마 미쓰로우(香山光郎)라는 창씨명을 경성부 호적계에 신고했다. 1940년 8월 21일 동우회 사건 2심 재판에서 이광수의 최고형 5년 징역형 판결 등 피고인 전원이 유죄판결을 받았다. 1941년 11월 17일 경성고등법원 상고심에서 이광수를 비롯한 피고인 전원이 무죄판결로 동우회 사건 재판은 4년 5개월 만에 종결되었다.[187]

이광수는 동우회 사건 재판이 진행되는 동안(1937. 6. 7~1941. 11. 17) 홍지동 산장에서 '경성일보'를 비롯하여 각 친일잡지에 일본어로 논설문을 발표했는데, 이들 논설문을 수합하여 1941년 1월 단행본으로 '同胞に寄す(동포에 고함)'[188]을 간행했다. 흔히 '이광수 = 친일파'라는 시각에서 이 시기에 일본어로 썼다는 그 자체가 곧 친일행태라고 단정하고 있다. 이는 정녕 작품을 분석·검토하지 않고 무조건 피상적이고 선입관적인 모략사관의 시각에서 나온 역사 해석이 아닐 수 없다. 이 글들은 정치공학적 압제 하에서 포로(동우회 사건의 피고인)의 신세로 일본어로 경성일보에 발표한 것임에도 불구하고, 친일성 논설문이 아니고 조선의 마음이 약여하게 생동감 있게 발양하고 있음을 확인할

---

186) 『朝鮮日報』(1936. 4. 1), 社說: 學生諸君에게 告함. 新學年을 맞음에 際하여.

187) 『李光洙全集』, 권 20, pp.298~302(1937~1941), 年譜(노양환).

188) 香山光郎, 『同胞に寄す』(博文書舘, 1941. 1. 20).

수 있다. 그러므로 이는 일본인에게 조선 문화의 본류를 알리기 위한 기획논문이다. 이광수는 비록 일본어로 발표하기는 했지만 이들 일본어 논설문에서 주제와 소재는 한결같이 조선 역사와 전통을 채택, 민족정신을 고무하는 데 역점을 두었다. 조선어가 절멸위기(絶滅危機)를 당하자 춘원은 조선어를 사수하는 길을 어디서 찾을 것인가를 고심하였고, 조선 역사를 함양하는 것만이 민족과 언어를 보존하는 유일한 길이라고 인식하기에 이르렀다. 이리하여 조선 역사를 제재(題材)로 채택하여 민족주의적 역사소설을 집필했다. 조선정신과 조선어 보존을 위해 총독부 기관지 매일신보에 '원효대사'(1942. 3. 1~10. 31)를 연재했던 것이다. 이와 같이 춘원은 조선어와 일본어로 발표하는 양수겸장의 수를 두게 된 것이다. 이것이 바로 '친일↔항일'의 투트랙 전략인 것이다.

미나미 총독의 조선문화말살정책이 강행되자 조선어와 조선 문화는 절멸위기를 당하게 되었다. 민족지 동아일보와 조선일보가 폐간됨으로써 그 상황은 더욱 절망적이었다. 이광수는 이제 조선어는 일본제국의 한 지방어로 전락되었고, 조선어 사용 폐지로 조선어가 존폐위기 국면을 당하게 되었다는 현실 위기의식을 직감하고 그 대비책을 강구했다. 그는 일제의 탄압에 굴하지 않고 체념하지 않고 난국을 타개하는 적극적인 대응책을 강구하였으니, 그것이 곧 지방문화 보존운동을 벌이는 것이었다. 조선어는 한민족의 혼이요, 겨레의 얼이다. 그는 "두 눈을 멀뚱멀뚱 뜬 채 선조의 문화가 사라지는 것을 바라보는 것은 분명히 가장 참을 수 없는 일이다"라고 호소했다.

국선도(國仙道)가 조선 문화의 본류라 한다면 그것은 조선과 일본 사이의 역사와 민속은 그 뿌리가 동일하다는 문화동원(文化同源)임을 주장하고 있다. 그러므로 조선정신의 뿌리인 국선도를 발양(發揚)하는 것만이 지방문화 즉 조선 문화 보존의 최상책이라고 강조하고 있다. 이광수는 지방문화의 특수성 문제에 대해 다음과 같이 역설하고 있다.

　문화란 일국의 문화도 있고, 일 지방의 문화도 있고, 일 가정의 문화도 있다. 일국의 문화의 성질은 그 국민성을, 일 지방의 문화는 그 지방 기풍(氣風)을, 일 가정의 문화는 그 가족, 그중에도 자녀의 성격과 언행을 좌우하는 것이다. 가령 어떤 가정이 청결을 좋아하여 항상 내외를 깨끗이 하고 신불(神佛)과 조선(祖先)을 숭경(崇敬)하고 성인의 가르침을 숭상하고 건전한 문학, 예술을 사랑하고 항상 미술과 화초를 사랑한다면 그 집 가족의 사상과 감정은 매양 고상하고 단아하고 화평할 것이로되, 그 반대로 만일 어떤 가정에서 주식(酒食)의 향락을 숭상하고 물욕을 좋아하고 음란한 글이나 노래나 그림을 즐겨하고 신불과 조상을 능멸한다 하면 그 가풍(家風)은 말이 아니어서 그 집 자녀는 야비한 인물이 되어버릴 것이다. 이것이 어떤 문화가 어떤 가풍을 짓는다는 것이다.189)

일본제국 안에서의 조선 지방문화의 특수성은 조선의 민족성이라고 정의하면서 이를 유지·보존할 것을 강조하고 있다. 1944년 11월 12일부터 3일간 일본의 왕조명(汪兆銘) 괴뢰정부가 있는 중국 남경에서 제3회 대동아문학자대회가 개최되었는데, 조선 대표로 이광수와 김팔봉이 참석하였다. 같은 해 12월 7일 귀경한 이광수는 감상담에서 지방문화의 특수성은 국민성이며 이를 계승·보존할 당위성이 있다고 강조하고 있다. 이처럼 춘원은 대동아공영권 안에서의 조선 지방문화의 특수성을 강조하면서 이를 유지·계승할 것을 역설하고 있다.190)
　춘원은 여러 글에서 '지나(중국) 숭배사상'을 통렬히 비판하고 있는데, 특히 '세조대왕'에서 조선 지도층은 중국 숭배사상이 뿌리 깊게 남아 있다고 비판하고 있다.

　본래 신라 적부터 불교도는 지나(중국) 숭배의 관념이 없었다. 적어도 정치적으로는 저를 존중하는 생각을 가지고 있었다. 그래서 불교도들은 요샛말로 하면 국수주의자였다. 고신도(古神道)의 정신을 보존한 것도 실로 불교도였다. 고려 말까지도 이 사상이 계속하였다. 묘청(妙

189) 『每日新報』(1945. 1. 26〜2. 1), 戰爭과 文化(香山光郎); 이경훈, 『춘원 이광수 친일문학전집』, II, pp.458〜459, 戰爭과 文化.
190) 林鍾國, 『親日文學論』(平和出版社, 1966), pp.147〜148.

淸)이 고려 임금을 황제라고 일컫기를 주장한 것도 이 정신이다. 이
정신은 고려 태조의 전한 정신이었다. 고려 초에도 임금이 황제라고는
아니 하였더라도 연호(年號)를 쓰고 짐(朕), 붕(崩)이라는 말을 썼다.
그러나 점점 성하여가는 유교도의 세력은 지나의 임금을 천자(天子)라
고 높이고 제 임금을 제후(諸侯)라고 낮추기를 주장한 것이었다. 이 일
에 가장 중심이 된 인물은 김부식(金富軾)과 정몽주(鄭夢周)였다.

　김부식은 다만 정치적으로 묘청 일파를 탄압하였을뿐더러 '삼국사
기'라는 역사를 써서, 제 사대사상(事大思想)을 멀리 고구려, 백제, 신
라에까지 소급시켜서, 사실에 어그러지게, 삼국을 지나의 속국을 만들
어버리고 말았다. 연호를 삭제하고 임금에 관한 용어에서 '짐'이나 '붕'
이란 말 대신에 과인(寡人)이라, 훙(薨)이라 하는 말을 썼다. 그러고
삼국 고사(古史)의 사실을 혹은 은휘(隱諱)하고 혹은 개찬(改竄)하여서
지나인의 사기(史記)에 맞도록 하였다.

　그러다가 고려 말에 이르러서 정몽주 일파가 지나(중국)를 송두리째
본받고 저를 이적(夷狄)이라 하여서, 예로부터 전하여오는 모든 전통을
파괴하기에 전력을 다하였으니, 이것이 이조의 사상의 기초를 이룬 것
이었다.191)

　춘원은 조선 문화의 본류가 무엇인가 하는 근본사상을 천착하기 시
작했다. 문화 교류에서 중요시할 것은 문화의 발원지가 아니라 상대 문
화를 자신의 것으로 소화해서 이를 자체 전통문화로의 발전 동력으로
삼아 문화주체성을 확립하는 것이다. 예컨대 조선 문화가 중국의 문화
나 불교문화의 영향을 받았음에도 불구하고 의연히 그 주체적인 면을
적출할 수 있다면 그것이 곧 조선 문화의 본류이다. 춘원은 조선 문화
의 연원(淵源)을 찾는다면 그것은 곧 '단군왕검(檀君王儉)의 도(道), 국
선도(國仙道), 화랑도(花郞道)'라고 정의하고 있다.

　이리하여 이광수는 한민족(韓民族) 주체성 확립을 위해 '조선 문화
의 장래'192)를 일본어로 발표했다.

191) 李光洙, 『世祖大王』(博文書舘, 1940. 9. 20), pp.283~284.
192) 『總動員』(國民精神總動員朝鮮聯盟, 皇紀2600年 新年號, 1940. 1), pp.38~
　　44, 朝鮮文化の將來(李光洙); 香山光郎, 『同胞に寄す』(博文書舘, 1941. 1.

半島文化の本流

　一概に朝鮮文化と云つても何を指すのか一寸合點が行かない．遠く檀君時代まで遡らぬまでも，三國時代あり，高麗時代あり，李朝時代あり，又同じ李朝時代にしても，その初期と末期とでは，著しく特色を異にして居る．

　玆に於いて，朝鮮の文化の本流は何んであるかと云ふ問題に逢着する譯である．卽ち，或は漢や隋唐の，或は元，明，淸の支那の文化や，佛教文化の影韻(影響)を受けつつも，依然その主體たるところのものを摘出することが出來るとすれば，それが卽ち朝鮮文化の本流でなければならぬ．併しながらこれは，多くの角度から研究されて後に始めて，確められるべきであつて，未だ全然未開發の儘と云つても好い位の朝鮮文化史としては，輕輕に斷案を下すことは，愼まなくてはならない．併し朝鮮文化の將來に就いて，何か意見を述べることを編輯子より命ぜられた私としてはまづ朝鮮文化の本流に就いて，未熟ながらも，私の所信を開陳せざるを得ない．

　最初に，私の考へとしては，文獻として殘れる朝鮮史の信憑性の極めて薄弱なる點を認識することから始まらなければ，朝鮮文化の正體を握むことは難かしいと云ふことを力説したい．朝鮮の正史として，今日まで殘れるもので基本的なものが三國史記であるが，これは，著者たる金富軾の，支那崇拜思想の一方便として書かれたもので，當時まで傳はつた秘記，古記，秘誌等は勿論のこと，高句麗，百濟，新羅の正史さへも，或は黙殺し，或は改竄して了つて，自分のイデオロギーで歪められた事實や解説をのみ，これを傳へ，その他の史料は，自分が宰相の地位にあるのを利用して湮滅せしめて了つたのである．この小論文に於いて，金富軾の史論を批評する餘裕はないが，新羅等の王が年號を使用したことや，朕と稱し，崩と稱したことさへも，これを非禮として，支那の諸侯の例に倣つて，寡人とか，薨とか云ふ文字に改め，年號等は全然削除して，支那の年號を代入した一例を見ただけで，思半ばに過ぐることと思ふ．

　殊に朝鮮文化の淵源にして，中心たる古神道に對しては，これは先

---

20), pp.31〜40, 朝鮮文化の將來(일본어).

王(彼にあつては堯舜文武王等を意味する)の道にあらずとして黙殺し除斥したのであつて，その後，鄭夢周の斥佛，排仙を經て，李朝の成宗，中宗朝に至つて，此の支那崇拜思想は，その絶頂に達し，凡べて古朝鮮的なものをば排斥し，完全に支那を模倣しようとした．後の趙光祖等は數千年來連綿として續いて來たところの，祭天の儀までも，諸侯の道にあらずとして，之を廢止せんことを奏請し，當時の所謂儒林達は，やんやと之に和して遂に永久に之を斷絶することに成功したのである．

この祭天の儀こそは，朝鮮文化の淵源と云ふべきであつて，朝鮮人の信仰，政治，社會，人生觀は凡べて，この根本思想から派出されたのであつた．かの朝鮮の建國神話たる三神傳說，神人下降傳說，昇天傳說等は，實に之を物語るものである．即ち宇宙の主宰者たる‘桓因(仁)’の子桓雄，桓雄の子，王儉が太白山の檀木の下に降つて，神市を作り，その神市に於いて三百六十條の律令を定め，ここに地上の國家が成り，これをなし終るや，王儉は再び天に上つたのである．

この王儉を支那の史籍には，仙人王儉と呼んで居るが，この仙と云ふ語は支那の仙と云ふ語とは決して同義でない．それで，新羅では，王儉の道を國仙道と稱して，支那の仙道と區別したのであつた．193)

반도문화의 본류

일률적으로 조선 문화라고 하면 무엇을 가리키는지 약간 수긍이 가지 않는다. 멀리 단군(檀君)시대까지 거슬러 올라가지 않아도, 삼국시대가 있고 고려시대가 있으며 이조(李朝)시대가 있다. 또 같은 이조시대라고 해도 그 초기와 말기는 현저하게 다른 특색을 가지고 있다.

여기서 조선 문화의 본류가 무엇인가 하는 문제에 봉착하게 된다. 즉 혹은 한(漢)이나 수(隋), 당(唐), 혹은 원(元), 명(明), 청(淸) 등 지나(支那)의 문화나, 불교문화의 영향을 받았음에도 불구하고, 의연히 그 주체적인 면을 적출(摘出)할 수 있다고 하면, 그것이 곧 조선 문화의 본류이어야 한다. 그러나 이는 많은 각도에서 연구된 후에야 비로

---

193) 『總動員』(1940. 1), pp.38~40, 朝鮮文化の將來(李光洙); 香山光郎, 『同胞に寄す』, pp.31~33, 朝鮮文化の將來.

소 확신해질 것이므로, 아직 전혀 미개발 상태라고 말할 수 있을 정도인 조선 문화사(文化史)로서는 가볍게 단안(斷案)을 내리는 것은 삼가지 않으면 안 된다. 하지만 조선 문화의 장래에 대해 무언가 의견을 말해달라고 편집자로부터 부탁받은 나로서는, 조선 문화의 본류에 대해 우선 미숙하나마 나의 소신을 개진하지 않을 수 없다.

첫째, 내 생각으로는 문헌으로 남아 있는 조선사(朝鮮史)의 신빙성이 극히 박약하다는 점을 인식하는 데에서 시작하지 않으면, 조선 문화의 정체를 파악하기 어렵다는 것을 역설하고 싶다. 조선의 정사(正史)로 오늘날까지 남아 있는 것 중 기본적인 것이 삼국사기(三國史記)이지만, 이것은 그 필자인 김부식(金富軾)의 지나(支那) 숭배사상의 한 방편으로 씌어진 것이기 때문에, 당시까지 전해지던 비기(秘記), 고기(古記), 비지(秘誌) 등은 물론이고, 고구려, 백제, 신라의 정사마저도 묵살하거나 개찬(改竄, 글이나 글자를 고침)해버렸다. 그것은 자기의 이데올로기로 왜곡된 사실이나 해설을 받아들이고 전하는 대신, 그 외의 사료(史料)는 자기가 재상의 지위에 있는 것을 이용해 인멸(湮滅)시켜버렸던 것이다. 이 소논문에서 김부식의 사론(史論)을 비평할 여유는 없다. 그러나 김부식이 신라 등의 왕이 연호(年號)를 사용하거나, 짐(朕)이나 붕(崩)이라고 칭했던 것조차 비례(非禮)라고 하여, 지나 제후(諸侯)의 예를 따라 '짐'이나 '붕'을 과인(寡人)이라든지, 훙(薨)이라는 문자로 바꾼 것, 또 연호 등은 완전히 삭제하여 지나의 연호를 대입(代入)했던 것 등의 예만을 보아도 사태를 대충 짐작할 수 있을 것이라고 생각한다.

특히 조선 문화의 연원(淵源)이고 중심인 고신도(古神道)에 대해서, 이는 선왕(先王, 김부식에게는 이는 요순(堯舜), 문무왕(文武王) 등을 의미한다)의 도(道)가 아니라고 하여 이를 묵살·제척(除斥)했던 것이며, 그 후 정몽주(鄭夢周)의 척불(斥佛), 배선(排仙)을 거쳐 조선왕조의 성종(成宗)·중종조(中宗朝)를 지나자, 이 중국 숭배사상은 그 절정에 달해 모든 고조선적인 것을 배척하고, 완전히 중국을 모방하고자 하게 되었다. 저 조광조(趙光祖) 등은 수천 년 동안 연면(連綿)히 계속되어 오던 제천의식(祭天儀式)마저도, 그런 것은 제후(諸侯)의 도에 없다면서 폐지할 것을 주청(奏請)하였고, 또 당시의 소위 유림(儒林)들은 갈채하며 이에 화응(和應)하여 마침내 영구히 제천의식을 단절시키는 데에 성공했던 것이다.

이 제천의식이야말로 조선 문화의 연원이라 할 만한 것으로 조선인의 신앙, 정치, 사회, 인생관 등은 모두 이 근본사상으로부터 파생되어 나온 것이다. 조선의 건국신화인 저 삼신전설(三神傳說, 환인, 환웅, 단군왕검), 신인하강전설(神人下降傳說), 승천전설(昇天傳說) 등은 실로 이를 이야기한 것이다. 다시 말해 우주의 주재자인 환인(桓因)의 아들인 환웅(桓雄), 환웅의 아들 왕검(王儉)이 태백산(太白山, 묘향산)의 박달나무(檀木) 아래로 내려와, 신시(神市)를 만들고, 그 신시에 360조의 율령(律令)을 제정해, 그곳에 지상의 국가가 이루어졌으며, 이를 완성하자 단군왕검은 또다시 하늘로 올라갔던 것이다.

이 왕검을 중국의 사적(史籍)에서는 선인왕검(仙人王儉)이라고 부르고 있으나, 이 '선(仙)'이라는 말은 중국에서 말하는 '선(仙)'이라는 말과 결코 같은 뜻이 아니다. 그래서 신라에서는 '왕검의 도(道)'를 국선도(國仙道)라 칭하여 중국의 선도(仙道)와 구별했던 것이었다.[194]

여기서 주목할 것은 '왕검'이란 말이다. 왕검은 고조선의 '임금'을 일컫는 칭호이다. 춘원은 그냥 '왕검'이라고 표기했는데, 이는 틀린 표기이다. 단군왕검(檀君王儉)이라 해야 올바른 표기이다. '단군임금'이란 뜻이므로 이는 따로 뗄 수가 없는 하나의 고유명사이다. 그런데 춘원이 이를 몰랐을 리 없다. 만약 '단군왕검'이라 표기하면 조선의 국체(國體)를 인정하는 것이기 때문에 검열당국에서 '단군'을 삭제했을 가능성을 배제할 수 없다. '단군의 도'가 3국(신라, 고구려, 백제)에 계승되었는바, 특히 신라 국선도(國仙道) 즉 화랑도(花郎道)로 계승되어 제천의식을 해마다 정기적으로 거행해서 그 전통이 연면히 계승되었다는 것이다.

검님을 모셔놓은 곳이 신궁(神宮)이다. 삼국시대 이래 왕은 신궁참배를 국가적 행사로 거행해오고 있다. 신궁은 시조묘(始祖廟)보다 상위개념이었다. 신궁, 시조묘, 산천신기(山川神祇), 이 세 가지의 제천의식

---

194) 김원모·이경훈 편, 『동포에 告함: 春園 李光洙 親日文學』(철학과현실사, 1997), pp.40~43. 원문에는 '桓因'이 '桓仁'으로 오기되어 있다.

을 해마다 일정한 시기에 거행했는데, 신라에서는 8월 15일에, 고구려에서는 10월에, 삼한(三韓)에서는 10월에 거행하고 있다. 이 같은 국가적인 제례도 있었지만, 민간에서는 부락마다 당집 즉 신사(神祠)를 마을 뒷산에 세웠는데, 특히 수도 서울 진산(鎭山, 北岳神祠)이나 안산(案山)인 남산에 목멱신사(木覓神祠)인 국사당(國師堂, 서울의 수호신사)을 세웠고,195) 전국 명산에는 국선당을 세워 제천의식을 거행해왔다.

이광수는 "조선에서는 신명(神明)을 예로부터 '검님(단군왕검)' 또는 '하느님'이라고 불렀다"고 정의하고 있다.

몸과 마음의 병을 아주 떠나서 이욕(離慾, 욕심을 떠남), 무외(無畏)의 상태에 들어가는 길이야말로 모든 성인의 가르침의 요령이다. 첫째로는 신명(神明)을 믿는 것이다. 신명이란 무엇인가. 그것은 우주의 근본이시요 섭리자시다. 유교에서 '하늘'이라 이름하고, 불교에서 '마음'이라 이름하고, 예수교에서 '여호와'라 이름하고, 일본말로 '가미사마'라고 이름하는 것이다. 조선서는 예로부터 '검님(단군왕검)' 또는 '하느님'이라고 불렀다. 그리고 철학자는 '이성(理性)'이라 부르고, 과학자는 '법칙'이라고 부르는 것이다. 혹은 민족을 따라 혹은 사람을 따라 부르는 이름은 같지 아니하다 하더라도 이 우주와 인생이 있고 되는 힘, 또는 마음의 존재를 가르침임은 마찬가지다.

그런데 이 신명의 본질이 무엇이냐 하면 공자는 '인의(仁義)'라 하시고, 석가여래께서는 '자비(慈悲)'라 하시고, 예수께서는 '사랑'이라 하시니 말은 다르되 뜻은 같다. 그런데 이 사랑밖에, 또는 이 사랑을 통하여서, 또 이 사랑이 발현하는 방법으로, 한 원리가 있으니 그것은 곧 인과율(因果律)이라는 것이다. 원인이 있으면 반드시 결과가 있다. 원인이 없이는 결과 아니 온다. 결과가 있으면 반드시 그 원인이 있다. 이것이 인과율이다.196)

---

195) 京畿道 編纂, 『京畿地方の名勝史蹟』(朝鮮地方行政學會, 1937), pp.25, 33~35, 國師堂址, 朝鮮神宮. 일제는 남산에 있는 국사당을 철거하여 이를 인왕산 서쪽 중턱으로 옮기고, 1925년 서울의 수호신사(守護神祠) 그 자리에 조선신궁을 세웠다.

國仙道は，新羅ばかりでなく，高句麗や百済にも共通であつた様に思はれる．'祭天'の儀は三國の史記に共通に現はれて居る．これ丈の材料は金富軾の三國史記にも載つて居る．

國仙道は朝鮮の古神道であるが，これは毋論漢字を當ててからの稱呼で，元朝鮮語で何んと呼ばれて居たのかは解らない．但し國仙道の信仰の本尊がハナニム(하나님)であり，人世に於ける神としての本尊がカムニム(검님)，王儉，仙王(서낭님)，大神等と呼ばれて居たことは，種種な記録や，今日まで民俗に殘つて居る言語で推斷することが出來る．

新羅史には，"王神宮に親祀す(炤知王)" "王始祖廟に謁す"と云ふ條項が第三代王の記録以來處處に見える．而もその神宮は，始祖廟より上位であつた．神宮，始祖廟，山川神祇の三種の祭祀が年年一定の時期(新羅にては八月十五日，高句麗にては十月，三韓時代にも十月)を定めて，國王の親祭で行はれて居り，その節には男女文武の諸諸の競技や大衆的な催物があつたと記されて居る．

これは國家としての祭禮もあるが，民間には部落毎に堂，又は神祠と呼ばれる神社があり，特に首都の鎭山や南山には，大規模なものがあり，名山にも國仙の靈場のない所はなかつた．かかる神社が官令で廢されたのは李朝成宗，中宗の時である．所謂淫祠廢止なるものだ．

併し國仙道は祭祀のみではない．新羅史を讀んで見れば解る様に，これは宗教，政治，武術，藝術の修錬を含めたもので，有名な國仙の下には數千の門徒があつて，一種の宗教的團體を作り，その門徒等は，師たる國仙の道場にて宗教的，政治的，武術的，藝術的修錬をしたもので，十七歳が卒業期であつた様に思はれるし，この國仙の道場こそは，國民教育の淵叢であつたのである．[197]

국선도는 신라만이 아니라 고구려나 백제에도 공통되었던 것으로 생각된다. '제천(祭天)'의 의식은 삼국의 사기(史記)에 공통적으로 나타나고 있다. 이 자료만은 김부식(金富軾)의 '삼국사기'에도 실려 있다.

196) 『新時代』(1941. 1), pp.78~87, 人間修行論(春園). 이광수전집(삼중당)에 미수록.

197) 『總動員』(1940. 1), p.40; 『同胞に寄す』, pp.33~34, 朝鮮文化の將來.

국선도는 조선의 고신도(古神道)이지만, 이는 물론 한자(漢字)로 썼을 때의 칭호로, 원래 조선어로는 무엇이라 불렀었는지 모른다. 단 국선도 신앙의 본존(本尊, 으뜸이 되는 신앙의 대상)이 하나님(ハナニム)이며, 인세(人世)의 신으로서의 본존이 검님, 왕검, 선왕(仙王, 서낭님), 대신(大神) 등으로 불렀던 것은 여러 가지의 기록, 또는 오늘날까지 민속에 남아 있는 언어로써 추단(推斷)할 수 있다.

신라사에는 "왕이 신궁(神宮)에 친히 제사 드렸다(昭知麻立干 十七年 春正月 王親祀神宮)", "왕이 시조묘(始祖廟)를 알(謁)했다"는 등의 조항이 제3대 왕의 기록 이래 곳곳에 보인다. 더욱이 그 신궁은 시조묘보다 상위(上位)였다. 신궁, 시조묘, 산천신기(山川神祇, 하늘신과 땅의 신) 세 종류의 제사가 매년 일정한 시기(신라에서는 8월 15일, 고구려에서는 10월, 삼한(三韓) 시대에도 10월)를 정해서 국왕의 친제(親祭)로 거행되었으며, 그때에는 남녀 문무의 여러 경기나 대중적인 연예물이 있었다고 기록되어 있다.

이런 것은 국가로서의 제례(祭禮)도 있었지만, 또 민간에는 부락마다 당(堂), 또는 신사(神祠, 신령을 모신 사당)라 불리는 신사(神社)도 있었다. 특히 수도의 진산(鎭山)이나 남산(南山)에는 대규모의 신사가 있었으며, 명산에도 국선(國仙, 화랑)의 영장(靈場)이 없는 곳은 없었다. 이런 신사가 관령(官令)으로 폐지된 것은 조선왕조의 성종, 중종 때이다. 소위 음사폐지(淫祠廢止, 귀신을 모신 집으로서, 하늘, 땅, 별에 초제(醮祭)를 맡은 관아 소격서(昭格署)를 중종 때 폐지함)인 것이다.

그러나 국선도는 제사인 것만은 아니다. 신라사를 읽어보면 알 수 있듯이, 그것은 종교, 정치, 무술, 예술의 수련을 포함한 것이다. 유명한 국선(國仙) 밑에 수천 명의 문도(門徒)가 모여 일종의 종교적 단체를 만들고, 그 문도들이 스승인 국선의 도장에서 종교적, 정치적, 무술적, 예술적 수련을 했던 것으로 열일곱 살에 졸업했다고 생각되는데, 이 국선의 도장이야말로 국민교육의 연총(淵叢)이었던 것이다.[198]

세속오교(世俗五敎)라는 것은 불교적 입장에서 본 것이며, 국선 화랑(花郞)의 열전을 읽어보면, 국선 즉 화랑들이 얼마나 이 5개조를 잘

---

198) 김원모 · 이경훈 편, 『동포에 告함』, pp.43~44, 조선문화의 장래.

실천하였는지를 알 수 있다. 사다함(斯多含), 관창랑(官昌郎) 등은 그 적절한 예일 것이다.

崔致遠が, その撰, 鸞郎の碑にこの國仙道の要領が書いてある. "國有玄妙之道 曰風流 說敎之源備詳神史 實乃包含三敎 接化羣生" "吾東有道號曰國仙"を冒頭として, 佛の慈悲も, 儒の忠孝も, 道敎の無爲(淸らかさ)も兼ねた, 神ながらの道があつて, 偉い文臣も武將もこの中から出て居ると, 云ふ意味のことが書いてある. '國' '吾東'とは朝鮮半島のことである. 崔致遠は新羅人で唐に於いて文名を馳せた, 云はば唐化した人物であるに拘はらず, 國仙鸞郎の碑文に, かくも國仙道を賞揚したのが特に注目に値するのではないか.

さらに, この國仙道の倫理的內容として, 五個條の所謂世俗五敎なるものが, 新羅の名僧の言として三國遺事に傳つて居る. 卽ち

一. 君に事ふるに忠を以つてせよ.

二. 父母に事ふるに孝を以つてせよ.

三. 友と交はるに信を以つてせよ.

四. 陣に臨みて退くことなかれ.

五. 生物を殺すに擇ぶことあれ.

と云ふのがそれである. 世俗五敎と云ふのは佛敎の立場から見てのことであつて, 國仙花郎の列傳を讀んで見れば, 國仙卽ち花郎達が如何にこれらの五個條の實踐者であつたかが解る. 官昌(倡)郎, 斯多含等は, その適例であらう.

吾人は新羅史(主として三國遺事・三國史記を指す)に書き殘された斷片的の材料だけを以つてしても, 國仙の全貌を把握することが出來る. 卽ち天地の創造者にして主宰者たるハナニムを信じ, そのハナニムが人間世界を敎へて治めんが爲にその子カムニムを世に遣はされ, そのカムニムが人間と現はれては王となり, 隱れ給ひては神となられるのであることを信じ, 斯樣に神を敬ひ, 神の現大身(うつしおみ)たる王に忠義を盡し, 父母に孝に, 一般同胞とは信を以つて交はり, そして, 國家のためには, 一旦緩急あれば, 陣に臨みて退くことなく, 而もなるべくは, 生類を慈しみ, これを殺害するなと云ふのである.

更にこれを要約すれば, 忠, 孝, 信. 勇, 仁の五德は神に對する信仰に根ざして居り, 殊に王は神の現大身として忠を以て, これに事へると云ふ精神は, 新羅千年一系式の王統を保つたことで實修されて居る. 高句麗や, 百濟もそうであつた. 高麗の王建や, 李朝の太祖が所謂易姓の革命を敢行したのは, 支那思想の影響を受けたと云ふべきであらう. それにしても王建は高句麗の王統の後繼者として自ら任じ, 李太祖は新羅の後繼者として自ら任じたのであつた.[199]

최치원(崔致遠)이 기록한 난랑비(鸞郎碑)에는 이 국선도의 요령이 적혀 있다. "國有玄妙之道 曰風流 說敎之源 備詳仙(神)史 實乃包含三敎 接化羣生 (후반부 추가) 且如入則孝於家 出則忠於國 魯司寇之旨也 處無爲之事 行不言之敎 周柱史之宗也 諸惡莫作 諸善奉行 竺乾太子之化也." "우리나라에 현묘한 도가 있으니, 풍류라고 한다. 그 교의 기원은 신사(神史)에 자세히 나와 있거니와, 실로 이는 유·불·선 삼교를 포함하여 중생을 교화한다. (후반부 추가) 집에 들어오면 효도하고, 나가면 나라에 충성하는 것은 공자(魯司寇)의 뜻 그대로이며, 무위(無爲)하고 말 없는 교를 행함은 노자(周柱史)의 종지(宗旨) 그대로이며, 모든 악행을 하지 않고 착한 일만을 행함은 석가(竺乾太子)가 가르친 그대로이다." "우리나라에는 국선이란 도호가 있다(吾東有道號曰國仙)"를 모두(冒頭)로 하여, 불교의 자비(慈悲)도, 유교의 충효(忠孝)도, 도교(道敎)의 무위(無爲)도 모두 겸한 신(神)의 도가 있어서, 위대한 문신도 무장도 그 안에서 나왔다는 의미의 말이 적혀 있다. 여기서 '오동(吾東)'이란 한반도를 말한다. 최치원은 신라인으로서 당(唐)나라에서 문명(文名)을 떨쳤던, 이른바 당화(唐化)된 인물이었음에도 불구하고, 국선 난랑(鸞郎)의 비문에 이렇게도 국선도를 상양(賞揚, 칭찬)했던 것이 특히 주목할 만하지 않은가.

또 이 국선도(國仙道)의 윤리적 내용으로서, 5개조의 소위 세속오교(世俗五敎, 원광이 지은 세속오계, 화랑의 다섯 가지 계율)라는 것이 신라 명승(圓光)의 말로서 '삼국유사'에 전해지고 있다. 즉,

1. 사군이충(事君以忠, 충성으로써 임금을 섬김)
2. 사친이효(事親以孝, 효로써 어버이를 섬김)

---

199) 『總動員』(1940. 1), pp.40~42; 『同胞に寄す』, pp.34~36.

3. 교우이신(交友以信, 믿음으로써 벗을 사귐)

4. 임전무퇴(臨戰無退, 전장에 나아가서 물러나지 아니함)

5. 살생유택(殺生有擇, 생물을 가려서 살생함)

이라는 것이 그것이다. 세속오교라는 것은 불교적 입장에서 본 것이며, 국선 화랑(花郎)의 열전을 읽어보면, 국선 즉 화랑들이 얼마나 이 5개 조를 잘 실천하였는지를 알 수 있다. 사다함(斯多含), 관창랑(官昌郎) 등은 그 적절한 예일 것이다.

우리는 신라사(주로 '삼국사기'와 '삼국유사'를 가리킨다)에 씌어 있는 단편적인 재료만 가지고도 국선의 전모를 파악할 수 있다. 즉 국선(國仙)은 천지의 창조자이며 주재자인 '하나님(ハナニム)'을 믿고, 또 그 '하나님'이 인간세계를 가르치고 통치하기 위해 그 아들인 '검님(カムニム, 단군왕검)'을 인세(人世)에 보냈으며, 그 '검님'이 인간으로 나타나면 왕이 되고, 숨으면 신이 된다는 것을 믿었다. 그런 식으로 신을 공경하고, 신의 현대신(現大身)인 왕께 충의를 다하며, 부모께는 효도하고, 일반 동포와는 믿음으로 사귀며, 국가를 위해서는 일단 일(전쟁)이 생겼을 때 진(陣)에 임해 물러나는 일이 없을 것이며, 산 것을 불쌍히 여겨 되도록 이를 살해하지 말라는 것이다. 거듭 이를 요약한다면 충(忠), 효(孝), 신(信), 용(勇), 인(仁)의 다섯 가지 덕(德)은 신에 대한 신앙에 뿌리를 두고 있는데, 특히 왕은 신(神)의 '현대신'이므로 충으로써 섬긴다는 정신은 신라 천년일계식(千年一系式)의 왕통(王統)을 지킨 것으로 생각되고 있다. 고구려, 백제도 그러했다. 고려의 왕건(王建)이나 조선조의 태조가 소위 역성혁명(易姓革命, 덕이 있으면 천명을 받아 나라를 다스리지만 덕을 잃으면 다른 덕 있는 이에게 천명이 옮겨가 혁명이 일어난다는 것)을 감행했던 것은 중국 사상의 영향을 받았기 때문이라고 말할 수 있을 것이다. 하지만 그렇다고 해도 왕건은 고구려 왕통의 후계자라고 자임(自任)했으며, 이태조는 신라의 후계자라고 자임했던 것이다.200)

이광수는 국선도의 수련 방법은 사서(史書)에 자세히 기록되어 있다고 주장하고 있다.

---

200) 김원모·이경훈 편, 『동포에 告함』, pp.44~46.

國仙の修錬方法に就いても，歴史に現はれたことだけで，略略推察することが出來る．卽ち十七歲までは師の道場でみっちり文武の訓育を受け，ここに一人前の花郎になると，多くは名山に歷遊して，或は仙王の靈場(今日朝鮮の寺刹に山神堂として，大雄殿よりも一段高き所に祭ってあるのが，その遺跡であるが，山神堂とは好い加減な漢文式當字たること論を俟ため)に於いて，祈禱の靈性鍛錬をなし，或は膽力と武術を錬り，或は歌を歌って藝術的情操を涵養したのである．金剛山，太白山，智異山等は，その尤も著名なる靈場で今尙ほ，永郎・逑郎等の傳統が殘って居る位である．金剛山は佛敎が開發した名山ではない．國仙の靈場に佛敎の伽藍が建てられたのであって，云はば神佛融和であった．かの有名な異次頓が新羅の法興王の時に佛敎の爲に殉死したのは實に神佛，もっと正確に云へば仙佛衝突の犧牲になったもので，異次頓の雄雄しき死は仙佛の融和を齎らしたのであった．

　花郎(國仙と略略同義である)と歌とは大いなる關係がある．新羅では歌は神聖なもので，戰亂があるとか，旱魃とか，疫病の流行時には歌を作って神に捧げたり，音樂や舞踊で神を慰め奉ったりしたのであった．萬波息笛や，處容舞などの例を擧げなくても，新羅史の所所にさう云ふことが書いてある．琴曲の發達や，今日雅樂として殘れる新羅樂も國仙道の遺物であり，眞聖女王代の勅選歌集三代目と云ふのも花郎の歌詠であったと思ふ．新羅の歌，所謂鄕歌として，今日尙ほ殘って居るのが二十六篇ばかりあるが，これは主に佛功德を讚美する歌であるが，これ卽ち歌が元，神に捧げたてまつったものである證左とも云へる．

　尙ほ，國仙の傳記が新羅史に列傳として殘って居るが，これを讀んで見ても國仙道の內容が十分歸納し得られると思ふ．卽ち神を信じ敬ひ，忠孝を本とし，信義のためには生命をも絶ち(斯多含は友人との約束を果さんために食を絶って死んだのであった)，戰場に於いては死を恐れず(官昌郎の例)，而も慈しみと藝術的ゆとりを持って，'風流'とか'風月徒'とか，'白雲香徒'を以て世間から呼ばれた位の氣品と風流と悠揚さを備へて居た風貌が窺はれるであらう．讀者にして若し李王家の雅樂を聽かれたことがあるとすれば，その時の心境こそは國仙道人の心境であらうと思ふ．實に古朝鮮の精神を尤も完全に保存して

居るのは朝鮮音樂であると，私は常常信じて居る．そして，古朝鮮の
この氣分は，今日の朝鮮人の中にも，往往見出される．

この國仙道の信仰的な部分は七百年來，殊に李朝中宗以來四百餘年
間虐げられつつも，或は檀君崇拜の宗教の形を取つて或は仙王やタイ
カムや山神崇拜の民間信仰の形を取つて今尙は傳つて居るし，そのハ
ナニム(主宰)崇拜の精神は今でも朝鮮人全體の魂に泌み込んで居り，
而してその藝術的の部分は歌や音樂や舞踊として微微ながらも續い
て居る．最後にその倫理的部分たる忠孝の觀念も，支那式忠孝の德目
に置き代へられたとは云へ，矢張傳統的な觀念を失はずに居る．つま
り，いくら剝いでも剝ぎ切れず，いくら洗つても洗ひ切れない部分が
未だに朝鮮人の心に殘つて居ると云へよう．然らば，これこそは朝鮮
文化の本流ではなからうか．(以上は新羅を中心に述べたのであるが，
高句麗も百濟も將た又高麗王朝も國仙道に關する限り共通であ
る.)[201]

국선(國仙)의 수련 방법에 대해서도 역사에 나타난 것만으로도 대개
추찰이 가능하다. 즉 열일곱 살까지는 스승의 도량(道場)에서 열심히
문무(文武)의 훈육을 받고, 거기서 한 사람의 화랑이 되면, 대부분은
명산을 역유(歷遊)하는데, 혹은 선왕(仙王)의 영장(靈場, 오늘날 조선
의 사찰에 산신당(山神堂)으로서 대웅전보다 한 단 높은 장소에 모셔
져 있는 것이 그 흔적인데, 산신당이란 적당히 한문식으로 만든 단어
임은 말할 것도 없다)에서 기도의 영성(靈性)을 단련하고, 혹은 담력과
무술을 연마하고, 혹은 노래를 불러 예술적 정조(情操)를 함양했던 것
이다. 금강산, 태백산, 지리산 등은 그 저명한 영장이어서, 아직까지도
영랑(永郎), 술랑(述郎) 등의 전설이 남아 있을 정도이다. 금강산은 불
교가 개발한 명산이 아니다. 국선의 영장에 불교의 가람(伽藍, 승가람
마(僧伽藍摩)의 준말로 중이 살며 도를 닦는 집)이 세워진 것으로, 말
하자면 신불융화(神佛融和)였다. 저 유명한 이차돈(異次頓)이 신라 법
흥왕(法興王) 때에 불교를 위해 순교한 것은 실로 신불(神佛), 좀 더
정확히 말하면 선불(仙佛) 충돌의 희생이 된 것으로, 이차돈의 그 장한
죽음으로써 선불의 융화가 초래된 것이었다.

201) 『總動員』(1940. 1), pp.42~43; 『同胞に寄す』, pp.36~38.

화랑(花郞, 국선과 거의 같은 뜻이다)과 노래는 깊은 관계가 있다. 신라에서 노래는 신성한 것이어서, 예컨대 전란이 있거나 한발(旱魃)이나 역병(疫病)이 유행할 때에는 노래를 만들어 신께 바쳤고, 또 음악이나 무용으로 신을 위로해 드리거나 했던 것이다. 만파식적(萬波息笛, 古記云, 神文王時 東海中忽有一小山 形如龜頭 其上有一竿竹 晝分爲二 夜合爲一 王使斫之作笛 名萬波息, 신라 신문왕 때 동해 섬의 대나무로 만든 신기한 피리로 이것을 불면 나라의 모든 근심 걱정이 사라진다고 한다)이나, 처용무(處容舞) 등의 예를 들지 않더라도 신라사 곳곳에 그런 일들이 씌어 있다. 금곡(琴曲)의 발달이나, 오늘날 아악(雅樂)으로 남아 있는 신라악(新羅樂)도 국선도의 유물이며, 진성여왕(眞聖女王) 대의 칙선가집(勅選歌集, 칙명으로 뽑은 가집), 삼대목(三代目, 신라 진성왕 2(888)년에 대구화상(大矩和尙)이 펴낸 향가집)이라는 것도 화랑의 가영(歌詠)이었다고 생각한다. 신라의 노래, 소위 향가(鄕歌)로서 오늘날까지 남아 있는 것이 스물여섯 편밖에 없지만, 이는 주로 부처의 공덕을 찬미하는 노래인데, 이는 곧 원래 노래가 신께 바치는 것이었다는 증좌(證左)라고도 할 수 있다.

또 신라사에는 국선의 전기(傳記)가 열전(列傳)으로서 남아 있는데, 이를 읽어보아도 국선도(國仙道)의 내용이 충분히 귀납될 수 있다고 생각한다. 즉 신을 믿고 공경하며, 충효를 본(本)으로 신의(信義)를 위해 생명도 버릴 뿐 아니라(사다함(斯多含)은 친구와의 약속을 지키기 위해 음식을 끊고 죽었다), 전장에서는 죽음을 두려워하지 않았다(관창랑(官昌郞)의 예). 또 자비와 예술적 여유를 가져, 세간에서는 '풍류(風流)', '풍월도(風月徒)', '백운향도(白雲香徒)'라고 불릴 정도로 기품과 풍류와 유양(悠揚)함을 갖춘 풍모를 엿볼 수 있다. 만일 독자가 이왕가(李王家)의 아악을 들은 적이 있다면, 그때의 심경이야말로 국선도인의 심경일 것이라고 생각한다. 그리고 고조선의 이 기분은 오늘날의 조선인 속에서도 왕왕 발견된다.

이 국선도의 신앙적인 부분은 7백 년 동안, 특히 조선왕조 중종(中宗) 이래 4백여 년 동안 학대받아왔다. 그러나 그럼에도 불구하고 그것은, 혹은 단군(檀君) 숭배의 종교 형태로, 혹은 선왕(仙王)이나 대검(원문은 'タイカム'인데, 이는 '큰(大) 검님'이라는 뜻, '오오카미(大神)'임), 또는 산신(山神)을 숭배하는 민간신앙의 형태로 오늘날까지 전해지고 있다. 그리고 그 하나님(ハナニム, 主宰) 숭배의 정신은 지금도 조선인 전체의 혼에 스며들어 있으며, 그 예술적 부분은 미미하나마 노래, 음악, 무용으로서 계속되고 있다. 마지막으로 그 윤리적 부분인 충효의 관념도 중국식 충효의 덕목으로 대치(代置)되었다고는 하지만, 역시 전통적인 관념을 잃지는 않고 있다. 다시 말해 아무리 벗겨도 완전히 벗겨지지 않고, 아무리 씻어도 완전히 씻어지지 않는 부분이 아직 조선인의 가슴에 남아 있다고 말할 수 있다. 그렇다면 이것이야말로 조선 문화의 본류가 아닐 것인가. (이상은 신라를 중심으로 기술한 것이지만, 고구려도 백제도, 또 고려왕조도 국선도에 관한 한 이와 상통한다.)202)

그런데 이러한 국선도의 신앙 제천의식(祭天儀式)은 신라, 고려, 조선에 이르기까지 7백 년 동안 연면히 계승되어오다가, 조선시대 성종, 중종 이래 4백 년 동안 학대받아왔다. 중종 때에 이르러 조광조(趙光祖)에 의해 '하늘에 제사지내는 것(제천의식)'은 '제후(諸侯)의 도(道)'에 없고, 그것은 천자만 할 수 있다고 하여, 이를 음사폐지(淫祠廢止)함으로써 단절되고 말았다. 이 같은 제천의식이 부활된 것은 1897년 10월 12일이다. 고종은 원구단(圜丘壇)을 지어 하늘에 제사 지낸 후 대한제국(大韓帝國)을 선포했던 것이다.203) 그럼에도 불구하고 민간에는 단군 숭배의 종교형태로 혹은 서낭님(仙王)이나 대검(큰 검님, 大神, タイカム), 또는 산신(山神)을 숭배하는 민간신앙의 형태로 오늘날까지 전해오고 있다. 검님 숭배정신이 곧 한국 문화의 본류라고 결론을 내리고 있다.

이광수는 일제의 조선문화말살정책에 대해, 조선 문화는 지방문화로서 보존해야 한다고 항거하고 있다. 조선의 전통적 언어와 문화가 말살

---

202) 김원모 · 이경훈 편, 『동포에 告함』, pp.46~48.
203) 金永上, 『서울六百年』(大學堂, 1994), 권 2, pp.259~265. 1897년 10월에 소공동 남별궁(南別宮, 현 조선호텔)터에 원구단을 지어 제천의식을 부활했지만, 일제는 1913년 원구단을 헐고 그 자리에 조선호텔을 세웠다. 일부 언론에서는 '환구단(圜丘壇)'이라고 잘못 표기하는데, '원구단'이 맞다.

1684

된다면 그것은 조선 민족의 정통성의 절멸(絶滅)이기에 조선 문화를 보존하는 것이야말로 자신에게 부하된 역사적, 민족적 사명(使命)임을 강조하고 있다. 두 눈을 멀뚱멀뚱 뜬 채 선조의 문화가 사라지는 것을 바라보고만 있다면 그것은 역사의 죄인이 아닐 수 없다고 전망하고 있다.

朝鮮文化の將來

若し國仙道が朝鮮文化の本流であるとすれば，今後の朝鮮文化は，如何なる方向を取るであらうか. 以上述べたことによつて朝鮮文化の本流が如何に日本文化の本流と酷似して居るかが解るであらう. 否酷似と云ふよりも同一と云へるだらうと思ふ. その何れが先で何れが後であるかは史家の研究に俟つべきであるが，その内容が同一であることだけは事實と斷言し得ると思ふ. 今日の朝鮮の日本との差異相は主として，朝鮮の支那化から來たものであつて，その本質は同一のものなのである. この點に重要な示唆が含まれて居るものと思ふ.

即ち精神上，文化上の内鮮一體は朝鮮側から見れば，結局一種の復古に過ぎないのである. 言ひ換へれば一時被されて居つた支那服を脱ぎ棄てて先祖時代の元の服装に返るに過ぎない. 神を敬ふこともさうであり，忠孝中心の道德も又然り，人情，風俗の主なるものに至るまで然りである. 約言すれば朝鮮人は日本文化の中に千載前の朝鮮人自身の姿を見るのである. この點に就いては實に夥しい材料があるのであるが，已に私に與へられたスペースは盡きて居る.

扨て今日の朝鮮文化なるものの中には自然消滅の過程を辿るのもあらう. 或は強制的に消滅させねばならぬものもあらう. それは支那化された部分や内鮮一體に差障はりとなる部分や，又は今日の時勢に合はぬ部分等もあるべきである. 併し又一面には新しき國民文化に吸收される要素もあらう. 或は朝鮮だけの地方文化として生命力を保つ部分もあらう. 今朝鮮がもつた言語や文學や風習はこの部類に屬すべきである. 最後に，朝鮮文化の中には，今後益益輝いて單に全日本の文化に光彩を添へる許りでなく，世界文化に貢獻すべきものもあるであらう. これは國仙道の眞髓から湧出づべきものだと思ふ.

その何れにしても，私の見るところでは，朝鮮文化は，日本文化と融合するために却つて久しき不當の抑壓より脱してその使命を發揮し，燦然たる光彩を發する日の遠からざるべきを信ずる．

若し朝鮮文化と日本文化とが質的に相背馳し相乖離して居たとすれば，內鮮關係は實に大なる悲劇であつたに相違ない．見す見す自分の祖先の文化の滅び行くのを見ることは，もつとも耐へ難いことであるに相違ない．併し幸に歷史や民俗は內鮮の文化同源をば完全に說明して吳れる．これは何んと喜ばしいことであらう．204)

조선 문화의 장래

만일 국선도가 조선 문화의 본류라고 한다면, 금후의 조선 문화는 어떤 방향을 취할 것인가. 위에 논한 것으로써 조선 문화의 본류가 얼마나 일본 문화의 본류와 비슷한가 하는 것을 알 수 있었을 것이다. 아니, 비슷하다기보다는 동일하다고 할 수 있을 것이라고 생각한다. 어느 것이 먼저이고 어느 것이 나중인지는 사가(史家)의 연구를 기다려야 하겠지만, 그 내용이 동일하다는 것만은 사실이라고 단언할 수 있다고 생각한다. 오늘날 조선과 일본이 다른 것은 주로 조선의 지나화(支那化, 中國化)로부터 온 것이지만, 그럼에도 불구하고 그 본질은 동일한 것이다. 이는 중요한 시사점을 포함하고 있다고 생각한다.

즉 조선 측에서 보면, 정신적, 문화적 내선일체는 결국 일종의 복고(復古)에 지나지 않는 것이다.205) 환언하면, 일시적으로 입었던 중국옷을 벗어 버리고, 선조(先祖) 시대에 입었던 원래 복장으로 갈아입는 것에 불과하다. 신(神)을 공경하는 것도 그러하며, 충효 중심의 도덕도 역시 그러하며, 주된 인정(人情)과 풍속에 이르기까지 그러하다. 간단히 말해 조선인은 일본 문화 속에서 천재(千載, 천년) 전 조선인 자신

---

204) 『總動員』(1940. 1), pp.43~44; 『同胞に寄す』, pp.38~40.

205) 이와 관련해 이광수는 창씨개명을 다음과 같이 논하고 있다. "지금 우리가 쓰고 있는 석 자 성명은 지나식(중국식)의 것으로 이것을 사용해온 것은 약 7백 년밖에 되지를 않습니다. 그전까지는 지금 내지인이 사용하고 있는 씨명과 거의 같은 계통이었으므로 말하자면 7백 년 이전의 조상들을 다시 따라가는 셈입니다." 『매일신보』(1940. 1. 5), 지도적 제씨의 선씨(選氏) 고심담.

의 모습을 보는 것이다. 이 점에 대해서는 실로 많은 재료가 있지만, 이미 내게 허락된 원고 매수가 거의 다 되었다.

금일의 조선 문화는 자연 소멸의 과정도 밟았을 것이다. 혹은 강제적으로 소멸되지 않으면 안 되는 것도 있을 것이다. 그것은 중국화된 부분이나 내선일체에 지장이 되는 부분이나 오늘날의 시세(時勢)에 맞지 않는 부분 등도 있을 터이다. 그러나 또 한 면에는 새로운 국민 문화에 흡수될 요소도 있을 것이다. 혹은 조선만의 지방문화(地方文化)로서 생명력을 가진 부분도 있을 것이다. 지금 조선이 가진 언어나 문학이나 풍습은 이 부류에 속해야 한다. 마지막으로 조선 문화 중에는 이제부터 점점 더 빛을 발해, 단지 전체 일본 문화에 광채를 줄 뿐만 아니라, 세계 문화에 공헌할 만한 것도 있을 터이다. 이는 국선도의 진수(眞髓)에서 흘러나오게 될 것이라고 생각한다.

내 의견으로는 그 어떤 조선 문화건, 일본 문화와 융합하면서 오히려 오랫동안의 부당한 억압으로부터 벗어나 그 사명을 발휘, 찬연한 광채를 발할 날이 멀지 않았음을 믿는다.

만일 조선 문화와 일본 문화가 질적으로 서로 배치되고 괴리되어 있었다면, 내선(內鮮)관계는 실로 큰 비극이 되었을 것이다. 두 눈을 멀뚱멀뚱 뜬 채 선조(先祖)의 문화가 사라지는 것을 바라보는 것은 분명히 가장 참을 수 없는 일이다. 그러나 다행히도 역사와 민속은 내선 문화의 동원(同源)을 완전히 설명해주고 있다. 이는 얼마나 기쁜 일인가.[206)

6. 민족 항일운동

미나미 지로(南次郎)[207)는 1936년 8월 5일 제7대 조선총독에 임명되었다. 그의 '전기'에 의하면 미나미의 조선통치 목표는 두 가지였다. 첫째는 식민지 한반도에서 일본 천황의 행행(行幸)을 우러러 받드는 것

---

206) 김원모·이경훈 편, 『동포에 告함』, pp.48~50.
207) 미나미 지로(南次郎, 1874~1955). 조선군사령관(1929. 8~1930. 12), 육군대신(1931), 관동군사령관(1934)을 거쳐 제7대 조선총독이 되었다(재임 1936. 8~1942. 5). 패전 후 A급 전범으로 종신 금고형에 처해져 복역 중 1954년 병보석으로 가출옥한 후 1955년 사망하였다.

이고, 둘째는 조선에 징병제도를 실시하는 것이다. 통감부 시대에 일본 황태자(大正)가 방한한 일은 있었지만 천황은 한 번도 조선에 임어(臨御)한 적이 없었다. 일본의 영토 식민지 중에서 천황의 족적이 없는 곳은 조선뿐이었다. 3·1운동 직후 1919년 8월 19일에 일본 천황은 조선 민심을 무마하기 위해 발표한 칙서를 통해 "짐(朕)은 조선인도 일본인도 똑같이 '천황의 적자(赤子)'로서 완전히 차별하지 않는다"고 공표하였는데, 이후부터 동화정책(同化政策)은 이른바 일시동인(一視同仁)정책으로 불리게 되었으며, 미나미 총독은 징병제 실시로 조선인과 일본인 간의 차별대우를 철폐하겠다고 언명했다. 미나미가 꿈꾸는 조선통치의 이상은 황민화(皇民化)된 조선에서 천황의 행차를 우러러 받들고, 징병제도를 실시함으로써 내선인(內鮮人) 간 차별대우를 없애겠다는 것이었다.208)

공교롭게도 미나미가 조선총독에 부임하던 때인 1936년 8월 9일 제11회 베를린 올림픽 마라톤 경기에서 손기정(孫基禎, 양정고보)이 우승했다. 더군다나 남승룡(南昇龍)은 3위를 함으로써, 1위와 3위를 조선 청년이 독차지하는 쾌거를 거두어 조선인의 기개를 세계만방에 떨쳤던 것이다. 동아일보와 조선일보는 재빨리 호외를 발행해 전 조선인에게 알렸다. 올림픽 최고기록으로 우승한 다음 날짜(8. 10) 동아일보 석간 머릿기사 제목은 "세계제패(世界制覇)의 개가(凱歌), 인류최고의 승리, 영원불멸의 성화(聖火)"이다. 윤치호 조선체육회장은 다음과 같은 담화문을 발표했다. "손기정 군이 우승하였다는 것은 곧 조선 청년의 앞날이 우승하였다는 예언으로서 또한 산 교훈이라고 굳게 믿는다. 우리 조선의 청년이 스포츠를 통하여 특히 세계 20억을 상대로 하여 당당 우승의 영광을 획득하였다는 것은 곧 우리 조선의 청년이 전 세계 20억 인류를 이겼다는 것이라고 할 수 있으니 우리의 기쁨은 이 위에 없다."209)

---

208) 정운현 편역, 『創氏改名』(학민사, 1994), pp.12~13, 창씨개명의 시대(宮田節子).

209) 『東亞日報』(1936. 8. 10); 『日帝侵略下 韓國三十六年史』, 권 11(국사편찬위원회, 1976), pp.382~383(1936. 8. 9).

심훈(沈熏)은 손기정 선수가 올림픽 마라톤 경기에서 우승했다는 소식을 접하자마자 감격적인 축시를 발표했다.

오오, 조선의 남아여!(마라톤에 우승한 손·남 양군에게)

그대들의 捷報(첩보)를 전하는 號外(호외) 뒷장에
붓을 달리는 이 손은 形容(형용) 못할 感激(감격)에 떨린다!
異域(이역)의 하늘 아래서, 그대들의 心臟(심장) 속에 용솟음치던 피가
二千三百萬(이천삼백만)의 한 사람인 내 血管(혈관) 속을 달리기 때문이다.

'이겼다'는 소리를 들어보지 못한 우리의 鼓膜(고막)은
깊은 밤 戰勝(전승)의 방울소리에 터질듯 찢어질듯.
沈鬱(침울)한 어둠 속에 짓눌렸던 故土(고토)의 하늘도
올림픽의 炬火(거화)를 켜든 것처럼 화닥닥 밝으려 하는구나!

오늘밤 그대들은 꿈속에서 祖國(조국)의 戰勝(전승)을 傳(전)하고자
마라톤 險(험)한 길을 달리다가 絶命(절명)한 아테네의 兵士(병사)를
만나보리라.
그보다도 더 勇敢(용감)하였던 先祖(선조)들의 精靈(정령)이
加護(가호)하였음에
두 勇士(용사) 서로 껴안고 느껴 느껴 울었으리라.

오오, 나는 외치고 싶다! 마이크를 쥐어 잡고
全世界(전세계)의 人類(인류)를 向(향)해서 외치고 싶다!
"인제도 인제도 너희들은, 우리를 弱(약)한 族屬(족속)이라고 부를 터이냐??"

(1936년 8월 10일 새벽)[210]

---

210) 『朝鮮中央日報』(1936. 8. 11), 오오, 朝鮮의 男兒여!(마라톤에 우승한 孫, 南 兩君에게)(沈熏). 조선중앙일보는 1936년 8월 일장기 말소사건이 화가 되어 자진 폐간했다.

조선중앙일보는 심훈의 올림픽 마라톤 우승 찬송시를 발표하면서 청소년들에게 희망과 용기를 고취함으로써 '약소민족 콤플렉스'를 해소하였다. 동아일보는 시상대에 서서 월계관을 쓰고 고개 숙인 손기정의 앞가슴에 박혀 있는 일장기를 말소한 사진을 1면 톱기사로 보도했다. 일장기를 말소한 손기정의 사진을 8월 13일과 25일 두 차례 보도함으로써 이른바 일장기(日章旗) 말소사건이 발생했다. 이는 조선인은 일본을 이길 수 있다는 극일감(克日感)을 불러일으켜 전 조선인에게 용기와 독립희망을 확산시키는 데 획기적 쾌거가 아닐 수 없었다. 조선총독부 당국은 일장기 말소사건을 주도한 신문사 간부를 구속·수감하고, 이로 인해 3·1운동과 같은 항일운동이 일어날 것을 예방하는 차원에서 마침내 동아일보 무기정간 조치를 단행했다. 총독부 경무국 당국의 경찰조서에 의하면, 일장기 말소사건이 발생한 원인은 동아일보 기자들이 항상 마음속 깊이 품고 있었던 민족의식의 발로라고 최종 결론을 내리고 있다. "그들이 항상 마음속 깊이 품고 있던 민족적 의식에 근거한 증오심 때문에 그 같은 일을 저지른 것으로 판명됐다."211) 손기정의 우승은 "우리도 할 수 있다"는 자신감을 가지게 했고, 이를 계기로 민족의식을 고무하는 논설이 발표되었다. "이제 손·남 양 용사의 세계적 우승은 조선의 피를 끓게 하고 조선의 맥박을 생동시켰다. 그래서 한번 일어나면 세계도 장중(掌中)에 있다는 신념과 기개를 가지게 했다."212) 이렇게 민족의식 앙양운동으로 확산되어 자신감을 가지게 했다.

일장기 말소사건으로 조선중앙일보는 자진 폐간했고, 동아일보는 무기정간 조치를 받아 신문을 발행하지 못했다. 손기정 선수의 마라톤 제패는 조선인도 일본을 이길 수 있다는 '민족의 힘'을 재발견하게 했다

---

211) 『東亞日報』(1936. 8. 10, 13, 25); 『韓國三十六年史』, 권 11(1936. 8. 9, 29); 『東亞日報』(2006. 8. 25), 일장기 말소는 편집국의 집단거사. 운동부 기자 이길용(李吉用)은 '오사카아사이신문(大阪朝日新聞)'의 손기정 선수 사진에서 가슴에 부착된 일장기를 말소, 8월 25일자 제2면에 게재한 것이다. 이로 인해 동아일보는 무기 정간되었다. 이와 관련, 사회부장 현진건(玄鎭健), 사진과장 신낙균(申樂均)을 비롯한 동사 직원 10명이 경찰에 연행되었다.

212) 『東亞日報社史』(동아일보사, 1975), 권 1, p.368.

는 점에서 그 역사적 의의는 크다고 할 수 있다. 조선일보는 이에 호응하여 사설을 통해 이렇게 선언하고 있다. "우리는 이번 손·남 양군의 승리로써 민족적 일대 영예를 얻은 동시에 민족적 일대 자신(自信)을 얻게 되었다."

조선 남아의 의기, 손기정 군의 장거

세계 주시의 세계올림픽대회 마라톤 경주는 어제 새벽 본보 호외의 보도와 같이 우리의 선수 손기정 군의 1착, 동 남승룡 군의 3착으로 조선 선수의 독천장(獨擅場)인 감을 주는 결과를 지었다. 세계올림픽대회는 누구나 아는 바와 같이 세계의 모든 민족이 회합하여 그 패(覇)를 다투는 곳이며 그중에도 마라톤 경주는 2천여 년의 역사를 가진 경기인 만큼 가장 주목의 초점이 되어 30개국 56명의 선수가 출전하였는데, 우리 손 군이 1착을 하고 남 군마저 3착으로 승리의 월계관을 받은 것은 손·남 양군의 영예일 뿐 아니라 2천 5백만 조선 민족의 일대 역사적 광영이라 않을 수 없다.

무릇 일 민족의 융체(隆替)는 민족 전체의 향상, 발전의 여하에 있거니와 그 개인 개인의 영훼(榮毁) 여하에 있는 것은 말할 것도 없다. 셰익스피어의 존재가 얼마나 영국의 민족적 영예에 미친바 크며, 톨스토이, 아인슈타인, 간디가 각각 러시아, 유대, 인도의 민족적 영예에 얼마나 끼친바 많으냐. 실로 학술로, 도덕으로, 체력으로, 그 무엇으로나 세계에 뛰어난바 있다면 그 개인은 민족적 영예를 올린 영웅이요, 민족의 은인이다. 하물며 세계에 패(覇)를 다투는 국제장리(國際場裡)에서 승리의 월계관을 얻는다는 것은 그중에도 가장 민족의 영예를 올리는 것이라 할 것이다.

이번 마라톤 경주(26마일, 리(哩) 4분의 1, 조선 약 백 리)에 손 군이 우승의 영예를 얻을 것은 팔분(八分) 촉망했던바 그것은 출전 전에 이미 2시간 26분 42초라는 세계적 기록을 가졌었던 때문이다. 그러나 금차 정식으로 세계 전사(戰士)가 한곳에 모인 국제장리에서 과연 1착을 하고 세계올림픽대회의 기록인 아이연정(亞爾然丁, 아르헨티나) 자바라 군의 2시간 31분 36초를 2분 17초나 돌파한 2시간 29분 19초 2

라는 세계적 최고 기록을 남긴 것과 제3착인 남 군도 전 기록에서 6초
밖에 안 떨어진 고기록을 남긴 것은 실로 양군의 초인간적 재능을 천
하에 발현(發現)한 것으로 그 장거를 작약(雀躍)하고 축복하지 않을
수 없다. 생각만 해도 기껍고 흥분을 참을 수 없으니 이제 23세의 청
년으로 세계 20억 인구 중에서 뽑혀 나온 세계 선수를 물리치고 영예
의 월계관을 잡은 것이 이 세계적 사실(史實)이 아니고 무엇이뇨.

우리는 이번 손·남 양군의 승리로써 민족적 일대 영예를 얻은 동시
에 민족적 일대 자신(自信)을 얻게 되었다. 즉 조선의 모든 환경은 불
리하다 하더라도 우리의 민족적으로 받은 천품(天稟)은 어느 다른 민
족보다 앞설지언정 뒤지지 않았으며 노력만 하면 무엇이라도 성취할
수 있다는 것이다. 우리는 이미 스포츠에 있어서 세계의 반열(班列)에
참석할 자격을 얻었거니와 우리는 금후 문화적, 도덕적, 기타 온갖 방
면에 있어서도 세계적 수준에 달할 날이 있을 것을 믿는 것이다.

세계올림픽대회 마라톤 경기에서 영예의 월계관을 받은 손 군 및 남
군의 장거를 축하하고 이것을 기회로 스포츠 기타 온갖 방면에 일대
세계적 수평운동이 일어나기를 바라는 바이다.213)

손기정의 마라톤 우승을 계기로 하여 민족의식의 재각성이 일어났다.
우리도 일본을 이길 수 있다는 자신감이 확산되어 민족운동이 거세게
일어났다. 이 같은 소요사태는 국내에서만 일어난 것이 아니고 함경북
도 두만강 대안지대에서 연달아 발생했다. 조선공산당 제3차 재건사건
이 예심 중인 와중에서 1936년 8월 16일 연합비(聯合匪) 약 1천 명의
무송현성(撫松縣城) 습격사건이 발생했다. 연합비란 조선독립군, 마적
단(馬賊團), 반만(反滿) 항일군, 공산 게릴라를 합쳐 일제가 붙인 명칭
이다. 이러한 비화(匪禍)사건은 안봉선(安奉線) 내습사건(1936. 8. 6),
천수(泉水) 주재소 습격사건(1936. 10. 19) 등 연속으로 발생했는데,
1934년 4월에서 1936년 1월까지 평북과 함북 대안의 비적 출몰건수는
2만 92회, 연인원 48만 9,760명에 이르고 있다. 1936년 상반기 함남 대
안의 출몰통계는 445건에 연인원 2,260명이었다. 이와 같이 두만강을

---

213) 『朝鮮日報』(1936. 8. 11), 社說: 朝鮮男兒의 意氣 孫基禎 君의 壯擧.

사이에 둔 국경지대의 안보불안이 가중되고 있어 이에 대한 방어책이 시급한 과제로 떠올랐다.214)

이와 같이 식민지 조선 안팎으로 심각한 안보불안에 직면한 미나미 총독은 1936년 8월 26일 이에 대한 강력한 보안대책을 수립했다. "1. 식민지에서의 일체의 반일운동을 근절한다. 2. 조선을 병참기지화하고 북방 비화(匪禍)로부터 조선을 방호한다. 3. 민족의식 말살, 동화정책(同化政策)을 강행한다."215) 이어 8월 27일에는 총독 유고(諭告)에서 내선일체론(內鮮一體論)을 처음으로 천명하고 있다. "인적, 물적의 양 요소에 긍하여 내선일여(內鮮一如), 선만상의(鮮滿相依)의 경지를 통관(洞觀)하여 자원을 개발하고 민심을 계옥(啓沃)하여 널리 참으로 웅강(雄强)국민으로서 간연(間然)함이 없는 생활의 기준에 달케 함은 개(蓋) 통치 종국의 이상을 현현(顯現)하는 소이(所以)로서…" 미나미 총독은 내선일체의 상징물로서 1천 3백여 년 전 일본과 백제와의 친선·선린관계를 원용하여 부여를 성지화하면서 관폐대사(官幣大社) 부여신궁(扶餘神宮, 1940. 7. 30 기공)을 지어 "응인(應仁), 재명(齋明), 천지(天智), 신공황후(神功皇后)"의 위패를 내걸었다.216)

이어 1936년 8월 26일 "국체명징(國體明徵), 선만일여(鮮滿一如), 교학진작(敎學振作), 농공병진(農工倂進), 서정쇄신(庶政刷新)" 등 이른바 5대 강령을 발표했다. "이 5대 강령의 강화구현과 전시체제의 철저확충이 지상목표이며, 그 최대방침이 내선일체(內鮮一體)의 철저적 구현에 있다."217)

이광수의 문화운동은 곧 민족운동이다. 그는 '문화와 부자의 봉사'를 발표하면서 문화운동을 일으켜야 한다고 주장했다.

214) 『每日新報』(1936. 7. 17, 7. 31); 『解放前後史의 認識』(한길사, 1989), 권 1, p.195, 일제말 친일군상의 실태(林鍾國).

215) 상게서, 권 1, p.195.

216) 林鍾國, 『親日文學論』, p.22, 諭告(1936. 8. 27).

217) 『韓國三十六年史』, 권 11(1936. 8. 26).

자본주의는 모든 것을 직업화해버렸다. 여기 이른 직업이라 함은 금전적 보수를 바라는 노역(勞役)을 의미한다. 인류의 대다수가 생활비를 위하는 노역자일 것은 면치 못할 운명인 듯하지마는, 환언하면 인류의 노역의 대부분은 물질적 보수를 목적으로 한다는 것이 면치 못할 운명이겠지마는 그중에 소수의 사람, 소부분의 노역만은 전연 물질적 보수를 도외시하는, 물질적 보수를 도외시할뿐더러 정신적 보수라고 할 명예까지도 도외시하는, 한층 더 나아가서는 생명까지도 도외시하는, 그런 것이 있음이 인류의 생활, 문화 높은 인류의 생활에는 절대로 필요하다.

그런 직업이란 무엇인가. 1. 정치, 2. 종교, 3. 교육, 4. 예술, 5. 과학, 6. 언론, 7. 의료다.

정치에 있어서는 오직 정의(正義)와 민중의 이익과 백 년의 대계를 안중(眼中)에 두는 사상가나 지도자는 흔히는 현 집권계급과 불상용(不相容)하여 불우(不遇), 심하면 누설(縲絏, 오라, 구속)의 궁경(窮境)을 당하기가 쉬우며, 현세에 아유(阿諛)하는 도배의 조소 속에 몸을 버리기가 쉬운 것이니, 이러한 사람을 역사는 지사(志士)라고 부른다. 그래서 이러한 지사는 비록 당대에는 실패자가 되더라도 그의 포회(抱懷)하였던 정신과 그의 드리운(垂) 의범(儀範)이 후세 인심을 비추는 거화(炬火)가 되고 신시대 출현의 초석이 되는 것이다.

종교, 교육, 예술, 언론에 종사하는 사람은 정치가 이상으로 물질적 보수와는 연(緣)이 적거니와 이러한 사람들이 물질적 보수를 염두에 두게 될 때에는 벌써 자기의 진정한 궤도(軌道)에서는 탈출하였다 할 것이니 오늘날의 종교가, 교육가, 예술가의 고민이 바로 이 점에 있는 것이다. 언론가도 과학자도 마찬가지다.

더욱이 민중이 경제적으로는 심히 빈약하고 정신적으로 아직 이해력이 유치한 조선 같은 곳에서 정치, 종교, 교육, 예술, 과학, 언론, 의료 등 사업에 진정한 '일꾼'이 되려는 사람은 아사동사(餓死凍死)의 결심이 필요하거니와 독지(篤志)한 재산가의 파트롱(후원자)만이 이러한 비극을 완화하고 아울러 사회의 생명의 원천이 되는 상기 제 부문의 발달을 촉진할 수가 있을 것이다.218)

---

218) 『朝鮮日報』(1935. 5. 19), 一事一言: 文化와 富者의 奉仕(長白山人).

미나미 총독의 내선일체 동화정책이 강화됨에 따라 이에 대한 반발 작용으로 전통문화재를 보존해야 한다는 문화민족주의 운동이 거세게 일어났다. 함남 이원고적보존회는 1936년 10월 29일 만덕산(마운령) 신라 진흥왕 순수비각을 준공, 낙성식을 거행했다. 만덕산 진흥왕 순수 비(巡狩碑)는 1929년에 처음으로 발견됨으로써 북한산, 창녕, 황초령 등 종래의 진흥왕 3개 비에 하나를 추가, 4개 비가 되었다. 그런데 역사 상 공인하는 신라의 동북 국경이 안변 또는 덕원에 한정했기 때문에 만 덕산 순수비는 방치상태로 버림받은 비석이었다가 이원고적보존회가 성금을 모아서 비각을 낙성한 것이다. 종래의 다른 3개 비는 마모가 심 해서 완전 판독이 어렵지만 만덕산 비석은 자획의 박락이 거의 없고 완 전 판독이 가능해서 신라 국경 개척의 역사를 명확하게 구명할 수 있었 다. 이러한 문화유적 보존운동은 각지로 확산되었으니 개성고적보존회 에서는 두문동 72인의 충절을 기리는 기념제전을 거행했고, 경북 경주 에서도 신라 선왕 제전을 거행함으로써 문화민족주의 운동이 확대되기 에 이르렀다.

본월 29일 함남(咸南) 이원고적보존회(利原古蹟保存會)에서 동군 동 면(東面) 만덕산(萬德山)에 있는 신라(新羅) 진흥왕비각(眞興王碑閣) 의 낙성식을 거행한다고 한다. 고적보존은 문화애의 지순한 일발로(一 發露)이다. 대저 선왕(先王)의 위적(偉蹟)이나 선민(先民)의 유물을 애 호할 줄 모르는 이로서 일찍 훌륭한 문화를 건설한 실례가 있는가.

진흥왕은 신라 통일의 기초를 쌓은 영주(英主)이다. 동왕의 순경비 (巡境碑)로 종래 세간에 알려진 것은 한산(漢山, 북한산), 창녕(昌寧) 및 황초령(黃草嶺) 3비이었는데, 1929년에 함남 이원군 만덕산비가 세 인에게 소개됨에 미쳐서는 진흥왕비가 하나 더 증가하여 오늘날은 4비 가 되었다.

이 만덕산비는 최근에 처음으로 발견된 것이 아니라 그 실은 3백 년 전에 있어서 이미 이조 학자의 문헌에 나타났다. 그러나 세인이 이를 심상하게 본 것은 역사상 공인하는 신라의 동북 국경이 안변(安邊) 또 는 덕원(德源)에 한(限)했음으로써다. 학자를 따라 혹은 황초령비도 오히려 진물(眞物)이 아니라고 부정하게쯤 되거든 하물며 여기서도 수백여 리를 더 가서 있는 만덕산비임이랴. 이것이 오랫동안 동 비가 세인의 이목에서 매몰된 유일한 이유이다.

그러나 근일에 와서 동 비를 연구한 학자의 말에 의하건대 도저히 신라인의 솜씨가 아니고는 그 해예(楷隷, 해서체와 예서체)와 아울러 그 조각이 이렇듯이 정교할 수 없다고 한다. 이로 보면 동 비는 역사적 유물을 초월하여 일종의 예술품으로도 보존할 가치를 가졌다 하겠다.

만일 금석문자(金石文字)로써 신빙한다면 이 만덕산비가 삼국사기(三國史記)의 소루한 기록을 보충 또는 교정할 수 있지마는 이는 차라리 금후 사가의 과학적 구명(究明)에 속하거니와 동 비는 기타 3비에 비하여 자획(字畫)의 박락(剝落)이 가장 적어 거의 그 대부분을 읽을 수 있으므로 이에 의하여 한산, 창녕 및 황초령비 등의 잔결(殘缺)된 내용이 명백해진다. 만덕산비의 특색은 또한 이 점에 있다. 어디로 보던지 이 비의 보존이 아주 필요한 것은 췌설(贅說)할 것도 없다.

들건대 요새 개성고적보존회(開城古蹟保存會)에서는 두문동(杜門洞)제현(諸賢)의 기념제전(記念祭典)을 거행하였다 하며, 경북에서는 신라기념 제선(祭先, 선조에 제사 지냄)을 거행하였다 한다. 각지에서 생기는 이 같은 현상은 선현과 고문화를 현대적 의의로 재인식함으로 보아 또는 고귀한 문화애(文化愛)의 발로로 보아 매우 좋은 일이다.[219]

한편, 사상범보호관찰법(思想犯保護觀察法)은 1936년 11월에 일본제국의회 제69회 의회에서 통과되어 일본 내지에서는 11월 20일부터 실시한다고 발표했다. 미나미 총독은 즉각 이를 조선에서도 연장 실시한다고 공포하였다. "사상범보호관찰법은 일단 치안유지법의 죄를 범하여 기소유예, 형의 집행유예 또는 체형언도(體刑言渡)를 받고 형(刑)을 종료하였거나 가출옥 허가를 받은 자로 의연(依然) 위험사상을 포회한 비전향자 또는 준(準)전향자, 그 밖에 전향하였지만 환경에 지배되

---

219) 『朝鮮日報』(1936. 10. 28, 11. 1), 社說: 古蹟保存 要義; 『韓國三十六年史』, 권 11, p.432(1936. 10. 29), 咸南 利原郡 萬德山에서 新羅 眞興王巡狩碑閣 落成式이 거행되다.

어 재범(再犯)의 위험성이 있는 전향자에 대하여 각기 처지에 따라 보호, 관찰과 사상의 선도를 도(圖)한다는 것이다."220)

1928년부터 1935년까지 치안유지법 위반사건으로 검거된 조선 지식인 사상범의 총수는 1만 6천 명가량 되는데, 그중에서 기소유예 처분을 받은 자, 형의 집행유예 언도를 받은 자, 형의 집행을 종료한 자, 또는 형의 집행 중 가출옥의 허락을 받은 자의 총수가 약 6천 4백 명에 달하고 있다. 조선총독부는 '조선사상범보호관찰령'은 1936년 12월 12일부로 발포되어 12월 21일부터 실시한다고 발포(發布)했다.221)

사상범보호관찰법의 목적은 사상범 전향자에 대하여는 전향을 확보시키고, 비전향자 또는 준전향자에 대하여는 사상전향을 지도·촉진하여 그들로 하여금 완전한 국민적 자각과 생활의 확립을 도모하도록 지도·보호하는 데 있다는데, 종래의 단순한 사상범 방알(防遏)을 위한 경찰감시 등과는 본질적으로 달리 적극적으로 본인을 지도 유액(誘掖, 이끌어 도와줌)한다는 점이 본령의 특이한 점이라고 한다. 그 보호관찰의 수단방법으로 경성, 평양, 대구, 함흥, 청진, 광주, 신의주의 7개 처에 관찰소를 설치하고 이들 관찰소에는 사상보도관(思想輔導官), 보호사(保護司) 등 주무관리 이외에 관계방면 인사로 구성된 보호관찰심사회를 부설한다는데 본인을 "보호관찰소 보호사에 부치(付)거나 보호자에게 인도하거나 또는 보호단체, 사원, 교회, 병원, 기타 적당한 자에 위탁"하여 가정, 생계, 건강, 사상의 추이(推移)를 조사하는 동시에 주거, 교우(交友) 또는 통신의 제한, 기타 적당한 조건준수를 명하며 보호관찰에 소용된 비용은 본인 또는 본인을 부양할 의무 있는 자에게 그 전부 또는 일부를 징수할 수 있게 되었다.222)

미나미 총독이 이 같은 사상범보호관찰법을 시행, 조선의 사상범을 철저히 감찰함으로써 조선인 민족운동을 발본색원하겠다는 의지를 밝

---

220) 『朝鮮日報』(1936. 11. 14), 社說: 思想犯保護觀察法에 對하여 人權 職業 名譽를 尊重하라.

221) 『朝鮮日報』(1936. 12. 13), 社說: 朝鮮 思想犯保護觀察令 發布.

222) 상게서.

히자, 조선 지식인들은 이에 위축되어 독립의 희망은 절망적이라고 판단하고, 일부는 사상을 전향하거나 또는 민족운동을 포기하는 사태가 벌어졌다.

조선일보는 '문화운동의 고성(孤城)을 고수하자, 조선 지식인에게 고함'이라는 사설을 발표했다.

최근 조선 지식계급 간에 정신적 일대 동요가 있는 것은 유감의 일이다. 교육자, 종교가, 예술가, 학자 등등 가위 조선의 정신적 중견이될 만한 청년들은 거의 기회만 있으면 딴 방면으로 전환할 것을 엿보고 있다. 혹은 문화기관의 경영자로 혹은 영리회사의 고급사원 내지경영자로 혹은 영리를 위한 자가(自家) 독특의 기업가로 되려 한다. 이리하여 조선 지식계급 간에는 그 종사하는 문화운동을 천직(天職)으로삼고, 이것과 일생을 같이하려는 기백 있는 이가 적어 보인다. 한마디로 말하여 조선의 문화운동은 일대 유혹에 빠졌다 할 만하다.

문화운동자가 그 직업에 대한 애착을 잃어버리고, 다른 방면으로 전환할 것을 엿보는 사정도 전연 무시할 수가 없다. 시세의 격변은 황금의 나날이 위력 있음을 발휘하고 있으며, 최근 수삼 년래의 인플레 경기가 자칫하면 일확천금이 가능한 듯이 보인다. 문화운동의 고성(孤城)을 사수하는 동안 처자가 굶고, 제 자신 한사(寒士)의 지경을 넘지 못하고 그칠진대 차라리 이해를 쟁탈하는 물질사회에 나아가 자녀를 교육할 자산을 만들고, 나아가서는 문화기관을 경영할 만한 자력(資力)까지 구하겠다고 꿈꾸는 것은 결코 악의라 할 수 없고, 오히려 당연하다고도 할 수 있다. 말하자면 자본만능주의의 황파(荒波)가 지식계급을 학대하고, 유혹하고 부허화(浮虛化)시켰다 할 수 있으니 조선 지식계급의 불안, 동요도 이 점으로만 보면 동정할 여지가 있다.

그러나 한 걸음 물러나서 정사(靜思)하자. 지식계급이 현재의 우울과 번민을 탈각(脫却)코자 모리사회(謀利社會)에 투입한다 하자. 그리고 소기(所期)한 물질적 유족(裕足)과 경영자적 야심을 충족하였다 하자. 그러면 지식계급에게 자기 사명을 다했다는 만족과 희열이 올 것인가. 아니 후세의 사가는 그들로 하여금 세계를 일보라도 전진시켰다 할 만한 가치를 인정할 것인가. 우리는 인류가 반만년의 역사생활을 해오는 중 몇 만의 부호와 몇 억의 사생활의 풍족한 자가 있을 것이로되 사상 (史上)에서 찾아보기 힘들며, 현실에서 만족한 무수한 영웅을 가치 있다 생각지 않았다. 우리는 수백 수천 년 전의 칸트, 셰익스피어, 다윈, 소크라테스, 예수, 석가를 알되 록펠러, 로스차일드, 몰간, 포드의 이름은 사후 백 년을 지나 세인의 기억에서 사라질 것이다. 예술은 길고, 인생은 짧다 하였지만 실로 문화는 길고, 황금은 찰나적이 아닌가.

조선은 경제적으로도 빈약하기 짝 없지만 문화적으론 일층 한심한 바가 있다. 그중에도 십수 년래 점차 발전해오던 신문화가 최근 시세의 격변에 따라 일대 수난기를 조우하였다. 일층 더 큰 문화운동을 일으키기 위한 경제계 진출은 찬성하며 희망하는 바이다. 그러나 수난기의 문화운동을 버리기 위하여 달아나는 것은 찰나주의자(刹那主義者)요 근시안자요, 비겁자다. 남이 문화운동자를 고용인시(雇傭人視)하거나 고루한 한사의 일이라 조소하거나 문화운동자는 자기의 천직으로 알고, 인류의 최고 가치로 믿고 인류의 이상이라 끝까지 문화고성(文化孤城)을 고수할 것이 아닌가. 지식계급은 재삼 정사(靜思)할 위기에 있다고 절규하는 바이다.223)

총독부 경무국 당국의 이 같은 조선 지식인에 대한 사상탄압이 가중, 독립희망의 의기가 소침됨에 따라, 이광수는 민족의식을 고무하기 위하여 '그의 자서전'을 조선일보에 128회(1936. 12. 22~1937. 5. 1) 연재했다. 여기서 '그'는 춘원 자신이고 이 글은 '이광수 자서전'이라 규정할 수 있다. 소설에 등장하는 독립지사의 실명을 숨기고 영문 이니셜로 표기하고 있다. 오산학교에서의 민족교육, '민족의 힘'을 찾기 위한 상해 독립지사들과의 교유, 미주 신한민보 주필에 임명되어 시베리아 대륙횡단철도를 타고 미주행을 위해 블라디보스토크(海蔘威)에 갔을 때 그곳 신한촌(新韓村)에서의 권업회 동지들과의 교유, 그리고 권업신문에 '독립전쟁론' 기고, 물린(穆陵)에 망명 중인 이갑(李甲)과의 독립운동 편지 대필, 치타에 있는 대한인국민회 시베리아 지방 총회장 이강

---

223) 『朝鮮日報』(1936. 11. 25), 社說: 文化運動의 孤城을 固守하자, 知識階級에게 告함.

(李剛)을 만나 대한인정교보 주필에 임명되어 신문을 제작한 일, 때마침 제1차 세계대전 발발로 미주행 길이 막혀서 미주행을 포기하고 오산학교로 돌아온 독립운동 활약상, 그리고 인촌 김성수의 학비보조로 제2차 동경 유학의 길을 떠나 와세다대학 철학과에 입학한 대학생활까지의 청소년 시대의 독립운동 활약상을 사실적으로 묘사한 자서전이다.

조선일보는 '그의 자서전' 연재를 앞두고 대대적인 기대감을 표명하면서 조선의 최근세 사회 실상을 그리게 될 것이라고 예고하고 있다.

만천하 독자로부터 열렬한 환영을 받는 장편소설 '애욕의 피안'도 오는 수삼 회로써 막을 닫치려 한다. 춘원 이광수 씨가 소설계에 단연 제일인자인 것은 누구나 인증(認證)하는 바이어니와 항상 병마(病魔)로 인하여 작품에 갖은 지장을 받는 것은 애석한 일이다. 춘원은 이미 불혹(不惑)의 역을 넘은 지 수년, 문학적으로도 노성한 걸작을 내이려(내려)는 마음에 바빠서 이번에는 가장 역작을 발표하려고 서둘고 있다. 이번 소설은 이름도 '그의 자서전'인 것같이 어떤 이의 자서전을 쓰려 한다. 필자는 '그의 자서전'을 통하여 조선의 최근세 사회 실상을 그리겠다 한다. 춘원은 과연 과거 조선을 어떻게 보았는가? 그 자서전의 주인공 '그'는 과연 누구인가? 독자 제위는 오는 22일부터 석간 7면에 나타나는 장편소설 '그의 자서전'을 통하여 '그'가 누구인가를 생각해보라.

또 삽화는 웅초(熊超) 김규택(金奎澤) 씨로 근래 사계(斯界)에 단연 이채를 자랑하는 이로 자타가 공인하는 바이다. 이 소설에 이 삽화 과연 금상첨화를 이루었다 하겠다.

작자의 말

여기 한 사람이 있다. 그는 태어났다. 어린애의 생활을 하였고, 고아가 되었고 의식(衣食)을 얻기에 골몰하였고, 행복을 구하기에 골몰하다가 그는 마침내 인생은 무엇인가 하는 큰 의혹과 마주쳤다. 그때에는 그의 머리에는 벌써 센 터럭이 있었고 그의 몸에는 벌써 쇠약과 병이 있었다. 그는 그의 인생의 앞날이 얼마 길지 아니함을 안다. 이에 그는 가만히 지나간 일생을 회상해본다. 잊어버렸으면 좋을 괴로운, 슬픈,

부끄러운, 유시호(有時乎, 어떤 때에는) 그리운 기억들이 떠오른다. 이러한 제 자신의 자취에 그는 울고 탄식하고 뉘우친다. 이제 그는 다 더럽고 다 낡아빠진 몸과 맘을 가지고 거짓의 껍데기를 벗은 새로운 인생을 찾아보려고 일어선다. ― 이것이 그의 자서전의 요령이다.

'그'는 일청전쟁 전에 나서 근세의 조선을 고루고루 구경한 사람이다. 어떤 의미로 보면 그의 일생은 근세 조선의 일생일는지도 모른다. '그의 자서전'은 근세 조선의 한 측면 기록일는지도 모른다.

'그'라는 것이 누구며, '그'와 관련되어 나오는 수많은 남녀가 누구냐. 독자는 그들을 모두 현대에 살아서 움직이고 있는 사람들로만 가정하라. '그'는 이 자서전에서 사회의 양풍미속(良風美俗)에 해를 끼치지 아니하는 한에서는 제 속을 숨김없이, 꾸미지 않고 쓸 것이다. 독자는 낯을 가리울(가릴) 경우가 있을는지 모르거니와 독자는 잠시 '그'의 참회를 받는 사승(師僧)이 되라. 그의 가장 가슴 아픈 것이 지나간 거짓이요, 그의 가장 원하는 것이 꺼림 없는 참이기 때문이다.224)

김용준(金容駿)은 중학생 시절 이광수의 작품, 특히 '그의 자서전'을 읽고 민족의식을 깨우쳤다고 고백하고 있다.

나는 1927년에 태어나 소학교와 중학교(5년제 경기중학)를 모두 일제시대 때 다녔어요. 내 또래 사람들은 우리나라 역사를 학교에서 배우지 못했어. 일본어로 일본 역사를 배웠지. 황국신민서사(皇國臣民誓詞)를 외우고 천황이 계신 곳을 향해 동방요배(東方遙拜)를 하며 일과를 시작하던 시절입니다. 완전히 일본인으로 일본 문화에 젖어 살았던 거지. 책에도 썼는데 사람들이 소설가 춘원 이광수를 친일파라고 욕해도 나는 그렇게 말 못해요. 나는 일제시대 때 춘원의 소설을 읽으며 한국인이 되어가기 시작했어. 중학생 때 지금은 사라진 종로의 화신상회 자리에 있던 한 서점에서 우연히 춘원이 쓴 '그의 자서전'이란 소설집을 발견하게 됩니다. 애정행각과 도피 얘기니까 별거 아니죠. 그런데 도망간 곳이 간도(間島)야. 독립군들이 많던 곳이잖아. 황국신민으

---

224) 『朝鮮日報』(1936. 12. 17), 그의 自敍傳(長白山人 李光洙 作, 熊超 金奎澤 畵).

로 살던 내가 볼 때 전혀 다른 세계가 있었음을 알게 된 거죠. 이후 이광수의 소설은 모두 사서 읽었습니다. 나에게 이광수는 흠모의 대상입니다. 이광수를 욕할 수만은 없는 것이죠. 마찬가지입니다. 특정한 하나의 패러다임이나 권력으로 역사를 재해석하려 해선 곤란해요.225)

'그의 자서전'은 한마디로 요약하면, '민족의식을 고취한 항일독립운동의 기록'이라고 말할 수 있다. 조선 지식계급의 인사들은 조선사상범보호관찰령의 시행으로 모두가 위축되고 의기소침하여 끽소리도 못하고 있는 상황이었다. 이런 가운데, 이광수는 이에 조금도 굴하지 않고 항일독립운동의 소설을 집필하고 연재한 것이다. '그의 자서전'은 1937년 5월 1일에 연재가 끝나자마자 조선일보사 출판부에서 즉각 단행본 '그의 자서전'226)을 출간했으며, 동우회 사건(1937. 6. 7)이 발발하여 이광수가 체포·구금되는 시점에 맞추어 발간했다. 게다가 조선일보는 이광수가 체포되자 연일 '그의 자서전'을 광고 형식으로 보도하면서 민족의식을 고취하고 있었다. 조선사상범보호관찰령을 강행하고 있는 총독부 경무국 당국은 춘원이 이끌고 있는 조선 유일의 민족운동단체인 동우회를 해체하려는 정치적 탄압정책의 차원에서 동우회 사건을 일으킨 것이다.

총독부 경무국 당국이 조선사상범보호관찰령을 실시함에 있어서 가장 껄끄러운 존재는 정치적으로는 동우회(이광수)이고, 종교적으로는 개신교, 특히 미국 장로교 선교사들의 선교회(宣敎會)였다. 3·1운동이 발발하자 스코필드 같은 미국 선교사는 항일독립운동을 측면 지원했던 것이다. 개신교 장로교 계통의 학교 출신 졸업생은 미국 선교사들의 항일사상교육에 감화를 받아 민족의식이 강하고 항일독립사상이 투철한 지식인들이었다. 이에 장로교 학교에 대한 종교적인 탄압이 자행되기에 이르렀다. 장로교 계통의 항일학교는 평양의 숭실(崇實)전문학교를 비롯하여 숭실중학교, 숭의(崇義)여학교, 광주의 수피아(須彼亞)여학교,

225) 『중앙일보』(2006. 3. 20), 일요 인터뷰(김용준).
226) 李光洙, 『그의 自敍傳』(朝鮮日報社 出版部, 1937. 6. 10).

전주의 신흥(新興)학교, 기전(紀全)여학교 등 20개 교인데, 조선사상범 보호관찰령에 의해 모두 폐쇄조치하면서 1938년도부터 신입생 모집을 중단하고 폐교하겠다는 것이었다.227)

　　장로교계 선교회가 그 교육기관을 철회하는 소신에 대해서는 왈가왈부를 논하려 않는다. 또 이제 장로교계 학교 전부를 철수한다고 장로교 선교회가 과거 수십 년에 긍하여 조선 교육계에 공헌한 그 공적을 무시하는 것도 아니다. 그러나 이제 즉시 20수교를 철수한다면 그 학교의 전도는 폐쇄 그 물건밖에 없을지니 이리되면 설사 철회하고 가는 선교회라도 당초 설립한 본의(本意)에 어그러진 결과를 낼 것이 아닌가. 이미 수십 년을 조선 교육계를 위하여 희생했다면 적당한 후임자가 날 때까지 2년 내지 수년간 더 경영해야 할 것이라 믿고 또 바라는 바이다.

　　그리고 사회 일반으로 보더라도 전기 20수교가 일시에 조선에서 폐쇄된다는 것은 조선 교육계를 위하여 중대한 타격임은 말할 것 없으니 차제 사회 독지가(篤志家)의 발분을 바라는 것이다. 선교회가 철수하는 이유에는 그 자신들의 소신 여하에 의한 것이니 구태여 논하려 않으나 이미 선교회가 이 사업을 철회하는 이상 우리 사회는 과거 그들의 공적을 감사하는 동시에 금후 그 후계에 대하여 책임을 가질 의무가 있다고 믿는다. 왜냐하면 선교회가 과거 수십 년에 긍하여 조선 교육계에 개척의 힘을 썼다면 그것은 오로지 우리의 힘이 이에 미치지 못하였음을 의미함이니 이제 조선인이 어느 점으로나 상당한 실력을 양성하여 금일의 처지에 선 이상 우리는 당연히 이것을 인계 경영할 의무를 가졌다. 실제에 있어서 우리는 도처에서 학교의 발흥(勃興)을 보고 있거니와 그 성의를 이상 학교의 인계(引繼)에 심주(深注)한다면 전연 불가능할 것이 아닐 것이다.228)

미나미 총독은 조선인의 민족의식과 주체성을 완전히 말살해야만 조

---

227) 『朝鮮日報』(1936. 12. 8), 社說: 長老敎系學校의 閉鎖問題, 各界의 愼重한 對策을 望함.

228) 상게서.

선인을 야마토(大和) 민족과 융화할 수 있다는 내선일체론을 제창했다. 이를 구현하는 수단이 곧 동화정책(同化政策)의 강행이다. 동화정책을 철저히 추진하려면 우선 조선 종교를 일본화(日本化)하는 것이 선행되어야 한다고 생각했다. 이리하여 조선사상범보호관찰령에 의해 조선의 모든 종교단체를 이른바 친일어용단체로 만들어 종교의 일본화 작업에 박차를 가했던 것이다. 드디어 1937년 2월 26일 총독부 제1회의실에서 미나미 총독 주재로 조선 불교 31본산 주지회의를 개최하면서 '총본산'이란 최고 집행기구를 설치하기로 방침을 결정했다. 이 총본산은 조선 불교의 핵심세력인 31본산을 지배·감독하는 최고 의결기관인 것이다. 조선 불교를 일본 불교화하겠다는 것이다.

미나미 총독은 회의 벽두에 "조선 불교를 가두로 진출케 하여 정신 작흥(精神作興)운동과 심전개발(心田開發)운동의 한 부분을 차지케 하여 승려는 이 운동의 용감한 전사(戰士)로 나서야 한다"[229]라고 독려하고 있다. 이는 조선 불교를 일본 불교에 예속시킴으로써 불교의 일본화를 이룩하겠다는 의지의 표명이다. 그러니까 '총본산'이라는 어용단체를 설치해서 전 조선 불교도를 총지배함으로써 조선 불교도를 '순한 양'으로 충량한 황국신민화(皇國臣民化)한다는 것이다.

조선 불교의 진흥책을 강구하려는 31본산 주지회의가 어제 2월 26일 오전 열 시부터 총독부 제1회의실에서 개막되었다. 31본산 주지회의라는 회합은 전 조선 불교도의 대표자라 할 만한 이의 회합이니만치 일반은 이 회의 경과에 대하여 적지 않은 주목을 하고 있던바 개회 즉일에 지시사항 답신안(答申案)에 있어 중앙집권적 총본산(總本山) 신설을 결정하였다는 사실은 우리의 관심을 크게 끄는바 있다. 즉 본회의에 있어서 31본산 위에다가 '총본산'을 설치하여 이것을 전 조선 불교의 최고기관으로 하는 정연(整然)한 신조직 하에 금후 불교의 모든 운동사업의 총본부로 하자는 의견이 일치되어 분산적 상태에 있던 불교를 이로써 중앙집권적 조직체로 만들게 되었다는 것은 조선 불교 자체로 보아 특필할 만한 일대 혁신일 뿐 아니라 그로 인하여 사회에 파

---

229) 『每日新報』(1937. 2. 27); 林鍾國, 『親日文學論』, p.22.

급될 제반 영향으로 볼 때에 사회적 견지로도 상당히 중대시할 문제이다.

불교는 1천 6백 년 전 동진(東晉)으로부터 전래하여 유교(儒敎)와 함께 조선 문화에 다대한 공헌이 있는 종교로서 특히 백제, 신라의 찬연한 상아탑을 이루었고, 고려 말엽까지도 융성하였으나 이조에 들어와 관권에 의한 탄압으로 하루아침에 쇠퇴 부진 상태에 빠지게 되어 현재에 이르게 되었다. 그러나 현재 불교가 아무리 쇠퇴하였다 하더라도 31본산 1,338개 처의 사찰에 7천여 명의 승려와 15만에 달하는 교도를 갖고 있으며 이에 소속된 재산은 조선에 있는 어느 단체도 따를 수 없는 2천만 원 이상이라는 거액인데, 당국의 계산으로 연수(年收) 백만 원으로 발표된다. 이만한 교도와 이만한 지도자와 또 이같이 풍부한 재원(財源)을 갖고 있는 금일의 불교, 게다가 과거와 같은 정치적 탄압도 없는 이때에 관계자 그들만 성의가 있다면 불교의 부흥은 물론 제반 사회사업을 훌륭히 하여나갈 수 있을 것은 용이히 추측할 수 있는 것이다.

인원으로 재원으로 이상과 같이 훌륭한 집단체인 현재 조선의 불교 현상은 어떠한가. 종교로서의 불교 자체가 쇠퇴·부진할 뿐 아니라 거재를 낭비하면서 사회사업에는 전연 눈을 감고 있다. 교육기관의 부족으로 초등, 중등, 고등 교육기관을 막론하고 살풍경적 입학난 소동을 일으키고 있음에 불구하고 불교에서는 종래에 경영하던 학교로부터서도 손을 떼고 현재 관계있는 교육기관이라곤 초등학교 수3처와 불전(佛專, 불교전문) 1교밖에 없다는 것은 실로 무색한 일이며 더욱이 고등교육기관으로 단 하나뿐인 불전까지 승려 이외의 일반 자제들에게는 교문을 열지 않으리라는 말이 들리니 한심한 일이다. 이러한 현상에 있어서 이번 불교의 진흥책을 강구하기 위한 31본산 주지회의가 열리게 된 것을 기뻐하거니와 우리가 이 회합에 일언하고자 하는 것은 불교를 진흥시키는 데는 승려 자신들이 종래의 은퇴생활을 버리고 가두에 나와 중인과 접촉하며 사회사업을 많이 함으로써 사회에 공헌하는 이 일 자체가 불교의 부흥발전을 의미하게 되는 까닭을 알라 함이다. 다시 말하면 종교의 성쇠는 사회적 관련성에 있는 것이다. 불교진흥을 불경(佛經) 연구에만 탐구(探求)하려는 것은 인식부족의 심한 자이다. 이것은 예수교가 융성한 구미사회를 살펴본다면 일견 명료하다. 31본산 주지 제군은 혁신된 중앙집권적 신조직 하에 금후 이 거대한 기관을 운전함에 있어서 종교의 사회적 내지 시대적 관련성에 깊은 인식이 있기를 바라는 바이다.[230]

31본산 주지들이 '총본산' 신설안에 찬동하자, 3·1독립선언서 민족 대표 33인 중 한 사람인 한용운(韓龍雲)은 주지들이 총독 앞에서 조선 불교의 일본화 운동에 만장일치로 찬성한 친일행태를 규탄하는 법어(法語)를 남겼다. "세상에서 제일 더러운 것은 무엇인지 아십니까? 제일 더러운 것을 똥이라고 하겠지요. 그런데 똥보다 더 더러운 것은 무엇일까요? 나의 경험으로는 송장 썩는 것이 똥보다 더 더럽더군요. 왜 그러냐 하면 똥 옆에서는 음식을 먹을 수가 있어도 송장 썩는 옆에서는 역하여 차마 먹을 수가 없기 때문입니다. 송장보다 더 더러운 것이 있으니 그것이 무엇인지 아십니까? 그건 31본산 주지 바로 네놈들이다."[231]

심전개발운동을 처음으로 제창한 이는 우가키(宇垣一成, 재임 1931. 6~1936. 7) 총독이다. "심전개발운동은 신불(神佛)을 중심으로 해야 하고 또한 조선 민중에 신도(神道)를 보급시킴으로써 국가 관념을 배양하는 것"이 가장 긴요한 조치라고 주장하고 있다. 신도란 일본의 국교로서 이를 조선 불교와 접목함으로써 조선 불교를 일본 신도화(神道化)하는 것을 궁극적 목표로 설정하고 있다. "경신(敬神) 관념 보급을 심전개발의 근간으로 한다. 일본의 국교인 신도를 조선인에게 널리 보급함이 필요하다. 각 부락마다 신사를 건립한다. '일면(一面) 일신사(一神社)' 건립을 시행한다."[232]

'심전'이란 단어는 불교의 '잡아함경(雜阿含經)' 제4권에 나오는 '심

---

230) 『朝鮮日報』(1937. 2. 28), 社說: 三十一本山 住持會議 社會事業에 寄與하라.

231) 백담사 만해기념관 소장. 한국 불교를 일본 불교에 예속시키려는 총독부의 방침에 따라 개최된 31본산 주지회의에서 한용운 선사가 한 연설문.

232) 『高等警察報』 제5호(1933), pp.216~219, 心田開發運動に對する一般の感想.

전경작(心田耕作)'이란 구절에서 유래한 말로 "정신적 생활을 지탱하는 마음의 밭"을 의미한다. 따라서 정신수양, 혹은 정신계도(精神啓導)를 의미한다. 그런데 조선 불교의 일본 신도화에 관심을 가진 우가키 총독은 1935년 1월 31일 처음으로 심전개발을 제창하고 나섰다. 경성에 설치되어 있는 본원사(本願寺)를 비롯한 일본 불교 주지, 조선 조계종을 비롯한 불교 각파 주지들 12명, 그리고 총독부 와타나베(渡邊豊日子) 학무국장 등이 경성 시내 은행집회소에 모여 종교 간담회를 개최하고 심전개발책을 토의·결정한 것이다.233)

그런데 이 심전개발운동을 동우회에 강요하였는데 이를 단호히 거부한 것이 동우회 사건 발생의 직접적 원인이 된 것이다. "동우회 이사부장 주요한은 종로경찰서에 이사회 소집허가원을 가지고 갔더니, 1. 소집통지서를 국어(일본말)로 쓸 것, 2. 회의에는 국어를 용어로 할 것을 조건으로 하여야 허가한다고 하였다. 그래서 주요한은 이사 중에는 일본말을 모르는 사람도 있으니 예전과 같이 하자 한즉 고등계 주임은 골을 내며, '영어로 하면 다 통하겠지' 하고 허가치 아니하였다. 또 이것은 나중에 안 일이어니와 동우회 회우인 김윤경(金允經) 기타 몇 사람에게 소위 심전개발 강연을 당국에서 위촉하는 것을 거절한 일이 있었다."234)

1937년 6월 7일 도산과 춘원을 비롯하여 181명이 총검거됨으로써 우리나라 유일의 민족주의 단체 동우회는 하루아침에 와해되었다. 미나미 총독의 조선사상범보호관찰령의 위력이 얼마나 강력했는가를 입증해주고 있다. 미나미 총독은 중일전쟁 발발로 중국 대륙에 대한 침공작전이 본격적으로 전개되자 7월 27일 총독부 정례국장회의 석상에서 내선일체 실천운동을 적극적으로 추진할 것을 강조하고 있다. "지난 27일의 총독부 정례국장회의 석상에서 미나미 총독은 북지사변(北支事變,

---

233) *Yun Chi-Ho's Diary*, vol. 10, p.395, February 9, 1935; 김상태, 『윤치호일기』, p.343(1935. 2. 9); 『朝鮮』 제238호(1935. 3), p.167, 宗敎家懇談會; 『韓國三十六年史』, 권 11, p.20(1935. 1. 31).

234) 春園 李光洙, 『나의 告白』, p.151.

중일전쟁) 발발 이래 조선 내 각 종교단체와 및 교화단체가 시국의 중대성을 인식하여 이 비상시국에 처하여 더욱이 내선일체가 되어 맹렬한 활동을 하고 있는 것은 참으로 눈물겹고도 기쁜 일이다, 그러나 이러함에도 불구하고 아직 이렇다 할 활동을 하는 일 없이 수수방관만 하고 있는 단체가 있는 것은 매우 유감이라고 하여 이러한 모든 단체에 대하여는 적극적인 활동을 권고할 바를 강조하였는데, 이러한 때에 활동을 아니 하는 단체는 국가에 반하는 동시에 시국의 중대성을 등한시하고 또는 거국일치에 반하는 사상을 포회한 교화단체나 혹은 종교단체에 대한 미나미 총독의 단호한 결의를 희사(喜捨)한 것으로 일반에게 중시되고 있다."235)

이와 같이 나라 안팎으로 몰아치는 일제의 탄압정책으로 말미암아 이제 민족운동은 존폐위기에 직면했다. 나라 밖으로는 일본의 대륙 침략전쟁으로 만주를 비롯하여 북중국 일대를 일본군이 점령함으로써 조선독립군의 활동 근거지를 상실하여 조선독립군이 와해되고 말았다. 나라 안에서는 이광수가 한평생 이끌어왔던 민족주의 단체가 수양동맹회(1922. 2. 12), 수양동우회(1926. 1. 8), 동우회(1929. 11. 23)에 이르기까지 민족주의 운동을 줄기차게 전개해오다가 결국 동우회 사건(1937. 6. 7)으로 해체됨으로써 민족적 항일운동은 종언을 고하고 말았다.

동아일보 편집국장 이광수는 1929년부터 1933년까지 문맹퇴치 및 문자보급운동을 줄기차게 전개했다. 이광수는 특히 브나로드운동을 전개하면서 "농촌으로 가자"라는 구호를 외치면서 농촌계몽운동을 벌였고, 농촌 모범부락을 만들어 농촌 근대화운동을 대대적으로 벌인 경험을 바탕으로 '흙'을 동아일보에 연재했다. 1929년부터 1931년까지 동아일보와 조선일보는 다 같이 문맹퇴치 및 문자보급운동을 경쟁적으로 벌였다. 그러나 1932년과 1933년 두 해 동안 조선일보는 신문사 분규 관계로 인해 문자보급운동을 중단하기에 이르렀다. 때마침 광산업으로 거부가 된 방응모(方應謨)가 30만 원이라는 거액을 투자하여, 1933년

---

235) 『每日新報』(1937. 7. 30), 擧國一致에 躊躇하면 反國家的으로 看做; 林鍾國, 『親日文學論』, p.30.

7월 10일 분규 중인 조선일보를 인수·경영하게 됨에 따라 조선일보는 활기를 되찾게 되었다. 조만식(曺晩植)을 사장에 추대하고 부사장 겸 전무취체역에 방응모, 편집국장에 주요한(朱耀翰), 영업국장에 김기범(金箕範)으로 진용을 갖추고 새 출발을 한 것이다. 그러나 조만식은 신문 경영에 경험이 전무해서 고문으로 추대하고 사장에 출자자인 방응모가 취임하고 8월 29일 부사장에 이광수를, 주필에 서춘(徐椿)을 영입했다. 주요한은 안창호 조선일보 사장추대운동을 벌이다가 여의치 않아 이에 반발, 화신상회로 자리를 옮겼다.

이광수는 동아일보에 '흙' 연재를 끝내자마자, 1933년 8월 28일 조선일보 부사장에 취임하면서 문자보급운동을 재개했다. 1934년 6월에 '문자보급교재'236)를 만들어 전국적으로 보급하고 대대적인 문자보급운동을 전개했다. 1934년 6월 29일 경성 공회당에서 5,078명이 참가하여 동원식을 거행했다. 참가한 학교는 중학교 92개 교와 일본 유학생을 포함하여 33개 전문학교 및 대학이 참여하였다. 1935년에는 한글원본 10만 부를 발행·배포했고, 1936년에는 한글원본 50만 부를 보급했다. 모두 무료로 배포한 것이다.237)

조선일보는 문자보급운동은 한반도 안의 한 작은 조선 사회에 대한 헌신적 봉사가 될 뿐 아니라 전 세계 인류의 보편적 안녕과 행복증진에 대한 헌신적 봉사라고 규정하고 있다.238) 1934년의 문자보급운동의 총참가 인원은 동아일보사 2,419명, 조선일보사 5,078명에 달했다. 한편 일반인을 대상으로 하는 한글강습회는 조선과 동아 양사를 합해서 강습회 20회, 동원된 강사(저명한 학자) 44명, 수강자 1,068명에 이르고 있다. 학술(한글)강습회는 전국 13도에 걸쳐 실시했다. 이와 같이 큰 성과를 거두자 경무국 당국은 마침내 강력한 단속을 강화하기에 이르렀

---

236) 『문자보급교재』(조선일보사, 1934. 6. 24). 조선일보사는 문자보급교재를 발행하여 무료로 전국 문맹자에게 배포했다.

237) 정진석 편, 『문자보급운동교재』(LG상남언론재단, 1999), pp.19~22, 1934년 이후 문자보급교재 50만 부; 『한글원본』(조선일보사, 1935. 7. 10).

238) 『朝鮮日報』(1934. 7. 21), 社說: 文普戰士의 出戰 半萬名 學徒에게 물함.

다. 경무국 당국의 동아와 조선 양사의 한글강습회 취체건수 통계를 보면, "동아일보는 인가 16건, 불인가 및 사전금지 207건, 중지 및 해산 5건. 조선일보는 인가 5건, 불인가 및 사전금지 117건, 중지 및 해산 없음"이라 기록하고 있다. 이상 통계를 보더라도 당국의 한글강습회에 대한 탄압이 얼마나 심각했는지를 확인할 수 있다. 총독부 경무국 당국은 동아와 조선 양사가 전국적으로 벌이고 있는 문자보급운동 및 한글강습회가 조선인의 열화 같은 호응을 받아 요원의 불길같이 확산되자 마침내 중지령을 발동함으로써 1935년부터 일체 문자보급운동을 금지한다고 공표했다.[239]

1935년 7월 조선일보 사설에서는, 여름방학을 맞이해서 예년처럼 각급 학생을 동원하여 문맹퇴치운동을 벌이지 못한 데 대한 사정을 학생들에게 상기시키면서 이번 여름방학에도 유용한 사회적 교양의 귀중한 기간이 될 것을 기대하고 있다. 그동안 문자보급운동에 적극 협동하였던 학생들에게 비록 당국의 문맹퇴치운동을 중단시킨 물리적 제약에도 불구하고, 올여름에도 예년과 같이 동일한 문화적 의욕과 봉사적 정신을 가지고 개인적으로 방학 기간 이 고귀한 문자보급운동의 목적을 위하여 헌신할 것을 당부하고 있다.

내일로써 학생, 생도, 아동의 하기휴가가 시작된다. 매년에 주기적으로 있는 일임으로 이 하기휴가에 대하여 특별한 의의를 부여할 필요는 없지마는 본사로서는 작년에 문자보급반(文字普及班)에 의하여 수만의 학생 생도를 문자보급운동에 동원시켰던 기억이 새로운 동시에 금년에는 사정에 의하여 이것을 중지하지마는 이 사업에 협동하였던 제군은 금년에도 작년에 참가하였던 것과 동일한 문화적 의욕과 봉사적 정신을 가지고 개인적으로나마 이 하휴의 일부를 이 고귀한 목적을 위하여 이용하기를 우선 부탁하고 싶은 것이다. 하기휴가는 될 수 있으면 사회의 모든 생활층이 원하고 싶은 일이지마는 생산과 직무와 근무에 매달린 일반 사람에게는 도저히 얻기 어려운 기회가 되고 있는 것인 만큼 이러한 특권을 가진 학생 생도들이 하휴를 가지는 행복에 대한 보

239) 『高等警察報』 제4호(1935), pp.275~280.

답은 그 활동량에 있어서보담도 적어도 정신에 있어서 사회에 대한 봉사관념이 고양(高揚)되어야 할 것이라고 생각하는 바이다.

금일 학생 생도가 된 제군은 교육기관이 모든 입학 희망자를 수용할 만큼 구비되어 있지 않고 또 경제상의 힘이 뜻이 있더라도 그 자녀를 공부시킬 수 없는 가긍(可矜, 불쌍하고 가엾다)한 상태에 놓여 있는 조선에 있어서는 확실히 행복된 지위에 있는 사람들이다. 그리고 제군은 그 장래가 미지수가 되어 있는 만큼 일반으로는 호의적으로 대성(大成)할 것을 기대하여 은연히 존경을 받는 경향도 있다. 이것은 동시에 조선 사회의 번영은 제군의 대성에 의하여 결과된다는 것을 믿는 공동의식이 작용하는 표징(表徵)이다. 오늘날 조선의 학생 생도의 사회적 존재란 이와 같은 사회심리에 의하여 제약되는 것인 만큼 학생 생도 제군이 또한 모든 사회사상(社會事象)에 대하여 무관심할 수 없는 것도 자명(自明)의 리(理)가 된다. 제군의 하기휴가가 유쾌한 산야의 소요와 함께 고귀한 사회적 목적과 함께 이용될 것을 희망하는 것은 이 또한 자연적으로 유로(流露)되는 우리들의 심정이다.

외국의 전문 대학생은 하기휴가를 '다망한 사회적 훈련의 시기'라고까지 별칭하도록 하기나 동기휴가를 직접 사회와 접촉하는 기간으로써 잘 이용한다. 미국의 전문 대학생의 대부분에게 있어서는 이 기간은 그들의 학자(學資)의 대부분을 자수(自手)로써 버는 고난의 기간까지 된다고 한다. 사회적 환경이 이보담 훨씬 윤택치 못한 조선의 전문 대학생이 과도기에 있는 농촌의 종종상(種種相)과 사회진운에서 버림받은 가련한 형제들의 생활을 목격함에 따라서 실천적으로 느끼는바 많고, 이에 따라 무엇을 하고자 하는 창조적 충동이 자연 용솟음치게 될 것을 우리는 기대하여 마지않는 바이다. 하기휴가는 학생 생도의 사회적 교양의 기간이 되고 나아가서는 사회적 활동의 요람기(搖籃期)가 되게 하는 데 있어서 실로 학교교육의 유용한 연장이 된다고도 할 것이다.

오늘의 학교교육은 일부에서는 사회적 훈련과 전연 별개의 것인 동시에 사회의 제반 상세(狀勢)에서 격리된 것처럼 또 그렇게 하여야 될 것처럼 주장하는 사람도 있는 모양이나 학교교육은 그 어느 것이나 사회의 일정한 환경 내에서 운용(運用)되는 것이요, 학교 그 자신이 일정한 관계 하에서 사회의 일부를 구성하고 있는 것인 만큼 사회와 유리

(遊離)하여서는 실천의 토대가 서지를 않는 것이다. 학교교육이란 것도 결국은 사회적 실천의 한 과정이요, 그 초보형태이기 때문이다. 하휴가 학생 생도 제군의 유효한 사회적 교양의 귀중한 기간 되기를 반복 부탁하는 바이다.240)

경무국 당국의 문자보급운동 중단 조치로 인해 조선일보사는 문자보급운동의 방식을 변경하지 않을 수 없었다. 종래의 여름방학을 이용한 학생 동원 방식을 지양하고, 겨울철 농한기를 이용하여 독자들로 하여금 문자보급운동을 벌이는 방식으로 전환한 것이다. 그러니까 종래의 학생 위주의 문맹퇴치운동에서 독자들이 '한 사람이 한 사람씩 가르치는 교습방식'으로 변경하였으니, 이는 각개격파식 문맹타파운동으로 변경한 것이다.

조선일보사는 1935년 12월 제5회 문자보급운동을 전개하면서 그 취지를 천하에 공포했다. 아는 것이 곧 '민족의 힘'이라고 강조하고 있다. 제4회(1934)까지는 여름방학을 이용하여 각급 학교 학생을 동원하여 직접 문맹타파운동을 실시했는데 이로 인해 부작용이 자주 발생했으니, 당국의 집중 감시, 감찰, 그리고 방해공작으로 말미암아 불상사가 빈발하고 있었다. 심지어 경무국 당국은 문맹타파운동이 곧 독립운동으로 확대될 것을 경계하면서 이를 중단시켰던 것이다.

"아는 것이 힘", "배워야 산다"라는 표어 아래 조선일보사의 문자보급운동(文字普及運動)은 작년까지 제4회를 마치어 몇 십만의 문맹(文盲)을 타파하기에 성공하였다. 그러나 종래의 방법은 학창에 있는 학생을 동원하여 수학 중에 있는 학생 제군의 힘을 빌었던 관계로 그들의 부담이 너무 과중하다고 생각지 아니할 수 없었다. 이제 본사는 단연 방법을 변경하여 본지 독자 여러분에게 이 운동에 대한 협력을 구하기로 하였다. 그리하여 한 사람이 한 사람씩 가르친다 하고, 1년에 10만 명씩만 가르친다 하면 불과 수년에 우리 사회에서 어느 정도까지 문맹을 타파할 수가 있을 것이다.

---

240) 『朝鮮日報』(1935. 7. 20), 社說: 夏休와 學生 有用한 때가 되라.

금년의 현상으로만 보더라도 전 조선 학령아동(學齡兒童) 중에서 공부를 하게 된 수효가 겨우 2할 5푼이요, 나머지 7할 5푼은 배울 기회를 얻지 못하고 문맹의 구렁에서 헤매이게 되었다. 이러한 현상을 보고서 우리는 도저히 그저 있을 수가 없을 뿐만 아니라 조선에 의무교육이 실시되기까지는 문자보급운동을 철저히 하지 아니하면 안 될 것을 통감하는 바이다. 그리하여 본사에서는 금년에도 겨울의 농한기(農閑期)를 이용하여 교재 10만 부를 인쇄하여 독자와 및 희망자에게 무료로 배부하기로 하였다. 배부에 대한 규정은 다음과 같다.

배부 규정
1. 본 문자보급교재는 12월 23일부 본지 부록으로 발행함.
2. 독자든지 아니든지, 학생이든지, 다른 유지든지, 청구하는 분께는 교재를 무료로 드림.
3. 부수에 제한이 있으므로 매인 앞에 5부 이상은 배부에 응키 곤란함.241)

이광수는 문자보급운동을 본격적으로 전개하면서 문맹퇴치를 위해서는 우선적으로 보통교육을 확대해야 한다고 주창하고 나섰다. 조선의 학령아동 취학률은 25퍼센트에 이르고 있다. 게다가 취학아동 중 남녀비(男女比)는 남자 100에 대하여 여자 7에 불과하다. 100가정 중 93가정은 무교육 처모(妻母)에 의해 자녀를 양육하고 있다. 이러한 추세라면 민족문화 향상은 기대하기 어렵다. 그러므로 여자교육이야말로 민족개조의 시단(始端)이라고 강조하고 있다. 더군다나 농민 대중은 대부분 글자를 모르는 문맹인(文盲人)이다. 이러한 교육 빈곤을 타개하기 위하여 4년제 의무교육 실시를 역설하면서 '백(百)과 칠(七)'을 발표했다.

학령아동(學齡兒童) 취학률이 백(百)에 25라는 것으로 한 번 탄식하고, 취학아동의 남녀비가 남자 백에 대하여 여자 7이라는 것으로 또 한 번 탄식하지 아니할 수 없다. 의무교육이 원형이정(元亨利貞, 사물

---

241) 『朝鮮日報』(1935. 12. 22), 第5回文字普及運動 教材10萬部 無料로 配付.

의 근본도리)인 현대에 지원(志願)교육이라는 것만도 시대착오의 감이 있거든 하물며 지원자조차도 다 수용할 시설이 없어서 어떻게 하면 보통교육 지원자를 도태할까 하는 방법의 연구에 쌀밥 먹는 정력을 소비하지 아니하면 아니 되는 것은 일종의 비극적 골계(滑稽, 익살)다.

그는 그렇다 하고 보통교육을 받는 이가 남자 백에 대하여 여자 7이란 것은 모성(母性)의 장래에 대하여 크게 우려할 일이다. 백 가정 중에 93가정은 전연 무교육한 처(妻)의 손에 치리(治理)되고 그 자녀는 전연 무교육한 어머니의 손에 양육된다는 것이다. 이러하고는 도저히 민족문화의 향상은 기대할 수 없는 것이니 적어도 4년제의 의무교육만이라도 최단 기간에 실시하지 아니하면 아니 될 것인즉 만일 당국이 이에 대하여 성의가 없을진댄 민간에서 의무교육조합이라도 만들지 아니하면 아니 될 것이다.

우리 부로(父老) 중에는 아직도 여자교육을 경시하는 폐풍(弊風)이 있다. 중등 이상 교육에 있어서는 용혹무괴(容或無怪)라 하더라도 보통교육에 있어서는 남자에게 필요함과 꼭 같은 정도로 여자에게도 필요한 것은 말하는 것이 도리어 싱거운 일이다. 안민세(安民世)는 본 지상에 모성구국론(母性救國論)을 절규하거니와 진실로 가정의 평화와 도덕성, 자녀의 기본적 품질도야(品質陶冶), 남자의 사회적, 경제적 활동능률의 증진은 처로서 어머니로서의 여자의 신권(神權)이요 성무(聖務)다. 무지의 처의 다스리는 가정, 무지한 어머니의 양육하는 자녀 ― 생각만 해도 전율할 일이 아닌가. 진실로 민족개조는 여성의 개조에서 비롯한다는 말이 결코 수사적 과장이 아니요 액면(額面)대로의 진리다.

금일의 교육이 안심할, 완전한 교육이라 할 수 없어서 많은 연구와 개량을 요할 것은 물론이지마는 글을 읽는 힘만이라도 남녀를 평등하게 하루라도 속히 보급하도록 우리의 전 역량을 다하여야 할 것이다.[242]

총독부 경무국 당국이 문자보급운동 중지령을 발동했음에도 불구하고 조선일보는 이에 굴하지 않고 문자보급교재 10만 부를 인쇄하여 무료로 배부하면서 제5회 문자보급운동을 전개할 것임을 선포했다.

242) 『朝鮮日報』(1935. 6. 20), 一事一言: 百과 七(長白山人).

전 인구의 73퍼센트가 문맹(文盲)이라는 사회는 문명국 중에는 드문 현상일 것이다. 부끄러운 말이지만 조선은 그러한 사회다. 조선은 인구 약 2천만 중, 그 약 4분의 3에 달하는 1천 5백만 명의 문맹을 두었다. 조선이 이런 부끄러운 상태로부터 벗어나는 데는 하루라도 속히 의무 교육의 실시가 제일 첩경일 것은 물론이나, 조선 현하의 정치적 및 경제적 사정은 거연(遽然)히 의무교육의 실시를 허(許)치 아니한다. 그러므로 결국, 당면한 문제는 학교교육을 통치 아니하고도, 문맹을 퇴치하는 수단방법이 무엇이냐 하는 일점(一點)으로 귀착할 수밖에 없다. 이 문제에 대하여 종래로 말하면 하기휴가 중에 있는 전 조선의 학생 생도를 동원시키어 그들에게 간이(簡易)한 교재를 배부함에 의하여 문맹을 퇴치하는 방법을 채용해보았다. 그러나 하기는 마치 농번기에 해당하므로, 학생 생도는 교사가 되어 가르치고자 하나 배울 사람이 비교적 적었다는 중대 결함이 있음을 발견했다.

이에 본사는 과거 5, 6년의 실지 경험에 의하여 하기운동의 결함을 깨닫고, 다시 신방법을 강구한 결과, 연말 전후의 약 1개월은 학생 생도의 휴가기인 동시에 조선 전 인구의 8할 이상을 점하는 농촌 주민의 농한기에 해당한다는 사실에 착목하기에 이르렀다. 이에 본사는 문자 보급에는 동기휴가를 이용하는 것이 다른 어떠한 기회를 이용하는 것보다도 가장 효과적인 방법일 것을 확신하고, 이 확신 하에서 교재 10만 부를 인쇄하여 동기휴가로 귀향하는 학생 생도와 기타 유지에게 이를 배부하여 문자보급운동에 공헌하는 노(勞)를 서로 나누고자 한 것이다.

조선에는 글 모르는 사람이 많다. 아무리 유식한 사람의 가정이라고 할지라도 그 안에 들어가 보면 반드시 2, 3인의 문맹을 두었을 것이다. 이러한 현상에 있어서 누구나 본사에서 증정하는 교재를 이용하여 수시수처(隨時隨處)에서 '가갸거겨'를 가르치며, '1234'를 가르치면, 한 겨울에 능히 20만의 문맹을 퇴치할 수가 있다. 2천만에 대한 20만은 전 인구의 1퍼센트에 불과하나, 우리가 이 운동을 게을리하지 않고 계속하는 날이면 비록 의무교육의 실시가 없다고 할지라도 백 년 이내에 조선 전 인구를 통하여 한 사람의 문맹이 없도록 할 수가 있는 것이다. 그러니까 문제는 이상(理想) 및 목적의 난이(難易) 여하에 있지 않고, 모름지기 수단 및 방법의 교졸(巧拙) 여하에 달린 것이다. 여기서 우리는 "학문은 학교라는 기관을 통해서만 배울 수 있는 것이다" 또는 "글은 어려서야 배우는 것이다"라는 등등의 구식의 고루한 관념으로부터 초탈하여 "학문은 학교가 없이도 재료만 있으면 배울 수 있다" 또는 "글을 배우는 데는 연령의 제한이 없다"를 확실히 깊이 각성하고 수시 수처에서 본사의 교재를 활용해주기를 희망하는 바이다.243)

"배워야 산다", "아는 것이 힘"이 곧 문자보급운동의 정신이다. 문맹퇴치는 곧 '민족의 힘'을 양성한다는 것을 의미한다. 그리고 '민족의 힘' 양성운동은 동우회의 정치적 강령이기도 하다. 조선일보사는 '민족의 힘'을 양성하기 위해 '문자보급교재'를 1935년에 10만 부, 1936년에 50만 부를 발행하여 모두 무료로 배포하였다. 모든 출판비용도 조선일보사가 부담하고 문맹퇴치운동을 벌인 것이다.244) 그런데 1935년 제5회, 1936년 제6회 문자보급운동을 전개하고 나서, 1937년에 이르러 동우회 사건의 발발로 이광수가 구속·수감됨으로써 1937년 제7회 문자보급운동은 자연 중단하지 않을 수 없었다. 동우회 사건이 발생하지 않았다면 조선일보사의 문자보급운동은 계속되었을 것이다.

본사에서는 연례사업으로 지난번 문자보급교재 50만 부의 배부를 개시하여 피교육자의 농한기의 이용 및 문자보급을 위하여 일할 수 있는 학생 생도들의 고귀한 문화 봉사의 일조가 되도록 하였다. 이것은 작년부터 과거 5년간의 경험에 의하여 하기간(夏期間)의 문자보급운동의 결함 있음을 깨닫고 연말 전후가 농촌 주민의 농한기이자 동시에 학생 생도의 귀향 중이라는 점에 착안하여 가장 이 시기가 문자보급을 위한 봉사에 효과를 나타낼 수 있는 때라는 것을 인정하기 때문이다. 금일부터 시작하여 귀성하는 학생 생도 제군이 성심성의로 귀중한 시간을 할애하여 본사의 의도하는 문자보급운동에 찬동하고, 교재를 백 퍼센트로 이용하여주면, 이보담 더 기쁜 일은 없고 이처럼 가치 있는 일은

---

243) 『朝鮮日報』(1935. 12. 23), 社說: 敎材十萬部提供 我社의 文字普及運動.

244) 『문자보급교재』(조선일보사, 1935. 12. 23, 10만 부 발행; 1936. 12. 13, 50만 부 발행).

없으리라고 믿는 바이다.

문자보급운동의 의의는 이제 새삼스러이 반복할 필요는 없으나, 대체로 조선인 인구 2천여만 중 약 그 4분의 3 되는 1천 5백여만 명이 문맹(文盲)이란 것을 상도(想到)하면 "배워야 산다", "아는 것이 힘"이라는 말은 몇 백 번 반복하여도 지나침이 없을 것이다. 더욱이 조선 현하의 정치적, 경제적 사정은 최근 수년 내에 의무교육이 실시될 가능성이 없는 것이 사실이므로 학교교육을 받기에는 연령 기타 사정으로 뒤떨어졌다든지 기회를 얻지 못하는 동포들을 위하여 학교교육을 통치 않더라도 어느 정도까지 쓰고 읽는 힘을 배양하도록 조력하는 것은 소극적으로 좋은 일이라는 것보담도 적극적으로 하여야 될 일이라 할 것이다. 문명한 사회일수록 문맹의 수가 적고 문화가 뒤떨어진 사회일수록 문맹이 많은 것은 재론하기에는 너무나 상식적인 사실이니, 세계문화에 병진(竝進)하려는 조선 사회의 일분자(一分子)는 당연히 측근에 있는 문맹을 퇴치할 의무를 질 것이다.

귀향하는 학생 생도들은 누구나 각자의 가정 및 그 측근에서 무려 수십 명의 문맹에 접하게 될 것이다. 이것은 각자의 하고자, 안 하고자 하는 주관적 욕망을 떠난 종래의 조선 문화 과정에 있어서의 큰 함정이다. 제군이 문자보급교재를 충분히 이용하여 우선 측근자로부터 개시하여 '가갸거겨', '1234' 등의 극히 기초적인 교육을 준다는 것은 즉 이 함정에 빠진 사람들을 구제하는 것과 꼭 같은 일이다. 이 평범한 일에 대하여 제군은 흥미를 느끼지 않을는지도 모른다. 그러나 제군 중의 1인의 힘에 의하여 20인이 문맹의 역(域)을 벗어났다 가정하고 제군과 같은 봉사를 한 사람이 5천 명에 달한다 하면 10만 명의 조선인이 문맹 상태에서 구제된다는 중요한 사업이 된다는 것을 상도한다면 제군의 일의 집적은 조선 사회의 진운(進運)에 막대한 영향이 있다는 것을 승인케 될 것이다. 제군은 조선 사회의 진운과 퇴세(頹勢)에 고립 무관계한 제군이 아니라는 것을 잘 알 것이다. 이 이상 문자보급운동의 의의를 말하는 것은 현명한 제군에게는 무용한 설교가 될 것이다.[245]

1937년 3월 총독부 학무국장 주재로 조선문인회를 조직하여 그 회장

---

[245] 『朝鮮日報』(1936. 12. 25), 社說: 文字普及運動에 對하여, 敎材 五十萬部의 提供.

에 이광수를 지명했지만, 이광수는 이를 일축하고 취임을 거부하고 말았다.246)

하루는 총독부 학무국장 도미나가(富永)가 저녁을 먹인다 하여 전화로 조선호텔로 나를 부르기로 갔더니 최남선과 가마다(鎌田)라는 일본 사람과 관리 몇 사람이 와 있었다. 조선문인회(朝鮮文人會)라는 것을 조직한다는 것인데 내가 중심이 되라는 것이었다. 나는 이미 문필사업에서 물러 나와서 불교 생활만 한다는 이유로 이를 거절하였고 최남선도 옆에서, "가만히 있는 이광수를 끌어내어서 욕 먹이지 말라"고 내 편을 들었다. 내가 거절하였건마는 이튿날 여러 일문(日文) 신문에는 내가 중심이 되어 문인회를 조직한다는 것이 톱뉴스로 났다. 그러나 나는 그 창립총회라는 데도 출석하지 아니하였다. 이 신문을 보고 도산은 부드럽게 나를 책망하는 편지를 보내었다.247)

때마침 졸업 시즌을 맞이해서 조선일보는 각급 학교 졸업생들에게 사회봉사활동에 동참할 것을 촉구하는 사설을 발표했다. 졸업하는 청소년들이 현실사회로 진출하는 데는 두 가지 길이 있다. 하나는 사적(私的) 길이요, 다른 하나는 공적(公的) 길이다. 전자는 자기 개인의 번영과 행복을 추구하는 것이요, 후자는 자기를 희생하고 사회공헌, 사회봉사활동의 길에 헌신하는 것이다. 개개인의 행복은 사회의 번영을 통하여서만 완전히 이룰 수 있다. 즉, 사회봉사를 통해서 자아완성을 비로소 성취할 수 있다는 것이다. 청소년들에게 문자보급운동이라는 사회봉사활동을 통하여 '민족의 힘'을 양성하는 길에 동참할 것을 촉구하고 있다.

때는 바야흐로 학년 말을 당하여 각 학교에서는 졸업식이 이어서 거행되고 수많은 졸업생들이 학교에서 사회에로 진출하게 되었다. 우리는 졸업생 제군을 맞음에 당하여 첫째 개인적으로 보아 제군이 수개성

---

246) 『李光洙全集』, 권 20, p.298(1937), 年譜(노양환).
247) 春園 李光洙, 『나의 告白』, pp.150~151.

상 동안 각고면려(刻苦勉勵), 형설(螢雪)의 공을 닦아 금일의 영예로운 졸업을 맞게 된 것을 경하하고, 둘째로 사회적으로 각 방면의 많은 인재를 요구하고 있는 우리 사회에서 금일의 제군을 환영하게 된 것을 또한 축하하지 않을 수 없다. 이와 동시에 졸업생 제군으로서도 많은 포부와 계획이 있을 것이며, 우리로서도 제군에 대한 기대와 촉망이 적다고 할 수 없을 것이다. 이제 한마디로써 축하를 겸하여 우리의 기대의 일단을 술(述)하고자 하는 소이(所以)이다.

제군의 졸업은 곧 학업을 필하고 실사회의 생활전선에 제일보를 내어 디디는 것을 의미하는 것이므로 제군이 이때까지 연마한 학식과 수양과 체력으로써 이상과 포부와 계획을 실현할 제일의 기회에 당면하게 되었으므로 제군의 기쁨은 크다 하겠으나 학교와 실사회와는 여러 가지 점에서 아주 다르다는 것을 시인치 않을 수 없으니, 미지의 세계로 출발하는 제군의 불안도 또한 적지 않을 것이다. 여기에서 어떤 이는 자기의 역량을 과대평가하고 현실을 너무도 낙관하는 나머지 도리어 망상(妄想)을 자아내어 고립의 길을 걸어 실패의 잔을 들게 되는 일이 적지 않으며, 또 어떤 이는 현실의 찬바람에 부딪쳐서 이상과 현실이 너무도 현격된 것을 비관하는 나머지 낙담실망으로써 자포자기로 그 길을 그릇하는 예가 드물지 않다. 제군은 이제 이상 실현의 제일보를 걷기 전에 먼저 냉정한 두뇌를 가지고 자기의 역량과 계획을 반성해보고 또한 냉정한 두뇌로 현실을 파악하도록 힘써야 할 것이다. 이것이 몽환적(夢幻的)이 되기 쉬운 제군의 이상을 견제하고 착오되기 쉬운 현실 인식에 도움이 있게 할 것이다.

다음 제군의 앞에는 적어도 두 길이 있다는 것을 망각해서는 안 될 것이다. 그 하나를 사(私)의 길이라 부를진대 다른 하나는 공(公)의 길이라고 할 수 있을 것이니, 전자는 자기 개인의 번영과 행복, 이어서는 개체 완성을 의미하는 길이요, 후자는 전자의 길을 초월한 사회공헌, 사회봉사의 길일 것이다. 물론 우리의 생활이 의식주를 중심한 개개인의 생활문제가 첫 기본적 문제가 되느니만치 이를 등한시할 수 없으므로 우리의 활동이 이에서 벗어날 수는 없는 것이라고 하되, 배금주의(拜金主義)가 팽배한 현대에는 개개인의 번영만을 위하고 사회를 돌보지 않는 데서 사회생활을 문란케 하고 그 발달을 저해하는 일도 왕왕이 있다는 것을 부정할 수 없을 것이다. 제군은 개개인의 행복이 사회

의 번영을 통하여서만 완전히 얻을 수 있고 자아(自我)완성은 사회봉
사를 통하여 비로소 완성할 수 있다는 것을 다시 한 번 생각하고 이상
실현의 장도(壯途)를 시작함에 당하여 사회를 위하여 무엇을 하여야
하겠다는 각오가 있어야 할 것이다. 이런 의미에서 제군의 앞길은 개
인을 위해서나 사회를 위해서나 임중이도원(任重而途遠, 책임은 무겁
고 갈 길은 멀다)이라 할 수 있을 것이다.

끝으로 이 기회에 한마디 하고자 하는 것은 학교 졸업은 학업을 포
기하는 날이라고 생각하는 경향이다. 물론 학교 졸업은 학업을 일단
필하는 것을 의미하는 것이지마는 무궁무진한 학문의 길이 어찌 수개
년의 수련으로써 끝이 될 수 있겠는가? 평생을 두고 연구하여도 오히
려 하나의 열매를 얻기가 어려운 것이니 이제 필한 학교의 과정은 학
문 연구를 위한 기초지식을 준 데 불과하다. 그러므로 제군은 모름지
기 학문은 직업과 지위 여하를 불문하고 평생에 같이하여야 할 것임을
깨달아야 할 것이다. 혹은 사회적 현실이 배운 학문의 이론과 부합되
지 않는다고 해서 학문을 불필요시하는 경향도 있으나 이는 일촌의 지
식으로써 무한한 현실을 척도(尺度)하려고 하는 데서 오는 것이니 심
오한 지식은 현실의 의문을 해결하고야 말 것이다. 제군은 이제 졸업
으로써 학업을 필하는 제군이 되지 말고 이제부터 진학문(眞學問)을
시작하는 제군이 되기를 바라는 바이다.248)

---

248) 『朝鮮日報』(1937. 3. 3), 社說: 卒業生諸君에게 告함.

결 론

 이광수는 1931년 '이순신' 집필을 앞두고 이순신과 안도산을 숭배한 다고 선언했다. "나는 조선 사람 중에 두 사람을 숭배합니다. 하나는 옛 사람으로 이순신이요, 하나는 이제 사람으로 안도산(安島山)입니다. 나 는 7, 8년 전에 '선도자'라는 소설을 쓰다가 말았거니와 그 주인공이 안도산인 것은 말할 것 없습니다."[1] 이광수는 1923년 '선도자'를 동아 일보에 111회 연재했다(1923. 3. 27~7. 17). '선도자'는 소설 속에서 태극기를 향해 애국가를 합창하면서 '대한제국 만세'를 외치는 등 도산 의 혁명사상을 고취했다고 해서 총독부로부터 불온소설로 낙인 찍혀 집필중단 조치를 당하고 말았다. 그리고 이순신의 숭고한 구국정신을 선양하기 위하여 '이순신'을 집필하여 동아일보에 연재했던 것이다.

 1931년 당시 현충사는 황폐화된 폐허 상태였다. 이에 동아일보 편집 국장 이광수는 이순신 숭모사업을 추진했다. 이광수는 '이순신' 집필을 위해 충무공 전적지 현지답사를 벌이면서 '충무공 유적순례'를 동아일 보에 연재(1930. 5. 21~6. 8)하고 나서, 1931년 '이순신'을 178회 연재 했다(1931. 6. 26~1932. 4. 3). 한편 동아일보에서는 현충사 중건을 위 한 자금 모금을 대대적으로 벌여 현충사를 중건함과 동시에 이순신의 영정을 제작하여 중건한 현충사에 봉안하기로 기획했다. 그래서 전국

---

 1) 『三千里』(1931. 7), 李舜臣과 安島山(李光洙).

지국을 통하여 충무공의 영정이 어디에 안치되어 있는가를 탐문해보았으나 찾아내지 못했다. 이에 위당(爲堂) 정인보(鄭寅普)와 춘원은 충무공 관련 문헌을 참조하여 영정을 제작하기로 방침을 정하고 '이순신' 삽화를 그린 청전(靑田) 이상범(李象範) 화백에게 영정을 그리도록 위임했다. 그리고 드디어 영정 표구가 완성되어 영정 뒷면에 완성 일자와 그린 사람의 성명을 쓰게 되었는데, 춘원과 청전은 소화연호(昭和年號)를 사용하지 않고 단군연호(檀君年號)를 쓰기로 타협했다. 이리하여 춘원과 청전 두 사람은 영정 표구를 들고 옆방으로 들어가서 면도날로 뒷면을 째고 '檀紀四二六四年'(1931)이라 쓰고 그 아래 '靑田 李象範'이라 쓰고 그 위로 종이를 발라 밀봉했다. 아무도 알지 못한 춘원과 청전만이 알고 있는 비밀이었다.2) 일제강점기 3대 금기사항은 애국가, 태극기, 단군연호 사용이다. 이를 어길 경우 국체변혁죄(國體變革罪)로 처벌을 받게 된다. 춘원의 이 같은 단군연호 표기는 그의 독립항일정신의 발양(發揚)인 동시에 일제에 대한 정면도전이 아닐 수 없다.

박정희는 그의 '친필 회고록'에서 "소년 시절에는 군인을 무척 동경했음. 그 시절 대구에 있던 일본군 보병 제80연대가 가끔 구미(龜尾) 지방에 와서 야외 훈련하는 것을 구경하고는 군인이 되었으면 하는 생각이 더 갈망했음. 구미보통학교 시절에는 일본인 교육으로 일본 역사에 나오는 위인들을 좋아하다가 5학년 때(1931) 춘원이 쓴 '이순신'을 읽고 이순신 장군을 숭배하게 되고, 6학년 때 '나폴레옹 전기'를 읽고 나폴레옹을 숭배하였음."3) 이와 같이 박정희는 동아일보에 연재한 춘원의 '이순신'을 읽고 감복하여 이순신의 구국정신을 숭모하게 되어 군인이 되었고, 대한민국 대통령이 되어 1968년 4월 광화문 네거리에 민족의 수호신 이순신 장군 동상4)을 세웠던 것이다.

---

2) 『新東亞』(1971. 7), pp.222~224, 나의 文友 半世紀(李象範).

3) 金鐘信, 『박정희 대통령과 주변사람들』(한국논단, 1997. 8. 20), p.259, 박정희 대통령의 '친필회고록 나의 소년시절'(1970년 4월 26일 작성).

4) 박정희(朴正熙) 헌납(獻納), 제자(題字) 박정희 서(書), 명문(銘文) 이은상(李殷相) 찬(撰), 조상(彫像) 김세중(金世中) 작(作), 1968년 4월, 우국선열조상건립위원회(憂國先烈彫像建立委員會) 건립.

이광수는 이순신으로부터 구국정신을, 안창호로부터 흥사단의 혁명 정신을 이어받아 동경 2·8선언(1919), 상해 대한민국 임시정부(1919), 독립신문(1919), 흥사단 원동위원부(1920), 수양동맹회(1922), 수양동 우회(1926), 동우회(1929), 동우회 사건(1937), 청년정신대(1944)에 이 르기까지 한평생 민족운동을 줄기차게 전개해왔다.

이광수는 태생적으로 민족주의 운동가이다. 동우회 사건 직전에 발 표한 '나의 묘지명'에서, "이광수는 조선 사람을 위하여 일하던 사람이 다"라는 글귀가 새겨졌으면 그 이상의 바람은 없다고 했다. "나는 전날 세브란스 병원 한 병실에서 수술을 하고 나서 '유언'까지 남기고 죽음 을 기다리던 순간이 있었다. '내 죽거든 죄 많은 이 몸뚱어리를 세브란 스 병원의 해부대에 올려놓아 학생들의 연구재료로나 써달라! 그러고 는 화장을 해서 회가루가 되거든 땅속에 파묻지 말고 공중에 뿌려달 라…' 이런 의미의 말을 했었다. 나는 지금도 죄 많고 더러움이 가득한 이 몸이 죽어진다고, 가족이나 어느 누가 묘를 만들어놓고 비(碑)를 해 세워주었으면 하는 생각은 조금치도 없다. 그러나 내 자식들이나 가족, 또는 친우들이, 내 죽어간 뒤에 구태여 묘를 만들어주고 비를 세워준다 면, 그야, 지하에 가서까지 말릴 수야 없는 일이다. 만일 그렇게 되어진 다면 내 생각으로는, '이광수는 조선 사람을 위하여 일하던 사람이다' 하는 글귀가 씌어졌으면 하나, 그것도 마음뿐이다."5)

이광수는 1910년 3월 명치학원을 졸업하고 남강 이승훈의 초빙을 받 아 오산학교에 부임했다. 한일합방으로 나라가 망하는 망국민의 설움을 처음 겪은 것도 오산학교에서였다. 춘원은 학생들을 예배당에 모아놓고 예레미야 애가를 낭독했다. "어찌하여 이 백성은 과부가 되었나뇨. 여 러 나라 중에 크고 여러 지방 중에 여왕이던 자가 속방이 되었나뇨. 그 는 밤에 슬피 울어 눈물이 그의 뺨에 있도다. 그를 사랑하던 자들 중에 하나도 그를 위로하는 자가 없고 그의 친구들은 그를 배반하여 적이 되 었도다." 예레미야가 그 조국 유대가 바빌로니아의 속방이 된 것을 슬

---

5) 『三千里』(1936. 11), p.220, 나의 墓誌銘(李光洙).

퍼하는 이 노래의 첫머리다. "힘! 그렇다 힘이다! 일본은 힘으로 우리 나라를 빼앗았다. 빼앗긴 나라를 도로 찾는 것도 '힘'이다! 대한 나라를 내려 누르는 일본 나라의 힘은 오직 그보다 더 큰 힘을 가지고야 밀어 낼 수가 있다. 그러면 그 힘은? 그 힘은 어디서 나나? 어렴풋이 2천만 의 피라고 느껴졌으나 내게는 아직 분명한 계획은커녕 관념도 잡히지 아니하였다. 나는 아직 어렸던 것이다. 그러나 한 가지만은 분명하였으 니 그것은 내 앞날이 이 힘을 찾기에 바쳐질 것이라는 것이었다."[6]

춘원은 오산학교에서 4년간 봉직하고 1913년 11월 단돈 3원 70전을 들고 '독립의 힘'을 찾기 위하여 대륙 무전 방랑여행을 결행했다. 만주 안동에서 우연히 만난 정인보는 상해에는 독립지사들이 많이 집결하고 있으니 상해로 가라고 권유했다. 이에 이륭양행(怡隆洋行)이 운행하는 악주호(岳州號)를 타고 상해로 직행했다. 1914년 신년 하례식 석상에 서 예관(晥觀) 신규식(申圭植)은 이광수를 미주에서 발행하는 신한민 보 주필에 임명했다. "신년 초두에 예관은 나더러 미국 상항에서 발행 하는 신한민보(新韓民報)에서 주필을 구하니 그리로 가라 하고 돈 5백 원과 해삼위에 있는 월송(月松) 이종호(李鐘浩)와 길림성 목릉(穆陵)에 있는 추정(秋汀) 이갑(李甲)에게 소개장을 써 주었다. 이리하여 나의 아시아 여행의 꿈은 깨어지고 유럽 경유로 미국 가는 길을 떠나게 되었 다."[7] 이광수가 상해에서 직접 미국으로 가지 않고 시베리아로 가게 된 것은 순전히 미주행 여비를 얻기 위해서였다. "내가 상해에서 바로 미 국으로 가지 않고 시베리아를 통과하게 한 이유를 나는 기억 못한다. 다만 신예관(申晥觀)에게서 들은 말은 당시 길림성 목릉역에서 요양 중인 추정 이갑 선생을 찾고 거기서 여비를 받으라는 말뿐이었다."[8]

이광수는 러시아 의용함대 포르타와호를 타고 해삼위(海蔘威, 블라 디보스토크)로 갔다. 해삼위에는 신한촌(新韓村)이 있고 독립운동단체 권업회(勸業會)에서는 권업신문을 발행하고 있었다. 이종호를 만났지

6) 春園 李光洙, 『나의 告白』(春秋社, 1948. 12. 25), pp.54~55.

7) 상게서, p.77.

8) 李光洙, 『文章讀本』, p.89.

만 미주행 여비를 받지 못했다. 그러나 이광수는 권업신문에 처음으로 '독립전쟁론'을 발표했다. 데라우치(寺內正毅) 총독의 가혹한 무단통치 하에서 '독립', '자유', '해방' 등은 절대 금기시하는 글자였다. 이광수는 '독립 준비하시오'라는 논설문에서 한일합방 4년 만에 처음으로 대담하고도 당당하게 '독립'이라는 화두를 던지고 있다. 평생 독립을 위하여 투쟁하겠다는 자신의 독립철학을 표명한 것이다. "우리 열 죽고 왜놈 하나 죽어 우리 2천만이 씨도 없이 죽을 작정합시다. 그러함에는 원대한 준비가 더욱 필요하리라"[9]라고 독립준비를 호소하고 있다.

도산 안창호는 1912년 11월 8일 대한인국민회 중앙총회를 결성하여 총회장에 부임하면서 이강(李剛)을 시베리아 치타로 급파, 대한인국민회 시베리아 지방 총회장에 임명했고, 그는 부임하면서 대한인정교보를 발행했다. 이광수는 이강을 만나기 위하여 치타를 방문했다. 이강의 집 대문에는 러시아말로 "정교를 믿는 한인의 잡지(정교보)의 발행소"라고 씌어 있었다. 이강은 이광수를 환영하면서 즉각 각 지역 대표들을 소집하고 대회를 개최했다. "대회는 사흘을 계속하였는데 이 대회에서 나를 정교보 주필로 뽑고 독립한 사무실 겸 있을 방을 주고 30 루블씩 월급을 주기로 결정하였다. 아마 이것은 오산(吾山)이 나를 위하여서 자기를 희생한 것인가 싶었다. 나는 미안하여 오산께 사양하였으나 그는 듣지 아니하였다."[10] 주필 이광수는 1914년 6월 대한인정교보 제11호를 발행하면서 '동포교육론'[11]을 발표했다. 대한인정교보 제11호를 발행하자마자 공교롭게도 제1차 세계대전이 발발하여(6. 28), 이강에게서도 미주행 여비를 받지 못했고 전쟁 발발로 미주행 길이 단절되어 그만 신한민보 주필 부임은 좌절되고 말았다. 이리하여 이광수는 그해 8월 일단 오산으로 돌아왔다.

1938년 3월 초승 오기영이 도산 안창호의 '동지 구출' 유언을 경성

---

9) 『勸業新聞』 제100호(1914. 3. 1), 독립 준비하시오(외배).

10) 春園 李光洙, 『나의 告白』, pp.88, 92.

11) 『대한인정교보』 제11호(1914. 6. 1), 우리 주장: 재외 동포의 현상을 논하여 동포 교육의 긴급함을(배).

의전 병감에 수감 중인 이광수에게 전달했다. "삼월 초생(초승) 어떤 날 오기영(吳基永)이 대학병원에 댕겨 오는 길이라 하여 내 병실에 들러서 도산의 어떤 메시지를 전하였다. 그것은 옥에 있는 동지를 염려하는 간단한 말이었으나 내게는 그것이 마지막 유언같이 들렸다."12) '동지를 구하라'는 도산의 유언은 동우회를 이끌고 있는 민족지도자 이광수에게 내린 지상명령인 것이다. "그러면 어떤 방법으로 '구하느냐' 그것을 송진우(宋鎭禹)는 춘원이 전향하는 길밖에는 그 당시에는 없다고 판단하였다." 도산이 친일전향을 해서라도 동지를 구하라는 방법까지 지시 또는 암시한 것은 아니었다. 이광수가 친일전향을 해서 동지를 구출하기로 결심한 것은 도산의 유언을 지키려는 직접 동기였다. 이광수는 송진우의 친일전향을 받아들여 동지 구출을 위해 사상전향을 결심하게 되었다.13)

그리고 그 이튿날 춘원은 검사에게 자기의 전향을 명백히 표명하고 전 관계 동지를 즉시 무죄해방하여야 한다는 조건을 붙여서 교섭하였다. 그래서 동우회 사건은 전 동지의 무죄해방으로 낙착되었다. 그리고 자기의 전향은 조금도 양심을 속이는 거짓말이 아니라고 맹세하였다. 그래서 춘원은 '동지를 구하쇼' 하신 도산 선생의 유언은 실천하였다. 그러나 춘원이 취한 그 방법인 전향의 죄는 춘원 자신이 져야 할 운명으로서 반민특위에까지 문제되었던 것이다. 춘원은 반민특위 조사에서도 일관된 태도로서 자기의 친일행위는 당시의 형편으로서 민족을 위한 행위였다고 진술하였고, '나의 고백'에서도 그런 취지로 되어 있다. 나는 춘원의 '거짓말' 않는 인간적, 종교적 본질에서 그것도 춘원으로서의 진실이었다고 믿는다.14)

총독부 경무국은 1938년 5월 28일 동우회 해산조치를 단행했다.15)

---

12) 春園 李光洙, 『나의 告白』, p.159.

13) 『現代公論』(1954. 6), pp.223~229, 내가 본 春園의 生涯(許英肅).

14) 상게서, p.223.

15) 『島山安昌浩資料集』(국회도서관, 1997), I, pp.531~533, 京高特秘 제1217호

이어 동우회 해산조치의 이유를 밝히고 있다. "이광수의 수기(手記) 중에(증거품 사본 제1호) 기록한 일부분을 비춰보더라도 '실력을 양성한 뒤 총독에 대하여 정치상의 요구를 하고 응하지 않으면 해치운다.' 더구나 동우회의 검거에 비추어 앞으로는 아무리 훌륭한 주의(主義), 강령(綱領)을 제시하더라도 조선인만으로 조직된 결사(結社)는 가급적 이를 잘 타일러 중지시켜야 한다고 사료됨."16) 이리하여 이광수는 1938년 11월 3일 명치절(明治節)을 기하여 재판소의 허가를 받고 석방된 28명 동지를 이끌고 사상전향회의를 주재하고, 황거요배, 조선신궁 참배를 끝낸 후 사상전향신술서(思想轉向申述書)를 동우회 사건 재판장에게 제출했다.17)

춘원은 자기가 거짓말을 싫어하고 거짓이 없도록 노력하는 한편 어떤 상대자에게도 거짓말을 용서치 않는 점만에는 타협이 없었다. 그는 전향하여 친일함으로써 동지들을 살릴 줄 알았다. 자기도 살 줄 알았다. 그리고 소위 내선일체(內鮮一體), 일시동인(一視同仁)을 문자 그대로 일본이 실행하면 우리 민족도 살 수 있는 것이라고 믿었다. 춘원은 내가 우선 일본에 대하여 거짓말이 아닌 것을 보인 다음에는 일본이 한국에 대하여 소위 일시동인이 문자 그대로 실행되어서 그들도 거짓말이 아니란 것을 요구할 날이 올 것이다, 그때는 그것으로 또 싸울 것이요, 그 때문에 혹은 또 감옥에 갈지 모른다, 그런 말도 하였다.18)

아무리 사상전향을 했다고 말로 공언해도, 그것을 글과 행동으로 보여주지 않으면 누가 믿어주겠는가. 이광수는 오로지 동지 구출을 위하여 자기 한 몸을 친일제단에 희생양으로 바치고 친일전선에 뛰어들어야만 했다. "조선 사람을 살릴 길이 정치운동에 있지 아니하고 도덕적 인격개조운동에 있다고 인식하게 된 것이 일단의 진보가 아닐 수 없지

(경기도경찰부장), 同友會 및 동 支會의 解散에 관한 건(1938. 5. 28).
16) 상게서, p.371, 李光洙의 태도 및 結社의 團束에 관하여.
17) 『韓國獨立運動史』, 권 5(국사편찬위원회, 1969), p.326.
18) 『現代公論』(1954. 6), p.224, 내가 본 春園의 生涯(許英肅).

마는 나는 나 스스로의 경험에 비춰서 신앙을 떠난 도덕적 수양이란 것이 헛것임을 깨달은 것이오."19) 1940년 2월 11일 일본의 기원절(紀元節) 창씨개명이 실시되자, 이광수는 남보다 제일 먼저 솔선수범하여 가야마 미쓰로우(香山光郎)라 경성부 호적계에 제출하고, 즉각 일본 천황중심주의자 도쿠토미 소호(德富蘇峰)에게 민족운동을 포기하고 황민화운동에 헌신하겠다는 충성맹세 편지를 보낸 것이다. "이제 조선인이야말로 천황중심주의로 나아가야 할 것으로 생각합니다. 왜냐하면 천황과 맺어짐으로써만이 야마토(大和), 조선 양 민족은 '한집안(一家)'이 된다고 생각합니다. 이제부터 조선의 올바른 민족운동은 황민화(皇民化)의 한 길만이 있을 뿐이라고 생각되기 때문입니다."20) 이는 사상전향하여 독립운동을 포기하고 오로지 황민화운동에 헌신할 터이니 동우회 사건을 무죄판결을 하도록 협조해달라는 일종의 타협적 호소문인 것이다. 이와 같이 이광수는 1941년 11월 동우회 사건 무죄판결을 받을 때까지 싫든 좋든 간에 일련탁생식(一蓮托生式) 친일행태를 줄기차게 벌여야만 했다. 때문에 친일성 글을 조선어로, 일본어로 발표함으로써 누가 보아도 이광수는 진짜 친일파가 되었다고 믿을 지경이었다. 이 모두가 무죄언도를 받아내어 동지를 구출하기 위한 고육책이었던 것이다.

이광수는 1938년 7월 29일 8개월간의 병감생활을 끝내고 병보석으로 자하문 밖 홍지동 산장에 은거하기 시작했다. 일본의 정치포로가 되어 '특요시찰인'으로 지목되어, 일종의 가택연금 생활을 해야만 했다. 이광수는 위장친일을 호도하기 위하여 자기 집 벽에 커다란 일장기(日章旗)를 걸어놓았고, 길거리를 걷다가 정오 사이렌이 울리면 경건히 묵도(黙禱)를 올리곤 했다. 허영숙이 그것은 '캄플라지(위장)'하기 위한 것이 아니냐고 묻자, 이광수는 이렇게 대답했다. "캄플라지라니, 왜 그

---

19) 『文章』(1939. 9), pp.3~36, 鬻庄記(李光洙).

20) 金源模, 『영마루의 구름: 春園 李光洙의 親日과 民族保存論』(단국대학교 출판부, 2009), pp.957~963. "朝鮮人こそ今や天皇中心主義にて進むべきと存候 何んとなれば天皇に連りてのみ大和, 朝鮮兩民族は一家になるべければにて候 これより朝鮮の正しき民族運動は皇民化の一筋あるのみと存候"

런 것 하지 않으면 안 될 것이야 있소. 나는 양심에 걸리는 것은 없으나 오랫동안 미워하던 저 일장기라 아직도 감정으로까지는 좋아지지 않는 것이 사실이요. 그래서 감정적으로까지 가까워져보려고 그러는 것이요." 그는 이성이나 양심의 거짓말하지 않는 것으로만 안심하지 않고 감정적으로까지 거짓이 없기를 원하는 시인적인 구도(求道)의 순진성을 가지고 있었던 것이다. 그리고 "오래 걸어두고 보니까 미운 감정이 차차 풀어져간다"고도 말하였다.21)

1979년 3월 11일 춘원 미수기념 좌담회를 서울 수유리 팔봉산장(八峯山莊)에서 개최했다. 김팔봉(金八峯), 이명재(李明宰), 김종균(金鍾均), 김용제(金龍濟) 등이 참석하였고, '춘원 이광수의 문학과 사상의 공과'22)를 주제로 하여 김용제가 사회를 맡아 좌담을 진행했다.

김용제 : 다시 춘원의 이야기를 합시다. 춘원의 문학은 한 말로 민족주의 문학인데, 문단적 라이벌로 자처한 김동인을 비롯한 예술지상주의적인 소위 순수문학파에선 계몽문학, 대중문학이라고 비판했지요. 그런데 김동인도 단편소설을 빼놓고는 그의 장편소설은 역시 대중문학이었고 그보다도 저질의 야담문학까지 했으니까 반신불수의 순수문학자였던 셈이죠. 다만 춘원의 그것과 동인의 그것과의 다른 점은 춘원 작품에는 민족주의 사상이 피와 살로 된 데 비해서 동인의 모든 소설에는 그런 사상은 별로 없다고 볼 수 있겠지요. 그의 단편에만 순수한 예술이 문제 되는 게 아닐까요. 그런데 춘원의 문학을 그렇게 값싸고 가벼운 대중문학으로만 평할 수 있을까요. 당시의 소위 대중문학이란 어떤 의미였던가요. 앞에서도 말했지만 춘원은 민족계몽을 위해서 쓴 것이 작품의 제일의적(第一義的) 목적이었습니다. 이 문제에 대해서 나는 이런 생각을 해봅니다. 춘원의 문호로서의 위치나 가치를 흔히들 '한국의 톨스토이'라 하지 않았습니까. 그런 점도 참작하면서 러시아 문학의 3대 작가인 톨스토이, 도스토예프스키, 체홉을 비교해봐요. 이

---

21) 『現代公論』(1954. 6), pp.223~224, 내가 본 春園의 生涯(許英肅).

22) 『기러기』 제167호(1979. 5, 春園米壽紀念特集), pp.23~38, 春園 李光洙의 文學과 思想의 功過, 春園米壽紀念座談會.

세 작가 중에 가장 순수문학을 쓴 사람이 단편 작가의 체홉이지. 도스토예프스키는 인간심리를 영혼 차원까지 추궁한 대작가였고, 톨스토이는 인도주의적, 계몽적인 작품을 썼다고 볼 수 있겠어요. 이런 점에서 춘원의 문학세계는 그 사상 면에서 또는 문학 형태에 있어서 톨스토이형이라고 생각됩니다. 그렇다고 톨스토이의 '부활'이나 '전쟁과 평화'가 체홉의 단편문학 세계와 다르다 해서 문학적 가치가 적은 대중소설로 꼬집어 격하해서 좋을 것이냐. 그런 의미에서서는 동인 문학은 그것대로의 단순한 문학으로서 그만 가치가 있고, 춘원의 작품은 감동 깊은 민족문학으로서 또는 항일문학으로서 역사적 역할을 했던 것입니다. 총독부적 평가로는 이광수의 소설 한 권, 붓 한 자루가 "독립군 사단병력보다 무섭다"고 했던 것입니다.23)

　　김팔봉 : 그 초창기에는 육당, 춘원의 2인 문단 시대를 이루었거든. 그리고 1919년 3·1운동이 일어나기까지는 문단 형성 이전의 공백 시대였지요. 왜 춘원이 등장한 이후에 10년 동안이나 다른 사람이 대결하지 못했는지는 생각해볼 만하죠. 그의 문학은 쉽고 재미나게 써서 대중, 즉 전체 민족과 친하려고 하는 자세이지만 일반적인 의미의 대중작가의 레벨보다 굉장히 깊은 데까지 파고 들어가는 안목이 있다고 생각해요. '사랑'에서는 사랑을 느낄 때의 혈액이 변동되는 과정을 과학적으로 증명하는 설명까지 나온다.24)

　　김종균 : 춘원은 처음부터 단순히 문학에만 뜻을 두고 문학한 것이 아니고, 사회개혁운동이거나 항일정치에 뜻을 두었는데, 시대가 마침 그렇게 돼서 무지몽매한 민족 대중을 계몽시키기 위해서 문학을 계몽의 수단으로 하게 되었지요. 즉 계몽적인 민족주의 사상이 문학 형식으로 표현되었지요. 요새는 섹스 문제가 문제된다고 하지만 개화기 당시의 구 풍습으로 보면 춘원의 연애관은 실로 혁명적이었습니다. 이 점에서도 그는 대담한 개척자였습니다. 그의 허영숙 부인과의 연애부터가 혁명적이었지요. 그는 다른 일에는 소극적인 면도 있었으나 연애에는 상당히 적극적인 것 같아요. 연애와 같은 열의로 민중을 각성시키려는 글을 썼습니다. 그는 '혁명가의 아내'도 쓰고 '도산 안창호'도 쓰고 했는데 그의 민족주의 운동 하는 방법은 신채호(申采浩)처럼 무

---

23) 상게서, pp.25~26.
24) 상게서, pp.26~27.

력 방법으로가 아닌 것을 도산 선생에게 많이 배웠던 것입니다. 말하자면 민족의 실질적인 역량을 기르면서 하자 하는, 그러자니 자연 점진적인 특징, 교육적, 문화적인 투쟁으로 국민을 각성시켜서 실력의 신념을 갖게 해서 국력을 기르자는 독립운동 전략이었습니다. 그래서 한국인으로선 도산이 최초로 설립했던 학교의 이름도 점진학교(漸進學校)였던 것입니다. 그것이 바로 춘원이 쓴 '민족개조론'의 흥사단 운동 방침이죠. 그리고 춘원의 민족문학도 총독부의 탄압과 원고검열로 극열적인 항일작품은 쓸 수가 없었습니다. 다만 상해 시대에 그가 주간하던 독립신문에 발표한 것은 극열한 표현의 작품이었지요.25)

이광수는 1921년 12월 경기도 경찰부장 시라카미(白上裕吉)의 안내로 남산 총독관저 왜성대(倭城臺)에서 사이토(齋藤實) 총독과 독대담판(獨對談判)을 벌였다. 이 자리에서 문화운동을 일으킬 것을 설명하면서 총독의 지원을 받아내는 데 성공했다. 이리하여 조선 최초의 합법적 민족운동단체 수양동맹회(1922. 2. 12)를 조직했던 것이다.26) 이로부터 이광수는 민족지도자로 급부상하기에 이르렀다. 일제강점기 춘원의 존재감은 절대적이었다. 김용제의 총독부 당국의 이광수 항일문학에 대한 인물 평가처럼 "이광수의 소설 한 권, 붓 한 자루가 독립군 사단병력보다 무섭다"라는 데서 그의 존재감은 권위적이고 위압적이었다. 이에 대해 김팔봉은 사회주의 운동으로 옥중에 갇혀 있는 이성태를 석방하기 위해 춘원의 석방 청탁 편지 한 장을 받아내어 이를 미와 경부에 전달하고 이성태를 석방했던 전말을 밝히고 있다. 김팔봉은 이를 보고 춘원의 위대한 존재감에 크게 감탄했다는 것이다.

그 자세한 내용은 잘 모르겠는데, 그 당시 나한테 잘 놀러오던 사람이 조선지광(朝鮮之光)의 이성태(李星泰)인데 그는 제3차 공산당의 간

---

25) 상게서, p.27.
26) 香山光郎, 『同胞に寄す』(京城 博文書舘, 1941), pp.220~222, 眞に朝鮮同胞を愛した二人; 김원모·이경훈 편, 『동포에 告함: 春園 李光洙 親日文學』(철학과현실사, 1997), pp.248~251.

부였죠. 그는 여러 번 경찰에 잡혀 다녔는데, 한번은 유치장에서 석방
되어 나오는 사람에게 내게 연락하기를 춘원께 구명(救命)운동을 부탁
해달라는 사연이었어요. 즉 춘원의 편지 한 장을 얻어서 종로경찰서
고등계 주임 미와(三輪和三郞) 경부에게 전해달라는 거야. 이성태로부
터 그런 부탁의 연락을 받은 나는 영문도 모르고 춘원을 찾아가서 그
말을 했더니 춘원은 두말 않고 편지를 써주기에 그 길로 종로경찰서로
가서 미와 경부를 만났더니 그는 정중한 존대로 맞아주더군요. 당시
총독부의 경찰 통치는 그 실제 권력이 총독보다는 경무국장에게 있었
어요. 그리고 경무국장보다는 종로경찰서의 고등계 주임에 있다는 사
실을 우리나라 '요시찰인(要視察人)'들은 다 체험한 현실이었으니 미
와가 사상범의 생사여탈권(生死與奪權)을 갖고 있는 셈이었죠. 그가
춘원의 청탁 편지 한 장으로 검거 중의 이성태가 곧 석방되어서 나도
놀랐어요.27)

김종균은 춘원의 친일전향이 없었더라면 위대한 민족지도자로 추앙
받았을 것이라고 안타까워했다. 춘원의 친일전향은 변명의 여지가 없다
는 것이다.

　춘원의 일제 말기의 친일전향이 없었더라면 얼마나 위대한 민족문호
애국자였겠습니까. 그러나 아깝게도 그는 백철(白鐵)이 말한 '식민지
작가의 비애'를 대표적으로 체험하고 좌절되었던 것입니다. 총독부 당
국의 위협과 회유책도 있었고 본인의 의사도 있고 해서 마침내 돌아서
게 된 거죠. 거기에 문제가 많습니다. 일본과 협력해서 민족의 실제 복
리를 도모한다는 구실로 그랬다고 하지만 더 변명할 여지가 없다시피
된 거예요. 조사해보면 춘원과 친하게 지내게 된 사람들은 그를 변명
하지만…28)

이에 대해 김용제는 춘원이 상해 독립신문 사장을 팽개치고 귀국하
게 되어 '귀순변절자'라는 오해를 받게 되었다고 해명하고 있다.

27) 『기러기』 제167호(1979. 5), p.30.
28) 상게서, pp.27～28.

그런 추측이 나게 된 것은 춘원이 상해에서 임정 기관지 독립신문 주간으로 주요한 씨와 일하다가 허 부인이 귀국 재촉으로 가서 결국 귀국시켰는데 그 일로 그런 추측을 소급해서 하는 말이 나기도 한 거죠. 그러나 허 여사는 단순한 가정문제와 애정관계로 그런 것이요. 도산도 말리지 못하고 마침 새 총독 사이토가 문화운동을 허용한다니까 국내에서 흥사단과 동명 동체의 운동을 당부해서 돌려보냈으며 춘원은 귀국해서 사이토 총독과 면담하고 그가 대표자로서 수양동우회 조직 활동을 허용받았던 것입니다. 그리고 전향한 것은 훨씬 뒤에 — 중일전쟁 때 당시엔 동우회에게 허락했던 민족문화운동을 독립운동으로 몰아서 검거 투옥하고 춘원에겐 7년 구형을 했던 사건이 있었습니다. 허 여사가 상해에서 자유롭게 독립운동 하던 춘원을 귀국시킨 데 대하여 총독부의 권유에 따라서 한 것이 아니냐 하는데 의아스러워했던 모양입니다. 그러나 절대로 그런 것이 아닙니다. 사이토가 총독이 된 것부터 일본의 한국 통치방침이 무단통치에서 소위 문화통치로 전환했었고 그 하나의 특전(?)으로서 그전에 해외에서 무슨 항일운동을 했든지 귀국하면 전사(前事)는 불문에 부친다는 방침이었습니다. 그래서 춘원을 전후해서 여러 망명객들이 귀국할 수 있었어요. 그리고 그들이 돌아와서 비합법운동만 안 하면 합법운동은 자유롭게 해도 좋다는 방침이었던 것입니다.29)

김용제는 춘원의 친일은 '실리주의 위장친일'이라고 규정하고 있다.

역사란 크나 작으나 비밀대로 매장되는 경우가 허다합니다. 그러나 비밀은 없다는 것도 사실입니다. 팔봉도 친일문학자 명단에 끼워 넣어졌어요. 그런데 그 전향 동기에 이런 엄청난 애국운동의 수단 전술이 있다는 것도 연구자들은 캐볼 생각도 않고 또 믿으려 하지도 않고 덮어놓고 표면 것만 갖고 비난 공격을 합니다. 춘원의 경우가 그렇고 나의 경우도 그런 것이, "그들은 왜 그랬는가? 전향하지 않을 수 없는 무슨 고충이 있었던가? 그때 시대상황에서 그럴 필요라도 있었던가?" 이런 의문이 연구의 한 과제로 고려되었던가. 적어도 앞으로는 활자화

---

29) 상게서, pp.29~30.

되지 않은 사실, 또는 활자화할 수 없었던 비밀, 본인들이 제 변명 제 자랑 같아서 숨기고 있는 사실들을 캐어내려는 역사가다운 냉철한 창조적 노작(勞作)이 있어야 하지 않겠습니까. 우선 오늘의 과제인 춘원의 연구에 있어서 그런 학문적 자세가 필요하다고 말하고 싶습니다. 이광수의 실리주의 위장친일은 나의 주장인데 그 증언들도 나중에 공개하겠습니다. "너도 친일문학자니까 친일작가 이광수를 변호한다. 거짓말 마라." 그런 반응이 여태까지의 경험이지만…. 팔봉이 오해받은 이상으로 나는 욕을 먹었지요. 그러나 오늘 춘원의 숨은 그대로의 신념의 증언은 표면적 친일문인으로서가 아니고 위장전향으로 국내에서 지하 독립운동을 한 자로서 약간의 자책심으로 할 생각입니다.30)

1943년 4월 17일 조선문인보국회가 발족했다. 조선에 세계 최고의 황도문학(皇道文學)을 수립하기 위하여 반도 문단은 국어화(일본어화) 촉진과 문학자의 일본적 연성(鍊成)에 정진할 것을 결의한 것이다. 김팔봉은 당국의 강요로 이러한 친일문학자 단체에 '상임이사'로 위장친일의 탈을 쓰고 들어간 것이다. 김팔봉은 1944년 6월 14일 자기가 하는 일에 절대 간섭하지 말 것을 조건으로 상임이사직을 맡았다. 이리하여 김팔봉은 1945년 3월 23일 북지(北支) 출장을 관비로 여행할 수 있었다.31) 1944년 11월 12일부터 3일간 중국 남경에서 제3회 대동아문학자대회가 개최되었는데 이광수가 조선 대표로 참석할 때 김팔봉은 수행원 자격으로 동반하게 되었다. 김팔봉의 주목적은 해외여행의 자유를 얻어서 장차 상해에 가서 현지 조선 재산가로부터 거액의 정치자금을 받아내어 해방정국의 건국자금으로 이용하겠다는 것이었다.

그런데 구체적으로 생각해보니까 해방을 예정으로 한, 말하자면 건국 정치자금이 국내에선 여러 사정으로 어려워서 상해 방면으로 유력 인사를 찾아가야겠다고 생각 중, 마침 춘원이 중국 갈 기회 ― 즉 제3회 대동아문학자대회가 남경에서 열리게 되었고 한국인 작가로선 이광

---

30) 상게서, p.31.
31) 林鍾國, 『親日文學論』(平和出版社, 1966), pp.149~165.

수 1명의 티오밖에 없었어요. 제1, 2회의 동경대회 때는 5명씩 배당되었지만 그때는 춘원 하나만 가라는 것이었어요. 나는 춘원의 수행원으로 동행하겠다고 총독부에 운동해서 관비 여행하는 데 성공해서 춘원을 모시는 안내자 명분으로 중국에 갔지요. 내 목적은 상해의 갑부(甲富)라는 손창식(孫昌植) 씨의 거금을 희사 받을 비밀목적으로 갔으니 염불에는 마음 없고 잿밥에만 마음이 있듯이, 남경에서 열린 대동아문학자대회를 3일간 보고 상해로 가서 손창식 씨를 만날 기회가 눈앞에 보여서 혼자 흥분하였지. 그런데 대회 후 시찰 도중에 현지 군사령관실에 들러서 전황(戰況) 설명을 듣고 나는 일본의 철군이 임박했다는 신념을 얻었지요. 한 50세 되는 참모장이 말을 참 잘하더군요. "우리가 중국 대륙을 점령하고 있는 실제상황은 점(點)과 선(線)뿐입니다. 그밖의 지역은 모두 8로군(중공군)의 광활한 세력 하에 있습니다. 이것은 왕정위 정권(왕조명(汪兆銘) 친일 괴뢰정부)도 장개석(蔣介石) 정권도 어찌할 수 없는 것입니다. 그래서 일본군도 장개석군도 어쩔 도리가 없습니다. 왜냐하면 그들은 일정한 방침이 있고 구체적 설계가 있고 조직적 활동이 있어서 당하지 못합니다"라더군요. 군인이 그렇게 일본의 약점을 솔직하게 보고하는 사실은 드문데, 그 문학자들 중 중국 작가들 가운데 어떤 사상분자가 있을지도 모르는 자리에서 대담한 패전(敗戰) 예고를 하지 않겠어요. 국내에선 꿈에도 들어보지 못한 군사정보에 모두가 놀라더군요.[32]

이광수는 "조선 사람 이마를 바늘로 찌르면 일본 피가 나올 정도로 일본화(日本化)해야 살아날 수 있는 방도가 생긴다"는 극단적인 친일성 글을 발표했다. 이러한 친일의 궁극적 목적은 일본의 헌법에 따라 문자 그대로 차별대우를 완전 철폐하고 일대일 경쟁으로 나가면 조선인 문부대신, 국무총리, 육해군 장군을 많이 배출함으로써 독립을 달성할 수 있다는 독립방략(獨立方略)을 쏟아내기 위함이라는 것이다.

그날 저녁에 춘원과 단둘이서 호텔에서 자게 되었어요. 그날 밤에 춘원과 문답한 내용도 지금 처음 공개하니 잘들 음미해 들어두시오.

---

32) 『기러기』 제167호(1979. 5), pp.31~32.

내가 춘원에게 어려운 문제를 질문했어요. 즉 나는 사실은 못 봤는데 최독견(崔獨鵑)이 말하기를, 춘원이 경성일보에 "조선 사람 이마를 바늘로 찌르면 일본 피가 나올 정도로 일본을 체득(體得)해야 살아갈 수가 있다"고 썼다는 얘기를 하고 있을 때, 마침 그 자리에 춘원이 들어와서 현상윤(玄相允)이 춘원에게 들이대니까 춘원이 아무 소리 못하더라. ─ 그런 얘기를 최독견에게 들었다면서 은근히 그 진의를 물어봤어요. 정말로 그렇게 생각해서 그런 글을 썼느냐고. "그렇게 썼다. 지금 판국에 우리 민족이 목숨만이라도 살아남으려면 좌우간 일본이 우리가 협력한다고 믿게끔 해야 하지 않겠나. 팔봉도 생각해봐요. 무용 하면 최승희(崔承姬), 마라톤 하면 손기정(孫基禎), 무엇이든지 일대일로는 우리가 이기는데 우리가 왜 실력을 발휘하지 못하는가. 조선에 일본의 헌법이 그대로 적용되지 않으면 안 될 정도이므로 그들이 말하는 문자 그대로 내선일체 하자. 그래서 정치적, 경제적, 민족적, 인간적으로 완전 무차별의 대우를 하라. 그래서 우리도 일본의 문부대신, 육해군 대장, 국무총리가 나오게 되면 그때는 '일본 놈들'이 우리 민족을 멸시하고 이래라저래라 하진 못할 거 아닌가. 그리고는 이래서는 안 되겠다, 일본을 송두리째 조선 민족에게 빼앗기겠다, 너희가 일본에게 내놓은 것만 갖고 나가거라 하게 된다. 그때서야 우리는 한반도를 찾아서 독립할 수가 있다. ─ 내가 생각하는 것은 그러기 위해서 일본 놈들이 내세우는 소위 내선일체를 문자 그대로 하라고 협력하는 거요. 나는 욕을 먹으면서도 그런 소신에서 하는 것이에요. 팔봉은 내 생각을 어떻게 생각하오." 춘원의 그 말을 듣고 춘원이 너무도 순진하다고 생각했지만 그의 엄숙한 소신에는 아무런 말도 하지 못했어요. 그렇게 되리라곤 삼척동자도 웃어버리고 믿지 않겠지만 나중에 가만히 씹어보니 춘원의 그 진지한 생각을 웃을 것이 아니더군. 그가 당시의 상황에서 죽어가는 민족을 살리려고 고민한 끝에 오죽해야 그렇게까지 생각이 가게 되었느냐 말이지.33)

독립운동 방략에는 두 가지가 있다. 옥쇄주의 정공법에 의한 혁명투쟁 방식과 차선의 실리주의로 전향해서 위장친일을 해서라도 민족을

---

33) 상게서, pp.32~33.

구출하는 방식이 그것이다. 이광수는 후자의 길을 선택하면서 민족을 일제에 팔아먹기 위해서가 아니라 위장친일을 해서라도 무차별대우를 받아내어 민족을 구원하는 것이 그의 지상목표였다. 김용제와 이명재는 이 문제를 두고 논쟁을 벌였다.

이명재 : 그러니까 시대가 다른 그 환경에서 생긴 일이고, 따라서 우리와는 세대가 다른데, 그때 춘원이 일제 식민지의 발악적 말기에 오죽해서야 그래셨겠습니까마는 우리가 볼 때는 일본을 인정하고 승복하면서 민족적 무차별대우를 받자는 것인데 독립투쟁의 입장에서 보면 일본을 반대해서 물리치고 해방하자는 것이 아니고 열등의식에서 나오는 차등의식의 사고방식 같아요. 당시의 상황이 어떻게 됐든지.

김용제 : 그것이 원칙이죠. 춘원도 그런 항일투쟁을 그때까지 30년이나 했던 것이 아닌가요. 그러나 그로서는 당시에 그런 현실적인 패배주의(敗北主義)에 직면했었고 정공법(正攻法)의 독립투쟁에 절망한 나머지, 팔봉이 말한 듯이 오죽해서야 그런 구차한 '차선의 실리주의'로 전향해서 '위장친일'을 했겠어요. 춘원이 해방 후 반민특위에서 투옥시켰을 때도 그는 검찰에게 "나는 민족을 위해서 친일했다. 그 길이 비록 정경대로(正逕大路)는 아니라도 그런 애국의 길도 있다는 것을 이해하라"고 그의 차선의 행동소신을 굽히지 않았고, 고백서를 쓰라는 것을 단호히 거절했었지요. 그의 '위장친일'은 내가 그를 변명하기 위해서가 아니고 사실은 조선총독부에서 규정한 "이광수는 위장친일파다"라고 했던 거예요. 그 증언은 나중에 하겠지만 이 교수의 말은 원칙적으로 바른말이지만 춘원은 자신이 체험한 독립운동 끝에 항일적 지식인 3만 명 학살 리스트가 작성된 위기에 처해서 우선 그들의 생명을 구하는 길이 일단 위장친일이라도 하고 그 효과로서 민족차별의 철폐라도 쟁취하자는 동기였을 것입니다.

이명재 : 내가 '학보'에 발표한 춘원 연구에도 김 박사의 그 증언 일부를 인용했어요. 그러나 원칙적으로는 역시 떳떳하지 못한 것이 아닐까요.

김용제 : 그건 그래요. 결백한 옥쇄주의론(玉碎主義論)이겠죠. 춘원은 그런 옥쇄주의에 대해서도 왜 생각해보지를 않았겠어요. 그 점에

대해서 그는 나에게도 분명히 말한 바 있었습니다. 민족 전체를 옥쇄주의로 지도하거나 선동할 수는 있다. 그러나 민족 90.9퍼센트는 결코 옥쇄를 단행하지 않고, 또 말로나 글로 주장하는 장본인으로서 옥쇄한 자를 보지 못했다. 청년을 그렇게 선동해서 죽게 하고 투옥시켜서 스스로는 혁명투사의 명예를 얻으면서 희생된 청년의 구명(救命)에는 모른 척하고 무책임한 자를 거짓 애국자라고 빈축했어요. 나는 일제의 탄압 실정을 모르는 오늘의 젊은 문학평론가와 젊은 역사가가 춘원을 필주(筆誅)하는 뜻은 알아요. 그들이 민족을 위해서 반공(反共)투쟁에 목숨을 직접 바칠 사람이 꼭 돼주기를 바랍니다. 문제는 춘원의 전향 동기가 민족을 일본에게 팔기 위해서냐, 오죽해서야 그런 차선의 방법으로라도 민족을 구하고 현실적인 생존, 생활을 위해서 무차별대우라도 획득하려는 데 본의(本意)와 양심이 있었더냐 하는 데 있습니다. 그의 역사적 판단과 방법론이 틀렸거나 어리석었다는 비판과는 딴 문제고요.34)

미국 연방정부기록보존소(NARA)에 보관된 한국 관련 문서 중 미 육군 정보 당국이 작성했던 춘원 이광수에 대한 성향 및 연합군의 활용도를 분석해놓은 '이광수 평가 카드, 1944(Yi Kwang Su, Kyong Gi, Keiki, Seoul, Keyjo)'에 의하면 이광수는 결코 친일 성향 인물로 볼 수 없다는 것이다.35)

동아일보는 일제강점기 한국 지도자들을 평가한 1944년 미군 문서를 발굴했다고 보도하고 있다.

미국 육군 정보 당국이 태평양전쟁 말기인 1944년 인촌 김성수, 고당 조만식 등 당시 한국인 지도자들의 자질과 친미, 친일 성향 여부를 평가한 문서가 발굴됐다. 연합뉴스는 7일 워싱턴 근교 연방정부기록보존소(NARA)에서 김성수(金性洙), 조만식(曹晩植), 윤치호(尹致昊), 양주삼(梁柱三), 이광수(李光洙) 등 5명을 분석해놓은 평가 카드 5장을 입수했다고 보도했다. 1인당 A4용지 절반 크기인 카드 앞면에는 이름,

34) 상게서, pp.33~34.
35) 『연합뉴스』(2009. 5. 10), 춘원은 거짓 친일, 실제는 독립 염원.

나이, 자질, 현직, 특장(special skills)과 함께 정치·사회적 성향, 정치 체제에 대한 신조, 활용도(usefulness) 등이 기록돼 있다. 뒷면에는 작성자가 인물평을 적어놓았다.

1944년 4월 10일 로버트 키니가 작성한 것으로 기록돼 있는 이 카드는 비밀로 분류돼 있다. 일제와 전쟁을 치르고 있던 미국이 일제치하 조선 명망가들의 신상을 파악해 활용방안을 모색하기 위해 작성한 것으로 보인다.

고려대 설립자인 김성수 전 부통령의 '정치·사회적 성향'에 대해이 카드는 '반일적(anti-Japanese)', '민족주의적(nationalistic)', '보수적(conservative)', '친미적(pro-American)', '공공의식 있음(public spirited)'이라고 분류했다.

자질을 평가한 코너에선 능력, 신뢰도, 타인과의 협업 능력, 공동체 내의 위상 등 4개 항목 모두 '뛰어남(superior)'이라고 평가했다. 현직은 '대학 총장, 사업가', 특장은 '행정과 교육'이며 영어가 능통한 것으로 기록됐다. 미군 당국은 인물평에서 "미스터 김은 조선의 유복한 가정에서 태어나 한국과 일본, 서양에서 교육받았다. … 서울의 사학인 보성전문 교장이다. 비(非)기독교인이며 신뢰할 만하고 신중하다. 교육을 잘 받은 '코즈모폴리턴(사해동포주의)'적인 지도자"라고 썼다.36)

일제강점기 말기 김성수, 조만식, 윤치호, 양주삼, 이광수 등 한국인 지도자 5명을 평가한 조사분석가(evaluator)는 미 육군 정보국의 로버트 키니(Robert R. Kinney)이다. 키니는 1935~1937년 서울 외국인학교 교사 겸 교장대리를 거쳐 1942~1946년 미 육군 정보국 조사분석가로서 한국 관련 정보를 담당하고 있었다. 해방 후 미 군정청 경제고문이자 미소 공동위원회 실무자로서 활동한 한국을 잘 아는 지한파(知韓派) 인물이다. "춘원 이광수는 교육을 잘 받은 한국의 대표적 작가이자 신문인의 한 사람이다. 1930년대에 일본 관헌에 체포·구금돼(동우회 사건, 1937) 고문을 받았다. 석방된 후 일본에 협력했다는 비난을 받았고, 이전의 영향력 일부를 잃었다. 능력 및 타인과의 협력 능력에서는

---

36) 『東亞日報』(2008. 8. 9), "인촌은 믿을 만하고 신중한 反日 성향의 코즈모폴리턴"

"춘원은 거짓 친일, 실제는 독립 염원"
미국 연방정부기록보존소(NARA)에 보관된 한반도 관련문서 중 미 육군 정보당국이 작성했던 춘원 이광수 선생에 대한 성향 및 연합군의 활용도(usefulness)를 분석해놓은 A4 용지 절반 크기의 '평가카드'이다. 미국은 1944년 조선 유력인사들에 대한 성향평가표를 작성하였다. 연합뉴스(2009. 5. 10)

'뛰어남(superior)'에 체크가 됐지만, 신뢰도와 공동체 내의 위상 항목에서는 '보통' 평가를 받았다. 정치·사회적 성향에서는 '공공의식(public spirited)', '자유주의적(liberalistic)', '국제 마인드(international mind)', '민족주의적(nationalistic)', '친미적(pro-American)' 등으로 평가됐으나 '친일적(pro-Japanese) 또는 반일적(anti-Japanese)' 항목은 공란으로 남겨놓았다." 이상 키니의 평가를 정리해보면, 춘원은 동우회 사건으로 체포·구금되어 가혹한 고문을 당했지만, 석방되면서 일본에 협력했다는(친일행위) 비난을 받게 되었으며, 이로 인해 그의 민족주의 지도자(동우회)로서의 권위와 영향력은 추락했으며, 춘원의 이러한 부일협력이 과연 친일적인가, 항일적인가의 평가만은 보류하고 있다는 것이다. 춘원의 대일협력은 진짜 친일행태로 볼 수 없다는 것이다.[37]

김용제는 일제 말기 춘원과 엔도 정무총감의 양자 비밀회담의 내용이 춘원이 위장친일임을 보여준다고 증언한다. 춘원은 양자회담에서 지금 조선 민족은 내선일체운동은 사탕발림의 기만정책이라고 믿기 때문에 진심으로 협력하지 않고 있다고 하면서, 그러므로 민족차별을 과감히 철폐하라고 하였다. 대의사 선거, 자유경쟁제도에 의한 경제 평등권 보장, 도항허가제(渡航許可制) 폐지, 일체의 일본인 우월감정 일소 등을 시행한다면 조선인은 진심으로 친일협력할 것이라고 단언했다. 춘원은 조선 민족의 힘을 잘 안다고 하면서, 그것은 조금만 거들면 이길 수 있는 전쟁이라면 지게 할 수 있는 힘은 충분히 있다면서 친일협력하는 대가를 요구하고 있다. 일본이 전승을 거둘 경우 전리품 분배문제를 제도적으로 보장해달라고 당당히 요구한 것이다.

엔도(遠藤柳作) 정무총감과의 2자회담 이야기와 동경에서의 학병 권유 강연 당시의 사정인데 전자는 일부를 발표한 바 있습니다. 춘원이 양주 땅 사릉 시골로 소개해서 숨기 직전의 일입니다. 총독부의 제2권력자인 엔도 정무총감이 춘원과의 비밀회담을 청해서 춘원은 하고 싶은 말과 태도를 각오하고 임했었답니다. 총감은 "내선일체운동을 해 본 결과 마지못해서 하는 척은 하되 진심으로 하지 않아서 효과가 매우 적다. 그러니 춘원 선생이 진심으로 전시(戰時) 협력하는 비책(秘策)을 알려주시오." "그건 비책도 아무것도 아닌 간단한 상식문제다. 당신들의 그 내선일체운동에 대하여 조선 사람은 급해서 사탕발림하는 기만정책으로 믿기 때문에 진심으로 하지 않는다. 그러니 믿게 하려면 당장에 일체의 민족차별정책을 버리라. 예를 들면 대의사(代議士, 국회의원)를 선거에 의하여 국회에 보내고 경제권을 평등하게 자유경쟁제도로 하고, 일본 가는 도항허가제(渡航許可制)를 철폐하고, 일체의 일

---

37) 『東亞日報』(2008. 8. 9), 일제강점기 한국 지도자 평가 1944년 미군문서 발굴; 金源模, 『영마루의 구름: 春園 李光洙의 親日과 民族保存論』, pp.1104~1105.

본 민족 우월감정을 일소하라. 그러면 조선 민족이 진심으로 친일할 것이요." 이 요구에 대해서 총감은 태연스럽게 "그것이 바로 총독부의 내선일체운동의 취지요 목적이다. 그러나 문제가 큰 만큼 정부에서도 마음대로 곧 결정할 수가 없다. 여야로 구성된 국회의 승인도 있어야 하는 중대한 정치문제라 상당한 시일이 필요하다. 그 점을 양해하고 좀 기다려주시오." "그것이 핑계라는 것이다. 전쟁 마당에선 상대방에게 시간의 여유를 달라는 말이 통하지 않는다. 이 문제와 그것과 똑같지 않소." "그런 적대관계로 비유할 것은 없고 내 말을 믿어주시고, 일반에게 믿도록 힘써주시오." "나 자신은 그렇게 되기를 위해서 하고 있소. 그러나 그런 핑계는 총감이 해도 내가 해도 믿지 않습니다." "춘원 선생의 고충도 알고 있으니 잘 부탁합니다." "나는 현재의 조선 민족의 힘을 잘 알고 있다. 전쟁의 대세가 기울었을 경우라면 조선 민족이 아무리 협력해도 승전(勝戰)시킬 힘이 못 된다. 그러나 조금만 거들면 이길 수 있는 전쟁이라면 지게 할 수 있는 힘은 충분히 갖고 있다. 그래서 필요한 협력이라면 협력의 대가, 전리품의 분배문제를 제도적으로 보여주어야 될 것입니다." 이런 회담 아닌 논쟁이 험악해지자, 정무총감은 어물거리다가 꽁무니를 빼고 말았다.

그러나 서로 언질(言質)을 묻지 않겠다던 총독부에서는 그날 밤부터 효자동의 춘원 댁 경계가 갑자기 강화되었다. 허 부인이 겁이 나서 사릉에 집을 사고 은거시켰다. 그가 아마 서울서의 소개(疏開) 제1호였을 것이다. 아직 소개령이 내리기 전이니까. 거기 가서도 사찰과 감시가 심했던 것은 앞에서 말한 바와 같구요.38)

허영숙도 춘원과 엔도 정무총감의 비밀회담 사실을 생생히 전하고 있다.

해방 전 아마 두 달쯤 전의 일이었다. 춘원은 사릉에 소개하고 있었다. 당시의 경무국장 초청으로 시국에 대한 의견을 듣겠다고 하였지만 일종의 비밀고등심문회가 조선호텔에서 열렸다. 그 자리에는 정무총감(遠藤柳作), 경무국장, 나가사키(長崎) 보호관찰소장이 와 있었다.

38) 『기러기』 제167호(1979. 5), pp.34~35.

"이 자리에서는 무슨 말이든지 선생의 생각대로 말해주시오. 어떤 말을 해도 절대 비밀이오. 어떤 일본의 실정(失政)을 비판하여도 불문에 부치겠습니다. 우선 전쟁에 대한 예측이라든지 내선일체운동에 대한 솔직한 불만이라든지에 대해서요." 그렇게 묻는 자리에서 춘원은 다음과 같이 말하였다 한다. 대강 요지는, "전쟁에 지고 이기는 것은 끝까지 가서야 알 것이며 그것은 군인도 정객도 아닌 나로서는 알 수 없소. 나는 조선 사람이고 조선 사람으로서의 일본 국민의 의무로서 이 전쟁이 이겨야만 할 것을 원하오. 역시 조선 사람으로서의 일본 국민으로 말하고 싶은 것은 조선 사람으로서의 일본 국민 전체를 어떻게 진심으로 전쟁에 협력시키느냐 하는 것이 당신들이 나에게 묻고 싶은 중심이라고 믿기 때문에 솔직히 충고 삼아 말하겠는데 그것은 극히 간단하오. 소위 내선일체를 진심으로 하려면 일체의 차별대우를 대담하고 급속하게 일소(一掃)하는 것이 일본을 위해서도 현명할 것이오. 지금 와서는 서로 이용하려거나 흥정하려는 정치적 거짓말에는 아무도 믿지 않게 되었소. 조선 사람 전체의 힘을 몽땅 내어도 질 전쟁을 이기게 할 수는 없을지 모르오. 그러나 조선 사람 전체 또는 꽤 큰 일부가 결심하면 이 전쟁을 지게 할 능력은 충분할 것이오."

그렇게 '충고'하였다고 돌아와서 나한테 이야기하였다. 그때 나는 "당신은 너무 솔직해서 탈이오. 그런 말을 했으니 전쟁이 아주 불리하면 또 잡혀갈 짓을 하지 않았소" 하고 걱정하였다. 생각건대 그때 춘원은 당신들도 거짓말은 하지 말라는 발언을 하고 싶었던 모양이었다. 해방 이후에도 춘원은 소개지였던 사릉에 계속 은거하면서 청경우독(晴耕雨讀)의 생활을 하고 있었다. 거기서 기르던 말없이 '웃는 농우(農牛)'와 더불어 웃으며 시내에서 주워 온 자연석으로 돌베개로 쓰고 등잔불 밑에서 수필집 '돌벼개', '나의 고백'을 비롯한 몇 권의 장편소설을 썼다.

그때의 생활이며 심정은 전기 두 권의 수필집에 여실히 나타나 있다. 그러다가 춘원은 마침내 반민법의 문필협력의 대상자로서 수감까지 되었다. 이때 내가 가장 두려워한 것은 역시 춘원의 건강이었다. 옥중에서 또 병이 났었기 때문이다. 병으로 보석되어 무죄가 된 뒤에도 오래 병석의 몸으로 지내었다. 3남매도 이미 중학생, 고등학생이었으므로 부친의 사건이며 병환을 걱정하는 효성이 나를 울리었다. 또 일찍이 만주에서 문명(文名)이 높던 작가 장기환(張基煥) 씨의 헌신적 봉사가 고마웠다. 장기환 씨는 해방 이후의 춘원의 여러 가지 저서를 출판하는 데 모든 것을 자기 손으로 하다시피 해준 순진 눌박(訥朴)한 분이었다.39)

이광수는 반민특위에서 친일하지 않을 수 없는 경위를 진술한 '고백서'를 취조관에게 제출하였다. 여기에서도 시종일관 민족의 위기를 극복하기 위하여 친일하게 되었다고 진술하고 있다.

1941년 12월 8일 대동아전쟁(태평양전쟁)이 일어나자 나는 조선 민족이 대위기에 있음을 느끼고 일부 인사라도 일본에 협력하는 태도를 보여줌이 민족의 목전에 임박한 위기를 모면할 길이라 생각하고 기왕 버린 몸이니 이 경우에 희생이 되기를 스스로 결심하였다. 당시 정무총감 엔도는 조선인 태도에 대불만을 가지고 있어 나는 생각다 못해 양주(思陵)에 은퇴하여 해방을 맞이하였다. 동경까지 가서 학병을 강요케 된 것은 학병을 나가지 않으면 학병을 나가서 받는 것 이상의 고생을 할 것 같기에 나가라고 권하였다. 당시 고이소(小磯國昭) 총독의 태도로나 정세로 보아서나 학병을 나가는 게 유리할 것 같아서 말하였고, 황민화(皇民化)의 길만이 조선 민족이 살아나갈 길이라고 생각하였기 때문이다. 모든 것을 자기는 민족의 위기를 극복하기 위하여 갖은 고생을 다하였으며, 학도들의 고생을 덜기 위하여 동경까지 가서 애를 썼으며, 가미다나(神棚)니 황민화니 모두가 민족을 평안히 살게 하기 위하여 약한 몸을 무릅쓰고 애를 썼는데 반민행위란 무슨 소리며 이게 사람대접이냐고 항변했다.40)

이광수는 일제 말기 조선 지식인, 이른바 시국에 협력하지 않는 '비국민' 3만 명을 학살하려는 음모가 있었다고 폭로하고 있다. "일본은 우리 민족을 더욱 탄압할 것이다. 이미 일본 관헌은 민족주의적인 지식

39) 『現代公論』(1954. 6), pp.224~225, 내가 본 春園의 生涯(許英肅).

40) 高元燮 編, 『反民者罪狀記』(白葉文化社, 1949. 4. 15), pp.46~59, 告白書(李光洙).

계급 조선인의 명부를 만들었다 하며, 그 수는 3만 내지 3만 8천이라 하여, 혹은 이것을 예방구금한다 하며 혹은 계엄령을 펴고 총살한다고 하여 총독부와 검사국과 용산 군(조선군사령부)과 사이에 문제가 되고 있다고 하였다. 진실로 이 3만 명이 무슨 방법으로나 희생을 당한다 하면 이것은 민족적 멸망에 다음가는 큰 손실일 것이다. 그런데 당시의 일본의 사정이나 감정으로는 이 무서운 조처는 토의가 아니라 시일 문제였던 것이다. '국가의 흥망이 경각에 달린 이 순간까지 비협력적인 조선인은 더 기다릴 수 없다' 하는 것이 육군 참모부, 검사국, 경무국 관리들의 말버릇이었다."[41]

조선총독부는 1936년 12월 21일 항일독립운동을 예방하고 조선 민족주의 지식인을 철저히 단속하기 위하여 조선사상범보호관찰법(制令 제16호)[42]을 제정・공포하면서 1년 만에 6천여 명을 예방구금하고 있다.[43] 1928~1938년 10년 동안 사상 사건의 검거 상황을 보면, 총 2만 8,521명에 이르고 있다.[44] 조선총독부는 1941년 3월 7일 조선사상범예방구금령[45]을 공포하면서, 일제에 항거하는 조선 지식인을 잡아가면서 살생부(殺生簿)를 작성하여 유사시 계엄령을 펴서 이들을 일거에 총살하겠다는 것이었다. 심지어 당시 친일파 거두인 대의당(大義黨)의 당수 박춘금(朴春琴)은 시국에 협력하지 않는 조선 지식인 30만 명을 학살할 계획을 세워놓았다고 호언장담하였다.[46] 춘원이 주장하는 조선 지식계급 3만 8천 명 살생부 작성은 근거 있는 숫자이다. 대의당 박춘금

---

41) 春園 李光洙, 『나의 告白』, p.175.

42) 『朝鮮總督府官報』(1936. 12. 18), 朝鮮思想犯保護觀察法 및 朝鮮總督府 保護觀察所 設置.

43) 『新韓民報』(1937. 7. 29), 다수 지사를 감금 왜적의 최후발악.

44) 朝鮮總督府 警務局 編, 『最近に於ける朝鮮治安狀況(1938)』(巖南堂書店, 1966, pp.13~17, 主義運動に對する取締狀況. 사건 2,674건, 총검거 인원 28,521명, 송치 14,314명, 기소 8,348명.

45) 『朝鮮總督府官報』(1941. 3. 7), 朝鮮思想犯豫防拘禁令.

46) 『民族正氣의 審判 反民者解剖版』(革新出版社, 1949), pp.102~104, 170~171; 民族政經文化硏究所 編, 『親日派群像 豫想登場人物(上)』(三省文化社, 1948. 11. 1), pp.160~161.

은 시국 협조를 거부하는 항일반전(抗日反戰) 조선 민중 30만을 학살
하겠다고 폭언하면서 1945년 7월 24일 부민관에서 아세아민족분격대
회를 개최했다. 이때 비밀혁명결사 대한청년혁명단(大韓靑年革命團)의
조문기(趙文紀), 강윤국(康潤國), 류만수(柳萬秀) 등 3인은 폭탄의거를
단행하여, 대의당원 1명이 즉사하고 회의장은 아수라장이 되고 말았다.
이는 일제 패망 20일 전에 일어난 폭력살인단체 대의당에 대한 최후의
폭탄응징의 의거일 뿐만 아니라, 항일무장투쟁의 피날레를 장식했다는
점에서 대단히 의의 있는 항일투쟁인 것이다.47)

　매일신보 기자로 시국정보에 정통한 조용만(趙容萬)은 살생부의 존
재를 확인하면서 조선 지식인 학살음모를 폭로하였다. "이렇게 되면 조
선 안의 요시찰인물과 지식인들에게 미리 카드에 작성된 대로 대량학
살을 감행할 것이므로 이 정보를 알고 있는 나는 한때 아뜩한 기분으로
앉아 있었다. 그러나 소련군이 두만강을 건너 경흥 일대로 진격해왔다
는 기사는 있어도 일본군이 이에 대항했다는 기사는 한 줄도 없었다.
나중에 안 것이지만 이것은 헛소문이 아니어서 총독부에서는 소련이
전쟁을 시작하면 바로 조선 인텔리를 모두 검거해 총살할 계획이었
다."48) 이렇게 살생부를 다 작성해놓고 총살 집행 시기만 기다리고 있
었다는 것이다.

　엔도 정무총감과 이광수의 관계는 빙탄의 관계가 아니라 융화의 관

47)『民族正氣의 審判』, p.104;『親日派群像』, pp.160~161;『日帝侵略下 韓國
　　三十六年史』, 권 13(국사편찬위원회, 1978), (1945. 6. 29); 林鍾國,『親日文
　　學論』, p.179. 박춘금(朴春琴)은 경남 밀양인으로서 1923년 9월 관동대지진
　　당시 조선인 수십만 명을 학살한 극열 친일파로서 일본 중의원 의원이다. 박
　　춘금은 조선 안의 항일반전 조선 지식인은 대동아전쟁 필승의 장애 인물로 규
　　정하고, 조선 민중 30만 명을 대학살하려는 음모를 실행하기 위하여 1945년 6
　　월 29일 대의당(大義黨)을 조직했다. 이에 경무국 당국은 당수는 이광수로 하
　　고 박춘금은 고문으로 배후에서 실권을 장악하라는 내명(內命)을 내렸다. 박
　　춘금은 사릉에 소개·은거하고 있는 이광수를 찾아가서 대의당 당수를 교섭
　　한 결과, 이광수는 조선인 30만 명 학살계획 음모를 미리 알고 이를 단호히
　　거부하고 말았다.
48) 趙容萬,『京城野話』(도서출판 窓, 1992), pp.272, 278.

계로 보아야 한다. 엔도는 황민화정책의 구현을 위해 이광수를 선봉장으로 이용했고, 이광수는 한국 사상범 지식인 3만 8천 명의 구명을 위해 친일협력의 대가로 엔도를 역이용한 호혜적(互惠的) 상관관계이다. 이들은 상호 적대적인 관계이면서도 시국 동반자이다. 그 저변에는 이광수의 '정치적 거짓말 안 하기'의 인간적인 신뢰가 깔려 있다. 이광수는 지식인 3만여 명을 구제하는 것을 그 자신에게 주어진 민족적 지상사명(至上使命)으로 여기고, B29기가 히로시마에 원자탄을 투하하여 패색이 짙은 상황에서도, 1억 국민은 필승 신념으로 적 미영을 물리치자는 '아세아의 운명'을 발표했다.

적(敵) 미영은 아세아 약소민족을 강한 이웃 일본의 압박에서 해방할 의도를 두었노라고 자칭하고 선전할 것이다. 아세아 약소민족 중에도 불행히 적의 희망에 부합하는 그릇된 생각(謬想)을 가진 자도 없지 않다. 아세아 민족 중에 만일 일본의 승리를 원치 아니하고 일본의 적인 미영의 승리를 원하는 자가 있다고 하면 그것은 일본에 대한 압제(壓制)의 원망이나 오해에서 나온 것이다. 일본이 패전할 경우 아세아 전역은 인도와 말레이로 화할 것임은 의심할 바 없는 일이다. 일본이 강적인지라 강적을 우대하거니와 일본 없는 아세아 여러 민족은 정히 팽(烹)함이 될 주구(走狗)가 될 것이다. 그리하여서 경제적으로는 인도, 말레이와 같이 런던과 뉴욕의 상품시장이 될 것이고, 정치적으로는 그네의 식민지적 부용(附庸)에 떨어질 것이다. 인종적 차별로는 토인(土人)의 지위로 전락하여 내 조국의 국토에 처하면서 기류하는 용인(傭人)의 비애를 느낄 것이다. 그보다도 더 심각하고 처참한 것은 우리 아세아 선인(先人)들이 무시(無始, 태초) 이래의 혼과 피로써 창조하고 축적하고 수호하여온 우리 정신, 우리 문화의 파괴다. 천명사상(天命思想)을 근거로 한 우리 아세아 문화는 생명을 잃고 고고학적 존재가 되고 말 것이다. 이러한 문화를 파괴하는 것은 인류를 파괴하는 것이다. 이러한 문화를 지키는 것은 곧 인류를 지키는 것이다. 그러므로 미영을 격파하는 것이 곧 미영까지도 구제하는 인성(人性)의 승리요 천리(天理)의 승리다. 일본의 승리가 아세아의 승리요, 일본의 패배가 아세아의 패배이다. 아세아 여러 민족은 일본과 협력하여서 미영을 격퇴하는 것이 일본 1개국을 위한 것이 아니라 진실로 자가(自家)를 패망에서 구하고 자가의 자손을 장차 대동아전쟁의 희생에서 구하는 소이(所以)임을 분명히 각오하고 확고히 파지(把持)하여야 할 것이다.49)

이와 같이 이광수가 일본 필승론의 당위성을 강조하는 시국 협조 논설문을 발표한 것은 오로지 반전 사상범 3만 8천 명 조선 지식인의 생명을 구원하기 위한 처절한 호소문이었던 것이다. 당시 일제는 식민지 조선 백성들에게 대동아전쟁 필승 신념을 심어주기 위하여 아리랑을 일본어로 패러디(풍자적 개작)한 조선어와 일본어 합성 아리랑을 부르도록 강요하였다. "아리랑 아리랑 아라리요 / 아리랑 고개를 넘어간다 / いちおくこくみん(一億國民)よがんばって(頑張)くれ / だいとうあせんそう(大東亞戰爭)にかつ(勝)まで(迄)(1억 국민이여 분발해다오 / 대동아전쟁이 이길 때까지)" 만약 일본 필패론을 주장하다가는 그것은 총살감이었다. 그만큼 시국은 살벌했다.

'아세아의 운명'이 게재된 같은 날짜 매일신보에서는 "8월 6일 적 B29기는 히로시마에 신형폭탄을 사용, 상당한 피해가 발생하였다"50)라고 대본영(大本營) 발표문을 보도하고 있다. 여기서 '신형폭탄'이란 원자탄을 의미한다. 이어 나가사키(長崎)에도 원자탄이 투하되고 소련은 대일 선전포고를 발하면서 북한으로 침공하는 긴박한 상황에서, 게다가 원자탄 사용으로 패전의 조짐이 뚜렷한 가운데 이광수는 이 같은 시국 협력의 논설문을 써야만 했을까? 총독부와 군부 당국은 시국 협력을 거부하는 반전 지식인 3만 8천 명을 비국민으로 규정하여 살생부를 작성해놓고 총살 계획을 세워놓고 있었다. 일찍이 일본 군부는 난징학살(南京虐殺, 1937. 12. 13)을 자행하여 30만 명을 대량 살육했고, 박춘금의 30만 명 학살음모 등, 살벌한 전쟁 분위기를 감안한다면 충분히 총살 집행의 가능성이 가시화되고 있었다. 이에 이광수는 군부의 비위를 맞추기 위하여 일본 필승론을 집필하여 발표한 것이다. 만일 일본

---

49) 『每日新報』(1945. 8. 7~8), 亞細亞의 運命(上, 下)(香山光郎).

50) 『每日新報』(1945. 8. 8), 敵, 新型爆彈 使用, 廣島市에 相當한 被害.

필패론(必敗論)을 발표했다면 그것은 총살감이었다. 총살 집행일은 8월 17일로 정했다. 그러나 원자탄 투하로 말미암아 일제는 항복을 앞당겼기 때문에 3만 8천 명의 목숨은 아슬아슬하게 총살을 모면하게 된 것이다.

신낙현은 이광수를 지도자로 한 비밀결사 청년정신대 사건(1944. 8. 23)으로 체포되어 1945년 4월 18일 "징역 1년 6월, 2년간 집행유예" 판결을 받아 석방되어 고향 경기도 광주에서 은거하고 있었다.[51] 그는 출옥 후 '요시찰인'으로 감시를 받다가 보호관찰소로부터 8월 17일에 출두하라는 소환장을 8월 15일에 받았는데 그날 해방을 맞이한 것이다. 신낙현은 1950년 6 · 25 직전 세 번째로 효자동 춘원의 집을 방문했다. 청년정신대 사건 후 집행유예의 몸으로 시골에 꽉 틀어박혀 있었기 때문에 일제 말기의 정황을 몰라서 그때의 절박한 상황을 춘원에게 물었던 것이다. 이때 이광수는 여운형, 송진우, 김성수 등을 비롯하여 조선 반일(反日) 지식인 3만여 명을 총살시키려고 했던 일본 군부의 음모를 그제야 폭로하였다. 여운형, 송진우, 김성수 등 3만여 명의 조선 사상범은 시국 협력을 거부하는 이른바 '비국민'이다. 이들 3인의 공통점은 다 같이 창씨개명조차 거부한 철저한 항일민족운동가라는 것이다. 이광수는 학살음모를 수수방관만 할 수 없어서 경무국장에게 3만여 명의 조선 지식인을 죽이지 말고 부일협력(附日協力)에 이용하는 것이 최상책이라고 강력히 촉구했다. 이처럼 이광수는 피나는 구명운동을 전개한 것이다. 마침내 이광수는 청년정신대 동지 신낙현에게 그 살벌한 학살음모의 상황을 생생히 폭로하고 있다.

"참으로 험악하였소. 일제가 점점 패퇴(敗退)하게 되니까 벌써부터 작성하기 시작한 우리의 애국자 3만여 명의 생살부(生殺簿)를 가지고 이 사람들을 군부 측에서는 총살을 주장하고, 검사국에서는 구금(拘禁)을 주장하고, 경무국에서는 부일협력(附日協力)으로 이용하기를 주장

51) 『독립운동사자료집』(독립운동사편찬위원회, 1977), 권 12(문화투쟁사 자료집), pp.1118~1122, 昭和19年 刑控 第3698號(1944).

하였는데, 이 사람(이광수)은 당시의 경무국장에게 그 사람들을 부일협력으로 이용하기를 종용하였소. 왜 그랬느냐 하면 더욱이 전시인지라 그중에서도 군부 측의 세력이 제일 강하기 때문에 차마 이 3만여 명의 애국자들을 살해하는 것을 수수방관할 수 없었으니까요. 뿐더러 우리 민족이 독립을 획득하기 위해서는 또는 획득한 후에라도 이 사람들이 절대 긴요하니까. 그런데 결국 이 사람들을 8월 달에 들어서 우선 체포하기로 되었는데, 평안도 지방 같은 데는 벌써 7월경에 시작했고, 경기도 이남은 17일경부터 착수하기로 되었던 것이오. 여운형(呂運亨), 송진우(宋鎭禹), 김성수(金性洙) 이런 분들이 모두 그 대상이었지요."

이 같은 끔찍한 참살(慘殺)음모의 말을 듣고 신낙현은 "아, 그랬던가요. 그 당시 저에게 사법(사상범)보호관찰소로부터 8월 17일 날 출두하라는 소환장이 8월 12일부로 보내왔는데 그것을 저의 가형이 시골로 저에게 가지고 오던 바로 그날 해방이 되었습니다. 참 아슬아슬했군요"라고 3만여 명의 애국지사들의 총살음모의 긴박한 상황을 비로소 알고야 안도의 한숨을 내쉬게 되었다.52)

일제 말기의 긴박했던 시국 상황을 당하여 엔도 정무총감은 이광수를 특별 초빙해서 정례 시국 담화를 가졌다. 이 자리에서 이광수는 솔직한 항일성 발언을 쏟아내고 있다. 이광수는 엔도 정무총감과의 정례 회견 석상에서 허심탄회한 심정으로, 조선은 몸과 피와 혼을 바칠 대로 다 바쳤건만 처우개선은 없다, 게다가 '요시찰인'이라 낙인을 찍고 조선 지식인을 보호관찰하고 있다고 비난하였다. 춘원 아니면 어느 누가 엔도 정무총감 면전에서 이 같은 항일성 비난을 퍼부을 수가 있겠는가?

1944년 6월 미군이 사이판에 상륙함으로써 전세는 날로 일본에 불리해지고 있는 상황에서 고이소(小磯國昭) 총독은 일본 수상으로 가고 아베(阿部信行, 재임 1944. 7~1945. 8) 총독이 부임했다. '특요시찰'의 감시를 받고 있는 이광수는 총독정책에 대해 신랄한 비판을 가하고

---

52) 『新太陽』(1954. 7), pp.147~150, (未公開 春園逸事) 春園 李光洙는 果然 親日派였던가?: 殘酷한 日帝의 末葉 春園을 중심으로 抗爭할 때 그는 어떤 思想과 態度를 堅持했는가?(下)(申洛鉉).

있었다. 그 당시 총독정책을 비판한 인사는 춘원밖에 없다. 어느 누구도 항일성 발언을 할 수가 없다. 그럼에도 불구하고 엔도(遠藤柳作) 정무총감은 춘원을 초청하여 민심 무마 차원에서 일주일에 한 번씩 정례 회견을 가지자고 제의했다. 이에 춘원은 조건부 응락을 했다. 그것은 총감과 단 둘이만 만나기 싫고 내선인(內鮮人) 10명가량의 입회하에 회견하기로 합의했다. 일본 측에서 경무국장, 학무국장, 법무국장, 고등법원장을 비롯하여 총독부 고위 관리 7, 8인, 조선 측 인사는 한상룡(韓相龍), 엄창섭(嚴昌燮) 등이 포함되어 있다. 이에 정무총감에게 설문할 '질문서'를 작성했다. 허영숙이 이를 보고 깜짝 놀라면서 "당신은 이것을 가지고 가면 이번에는 꼭 징역 살겠어요, 그러나 할 말은 해야지…" 하며 울었다는 것이다. 그 질문서를 요약하면 다음과 같다.

첫째, 일본이 조선을 합병할 때 이등박문(伊藤博文)은 국제적 관계상 합병하는 것을 그리 좋아하지 않았다고 믿는다. 솔직히 말하면 대륙을 연락하는 데 조선은 절대 필요한 것이지만 오히려 합병하는 것보다 모든 나라에게 침략적 인상을 주는 것보다 보호국(保護國)이라는 명칭 아래 독립국을 인정하고 모든 면에 있어서 적극적 간섭을 하는데서 그 효과는 합병보다 나으리라고 생각한 까닭이다. 그러나 이 위대한 정치가의 포부를 일본 국민은 모르므로 정한론(征韓論)을 강경하게 주장하여 조선을 합병하였는데 그 후 국제 정세는 일본에 대하여 상당히 불리하였던 것은 사실이다. 그래서 합병한 후 일본은 조선에게 무엇을 요구했는가 하면, 사람도 아니고, 자원도 아니고, 곡식도 아니고, 그 밖에 아무것도 아니라, 단지 일청(日淸), 일로(日露), 양 전역(戰役)에서 경험한바 조선의 땅이 필요하였다. 대륙과 무역하는 데 조선은 그 다리였다. 그 후 일본은 조선에게 무엇을 요구했느냐 하면, 조선의 금은과 쌀(곡식)이 필요하였다. 그 다음에는 조선인의 땀— 즉 노동력이 필요하였다. 그 다음에는 조선인의 피— 즉 징병(徵兵)이나 혹은 지원병제를 제정하여 피의 대가로 처우개선이라는 미명 아래 자기들의 만족감을 느끼려 하였다. 그 다음 내선일체(內鮮一體)라는 말로서 조선인의 정신— 즉 조선인의 혼까지 요구하여 옥쇄(玉碎)하여라, 특공대(神風, 가미카제)로 나가라 하였다.

지금 우리들은 몸과 피와 혼— 육체, 노동, 성명(창씨개명), 언어, 문화까지도 다 바쳤다. 이것이 마지막인데 우리로서는 다 바칠 대로 바쳤는데 이 이상 바칠 것이 없다. 그러나 일본의 제국의회는 불과 7명의 중의원 의원과 5명의 귀족원 의원이 있을 따름이 아닌가. 이것으로 처우개선이라 말할 수 있으며, 가봉제도(加俸制度)는 조선에 온 일본인에게만 주고 일본에 가서 있는 조선인에게는 가봉을 주지 않으며, 총독부의 국장이나 혹은 도(道)의 경찰부장을 조선인에게 주지 않고, 준다 하여도 일본인보다 더한 '조선인적 일본인(악질 친일파)'에게 주는가. 이것은 확실히 모순이다. 내선일체를 하려면 먼저 경제적 해결부터 시작하여야 된다. 그리고 한 가지 유감 되는 바는 '요시찰(要視察)'이라고 해서 공연한 사람까지 사상적으로 의심을 두고, 증오심이 일어나게 사람을 들볶는다. 외면으로는 내선일체 일본 국민이라고 강요시켜놓고서, 또 '비국민(非國民)'이라고 하며 고등계 형사를 보내어 심하게 조사하고 취조함은 어떤 논리로부터 나오는 것인지 알 수가 없다. 모순된 것을 지적하려면은 얼마든지 있지만 감정적으로 표현이 될 듯해서 그만두겠지만 엔도 정무총감은 이번이 마지막 총감으로서 될 것을 희망하고 요다음부터 경기도 지사나 혹은 경성부윤으로 오기를 바란다. 그리고 조선인도 중앙정부의 요인이 되지 않는 한 내선융화(內鮮融和)는 절대로 안 될 것이요라고 말을 하였다.53)

이와 같이 춘원은 해방공간 '친일파 민족반역자 증후군(트라우마)'에 시달려야만 했다. 아무도 춘원에게 동정적인 구제 발언을 하는 사람이 없었고 오로지 춘원에게 돌을 던지고 있었다. '해동공론' 인터뷰 자리에서 춘원은 일제 암흑기의 시국 정세를 솔직히 털어놓고 있다. 그 자신이 친일협력하지 않을 수 없는 시대상황을 자세히 설명하고 있다.

　나는 물론 세상 사람들이 규정하는 바와 같이 친일파이고 민족반역자다. 거기에 대하여 나는 구태여 변명하려고 하지도 않는다. 사실 솔직히 고백하면 나의 인생관과 세계관으로 보아 소위 지나사변(중일전쟁, 1937. 7) 이후 일본이 동아의 맹주가 될 줄 알았고, 또 신가파(新嘉波, 싱가포르)를 함락시켰을 때 정말로 일본의 전력(戰力)은 위대하

53)『海東公論』(1947年 7・8月 合倂號, 1947. 7. 20), pp.11~15, 解放後 沈黙 지키고 있는 春園 李光洙 訪問記 本社特派 R記者.

다고 믿었다. 그것이 차차 해를 바꾸어가는 동안 일본의 실력이 없다는 것을 알게 되고 여러 가지로 의심이 되었으나 그때는 벌써 나의 활동으로서는 늦었던 것이다. 지금 와서 여러 사람들은 자기들이 가장 예언자연하고 이러니저러니 말하지만 그러나 일본의 세력이 파죽지세(破竹之勢)로 진주만을 때리고 신가파를 부숴가지고 소남도(昭南島)로 만들고 여송도(呂宋島)를 점령하여 '라우렐'을 필리핀(比律賓)의 대통령으로 만들고 하였을 때, 그 누가 놀라지 않았으며 일본에 협력하지 않은 자, 양심적으로 말하면 그 누가 있었을 것인가. 오로지 해외 망명하였던 임시정부 요인들밖에 없으리라고 생각한다. 나도 상해서 안창호 선생과 더불어 여러 요인들, 더욱이 김상덕(金尚德) 씨는 동경 학생 사건(2·8독립운동) 때부터 인연이 깊으나, 그들에게는 머리가 수그러지나, 그 밖에 조선에 있던 모든 사람들은 모두 오십보백보로 양심적으로 말하면 별로 다름이 없을 것이다. 이것은 나를 변명하는 말은 아니다.

대전(태평양전쟁)은 종말기에 이르렀고 조선 국토에 B29기가 상공에 비돌 제야 결국은 일본이 전패국(戰敗國)이라 함을 증명하는 것이라고 여기고 일본 사람들의 말을 빌면 최후의 발악일는지 모른다. 그 후 나보고 박춘금(朴春琴)은 대의당(大義黨) 당수를 하라고 하는 고로 나는 몸도 약할 뿐만 아니라 정치가적 타입도 아니고 하니 여운형(呂運亨) 씨 보고 하라고 하여라 한즉, 가네꼬(金子定一)라는 육군소장을 통하여 몇 번이나 교섭을 하여보았으나 응낙치 않으므로 당수의 자리를 내놓고 부당수 즉 부총재가 박춘금이가 되어 1945년 7월 22일 밤 다이너마이트 사건(대한청년혁명단 폭탄의거)이라는 역사적인 조선 사람의 반항이 일어났다. 그 후 조선언론보국회54)가 생겨 최린(崔麟) 씨가 회

---

54) 林鍾國,『親日文學論』, pp.173~177, 朝鮮言論報國會. 조선언론보국회는 동경이 미 공군의 융단폭격으로 불바다로 변하는 패전을 앞둔 시기인 1945년 6월 8일 부민관 대강당에서 엔도 정무총감, 조선군사령부 참모장, 후쿠자와(福澤) 경성재근 해군무관, 니시하라(西廣) 경무국장 등 요인 등의 참석 하에 발악적인 결성대회를 가졌다. "저 미영(米英)들아! 알아라! 동양의 뜻은 결코 너희들 이물력(夷物力, 오랑캐 물자와 노력)의 앞에 굴치 않는다는 것을. 이리하여 우리는 전선(前線)의 특공용사의 뒤를 이어 사상전에 정신(挺身) 감투할 것을 깊이 기하는 바이다." 여기서 주목되는 점은 명예회원에 민족지도자를 대거 포함시켰다는 것이다. 안재홍, 이광수, 홍명희, 최남선, 송진우, 장덕수,

장이 되고 정인익(鄭寅翼) 군이 사무국장, 상무이사는 최재서(崔載瑞), 이성환(李晟煥), 경성일보 주필 고전신일랑(高田信一郎), 진전강(津田剛), 또 매일신보에 있는 이창수(李昌洙) 씨 등인데, 나보고 결성식 하는 날 연설하라고 온 고로 거절을 하고 말았다. 그 후 대화동맹(大和同盟)55)이 생기고 흥아회(興亞會)가 생겨 조선항공주식회사 사장 신용정(愼鏞禎)이가 부지부장, 지부장은 가네꼬이고, 또 하나의 부지부장은 '조선화보(朝鮮畵報)'를 동경서 하던 김을한(金乙漢) 군이 되었었다고 한다. 전기 정인익은 매일신보 동경지국장을 거쳐 매일신보 편집국장을 해방 직전까지 하고 해방 후는 자유신문(自由新聞) 사장으로 이창수와 같이 친일파 민족반역자 처단에 제일선에 나서 강경히 주장하고 있다고 하여 그들은 자기를 반성함으로서 친일파 원칙론을 영원히 주장할 필요가 있다고 생각한다. 이창수는 지금 군정청 요직에 있다고 하나 그는 나보고 그들의 논문을 지적하여 친일파이었던 것을 지적하라면 얼마든지 하겠다. 그들이 좌익을 지지하는 언론인이 되었고, 친일파를 숙청하라 함은 언어도단의 철면피라 아니 할 수 없다. 자기 꼬리가 잡히니까 좌익에게 아첨함은 언제든지 백일하에 폭로될 사실이다.

나는 친일파로서 처단 받으려고 모든 각오를 하고 있다. 그러나 양심에 비추어 모든 것을 판단치 않으면 안 된다. 오히려 학병 강요 때 맹렬히 반대한 사람은 김성수(金性洙) 씨 한 사람밖에 없다. 학병 관계로 경성 시내 각 전문학교 교장들이 모여 회의하는데 나도 초청이 있기에 가본즉 전부 일본인 교장이고 조선인 교장은 김성수 씨밖에 없는데 그때 김성수 보고 일본인 교장 하나가 질문하기를 왜 조선 학생들은 학병을 지원하지 않느냐고 물은즉, 김 씨는 대답하되 그것은 당연한 일이 아닌가, 일본인 학생들도 전장에 나가기 싫어하는데 조선인 학생은 누구를 위해 싸우고 조국에 몸을 바친다니 누구의 조국을 위하여 몸을 바칠 것이냐 하고 대드는 것을 보았다. 그 후 동경으로 학병

유억겸, 여운형 등을 강제로 끼워놓아서 구색을 맞춘 것이다.
55) 상게서, pp.171~173, 大和同盟. 1945년 2월 11일 기원절을 기하여 조선상공경제회관에서 대화동맹 결성대회를 열고 이사장에 윤치호, 이사에는 박춘금 이광수 손영목(孫永穆) 진학문(秦學文) 노성석(盧聖錫) 등이다. 필승체제 확립과 내선일체 촉진을 목표로 하는 동지적 결맹 단체로서 '황도공민(皇道公民) 자질의 연성 향상'을 목표로 하고 있다. 이는 '조선혼'과 '야마토 다마시(大和魂, 일본혼)'와의 결맹(結盟)을 도모한다는 것이다.

지원을 촉진시키려고 연설을 가라고 여운형 씨, 송진우(宋鎭禹) 씨, 최남선 씨, 나, 네 사람을 선택하였으나, 갈 날을 정해놓고 여 씨, 고하(古下)나 육당 등에게 말하였더니 여·송 양씨는 배가 아프고 설사가 났다고 하여 가지 않겠다고 하는 것보다 못 가겠다고 하는 고로 나와 육당 최남선 씨 둘이서 비행기로 동경까지 가서 연설을 하고 왔다. 그후 모 소식이 전하는 바에 의하면 나를 죽이려고 학병 몇몇이 나의 숙소까지 찾아왔던 사실이 있었다고 하는 말을 들었다.[56]

이광수의 위장친일 문제는 그 진위 여부가 논쟁점이었다. 이에 대한 평가를 분석해보기로 한다. 김종균은 "이제 따져보면 일본 그늘에서 살아보자는 겁니까? 어떤 사람은 견해에 따라서 그것도 독립운동이냐 하고 따질 수도 있지 않습니까?" 하고 이광수의 전향에 강력한 의문을 제기하고 있다. 이에 대해 김용제는 정치적 포로(동우회 사건 피의자 신분)의 몸으로 탄압과 자기 소신의 중간에서 동지 구출을 위한 어떤 실질적 방도를 찾아 헤매는 춘원의 절박한 몸부림을 전하고 있다.

춘원 자신도 그런 입장에서의 비판을 각오하고 한 일입니다. 내가 증언하는 것은 그의 잘잘못보다도 그의 동기와 그 나름대로의 양심의 소신으로 행동했다는 사실과 고충을 보고할 따름입니다. 다만 가혹한 평을 하는 사람도 일종의 포로의 몸으로서 탄압과 자의(自意) 중간에서 그래도 무슨 실질이 없나 하고 몸부림친 그의 위치에서 한 번쯤은 생각해볼 문제가 아닐까, 이것만이 나 개인의 소원일 따름입니다. 아, 김 교수 말에 대답하겠어요. 그게 왜 독립운동입니까. 그는 명분 서는 독립운동의 정경대로가 아닌 것을 자인하면서 그 나름대로의 민족을 위한 차선책(次善策)으로 소신하고 했던 거죠. 아까 정무총감과의 회담에서 보고하지 않았던 한 구절이 생각납니다. '내선일체 운동은 조선 민족의 희생으로 일본만이 덕 보려는 것이어서는 안 되고 일본 민족의 양보나 선심으로서 조선 민족만 덕 보려는 것도 아니다. 그래서 일대 일로서 서로 살아보자는 것이 아니겠소'라고 말했다 합니다. 다만 먼저 팔봉에게 말한 것은 그렇게 협력하다가 우리 민족의 우수성이 그들을

56) 『海東公論』(1947년 7·8월 합병호), pp.13~15.

압도하면 두려워서 한반도를 내놓는다, ― 그건 일종의 꿈같은 우원(迂遠)한 독립운동(?)일지 모르겠죠. 그러나 나는 그를 민족실리(民族實利)를 위한 '위장친일파'로 에누리 없이 평해왔습니다.57)

이명재는 춘원의 친일전향의 공과를 토론주제로 제안했다. "모든 학문의 연구자세가 그래야겠지만 춘원의 공과(功過) 문제도 활자문학에 나타나지 않은, 말하지 않고 할 수 없었던 내면생활의 동기와 원인, 시대환경, 현실조건 등을 면밀히 조사해서 과학적으로 다루어야 한다, 그럴 필요를 춘원 문제를 공부하는 과정에서 절감했습니다. 그리고 나부터가 그렇지만 춘원 문제는 다루기가 특히 어려워요. 두 김 선생은 경험한 점을 솔직하게 말씀해 누가 오해해도 개의하지 않으나, 일반 학자들은 오해받을까 봐서 아예 다루지 않으려 하거나 다루더라도 선입관이 많이 작용해서 연구 자체가 공식화되는 경향이 있고, 활자 이외의 재료는 구하기 어렵고, 또 구해볼 생각도 못하는 것이 일반 경향이 아닐까요."58)

이명재는 춘원의 친일 공과(功過) 문제를 다룬 논문 '개척자의 공과와 비애'59)를 발표했다. 여기서 춘원의 '친일 훼절'의 원인은 역사의식의 결여라고 분석하고 있다.

그리고 이상과 같은 정신분석학적인 심층구조와 함께 그의 훼절과 친일행각에서 빼놓을 수 없는 요인의 하나는 아무래도 역사의식(historical sense)의 결여에서 오는 문제점을 배제할 수 없다. 그가 좀 더 당시의 상황에서 어떻게든 보다 올바로 과거 역사를 거울삼고 앞으로 다가올 세계사를 꿰뚫어볼 수 있는 혜안(慧眼)을 가지고 자신과 국가, 민족의 장래를 거시적인 시야로 내다볼 수 있었더라면 결코 이와 같은 역사의 오류를 범하지 않았을 것이기 때문이다. 당시에 그의 측

57) 『기러기』 제167호(1979. 5), pp.35~36.
58) 상게서, p.37.
59) 『中央大 文理大學報』 제37집(1978), pp.21~28, 開拓者의 功過와 悲哀(李明宰).

근들이 직접 그를 대면하여 은밀한 사담(私談)을 나눈 바의 증언은 물론이요 그 자신의 고백류에 속하는 글들에서도 엿볼 수 있듯이 우리 민족이 다시는 일제의 쇠사슬에서 풀려나기는 절망적이라고 그릇 판단한 사실은 이광수의 문학이나 인간 및 친일의 문제점과 상관시켜 검토해볼 여지가 많다. 그 딴은 힘껏 싸우다 지친 나머지 "만일 이 몸을 던져서 한 사람이라도 동포의 희생을 덜고, 터럭만치라도 닥쳐오는 민족의 고민을 늦출 수가 있다고 하면 내 무엇을 아끼랴" 하는 속죄양(贖罪羊) 의식과 패배감(敗北感)이 친일의 동기라고 지적하는 측도 있지만, 이 패배의식 역시 근원적으로는 역사의식의 결여에서 오는 궁색스런 사고방식인 것이다.60)

이광수의 친일 동기는 자기희생정신에서 찾아볼 수 있다. '나의 고백' 서문에서 친일동기를 이렇게 해명하고 있다. "그러면 무엇 때문에 나는 조그맣게라도 가지고 있던 명예를 버리고 친일파의 누명을 쓰고 나섰는고? 어리석을는지 모르나 내게는 나로서의 이유가 있었던 것이다. 그것을 설명하자는 것이 이 책의 목적이다. 그것은 일언이폐지하면 나를 희생해서 다만 몇 사람이라도 동포를 핍박에서 건지자는 것이었다."61) 친일의 결정적 계기는 동우회 사건으로 체포되어 재판을 받고 있는 동우회 동지 40명의 구제 의무가 직접적인 원인이 되고 있다고 고백하고 있다. 이는 도산의 동지 구출 유언을 실천한 것이었다. "이 사건이 유죄가 되면 적게는 수백 명 관계자가 국내에서 행동의 자유, 특히 교육계나 종교계나 기타 지도적인 활동의 자유를 영영 잃을 것이요, 흥사단 주지를 띤 사업의 길은 아주 막히고 말 것이었다. 나는 나 하나를 희생함으로써 이 자유를 건질 수 있다 하면 그렇게 해서라도 동우회의 사업과 동지들을 살리고 싶었다. 그러나 이것은 어리석은 생각이었다. 만일 이 몸을 던져서 한 사람이라도 동포의 희생을 덜고 터럭 끝만치라도 닥쳐오는 민족의 고난을 느꿀(늦출) 수가 있다고 하면 내 무엇을 아끼랴. 게다가 나는 언제 죽을는지 모르는 병약한 몸이었다. 이렇

---

60) 상게서, p.25.
61) 春園 李光洙, 『나의 告白』, p.4, 서문.

게 생각할 때에 내 눈 앞에는 3만 몇 명이라는 우리 민족의 크림(精髓)
이라 할 지식계급과 현재 이상의 무서운 압제와 핍박을 당할 우리 민족
의 모양이 보였다. '내 몸이 죽어서 정말 저들의 머리 우에 달린 당장의
고난을 면할 수만 있다면' 하고 나는 생각하고 괴로워하였다."62) 부일
협력의 동기는 이렇게 해명하고 있다. "징병을 가거라 한다고 해서 그
말을 들어서 갈 조선 사람도 없고 또 가지 말라고 해서 안 갈 사람도
없는 것이다. 반항할 수 없으니 가는 것이요, 가족이나 동족이 해를 받
을 염려가 있으니 가는 것이었다. 이왕 가는 길이니 발길로 채이면서
끌려가지 않도록, 가서라도 미움받이를 덜하도록 하자는 것이 곧 협력
하는 태도라는 것이었다. 또 어차피 흘리는 땀이요 어차피 흘리는 피일
진댄 만일의 경우(일본이 이기는 경우)에 그 값이나 받도록 하여두자는
것이 소위 부일협력의 동기였다."63)

이명재는 춘원의 반민족적 친일행동은 매도할 수 있지만 한국문학의
개척자로서의 춘원의 공적은 부인해서는 안 된다면서 그의 공과를 균
형 있게 평가해야 한다고 강조하고 있다.

그러나 이를 위해 행할 학문적인 접근이나 평가에 있어서는 재래의
선입관이라든지 맹목적인 애국이나 민족의식 등에 사로잡혀 지금까지
의 통례처럼 도식적으로 논단·전횡하는 접근방법은 지양해야겠다는
점에 유의해야할 것 같다. 그 특수한 시대상황에서 형성된 착잡 무비
한 문학사상(文學事象)을 우리는 오늘의 처지에서 흑백양단논법(黑白
兩斷論法)만으로 무책임하게 처결해서는 결코 안 되기 때문이다. 김윤
식(金允植)도 이광수를 올바로 파악하기 위해서는 그가 소위 신체제
(新體制) 문학에 가담한 반민족적 행위문제는 물론 어떤 이유로도 정
당화되기는 어려울지 모르지만 이 문제도 전향의 논리로 파악해 볼 일
이라는 견해를 밝힌 바 있듯 본연한 그 정체를 추적하기 위해서는 속
된 타부의 벽도 허물어뜨리는 적극적이고 새로운 방법이 필요한 것이
기도 하다.64)

---

62) 상게서, pp.165~166, 179.
63) 상게서, p.177.

김용제는 일제 말기 사릉 소개 집에서 춘원과의 대화에서 사릉 국민학교 교사 김용경이 춘원은 결코 친일파가 아니라고 증언했다는 것이다. "나하고 그의 사릉(思陵) 소개(疏開) 집에서 단 둘이 밤새워 애기한 때도 '김 선생 나는 친일운동으로 또 일본 감옥에 갈 각오로 하고 있어요'라고 고백했어요. 그 소개 집에서 숨어살 때도 주재소 니시무라(西村) 주임이 직접 엄중 감시하던 때입니다. 그때 사릉국민학교 교사로 있던 김용경(金龍卿)은 그 집에서 춘원이 가꾼 상치 쌈으로 점심을 대접받던 현장을 니시무라에게 발각돼서 그 죄목으로서 산속 분교로 귀양 갔을 정도였거든요. 지금 문학박사가 된 김용경 교수는 당시의 그의 생활과 언동으로 '춘원은 결코 소위 친일파가 아니다'라고 글로 말로 증언하고 있습니다. 이번 '춘원 미수기념 특집'에도 당시의 사실을 구체적으로 변호하는 증언문을 쓰겠다고 약속했습니다."65)

박계주와 곽학송은 춘원은 결코 민족을 배신하는 반민족적 운동을 하지 않았다고 주장하고 있다. "한국 및 한국문학과 더불어 살아온 춘원의 생애는 파란만장 그대로다. 혹자는 1921년 상해에서의 귀국과 일제 말엽의 행위를 가리켜 변절이라고 이름 하지만, 그것은 너무나도 피상적인 관찰에 지나지 않는다. 그는 그가 소속하였던 단체와 정치세력을 저버렸을지언정 조국과 민족을 배신한 적은 없는 것이다."66)

육당과 춘원은 1942년 12월에 조선총독부 동원령에 의해 동경에 파견되어 조선인 학병출정 권유 유세를 벌이게 되었다. 이는 조선인 학생을 일본군의 총알받이로 희생시키는 친일행태라고 맹비난을 받았다. 그러나 육당은 처음부터 학병출정을 적극 찬성했다. 최남선은 학병 권유의 목적은 독립전취(獨立戰取)에 필요한 군사훈련이라고 강조하고 있다. "그래, 너희들 젊은 사람이 가서 이 시국을 담당치 않으면 누가 하겠느냐, 이 기회는 우리가 군사훈련을 받고 조직이라든가 전투법이라든가를 배우기에 가장 좋은 때다, 이 기회를 놓치면 또다시 못 얻는 기회

64) 상게서, p.27; 金允植, 『韓國近代作家論攷』(一志社, 1976), pp.17~18.
65) 『기러기』 제167호(1979. 5), pp.33~34.
66) 朴啓周・郭鶴松, 『春園 李光洙』(三中堂, 1962), p.33.

다라고 역설했다. 내가 동경서 학생들에게 화랑도(花郎道)를 역설하고 우리 민족이 일본 기반이탈(羈絆離脫)을 전제한 자위적(自衛的) 전투제(諸) 기술을 체득하기 위하여 지원하라고 학생을 불온적(不穩的)으로 선동하였다 하여 총독 관헌의 백안시도 상당하였으나 나는 나의 신념이 있기에 부동하였다."[67]

이광수는 '친일↔항일' 투트랙 전략을 구사하고 있다. 동경 학병 권유 유세를 통하여 친일협력을 벌이면서 그 반사 이익으로 독립군 기간장교(基幹將校) 육성의 기회로 역이용한다는 것이었다.

1943년 여름 이광수는 경도(京都)의 아사히회관(朝日會館)에서 학병 권유 연설을 행했다. "당신들이 희생하고 공을 세워야 우리 민족이 차별을 안 받고 편하게 살 수 있다. 조선 민족을 위해 전장에 나가라"고 호소했다. 당시 리쓰메이칸대학(立命館大學) 재학생 김우전(金祐銓)은 이광수의 학병 권유 연설을 직접 듣고, '이분은 역시 민족의식이 있다, 민족을 사랑하는 느낌이 있다, 어지간하면 저 양반이 저런 얘기를 하겠나, 민족의 장래에 고민이 많겠구나'라고 느꼈다는 것이다. "내가 교토에서 유학하던 시절 이광수가 와서 학병을 권하는 연설을 했어요. 내가 그 자리에 있었어요. 그 연설을 들으면서 나는 이광수를 친일이니, 나쁘게 생각하지 않았소. 오히려 그분에게 민족의식을 느낄 수 있었어요." 학병에 나가는 것이 민족을 살리는 길이라고, 이광수의 학병 권유 연설은 결코 친일연설이 아니라고 증언하고 있다. 광복회 회장을 역임한 김우전은 결국 학병 입대 후 중국 서주(徐州) 일본군 치중부대에서 근무하던 중 탈출하여 중경 조선광복군에 투신했고, 광복 후 김구의 비서를 역임했다. 이날 이광수의 학병 권유 연설은 훗날 친일 죄목이 되었지만, 조선 민족의 생존을 위한 춘원의 고민을 느낄 수 있었다는 것이다. 학병 지원은 일제치하의 조선 민족 생존을 위한 자구책이며 조선 민족이 살아남으려면 이렇게 할 수밖에 없다는 춘원의 고민을 절감한 것이다.[68]

67) 『平和日報』(1948. 3. 3), 三一節 紀念特輯: 學兵勸誘의 目的 獨立戰取에 必要한 軍事訓練?(崔南善).

이광수는 동경으로 이동, 명치대학 강당에서 학병 권유 연설을 했다. 당시 게이오대학(慶應大學) 재학생 손진(孫塤)은 춘원의 연설을 직접 들었다. 1천여 명의 조선 학생이 운집한 강당에 국민복 차림의 이광수가 등단하여 "여러분, 내가 왜 이처럼 야위었습니까? 알고 있습니까?" 라고 외치자, 청중은 일제히 "알고 있습니다"라고 호응했다. 이광수는 이 자리에 서서 연설하지 않으면 안 되는 것에 대한 고뇌로 자신의 몸이 이렇게 상했다는 것을 하소연한 것이었다. 이에 이광수는 "우리가 전쟁에 참가한 후 일본이 승리한다면 전후(戰後)에 우리의 발언권은 존재하게 되고, 군인이 되는 것은 군대조직을 경험하고 군무(軍務)를 익히는 것이므로 만약에 우리가 독립한다면 그 습득한 기술을 국가를 위하여 중요하게 쓸 수 있다"[69]고 설명했다는 것이다. 이와 같이 육당과 춘원의 학병 권유는 장차 독립군 기간장교 육성의 호기라는 '독립전략'임을 증언하고 있다.

육당과 춘원은 1942년 12월에 학병 권유 유세에 나섰다. 이는 조선 청년을 총알받이로 내몰았다 하여 최대 친일 죄목으로 규탄 받게 되었다. 그러나 육당과 춘원은 다 같이 조선 청년의 학병 입대는 일본식 군사훈련을 받아 장차 독립군 기간장교를 양성할 수 있는 호기라고 인식했다. 홍일식(洪一植)은 일제 말 최남선의 학병출정 권유는 우리 민족의 군사지도자 양성이 목적이라고 증언했다. 일본은 조선 청년을 군인으로 뽑지 않아 근대 군사기술을 배울 수가 없었다. 이에 그 절호의 기회가 왔다고 판단하여 적극 학병 입대를 권장한 것이다.

육당의 학병출정 권유는 독립을 이룩하는 데 가장 중요한 무력 양성의 호기로 역이용하자는 '독립전략'인 것이다. 이것이 이른바 '수카르노 전략'이다. 수카르노는 일본군이 인도네시아로 침공해오자 일본군과 제휴·협력해서 인도네시아 청년들에게 일본식 군사훈련을 시켰다. 종

---

68) 『朝鮮日報』(2014. 10. 20), 최보식이 만난 사람. 춘원 이광수를 말하다 … 92
   세의 김우전 전 광복회 회장.
69) 춘원연구학회, 『뉴스레터』 제4호(2009. 10. 30), 春園에 對해 들은 세 가지 이
   야기와 그의 苦惱(尹憙淳).

전 후 옛 종주국인 네덜란드 군이 들어오자 수카르노는 일본식 군사훈련을 받은 군대를 동원, 게릴라전을 벌여 네덜란드 군을 몰아내고 독립을 쟁취한 것이다.[70]

정비석(鄭飛石)은 1943년 신정 휴가로 북간도 시찰여행을 계획하면서 춘원의 집을 방문하여 이 사실을 말했다. 춘원은 우리 동포의 교육상태를 잘 살피고 오라고 당부했다. 북간도 시찰여행을 끝내고 돌아온 정비석이 춘원에게 북간도 전역에서의 조선 이민들의 교육열이 놀랍게도 왕성하다고 보고했더니, 춘원은 앉은 자리에서 무릎을 치면서, "우리 민족은 역시 살아 있구나. 교육열이 왕성한 민족은 결코 죽지 않는 법이야!" 하고 크게 감탄하면서, "그런 의미에서 우리 청년들을 군대에 많이 내보내도록 해야 해!"[71]라고 강조하는 것이었다. 군인으로 뽑혀 나가면 일본을 위해 싸울 수밖에 없는데, 그것이 도대체 우리에게 무슨 이익이 된다는 말인가. 전후가 모순되는 춘원의 말에 너무나 당황한 정비석은 춘원에게 어째서 우리 학병을 일본을 위해 군대에 보내야 하느냐고 따져 물었다. 그러자 춘원은 자기의 말귀를 알아듣지 못하는 것이 안타까운지, 조선 청년의 군 입대는 일본 돈으로 조선독립군을 양성하는 역설적 효과가 있다고 주장하고 있다. "나라가 독립이 되려면 군대도 있어야 할 것이 아닌가. 지금 우리 청년들을 군대에 보내는 것은 일본 사람의 돈으로 우리나라 군대를 양성하는 것과 무엇이 다르겠는가. 그런 뜻에서 나는 우리 청년들을 지원병으로 많이 내보내 총술(銃術)을 배우게 하고 전술(戰術)도 배우게 하는 것을 찬성하는 사람이네."[72]

학병출정 권유는 육당·춘원만이 아니라 김팔봉도 이를 적극 지지했다. 1944년 1월 조선인 대학생한테도 학병제도가 실시되었다. 이때 게이오대학(慶應大學) 학생 이한직(李漢稷)이 서울 집에서 학병에 나오

---

70) 『月刊朝鮮』(2008. 9), pp.432~447, 일제말 崔南善의 學兵출정권유는 우리 민족의 '군사지도자' 양성이 목적(洪一植); pp.448~457, 극비 조선민족사상에 대한 관견(極秘 朝鮮民族思想に就て)(1942. 10)(相場淸, 洪一植 번역).

71) 『中央日報』(1978. 4. 25), 남기고 싶은 이야기들(鄭飛石).

72) 『中央日報』(1978. 4. 25), 남기고 싶은 이야기들(鄭飛石).

라는 빨간 딱지를 받아들고 김팔봉을 찾아가 의논하자, 김팔봉은 서슴없이 학병에 나가라고 권유했다는 것이다. "이 기회를 우리에게 유리하게 쓰면 우리의 실력을 키우는 길이 된다는 것이 나의 견해였기 때문이다. 일제를 위해서 싸워준다는 것이 아니라 우리의 장래를 위해서 실기(實技)와 지식을 습득하고 그래서 우리의 역량을 증대시키자는 것이 그때 나의 주장이었다."[73]

이광수가 동경에서 학병 권유 행각을 벌일 때 김붕구(金鵬九)는 춘원의 학병 권유 강연에 부정적인 시각을 가지면서도 비교적 온건한 반응을 보였다. "다만 사정 여하를 불문하고 그러한 정세하에 일월처럼 뚜렷한 정면의 적에 대한 반항 없는 민족주의였다는 사실을 지적할 뿐이다. 그리고 그러한 상황 속에 그러한 민족주의도 있을 수 있다는 사실에 새삼 놀라움과 '춘원의 경우'에 대한 어떤 상징까지도 느끼지 않을 수 없다."[74]

주요한(朱耀翰)은 춘원이 직접 동경에 가서 이른바 학병 권유 유세를 벌이게 된 궁극적 목적은, 학병이 일본군에 입대하면 기간장교로 육성, 저들의 비용으로 총 쏘는 법을 배워서 장차 그것으로 그들을 대적할 실력을 가질 수 있다는 생각에서였다는 것이다.

일제 말기의 친일언론에 있어서도 그와 같은 경향이 나타나고 있다. 민족과 동포를 보존하기 위해서 부득이한 붓대를 놀리기는 너나 할 것 없이 다 범한 것이어니와 영리한 사람들은 가면인 것을 알리리만큼 꾀를 부렸지마는 춘원은, "기위(旣爲, 이미) 친일할 바에는 거짓말 안 되도록 마음을 가져봐야겠다"고 말할 만큼 양심론을 주장하였다. "우리가 저들의 비용으로 총 쏘는 법을 배우면, 장차 그것으로 그들을 대적(對敵)할 수 있지 않느냐"고 학병들에게 진심을 토로한 것도 있지마는 그는 어떤 경우에라도 양심을 속이지 말자는 것을 진정으로 생각한 것 같다. 과연 대성(大聖)은 대우(大愚)와 통하는 것인가. 잘이건 잘못이건 춘원의 발가벗은 인간성은 그대로 평가되어야 할 것이다.[75]

---

73) 『大韓日報』(1970. 5. 6), 日帝 暗黑期의 文壇(2)(金八峰).

74) 金鵬九, 『韓國人과 文學思想』(一潮閣, 1973), p.40.

송욱(宋稶)은 춘원이 정치적 배신을 위해 도덕적 위장으로 쓴 것이 '민족개조론'이라고 신랄하게 비판하고 있다. "'민족개조론'이라기보다는 오히려 '인간개조론'이 라고 해도 좋은 이 글에는, 그가 일제라는 강적에 정치적으로 반항하는 것을 단념한 뒤에, 자신의 양심이 받은 상처를 어루만지며, 자기기만에 빠져가는 과정을 이모저모로 위장하는 방법이 드러나 있다."76) 이렇게 춘원의 친일행태를 부정적인 시각으로 분석·비판하고 있다.

김용제는 춘원 미수기념 좌담회의 마무리 발언에서 춘원의 친일행각에 대한 긍정·부정을 다음과 같이 정리하고 있다.

이 교수(이명재) 논문 중에서 쓴 긍정·부정하는 사람의 명단을 기억하고 있다. 즉, 춘원의 친일행각에 이르러서는 적극적인 공격성으로 가차 없는 심판의 위용을 발휘한다. 그런가 하면 그의 문학과 인간을 긍정적으로 지지하는 입장에 선 인사들은 유난히 조심스럽고 소극적인 태도로서 적지 않게 옹호하는 자세를 드러내는 것이다. 일찍이 춘원과 함께 상해에서 독립신문 발행을 맡아보던 주요한의 긍정적인 회고담과 동경에서 귀국 후 다분히 위장 후퇴의 전향자가 된 김용제의 회고적인 증언은 물론이요, 일제 말에 춘원이 사릉에 칩거할 때 그곳 국민학교 교사로서 그 숙소에 드나들던 김용경은 한껏 긍정적인 마음에 변함이 없다고 한다. 특히 문학청년 때부터 사귀고 그의 가족과도 친숙해져서 전기(傳記)까지 쓴 박계주, 곽학송이 극히 옹호한다. 그런가 하면 학병 권유 차 동경에 갔던 춘원을 처음 만난 김붕구는 비교적 온건한 태도로 "사정 여하를 불문하고 그런 정세하에서 일월처럼 뚜렷한 적(敵)에 대한 반항 없는 민족주의였다는 사실을 지적할 뿐이다. 그러한 상황 속에 그러한 민족주의도 있을 수 있다는 사실에 새삼 '춘원의 경우'에 대한 어떤 상징까지도 느끼지 않을 수 없다. 학도병 입대 권유하는 그의 태도는 동지를 구하기 위한 위악(僞惡)이 아니라 완전한 신자(信者)

---

75) 『新思潮』 新年特別號(1964. 1), pp.144~149, 春園의 못 다한 '심부름'(주요한).

76) 宋稶, 『文學評傳』(一潮閣, 1969), p.308, 民族改造論: 政治的 背信의 道德的 僞裝.

의 언동이었다'고 춘원의 친일행각을 부정하고 있다고 인용되었는데, 나는 이 교수가 김붕구의 견해를 '비교적 온건한 태도'라 하였으나 그의 발언이야말로 춘원 옹호의 최고의 긍정증명으로 그의 탁견에 경의를 표한다. 내가 앞에서 말한 춘원이 학생과 안고 울었다는 사실이 김붕구의 증명으로 재확인된 것이다.[77]

김용제는 춘원 미수기념을 맞이하여 춘원을 예수가 십자가에 못 박혀 죽은 것에 비유, 춘원은 북한 공산당에 의해 이름 없는 '무명십자가'에 희생된 민족주의 거성(巨星)이라고 정의했다. "아흔아홉의 쌓은 공(功)을 / 하나의 과(過)로 무너뜨리는 탑(塔)이라면 / 나는 그 탑에 치어서 죽겠습니다"라고 비탄하고 있다.

무명십자가, 김용제

불러도 말이 없는 春園(춘원) 先生(선생)님
1954년에 내가 쓴 詩(시) '임의 집에서'
"임의 人生(인생)은 앞으로 짧을지라도
그 사랑과 슬기의 글들은
젊은 生命(생명)들의 영원한 꽃이 될 것이외다"

北(북)으로 납치된 채 生死不明(생사불명)
그 苦難(고난)의 세월이 어느덧 八十八歲(88세)
米壽(미수)를 地下(지하)에서 맞으셨나요
병든 肺(폐) 하나의 쇠약한 몸으로
학대와 기아의 참혹한 獄死(옥사)!

赤黨(적당, 공산당)이 잡아다 죽인 이유는 오직
民族主義(민족주의) 巨星(거성)을 反動罪(반동죄)로 벌한 것
그러나 赤黨(적당) 아닌 南(남)의 無慈悲(무자비)도
民族(민족) 액운과 僞裝轉向(위장전향)을 묵살하고

---

77) 『기러기』 제167호(1979. 5), pp.37~38.

외로운 死身(사신)에 채찍을 가합니다

아아 無名十字架(무명십자가)의 운명이란
이처럼도 매정하고 억울합니까
아흔아홉의 쌓은 功(공)을
하나의 過(과)로 무너뜨리는 塔(탑)이라면
나는 그 塔(탑)에 치어서 죽겠습니다[78]

이제 이광수의 친일전향이 과연 위장친일인가, 아니면 진짜 친일인가의 판가름을 가려내어야 할 시점에 이르렀다. 그것을 두 가지 측면으로 조명해야 한다. 하나는 실제 항일운동을 전개했는가이고, 또 하나는 민족정신을 발양하는 작품을 발표했는가이다. 아무리 독립운동을 했다고 떠들어도 실제 민족운동을 역행(力行)하지 않았다면 그 진위는 가려지게 될 것이기 때문이다.

동우회 사건 재판 때 검사는 이광수에 대해 학생운동의 사상 범죄로 취급된 청소년 중 70, 80퍼센트는 춘원 저서를 읽고 민족의식을 각성하고 민족운동에 뛰어들었다고 지적했다. "이 마지막 재판에 검사는 그 논고의 대부분은 내 죄를 증명하기에 바쳤다. 그는 민족주의 계통의 범죄로 취급된 조선 청소년의 7 내지 8할이 피고의 저서에서 감염되었다는 것을 자백하였으니 그렇게 많은 청년을 그르친 것만 하여도 이광수는 죽어도 아깝지 않다 하였고, 또 피고가 근래에 천황 중심을 말하고 내선일체를 말하는 것은 그가 진심으로 하는 것이 아니라 그의 민족운동의 한 방편에 불과하다. 시국(時局)에서는 그러한 형식이 아니고는 민족운동을 할 수가 없는 까닭이다."[79] 그 당시 청소년들에게는 이광수야말로 '민족의 아이콘'이요 독립의 희망이 아닐 수 없었던 것이다.

1937년 3월 14일 춘천고보(현 춘천고교) 남궁태를 중심으로 발기인 10명이 비밀결사 상록회(常綠會)를 조직했다. "조선은 일본의 착취 압

---

78) 상게서, p.55, 無名十字架(金龍濟).
79) 春園 李光洙, 『나의 告白』, p.169.

박에 의해 멸망의 시기가 박두하고 있다. 이대로 방임한다면 유대 민족이나 아이누 민족과 같은 운명에 빠지고 만다. 우리 조선 민족은 일치단결하여 조선의 독립을 기도해야 한다." 이렇게 '조선독립'을 뚜렷이 표방하고 상록회를 조직한 것이다. 학생들은 한결같이 이광수의 작품을 읽고 민족의식을 깨달았다고 실토하고 있다. 1937년 4월 15일 독서회를 조직하면서 이광수의 작품을 구입하여 회원들이 이를 돌려가면서 읽고(輪讀), 독후감을 토론하는 것이었다. 독서회에서 구입한 이광수 작품을 보면, '조선의 현재와 장래', '혁명가의 안해', '흙', '이차돈의 사', '그의 자서전', '문장독본', '이순신', '개척자', '유정', '마의태자', '단종애사', '무정', '신생활론', '인생의 향기' 등 이광수 저작품의 대부분이 망라되어 있다. 상록회를 조직하고 독서회를 통하여 독립사상을 고취한 지 2년 만인 1938년 12월에 춘천고보 상록회 회원 전원은 춘천경찰서에 총검거되었다. 당국은 "상록회의 독서회(이광수 작품 독서회)가 일본 국체(國體)를 변혁(變革)할 목적으로 조직된 비밀결사"라는 이유로 춘천고보 학생 137명을 구속하고 38명을 기소한 것이다. 1940년 9월 경성지방법원 재판에서 남궁태, 이찬우, 문세현, 용환각, 백홍기, 조규석, 배근석, 조흥환, 이연호, 신기철 등은 징역 2년 6월, 이홍채, 신영철, 김홍기, 차주환, 박우홍, 이종식 등은 징역 1년 6월 내지 1년을 선고받았다. 이광수의 민족주의 작품의 영향력은 여기에서 그치지 않았다. 경성 양정중학교 서주원은 이광수의 '흙'을 읽고 일제의 압제를 타파하고 농촌계몽운동을 전개하기 위하여 고성동지회(高城同志會)를 조직해서 활동하다가 1941년 6월 30일 8명 전원이 총검거되기도 했다.

이광수의 민족주의 작품이 이같이 청소년들에게 사상적 악영향을 주어 항일학생운동이 들불처럼 일어나자 경무국 당국은 이광수 작품을 모두 '불온문서'로 지정하여 아예 학생들로 하여금 읽지 못하게끔 독서금지 조치를 단행했다. "3심에서 우리 사건(동우회)의 원 판결이 파기되고 고등법원 재심에 회부되었다. 이 동안에 총독부에서는 내 저서의 재검열을 하여 십수 종을 발매금지에 부치고 책사에 있는 책까지 압수하였으니 소설 '흙'은 말할 것도 없었거니와 발행한 지 20여 년이나 된

'무정'도 금지를 당하였다. 이것이 다 우리 사건의 반증을 얻으려는 것이었다."[80]

바로 이러한 정치공학적 압박 상황 하에서 이광수는 '인생의 향기'를 펴내어 조선 청년들에게 민족의식을 고취하는 경각심을 불어넣고 있다. 메타포(암유) 작품이기에 분석적, 중의적 해석이 요구된다. 여기서 민족적 고민이란 바로 미나미 총독의 조선문화말살정책의 강행과 그리고 사회주의 계통의 동우회 비난행태 등의 양면 공격을 어떻게 대응하고 극복할 것인가의 고민이다. '인생의 고해'는 '나라 잃은 백성의 고난'을, '민족적 고민'은 '민족 구제운동의 고민'을, '내일의 희망'은 '독립의 희망'을, '사랑의 섬광'은 '인생의 향기'를 상징하고 있다. 따라서 '인생의 향기'는 암담한 식민지 교육을 받고 의기소침하여 좌절감에 빠져 있는 청소년 학생들에게 미래 희망의 등불이 되었다는 점에서 대단히 의의 있는 혁명사상의 지침서이다.[81]

수원고농 학생들은 춘원의 '조선의 현재와 장래'('민족개조론'), '인생의 향기', '흙' 등을 읽고 그의 조선독립정신, 문맹타파운동, 조선어 보존정신을 계승하기 위하여 1939년 9월 30일 비밀결사 '언문(한글)연구회'를 조직했다. 발기인 10인(정주영, 박도병, 민병준, 임봉호, 김상태, 김윤하, 송장헌, 정창순, 김종활, 김중면)은 "언문은 조선조 3백 년 이래 조선 유일의 문화인데 최근 조선어 폐지정책에 의해 절멸위기에 있다. 우리는 조선 문화를 보존하고 후세에 이를 전해주어야 한다"는 취지를 밝히면서 언문연구회를 발족한 것이다. 언문연구회의 규약을 보면, 1. 서로 조선인다운 의식을 잊지 말자, 2. 서로 비밀을 지킬 것, 3. 서로 조선어를 사용할 것, 4. 시간 엄수, 연구는 두 시간씩 할 것, 5. 서로 언문(한글)철자법통일안 및 중등조선어문법을 교재로 연구할 것 등이다. 수원고농 전체 학생 중 조선인 학생은 모두 60명이다. 언문연구회 지도부는 조선인 학생들에게 수업시간 이외에는 일본어를 사용하지

80) 상게서, p.169.

81) 春園 李光洙, 『人生의 香氣』(京城 弘智出版社, 1936. 6. 21), pp.183~186, 사랑.

말고 조선어로만 대화를 나누고, 회의도 조선어로 진행하도록 하고 있다. 조선어 사용을 완전 금지하고 있는 조선어 말살정책이 강행되고 있는 정치적 압제 하에서 수원고농 언문연구회의 조선어 보존운동은 우리나라 전문대학급 고등교육기관에서 일어난 학생운동이라는 점에서 대단히 역사적 의의가 있는 항일운동인 것이다. 1942년 8월 24일 경무국 당국은 수원고농의 언문연구회는 "전시기 반일언동(反日言動), 국체변혁(國體變革)에 의한 조선독립을 도모하기 위한 비밀결사"라고 규정하여 관련 학생 전원을 총검거하고 피고인 전원에게 징역 1년 6월의 유죄판결을 내린 것이다.

이광수는 동우회 재판 때 "동우회의 진흥책의 일부분으로서 장래의 혁명동원 준비를 위하여 청년개척군(靑年開拓軍)을 조직할 것을 협의했다"[82]라고 진술했다. 춘원이 구상하고 있는 청년정신대(靑年挺身隊)는 바로 청년개척군을 모델로 한 것이며, 장래의 혁명동원을 준비하기 위하여 서울에는 청년정신대를, 지방에는 농촌정신대를 조직한 것이다. 이리하여 이광수는 마침내 혁명투쟁의 교두보를 구축하였다. 일제 말기 '정신대'라는 각종 단체가 결성되었는데, 가령 군위안부 동원을 위하여 여자정신대를 설립했다. 춘원은 당국의 감시의 눈길을 피하기 위하여 비밀결사의 명칭을 이같이 '청년정신대'라 명명하고 지도자의 이름도 '가야마 미쓰로우(香山光郎)'라고 붙이고, 당국의 감찰을 회피하기 위하여 근로보국대와 신사참배를 솔선수범하는 등 친일행위로 위장했다. 이광수는 조직적인 민족운동은 불가능하다고 판단하여 선(線)이나 점(點) 조직으로 항일독립운동을 전개하기로 하고, 1944년 6월 비밀결사 청년정신대 조직 획책안을 신낙현과 김영헌에게 전달하면서 경성에는 청년정신대를, 농촌에는 농촌정신대를 수립하도록 지시했다. 이들은 다 배재 동창이었으며, 여운형의 협력을 구하도록 했다.

이광수는 '특요시찰인'이라 형사들이 항상 효자동 집을 감찰하고 있

---

82) 朝鮮總督府 高等法院 檢事局 思想部, 『思想彙報』 제24호(1940. 9), pp.192~196, 李光洙 犯罪事實; 『독립운동사자료집』, 권 12, pp.1286~1290, 昭和15年 刑控 第17~20號(1940. 8. 21).

어서 신낙현이 자주 춘원의 집을 드나들다가, 1944년 9월 마침내 청년
정신대 지도부가 총검거되었다. 1945년 4월 경성지방법원 재판에서 김
영헌과 신낙현은 각각 징역 1년 6월의 형을 받았다. 그런데 청년정신대
의 최고 책임자는 이광수임에도 불구하고 정작 주범 이광수는 체포하
지 않고 그 죄를 일체 불문에 부치고 있다. 그 이유는 다음과 같다. 1.
이광수는 반일운동자이면서 민족지도자이므로 그를 체포하면 조선인
전체의 황민화운동에 막대한 지장을 초래한다. 2. 이광수는 가야마 미
쓰로우(香山光郎)란 이름으로 각종 친일단체 간부를 역임하고 있어서
그를 체포한다면 각계각층의 지도자들도 크게 충동과 동요를 일으킬
것이다. 3. 춘원을 체포해서 그를 매장해버리기보다는 도리어 그 죄를
묵과함으로써 이광수를 친일협력에 이용하는 것이 효과적인 것이다.

이제 마지막으로 이광수의 작품을 통해 춘원의 위장친일을 가려볼
단계에 이르렀다. 이광수는 도산의 동지 구출 유언을 실천하기 위하여
친일전향을 단행했는데, 그것이 과연 진짜 친일인가, 위장친일인가를
작품을 통하여 재조명해야 한다. 1941년 11월 17일 동우회 사건 무죄
판결을 받을 때까지 춘원은 친일행각을 벌였고, 재판은 4년 5개월 만에
무죄판결로 끝나 동지 전원을 구출했다. 1941년 11월 17일을 기준으로
하여 그 후 일본이 패망할 때까지 이광수는 조선어로 장편 및 단편 소
설 11편을 발표했고, 일본어로 7편을 발표했다. 조선어 말살정책이 강
행되고 있는 정치공학적 시대환경에서 조선어로 소설을 발표했다는 것
자체가 민족운동인 것이다. 즉, 조선어 사수정신을 살려 이같이 의도적
으로 조선어로 발표했다는 것, 그것도 조선의 정체성 확립을 위한 소설
이라는 것, 일본어 소설도 모두 친일문학과는 거리가 멀다는 사실을 확
인할 수 있다.

이광수는 1938년 3월 10일 도산의 운명 직후 '임 찾어 갈꺼나'를 발
표했다. 여기서 '임'이란 국가와 민족 즉 도산을 일컫고 있다. 이광수는
상해 망명 시절 도산 앞에서 흥사단 입단서약을 할 때 "신명(身命)을
조국에 바치겠다"고 맹세했다. 여기서 '그리는 양'은 이광수의 독립열
망을 암유하고 있다. '억만 번 나고 죽어서 그님 찾어보리라'는 흥사단

과 동우회의 혁명정신을 실천하겠다는 뜻이다. 이는 바로 이광수의 위장친일을 입증해주고 있다.

임 찾어 갈꺼나

굴뚝에 煙氣(연기) 나는 마을이면은 거리면은
찾는 그님이 계시기는 계시려니
내 소리 들으시는가 그리는 양 보시는가

찾어 떠날까나 마을 따라 거리마다
그 노래 높이 불러 두루두루 도울까나
이 몸이 다하기까지 그님 찾어 갈까나

찾다가 못 찾았든 다 닳아진 이 몸을랑
무덤에 던져두고 새 몸 쓰고 나설까나
억만 번 나고 죽어서 그님 찾어보리라[83]

이광수는 1938년 7월 29일 병보석으로 석방되어 자하문 밖 산장에서 '특요시찰인'으로 가택연금 상태에 있었다. 춘원은 1938년 11월 3일 명치절을 기해 재판소의 허가를 받고 석방된 동우회 동지 28명을 소집하여 이른바 사상전향회의를 개최했다. 황거요배(皇居遙拜), 국가(君が代) 제창, 황군 전몰장병에 대한 묵념 등 국민의례를 거행한 후, 일동이 조선신궁을 참배하고 나서 사상전향신술서를 작성하여 재판장에 제출함과 동시에 동우회 입회금 3백 엔 및 당일 출석자 28명이 갹출한 2,888엔을 국방헌금으로 바쳤다. 이광수의 형식적인 사상전향은 총독부의 강압에 의해 이렇게 강행되었다. 민족지도자 이광수로서는 동지를 구출하는 데는 다른 선택의 여지가 없는 벼랑 끝 전략이 아닐 수 없다. 이로써 친일전향을 공식화했다.[84] 이는 동우회 사건의 무죄언도를 받

---

83) 第一回配本 現代朝鮮文學全集, 『詩歌集』(朝鮮日報社出版局, 1938. 4. 1), pp.15～16, 임 찾어 갈꺼나(李光洙).

아내기 위한 고육책 전략인 것이다.

춘원의 사상전향은 과연 정말로 친일이냐 아니면 거짓 친일이냐를
두고 논란이 일어날 수밖에 없다. 그러나 그것은 어디까지나 동지 구출
을 위한 위장친일임이 드러나고 있다. 이광수는 사상전향신술서를 제출
할 때 법원 당국과 동우회 동지 40명의 무죄판결을 받아내기로 타협한
것이다. 이리하여 마침내 1939년 12월 8일 동우회 사건 피고인 40명
전원 무죄판결을 받아낸 것이다. 그러나 경무국 당국은 이광수가 비록
사상전향을 단행했지만 그것은 위장 사상전향이라고 분석하고 판단을
내리고 있다. 경무국 당국은 "이광수가 고의로 전향을 위장하여 당국의
귀순허가를 받고 조선으로 돌아가 이른바 조선 내 흥사단으로서 조직
했던 일"을 지적하면서, 실력을 양성한 후 총독에게 정치상의 요구를
하고 이에 응하지 않을 경우 총독을 해치우겠다고 하는 등 위장전향자
임을 분명히 밝히고 있다.

이광수는, 이민족(異民族)은 절대로 융합되지 않는다, 조선인은 아무
리 노력을 해도 일본인으로 될 수 없는 까닭에 조선인은 영원토록 민
족적 순결을 유지·보전하여 조선 민족에 의해 조선을 통치해야 한다
고 주장한 자로서 앞으로도 이 태도를 유지하리라고 인정됨. 특히 그
자의 수기(증거품 사본 제1호) 중에 기록한 일부분을 비쳐 보더라도
"실력을 양성한 뒤 총독에 대하여 정치상의 요구를 하고 응하지 않으
면 해치운다", 바꿔 말하면 혁명을 의미하며, 또한 "경성을 저주한다",
"서울을 영광스러운 평양으로 옮기고 싶다" 등의 글귀는 이번 사건의
진상을 드러낸 것이며, 조선독립운동의 핵심을 실력 양성에 두고 기반
을 평안 남북도에 둔 것은 본건 처리상 또는 앞으로의 단속상 놓쳐서
는 안 될 사실로서 일당(一黨, 동우회)에 대해서는 엄벌을 필요로 하
며, 더구나 동우회의 검거에 비추어 앞으로는 아무리 훌륭한 주의(主
義), 강령(綱領)을 제시하더라도 조선인만으로 조직된 결사(結社)는 가
급적 이를 잘 타일러 중지시켜야 한다고 사료됨.85)

84) 『韓國獨立運動史』, 권 5, p.326.
85) 朝鮮總督府 警務局所藏 秘密文書, 『島山安昌浩資料集』(국회도서관, 1997),

정비석(鄭飛石)도 이광수의 사상전향은 위장친일이라고 단언하고 있다. "그러나 일본 관헌들도 표면적으로는 성공했다고 생각하면서도 내심으로는 이광수의 친일전향의 진정성을 조금도 믿지 않았다. 그리고 이광수 자신도 생명을 보존해나가기 위해 본의 아닌 굴복은 했지만 그의 머릿속에 뿌리 깊이 박혀 있는 민족정신에는 추호도 변함이 없었다. 그러기에 그는 일본인이나 친일분자들을 만나면 스스로 친일파 행세를 하였고, 믿을 만한 동포를 만나면 애국애족 정신을 열렬히 고취하였다. 이광수의 인간적인 비극은 바로 그 점에 있었던 것이다."[86]

춘원을 대학 시절부터 흠모해왔던 이항녕(李恒寧)도 춘원의 친일은 민족문화와 그 유산을 보존하기 위한 하나의 방편이었다고 주장하고 있다. "한 사람의 문인으로서 또는 한 사람의 사상가로서 또는 한 사람의 애국자로서 춘원이 남긴 업적은 크다. 그러나 그가 친일을 하였기 때문에 우리 민족에게 끼친 해악(害惡)이 적지 않은 것도 사실이다. 그가 말년에 친일을 하지 않을 수 없었던 데 여러 가지 사정과 고민이 있던 것으로 생각된다. 그가 결코 자기 일신의 안위만을 위하여 변절하지 않은 것은 확실하다. 무도(無道)하나 군국주의에 짓밟힌 약소민족으로서의 그 문화와 유산을 보존하기 위한 하나의 방편으로 그는 반역자의 누명을 각오하고 스스로 십자가를 지지 않았나 하고도 생각된다."[87]

장백일(張伯逸)은 "춘원은 훼절함으로써 많은 인명을 구(救)했으니 반역을 위한 친일이 아니라 박애와 이타(利他)를 위한 보살정신, 살신성인적(殺身成仁的) 희생을 감수한 친일이었다"라고 주장했다.

이 같은 주장은 '이광수의 역사소설'을 발표한 장백일에 의해 제기됐다. 그는 "춘원이 훼절하면서 많은 비난을 받았으나 나름으로는 심

I, p.371, 李光洙의 태도 및 結社의 團束에 관하여; pp.531~533, 京高特秘 제1217호(경기도경찰부장), 同友會 및 동 지회의 해산에 관한 건(1938. 5. 28).

86) 『中央日報』(1978. 4. 20), 남기고 싶은 이야기들(鄭飛石).

87) 小皐 李恒寧 선생 유고집, 『작은 언덕 큰 바람(小皐長風)』(나남, 2011), p.274, 춘원의 참회록.

각한 갈등 속에서 결정한 듯하다"고 옹호론을 폈다. 그 이유로는 수양
동우회 사건이 단적으로 뒷받침해주며 수많은 관련자들의 운명이 자신
의 태도에 달려 있음을 알았을 때 춘원의 갈등과 고뇌는 실로 컸던 것
같다고.

　따라서 춘원은 친일 속의 민족주의자라는 이율배반의 모순에서 나름
대로의 보살도(菩薩道)를 깨달으며 실천했던 것 같다고 장백일은 분석
했다. 이에 따라 역사주의적 입장에서만 춘원을 평가할 것이 아니라
그 심리를 꿰뚫는 정신분석학적 비평태도가 병행돼야 하며 그 심리를
살필 때 그의 민족정신과 문학정신을 일단은 긍정적으로 받아들일 수
있다는 것이다. 장백일은 또 춘원의 역사소설은 문학으로서의 가치보
다는 사실(史實)을 통한 독자의 계몽에 치중했다고 주장했다. 이 같은
점에만 의식을 둔 목적문학이었기 때문에 춘원은 작품의 문학성에 대
해서는 별로 관심을 기울이지 않았다는 것이다.[88]

　1941년 11월 이후 1945년까지 이광수가 쓴 조선어 소설을 보면, 장
편에 '원효대사', '봄의 노래' 2편, 단편에 '면화', '귀거래', '두 사람',
'방공호', '구장님', '명랑한 세상', '반전', '학병의 어머니께', '절하는
마음' 등 9편이다. 이 동안 일본어 소설을 보면, 장편에 '四十年(사십
년)' 1편, 단편에 '兵になれる(군인이 될 수 있다)', '加川校長(가가와
교장)', '大東亞(대동아)', '蠅(파리)', '元述の出征(원술의 출정)', '少
女の告白(소녀의 고백)' 등 6편이다.

　이광수는 '원효대사'(1942. 3. 1~10. 31)를 집필하게 된 당시의 심
경을 진술하게 전하고 있다. "원효대사는 내가 친일파 노릇을 하는 중
에 매일신보에 연재하였던 것이다. 나는 검열이 허하는 한 이 소설 속
에서 우리 민족의 전통적 정신과 영광과 애국심과 민족의식을 그려서
천황 만세를 부르고 황국신민서사를 제창하지 아니하면 아니 될 운명
에 있는 동포들에게 보낸 것이었다."[89] 그는 이어 이렇게 실토하고 있

88)『京郷新聞』(1982. 11. 15), 東國大學國文學硏究所 학술회의. 再照明받는 春
　　園文學: 李光洙의 歷史小說(張伯逸).
89) 春園 李光洙,『나의 告白』, p.192.

다. "무릇 내가 쓴 소설은 민족정신 밀수입의 포장으로 쓴 것이었다. 내 소설을 통속소설이니 케케묵었느니 순문학 가치가 부족하느니 하는 고급 평론가들의 평을 나는 무관심하게 받았었다. 그러나 그것은 전문가인 문사들의 일이요, 일반 동포 독자들은 그 포장 속에 밀수입된 내 뜻을 잘 찾아서 알아보았다고 믿는다. 그래서 나는 독립 전야까지 내 밀수입 포장을 계속할 작정이었던 것이다."[90] 조선어 말살정책을 강행하고 있는 시대상황에서 조선어로 소설을 썼다는 그 자체가 민족운동인 것이다. 이와 같이 해방될 때까지 이광수는 장편 및 단편 소설을, 그것도 조선어로 '민족정신 밀수입의 포장으로' 줄기차게 써왔음을 재확인할 수 있다.

이광수는 '검열 트라우마'에 걸려 있었다. 그러므로 직설적인 서술방식을 지양하고 검열 통과를 위해 은유적이고 이중적인 표현방식을 채택하여 소설을 쓴 것이다. 그러므로 이광수의 작품을 제대로 감상하려면 분석적, 중의적(重義的) 해석이 요구된다. 이광수의 전 작품에 걸쳐 검열로 인한 삭제나 연재중단 등 언론탄압으로 만신창이다. 그것을 모두 '불온문서'로 낙인찍고 있기 때문이다. 그 대표적인 사례로 도산의 독립투쟁을 다룬 '선도자'(1923)는 연재중단 조치를 당했고, '봄의 노래'도 연재중단 조치를 당했다. 1924년 금강산 석왕사에서 집필한 단편소설 '혈서'는 무려 234자나 삭제 조치를 당했다. "나는 사랑보다 더 큰 일에 몸을 바친 사람이다. 아니 나의 전생, 금생, 내생의 생명 그 자체보다도 더 귀중한 일에 내 한 몸을 바친 사람이다."[91]

이광수를 짝사랑하는 일본 여학생 노부꼬(信子)와의 사랑을 다룬 '혈서'에서 노부꼬의 사랑을 받아들일 수 없는 명분을 밝히고 있다. "사랑하여주시는 뜻은 감사하거니와 나는 맘에 굳게 작정한 바가 있으

---

90) 상게서, pp.192~193, 해방과 나.

91) 『朝鮮公論』 제16권 제4호(1928. 4), 長篇小說 血書. 李光洙 作, 李壽昌 譯. "僕は戀よりもつともつと大事なものに身を捧げた人間だ. いや僕の前生, 今生, 來生の生命それ自體よりもつと貴重なものに一身を捧げた人間なのだ."

므로 응하여드리지 못하니 미안합니다. 나는 사랑보다도 더 큰 일에 몸을 바친 사람이다!" 여기서 '맘에 굳게 작정한 바'는 '독립운동을 결심했다'는 것을, '사랑보다도 더 큰 일'은 '광복대업(光復大業)'을 암시한다. 이광수는 자신이 걸어가야 할 정체성은 독립운동가의 삶임을 분명히 밝히고 있다. 그러나 노부꼬는 다음과 같은 혈서를 써놓고 자살하고 만다. "わがとこしふへの背の君よ 先き立ち行く妻 信子. 願はくは 主よ, わが夫の君を御手もて導かせ玉へ 父の國へかへります信子 (나의 영원의 지아비여 앞서가는 안해(아내) 노부꼬. 원하옵나니 주여, 나의 지아비를 당신의 손으로 인도하시옵소서. 아버지의 나라에 돌아가는 노부꼬)."[92]

1925년 1월 동아일보에 '국내 동포에 드림'[93]을 4회 연재했는데, 4회분은 전문 삭제 조치를 당하였다. 이와 같은 삭제 조치는 이광수의 작품 활동 그 자체가 위장친일임을 극명하게 입증해주고 있다.

암담한 일제 말기에 발표한 춘원의 조선어 소설 11편은 춘원의 조선어 사수정신이 담겨 있는 소설이다. 한 민족국가가 망하다 못해 나중에는 그 언어와 문자마저 송두리째 빼앗길 비운에 처한 암울한 시대상황에서 이광수는 오로지 조선어를 보존해야겠다는 일념으로 의도적으로 조선어로 소설 쓰기를 고집했던 것이다. 그러므로 조선어 소설 그 자체가 민족운동인 것이다. 특히 '구장님'이라는 단편소설에서 '텐노오헤이까 반자이(天皇陛下 萬歲)'와 '육자배기'를 대척적 개념으로 병렬시키고 있는데, 이는 이율배반적인 개념 설정이 아닐 수 없다. '이광수는 친일파'라는 선입관의 시각으로 보면 철저한 친일행태로 비치고 있다. 그

---

92) 『朝鮮文壇』 創刊號(1924. 10), pp.2∼30, 血書(小説)(春園).

93) 『東亞日報』 4회 연재(1925. 1. 24∼26), 國內同胞에게 드림, 東亞日報를 通하여 ― 島山 安昌浩. 4회분 전문삭제. 이광수는 1924년 4월 북경 밀행 후, 도산의 구술(口述)을 필사해 와서 '국내 동포에게 드림'을 발표했다. 2회분(1. 25) 하단 광고란에 이렇게 적혀 있다. "開闢 乙丑 신년호(1925)는 재판이 또 절판되려 한다. 그 이유는 98쪽의 반항문예와 政局大觀 및 李光洙論이 있는 까닭이다." 이처럼 이광수의 글은 성한 데 없이 만신창이이다. '민족개조론', '민족적 경륜'을 비롯하여 검열 당국의 언론탄압이 가혹했음을 고발하고 있다.

러나 그 밑바닥에 깔려 있는 춘원의 정신은, '텐노오헤이까 반자이'를 부른 다음 조선의 대표적인 민요 '육자배기'를 어깨춤으로 덩실덩실 춤 추면서 굴곡이 많고 높낮이 차이가 나는 구성진 음성으로 노래 부르는 것이야말로 조선의 정통성 보존을 암유한 것이다. 이와 같이 춘원은 일 제 패망까지 민족정신 밀수입의 포장으로 소설을 써냈던 것이다. 한편 일본어 소설 7편도 일본어로 쓴 작품이기에 무조건 친일문학이라 단죄 하고 있지만, 그러나 이들 작품을 중의적으로 분석해보면 친일문학과는 거리가 멀다는 것을 확인할 수 있다. 그러므로 조선정신을 일본인에게 널리 알리기 위한 소설임을 알 수 있다. 일본어 장편소설 '사십년'94)은 춘원의 자전적 소설로 국민문학에 3회 연재하였다. '元述の出征(원술 의 출정)'은 신라 화랑도의 충효사상을 작품화한 것이고, '少女の告白 (소녀의 고백)'은 춘원의 동경 학병 권유 강연을 들은 한 여학생이 감 명을 받고 조선 문화 연구에 일생을 바치겠다고 호소하는 내용이다.

이광수는 '나의 고백'을 출간한 지 보름도 안 되어 반민특위에 구 속·수감되었다(1949. 1. 8). 이 소식을 전해 들은 신낙현(申洛鉉)은 김 영헌(金永憲)에게, 이광수는 일제 말기 청년정신대(靑年挺身隊)라는 비밀결사를 조직해서 독립운동을 한 사실을 들어 이광수 신원(伸寃)운 동을 전개하자고 제의했지만 실제 행동으로 옮기지 못했다. 그런데 춘 원은 '나의 고백'에서 자신이 조직한 혁명비밀결사 청년정신대 조직에 대해 한마디 언급이 없었고, 그뿐만 아니라 반민특위에서의 취조에서도 일제 말기의 이 같은 항일운동 활동에 대해 일언반구 변명하거나 발언 한 사실이 없었다. 그래서 신낙현과 김영헌은 춘원이 이를 완전히 망각 했거나, 춘원 자신이 그 엄연한 역사적 사실을 발설하지 않을 결심으로 최후까지 숨긴 채 가혹한 문초를 받은 것이라 생각했다. 왜냐하면 청년 정신대 사건은 춘원이 일본이 패망할 때까지 친일을 가장하고 민족해 방운동을 전개한 중대한 사건이기 때문이다.

이광수가 반민특위에 구속·수감되면서도 끝까지 청년정신대를 조

---

94) 『國民文學』 3회 연재(1944. 1~3), 四十年(香山光郞).

직하여 항일독립운동을 한 사실을 한마디 변명하지 않은 데 대하여 신낙현은 안타까워했다.

　　그날 밤 나는 밤새도록 잠을 이루지 못하고 번민만 하였다. 역시 나는 지상을 통하여 선생에 대한 소식을 자꾸만 듣는다. 선생은 당신이 이렇게까지 봉욕(逢辱)과 고초를 겪는데도 불구하고 동지라는 자들로부터 일언반구조차 없는 선생의 그 위대한 일사(逸事, 세상에 알려지지 않은 사실)의 그 엄연한 사실을 이제 새삼스러이 구태여 당신의 입으로는 발설치 않을 결심인지 그것을 최후까지 숨긴 채 문초를 받으시는 모양이다. 아직도 엄동인 그 한중(寒中)에 선생의 청춘을 시들인 몸 서리치는 그 영어(囹圄) 안에서 더욱이 몹시나 병약하신 선생이 문자 그대로 생지옥인 그 뇌중(牢中)의 그 고초를 그 어떻게 겪으시며 그도 자신이 수긍하는 의당(宜當)히 받아야 할 죄업(罪業)의 보수라면 모르되 적의 총검 하에서도 최후까지 민족을 위한, 독립을 위한 역력한 사실이 있었다는 자부심을 가지고서도 수갑 차고 용수 쓰고 오랏줄에 묶이어서 매리(罵詈, 꾸짖어 욕함)하고 냉소하는 동족 면전에 끌려 다니시는 선생에게는 그야말로 웃어야 옳을지 울어야 좋을지를 모르겠는, 실로 너무나 기막힌 운명의 작희(作戱)를 통탄치 않을 수 없을 것이다. 이와 같이 내가 초조하고도 신산(辛酸)한 시일을 보내는 중에 반민특위 검찰부에서는 선생의 기소문제를 위요하고 물의를 일으키다가 필경은 선생의 그 흑백은 판단되지 못한 채 불기소가 됨으로써 선생이 단죄 받게 되는 그 직전에 신원운동(伸冤運動)을 전개하려던 나의 비장한 결의는 드디어 좌절되고 말았다.95)

신낙현은 1950년 3월 10일 청년정신대 사건의 진상과 왜 이 같은 중대한 역사적 사실을 발설하지 않았는지에 대한 의문을 풀기 위해 춘원의 집을 방문했다. 신낙현은 '친일 민족반역자'로 몰려 옥고를 치른 데 대해 위로의 말을 전하자, 춘원은 오히려 "이 사람 때문에 여러 동지들이 고생들 많이들 하셨지요?"라고 청년정신대 사건으로 유죄판결을 받

---

95)『新太陽』(1954. 7), pp.144~145, 春園 李光洙는 果然 親日派였던가?(下)(申洛鉉).

아 8개월간 옥살이한 신낙현을 위로했다. 이에 신낙현은 청년정신대 사건을 언론에 발표하겠다고 말하자 춘원은 아무 말 없이 허공만 쳐다보면서 매우 심각하게 그 무엇을 생각하는 모양이었다.

춘원의 얼굴에는 몹시 심각하고 비장한 표정이 떠오르기 시작했다. 춘원 자신이 그렇게도 친일파로 몰리어 심지어는 옥고까지 겪고 있을 때도 방관만 하던 자가 이제 와서 신원운동을 하겠다고 하는 데에 몹시 분노를 느끼었는지, 아니면 역경에 처해 있으면서 그 사실을 토설치 않은 것을 이제 새삼스러이 발표하는 것을 그리 달갑지 않게 여기는지 도무지 헤아릴 길이 없었다. 그러나 춘원은 끝까지 발설하라고 응낙하지 않고 여전히 함구무언 역시 심각하고 비장한 표정으로 허공만 바라보고 있었다. 방 안에는 자꾸만 무거운 침묵이 흐를 뿐, 바깥에는 주룩주룩 빗소리만 들려올 뿐이다. 이윽고 춘원은 입을 열어 "감사합니다" 선문답(禪問答) 같은 한마디 하고는 눈물을 흘리며 미소를 띠웠다.96)

신낙현은 하도 답답하여 '춘원 이광수는 과연 친일파였던가?'라는 제목으로 원고를 써서 이것을 잡지에 발표하고자 삼천리사로 파인 김동환을 찾아갔다.

그분에게 부탁했더니 파인은 쾌락하시며 "이것을 왜 이제야 발표하시오. 진작 하실 것이지. 실상 따지고 본다면 억울한 사람들이 있습니다. 육당(최남선) 선생이나 주요한 씨 같은 분도 그렇지요" 하시기에 나는 "저는 선생님(巴人)도 너무 억울하다고 생각됩니다. 일부러 선생님을 보호코자 하는 것이 아니라." 이렇게 말씀을 드렸더니 파인은 아무 말 없이 멍하니 유리창을 통하여 종로 거리를 내려다보는데 선생의 얼굴에는 몹시도 서글픈 표정이 떠어 있었다. 그 무렵 반민자 재판은 계속되고 있었다.97)

---

96) 상게서, p.145.
97) 상게서, p.145.

"나는 누가 무엇을 달라든지 무엇을 시키든지 거절 아니 하기로 결심했기 때문에 대단히 바빴다. 10여 명 M학교에 있는 조선 학생들의 작문이란 작문은 모조리 내가 지었다. 그것은 내가 어학의 힘이 나은 때문이었다. 그러나 나는 큰일을 할 기회가 없는 것을 매양 한탄하고 있었다. 추운 겨울밤 같은 때에 길을 걸어가다가 떨고 지나가는 거지를 보고 외투를 벗어 준 일도 있고 어떤 서양 사람 거지에게는 스웨터와 주머니에 있는 돈을 왼통 털어주고 내복만 입고 집에 돌아와서 여러 사람의 의심을 받은 일도 있었다. 바른손이 하는 일을 왼손에게도 알리지 말라 하신 예수의 말씀을 따라서 이러한 말은 아무에게도 일절 말을 하지 않았다."98) 이것이 17세 동경 유학생 이광수의 인생철학이었다. 그러면 춘원은 왜 청년정신대 사건의 발설을 거부했겠는가? 그것은 반민특위에서는 이미 "황도(皇道)의 광신자(狂信者) 친일매족(親日賣族) 가야마 미쓰로우(香山光郞)"99)라고 낙인을 찍었고, 그 당시 일반 세론에도 춘원은 용납할 수 없는 친일파라고 규탄하고 있었다. 이런 판국에 만약 청년정신대 사건을 세상에 사실대로 폭백(暴白)할 경우, 그것은 춘원이 친일행태를 정당화하려는 자기변명에 불과하다는 비판을 받을 가능성이 있었기 때문이다.100)

신낙현은 반민특위 재판에서 불기소 처분을 받아 석방된 춘원을 두 번째 방문했다. 이때 춘원은 신낙현에게 "왜 그렇게 오랫동안 농촌에만 박혀 계시오? 청춘의 몸으로 더욱이 혁명가이신 동지가" 하고 물었다. "선생님께서 또다시 나서시게 되는 그때에 저도 나서지요"라고 대답하자, 춘원은 그러면 동지의 포부가 무엇이냐고 물었다. 신낙현은 또다시 민족을 위하는 일을 하고 싶다고 대답했다. 이에 춘원은 "이 사람도 그러고 싶으오. 정치는 이 박사(이승만)나 다른 분들에게 맡기고 우리는 좀 다른 각도에서"라고 정치 아닌 민족문화사업을 할 결심을 밝히고

98) 李光洙, 『그의 自敍傳』(高麗出版社, 1953. 4. 20), p.87.

99) 高元燮 編, 『反民者罪狀記』(白葉文化社, 1949. 4. 15), pp.39~50, 皇道의 賣文家 春園 李光洙(香山光郞).

100) 『新太陽』(1954. 7), p.145, 春園 李光洙는 果然 親日派였던가?(下)(申洛鉉).

있다.101)

이광수는 일제 말기에 각종 부일협력단체에 강제로 동원되어 관여하게 되었다. 신낙현은 춘원에게 왜 가장 악랄한 '대의당(大義黨)에 들어가서 친일행동을 앞장서서 노골적으로 행했는가에 대해 의혹을 가지고 그 사정을 물었다. "그 대의당이라는 것은 배후에서 군부가 조종하였으나 그 당은 다른 여러 부일단체들보다도 좀 성격이 다른 것인데 그 총재로 이 사람을 앉히려고 꽤 애를 썼소. 그러나 이 사람은 끝까지 불응하였소. 그래서 그 어떠한 폭력이 있을 것을 각오했더니 요행히 없었군요. 그래 결국 박춘금(朴春琴)이가 그 주동자가 되었지요."102)

해방 후 이광수는 봉선사 다경향(茶經香)에서 기거하고 있었다. 그의 삼종 운허(耘虛) 스님이 경영하는 광동중학에서 국어, 국사, 영어 등을 가르치며 돌베개를 베고 참회생활을 하고 있다가 1946년 12월103)에 사릉(思陵) 농가로 돌아와 은거하고 있었다. 이 무렵에 '해동공론'에서 특파원을 파견하여 춘원과 특별 인터뷰를 했다. R기자(실명을 밝히지 않았다)는 처음에는 봉선사에 찾아가서 광동중학 교무실에 갔더니 춘원은 사릉으로 떠났다는 것이었다. 춘원이 친일파 민족반역자 소리를 들어가면서 이곳 벽지 마을에서 청소년 교육에 헌신했다는 말을 듣고 기자는 감복했다. 그의 죄는 크다. 그러나 죄는 죄이고 이러한 시골 촌에서 묵묵히 청소년들을 가르치는 춘원의 자기희생정신에 경탄하여, 그를 욕하기보다는 먼저 동정과 칭찬의 말을 하지 않을 수 없었다는 것이다.

변명의 말은 아니지만 그는 문학가로서 민족주의 운동의 지도자로서 너무나 유명하였던 까닭에 분명 그가 저질은 친일죄는 큰 것이다. 사

---

101) 상게서, p.146.
102) 상게서, pp.151～152.
103) 춘원연구학회, 『뉴스레터』 제9호(2012. 11. 26), 춘원 고원(故園)엔 코스모스만 우거졌네(김원모). 이광수는 1946년 9월 2일 운허 스님이 설립한 광동중학 교사로 초빙되어 봉선사 경내의 다경향실에서 기거하였다. 그러나 광동중학 좌익계 교사들이 춘원을 친일파로 규탄·배척하여 마침내 그해 12월에 사릉 농가로 돌아왔다.

실 해방된 조선에 있어서 이광수보다 더 큰 죄를 지은 사람이 많다. 예를 들면 도의원이나 중추원 참의 같은 사람들은 이광수 이상의 민족 반역 행위를 했음에도 불구하고 지금 와서 가장 깨끗하고 애국자연하게 행세하고 있고, 또 해외에서 돌아온 사람들 가운데도 그곳에서 아편장사나 혹은 총독부가 주는 '기밀비'를 받아먹어가며 반역행위를 하는 작자들이 지금 와서는 가장 애국투사인양 으스대고 있다. 지금에 와서 독립투사연하는 사이비 혁명가들이 수없이 많다. 사실 저울로 달아보면 헌병보조원 혹은 고등계 주임 및 형사들이 이광수보다 적게 죄진 자라 할 수 있겠는가? 그러나 그들은 유명인사가 아니었고, 속살로 세상에 알려지지 않게 친일행위를 은밀하게 행했기 때문에 지금 와서 군정청이나 혹은 모든 관공청에 태연하게 앉아 있는 것이다. 그러나 과거 동우회 사건 발발 이전의 그의 민족주의 운동과 중일전쟁 이후에 그가 저질은 친일죄과를 비교하여 생각할 때 다소 동정되는 바 없지 않다. 청소년들의 우상의 아이콘 춘원의 부르짖음은 일개 고등계 주임의 부르짖음보다 몇 천 배 효과적일 것이다. 이것을 안 총독부 당국은 춘원을 이용하기에 많은 노력과 정략(政略)을 썼을 것이다. 이런 점으로 보아 춘원의 일거수일투족은 청소년들에 크나큰 영향력을 발휘했다고 아니 할 수가 없다.104)

이에 R기자는 '일제 암흑기(1937~1945) 지식인 탄압상을 폭로했다.

독일에 있어서도 히틀러는 문화정책에 있어서 로젠베르크105)를 이용하였고, 또 일본에서도 도쿠토미 소호(德富蘇峰)106)나 기타 모든 문사들을 총동원시켜 종군하게 하고 불응하는 시에는 미키(三木淸)와 같이 옥중에 넣어 참사시켰다. 조선에서도 사상범보호관찰소라는 존재가 그

---

104) 『海東公論』(1947년 7·8월 합병호), pp.11~15, 解放後 沈黙 지키고 있는 春園 李光洙氏 訪問記 本社特派 R記者.

105) 로젠베르크(Alfred Rosenberg, 1893~1946). 독일 나치즘 이론가. 뉘른베르크 국제재판에서 교수형에 처해짐.

106) 도쿠토미 소호(德富蘇峰, 1863~1957). 황실중심주의 사상과 국가주의 및 해외 침략주의적 팽창이론을 정립하여 대동아공영권 확립에 기여했다. 결국 미영을 상대로 한 태평양전쟁을 도발하는 데 정신적 지주 역할을 수행했다.

러한 역할을 하였다. 우리가 나가사키(長崎祐三, 주임검사)라면 입에서 신물이 나오고 이가 갈리는 이유는 어디 있는가 하면 그가 조선의 사상가, 조선의 혁명가들을 가혹하게 죽이고 혹은 옥중에 넣고 '요시찰'이라는 '꼬리표'를 붙여 사람을 못살게 한 까닭이다. 조선군사령부 보도부원을 역임하고 초대 지원병훈련소장으로 있던 가마 대좌(蒲 大佐, 정훈(鄭勳)이라고 조선 이름으로 부름) 그가 조선 민족이면서도 조선 문사들에게 대동아전쟁에 협력하지 않으면 전부 총으로 쏘아 죽인다고 공갈까지 하면서 야단하였다고 이광수 씨는 말한다. 그놈이 지금 남한 어느 지방에서 요직에 있으며 인민을 책동한다는 소문이 있는데 이런 놈들을 잘 몰라서 그 지방 사람들은 그 놈의 모략과 책동에 속아 넘어가는 일이 많다. 이것을 전국적으로 조사하여 일본의 개 노릇을 한 놈은 낱낱이 처단할 필요가 있다고 생각한다.107)

1945년 8월 17일 새벽에 조선총독부 경무국 관용차가 사릉 집에 들이닥쳤다. 조선총독은 치안은 여운형에게, 무기(국방)와 금전(재정)은 이광수에게 맡기겠다는 것이었다. 해방 직후 조선총독이 춘원에게 정권 이양을 교섭했으나 이를 거절하자 여운형과 안재홍이 건국준비위원회를 세웠다는 사실(史實)은 '나의 고백'에도 언급된 바 없다. 춘원은 1950년 6·25 직전, 청년정신대 사건의 동지 신낙현과의 인터뷰에서 그동안 숨겨진 사실을 처음으로 공개한 것이다. 특히 해방 직후 8월 17일 새벽에 조선총독이 경무국 고위관리를 자동차로 급파하여 춘원에게 무기(국방)와 금전(재정)을 맡아달라고 교섭했다는 사실은 참으로 놀라운 새로운 사실(史實)이 아닐 수 없다. 이는 사실상 총독이 춘원에게 정권 이양을 교섭했다고 볼 수 있다. 그러기에 총독부가 시골 사릉에 은거하고 있는 춘원에게 총독부 관용차를 보냈다는 사실 하나만으로도 춘원에게 조각(組閣)을 위임했다는 풍설이 나돌게 된 것이다.

엔도 정무총감에게 일월(日月) 같은 이광수의 존재감은 절대적이었다. 엔도에게는 이광수야말로 시국 협력자로, 민족운동의 지도자로 애증(愛憎)이 교차하는 인물이다. 그러기에 청년정신대의 주범, 국체변혁

---

107) 『海東公論』(1947년 7·8월 합병호), p.12.

(國體變革)의 국사범(國事犯)을 체포하지도 않고 그 범죄행위를 일체 불문에 부치고 춘원을 시국 협력의 선봉장으로 이용했던 것이다. "이왕 가는 길이니 발길로 채이면서 끌려가지 않도록, 가서라도 미움받이를 덜하도록 하자는 것이 곧 협력하는 태도라는 것이었다. 또 어차피 흘리는 땀이요 어차피 흘리는 피일진댄 만일의 경우(일본이 이기는 경우)에 그 값이나 받도록 하여두자는 것이 소위 부일협력의 동기였다."108)

일제 말기 이광수와 엔도는 비밀회담을 갖고 서로 흉금을 터놓고 시국토론을 벌였다. 이광수는 우리 조선은 일본에게 바칠 대로 다 바쳐서 이제 더 이상 바칠 것이 없다면서, 그럼에도 불구하고 처우개선은 없었다고 말했다. 그러면서 민족차별 철폐, 조선인에게도 가봉제(加俸制) 적용, 제국의회와 귀족원에 조선인 의원 선거에 의한 참정권 보장, 자유경쟁제도에 의한 경제 평등권 보장, 도항허가제(渡航許可制) 폐지 등을 즉각 시행할 것을 촉구했다. 이에 엔도는 본국 정부의 사정으로 당장 시행하기 어려우니 좀 기다려달라는 것이었다. 이광수는 그것은 핑계이고 '정치적 거짓말'이라고 맹비난을 퍼붓고 있다. 심지어 조선인은 조금만 거들면 이길 수 있는 전쟁이라면 지게 할 수 있는 힘은 충분히 갖고 있다면서 일본이 전승을 거둘 경우 전리품도 공정하게 배분해줄 것을 당당하게 요구했다는 것이다. 이광수 아니면 어느 누가 이 같은 대담한 요구를 할 수 있겠는가?

해방정국을 당하여 엔도 정무총감은 이광수에게 정권을 이양하기로 최종 결정하고 경무국장으로 하여금 관용차를 양주 사릉으로 보내게 했다. 그러나 이광수는 정권 인수를 거부하고 말았다. 청년정신대의 신낙현은 엔도 정무총감의 정권 인수 제의에 대한 이광수의 증언을 이렇게 자세히 전하고 있다.

마지막으로 8·15 해방 직후의 정황에 대해 질문했더니, 이광수는 엔도(遠藤柳作) 정무총감이 자동차를 보내면서 이광수에게 정권을 인수하라는 특명을 내렸다는 사실을 비로소 털어놓았다. "그때 이 사람

---

108) 春園 李光洙, 『나의 告白』, p.177.

이 양주 땅 사릉(思陵)에 있었는데 거기서 해방을 맞이하였소. 그런데 8월 17일 날 새벽에 총독부 경무국에서 사람이 와서 이 사람 보고 무기(국방)와 금전(재무)을 맡아달라고 하기에 이 사람은 거부하였지요. 그랬더니 여운형(呂運亨), 안재홍(安在鴻) 등이 그것을 맡아가지고 건국준비위원회를 세웠던 것이지요. 그때 사릉 사람들 사이에는 경무국에서 차가 이 사람한테 온 것을 보고 조선총독이 이 사람에게 조각(組閣)을 부탁하였다고 이러한 풍설(風說)이 떠돌았던 것이오."109)

그 후 신낙현은 이광수와 파인 김동환에게 작별인사를 하고 고향으로 돌아오고 말았다. 그때가 6·25 발발 한 달 전의 일이다. 그러나 춘원의 친일행태는 위장친일이라는 사실을 폭백(暴白)하는 '춘원 이광수 씨는 과연 친일파였던가?'라는 원고를 파인에게 맡겨 '삼천리'에 게재하기로 되어 있었는데, 그것마저 전란으로 말미암아 인멸되었을 뿐만 아니라 춘원, 파인 모두가 납북되어 생사조차 알 수 없었던 것이다. 신낙현이 가장 원통해한 것은 춘원 살아생전에 자신의 신원(伸寃)운동이 세상에 폭백되는 것을 보지 못하고 춘원이 납북되었다는 사실이다.110)

이중오(李重晤)는 이광수의 친일 단죄는 현상학적 판단이라고 반박하면서, "현상학적 판단중지(Epoche)를 선언한다. 이광수에 대한 모든 편견과 선입견에서 단호히 떠나도록 하려는 것이고, 쇠파리처럼 집요하게 달라붙는 모든 왜곡된 시선을 인용부호 속에 묶어두고, 친일이 조국과 민족의 보존을 위한 것이며, 친일은 한낱 포장일 뿐 제 몸을 팔아서 아비의 고난을 면케 하려는 심청(沈淸)에 비유된다"111)라고 피상적 편견과 왜곡된 친일 단죄를 규탄하고 있다.

조선어를 전폐하는 등 조선문화말살정책을 강행하고 있는 일제 말 암흑기(1937~1945)의 공포정치 시대상황을 타개하기 위하여 이광수는 친일과 항일의 상호 상반되는 전략을 구사했다. '친일'과 '항일'은

---

109) 『新太陽』(1954. 7), pp.153~154, 春園 李光洙는 果然 親日派였던가?(下) (申洛鉉).

110) 상게서, pp.154~155.

111) 이중오, 『이광수를 위한 변명』(중앙M&B, 2000), p.70.

상호 모순된 정치 개념이다. 오죽하면 이광수는 친일과 항일을 넘나드는 '모순된 삶'을 살고 있다고 독백했겠는가. "이 노래들은 그 정신에서나 정조(情調)에서나 서로 모순된 것도 많습니다. 그러나 나는 모순된 것도 그대로 두었습니다. 내 정신생활이 시기를 따라서 모순의 연속이었기 때문입니다. 지금의 나도 하루에도 때를 따라서 모순되게 살고 있습니다. 범부(凡夫)의 설움입니다."112)

조선총독부 경무국은 사상범보호관찰법을 제정하여 조선 지식인 사상범을 비국민으로 분류하고 3만 8천 명의 살생부 명단을 작성했다. 일제는 중일전쟁 당시 난징학살(南京虐殺, 1937. 12. 13)에서 30만 명을 학살했듯이 이들 3만 8천 명을 계엄령에 의해 총살할 계획을 세운 것이다. 한민족의 크림(精髓)이라 할 지식인 사상범을 구출하는 것은 이광수에게 부여된 민족적 지상사명(至上使命)이었다. 이리하여 이광수는 바늘로 찔러도 일본 피가 나올 만큼의 친일성 글을 발표함으로써 철저히 친일로 위장하여, 작게는 정치 포로가 된 동우회 혁명동지를 구출하고, 크게는 사상범보호관찰을 받고 있는 3만 8천 명의 조선 지식인을 구제할 수 있는 길을 열고자 했던 것이다.

이광수는 친일과 항일을 병행하는 투트랙 전략을 구사했다. 친일행태를 벌이면서 민족구제를 위해 1944년 8월 청년정신대라는 혁명비밀결사를 조직하여 줄기차게 항일민족운동을 주도했다. '정신대'란 '나라를 위해 몸 바친 부대'라는 뜻인데, 이는 위장친일을 위해 여자정신대(군 위안부)에서 따온 명칭이다. 그러기에 이광수가 민족보존을 위해 자기희생으로서의 친일을 행했다는 사실(史實)은 청년정신대 사건 재판기록(1945. 4. 18)을 통해 역사적 진실임이 입증되고 있다.

---

112) 『博文』 제8집(1939. 6. 1), pp.8~9, 詩歌集을 내며(李光洙).

춘원 이광수 저작 총람(總攬)

■ 著作

『無情』(新文館 東洋書院, 1918. 7. 20)

『開拓者』(興文堂書店, 1923. 1)

『朝鮮의 現在와 將來』(興文堂書店, 1923. 10. 17) 發禁圖書處分理由: 治安
  (1937. 9. 21)

『春園短篇小說集』(興文堂, 1924. 1)

『許生傳』(時文社, 1924. 8)

『金剛山遊記』(時文社, 1924. 10)

『젊은 꿈』(京城 博文書舘, 1926. 10. 5)

『新生活論』(博文書舘, 1926. 10. 5)

『麻衣太子』(博文書舘, 1928. 1. 15)

『一說春香傳』(漢城圖書株式會社, 1929. 1. 30)

李光洙 · 朱耀翰 · 金東煥, 『詩歌集』(京城永昌書舘, 1929. 10. 30)

『革命家의 안해』(漢城圖書株式會社, 1930. 10)

『端宗哀史』(滙東書舘, 1930. 10)

『李舜臣』(大成書林, 1932. 9. 20)

『흙』(漢城圖書株式會社, 1933. 12)

『有情』(靑鳥社, 1935. 3)

『人生의 香氣』(京城 弘智出版社, 1936. 6. 21)

『異次頓의 死』(漢城圖書株式會社, 1937. 3. 8)

春園李光洙著作 朝鮮語學會校鑑,『文章讀本』(弘智出版社 大成書林, 1937.
6. 7), 發禁圖書處分理由: 治安(1939. 7. 26).

『愛慾의 彼岸』(朝鮮日報社出版部, 1937. 12. 9)

現代傑作長篇小說全集 第一卷『사랑』前編(香山光郎)(博文書舘, 1938. 10.
25)

現代傑作長篇小說全集 第二卷『사랑』後編(李光洙)(博文書舘, 1939. 3. 3)

『群像(사랑의 多角形)』(漢城圖書株式會社, 1939. 2. 15)

『半島江山 紀行文集(五道踏破旅行)』(京城 永昌書舘版, 1939. 8. 25)

『李光洙短篇選』(博文書舘, 1939. 7)

『春園書簡文範』(三中堂書店, 1939. 9. 20)

『隨筆과 詩歌』(京城 永昌書舘, 1939. 10. 15)

『春園詩歌集』(博文書舘藏版, 1940. 2. 5)

『文學과 評論』(永昌書舘, 1940. 2. 20)

『世祖大王』(博文書舘版, 1940. 9. 20)

『삼봉이네 집』(京城 永昌書舘, 1941. 5. 15)

『流浪』(春園作, 떠나는 길; 方仁根作, 落照)(弘文書館, 1945. 9. 30)

春園隨筆集『돌벼개』(生活社, 1948. 6. 15)

『元曉大師』 上(生活社, 1948. 6. 10)

『元曉大師』 下(生活社, 1948. 7. 21)

『再生』(盛文堂書店, 1948. 9. 30)

『先導者』(太極書館, 1948. 11. 15)

『放浪者』(中央出版社, 1949. 4. 20)

『사랑의 罪(그의 自敍傳)』(永文社版, 1950. 3)

『사랑의 東明王』(漢城圖書, 1950. 5)

『그 女子의 一生』(永昌書舘, 1953. 6)

『端宗哀史』 上(博文出版社, 1954. 3. 5)

『端宗哀史』 下(博文出版社, 1954. 3. 5)

『꿈』(文宣社, 1955. 7. 15)

『파리 · 無明』(文宣社, 1955. 9. 30)

詩集『사랑』(文宣社, 1955. 10. 15)

春園愛情書翰實錄集,『사랑하는 英肅에게』(文宣社, 1955. 11. 5)

『春園短篇小說集』(嘉實, 거룩한 이의 죽음, 殉教者, 혼인, 할멈, 藝術과 人生, 少年의 悲哀, 彷徨, 失戀, 無名氏傳)(光英社, 1961. 11. 28)

『文學에 뜻을 두는 이에게』(又新社, 1983. 5. 20)

노양환 編, 『춘원의 말』 李光洙 名文章事典(又新社, 1986. 3. 20)

■ 自敍傳

『그의 自敍傳』(朝鮮日報社出版部, 1937. 6. 10)

『나』(文硏社, 1947. 12. 24)

『스무살고개 '나' 靑春篇』(生活社, 1948. 10. 15)

『나의 告白』(春秋社, 1948. 12. 25)

■ 全集

著作者 李光洙, 發行者 許英肅, 春園文庫(光英社, 1956~1959), 全 24卷 刊行.

1. 『麻衣太子』, 2. 『돌벼개』, 3. 『元曉大師』, 4. 『病床錄』, 5. 『無情』,
6. 『꿈』, 7. 『春園詩歌集』, 8. 『春園短篇集』, 9. 『흙』, 10. 『有情』,
11. 『春園書簡文範』, 12. 『異次頓의 死』, 13. 『사랑』, 14. 『世祖大王』,
15. 『端宗哀史』, 16. 『一說春香傳』, 17. 『許生傳』, 18. 『文學과 評論』,
19. 『그 女子의 一生』, 20. 『그의 自敍傳』, 21. 『再生』, 22. 『李舜臣』,
23. 『愛慾의 彼岸』, 24. 『사랑의 東明王』

李光洙全集(三中堂, 1962. 4~1963. 10), 全 20卷 完刊.
長篇 26, 短篇 25, 隨筆 117, 詩 389, 論文 80, 小品 197편 收錄

李光洙 肉筆原稿(謄寫版), 春園 李光洙, 『國際聯盟 提出, 朝日關係史料集』
　　(上海 大韓民國元年八月念日, 1919. 8. 20)(高麗大學校圖書館所藏)

李光洙 外編, 『國際聯盟 提出 朝日關係史料集』(高麗大學校圖書館影印圖書, 1981)

金源模 編譯, 『春園의 光復論 獨立新聞』(단국대학교출판부, 2009. 5. 15)

■ 傳記

島山紀念事業會 刊行, 『島山安昌浩』(太極書館, 1947. 5. 30)
金九 著, 金九 自敍傳, 『白凡逸志』(出版圖書 國士院, 1947. 12. 15)
李廷華 著, 『아버님 春園』(文宣社, 1955. 11. 5)
이정화, 『그리운 아버님 春園』(우신사, 1993. 4. 10)
著者 李光洙, 發行者 노양환, 『李光洙全集(畵報・評傳・年譜)』(又新社, 1979. 5. 15)

■ 飜譯版

『검둥의 설움』(新文館, 1913. 2)
타골 저, 노아 역, 『기탄자리』(新生活, 1922. 6)
톨스토이 著, 『어둠의 힘』(譯劇)(中央書林, 1923. 9. 5)

■ 韓國語 飜譯版

이경훈 편역, 이광수 친일소설 발굴집 『진정 마음이 만나서야말로』(평민사, 1995. 2. 28)
이경훈 편역, 춘원 이광수 『친일문학전집』 II(평민사, 1995. 11. 20)
이광수 지음, 김원모・이경훈 편역, 春園 李光洙 親日文學 『동포에 告함』 (철학과현실사, 1997. 5. 15)

■ 日本語版

香山光郎 著, 『同胞に寄す』(博文書舘, 1941. 1. 20)

■ 英譯版

Ann Sung-Hi Lee Translated, Yi Kwang-su And Modern Korean Literature, *Mujong(The Heartless)*(East Asia Program, Cornell University Ithaca, New York, 2005)

Chung-Nan Lee Kim Translated, *Kashil & Best Essays by Yi Kwang-su*
(Archway Publishing, 2014)

■ 日譯版

李光洙 作, 李壽昌 譯, 長篇小說『血書』
　朝鮮公論, 제16권 제4호(1928. 4. 1), 朝鮮公論, 제16권 제5호(1928. 5. 1)
朝鮮思想通信, 第753號(1928. 9. 8)～第764號(9. 21),『若き朝鮮人の願ひ
　(젊은 朝鮮人의 所願)』, 東亞日報, 15회 연재(1928. 9. 4～9. 19)
李光洙 作, 李壽昌 譯, 長篇小說『無情』
　朝鮮思想通信 제721호(1928. 8. 2)～제945호(1929. 5. 9)
李光洙, 金史良 譯,『無明(むめい)』
　モダン日本 朝鮮版(モダン日本社, 1939. 11. 1)
朝鮮藝術賞 第一回受賞作家 李光洙短篇集『嘉實(無明, 夢, 鬻庄記, 亂啼
　烏, 血書, 嘉實)』(モダン日本社, 1940. 4. 10)
　『嘉實・血書』, 金逸善 譯
　『亂啼烏・鬻庄記・夢』, 金山泉 譯
　『無明』, 金史良 譯
朝鮮藝術賞 第一回受賞作家 李光洙 著,『有情』, 金逸善 譯,『有情』(モダ
　ン日本社, 1940. 6. 25)
朝鮮藝術賞 第一回受賞作家 李光洙 著,『사랑』, 金逸善 譯,『愛(あい)』(モ
　ダン日本社, 1942. 1)

찾아보기

1846

안재학(安在鶴) 598

안재홍(安在鴻) 343, 384, 598, 620, 902, 1513, 1530, 1531, 1542, 1628, 1783, 1785

안정근(安定根) 105, 108, 250, 652

안종술(安宗述) 250

안중근(安重根) 48, 50, 54, 67-69, 75, 83, 133, 1421, 1422, 1436, 1607, 1608

안창호(安昌浩) 13, 38, 83, 108, 109, 249, 252, 253, 258, 283, 308, 391, 427-429, 432, 433, 529, 580, 595, 601, 608, 634, 636, 639-641, 651, 662, 711, 730, 736, 738, 743, 810, 899, 911, 937, 1050, 1139, 1143, 1145, 1146, 1149, 1150, 1189, 1190, 1195, 1203, 1204, 1206, 1218, 1219, 1233, 1456, 1504, 1519, 1549, 1569, 1575, 1599, 1626, 1628, 1635, 1647, 1709, 1725, 1726, 1753

안치호(安致鎬) 740

안태국(安泰國) 148

안호상(安浩相) 821, 825, 826, 832, 833, 836, 838, 841

안회남(安懷南) 987

안희제(安熙濟) 598

알렌(Horace N. Allen, 安連) 415

앙드레 모루아(André Maurois) 1563

앙드레 지드(André Gide) 267, 1075, 1535

애덤 스미스(Adam Smith) 1551

야나베(矢鍋) 1534

야마자키 도시오(山崎俊夫) 48

야모도(矢本正平) 640

야소(예수) 862

양근환(梁槿煥) 1216

양기탁(梁起鐸) 148, 170

양명진(楊明鎭) 651

양백화(梁白華) 611

양애삼(梁愛三) 652

양일천(梁一泉) 616

양제현(楊濟賢) 1524

양주동(梁柱東) 541, 598, 1042, 1081

양주삼(梁柱三) 1738

양태원(梁台源) 1536

양희제(梁希濟) 652

어영담(魚泳潭) 404, 405

언더우드(H. H. Underwood, 元杜尤) 443

엄상섭 919

엄창섭(嚴昌燮) 1751

엄항섭(嚴恒燮) 1560, 1562

에디슨(Edison) 138, 180

에커트(Carter J. Eckert) 1156, 1163

엔도(遠藤柳作) 750, 1529, 1531, 1575, 1741, 1742, 1744, 1747, 1750, 1751, 1784, 1785

엥겔스(Engels) 1258

여규형(呂圭亨) 100

여운형(呂運亨) 247, 248, 252, 540, 1393, 1500, 1513, 1516, 1517, 1521, 1529, 1531, 1532, 1538, 1569, 1570, 1575, 1750, 1753, 1755, 1770, 1783, 1785

여운홍(呂運弘) 244, 247, 248, 252

여원홍(黎元洪) 257, 280

연개소문(淵蓋蘇文) 1191

연병우(延秉祐) 251

염상섭(廉想涉) 598, 782, 798, 869, 893, 924, 961, 1084

염준모(廉準模) 1524

영(Mary B. Young) 563

영근(榮根) 1119

영랑(永郎) 676, 681, 1682

영운(嶺雲) 812

영친왕(英親王/李垠) 689, 1202

예레미야(Jeremiah) 1038

예수 601, 865, 965, 971, 975, 976, 1023, 1030, 1117

예이츠(W. B. Yeats) 267, 269, 270

오가와(大川周明) 1513

오경숙(吳敬淑) 1145

오기열(吳基烈) 1578

오기영(吳基永) 700, 738-740, 747, 940, 1726

오기호(吳基鎬) 1621

金源模

경북 안동 출생.

고려대학교 사학과를 졸업하고 고려대학교 대학원에서 문학석사, 문학박사 학위를 받았다. 미국 포틀랜드주립대학 대학원에서 한미관계사를 전공했다. 단국대학교 사학과 교수를 역임했으며 현재 단국대학교 명예교수이다.

주요 상훈으로 한미조약 체결장소(화도진) 고증, 한미수교 100년 감사패(한미수교 100주년기념사업회, 김용식, 1982), 대한민국 국민포장(1999), 제21회 치암학술상(2004), 주미 대한제국 공사관 환수 공로로 국민훈장 모란장(2013) 등이 있다.

주요 저서로는 『근대한미교섭사』(1980, 제13회 문화공보부 추천도서), 『한미수교 백년사』, 『미국사 연구서설』, 『동서문화교류사』, 『근대 한국 외교사 연표』, 『백년 전의 한국』(1986, 제19회 문화공보부 추천도서), 『사진으로 본 한국의 백 년』, 『알렌의 일기』, 『근대한미관계사』(1992, 제25회 문화부 추천도서), 『한미수교사: 조선보빙사의 미국사행편 1883』, 『태극기의 연혁』, 『동서양문화사』, 『한미외교관계 100년사』, 『개화기 한미교섭관계사』(2005, 대한민국학술원 기초학문분야 우수학술도서), 『영마루의 구름: 춘원 이광수의 친일과 민족보존론』(2010, 문화체육관광부 우수학술도서), 『춘원의 광복론·독립신문』 등이 있다.

자유꽃이 피리라 (하권)

1판 1쇄 인쇄 2015년 9월 10일
1판 1쇄 발행 2015년 9월 15일

지은이 김 원 모
발행인 전 춘 호
발행처 철학과현실사

등록번호 제1-583호
등록일자 1987년 12월 15일

서울특별시 종로구 동숭동 1-45
전화번호 579-5908
팩시밀리 572-2830

ISBN 978-89-7775-783-7 94900
      978-89-7775-781-3 (전2권)

값 40,000원